KB091599

# 추천 시스템

# 추천 시스템

## 기초부터 실무까지
## 머신러닝 추천 시스템 교과서

차루 아가르왈 지음

박희원 · 이주희 · 이진형 옮김

i!i
에이콘

에이콘출판의 기틀을 마련하신 故 정완재 선생님 (1935-2004)

아내 라타, 딸 사야니
그리고 돌아가신 부모님 닥터 프레미 사룹과 푸시플라타 아가르왈에게 이 책을 바친다.

# 지은이 소개

**차루 C. 아가르왈**Charu C. Aggarwal

뉴욕 요크타운 하이츠의 IBM T. J. 왓슨 리서치 센터의 뛰어난 연구 회원DRSM이다. 1993년 IIT Kanpur에서 학사 학위를 받았고 1996년 MIT에서 박사 학위를 받았다. 데이터 마이닝 분야에서 폭넓게 일해왔고, 400개 이상의 논문을 콘퍼런스와 학술지에 발표했으며 80개 이상의 저작 특허권이 있다. 데이터 마이닝에 관한 교과서, 특이치 분석에 관한 포괄적인 책을 포함한 15권의 책을 저술하거나 편집했다. 특허의 상업적 가치 덕분에 IBM에서 마스터 발명가로 세 번이나 지정됐다. 데이터 스트림에서 생물 테러리스트 위협 탐지에 대한 연구로 IBM 기업상(2003)을 수상했고, 프라이버시 기술에 대한 과학적인 공헌으로 IBM 우수 혁신상(2008)을 수상했다. 데이터 스트림 및 고차원적인 작업에 대한 각각의 작업을 인정받아 두 개의 IBM 우수 기술 성과상(2009, 2015)을 수상했다. 응축 기반 프라이버시 보존 데이터 마이닝에 관한 연구로 EDBT 2014 Test of Time Award를 수상했다. 또한 데이터 마이닝 분야에서 영향력 있는 연구 공헌에 대한 두 가지 최고상 중 하나인 IEEE ICDM 연구 공헌상(2015)을 수상했다.

IEEE 빅데이터 콘퍼런스(2014)의 총괄 공동 의장직과 ACM CIKM 콘퍼런스(2015), IEEE ICDM 콘퍼런스(2015), ACM KDD 콘퍼런스(2016) 프로그램 공동 의장직을 역임했다. 2004년부터 2008년까지 「IEEE Transactions on Knowledge and Data Engineering」의 부편집장으로 일했다. 「ACM Transactions on Knowledge Discovery from Data」의 부편집장, 「IEEE Transactions on Big Data」의 부편집장, 「Data Mining and Knowledge Discovery Journal」과 「ACM SIGKDD Exploration」의 편집장, 「Knowledge and Information Systems Journal」의 부편집장이다. Springer의 간행물인 「Lecture Notes on Social Networks」 자문 위원회에서 활동하고 있으며 데이터 마이닝에 관한 SIAM 활동 그룹의 부사장을 역임했다. "contributions to knowledge discovery and data mining algorithms"에 관한 SIAM, ACM, IEEE의 펠로우다.

# 감사의 글

아내와 딸의 사랑과 지원에 감사한다. 또한 내가 책을 쓰는 데 있어서 중요한 영감을 주는 역할을 하는 동시에 교육에 대한 사랑을 심어주신 고인이 된 부모님께 크게 감사한다.

이 책은 내가 고마워하는 많은 사람들의 지지를 받아 쓸 수 있었다. 이 책을 쓰는 동안 많은 동료들이 의견을 줬다. 특히 Xavier Amatriain, Kanishka Bhaduri, Robin Burke, Martin Ester, Bart Goethals, Huan Liu, Xia Ning, Saket Sathe, Jiliang Tang, Alexander Tuzhilin, Koen Versetrepen, Jieping Ye는 피드백을 많이 준 동료다. 건설적인 이야기와 제안에 감사한다. 지난 몇 년 동안 수많은 협력자들의 통찰력으로부터 큰 도움을 받았고, 직간접적으로 이 책에 영향을 미쳤다. 나의 오랜 협력자 Philip S. Yu에게 먼저 감사의 말을 전한다. 이외에 감사를 전할 중요한 협업자들은 Tarek F. Abdelzaher, Jing Gao, Quanquan Gu, Manish Gupta, Jiawei Han, Alexander Hinneburg, Thomas Huang, Nan Li, Huan Liu, Ruoming Jin, Daniel Keim, Arijit Khan, Latifur Khan, Mohammad M. Masud, Jian Pei, Magda Procopiuc, Guojun Qi, Chandan Reddy, Saket Sathe, Jaideep Srivastava, Karthik Subbian, Yizhou Sun, Jiliang Tang, Min-Hsuan Tsai, Haixun Wang, Jianyong Wang, Min Wang, Joel Wolf, Xifeng Yan, Mohammed Zaki, Cheng Xiang Zhai 및 Peixiang Zhao이다. 또한 연구원으로서 초기에 지도해주신 James B. Orlin에게도 감사를 표한다.

이 책을 쓰는 데 필요한 엄청난 지원을 해준 매니저 Nagui Halim에게도 감사를 전한다. 그의 전문적인 지원은 오늘날까지 나의 많은 책에 큰 도움이 됐다.

마지막으로 Microsoft Powerpoint를 사용해 몇 가지 그림을 그리는 데 도움을 준 Lata Aggarwal에게 감사한다.

# 옮긴이 소개

**박희원**(coding.chloe@gmail.com)

라이스대학교Rice University와 KAIST에서 관련 공부를 했으며, 이후 네이버, MOLOCO, 비바리퍼블리카를 거쳐 현재는 리테일업에서 개인화를 총괄하면서 추천 알고리듬들을 적용한 제품과 마케팅 전략을 만들어내고 있다.

**이주희**(juhee1108@gmail.com)

이론적 알고리듬 개발과 분석을 기반으로 실용적인 기술을 개발하고자 한다. 적정한 딥러닝을 활용한 기술 개발을 위해 인공지능 기술을 제어 분야에 접목한 지능제어 기술 분야에 참여해서 연구하고 있다.

**이진형**(samjin0@gmail.com)

데이터에서 숨어 있는 인사이트를 찾는 일을 좋아한다. 11번가에서 데이터 엔지니어와 데이터 과학자 역할 사이에서 판매자와 구매자가 사용하는 개인화 추천 서비스를 제공하기 위해 데이터 파이프라인과 데이터 모델을 개발했으며, 현재는 카드 혜택 통합 관리 핀테크 스타트업 빅쏠에서 데이터 과학자로 일하고 있다.

## 옮긴이의 말

'추천'은 특정 산업뿐만이 아닌 정말 다양한 산업에서 활용할 수 있어 특히나 데이터를 이제 막 쌓아 두기 시작한 요즘에는 더욱 많이 찾는 방법론입니다. 하지만 이런 범용적인 활용도 대비 추천 알고리듬을 어떤 컨텍스트에 쓰고, 각 알고리듬의 장단점 등을 소개하는 책은 찾기 어려웠습니다. 또한 데이터 엔지니어, 데이터 사이언티스트 외의 비전문가가 이해할 수 있는 언어로 풀이된 자료는 더욱 구하기 어렵습니다. 이 책이 그간 있었던 궁금증을 풀 수 있을 것이라 생각되고, 책에서 소개한 기본이 되는 알고리듬을 중심으로 현재도 새로운 ML 모델들이 등장하고 있어 '요즘'의 추천 알고리듬을 이해하는 데 더욱 도움이 되시리라 생각됩니다.

자신의 영역에서 조금이라도 성장하기 위해 묵묵히 그리고 꾸준히 노력하는 독자 여러분을 응원합니다.

박희원

이 책을 번역하면서 추천 시스템은 특정 알고리듬으로, 특정 영역에서만 활용되는 것이 아닌 모든 산업 전반에 걸쳐 적용되고 있는 것을 알게 됐습니다. 기본적인 알고리듬 설명에서부터 실무자들이 활용할 수 있는 최근 알고리듬 내용까지 이론적으로 잘 설명돼 있어서 추천 시스템을 이해하고자 하는 분들이 기본서로 활용하면 도움이 되리라 생각합니다.

이주희

대학원에서의 추천 시스템 수업에서 이 책을 처음 접했습니다. 추천 시스템에 대해 더 공부하고 싶어서 온라인 서점에서 관련된 책을 찾아봤으나 추천 시스템의 이론을 다루는 책이 없었습니다. 그래서 원서 중에 추천 시스템의 이론에 대해서 기초부터 고급 내용까지 다루고 있는 이 책을 찾게 됐습니다. 이 책을 보며 추천 시스템에 대해 이해할 수 있는 좋은 기회가 됐지만 국내에는 이런 책이 없음에 아쉬웠습니다. 그래서 추천 시스템을 공부하고 연구하고 실무에 적용하려는 분들께 추천 시스템을 이해하기 위한 진입장벽을 조금이라도 낮추는 데 기여하고 싶어서 이 책을 번역하게 됐습니다.

긴 시간 동안 포기하지 않고 끝까지 함께 번역에 참여해주신 이주희 님과 박희원 님께 감사의 말씀 드립니다. 번역을 진행하며 생각보다 오랜 시간이 걸렸음에도 불구하고 믿고 기다려주신 에이콘출판사의 조유나 님께도 감사드립니다. 무엇보다 마지막으로 새벽과 밤 늦은 시간에 번역을 할 수밖에 없는 컨텍스트를 이해하고 배려해준 가족에게 미안하고 사랑한다는 말을 전합니다.

이진형

# 차례

# 4　콘텐츠 기반 추천 시스템 　　　　　　　　　　　　　185

## 11 사회와 신뢰 중심 추천 시스템      423

## 12 공격 방지 추천 시스템      471

# 들어가며

"자연은 우리에게 사자의 꼬리만 보여주고 있다. 사자의 몸통이 너무 커서 한 번에 모습을 드러낼 수 없겠지만, 꼬리에 몸통이 붙어 있을 것이라는 것을 의심하지 않는다."

— 알버트 아인슈타인

웹이 비즈니스와 전자상거래에서 중요한 매체가 되면서 1990년대에는 추천 시스템의 중요도가 점점 높아졌다. 웹은 다른 채널에서는 볼 수 없었던 개인화를 위한, 이전엔 볼 수 없었던 기회를 제공했다. 특히 데이터 수집에 편의성을 더해 추천 아이템에 이용할 수 있는 사용자 인터페이스를 제공했다.

이때부터 추천 시스템은 대중의 인식 측면에서 크게 성장했다. 많은 콘퍼런스와 워크숍에서 추천 시스템에 전적으로 전념하고 있음을 볼 수 있으며, 특히 ACM 콘퍼런스는 주목할 만하다. 추천 시스템에 대한 최신 결과에 관해 정기적으로 많이 기여하기 때문이다. 추천 시스템의 주제는 매우 다양하다. 추천을 만들 때 '사용자-선호도'와 '사용자-요구 사항'과 같은 다양한 유형을 지정할 수 있기 때문이다. 추천 시스템에서 가장 잘 알려진 방법은 협업 필터링, 콘텐츠 기반, 지식 기반 방법이다. 이 세 가지 방법은 추천 시스템의 연구의 기본 축을 구성한다. 최근 몇 년 동안 다양한 데이터 도메인과 시간, 위치, 소셜 정보와 같은 컨텍스트를 위한 특별한 방법이 설계됐다. 특별한 시나리오와 쿼리 로그 마이닝, 뉴스 추천, 전산 광고와 같은 다양한 애플리케이션 도메인에 적용 가능한 수많은 진보된 방법을 제안했다. 이 책은 이러한 주요한 주제들을 반영했으며, 각 장은 3가지 카테고리로 구성됐다.

1.  **알고리듬과 평가**: 협업 필터링 방법(2장, 4장), 콘텐츠 기반 방법(4장), 지식 기반 방법(5장) 등 추천 시스템의 기본적인 알고리듬에 관해 각 장에서 논의한다. 하이브리드 방법에 관한 기술은 6장에서 논의한다. 추천 시스템 평가는 7장에서 논의한다.

2.  **도메인과 컨텍스트별 추천 시스템**: 추천 시스템의 컨텍스트[1]는 효과적인 추천을 제공할 때 중요한 역할을 한다. 예를 들어 식당을 찾는 사용자는 자신의 위치 데이터를 추가적인 컨텍스트로 사용하길 원할 것이다. 추천의 컨텍스트는 추천의 목표에 영향을 미치는 매우 중요한 부가 정보로 볼 수 있다. 시간 데이터, 공간 데이터, 소셜 데이터와 같은 다른

---

1  컨텍스트는 주어진 컨텍스트나 맥락을 의미한다. – 옮긴이

도메인 유형들은 다른 유형의 컨텍스트를 제공한다. 이러한 방법들은 8장, 9장, 10장, 11장에서 논의할 것이다. 또한 11장에서는 추천 프로세스의 신뢰성을 증가시키기 위해 소셜 정보를 이용할 때 발생하는 이슈를 논의한다. 인수분해 머신factorization machine과 신뢰할 수 있는 추천 시스템과 같은 최신 주제도 다룬다.

3. 고급 주제와 애플리케이션: 12장에서 실링 시스템, 공격 모델, 방어법과 같은 추천 시스템의 다양한 강건성 측면에 관해 논의한다. 랭크 학습, 멀티암 밴딧, 그룹 추천 시스템, 다중-기준 시스템, 능동 학습 시스템과 같은 최신 주제는 13장에서 다룬다. 최근 발전의 기초가 되는 기본 아이디어와 원리를 독자에게 소개하는 것이 주 목표다. 비록 이 책 한 권에서 최근 전개된 모든 내용을 논의할 수는 없지만, 마지막 장의 자료가 고급 주제의 관점에서 가교 역할을 할 수 있기를 바란다. 또한 추천 기술은 뉴스 추천 시스템, 쿼리 검색, 전산 광고와 같이 사용된 몇몇 애플리케이션 환경을 살펴본다. '애플리케이션' 절은 이러한 앞쪽 장에서 소개한 방법을 다른 도메인에 어떻게 적용하는지 아이디어를 제공한다.

교과서로 사용할 수 있도록 많은 예제와 연습 문제를 수록했으며, 기본 주제와 알고리듬 장은 강의 교육을 염두에 두고 만들었다. 그리고 많은 산업 실무자와 연구자가 응용하고 참고할 때 유용하게 쓸 수 있도록 많은 노력을 기울였다. 한편 산업에서의 실무자는 8장이 유용할 것이다. 오늘날 많은 실제 애플리케이션은 상당한 양의 컨텍스트 부가 정보를 사용할 수 있는 영역에서 발생하기 때문이다. 13장의 애플리케이션 부분은 특히 실무자를 위해 썼다.

이 책에서 사용된 표기법에 대한 간략한 소개로 마무리한다. 이 책은 지속적으로 $R$이라고 표시한 $m \times n$ 평점 행렬을 사용했다. $m$은 사용자 수이고, $n$은 아이템 수다. 전체 항의 하위 집합만 관측했기 때문에 행렬 $R$은 일반적으로 불완전하다. $R$의 $(i, j)$번째 항은 아이템 $j$에 대한 사용자 $i$의 평점을 가리키고, 실제 관측된 값은 $r_{ij}$라고 표기한다. 추천 알고리듬으로 항 $(i, j)$를 예측했을 때(사용자가 지정하는 것이 아니라), "hat" 심볼(예: 골절 악센트)을 사용해 $\hat{r}_{ij}$라고 예측 값을 표시한다. 벡터는 $\overline{X}$ 또는 $\overline{y}$처럼 "오버 라인"으로 표시한다.

# 문의

한국어판의 정오표는 http://www.acornpub.co.kr/book/recommender-systems에서 찾아볼 수 있다. 질문이 있다면 에이콘출판사 편집 팀(edit@acornpub.co.kr)이나 옮긴이의 이메일로 문의하길 바란다.

# 1

# 추천 시스템 소개

"많은 사람들이 조언을 받지만, 그중에 현명한 자만이 조언을 통해 이익을 얻는다."

— 하퍼 리<sup>Harper Lee</sup>

## 1.1 개요

웹이 전자상거래를 위한 매체로 이용되는 비중이 높아진 것은 추천 시스템 기술 개발의 원동력이 됐다. 이와 관련해 중요한 점은 사용자는 웹을 통해 좋아하거나 싫어하는 것에 대한 피드백을 제공할 수 있다는 것이다. 예를 들어 넷플릭스와 같은 콘텐츠 공급자의 컨텍스트를 생각해보면, 사용자는 마우스 클릭 한 번으로 쉽게 피드백을 제공할 수 있다. 피드백을 제공하는 대표적인 방법은 사용자가 다양한 아이템에 대한 선호도를 특정 평가 시스템(예를 들어 별점 부여 시스템)에 수치 값으로 입력하는 형태다.

다른 형태의 피드백은 명확하게 선호도를 나타내지 않지만 웹을 통해서 쉽게 수집할 수 있다. 이를테면 사용자가 상품을 구매하거나 조회하는 간단한 행위를 통해 그 아이템에 대한 사용자의 관심도를 짐작할 수도 있다. 이러한 유형의 고객 데이터는 일반적으로 아마존과 같은 온라인 판매자가 사용하며, 이러한 유형의 데이터를 수집하는 것은 고객에게 추가적인 행위를 요청하지 않으므로 작업 측면에서 어려운 일은 아니다.[1] 추천 시스템의 기본적인 아이디어는 이러한 다양한 데이터 소스를 활용해 고객의 관심을 추론하는 것이다. 따라서 과거 관심사와 성향이 미래 선택에 대한 좋은 방향성을 제시해주는 경우가 많기 때문에 추천 분석은 흔히 사용자와 아이템 간의 과거의 상호작용에 기반한다.[2] 주목할 만한 예외는 지식 기반 추천 시스템의 경우로, 이때 추천 결과는 사용자의 과거 이력보다는 사용자가 지정한 요구 사항에 따라 제안된다.

그렇다면 추천 알고리듬의 기본 원칙은 무엇일까? 사용자와 아이템 중심의 활동 사이에 상당한 의존성dependency이 존재한다는 것이다. 예를 들어 역사 다큐멘터리에 관심 있는 사용자는 액션 영화보다는 다른 역사 다큐멘터리나 교육 프로그램에 더 관심을 가질 가능성이 높다. 많은 경우 아이템이 속해 있는 다양한 카테고리가 중요한 상관관계를 보여줄 수 있으며, 이는 더욱 정확한 추천 결과를 만들기 위해 활용될 수 있다. 또는 카테고리보다는 개별 아이템의 상세한 특징에 따라 의존성이 존재할 수 있다. 이러한 의존성은 평점 행렬[3]에서 데이터 기반 방식으로 학습될 수 있으며, 학습을 통해 만들어진 결과 모델은 대상 사용자에 대한 예측을 하는 데 사용된다. 사용자가 이용할 수 있는 평가 항목의 수가 많을수록 사용자의 미래 행동에 대해 견고한 예측이 쉬워진다. 많은 다른 학습을 통해 만들어진 모델들이 이 예측을 위해 사용될 수 있다. 예를 들어 다양한 사용자들의 구매 또는 평가 행동을 활용해 유사한 제품에 관심 있는 비슷한 고객군을 만들 수 있다. 이렇게 만들어진 고객군의 관심과 행동은 해당 고객군의 개별 구성원에게 추천하기 위해 활용될 수 있다.

앞에서 설명한 내용은 이웃 모델neighborhood model이라고 하는 매우 단순한 추천 알고리듬 계열에 기초해 만들었다. 이 알고리듬들은 협업 필터링collaborative filtering이라고 하는 더 광범위한 클래스의 모델에 속한다. "협업 필터링"이라는 용어는 아직 평가하지 않은 평점을 예측하기 위해 여러 사용자가 이미 평가한 평점을 사용하는 것을 의미한다. 실제로 추천 시스템은 다양한 유형의 보조 데이터를 활용함으로써 더욱 복잡하고 풍부한 데이터를 보유할 수 있다. 예를 들어 콘텐츠 기반 추천 시스템에서 콘텐츠는 사용자의 평가 및 아이템의 속성을 의미하며, 예측을 위한 추천 프로세스에서 활용돼 중요한 역할을 한다. 기본 아이디어는 사용자가 관심을 갖고 과거에 평가했거나 조회한 아이템의 속성을 기준으로 모델링할 수 있다는 것이다. 다른 구조로는 사용자가 대화식으로 자신의 관심 분야를 지정하는 지식 기반 시스템이 있으며 사용자의 설명이 도메인 지식과 결합돼 추천 결과를 제공한다. 고급 모델에서는 시간 정보, 외부 지식, 위치 정보, 소셜 정보 또는 네트워크 정보와 같은 컨텍스트별 데이터를 사용할 수 있다. 이 책에서는 협업 필터링, 콘텐츠 기반, 지식 기반 시스템을 포함한 모든 유형의 기본 시스템을 다룰 것이다. 또한 다른 영역

---

1 상품 조회, 검색, 구매와 같이 상품을 구매하기 위해 하는 일반적인 행동을 의미한다. – 옮긴이
2 추천을 제공하는 대상을 사용자라 하고, 추천되는 상품은 아이템이라 한다. – 옮긴이
3 사용자와 아이템 간의 평점이 작성된 행렬을 의미한다. – 옮긴이

에 대한 추천 시스템의 기본 모델과 향상된 모델을 모두 논의할 것이다. 공격 모델[attack model], 신뢰할 수 있는 모델의 구축과 같은 것들을 통해 추천 시스템의 안정성이 얼마나 높은지에 관해서도 다양한 측면으로 살펴볼 것이다. 뿐만 아니라 추천 시스템에 대한 다양한 평가 및 하이브리드 모델을 철저히 학습할 것이다. 1장에서는 추천 시스템 분야에서의 다양한 작업에 대한 개요를 설명하고 다양한 주제를 이 책의 개별 장과 연결시키는 것이 목표이다.

1장은 다음과 같이 구성된다. 1.2절에서는 추천 시스템의 주요 목표에 관해 논의한다. 1.3절에서는 추천 시스템에서 사용되는 기본 모델과 평가 방법을 소개할 것이다. 다양한 데이터 영역에서 사용되는 추천 시스템에 관해서는 1.4절에서 논의한다. 추천 시스템에 관한 고급 모델은 1.5절에서 설명한다. 1.6절은 현재까지의 내용을 요약하고 그 결과를 논의한다.

# 1.2 추천 시스템의 목표

추천 시스템의 목표를 논의하기 전에 추천 문제를 공식화할 수 있는 다양한 방법을 소개한다. 두 가지 기본 모델은 다음과 같다.

1. 예측 모델: 첫 번째 방법은 사용자-아이템 조합에 대한 평가 값을 예측하는 것이다. 아이템에 대한 사용자 선호도를 나타내는 학습 데이터를 사용할 수 있다고 가정한다. $m$ 사용자와 $n$ 아이템의 경우, 이는 불완전한 $m \times n$ 행렬에 해당하며 여기서 지정된 (또는 관찰된) 값은 학습에 사용된다. 누락된 (또는 관찰되지 않은) 값은 이 훈련 모델을 사용해 예측된다. 불완전하게 만들어진 행렬을 가지며 나머지 값은 학습 알고리듬에 의해 예측되기 때문에 이 문제는 행렬 완성[matrix completion] 문제라고도 한다.[4]

2. 랭킹 모델: 실제로는 사용자에게 추천하기 위해 특정 아이템에 대한 사용자 평점을 예측할 필요가 없다. 오히려 판매자는 특정 사용자에 대한 상위-$k$ 아이템을 추천하거나 특정 아이템에 대해 목표로 하는 상위-$k$ 사용자를 결정할 수 있다. 두 경우 계산하는 방법이 거의 유사하지만 상위-$k$ 아이템의 결정이 상위-$k$ 사용자의 결정보다 더 일반적으로 사용된다. 이 책에서는 가장 일반적으로 사용되는 최상위 아이템에 대해서만 설명할 것이다. 이 문제는 $top\text{-}k$ 추천 문제라고도 하며 추천 문제의 순위를 계산하는 것이다.

위의 두 번째 경우에는 예측된 평점의 수치 값이 중요하지 않다. 첫 번째 형식이 좀 더 일반적이다. 두 번째 사례에 대한 해결책은 다양한 사용자-아이템 조합에 대한 첫 번째 형식을 해결한

---

4 예를 들어 영화 평점 데이터라면, 사용자-영화 행렬이 있을 때, 사용자가 모든 영화를 본 것이 아니기 때문에 평점이 비어 있는 영역이 있다. 이렇게 중간중간 비어 있는 행렬을 불완전 행렬이라고 한다. 그리고 비어 있는 평점 영역은 채워져 있는 평점 데이터를 학습해 만든 예측 모델을 이용해 채운다. - 옮긴이

다음 예측 결과의 순위를 지정해 얻을 수 있기 때문이다. 그러나 대부분의 경우 랭킹 모델을 활용하기 위해 예측 모델을 이용하는 것보다 직접 설계하는 것이 더 쉽고 자연스럽다. 이 방법은 13장에서 논의할 것이다.

제품 판매 증가는 추천 시스템의 주요 목표이다. 결국 추천 시스템은 판매자의 이윤을 늘리기 위해 사용된다. 신중하게 선택한 아이템을 사용자에게 추천함으로 추천 시스템은 관련 아이템으로 사용자의 관심을 유도한다. 이것은 판매자의 판매량과 이익을 증가시킨다. 추천 시스템의 주된 목적은 판매자의 수익을 증가시키는 것이지만, 이는 기존에 경험하지 못했던 것처럼 느껴지는 방식으로 달성되는 경우가 많다. 수익 증대라는 좀 더 광범위한 비즈니스 중심 목표를 달성하기 위해 추천 시스템의 일반적인 운영 및 기술적 목표는 다음과 같다.

1. 관련성: 추천 시스템의 가장 명백한 운영 목표는 사용자와 관련 있는 아이템을 추천하는 것이다. 사용자는 흥미를 느끼는 아이템을 더 많이 소비할 가능성이 있다. 관련성은 추천 시스템의 주요 운영 목표이지만, 그것만으로는 충분하지 않다. 따라서 우리는 "관련성"만큼 중요하지 않지만 그래도 중요한 몇 가지 2차 목표에 관해 다음에서 논의한다.

2. 참신성: 추천 시스템이 사용자가 이전에 보지 못했던 아이템을 추천해줄 때 많은 도움이 된다. 예를 들어 사용자가 선호하는 장르의 인기 영화는 사용자에게 거의 새로운 것이 아니다. 인기 있는 상품에 대한 반복적인 추천으로 인해 사용자는 다양한 상품을 구매할 수 있는 기회를 잃게 된다[203].

3. 의외성serendipity: 관련 개념은 의외성[229]이다. 여기에서 추천되는 아이템은 다소 예상치 못한 것이며, 따라서 너무 뻔한 추천과 반대로 행운의 발견이 될 수 있다. 의외성은 사용자들이 이전에 알지 못했던 내용의 추천이라기보다는 정말 뜻밖의 추천이라는 면에서 참신성과는 구별된다. 사용자는 스스로 놀랄 만큼 다른 유형의 아이템에 대한 잠재적 관심이 있더라도, 특정 유형의 아이템만을 소비하는 경우가 종종 있다. 참신성과 달리 의외성은 그런 추천을 발견하는 데 초점을 맞춘다. 예를 들어 인근에 새로운 인도 음식점이 생기면 일반적으로 인도 음식을 먹는 사용자에게 해당 음식점의 추천은 참신한 것이지만 반드시 의외인 것은 아니다. 반면 동일한 사용자에게 에티오피아 음식이 추천됐을 때, 그 음식이 그 사람에게 흥미로울 수 있다는 것을 본인도 모르고 있었다면, 그것은 생각하지 못한 음식을 추천한 것으로 볼 수 있다. 의외성은 판매 다양성을 높이거나 사용자의 새로운 관심이 시작되는 데 좋은 효과가 있다. 새로운 관심 영역을 발견할 가능성이 있기 때문에 우연한 발견이 증가하는 것은 대체로 판매자에게 장기적이고 전략적인 이익을 가져다준다. 단점으로는 의외의 추천을 제공하는 알고리듬은 대체로 관련성이 없는 아이템을 추천한다. 많은 경우 장기적 전략적 이점은 이러한 단기적인 단점보다 중요하다.

4. **증가된 추천 다양성**: 일반적으로 추천 시스템은 상위-$k$개의 아이템들을 추천한다. 이렇게 제안된 아이템 모두가 유사한 특징을 가질 때, 사용자는 이들 중 어느 것도 선호하지 않을 위험이 커진다. 반면 추천된 리스트에 다른 유형의 아이템이 포함돼 있을 경우, 사용자는 이들 중 최소한 하나를 선호할 가능성이 높아진다. 다양성은 사용자가 유사한 아이템들의 반복된 추천으로 인해 지루해지지 않도록 하는 이점이 있다.

이러한 구체적인 목표 이외에 사용자와 판매자 모두의 관점에서 추천 과정을 통해 다수의 어렵지 않은 목표soft goal를 달성할 수 있다. 사용자의 측면에서 추천은 웹사이트에 대한 전반적인 사용자 만족도를 향상시키는 데 도움이 될 수 있다. 예를 들어 아마존에서 관련 추천을 반복적으로 받는 사용자는 경험에 만족해 아마존을 다시 사용할 가능성이 높다. 이렇게 사용자의 충성도를 높일 수 있고 이 사이트의 매출을 한층 더 높일 수 있다. 판매자의 측면에서는 추천 프로세스를 통해 사용자의 요구 사항에 대한 통찰력을 제공하고 사용자의 환경을 개개인의 요구 사항에 맞추는 데 도움을 줄 수 있다. 마지막으로 사용자에게 특정 아이템을 추천하는 이유에 대한 설명을 제공하는 것이 유용하다.[5] 넷플릭스의 경우 이전에 시청한 영화와 함께 추천이 제공된다. 나중에 알 수 있듯이 일부 추천 알고리듬은 다른 알고리듬보다 설명을 제공하는 데 더 적합하다.

이러한 시스템에서 추천하는 제품 유형들은 다양하다. 페이스북과 같은 일부 추천 시스템은 제품을 직접 추천하지 않는다. 오히려 그들은 유용성과 광고 이익을 높임으로 사이트에 간접적으로 이익을 가져오는 소셜 커넥션social connection을 추천한다. 이러한 목표의 본질을 이해하기 위해 우리는 고전적인 추천 시스템과 현재의 추천 시스템 중 몇 가지 인기 있는 시스템을 논의할 것이다. 이런 사례는 연구 프로토타입으로 제작됐거나 다양한 문제 설정에서 상용 시스템으로 사용할 수 있는 추천 시스템의 다양성을 보여준다.

## 그룹렌즈 추천 시스템

그룹렌즈는 유즈넷Usenet[6] 뉴스 추천을 위해 연구 프로토타입으로 제작된 선구적인 추천 시스템이었다. 이 시스템은 유즈넷 독자의 평점을 수집해 다른 독자가 기사를 읽기 전에 기사를 읽고 싶어 하는지 예측하기 위해 사용했다.

가장 초기의 자동화된 협업 필터링 알고리듬 중 일부는 그룹렌즈[7] 환경에서 발전됐다. 이 그룹이 개발한 아이디어는 도서 및 영화와 같은 다른 제품 환경으로 확장됐고 각각의 추천 시스템은 북렌즈BookLens와 무비렌즈이다. 그룹렌즈 연구 팀은 이러한 협업 필터링 연구에 관한 선구적 공

---

5 아마존에서 "이 상품을 조회한 고객이 함께 조회한 상품"이라는 제목으로 추천 아이템과 함께 추천한 이유를 함께 알려주는 것을 의미한다. – 옮긴이

6 https://ko.wikipedia.org/wiki/유즈넷 – 옮긴이

7 "그룹렌즈"라는 용어는 이러한 용어를 개발한 미네소타대학교에 있는 학술 단체를 말한다. 이 그룹은 추천 시스템 분야에서 지속적으로 활동 중이고 수년 동안 많은 선구적인 공헌을 해왔다.

헌 이외에는 데이터 세트를 벤치마킹에 활용하기 어렵던 초창기에 각종 데이터 세트를 공개하는 데 집중했다. 일례로 무비렌즈의 세 가지 유명한 데이터 세트[688]가 있다. 이 데이터는 연속적으로 자료의 크기가 증가하고 각각 $10^5$, $10^6$, $10^7$개의 영화 평점들을 포함한다.

## 아마존 추천 시스템

아마존Amazon 또한 추천 시스템의 선구자 중 하나였고 상업적인 환경에서 더 특별했다. 초기 몇 년 동안, 이 기술의 유용성을 자각하기 위한 선견지명을 가진 몇몇 소매기업 중 하나였다. 원래 전자책 소매업체로 설립된 e비즈니스는 사실상 모든 형태의 제품으로 확대됐다. 결과적으로 아마존은 이제 책, CD, 소프트웨어, 전자제품 등과 같은 모든 범주의 제품을 판매한다. 아마존의 추천 정보는 명시적으로 제공된 평가, 구매 행위 및 검색 행위에 근거해 제공된다. 아마존의 선호 단계는 5점 척도로 지정되며 가장 낮은 단계는 별점 1이며 가장 높은 단계는 별점 5이다. 아마존에서 지원하는 계정 인증 메커니즘으로 사용자가 로그인하면 고객별 구매 및 검색 데이터를 쉽게 수집할 수 있다. 또한 추천 정보는 사이트에 로그인할 때마다 사이트의 기본 웹 페이지에 있는 사용자에게 제공된다. 많은 경우 추천 정보에 대한 설명이 제공된다. 이를테면 추천 상품과 이전에 구매한 상품의 관계가 추천 시스템 인터페이스에 포함될 수 있다.

사용자의 구매 또는 검색 행위는 명시적 평점과 달리 사용자가 지정한 암묵적 평점의 유형으로 볼 수 있다. 많은 상용 시스템은 명시적 및 암시적 피드백을 토대로 추천 정보를 제공할 수 있을 만큼 유연하다. 실제로, 추천 프로세스에서 명백하고 암시적인 피드백을 동시에 설명하기 위해 여러 모델이 설계됐다(3장의 3.6.4.6절 참조). 아마존 추천 시스템의 초기 버전에서 사용된 알고리듬 중 일부는 [360]에서 논의한다.

## 넷플릭스 영화 추천 시스템

넷플릭스Netflix는 영화 및 TV 쇼의 우편 주문 DVD 대여 회사로 설립돼 스트리밍 배달 서비스로 확장됐다. 현재 넷플릭스의 주력 사업은 구독 기반으로 영화 및 TV 프로그램의 스트리밍 전달을 제공하는 것이다. 넷플릭스는 사용자에게 영화 및 TV 프로그램을 5단계로 평가[8]할 수 있는 기능을 제공한다. 또한 다양한 아이템을 보는 관점으로 사용자 평가를 저장한다. 이러한 평가 평점과 저장 방식은 넷플릭스에서 추천 정보를 작성하는 데 사용된다. 넷플릭스는 추천 정보에 대한 설명을 제공하는 훌륭한 일을 한다. 그것은 명시적으로 사용자가 시청한 특정 아이템을 기반으로 추천 정보를 제공한다. 이러한 정보는 사용자에게 특정 영화를 시청할지 여부를 결정하는 추가 정보를 제공한다. 사용자가 흥미로운 특정 영화를 발견할 수 있는 이유에 대한 이해를 제공하는 데 의미 있는 설명을 제시하는 것은 중요하다. 이 접근 방식으로 인해 사용자는 추

---

8 2017년부터 넷플릭스는 평점 대신 좋아요 또는 싫어요로 평가하는 방식으로 변경됐다. – 옮긴이

천 정보를 받아들이고 사용자 환경을 개선할 가능성을 높인다. 이러한 유형의 흥미로운 접근 방식은 고객 충성도와 유지력을 향상시키는 데에도 도움이 된다.

넷플릭스는 넷플릭스 프라이즈<sup>Netflix Prize</sup> 콘테스트의 결과로 연구 커뮤니티에 크게 기여했다. 이 콘테스트는 참가자가 제공한 다양한 협업 필터링 알고리듬 간의 경쟁을 위한 포럼을 제공하기 위해 계획했다. 넷플릭스 영화 평점의 데이터 세트가 발표됐고, 작업은 특정 사용자-아이템 조합의 평가를 예측하는 것이었다. 이를 위해 넷플릭스는 트레이닝<sup>training</sup> 데이터 세트와 퀄리파잉<sup>qualifying</sup> 데이터 세트를 제공했다. 트레이닝 데이터 세트에는 100,480,507개의 영화 평점이 포함됐고 480,189명의 사용자가 17,770편의 영화에 대해 제공했다. 트레이닝 세트 1,408,395개의 평점이 포함된 더 작은 탐지 세트<sup>probe set</sup>가 포함됐다. 탐지 세트는 나머지 트레이닝 데이터보다 최근 평점을 기반으로 했고 숨겨진 평점의 데이터 세트와 통계적으로 유사했다. 이 데이터 세트의 일부는 퀄리파잉 데이터 세트라 불렸다. 이 데이터 세트는 〈사용자, 영화, 평점〉의 형식으로 2,817,131개가 넘었다. 이 삼중 쌍에는 실제 평점이 포함되지 않았으며 이는 판정자에게만 알려졌음을 상기하자. 사용자는 트레이닝 데이터 모델을 기반으로 퀄리파잉 데이터 세트의 평가를 예측해야 했다. 이 예측은 판정자(또는 동등한 자동화 시스템)에 의해 성능 평가 됐고, 사용자는 리더 보드<sup>leader-board</sup>에 한정적 데이터 세트의 절반만으로 예측 결과를 (지속적으로) 통보받았다. 이 데이터 세트의 절반을 퀴즈 세트라 한다. 나머지 절반은 최종 평가 및 수상자 결정을 위한 테스트 세트로 사용됐다. 남은 절반의 평가 결과는 마지막까지 사용자에게 공개되지 않았다. 더구나 참가자들에게는 3개 한정적 세트 중 어느 것이 퀴즈 세트에 속하고 어떤 세트가 테스트 세트에 속했는지 밝혀지지 않았다. 테스트 세트를 이렇게 비정상적으로 배치한 이유는 사용자가 리더 보드에서 점수를 활용해 알고리듬을 테스트 세트에 대한 과적합 여부를 확인하기 위해서였다. 과적합과 관련된 문제는 7장, '평가 알고리듬'에서 설명한다. 실제로 참가자가 제출한 코드를 처리하기 위한 넷플릭스의 프레임워크는 추천 알고리듬의 적절한 평가 설계의 훌륭한 예다.

탐지 세트<sup>probe set</sup>, 퀴즈 세트 및 테스트 세트는 유사한 통계적 특성을 갖도록 설계됐다. 상금은 시네매치<sup>Cinematch</sup>로 알려진 넷플릭스 자체 추천 알고리듬의 개선이나 이전의 최고 점수를 일정한 기준으로 개선한 경우 주어졌다. 잠재 요인 모델과 같은 잘 알려진 많은 추천 알고리듬이 넷플릭스 콘테스트를 통해 대중화됐다. 넷플릭스 프라이즈 콘테스트는 수많은 연구 결과로 유명하다[71, 373].

## 구글 뉴스 개인화 시스템

구글 뉴스 개인화 시스템[697]은 클릭 기록을 기반으로 사용자에게 뉴스를 추천할 수 있다. 클릭 수는 Gmail 계정에서 사용하는 식별 메커니즘을 기반으로 특정 사용자와 관련된다. 이 경우 뉴스 기사는 아이템으로 취급된다. 사용자가 뉴스 기사를 클릭하는 행위는 해당 기사에 대한 긍정적인 평가로 간주될 수 있다. 이러한 평점은 사용자가 아이템에 관한 선호도를 표현할 수 있는 메커니즘은 있지만 비선호를 표시할 수 있는 메커니즘이 없는 단항 평가로 볼 수 있다. 또한 평점은 사용자가 명시적으로 지정하지 않고 사용자 작업에서 유추되기 때문에 암시적이다. 그럼에도 접근법의 변형은 평점이 명시적으로 지정되는 경우에도 적용될 수 있다. 수집된 평점에 협업 추천 알고리듬이 적용되므로 특정 사용자에 대한 개인화된 기사에 대한 추론이 이루어질 수 있다. 구글 뉴스에 대한 협업 필터링 시스템에 대한 설명은 [175]에서 제공된다. 구글 뉴스 개인 맞춤 설정 엔진에 대한 자세한 내용은 13장의 13.8.1.2절에서 설명한다.

**페이스북 친구 추천 시스템**

소셜 네트워킹 사이트는 종종 사이트에서 소셜 친구의 수를 늘리기 위해 알 수도 있는 친구를 사용자에게 추천한다. 페이스북[691]은 소셜 네트워킹 웹사이트의 한 예다. 이러한 종류의 추천은 제품 추천과는 약간 다른 목표를 갖고 있다. 제품 추천은 제품 판매를 촉진해 판매자의 이익을 직접 증가시키지만 소셜 네트워크의 수를 늘리면 소셜 네트워크 사용자의 경험이 풍부해진다. 이것은 소셜 네트워크의 성장을 장려하는 것으로 연결된다. 소셜 네트워크는 광고 수익을 높이기 위해 네트워크 성장에 크게 의존한다. 따라서 잠재적 친구(또는 링크)의 추천을 통해 네트워크의 성장과 연결성을 높일 수 있다. 이 문제는 소셜 네트워크 분석 분야의 링크 예측이라고도 한다. 그러한 추천 형태는 평점 데이터가 아닌 구조적 관계에 기반한다. 따라서 기본 알고리듬의 특성은 완전히 다르다. 링크 추천 문제는 10장에서 자세하게 다룬다. 시스템 기술을 추천하기 위한 전산 광고의 관계는 13장에서 논의한다.

## 1.2.1 추천 애플리케이션의 범위

다음은 추천 시스템의 다양한 구현에 의해 수행된 애플리케이션별 목표에 관해 간략한 개요를 설명한다. 제안된 제품에 대한 간략한 개요와 다양한 추천 시스템에 의해 달성된 목표는 표 1.1에 설명한다. 많은 추천 시스템은 책, 영화, 비디오, 여행 및 기타 상품 및 서비스를 포함한 다양한 제품의 전통적인 전자상거래 애플리케이션에 중점을 둔다. 추천 시스템의 전자상거래 애플리케이션에 대한 광범위한 적용 가능성은 [530]에서 논의된다. 그러나 추천 시스템은 제품 추천의 전통적인 영역을 넘어 확장됐다. 표 1.1의 일부 시스템이 특정 상품을 추천하지 않을 수도 있다는 점은 주목할 만하다. 예를 들어 검색 결과와 함께 제품을 광고할 수 있는 구글 검색 애플리케이션이 있다. 이는 컴퓨터 광고의 영역으로, 독자적인 영역이지만, 추천 시스템과 밀접한 관련이 있다. 이 부분은 13장의 13.8.2절에서 자세히 논의한다. 마찬가지로 페이스북은 친구를 추천하고 온라인 모집 사이트는 고용주와 구직자를 서로 추천한다. 이 마지막 시스템은 상호 추천 모델이라고 한다. 추천 알고리듬의 몇몇 모델은 전통적인 추천 시스템의 모델과 상당히 다르다. 이 책에서는 이러한 유사 콘텐츠에 대해 자세히 설명한다.

**표 1.1** 다양한 실제 추천 시스템에서 추천하는 제품의 예

| 시스템 | 제품 목표 |
| --- | --- |
| Amazon.com [698] | 도서와 다른 제품들 |
| Netflix [690] | DVD, 스트리밍 비디오 |
| Jester [689] | 농담 |
| GroupLens [687] | 뉴스 |
| MovieLens [688] | 영화 |
| last.fm [692] | 음악 |
| Google News [697] | 뉴스 |
| Google Search [696] | 광고 |
| Facebook [691] | 친구, 광고 |
| Pandora [693] | 음악 |
| YouTube [694] | 온라인 비디오 |
| Tripadvisor [695] | 여행 상품 |
| IMDb [699] | 영화 |

## 1.3 추천 시스템의 기본 모델

추천 시스템의 기본 모델은 (i) 평점이나 구매 행동과 같은 사용자-아이템 인터랙션, (ii) 텍스트로 된 프로파일 혹은 관련 키워드와 같은 사용자와 아이템에 관련한 속성 정보와 같이 두 종류의 데이터로 구성된다. 사용자-아이템 인터랙션을 이용하는 방법은 협업 필터링 방법collaborative filtering methods이라 하고, 사용자와 아이템에 관련한 속성 정보를 이용한 방법은 콘텐츠 기반 추천 방법content-based recommender methods이라고 한다. 콘텐츠 기반 추천 방법도 평점 행렬을 사용하지만 대부분의 경우 모든 사용자가 아닌 특정 사용자의 평점에 비중을 둔다. 지식 기반 추천 시스템 knowledge-based recommender systems에서의 추천은 특정 사용자의 조건을 기반으로 한다. 과거 평점이나 구매 데이터를 이용하는 대신, 외부 지식 기반과 제한 조건을 활용한다. 일부 추천 시스템은 이들을 혼합한 하이브리드 시스템을 만든다. 하이브리드 시스템은 여러 종류의 추천 시스템의 장점을 혼합해 다양한 환경에 대응할 수 있도록 한다. 다음에서 기본 모델에 관한 간단한 소개와 책 내 해당 모델과 관련 있는 장들을 소개한다.

## 1.3.1 협업 필터링 모델

협업 필터링 모델은 여러 사용자의 평점을 협업해 추천한다. 협업 필터링 방법을 설계하는 데 가장 큰 도전은 기본이 되는 평점 행렬의 분포가 고르지 않다는 점이다. 영화 관련 애플리케이션에서 특정 영화에 대한 사용자의 호불호를 담은 평점을 생각해자. 대부분의 사용자는 전 세계의 영화 중 극히 일부분만을 봤을 것이다. 그렇기 때문에 대부분의 평점은 명시되지 않는다. 명시된 평점은 관측된 평점이라고 할 수 있다. 이 책의 전반에서, "명시된specified" 그리고 "관측한observed"이라는 단어는 상호 교환적으로 사용한다. 명시되지 않은 평점 또한 "관측하지 않은unobserved" 또는 "누락된missing"이라고 표현한다.

협업 필터링 방법론의 기본 구조는 발견된 평점은 사용자와 아이템과 매우 높은 상관관계를 갖고 있어 명시되지 않은 평점 또한 대체가 가능하다는 점이다. 예를 들어 앨리스와 밥이라는 유사한 취향을 가지고 있는 사용자가 있다고 하자. 만약 두 사람 모두가 명시한 평점 후기가 매우 유사하다면, 그들의 유사도는 알고리듬을 통해 알 수 있다. 이런 경우에는 한 사람만 특정 영화에 대해 평가를 했을 때, 다른 한 사람도 유사한 평가를 내렸을 가능성이 크다고 유추할 수 있다. 따라서 이런 유사도는 완전하지 않은 값들을 추론하는 데 쓰일 수 있다. 협업 필터링의 대부분 모델은 아이템 간 상관관계나 사용자 간 상관관계를 예측 프로세스에 활용하는 데 중점을 둔다. 일부 모델은 두 상관관계를 모두 활용하기도 한다. 더 나아가 정답이 있는 데이터 훈련 모델을 만드는 방법과 같이 최적화 방법을 통해 모델을 훈련시키기도 한다. 이 모델은 구분자가 정답이 누락된 답을 유추하듯이 행렬의 빈 값을 채워 넣는 역할을 한다. 협업 필터링에 흔히 쓰이는 방법 두 가지는 메모리 기반 방법memory-based methods과 모델 기반 방법model-based methods이 있다.

1.  메모리 기반 방법: 이 방법론은 이웃 기반 협업 필터링 알고리듬으로도 알려져 있다. 협업 필터링 알고리듬 중 가장 초기의 방법론으로, 이웃을 기반으로 사용자-아이템 조합의 평점을 예측한다. 여기서의 이웃은 다음과 같은 두 가지 방법으로 정의한다.

    - 사용자 기반 협업 필터링: 타깃 사용자 A와 유사한 성향을 가지고 있는 사용자들의 평점 결과로 A의 추천을 진행한다. 기본 구조는 타깃 사용자 A와 유사한 사용자 정의와 피어 그룹 평가 결과의 가중 평균을 기반으로 A의 관측되지 않은 평점을 예측하는 것이다. 따라서 만일 앨리스와 밥이 과거 비슷하게 영화에 대해 평가했다면, 앨리스가 봤던 영화 〈터미네이터〉의 평점 결과를 밥의 관측하지 않은 영화 〈터미네이터〉의 평점을 예측하는 데 쓰일 수 있다. 일반적으로 밥과 가장 유사한 $k$명의 사용자들을 이용해 밥의 평점을 예측한다. 유사 사용자들을 찾기 위한 평점 행렬 행을 통해 유사도 함수를 계산한다.

    - 아이템 기반 협업 필터링: 사용자 A를 통해 타깃 아이템 B의 평점을 예측하려면 타깃 아

이템인 B와 가장 유사한 아이템 집합 $S$의 정의가 가장 첫 번째 단계이다. 사용자 A가 정의한 아이템 집합 $S$의 평점은 사용자가 아이템 B를 좋아할지 안 좋아할지 예측하는 데 쓰인다. 따라서 밥이 정의한 〈에이리언〉과 〈프레데터〉와 같은 과학 소설 영화에 대한 평점은 그가 아직 보지 않은 〈터미네이터〉의 평점을 예측하는 데 사용한다. 유사 아이템을 찾기 위한 평점 행렬 열을 통해 유사도 함수를 계산한다.

메모리 기반 기술의 장점은 적용하기 간단하고 추천 결과는 설명하기 쉽다는 점이다. 하지만 메모리 기반 알고리듬은 분포가 고르지 못한 평점 〈매트릭스〉에는 잘 작동되지 않는다는 단점이 있다. 예를 들어 밥과 유사한 사용자 중에서 〈글래디에이터〉를 평가한 사용자를 찾는 것은 어려울 수 있다. 이 경우에는 밥이 〈글래디에이터〉에 어떤 평점을 줄지 예측하기는 어렵다. 즉, 평점 예측의 전체를 커버하기에는 어려울 수 있는 방법론이다. 하지만 상위-$k$개의 아이템만 필요하다면 커버리지 부족은 큰 이슈거리가 아닐 것이다. 메모리 기반 방법론은 2장에서 좀 더 자세히 다룰 것이다.

2. **모델 기반 방법론**: 모델 기반 방법론은 예측 모델에 머신러닝과 데이터 마이닝 기술을 이용한다. 모델을 파라미터로 나타내는 경우에, 파라미터 값은 최적화 단계에 따라 학습된다. 모델 기반 방법론의 몇 가지 예시로는 의사 결정 트리decision trees, 룰 기반 모델rule-based models, 베이지안 방법론Bayesian methods 그리고 잠재 요인 모형Latent factor models이 있다. 이 방법론 중 대부분은 잠재 요인 모형을 예로 들자면 고르지 않은 평점 행렬에서도 높은 수준의 커버리지를 보여준다. 모델 기반 협업 필터링 알고리듬은 3장에서 다룬다.

메모리 기반 필터링 알고리듬이 단순성에 있어서는 가치가 있어도, 경험에 의거하는 경향이 있고 모든 경우에 적용되진 않는다. 메모리 기반 방법론은 경험을 기반으로 하지만 유사도 기반 모델로 간주할 수 있어, 메모리 기반과 모델 기반 방법론의 차이는 다소 인위적이기도 하다. 2장의 2.6절에서는 과거 회귀 기반 모형regression-based models이라는 이웃 기반 방법론의 일부 변형 버전을 소개할 것이다. 잠재 요인 모형은 넷플릭스 프라이즈 콘테스트 때문에 최근 더욱 유명해졌지만 비슷한 알고리듬은 이미 전부터 불완전한 데이터 세트[24]와 관련해 제안됐다. 최근에는 메모리 기반과 모델 기반 방법론의 조합[309]이 더욱 정확한 결과를 보여준다.

## 1.3.1.1 평점의 종류

추천 알고리듬 설계는 평점 추적 시스템에 영향을 받는다. 평점은 아이템의 좋고 싫음을 정량적으로 평가할 수 있는 척도로 활용한다. 평점은 $-10$과 $10$ 사이의 평점 값을 보이는 Jester joke 추천 엔진[228, 689]과 같이 연속형 값으로 나타낼 수 있다. 하지만 이런 경우는 매우 드물다. 평점은 주로 순서가 정렬된 서로 다른 숫자의 인터벌 형태로 좋고 싫음을 정량화한다. 이런 평점을 인터벌 기반 평점interval-based ratings이라고 한다. 이를테면 $\{-2, -1, 0, 1, 2\}$의 집합에서 다

**그림 1.1** 5점 인터벌 평점의 예

**종합 평점**

| | Excellent | Very Good | Good | Fair | Poor | NA |
|---|---|---|---|---|---|---|
| 1. 강의 내용의 품질 | ○ | ○ | ○ | ○ | ○ | ○ |
| 2. 강사의 전반적인 강의 능력 | ○ | ○ | ○ | ○ | ○ | ○ |

**그림 1.2** 스탠퍼드대학교 과정 평가에서 사용한 서수 평점의 예

섯 포인트의 평가 체계를 나타낸다면, −2는 매우 싫음을 나타내고 2는 매우 좋음을 의미한다. {1, 2, 3, 4, 5}와 같은 집합에서도 평점을 매길 수 있을 것이다.

평점 표현 방식은 시스템에 따라 다를 수 있다. 5개의 포인트, 7개의 포인트, 10개의 포인트가 가장 대표적 체계이다. 그림 1.1과 같은 5점 평점 시스템은 인터벌 평점의 예시다. 각각의 가능한 평점은 사용자의 관심 수준을 의미한다. 평점 표현 방식은 아마존이나 넷플릭스와 같이 제공사별로 다를 수 있다. 예를 들어 넷플릭스는 5점 평점 체계를 가지고 있는데 4개의 별점은 "매우 좋음"을 의미하고 중간 값이 3개의 별점은 "좋음"을 표현한다. 따라서 넷플릭스에서는 3개의 좋음을 표현하는 평점과 2개의 나쁨을 표현하는 평점을 가지는 평점 척도의 불균형이 있다. 경우에 따라 짝수 개의 평점이 있을 수 있다. 이 접근 방식을 강제 선택 평가 시스템이라고 한다.

같은 목적을 이루기 위해 {강한 비동의, 비동의, 중립, 동의, 강한 동의}와 같은 순서형의 범주형 값을 이용할 수도 있다. 이러한 평점을 서수의 속성 개념에서부터 파생된 단어인 서수 평점ordinal ratings이라 부른다. 서수 평점의 예시로 스탠퍼드대학교의 강의 평가 양식으로, 그림 1.2와 같은 모습이다. 이진 평점binary ratings은 사용자가 상품에 대해 좋거나 싫음에 대한 평가만을 할 수 있다. 예를 들어 평점은 0, 1 또는 지정되지 않은 값일 수 있다. 지정되지 않은 값은 0 또는 1의 값으로만 예측해야 한다. 평점 체계의 특별 케이스는 호감만을 표현하고 비호감 표현에 대한 기능은 없는 단항 평점unary ratings이다. 단항 평점은 특히나 암시적인 피드백 데이터 세트[259, 260, 457]의 경우에 가장 흔하게 보인다. 이러한 경우는 고객의 선호도가 그들의 행동에 따르는 것이고, 지정한 평점에 기반한 것이 아니다. 예를 들어 고객의 구매 행동은 단항 평점으로 표현할 수 있다. 고객이 물건을 구매할 경우 이는 그 물건에 대한 고객의 선호로 생각할 수 있다. 그렇다고 해서 물건을 구매하지 않는 행위가 반드시 선호하지 않음을 의미하는 것은 아니다. 유사하게 페이스북과 같은 소셜 네트워크는 아이템에 대한 호감을 표현할 수 있도록 "좋아요" 버튼을 이용한다. 하지만 아이템에 대한 비호감을 표현할 수 있는 기능은 없다. 암시적 피드백 설정은 데이터 분류에서의 Positive-unlabeled(PU) 학습 문제의 행렬 완성 아날로그$^{matrix\ completion}$ $^{analog}$로 볼 수 있다[259].

## 명시적 평점과 암시적 평점의 예시

명시적 평점의 정량적 예시는 그림 1.3(a)과 같다. 이 경우는 $U_1 \ldots U_6$이라는 6명의 사용자들이 있고 6개의 영화명이 있다. 그림 1.3(a)는 높은 평점일수록 더욱 긍정적 피드백을 의미한다. 빈 칸은 명시되지 않은 선호도다. 사실 이 그림은 작은 예시일 뿐이다. 평점은 $m \times n$ 행렬로 표현할 수 있는데, $m$과 $n$은 통상 매우 크며, 수십만 정도가 될 수 있다. 이 특정 예제가 $6 \times 6$ 행렬을 쓰지만 실제 시나리오에서는 일반적으로 그러하지 않다. 평점 행렬은 때로는 그 의미상 완전히 동일하진 않지만 효용 행렬이라고 부르기도 한다. 하지만 엄밀히 말하자면 효용이 이익의 양을 의미하기 때문에, 사용자-아이템 조합의 효용성은 특정 사용자에게 해당 아이템을 추천했을 때 생기는 이익의 양을 의미한다. 효용 행렬이 종종 평점 행렬과 동일하다고 하는데 특정 도메인 기준에 따라서는 평점이 효용 값으로 변환되는 애플리케이션이 있기는 하다. 이 경우 모든 협업 필터링 알고리듬은 평점 행렬이 아닌 효용 행렬에 적용된다. 하지만 이러한 접근 방법은 실제 환경에서는 드물게 적용되고, 대부분의 협업 필터링 알고리듬은 바로 평점 행렬과 연결된다.

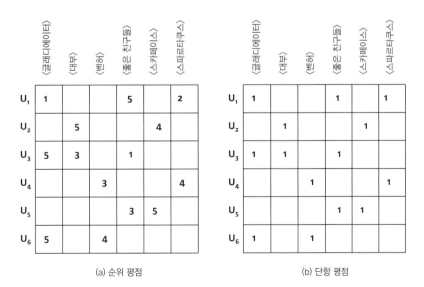

(a) 순위 평점                    (b) 단항 평점

**그림 1.3** 효용 행렬의 예

그림 1.3(b)는 단항 평점 행렬의 예시이다. 평점이 단항인 경우의 행렬은 긍정적 선호만을 의미하기 때문에 긍정적 선호 효용 행렬positive preference utility matrix이라고 부른다. 그림 1.3의 두 행렬은 동일한 빈칸을 가지고 있지만 매우 다른 인사이트를 제공한다. 일례로 그림 1.3(a)의 $U_1$과 $U_3$은 공통되게 명시한 칸에서 매우 다른 평점을 부여하고 있기 때문에 두 사용자는 크게 다르다 볼 수 있다. 하지만 동일한 사용자들에 대해 그림 1.3(b)로 본다면 그들은 동일 아이템에 대해 긍정적 선호를 보이고 있기 때문에 두 사용자는 유사하다고 결론지을 수 있다. 평점 기반 효용은 아이템에 대한 부정적 선호를 알 수 있게 해준다. 예를 들자면 그림 1.3(a)의 사용자 $U_1$은 영화 〈글래디에이터〉를 좋아하지 않는다. 긍정적 선호 효용 행렬인 그림 1.3(b)에서는 긍정도 부정도 표현되지 않은 누락된 칸 말고는 부정을 표현할 수 있는 방법이 없다. 다르게 표현하자면 그림 1.3(b)의 행렬은 표현력이 부족하다. 그림 1.3(b)는 이진형 행렬 예시를 보여주지만 0이 아닌 아이템은 임의의 양수 값이 될 수 있다. 예를 들어 다른 사용자들이 구매한 아이템 개수일 수 있다. 단항 행렬은 일반적으로 물건을 사는 행위와 같은 사용자 행동을 기반으로 만들어지기 때문에 암시적 피드백 행렬이라고도 부른다.

단항 평점은 아이템에 대한 사용자의 비호감 여부를 알 수 없기 때문에 추천 알고리듬에 매우 큰 영향을 끼친다. 단항 행렬은 종종 값이 비어 있는 항을 초기 단계에서 0으로 표현하는 간단한 방법의 분석이 제안[260]되기도 한다. 하지만 아이템이 사용자의 취향과 맞는다면, 학습 알고리듬을 통한 최종 예측 값은 0보다 훨씬 큰 값일 수 있다. 따라서 추천된 아이템은 초깃값 "0"이라는 가정에 대한 가장 큰 양의 예측 오류가 있는 항을 기반으로 한다. 만일 누락된 항을 0으로 대체하지 않는다면 치명적인 과적합이 발생할 수 있다. 이러한 과적합은 평점 내 다양한 관측 결과 간의 충분한 차이가 있지 않을 때 생기곤 한다. 명시적 피드백 행렬에서 평점은 (매우 차별화된) 선호도에 해당하는 반면, 암시적 피드백 행렬에서의 평점은 (덜 차별화된) 신뢰도에 해당한다. 이후 장에서는 누락된 항을 0으로 취급하지 않는 (3장의 3.6.6.2절과 같은) 암시적 피드백 행렬의 과적합에 대한 구체적 예시를 보여줄 것이다.

명시적 평점 행렬에서는 누락된 평점을 미리 다른 값으로 대체하는 것을 권장하지 않는다. 명시적 평점 행렬은 '좋아요'와 '싫어요'가 동시에 있는데, 누락 항을 대체할 수 있는 값(0 혹은 행, 열의 평균)은 항상 분석에서 큰 바이어스가 발생한다. 단항의 경우에는 암시적 피드백 데이터에 대한 전제가 되는 가정이 물건 구매의 케이스와 같이 '사용자는 대부분의 아이템을 사지 않을 것이다'이다. 따라서 누락 값을 0으로 대체하는 방법은 명시적 평점 행렬보다는 다소 약한 바이어스로 이어진다[457, 467, 468]. 이 대체 값은 큰 양의 과적합을 줄여주기 때문에 이 정도의 바이어스는 감안하기도 한다. 이러한 선택을 하면서는 흥미로운 계산과 관련된 영향을 받기도 한다. 이 트레이드 오프는 2장과 3장에 논의할 것이다.

## 1.3.1.2 결측치 분석과의 관계

협업 필터링 모델은 결측치 분석과 밀접하게 연관돼 있다. 결측치 분석에 관한 기존 문헌에서는 불완전한 행렬의 값들을 채우는 문제를 연구했다. 협업 필터링은 기본이 되는 데이터 행렬이 매우 크고 드물게 분포돼 있기 때문에 이 문제는 특히 어려운 케이스로 여겨진다. 통계와 관련된 문헌에서 나오는 자세한 결측치 분석 방법론은 [362]에서 찾을 수 있다. 이 결측치 분석 방법론 중 일부는 크고 드물게 분포돼 있는 행렬에 대해서는 특별한 보정이 필요하지만 이외 방법론들은 추천 시스템에 활용할 수 있다. 잠재 요인 모델과 같이 추천 시스템의 최근 모델 중 일부는 일찍부터 결측치 분석과 관련[24]된 연구를 했다. 유사한 방법론이 추천 시스템에서 독립적으로 제안됐다[252, 309, 313, 500, 517, 525]. 대체적으로 전통적인 결측치 평가 방법론[362]은 협업 필터링에서도 활용한다.

### 1.3.1.3 분류와 회귀 모델링의 일반화로써의 협업 필터링

협업 필터링 방법론은 분류와 회귀 모델링의 일반화로 여겨지기도 한다. 분류와 회귀 모델링 문제에서는 클래스/종속변수를 결측치 속성으로 볼 수 있다. 다른 열은 피처/독립변수로 취급한다. 협업 필터링 문제는 (유일한) 클래스 변수의 경우만 제외하곤 어떤 열이든 결측치가 존재할 수 있기 때문에 프레임워크를 일반화할 수 있다. 추천 문제에서는 클래스 변수와 피처 값은 종속변수와 독립변수의 역할을 모두 하기 때문에 명확한 차이점이 존재하지 않는다. 이 차이점은 분류 문제에만 해당하는데 그 이유는 결측치는 특정 열에만 제한되기 때문이다. 더 나아가 협업 필터링에서는 학습 세트와 테스트 세트의 행에서는 어디든 결측치가 있을 수 있기 때문에 차이가 없다. 그렇기 때문에 협업 필터링에서의 학습 행과 테스트 행보다 학습과 테스트 세트의 항에 대해 이야기하는 것이 더 의미 있다. 협업 필터링은 예측이 행 방식이 아닌 항 방식entry-wise으로 수행하는 분류와 회귀 모델링의 일반화다. 많은 분류와 회귀 모델링 방법론은 추천 시스템으로 일반화할 수 있으므로 분류/회귀 모델링과 협업 필터링의 관계를 기억하는 것은 중요하다. 두 문제의 관계는 그림 1.4에서 확인할 수 있다. 그림은 협업 필터링을 분류와의 관계를 구분할 때 유용하다. 그리고 이 그림은 본 책에서 몇 번이고 다시 언급할 것이다. 이 두 문제 간의 유사점은 알고리듬 또는 이론 개발을 위해 어떤 식으로든 사용한다.

행렬 완성 문제는 분류 및 회귀 문제에서 전이 환경transductive setting과 많은 특징을 공유한다. 전이 환경에서는 테스트 인스턴스는 학습 과정에 포함되고(특히 준지도 알고리듬에서 쓰인다), 학습할 때에는 존재하지 않는 테스트 인스턴스를 예측하는 일은 어려운 경우가 많다. 이와 반대로 새로운 인스턴스에 대한 예측을 쉽게 할 수 있는 모델을 귀납적inductive이라고 한다. 예를 들어 분류 문제에서 나이브 베이즈 모델은 모델을 만들 때에는 알 수 없었던 테스트 인스턴스의 레이블을 쉽게 예측할 수 있기 때문에 본질적으로 귀납적이다.

행렬 완성 환경은 학습 데이터와 테스트 데이터가 행렬 $R$이라는 $m \times n$ 평점 행렬로 서로 밀접하게 연결돼 있고, 많은 모델이 표본에서 벗어난 사용자 또는 아이템에 대해서는 평점을 쉽게

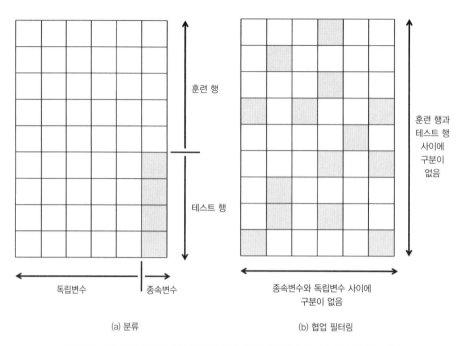

훈련 행

테스트 행

독립변수　　종속변수

(a) 분류

훈련 행과
테스트 행
사이에
구분이
없음

종속변수와 독립변수 사이에
구분이 없음

(b) 협업 필터링

**그림 1.4** 기존 분류 문제와 협업 필터링 비교. 음영 처리된 항이 예측해야 할 결측치다.

예측하지 못하기 때문에 본질적으로 변환적이다. 만일 존이 협업 필터링 모델이 이미 만들어진
후에, 평점 행렬에 추가(다양한 명시된 평점 정보와 함께)가 됐다면, 많은 기존의 방법론은 존에 대
해서 예측하지 못할 것이다. 이 점은 모델 기반 협업 필터링 방법론의 경우 더욱 심하다. 하지만
최근의 행렬 완성 모델은 표본에서 벗어난 사용자나 아이템의 평점도 예측할 수 있도록 귀납적
으로 디자인되기도 한다.

## 1.3.2 콘텐츠 기반 추천 시스템

콘텐츠 기반 추천 시스템에서는 아이템의 설명 속성을 추천에 활용한다. "콘텐츠"라는 용어가
설명에 해당한다. 콘텐츠 기반 방법론은 사용자의 평점과 구매 행동이 아이템의 콘텐츠 정보
와 조합된다. 예를 들어 존이 〈터미네이터〉라는 영화에 높은 평점을 줬고 다른 사용자의 평점
에 대해서는 알 방법이 없다고 해보자. 이 경우 협업 필터링 방법론은 사용할 수 없다. 하지만
〈터미네이터〉라는 아이템의 설명에서는 〈에이리언〉, 〈프레데터〉와 같은 다른 공상과학영화와
같은 유사 장르 키워드를 포함하고 있다. 이때는 〈에이리언〉과 〈프레데터〉를 존에게 추천할 수
있다.

　콘텐츠 기반 방법론에서 평점과 함께 레이블돼 있는 아이템 설명은 사용자별 분류 혹은 회귀
모델링 문제를 만들 때의 학습 데이터로 활용한다. 각 사용자에게 학습 데이터는 사용자가 직

접 구매하거나 작성한 아이템 설명에 해당한다. 클래스 (혹은 종속) 변수는 명시된 평점 혹은 구매 행동에 해당한다. 학습 데이터는 특정 사용자(혹은 활발한 사용자)의 분류 모델 혹은 회귀 모델을 만드는 데 사용한다. 이러한 사용자 특정 모델은 해당 개인이 평점이나 구매 행동이 알려지지 않은 경우에 아이템을 좋아할지 좋아하지 않을지 예측하는 데 사용한다.

콘텐츠 기반 방법론은 평점 데이터가 충분하지 않은 새로운 아이템에 대한 추천에 있어 몇 가지 장점이 있다. 활성 사용자들이 유사한 속성을 가진 다른 아이템들을 평가했을 수 있기 때문이다. 따라서 지도 모델에서는 아이템에 대한 평점 이력이 없다 하더라도 속성을 활용해 추천에 활용할 평점을 매길 수 있다. 하지만 콘텐츠 기반 방법론에도 몇 가지 단점이 존재한다.

1. 대부분의 경우 콘텐츠 기반 방법론은 키워드나 내용 때문에 명백한 추천을 제공한다. 예를 들어 사용자가 단 한 번도 특정 키워드가 있는 아이템을 이용한 적이 없다면 그러한 아이템을 절대 추천하지 않을 것이다. 이는 구성된 모델이 현재의 사용자에게 제한돼 있고 유사한 사용자의 커뮤니티 지식을 활용하지 않았기 때문이다. 이런 현상은 추천 아이템의 다양성을 줄이는 바람직하지 않은 경우다.

2. 콘텐츠 기반 방법론이 새로운 아이템 추천에는 매우 효과적이라 하더라도, 새로운 사용자에게 제안하는 추천은 효과적이지 않다. 타깃 사용자를 위해 학습되는 모델은 사용자의 평점 이력이 있어야만 하기 때문이다. 사실 과적합이 없는 견고한 예측을 하기 위해서는 타깃 사용자의 매우 많은 수의 평점 정보가 중요하다.

따라서 콘텐츠 기반 방법론은 협업 필터링 시스템과는 다른 트레이드 오프가 존재한다.

비록 앞에서의 설명은 콘텐츠 기반 방법론에 대한 전통적인 학습 기반 관점을 제시했더라도 이 방법론에 대한 폭넓은 관점은 종종 사용한다. 이를테면 사용자는 자신의 프로파일 정보에 관련 키워드를 명시할 수 있다. 이 프로파일 정보는 추천을 제공할 때 물품의 상세 정보와 매칭할 수 있다. 이러한 접근 방법은 추천 과정에서 평점으로 활용하지는 않고 콜드 스타트 시나리오[9]에 실용적이다. 하지만 해당 방법론은 종종 지식 기반 시스템으로 알려지기도 한, 추천 시스템의 별개의 클래스로 간주되기도 한다. 유사도 측정 기준이 도메인 지식을 기반으로 하기 때문이다. 지식 기반 추천 시스템은 콘텐츠 기반 추천 시스템과 매우 밀접하게 연관돼 있다고 보기도 하고, 때로는 두 가지 간의 명백한 경계가 존재하는지 의문이 제기되기도 한다[558]. 콘텐츠 기반 추천 시스템의 방법론은 4장에 정리돼 있다.

## 1.3.3 지식 기반 추천 시스템

---

9 정보가 없어 추천을 새로 시작하는 데 있어 곤란한 시나리오 - 옮긴이

지식 기반 추천 시스템은 자주 구매하지 않는 아이템에 대해서 특히나 유용하다. 부동산, 자동차, 관광 요청, 금융 서비스, 또는 값비싼 명품 제품 등이 이 아이템에 해당한다. 이런 경우 충분한 평점이 추천 과정 중에 존재하지 않을 수 있다. 아이템을 드물게 구매하기도 하고 상세 옵션의 종류가 다르기 때문에, 구매하려는 아이템의 특정 인스턴스화(즉, 옵션들의 조합)에 대해 충분한 평점 정보를 얻는 것은 어렵다. 이 문제는 추천 과정에 충분한 평점이 없다면 콜드 스타트 문제에서도 직면하게 되는 문제다. 또한 소비자 선호도의 특성은 이러한 아이템을 다룰 때 시간이 지남에 따라 변화할 수 있다. 예를 들어 자동차 모델이 몇 년 간 급격하게 발전한다면 소비자 선호에 있어서도 같은 변화 과정이 존재할 것이다. 다른 예시로 평점 이력만을 가지고는 사용자의 관심사를 정확히 알기는 어려울 것이다. 특정 아이템은 다양한 속성을 가질 수 있으며 사용자는 특정 속성을 가진 아이템에 대해서만 관심을 가질 수 있다. 예를 들어 자동차에는 여러 제조업체, 모델, 색상, 엔진 옵션, 인테리어 옵션이 있고, 사용자의 관심사는 이런 옵션의 특정 조합으로 제한될 수 있다. 따라서 이런 경우에는 아이템의 도메인은 아이템이 가진 다양한 속성에 따라서 매우 복잡해질 수 있고, 많은 조합 수에 해당하는 충분한 평점 정보를 연결짓는 것은 어려운 일이다.

위와 같은 경우는 추천을 위해 평점을 활용하지 않는 지식 기반 추천 시스템으로 해결할 수 있다. 고객의 요구 사항과 아이템 상세 정보 간의 유사도, 혹은 사용자 요구 사항을 정하면서 생긴 제약 조건을 이용해 추천 프로세스를 수행할 수 있다. 추천 프로세스는 검색 과정에서 사용하는 규칙과 유사도 함수에 대한 데이터를 포함하는 지식 기반을 사용하기 때문에 가능하다. 사실 지식 기반은 위에서 언급한 방법의 효과적인 기능에 대해 매우 중요하므로 지식 기반은 이 사실에서 이름을 따왔다. 요구 사항을 좀 더 자세하게 명시하면 추천 과정에 있어서 사용자를 관리하기에 매우 효과적이다. 협업 시스템, 콘텐츠 기반 시스템 모두 추천은 사용자의 과거 행동/평점, 비슷한 피어의 행동/평점, 고객 본인이 원하는 바를 상세히 명시한 두 가지 지식 기반 시스템의 조합에 의해 전적으로 결정된다. 차이점은 표 1.2에 나와 있다.

지식 기반 추천 시스템은 앞서 언급한 목표를 달성하기 위해 활용하는 인터페이스(해당 정보)로 나눌 수 있다.

1. 제약 기반 추천 시스템: 제약 기반Constraint-based 추천 시스템[196, 197]에서는 사용자가 아이템에 대해 요구 사항과 제한 내용(상계, 하계 제한선)을 아이템 속성에 기입하게 된다. 이러한 인터페이스의 예가 그림 1.5에 설명돼 있다. 도메인별 규칙은 사용자 요구 사항과 아이템 속성을 일치시키는 데 사용한다. 이 규칙은 해당 시스템에서 사용하는 도메인별 지식을 나타내고 아이템 속성에 대한 도메인별 제약 조건 형식이 될 수 있다(예: "1970년 이전의 자동차에는 크루즈 컨트롤이 없다."). 또한 제약 기반 시스템은 종종 사용자 속성을 아이템 속성과 연관시키는 규칙을 만든다(예: "노련한 투자자는 초고위험 상품에 투

**표 1.2** 다양한 추천 시스템의 개념적 목표

| 접근 방식 | 개념적 목표 | 입력 값 |
| --- | --- | --- |
| 협업 필터링 | 피어와 나 자신의 평가와 행동을 활용하는 협업 접근 방식을 기반으로 추천 제공 | 사용자 평점 + 커뮤니티 평점 |
| 콘텐츠 기반 | 과거 평점과 행동에서 선호했던 콘텐츠(속성)를 기반으로 추천 제공 | 사용자 평점 + 아이템 속성 |
| 지식 기반 | 내가 원하는 콘텐츠(속성) 유형의 명시적인 사양(specification)을 기반으로 추천 제공 | 사용자 사양 + 아이템 속성 + 도메인 지식 |

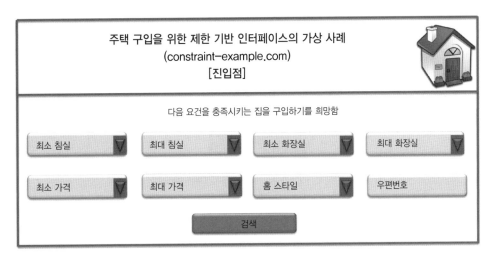

**그림 1.5** 제약 기반 추천을 위한 초기 사용자 인터페이스 가상 사례

자하지 않는다."). 이러한 경우 사용자 속성은 검색 프로세스에서 명시될 수도 있고 검색 결과의 수와 유형에 따라 사용자가 기존의 요구 사항을 수정할 수도 있다. 검색 결과가 너무 적은 경우 제약 조건 중 일부를 완화하거나 더 많이 추가할 수 있다. 검색 프로세스는 사용자가 원하는 결과에 도달할 때까지 상호작용하며 반복한다.

2.  사례 기반 추천 시스템: 사례 기반 추천 시스템[102, 116, 377, 558]의 특정 사례는 사용자가 대상 또는 앵커 포인트anchor points로 지정된다. 유사도 측정은 이러한 사례와 유사한 아이템을 검색하기 위해 아이템 속성에 정의된다. 그림 1.6은 이런 인터페이스의 예를 보여준다. 종종 도메인 특화 방식으로 유사도 측정 형식을 신중하게 정의한다. 따라서 유사도 측정은 해당 시스템에서 사용하는 도메인 지식을 형성한다. 검색된 결과는 사용자에 의해 상호작용한 일부 수정 사항을 반영해 새로운 대상으로 사용하는 경우가 많다. 예를 들어 사용자가 원하는 결과와 거의 비슷한 검색 결과가 표시되면 해당 대상을 사용해 재검색할 수 있지만 일부 속성은 사용자의 취향에 맞게 변경될 수 있다. 이 상호작용적인 프로세스는 사용자를 관심 아이템으로 안내하는 데 사용한다.

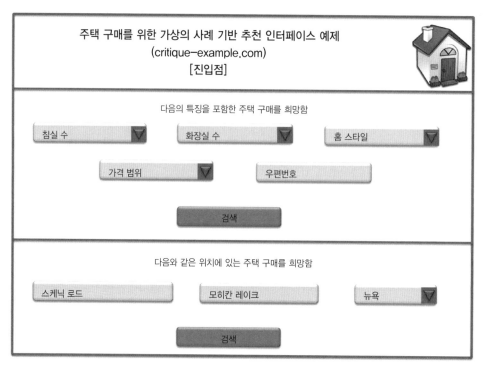

**그림 1.6** 사례 기반 추천에 대한 초기 사용자 인터페이스의 가상적인 예

두 경우 모두, 시스템은 사용자에게 명시한 요구 사항을 변경할 수 있는 기회를 제공하지만 실행되는 방식은 다르다. 사례 기반 시스템에서 예제(또는 사례)는 유사도 척도와 함께 검색을 유도하는 앵커 포인트로 사용한다. 평론 인터페이스는 사용자가 반복할 때마다 선호 아이템의 하나 이상의 속성을 반복적으로 수정하는 시스템에서 피드백을 표현할 때 특히 유용하다. 제약 기반 시스템에서는 검색을 유도하기 위해 규칙(또는 제약 조건)을 사용한다. 가이드의 형태는 종종 사용자가 검색 기반 인터페이스로 제약 조건을 명시하는 검색 기반 시스템의 형태를 취할 수 있다.

지식 기반 추천 시스템의 상호작용은 어떻게 이루어지는가? 이 가이드는 다음 방법 중 하나 이상을 통해 수행한다.

1. 대화형 시스템: 사용자 선호도는 피드백 루프의 맥락에서 반복적으로 결정된다. 주된 이유는 아이템 도메인이 복잡하고, 사용자 선호도를 반복적인 대화형 시스템의 맥락에서만 결정할 수 있기 때문이다.

2. 검색 기반 시스템: 검색 기반 시스템에서 사용자 선호도는 "당신은 교외의 주택과 도시 속의 주택 중에서 어느 곳을 선호합니까?"와 같은 사전에 설정한 일련의 질문으로 추출한다. 경우에 따라 특정 검색 인터페이스는 사용자 제약을 명시하는 기능을 제공하기 위해 설정할 수 있다.

3. 탐색 기반 추천: 탐색 기반 추천Navigation-based recommendation에서 사용자는 현재 추천하는 아

이템에 대한 변경 요청 수를 명시한다. 반복되는 변경 요청을 통해 원하는 아이템에 도달할 수 있다. 특정 주택을 추천할 때 사용자가 명시한 변경 요청의 예는 다음과 같다. "현재 추천한 집에서 약 5마일 떨어진 유사한 집을 원한다." 이러한 추천 시스템을 평론 추천 시스템critiquing recommender systems[417]이라고 한다.

지식 기반 시스템과 콘텐츠 기반 시스템이 아이템의 속성에 크게 의존한다는 것은 주목할 만한 부분이다. 지식 기반 시스템은 콘텐츠 속성을 사용하기 때문에 콘텐츠 기반 시스템과 동일한 단점을 일부 갖고 있다. 예를 들어 콘텐츠 기반 시스템과 마찬가지로 커뮤니티(즉, 피어) 평점을 활용하지 않기 때문에 지식 기반 시스템의 추천이 명확해질 수 있다. 사실 지식 기반 시스템은 때로는 콘텐츠 기반 시스템[558]의 "사촌"으로 간주한다. 큰 차이점은 콘텐츠 기반 시스템은 사용자 과거 행동으로부터 학습하는 반면, 지식 기반 추천 시스템은 자신의 필요와 관심사에 대한 능동적인 사용자 요구 사항을 기반으로 추천한다는 것이다. 따라서 대부분의 추천 문헌에서 지식 기반 추천은 콘텐츠 기반 추천과는 다른 범주로 간주한다. 이러한 구별은 시스템의 목표와 사용한 입력 데이터(표 1.2 참조)의 종류에 기반한다. 다양한 형태의 지식 기반 추천 시스템은 5장에서 논의한다.

### 1.3.3.1 효용 기반 추천 시스템

효용 기반 추천 시스템에서 효용 함수는 사용자가 아이템[239]을 좋아할 확률을 계산하기 위해 제품 피처에 정의한다. 효용 기반 방식의 핵심 과제는 현재 사용 중인 사용자에게 적절한 효용 함수를 정의하는 것이다. 주목할 만한 점은 협업, 콘텐츠 기반 또는 지식 기반 방식이건 상관없이 추천 시스템은 대상 사용자에 대한 인지된 가치(또는 효용)에 근거해 추천한 아이템의 순위를 암묵적으로 매긴다는 것이다. 효용성 기반 시스템에서 효용 값은 우선순위a priori로 알려진 함수를 기반으로 한다. 이러한 의미에서 효용 함수는 일종의 외부 지식으로 간주할 수 있다. 결국 효용성 기반 시스템은 지식 기반 추천 시스템의 특정 사례로 볼 수 있다. 실제로 지식 기반 추천 시스템에서 아이템의 순위를 매기는 효용 함수를 다양한 방법으로 빈번하게 사용한다는 것을 5장에서 보여줄 것이다.

## 1.3.4 인구 통계학적 추천 시스템

인구 통계학적 추천 시스템에서 사용자에 대한 인구 통계학적 정보를 특정 인구 통계학적 평점 또는 구매 성향과 연결할 수 있는 분류 모델을 학습하는 데 활용한다. 그룬디Grundy[508]라 부르는 초기 추천 시스템은 수동으로 작성한 정형화된 생각을 기반으로 하는 라이브러리로 책을 추천했다. 양방향 대화를 통해 사용자의 특성을 수집했다. [320]의 연구에서는 시장 조사를 통해서 인구 통계학적 그룹을 아이템을 추천하는 데 사용할 수 있음을 관찰했다. 또 다른 연구[475]에서는 특정 페이지를 높게 평가한 사용자의 인구 통계학적 특성을 기반으로 웹 페이지를 추천한다. 대부분의 경우 인구 통계학적 정보를 추천 프로세스에서 추가적인 컨텍스트와 결합할 수 있다. 이 접근법은 컨텍스트 감지 추천 시스템의 방법론과 관련이 있다. 이러한 방법 중 일부는 8장의 8.5.3절에서 설명한다.

더욱 최근의 기술들은 분류 모델을 사용해 추천을 만드는 데 집중했다. 이 점에서 흥미로운 시스템 중 하나는 특정 홈페이지를 좋아할 가능성을 예측하기 위해 사용자 홈페이지로부터 피처를 추출하는 기술이었다. 규칙 기반 분류 모델[31, 32]은 인구 통계학적 프로파일을 대화형 방식으로 구매 행위와 관련시키기 위해 종종 사용한다. [31, 32]의 접근법은 특정 아이템을 추천하기 위해 특별히 사용하진 않았지만 추천 시스템과 쉽게 연결할 수 있다. 이러한 추천 시스템은 피처 변수가 인구 통계학적 프로파일에 해당하고 종속변수가 평점 또는 구매 행동에 해당하는 바닐라 분류 및 회귀 모델링 문제와 크게 다르지 않다. 인구 통계학적 추천 시스템은 대개 독립 실행형으로 최상의 결과를 제공하지는 않지만 하이브리드 또는 앙상블 모델의 구성 요소로서 다른 추천 시스템의 힘을 크게 보탠다. 인구 통계학적 기법은 때로 지식 기반 추천 시스템과 결합해 강건성을 높인다.

## 1.3.5 하이브리드와 앙상블 기반 추천 시스템

앞서 언급한 세 가지 시스템은 서로 다른 입력 소스를 이용하며 서로 다른 시나리오에서 잘 작동할 수 있다. 예를 들어 협업 필터링 시스템은 커뮤니티 평점에 의존하고 콘텐츠 기반 방식은 텍스트 설명과 대상 사용자 자신의 평점에 의존하며 지식 기반 시스템은 지식 기반 환경에서 사용자와의 상호작용에 의존한다. 마찬가지로 인구 통계학적 시스템은 사용자의 인구 통계학적 프로파일을 사용해 추천한다. 이러한 서로 다른 시스템이 서로 다른 유형의 입력을 사용하고 다른 강점과 약점을 가지고 있다는 것은 주목할 만한 사실이다. 지식 기반 시스템과 같은 일부 추천 시스템은 상당량의 데이터를 사용할 수 없는 콜드 스타트 환경에서 더 효과적이다. 협업 필터링과 같은 다른 추천 시스템은 많은 양의 데이터를 이용할 수 있을 때 더욱 효과적이다.

좀 더 다양한 입력이 가능한 많은 경우에 동일한 작업에 대해 서로 다른 유형의 추천 시스템을 사용할 수 있는 유연성이 있다. 그런 경우 하이브리드화를 위한 많은 기회가 존재하는데, 여러 유형의 시스템으로부터 다양한 측면이 결합돼 최고의 시스템이 된다. 하이브리드 추천 시스템은 앙상블 분석 분야와 밀접한 관련이 있다. 여러 유형의 기계 학습 알고리듬의 힘을 결합해 더욱 견고한 모델을 만든다. 앙상블 기반의 추천 시스템은 여러 데이터 소스의 힘을 결합할 수 있을 뿐만 아니라 같은 유형의 여러 모델을 결합해 특정 클래스의 추천 시스템(예: 협업 시스템)의 효율성을 향상시킬 수 있다. 이 시나리오는 데이터 분류 분야의 앙상블 분석과 크게 다르지 않다. 6장에서는 추천 시스템을 위한 다양한 하이브리드화 전략을 연구한다.

## 1.3.6 추천 시스템의 평가

추천 알고리듬들이 주어지면 얼마나 잘 수행되는가? 상대적인 효율성을 어떻게 평가할 수 있는가? 추천 시스템은 분류 및 회귀 모델링 문제와 몇 가지 개념적 유사점을 공유한다. 분류 및 회귀 모델링에서 누락된 클래스 변수는 피처 변수로부터 예측해야 한다. 추천 시스템에서는 행렬 원소 하나가 비어 있을 수 있으며 나머지 행렬에서 관측한 원소를 이용해 데이터 중심 방식으로 예측해야 할 수 있다. 이러한 의미에서, 추천 문제는 분류 문제의 일반화로 볼 수 있다. 따라서 분류 모델의 평가에서 사용하는 많은 모델은 약간의 수정을 거쳐 추천 시스템 평가에 사용할수 있다. 평점 예측이나 순위 지정과 같은 추천 시스템의 다양한 측면에 사용하는 평가 기술에는 상당한 차이가 있다. 전자는 분류 및 회귀 모델링과 밀접한 관계가 있고 후자는 검색 및 정보 검색 애플리케이션에서의 검색 효율성 평가와 밀접한 관련이 있다. 추천 시스템에 대한 평가 방법은 7장에서 자세히 설명한다.

# 1.4 추천 시스템의 도메인 특화 과제

시간적 데이터, 위치 기반 데이터 및 소셜 데이터와 같은 다른 영역에서 컨텍스트 추천은 중요한 역할을 한다. 그러므로 컨텍스트 추천 시스템의 개념은 이러한 영역에서 발생하는 추가적인 부가 정보를 다루기 위해 개발됐다. 이 개념은 시간 데이터, 위치 데이터 또는 소셜 데이터와 같은 다양한 유형의 데이터에 대해 다양한 변형으로 사용된다.

## 1.4.1 컨텍스트 기반 추천 시스템

컨텍스트 기반 또는 컨텍스트 인지 추천 시스템은 다양한 유형의 컨텍스트 정보를 고려해 추천한다. 컨텍스트 기반 정보에는 시간, 위치 또는 소셜 데이터를 포함할 수 있다. 예를 들어 소매점에서 추천하는 옷의 종류는 계절과 고객의 위치에 따라 달라질 수 있다. 또 다른 예는 특정 유형의 축제 혹은 휴일이 기존 고객 활동에 영향을 미치는 경우다.

이런 컨텍스트 정보의 사용은 추천 프로세스의 효율성을 크게 향상시킬 수 있다는 것이 일반적으로 관찰됐다. 컨텍스트 기반 추천 시스템은 아이디어가 도메인별 환경과 다양하게 연관돼 있기 때문에 매우 강력하다. 이 책의 후반부에서 반복되는 주제는 다른 도메인별 환경에 따라 컨텍스트 추천에 다차원 모델[7]을 사용하는 것이다. 컨텍스트 인지 추천 시스템은 일반적인 의미로 8장에서 논의할 것이다. 그러나 시간, 위치 및 소셜 정보와 같은 컨텍스트의 개별적인 측면에 대해서는 다른 장에서 자세히 설명한다. 이러한 다양한 측면에 대한 일반적인 검토가 다음에 나와 있다.

## 1.4.2 시간에 민감한 추천 시스템

많은 환경에서 아이템에 대한 추천은 시간이 지나면 진화할 수 있다. 예를 들어 영화에 대한 추천은 개봉 당시와 몇 년 후 받은 추천이 매우 다를 수 있다. 이럴 경우 시간적 지식을 추천 프로세스에 통합하는 것이 매우 중요하다. 이러한 추천 시스템의 시간적 측면을 여러 가지 방식으로 반영할 수 있다.

1. 커뮤니티 태도가 진화하고 사용자의 관심이 시간 흐름과 함께 변함에 따라 아이템의 평점은 시간에 따라 변할 수 있다. 사용자 관심사, 좋아요, 싫어요 및 유행은 필연적으로 시간이 지남에 따라 발전한다.
2. 아이템의 평점은 특정 시간, 요일, 월 또는 계절에 따라 달라질 수 있다. 여름에 겨울철 의류를 추천하거나 건기에 비옷을 추천하는 일은 거의 없다.

첫 번째 유형의 추천 시스템은 협업 필터링 시스템에서 시간을 명시적 매개변수로 통합함으로써 생성된다. 두 번째 유형은 컨텍스트 기반 추천 시스템의 특수한 경우로 볼 수 있다. 시간적 추천 시스템은 평점 행렬이 희소하고 특정 시간적 컨텍스트를 사용하면 희소성 문제를 악화시키기 때문에 어려운 문제다. 따라서 이러한 환경에서 대용량 데이터 세트에 액세스하는 것이 특히 중요하다.

또 다른 공통 환경은 웹 클릭 스트림과 같은 암시적 피드백 데이터 세트 환경이다. 웹 및 기타 인터넷 플랫폼에서의 사용자 활동은 향후 활동에 대한 추천을 생성하기 위해 수집할 수 있는 많은 유용한 데이터를 생성한다. 이런 경우 개별 순차 패턴 마이닝 및 마르코프 모델이 유용하다. 시간에 민감한Time-Sensitive 추천의 문제점은 9장에서 자세하게 논의한다.

## 1.4.3 위치 기반 추천 시스템

GPS를 지원하는 모바일의 인기가 높아지면서 소비자는 위치 기반 추천 시스템에 관심을 갖는 경우가 많아졌다. 예를 들어 여행하는 사용자는 다른 식당에 대한 평점 기록을 기반으로 최근접 식당을 결정할 수 있다. 일반적으로 장소 추천 시스템은 항상 위치와 관련된 정보를 포함한다. 이러한 시스템의 예로 포스퀘어[10]가 있다. 포스퀘어는 식당이나 술집과 같은 다양한 장소를 추

---

10 http://foursquare.com

천한다. 이러한 시스템에 공통적인 두 가지 유형의 공간적 지역성이 있다.

1. **사용자별 지역성**: 사용자의 지리적 위치는 자신의 선호도에 중요한 역할을 한다. 예를 들어 위스콘신의 사용자는 뉴욕의 사용자와 동일한 영화 선호도를 갖고 있지 않을 수 있다. 이러한 유형의 지역성을 선호 지역성이라 한다.

2. **아이템별 지역성**: 아이템(예: 음식점)의 지리적 위치는 사용자의 현재 위치에 따라 아이템의 관련성에 영향을 미칠 수 있다. 사용자는 일반적으로 현재 위치에서 멀리 떨어져 있는 곳으로 이동하는 것을 원하지 않는다. 이러한 유형의 지역성을 이동 지역성travel locality이라고 한다.

선호 지역성과 이동 지역성에 대한 알고리듬은 상당히 다르다. 선호 지역성은 컨텍스트 감지 시스템에 더 가깝고, 이동 지역성은 일반적으로 단발성으로 휴리스틱heuristics하게 설계한다. 위치 기반 추천 시스템은 최근 휴대전화 및 기타 GPS 지원 장치의 보급 증가로 인해 관심이 증가하고 있다. 위치 기반 추천 시스템은 9장에서 자세하게 논의한다.

## 1.4.4 소셜 추천 시스템

소셜 추천 시스템은 네트워크 구조, 소셜 신호cue 및 태그, 또는 이러한 다양한 네트워크 양상의 조합을 기반으로 한다. 일반적으로 소셜 신호와 태그를 기반으로 하는 추천 시스템은 순수한 구조적 측면에 기반한 추천 시스템과는 약간 다르다. 순전히 구조적 측면에 기반한 추천 시스템은 네트워크 자체 내에서 노드와 링크를 제안하는 데 사용한다. 한편 소셜 추천 시스템은 소셜 신호를 사용해 다양한 제품을 추천하는 데 사용할 수 있다. 이 두 가지 형태의 추천 시스템을 이 책에서 학습할 것이다. 그러나 추천 시스템의 형식들은 충분히 다를 수 있으므로 각각 다른 장에서 공부하게 될 것이다. 구조적 추천 시스템의 유용성은 다양한 유형의 웹 기반 네트워크에 적용되므로 소셜 네트워크를 넘어서고 있다는 점에 유의해야 한다.

### 1.4.4.1 노드와 링크의 구조적 추천

소셜 네트워크를 포함한 다양한 유형의 네트워크는 노드와 링크로 구성된다. 많은 경우 노드와 링크를 추천하는 것이 바람직하다. 그 예로 개인화된 웹 검색에는 특정 주제와 관련된 자료를 추천하는 것을 요구할 수 있다. 웹은 그래프로 볼 수 있으므로 이런 방법은 노드 추천 문제로 볼 수도 있다. 노드 추천 문제는 웹 검색 문제와 밀접하게 관련돼 있다. 사실, 두 가지 문제 모두 다양한 형태의 랭킹 알고리듬을 사용해야 한다. 이러한 알고리듬을 개인화하는 것은 추천 알고리듬과 더 밀접하게 관련돼 있지만 이러한 방법의 핵심 구성 요소는 페이지랭크 알고리듬의 사용이다. 따라서 이러한 알고리듬을 개인화된 페이지랭크 알고리듬이라고도 한다. 관심 노드의 예를 사용 가능한 경우, 이러한 노드는 다른 관심 노드를 결정하기 위해 학습 데이터로서 사용할 수 있다. 이 문제를 집합 분류라고 한다. 밀접하게 관련된 문제로는 소셜 네트워크에서 사용자의 친구(또는 잠재적인 링크)를 제안하는 것이 바람직한 링크 추천 또는 링크 예측 문제가 있다. 링크 예측 문제는 소셜 네트워크 이외에도 수많은 애플리케이션을 가지고 있다. 흥미롭게도 랭킹, 집단 분류, 링크 추천 문제는 밀접한 관련이 있다. 실제로 하나의 문제에 대한 해결책은 종종 다른 문제의 서브 루틴으로 사용한다. 예를 들어 랭킹 및 링크 예측 방법을 종종 사용자-아이템 그래프의 기존 제품 추천에 사용한다. 실제로 이러한 방법을 사용해 많은 문제 환경에서 추천 시스템을 수행할 수 있으며, 이를 그래프로 변환할 수 있다. 노드 및 링크 추천은 10장에서 설명한다.

### 1.4.4.2 사회적 영향을 고려한 제품과 콘텐츠 추천

많은 형태의 제품 및 콘텐츠 추천은 네트워크 연결 및 기타 사회적 신호를 통해 수행한다. 이런 문제들을 바이럴 마케팅이라고도 부른다. 바이럴 마케팅에서는 입소문을 통해 상품을 추천한다. 바이럴 마케팅의 목표를 달성하려면 네트워크에서 영향력 있는 주제와 관련된 주제를 결정할 수 있어야 한다. 이런 문제를 소셜 네트워크[297]에서 영향 분석이라고 한다. 이 문제들은 소셜 스트림 시나리오에서 영향력 있는 사람들이 특정 주제에 민감한 방식으로 발견하는 많은 변형된 방법들이 제안됐다. 예를 들어 특정 주제에 대해 트위터 스트림에서 영향력 있는 사용자를 결정하는 것은 바이럴 마케팅에 매우 유용할 수 있다. 다른 경우에 추천을 만들기 위해 소셜 네트워크에서 사회적 신호들을 수집한다. 이는 10장에서 논의할 것이다.

### 1.4.4.3 신뢰할 수 있는 추천 시스템

에피네온[705] 또는 슬래시닷[706]과 같은 많은 소셜 미디어 사이트들은 사용자들이 직접 또는 다양한 피드백 메커니즘을 통해 서로에 대한 신뢰와 불신을 표현할 수 있도록 한다. 예를 들어 사용자는 다른 사용자의 리뷰를 통해 자신의 신뢰 또는 불신을 표현할 수 있으며 다른 사용자와의 신뢰 또는 불신 관계를 직접 지정할 수도 있다. 이러한 신뢰 정보는 더욱 강력한 추천을 만드는 데 매우 유용하다. 예를 들어 사용자 기반 이웃 방법은 강력한 추천을 얻기 위해 신뢰할 수 있는 피어를 사용해 계산돼야 한다. 최근 연구[221, 588, 616]에 따르면 신뢰할 수 있는 정보를 통합하는 것이 더 강력한 추천으로 이어질 수 있다는 것을 보여줬다. 11장에서 신뢰할 수 있는 추천 시스템을 설명한다.

### 1.4.4.4 소셜 태그 피드백을 활용한 추천

사용자는 추천 시스템에 피드백을 통합하는 다양한 방법을 갖고 있다. 가장 일반적인 피드백 유형은 소셜 태깅이다. 이러한 형태의 피드백은 특히 플리커(사진 공유)[692], last.fm[692](음악 공유) 및 Bibsonomy[708](과학 문학 공유)와 같은 웹상의 콘텐츠 공유 사이트에서 흔하게 나타난다. 태그는 사용자가 짧은 유익한 키워드를 콘텐츠에 추가하는 데 사용하는 메타데이터를 의미한다. 예를 들어 음악 사이트에서 마이클 잭슨의 〈스릴러〉 앨범에 "록"이라고 태그를 달 수 있다. 이런 태그는 사용자와 아이템 모두에게 관련 있기 때문에 사용자와 아이템의 콘텐츠에 대한 유용한 정보를 제공한다. 추천에서는 태그를 유용한 컨텍스트로 사용한다. 컨텍스트에 맞는 추천 방법을 직접 사용해 피드백을 추천 프로세스에 통합할 수 있다. 추천 프로세스에서 소셜 태그 피드백을 이용하기 위한 다른 특수한 방법도 개발됐다. 이 방법은 11장에서 자세하게 논의한다.

## 1.5 고급 주제 및 애플리케이션

이 책에서는 또한 많은 고급 주제와 애플리케이션을 소개한다. 몇 가지 주제는 이 책의 전반에 걸쳐 적절한 부분에서 소개하겠지만 대부분의 주제는 12장과 13장에서 논의한다. 이 절에서는 이러한 주제에 관해 간단히 소개한다.

### 1.5.1 추천 시스템의 콜드 스타트 문제

추천 시스템에서 주요한 문제 중 한 가지는 처음에 사용 가능한 평점의 수가 상대적으로 적다는 점이다. 이러한 경우 전통적인 협업 필터링 모델을 응용하는 것은 더 어려워진다. 콘텐츠 기반과 지식 기반 방법은 콜드 스타트 문제가 존재하는 협업 필터링 모델보다 강력하지만 콘텐츠 또는 지식 기반 모델이 항상 이용 가능하지는 않다. 그러므로 추천 시스템에서는 이러한 맥락에서 콜드 스타트의 문제를 개선하기 위한 많은 구체적인 방법이 고안됐다. 콜드 스타트 문제에 대한 다양한 모델의 민감성 또한 가능한 해결책과 함께 이 책 전반에 걸쳐서 강조한다.

### 1.5.2 공격에 강한 추천 시스템

추천 시스템을 사용하는 것은 다양한 제품과 서비스의 판매에 중요한 영향을 미친다. 결과적으로, 제품과 서비스의 판매자들은 경제적 동기로 인해 추천 시스템에서 나오는 결과를 조작한다. 이러한 조작의 한 가지 예는 판매자가 보유한 제품의 평점을 부풀려서 추천 시스템으로 제출하는 것이다. 악의적인 경쟁자는 경쟁자의 제품에 관한 편파적이고 부정적인 리뷰를 작성할 수 있다. 수년에 걸쳐 추천 시스템을 공격하기 위한 수많은 정교한 전략들이 개발됐다. 이러한 공격은 추천 시스템의 전반적인 효율성을 감소시키고 합법적인 사용자 경험의 품질을 저하시키기 때문에 매우 바람직하지 않다. 따라서 그러한 공격이 있을 때에도 강력하게 추천을 가능하게 하는 방법이 필요하다. 공격에 대한 다양한 유형의 알고리듬의 민감성을 포함하는 공격 방법은 12장에서 자세히 설명한다. 또한 12장에서는 그러한 공격이 있을 때 강력한 추천 시스템을 구축하기 위한 여러 가지 전략을 제공한다.

### 1.5.3 그룹 추천 시스템

전통적인 추천 시스템의 흥미로운 확장은 그룹 추천 시스템의 개념이다[168]. 이러한 경우 추천 시스템은 단일 사용자가 아닌 사용자 그룹에게 특정 활동을 추천하도록 조정된다. 예를 들어 그룹별 영화 또는 TV 시청[408, 653], 피트니스 센터에서의 음악 선택 또는 관광객 그룹에 대한 여행 추천을 들 수 있다. PolyLens[168]와 같은 초기 시스템은 그룹에 대한 추천을 만들기 위해 개별 사용자의 선호도를 모으는 모델을 설계했다. 그러나 수년에 걸쳐 합의된 사항은 추천 시스템을 설계하는 것으로 발전했다. 추천 시스템은 부분의 합보다 우수하고 다양한 사용자 간의 상호작용을 고려해 추천 시스템[272, 413]을 설계할 수 있다. 단순 평균화 전략은 그룹이 서로 이질적이고 다양한 취향의 사용자를 포함할 때 작동이 잘 안 된다[653]. 이것은 이용자들이 종종 감정이 전염되고 순응하는 것과 같은 사회 심리학 현상에 근거해 서로의 취향에 영향을 미치기 때문이다. 이 주제에 관한 자세한 설문 조사는 [45, 271, 407]에서 확인할 수 있다. 그룹 추천 시스템은 13장의 13.4절에서 논의할 것이다.

### 1.5.4 다중 기준 추천 시스템

다중 기준 시스템multi-criteria system에서 단일 사용자의 평점은 다른 기준에 따라 지정될 수 있다. 예를 들어 사용자는 플롯, 음악, 특수 효과 등을 기준으로 영화를 평가할 수 있다. 이러한 기법은 한 아이템에 대한 사용자의 효용을 다양한 기준에 해당하는 평점의 벡터로 모델링해 추천을 제공한다. 다중 기준 추천 시스템의 경우, 전통적인 추천 시스템과 함께 전체 평점만 사용하면 오해할 수 있는 결과가 나올 수 있다. 한 가지 예로 두 명의 사용자가 한 개의 영화에 대해서 동일한 평점을 줄 수 있지만 영화의 플롯과 음악과 같은 영화 구성 요소에 대한 평점은 매우 다를 수 있다. 그러면 두 사용자는 유사도 기반 협업 필터링 알고리듬 관점에서는 동일하다고 간주하면 안 된다. 일부 다중 기준 시스템에서 사용자는 전체 평점을 전혀 지정하지 않을 수도 있다. 이러한 경우 문제는 여러 기준에 따라 다양한 사용자에게 아이템의 순위 목록을 제시해야 하기 때문에 더욱 어려워진다. 다중 기준 추천 시스템의 훌륭한 개요는 다양한 관점에서 [11, 398, 604]에서 찾을 수 있다.

그룹 추천 시스템을 위한 방법 중 일부는 다중 기준 추천 시스템에도 적용할 수 있다는 것을

[271, 410]에서 보여준다. 그러나 두 가지 주제는 추천 프로세스의 다양한 측면을 강조하기 때문에 일반적으로 서로 다른 것으로 간주된다. 다기준 추천 시스템에 대한 방법은 13장의 13.5절에서 논의할 것이다.

## 1.5.5 추천 시스템의 능동 학습

추천 시스템의 주요 과제는 강력한 예측을 하기 위해 충분한 평점을 획득하는 것이다. 평가 행렬의 희소성은 계속해서 추천 시스템의 효과적인 작동에 관해서 중요한 장애가 된다. 충분한 평점을 확보하면 희소성 문제를 줄일 수 있다. 다양한 실제 추천 시스템에는 사용자가 평점을 입력하도록 유도해 시스템을 채우도록 하는 메커니즘이 있다. 예를 들어 사용자가 특정 아이템을 평가하면 그에 따른 인센티브를 제공한다. 일반적으로 평점을 얻기 위한 프로세스의 높은 비용 때문에 단일 사용자로부터 너무 많은 평가를 얻는 것이 어렵다. 따라서 특정 사용자가 평점을 매기는 아이템을 신중하게 선택해야 한다. 사용자가 이미 많은 액션 영화를 평가한 경우 사용자에게 다른 액션 영화의 평가를 요청하는 것은 그다지 도움이 되지 않으며 관련이 없는 장르에 속하는 영화의 평점을 예측할 때에도 별로 도움이 되지 않는다. 반면 사용자에게 평점 데이터가 덜 채워진 장르에 속하는 영화를 평가하도록 요청하는 것은 해당 장르에 속하는 영화의 평점을 예측하는 데 크게 도움이 된다. 물론 사용자와 관계없는 영화에 대한 평점을 매겨 달라고 한다면, 사용자는 그 영화를 전혀 보지 않았을 수도 있기 때문에 피드백을 제공할 필요는 없다. 그러므로 분류와 같은 다른 문제 영역에서 발생하지 않는 추천 시스템의 능동적 학습 문제에는 많은 흥미로운 트레이드 오프가 있다. 추천 시스템에 대한 능동적 학습 방법에 관한 검토는 [513]에서 찾을 수 있다. 능동적 학습 방법은 13장의 13.6절에서 논의한다.

## 1.5.6 추천 시스템의 개인정보보호

추천 시스템은 크게 암시적이거나 명시적일 수 있는 사용자의 피드백을 기반으로 한다. 이 피드백에는 사용자의 관심사에 대한 중요한 정보가 포함돼 있으며 정치적 의견, 성적 취향 및 개인 취향 정보가 공개될 수 있다. 이러한 대부분 정보는 매우 민감하므로 개인정보보호에 관한 우려가 있다. 이러한 개인정보보호 문제는 추천 알고리듬의 발전에 필요한 데이터의 공개를 방해한다는 점에서 중요하다. 실제 데이터를 사용할 수 있다는 것은 알고리듬 발전을 위해 매우 중요하다. 예를 들어 넷플릭스 프라이즈 데이터 세트를 추천 시스템 커뮤니티에 제공한 것은 많은 새로운 알고리듬[373] 개발에 동기를 부여할 수 있었다는 점에서 매우 중요하다. 최근 몇 년 동안 다양한 데이터 마이닝 문제[20]의 맥락에서 개인정보보호 주제를 탐구했다. 추천 도메인도 예외는 아니며 많은 개인정보보호 알고리듬[133, 484, 485]이 개발됐다. 추천 시스템의 개인정보보호 주제는 13장의 13.7절에 자세히 설명한다.

### 1.5.7 애플리케이션 도메인

소매, 음악, 콘텐츠, 웹 검색, 질의 및 전산 광고와 같은 수많은 애플리케이션 영역에서 추천 시스템을 사용한다. 이러한 도메인 중 일부는 추천 시스템을 적용하기 위한 특별한 방법이 필요하다. 특히 13장에서는 뉴스 추천, 전산 광고 및 상호 추천 시스템에 해당하는 3개의 특정 도메인을 연구할 것이다. 이러한 모든 애플리케이션 도메인은 본질적으로 웹 중심이다. 추천 시스템의 중요한 측면은 장기적인 사용자의 이익을 추적하고 식별하기 위해 강력한 사용자 식별 메커니즘이 존재한다고 가정하는 것이다. 많은 웹 도메인에서 강력한 사용자 식별 메커니즘을 사용할 수 없다. 이러한 경우에는 추천 기술을 직접 사용하는 것이 불가능할 수 있다. 또한 새로운 아이템(광고)이 지속적으로 시스템에 들어가고 빠지기 때문에 멀티암 밴딧multi-armed bandits과 같은 특정 유형의 방법이 특히 적합하다. 그러므로 13장에서는 이러한 애플리케이션 도메인에서 추천 기술을 사용할 수 있는 시나리오를 논의할 것이다. 이미 구현된 추천 시스템에 적용해야 할 구체적인 변경은 멀티암 밴딧과 같은 고급 기술과 함께 논의할 것이다.

## 1.6 요약

이 책은 추천 시스템에서 중요한 여러 가지 알고리듬, 장점과 단점 그리고 가장 효과적인 특정 시나리오에 대한 개요를 제공한다. 도메인별 시나리오가 다르며 다양한 유형의 입력 정보 및 지식 기반을 바탕으로 추천 문제를 연구한다. 아울러 추천 문제는 다양해서 입력 데이터의 특성과 현재 시나리오에 따라 다양하게 표현할 수 있다. 또한 서로 다른 알고리듬의 상대적 효과는 특정 문제의 환경에 따라 다를 수 있다. 이러한 트레이드 오프를 이 책에서 다룰 것이다. 많은 경우 이러한 트레이드 오프를 효과적으로 활용할 수 있는 하이브리드 시스템을 개발할 수 있다.

공격 모델, 그룹 추천 시스템, 다중 기준 시스템, 능동 학습 시스템과 같은 많은 고급 주제를 후반부에서 학습할 것이다. 또한 뉴스 추천과 전산 광고와 같은 많은 특정한 애플리케이션을 살펴볼 것이다. 이 책은 추천 시스템의 분야에서 발생하는 다양한 시나리오에 대해 포괄적인 개요와 이해를 제공할 것을 기대한다.

# 1.7 참고문헌

추천 시스템은 그룹렌즈[501]와 같은 추천 시스템이 개발됨에 따라 1990년대 중반에 점점 인기를 얻었다. 그 이후로 이 주제는 협업 시스템, 콘텐츠 기반 시스템 및 지식 기반 시스템과 같은 다양한 모델의 맥락에서 광범위하게 탐구했다. 이 주제에 대한 자세한 설문 조사 및 서적은 [5, 46, 88, 275, 291, 307, 364, 378, 505, 529, 570]에서 찾을 수 있다. 이 중에서 [5]의 내용은 아주 잘 작성된 설문 조사로써 기본적인 아이디어에 대한 훌륭한 개요를 제공한다. 좀 더 최신 설문 조사는 [88, 378, 570]에서 찾을 수 있다. 사회적, 시간적, 부수적 정보 또는 컨텍스트적 데이터와 같은 추천에 대한 비전통적 정보의 소스를 사용한 것에 대한 조사는 [544]에서 찾을 수 있다. 추천 시스템 연구의 다양한 측면에 대한 최근 분류는 [462]에서 찾을 수 있다. 훌륭한 입문서는 [275]에서 찾을 수 있지만, 상세한 핸드북[505]에서는 추천 시스템의 다양한 측면에 대해 자세히 설명한다.

두 분야를 독립적으로 연구하는 경우가 많지만 불완전한 평가 행렬을 사용한 협업 필터링의 문제는 누락된 데이터 분석[362]에 관한 기존 문헌에 밀접하게 관련돼 있다. 초기 사용자 기반 협업 필터링 모델은 [33, 98, 501, 540]에서 연구했다. 사용자 기반 모델은 예측을 하기 위해 동일한 아이템에 대해 유사한 사용자의 평가를 사용한다. 이러한 방법은 처음에는 꽤 인기가 있었지만 쉽게 확장할 수 없고 때로는 정확하지 않았다. 그 후 비슷한 아이템에 대해 동일한 사용자가 매긴 평점에 따라 예측 평점을 계산하는 아이템 기반 방법[181, 360, 524]이 제안됐다. 추천을 만드는 또 다른 인기 있는 방법은 잠재 요인 모델을 사용하는 것이다. 잠재 요인 모델에서 가장 먼저 하는 작업은 추천[525]과 누락 값 분석의 맥락에서 독립적으로 나타난다. 결국 이러한 방법은 추천[252, 309, 313, 500, 517]을 수행하는 가장 효과적인 방법으로 재발견됐다. 요인 기반 모델에서의 사용 외에도, 차원 축소 방법은 축소된 공간에서 사용자 대 사용자 또는 아이템 대 아이템 간의 유사도의 효율성을 향상시키기 위해 평가 행렬의 차원[228, 525]을 축소시키는 데에도 사용한다. 그러나 누락된 데이터 분석 작업은 추천 문헌과 마찬가지로 관련이 있다. 협업 필터링을 위한 기타 관련 모델로는 클러스터링[167, 360, 608], 분류 또는 연관 패턴 마이닝[524]과 같은 데이터 마이닝 모델 사용이 있다. 희박성은 주요한 문제이며 그러한 시스템과 다양한 그래프 기반 시스템이 희소성 문제[33, 204, 647]를 완화하도록 설계됐다.

콘텐츠 기반 방법은 추천 프로세스에서 유사도 검색 방법을 사용하는 정보 검색 문헌[144, 364, 400]과 밀접하게 관련돼 있다. 또한 텍스트 분류 방법은 추천 과정에서 특히 유용하다. 다양한 텍스트 분류 방법에 관한 자세한 설명은 [22]에서 찾을 수 있다. 콘텐츠 기반 추천의 가장 초기 연구는 [60, 69]에 있다. [5]의 일반 설문 조사에서는 콘텐츠 기반 추천도 매우 광범위하게 설명한다.

아이템 공간의 복잡성과 제약 조건이 매우 많기 때문에 협업 필터링 및 콘텐츠 기반 방법을 통해 의미 있는 추천을 얻는 데 유용하지 않은 경우가 많다. 그러한 경우 지식 기반 추천 시스템[116]이 특히 유용하다. 인구 통계학적 추천 시스템은 [320, 475, 508]에서 논의하는 반면, 효용성 기반 추천 시스템은 [239]에서 논의한다. 추천 시스템에 대한 설명이 훌륭한 설문 조사는 [598]에 나와 있다.

다른 추천 시스템은 다른 유형의 환경에서 더 효과적이다. 추천 시스템의 평가[246]는 다른 알고리듬들의 효과를 판단하기 위해 중요하다. 평가 방법에 대한 자세한 논의는 [538]에서 찾을 수 있다. 하이브리드 시스템[117]은 다양한 추천 시스템을 결합해 더 효과적인 결과를 얻을 수 있다. 또한 앙상블 방법은 동일한 유형의 알고리듬을 결합해 더욱 효과적인 결과를 얻을 수 있다. "The Ensemble"[704]과 "Bellkor's Pragmatic Chaos"[311]와 같은 넷플릭스 프라이즈 경연 대회의 상위 항목은 모두 앙상블 방법이었다.

추천 시스템은 다양한 시나리오에서 더 효과적으로 만들 수 있는 특수한 방법이 필요하다. 이러한 시스템을 효과적으로 이용하는 데 있어서 큰 문제는 추천 프로세스의 초기 단계에서 충분한 수의 평점을 이용할 수 없는 콜드 스타트 문제다. 따라서 이 문제[533]를 해결하기 위해서 특수한 방법을 이용하는 경우가 많다. 대부분의 경우 위치, 시간 또는 소셜 정보와 같은 추천 컨텍스트에 따라 추천 프로세스[7]가 크게 향상될 수 있다. 이러한 서로 다른 유형의 컨텍스트 각각은 추천 시스템의 개별 영역이며 개별적으로 연구됐다. 시간 인식 추천 시스템은 [310]에서 연구됐지만 위치 인식 추천 시스템은 [26]에서 논의됐다. 소셜 컨텍스트는 다양한 문제의 환경을 허용하기 때문에 특히 다양하다. 소셜 네트워크의 노드나 링크를 추천하거나 사회적 단서의 도움을 받아 제품을 추천할 수 있다. 이러한 환경 중 첫 번째는 소셜 네트워크 분석[656]의 영역과 밀접하게 관련돼 있다. 랭킹, 노드 분류, 링크 예측과 같은 각각의 전통적인 문제들은 소셜 네트워크에서 구조적인 추천 문제로 볼 수 있다. 또한 이러한 형태의 추천은 소셜 네트워크 환경 이외에도 유용하다. 흥미롭게도 링크 예측과 같은 방법은 사용자-아이템 상호작용을 2분할 그래프 구조[261]로 변환해 기존의 추천에도 사용할 수 있다. 소셜 추천의 다른 형태는 추천을 수행[588]하기 위해 사회적 단서가 사용되는 경우다. 소셜 네트워크 구조는 바이럴 마케팅 애플리케이션[297]의 맥락에서 직접 사용할 수도 있다.

추천 시스템은 종종 제품 판매를 도와주기 때문에 해당 제품 또는 경쟁 업체의 판매자는 평점을 조작해 추천 시스템을 공격하는 중요한 동기를 가진다. 평점을 조작하기 위해 추천 시스템을 공격하는 경우 추천은 품질이 높지 않을 수 있으며 따라서 신뢰할 수 없다. 최근 몇 년 동안 신뢰할 수 있는 추천 시스템[444]의 설계에 많은 노력이 기울여왔다. 다양한 그룹 추천 시스템은 [45, 271, 272, 407, 408, 412, 413, 415, 653]에서 논의한다. 다중 기준 추천 시스템은 [11, 398, 604]에서 논의한다. 능동 학습 방법은 [513]에서 논의한다. 개인정보보호 방법에 대한 일반적인 설명은 [20]에서 확인할 수 있다. 개인정보보호와 관련된 추천 주제에 관한 가장 초기 연구는 [133, 451, 484, 485, 667]에서 제시했다. 데이터의 고차원적 특성으로 인해 개인정보 보호는 계속해서 이러한 시스템에 대한 중요한 도전 과제이다. 다양한 유형의 데이터 세트에 대한 개인정보 공격을 수행하기 위해 차원을 활용하는 방법은 [30, 451]에서 보여준다.

# 1.8 연습 문제

1. 단항 평가가 추천 시스템 설계에서 다른 유형의 평가와 크게 다른 이유를 설명하시오.
2. 콘텐츠 기반 추천이 평가 기반 협업 필터링의 수준으로 수행되지 않는 경우에 대해 논의하시오.
3. 고객에게 관심 있는 제품을 결정하기 위해 안내된 시각적 인터페이스를 사용하는 시스템을 세팅한다고 가정해보자. 이 사건은 어떤 범주의 추천 시스템에 해당하는가?
4. 추천 과정에서 위치가 중요한 역할을 하는 시나리오에 대해 토론하시오.
5. 1장에서는 협업 필터링이 분류 문제의 일반화로 간주될 수 있다는 사실을 언급한다. 분류 알고리듬을 협업 필터링으로 일반화하는 간단한 방법을 논의하시오. 희박한 평점 행렬의 맥락에서 그러한 방법을 사용하는 것이 왜 어려운지 설명하시오.
6. 평점을 예측할 수 있는 추천 시스템이 있다고 가정한다. 상위-$k$ 추천 시스템을 설계할 때 어떻게 사용하겠는가? 기본 예측 알고리듬의 적용 횟수와 관련해 이러한 시스템의 계산 복잡성에 관해 논의하시오. 어떤 컨텍스트에서 그러한 접근법이 비현실적인가?

# 2

# 이웃 기반 협업 필터링

"이웃이 다른 이웃을 돕는다면 우리의 커뮤니티는 더 강해집니다."

— 제니퍼 팔카 Jennifer Pahlka

## 2.1 개요

메모리 기반 알고리듬으로도 알려져 있는 이웃 기반 협업 필터링 알고리듬은 협업 필터링의 가장 초기 알고리듬이다. 이 알고리듬은 비슷한 이용자들이 평점을 주는 방식에 비슷한 패턴을 보이고 비슷한 아이템에는 유사한 평점을 주는 사실을 기반으로 한다. 이웃 기반 알고리듬은 크게 두 가지 유형이 있다.

1.  사용자 기반 협업 필터링: 이 경우는 타깃 유저 A의 추천 제공을 위해 유사한 유저들의 평점을 이용한다. 예측된 A의 평점은 "피어 그룹"의 각 아이템의 평점에 대한 가중 평균으로 산정된다.

2.  아이템 기반 협업 필터링: 타깃 아이템 B에 대한 추천을 만들기 위해 첫 번째로 해야 할 일

은 B와 가장 유사한 아이템의 집합 S를 결정하는 일이다. 그리고 특정 사용자 A의 아이템 B에 대한 평점을 예측하기 위해서는 A에 대한 집합 S의 평점이 결정돼야 한다. 이 평점들의 가중 평균은 사용자 A의 아이템 B에 대한 평점을 예측할 때 계산된다.

사용자 기반 협업 필터링과 아이템 기반 협업 필터링 알고리듬의 중요한 차이점은 전자의 평점은 이웃 사용자 평점을 활용해 예측하고 후자의 평점은 사용자가 평가한 평점 중 가장 비슷한 아이템에 대한 평점을 이용하는 것이다. 전자의 경우 이웃은 사용자들 간의 유사도(평점 행렬의 열)로 결정하는 반면, 후자의 이웃은 아이템 간의 유사도(평점 행렬의 행)로 결정한다. 그래서 두 방법론은 상호 보완적인 관계이다. 그럼에도 이 두 방법론으로 구해진 추천의 타입에는 매우 큰 차이점이 존재한다.

다음 논의를 위해 사용자-아이템 평점 행렬은 완전하지 않은 $m$ 사용자와 $n$ 아이템 $m \times n$ 행렬 $R = [r_{uj}]$이 있다고 생각해보자. 또한 평점 행렬의 일부만 명시되거나 평가돼 있다. 다른 협업 필터링 알고리듬처럼, 이웃 기반 협업 필터링 알고리듬은 다음 두 가지 중 하나의 방법으로 계산된다.

1. 유저-아이템 조합의 평점 값 예측하기: 추천 시스템의 가장 단순하면서도 가장 초기 계산법이다. 이런 경우 $r_{uj}$에서의 사용자 $u$에 대한 아이템 $j$의 누락된 평점은 예측된다.

2. 상위-$k$ 아이템 혹은 상위-$k$ 사용자 결정하기: 현실적인 컨텍스트에서는 판매자는 유저-아이템 조합의 특정 평점 값을 찾는 것은 아니다. 오히려 특정 사용자의 가장 관련 있는 상위-$k$의 아이템이나 특정 아이템의 가장 관련 있는 상위-$k$ 사용자를 아는 것이 더 관련이 있다. 상위-$k$의 아이템을 결정하는 문제가 상위-$k$ 사용자를 찾는 문제보다 더 흔하다. 전자의 계산법이 웹 중심의 가설에서의 사용자 추천 방법론에 쓰이기 때문이다. 전통적인 추천 알고리듬에서 "상위-$k$ 문제"는 상위-$k$ 사용자보다, 상위-$k$ 아이템을 찾는 과정에 언급된다. 하지만 후자의 계산법은 마케팅에 활용하기 적합한 사용자들을 결정하는 데 쓰일 수 있어 판매자에게 유용하다.

앞서 언급한 두 문제점은 매우 밀접하게 연관돼 있다. 예를 들어 특정 사용자의 상위-$k$ 아이템을 결정하기 위해서는 그 사용자의 각각의 아이템에 대한 평점을 예측해야 한다. 상위-$k$ 아이템은 예측된 평점을 기반으로 선택된다. 효율성을 개선하기 위해서 이웃 기반 방법론은 예측에 필요한 일부 데이터를 오프라인으로 먼저 계산한다. 먼저 계산된 데이터는 순위를 매길 때 더 효율적으로 활용된다.

2장은 다양한 이웃 기반 방법론에 대해 소개할 것이다. 협업 필터링 알고리듬에서 평점 행렬이 미치는 영향에 대해서도 알아볼 것이다. 그리고 추천에서의 효과와 효율성 측면의 평점 행렬의 영향도 공부해볼 것이다. 이웃 기반 방법론 적용에 있어 클러스터링과 그래프 기반 표현 방법에 대해 이야기하겠다. 이웃 기반 방법론과 회귀 모델링 테크닉의 관계를 알아볼 것이다. 회귀 방법론은 이웃 기반 방법론의 최적화 구조를 제공한다. 특히 이웃 기반 방법론은 least-square regression model[72]을 경험적 근사값으로 구할 수 있다. 근사값은 2.6절에 있다. 이렇게 최적화된 구조는 잠재 요인 모델과 같이 이웃 방법론과 다른 최적화 모델의 결합의 방향을 잡아준다. 결합 방법론은 3장의 3.7절에서 좀 더 나눌 것이다.

2장은 다음과 같이 구성돼 있다. 2.2절은 평점 행렬의 가장 중요한 속성에 대해서 이야기할 것이다. 2.3절은 이웃 기반 협업 필터링 알고리듬의 중요 알고리듬에 대해 알아보겠다. 2.4절은 이웃 기반 알고리듬이 어떻게 다른 클러스터링 방법론과 함께 더 빨리 만들어질 수 있을지 다룰 것이다. 2.5절은 이웃 기반 협업 필터링 알고리듬을 강화하기 위해 차원 축소 방법론을 어떻게 활용할지 나누겠다.

이웃 기반 방법론의 최적화 모델링 관점은 2.6절에서 다루겠다. 선형 회귀 접근법은 학습과 최적화 체계에서 이웃 분석 모델을 시뮬레이션하기 위해 쓰인다. 2.7절에서는 그래프 기반의 표현 방법이 이웃 방법의 희소성 문제를 완화하는 법을 설명한다. 2.8절에서는 내용 요약을 진행하겠다.

## 2.2 평점 행렬의 주요 특징

일전에 설명했던 바와 같이 평점 행렬은 $R$이라고 표현하고, $m$명의 사용자와 $n$개의 아이템을 가지고 있는 $m \times n$ 행렬이다. 따라서 사용자 $u$의 $j$ 아이템에 대한 평점은 $r_{uj}$로 나타낸다. 평점 행렬의 일부만이 지정된다. 행렬의 지정된 엔트리는 학습 데이터라 하며, 행렬의 지정되지 않은 엔트리는 테스트 데이터라 한다[22]. 이 경우 모든 지정되지 않은 엔트리는 클래스 변수나 종속변수라 하는 특정 열에 속하게 된다. 따라서 추천 문제는 분류와 회귀 문제의 일반화로 볼 수 있다.

평점은 여러 방법으로 나타낼 수 있다.

1. **연속 평점**: 평점은 연속형이며 아이템에 대한 좋음과 싫음을 나타낸다. 이런 시스템의 예는 평점이 −10에서 10까지의 어떤 값에 해당하는 Jester joke 추천 엔진[228, 689]이다. 이 접근법의 단점은 사용자에게 실제 값의 무한한 가능성에 대한 부담을 줄 수 있다는 것이다. 따라서 이 방법론은 상대적으로 굉장히 드물다.

2. **인터벌 기반 평점**: 인터벌 기반 평점에서는 10점, 20점 스케일이 쓰이기는 하지만 5점이나 7점 스케일을 주로 쓴다. 이러한 평점은 주로 1에서 5, −2에서 2, 1에서 7의 숫자를 들 수 있다. 중요한 가정은 숫자 값은 명시적으로 평점 사이의 거리를 정의하고 평점 값

사이의 거리는 같다.

3. **서수 평점**: 서수 평점은 인터벌 기반 평점과 유사하긴 하지만 순서형의 범주형 값이 쓰인다는 점은 다르다. 순서형의 범주형 값은 "Strongly Disagree", "Disagree", "Neutral", "Agree", "Strongly Agree"와 같은 예시가 있다. 인터벌 기반 평점과의 가장 큰 차이점은 이웃한 평점 쌍 간의 거리가 동일하지 않다고 가정하는 점이다. 하지만 실제로 이 차이점은 단순히 이론일 뿐이다. 이렇게 다른 순서형의 범주형 값은 등간격으로 나누어져 있기 때문이다. 예를 들어 "Strongly Disagree"에 대해선 1점을 주고 "Strongly Agree"에 대해서는 5점을 부여한다. 이럴 때 서수 평점은 인터벌 기반 평점과 유사하다. 보편적으로 양수와 음수의 응답은 바이어스 현상을 방지하기 위해서 골고루 배치된다. 짝수의 응답이 쓰여진 경우에 "Neutral" 옵션은 존재하지 않는다. 이러한 접근법은 중립에 대한 옵션이 존재하지 않기 때문에 강제 선택 방법이라 한다.

4. **이진 평점**: 이진 평점의 경우 긍정 혹은 부정의 응답인 두 개의 옵션만이 존재한다. 이진 평점은 인터벌 기반 평점과 서수 평점의 특별 케이스로 볼 수 있다. 예를 들어 판도라 인터넷 라디오국은 유저에게 특정 음원에 대해 좋음과 싫음의 선택권을 부여한다. 이진 평점은 강제 선택이 사용자에게 부과되는 경우다. 사용자가 중립을 선택하는 경우는 아예 평가를 하지 않는다.

5. **단항 평점**: 이 시스템은 사용자에게 아이템에 대해 긍정 선호도를 지정할 수 있게 하지만 부정 선호도를 지정하는 구조는 없다. 이 경우는 페이스북의 '좋아요' 버튼처럼 실제 환경에서 제일 많이 발생한다. 더 자주 단항 평점은 고객 행동에서 파생한다. 예를 들어 고객의 아이템 구매 행동은 아이템에 대한 긍정적인 한 표로 생각할 수 있다. 반면 고객이 아이템을 구매하지 않는다고 아이템에 대한 불호를 표현하는 것은 아니다. 단항 평점은 이 컨텍스트에서 특수화된 모델 개발을 단순화하기 때문에 특별하다.

고객이 명시적으로 피드백을 제공하지 않기 때문에 고객 행동에서 단항 평점을 간접적으로 유도하는 것은 암시적 피드백이라 한다. 오히려 피드백은 암시적으로 고객의 행동을 통해 유추된다. 이러한 유형의 "평점"은 사용자가 명시적으로 평가를 하는 것보다 온라인에서 아이템과 더 활발하게 활동할 수 있기 때문에 종종 쉽게 얻을 수 있다. 묵시적 피드백의 설정(즉 단항 평점)은 분류 및 회귀 모델링에서 양의 미분류[PU, Positive-Unlabeled] 학습 문제의 행렬 완성으로 간주할 수 있기 때문에 본질적으로 다르다.

아이템에 대한 평점 분포는 롱테일[long-tail] 형태로 실제 환경의 속성을 반영한다. 이 속성에 따르면 아이템 중 극히 일부만이 자주 평가된다. 이런 아이템을 인기 있는 아이템이라 한다. 대부분의 아이템은 거의 평가되지 않는다. 이 결과로 평점은 크게 치우쳐져 있는 상태로 분포한다. 치우친 평점 분포의 예시는 그림 2.1을 참고하면 된다. $X$축은 빈도가 감소하는 순서로 항목을

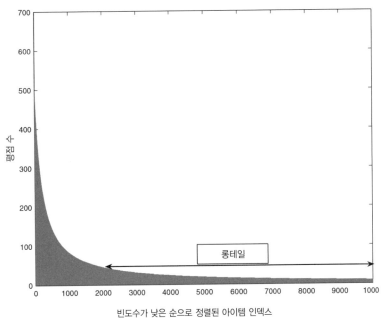

**그림 2.1** 평점 빈도표의 롱테일

표시하고 Y축은 아이템이 평가된 빈도를 표시한다. 대부분의 항목은 적은 횟수로 평가되는 것은 당연하다. 이러한 평점 분포는 추천 프로세스에 중요한 영향을 끼친다.

1. 많은 경우 잦은 빈도를 보이는 아이템은 판매자에게는 이익이 거의 없는 치열한 아이템인 경향이 있다. 이와 반대로 낮은 빈도를 보이는 아이템은 이윤이 더 크게 남는다. 이런 경우 판매자는 적은 빈도의 아이템을 추천하는 것이 이득이다. 사실 분석에서는 아마존과 같은 많은 회사가 롱테일에 위치한 아이템을 팔면서 이윤을 많이 남겼다는 사실을 알려준다[49].

2. 롱테일에서의 관찰된 평점은 매우 드문 경우이기 때문에 롱테일에서의 견고한 평점 예측은 일반적으로 더 어렵다. 사실 많은 추천 알고리듬은 유명한 아이템을 제안하는 경우가 더 많다[173]. 이 현상은 다양함에 부정적인 영향을 주기도 하고 같은 유명 추천 아이템을 제안해 사용자가 지루하게 느낄 수 있게 한다.

3. 롱테일 분포는 사용자가 자주 평가한 아이템의 수가 적음을 의미한다. 이 사실은 이웃한 아이템이 종종 자주 평가된 아이템을 기반으로 정의되므로 이웃 기반 협업 필터링 알고리듬에도 중요한 영향을 미친다. 대개의 경우 자주 등장하는 상품과 적게 등장하는 상품은 평점 패턴에 있어서 본질적으로 다른 차이를 갖고 있기 때문에 많은 평점을 받은 상품이 적은 평점을 상품을 대변할 수 없다. 그렇기 때문에 이런 방식으로 예측을 한다면 잘못된 결과를 낳을 수 있다. 이 현상은 7장 7.6절의 추천 알고리듬의 잘못된 평

가에서도 다룰 예정이다.

평점에 있어 희박한 분포 형태와 롱테일과 같은 중요한 성질은 추천 과정에 있어 고려해야 한다. 실제 세계의 속성을 추천 알고리듬에 적용함으로써 더욱 의미 있는 예측을 얻을 수 있다 [173, 463, 648].

## 2.3 이웃 기반 방법론의 평점 예측

이웃 기반 방법론의 기본 아이디어는 평점 행렬을 통해 추천을 진행하기 위해 사용자-사용자 유사도를 이용하거나 상품-상품 유사도를 이용하는 것이다. 이웃이라는 개념은 예측을 위해 유사한 사용자 혹은 유사한 상품을 찾아야 한다는 뜻을 갖고 있다. 다음으론 이웃 기반 방법론이 어떻게 특정 사용자-상품 조합의 평점 예측에 활용될 수 있는지 이야기해보겠다. 이웃 기반 모델에는 두 가지 기본 원칙이 쓰인다.

1. 이웃 기반 모델: 유사한 사용자들은 같은 상품에 대해 비슷한 평점을 준다. 만일 앨리스와 밥이 과거에 비슷한 패턴으로 영화 평점을 부여했다면 밥이 아직 보지 않았던 영화 〈터미네이터〉의 평점을 예측하기 위해 〈터미네이터〉 영화 평점을 이미 부여한 앨리스의 평점을 이용할 수 있다.

2. 아이템 기반 모델: 유사한 상품은 동일한 사용자에게 비슷한 방식으로 평점이 매겨진다. 따라서 밥이 이미 평점을 부여한 〈에이리언〉과 〈프레데터〉 같은 공상과학영화의 평점을 이용해 영화 〈터미네이터〉에 부여할 그의 평점을 예측할 수 있다.

협업 필터링 문제는 분류나 회귀 모델링 문제의 일반화로 볼 수 있기 때문에 이웃 기반 방법론도 머신러닝 학문에서는 가까운 이웃 분류 모델의 일반화 버전으로 볼 수 있다.

가장 근접한 이웃은 행의 유사도만을 가지고 결정하는 분류와는 다르게, 협업 필터링에서는 행 또는 열을 기반으로 최근접 이웃을 찾는 것이 가능하다. 이것이 가능한 이유는 분류에서는 결측 값은 하나의 열에 모여 있지만 협업 필터링에서의 누적 엔트리는 행과 열에 퍼져 있기 때문이다(1.3.1.3절 참고). 이어지는 토론에서는 사용자 기반 이웃 모델과 상품 기반 이웃 모델의 상세 내용과 자연스러운 변형 형태에 관한 내용을 다뤄 볼 예정이다.

## 2.3.1 사용자 기반 이웃 모델

이 접근법에서는 사용자 기반 이웃은 평점 예측이 계산되는 타깃 유저와 유사한 사용자를 찾기 위해 정의된다. 타깃 유저 $i$의 이웃을 찾기 위해서는 다른 모든 사용자와의 유사도가 계산된다. 따라서 사용자가 평가한 평점 간의 유사도 함수가 정의돼야 한다. 유사도 계산은 사용자들마다 평점 스케일이 다를 수 있기 때문에 까다로운 작업이다. 어떤 사용자는 대부분의 상품을 좋아하는 성향인 반면, 어떤 사용자는 많은 상품들을 싫어할 수 있다. 더 나아가 서로 다른 사용자들은 같은 상품에 대해서만 평가를 하진 않을 수 있다. 따라서 이 문제를 해결하기 위해서는 메커니즘을 확인해야 한다.

$m$ 사용자와 $n$ 상품의 $m \times n$ 평점 행렬 $R = [r_{uj}]$에서 $I_u$는 평점이 사용자(행) $u$에 의해 지정된 상품 색인 세트를 말한다. 예를 들어 사용자(행)의 첫 번째, 세 번째, 다섯 번째 상품(열)의 평점은 지정돼 있고 나머지는 결측 값일 때, $I_u = \{1, 3, 5\}$라 표현한다. 따라서 사용자 $u$와 $v$ 모두가 평점을 매긴 아이템 집합은 $I_u \cap I_v$로 나타낼 수 있다. 예를 들어 사용자 $v$가 첫 4개의 아이템에 대한 평점을 매겼다고 하면, $I_v = \{1, 2, 3, 4\}$이고 $I_u \cap I_v = \{1, 3, 5\} \cap \{1, 2, 3, 4\} = \{1, 3\}$이

**표 2.1** 유저 3과 다른 유저들 간의 사용자-사용자 유사도 계산

| 아이템 ID →<br>사용자 ID ↓ | 1 | 2 | 3 | 4 | 5 | 6 | 평균<br>평점 | 코사인($i$, 3)<br>(사용자-사용자) | 피어슨($i$, 3)<br>(사용자-사용자) |
|---|---|---|---|---|---|---|---|---|---|
| 1 | 7 | 6 | 7 | 4 | 5 | 4 | 5.5 | 0.956 | 0.894 |
| 2 | 6 | 7 | ? | 4 | 3 | 4 | 4.8 | 0.981 | 0.939 |
| 3 | ? | 3 | 3 | 1 | 1 | ? | 2 | 1.0 | 1.0 |
| 4 | 1 | 2 | 2 | 3 | 3 | 4 | 2.5 | 0.789 | −1.0 |
| 5 | 1 | ? | 1 | 2 | 3 | 3 | 2 | 0.645 | −0.817 |

**표 2.2** 평균 중심 아이템 간의 조정된 코사인 유사도 계산의 평점 행렬 표 2.1 아이템 1과 6의 다른 아이템 간의 조정된 코사인 유사도는 마지막 2줄에 나타나 있다.

| 아이템 ID →<br>사용자 ID ↓ | 1 | 2 | 3 | 4 | 5 | 6 |
|---|---|---|---|---|---|---|
| 1 | 1.5 | 0.5 | 1.5 | −1.5 | −0.5 | −1.5 |
| 2 | 1.2 | 2.2 | ? | −0.8 | −1.8 | −0.8 |
| 3 | ? | 1 | 1 | −1 | −1 | ? |
| 4 | −1.5 | −0.5 | −0.5 | 0.5 | 0.5 | 1.5 |
| 5 | −1 | ? | −1 | 0 | 1 | 1 |
| 코사인(1, $j$)<br>(아이템-아이템) | 1 | 0.735 | 0.912 | −0.848 | −0.813 | −0.990 |
| 코사인(6, $j$)<br>(아이템-아이템) | −0.990 | −0.622 | −0.912 | 0.829 | 0.730 | 1 |

다. 사실 평점 행렬은 희박하게 분포돼 있기 때문에 $I_u \cap I_v$가 공집합일수도 있고 실제로도 공집합인 경우가 잦다. $I_u \cap I_v$ 집합은 공통적으로 관찰된 평점을 이야기하고, 이는 근린 계산을 위해 $u$번째, $v$번째 사용자 사이의 유사도를 계산하는 데 사용된다.

두 사용자 $u$와 $v$의 평점 벡터 간의 유사도 $Sim(u, v)$을 알아내는 한 가지 방법은 피어슨 상관계수다. $I_u \cap I_v$가 사용자 $u$와 $v$가 명시한 평점을 가진 아이템의 집합을 표현하기 때문에 계수는 이 집합에서만 계산된다. 계산을 위한 첫 번째 단계는 이미 명시된 평점을 이용해 각 사용자 $u$에 대한 평점의 평균 $\mu_u$를 계산하는 것이다.

$$\mu_u = \frac{\sum_{k \in I_u} r_{uk}}{|I_u|} \quad \forall u \in \{1 \ldots m\} \tag{2.1}$$

그리고 $u$와 $v$의 행(사용자) 간의 피어슨 상관계수는 다음과 같다.

$$Sim(u, v) = Pearson(u, v)$$

$$= \frac{\sum_{k \in I_u \cap I_v} (r_{uk} - \mu_u) \cdot (r_{vk} - \mu_v)}{\sqrt{\sum_{k \in I_u \cap I_v} (r_{uk} - \mu_u)^2} \cdot \sqrt{\sum_{k \in I_u \cap I_v} (r_{vk} - \mu_v)^2}} \tag{2.2}$$

엄밀히 말하자면 $Pearson(u, v)$의 전통적 정의는 $\mu_u$와 $\mu_v$의 값은 사용자 $u$와 $v$ 모두가 평점을 매긴 아이템에 대해서만 계산돼야 한다. 식 2.1과는 다르게 이런 접근 방법은 피어슨 유사도가 계산되는 다른 사용자 $v$의 선택에 따라 $\mu_u$의 다른 값을 유도한다. 하지만 식 2.1에 따라 각 사용자 $u$에 대해 $\mu_u$를 한 번만 계산하는 것은 매우 일반적이다(계산적으로 더 간단하다). $\mu_u$를 계산하는 데 두 가지 방법 중 하나가 다른 것보다 항상 더 나은 추천을 제공한다는 주장을 하기엔 어렵다. 극단적 예시를 들자면 두 사용자가 상호적으로 하나의 평점만을 가지는 경우, 피어슨 계수는 전통적으로는 하나의 공통 아이템에 대해서는 불확실할 것이기 때문에 $\mu_u$를 계산하기 위해 식 2.1을 사용하면 좀 더 유익한 결과를 제공한다고 주장할 수 있다. 따라서 2장에서는 식 2.1를 사용하는 더 단순한 가정에 대해 이야기해볼 것이다. 그럼에도 독자는 피어슨 계산 중에서는 $\mu_u$와 $\mu_v$를 쌍으로 계산하는 사용자 기반 방법론에 많은 구현법이 있다는 점은 기억해야 한다.

피어슨 계수는 타깃 사용자와 다른 모든 사용자 간의 계산이다. 타깃 사용자의 피어 그룹을 정의하는 한 가지 방법으로는 타깃과 피어슨 계수가 가장 높은 $k$ 사용자 집합을 이용하는 것이다. 하지만 타깃 사용자의 상위-$k$ 피어 그룹에서 관측되는 평점의 개수는 아이템에 따라 매우 다르기 때문에, 타깃 사용자와 가장 근접한 $k$ 사용자들은 각각의 예측된 아이템에 대해 개별적으로 발견돼, 각각의 $k$ 사용자가 해당 아이템에 대해 평점을 지정한다. 이 평점의 가중 평균은 해당 아이템의 예측되는 평점이다. 여기서 각 평점은 타깃 사용자에 대한 소유자의 피어슨 상관계수로 가중치가 부여된다.

이 방법론의 가장 큰 문제는 서로 다른 사용자가 평점에 각기 다른 스케일을 부여할 수 있다는 점이다. 어떤 사용자는 모든 아이템에 대해서 높은 점수를 부여하고, 또 다른 사용자는 모든 아이템에 대해 부정적으로 평가할 수 있다. 따라서 평점 그 자체는 피어 그룹의 (가중) 평균 평점을 결정하기 전에 행에 대해서 평균을 중심으로 재배열돼야 한다. 사용자 $u$의 아이템 $j$에 대한 평균 중심 평점 $s_{uj}$은 초기 평점 $r_{uj}$에서 사용자의 평균 평점을 빼는 것으로 정의할 수 있다.

$$s_{uj} = r_{uj} - \mu_u \quad \forall u \in \{1 \ldots m\} \tag{2.3}$$

이전과 같이 타깃 사용자 $u$의 상위-$k$ 피어 그룹에서의 아이템에 대한 평균 중심 평점의 가중 평균은 평균 중심 예측에 활용된다. 이 예측 뒤에 타깃 사용자의 평균 평점이 더해져 타깃 사용자 $u$의 아이템 $j$에 대한 평점 $\hat{r}_{uj}$ 예측이 이루어진다. $r_{uj}$ 위에 있는 "^" 햇 표기법은 기존 평점 행렬에서 관측된 평점이 아닌, 예측된 평점을 말한다. $P_u(j)$는 아이템 $j$에 대해 평점을 매긴 타깃 사용자 $u$의 최근접 사용자 $k$명의 집합 1이라 생각해보자.[1] 타깃 사용자 $u$와 매우 낮은 아니면 음수의 상관관계를 보이는 사용자는 종종 경험적 강화 방법으로 $P_u(j)$에서 제외되기도 한다. 그 후 전체적 이웃 기반 예측함수는 다음과 같다.

$$\hat{r}_{uj} = \mu_u + \frac{\sum_{v \in P_u(j)} \text{Sim}(u,v) \cdot s_{vj}}{\sum_{v \in P_u(j)} |\text{Sim}(u,v)|} = \mu_u + \frac{\sum_{v \in P_u(j)} \text{Sim}(u,v) \cdot (r_{vj} - \mu_v)}{\sum_{v \in P_u(j)} |\text{Sim}(u,v)|} \tag{2.4}$$

이렇게 범위가 넓은 접근 방법은 우리에게 유사도 혹은 예측함수 관점에서, 때로는 예측 과정 중에서 아이템이 필터되는 등의 약간의 변화를 줄 수 있게 허락한다.

## 사용자 기반 알고리듬의 예시

표 2.1의 예제를 생각해보자. 다섯 명의 사용자 $1 \ldots 5$에게 여섯 개의 아이템 $1 \ldots 6$을 할당한다. 평점은 $\{1 \ldots 7\}$의 범주 안에 속한다. 만일 타깃 사용자의 인덱스가 3이고, 표 2.1의 평점 기반으로 아이템을 예측하고 싶다고 가정하자. 우리는 가장 상위 아이템을 예측하기 위해, 사용자 3의 아이템 1과 6에 대한 예측 $\hat{r}_{31}, \hat{r}_{36}$을 진행해야 한다.

첫 번째 단계는 사용자 3과 다른 사용자들 간의 유사도를 계산하는 것이다. 이전 학습에서 우리는 동일 테이블 내 마지막 두 개의 칼럼의 유사도를 찾는 두 가지 방법에 대해서 배웠다. 뒤에서 두 번째 칼럼은 평점과 마지막 칼럼(피어슨 상관관계를 기반으로 한 유사도) 간의 유사도를 보여준다. 예를 들어 Cosine(1, 3)과 Pearson(1, 3)의 값은 다음과 같이 계산된다.

---

1 많은 경우 타깃 사용자 $u$에 대한 아이템 $j$에 대한 관측된 평점을 보유하고 있는 유효 $k$ 피어는 없을 수 있다. 이 시나리오는 사용자 $u$가 관측된 평점 수를 $k$개보다 적게 가진, 즉 희박하게 분포돼 있는 행렬의 경우에 자주 나타난다. 이 경우 집합 $P_u(j)$는 $k$개보다 작은 집합원 수를 가지고 있을 것이다.

$$\text{Cosine}(1,3) = \frac{6*3 + 7*3 + 4*1 + 5*1}{\sqrt{6^2 + 7^2 + 4^2 + 5^2} \cdot \sqrt{3^2 + 3^2 + 1^2 + 1^2}} = 0.956$$

$$\text{Pearson}(1,3) =$$

$$= \frac{(6-5.5)*(3-2) + (7-5.5)*(3-2) + (4-5.5)*(1-2) + (5-5.5)*(1-2)}{\sqrt{1.5^2 + 1.5^2 + (-1.5)^2 + (-0.5)^2} \cdot \sqrt{1^2 + 1^2 + (-1)^2 + (-1)^2}}$$

$$= 0.894$$

사용자 3과 다른 모든 사용자와의 피어슨과 코사인 계산 값의 유사도는 표 2.1의 마지막 두 개의 칼럼과 같다. 피어슨 상관계수는 좀 더 편파적이고 계수의 부호는 유사도와 비유사도를 알려주는 정보라는 점은 기억하자. 이 계산을 기반으로 보면, 사용자 3의 가까운 관계를 보이는 상위 2명은 사용자 1과 2이다. 사용자 1과 2의 평점 정보의 피어슨 가중 평균을 이용하면 사용자 3에 대해, 아직 3이 평점을 매기지 않은 아이템 1과 6의 평점 예측 값을 찾을 수 있다.

$$\hat{r}_{31} = \frac{7*0.894 + 6*0.939}{0.894 + 0.939} \approx 6.49$$

$$\hat{r}_{36} = \frac{4*0.894 + 4*0.939}{0.894 + 0.939} = 4$$

사용자 3의 추천 대상으로 아이템 1은 아이템 6보다는 더 우선으로 등장해야 한다. 사용자 3은 그녀가 이전에 평점을 매긴 다른 어떤 영화보다 영화 1과 6에 더 관심이 있을 것이라 예측한다. 이것이 바로 타깃 사용자 3과는 다른 바이어스의 결과다. {1, 2}의 사용자 지수는 타깃 사용자 3에 비해 긍정적인 평점을 가진 훨씬 낙관적인 그룹이다. 그렇다면 이제부터 예측에 있어 평균 중심 평점이 미치는 영향을 살펴보겠다. 평균 중신 평점은 표 2.2에 나와 있다. 평균 중심 방정식 2.4를 갖는 상응하는 예측은 다음과 같다.

$$\hat{r}_{31} = 2 + \frac{1.5*0.894 + 1.2*0.939}{0.894 + 0.939} \approx 3.35$$

$$\hat{r}_{36} = 2 + \frac{-1.5*0.894 - 0.8*0.939}{0.894 + 0.939} \approx 0.86$$

따라서 평균 중심 계산은 사용자 3에 대해서는 아이템 1이 아이템 3보다 추천 항목으로 우선순위가 더 높다는 것을 알려주기도 한다. 하지만 이 부분에서 이전 추천과는 큰 차이가 있다. 아이템 6에 대한 예측 평점은 사용자 3이 부여한 모든 아이템마다의 평점보다 작은 0.86밖에 되지 않는다. 이전 예시는 아이템 6에 대한 예측 평점이 사용자 3이 평가한 아이템에 대한 모든 평점보다 높다는 점에서 현저하게 다른 결과를 보인다. 표 2.1(혹은 표 2.2)을 보면 사용자 3에 대해서 아이템 6은 매우 낮은 평점을 받아야 한다는 사실은 명백하다. 그녀의 최근접 피어(사용자 1과 사용자 2)가 아이템 6을 다른 아이템 대비 낮은 점수를 부여했기 때문이다. 따라서 평균 중심 과정은 이미 평가된 평점에 대해 훨씬 좋은 상대적 예측을 가능하게 한다. 많은 경우에 이것은 예측된 아이템의 상대적 나열에도 영향을 미친다. 이 결과의 유일한 약점은 아이템 6에 대한 예측 평점이 0.85로 주어진 평점의 범위에서 벗어나게 된다. 이러한 평점은 항상 순위 지정에 사용할 수 있으며, 예측 값은 허용된 평점 범위에서 최근접 값으로 고칠 수 있다.

## 2.3.1.1 유사도 함수 변형

유사도 함수의 몇 가지 변형 형태는 실제로 쓰이고 있다. 그중 한 가지는 코사인 함수를 평균 중심 평점에 쓰는 것이 아닌 평점 그 자체에 사용하는 것이다.

$$\text{RawCosine}(u, v) = \frac{\sum_{k \in I_u \cap I_v} r_{uk} \cdot r_{vk}}{\sqrt{\sum_{k \in I_u \cap I_v} r_{uk}^2} \cdot \sqrt{\sum_{k \in I_u \cap I_v} r_{vk}^2}} \tag{2.5}$$

RawCosine의 일부 구현에서 분모의 정규화는 상호 관련이 있는 아이템에 대해서만이 아닌 지정된 전체 아이템을 기반으로 한다.

$$\text{RawCosine}(u, v) = \frac{\sum_{k \in I_u \cap I_v} r_{uk} \cdot r_{vk}}{\sqrt{\sum_{k \in I_u} r_{uk}^2} \cdot \sqrt{\sum_{k \in I_v} r_{vk}^2}} \tag{2.6}$$

보편적으로 피어슨 상관계수는 평균 중심에서는 바이어스 조정 효과가 있기 때문에 RawCosine에 더 바람직하다. 이 조정은 서로 다른 사용자가 전체 평점 부여 패턴에 있어서 서로 다른 수준의 관대함을 보인다는 것을 의미한다.

유사도 함수 $\text{Sim}(u, v)$의 신뢰도는 사용자 $u$와 $v$ 간의 공통 평점 개수 $|I_u \cap I_v|$에 종종 영향을 받는다. 만일 두 명의 사용자가 공통적으로 평점을 부여한 수가 적다면, 유사도 함수는 두 사용자 쌍의 중요도를 덜 강조하기 위해 할인 요인을 적용해 낮춘다. 이 방법론을 중요도 가중 significance weighting이라고도 한다.

할인 요인은 두 사용자 간의 공통 평점의 개수가 두 사용자 간의 공통으로 부여한 평점 개수가 특정 임계점 $\beta$보다 작은 경우 사용을 진행한다. 할인 요인 값은 $\frac{\min\{|I_u \cap I_v|, \beta\}}{\beta}$와 같고 항상 범위 $[0, 1]$ 안에서 움직인다. 따라서 할인이 적용된 유사도 함수 $\text{DiscountedSim}(u, v)$는 다음과 같다.

$$\text{DiscountedSim}(u, v) = \text{Sim}(u, v) \cdot \frac{\min\{|I_u \cap I_v|, \beta\}}{\beta} \tag{2.7}$$

할인된 유사도는 피어 그룹을 결정하는 과정 및 식 2.4에 따라 예측을 계산하는 과정에 모두 쓰인다.

## 2.3.1.2 예측함수의 변형

식 2.4에 쓰이는 예측함수에는 다양한 변형이 있다. 예를 들어 중심 $s_{uj}$를 기준으로 한 평점 $r_{uj}$의 평균 중심을 이용하는 대신 $s_{uj}$를 사용자 $u$의 관측된 평점에 대한 표준편차 $o_u$로 나눠주는 Z-스코어, $z_{uj}$를 쓸 수 있다. 표준 편차에 관한 식은 다음과 같다.

$$\sigma_u = \sqrt{\frac{\sum_{j \in I_u}(r_{uj} - \mu_u)^2}{|I_u| - 1}} \quad \forall u \in \{1 \ldots m\} \tag{2.8}$$

표준화된 평점의 계산식은 다음과 같다.

$$z_{uj} = \frac{r_{uj} - \mu_u}{\sigma_u} = \frac{s_{uj}}{\sigma_u} \tag{2.9}$$

$P_u(j)$를 $j$ 타깃 사용자 $u$의 상위-$k$명의 아이템의 평점을 기록한 유사 사용자의 집합이라고 하자. 이 경우 타깃 사용자 $u$의 아이템 $j$의 예측 평점 $\hat{r}_{uj}$는 다음과 같다.

$$\hat{r}_{uj} = \mu_u + \sigma_u \frac{\sum_{v \in P_u(j)} \text{Sim}(u,v) \cdot z_{vj}}{\sum_{v \in P_u(j)} |\text{Sim}(u,v)|} \tag{2.10}$$

이 경우에는 가중 평균이 $\sigma_u$에 곱해져야 한다는 사실을 잊지 말자. 평점 표준화 과정에서 함수 $g(\cdot)$를 더한다면 해당 함수의 역은 마지막 예측 과정에서 다시 한 번 계산돼야 한다. 표준화가 예측의 성능을 올린다는 사실은 공공연하게 알려져 있다 하더라도, 평균-중심과 Z-스코어 중 어떤 결과가 더 나은 결과물을 제공하는지에 대한 생각은 다양한 것 같다[245, 258]. Z-스코어의 문제 중 하나는 예측 평점이 실제 평점 범위의 밖에 있을 수 있다는 것이다. 그럼에도 특정 사용자에 대한 항목의 선호도 순위를 매기는 데 활용하고 있다.

예측에 있어서 두 번째 문제는 식 2.4에서의 서로 다른 평점에 대한 가중치 계산이다. 사용자 $v$의 아이템 $j$에 대한 평균-중심 평점 $s_{vj}$ 타깃 사용자 $u$에 대한 사용자 $v$의 유사도 함수 $\text{Sim}(u,v)$에 따라 가중치가 계산이 된다. $\text{Sim}(u,v)$는 피어슨 상관계수에 의해 선택되지만 일반적으로 사용되는 방법은 $\alpha$의 지수로 지수화해 증폭하는 것이다. 만일 우리가 이러한 유사도 함수를 가지고 있다고 해보자.

$$\text{Sim}(u,v) = \text{Pearson}(u,v)^\alpha \tag{2.11}$$

$\alpha > 1$을 선택하면 식 2.4에서의 가중치 계산에서 유사도 중요성을 더 증폭시키는 방법이 가능할 것이다.

이전에 언급한 바와 같이 이웃 기반 협업 필터링 방법론은 가까운 이웃 분류 방법론, 회귀 방법론의 일반화다. 예측된 값은 예측 과정 전체에서 연속형 변수의 역할을 하기 때문에 앞서 언급한 논의는 이웃 분류 방법론보다는 이웃 회귀 모델링에 더 가깝다. 평점을 범주형 값으로 구분하고 평점들 간의 순서를 무시하면서 예측함수를 분류의 방법론으로 바꿀 수도 있다. 타깃 사용자 $u$의 피어 그룹에 대한 정의가 끝나면 피어 그룹 안에서의 각 평점 값(예: 동의, 중립, 비동의)마다의 득표수를 구할 수 있다. 가장 많은 득표를 얻은 평점이 가장 관련이 큰 값으로 예측된다. 이 접근법은 평균 평점의 값보다는 가장 정답에 가까운 평점을 주는 데에 장점이 있다. 이런 방식은 평점의 종류가 적을 때 더 효과적이다. 평점 값 쌍 간의 정확한 거리는 나오지 않는 서수 평점에도 유용하게 쓰인다. 평점의 세분화가 큰 경우 이 방법론은 덜 강력하게 쓰이며 평점 간의 순서 정보를 잃게 된다.

### 2.3.1.3 피어 그룹 필터링의 변형

타깃 사용자에 대한 피어 그룹은 다양한 방법으로 정의되고 필터링될 수 있다. 가장 간단한 방법은 타깃 사용자의 상위-$k$ 유사 사용자 그룹을 이용하는 것이다. 하지만 이러한 방법은 타깃과 약하거나 음의 상관관계가 있는 사용자들까지 포함하게 될 수 있다. 약한 상관관계가 있는 사용자는 예측에 있어 오류를 추가할 수 있다. 더 나아가 음의 상관관계가 있는 평점은 잠재적인 평점 반전의 관점에서 예측 가치가 크지 않다. 예측함수가 기술적으로는 약하거나 부정적 평점을 활용할 수는 있지만 이웃 방법론의 광범위한 원칙과 일관되지 않는다. 따라서 약하거나 음의 상관관계를 가진 평점은 필터링돼 제외되는 경우가 많다.

### 2.3.1.4 롱테일의 영향

2.2절에서 논의한 바와 같이 실제 컨텍스트에서의 평점 분포는 롱테일 분포를 따른다. 어떤 영화는 굉장히 유명해서 서로 다른 사용자들로부터 반복적으로 평점을 받았을 수 있다. 이런 평점은 사용자 간의 차별성이 적기 때문에 추천 품질을 악화시킬 수 있다. 이러한 추천의 부정적 영향은 피어 그룹 계산과 예측 계산(식 2.4 참고)에서 모두 경험할 수 있다. 이 개념은 원칙적으로 문서 검색 적용 사례에서의 대중적이고 비정보적인 단어(예: "a", "an", "the")에서 야기된 검색 품질 저하와 유사하다. 따라서 협업 필터링에 사용되는 해결책은 정보 검색 문헌에 쓰이는 해결책과 비슷하다. 역문서빈도(idf)의 개념이 정보 검색 문헌[400]에 쓰이듯이, 이 케이스에도 역문서빈도를 활용할 수 있다. 만일 아이템 $j$에 대한 평점 개수를 $m_j$라 하고, $m$은 총 사용자 수라면 아이템 $j$에 대한 가중치 $w_j$는 다음과 같다.

$$w_j = \log\left(\frac{m}{m_j}\right) \quad \forall j \in \{1 \ldots n\} \tag{2.12}$$

유사도 계산 과정과 추천 과정에서 모두 각각의 아이템 $j$에 대해 $w_j$의 가중치가 부여된다. 예를 들어 가중치를 포함하기 위해 피어슨 상관계수는 다음과 같이 변형될 수 있다.

$$\text{Pearson}(u, v) = \frac{\sum_{k \in I_u \cap I_v} w_k \cdot (r_{uk} - \mu_u) \cdot (r_{vk} - \mu_v)}{\sqrt{\sum_{k \in I_u \cap I_v} w_k \cdot (r_{uk} - \mu_u)^2} \cdot \sqrt{\sum_{k \in I_u \cap I_v} w_k \cdot (r_{vk} - \mu_v)^2}} \tag{2.13}$$

항목 가중치는 다른 협업 필터링 방법론에도 통합될 수 있다. 그 한 예로 아이템 기반 협업 필터링 알고리듬에서 마지막 예측 단계에서 두 항목 간의 조정된 유사도가 가중치에 의해 변경되지 않더라도 가중치를 사용하도록 수정할 수 있다.

## 2.3.2 아이템 기반 이웃 모델

아이템 기반 모델에서의 피어 그룹은 사용자가 아닌 아이템으로 구성돼 있다. 따라서 아이템(또는 평점 행렬의 행) 간의 유사도가 계산돼야 한다. 행 간의 유사도를 계산하기 전에, 평점 행렬의 각 열은 평균 0을 중심으로 구성된다. 사용자 기반 평점의 경우처럼 평점 행렬의 각 아이템에 대한 평균 평점이 각 평점에서 차감돼 평균 중심 행렬이 생성된다. 이 과정은 이전에 논의된 바 있는 식(식 2.3 참고)과 동일하며 평균 중심 평점 $s_{uj}$를 계산한다. $U_i$를 아이템 $i$에 대한 평점을 지정한 사용자들의 집합이라고 하자. 따라서 만약 첫 번째, 세 번째, 네 번째 사용자가 아이템 $i$에 대해 평점을 지정했다면 $U_i = \{1, 3, 4\}$이겠다.

아이템(열) $i$와 $j$와의 조정된 코사인 유사도는 다음과 같다.

$$\text{AdjustedCosine}(i, j) = \frac{\sum_{u \in U_i \cap U_j} s_{ui} \cdot s_{uj}}{\sqrt{\sum_{u \in U_i \cap U_j} s_{ui}^2} \cdot \sqrt{\sum_{u \in U_i \cap U_j} s_{uj}^2}} \tag{2.14}$$

이 유사도는 유사 정도의 값을 계산하기 전 평점이 평균 중심이기 때문에 조정된 코사인 유사도라 한다. 아이템 기반 방법론의 경우 피어슨 상관 관계를 열에서 활용할 수 있지만, 조정된 코사인이 일반적으로 더 우수한 결과를 보인다.

사용자 $u$의 타깃 아이템 $t$의 평점이 결정돼야 한다고 생각해보자. 첫 번째 단계는 앞서 언급됐던 조정된 코사인 유사도를 기반으로 아이템 $t$와 가장 유사한 상위-$k$ 아이템들을 결정하는 일이다. 사용자 $u$가 평점을 지정한 아이템 $t$에 상위-$k$로 매칭되는 아이템들을 $Q_t(u)$라 하자. 이 평점들의 가중 평균 값을 예측 값이라고 한다. 이 평균의 아이템 $j$의 가중치는 아이템 $j$와 타깃 아이템 $t$ 간의 조정된 코사인 유사도와 같다. 따라서 사용자 $u$의 타깃 아이템 $t$에 대한 예측 평점 $\hat{r}_{ut}$는 다음과 같다.

$$\hat{r}_{ut} = \frac{\sum_{j \in Q_t(u)} \text{AdjustedCosine}(j, t) \cdot r_{uj}}{\sum_{j \in Q_t(u)} |\text{AdjustedCosine}(j, t)|} \tag{2.15}$$

예측의 마지막 단계의 기본 구조는 유사한 항목에 대한 사용자 자신의 평점을 활용하는 것이다. 영화 추천의 경우를 예로 들자면, 아이템 피어 그룹은 전형적으로 유사한 장르일 것이다. 영화의 경우 같은 사용자의 평점 이력은 해당 사용자의 관심을 매우 정확하게 예측한다.

이전 절에서는 사용자 기반 협업 필터링에서의 기본 접근 방식의 다양한 변형을 이야기했다. 아이템 기반 알고리듬은 사용자 기반 알고리듬과 매우 유사하기 때문에, 유사도 함수와 예측함수의 비슷한 변형을 아이템 기반 방법으로 설계할 수 있다.

### 아이템 기반 알고리듬의 예시

아이템 기반 알고리듬을 설명하기 위해 사용자 기반 알고리듬을 증명하기 위해 썼던 표 2.1의 같은 예시를 활용하겠다. 사용자 3의 비어 있는 평점은 아이템 기반 알고리듬으로 예측한다.

사용자 3에게 아이템 1과 6의 평점은 비어 있기 때문에 다른 열(아이템)에 대한 아이템 1과 아이템 6의 열의 유사도가 계산돼야 한다.

첫째로 평균 중심으로 맞춘 아이템들에 대해 유사도를 계산한다. 평균 중심으로 조정된 평점 행렬은 표 2.2에 나타나 있다. 이에 따르는 아이템 1에서 6의 각각에 대한 조정된 코사인 유사도는 테이블의 마지막 두 개의 행에 나타나 있다. 예를 들어 아이템 1과 3의 조정된 코사인 값, $AdjustedCosine(1,3)$은 다음과 같다.

$$AdjustedCosine(1,3)$$
$$= \frac{1.5*1.5+(-1.5)*(-0.5)+(-1)*(-1)}{\sqrt{1.5^2+(-1.5)^2+(-1)^2}\cdot\sqrt{1.5^2+(-0.5)^2+(-1)^2}}$$
$$= 0.912$$

아이템과 아이템의 유사도는 정확하게 유사한 방식으로 계산되며 표 2.2의 마지막 두 개의 행과 같다. 아이템 2와 3은 명백히 아이템 1과 가장 유사한 반면, 아이템 4와 5는 아이템 6이 가장 유사하다. 따라서 사용자 3의 아이템 2와 3에 대한 가중 평균은 아이템 1의 평점 $\hat{r}_{31}$을 예측하는 데 쓰이고, 사용자 3의 아이템 4와 5에 대한 가중 평균은 아이템 6의 평점 $\hat{r}_{36}$을 예측하는 데 쓰인다.

$$\hat{r}_{31} = \frac{3*0.735+3*0.912}{0.735+0.912} = 3$$
$$\hat{r}_{36} = \frac{1*0.829+1*0.730}{0.829+0.730} = 1$$

따라서 아이템 기반 방법론은 아이템 1이 아이템 6보다는 사용자 3에게 더 선호될 것이라는 것을 알려준다. 하지만 이 경우의 평점은 사용자 3 자신에 대한 평점을 이용해 예측한 결과이기 때문에 예측 평점은 해당 사용자의 다른 평점과 비슷한 결을 유지할 수 있다. 좀 더 구체적인 예를 들자면, 사용자 기반 방법론에서는 아이템 6에 대한 예측 평점이 더 이상 제한된 범위를 넘어서는 일이 없을 것이라는 거다. 아이템 기반 방법론의 더 높은 예측 정확도는 가장 주요한 장점이다. 어떤 경우 추천 리스트 자체는 대략 비슷하더라도, 아이템 기반 방법론은 조금은 다른 상위-$k$ 추천을 제공할 것이다.

## 2.3.3 효율적 구현 및 계산 복잡성

이웃 기반 방법론은 타깃 사용자의 가장 적절한 추천 항목을 결정하는 데 쓰이거나 타깃 아이템에 대한 사용자 추천을 결정하는 데 쓰인다. 앞에서 설명한 논의는 특정 사용자-아이템 조합에 대한 평점 예측만 보여줄 뿐 실제 순위 프로세스는 설명하지 않는다. 단도직입적인 방법은 관련 있는 모든 사용자-아이템 쌍(예를 들어 특정 사용자에 대한 모든 아이템)에 대해 가능한 평점을 모두 예측하고 이들에 대해 순위를 매기는 것이다. 이 방법이 현재 추천 시스템에 쓰이고 있는 가장 기본적인 접근 방식이지만, 많은 사용자-아이템 조합에 대한 예측 과정이 중간 계산 과정에서도 재사용된다는 점이 중요하다. 따라서 이 중간 계산을 저장하고 순위 과정에 사용하기 위해 오프라인 단계를 사용하는 것이 좋다.

이웃 기반 방법론은 항상 오프라인 단계와 온라인 단계로 나눠진다. 오프라인 단계에서는 사용자-사용자(또는 아이템-아이템) 유사도 값과 사용자(또는 아이템)의 피어 그룹이 계산된다. 각각의 사용자(또는 아이템)에 대해 관련 있는 피어 그룹은 계산에 기초해 사전에 저장된다. 온라인 단계에서는 이 유사도 값과 피어 그룹을 활용해 식 2.4와 같은 관계를 이용해 예측을 수행한다. $n' \ll n$을 사용자(행)의 지정된 평점의 최대 수라 하고, $m' \ll m$을 아이템(열)의 지정된 평점의 최대 수라 하자.

$n$은 한 쌍의 사용자(행) 간의 유사도를 계산하기 위한 최대 실행 시간이고, $m$은 한 쌍의 아이템(열) 간의 유사도를 계산하기 위한 최대 실행 시간이다. 사용자 기반 방법론의 경우 타깃 사용자의 피어 그룹을 결정하는 과정에서 $O(m \cdot n')$ 시간이 요구될 수 있다. 따라서 모든 사용자의 피어 그룹을 계산하기 위한 오프라인 실행 시간은 $O(m^2 \cdot n')$로 정의된다. 아이템 기반 방법론에서 같은 오프라인 실행 시간은 $O(n^2 \cdot m')$로 표시된다.

$k$값을 다양하게 하는 접근 방법을 사용하려면 사용자(또는 아이템) 쌍 사이에 0이 아닌 유사도 쌍을 모두 저장해야 한다. 따라서 사용자 기반 방법론에서의 공간 요구 사항은 $O(m^2)$인 반면, 아이템 기반 방법론의 공간 요구 사항은 $O(n^2)$이다. 사용자 수는 일반적으로 아이템의 수보다 많기 때문에, 사용자 기반 방법론의 공간 요구 사항은 아이템 기반 방법론보다 대체로 크다.

식 2.4에 따른 예측된 값의 온라인 계산은 사용자 기반 및 아이템 기반 방법론 모두에 $O(k)$ 시간이 필요하다. 여기서 $k$는 예측에 쓰인 사용자/아이템 이웃의 크기이다. 또한 만일 예측이 랭킹을 위해 타깃 사용자의 모든 아이템에 대해서 계산돼야 하는 경우, 사용자 기반 및 아이템 기반 방법론 모두 실행 시간은 $O(k \cdot n)$이다. 그와 반대로 판매자는 특정 아이템에 대해 타기팅할 상위 $r$ 사용자를 결정할 수도 있다. 이 경우, 예측은 타깃 아이템에 대해 모두 랭킹을 지정해야 하기 때문에, 모든 사용자들에 대해 실행돼야 하고, 사용자 기반과 아이템 기반 방법론 모두 실행 시간은 $O(k \cdot m)$이다. 이웃 기반 방법론의 주요한 계산상의 복잡성은 종종 수행돼야 하는 오프라인 단계에 있다는 것을 주목할 필요가 있다. 결국 이웃 기반 방법론은 온라인 예측을 이용할 때 효율적인 경향이 있다. 따라서 오프라인 단계의 계산 시간에 더 많은 시간을 할당할 수 있다.

## 2.3.4 사용자 기반 방법론과 아이템 기반 방법론의 비교

아이템 기반 방법론은 사용자 자체 평점을 추천에 활용하기 때문에 더 관련성이 높은 추천을 제공한다. 아이템 기반 방법론에서는 유사 아이템을 타깃 항목으로 인지하고 그 아이템에 대한 사용자가 지정한 평점을 활용해 타깃의 평점을 추측한다. 예를 들어 타깃 역사물과 유사한 아이템은 또 다른 역사물의 집합일 것이다. 이 경우 사용자의 해당 집합에 대한 자체 추천은 타깃에 대한 선호도로 매우 직관적일 것이다. 비슷하지만 다른 취향을 가질 수 있는 다른 사용자들로부터 평점이 추측되는 사용자 기반 방법론은 이와 같은 경우가 발생하지 않을 것이다. 결과적으로 아이템 기반 방법론이 더 나은 정확도를 보인다.

아이템 기반 추천이 더 정확해 보이더라도, 아이템 기반 방법론과 사용자 기반 방법론의 상대적 정확도는 데이터 세트에 기반한다. 12장에서 배우게 되겠지만 아이템 기반 방법론은 추천 시스템에서 쉴링shilling 공격에 더 강하다. 반면 추천 과정에서 아이템 기반 방법론보다 사용자 기반 방법론이 다양해질 수 있는 것도 이러한 차이이다. 다양성은 랭킹이 돼 있는 아이템과는 다소 다르다. 아이템이 다양하지 않은 경우 사용자가 첫 번째 아이템을 싫어한다면 해당 사용자는 리스트의 그 어느 아이템도 좋아하지 않을 수 있다. 더 큰 다양성은 또한 뜻밖의 발견을 장려하는데, 이를 통해 다소 놀라우면서도 흥미로운 아이템이 발견된다. 아이템 기반 방법론은 때로는 명백한 항목 또는 이전 사용자 경험에서 새로운 것이 아닌 아이템을 추천할 수 있다. 충분한 참신함, 다양성, 우연성이 없다면 사용자는 이미 봤던 유사 추천 항목에 대해서는 지루해할 수 있다.

아이템 기반 방법론은 추천에 구체적인 근거를 제시한다. 예를 들어 넷플릭스는 다음과 같은 문구와 함께 추천을 제안한다.[2]

당신이 〈Secrets of the Wings〉를 봤기 때문에, [추천작]은 List이다.

이런 설명은 아이템의 이웃을 이용해 아이템 기반 방법으로 구체적으로 설명이 가능하다. 하지만 이 설명은 피어 그룹이 단순히 익명의 사용자 집합이며 추천 과정에서는 직접 사용할 수 없기 때문에 사용자 기반 방법으로 해결하기는 어렵다.

사용자 기반 방법론은 여러 가지 설명을 제공한다. 앨리스에게 영화 〈터미네이터〉, 〈에이리언〉, 〈프레데터〉가 추천됐다고 생각해보자. 이 영화에 그녀의 이웃이 매긴 평점을 히스토그램으로 표시할 수 있다. 그림 2.2의 그 히스토그램을 볼 수 있다. 앨리스는 이 영화를 얼마나 좋아할지 알기 위해 이 히스토그램을 이용할 수 있다.

그럼에도 이러한 설명은 앨리스에게 어떻게 이 영화들이 그녀의 취향이나 그녀가 알고 믿는 친구들의 취향과 어떻게 관련이 있는지에 대한 부분에 있어서는 다소 부족한 면이 있다. 그녀의 이웃의 정체는 프라이버시에 대한 우려 때문에 알 수 없다.

마지막으로 아이템 기반 방법론은 평점의 변화에 안정적이다. 이에 대한 이유는 두 가지가 있

---

2 넷플릭스에 쓰이는 방법은 독점적이기 때문에 정확히 알지는 못한다. 하지만 아이템 기반 방법론은 유사한 목표를 달성할 수 있는 실행 가능한 방법론을 제공한다.

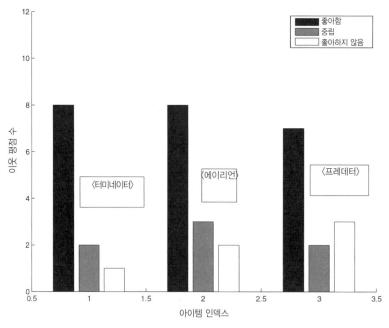

**그림 2.2** 앨리스의 이웃 평점 히스토그램 간의 상위 추천 설명

다. 첫째로, 사용자의 수는 대체로 아이템의 수보다 크다. 이 경우 두 사용자는 공통적으로 평점을 매긴 아이템의 숫자는 매우 적을 수 있지만 두 아이템에 대해 공통으로 평점을 매긴 사용자의 수는 매우 클 수 있다. 사용자 기반 방법론에서는 단 몇 개의 평점의 추가도 유사도 값을 크게 바꿀 수 있다. 평점 값의 변화에 안정적인 아이템 기반 방법론에서는 있을 수 없는 경우다. 둘째로, 신규 사용자는 상용 시스템에서 신규 아이템보다 더 자주 추가될 것이다.

이런 경우는 아이템 이웃은 신규 사용자의 추가로 급격하게 변화될 이유는 없기 때문에 이웃 아이템의 계산은 가끔 이루어져도 된다. 그와 반대로, 이웃 사용자의 계산은 신규 사용자가 추가됨에 따라 더 자주 계산돼야 한다. 이러한 맥락에서 사용자 기반 방법론을 기반으로 한 추천 모델은 점진적 유지 관리가 더 어려워진다.

## 2.3.5 이웃 기반 방법론의 장점과 단점

이웃 기반 방법론은 단순함과 직관적인 관점에서 몇 가지 장점이 있다. 단순함과 직관적인 성격 때문에 적용하기도 쉽고 문제를 파악하기도 쉽다. 왜 특정 아이템이 추천됐는지 알기도 쉽고, 아이템 기반 방법론의 해석 가능성은 특히 주목할 만하다. 이런 점은 이후 장에서 논의될 많은 모델 기반 방법론에서 쉽게 쓰이지 않는다. 또한 추천은 신규 아이템과 사용자가 추천되는 경우 상대적으로 안정적이다. 이 방법론의 점증적 근사도 가능하다.

가장 큰 단점은 대규모 환경에서 오프라인 단계가 때로는 비효율적이라는 것이다. 사용자 기반 방법론의 오프라인 단계는 적어도 $O(m^2)$시간과 공간이 필요하다. $m$이 수천만에 달하는 경우 데스크톱 하드웨어에서 너무 느리거나 공간에 영향을 많이 받는다. 그럼에도 이웃 방법론의 온라인 단계는 항상 효율적이다. 이 방법론의 또 다른 주요 단점은 희박함에 생긴 제한된 커버리지이다. 예를 들어 존의 가장 가까운 그 누구도 〈터미네이터〉를 평가하지 않았다면, 존에게 〈터미네이터〉에 대한 평점 예측은 불가능하다. 하지만 대부분의 추천 환경에서는 존의 상위-$k$ 아이템에 대해서만 관심이 있다. 존의 가까운 이웃 중 그 누구도 터미네이터를 평가하지 않았다면, 이 영화는 존에게 좋은 추천이 아닌 것이다. 희박함은 두 사용자가 공통적으로 평가한 아이템의 숫자가 적다면 견고한 유사도 값 계산은 어렵다.

## 2.3.6 사용자 기반과 아이템 기반 방법론의 통합된 관점

사용자 기반 및 아이템 기반 방법론 각각의 단점은 전자는 평점 행렬의 행<sup>column</sup> 간의 유사도를 무시하는 반면, 후자는 가장 비슷한 엔트리를 결정할 때 열<sup>row</sup> 간의 유사도를 무시한다. 이 때, 우리는 두 가지 방법론을 통합해 타깃 엔트리와 가장 유사한 엔트리를 찾을 수 있을까 하는 질문이 생길 것이다. 이렇게 하면 열이나 행 간의 유사도를 무시하는 경우는 없을 것이다. 그보다 행과 열 간의 유사 정보를 결합할 수 있다.

이 목적을 이루기 위해서는 일단 열이 평균 중심으로 설정되면 사용자 기반과 아이템 기반 방법론이 거의 같다는 것(약간의 차이점만 존재할 뿐)을 이해해야 한다. 일반성의 손실 없이 평점 행렬의 열을 평균 중심으로 설정할 수 있다. 예측 후에 각 엔트리에 각 열의 평균을 더할 수 있기 때문이다. 또한 열이 평균 중심이면 열간의 피어슨 상관계수는 코사인 계수와 동일[3]하다는 것도 주목할 점이다. 이 가정을 기반으로 사용자 기반과 아이템 기반 방법론을 통합해 평점 행렬 $R$의 엔트리 $r_{uj}$를 예측할 수 있다.

1. 행과 열간의 코사인 계수를 이용해 평점 행렬의 타깃 엔트리 $(u, j)$와 가장 유사한 행, 열을 결정한다. 사용자 기반 방법론에서는 열을 이용하고, 아이템 기반 방법론에서는 행을 이용한다.
2. 위의 단계에서 찾은 행과 열의 평점의 가중 조합을 이용해 타깃 엔트리 $(u, j)$를 예측한다.

앞에서 이야기한 설명은 각 단계의 행 또는 열을 무시한다는 것을 인지해야 한다. 물론 행과 열에 따른 예측 정보와 유사도가 결합되는 일반적인 컨텍스트를 제시할 수 있다.

1. 행과 열간의 유사도의 조합을 이용해 평점 행렬에서 타깃 엔트리 $(u, j)$의 가장 비슷한

---

3 피어슨 상관계수에서 각 열이 어떻게 평균을 계산하느냐에 따라 다소 차이는 존재할 수 있다. 각 열의 평균이 모든 열의 측정된 평점의 평균이라면(중복되는 특정 엔트리의 경우가 아닌), 피어슨 상관계수는 평균 중심 행렬의 열간의 코사인 계수와 동일하다.

엔트리를 결정한다. 예를 들어 행간 혹은 열간의 코사인 유사도의 합을 이용해, 평점 행렬의 가장 유사한 $(u, j)$를 결정할 수 있다.

2. 1번째 단계에서 결정한 엔트리 값에서 가중 조합을 이용해 타깃 엔트리 $(u, j)$를 예측한다. 가중치는 1번 단계에서 계산된 유사도를 기반으로 한다.

일반 방법론과는 다른 점을 특별히 다뤄보았다. 이 방법은 조합을 이용해 행과 열의 유사도를 융합한다. 가장 효과적인 결과를 만들기 위해 다양한 조합 기능을 사용해 실험할 수 있다. 이렇게 통일된 방법론에 관한 자세한 설명은 [613, 622]에 자세히 있다. 이 기본 원칙은 사용자, 아이템, 기타 컨텍스트의 차원의 유사도가 단일 프레임워크로 통합돼, 컨텍스트별 추천 시스템의 다차원 모델에서도 활용된다(8장의 8.5.1절 참고).

# 2.4 클러스터링과 이웃 기반 방법론

이웃 기반 방법론의 주요 문제점은 오프라인 단계에서의 복잡성이다. 이 문제는 사용자의 수나 아이템의 수가 굉장히 클 때 더 크게 나타난다. 예를 들어 사용자의 수 $m$이 수억 명에 이르면, 사용자 기반 방법론의 $O(m^2 \cdot n')$ 실행 시간은 오프라인에서 계산한다 하더라도 비효율적일 것이다. $m = 10^8$이고, $n' = 100$인 경우를 생각해보자. $O(m^2 \cdot n') = O(10^{18})$의 실행이 필요하다. 우리가 각 작업에 기초적인 기계 사이클이 필요하다는 보수적인 가정을 잡았을 때, 10GHz 컴퓨터는 $10^8$초(115.74일)가 필요하다. 명백하게 이러한 접근 방식은 확장성 관점에서 실용적이지 않을 것이다.

클러스터링 기반 방법론의 주요 관점은 오프라인에서의 가장 근접한 이웃 단계를 클러스터링 단계로 대체하는 것이다. 오프라인에서의 가장 근접한 이웃을 찾는 단계는 많은 피어 그룹을 생성하며 가능한 타깃들이 중심이 되는 것처럼, 클러스터링 단계는 각각의 가능한 타깃이 중심이 될 필요도 없고 더 작은 피어 그룹을 생성한다. 클러스터링 단계는 모든 가능 타깃에 대해 $O(m^2 \cdot n')$시간을 요구하는 방법보다 훨씬 효율적이다. 클러스터가 한 번 생기면, 평점을 예측하는 단계는 식 2.4에서와 유사한 방법으로 진행된다. 가장 큰 차이점은 클러스터 안에서의 상위-$k$의 가장 근접한 동료가 예측에 활용된다는 점이다. 쌍에 대한 유사도 계산은 같은 클러스터 안에서만 작용해야 하고 따라서 이 접근 방법은 훨씬 더 효율적이다.

이 효율성은 클러스터 내의 각 대상에 가장 이웃한 이웃 집합이 전체 데이터보다 더 낮을 품질을 가지므로 정확성이 다소 떨어진다. 게다가 클러스터링 세밀도는 정확성과 효율성 간의 트레이드오프를 조절한다. 클러스터가 세분화되면 효율성은 개선되지만 정확도는 떨어진다. 많은 경우 효율성에서의 큰 증가는 정확도의 작은 감소로 이루어진다. 평점 행렬이 큰 경우 이 방법론은 적은 비용으로 실용적인 대안을 제공한다.

이 방법론의 한 가지 허들은 평점 행렬이 불완전하다는 것이다. 따라서 클러스터링 방법론은 아주 큰 불완전한 데이터 세트에서 적용된다. 이 관점에서 $k$ 평균 방법론은 불완전한 데이터에 쉽게 적용될 수 있다. $k$ 평균 접근법의 기본 구조는 $k$개의 서로 다른 클러스터를 표현하는, $k$개의 중심 포인트(또는 "평균")를 이용하는 것이다. $k$ 평균 방법론에서 클러스터링에 대한 해결책은 $k$개의 대표로 표현될 수 있다. $\overline{Y}_1 \ldots \overline{Y}_k$의 $k$개의 대표 집합이 있을 때, 각 데이터 포인트는 유사도 혹은 거리 함수를 이용해 최근접 대표에게 할당된다. 따라서 데이터 파티셔닝<sup>data</sup> partitioning은 대표들의 집합에 의해 고유하게 정의될 수 있다. $m \times n$ 데이터 세트에서 각 대표 $\overline{Y}_i$는 $n$차원 데이터 포인트, $i$번째 클러스터의 중심 포인트에 해당한다. 이상적으로는 중간이 되는 대표가 클러스터의 평균이면 좋다.

따라서 클러스터는 대표에 의존적이고 그 반대도 가능하다. 이러한 상호 의존성은 반복 작업을 통해 달성된다. 데이터 공간 범위 내에서 랜덤하게 선택된 대표의 집합 $\overline{Y}_1 \ldots \overline{Y}_k$로 시작한다. 대표를 이용해 클러스터 파티션을 반복적으로 계산하고 결과 클러스터를 중심으로 다시 대표를 계산한다. 중심을 계산하는 동안 각 차원에 관측된 값만 사용하도록 주의를 기울여야 한다. 이 두 단계의 반복 작업은 점차 수렴하게 된다. 두 단계의 접근 방법은 다음과 같이 요약할수 있다.

1. $m \times n$ 행렬의 각 열에 대해 근접한 $\overline{Y}_1 \ldots \overline{Y}_k$를 할당함으로써 클러스터 $C_1 \ldots C_k$를 결정한다. 대체로 유사도 계산에 있어서 유클리드 거리 혹은 맨해튼 거리를 이용한다.
2. 각 $i \in \{1 \ldots k\}$에 대해 $C_i$의 현재 포인트의 집합의 중심에 대해 $\overline{Y}_i$를 재설정한다.

이 방법을 사용할 때 주된 문제점은 $m \times n$ 평점 행렬이 불완전하다는 것이다. 따라서 평균과 거리는 정의되지 않을<sup>undefined</sup> 수 있다. 하지만 클러스터 내 관측된 값만을 이용해 평균을 계산하는 것은 상대적으로 쉽다. 경우에 따라 클러스터 내의 하나 이상의 아이템에 대한 평점이 지정되지 않았다면 중점은 완전하게 지정되지 않는다. 거리 값은 데이터 포인트와 클러스터의 대표에 대해, 차원의 하위 집합만을 사용해 계산된다. 거리는 차원의 수로 나눠진다. 모든 중점이 완전히 지정되지 않았을 때, 여러 개의 중심점에 대한 데이터 포인트의 거리를 계산하기 위해서로 다른 개수의 차원이 사용된다는 사실을 조정하기 위해서다. 이러한 맥락에서 맨해튼 거리는 유클리드 거리보다 더 나은 조정을 보이며, 정규화 값은 각 관측치의 평균 거리로서 더욱 쉽게 해석될 수 있다.

앞서 설명한 방법은 사용자 기반 협업 필터링을 위해 열을 클러스터한다. 아이템 기반 방법론에서는 행을 클러스터링해야 한다. 효율적인 협업 필터링을 위해 몇 가지 클러스터링 방법론은 [146, 167, 528, 643, 644, 647]에 논의된다.

이 가운데 몇 가지 방법론은 사용자 기반 방법론이고 나머지는 아이템 기반 방법론을 따른다. 공통 클러스터링 방법론 중 몇은 행과 열을 동시에 클러스터링하는 데 쓰인다.

## 2.5 차원 축소와 이웃 기반 방법론

차원 축소 방법론은 이웃 기반 방법론의 품질과 효율성을 높이는 데 쓰일 수 있다. 특히 한 쌍의 유사도가 흩어진 평점 행렬에 흔들림 없이 계산되진 않더라도, 차원 축소는 잠재 요인$^{latent\ factors}$에 있어 저차원이 가능하도록 한다. 따라서 이러한 경우는 잠재 요인 모델이라고도 한다. 비록 두 사용자가 공통으로 평점을 매긴 아이템이 매우 적다 하더라도, 저차원 잠재 벡터에서는 그 거리가 계산될 수 있다. 더 나아가, 피어 그룹을 결정하는 데 더욱 효율적이다. 차원 축소 방법론의 상세 내용을 논의하기 전에 잠재 요인 모델이 추천 시스템에 쓰이는 두 가지 방법을 설명하겠다.

1. 데이터의 축소된 형태는 잠재 요인의 열과 행 형태로 만들 수 있다. 다르게 말하자면 아이템 차원에서 줄일 수 있거나 사용자 차원에서 줄일 수 있다. 이렇게 축소된 형태는 이웃 기반 모델의 희소성 문제를 완화할 수 있다. 잠재 요인에서 어떤 차원이 축소됐냐에 따라, 축소 형태는 사용자 기반 이웃 알고리듬에 쓰이거나 아이템 기반 이웃 알고리듬에 쓰인다.

2. 행 공간과 열 공간의 잠재 형태는 동시에 결정된다. 잠재 형태는 이웃 기반 방법론을 쓰지 않은 채 평점 행렬의 전체를 한 번에 재구성하는 데 쓰인다.

두 번째 방법론은 이웃 기반 방법론을 그대로 따르지 않기 때문에 2장에서는 다루지 않을 것이다. 두 번째 내용에 대한 자세한 논의는 3장에서 다루겠다. 2장에서는 첫 번째 방법론에만 집중하겠다.

논의를 쉽게 하기 위해, 우선은 사용자 기반 협업 필터링 방법론만 이야기해보겠다. 사용자 기반 협업 필터링 방법론의 기본 구조는 행렬 $R$의 $m \times n$ 평점 행렬을 주성분 분석을 이용해 저차원으로 변환시킨다. 결과 행렬 $R'$는 $d \ll n$을 가지는 사이즈 $m \times d$겠다. 따라서 희소한 분포의 $n$차원의 평점 벡터는 $d$차원 공간으로 줄여졌다. 더 나아가, 본래의 평점 벡터와는 다르게 $d$차원은 완벽히 지정돼있다. 이 $d$차원 형태의 각 사용자가 결정이 되면 타깃 사용자와의 유사도를 계산할 수 있게 된다. 저차원에서의 유사도 계산은 모든 차원이 완전히 지정돼 있기 때문에 그 값은 더욱 흔들림이 없다. 또한 차원이 축소됨에 따라서 유사도 산출은 더욱 효율적이게 된다. 단순한 코사인 혹은 곱으로도 충분히 축소된 차원 안에서의 유사도 계산이 가능하다.

각 데이터 포인트의 저차원 표현법이 어떻게 계산되는지 궁금할 것이다. 이는 SVD 방식의 방법론 또는 PCA 방법론으로 계산이 가능하다. 다음은 SVD 방식의 방법론이다.

첫 번째 단계는 누락된 엔트리를 채우기 위해 $m \times n$의 불완전한 평점 행렬 $R$을 증가시키는 것이다. 누락된 엔트리는 행렬 내 해당 열의 평균(해당 유저의 평점의 평균)과 동일한 값으로 예측된다. 이 접근 방법의 대안으로 행렬의 행의 평균(해당 아이템의 평점의 평균)을 예측하는 방법도 있다. 결과 행렬을 $R_f$라고 하자. 그런 다음 아이템 쌍끼리의 $n \times n$ 유사도 행렬, $S = R_f^T R_f$를 계산한다. 이 행렬은 반정부호positive semi-definite이다. $R_f$의 기저벡터를 구하기 위해서는 다음과 같은 유사도 행렬 $S$의 대각화diagonalization가 필요하다.

$$S = P \Delta P^T \qquad (2.16)$$

$P$는 $S$의 정규직교벡터orthonormal eigenvectors를 포함하는 $n \times n$ 행렬이다. $\Delta$는 대각선에 따라 $S$의 비음수 고윳값을 포함하는 대각행렬이다. $P_d$가 가장 큰 $d$ 고유 벡터에 대응하는 $P$의 칼럼만을 포함하는 $n \times d$ 행렬이 되게 한다. 그런 다음, $R_f$의 저차원 표현은 $R_f P_d$의 행렬 곱으로 나타내진다. 환원된 표현 $R_f P_d$의 치수가 $m \times n$ 행렬이고 $P_d$는 $n \times d$ 행렬이기 때문에 $m \times d$임을 알 수 있다. 따라서 각 $m$ 사용자는 이제 $d$차원 공간에 표시된다. 그런 다음 이 표현을 사용해 각 사용자의 피어 그룹을 결정한다. 피어가 결정되면 방정식 2.4를 사용하면 평점 예측을 쉽게 수행할 수 있다. 이러한 접근법은 $R_f$ 대신 $R_f$의 전치에 전체 차원 축소 방법을 적용해 아이템 기반 협업 필터링에도 사용될 수 있다.

전술한 방법론은 평점 행렬 $R_f$의 특이값 분해(SVD)로 볼 수 있다. 여러 가지 다른 방법[24, 472]은 SVD 대신 주성분 분석(PCA)을 사용하지만 전체적인 결과는 매우 유사하다. PCA 방법에서 Rf의 공분산 행렬은 유사도 행렬 $R_f^T R_f$ 대신 사용된다. 열을 따라 평균 중심인 데이터의 경우 두 방법은 동일하다. 따라서 항목에서 각 열의 평균을 뺀 다음 앞에서 설명한 접근 방식을 적용해 데이터의 변환된 표현을 얻을 수 있다. 이 변환된 표현은 각 사용자의 피어를 결정하는 데 사용된다. 평균 중심은 바이어스를 줄이는 측면에서 이점이 있다(다음 절 참조). 다른 방법은 먼저 각 행을 따라 중심을 평균한 다음 각 열을 따라 중간 중심을 지정하는 것이다. 변환된 표현에 SVD를 적용할 수 있다. 이러한 유형의 접근 방식은 일반적으로 가장 강력한 결과를 제공한다.

## 2.5.1 바이어스 문제 처리

행렬 $R_f$는 불특정 항목을 행 또는 열을 따라 평균 값으로 작성해 불완전행렬 $R$에서 파생된다는 점에 유의해야 한다. 이러한 접근 방식은 상당한 바이어스를 일으킬 가능성이 높다. 바이어스의 본질을 이해하기 위해 〈대부〉, 〈글래디에이터〉, 〈네로〉 이 세 영화에 12명의 사용자가 제공한 평점 표 2.3의 예를 고려해보자. PCA가 차원 축소에 사용되므로 공분산 행렬을 추정해야 한다고 가정해 보자. 누락된 값이 열을 따라 평균으로 대체된다고 가정하겠다.

이 경우 평점은 3편의 영화에 대해 4명의 사용자에 의해 1에서 7까지의 척도로 그려진다. 영화 〈글래디에이터〉와 〈네로〉의 평점 간의 상관관계는 평점이 지정된 네 가지 경우에서 매우 유사하기 때문에 시각적으로 분명하다. 〈대부〉와 〈글래디에이터〉 사이의 상관관계는 덜 중요한 것 같다. 그러나 많은 사용자가 〈네로〉에 대한 그들의 평점을 지정하지 않았다. 〈네로〉의 평균

표 2.3 공분산 예측의 바이어스의 예

| 평점표 | 대부 | 글래디에이터 | 네로 |
|---|---|---|---|
| 1 | 1 | 1 | 1 |
| 2 | 7 | 7 | 7 |
| 3 | 3 | 1 | 1 |
| 4 | 5 | 7 | 7 |
| 5 | 3 | 1 | ? |
| 6 | 5 | 7 | ? |
| 7 | 3 | 1 | ? |
| 8 | 5 | 7 | ? |
| 9 | 3 | 1 | ? |
| 10 | 5 | 7 | ? |
| 11 | 3 | 1 | ? |
| 12 | 5 | 7 | ? |

평점은 $(1 + 7 + 1 + 7)/4 = 4$이기 때문에 이렇게 지정되지 않은 평점은 평균 값 4로 대체된다. 이 새로운 항목의 추가는 〈글래디에이터〉와 〈네로〉 사이의 예상 공분산을 크게 감소시킨다. 그러나 새로운 항목의 추가는 〈대부〉와 〈글래디에이터〉 사이의 공분산에 영향을 미치지 않는다. 누락된 평점을 입력한 후 세 영화 간의 쌍별 공분산은 다음과 같이 추정할 수 있다.

| | 대부 | 글래디에이터 | 네로 |
|---|---|---|---|
| 대부 | 2.55 | 4.36 | 2.18 |
| 글래디에이터 | 4.36 | 9.82 | 3.27 |
| 네로 | 2.18 | 3.27 | 3.27 |

앞서 언급한 추정에 따르면, 〈대부〉와 〈글래디에이터〉 사이의 공분산은 〈글래디에이터〉와 〈네로〉 사이의 공분산보다 더 크다. 이 결과는 〈글래디에이터〉와 〈네로〉에 대한 표 2.3의 평점이 둘 다 지정된 경우와 동일하기 때문에 올바르지 않은 것 같다. 따라서 〈글래디에이터〉와 〈네로〉의 상관관계는 더 높아야 한다. 이 오류는 지정되지 않은 항목을 해당 열의 평균으로 작성해 발생하는 바이어스 결과이다. 대부분의 항목이 지정되지 않으므로 이러한 종류의 바이어스는 희소 행렬에서 매우 중요할 수 있다. 따라서 지정되지 않은 항목 대신 평균 평점을 사용해 발생하는 바이어스를 줄이기 위한 방법을 설계해야 한다. 다음에서는 이 문제에 대한 두 가지 가능한 해결 방법을 살펴보겠다.

## 2.5.1.1 최대 우도 추정

개념적 재구성 방법 [24, 472]는 공분산 행렬을 추정하기 위해 EM 알고리듬과 같은 확률적 기술의 사용을 제안한다. 데이터에 대해 생성 모델이 가정되고 지정된 항목은 생성 모델의 결과로 간주된다. 공분산 행렬은 이 생성 모델의 매개변수를 추정하는 프로세스의 일부로 추정될 수 있다. 다음에서는 이 방법을 단순화한다. 이 단순화된 접근 방식에서는 공분산 행렬의 최대 우도 추정치가 계산된다. 각 항목 쌍 간의 공분산의 최대 우도 추정치는 지정된 항목 간의 공분산으로 추정된다. 즉, 특정 항목 쌍에 대한 평점을 지정한 사용자만의 정보만 공분산을 추정하는 데 사용된다. 한 쌍의 항목 간에 공통된 사용자가 없는 경우 공분산은 0으로 추정된다. 이 방법을 사용하면 표 2.3의 데이터에 대해 다음 공분산 행렬이 추정된다.

|  | 대부 | 글래디에이터 | 네로 |
|---|---|---|---|
| 대부 | 2.55 | 4.36 | 8 |
| 글래디에이터 | 4.36 | 9.82 | 12 |
| 네로 | 8 | 12 | 12 |

이 경우 〈글래디에이터〉와 〈네로〉의 공분산이 대부와 〈글래디에이터〉 사이의 거의 세 배라는 것을 바로 알 수 있다. 또한 영화 〈네로〉는 원래 예상했던 것보다 3배 이상의 분산 값을 보이며 모든 영화 중 평점의 분산이 가장 크다. 대부와 〈글래디에이터〉 사이의 쌍별 공분산은 평균 채우기 기술을 사용하는 다른 모든 쌍별 공분산 중 가장 컸지만, 이 같은 쌍은 이제 모든 쌍별 공분산 중 가장 작게 나타난다. 이 예제에서는 일부 컨텍스트에서 바이어스 수정이 매우 중요할 수 있음을 시사한다. 행렬에서 지정되지 않은 항목의 비율이 클수록 평균 채우기 기술의 바이어스가 커지게 된다. 따라서 지정된 항목만 활용하는 수정된 기법은 공분산 행렬을 계산하는 데 사용된다. 이러한 기술이 항상 효과적인 것은 아니지만 평균 충진 기술보다 우수하다. 축소된 $n \times d$ 기초 행렬 $P_d$는 생성된 공분산 행렬의 최상위 $d$ 고유 벡터를 선택해 계산된다.

표현의 바이어스를 더욱 줄이기 위해 불완전행렬 $R$은 $P$에 채워진 행렬 $R_f$를 투사하는 대신 감소된 행렬 $P_d$에 직접 투영될 수 있다. 아이디어는 $P_d$의 각 잠재 벡터의 프로젝션에 대한 각 관찰된 평점의 기여도를 계산한 다음 그러한 평점의 수에 대한 기여도를 평균화하는 것이다. 이 평균 기여도는 다음과 같이 계산된다. $\bar{e}_i$는 $j$번째 항목이 $e_{ji}$인 $P_d$의 $i$번째 열eigenvector이 되게 한다. $r_{uj}$ 행렬 $R$의 항목 $j$에 대한 사용자 $u$의 관찰된 평점이될 수 있다. 이어서, 잠재 벡터 $\bar{e}_i$에 대한 프로젝션에 대한 사용자의 기여는 $r_{uj}e_j$에 의해 주어진다. 그런 다음 집합 $I_u$가 사용자 $u$의 지정된 항목 평점의 인덱스를 나타내는 경우 $i$번째 잠재 벡터에 대한 사용자 $u$의 평균 기여도 $a_{ui}$는 다음과 같다.

$$a_{ui} = \frac{\sum_{j \in I_u} r_{uj} e_{ji}}{|I_u|} \tag{2.17}$$

이러한 유형의 평균 정규화는 다른 사용자가 서로 다른 평점 수를 지정한 경우에 특히 유용하다. 생성된 $m \times d$ 행렬 $A = [a_{ui}]_{m \times d}$는 기본 평점 행렬의 축소된 표현으로 사용된다. 이 축소된 행렬은 사용자 기반 협업 필터링을 위해 대상 사용자의 근린을 효율적으로 계산하는 데 사용된다. 또한 행렬 $R$의 전치에 대한 접근법을 적용하고 항목 차원이 아닌 사용자 차원을 따라 차원을 줄일 수도 있다. 이러한 접근 방식은 아이템 기반 공동 작업 필터링에서 대상 항목의 주변을 계산하는 데 유용하다. 누락된 값 대치에 대한 축소된 표현을 사용하는 이러한 접근법은 [24, 472]에서 논의된다.

## 2.5.1.2 불완전한 데이터의 직접 행렬 인수분해

전술한 방법론은 공분산 예측에 있어 바이어스를 어느 정도 보정할 수 있지만 평점의 희소성 수준이 높을 때 완전히 효과적이지는 않다. 이는 공분산 행렬 추정이 강력한 추정을 위해 각 항목 쌍에 대해 충분한 수의 관찰된 평점을 필요로 하기 때문이다. 행렬이 희박하면 공분산 추정치가 통계적으로 신뢰할 수 없다.

좀 더 직접적인 방법은 행렬 인수분해 방법을 사용하는 것이다. 특이값 인수분해와 같은 방법은 본질적으로 행렬 인수분해 방법이다. 잠시 $m \times n$ 평점 행렬 $R$이 모두 지정돼 있다고 가정한다. 선형 대수[568]에서 잘 알려진 사실은 모든 (완전히 지정된) 행렬 $R$은 다음과 같이 인수분해될 수 있다는 것이다.

$$R = Q \Sigma P^T \tag{2.18}$$

여기서 $Q$는 $RR^T$의 $m$ 정규직교 고유 벡터를 포함하는 열이 있는 $m \times m$ 행렬이다. 행렬 $P$는 $R^T R$의 $n$ 정규직교 고유 벡터를 포함하는 칼럼이 있는 $n \times n$ 행렬이다. $\Sigma$는 대각선 항목[4]만 0이 아니고 $R^T R$의 0이 아닌 고윳값(또는 이와 동등한 $RR^T$)의 제곱근을 포함하는 $m \times n$ 대각선 행렬이다. $R^T R$ 및 $RR^T$의 고유 벡터가 동일하지 않으며 $m \neq n$일 때 다른 차원을 가질 것이라는 점은 주목할 만하다. 그러나 항상 동일한 수의 (0이 아닌) 고윳값에서만 같다. $\Sigma$의 대각선에 있는 값을 **특이값**<sup>singular values</sup>이라고도 한다.

또한 잘린 SVD를 사용해 행렬을 대략적으로 인수분해할 수 있으며, 여기서 $d \leq \min\{m, n\}$의 가장 큰 특이값에 해당하는 고유 벡터만 사용된다. 잘린 SVD는 다음과 같이 계산된다.

$$R \approx Q_d \Sigma_d P_d^T \tag{2.19}$$

---

4 대각선 행렬은 일반적으로 정사각형이다. 이 행렬은 정사각형이 아니지만 인덱스가 같은 엔트리만 0이 아니다. 이것이 대각선 행렬의 일반화된 정의이다.

여기서 $Q_d$, $\Sigma_d$ 및 $P_d$는 각각 $m \times d$, $d \times d$ 및 $n \times d$ 행렬이다. 행렬 $Q_d$와 $P_d$는 각각 $RR^T$ 및 $R^TR$의 $d$개의 가장 큰 고유 벡터를 포함하는 반면, 행렬 $\Sigma_d$는 대각선을 따라 두 행렬의 $d$개의 가장 큰 고윳값의 제곱근을 포함한다. 행렬 $P_d$가 차원 축소에 필요한 축소된 기저 표현인 $R^TR$의 최상위 고유 벡터를 포함하고 있다는 점은 주목할 만하다. 더욱이 행렬 $Q_d\Sigma_d$는 $P_d$에 대응하는 기저로 기존 평점 행렬의 변형 및 축소된 $m \times d$ 표현을 포함한다. 이러한 근사치 인수분해는 다른 랭크 인수분해와 비교해 근사한 항목의 평균 제곱 오차가 가장 적다는 것을 알 수 있다. 따라서 식 2.19에 해당하는 형태로 평점 행렬 $R$을 대략적으로 인수분해할 수 있다면, 축소된 기저뿐만 아니라 축소된 기저에 해당하는 평점도 알 수 있다. 이러한 접근 방법의 주요 문제점은 평점 행렬이 완전히 지정되지 않는다는 것이다. 결과적으로 인수분해는 이루어질 수 없다. 그럼에도 이 식을 평점 행렬의 관찰된 항목에 대해서만 인수분해의 제곱 오차 최적화를 진행해 최적화 문제로 재구성할 수 있다. 또한 비선형 최적화 기술을 사용해 이러한 수정된 공식을 명시적으로 해결할 수도 있다. 결과로 견고하고 바이어스되지 않은 낮은 차원이 생성된다. 더 나아가 이 접근법은 축소된 계수 행렬이 결정되면 식 2.19를 사용해 평점 행렬을 직접 추정하는 데 사용될 수 있다. 즉, 이러한 방법론은 이웃 기반 방법론을 넘어 직접적인 효과를 갖고 있다. 이와 관련한 잠재 요인 모델 및 비선형 최적화 기술에 관한 자세한 내용은 3장의 3.6절에서 설명한다. 수정된 최적화 공식을 사용해 축소 표현을 계산하는 방법을 배우고 싶다면 여기서 참고해야 한다.

## 2.6 이웃 방법론의 회귀 모델링 관점

사용자 기반 및 아이템 기반 방법론 모두에 대한 중요한 발견은 이웃 사용자의 동일한 항목에 대한 평점 또는 이웃 항목의 동일한 사용자의 평점의 선형함수로 평점을 예측한다는 것이다. 이 점을 이해하기 위해 다음의 사용자 기반 이웃 방법(식 2.4 참조)의 예측함수를 복제한다.

$$\hat{r}_{uj} = \mu_u + \frac{\sum_{v \in P_u(j)} \text{Sim}(u, v) \cdot (r_{vj} - \mu_v)}{\sum_{v \in P_u(j)} |\text{Sim}(u, v)|} \tag{2.20}$$

예측 평점은 동일한 아이템의 다른 평점의 가중 선형 조합이다. 선형 조합은 대상 사용자 $u$와 충분히 유사한 취향을 가진 사용자에게 속하는 항목 $j$의 평점으로만 제한돼 있다. 이 제한은 피어 평점 세트 $P_u(j)$를 사용해 활성화된다. 2장의 이전 토론과 같이 $P_u(j)$ 또한 항목 $j$를 평가한 사용자 $u$를 대상으로 $k$명의 최근접 사용자 집합이다. 집합 $P_u(j)$를 아이템 $j$에 대한 모든 평점을 포함하는 (또한 모든 피어 사용자에 대한) 집합으로 허용한다면, 예측함수는 선형 회귀 모형[22]과 유사[5]하게 된다. 선형 회귀에서 평점은 다른 평점의 가중 조합으로 예측되며 가중치(계수)는 최적화 모델을 사용해 결정된다. 이웃 기반 접근 방식에서는 선형 함수의 계수가 최적화 모델을 사용하는 대신 사용자-사용자 유사도와 추론 방식으로 선택된다.

예측함수(식 2.15 참조)가 다음과 같은 아이템 기반 근린 방법론의 경우에도 유사한 결과가 보인다.

$$\hat{r}_{ut} = \frac{\sum_{j \in Q_t(u)} \text{AdjustedCosine}(j,t) \cdot r_{uj}}{\sum_{j \in Q_t(u)} |\text{AdjustedCosine}(j,t)|} \tag{2.21}$$

집합 $Q_t(u)$는 사용자 $u$에 의해 평가된 대상 아이템 $t$에 최근접 아이템 집합을 나타낸다. 이 경우, 대상 항목 $t$에 대한 사용자 $u$의 평점은 자신의 평점의 선형 조합으로 표현된다. 사용자 기반 방법론의 경우와 마찬가지로 선형 조합의 계수는 유사도 값으로 휴리스틱하게 적용된다. 따라서 사용자 기반 모델은 동일한 열에서 평점의 선형 조합으로 예측된 평점을 표현하는 반면, 아이템 기반 모델은 동일한 행의 선형 평점 조합으로 예측된 평점을 표현한다. 이러한 관점에서 이웃 기반 모델은 선형 회귀 모델의 추론 변형으로, 회귀 계수가 관련(이웃) 항목/사용자에 대한 유사도 값과 관련 없는 항목/사용자에 대해 0으로 추론된다.

조합 가중치로 유사도 값을 사용하는 것은 오히려 휴리스틱적이고 임의적이라는 점은 주목할 만하다. 또한 계수는 아이템 간의 상호 종속성을 고려하지 않는다. 예를 들어 사용자가 매우 유사한 방식으로 특정 상관 아이템 집합을 평가한 경우, 이러한 아이템과 연결된 계수도 상호 의존적이다. 휴리스틱 가중치와 유사도의 사용은 이러한 상호 의존성을 고려하지 않는다. 그렇다면 최적화 공식을 사용해 가중치를 학습해 더 잘 할 수 있는지에 대한 질문이 발생한다. 사용자 기반 및 아이템 기반 모델과 유사한 회귀 기반 모델을 도출할 수 있는 것으로 나타난다. 사용자 기반 모델, 아이템 기반 모델 또는 이 둘의 조합을 활용할 수 있는 여러 가지 다른 최적화 제형이 문헌에 제안돼 있다. 이러한 모델은 최근접 이웃 모델의 이론적 일반화로 볼 수 있다. 이러한 모델의 장점은 선명한 최적화 공식의 맥락에서 수학적으로 더 잘 기반돼 있고, 모델링 관점에서의 최적성으로 인해 평점을 결합한 가중치가 더 합리적이다. 다음은 [309]에서 작업을 단순화한 최적화 기반 이웃 모델에 대해 설명한다. 또한 3장 3.7절에서 행렬 인수분해와 같은 다른 최적화 모델과 결합했을 때의 시너지 효과를 볼 수 있다.

## 2.6.1 사용자 기반 최근접 이웃 회귀

식 2.20의 사용자 기반 예측을 생각해보자. 항목 $j$에 대한 대상 사용자 $u$의 예측 평점을 모델링하기 위해 알 수 없는 매개변수 $w_{vu}^{user}$와 (정규화된) 유사도 계수를 대체할 수 있다.

---

5  선형 회귀에 관한 설명은 4장의 4.4.5절에서 제공하지만 콘텐츠 기반 시스템의 맥락에서다.

$$\hat{r}_{uj} = \mu_u + \sum_{v \in P_u(j)} w_{vu}^{user} \cdot (r_{vj} - \mu_v) \tag{2.22}$$

이웃 기반 모델의 경우와 마찬가지로 Pearson 상관계수를 사용해 $P_u(j)$를 정의할 수 있다. 그러나 이 경우 $P_u(j)$가 정의되는 방식에 있어서 미묘하지만 중요한 차이점이 있다. 이웃 기반 모델에서 $P_u(j)$는 항목 $j$에 대한 평점을 지정한 사용자 $u$를 대상으로 하는 $k$ 최근접 사용자 집합이다. 따라서 $P_u(j)$의 크기는 최소 $k$ 사용자가 항목 $j$를 평가한 경우 종종 $k$개다. 회귀 방법의 경우 $P_u(j)$ 집합은 먼저 각 사용자에 대해 $k$명의 최근접 피어를 결정한 다음 평점이 관찰되는 피어만 유지해 정의된다. 따라서 $P_u(j)$ 집합의 크기는 $k$보다 훨씬 적은 경우가 많다.

직관적으로, 알지 못하는 계수 $w_{vu}^{user}$는 사용자 $u$에 의해 주어진 평점의 예측의 일부를 제어하고 이는 사용자 $v$의 유사도에서 온다. 이 부분은 $w_{vu}^{user} \cdot (r_{vj} - \mu_v)$에 의해 주어졌기 때문이다. $w_{vu}^{user}$는 $w_{uv}^{user}$와 다를 수 있다. 또한 $w_{vu}^{user}$는 Pearson 계수를 기준으로 사용자 $u$에 최근접 $v$(사용자 인덱스)의 $k$ 다른 값에 대해서만 정의돼 있다는 점도 주목할 만하다. $w_{vu}^{user}$의 다른 값은 식 2.22의 예측함수에 의해 필요하지 않으므로 학습할 필요가 없다. 이는 회귀 계수 수를 줄이는 유익한 효과가 있다.

예측된 평점 $\hat{r}_{uj}$(식 2.22에 따른)와 관찰된 평점 $r_{uj}$ 사이의 집계 제곱 차이를 사용해 특정 계수 집합의 품질을 추정하는 객관적인 함수를 만들 수 있다. 따라서 전체 오차를 최소화하기 위해 $w_{vu}^{user}$의 알지 못하는 값에 대해 최소 제곱 최적화 문제를 설정할 수 있다. 이 아이디어는 공식적인 회귀 모델에서 최근접 $k$ 사용자와 사용자 $u$의 각 (관찰된) 평점을 예측한 다음 예측의 오류를 측정하는 것이다. 제곱 오차는 사용자의 모든 항목에 추가해 최소 제곱 공식을 만들 수 있다. 따라서 최적화 문제는 각 대상 사용자 $u$에 대해 설정된다. $I_u$라는 타깃 사용자 $u$가 평가한 아이템의 집합이 있다고 가정해보자. $u$번째 사용자에 대한 최소 제곱 객관적 함수는 공식적인 회귀 모델에서 사용자의 $k$ 최근접 이웃과 $I_u$의 각 항목을 예측하는 오류의 제곱의 합으로 명시될 수 있다.

$$\text{Min } J_u = \sum_{j \in I_u} (r_{uj} - \hat{r}_{uj})^2$$
$$= \sum_{j \in I_u} \left( r_{uj} - \left[ \mu_u + \sum_{v \in P_u(j)} w_{vu}^{user} \cdot (r_{vj} - \mu_v) \right] \right)^2$$

두 번째 관계는 $\hat{r}_{uj}$에 대한 수학식 2.22를 대체해 얻어진다. 이 최적화 문제는 각 대상 사용자 $u$에 대해 별도로 공식화된다. 그러나 서로 다른 타깃 사용자 $u \in \{1...m\}$에 대한 최적의 솔루션과는 차이가 없는, 객관적인 함수값 $J_u$를 추가할 수 있다. 이는 $J_u$의 다양한 값이 최적화 변수 $w_{vu}^{user}$의 상호 분리 집합의 관점에서 표현되기 때문이다.

따라서 통합 최적화 문제는 다음과 같이 표시된다.

$$\text{Min} \sum_{u=1}^{m} J_u = \sum_{u=1}^{m} \sum_{j \in I_u} \left( r_{uj} - \left[ \mu_u + \sum_{v \in P_u(j)} w_{vu}^{user} \cdot (r_{vj} - \mu_v) \right] \right)^2 \qquad (2.23)$$

하나는 전체 솔루션에 영향을 주지 않고 인수분해된 형태로 각각의 작은 최적화 문제(즉, 객관적 함수 $J_u$)를 좀 더 효율적으로 해결할 수 있다. 그러나 통합 공식은 이러한 인수분해가 불가능한 행렬 인수분해 방법(3장 3.7절 참조)과 같이 다른 최적화 모델과 결합될 수 있다는 장점이 있다. 그럼에도 선형 회귀를 독립 실행형으로 사용하는 경우 인수분해된 형태로 이러한 문제를 해결하는 것이 좋다.

최적화 모델의 통합 버전과 인수분해된 버전 모두 최소 제곱 최적화 문제다. 이러한 방법은 기존에 상용화되고 있는 최적화 솔버를 사용해 해결할 수 있다. 선형 회귀 문제의 닫힌 솔루션에 대한 설명은 4장 4.4.5절을 참고하길 바란다. 이러한 솔버의 대부분에서 바람직한 속성은 일반적으로 정규화가 내장돼 있으므로 어느 정도 과적합을 피할 수 있다는 것이다. 정규화의 기본 아이디어는 각각의 (인수분해된) 객관적 함수 $J_u$에 $\lambda \Sigma_{j \in I_u} \Sigma_{v \in P_u(j)} (w_{vu}^{user})^2$라는 용어를 추가해 모델 복잡성을 줄이는 것이다. $\lambda \Sigma_{j \in I_u} \Sigma_{v \in P_u(j)} (w_{vu}^{user})^2$라는 용어는 큰 계수에 불이익을 주므로 계수의 절댓값을 축소한다. 계수가 작을수록 모델이 더 단순해지고 과적합이 줄어든다. 그러나 다음에 설명된 대로 과적합을 줄이기 위해 정규화를 단독으로 사용하는 것만으로는 충분하지 않은 경우가 있다.

## 2.6.1.1 희소성 및 바이어스 문제

이 회귀 접근 방식의 한 가지 문제는 $P_u(j)$의 크기가 동일한 사용자와 다양한 항목 인덱스($j$로 표시)에 대해 크게 다를 수 있다는 것이다. 이는 평점 행렬에 내재된 특별한 수준의 희소성 때문이다. 결과적으로 회귀 계수는 사용자 $u$와 함께 특정 아이템 $j$를 평가한 피어 사용자 수에 크게 의존하게 된다. 예를 들어 대상 사용자 $u$가 〈글래디에이터〉와 〈네로〉를 모두 평가한 시나리오를 생각해보자. 대상 $u$의 $k$ 최근접 이웃 중 한 명의 사용자만 영화 〈글래디에이터〉를 평가할 수 있지만 모든 $k$는 〈네로〉를 평가했을 수 있다. 결과적으로 〈글래디에이터〉를 평가한 피어 사용자 $v$의 회귀 계수 $w_{vu}^{user}$는 〈글래디에이터〉를 평가한 유일한 사용자라는 사실에 크게 영향을 받는다. 이렇게 하면 이 (통계적으로 신뢰할 수 없는) 회귀 계수가 다른 동영상의 평점 예측에 노이즈를 추가할 수 있으므로 과적합이 발생한다.

기본 아이디어는 예측함수를 변경하고 항목 $j$에 대한 회귀가 대상 사용자 $u$의 아이템 $j$에 대한 평점의 분수인 $|P_u(j)|/k$만 예측한다고 가정하는 것이다. 암시적 가정은 회귀 계수가 대상 사용자의 모든 피어를 기반으로 하며 불완전한 정보를 분수로 보간해야 한다는 것이다. 따라서 이 방법은 회귀 계수의 해석을 변경한다. 이 경우 식 2.22의 예측함수는 다음과 같이 수정된다.

$$\hat{r}_{uj} \cdot \frac{|P_u(j)|}{k} = \mu_u + \sum_{v \in P_u(j)} w_{vu}^{user} \cdot (r_{vj} - \mu_v) \tag{2.24}$$

다른 경험에 기반한 조정은 때때로 사용된다. 예를 들어 [312]의 아이디어에 따라, 하나는 $|P_u(j)|/k$의 루트를 이용해 조정할 수 있다. 이 요소는 상수 계수가 최적화 변수에 의해 흡수될 수 있기 때문에 종종 $|P_u(j)|$으로 단순화될 수 있다. 관련 강화는 상수 상쇄 역할의 $\mu_v$가 최적화 프로세스에서 학습돼 바이어스 변수 $b_u$로 대체된다는 것이다. 경험에 기반한 조정 요소를 포함한 해당 예측 모델은 다음과 같다.

$$\hat{r}_{uj} = b_u^{user} + \frac{\sum_{v \in P_u(j)} w_{vu}^{user} \cdot (r_{vj} - b_v^{user})}{\sqrt{|P_u(j)|}} \tag{2.25}$$

이 모델은 두 최적화 변수의 곱셈 표현 $w_{vu}^{user} \cdot b_{vu}^{user}$으로 인해 더 이상 선형이 아니다. 그럼에도 이전의 경우와 같이 동일한 최소 제곱 표현을 사용하는 것은 비교적 용이하다. 사용자 바이어스 외에도 아이템 바이어스를 통합할 수도 있다. 이 경우 모델은 다음과 같다.

$$\hat{r}_{uj} = b_u^{user} + b_j^{item} + \frac{\sum_{v \in P_u(j)} w_{vu}^{user} \cdot (r_{vj} - b_v^{user} - b_j^{item})}{\sqrt{|P_u(j)|}} \tag{2.26}$$

또한 전체 평점 행렬을 전역 평균 중심으로 모든 관측 항목의 평균을 빼는 것이 바람직하다. 전역 평균을 예측 시 다시 추가해야 한다. 이 모델의 주요 문제는 계산이다. 계산 비용이 많이 들고 $m$ 사용자에 대한 $O(m^2)$ 공간이 필요하기에 모든 사용자-사용자 관계를 미리 계산하고 저장해야 한다. 이 문제는 기존의 이웃 기반 모델에서 발생하는 것과 유사하다. 이러한 모델은 아이템 공간이 빠르게 변경되는 설정에 적합하지만 사용자는 시간이 지남에 따라 상대적으로 안정적이다[312]. 뉴스 추천 시스템의 경우를 예로 들 수 있다.

## 2.6.2 아이템 기반 가장 근접 이웃 회귀

아이템 기반 접근 방식은 회귀가 사용자-사용자 상관관계가 아닌 아이템-아이템 상관관계를 학습하고 활용한다는 점을 제외하면 사용자 기반 접근 방식과 유사하다. 식 2.21의 아이템 기반 예측을 고려한다. 하나는 대상 아이템 $t$에 대한 사용자 $u$의 평점 예측을 모델링하기 위해 알 수 없는 매개변수 $w_{jt}^{item}$를 (정규화된) 유사도 계수 AdjustedCosine$(j, t)$로 대체할 수 있다.

$$\hat{r}_{ut} = \sum_{j \in Q_t(u)} w_{jt}^{item} \cdot r_{uj} \tag{2.27}$$

$Q_t(u)$에서 최근접 아이템은 아이템 기반 근린 방법에서와 같이 조정된 코사인을 사용해 결정할

수 있다. 집합 $Q_t(u)$는 사용자 $u$가 평점을 제공한 대상 아이템 $t$의 $k$ 최근접 이웃의 하위 집합을 나타낸다. $Q_t(u)$를 정의하는 이 방법은 집합 $Q_t(u)$의 크기가 $k$보다 훨씬 적을 수 있으므로 기존 이웃 기반 방법과 미묘하게 다르다. 전통적인 이웃 방법에서는 사용자 $u$가 평점을 지정한 항목 $t$에 최근접 $k$ 항목을 결정하므로 이웃 집합의 크기는 종종 정확히 $k$다. 이러한 변경은 회귀 기반 방법을 효과적으로 구현할 수 있어야 한다.

직관적으로, 알 수 없는 계수 $w_{jt}^{item}$는 이 부분이 $w_{jt}^{item} \cdot r_{uj}$에 의해 주어지기 때문에 아이템 $j$와 유사도에서 오는 평점 $t$의 평점의 일부를 제어한다. 가장 강력한 예측 모델을 보장하기 위해 식 2.27의 예측 오차를 최소화해야 한다. 행렬에서 공지된 평점을 사용해 전체 오차를 최소화하기 위해 $w_{jt}^{item}$의 알 수 없는 값에 대해 최소 제곱 최적화 문제를 설정할 수 있다.

이 아이디어는 최근접 $k$ 아이템으로 대상 아이템 $t$의 각 (관찰된) 평점을 예측한 다음, 최소 제곱 오류에 대한 식을 만드는 것이다. 최적화 문제는 각 대상 아이템 $t$에 대해 설정된다. $U_t$가 대상 아이템 $t$를 평가한 사용자 집합이 되도록 한다. $t$번째 아이템에 대한 최소 제곱 목표함수는 $U_t$에서 지정된 각 평점을 예측하는 오류의 제곱의 합으로 명시할 수 있다.

$$\text{Min } J_t = \sum_{u \in U_t} (r_{ut} - \hat{r}_{ut})^2$$
$$= \sum_{u \in U_t} (r_{ut} - \sum_{j \in Q_t(u)} w_{jt}^{item} \cdot r_{uj})^2$$

이 최적화 문제는 각 대상 아이템 $t$에 대해 별도로 공식화된다. 그러나 다양한 객관적 함수에서 알 수 없는 계수가 대상 아이템 $t \in \{1...n\}$의 상이한 값에 겹치지 않기 때문에 최적화 솔루션에 차이가 없는 대상 항목 $t$의 다양한 값에 대한 용어를 추가할 수 있다. 따라서 다음과 같은 통합 공식으로 결론지을 수 있다.

$$\text{Min } \sum_{t=1}^{n} \sum_{u \in U_t} (r_{ut} - \sum_{j \in Q_t(u)} w_{jt}^{item} \cdot r_{uj})^2 \tag{2.28}$$

이는 최소 제곱 회귀 문제이며 상용화된 솔버를 사용해 해결할 수 있다. 또한 전체 솔루션에 영향을 미치지 않으면서 인수분해된 형태로 각각의 작은 최적화 문제(즉, 객관적인 함수 $J_t$)를 더욱 효율적으로 해결할 수 있다. 그러나 통합 제형은 행렬 인수분해 방법(3장 3.7절 참조)과 같은 다른 최적화 모델과 결합될 수 있다는 장점이 있다. 사용자 기반 방법의 경우와 마찬가지로 과적합 문제에 있어 중요한 과제다. 하나의 방법으로는 객관적인 함수 $J_t$에 정규화 표현 $\lambda \Sigma_{u \in U_t} \Sigma_{j \in Q_t(u)} (w_{jt}^{item})^2$를 추가할 수 있다.

사용자 기반 모델의 경우 2.6.1.1절에서 설명한 대로 조정 요소와 바이어스 변수를 통합해 성능을 향상시킬 수 있다. 예를 들어 식 2.26의 사용자 기반 예측 모델은 아이템별 모델에서 다음의 형식을 취한다.

$$\hat{r}_{ut} = b_u^{user} + b_t^{item} + \frac{\sum_{j \in Q_t(u)} w_{jt}^{item} \cdot (r_{uj} - b_u^{user} - b_j^{item})}{\sqrt{|Q_t(u)|}} \tag{2.29}$$

또한 평점은 전체 평점 행렬의 글로벌 평균을 중심으로 가정된다. 따라서 전역 평균은 모델을 작성하기 전에 각 평점에서 빼야 한다. 모든 예측은 중심 평점에서 수행된 다음 전역 평균이 각 예측에 다시 추가된다. 모델의 일부 변형에서, 괄호 내의 바이어스 용어 $b_u^{user} + b_j^{item}$는 통합된 상수 용어 $B_{uj}$로 대체된다. 이러한 상수 용어는 3장 3.7.1절에 기재된 비개인화 접근법을 사용해 도출된다. 결과 예측 모델은 다음과 같다.

$$\hat{r}_{ut} = b_u^{user} + b_t^{item} + \frac{\sum_{j \in Q_t(u)} w_{jt}^{item} \cdot (r_{uj} - B_{uj})}{\sqrt{|Q_t(u)|}} \tag{2.30}$$

최소 제곱 최적화 모델이 공식화되고 최적화 매개변수에 대해 그라데이션 하강 접근 방식을 사용해 해결한다. 이것은 정확히 [309]에 사용된 모델이다. 그라데이션 하강 단계는 3장 3.7.2절에서 설명한다. 사용자-사용자 모델은 아이템-아이템 모델[312]보다 약간 더 나은 성능을 보이는 것으로 알려져 있다. 그러나 아이템 기반 모델은 사용자 수보다 아이템 수가 훨씬 적은 설정에서 더 계산적이고 공간 효율적이다.

## 2.6.3 사용자 기반 및 아이템 기반 방법 결합

사용자 및 아이템 기반 모델을 통합 회귀 프레임워크[312]에 결합하는 것은 자연스러운 일이다. 따라서 유사한 아이템뿐만 아니라 유사한 사용자와의 관계를 기반으로 평점이 예측된다. 이는 다음과 같이 방정식 2.26 및 2.30의 아이디어를 결합해 달성된다.

$$\hat{r}_{uj} = b_u^{user} + b_j^{item} + \frac{\sum_{v \in P_u(j)} w_{vu}^{user} \cdot (r_{vj} - B_{vj})}{\sqrt{|P_u(j)|}} + \frac{\sum_{j \in Q_t(u)} w_{jt}^{item} \cdot (r_{uj} - B_{uj})}{\sqrt{|Q_t(u)|}} \tag{2.31}$$

이전 사례와 마찬가지로 평점 행렬이 전역 평균을 중심으로 한다고 가정한다. 관찰된 모든 아이템에 대한 제곱 오차가 최소화되는 유사한 최소 제곱 최적화 제형을 사용할 수 있다. 이 경우 최적화 문제를 독립적인 하위 문제로 인수분해할 수 없다. 따라서 단일 최소 제곱 최적화 모델은 평점 행렬의 모든 관측된 항목에 대해 구성된다. 이전 사례에서와 마찬가지로 그라데이션 하강 방식을 사용할 수 있다. [312]에서는 사용자 기반 및 아이템 기반 모델의 융합이 일반적으로 개별 모델보다 더 잘 수행된다는 것이 보고됐다.

## 2.6.4 유사도 가중치를 이용하는 조인트 보간법(Joint Interpolation)

[72]의 방법은 다른 아이디어를 사용해 조인트 이웃 기반 모델을 설정한다. 기본 아이디어는 식 2.22의 사용자 기반 모델을 사용해 대상 사용자 $u$의 각 평점을 예측하는 것이다. 그런 다음 동일한 항목의 관찰된 값과 비교하는 대신 해당 사용자의 다른 항목의 관찰된 평점과 비교한다.

$S$는 관찰된 평점 행렬의 모든 사용자 항목 조합 쌍의 집합이 될 수 있다.

$$S = \{(u,t) : r_{ut} \text{은 관측된 값이다}\} \tag{2.32}$$

동일한 대상 사용자 $u$에 의해 유사한 아이템 $s$에 주어진 관찰된 평점에서 멀리 떨어져 있는 아이템 $j$의 예측 평점이면 불이익을 받는 객관적인 함수를 설정한다. 즉, 대상 사용자 $u$에 대한 객관적인 함수는 다음과 같이 정의된다.

$$\text{Min} \sum_{s:(u,s)\in S} \sum_{j:j\neq s} AdjustedCosine(j,s) \cdot (r_{us} - \hat{r}_{uj})^2$$

$$= \sum_{s:(u,s)\in S} \sum_{j:j\neq s} AdjustedCosine(j,s) \cdot \left( r_{us} - \left[ \mu_u + \sum_{v\in P_u(j)} w_{vu}^{user} \cdot (r_{vj} - \mu_v) \right] \right)^2$$

정규화를 객관적인 함수에 추가해 과적합을 줄일 수 있다. 여기서 $P_u(j)$는 항목 $j$를 평가한 사용자 $u$를 타기팅하는 $k$ 최근접 사용자로 정의된다. 따라서 이 경우 근린 기반 모델에 사용되는 $P_u(j)$의 종래의 정의가 활용된다.

목표함수에서 각 개별 항의 곱셈 인자로 조정된 코사인을 사용함으로써, 접근 방식은 유사한 항목의 대상 사용자의 평점을 더 유사하게 한다. 이 접근 방식에서는 사용자 및 항목 유사도가 모두 사용되지만 다른 방식으로 사용된다는 점은 주목할 만하다.

1.  아이템-아이템 유사도는 예측된 평점이 유사한 항목의 관찰된 평점과 더 유사하도록 강제하기 위해 객관적인 함수에서 항의 곱셈 인자로 사용된다.
2.  사용자-사용자 유사도는 표적 사용자 $u$의 관련 피어 그룹 $P_u(j)$로 회귀 계수를 제한함으로써 평점을 예측하는 데 사용된다.

원칙적으로 사용자와 아이템의 역할을 전환해 다른 모델을 설정하는 것도 가능하지만 [72]에서는 결과 모델이 위에서 설명한 모델만큼 효과적이지 않다고 명시돼 있다. 이 모델은 기존에 상용화되고 있는 최소 정사각형 솔버로 해결할 수 있다. 희소성 처리를 위한 여러 가지 방법도 [72]에서 논의된다.

## 2.6.5 희소 선형 모델(SLIM)

2.6.2절의 항목-항목 회귀를 기반으로 하는 흥미로운 방법이 [455]에서 제안된다. 이 모델 가족은 정규화 방법을 사용해 회귀 계수의 희소성을 장려하기 때문에 희소 선형 모델SLIM, Sparse Linear Models이라 한다. [72, 309]의 방법과 달리, 이러한 방법론은 음수가 아닌 평점 값으로 작동한다. 따라서 이전 절의 기술과 달리 평점 행렬이 평균 중심이라고 가정하지 않는다. 평균 중심은 싫어하는 것에 해당하는 음수 평점을 자동으로 생성하기 때문이다. 그러나 이 접근 방식은 싫어하는 것을 지정하는 메커니즘이 없는 음수가 아닌 평점에서 작동하도록 설계됐다. 실용적인 관점에서 이 접근 방식은 사용자 작업을 통해 긍정적인 기본 설정만 표현하는 암시적 피드백 행렬(예: 클릭 정보 데이터 또는 판매 데이터)에 가장 적합하다.[6] 또한 암시적 피드백 설정에서 흔히 볼 수 있듯이 누락된 값은 최적화 공식에서 학습을 위해 0으로 처리된다. 그러나 최적화 모델은 결국 이러한 값 중 일부를 매우 긍정적으로 예측할 수 있으며 이러한 사용자 항목 조합은 권장 사항에 적합한 후보다. 따라서 이 접근 방식은 0으로 설정된 학습 항목에 대한 예측 오류를 기준으로 항목의 순위를 매기고 있다.

2.6.2절의 기술과 달리 이러한 방법론은 회귀 계수를 대상 아이템 $t$의 이웃으로만 제한하지 않는다. 그런 다음 SLIMis의 예측함수는 다음과 같이 표현된다.

$$\hat{r}_{ut} = \sum_{j=1}^{n} w_{jt}^{item} \cdot r_{uj} \quad \forall u \in \{1 \dots m\}, \ \forall t \in \{1 \dots n\} \tag{2.33}$$

식 2.27에서 회귀를 구축하는 데 대상 아이템의 주변만 사용되는 점을 기억해보자. 과적합을 방지하기 위해 오른쪽 항의 대상 아이템 자체를 제외하는 것이 중요하다. 이는 $w_{tt}^{item} = 0$이라는 제약 조건을 요구해 달성할 수 있다. Let $\hat{R} = [\hat{r}_{uj}]$는 예측된 평점 행렬을 나타내고 $W^{item} = [w_{jt}^{item}]$이 아이템-아이템 회귀 행렬을 나타내도록 한다. 따라서 $W^{item}$의 정방향 값이 0으로 제한된다고 가정하면 다른 사용자 및 대상 아이템에 대해 식 2.33의 인스턴스화를 쌓아 다음 행렬 기반 예측함수를 만들 수 있다.

$$\hat{R} = RW^{item}$$
$$\text{정방향 값}(W^{item}) = 0$$

따라서 주요 목표는 일부 정규화 항과 함께 프로베니우스 노름Frobenius norm, $||R - RW^{item}||^2$을 최소화하는 것이다. 이 목표함수는 $W$의 다른 열(즉, 회귀의 대상 아이템)을 통해 분리된다.

따라서 $w_{tt}^{item}$를 0으로 설정하면서 각 최적화 문제(대상 아이템 $t$의 지정된 값)를 독립적으로 해결할 수 있다. 해석 가능한 부품의 합과 같은 회귀를 만들기 위해 가중치 벡터는 음수가 아닌 것으

---

6 이 접근 방식은 임의의 평점 행렬에 맞게 조정할 수 있다. 그러나 접근법의 주요 장점은 음수가 아닌 평점 행렬에 대해 실현된다는 점이다.

로 제한된다. 따라서 대상 아이템 $t$에 대한 객관적인 함수는 다음과 같이 표현될 수 있다.

$$\text{Min } J_t^s = \sum_{u=1}^{m}(r_{ut} - \hat{r}_{ut})^2 + \lambda \cdot \sum_{j=1}^{n}(w_{jt}^{item})^2 + \lambda_1 \cdot \sum_{j=1}^{n}|w_{jt}^{item}|$$

$$= \sum_{u=1}^{m}(r_{ut} - \sum_{j=1}^{n}w_{jt}^{item} \cdot r_{uj})^2 + \lambda \cdot \sum_{j=1}^{n}(w_{jt}^{item})^2 + \lambda_1 \cdot \sum_{j=1}^{n}|w_{jt}^{item}|$$

제한 조건:

$$w_{jt}^{item} \geq 0 \quad \forall j \in \{1 \dots n\}$$
$$w_{tt}^{item} = 0$$

객관적인 함수의 마지막 두 용어는 $L_1$ 및 $L_2$ 정규화를 결합한 일래스틱넷elastic-net 정규화에 해당한다. $L_1$ 정규화 구성 요소가 가중치 $w_{jt}$에 대한 분포가 희박한 솔루션으로 이어진다는 것을 [242]로 표시할 수 있으며, 이는 대부분의 계수 $w_{jt}$가 0값을 가지고 있음을 의미한다. 희소성은 각 예측 평점이 소수의 다른 관련 아이템의 평점에 대한 더욱 해석 가능한 선형 조합으로 표현될 수 있도록 한다. 또한 가중치가 음수가 아니므로 해당 아이템은 회귀에서 각 평점의 특정 영향 수준 측면에서 매우 해석 가능한 방식으로 긍정적으로 관련된다. 원칙적으로 모든 상용 솔버를 사용할 수 있지만 최적화 문제는 좌표 하강 방법을 사용한다. [347]에서 여러 가지 더 빠른 기술에 대해 설명한다. 이 기술은 또한 [456]의 사이드 정보(6장 6.8.1절 참조)와 혼성화될 수 있다.

이 모델은 이전 절에서 설명한 주변 기반 회귀 모델과 밀접한 관련이 있음이 분명하다. [309]의 선형 회귀 모델과 SLIM 모델의 주요 차이점은 다음과 같다.

1. [309]의 방법론은 각 대상에 대한 0이 아닌 계수를 가장 유사한 아이템으로 제한한다. SLIM 방법은 최대한 많은 0이 아닌 계수 $|U_t|$를 사용할 수 있다. 예를 들어 모든 사용자가 아이템을 평가하면 모든 계수가 사용된다. 그러나 $w_{tt}^{item}$의 값은 과적합을 피하기 위해 0으로 설정된다. 또한 SLIM 방법은 일래스틱넷 정규화를 사용해 희소성을 강제하는 반면, [309]의 방법론은 명시적 근문 계산을 기반으로 가중치를 미리 선택한다. 즉, [309]의 작업은 기능 선택을 위한 추론적 접근 방식을 사용하는 데 반해, SLIM 접근 방식은 기능 선택을 위한 학습(정규화) 접근 방식을 사용한다.

2. SLIM 방법은 주로 명시적 평점이 아닌 암시적 피드백 데이터 세트(예: 아이템 또는 고객 클릭 구매)를 위해 설계됐다. 이러한 경우, 평점은 일반적으로 고객 행동이 긍정적인 선호의 표시이지만, 항목을 구입하거나 클릭하지 않는 행위가 반드시 부정적인 선호를 나타내는 것은 아니다. 이 접근 방식은 "평점"이 양수 설정에만 나타내는 임의값(예: 구매한 제품 양)인 경우에도 사용할 수 있다. 이러한 시나리오는 일반적으로 모델계수에 부정성을 부과하는 회귀 메서드에 유용하다. 3장에서 배운 것처럼 이 관찰은 행렬 인수분해와 같은 다른 모델에서도 마찬가지다. 예를 들어 비음수 행렬 분해는 암시적 피드백

데이터 세트에 주로 유용하지만 임의의 평점에는 유용하지 않다. 이는 부분적으로 음수가 아닌 부품 합계 인수분해가 평점이 좋아요 또는 싫어요를 나타내면 해석성을 상실하기 때문이다. 예를 들어 두 개의 '싫어하는' 평점은 '좋아요' 평점에 합산되지 않는다.

3. [309]의 회귀 계수는 양수 또는 음수일 수 있다. 반면 SLIM의 계수는 음수가 아닌 계수로 제한된다. SLIM 방법론은 주로 암시적 피드백 설정에 맞춰 설계돼 있기 때문이다. 음수가 아닌 설정은 더 직관적이며 결과를 더 쉽게 해석할 수 있다.[7] 실제로 음수가 아닌 설정을 부과하는 경우 정확도가 향상될 수 있다. 그러나 일부 제한된 실험 결과가 제시됐다[347]. 이는 음수가 아닌 제약 조건을 제거하는 것이 우수한 성능을 제공함을 시사한다.

4. SLIM 방법론은 (식 2.33에 따라) 평점에 대한 예측 모델도 제안하지만, 예측 값의 최종 사용은 예측 값의 순서대로 아이템의 순위를 매기는 것이다. 이 접근 방식은 일반적으로 평점이 없는 데이터 세트에 사용되므로 예측 값을 사용해 평점을 예측하는 대신 항목의 순위를 지정하는 것이 합리적이다. 예측 값을 해석하는 또 다른 방법은 각 값을 평점 행렬에서 0이 아닌 평점을 0으로 대체하는 오류로 볼 수 있다. 오차가 클수록 평점의 예측 값이 커지게 된다. 따라서 아이템은 예측 값의 순서로 정렬될 수 있다.

5. [309]의 작업과 달리, SLIM 방법론은 추론 조정 계수와 함께 지정된 다양한 평점을 명시적으로 조정하지 않는다. 일례로 식 2.29의 오른쪽은 분모에서 조정 계수 $\sqrt{|Q_t(u)|}$ 를 사용한다. 반면 SLIM 방법론에서는 이러한 조정 인자가 사용되지 않는다. 조정 문제는 항목의 존재가 유일한 정보인 비적합한 데이터 세트의 경우, 그 문제가 덜하다. 이러한 경우 누락된 값을 0으로 바꾸는 것이 일반적인 관행이며, 평점의 '좋아요' 또는 '싫어요' 수준을 나타낼 때 그 바이어스가 훨씬 낮다.

따라서 모델은 세부 수준에서 몇 가지 차이점이 있지만 여러 가지 개념적 유사도를 공유한다.

## 2.7 이웃 기반 방법에 대한 그래프 모델

관찰된 평점의 희소성은 이웃 기반 방법의 유사도 계산에 큰 문제를 일으킨다. 구조적 전이성 또는 순위 기술을 사용해 이웃 기반 방법론에서 유사도를 정의하기 위해 여러 그래프 모델이 사

---

7 음수가 아닌 설정과 같은 추가 제약 조건을 부과하면 항상 관찰된 항목에 대한 최적의 솔루션의 품질이 저하된다는 점은 주목할 만하다. 반면 제약 조건을 부과하면 모델 바이어스가 증가하고 모델 분산이 줄어들어 관찰되지 않은 항목에 대한 과적합을 줄일 수 있다. 사실 두 개의 밀접하게 관련된 모델이 각각 관찰 및 관찰되지 않은 항목에 대한 상대적 성능과 모순되는 경우, 거의 항상 두 경우에서 과적합의 차등 수준의 결과이다. 6장에서 바이어스-분산 장단점에 대해 자세히 알아보게 될 것이다. 일반적으로 부정적인 관계보다는 긍정적인 아이템-아이템 관계를 사용해 항목 평점을 예측하는 것이 더 신뢰할 수 있다. 음수가 아닌 설정의 제약 조건은 이 관찰을 기반으로 한다. 이러한 자연적 제약 조건의 형태의 모델 바이어스의 혼합은 작은 데이터 세트에 특히 유용하다.

용된다. 그래프는 네트워크 도메인의 많은 알고리듬 도구를 가능하게 하는 강력한 추상화 작업이다. 그래프는 다양한 사용자 또는 항목 간의 관계에 관한 구조적 표현을 제공한다. 그래프는 사용자, 아이템 또는 둘 다에서 생성할 수 있다. 이러한 다양한 유형의 그래프는 랜덤 워크 또는 최단 경로 방법을 사용해 추천하는 다양한 알고리듬을 생성한다.

다음에서는 평점 행렬의 다양한 유형의 그래프 표현으로 권장 사항을 수행하는 데 사용되는 알고리듬을 설명하겠다.

## 2.7.1 사용자-아이템 그래프

지역을 정의하기 위해 피어슨 상관계수가 아닌 사용자-아이템 그래프에서 구조 측정 값을 사용할 수 있다. 이러한 접근 방식은 추천 프로세스에 가장자리의 구조적 전이성을 사용할 수 있기 때문에 희소 평점 행렬에 더 효과적이다.

사용자-아이템 그래프는 $N_u$가 사용자를 나타내는 노드 집합이고, $N_i$는 항목을 나타내는 노드 집합인 무방향 및 이중 분할 그래프 $G = (N_u \cup N_i, A)$로 정의된다. 그래프의 모든 가장자리는 사용자와 아이템 사이에만 존재한다. 사용자가 아이템 $j$를 평가한 경우에만 사용자 $i$와 아이템 $j$ 사이의 가장자리가 $A$에 존재한다. 따라서 모서리 수는 효용 행렬에서 관찰된 항목 수와 같다. 예를 들어 그림 2.3(a)의 평점 행렬에 대한 사용자 항목 그래프는 그림 2.3(b)에 도시된 것이다. 그래프 기반 방법의 주요 장점은 두 사용자 간의 짧은 경로가 많은 만큼 존재하므로 두 사용자가 동일한 항목 중 많은 부분을 이웃으로 간주할 필요가 없다는 것이다. 따라서 이 정의를 사용

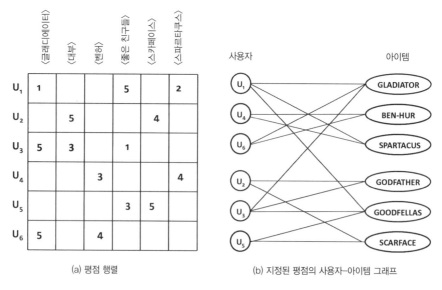

(a) 평점 행렬   (b) 지정된 평점의 사용자-아이템 그래프

**그림 2.3** 평점 행렬과 그에 따른 사용자-아이템 그래프

하면 노드 간의 간접 연결이라는 개념으로 이웃을 구성할 수 있다. 물론 두 사용자가 많은 공통 항목을 평가한 경우 이러한 정의는 가까운 이웃도 고려한다. 따라서 그래프 기반 접근 방식은 희소 설정에서 유용할 수 있는 다른 환경 정의 방법을 제공한다.

간접 연결의 개념은 경로 또는 걷기 기반 정의가 사용된다. 이 목표를 달성하기 위한 몇 가지 일반적인 방법은 2.7.1.2절에서 설명하는 랜덤 워크 측정 값 또는 카츠 척도의 사용을 포함한다. 이 두 가지 방법의 측정은 소셜 네트워크 분석의 링크 예측 문제와 밀접한 관련이 있으며(10.4절 참조) 추천 시스템의 그래픽 모델이 링크 예측 문제서부터 기본적인 추천 문제까지 연결됨을 증명한다. 이제 그래프 표현에서 지역을 정의하는 다양한 방법에 대해 알아보자.

## 2.7.1.1 랜덤 워크를 이용한 이웃 정의

사용자의 이웃은 해당 사용자부터 시작되는 랜덤 워크에서 발생하는 사용자 집합에 의해 정의 된다. 이러한 랜덤 워크의 예상 빈도를 어떻게 측정할 수 있을까? 이 문제에 대한 대답은 웹 순위 애플리케이션에서 자주 사용되는 랜덤 워크 방법론과 밀접한 관련이 있다. 사용자 기반 협업 필터링의 가장 유사한 $k$ 사용자를 결정하는 데 개인화된 PageRank 또는 SimRank 방법론(10장 참조)을 사용할 수 있다. 마찬가지로 이 방법론을 사용해 특정 아이템에 대한 랜덤 워크를 이용해 가장 유사한 $k$ 아이템을 결정할 수 있다. 이 방법은 아이템 기반 협업 필터링에 유용하다. 사용자 기반 협업 필터링 및 아이템 기반 협업 필터링의 다른 단계들은 동일하게 유지된다.

왜 이 접근 방식이 희소 행렬에 더 효과적일까? 피어슨 상관계수의 경우 두 명의 사용자가 의 미 있게 정의되기 위해서는 공통 항목 집합에 직접 연결돼야 한다. 희소 사용자-아이템 그래프 에서는 많은 노드에 대해 이러한 직접 연결이 존재하지 않을 수 있다. 반면, 랜덤 워크 방법론 은 한 노드에서 다른 노드로의 워크가 임의의 단계를 사용할 수 있기 때문에 간접 연결을 고려 한다. 따라서 사용자-아이템 그래프의 많은 부분이 연결돼 있는 한, 이웃을 의미 있게 정의할 수 있다. 이러한 사용자-아이템 그래프는 다양한 모델을 사용해 평점을 직접 예측하는 데에도 사용할 수 있다. 관련 방법론은 10.2.3.3절에서 설명한다.

## 2.7.1.2 카츠 척도를 이용한 이웃 정의

랜덤 워크와 같은 확률 측정 값을 사용하는 대신, 노드 쌍 간의 가중치 개수를 사용해 노드 간의 선호도를 결정할 수 있다. 각 걷기의 가중치는 (0, 1)의 할인 계수이며, 일반적으로 길이의 감소 함수다. 한 쌍의 노드 사이의 보행 가중치 개수를 카츠 척도라고 한다. 노드 쌍 간의 보행에 대 한 가중치 수는 종종 링크 예측 측정 값으로 사용된다. 두 사용자가 걷기 기반 연결을 바탕으로 동일한 이웃에 속하는 경우, 사용자-아이템 그래프에서 둘 사이의 링크가 형성되는 점을 알 수 있다. 성향의 정도는 그들 사이의 (할인된) 걷기의 수로 측정된다.

**정의 2.7.1 (카츠 척도)** 노드 $i$와 $j$ 사이의 길이 $t$의 걸음 수를 $n_{ij}^{(t)}$라 하자. 그런 다음 사용자 정의 매개변수 $\beta < 1$에 대해, 노드 $i$와 $j$ 사이의 카츠 척도는 다음과 같이 정의된다.

$$Katz(i, j) = \sum_{t=1}^{\infty} \beta^t \cdot n_{ij}^{(t)} \tag{2.34}$$

$\beta$의 값은 더 긴 길이의 보행을 강조하지 않는 할인 요소다. $\beta$가 충분히 작은 값인 경우, 식 2.34의 무한 합계는 수렴하게 된다.

사용자 쌍 간의 $m \times m$ 행렬의 Katz 계수를 $K$라 하자. $A$가 무방향 네트워크의 대칭 이웃 행렬인 경우, 쌍별 Katz 계수 $K$는 다음과 같이 계산할 수 있다.

$$K = \sum_{i=1}^{\infty} (\beta A)^i = (I - \beta A)^{-1} - I \tag{2.35}$$

$\beta$ 값은 무한 합계의 수렴을 보장하기 위해 $A$의 가장 큰 고윳값^eigenvalue의 역보다 작게 선택돼야 한다. 카츠 척도는 그래프의 확산 커널과 밀접하게 관련된다. 실제로 여러 협업 추천 방법론은 추천에 있어서 직접적으로 확산 커널을 사용한다[205].

측정 값의 가중치가 부여된 버전은 $A$를 그래프의 가중치 행렬로 대체해 계산할 수 있다. 이 기능은 사용자-아이템 그래프의 가장자리에 해당 평점의 가중치를 부여하려는 경우 유용할 수 있다. 대상 노드에 대해 가장 큰 카츠 척도가 있는 최상위-$k$ 노드는 해당 지역으로 분리된다. 이웃이 결정되면 식 2.4에 따라 예측이 진행된다. 이 기본 원칙의 많은 변형은 추천에 사용된다.

1. 식 2.34의 최대 경로 길이에 대해 임계값을 사용할 수 있다. 이는 경로 길이가 길어지면 예측 프로세스에는 일반적으로 노이즈가 발생하기 때문이다. 그럼에도 할인 계수 $\beta$의 사용으로 인해 측정에 대한 긴 경로의 영향은 주로 제한된다.

2. 앞서 언급한 토론에서 카츠 척도는 사용자의 이웃을 결정하는 데만 사용된다. 따라서 카츠 척도는 사용자 쌍 간의 선호도를 계산하는 데 활용한다. 사용자의 이웃이 결정된 후 다른 이웃 기반 방법과 동일한 방식으로 예측을 하는 데 사용되는 것이다.

   그러나 이웃 방법론을 사용하지 않고 예측을 직접 수행하는 다른 방법으로, 사용자와 항목 간의 선호도를 측정하는 방법이 있다. 카츠 척도를 사용해 이러한 선호도를 계산할 수 있다. 이 경우 링크는 평점에 따라 가중되며, 사용자와 아이템 간의 링크가 예측되면서 문제가 줄어든다. 해당 방법론은 10장 10.4.6절에서 자세히 설명한다.

참고문헌에는 다양한 경로 기반 방법에 대한 여러 참조가 포함돼 있다.

## 2.7.2 사용자-사용자 그래프

사용자-아이템 그래프에서 사용자-사용자 연결은 사용자-아이템 그래프의 짝수 번째 홉$^{hop}$으로 정의된다. 사용자-아이템 그래프를 생성하는 대신 사용자 간의 2-홉 연결을 기반으로 사용자-사용자 그래프를 직접 만들 수 있다. 사용자-아이템 그래프 대비 사용자-사용자 그래프의 장점은 그래프의 가장자리가 더 유익하다는 것이다. 이는 2-홉 연결이 가장자리를 만드는 동안 두 사용자 간의 공통 항목의 수와 유사도를 직접 고려할 수 있기 때문이다. 호팅$^{horting}$ 또는 예측 가능성이라고 부르는 개념은 잠시 후에 다룰 것이다. 이 알고리듬은 두 사용자(노드) 간의 상호 지정된 평점 개수를 정량화하기 위해 호팅이라는 개념을 사용하는 반면, 예측 가능성 개념을 사용해 이러한 공통 평점 간의 유사도 수준을 정량화한다.

사용자 그래프는 다음과 같이 구성된다. 각 노드 $u$는 $m \times n$ 사용자 항목 행렬 내의 $m$ 사용자 중 하나에 해당한다. $I_u$는 사용자 $u$에 의해 평점이 지정된 항목의 집합이 되고, $I_v$는 사용자 $v$가 평점을 지정한 아이템의 집합이라 하자. 그래프의 가장자리는 호팅의 개념으로 정의된다. 호팅은 사용자 간의 비대칭 관계이며, 유사한 항목을 평가한 것을 기준으로 정의된다.

**정의 2.7.2 (호팅)** 아래의 내용이 참이라면, 사용자 $u$가 레벨 $(F, G)$에서 사용자 $v$를 호트했다고 할 수 있다.

$$|I_u \cap I_v| \geq F$$
$$|I_u \cap I_v|/|I_u| \geq G$$

여기서 $F$와 $G$는 알고리듬 매개변수다. 앞서 언급한 두 가지 조건 중 하나가 사용자 $v$를 호트하는 사용자를 보유하기에 충분하다. 호팅의 개념은 예측 가능성을 더욱 자세히 정의하는 데 사용된다.

**정의 2.7.3 (예측 가능성)** 사용자 $u$가 $v$를 호트하고, 선형 변환 함수 $f(\cdot)$가 다음과 같이 있는 경우 사용자 $v$는 사용자 $u$를 예측한다.

$$\frac{\sum_{k \in I_u \cap I_v} |r_{uk} - f(r_{vk})|}{|I_u \cap I_v|} \leq U$$

여기서 $U$는 또 다른 알고리듬 매개변수다. 사용자 $u$의 평점과 사용자 $v$의 변형된 평점 사이의 거리 $\frac{\sum_{k \in I_u \cap I_v} |r_{uk} - f(r_{vk})|}{|I_u \cap I_v|}$가 공통으로 지정된 평점에서 맨해튼 거리$^{Manhattan\ distance}$의 변형이라는 점은 주목할 만하다. 맨해튼 거리와의 주요 차이점은 거리가 두 사용자 간의 상호 지정된 평점의 수에 의해 정규화된다는 것이다. 이 거리를 맨해튼 세그먼트 거리$^{Manhattan\ segmental\ distance}$라고도 한다.

호팅과 예측 가능성의 방향은 서로 반대다. 즉, 사용자 $v$가 사용자 $u$를 예측하기 위해서는 $u$

가 $v$를 호트해야만 한다. $v$가 $u$를 예측하면, $u$에서 $v$까지의 가장자리가 생기기 때문에 방향 그래프 $G$가 정의된다. 이 그래프를 사용자-사용자 예측 가능성 그래프라 한다. 이 그래프의 각 모서리는 정의 2.7.3에서 설명한 선형 변환에 해당한다. 선형 변환은 가장자리의 머리에 있는 평점을 사용해 가장자리의 꼬리에서 평점을 예측함을 정의한다. 더욱이, 경로의 대상에서의 평점으로부터 경로의 원천 평점을 예측하기 위해 이러한 선형 변환을 적용할 수 있다.

그런 다음 아이템 $k$에 대한 대상 사용자 $u$의 평점은 아이템 $k$에 대해 평가를 한 다른 모든 사용자의 가장 짧은 경로를 결정함으로써 계산된다. $f_1 \ldots f_r$를 노드 $u$부터 사용자 $v$까지의 경로에 해당하는 선형 변환 시퀀스라 하자. 그리고 아이템 $k$에 대한 대상 사용자 $u$의 평점의 예측 평점 $\hat{r}_{uk}^{(v)}$은 사용자 $u$부터 $v$까지의 경로에 해당하는 r 선형 매핑의 조합으로 만들어진다.

$$\hat{r}_{uk}^{(v)} = (f_1 \circ f_2 \ldots \circ f_r)(r_{vk}) \tag{2.36}$$

예측 평점 $\hat{r}_{uk}^{(v)}$은 사용자 $v$의 평점만을 기반으로 하기 때문에 수퍼스크립트 $v$가 포함돼 있다. 따라서 최종 예측 평점 $\hat{r}_{uk}$는 대상 사용자 $u$의 임계 거리 $D$ 내에서 아이템 $k$를 평가한 모든 사용자 $v$에 걸쳐 $\hat{r}_{uk}^{(v)}$의 값의 평균 값으로 계산한다.

대상 사용자(노드) $u$가 주어지면, 해당 아이템을 평가한 다른 사용자와 이 사용자의 경로만 확인하면 된다. 가장 짧은 경로는 매우 효율적인 알고리듬으로 결정될 수 있다. 또 다른 중요 사항

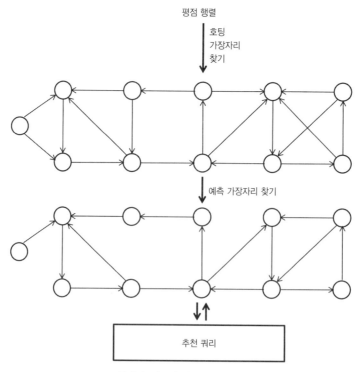

**그림 2.4** 사용자-사용자 예측 방법

은 예측에 사용할 수 있는 최대 경로 길이에 임계값이 부과된다는 것이다. 아이템 $k$를 평가한 사용자가 대상 노드 $u$의 임계값 길이 $D$ 내에 없는 경우 알고리듬은 실패로 종료된다. 즉, 아이템 $k$에 대한 대상 사용자 $u$의 평점은 단순히 사용 가능한 평점 행렬로 결정될 수 없다. 효율성을 높이기 위해 이러한 임계값을 부과하는 것은 중요하고, 매우 긴 경로 길이에 따라 선형 변환이 평점 예측에 있어 왜곡을 증가시킬 수 있기 때문이다. 전체적인 접근 방식은 그림 2.4에 있다. 호팅 그래프에서 만일 $u$가 $v$를 호트한다면 $u$에서 $v$까지의 직접적인 가장자리가 존재할 것이다. 반면 $u$가 $v$를 호트하고, $v$가 $u$를 예측한다면 가장자리는 예측 그래프에 존재한다. 따라서 예측 가능성 그래프는 몇 개의 가장자리를 제거하면서 호팅 그래프를 만든다. 이 그래프는 오프라인 단계에서 설정되며 추천에서도 반복적으로 등장한다. 또한 오프라인 설정 단계에서 평점 행렬에서 다수의 인덱스 데이터 구조가 설정된다. 이러한 데이터 구조는 쿼리를 효율적으로 해결하기 위해 예측 가능성 그래프와 함께 사용된다. 호팅 접근법에 관한 자세한 내용은 [33]에서 찾을 수 있다.

이 방법론은 전이성을 사용해 평점을 예측하기 때문에 매우 희소한 행렬에서 작동할 수 있다. 이웃 방법의 중요한 과제는 평점 예측의 적용 범위가 부족하다는 것이다. 예를 들어 존의 바로 근처에 있는 사람 중 누구도 터미네이터를 평가하지 않은 경우 존에 대한 평점 예측을 제공할 수 없다. 그러나 구조적 전이성을 통해 존의 간접 이웃이 터미네이터를 평가했는지 여부를 확인할 수 있다. 따라서 이 접근법의 주요 장점은 경쟁 방법론에 비해 더 나은 커버리지를 갖고 있다는 것이다.

## 2.7.3 아이템-아이템 그래프

아이템-아이템 그래프를 활용해 추천을 진행할 수 있다. 이러한 그래프는 상관관계 그래프[232]라고도 한다. 이 경우 가중치 및 지시된 네트워크 $G = (N, A)$가 생성되며 $N$의 각 노드가 아이템에 해당하고 $A$의 각 가장자리는 아이템 간의 관계에 해당한다. 가중치 $w_{ij}$는 각 가장자리$(i, j)$와 연관된다. 항목 $i$와 $j$가 적어도 하나의 일반 사용자에 의해 평가된 경우 방향이 지시된 가장자리 $(i, j)$ 및 $(j, i)$가 모두 네트워크에 존재한다. 그렇지 않으면 노드 $i$와 $j$ 사이에 가장자리가 없다. 그러나 지향되는 네트워크는 가장자리$(i, j)$의 가중치가 반드시 가장자리$(j, i)$와 동일하지 않기 때문에 비대칭이다. $U_i$ 항목 $i$ 및 $U_j$에 대한 평점을 지정한 사용자 집합이 항목 $j$에 대한 평점을 지정한 사용자 집합이 되도록 한다. 그런 다음, 가장자리 $(i, j)$의 가중치는 다음과 같은 간단한 알고리듬을 사용해 계산된다.

첫째, $|U_i \cap U_j|$에 대한 각각의 가장자리 $(i, j)$의 가중치 $w_{ij}$를 초기화한다. 이 시점에서 가장자리 가중치는 $w_{ij} = w_{ji}$이기 때문에 대칭이다. 그런 다음 가장자리의 가중치가 정규화돼 가장자리 가중치 합계는 1이 된다. 정규화는 노드 $i$의 가중치 합계를 $w_{ij}$로 나누면서 해결된다. 가중치

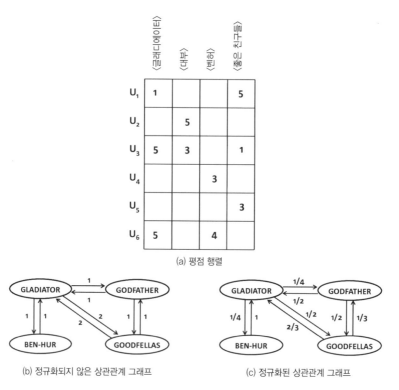

(a) 평점 행렬

(b) 정규화되지 않은 상관관계 그래프

(c) 정규화된 상관관계 그래프

**그림 2.5** 평점 행렬과 상관관계 그래프

$w_{ij}$와 $w_{ji}$의 각 가중치가 다른 수량으로 나눠지기 때문에, 이 정규화는 비대칭 가중치다. 이렇게 하면 가장자리의 가중치가 랜덤 워크 확률에 해당하는 그래프가 생성된다. 평점 행렬에 대한 상관 관계 그래프의 예시는 그림 2.5에 나와 있다. 정규화된 상관관계 그래프의 가중치는 가중치를 전환 확률로 조정하기 때문에 대칭이 아님이 분명하다. 또한 상관관계 그래프의 구성에 평점 값이 사용되지 않는다는 점은 주목할 만하다. 두 아이템 간에 공통으로 관찰된 평점 수만 사용된다. 이는 바람직하지 않다. 물론 두 아이템의 평점 벡터 사이의 코사인 함수를 사용하는 것과 같은 다른 방법으로 상관관계 그래프를 정의할 수 있다.

10장에서 설명한 것처럼 랜덤 워크 방법을 사용해 지정된 아이템의 이웃을 결정할 수 있다. 결과 환경은 아이템 기반 협업 필터링 방법에 사용할 수 있다. 또한 개인화된 PageRank 방법을 사용해 아이템-아이템 그래프의 평점을 직접 결정할 수 있다. 이 방법론은 ItemRank라고 하며 10장 10.2.3.3절에서 설명한다.

## 2.8 요약

협업 필터링은 분류 및 회귀 문제의 일반화로 볼 수 있으므로 후자의 문제에 대한 방법론도 전자에 적용할 수 있다. 이웃 기반 방법론은 최근접 이웃 분류 및 회귀 방법에서 영감을 얻는다. 사용자 기반 방법에서 첫 번째 단계는 대상 사용자의 이웃을 확인하는 것이다. 이웃을 계산하기 위해 Pearson 상관계수 또는 코사인과 같은 다양한 유사도 함수가 사용된다. 이 이웃은 알 수 없는 평점을 추정하기 위해 사용된다. 아이템 기반 방법론에서 가장 유사한 아이템은 대상 아이템에 대해 계산된다. 그런 다음 이러한 유사한 아이템에 대한 사용자 자신의 평점을 사용해 평점 예측을 진행한다. 아이템 기반 방법론은 관련성이 높은 추천일 수 있지만 다양한 추천을 얻을 가능성은 적다. 이웃 기반 방법론의 속도를 높이기 위해 클러스터링이 주로 사용된다.

이웃 기반 방법론은 유사도 값을 사용해 추론 방식으로 가중치를 선택한 선형 모델로 볼 수 있다. 선형 회귀 모델을 사용해 이러한 가중치를 학습할 수도 있다. 이 방법은 더 나은 예측을 위해 행렬 인수분해와 같은 다른 최적화 모델과 결합될 수 있다는 장점이 있다. 자세한 내용은 3장에서 설명한다.

이웃 기반 방법은 데이터 부족으로 인해 수많은 도전에 직면하고 있다. 사용자는 종종 적은 수의 평점을 기록한다. 따라서 한 쌍의 사용자가 아주 소수의 평점을 지정하는 경우가 많다. 이러한 컨텍스트는 차원 감소 및 그래프 기반 모델을 모두 사용해 효과적으로 해결할 수 있다. 차원 감소 방법은 협업 필터링을 위한 독립 실행형 방법으로 자주 사용되지만 협업 필터링 효율성을 개선하기 위해 이웃 기반 방법과 결합할 수도 있다. 사용자-아이템 그래프, 사용자-사용자 그래프 또는 아이템-아이템 그래프와 같은 평점 패턴에서 다양한 유형의 그래프를 추출할 수 있다. 일반적으로 이러한 경우 랜덤 워크 또는 최단 경로 방법론이 사용된다.

## 2.9 참고문헌

이웃 기반 방법은 추천 시스템 분야에서의 초기 기술 중 하나였다. 최초의 사용자 기반 협업 필터링 모델은 [33, 98, 501, 540]에서 연구됐다. 이웃 기반 추천 시스템에 대한 포괄적인 조사는 [183]에서 찾을 수 있다. 희소성은 이러한 시스템에서 중요한 문제이며, 다양한 그래프 기반 시스템은 희소성의 문제를 완화하도록 설계됐다[33, 204, 647]. 추천 알고리듬에서의 롱테일을 위해 특별히 설계된 방법은 [173, 463, 648]에서 설명한다.

사용자 기반 방법론은 동일한 아이템에 있는 유사한 사용자의 평점을 활용해 예측한다. 이러한 방법은 처음에는 매우 인기가 있었지만 쉽게 확장할 수 없으며 때로는 부정확하다는 단점이 있다. 그 후 아이템 기반 방법 [181, 360, 524]가 제안됐으며, 이는 유사한 아이템에 대한 동일한 사용자의 평점의 함수로서 예측된 평점을 계산한다. 아이템 기반 방법론은 좀 더 정확하지만 추천에 있어서는 덜 다양하다.

추천 알고리듬 개선을 위한 평균 중심의 개념은 [98, 501]에서 제안됐다. 평균 중심화와 Z-점수의 사용의 비교는 [245, 258]에서 다루고 있으며, 이 두 연구는 다소 상충하는 결과를 제공한다. 절대 평점을 사용하지 않고 기본 설정 가중치 측면에서 평점 순서를 지정하는 방법에 중점을 두는 여러 방법이 [163, 281, 282]에 있다. 주어진 이웃 안에서 공통된 평점이 너무 적은 이웃을 덜 강조하는 중요성 가중치 방법론significance-weighting methods은 [71, 245, 247, 380]에서 논의한다. 유사도 함수의 여러 가지 변형이 이웃 거리를 계산하는 데 사용한다. 이러한 두 가지 예는 평균 제곱 거리 [540]와 스피어만 순위 상관관계Spearman rank correlation [299]이다. 이러한 거리 측정의 이점에 대한 상충되는 결과가 문헌[247, 258]에 제시됐기 때문에 매우 명확하지 않다. 그럼에도 최종 합의안은 Pearson 순위 상관관계가 가장 정확한 결과를 제공한다고 전한다 [247]. 매우 인기 있는 아이템의 영향을 조정하는 기법은 [98, 280]에서 논의된다. 이웃 기반 방법에서 예측을 위한 기하급수적 증폭의 사용은 [98]에서 논의된다. 최근접 이웃 방법론에서의 투표 기법 사용에 대한 토론은 [183]에서 찾을 수 있다. 투표 방법은 최근접 이웃 회귀 모델링의 일반화와는 달리 분류 모델의 일반화로 볼 수 있다.

아이템 기반 협업 필터링에 대한 방법론은 [181, 524, 526]에서 제안됐다. 아이템 기반 협업 필터링 알고리듬의 다양한 변형에 관한 자세한 연구는 [526]에서 제공되며 사용자 기반 방법과의 비교도 함께 제공된다. [360]의 아이템 기반 방법론은 Amazon.com의 협업 필터링 방법론 중 하나를 설명하기 때문에 주목할 만하다. 사용자 기반 및 아이템 기반 협업 필터링 방법도 유사도 융합 개념으로 통일됐다[622]. 더욱 일반적인 구조는 [613]에서 찾을 수 있다. 클러스터링 방법론은 이웃 기반 협업 필터링의 효율성을 향상시키기 위해 자주 사용된다. 다수의 군집화 방법은 [146, 167, 528, 643, 644, 647]에 기재돼 있다. 대규모 데이터 세트에 대한 이웃 방법의 확장은 [51]에서 연구됐다.

차원 축소 기술은 누락값 추정[24, 472] 및 추천 시스템[71, 72, 228, 252, 309, 313, 500, 517, 525]에서 풍부한 역사를 가지고 있다. 사실 이러한 기술의 대부분은 평점을 예측하기 위해 이웃 모델에 직접 의존하지 않고 잠재 모델을 사용한다. 그러나 이러한 차원 축소 기술[71, 72, 309, 525]은 이웃 기반 기술의 효과 및 효율성을 향상시키기 위해 특별히 설계된다. [72]의 주요 기여는 이웃 방법론과 회귀 기반 방법론 사이의 관계에 대한 통찰력을 제공하는 것이다. 이 관계는 선명한 최적화 공식을 통해 이웃 기반 방법론을 모델 기반 방법론으로 공식화하는 방법을 보여주므로 특히 중요하다. 잠재 요인 모델과 같은 다른 유수의 모델 기반 방법론도 최적화 공식으로 표현될 수 있다. 두 가지의 함수를 결합하는 이 발견은 통합 프레임워크에서 잠재 요인 모델과 이웃 방법론을 결합하는 방법을 마련한다[309]. [342, 620]에서는 경사 예측 변수slope-one predictors 및 일반 최소 제곱 방법과 같은 추천 시스템에 대한 다른 회귀 기반 모델이 제안된다. 아이템 집합에 대한 쌍별 기본 설정을 학습하는 방법은 [469]에서 설명한다. 아이템-아이템 회귀 모델은 희소 선형 모델(SLIM)[455]의 맥락에서 연구됐다. 여기서 일래스틱넷 정규화는 아이템 이웃의 계수를 제한하지 않고 선형 모델에 사용된다. 항목의 조합을 사용해 모델링하는 고차원의 학습 방법은 [159]에서 설명한다. 선형 모델을 학습하고 정규화 매개변수를 조정하는 효율적인 방법은 [347]에서 설명한다. 제한된 선형 회귀 방법론은 [430]에서 설명한다.

[669]에서는 최소 제곱 회귀 서포트 벡터 머신support vector machines과 같은 선형 분류 모델의 검토가 진행된다. 그러나 이 방법론은 긍정적 설정만 지정하는 암시적 피드백 데이터 세트를 위해 설계됐다. 이러한 경우 협업 필터링은 텍스트 분류와 유사하다. 그러나 데이터의 노이즈와 클래스 분포의 불균형 특성으로 인해 SVM 방법론을 직접 사용하는 것이 효과적이지 않은 경우가 있다. 손실함수의 변경 내용에 대해서는 더욱 정확한 결과를 제공하기 위해 [669]에서 제안된다.

협업 필터링 알고리듬을 개선하기 위해 많은 그래프 기반 방법론이 제안됐다. 이러한 방법의 대부분은 사용자-아이템 그래프를 기반으로 이루어지지만 일부는 사용자-사용자 그래프를 기반으로 한다. 그래프 기반 방법의 관점에서의 중요 포인트는 순위, 추천 및 링크 예측의 문제 사이에 흥미로운 관계를 보여준다는 것이다. 추천 시스템에서 이웃을 결정하기 위한 랜덤 워크의 사용은 [204, 647]에서 논의된다. [262]에서는 사용자-아이템 그래프의 노드 쌍 간에 할인된 경로 수를 사용하는 방법론이 제안됐다. 이 방법은 사용자-사용자 쌍 간에 카츠 척도를 사용해 서로의 이웃에 거주하는지 여부를 확인하는 것과 같다. 카츠 척도가 노드 쌍 간의 연결 선호도를 결정하는 데 자주 사용되기 때문에 링크 예측[354]과 관련이 있기도 하다. 링크 예측 방법에 관한 조사는 [17]에서 찾을 수 있다. 일부 그래프 기반 방법론은 이웃을 직접 사용하지 않는다. 예를 들어 [232]에서 제안된 ItemRank 방법론은 순위를 사용해 예측을 직접 사용하는 방법을 보여주며 [261]의 방법론은 협업 필터링을 위해 링크 예측을 직접 사용하는 방법을 보여준다. 이러한 방법은 이 책의 10장에서도 설명돼 있다. 사용자-사용자 그래프를 활용하는 기술은 [33]에서 설명한다. 이러한 방법론은 그래프의 가장자리에 사용자-사용자 유사도 관계를 직접 인코딩한다는 장점이 있다. 결과적으로 해당 접근 방식은 경쟁 방법보다 더 나은 범위를 제공한다.

## 2.10 연습 문제

1. 표 2.1의 평점 행렬을 참고하자. 다음을 사용해 사용자 2에 대한 아이템 3의 절대 평점을 예측하라.

   (a) Pearson 상관관계 및 평균 센터링을 이용한 사용자 기반 협업 필터링

   (b) 조정된 코사인 유사도를 가진 아이템 기반 협업 필터링

   각 경우에 사이즈 2의 이웃을 사용한다.

2. 5명의 사용자와 6개의 아이템 사이의 다음 평점 표를 고려하라.

| 아이템 ID → | 1 | 2 | 3 | 4 | 5 | 6 |
|---|---|---|---|---|---|---|
| 1 | 5 | 6 | 7 | 4 | 3 | ? |
| 2 | 4 | ? | 3 | ? | 5 | 4 |
| 3 | ? | 3 | 4 | ? | 1 | ? |
| 4 | 7 | 4 | 3 | 6 | ? | 4 |
| 5 | 1 | ? | 3 | 2 | 2 | 5 |

   (a) 사용자 기반 협업 필터링 알고리듬을 사용해 사용자 2의 지정되지 않은 평점 값을 예측하라. 평균 중심과 Pearson 상관관계를 사용하라.

   (b) 아이템 기반 협업 필터링 알고리듬을 사용해 사용자 2의 지정되지 않은 평점 값을 예측하라. 조정된 코사인 유사도를 사용하라.

   각 경우에 최대 사이즈 2의 피어 그룹이 사용되고 음수 상관관계는 필터링된다고 가정한다.

3. 기존 기계 학습에서 최근접 $k$ 분류 모델과 사용자 기반 협업 필터링 알고리듬 간의 유사도에 대해 설명하라. 아이템 기반 협업 필터링과 유사한 분류 모델을 설명하라.

4. 평점 행렬에 따라 사용자 클러스터링을 수행하고 클러스터 내의 모든 사용자에 대한 예측 평점으로 클러스터 내의 평균 평점을 보고하는 알고리듬을 고려해보자. 이웃 모델과 비교해 이러한 접근 방식의 효과와 효율성에 대해 논의해보자.

5. 사용자 그래프에서 랜덤 워크를 사용해 이웃 기반 협업 필터링을 수행하는 알고리듬을 제안해보라[이 질문에는 순위 매기기 방법에 대한 배경지식이 필요하다].

6. 그래프 클러스터링 알고리듬을 사용해 이웃 기반 협업 필터링을 수행할 수 있는 다양한 방법에 관해 설명하라.

7. 사용자 기반 및 아이템 기반 협업 필터링 알고리듬을 구현하라.

8. 사용자의 관심사와 설명에 해당하는 아이템과 관련된 프로필을 나타내는 콘텐츠 기반

프로필이 있다고 가정해보자. 동시에 사용자와 아이템 간의 평점이 있다고 하면 그래프 기반 알고리듬의 프레임워크 내에서 콘텐츠 기반 정보를 통합하는 방법에 대해 설명해 보라.

9. 단항의 평점 행렬이 있다고 가정해보자. 아이템의 평점을 해당 기능으로 처리하고 콘텐츠 기반 방법을 사용해 협업 필터링 알고리듬을 해결하는 방법을 보여라. 콘텐츠 기반 방법에 대한 설명은 1장을 참조하라. 아이템 기반 협업 필터링 알고리듬은 어떤 유형의 콘텐츠 기반 분류 모델에 해당하는가?

# 3
# 모델 기반 협업 필터링

"네 영감과 상상력을 잠재우지 말라. 모델의 노예가 되지 말라."

— 빈센트 반 고흐

## 3.1 개요

2장에서 살펴본 이웃 기반 방법neighborhood-based methods은 머신러닝에서 흔히 사용하는 $k$-최근접 이웃 분류 모델k-nearest neighbor classifiers의 일반화로 볼 수 있다. 이 방법들은 인스턴스 기반 방법instance-based learning Method으로 효율적인 구현을 위한 선택적 전처리[1] 단계 이외의 예측을 위한 모델을 미리 특별히 만들지 않는다. 이웃 기반 방법은 사례 기반 학습 방법 또는 예측할 데이터 사례에 특화된 접근 방법을 취하는 게으른 학습 방법lazy learning methods의 일반화다. 예를 들어 이웃 사용자 기반의 방법에서는 예측 사용자의 이웃 사용자들이 예측을 수행하기 위해 결정된다.

모델 기반의 방법에서는 지도학습 또는 비지도학습 머신러닝 방법과 마찬가지로 데이터

---

[1] 실용적인 측면에서, 전처리는 효율성을 위해 필수적이다. 그러나 쿼리 시 지연 시간을 감수하면 전처리 단계 없이 이웃 방법을 구현할 수는 있다. – 옮긴이

의 모델 요약이 앞부분에 작성된다. 그러므로 학습(또는 모델 생성 단계)이 예측 단계와 확연히 구분된다. 이런 방법의 전통적인 머신러닝 모델 예시로는 의사 결정 트리, 규칙 기반 방법rule-based methods, 베이즈 분류 모델Bayes classifiers, 회귀 모델regression models, 서포트 벡터 머신support vector machines, 신경망 네트워크 모델neural networks이 포함된다[22]. 흥미롭게도 $k$-최근접 이웃 분류 모델이 협업 필터링을 위한 이웃 기반의 모델로 일반화된 것처럼 대부분의 이 모델들은 협업 필터링 시나리오로 일반화될 수 있다. 전통적인 분류와 회귀 문제가 행렬 완성matrix completion 또는 협업 필터링 문제의 특수한 경우이기 때문이다.

데이터 분류의 문제에서, $m \times n$ 행렬을 다룰 때 첫 $(n-1)$열은 피처 변수(또는 독립변수)이고 마지막(즉, $n$번째) 열은 클래스 변수(또는 종속변수)이다. 첫 $(n-1)$열의 모든 항목이 명시돼 있는 반면, $n$번째 열은 항목 중 일부분만 명시돼 있다. 그러므로 행렬의 행 중 모든 성분이 명시된 행을 훈련 데이터라 한다. 나머지 행은 테스트 데이터라 한다. 누락된 항목은 테스트 데이터를 통해 학습돼야 한다. 이 시나리오는 그림 3.1(a)에 설명돼 있으며, 음영 표시된 값은 누락된 데이터를 나타낸다.

데이터 분류와는 달리 평점 행렬rating matrix의 임의의 항목이 그림 3.1(b)의 음영 표시처럼 누락될 수 있다. 그러므로 행렬 완성 문제를 분명히 분류(또는 회귀 모델링) 문제의 일반화로 볼 수 있다. 따라서 두 문제의 결정적인 차이점을 다음과 같이 정리해볼 수 있다.

1. 데이터 분류 문제에서는 피처(독립) 변수와 클래스(종속) 변수의 명확한 구분이 있다. 행렬 완성 문제에서는 이런 명확한 구분이 없다. 각각의 열은 특정 지점에서 예측 모델을 위해 고려되는 항목에 따라 종속변수이면서 독립변수일 수 있다.

2. 데이터 분류에서는 훈련 데이터와 테스트 데이터의 구분이 명확하다. 행렬 완성 문제에서는 행렬의 행 사이에서 명확한 구분이 없다. 기껏해야 명시된(관찰된) 항목을 훈련 데이터로, 명시되지 않은(누락된) 항목을 테스트 데이터로 간주할 수 있다.

3. 데이터 분류 문제에서는 열은 피처를, 행은 데이터 인스턴스를 나타낸다. 그러나 협업 필터링에서는 평점 행렬이나 이 행렬의 전치 행렬transpose에 같은 방식의 접근을 적용할 수 있다. 누락된 원소가 분산돼 있기 때문이다. 일례로 사용자 기반의 이웃 모델은 최근접 이웃 분류 모델의 직접적인 일반화로 볼 수 있다. 이런 방법이 평점 행렬의 전치 행렬에 적용되면 아이템 기반 이웃 모델이라고 부를 수 있다. 일반적으로 많은 종류의 협업 필터링 알고리듬은 사용자 측면과 아이템 측면의 버전을 가지고 있다.

데이터 분류 문제와 협업 필터링 사이의 차이점은 그림 3.1에 설명돼 있다. 협업 필터링 문제가 일반화될수록 데이터 분류에 비해 협업 필터링의 알고리듬 가능성이 더 많아진다.

협업 필터링 문제와 데이터 분류 문제의 유사도는 데이터 분류에 대한 학습 알고리듬 설계 시 상기하는 게 유용하다. 데이터 분류가 상대적으로 잘 정립된 분야이고 분류에 대한 다양한 종류

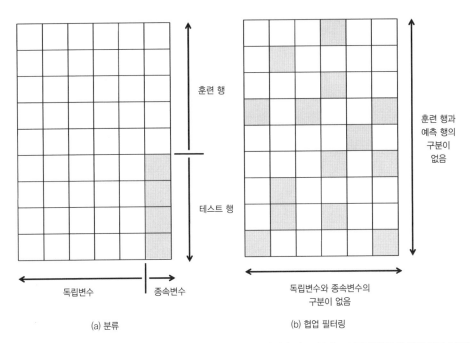

훈련 행

테스트 행

독립변수     종속변수

(a) 분류

훈련 행과
예측 행의
구분이
없음

독립변수와 종속변수의
구분이 없음

(b) 협업 필터링

**그림 3.1** 1장의 그림 1.4 다시 보기. 전통적인 분류 문제와 협업 필터링의 비교. 음영 표시된 성분들이 비어 있고 예측돼야
한다.

의 해결책들이 협업 필터링 모델을 구축할 때 중요한 단서를 주기 때문이다. 사실 대부분의 머
신러닝과 분류 알고리듬은 협업 필터링과 직접적인 유사도를 가지고 있다. 분류 모델과 비슷하
게 추천 시스템을 이해하는 것은 분류 연구에 있는 상당 수의 메타 알고리듬을 적용할 수 있게
해준다. 예를 들어 배깅, 부스팅 또는 모델 조합과 같은 분류 연구에서의 고전적인 메타 알고리
듬은 협업 필터링으로 확장할 수 있다. 흥미롭게도 분류 분야에서 개발된 대부분의 앙상블 방법
에 대한 이론이 추천 시스템에 적용되고 있다. 사실 앙상블 기반의 방법[311, 704]은 넷플릭스
대회Netflix challenge에서 가장 좋은 성능을 낸 방법 중 하나다. 앙상블 방법에 관해서는 6장에서 자
세히 다룬다.

　그러나 데이터 분류 모델을 바로 행렬 완성 문제로 일반화하기는 쉽지 않고, 특히 대부분의
항목이 누락된 경우 더 어렵다. 게다가 다양한 모델의 상대적인 효과는 설정마다 다르다. 예를
들어 잠재 요인 모델 같은 최근의 협업 필터링 모델들은 협업 필터링에 특히 잘 적용된다. 그러
나 그런 모델들은 데이터 분류의 맥락에서는 경쟁력 있는 모델로 간주되지 않는다.

　모델 기반 추천 시스템은 대체로 이웃-기반 방법보다 몇 가지 장점을 지닌다.

1. **용량 효율성**Space-efficiency: 일반적으로 학습된 모델의 크기는 원래의 평점 행렬보다 훨씬
   작다. 그러므로 용량에 대한 요구 사항이 훨씬 적다. 반면 사용자 기반 이웃 방법은 보
   통 $O(m^2)$의 공간 복잡도를 가진다. 이때 $m$은 사용자 수다. 아이템 기반 방법은 $O(n^2)$

의 공간 복잡도를 가진다.[2]

2. **학습 속도와 예측 속도**: 이웃 기반 방법의 문제점 중 하나는 전처리 단계에 걸리는 시간이 사용자 수나 아이템 수의 제곱이라는 점이다. 모델 기반 시스템은 모델을 훈련할 때 전처리 단계를 처리하는 속도가 훨씬 빠르다. 대부분의 경우 밀도 있고[compact] 요약된 모델이 효율적인 예측을 하는 데 사용될 수 있다.

3. **과적합 방지**: 과적합은 예측이 데이터의 인위성에 과하게 영향을 받는 현상으로, 많은 머신러닝 알고리듬에서 심각한 문제다. 이런 문제는 분류와 회귀 모델에서도 마주하게 된다. 모델 기반 방법의 요약 접근 방식은 과적합을 방지하는 데 종종 도움이 된다. 게다가 정규화[regularization] 방법이 모델을 강건하게 만드는 데 사용될 수 있다.

이웃 기반 방법이 가장 초기 협업 필터링 방법 중 하나였고 단순성 때문에 가장 인기 있는 방법임에도 오늘날에는 사용 가능한 제일 정확한 모델은 아니다. 실제로 가장 정확한 방법 중 일부는 일반적인 경우 모델 기반의 기법이고 특히 잠재 요인 모델에 기초한다.

3장은 다음과 같이 구성돼 있다. 3.2절에서는 추천 시스템에서의 의사 결정, 회귀 트리 활용법에 대해 이야기한다. 규칙 기반 협업 필터링 방법은 3.3절에서 논의한다. 추천 시스템을 위한 나이브-베이즈[naïve Bayes] 모델에 대해 3.4절에서 논의한다. 어떻게 다른 분류 방법이 협업 필터링으로 확장될 수 있는지에 대한 일반적인 논의는 3.5절에서 다룬다. 잠재 요인 모델은 3.6에서 다룬다. 잠재 요인 모델과 이웃 기반 모델의 통합은 3.7절에서 다룬다. 요약은 3.8절에서 한다.

# 3.2 의사 결정 및 회귀 트리

의사 결정 및 회귀 트리[tree]는 데이터 분류에서 자주 사용된다. 의사 결정 트리는 종속변수가 클래스형 데이터의 경우에 대해 설계된 반면, 회귀 트리는 종속변수가 수치형 데이터의 경우를 위해 설계된다. 의사 결정 트리의 협업 필터링으로 일반화하기 전에 먼저 의사 결정 트리를 분류에 어떻게 적용하는지 다뤄보자.

$m \times n$ 행렬 $R$을 다루는 경우를 생각해보자. 첫 $(n - 1)$열들을 독립변수라고 가정하고 마지막 열을 종속변수라고 하자. 논의의 편의를 위해 모든 변수가 이항이라 가정하자. 따라서 회귀 트리모델보다는 의사 결정 트리의 생성 방법에 대해 다룰 것이다. 나중에 다른 종류의 변수에 대해 이 접근법을 일반화하는 방법에 관해 이야기해본다.

---

2  −$n$은 item 수 − 옮긴이

의사 결정 트리는 독립변수에서 분리 기준split criteria로 알려진 계층적 결정 집합을 사용해 데이터 공간을 계층적으로 분리한다. 단변량univariate 의사 결정 트리에서는 분리를 수행하기 위해 한 번에 하나의 피처가 사용된다. 예를 들어 모든 피처 변숫값이 0 또는 1인 이진 행렬 $R$의 경우, 데이터 기록 중 신중하게 선택된 피처 변숫값이 0이면 한 가지branch에 놓이는 반면, 피처 변숫값이 1인 모든 데이터는 다른 쪽 가지에 놓이게 된다. 이런 식으로 피처 변수를 선택해 클래스 변수와 상관관계를 맺을 경우 각 가지에 있는 데이터 기록들은 더 순수한 경향이 있다. 즉, 다른 클래스에 속한 데이터들이 대부분 분리된다. 다르게 말하면, 두 가지 중 한 가지에 하나의 클래스가 대부분을 차지하고 다른 쪽 가지에는 다른 클래스가 대다수를 차지한다. 의사 결정 트리의 노드node가 두 자식children을 갖는 경우, 결과적으로 나온 의사 결정 트리를 이진 의사 결정 트리라고 한다.

분리의 품질은 분리를 통해 생성된 자식 노드의 가중 평균 지니 계수Gini index를 통해 평가할 수 있다. 만약 $p_1 \ldots p_r$이 노드 $S$의 $r$개의 다른 클래스에 속한 데이터 기록의 분할 비율인 경우, 노드의 지니 계수 $G(S)$는 다음과 같이 정의된다.

$$G(S) = 1 - \sum_{i=1}^{r} p_i^2 \tag{3.1}$$

지니 계수는 0에서 1 사이의 값을 갖고 작은 값은 큰 분별 능력을 의미한다. 분할된 지니 계수는 자식 노드 지니 계수의 가중 평균과 같다. 여기서 노드의 가중치는 노드에 있는 데이터의 수로 정의된다. 그러므로 만약 이진 의사 결정 트리의 노드 $S$의 $s_1$과 $s_2$가 $n_1$과 $n_2$만큼의 데이터 기록을 갖고 있는 두 자식 노드라면 $S \Rightarrow (s_1, s_2)$로 분리되는 $S$의 지니 계수는 다음과 같이 평가된다.

$$\text{Gini}\,(S \Rightarrow [S_1, S_2]) = \frac{n_1 \cdot G(S_1) + n_2 \cdot G(S_2)}{n_1 + n_2} \tag{3.2}$$

지니 계수는 의사 결정 트리의 주어진 단계에서 분리를 수행할 때 사용할 특징을 선택하는 데 사용된다. 각각의 속성을 수식 3.2에 따라 분할된 지니 계수를 평가할 수 있다. 분할을 수행할 때 가장 작은 지니 계수를 갖는 속성이 선택된다. 이런 접근 방식은 탑-다운 방식의 계층적으로 수행되고 각각의 노드가 오직 하나의 클래스class에만 속할 때까지 수행된다. 노드의 데이터 기록의 최소 분수가 특정 평점에 속할 때 트리 성장을 미리 중지하는 것도 가능하다. 그런 노드를 리프leaf 노드라고 하고, 이 노드의 대다수를 차지하는 클래스로 레이블을 표시한다. 종속변수가 미지수인 테스트 인스턴스를 구분하기 위해 데이터의 독립변수들은 의사 결정 트리의 루트root부터 리프까지의 경로를 만드는 데 사용된다. 의사 결정 트리는 데이터 공간을 계층적으로 분리하기 때문에 테스트 인스턴스는 루트부터 리프까지를 잇는 정확히 하나의 경로를 따른다. 리프의 표시값은 테스트 인스턴스의 클래스로 기록된다. 네 가지의 이진 속성을 가진 의사 결정 트

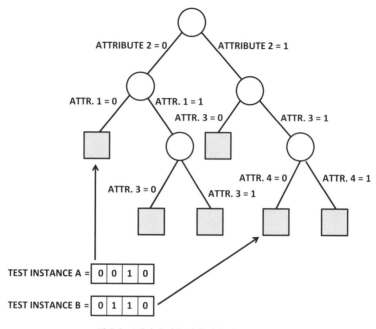

**그림 3.2** 4개의 속성을 가진 의사 결정 트리 예시

리의 예시가 그림 3.2에 나와 있다. 그림에서는 리프 노드가 음영 표시돼 있다. 모든 속성이 의사 결정 트리에서 분할을 할 때 반드시 사용되지는 않는다는 점을 주의하자. 예를 들어 가장 왼쪽 경로는 속성 1, 2만을 사용하고 속성 3, 4는 사용하지 않는다. 또한 의사 결정 트리에서 다른 경로는 속성을 사용하는 순서가 다를 수 있다. 이런 컨텍스트는 특히 고차원 데이터에서 흔한 일이다. 테스트 인스턴스 A = 0010과 B = 0110이 각각 다른 리프 노드에 대응되는 예시가 그림 3.2에 나와 있다. 계층적인 데이터 분류의 속성 때문에 각각의 테스트 인스턴스들은 유일한 리프 노드에 대응된다.

이 접근 방법은 약간의 변형을 통해 수치형 종속변수와 독립변수로도 확장할 수 있다. 수치형 독립변수(피처)를 다루는 경우 분할을 수행하기 위해서는 속성값을 구간으로 나눈다. 이 접근법은 다른 구간에 대응되는 다양한 방식의 분할을 초래할 수 있다. 지니 계수 기준에 따라서 속성을 선택하는 식으로 분할이 진행된다. 이런 접근은 범주형 속성값이 분기에 대응되는 식으로 범주형 피처 변수에도 적용된다.

수치형 종속변수를 다루기 위해서는 분할 기준이 지니 계산에서 수치 속성에 적합한 지표로 바뀐다. 특히 수치형 종속변수의 분산이 지니 계수 대신에 사용된다. 분산이 작다는 것은 노드가 훈련 인스턴스를 종속변수의 이웃성에 차별적으로 대응했다는 의미이므로 더 바람직하다. 리프 노드의 평균 값 혹은 선형 회귀 모델이 리프 노드에서 예측을 수행할 때 사용된다[22].

많은 경우 그 트리는 과적합을 줄이기 위해 가지치기를 한다. 이 경우 훈련 데이터의 일부는 트리를 생성하는 단계에서 사용되지 않는다. 이후 유지되는 훈련 데이터의 부분에 관해 노드 가지치기의 효과를 실험해본다. 만약 노드의 제거로 보류된 데이터 예측의 성능을 증가한다면 노드는 제거된다. 추가적으로 예를 들어 오차율이나 엔트로피 등의 분할 기준의 변형이 보통 사용된다. 의사 결정 트리 설계의 다양한 방식에 대한 논의는 [18, 22]에서 확인할 수 있다.

## 3.2.1 의사 결정 트리를 협업 필터링으로 확장

의사 결정 트리를 협업 필터링으로 확장할 때의 주된 문제점은 예측 항목과 관측된 항목이 열 방식으로 피처 변수와 클래스 변수로 명확히 구분이 안 된다는 점이다. 게다가 대부분의 항목이 누락된 평점 행렬은 매우 희소한 행렬이다. 이 점이 트리를 만드는 과정에서 훈련 데이터를 계층적으로 분할하는 문제를 야기한다. 또한 협업 필터링에서 독립변수와 종속변수가 명확히 구분되지 않는데, 어떤 아이템이 의사 결정 트리에 의해 예측돼야 할까?

후자의 문제는 각 아이템의 평점을 예측하는 별도의 의사 결정 트리를 구축해 비교적 쉽게 다룰 수 있다. $m$명의 사용자와 $n$개의 아이템의 평점이 기록된 $m \times n$ 평점 행렬 $R$을 고려하자. 종속될 각각의 속성(아이템)을 고정해 나머지 속성을 독립적으로 고정해 별도의 의사 결정 트리는 만들어진다. 그러므로 구성된 의사 결정 트리는 정확히 $n$개의 속성(아이템) 수와 같다. 한 명의 사용자에 대해 하나의 개별 아이템 평점을 예측하는 동안 해당 아이템에 대응하는 의사 결정 트리를 사용해 예측한다.

반면 독립된 피처의 누락 문제는 다루기 더 어렵다. 특정 아이템(예를 들어 특정 영화)이 분류 속성으로 사용된 경우를 생각해보자. 임계점보다 평점을 작게 준 모든 사용자는 한 분기에 할당되는 데 반해, 평점을 임계점보다 크게 준 사용자는 다른 분기에 할당된다. 평점 행렬이 희소하기 때문에 대부분의 사용자는 특정 아이템에 대한 평점 기록을 갖고 있지 않다. 이런 사용자를 어떤 가지가 할당해야 할까? 논리상으로는 이런 사용자의 경우 두 가지 전부에 할당돼야 한다. 그러나 그런 경우, 의사 결정 트리는 더 이상 훈련 데이터를 정확히 나누지 않게 된다. 게다가 이런 접근에 따르면 테스트 인스턴스는 의사 결정 트리에서 다양한 경로에 대응될 것이고 다양한 경로마다 충돌되는 예측이 단일한 예측으로 결합돼야 할 것이다.

두 번째(더 합리적인) 접근은 2장 2.5.1.1절에서 논의한 차원 축소 방법을 이용해 데이터를 낮은 차원의 표현으로 만드는 것이다. $j$번째 아이템의 평점을 예측하는 컨텍스트를 고려해보자. 가장 먼저 $j$번째 열을 제외한 $m \times (n-1)$ 평점 행렬이 $d \ll n - 1$인 저차원 $m \times d$ 표현으로 바뀌고 모든 속성이 명시된다. $m \times (n-1)$ 평점 행렬의 아이템 쌍에 대한 공분산을 2장 2.5.1.1절에서 논의된 방식을 이용해 추정한다. 추정된 $(n-1) \times (n-1)$ 공분산 행렬의 top-$d$ 고유 벡터 $\overline{e}_1 \ldots \overline{e}_d$가 결정된다. 각각의 고유 벡터가 $(n-1)$개의 원소를 포함한다는 점을 주목하라. 방정식 2.17의 우변에 포함되지 않은 $j$번째 아이템을 제외하고 방정식 2.17은 각 사용자의 평점을 고유 벡터에 사영projecting할 때 사용된다. 이 결과 사용자마다 완전히 명시된 $d$차원 평점 벡터를 얻게 된다. 이런 축소된 표현은 $j$번째 아이템에 대한 분류 문제나 회귀 모델 문제를 다루기 위한 의사 결정 트리를 구축할 때 사용된다. 이 접근은 $j$의 값을 1부터 $n$까지 바꿔가면서 총 $n$개의 의사 결정 트리를 생성하는 과정을 반복한다. 그러므로 $j$번째 의사 결정 트리는 $j$번째 아이템의 평점을 예측할 때만 유용하다. $n$개의 경우마다 고유 벡터와 트리가 모델의 일부로 저장된다.

사용자 $i$에 대해 아이템 $j$의 평점을 예측하기 위해서는 $m \times d$ 행렬의 $i$번째 행이 테스트 인스턴스로 사용되고 $j$번째 의사 결정/회귀 트리는 대응하는 평점 값을 예측하기 위해 사용된다. 첫 번째 단계에서는 ($j$번째 아이템을 제외하고) 나머지 $n-1$개의 아이템을 이용해 방정식 2.17에 따라 테스트 인스턴스의 축소된 $d$차원 표현을 만든다. $j$번째 고유 벡터의 집합이 사영과 축소에 사용된다는 점을 주목하자. 이렇게 만든 표현은 $j$번째 아이템의 예측을 수행하기 위해 대응되는 의사 결정/회귀 트리와 함께 사용된다. 차원 축소와 분류 모델을 결합한 이런 폭넓은 접근이 의사 결정 트리에만 한정돼 있지 않다는 점은 주목할 만하다. 추가적으로 차원 축소 방법은 독립적으로 추천 시스템에서 평점을 예측하는 데 사용할 수 있다. 두 주제를 3장 뒤편에서 다룬다.

## 3.3 규칙 기반 협업 필터링

연관 규칙Association Rules과 협업 필터링의 관계는 슈퍼마켓 데이터 사이의 관계를 발견하는 맥락에서 연관 규칙 문제가 처음 제안됐기 때문에 자연스럽다. 이러한 데이터 유형을 이진 데이터로 변환해 클래스형, 수치형 데이터로 확장될 수 있지만, 연관 규칙은 이진 데이터에서 자연스럽게 정의된다. 관련 논의를 위해서 슈퍼마켓 거래와 암묵적 피드백 데이터에서 공통적으로 나타나는 단순화된 단항 데이터를 가정한다.

$n$개의 아이템 $I$를 다루는 $m$개의 트랜잭션transaction을 저장하고 있는 트랜잭션 데이터베이스 $\mathcal{T} = \{T_1 \ldots T_m\}$를 생각해보자. $I$는 아이템 전체를 포함하는 전체 집합이고 각각의 거래 $T_i$는 $I$의 부분집합이다. 연관 규칙 마이닝mining의 핵심은 트랜잭션 데이터베이스database에서 상관관계가 높은 아이템들의 집합을 정하는 일이다. 이 작업은 지지도support와 신뢰confidence 개념에 의해 이루어진다. 이 지표는 아이템 집합들 사이의 관계를 수치화한다.

**정의 3.3.1 (지지도)** 아이템 집합 $X \subseteq I$의 지지도는 $\mathcal{T}$안의 부분집합 $X$의 트랜잭션의 비율이다.

만약 아이템세트itemset의 지지도가 최소한 미리 정해둔 임계값 $s$와 같다면 이 아이템세트는 빈번하다frequent고 한다. 이 임계값을 최소 지지minimum suppor라 하고 이런 빈번한 아이템 집합은 빈번 아이템세트frequent itemsets 혹은 빈번한 패턴이라 한다. 빈번한 아이템세트는 소비자의 구매 행동의 상관관계에 대한 중요한 통찰을 제공한다.

**표 3.1** 마켓 장바구니 데이터 예시

| 아이템 → <br> 소비자 ↓ | 빵 | 버터 | 우유 | 물고기 | 쇠고기 | 햄 |
|---|---|---|---|---|---|---|
| 잭 | 1 | 1 | 1 | 0 | 0 | 0 |
| 메리 | 0 | 1 | 1 | 0 | | 0 |
| 제인 | 1 | 1 | 0 | 0 | 0 | 0 |
| 사야니 | 1 | 1 | 1 | 1 | 1 | 1 |
| 존 | 0 | 0 | 0 | 1 | 0 | 1 |
| 톰 | 0 | 0 | 0 | 1 | 1 | 1 |
| 피터 | 0 | 1 | 0 | 1 | 1 | 0 |

이를테면 표 3.1에 묘사된 데이터 세트를 생각해보자. 이 표에서 행은 소비자에, 열은 아이템에 대응한다. 1은 특정 소비자가 아이템을 구매한 경우이다. 데이터 세트가 단항이고 0은 누락된 값에 해당하지만 일반적으로 암묵적 피드백 데이터 세트에서는 누락으로 근사시키는 것이다. 테이블의 열은 밀접하게 관련된 두 세트의 아이템들로 나뉜다는 게 명확하다. 하나는 {빵, 버터, 우유}이고 다른 세트는 {물고기, 쇠고기, 햄}이다. 최소 3개 이상의 아이템이 포함된 유일한 아이템 세트이며 0.2 이상의 지지도를 갖는다. 따라서 이 두 아이템 집합은 모두 빈번한 아이템 세트 혹은 빈번한 패턴이다. 이렇게 높은 지지도를 갖는 패턴을 찾는 게 상인에게는 유용한데, 이유는 다른 타깃 마케팅을 결정하거나 추천할 때 사용할 수 있기 때문이다. 예를 들어 {버터, 우유}를 구매한 메리의 경우 결국 빵을 구매할 것이라는 결론을 내리는 게 합리적이다. 비슷하게, {물고기, 햄}을 구매한 존의 경우 쇠고기를 살 가능성이 높다. 이런 추론은 추천 시스템의 관점에서 매우 유용하다.

연관 규칙과 신뢰도를 개념을 이용해 상관관계의 방향의 관점에서 깊은 단계의 통찰을 얻을 수 있다. 연관 규칙은 $X \Rightarrow Y$의 형태로 표시된다. $\Rightarrow$은 아이템 $X$와 $Y$ 사이의 상관관계 속성에 방향을 제시하기 위한 것이다. 예를 들어 {버터, 우유} {빵}과 같은 규칙은 이미 우유와 버터를 구매했다는 사실을 알고 있기 때문에 메리에게 빵을 추천할 때 매우 유용하다. 이런 규칙의 강도는 신뢰도를 통해 측정된다.

**정의 3.3.2 (신뢰도)** 규칙 $X \Rightarrow Y$의 신뢰도는 트랜잭션 $\mathcal{T}$가 $X$를 포함할 때 $Y$도 포함할 조건부 확률이다. 따라서 신뢰도는 $X \cup Y$의 지지도를 $X$의 지지도로 나눈 값으로 얻어진다.

$X \cup Y$의 지지도는 항상 $X$의 지지도보다 낮다. 만약 트랜잭션이 를 포함한다면 항상 $X$를 포함하기 때문이다. 그러나 반대는 참이 아닐 수 있다. 그러므로 규칙의 신뢰도는 항상 $(0, 1)$의 범위 안에 있어야 한다. 높은 신뢰도 값은 항상 규칙의 강도가 더 강하다는 표현이다. 예를 들어

규칙 $X \Rightarrow Y$가 참이면 아이템 집합 $X$를 구매한 고객의 집단을 아는 상인은 $Y$ 아이템들을 이 고객들에게 공략할 수 있다. 연관 규칙은 최소 지지도 $s$와 최소 신뢰도 $c$를 바탕으로 정의된다.

**정의 3.3.3 (연관 규칙)** 규칙 $X \Rightarrow Y$은 다음의 두 조건을 만족할 때 최소 지지도 $s$와 최소 신뢰도 $c$의 연관 규칙이라고 정의한다.

1. $X \cup Y$의 지지도가 최소한 $s$이다.
2. $X \Rightarrow Y$의 신뢰도가 최소한 $c$이다.

연관 규칙을 찾는 과정은 2단계 알고리듬이다. 첫 번째 단계에서 최소 지원 임계값 $s$를 만족시키는 모든 아이템 세트가 결정된다. 이러한 각 아이템 세트 $Z$에서 가능한 모든 양방향 파티션 $(X, Z - X)$를 사용해 잠재적 규칙 $X \Rightarrow Z - X$를 생성한다. 최소 신뢰도를 만족시키는 규칙이 유지된다. 빈번한 아이템 세트를 결정하는 첫 번째 단계는 특히 기본 트랜잭션 데이터베이스가 매우 큰 경우 계산 집약적인 단계다. 효율적이고 빈번한 아이템 세트 발견 문제에 연산적으로 효율적인 많은 알고리듬이 사용됐다. 이 알고리듬에 대한 논의는 독자적인 데이터 마이닝 분야이기 때문에 이 책의 범위를 벗어난다. 관심 있는 독자들은 빈번한 패턴 마이닝에 대한 자세한 설명[23]을 참조하라. 이 책에서는 이러한 알고리듬을 협업 필터링 도구로 사용하는 방법을 보여줄 것이다.

# 3.3.1 협업 필터링을 위한 레버리지 연관 규칙의 활용

연관 규칙은 단항 평점 행렬의 맥락에서 추천을 수행하는 데 특히 유용하다. 1장과 2장에서 논의한 바와 같이, 단항 평점 행렬은 고객 활동(예: 구매 행동)에 의해 생성되며, 여기서 고객은 아이템에 대한 호감을 명시할 수 있는 자연스러운 메커니즘이 존재하지만 비호감을 명시하는 메커니즘은 존재하지 않는다. 이 경우 고객이 구매한 아이템은 1로 설정되고 누락된 아이템은 근사값 0으로 설정된다. 누락된 값을 0으로 설정하는 것은 예측에 편차가 발생하기 때문에 대부분의 평점 행렬에서 일반적이지 않다. 그러나 이런 경우 속성의 가장 일반적인 값은 0이므로 일반적으로 희소 단항 행렬에서 허용되는 관행으로 간주된다. 결과적으로 편차의 영향은 상대적으로 작으며 이제 이진 데이터 세트로 행렬을 처리할 수 있다.

규칙 기반 협업 필터링의 첫 번째 단계는 사전 정의된 최소 지원 및 최소 신뢰 수준에서 모든 연관 규칙을 발견하는 것이다. 최소 지원 및 최소 신뢰도는 매개변수로 볼 수 있으며 예측 정확도를 최대화하기 위해 조정된다.[3] 결과물이 정확히 하나의 아이템을 포함하는 규칙만 유지된다. 이 규칙 세트는 특정 사용자에 대한 추천을 수행하는 데 사용할 수 있는 모델이다. 관련 항목을

---

3 홀드 아웃과 교차 검증과 같은 파라미터 튜닝 방법은 7장에서 논의된다. – 옮긴이

추천하려는 고객 A를 생각하자. 첫 번째 단계는 고객 A가 해고한 모든 연결 규칙을 결정하는 것이다. 연결 규칙은 규칙의 선행 아이템 세트가 해당 고객이 선호하는 아이템의 하위 집합인 경우 고객 A에 의해 해고됐다고 한다. 그런 다음 모든 해고된 규칙들은 신뢰도를 감소시키는 순으로 정렬된다. 이 분류된 규칙의 결과에서 발견된 첫 $k$ 항목은 고객 A에게 최상위-$k$ 항목으로 추천된다. 여기에 기술된 방법은 [524]에 설명된 알고리듬을 단순화한 것이다. 이 기본 접근법의 수많은 다른 변형들이 추천 시스템 문헌에서 사용된다. 예를 들어 희소성은 차원 축소 방법 [524]을 사용해 해결될 수 있다.

앞에서 언급한 연관 규칙은 단항 평점 행렬을 기반으로 하며, 이를 통해 선호도를 특정할 수는 있지만 비선호도를 지정할 수는 없다. 그러나 이 기본 방법론의 변형을 사용해 수치 평점을 쉽게 처리할 수 있다. 가능한 평점의 수가 적을 때, 평점-아이템 조합의 각각의 값은 의사-아이템pseudo-item으로 취급될 수 있다. 의사-아이템과 같은 예는 (아이템-평점)이다. 이러한 의사-아이템의 관점에서 새로운 트랜잭션 세트가 작성된다. 그런 다음 규칙은 앞에서 설명한 접근 방식을 사용해 이러한 의사-아이템의 관점에서 구성된다.

따라서 이러한 규칙은 다음과 같이 나타날 수 있다.

$$(항목 = 빵, 평점 = 선호) \Rightarrow (항목 = 계란, 평점 = 선호)$$

$$(항목 = 빵, 평점 = 선호) \text{ 및 } (항목 = 생선, 평점 = 비선호)$$
$$\Rightarrow (항목 = 계란, 평점 = 비선호)$$

주어진 고객의 경우, 해당 사용자에 대한 의사-아이템의 하위 집합을 포함하는 규칙을 식별해 해고 규칙 집합을 결정한다. 그 규칙들은 신뢰도의 내림차순으로 정렬된다. 이렇게 정렬된 규칙은 이러한 규칙의 결과에서 최상위-$k$ 의사-아이템을 선택해 아이템의 평점을 예측하는 데 사용할 수 있다. 이 경우에 요구되는 추가 단계는 고객이 실행한 규칙의 다른 의사-아이템들이 충돌할 수 있으므로 다양한 규칙 간의 충돌을 해결하는 것이다. 예를 들어 의사-아이템 (아이템 = 빵, 평점 = 선호) 및 (아이템 = 빵, 평점 = 비선호)은 상충하는 의사-아이템들이다. 이러한 충돌은 최종 정렬된 추천 목록을 작성하기 위해 결과물의 평점을 집계하는 방법을 찾아서 해결될 수 있다. 다양한 휴리스틱Heuristic을 사용해 결과의 평점을 수치적으로 집계하는 것도 가능하다. 예를 들어 먼저 결과가 관심 아이템에 해당하는 모든 해고 규칙을 결정할 수 있다. 이러한 해고 규칙의 결과에 있는 아이템 평점은 해당 사용자-아이템 조합에 대한 예측을 위해 가중치 부여 방식으로 투표된다. 평균화 과정에 대한 해당 신뢰도에 따라 해고된 규칙의 평점에 가중치를 부여할 수 있다. 이를테면 두 규칙에 각각 0.9 및 0.8의 신뢰도로 결과 (특정 아이템에 대해) "선호"가 포함된 경우 해당 아이템에 대한 "선호"에 대한 총 투표수는 0.9 + 0.8 = 1.7이다. 투표는 해당 아이템에 대한 평점의 평균 값을 예측하는 데 사용될 수 있다. 이러한 예측 값은 해고 규칙의 결과로 모든 아이템에 대해 결정될 수 있다. 결괏값을 사용해 우선순위를 낮추면서 아이템을 정렬할 수 있다. 평점 크기의 세분성(예: 선호 또는 비선호)이 매우 제한적인 경우 투표 방법이 더 적합하다. 세분성이 높은 구간 기반 평점의 경우 평점을 더 적은 수의 구간으로 이산화한 다음 앞서 논의한 동일한 방법을 사용할 수 있다. 규칙 기반 방법에서 예측을 집계하기 위한 다른 휴리스틱 방법은 [18]에 설명돼 있다. 대부분의 경우, 각 아이템에 대해 동일한 지지도 수준을 사용해 가장 효과적인 결과를 얻을 수 있는 것은 아니라는 것이 많은 사례에서 밝혀졌다. 오히려 평점이 예측되는 항목에 특정 지지도 수준을 설정하는 것이 바람직하다[358, 359, 365].

## 3.3.2 아이템별 모델 대 사용자별 모델

사용자별 모델과 아이템별 모델의 이중 관계는 협업 필터링에서 반복되는 주제다. 2장의 이웃 모델은 이 이중성의 가장 잘 알려진 예를 제공한다. 일반적으로 모든 사용자별 모델은 평점 행렬의 전치에 적용해 아이템별 모델로 변환할 수 있으며 그 반대도 마찬가지다. 두 경우의 다양한 의미 해석을 설명하기 위해 약간의 조정이 필요할 수도 있다. 예를 들어 피어슨 상관계수 대신 아이템 기반 이웃 모델에서 유사도 계산에 조정된 코사인을 사용한다.

앞에서 언급한 논의는 규칙 기반 협업 필터링을 위한 아이템별 모델에 중점을 둔다. 사용자별 모델을 만들 수도 있다. 이 방법들은 아이템 연관성보다는 사용자 연관성을 활용한다[358, 359]. 이 경우 규칙은 아이템 취향을 서로 연관시키지 않고 사용자 취향을 서로 연관시킨다. 따라서 사용자-평점 조합에 해당하는 의사-사용자와 함께 작업한다. 이러한 규칙의 예는 다음과 같다.

(사용자 = 앨리스, 아이템 = 선호) ⟹ (사용자 = 밥, 평점 = 비선호)

(사용자 = 앨리스, 평점 = 선호)   및   (사용자 = 피터, 평점 = 비선호)
⟹ (사용자 = 존, 평점 = 선호)

첫 번째 규칙은 밥이 앨리스가 선호하는 아이템을 비선호할 가능성이 있음을 나타낸다. 두 번째 규칙은 존이 앨리스가 선호하고 피터가 비선호하는 아이템을 선호할 가능성이 있음을 의미한다. 이러한 규칙은 의사-사용자로부터 구성된 트랜잭션 행렬의 전치에 대해 이전 사례와 정확히 동일한 접근 방식을 적용해 채굴할 수 있다. 즉, 아이템에 대한 의사-사용자의 각 목록은 이제 "트랜잭션"으로 취급된다. 필요한 최소 지원 및 신뢰 수준에서 이 데이터베이스에서 연관 규칙이 마이닝된다. 사용자-아이템 조합의 평점을 예측하기 위해 관련 아이템에 대한 의사-사용자 기반 "트랜잭션"이 결정된다. 이 규칙의 선행자가 트랜잭션의 의사-사용자의 하위 집합을 포함할 때 이 트랜잭션에 의해 규칙이 실행된다. 해고된 규칙 모두 정해져 있다. 이 해고 규칙 중에서 결과가 관심 있는 사용자에 해당하는 규칙은 모두 결정된다. 해고된 규칙의 결과에 대한 평점은 평균을 내거나 예측을 위해 투표할 수 있다. 더욱 강력한 예측을 제공하기 위해 해당 규칙의 신뢰도로 가중될 수 있다. 따라서 사용자 기반 접근 방식은 아이템 기반 접근 방식과 정확히 유사하다. 연관 규칙으로 협업 필터링을 수행하는 두 가지 방법은 사용자 기반 및 아이템 기반 이웃 알고리듬을 연상시키는 무료 관계를 공유한다.

연관 규칙 접근 방식은 협업 필터링뿐만 아니라 고객 프로파일이 특정 아이템과 일치하는 콘텐츠 기반 추천 시스템에도 유용하다. 이러한 규칙을 프로파일 연결 규칙이라고 하며 프로파일 기반 추천에 널리 사용된다. 다양한 유형의 쿼리에 대한 프로파일 기반 추천을 수행하기 위해 효율적인 대화식 인터페이스를 구성할 수 있는 방법이 [31, 32]에서 제시됐다.

연관 규칙 기반 추천 시스템은 분류 문제에 일반적으로 사용되는 규칙 기반 시스템의 일반화로 볼 수 있다[18]. 가장 큰 차이점은 분류 문제에서 생성된 규칙에 항상 클래스 변수가 포함된다는 것이다. 그러나 추천 모델 시스템의 경우 생성된 규칙의 결과에는 모든 아이템이 포함[4]될 수 있다. 또한 해고된 규칙을 정렬하고 규칙과 상충할 수 있는 결과를 결합하는 휴리스틱도 협업 필터링 및 분류에서 유사하다. 이 방법들 사이의 자연스러운 관계는 분류와 협업 필터링 문제 사이의 관계의 직접적인 결과다. 두 경우의 주요 차이점은 협업 필터링에서 피처 변수와 클래스 변수 간에 명확한 경계가 없다는 것이다. 그렇기 때문에 클래스 변수가 포함된 규칙이 아니라 모든 연관 규칙이 생성될 수 있다.

연관 규칙 시스템이 특정 유형의 설정에서 정확한 결과를 제공할 수 있다는 많은 비교 연구 결과가 있다[358, 359]. 이는 웹 추천 시스템에서 일반적으로 발생하는 단항 데이터의 경우 특히 해당된다. 협회 규칙 기반 시스템은 웹 기반 개인화 및 추천 모델 시스템에서 중요한 애플리케이션을 발견했다[441, 552]. 웹 개인화 시스템은 웹 클릭 동작에서 일반적으로 발생하는 희소한 거래 데이터를 위해 특별히 설계됐기 때문에 이 접근 방식은 웹 개인화 시스템에 적합하다. 이러한 방법은 순차적인 패턴 마이닝 모델을 사용해 시간 정보를 포함하도록 확장될 수도 있다[23].

# 3.4 나이브 베이즈 협업 필터링

다음에서는 각 평점이 범주 값으로 취급될 수 있는 구별되는 평점이 적다고 가정한다. 따라서 평점 사이의 순서는 다음 논의에서 무시될 것이다. 예를 들어 선호, 중립 및 비선호와 같은 세 가지 평점은 순서가 없는 이산값으로 처리된다. 고유한 평점 수가 적은 경우 이러한 근사값은 정확도의 큰 손실 없이 합리적으로 사용할 수 있다.

---

4  사용자 기반 연관의 경우, 결과에는 사용자가 포함될 수 있다. - 옮긴이

$v_1 \ldots v_l$로 표시되는 $l$개 평점의 고유한 값이 있다고 가정하자. 이 장에서 논의된 다른 모델의 경우와 같이, $n$개의 아이템에 대한 $m$ 사용자의 평점을 포함하는 $m \times n$ 행렬 $R$이 있다고 가정한다. 행렬 $(u, j)$번째 항목은 $r_{uj}$로 표시된다.

나이브 베이즈 모델은 일반적으로 분류에 사용되는 생성 모델이다. 분류 모델에서 누락된 항목을 유추하기 위해 아이템을 피처로, 사용자를 인스턴스로 취급할 수 있다. 협업 필터링에 이 접근 방식을 사용하는 데 있어 주요 과제는 모든 피처(아이템)가 협업 필터링의 대상 클래스가 될 수 있으며 불완전한 피처 변수로 작업해야 한다는 것이다. 이러한 차이점은 나이브 베이즈 모델의 기본 방법론을 약간 수정해 처리할 수 있다.

아이템 집합 $I_u$에 대해 평점을 지정한 $u$번째 사용자를 고려하자. 즉, $u$번째 행이 첫 번째, 세 번째 및 다섯 번째 열에 대한 평점을 지정한 경우 $I_i = \{1, 3, 5\}$이다. 베이즈 분류 모델이 아이템 $j$에 대해 사용자 $u$의 관찰되지 않은 평점 $r_{uj}$를 예측해야 하는 경우를 고려하자. $r_{uj}$는 $\{v_1 \ldots v_l\}$의 불연속 가능성 중 하나를 취할 수 있다. 따라서 $r_{uj}$가 $I_u$에서 관측된 평점에 조건부로 이러한 값을 취할 확률을 결정하고자 한다. 따라서 $s \in \{1 \ldots l\}$의 각 값에 대해 확률 $P(r_{uj} = v_s \mid I_u$에서 관측된 평점)를 결정하려고 한다. 이 표현은 $P(A \mid B)$ 형식으로 나타난다. 여기서 $A$와 $B$는 $r_{uj}$의 값과 $I_u$의 관측된 평점값에 해당하는 이벤트다. 확률론에서 잘 알려진 베이즈 법칙$^{\text{Bayes rule}}$을 사용해 표현식을 단순화할 수 있다.

$$P(A|B) = \frac{P(A) \cdot P(B|A)}{P(B)} \tag{3.3}$$

따라서 $s \in \{1 \ldots l\}$의 각 값에 대해 다음 식을 갖는다.

$$P(r_{uj} = v_s \mid I_u\text{에서 관측된 평점})$$
$$= \frac{P(r_{uj} = v_s) \cdot P(I_u\text{에서 관측된 평점 } I_u \mid r_{uj} = v_s)}{P(I_u\text{에서 관측된 평점})} \tag{3.4}$$

좌변의 $P(r_{uj} = v_s \mid I_u$에서 관측된 평점)의 값은 앞에서 언급한 식에서 가능한 큰 $s$의 값을 결정해야 한다. 식 3.4의 우변에 있는 분모가 $s$의 값과 무관하다는 점은 주목할 만하다. 따라서 우변이 최대값을 취하는 $s$의 값을 결정하기 위해 분모를 무시하고 비례 상수로 앞에 언급된 방정식을 표현할 수 있다.

$$P(r_{uj} = v_s \mid I_u\text{에서 관측된 평점}) \propto P(r_{uj} = v_s) \cdot P(I_u\text{에서 관측된 평점} \mid r_{uj} = v_s) \tag{3.5}$$

원하는 경우, $s \in \{1 \ldots l\}$에 대한 모든 결과 확률값 $P(r_{uj} = v_s \mid I_u$에서 관측된 평점)을 1로 보장해 비례 상수를 도출할 수 있다. 방정식 3.5의 우변에 있는 모든 표현은 데이터 기반 방식으로 쉽게

추정할 수 있다는 것이 핵심 관측이다. $P(r_{uj} = v_s)$의 값은 평점 $r_{uj}$의 사전 확률로 $j$번째 아이템에 대해 평점으로 지정한 사용자의 비율로 추정된다. 분수는 항목 $j$를 평가한 사용자 중에서만 계산되며 다른 사용자는 무시된다. 식 $P(r_{uj} = v_s | I_u$에서 관측된 평점$)$는 나이브$^{naive}$ 가정을 사용해 추정된다. 나이브 가정은 평점 간의 조건부 독립성을 기반으로 한다. 조건부 독립성 가정은 $I_u$의 다양한 아이템에 대한 사용자 $u$의 평점이 서로 독립적이며 $r_{uj}$의 값이 $v_s$라는 사실에 따라 조건이 다음과 같이 수학적으로 표현될 수 있다.

$$P(I_u\text{에서 관측된 평점} | r_{uj} = v_s) = \prod_{k \in I_u} P(r_{uk} | r_{uj} = v_s) \tag{3.6}$$

$P(r_{uk} | r_{uj} = v_s)$의 값은 $j$번째 아이템의 평점을 $v_s$로 지정한 경우 $k$번째 아이템에 대한 평점을 지정한 사용자의 비율로 추정된다. 방정식 3.5에 사전 확률 $P(r_{uj} = v_s)$ 및 방정식 3.6을 3.5에 적용해서 다음과 같이 사용자 $u$에 대한 아이템 $j$의 평점의 사후 확률의 추정치를 얻을 수 있다.

$$P(r_{uj} = v_s | I_u\text{에서 관측된 평점}) \propto P(r_{uj} = v_s) \cdot \prod_{k \in I_u} P(r_{uk} | r_{uj} = v_s) \tag{3.7}$$

평점 $r_{uj}$의 사후 확률의 추정치는 다음 두 가지 방법 중 하나로 그 값을 추정하는 데 사용될 수 있다.

1. 각각의 $s \in \{1 \ldots l\}$에 대해 식 3.7의 오른쪽에 있는 각 식을 계산하고 $s$ 값이 가장 큰 $s$ 값을 결정하면 누락된 평점 $r_{uj}$의 가장 가능성이 높은 값 $\hat{r}_{uj}$를 결정할 수 있다. 즉,

$$\hat{r}_{uj} = \text{argmax}_{v_s} P(r_{uj} = v_s | I_u\text{에서 관측된 평점})$$
$$= \text{argmax}_{v_s} P(r_{uj} = v_s) \cdot \prod_{k \in I_u} P(r_{uk} | r_{uj} = v_s)$$

   그러나 이러한 접근 방식은 평점을 순전히 범주형 값으로 취급하고 다양한 평점 사이의 모든 순서를 무시한다. 가능한 평점 수가 적을 때, 이것은 합리적인 사용 방법이다.

2. 최대 확률을 차지하는 평점을 결정하는 대신, 예측된 값을 모든 평점의 가중 평균으로 추정할 수 있으며, 여기서 평점의 가중치는 확률이다. 즉, 식 3.7에서 계산된 것과 같이 평점 대 평점의 가중치는 $P(r_{uj} = v_s | I_u$에서 관측된 평점$)$의 값에 비례한다. 방정식의 비례 상수는 가중 평균 계산과 무관하다. 따라서 행렬 $R$에서 누락된 평점 $r_{uj}$의 추정값 $\hat{r}_{uj}$ 은 다음과 같다.

$$\hat{r}_{uj} = \frac{\sum_{s=1}^{l} v_s \cdot P(r_{uj} = v_s | I_u\text{에서 관측된 평점})}{\sum_{s=1}^{l} P(r_{uj} = v_s | I_u\text{에서 관측된 평점})}$$

$$= \frac{\sum_{s=1}^{l} v_s \cdot P(r_{uj} = v_s) \cdot P(I_u\text{에서 관측된 평점} | r_{uj} = v_s)}{\sum_{s=1}^{l} P(r_{uj} = v_s) \cdot P(I_u\text{에서 관측된 평점} | r_{uj} = v_s)}$$

$$= \frac{\sum_{s=1}^{l} v_s \cdot P(r_{uj} = v_s) \cdot \prod_{k \in I_u} P(r_{uk} | r_{uj} = v_s)}{\sum_{s=1}^{l} P(r_{uj} = v_s) \cdot \prod_{k \in I_u} P(r_{uk} | r_{uj} = v_s)}$$

이 방법은 평점 분포의 세분성이 큰 경우에 바람직하다.

주어진 사용자 $u$에 대해, 관찰되지 않은 모든 평점은 이 접근법을 사용해 평가된다. top-$k$ 평가 평점의 아이템들이 보고된다.

이 방법은 다른 아이템(또는 차원)의 평점을 기반으로 평점의 조건부 확률을 계산한다는 점에 주목할 필요가 있다. 따라서 이 방법은 아이템 기반 베이즈item-based Bayes 접근법이다. 이 접근법은 예측된 차원이 전통적인 분류에서 고정되는 반면, 협업 필터링에서 다양하다는 점을 제외하고는 전통적인 분류 방법방법을 직접 적용한 것이다. 이 차이는 협업 필터링이 분류의 일반화이기 때문에 발생한다(그림 3.1 참조). 협업 필터링의 특정 경우에는 동일한 아이템에 대한 다른 사용자의 평가를 기반으로 평가 확률을 계산할 수도 있다(연습 4 참조). 이러한 접근 방식은 아이템 기반 베이즈 접근 방식으로 볼 수 있다. 사용자 기반 및 아이템 기반 베이즈 방법의 예측을 결합할 수도 있다. 이웃 기반 및 규칙 기반 방법과 같은 거의 모든 형태의 협업 필터링에서는 사용자 기반 관점, 아이템 기반 관점 또는 두 가지 방법의 조합으로 솔루션을 제공할 수 있다.

### 3.4.1 과적합 조정

기본 평점 행렬이 희소하고 관측된 평점의 수가 적을 경우 문제가 발생한다. 이러한 경우 데이터 중심 추정치가 강건하게 유지되지 않을 수 있다. 예를 들어 소수의 사용자가 $j$번째 항목에 평점을 지정한 경우 사전 확률 $P(r_{uj} = v_s)$의 추정이 강건하지 않을 수 있다. 예를 들어 사용자가 $j$번째 항목에 평점을 지정하지 않은 경우 추정치는 0/0 형식이며 결정되지 않는다. 더욱이, 식 3.6의 우변에 있는 각 값 $P(r_{uk} | r_{uj} = v_s)$의 추정은 사전 확률의 추정보다 훨씬 덜 강건할 수 있다. 이는 평점 행렬의 일부만 이벤트 $r_{uj} = v_s$에 조건부로 적용되기 때문이다. 이 경우 분석해야 하는 평점 행렬의 일부는 아이템 $j$에 대해 평점으로 지정한 사용자만 해당된다. 그러한 사용자의 수가 적으면 추정값이 정확하지 않고 방정식 3.6의 곱셈 항에 큰 오차가 발생한다. $k \in I_u$ 값의 경우 $j$번째 아이템의 평점이 $v_s$로 설정된 경우 사용자가 평점 $r_{uk}$을 지정하지 않은 경우 수식 3.6의 전체 표현식은 곱하기 특성으로 인해 0으로 설정된다. 물론 이는 소량의 데이터에서 모델 파라미터를 추정하기 때문에 얻게 된 잘못되고 과적합된 결과다.

이 문제를 처리하기 위해 라플라시안 스무딩Laplacian smoothing 방법이 일반적으로 사용된다. 예를 들어 $q_1 \dots q_l$은 각각 $j$번째 아이템에 대한 평점 $v_1 \dots v_l$을 지정한 사용자 수라 하자. 그런 다음 $q_s / \sum_{t=1}^{l} q_t$에 대한 직접적인 방법으로 $P(r_{uj} = v_s)$를 추정하는 대신 간단하게 라플라시안 스무딩 파라미터 $\alpha$로 스무딩smoothing한다.

$$P(r_{uj} = v_s) = \frac{q_s + \alpha}{\sum_{t=1}^{l} q_t + l \cdot \alpha} \tag{3.8}$$

$j$번째 아이템에 평점이 지정되지 않은 경우 이러한 접근 방식은 가능한 각 평점의 사전 확률을 $1/l$로 설정한다. $\alpha$값은 스무딩 레벨을 조절한다. $\alpha$값이 클수록 스무딩되는 효과가 더 크지만 그 결과는 기본 데이터에 민감하게 영향을 받지 않는다. 분자와 분모에 각각 $\alpha$와 $l \cdot \alpha$를 더함으로써 $P(r_{uk} | r_{uj} = v_s)$의 추정을 원활하게 하는 데 정확히 유사한 접근법을 사용할 수 있다.

## 3.4.2 이진 평점에 대한 베이즈 방법의 적용 예

이 절에서는 5명의 사용자와 6개의 아이템에 대해 이진 평점 행렬을 사용해 베이즈 방법을 설명한다. 평점은 $\{v_1, v_2\} = \{-1, 1\}$에서 얻는다. 이 행렬은 표 3.2에 나타나 있다. 논의의 편의를 위해 실제로는 필수적이라 하더라도 라플라시안 스무딩을 사용하지 않을 것이다. 사용자 3의 지정되지 않은 두 아이템의 평점을 예측하려는 경우를 생각해보자. 사용자 3의 다른 평점의 관측된 값에 대해 조건부 $\{-1, 1\}$의 각 값을 사용해 지정되지 않은 평점 $r_{31}$ 및 $r_{36}$의 확률을 계산해야 한다. 방정식 3.7을 사용해 사용자 3에 의한 아이템 1의 평점에 대한 다음과 같은 사후 확률을 얻는다.

$$P(r_{31} = 1 | r_{32}, r_{33}, r_{34}, r_{35}) \propto P(r_{31} = 1) \cdot P(r_{32} = 1 | r_{31} = 1) \cdot P(r_{33} = 1 | r_{31} = 1) \cdot$$
$$\cdot P(r_{34} = -1 | r_{31} = 1) \cdot P(r_{35} = -1 | r_{31} = 1)$$

위에서 언급한 방정식의 우변의 개별항의 값은 다음과 같이 표 3.2의 데이터를 사용해 추정

**표 3.2** 이진 평점 행렬을 사용한 베이즈 방법의 설명

| 아이템-Id → | 1 | 2 | 3 | 4 | 5 | 6 |
|---|---|---|---|---|---|---|
| 소비자-Id ↓ | | | | | | |
| 1 | 1 | −1 | 1 | −1 | 1 | −1 |
| 2 | 1 | 1 | ? | −1 | −1 | −1 |
| 3 | ? | 1 | 1 | −1 | −1 | ? |
| 4 | −1 | −1 | | 1 | 1 | 1 |
| 5 | −1 | ? | | 1 | 1 | 1 |

된다.

$$P(r_{31} = 1) = 2/4 = 0.5$$
$$P(r_{32} = 1|r_{31} = 1) = 1/2 = 0.5$$
$$P(r_{33} = 1|r_{31} = 1) = 1/1 = 1$$
$$P(r_{34} = -1|r_{31} = 1) = 2/2 = 1$$
$$P(r_{35} = -1|r_{31} = 1) = 1/2 = 0.5$$

위에서 언급한 방정식에 이 값을 대입하면 다음과 같은 결과를 얻는다.

$$P(r_{31} = 1|r_{32}, r_{33}, r_{34}, r_{35}) \propto (0.5)(0.5)(1)(1)(0.5) = 0.125$$

$r_{31}$이 −1의 값을 취할 확률과 동일한 단계를 수행하면 다음과 같은 결과를 얻는다.

$$P(r_{31} = -1|r_{32}, r_{33}, r_{34}, r_{35}) \propto (0.5) \left(\frac{0}{1}\right) \left(\frac{0}{2}\right) \left(\frac{0}{2}\right) \left(\frac{0}{2}\right) = 0$$

따라서 평점 $r_{31}$은 −1과 비교해 1의 값을 취할 확률이 더 높으므로 예측 값은 1로 설정된다. 평점 $r_{36}$의 예측 값이 −1임을 나타내기 위해 유사한 인수를 사용할 수 있다. 따라서 최상위 top-1 추천 시나리오에서는 사용자 3에 대한 추천은 아이템 1이 아이템 6보다 우선돼야 한다.

## 3.5 임의의 분류 모델을 블랙 박스로 사용

다른 많은 분류 (또는 회귀 모델링) 방법은 협업 필터링의 경우로 확장될 수 있다. 이러한 방법의 가장 큰 어려움은 기본 데이터의 불완전성이다. 일부 분류 모델의 경우 속성값이 누락된 경우를 처리하도록 모델을 조정하기가 더 어렵다. 단항 데이터의 경우 누락된 값이 종종 0으로 추정되고 지정된 항목이 1로 설정된 경우는 예외이다. 따라서 기본 행렬은 고차원의 희소한 이진 데이터와 유사하다. 이러한 경우, 데이터는 완전한 데이터 세트로 취급될 수 있고 희소하고 고차원적인 데이터용으로 설계된 분류 모델을 사용할 수 있다. 다행히 고객 거래 데이터, 웹 클릭 데이터 또는 기타 활동 데이터를 포함한 많은 형태의 데이터는 단항 행렬로 공식화될 수 있다. 텍스트 데이터도 드물고 차원이 높다. 결과적으로 텍스트 마이닝에 사용되는 많은 분류 알고리듬을 이러한 데이터 세트에 직접 적용할 수 있다. 실제로 제곱 형태의 손실함수임에도 텍스트 데이터에서 서포트 벡터 머신의 성공을 (단항) 협업 필터링에 직접 활용할 수 있다는 것이 밝혀졌다. 손실함수의 제곱 형태는 정규 선형 회귀 분석과 유사하다. [669]에서도 희귀한 클래스 학습 방법을 사용하면 클래스 분포의 불균형으로 인해 협업 필터링에 효과적일 수 있다고 제안됐다. 예를 들어 서포트 벡터 머신을 협업 필터링 시나리오에 적용하면서 다수 및 소수 클래스에 대해 서로 다른 손실함수를 사용할 수 있다. 다양한 분류 및 회귀 방법을 협업 필터링으로 확장하기 위한 다수의 애드혹ad hoc 방법도 제안됐다. 예를 들어 스무딩 서포트 벡터 머신[638]은 반복적으로 사용자-아이템 행렬에서 누락값을 추정하는 데 사용됐다.

평점 행렬이 단항이 아닌 경우 더 이상 유의미한 바이어스를 일으키지 않고 행렬의 누락된 아이템을 0으로 채울 수 없다. 이 문제는 2장 2.5절에 자세히 설명됐다. 그럼에도 동일한 절에서 설명한 것처럼 몇 가지 차원 축소 방법을 사용해 데이터의 저차원 표현을 만들 수 있다. 그러한 경우 임의의 알려진 분류 방법은 훈련 데이터의 피처 변수로 저차원 표현을 처리함으로써 효과적으로 사용될 수 있다. 완료해야 하는 모든 열은 클래스 변수로 처리된다. 이 접근 방식의 주요 문제점은 분류 과정에서 해석 능력의 손실이다. 축소 표현이 원래 열의 선형 조합을 나타내는 경우 예측에 대한 모든 유형의 설명을 제공하기가 어렵다.

원래 피처 공간에서 작업하기 위해 분류 방법을 반복 방법과 함께 메타 알고리듬으로 사용할 수 있다. 즉, 상용 분류 알고리듬은 블랙 박스로 사용돼 다른 아이템의 평점을 가진 아이템 중 하나의 평점을 예측한다. 훈련 열이 불완전하게 명시됐다는 문제를 어떻게 극복하는가? 비결은 연속적으로 세부적으로 훈련 열의 누락된 값을 반복적으로 채우는 것이다. 이 연속적인 개선refinement은 상용 분류 (또는 회귀 모델링) 알고리듬인 블랙 박스를 사용해 이뤄진다.

완전히 지정된 행렬로 작동하도록 설계된 임의의 분류/회귀 모델링 알고리듬 $\mathcal{A}$를 생각해보자. 첫 번째 단계는 행 평균, 열 평균 또는 간단한 협업 필터링 알고리듬을 사용해 행렬에서 누락된 항목을 초기화하는 것이다. 예를 들어 초기화 과정에 간단한 사용자 기반 알고리듬을 사용할 수 있다. 선택적인 향상으로서, 사용자 바이어스를 제거하기 위해 평점 행렬의 각 행을 전처리 단계로 중앙에 배치할 수 있다. 이 경우 사후 처리 단계에서 각 사용자의 바이어스를 다시 예측된 값에 추가해야 한다. 전처리 과정에서 사용자 바이어스를 제거하면 접근 방식이 더욱 강력해진다.[5] 사용자 바이어스가 제거되면 누락된 항목은 항상 행 평균인 0으로 채워진다.

이러한 간단한 초기화 및 바이어스 제거 방법은 인위적으로 채워진 값을 훈련 데이터로 사용하려고 할 때 여전히 예측 바이어스로 이어질 것이다. 다음 2단계 반복 접근 방식을 사용해 예측된 항목의 바이어스를 반복적으로 줄일 수 있다.

1. **(반복 단계 1):** 각 열에서 누락된 항목은 알고리듬 $\mathcal{A}$를 사용해 대상target 변수로 설정하고 나머지 열을 피처 변수로 설정해 추정하라. 나머지 열의 경우 현재 채워진 값들을 사용해 피처 변수의 완전한 행렬을 만든다. 대상 열에서 관찰된 평점이 훈련에 사용되고 누락된 평점이 예측된다.

2. **(반복 단계 2):** 각 대상 열에서 알고리듬 $\mathcal{A}$의 예측을 기반으로 누락된 모든 항목을 업데

---

5 또한 더 나은 성능을 위해 바이어스를 제거하는 더욱 정교한 방법을 사용할 수 있다. 예를 들어 사용자 $i$와 항목 $j$에 특정한 바이어스 $B_{ij}$는 3.7.1절에서 논의된 접근 방식을 사용해 계산할 수 있다. 이 바이어스는 관찰된 항목에서 감산되며, 모든 누락된 항목은 전처리 중에 0초로 초기화된다. 예측을 계산한 후, $B_{ij}$는 후처리 중에 예측 값에 다시 추가된다. – 옮긴이

이트한다.

이 두 단계는 수렴을 위해 반복적으로 실행된다. 이 접근 방식은 초기화 및 알고리듬 $\mathcal{A}$의 품질에 민감할 수 있다. 그럼에도 이 접근 방식의 장점은 모든 상용 분류 또는 회귀 모델로 쉽게 구현할 수 있는 간단한 방법이라는 것이다. 수치 평점은 선형 회귀 모델로도 처리할 수 있다. [571]의 연구는 평점 분류 행렬이 다른 분류 모델의 앙상블에 의해 예측된 인위적인 항목으로 귀속되는 유사한 접근법을 사용한다.

## 3.5.1 예: 신경망을 블랙 박스로 사용

이 절에서는 신경망을 블랙 박스로 사용해 접근 방식을 구현할 때 앞서 언급한 접근 방식의 간단한 예를 제공한다. 다음 논의를 위해, 독자는 이미 신경망의 기초에 익숙하다고 가정할 것이다[87]. 그럼에도 토론의 연속성을 보장하기 위해 이를 매우 간략하게 소개할 것이다.

신경망은 시냅스 연결을 통해 서로 연결된 뉴런을 사용해 인간의 뇌를 시뮬레이션한다. 생물학적 시스템에서 학습은 외부 자극에 반응해 시냅스 연결의 강도를 변경해 수행된다. 인공 신경망에서 기본 연산 단위는 뉴런이라고도 하며 시냅스 연결의 강도는 가중치에 해당한다. 이 가중치는 학습 알고리듬에 사용되는 매개변수를 정의한다. 신경망의 가장 기본적인 아키텍처는 퍼셉트론perceptro으로, 입력 노드와 출력 노드를 포함한다. 퍼셉트론의 예가 그림 3.3(a)에 나와 있다. 서로 다른 차원을 포함하는 데이터 세트에는 서로 다른 입력 단위가 있다. 출력 노드는 가중치 세트 $W$와 관련되며, 이는 $d$ 입력의 함수 $f(\cdot)$를 계산하는 데 사용된다. 이러한 함수의 전형적인 예는 이진 출력에 잘 작동하는 부호 선형함수이다.

$$z_i = \text{sign}\{\overline{W} \cdot \overline{X_i} + b\} \tag{3.9}$$

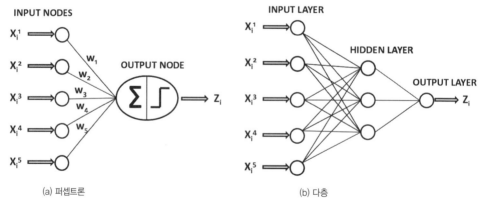

(a) 퍼셉트론        (b) 다층

**그림 3.3** 단일 및 다층 신경 네트워크

여기서 $\overline{X}_i$는 $i$번째 훈련 인스턴스의 $d$ 입력을 정의하는 $d$-차원 행 벡터이고 $\overline{W}$는 계수 벡터이다. 협업 필터링의 맥락에서 $d$ 입력은 $(n-1)$ 아이템에 해당하며, 나머지 항목의 평점을 예측하는 데 사용된다. $i$번째 인스턴스의 레이블이 $y_i$라고 가정하자. 협업 필터링의 맥락에서 $y_i$는 예측되는 아이템의 관측된 평점을 나타낸다. 파라미터 $b$는 바이어스를 나타낸다. 예측함수가 약간 다르지만 선형 회귀와 함께 이 접근법의 유사도를 이미 알 수 있다. $z_i$의 값은 예측된 출력이며, 이 예측된 출력의 오차 $(z_i - y_i)^2$는 선형 회귀와 유사한 방식으로 가중치를 $\mathbb{W}$로 업데이트하는 데 사용된다. 이 업데이트는 최소 제곱 최적화를 위해 만들어진 경사하강의 업데이트와 유사하다. 신경망의 경우 업데이트 기능은 다음과 같다.

$$\overline{W}^{t+1} = \overline{W}^t + \alpha(y_i - z_i)\overline{X}_i \tag{3.10}$$

여기서 $\alpha > 0$은 학습 속도를 나타내고 $\overline{W}^t$는 $t$번째 반복에서 가중치 벡터의 값을 나타낸다. 증분 업데이트 벡터가 $\overline{W}$에 대한 $(y_i - z_i)^2$의 음의 기울기임을 나타내는 것은 어렵지 않다. 이러한 업데이트를 하기 위해 예측되는 아이템에서 관찰된 모든 평점을 반복한다. $y_i$는 이진수라고 가정됐으므로 이 방법은 이항 평점 행렬을 위해 설계됐다. 출력이 이항일 필요가 없고 예측함수가 선형일 필요가 없는 신경망도 설계할 수도 있다.

일반적으로 신경망은 여러 계층을 가질 수 있으며 중간 노드는 비선형함수를 계산할 수 있다. 이러한 다층 신경망의 예는 그림 3.3(b)에 설명돼 있다. 물론 그러한 네트워크는 더 많은 학습 파라미터를 가질 것이다. 해당 학습 알고리듬을 역전파 알고리듬<sup>back-propagation algorithm</sup>이라고 한다[87]. 신경망의 주요 장점은 다층 아키텍처가 다른 분류 방법으로는 쉽게 계산할 수 없는 복잡한 비선형함수를 계산할 수 있다는 것이다. 따라서 신경망은 범용 함수 근사기<sup>universal function approximators</sup>라고도 한다. 평점 행렬과 같은 노이즈 데이터의 경우 정규화를 사용해 노이즈의 영

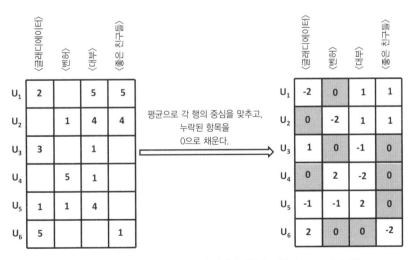

**그림 3.4** 평점 행렬을 전처리 중. 음영 처리된 항목은 반복적으로 업데이트됨

향을 줄일 수 있다.

그림 3.4의 왼쪽에 표시된 네 개의 아이템이 있는 평점 행렬을 생각해보자. 이 예에서 아이템은 영화에 해당한다. 첫 번째 단계는 사용자 바이어스를 제거하기 위해 각 행의 중심을 평균화하는 것이다. 결과 평균 중심화 행렬은 그림 3.4의 오른쪽에 표시된다. 누락된 값은 해당 행 평균(평균 중심화 후 0)으로 대체된다. 네 개의 아이템이 있기 때문에 네 개의 가능한 신경망 모델이 있으며, 각 모델은 다른 세 개의 아이템의 평점 입력을 훈련 열로 사용하고 네 번째는 테스트 열로 구성한다. 이 네 가지 신경망이 그림 3.5에 나와 있다. 그림 3.4의 완성된 행렬은 첫 번째 반복에서 각 신경망을 훈련시키는 데 사용된다. 평점 행렬의 각 열에 대해 그림 3.5의 관련 신경망이 예측 목적으로 사용된다. 신경망에 의해 만들어진 결과 예측은 누락된 항목이 예측된 값으로 업데이트되는 새로운 행렬을 생성하는데 사용된다. 즉, 신경망은 상용 신경망 훈련 및 예측 절차를 사용해 그림 3.4의 음영 처리된 항목의 값을 업데이트하는 데만 사용된다. 업데이트 후, 그림 3.4의 음영 처리된 항목은 더 이상 0이 아니다. 이 행렬은 이제 다음 반복에 대한 항목을 예측하는 데 사용된다. 이 접근법은 수렴될 때까지 반복적으로 반복된다. 각 반복마다 아이템 수인 $n$개의 훈련 과정을 적용해야 한다. 그러나 각 반복에서 신경망의 파라미터를 처음부터 배울 필

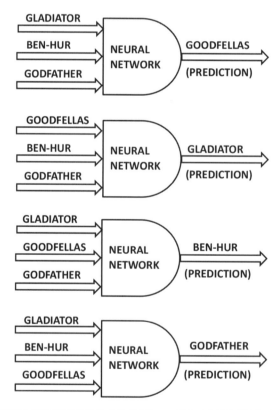

**그림 3.5** 누락된 항목을 예측하고 업데이트하기 위한 신경 네트워크. 그림 3.4의 음영 항목은 신경망에 의해 반복적으로 업데이트된다.

요는 없다. 이전 반복의 파라미터를 좋은 시작점으로 사용할 수 있다. 기초 데이터의 높은 차원 때문에 정규화를 사용하는 것이 중요하다[220].

이 모델은 입력에서 다양한 아이템의 평점을 나타내는 아이템별 모델로 간주될 수 있다. 입력들이 다양한 사용자의 평점에 따른 사용자별 모델을 생성하는 것 또한 가능하다[679]. 이러한 접근 방식의 주요 과제는 신경망에 대한 입력 수가 매우 커진다는 것이다. 따라서 [679]에서는 모든 사용자를 입력 노드로 사용하지 않는 것이 좋다. 오히려 최소 임계값 이상의 아이템 수를 평가한 사용자만 사용된다. 또한 사용자가 서로 매우 유사해서는 안 된다. 따라서 초기 단계에서 서로 다른 다양한 사용자를 미리 선택하기 위해 [679]에서 휴리스틱이 제안된다. 이 접근 방식은 신경망에 대한 피처 선택 유형으로 간주될 수 있으며 아이템별 모델에서도 사용할 수 있다.

## 3.6 잠재 요인 모델

2장의 2.5절에서 불완전한 데이터 세트의 완전히 지정된 표현을 새로 생성하기 위한 일부 차원 축소 방법에 대해 논의했다. 2장에서, 이웃 알고리듬의 사용을 가능하게 하기 위한 전체 차원 표현을 생성하는 많은 휴리스틱 방법이 논의됐다[525]. 이러한 데이터 축소 기술은 분류 알고리듬을 서브 루틴으로 사용하는 다른 모델 기반 방법을 가능하게 하는 데에도 사용된다. 따라서 앞에서 설명한 모든 방법에서 차원 축소는 다른 모델 기반 방법에 대해 좀 더 편리한 데이터 표현을 만드는 역할을 한다. 3장에서는 차원 축소 방법을 사용해 데이터 행렬을 한 번에 직접 추정하기 때문에 복잡한 방법에 대해 설명한다.

행렬 완성을 위한 직접적인 방법으로 잠재 요인 모델을 사용하는 것에 대한 초기 논의는 [24, 525]에서 찾을 수 있다. 기본 아이디어는 데이터 행렬의 행과 열의 중요한 부분이 서로 밀접하게 관련돼 있다는 사실을 활용하는 것이다. 결과적으로, 데이터에는 중복성이 내장돼 있으며 그 결과 데이터 행렬은 종종 저차원low-lank 행렬에 의해 상당히 잘 추정된다. 데이터에 내재된 중복성이 있기 때문에, 원래의 행렬에 있는 항목의 작은 부분 집합으로도 완전히 지정된 하위 근사치를 결정할 수 있다. 이 완전히 지정된 낮은 랭크 근사는 종종 누락된 항목을 강력하게 추정한다. [24]의 접근법은 불완전한 데이터 행렬의 항목을 재구성하기 위해 기대치값-최대화EM, Expectation-Maximization 기법을 차원 축소와 결합시킨다.

잠재 요인 모델은 추천 시스템에서 최첨단으로 간주된다. 이러한 모델은 잘 알려진 차원 축소 방법을 활용해 누락된 항목을 채운다. 차원 축소 방법은 다른 차원의 데이터 분석에서 일반적으로 사용돼 기본 차원의 데이터를 적은 차원으로 표현한다. 차수 축소 방법의 기본 아이디어는 축 시스템을 회전해 차원 간의 쌍방향 상관관계를 제거하는 것이다. 차원 축소 방법의 핵심 아이디어는 축소, 회전 및 완전히 지정된 표현을 불완전한 데이터 행렬에서 강력하게 추정할 수 있다는 것이다. 완전히 지정된 표현을 얻은 후에는 완전히 지정된 표현을 얻기 위해 원래축 시스템으로 다시 회전시킬 수 있다[24]. 차원 축소 방법은 행과 열의 상관관계를 활용해 완전히 지정되고 축소된 표현을 만든다. 이러한 상관관계의 사용은 결국 이웃 방법이든 모델 기반방법이든 모든 협업 필터링 방법의 기본이다. 예를 들어 사용자 기반 이웃 방법은 사용자별 상관관계를 활용하는 반면, 아이템 기반 이웃 방법은 아이템별 상관관계를 이용한다. 행렬 인수분해 방법은 전체 데이터 행렬을 추정하기 위해 모든 행과 열 상관관계를 한 번에 활용할 수 있는깔끔한 방법이다. 이러한 접근 방식의 정교함은 잠재 요인 모델이 협업 필터링에서 최첨단이 된이유 중 하나이다. 잠재 요인 모델이 효과적인 이유를 이해하기 위해 두 가지 직관을 제공할 것이다. 그중 하나는 기하학이고 다른 하나는 의미 해석을 직접 설명한다. 이 직관은 상관관계가높은 데이터의 데이터 중복성을 활용해 낮은 순위 근사치를 만드는 방법을 보여준다.

## 3.6.1 잠재 요인 모델에 대한 기하학적 직관

먼저 [24]에 제공된 논의에 근거해 잠재 요인 모델에 대한 기하학적 직관을 제공할 것이다. 낮은 랭크, 중복성 및 상관관계의 개념이 어떻게 연관되는지에 대한 직관을 이해하려면 세 아이템들이 모두 양의 상관관계가 있는 평점 행렬을 고려하자. 세 가지 아이템이 네로, 글래디에이터, 스파르타쿠스에 해당하는 영화 평점 시나리오를 가정하자. 쉽게 설명하기 위해 평점은 연속값이며 [−1, 1] 범위에 있다고 가정한다. 평점이 양의 상관관계인 경우 그림 3.6에 표시된 것처럼 평점의 3차원 산점도$^{scatterplot}$는 대략 1차원 선을 따라 배열될 수 있다. 데이터는 대부분 1차원 선을 따라 배열되므로 노이즈 편차를 제거한 후 원래 데이터 행렬의 랭크는 약 1이란는 뜻이다. 예를 들어 그림 3.6의 랭크 1 근사값은 데이터 중심을 통과하고 길쭉한 데이터 분포로 정렬되는 1차원 선(또는 잠재 벡터)이다. 주성분 분석$^{PCA, Principal Component Analysis}$ 및 (평균 중심화) 특이값분해$^{SVD, Singular Value Decomposition}$와 같은 차원 축소 방법은 일반적으로 이 선을 따라 데이터의 투영을 근사치로 나타낸다. $m \times n$ 평점 행렬이 랭크 $p \ll \min\{m, n\}$를 가질 때(노이즈 편차를 제거한 후), 데이터는 대략 $p$차원 초평면상에 표현될 수 있다. 그러한 경우 $p$-차원 초평면이 알려진한, 사용자의 누락 평점은 종종 $p$-지정된 항목 수만큼 견고하게 추정될 수 있다. 예를 들어 그림 3.6의 경우 다른 두 평점을 결정하기 위해 하나의 평점만 지정하면 된다. 평점 행렬의 순위는 노이즈 제거 후 1에 불과하기 때문이다. 예를 들어 〈스파르타쿠스〉의 평점이 0.5로 고정돼 있으면〈스파르타쿠스〉의 평점이 0.5로 고정된 축 평행 초평면과 1차원 잠재 벡터의 교차로 〈네로〉와〈글래디에이터〉의 평점을 추정할 수 있다. 이 초평면은 그림 3.6에 설명돼 있다. 따라서 SVD와같은 차원 축소 방법은 지정되지 않은 항목을 유추하기 위해 속성 간 상관관계 및 중복성을 활용한다.

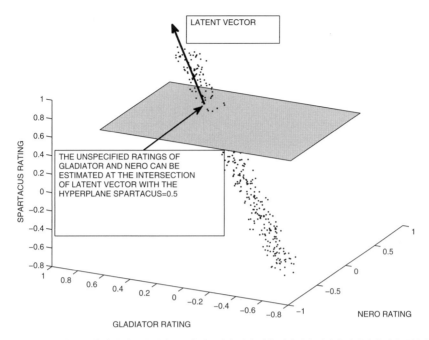

**그림 3.6** 영화 〈스파르타쿠스〉에 대해 지정된 평점 0.5인 사용자에 대한 결측 데이터 추정에서 상관관계 기반 중복 활용

이 경우 관련 잠재 벡터를 추정하기 위해 특정 데이터 행렬을 이용할 수 있다고 가정했다. 실제로 그림 3.6에서 연장된 형태의 데이터 분포와 정렬된 선과 같은 지배적인 잠재 벡터를 추정하기 위해 데이터 행렬을 완전히 특정할 필요는 없다. 데이터가 누락된 이러한 잠재 벡터를 추정하는 능력은 잠재 요인 접근법의 성공의 열쇠이다. 이러한 모든 방법의 기본 아이디어는 잠재 벡터 집합을 찾는 것이다. 잠재 벡터 집합에 의해 정의된 초평면으로부터 데이터 포인트(개별 사용자 평점을 나타냄)의 평균 제곱 거리는 가능한 한 작다. 따라서 데이터가 대략적으로 존재하는 저차원 초평면을 복구하려면 부분적으로 지정된 데이터 세트를 사용해야 한다. 이를 통해 데이터의 상관 구조에서 내재된 중복성을 암시적으로 포착하고 누락된 모든 값을 한 번에 재구성할 수 있다. 행렬에서 누락된 항목을 예측하는 데 도움이 되는 것은 이러한 암묵적 중복성에 대한 지식이다. 데이터에 상관관계나 중복성이 없는 경우 잠재적 요인 모델이 작동하지 않는다.

## 3.6.2 잠재 요인 모델에 관한 저차원 직관

이전 절의 기하학적 직관은 잠재 벡터가 서로 직교할 때의 영향을 이해하는 데 도움이 된다. 그러나 잠재 벡터가 항상 서로 직교하는 것은 아니다. 이러한 경우 선형 대수에서 직관을 얻는 것이 도움이 된다. 잠재 요인 모델의 효과를 이해하는 한 가지 방법은 이러한 행렬에서 인수분해의 역할을 조사하는 것이다. 사실 인수분해는 열(또는 행)간의 상관관계로 인해 차원 축소가 발생하기 쉬운 행렬을 근사화하는, 좀 더 일반적인 방법이다. 대부분의 차원 축소 방법은 행렬 인수분해로 표현할 수도 있다.

우선 평점 행렬 $R$의 모든 항목이 관찰되는 간단한 경우를 고려해보자. 핵심 아이디어는 랭크 $k \ll \min\{m, n\}$의 모든 $m \times n$ 행렬 $R$은 항상 다음과 같은 랭크-$k$ 인수들의 곱 형태로 표현될 수 있다는 것이다.

$$R = UV^T \qquad (3.11)$$

여기서 $U$는 $m \times k$ 행렬이고, $V$는 $n \times k$ 행렬이다. $R$의 행 공간[6]과 열 공간의 순위는 모두 $k$이다. $U$의 각 열은 $R$의 $k$차원 열 공간의 $k$ 기저 벡터 중 하나로 간주되며 $V$의 $j$번째 행은 이러한 기저 벡터를 $R$의 $j$번째 열로 결합하는 해당 계수를 포함한다. 또는 $V$의 열은 $R$의 행 공간의 기저 벡터로서, $U$의 행을 해당 계수로 볼 수 있다. 이러한 형태로 랭크-$k$ 행렬을 인수분해하는 능력은 선형 대수학의 기본 사실이며[568], 다양한 기저 벡터 집합에 해당하는 그러한 인수분해에는 무한히 존재한다. SVD는 $U$(및 $V$)의 열로 표현되는 기저 벡터가 서로 직교하는 인수분해의 한 예다.

행렬 $R$의 랭크가 $k$보다 큰 경우에도 종종 랭크-$k$ 계수의 곱으로 표현할 수 있다.

$$R \approx UV^T \qquad (3.12)$$

이전과 마찬가지로 $U$는 $m \times k$ 행렬이고 $V$는 $n \times k$ 행렬이다. 이 근사값의 오차는 $\|\cdot\|^2$와 같다. 여기서 $\|R - UV^T\|^2$는 잔차 행렬 $(R - UV^T)$에 있는 항목의 제곱의 합을 나타낸다. 이 양은 잔차 행렬의 (제곱) 프로베니우스 노름이라고도 한다. 잔차 행렬은 일반적으로 낮은 랭크 인수들로 모델링 할 수 없는 기본 평점 행렬의 노이즈를 나타낸다. 간단한 논의를 위해, $R$이 완전히 관찰되는 간단한 경우를 고려하자. 먼저 인수분해 과정의 직관을 살펴본 후 누락된 항목이 있는 행렬의 맥락에서 이 직관의 의미에 대해 논의해보자.

인수분해 과정의 의미는 무엇이고, 그것이 상관관계가 높은 행과 열이 있는 행렬에 미치는 영향은 무엇인가? 이 점을 이해하려면 그림 3.7에 표시된 평점 행렬을 고려해보자. 이 그림에는 7명의 사용자들과 6개의 아이템들이 있는 $7 \times 6$ 평점 행렬이 표시돼 있다. 모든 평점은 $\{1, -1, 0\}$에서 도출되고, 각각은 선호, 비선호 및 중립에 해당한다. 아이템은 영화이며 각각 로맨스와 역사 장르에 속한다. 〈클레오파트라Cleopatra〉라는 제목의 영화 중 하나는 두 장르에 속한다. 밑바탕에 깔린 영화의 장르 특성으로 인해 사용자들도 시청률에서 뚜렷한 추세를 보인다. 예를 들어 사용자 1~3은 전형적으로 역사적 영화를 선호하지만 로맨스 장르에는 중립적이다. 사용자 4는 두 장르의 영화를 선호한다. 사용자 5~7은 로맨스 장르에 속하는 영화를 선호하지만 역사

---

6  행렬의 행 공간은 행렬 행의 모든 가능한 선형 조합으로 정의된다. 행렬의 열 공간은 행렬 열의 모든 가능한 선형 조합으로 정의된다. – 옮긴이

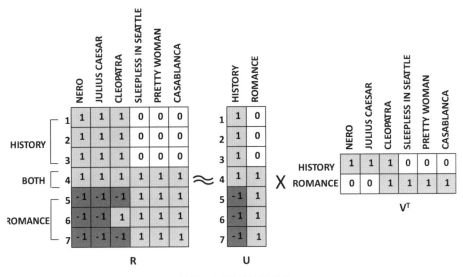

(a) 랭크-2 행렬 인수분해 예제

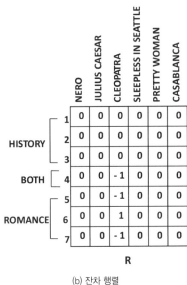

(b) 잔차 행렬

**그림 3.7** 평점 행열을 전처리 중. 음영 처리된 항목은 반복적으로 업데이트됨

영화는 노골적으로 선호하지 않는다. 이 행렬은 사용자와 아이템 간에 상당한 상관관계가 있지만 두 가지 장르에 속하는 영화의 평점은 상대적으로 독립적인 것처럼 보인다. 결과적으로, 이 행렬은 그림 3.7(a)와 같이 대략 랭크-2로 인수분해될 수 있다. 행렬 $U$는 두 장르에 대한 사용자의 경향을 보여주는 $7 \times 2$ 행렬이며, 행렬 $V$는 두 장르의 영화 멤버십을 보여주는 $6 \times 2$ 행렬이다. 즉, 행렬 $U$는 열 공간의 기저를 제공하는 반면, 행렬 $V$는 행 공간의 기저를 제공한다.

예를 들어 행렬 $U$는 사용자 1이 역사 영화를 좋아하는 반면, 사용자 4는 두 장르를 좋아한다는 것을 보여준다. $V$의 행을 사용해 유사한 추론을 할 수 있다. $V$의 열은 그림 3.6에 표시된 것과 같은 잠재 벡터에 해당한다. 그러나 SVD와는 달리, 이 경우 잠재 벡터는 서로 직교하지 않는다.

인수분해에 대한 해당 잔차 행렬은 그림 3.7(b)에 나타나 있다. 잔차 행렬은 일반적으로 설정된 패턴을 따르지 않는 Cleopatra 사용자의 평점에 해당한다. 실제 애플리케이션에서 인수들의 행렬 항목은 일반적으로 정수가 아니라 실수라는 점을 지적할 필요가 있다. 시각적 단순성을 위해 필수 요소가 포함된 예가 여기에 표시된다. 더욱이 장르나 범주의 관점에서 인수들의 의미론적 해석이 불가능한 경우가 있는데, 특히 인수에 긍정적인 가치와 부정적 가치가 모두 포함된 경우에는 그렇다. 예를 들어 그림 3.7에서 $U$와 $V$에 $-1$을 곱하면 인수분해는 여전히 유효하지만 해석이 더 어려워진다. 그럼에도 $U$와 $V$의 $k$열은 각각 사용자와 아이템 간의 주요 상관관계를 나타내며, 의미적으로 해석 가능한지 여부에 관계없이 잠재된 개념으로 추상적으로 볼 수 있다. 비음행렬 인수분해와 같은 일부 형태의 인수분해에서는 이러한 개념의 해석 가능성이 크게 유지된다.

이 예에서 행렬 $R$이 완전히 특정됐으므로, 인수분해는 누락된 값 추정의 관점에서 특히 도움이 되지 않는다. 이 접근법의 주요 유용성은 행렬 $R$이 완전히 특정되지 않은 경우에 발생하지만 잠재 요인 $U$ 및 $V$의 모든 항목을 여전히 강력하게 추정할 수 있다. 평점이 낮은 경우에도 드물게 특정된 데이터에서 가능하다. 이는 본질적으로 중복되는 데이터의 잠재 요인을 추정하기 위해 너무 많은 관측 항목이 필요하지 않기 때문이다. 행렬 $U$ 및 $V$가 추정되면 전체 평점 행렬을 한 번에 $UV^T$로 추정할 수 있어 모든 누락된 평점을 제공한다.

## 3.6.3 기본 행렬 인수분해 원리

기본 행렬 인수분해 모델에서, $m \times n$ 평점 행렬 $R$은 다음과 같이 대략 $m \times k$ 행렬 $U$ 및 $n \times k$ 행렬 $V$로 인수분해된다.

$$R \approx UV^T \tag{3.13}$$

$U$(또는 $V$)의 각 열은 잠재 벡터 또는 잠재 성분이라 하며 $U$(또는 $V$)의 각 행은 잠재 요인이라 한다. $U$의 $i$번째 행 $\bar{u}_i$는 사용자 요소로 지칭되며, 평점 행렬에서 $k$개 개념에 대한 사용자 $i$의 친화력에 대응하는 $k$개의 항목을 포함한다. 예를 들어 그림 3.7의 경우, $\bar{u}_i$는 평점 행렬에서 역사 및 로맨스 장르에 대한 사용자 $i$의 친화도를 포함하는 2차원 벡터이다. 유사하게, $V$의 각 행 $\bar{v}_i$은 아이템 요소item factor로 지칭되며, 이러한 $k$ 개념에 대한 $i$번째 아이템의 친화도를 나타낸다. 그림 3.7에서 아이템 요소에는 두 가지 영화 범주에 대한 항목의 선호도가 포함된다.

식 3.13에서 $R$의 각 평점 $r_{ij}$는 대략 $i$번째 사용자 인수와 $j$번째 아이템 인수의 내적으로 표현될 수 있다.

$$r_{ij} \approx \overline{u_i} \cdot \overline{v_j} \qquad (3.14)$$

잠재 요인 $\bar{u}_i = (u_{i1} \ldots u_{ik})$ 및 $\bar{v}_i = (v_{j1} \ldots v_{jk})$는 $k$개의 서로 다른 개념에 대한 사용자의 친화도로 볼 수 있으므로 방정식 3.14를 표현하는 직관적인 방법은 다음과 같다.

$$
\begin{aligned}
r_{ij} &\approx \sum_{s=1}^{k} u_{is} \cdot v_{js} \\
&= \sum_{s=1}^{k} (\text{개념 } s\text{에 대한 사용자 } i\text{의 선호도}) \times (\text{개념 } s\text{에 대한 사용자 } j\text{의 선호도})
\end{aligned}
$$

그림 3.7의 경우 앞에서 언급한 요약의 두 가지 개념은 로맨스와 역사적 장르에 해당한다. 따라서 합계가 다음과 같이 표현될 수 있다.

$$
\begin{aligned}
r_{ij} &\approx (\text{개념 } s\text{에 대한 사용자 } i\text{의 역사적 장르}) \\
&\quad \times (\text{개념 } s\text{에 대한 사용자 } j\text{의 역사적 장르}) \\
&\quad + (\text{개념 } s\text{에 대한 사용자 } i\text{의 로맨스}) \\
&\quad \times (\text{개념 } s\text{에 대한 사용자 } j\text{의 로맨스})
\end{aligned}
$$

개념의 notion은 그림 3.7과 같이 의미론적으로 해석할 수 없는 경우가 많다는 점을 지적해야 한다. 잠재 벡터는 종종 양수 및 음수 값으로 구성된 임의의 벡터일 수 있으며 의미 해석을 하기가 어렵다. 그러나 그림 3.6의 잠재 벡터가 기하학적 상관관계 패턴을 나타내는 것처럼 평점 행렬에서 지배적 상관관계 패턴을 나타낸다. 나중에 볼 수 있듯이, 비음행렬 인수분해와 같은 일부 형태의 분해는 잠재 벡터에서 더 큰 해석력을 갖도록 명시적으로 설계됐다.

다양한 행렬 인수분해 방법 간의 주요 차이점은 $U$와 $V$에 부과된 제약 조건(예: 잠재 벡터의 직교성 또는 음이 아님)과 목적함수의 특성(예: 생성 모델에서 프로베니우스 노름을 최소화하거나 우도 추정likelihood estimation을 최대화)에서 발생한다. 이러한 차이는 다양한 실제 시나리오에서 행렬 인수분해 모델의 유용성에 중요한 역할을 한다.

## 3.6.4 제약 없는 행렬 인수분해

행렬 인수분해의 가장 근본적인 형태는 제약이 없는 경우이며, 행렬 $U$ 및 $V$에 어떤 제약 조건도 없다. 많은 참고문헌은 특이값 분해(SVD)로 제약 없는 행렬 인수분해를 언급한다. 엄밀히 말하면, 이것은 기술적으로 잘못됐다. SVD에서 $U$와 $V$의 열은 직교해야 한다. 그러나 제약이 없는 행렬 인수분해[7]를 지칭하기 위해 "SVD"라는 용어를 사용하는 것이 참고문헌에서 다소 널리 퍼져 있으며, 이는 현장 외부의 실무자에게 약간의 혼란을 야기한다. 3장에서 이 잘못된 관행에서 벗어나 제약되지 않은 행렬 인수분해와 SVD를 별개의 방식으로 처리한다. 이 절에서는 제약이 없는 행렬 인수분해에 대해 논의하고 다음 절에서는 SVD에 대해 논의한다.

불완전한 행렬의 분해에 대해 논의하기 전에 먼저 완전 지정된 행렬을 분해하는 문제를 살펴보자. 계수 행렬 $U$와 $V$를 완전히 특정된 행렬 $R$이 최대한 $UV^T$와 일치하도록 어떻게 결정할 수 있는가? 이 목표를 달성하기 위해 행렬 $U$ 및 $V$와 관련해 최적화 문제를 공식화할 수 있다.

$$\text{Min } J = \frac{1}{2}||R - UV^T||^2$$
$$U와 V의 제한 조건 없이$$

여기서 $||\cdot||^2$는 행렬의 제곱된 프로베니우스 노름을 나타내며, 이는 행렬 항목의 제곱의 합과 같다. 따라서 목적함수는 잔차 행렬 $(R - UV^T)$에 있는 항목의 제곱의 합과 같다. 목적함수가 작을수록 분해 $R \approx UV^T$의 품질이 좋아진다. 이 목적함수는 2차 손실함수로 볼 수 있으며, 이차 손실함수는 낮은 랭크 인수분해를 사용해 행렬 $R$을 추정할 때 정확도 손실을 정량화 한다. 이 분해에 최적의 솔루션을 제공하기 위해 다양한 경사하강 방법을 사용할 수 있다.

그러나 누락된 항목을 갖는 행렬과 관련해, $R$의 누락된 항목들의 일부 항목만이 알려져 있다. 따라서 위에서 설명한 목적함수도 당연히 정의돼 있지 않다. 결국 일부 항목이 누락된 행렬의 프로베니우스 노름을 계산할 수 없다. 따라서 목적함수는 $U$와 $V$를 학습하기 위해 관측된 항목에 대해서만 다시 작성해야 한다. 이 과정에서 좋은 점은 잠재 요인 $U$와 $V$가 일단 학습되면 전체 평점 행렬을 $UV^T$로 한 번에 재구성할 수 있다는 것이다.

$R$에서 관찰되는 모든 사용자-아이템 쌍 $(i, j)$의 세트를 $S$로 표시하자. 여기서, $i \in \{1 \ldots m\}$는 사용자의 지표이고, $j \in \{1 \ldots n\}$은 항목의 지표이다. 따라서 관찰된 사용자-아이템 쌍의 세트 $S$는 다음과 같이 정의된다.

$$S = \{(i, j) : \text{관측된 } r_{ij}\} \tag{3.15}$$

불완전한 행렬 $R$을 완전 특정된 행렬 $U = [u_{is}]_{m \times k}$ 및 $V = [v_{js}]_{n \times k}$의 근사곱 $UV^T$로 어떻게든 분해할 수 있으면 $R$의 모든 항목도 예측할 수 있다. 구체적으로, 행렬 $R$의 $(i, j)$번째 항목은 다음과 같이 예측될 수 있다.

$$\hat{r}_{ij} = \sum_{s=1}^{k} u_{is} \cdot v_{js} \tag{3.16}$$

---

7 SVD[568]에서 기저 벡터는 특이 벡터라고 하며, 정의상 서로 정규수직이어야 한다. – 옮긴이

왼쪽의 평점에 있는 "햇hat" 기호(즉, 서컴플렉스circumflex)는 관찰된 값이 아니라 예측된 값임을 나타낸다. 특정 항목 $(i,j)$의 관측값과 예측 값의 차이는 $e_{ij} = (r_{ij} - \hat{r}_{ij}) = (r_{ij} - \sum_{s=1}^{k} u_{is} \cdot v_{js})$로 표시된다. 그리고 불완전한 행렬로 동작하는 수정된 목적함수는 다음과 같이 $S$의 관측된 항목에 대해서만 계산된다.

$$\text{Min } J = \frac{1}{2} \sum_{(i,j) \in S} e_{ij}^2 = \frac{1}{2} \sum_{(i,j) \in S} \left( r_{ij} - \sum_{s=1}^{k} u_{is} \cdot v_{js} \right)^2$$

$U$와 $V$의 제한 조건 없이

위에서 언급한 목적함수는 $S$에서 관측된 항목에 대해서만 오류를 더한다. 또한 각 항 $(r_{ij} - \sum_{s=1}^{k} u_{is} \cdot v_{js})^2$은 항목 $(i,j)$의 관측된 값과 예측된 값 사이의 제곱 오차 $e_{ij}^2$이다. 여기서 $u_{is}$와 $v_{js}$는 알려지지 않은 변수이며 목적함수를 최소화하기 위해 학습해야 한다. 이것은 단순히 경사하강법으로 달성할 수 있다. 따라서 결정변수 $v_{iq}$ 및 $v_{jq}$에 대한 $J$의 편미분을 계산해야 한다.

$$\frac{\partial J}{\partial u_{iq}} = \sum_{j:(i,j) \in S} \left( r_{ij} - \sum_{s=1}^{k} u_{is} \cdot v_{js} \right) (-v_{jq}) \quad \forall i \in \{1 \ldots m\}, q \in \{1 \ldots k\}$$

$$= \sum_{j:(i,j) \in S} (e_{ij})(-v_{jq}) \quad \forall i \in \{1 \ldots m\}, q \in \{1 \ldots k\}$$

$$\frac{\partial J}{\partial v_{jq}} = \sum_{i:(i,j) \in S} \left( r_{ij} - \sum_{s=1}^{k} u_{is} \cdot v_{js} \right) (-u_{iq}) \quad \forall j \in \{1 \ldots n\}, q \in \{1 \ldots k\}$$

$$= \sum_{i:(i,j) \in S} (e_{ij})(-u_{iq}) \quad \forall j \in \{1 \ldots n\}, q \in \{1 \ldots k\}$$

편미분들의 전체 벡터는 행렬 $U$와 $V$에서 $(m \cdot k + n \cdot k)$ 결정변수의 벡터에 대한 기울기를 제공한다. 이 기울기 벡터를 $\overline{\Delta J}$ 표시하자. $U$ 및 $V$의 항목에 해당하는 $(m \cdot k + n \cdot k)$ 결정변수의 벡터를 $\overline{VAR}$로 표시한다. 그러면 변수의 전체 벡터를 $\overline{VAR} \Leftarrow \overline{VAR} - \alpha \cdot \overline{\Delta J}$로 업데이트할 수 있다. 여기서 $\alpha > 0$는 스텝 크기step size이며 비선형 프로그래밍에서 표준 수치 방법을 사용해 선택할 수 있다[76]. 대부분의 경우 스텝 크기는 작은 상수 값으로 설정된다. 수렴을 위해 반복 실행된다. 이 접근법을 경사하강이라 한다. 경사하강 알고리듬 프레임워크는 그림 3.8에 설명돼 있다. 중간 변수 $u_{iq}^+$ 및 $v_{jq}^+$는 $U$ 및 $V$의 항목에 대한 모든 업데이트가 동시에 수행되도록 하는데 사용된다.

행렬 표현을 사용해 그림 3.8의 업데이트를 수행할 수도 있다. 첫 번째 단계는 $E$의 관찰되지 않은 항목(즉, $S$에 없는 항목)이 0으로 설정된 오류 행렬 $E = R - UV^T$를 계산하는 것이다. $E$는 매우 희소한 행렬이므로 관측된 항목 $(i,j) \in S$에 대해서만 $e_{ij}$ 값을 계산하고 희소 데이터 구조를 사용해 행렬을 저장한다. 이후 업데이트는 다음과 같이 계산될 수 있다.

**Algorithm** $GD$(Ratings Matrix: $R$, Learning Rate: $\alpha$)
**begin**
    Randomly initialize matrices $U$ and $V$;
    $S = \{(i,j) : r_{ij} \text{ is observed}\}$;
    **while** not(convergence) **do**
    **begin**
        Compute each error $e_{ij} \in S$ as the observed entries of $R - UV^T$;
        **for** each user-component pair $(i,q)$ **do** $u_{iq}^+ \Leftarrow u_{iq} + \alpha \cdot \sum_{j:(i,j) \in S} e_{ij} \cdot v_{jq}$;
        **for** each item-component pair $(j,q)$ **do** $v_{jq}^+ \Leftarrow v_{jq} + \alpha \cdot \sum_{i:(i,j) \in S} e_{ij} \cdot u_{iq}$;
        **for** each user-component pair $(i,q)$ **do** $u_{iq} \Leftarrow u_{iq}^+$;
        **for** each item-component pair $(j,q)$ **do** $v_{jq} \Leftarrow v_{jq}^+$;
        Check convergence condition;
    **end**
**end**

**그림 3.8** 경사하강법

$$U \Leftarrow U + \alpha EV$$
$$V \Leftarrow V + \alpha E^T U$$

이러한 업데이트는 중간 변수를 사용해 두 행렬들의 모든 항목들을 동시에 업데이트하는데 (그림 3.8 참조) 수렴으로 실행될 수 있다.

### 3.6.4.1 확률적 경사하강법

앞서 설명한 방법을 배치 업데이트 방법<sup>batch update method</sup>이라고 한다. 중요한 점은 그 업데이트들은 평점 행렬의 관측된 항목에서 오류의 선형함수라는 것이다. 업데이트는 모든 항목이 아닌 개별 관찰 항목의 오류와 관련된 더 작은 구성 요소로 분해해 다른 방법으로 실행할 수 있다. 이 업데이트는 다음과 같이 (임의로 선택한) 관측 항목 $(i,j)$의 오류와 관련해 확률적으로 근사할 수 있다.

$$u_{iq} \Leftarrow u_{iq} - \alpha \cdot \left[\frac{\partial J}{\partial u_{iq}}\right]_{(i,j)\text{에 의한 기여부분}} \quad \forall q \in \{1 \ldots k\}$$
$$v_{jq} \Leftarrow v_{jq} - \alpha \cdot \left[\frac{\partial J}{\partial v_{jq}}\right]_{(i,j)\text{에 의한 기여부분}} \quad \forall q \in \{1 \ldots k\}$$

$R$에서 관측된 항목을 한 번에 하나씩 (임의의 순서로) 순환하고 인수 행렬의 모든 $(m \cdot k + n \cdot k)$ 항목이 아닌 인수 행렬의 관련 $2 \cdot k$ 항목 세트만 업데이트할 수 있다. 이 경우 관측된 항목 $(i,j)$ $\in S$에 특정한 $2 \cdot k$ 업데이트는 다음과 같다.

$$u_{iq} \Leftarrow u_{iq} + \alpha \cdot e_{ij} \cdot v_{jq} \quad \forall q \in \{1 \ldots k\}$$
$$v_{jq} \Leftarrow v_{jq} + \alpha \cdot e_{ij} \cdot u_{iq} \quad \forall q \in \{1 \ldots k\}$$

**알고리듬** $SGD$(Ratings Matrix: $R$, Learning Rate: $\alpha$)

**시작**

    행렬 $U$과 $V$의 랜덤 초기화:

    $S = \{(i, j) : \text{관측된 } r_{ij}\}$;

    (수렴)하지 않는 동안 수행

    **시작**

      Randomly shuffle observed entries in $S$;

      **for** each $(i, j) \in S$ in shuffled order **do**

      **시작**

        $e_{ij} \Leftarrow r_{ij} - \sum_{s=1}^{k} u_{is} v_{js}$;

        **for** each $q \in \{1 \ldots k\}$ **do** $u_{iq}^{+} \Leftarrow u_{iq} + \alpha \cdot e_{ij} \cdot v_{jq}$;

        **for** each $q \in \{1 \ldots k\}$ **do** $v_{jq}^{+} \Leftarrow v_{jq} + \alpha \cdot e_{ij} \cdot u_{iq}$;

        **for** each $q \in \{1 \ldots k\}$ **do** $u_{iq} = u_{iq}^{+}$ and $v_{jq} = v_{jq}^{+}$;

      **종료**

      수렴 조건 확인

    **종료**

**종료**

**그림 3.9** 확률적 경사하강

각각의 관측된 평점 $r_{ij}$에 대해, 오류 $e_{ij}$는 $U$의 $i$행에서 $k$개의 항목과 $V$의 $j$행에서 $k$개의 항목을 업데이트하는 데 사용된다. $e_{ij} \cdot v_{jq}$는 $u_{iq}$와 관련해 $J$의 편미분의 구성 요소이며, 이는 단일 관측 항목 $(i, j)$에만 해당한다. 효율성을 높이기 위해 이러한 $k$ 항목들 각각을 벡터화된 형태로 동시에 업데이트할 수 있다. $\overline{u_i}$는 $U$의 $i$번째 행이고 $\overline{v_j}$는 $V$의 $j$번째 행이라고 하자. 그런 다음 위에서 언급한 업데이트를 다음과 같이 $k$차원 벡터화 형식으로 다시 작성할 수 있다.

$$\overline{u_i} \Leftarrow \overline{u_i} + \alpha \, e_{ij} \, \overline{v_j}$$
$$\overline{v_j} \Leftarrow \overline{v_j} + \alpha \, e_{ij} \, \overline{u_i}$$

수렴에 도달할 때까지 관찰된 모든 항목을 여러 번 (즉, 여러 번 반복 사용) 반복한다. 이 접근 방식은 확률적 경사하강이라 한다. 기울기는 행렬에서 무작위로 선택된 단일 항목의 오류를 기반으로 계산된 기울기에 의해 근사된다. 확률적 경사하강법의 의사-코드ᵖˢᵉᵘᵈᵒ⁻ᶜᵒᵈᵉ는 그림 3.9에 나와 있다. 임시 변수 $u_{iq}^{+}$ 및 $v_{jq}^{+}$는 업데이트 중에 중간 결과를 저장하는 데 사용되므로 $2 \cdot k$ 업데이트는 서로 영향을 미치지 않는다. 이것은 명시적으로 언급하지 않았지만 이 책에서 논의된 모든 그룹별 업데이트에서 사용해야 하는 일반적인 접근 방식이다.

    실제로 훨씬 더 매끄럽게 진행되는 배치 방법과 비교해 확률론적 경사하강에 의해 더 빠른 수렴이 달성된다. 이는 $U$ 및 $V$의 항목이 무작위로 선택된 단일 관찰 항목이 아닌 후자의 경우 모든 관찰된 항목을 사용해 동시에 업데이트되기 때문이다. 확률론적 경사하강 노이지 근사치ⁿᵒⁱˢʸ approximation는 때때로 솔루션 품질과 수렴성의 매끄러움에 영향을 줄 수 있다. 일반적으로 데이터 크기가 매우 크고 계산 시간이 주요 병목 현상인 경우에 확률적 경사하강은 바람직하다. 다른 "절충" 방법에서, 미니 배치는 관찰된 항목의 부분 항목의 업데이트를 구성하는 데 사용된다. 이러한 서로 다른 방법은 솔루션 품질과 계산 효율성 간에 서로 다른 절충점을 제공한다.

인수 행렬을 업데이트하기 위해 행렬에서 관측된 항목을 반복적으로 순환함에 따라 결국 수렴에 도달하게 된다. 일반적으로 전역 방법은 로컬 방법보다 속도가 느리더라도 수렴을 보장하는 것으로 알려져 있다. 스텝 크기(또는 학습 속도)의 일반적인 값은 $\alpha = 0.005$와 같은 작은 상수 값이다. 국소 최솟값을 피하고 수렴 속도를 높이는 효과적인 방법은 볼드 드라이버 알고리듬(bold driver algorithm[58, 217])을 사용해 각 반복에서 $\alpha$를 적응적으로 선택하는 것이다. 원칙적으로 다른 요인에 대해 다른 스텝 크기를 사용하는 것도 가능하다[586]. 이러한 모델 중 일부에 대한 흥미로운 관찰은 너무 많은 반복에 대해 수렴이 될 때까지 모델을 실행하면 때때로 관찰되지 않은 항목의 솔루션 품질이 약간 저하될 수 있다는 것이다. 따라서 수렴 기준을 너무 엄격하게 설정하지 않는 것이 좋다.

이러한 잠재 요인 모델의 또 다른 문제는 초기화 문제다. 예를 들어 $(-1, 1)$에서 작은 숫자로 인수 행렬을 초기화할 수 있다. 그러나 초기화 선택은 최종 솔루션 품질에 영향을 줄 수 있다. 품질을 향상시키기 위해 여러 가지 휴리스틱을 사용할 수 있다. 예를 들어 이 절의 뒷부분에서 설명할 간단한 SVD 기반 휴리스틱을 사용해 대략적인 초기화를 만들 수 있다.

### 3.6.4.2 정규화

이 접근법의 주요 문제점 중 하나는 평점 행렬 $R$이 희소하고 비교적 적은 항목이 관찰될 때 발생한다. 이것은 실제 설정에서 거의 항상 그렇다. 이러한 경우 관측된 $S$ 평점 세트가 작기 때문에 과적합을 유발할 수 있다. 훈련 데이터가 제한적일 때 분류에서 과적합은 일반적인 문제이다. 이 문제를 해결하는 일반적인 방법은 정규화를 사용하는 것이다. 정규화는 모델에 바이어스 bias[8]를 도입하는 비용을 감수하는 대신 모델이 과적합되는 경향을 줄인다.

정규화에서 아이디어는 안정성을 위해 $U$ 및 $V$의 매우 큰 계수값을 사용하지 않는 것이다. 따라서 정규화 항 $\frac{\lambda}{2}(\|U\|^2 + \|V\|^2)$이 목적함수에 추가되며, 여기서 $\lambda > 0$은 정규화 파라미터이다. 여기, $\|\cdot\|^2$는 행렬의 (제곱) 프로베니우스 노름을 나타낸다. 기본 아이디어는 큰 계수에 불이익을 주어 더 간단한 솔루션에 적당한 바이어스를 만드는 것이다. 이는 여러 가지 분류 및 회귀 방식에 사용되며 협업 필터링에 의해 활용되는 표준 방식이다. 매개변수 $\lambda$는 항상 음이 아니며 정규화 항의 가중치를 제어한다. $\lambda$를 선택하는 방법은 이 절의 뒷부분에서 설명한다.

이전의 경우와 같이 $e_{ij} = (r_{ij} - \sum_{s=1}^{k} u_{is} \cdot v_{js})$는 특정 입력 $(i, j) \in S$의 관측값과 예측 값의 차이를 나타낸다. 정규화된 목적함수는 다음과 같다.

---

8 바이어스–분산 트레이드 오프에 관한 설명은 6장을 참조한다. – 옮긴이

$$\text{최소화} \quad J = \frac{1}{2} \sum_{(i,j) \in S} e_{ij}^2 + \frac{\lambda}{2} \sum_{i=1}^{m} \sum_{s=1}^{k} u_{is}^2 + \frac{\lambda}{2} \sum_{j=1}^{n} \sum_{s=1}^{k} v_{js}^2$$

$$= \frac{1}{2} \sum_{(i,j) \in S} \left( r_{ij} - \sum_{s=1}^{k} u_{is} \cdot v_{js} \right)^2 + \frac{\lambda}{2} \sum_{i=1}^{m} \sum_{s=1}^{k} u_{is}^2 + \frac{\lambda}{2} \sum_{j=1}^{n} \sum_{s=1}^{k} v_{js}^2$$

각각의 결정변수에 대해 $J$의 편미분을 취하면, 두 경우의 용어 $\lambda u_{iq}$ 및 $\lambda u_{jq}$가 각각 대응하는 기울기에 추가된다는 점을 제외하고, 정규화되지 않은 경우와 거의 동일한 결과를 얻는다.

$$\frac{\partial J}{\partial u_{iq}} = \sum_{j:(i,j) \in S} \left( r_{ij} - \sum_{s=1}^{k} u_{is} \cdot v_{js} \right) (-v_{jq}) + \lambda u_{iq} \quad \forall i \in \{1 \ldots m\}, q \in \{1 \ldots k\}$$

$$= \sum_{j:(i,j) \in S} (e_{ij})(-v_{jq}) + \lambda u_{iq} \quad \forall i \in \{1 \ldots m\}, q \in \{1 \ldots k\}$$

$$\frac{\partial J}{\partial v_{jq}} = \sum_{i:(i,j) \in S} \left( r_{ij} - \sum_{s=1}^{k} u_{is} \cdot v_{js} \right) (-u_{iq}) + \lambda v_{jq} \quad \forall j \in \{1 \ldots n\}, q \in \{1 \ldots k\}$$

$$= \sum_{i:(i,j) \in S} (e_{ij})(-u_{iq}) + \lambda v_{jq} \quad \forall j \in \{1 \ldots n\}, q \in \{1 \ldots k\}$$

경사하강을 수행하는 단계는 정규화가 없는 경우에서 논의된 것과 유사하게 유지된다. 배치 또는 로컬 방법이 사용될 수 있다. 예를 들어 전역 업데이트 방법을 고려하자. $U$ 및 $V$의 항목에 해당하는 $(m \cdot k + n \cdot k)$ 결정변수의 벡터를 $\overline{VAR}$로 표시하고 해당 기울기 벡터를 $\overline{\Delta J}$로 표시한다. 그런 다음 결정변수의 전체 벡터를 $\overline{VAR} \Leftarrow \overline{VAR} - \alpha \cdot \overline{\Delta J}$로 업데이트할 수 있다. 이는 정규화 용어를 포함하도록 그림 3.8의 (비정규화된) 업데이트를 수정해 효과적으로 달성할 수 있다. 수정된 업데이트는 다음과 같이 작성될 수 있다.

$$u_{iq} \Leftarrow u_{iq} + \alpha \left( \sum_{j:(i,j) \in S} e_{ij} \cdot v_{jq} - \lambda \cdot u_{iq} \right) \quad \forall q \in \{1 \ldots k\}$$

$$v_{jq} \Leftarrow v_{jq} + \alpha \left( \sum_{i:(i,j) \in S} e_{ij} \cdot u_{iq} - \lambda \cdot v_{jq} \right) \quad \forall q \in \{1 \ldots k\}$$

수렴을 위해 업데이트를 실행할 수 있다. 관찰되지 않은 $E$ 항목이 0으로 설정된 $m \times n$ 오류 행렬 $E = [e_{ij}]$의 관점에서 이러한 업데이트를 작성할 수도 있다.

$$U \Leftarrow U(1 - \alpha \cdot \lambda) + \alpha E V$$

$$V \Leftarrow V(1 - \alpha \cdot \lambda) + \alpha E^T U$$

곱셈 항 $(1 - \alpha \cdot \lambda)$은 각 단계에서 파라미터를 축소시키며 이는 정규화의 결과이다. 행렬 형식을 업데이트에 사용하려면 $E$의 희소 표현을 계산하고 사용하도록 주의해야 한다. 관측된 항목

$(i,j) \in S$에 대해서만 $e_{ij}$ 값을 계산하고 희소 데이터 구조를 사용해 $E$를 저장하는 것이 좋다.

로컬 업데이트 (즉, 확률적 경사하강)의 경우, 편미분들은 모든 항목이 아닌 무작위로 선택된 관측된 항목 $(i,j)$의 오류와 관련해 계산된다. 임의의 순서로 처리되는 각각의 관찰된 항목 $(i,j)$에 대해 다음 $2 \cdot k$ 업데이트가 실행될 수 있다.

$$u_{iq} \Leftarrow u_{iq} + \alpha(e_{ij} \cdot v_{jq} - \lambda \cdot u_{iq}) \quad \forall q \in \{1 \dots k\}$$
$$v_{jq} \Leftarrow v_{jq} + \alpha(e_{ij} \cdot u_{iq} - \lambda \cdot v_{jq}) \quad \forall q \in \{1 \dots k\}$$

효율을 높이기 위해 다음과 같이 사용자 $i$ 및 아이템 $j$의 $k$차원 인수 벡터에 대해 벡터화된 형태로 이러한 업데이트는 실행된다.

$$\overline{u_i} \Leftarrow \overline{u_i} + \alpha(e_{ij}\overline{v_j} - \lambda\overline{u_i})$$
$$\overline{v_j} \Leftarrow \overline{v_j} + \alpha(e_{ij}\overline{u_i} - \lambda\overline{v_j})$$

이러한 업데이트는 그림 3.9에 설명된 알고리듬의 프레임워크 내에서 사용된다. 로컬 업데이트는 정규화 용어를 처리하는 방식에 있어서 벡터화된 전역 업데이트와 정확히 일치하지 않는다.[9] 이는 $-\lambda u_{iq}$ 및 $-\lambda v_{jq}$인 업데이트의 정규화 구성 요소가 모든 관찰된 항목을 통해 로컬 업데이트 주기로 여러 번 사용되기 때문이다. 행 $i$에서 각각의 관찰된 항목에 대한 업데이트가 $u_{iq}$로 실행되고, 열 $j$에서 각각의 관찰된 항목에 대한 업데이트가 $v_{jq}$로 실행된다. 또한 상이한 행 및 열은 상이한 수의 관찰된 항목을 가질 수 있으며, 이는 다양한 사용자 및 아이템 요소의 상대적 정규화 레벨에 더 영향을 줄 수 있다. 벡터화된 전역 방법에서는 각 항목 $u_{iq}$ 및 $v_{jq}$가 한 번만 업데이트 되므로 정규화가보다 부드럽게 균일하게 수행된다. 그럼에도 파라미터 튜닝 동안 $\lambda$가 적응적으로 선택되므로, 로컬 업데이트 방법은 글로벌 방법보다 작은 $\lambda$값을 자동으로 선택한다. 휴리스틱 관점에서 볼 때 두 가지 방법은 거의 비슷한 결과를 제공하지만 품질과 효율성 간에는 다른 절충 관계가 있다.

이전과 마찬가지로 $\alpha > 0$은 스텝 크기를 나타내고 $\lambda > 0$은 정규화 파라미터이다. 예를 들어 0.005와 같은 작은 상수 값 $\alpha$는 넷플릭스 프라이즈 데이터 세트의 경우 합리적으로 잘 작동하는 것으로 알려져 있다. 대안적으로, 로컬 최적화를 피하고 수렴 속도를 높이기 위해 볼드 드라이버 알고리듬[58, 217]을 사용해 각 반복에서 적응적으로 $\alpha$를 선택할 수 있다. 정규화 파라미터 $\lambda$가 어떻게 선택되는지에 대해서는 여전히 논의하고 있다. 가장 간단한 방법은 평점 행렬에서 관찰된 항목의 일부를 유지하고 모델 학습에 사용하지 않는 것이다. 모델의 예측 정확도는 이 보류된 항목의 하위 항목에 대해 테스트된다. 다른 $\lambda$값이 테스트되고 가장 높은 정확도를 제

---

9 좀 더 정확한 업데이트는 $\overline{u_i} \Leftarrow \overline{u_i} + \alpha(e_{ij}\overline{v_j} - \lambda\overline{u_i}/n_i^{user})$와 $\overline{v_j} \Leftarrow \overline{v_j} + \alpha(e_{ij}\overline{u_i} - \lambda\overline{v_j}/n_j^{item})$. 여기서 $n_i^{user}$는 사용자 $i$에 대한 관측 평점 수를 나타내고 $n_j^{item}$은 항목 $j$에 대한 관측된 평점 수 $j$를 나타낸다. 여기서 다양한 사용자/아이템 인수에 대한 대응하는 정규화 용어는 다양한 사용자/아이템에 대한 대응하는 관찰된 항목들 사이에서 동일하게 나누어진다. 실제로 3장에서 논의된 (더 간단한) 휴리스틱 업데이트 규칙이 종종 사용된다. 우리는 추천 시스템에 관한 연구 문헌과 일관성을 유지하기 위해 3장에서 이 (더 간단한) 규칙을 사용하기로 결정했다. 적절한 매개변수 조정을 사용하면 간단한 업데이트 규칙의 경우 $\lambda$가 자동으로 더 작은 값으로 조정된다. - 옮긴이

공하는 λ값이 사용된다. 원하는 경우 λ값이 선택되면 모델은 특정된 항목의 전체 세트에 대해 재교육할 수 있다(홀드 아웃 없음). 이 파라미터 튜닝 방법을 홀드 아웃 방법이라 한다. 좀 더 정교한 접근 방식은 교차 검증이라는 방법을 사용하는 것이다. 이는 7장에서 추천 시스템 평가에 대해 설명한다. 더 나은 결과를 위해 상이한 정규화 파라미터 $\lambda_1$ 및 $\lambda_2$가 사용자 요소 및 아이템 요소에 사용될 수 있다.

종종 최적의 값을 결정하기 위해 홀드 아웃 세트에서 서로 다른 λ값을 시도하는 것이 비용이 많이 들 수 있다. 이는 다양한 λ 선택을 시도하는 능력을 제한한다. 결과적으로 λ값은 종종 최적화되지 않는다. [518]에서 제안된 한 가지 접근법은 행렬 $U$와 $V$의 항목을 파라미터로 취급하고 정규화 파라미터를 하이퍼 파라미터로 취급해 확률론적 접근과 공동으로 최적화하는 것이다. 파라미터와 하이퍼 파라미터를 공동으로 학습하기 위해 기브스 샘플링<sup>Gibbs sampling</sup> 방법이 [518]에 제안돼 있다.

### 3.6.4.3 점진적 잠재성분 훈련

이러한 훈련 방법의 한 가지 변형은 잠재성분을 점진적으로 훈련하는 것이다. 즉, 먼저 $q = 1$에 대해서만 $u_{iq} \Leftarrow u_{iq} + \alpha(e_{ij} \cdot v_{jq} - \lambda \cdot u_{iq})$ 및 $v_{iq} \Leftarrow v_{iq} + \alpha(e_{ij} \cdot u_{iq} - \lambda \cdot v_{iq})$의 업데이트를 수행한다. 이 접근 방식은 수렴에 도달할 때까지 $q = 1$에 대해 이러한 업데이트를 수행하면서 $S$에서 관찰된 모든 항목을 반복적으로 순환한다. 따라서 $U$와 $V$의 첫 번째 열 쌍 $\overline{U_1}$과 $\overline{V_1}$을 각각 학습할 수 있다. 이어서, $m \times n$ 외적<sup>10</sup> 행렬 $\overline{U_1}\overline{V_1}^T$를 (관찰된 항목에 대해) $R$로부터 뺀다. 이어서 (잔차) 평점 행렬로 $q = 2$에 대한 업데이트가 수행돼 각각 $U$ 및 $V$의 제2열 쌍 $\overline{U_2}$과 $\overline{V_2}$을 학습한다. 그런 다음 $R$에서 $\overline{U_2}\overline{V_2}^T$를 뺀다. 이 과정은 매번 잔차 행렬로 $q = k$가 될 때까지 반복된다. 전체 랭크-$k$ 분해는 $k$ 랭크-1 분해의 합으로 표현될 수 있기 때문에 결과적인 접근법은 필요한 행렬 인수분해를 제공한다.

$$R \approx UV^T = \sum_{q=1}^{k} \overline{U_q} \ \overline{V_q}^T \tag{3.17}$$

이 절차에 대한 설명은 그림 3.10에 설명돼 있다. 앞에서 설명한 버전과 이 방법의 차이점은 중첩 루프 구조의 차이점 측면에서 이해할 수 있다. 점진적 성분 훈련 루프는 가장 바깥쪽 루프에서 다양한 $q$ 값을 반복하고 내부 루프에서 반복적으로 관찰된 항목을 순환해 각 $q$ 값에 대한 수렴에 도달한다(그림 3.10 참조). 앞의 방법은 관찰된 항목을 반복적으로 반복해 외부 루프에서 수렴에 도달하고 내부 루프에서 다양한 $q$ 값을 통해 순환한다(그림 3.9 참조). 또한 점진적(증분) 방법은 외부 루프의 두 실행 간에 평점 행렬을 조정해야 한다. 이 방법은 적은 수의 변수가 한 번

---

10 두 개의 열 벡터 $\overline{x}$와 $\overline{y}$의 내적은 스칼라 $\overline{x}^T\overline{y}$에 의해 주어지고 외적은 랭크 1 행렬 $\overline{x}\overline{y}^T$로 제공된다. 또한 외적을 계산하기 위해 $x$ 및 $y$의 크기가 동일할 필요는 없다. – 옮긴이

**Algorithm** *ComponentWise-SGD*(Ratings Matrix: $R$, Learning Rate: $\alpha$)

**begin**

    Randomly initialize matrices $U$ and $V$;

    $S = \{(i,j) : r_{ij} \text{ is observed}\}$;

    **for** $q = 1$ to $k$ **do**

    **begin**

        **while** not(convergence) **do**

        **begin**

            Randomly shuffle observed entries in $S$;

            **for** each $(i,j) \in S$ in shuffled order **do**

            **begin**

$$e_{ij} \Leftarrow r_{ij} - u_{iq}v_{jq};$$
$$u_{iq}^+ \Leftarrow u_{iq} + \alpha \cdot (e_{ij} \cdot v_{jq} - \lambda \cdot u_{iq});$$
$$v_{jq}^+ \Leftarrow v_{jq} + \alpha \cdot (e_{ij} \cdot u_{iq} - \lambda \cdot v_{jq});$$
$$u_{iq} = u_{iq}^+; \; v_{jq} = v_{jq}^+;$$

            **end**

            Check convergence condition;

        **end**

        { Element-wise implementation of $R \Leftarrow R - \overline{U_q}\,\overline{V_q}^T$ }

        **for** each $(i,j) \in S$ **do** $r_{ij} \Leftarrow r_{ij} - u_{iq}v_{jq}$;

    **end**

**end**

**그림 3.10** 구성 요소별 확률적 경사하강 구현

에 최적화되기 때문에 각 성분에서 더욱 빠르고 안정적인 수렴이 가능하다.

경사하강에 대한 다른 전략은 다른 특성을 가진 솔루션으로 이어질 것이다. 이 특정 형태의 점진적 훈련은 초기 잠재 구성 요소가 지배적인 구성 요소가 되며 SVD와 유사한 느낌을 제공한다. 그러나 $U$(또는 $V$)의 결과 열은 서로 직교하지 않을 수 있다. $q > 1$에 대해 투영된 경사하강을 사용해 $U$(및 $V$) 열의 상호 직교성을 강제할 수도 있다. 구체적으로 열 $U_q$(또는 $V_q$)의 변수에 대한 기울기 벡터는 지금까지 발견된 $U$(또는 $V$)의 $(q-1)$ 열에 직교 방향으로 투영된다.

### 3.6.4.4 최소 제곱과 좌표 하강의 교차 적용

확률적 경사하강법은 최적화를 위한 효율적인 방법이다. 반면 초기화 및 스텝 크기 선택 방법에 다소 민감하다. 최적화를 위한 다른 방법은 교차 최소 제곱ALS[268, 677]의 사용을 포함하며, 이는 일반적으로 더 안정적이다. 이 방법의 기본 아이디어는 초기 행렬 $U$와 $V$로 시작해 다음과 같은 반복 방법을 사용하는 것이다.

1. $U$를 고정된 상태로 유지해 문제를 최소 제곱 회귀 문제로 취급해 $V$의 $n$행 각각을 해결한다. $S$의 관측된 평점만 각 경우에 최소 제곱 모형을 작성하는데 사용될 수 있다. $\overline{v}_j$

를 $V$의 $j$번째 행이라고 하자. 최적의 벡터 $\bar{v}_j$를 결정하기 위해 $\sum_{i:(i,j)\in S}\left(r_{ij} - \sum_{s=1}^{k} u_{is}v_{js}\right)^2$를 최소화하고자 한다. 이것이 $v_{j1}\ldots v_{jk}$의 최소 제곱 회귀 문제다. 용어 $u_{i1}\ldots u_{ik}$는 상숫값으로 취급되는 반면 $v_{j1}\ldots v_{jk}$는 최적화 변수로 취급된다. 따라서 $j$번째 아이템에 대한 $\bar{v}_j$의 $k$ 잠재 인자 성분은 최소 제곱 회귀로 결정된다. 최소 $n$제곱 문제의 총 $n$개를 실행해야 하며 각 최소 제곱 문제에는 $k$개의 변수가 있다. 각 항목의 최소 제곱 문제는 독립적이므로 이 단계를 쉽게 병렬화할 수 있다.

2. $V$를 고정하려 문제를 최소 제곱 회귀 문제로 처리해 $U$의 $m$행 각각을 해결한다. 각 경우에 최소 자승 모델을 구축하는 데 $S$에 특정된 평점만 사용할 수 있다. $\bar{v}_i$를 $U$의 $i$번째 행으로 하자. 최적의 벡터 $\bar{v}_i$를 결정하기 위해 $\sum_{j:(i,j)\in S}\left(r_{ij} - \sum_{s=1}^{k} u_{is}v_{js}\right)^2$를 최소화하고자 한다. 이것이 $u_{i1}\ldots u_{ik}$의 최소 제곱 회귀 문제이다. 용어 $v_{j1}\ldots v_{jk}$는 상수 값으로 처리되는 반면 $u_{i1}\ldots u_{ik}$는 최적화 변수로 취급된다. 따라서 $i$번째 사용자에 대한 $k$ 잠재 인자 성분은 최소 제곱 회귀로 결정된다. 최소 제곱 문제의 총 $m$개를 실행해야 하며 각 최소 제곱 문제에는 $k$개의 변수가 있다. 각 사용자에 대한 최소 제곱 문제는 독립적이므로 이 단계를 쉽게 병렬화할 수 있다.

이 두 단계는 수렴까지 반복한다. 목적함수에서 정규화를 사용하는 경우 최소 제곱 방식에서 티코노프<sup>Tikhonov</sup> 정규화[22]를 사용한다. 정규화 파라미터 $\lambda > 0$의 값은 모든 독립적인 최소 제곱 문제에 걸쳐 고정되거나 다르게 선택될 수 있다. 두 경우 모두 홀드 아웃 또는 교차 검증 방법을 사용해 최적의 $\lambda$ 값을 결정해야 할 수도 있다. 티코노프 정규화를 사용한 선형 회귀에 대한 간략한 설명은 4.4.5절에 제공된다. 4장의 선형 회귀에 대한 토론은 내용 기반 모델의 맥락에서 제공되지만 기본 회귀 방법은 사용되는 여러 시나리오에 걸쳐 불변한다.

흥미롭게도 가중<sup>weighted</sup> 버전 $ALS$는 행렬이 많은 0값으로 완전히 특정되는 것으로 가정되는 암시적 피드백 설정에 특히 적합하다. 또한 0이 아닌 항목은 종종 이러한 설정에서 더 많은 가중치를 부여한다. 이러한 경우 확률적 경사하강이 너무 비용이 비싸게 된다. 대부분의 항목이 0인 경우 가중치 $ALS$를 효율적인 옵션으로 만들기 위해 일부 트릭을 사용할 수 있다. [260]을 참조하라.

$ALS$의 단점은 명시적인 평점을 가진 대규모 설정에서 확률적 경사하강만큼 효율적이지 않다는 것이다. 좌표 하강과 같은 다른 방법은 효율성과 안정성 간의 절충점을 효과적으로 처리할 수 있다[650]. 좌표 하강에서 ($ALS$에서와 같이) 변수의 하위 집합을 고정하는 접근 방식이 극단으로 밀려난다. 여기에서 두 행렬 중 하나의 단일 항목(또는 좌표)을 제외하고 $U$ 및 $V$의 모든 항목이 고정되며 3.6.4.2절의 목적함수를 사용해 최적화된다. 그 최적화 솔루션은 단일 변수의 2차 목적함수이기 때문에 닫힌 형태로 표시될 수 있다. $u_{iq}$(또는 $v_{jq}$)의 해당 값은 다음 두 업데이트 중 하나에 따라 효율적으로 결정될 수 있다.

$$u_{iq} \Leftarrow \frac{\sum_{j:(i,j) \in S} (e_{ij} + u_{iq}v_{jq})v_{jq}}{\lambda + \sum_{j:(i,j) \in S} v_{jq}^2}$$

$$v_{jq} \Leftarrow \frac{\sum_{i:(i,j) \in S} (e_{ij} + u_{iq}v_{jq})u_{iq}}{\lambda + \sum_{i:(i,j) \in S} u_{iq}^2}$$

여기서 $S$는 평점 행렬에서 관찰된 항목 세트를 나타내고 $e_{ij} = r_{ij} - \hat{r}_{ij}$는 $(i,j)$ 항목의 예측 오차이다. 수렴에 도달할 때까지 이러한 업데이트로 $U$ 및 $V$의 $(m+n) \cdot k$ 파라미터들을 1회 순환한다. 확률적 경사하강이 점진적 잠재성분 훈련과 결합되는 것처럼 좌표 하강을 점진적 잠재성분 훈련과 결합하는 것도 가능하다(3.6.4.3절 참조).

### 3.6.4.5 사용자 및 아이템 바이어스 통합

Paterek[473]은 비제약모델의 변형을 도입해 사용자 및 아이템 바이어스를 학습할 수 있는 변수를 통합했다. 논의의 목적으로, 평점 행렬은 전처리 단계로서 모든 항목들로부터 전체 평점 행렬의 전체 평균 $\mu$를 뺀 평균 중심에 있다고 가정하자. 잠재 인자 모델로 항목을 예측한 후, 값 $\mu$는 후처리 단계로서 예측된 값에 다시 가산된다. 따라서 이 절에서는 평점 행렬 $R$이 이미 이러한 방식으로 중심화돼 있다고 가정하고 전처리 및 후처리 단계를 무시한다.

각 사용자 $i$와 관련해 우리는 변수 $o_i$를 가지며, 이는 항목을 평가하는 사용자의 일반적인 바이어스를 나타낸다. 예를 들어 사용자 $i$가 모든 항목을 높게 평가하는 관대한 사람이라면 변수 $o_i$는 양수이다. 반면 $o_i$의 가치는 대부분의 항목을 부정적으로 평가하는 인색한 사람에게는 음수일 것이다. 유사하게, 변수 $p_j$는 항목 $j$의 평점에서의 바이어스를 나타낸다. 좋아하는 항목(예: 박스 오피스 조회수)은 $p_j$값이 더 큰 경향이 있는 반면, 전 세계적으로 싫어하는 항목은 $p_j$값이 음수이다. 데이터 중심 방식으로 $o_i$ 및 $p_j$의 값을 학습하는 것이 요인 모델의 역할이다. 원래 잠재 요인 모델의 주요 변경 사항은 $(i,j)$ 평점의 일부가 $o_i + p_j$로 설명되고 나머지는 잠재 요인 행렬의 제품 $UV^T$ 항목의, $(i,j)$번째 항목에 의해 설명된다는 것이다. 따라서 $(i,j)$ 평점의 예측된 값은 다음에 의해 주어진다.

$$\hat{r}_{ij} = o_i + p_j + \sum_{s=1}^{k} u_{is} \cdot v_{js} \tag{3.18}$$

따라서 관측된 항목 $(i,j) \in S$의 오류 $e_{ij}$는 다음과 같이 주어진다.

$$e_{ij} = r_{ij} - \hat{r}_{ij} = r_{ij} - o_i - p_j - \sum_{s=1}^{k} u_{is} \cdot v_{js} \tag{3.19}$$

$o_i$ 및 $p_j$값은 잠재 인자 행렬 $U$ 및 $V$와 함께 데이터 기반 방식으로 학습해야 하는 변수이다. 그런 다음 최소화 목적함수 $J$는 다음과 같이 평점 행렬의 관찰된 항목(즉, 세트 $S$)에 대한 제곱 오

차를 집계함으로써 공식화될 수 있다.

$$J = \frac{1}{2} \sum_{(i,j) \in S} e_{ij}^2 + \frac{\lambda}{2} \sum_{i=1}^{m} \sum_{s=1}^{k} u_{is}^2 + \frac{\lambda}{2} \sum_{j=1}^{n} \sum_{s=1}^{k} v_{js}^2 + \frac{\lambda}{2} \sum_{i=1}^{m} o_i^2 + \frac{\lambda}{2} \sum_{j=1}^{n} p_j^2$$

$$= \frac{1}{2} \sum_{(i,j) \in S} \left( r_{ij} - o_i - p_j - \sum_{s=1}^{k} u_{is} \cdot v_{js} \right)^2$$

$$+ \frac{\lambda}{2} \left( \sum_{i=1}^{m} \sum_{s=1}^{k} u_{is}^2 + \sum_{j=1}^{n} \sum_{s=1}^{k} v_{js}^2 + \sum_{i=1}^{m} o_i^2 + \sum_{j=1}^{n} p_j^2 \right)$$

이 문제는 제약이 없는 행렬 인수분해와 미미한 정도로 조금 다른 것으로 나타났다. 사용자와 아이템에 대해 별도의 바이어스 변수 $o_i$ 및 $p_j$를 사용하는 대신 인수 행렬의 크기를 늘려 이러한 바이어스 변수를 통합할 수 있다. 크기가 각각 $m \times (k+2)$ 및 $n \times (k+2)$인 더 큰 인수 행렬을 만들려면 각 인수 행렬 $U$ 및 $V$에 두 개의 열을 추가해야 한다. 각 인수 행렬의 마지막 두 열은 바이어스 성분에 해당하기 때문에 특별하다. 구체적으로 다음을 갖는다.

$$u_{i,k+1} = o_i \quad \forall i \in \{1 \ldots m\}$$
$$u_{i,k+2} = 1 \quad \forall i \in \{1 \ldots m\}$$
$$v_{j,k+1} = 1 \quad \forall j \in \{1 \ldots n\}$$
$$v_{j,k+2} = p_j \quad \forall j \in \{1 \ldots n\}$$

조건 $u_{i,k+2} = 1$ 및 $v_{j,k+1} = 1$은 인수 행렬에 대한 제약 조건이다. 다시 말해 사용자-인수 행렬의 마지막 열을 모두 1로, 아이템-인수 행렬의 두 번째 마지막 열을 모두 1로 제한해야 한다. 이 시나리오는 그림 3.11에 그림으로 표시돼 있다. 이러한 확대된 인수 행렬의 수정된 최적화 문제는 다음과 같다.

$$\text{Min } J = \frac{1}{2} \sum_{(i,j) \in S} \left( r_{ij} - \sum_{s=1}^{k+2} u_{is} \cdot v_{js} \right)^2 + \frac{\lambda}{2} \sum_{s=1}^{k+2} \left( \sum_{i=1}^{m} u_{is}^2 + \sum_{j=1}^{n} v_{js}^2 \right)$$

제한 조건:

$U$의 $k+2$번째 행은 1만 포함

$V$의 $k+1$번째 행은 1만 포함

주목할 점은 목표의 합계는 $k$가 아닌 $(k+2)$이다. 이 문제는 인수에 대한 약간의 제약을 제외하고는 제약이 없는 경우와 거의 동일하다. 또 다른 변화는 사용자 및 아이템 바이어스 변수들를 통합하기 위해 인수 행렬의 크기가 증가한다는 것이다. 문제 구성의 작은 변화로 인해, 경사하강법에 대응하는 변화를 만들면 된다. 초기화를 위해 $V$의 $(k+1)$번째 열과 $U$의 $(k+2)$번째 열은 1로 설정된다. $V$의 $(k+1)$번째 열과 $U$의 $(k+2)$번째 열에 있는 두 바뀐 항목이 각 업데

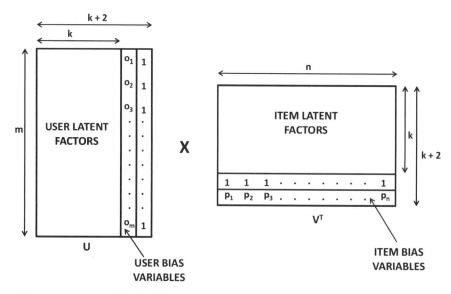

**그림 3.11** 잠재 요인 모델에 사용자 및 아이템 바이어스 통합

이트(또는 단순히 업데이트되지 않음) 후 고정된 값으로 재설정된다는 점을 제외하고는 제약이 없는 경우와 정확히 동일한 (로컬) 업데이트 규칙이 사용된다. 특정된 각 항목 $(i, j) \in S$를 순환해 다음 업데이트를 실행할 수 있다.

$$u_{iq} \Leftarrow u_{iq} + \alpha(e_{ij} \cdot v_{jq} - \lambda \cdot u_{iq}) \quad \forall q \in \{1 \ldots k+2\}$$
$$v_{jq} \Leftarrow v_{jq} + \alpha(e_{ij} \cdot u_{iq} - \lambda \cdot v_{jq}) \quad \forall q \in \{1 \ldots k+2\}$$

$U$의 $(k + 2)$번째 열 및 $V$의 $(k + 1)$번째 열에서 1로 반전된 항목 재설정

이 업데이트 그룹은 하나의 그룹으로 동시에 수행된다. 약간의 변형으로 교차 최소 제곱법을 사용할 수도 있다(연습 11 참조). 앞에서 언급한 논의는 각 변수 유형에 대해 동일한 정규화 파라미터와 학습률을 사용한다. 때때로 사용자 바이어스, 아이템 바이어스 및 요인 변수에 대해 다른 정규화 파라미터와 학습률을 사용하는 것이 권장된다[586]. 이것은 위에서 언급한 업데이트를 약간 수정해 얻을 수 있다.

자연스럽게 발생하는 문제는 이 공식이 제약이 없는 행렬 인수분해보다 더 나은 성능을 가져야 하는 이유다. 인수 행렬의 마지막 두 열에 제약 조건을 추가하면 이제 더 작은 솔루션 공간에서 최적화하기 때문에 전체 솔루션 품질이 낮아질 것이다. 그러나 많은 경우에 이러한 제약 조건을 추가하면 솔루션이 바이어스되고 과적합은 줄어든다. 즉, 이러한 직관적인 제약 조건을 추가하면 특정 항목에 대한 오차는 더 높더라도 학습 알고리듬의 보이지 않는 항목에 대한 일반성을 향상시킬 수 있다. 이는 사용자 또는 아이템에 대해 관찰된 평점의 수가 적을 때 특히 유용하다[473]. 바이어스 변수는 사용자 또는 아이템에 대해 전체적인 평점에 구성 요소를 추가한다.

이러한 전역 속성은 제한된 데이터를 사용할 수 있을 때 유용하다. 특정 예로서, 사용자가 적은 수(1 또는 2)의 아이템에 대해서만 평점을 제공한 경우를 고려해보자. 그러한 경우 이웃 기반 방법과 같은 많은 추천 알고리듬은 사용자에게 신뢰할 만한 예측을 제공하지 않을 것이다. 반면 아이템 바이어스 변수의 (비개인화) 예측은 합리적인 예측을 제공할 수 있다. 결국 특정 영화가 전 세계적으로 박스 오피스 히트라면 관련 사용자도 그 영화를 감상할 가능성이 높다. 바이어스 변수는 이 사실을 반영해 학습 알고리듬에 통합된다.

실제로 바이어스 변수(즉, $k = 0$)만 사용하는 것이 합리적으로 좋은 평점 예측을 제공할 수 있는 것으로 나타났다[73, 310, 312]. 이 점은 넷플릭스 프라이즈 콘테스트[73]에서 배운 실질적인 교훈 중 하나로 강조됐다.

> "수많은 새로운 알고리듬 기여 중에서 데이터의 주요 효과를 포착하는 겸손한 기준 예측기(또는 바이어스)를 강조하고 싶다. 문헌은 대부분 더 복잡한 알고리듬 측면에 중점을 두고 있지만, 주요 효과를 정확하게 처리하는 것은 모델링 혁신을 가져오는 것만큼이나 중요하다는 것을 배웠다."

이는 평점의 상당 부분이 아이템에 대한 사용자의 특정 개인 취향보다는 사용자의 관대함과 아이템 인기로 설명될 수 있음을 의미한다. 이러한 비 개인화 모델은 3.7.1절에서 논의되는데, 이는 앞에서 언급한 모델에서 $k = 0$을 설정하는 것과 같다. 결과적으로, 사용자 및 아이템의 바이어스만 학습되고, 바이어스를 합산해 사용자 $i$ 및 아이템 $j$에 대한 기준 평점 $B_{ij}$가 예측된다. 이러한 기본 평점을 사용해 상용 협업 필터링 모델을 향상시킬 수 있다. 이를 위해 협업 필터링을 적용하기 전에 평점 행렬의 $(i, j)$번째 (관측된) 항목에서 각 $B_{ij}$를 빼기만 하면 된다. 이러한 값은 후처리 단계에서 예측된 값에 다시 추가된다. 이러한 접근 방식은 바이어스 변수를 쉽게 파라미터 변수화할 수 없는 모델에 특히 유용하다. 예를 들어 (전통적인) 이웃 모델은 행 단위 평균 중심화로 이러한 바이어스 보정 목표를 달성하지만 $B_{ij}$를 사용해 행렬 항목을 수정하는 것은 사용자 및 아이템 바이어스 모두에 맞게 조정되므로 더욱 정교한 접근 방식이다.

### 3.6.4.6 암시적 피드백 통합

일반적으로 암시적 피드백 시나리오는 사용자가 아이템을 구매해 자신의 관심을 표현하는 단일 평점 행렬의 사용에 해당한다. 그러나 사용자가 명시적으로 아이템을 평가하는 경우에도 평가하는 항목의 정체성은 암시적 피드백으로 볼 수 있다. 즉, 실제 평점의 값에 관계없이 사용자가 평가하는 항목의 정체성에 의해 중요한 예측 값이 포착된다. 최근 논문[184]은 음악 영역과 관련해 이 현상을 우아하게 설명한다.

> "직관적으로, 간단한 프로세스는 [암시적 피드백의 예측 가치를 보여준다]는 결과를 설명할 수 있다. 사용자는 자신이 좋아하는 노래를 평가하고, 원하는 음악을 듣고, 싫어하는 장르를 피하도록 선택했다. 따라서

평가가 나쁜 대부분의 노래는 사용자가 자발적으로 평가하지 않는다. 사람들은 임의의 노래를 듣지 않거나 임의의 영화를 거의 보지 않기 때문에 많은 항목에서 임의의 아이템에 대한 평점 분포와 사용자가 선택한 아이템에 대한 해당 분포 사이의 차이를 관찰해야 한다."

암시적 피드백을 통합하기 위해 비대칭 요인 모델 및 SVD++와 같은 다양한 프레임워크가 제안됐다. 이러한 알고리듬은 각각 명시적 및 암시적 피드백에 해당하는 두 가지 아이템 요인 행렬 $V$와 $Y$를 사용한다. 사용자 잠재 요인은 사용자의 평가 아이템에 대응하는 (암시적) 아이템 잠재 요인 행렬 $Y$의 행의 선형 조합을 사용해 전체적으로 또는 부분적으로 도출된다. 아이디어는 사용자 요소가 사용자 기본 설정에 해당하므로 사용자 기본 설정은 평가하기로 선택한 아이템의 영향을 받아야 한다는 것이다. 비대칭 요인 모델의 가장 간단한 버전에서는 평점이 지정된 항목의 (암시적) 요인 벡터의 선형 조합을 사용해 사용자 요인을 만든다. 이로 인해 더 이상 사용자 요인에 대한 독립변수가 없는 비대칭적 접근 방식이 발생한다. 대신, 우리는 두 가지 독립적인 항목 요소 세트(즉, 명시적 및 암시적)를 가지며, 사용자 요소는 암시적 아이템 요소의 선형 조합으로 도출된다. 이 방법론의 많은 변형[311]은 문헌에서 논의되지만, 원래의 아이디어는 Paterek[473]에 의해 인정된다. SVD++ 모델은 이 비대칭 접근법을 (명시적) 사용자 요인 및 전통적인 인수분해 프레임워크와 결합한다. 그러므로 비대칭적인 접근법은 SVD++의 단순화된 선구자로 볼 수 있다. 설명의 명확성을 위해 먼저 비대칭 모델에 대해 간략하게 설명한다.

**비대칭 요인 모델:** 암시적 피드백 정보를 캡처하기 위해 먼저 명시적 평점 행렬에서 암시적 피드백 헹렬을 도출한다. $m \times n$ 평점 행렬의 경우 $R$에서, $m \times n$의 암시적 피드백 행렬 $F = [f_{ij}]$는 값 $r_{ij}$가 관찰되면 1로 설정하고, 누락되면 0으로 설정함으로써 정의된다. 피드백 행렬 $F$는 각 행의 $L_2$ 노름이 1이 되도록 정규화된다. 따라서 $I$가 $2i$로 평가된 항목의 인덱스 집합인 경우 사용자 $i$인 경우, $i$번째 행의 0이 아닌 각 항목은 $1/\sqrt{|I_i|}$이다. 평점 행렬 $R$과 해당 암시적 피드백 행렬 $F$의 예는 다음과 같다.

$$
\begin{pmatrix}
1 & -1 & 1 & ? & 1 & 2 \\
? & ? & -2 & ? & -1 & ? \\
0 & ? & ? & ? & ? & ? \\
-1 & 2 & -2 & ? & ? & ?
\end{pmatrix}
\underbrace{\quad}_{R}
\Rightarrow
\begin{pmatrix}
1/\sqrt{5} & 1/\sqrt{5} & 1/\sqrt{5} & 0 & 1/\sqrt{5} & 1/\sqrt{5} \\
0 & 0 & 1/\sqrt{2} & 0 & 1/\sqrt{2} & 0 \\
1/\sqrt{1} & 0 & 0 & 0 & 0 & 0 \\
1/\sqrt{3} & 1/\sqrt{3} & 1/\sqrt{3} & 0 & 0 & 0
\end{pmatrix}
\underbrace{\quad}_{F}
$$

$n \times k$ 행렬 $Y = [y_{ij}]$는 암시적 아이템-요인 행렬로 사용되며 행렬 $F$는 선형 결합 계수를 제공해 사용자-요인 행렬을 생성한다. $Y$의 변수는 각 요소-아이템 조합의 경향을 인코딩해 암시적 피드백에 기여한다. 예를 들어 $|y_{ij}|$ 경우, 평가 아이템 $i$의 행위에는 평가의 실제 값이 무엇이든 관계없이 $j$번째 잠재 요인에 대한 해당 조치의 선호도에 대한 중요한 정보가 포함된다. 단순화된 비대칭 모델에서 사용자 요소는 평점이 지정된 아이템의 암시적 항목 요소의 선형 조합으

152

로 인코딩된다. 기본 아이디어는 사용자 조치의 선형 조합이 선호도(인자)를 정의하는 데 사용된다는 것이다. 구체적으로 행렬 곱($FY$)은 $m \times k$ 사용자-인자 행렬이고, 그 안의 각각의 (사용자 특정) 행은 사용자에 의해 평점이 매겨진 아이템에 따라 암시적인 아이템 요소의 (사용자별) 선형 조합이다. 행렬 $FY$는 사용자-인자 행렬 $U$ 대신에 사용되며, 평점 행렬은 $R \approx [FY]V^T$로 인수분해된다. 여기서 V는 $n \times k$ 명시적 아이템-인자 행렬이다. 원하는 경우 3.6.4.5절에서 설명한 대로 평점 행렬을 평균 중심에 두고 $Y$ 및 $V$ 각각에 두 개의 추가 열을 추가해 바이어스 변수를 모델에 통합할 수 있다(연습 13 참조).

이 간단한 접근 방식은 종종 사용자 요소의 중복성을 항목 요소의 선형 조합으로 유도해 중복을 줄이므로 우수한[11] 결과를 제공한다. 여기서 기본 아이디어는 두 명의 사용자가 평점 값에 관계없이 유사한 두 항목을 평가한 경우 비슷한 사용자 요소를 가질 수 있다. $n \times k$ 행렬 $Y$는 $n \ll m$이기 때문에 $m \times k$ 사용자-인자 행렬 $U$보다 적은 수의 파라미터를 포함한다. 이 접근법의 다른 장점은 암시적 피드백 행렬($F$)에 포함시킴으로써 다른 유형의 독립적인 암시적 피드백(구매 또는 브라우징 행동과 같은)을 포함할 수 있다는 것이다. 이러한 경우, 접근 방식은 명시적 및 암시적 평점을 모두 사용할 수 있기 때문에 대부분의 다른 형태의 행렬 인수분해(명시적 평점)보다 더 잘 수행될 수 있다. 그럼에도 독립적인 암시적 피드백을 이용할 수 없는 경우에도 이 모델은 많은 수의 사용자(항목 수에 비해)가 있는 매우 희소한 행렬의 행렬 인수분해에 대한 간단한 변형보다 성능이 우수한 것으로 보인다. 이 모델의 추가적인 장점은 사용자 매개변수화가 필요하지 않다는 것이다. 따라서 이 샘플은 샘플외 항목에는 사용할 수 없지만 샘플이 없는 사용자에게는 적합하다. 다시 말해, 모델은 대부분의 행렬 인수분해 방법과 달리 적어도 부분적으로 귀납적이다. 이 모델의 일반화에 대해서는 다음 절에서 논의하므로 이 모델의 경사하강 단계에 대해서는 설명하지 않는다. 그럼에도 해당 단계는 연습 13의 문제 설명에 열거돼 있다.

비대칭 요소 모델의 아이템 기반 매개변수화는 설명 가능성의 장점을 제공한다. $[FY]V^T$를 $F[YV^T]$로 다시 작성할 수 있다. 행렬 $YV^T$는 다음과 같은 $n \times n$ 아이템-아이템 예측 행렬로 볼 수 있다. $[YV^T]_{ij}$는 아이템 $i$의 평가가 아이템 $j$의 예측된 평가에 얼마나 기여하는지 알려준다. 행렬 $F$는 대응하는 $m \times n$개의 사용자-아이템 계수를 제공하고, 따라서 $F$에 $[YV^T]$를 곱하면 사용자-아이템 예측을 제공한다. 따라서 사용자에 의해 이전에 소비/평가된 아이템들이 $F[YV^T]$의 예측에 가장 많이 기여하는 것을 설명할 수 있다. 이러한 유형의 설명은 아이템 중심 모델에 내재돼 있다.

SVD++: 평점이 특정된 아이템의 정체성을 기반으로 사용자 요소를 도출하는 것은 비대칭 요인 모델에서 암시적 피드백을 다소 극단적으로 사용하는 것처럼 보인다. 이러한 접근 방식은 정확히 동일한 항목 집합을 평가했지만 관찰된 평점값이 매우 다른 사용자 쌍을 구분하지 않기 때문

---

11 많은 경우, 특히 관측된 평점의 수가 적은 경우, 이 접근 방식은 SVD++를 능가할 수 있다. – 옮긴이

이다. 이러한 두 명의 사용자는 둘 다 평가하지 않은 항목에 대해 정확히 동일한 평가 예측을 받는다.

SVD++에서는 조금 더 미묘한 접근 방식이 사용된다. 암시적 사용자-인자 행렬 $FY$는 명시적인 사용자-인자 행렬 $U$를 생성하기보다는 조정하기 위해서만 사용된다. 따라서 $V^T$를 곱하기 전에 $FY$를 $U$에 더해야 한다. 그리고 재구성된 $m \times n$평점 행렬$(R)$은 $(U + FY)V^T$에 의해 주어지고, 예측된 평점의 암시적 피드백 성분은 $(FY)V^T$에 의해 주어진다. SVD++의 추가 모델링 유연성에 대한 가격은 파라미터 수가 증가해 매우 희소한 평점 행렬에 과적합을 유발할 수 있다는 것이다. 암시적 피드백 행렬은 평점 행렬(비대칭 계수 모델에서와 같이)로부터 도출될 수 있지만, 다른 형태의 암시적 피드백(예: 구매 또는 브라우징 행동)도 포함될 수 있다.

사용자 및 아이템 바이어스는 3.6.4.5절과 유사한 방식으로 이 모델에 포함된다. 우리는 일반성을 잃지 않고[12] 평점 행렬이 모든 항목의 전체 평균 $\mu$를 중심으로 평균 중심이라고 가정할 수 있다. 따라서 우리는 $m \times (k + 2)$ 및 $n \times (k + 2)$ 인수 행렬 $U$ 및 $V$로 각각 작업하며, 마지막 두 열은 3.6.4.5절에 따라 1 또는 바이어스 변수를 포함한다. 또한 $Y$는 $n \times (k + 2)$ 행렬이고 $Y$의 마지막 두 열에는 0이 있다고 가정한다.[13] 바이어스 성분이 $U$의 마지막 두 열로 이미 처리됐으므로 동일한 차원의 행렬로 $U$와 $FY$를 추가할 수 있도록 $Y$의 마지막 두 더미 열이 필요하기 때문이다. 따라서 예측된 평점 $\hat{r}_{ij}$는 다음과 같이 이러한 변수로 표현할 수 있다.

$$\hat{r}_{ij} = \sum_{s=1}^{k+2} \left( u_{is} + [FY]_{is} \right) \cdot v_{js} \tag{3.20}$$

$$= \sum_{s=1}^{k+2} \left( u_{is} + \sum_{h \in I_i} \frac{y_{hs}}{\sqrt{|I_i|}} \right) \cdot v_{js} \tag{3.21}$$

위에서 언급한 방정식의 오른쪽에 있는 첫 번째 항 $\sum_{s=1}^{k+2} u_{is} v_{js}$은 $UV^T$의 $(i,j)$항이고, 두 번째 항 $\sum_{s=1}^{k+2} \sum_{h \in I_i} \frac{y_{hs}}{\sqrt{|I_i|}} v_{js}$은 $[FY]V^T$의 $(i,j)$항이다. $[FY]$의 $(i,s)$번째 항목은 $\sum_{h \in I_i} \frac{y_{hs}}{\sqrt{|I_i|}}$로 주어진다. 이 모델을 제약이 없는 행렬 인수분해 모델(바이어스 포함)과 이전 절에서 설명한 비대칭 인수분해 모델의 조합으로 볼 수 있다. 따라서 두 모델의 장점을 결합한 것이다.

평점 행렬에서 모든 관측된 항목(셋 $S$로 표시)에서 총 제곱 오차 $e_{ij}^2 = (r_{ij} - \hat{r}_{ij})$를 최소화하는 최적화 문제는 다음과 같이 표현될 수 있다.

---

12  평균 중심이 아닌 행렬의 경우 전처리 과정에서 전역 평균을 빼고 예측 시간에 다시 추가할 수 있다. – 옮긴이

13  여기에 설명된 접근 방식은 동일하지만 원래 논문과 약간 다른 표기법을 사용한다[309]. 이 발표는 더 적은 수의 변수를 도입하고 바이어스 변수를 인수분해 프로세스의 제약 조건으로 보고 표기법을 단순화한다. – 옮긴이

$$\text{Min} \quad J = \frac{1}{2} \sum_{(i,j) \in S} \left( r_{ij} - \sum_{s=1}^{k+2} \left[ u_{is} + \sum_{h \in I_i} \frac{y_{hs}}{\sqrt{|I_i|}} \right] \cdot v_{js} \right)^2$$

$$+ \frac{\lambda}{2} \sum_{s=1}^{k+2} \left( \sum_{i=1}^{m} u_{is}^2 + \sum_{j=1}^{n} v_{js}^2 + \sum_{j=1}^{n} y_{js}^2 \right)$$

$U$의 $k+2$번째 행은 1만 포함

$V$의 $k+1$번째 행은 1만 포함

$Y$의 마지막 두 행들은 0만 포함

이 최적화 공식은 정규화기와 함축된 암시적 피드백 용어를 가지고 있다는 점에서 이전 절과 다르다. 이 목적함수의 편미분을 사용해 행렬 $U$와 $V$에 대한 업데이트 규칙과 $Y$의 변수를 도출할 수 있다. 그 후 업데이트 규칙은 관찰된 항목의 오차값 $e_{ij} = r_{ij} - \hat{r}_{ij}$로 표시된다. 평점 행렬에서 관찰된 각 항목 $(i,j)$에 대해 다음 업데이트[14]에서 사용될 수 있다.

$$u_{iq} \Leftarrow u_{iq} + \alpha(e_{ij} \cdot v_{jq} - \lambda \cdot u_{iq}) \quad \forall q \in \{1 \ldots k+2\}$$

$$v_{jq} \Leftarrow v_{jq} + \alpha \left( e_{ij} \cdot \left[ u_{iq} + \sum_{h \in I_i} \frac{y_{hq}}{\sqrt{|I_i|}} \right] - \lambda \cdot v_{jq} \right) \quad \forall q \in \{1 \ldots k+2\}$$

$$y_{hq} \Leftarrow y_{hq} + \alpha \left( \frac{e_{ij} \cdot v_{jq}}{\sqrt{|I_i|}} - \lambda \cdot y_{hq} \right) \quad \forall q \in \{1 \ldots k+2\}, \forall h \in I_i$$

$U, V, Y$의 고정열에서 변환된 항목 재설정

다음 업데이트는 $S$에서 관찰된 모든 평점을 반복적으로 반복해 실행된다. $U, V$ 및 $Y$의 고정 열에서 변형된 항목은 이 규칙에 의해 1과 0으로 재설정된다. 더욱 효율적이고 실용적인 대안은 업데이트 중에 고정 항목을 추적해 단순히 업데이트하지 않는 것이다. 또한 이러한 열은 항상 최적화 모델의 제약 조건을 준수하는 고정값으로 초기화된다. 확률적 경사하강의 중첩 루프 구조는 행렬 인수분해 방법류 전체에 걸쳐 유사하다. 따라서 업데이트는 앞서 언급한 논의에 기초하지만 그림 3.9에 기술된 기본 프레임워크가 사용될 수 있다. 다른 인자 행렬에 대해 다른 정규화 파라미터를 사용하면 더 나은 결과를 얻을 수 있다. 확률적 경사하강의 빠른 변화는 [151]에

---

[14] 문헌은 종종 이러한 업데이트를 벡터화된 형태로 설명한다. 이 업데이트들은 $U, V, Y$의 행들에 다음과 같이 적용될 수 있다.

$$\overline{u_i} \Leftarrow \overline{u_i} + \alpha(e_{ij}\overline{v_j} - \lambda\overline{u_i})$$

$$\overline{v_j} \Leftarrow \overline{v_j} + \alpha \left( e_{ij} \cdot \left[ \overline{u_i} + \sum_{h \in I_i} \frac{\overline{y_h}}{\sqrt{|I_i|}} \right] - \lambda \cdot \overline{v_j} \right)$$

$$\overline{y_h} \Leftarrow \overline{y_h} + \alpha \left( \frac{e_{ij} \cdot \overline{v_j}}{\sqrt{|I_i|}} - \lambda \cdot \overline{y_h} \right) \quad \forall h \in I_i$$

$U, V, Y$의 고정열에서 변환된 항목 재설정 – 옮긴이

설명돼 있다. 앞에서 언급한 문제를 해결하기 위해 교차 최소 제곱 접근법을 개발할 수도 있다 (연습 12 참조). 이 모델을 SVD++ [309]라고 하지만 인수분해 행렬의 기본 벡터가 직교하지 않기 때문에 이름이 약간 잘못됐다. 실제로 용어 "SVD"는 종종 잠재 모델에 관한 문헌에서 느슨하게 적용된다. 다음 절에서는 직교 벡터와 함께 특이값 분해를 사용하는 방법을 설명한다.

## 3.6.5 특이값 분해

특이값 분해SVD, Singular Value Decomposition는 $U$와 $V$의 열이 서로 직교하도록 제약되는 행렬 인수분해의 한 형태다. 상호 직교성은 개념이 서로 완전히 독립적일 수 있고 산점도로 기하학적으로 해석될 수 있다는 이점이 있다. 그러나 이러한 잠재 벡터는 양과 음의 양을 모두 포함하고 다른 개념과의 직교성에 의해 제한되기 때문에, 이러한 분해의 의미론적 해석은 일반적으로 더 어렵다. 완전히 지정된 행렬의 경우 고윳값 분해 방법을 사용해 SVD를 수행하는 것이 상대적으로 쉽다. 먼저 2.5.1.2절에 있는 특이값 분해에 관한 논의를 간단히 요약한다.

평점 행렬이 완전히 특정된 경우를 고려하자. 평점 $k \ll \min\{m, n\}$의 잘린 SVD를 사용해 평점 행렬 $R$을 대략적으로 분해할 수 있다. 잘린 SVD는 다음과 같이 계산된다.

$$R \approx Q_k \Sigma_k P_k^T \tag{3.22}$$

여기서 $Q_k$, $\Sigma_k$ 및 $P_k$는 각각 $m \times k$, $k \times k$ 및 $n \times k$ 크기의 행렬이다. 행렬 $Q_k$ 및 $P_k$는 각각 $RR^T$ 및 $R^T R$의 $k$개의 가장 큰 고유 벡터를 포함하는 반면, (정방) 행렬 $\Sigma_k$는 대각선을 따라 각 행렬의 $k$개의 가장 큰 고윳값의 (음이 아닌) 제곱근을 포함한다. $RR^T$와 $R^T R$의 0이 아닌 고윳값은 $m \neq n$일 때 다른 수의 0 고윳값을 가지더라도 동일하다. 행렬 $P_k$는 행 공간의 차원 축소에 필요한 감소된 기본 표현인 $R^T R$의 상위 고유 벡터를 포함한다. 이러한 고유 벡터에는 평점 간 아이템-아이템 상관 방향에 대한 정보가 포함돼 있으므로 회전축 시스템에서 각 사용자를 축소된 차원 수로 나타낼 수 있다. 예를 들어 그림 3.6에서 상단 고유 벡터는 아이템-아이템 상관의 지배적인 방향을 나타내는 잠재 벡터에 해당한다. 또한 행렬 $Q_k\Sigma_k$는 $P_k$에 대응하는 기초로 원래의 평점 행렬의 변환되고 감소된 $m \times k$ 표현을 포함한다. 따라서 그림 3.6에서 행렬 $Q_k\Sigma_k$는 지배적 잠재 벡터를 따라 평점의 좌표를 포함하는 1차원 열 벡터이다.

SVD가 본질적으로 행렬 인수분해로 정의돼 있음을 식 3.22에서 쉽게 알 수 있다. 물론 여기에서 인수분해는 두 개가 아닌 세 개의 행렬로 이루어진다. 그러나 대각 행렬 $\Sigma_k$는 사용자 계수 $Q_k$ 또는 아이템 계수 $P_k$에서 흡수될 수 있다. 일반적으로 사용자 요인과 항목 요인은 다음과 같이 정의된다.

$$U = Q_k \Sigma_k$$
$$V = P_k$$

이전과 같이 평점 행렬 $R$의 인수분해는 $R = UV^T$로 정의된다. 사용자 및 항목 요소 행렬에 직교 열이 있는 한 결과 인수분해를 SVD와 호환되는 형식으로 쉽게 변환할 수 있다(연습 9 참조). 따라서 인수분해 프로세스의 목표는 직교 열로 행렬 $U$ 및 $V$를 발견하는 것이다. 따라서 SVD는 행렬 $U$ 및 $V$에 대해 다음과 같은 최적화 문제로 공식화될 수 있다.

$$\text{최소화 } J = \frac{1}{2}||R - UV^T||^2$$

$$\text{단,}$$

$$U\text{의 열들은 상호 수직}$$

$$V\text{의 열들은 상호 수직}$$

제약이 없는 인수분해의 경우와의 유일한 차이점은 직교성 제약 조건이 존재한다는 것을 쉽게 알 수 있다. 다시 말해 동일한 목적함수가 제약 없는 행렬 인수분해와 비교해 더 작은 공간의 솔루션에 최적화됐다. 제약 조건의 존재가 근사치의 오차 $J$를 증가시킬 것으로 예상할지라도, 행렬 $R$이 완전히 지정되고 정규화가 아닌 경우 SVD 및 비제약 행렬 인수분해의 경우 $J$의 최적 값이 동일하다는 것이 밝혀졌다. 따라서 완전 지정된 행렬의 경우 SVD에 대한 최적의 솔루션은 비제약 행렬 인수분해의 대안 중 하나다. $R$이 완전히 지정되지 않고 목적함수 $J = \frac{1}{2}$ $||R - UV^T||^2$가 관찰된 항목에 대해서만 계산된다. 이러한 경우 비제약 행렬 인수분해는 일반적으로 관측된 항목에 대한 오차를 줄인다. 그러나 다른 모델의 일반화 수준이 다양하기 때문에 관찰되지 않은 항목의 상대적인 성능을 예측할 수 없다.

### 3.6.5.1 SVD에 대한 간단한 반복 접근법

이 절에서는 행렬 $R$이 불완전하게 특정된 경우 최적화 문제를 해결하는 방법에 대해 설명한다. 첫 번째 단계는 사용자 $i$의 평균 평점 $\mu_i$를 빼서 $R$의 각 행을 평균 중심에 두는 것이다. 이러한 행별 평균은 결측 항목의 원시 평점을 재구성하는 데 필요하기 때문에 저장된다. 중심 행렬을 $R_c$로 표시하자. 그런 다음 $R_c$의 누락 항목은 0으로 설정된다. 이 방법은 누락된 항목을 해당 사용자의 평균 평점으로 효과적으로 설정한다. 중심 행렬의 누락된 항목은 0으로 설정된다. SVD는 $R_c$에 적용돼 분해 $R_c = Q_k \Sigma_k P_k^T$를 얻는다. 최종 사용자 요소 및 아이템 요소는 $U = Q_k \Sigma_k$ 및 $V = P_k$로 제공된다. $U$의 $i$번째 행을 $\bar{u}_i$로 표시되는 $k$차원 벡터로 둔다. $V$의 $j$번째 행은 $\bar{v}_j$로 표시되는 $k$차원 벡터이다. 그리고 항목 $j$에 대한 사용자 $i$의 평점 $\hat{r}_{ij}$은 다음과 같이 조정된 $\bar{u}_i$ 및 $\bar{v}_j$의 내적으로 추정된다.

$$\hat{r}_{ij} = \bar{u}_i \cdot \bar{v}_j + \mu_i \tag{3.23}$$

첫 번째 단계에서 $R$에 적용된 평균-중심을 설명하기 위해 사용자 $i$의 평균 $\mu_i$를 추정된 평점에 추가해야 한다.

이 방법의 주요 문제점은 누락된 항목을 행 단위 수단으로 대체하면 상당한 바이어스로 이어질 수 있다는 것이다. 열 별 평균 대체가 바이어스로 이어지는 방법에 대한 특정 예는 2.5.1절에 제공된다. 행별 대체에 대한 인수는 정확히 유사하다. 이 바이어스를 줄이는 몇 가지 방법이 있다. 방법 중 하나는 최대 우도 추정[24, 472]을 사용하는 것이며, 이는 2.5.1.1절에서 논의된다. 또 다른 접근법은 방법의 추정을 개선해 반복적으로 바이어스를 줄이는 방법을 사용하는 것이다. 접근 방식은 다음 단계를 사용한다.

1. **초기화**: $R$의 $i$번째 행에서 누락된 항목을 초기화해 해당 행의 평균 $\mu_i$가 되도록 $R_f$를 만든다.
2. **반복 단계 1**: $Q_k\Sigma_kP_k^T$ 형식으로 $R_f$의 rank-$k$ SVD를 수행하라.
3. **반복 단계 2**: (원래의) 누락된 $R_f$ 항목만 $Q_k\Sigma_kP_k^T$의 해당 값으로 재조정한다. 반복 1단계로 이동하라.

반복 단계 1과 2는 수렴을 위해 실행된다. 이 방법에서는 초기 단계가 초기 SVD 반복에서 바이어스를 유발하지만 이후의 반복은 더 강력한 추정치를 제공하는 경향이 있다. 이는 바이어스된 원소에서 행렬 $Q_k\Sigma_kP_k^T$가 R과 크게 다를 것이기 때문이다. 최종 평점 행렬은 $Q_k\Sigma_kP_k^T$에 의해 수렴된다.

누락된 원소의 수가 많으면 접근 방식이 로컬 최적 상태에 빠질 수 있다. 특히 수렴 시 로컬 최적은 초기화 선택에 민감할 수 있다. 더욱 강력한 초기화를 수행하기 위해 3.7.1절에서 논의된 베이스 라인 예측자를 사용할 수도 있다. 학습된 사용자 및 아이템 바이어스를 사용해 사용자 $i$ 및 아이템 $j$에 대한 초기 예측 값 $B_{ij}$를 계산하는 것이 좋다. 이 접근 방식은 $k = 0$에서 3.6.4.5절의 방법을 적용한 다음 $B_{ij}$를 유도하기 위해 사용자 $i$의 바이어스를 아이템 $j$의 바이어스에 추가하는 것과 같다. 평점 행렬의 관측된 각 항목 $(i, j)$에서 $B_{ij}$값을 빼고 초기화 시 누락된 항목을 0으로 설정한다. 앞에서 언급한 반복 접근법이 이 조정된 행렬에 적용된다. $B_{ij}$의 값은 예측 시간에 항목 $(i, j)$에 다시 추가된다. 이러한 접근 방식은 더 나은 초기화로 인해 더욱 강력한 경향이 있다.

정규화는 앞서 언급한 반복 방법과 함께 사용될 수 있다. 아이디어는 바닐라 SVD만 사용하지 않고 각 반복마다 $R_f$의 정규 SVD를 수행하는 것이다. 행렬 $R_f$는 각 반복에서 완전히 특정되므로 정규화된 SVD 방법을 이러한 중간 행렬에 적용하는 것이 상대적으로 쉽다. 완전한 행렬을 위한 정규화된 단일 값 분해 방법은 [541]에 설명됐다. 정규화 파라미터 $\lambda_1$ 및 $\lambda_2$의 최적 값은 홀드 아웃 또는 교차 검증 방법을 사용해 적응적으로 선택된다.

### 3.6.5.2 최적화 기반 접근법

반복 접근 방식은 완전히 특정된 행렬로 작동하기 때문에 상당히 비싸다. 더 작은 행렬에 대해서는 구현이 간단하지만 대규모 설정에서는 확장성이 좋지 않다. 더욱 효율적인 접근 방식은 직교 구속 조건을 이전 절의 최적화 모델에 추가하는 것이다. 모델을 해결하기 위해 다양한 경사하강 방법을 사용할 수 있다. $S$를 평점 행렬에서 특정된 항목 세트로 설정하자. 최적화 문제(정규화 사용)는 다음과 같이 설명된다.

$$\text{Min } J = \frac{1}{2} \sum_{(i,j) \in S} \left( r_{ij} - \sum_{s=1}^{k} u_{is} \cdot v_{js} \right)^2 + \frac{\lambda_1}{2} \sum_{i=1}^{m} \sum_{s=1}^{k} u_{is}^2 + \frac{\lambda_2}{2} \sum_{j=1}^{n} \sum_{s=1}^{k} v_{js}^2$$

제한 조건:

$U$의 열들은 상호 수직

$V$의 열들은 상호 수직

상호 수직인 $U/V$의 열들에 대한 제약되지 않은 행렬 인수분해와 이 모델의 주요 차이점은 직교 제약 조건을 추가해 문제를 더욱 어렵게 만드는 것이다. 예를 들어 제약되지 않은 행렬 인수분해에 대한 이전 절의 업데이트 방정식을 직접 사용하려면 직교성 제약 조건에 위배된다. 그러나 이 경우를 처리하기 위해 다양한 수정된 업데이트 방법이 있다. $U$ 또는 $V$의 특정 열의 모든 구성 요소가 한 번에 업데이트되는 투영된 경사하강 방법을 사용할 수 있다[76]. 투영된 경사하강에서, 이전 절의 방정식에 의해 지시된 바와 같이, $U$의 $p$번째 열(또는 $V$)에 대한 하강 방향은 $U$(또는 $V$)의 첫 번째 $(p-1)$열에 직교하는 방향으로 투영된다. 예를 들어 3.6.4.3절의 구현은 각 단계에서 지금까지 배운 것과 직교하는 방향으로 각 요소를 투영함으로써 직교 인자를 학습하도록 구성될 수 있었다. 베이스 라인 예측 $B_{ij}$(이전 절에서 논의됨)를 계산하고 모델링 전에 평점 행렬의 관측된 항목에서 빼서 사용자 및 아이템 바이어스를 쉽게 통합할 수 있다. 이어서 기준값은 후처리 단계로서 예측된 값에 다시 추가될 수 있다.

### 3.6.5.3 표본 외 추천

행렬 인수분해와 같은 많은 행렬 완성 방법은 본질적으로 유도성이며, 훈련 시 평점 행렬에 이미 포함된 사용자 및 아이템에 대해서만 예측할 수 있다. 인수분해 시 원래 평점 행렬 $R$에 포함되지 않은 경우 인자 $U$ 및 $V$에서 신규 사용자 및 아이템을 예측하는 것은 쉽지 않다. 직교 기저 벡터의 장점 중 하나는 새로운 사용자 및 아이템에 대해 표본 외 추천을 좀 더 쉽게 수행할 수 있다는 것이다. 이 문제는 귀납적 행렬 완성inductive matrix completion이라고도 한다.

그림 3.6에 제시된 기하학적 해석은 직교 기저 벡터가 누락된 평점을 예측시 필요한 이유를 이해하는 데 도움이 된다. 잠재 벡터가 획득되면 대응하는 잠재 벡터에 대해 특정된 평점으로 정보를 투영할 수 있다. 벡터가 서로 직교하는 경우 훨씬 쉽다. SVD가 잠재 요인 $U$와 $V$를 각각 획득한 컨텍스트를 고려하자. $V$의 열은 원점을 통과하는 $k$차원 초평면 $\mathcal{H}_1$을 정의한다. 그림 3.6

에서 잠재 요인의 수는 1이므로 단일 잠재 벡터(즉, 1차원 초평면)가 표시된다. 두 가지 요소가 사용됐다면 평면이 됐을 것이다.

이제 평점이 시스템에 추가된 새로운 사용자를 상상해보자. 이 새로운 사용자는 $U$ 또는 $V$의 잠재 요인으로 표시되지 않는다. 새 사용자가 총 $h$ 평점을 특정한 시나리오를 고려하자. 이 사용자에 대한 평점 가능성의 공간은 $h$ 값이 고정된$(n - h)$ 차원 초평면이다. 그림 3.6에는 〈스파르타쿠스〉의 평점 하나가 고정돼 있고 초평면은 다른 두 차원에 정의돼 있다. 이 초평면을 $\mathcal{H}_2$로 표시하자. 목표는 가능한 한 $\mathcal{H}_1$에 가까운 $\mathcal{H}_2$의 지점을 결정하는 것이다. $\mathcal{H}_2$의 해당 지점은 다른 모든 평점의 값을 산출한다. 세 가지 가능성이 발생한다.

1. $\mathcal{H}_1$과 $\mathcal{H}_2$가 교차하지 않음: $\mathcal{H}_1$에서 최근접 $\mathcal{H}_2$ 지점이 반환된다. 한 쌍의 초평면 사이의 최소 거리는 간단한 제곱합 최적화 문제로 공식화될 수 있다.

2. $\mathcal{H}_1$과 $\mathcal{H}_2$는 고유한 지점에서 교차한다. 이 경우는 그림 3.6과 유사하다. 이 경우 교차점의 평점 값을 사용할 수 있다.

3. $\mathcal{H}_1$과 $\mathcal{H}_2$는 $t$차원 초평면에서 교차하며, 여기서 $t \geq 1$ : $t$차원 초평면에 최대한 가까운 모든 평점을 찾아야 한다. 해당 사용자의 평점 평균 값이 반환된다. 이 방법은 잠재 요인과 이웃 방법을 결합한다. 이웃 방법과의 주요 차이점은 잠재 요인 모델의 피드백을 사용해 주변이 좀 더 정교하게 발견된다는 것이다.

직교성은 기하학적 해석 측면에서 중요한 이점이 있다. 표본 외 추천을 발견하는 기능은 이러한 이점의 한 예다.

### 3.6.5.4 특이값 분해의 예

특이값 분해의 사용을 설명하기 위해 이 접근 방식을 표 3.2의 예에 적용해보자. 누락된 항목을 반복적으로 추정하는 반복적인 접근 방식을 사용한다. 첫 번째 단계는 누락된 항목을 각 행의 평균으로 채우는 것이다. 결과적으로 채워진 평점 행렬 $R_f$는 다음과 같다.

$$R_f = \begin{pmatrix} 1 & -1 & 1 & -1 & 1 & -1 \\ 1 & 1 & -0.2 & -1 & -1 & -1 \\ 0 & 1 & 1 & -1 & -1 & 0 \\ -1 & -1 & -1 & 1 & 1 & 1 \\ -1 & 0.2 & -1 & 1 & 1 & 1 \end{pmatrix}$$

랭크-2 축약된 SVD를 행렬에 적용하고 사용자 인자 내에서 대각 행렬을 흡수하면 다음을 얻는다.

$$R_f \approx \begin{pmatrix} 1.129 & -2.152 \\ 1.937 & 0.640 \\ 1.539 & 0.873 \\ -2.400 & -0.341 \\ -2.105 & 0.461 \end{pmatrix} \begin{pmatrix} 0.431 & 0.246 & 0.386 & -0.518 & -0.390 & -0.431 \\ -0.266 & 0.668 & -0.249 & 0.124 & -0.578 & 0.266 \end{pmatrix}$$

$$= \begin{pmatrix} 1.0592 & -1.1604 & 0.9716 & -0.8515 & 0.8040 & -1.0592 \\ 0.6636 & 0.9039 & 0.5881 & -0.9242 & -1.1244 & -0.6636 \\ 0.4300 & 0.9623 & 0.3764 & -0.6891 & -1.1045 & -0.4300 \\ -0.9425 & -0.8181 & -0.8412 & 1.2010 & 1.1320 & 0.9425 \\ -1.0290 & -0.2095 & -0.9270 & 1.1475 & 0.5535 & 1.0290 \end{pmatrix}$$

첫 번째 반복 후에도 누락된 항목에 대한 합리적인 추정치를 얻는다. 특히 추정된 값은 $\hat{r}_{23} \approx$ 0.5581, $\hat{r}_{31} \approx 0.43$, $\hat{r}_{36} \approx -0.43$ 및 $\hat{r}_{52} \approx -0.2095$이다. 물론 이러한 항목은 초기 입력 항목이 행 평균을 기반으로 하므로 정확한 값을 정확하게 반영하지 않았다는 점에서 바이어스적이다. 따라서 다음 반복에서는 다음 행렬을 얻기 위해 원래 행렬에 이 네 가지 누락된 값을 채운다.

$$R_f = \begin{pmatrix} 1 & -1 & 1 & -1 & 1 & -1 \\ 1 & 1 & 0.5581 & -1 & -1 & -1 \\ 0.43 & 1 & 1 & -1 & -1 & -0.43 \\ -1 & -1 & -1 & 1 & 1 & 1 \\ -1 & -0.2095 & -1 & 1 & 1 & 1 \end{pmatrix}$$

이 행렬은 여전히 바이어스돼 있지만 행 평균으로 누락된 항목을 채우는 것보다 낫다. 다음 반복에서는 이 새로운 행렬로 SVD를 적용하는데, 이는 분명히 더 나은 시작점이다. 랭크-2 SVD의 전체 프로세스를 다시 적용하면 다음 반복에서 다음 행렬을 얻는다.

$$R_f = \begin{pmatrix} 1 & -1 & 1 & -1 & 1 & -1 \\ 1 & 1 & 0.9274 & -1 & -1 & -1 \\ 0.6694 & 1 & 1 & -1 & -1 & -0.6694 \\ -1 & -1 & -1 & 1 & 1 & 1 \\ -1 & -0.5088 & -1 & 1 & 1 & 1 \end{pmatrix}$$

새로 추정된 항목은 다음 반복에서 추가로 변경됐다. 새로운 추정값은 $\hat{r}_{23} \approx 0.9274$, $\hat{r}_{31} \approx$ 0.6694, $\hat{r}_{36} \approx -0.6694$ 및 $\hat{r}_{52} \approx -0.5088$이다. 또한 항목이 첫 번째 반복보다 작은 정도로 변경됐다. 최신 $R_f$ 값에 한 번 더 반복해 프로세스를 적용하면 다음과 같은 결과를 얻는다.

$$R_f = \begin{pmatrix} 1 & -1 & 1 & -1 & 1 & -1 \\ 1 & 1 & 0.9373 & -1 & -1 & -1 \\ 0.7993 & 1 & 1 & -1 & -1 & -0.7993 \\ -1 & -1 & -1 & 1 & 1 & 1 \\ -1 & -0.6994 & -1 & 1 & 1 & 1 \end{pmatrix}$$

추정값은 현재 $\hat{r}_{23} \approx 0.9373$, $\hat{r}_{31} \approx 0.7993$, $\hat{r}_{36} \approx -0.7993$ 및 $\hat{r}_{52} \approx -0.6994$이다. 변경 사항은 이전 반복보다 훨씬 작다. 실제로 $\hat{r}_{23}$ 항목의 변화는 매우 작다. 연속적인 반복에 걸쳐, 수

렴에 도달할 때까지 항목의 변화는 점점 작아지는 경향이 있다. 결과 항목은 예측된 값으로 사용할 수 있다. 일반적으로 그 과정에서 많은 반복이 필요하지 않다. 실제로 특정된 사용자의 아이템 순위를 지정하는 데 5~10회만 반복하면 된다. 이 특정 예에서, 첫 번째 반복 후에 사용자 3에 대해 누락된 두 평점을 올바르게 순위 지정할 수 있다. 이 방법은 행 또는 열 또는 둘 다의 평균 중심화 후에 적용할 수도 있다. 이 접근 방식은 추정 과정 전에 사용자 및 아이템 바이어스를 제거하는 효과가 있다. 그러한 바이어스 보정 방법을 적용하는 것은 종종 예측에 긍정적인 영향을 미친다.

이 방법은 특히 초기화 지점이 열악한 경우에 최적의 글로벌 수렴을 보장하지 않는다. 이것은 행렬의 항목 중 많은 부분이 누락된 경우 특히 그렇다. 이 경우 초기 바이어스는 최종 솔루션의 품질에 영향을 줄 정도로 중요할 수 있다. 따라서 누락된 항목의 첫 번째 추정치를 얻으려면 이웃 모델과 같은 간단한 휴리스틱을 사용하는 것이 좋다. 이러한 강력한 추정치를 시작점으로 선택하면 수렴 속도가 빨라지고 더욱 정확한 결과를 얻을 수 있다. 더욱이 채워진 행렬의 정규화된 특이값 분해로 이 전체 프로세스를 쉽게 적용할 수 있다. 주요 차이점은 각 반복이 현재 행렬의 정규화된 특이값 분해를 사용한다는 것이다. 이는 추정값으로 채워진다. [541]의 작업은 정규화된 단일 값 분해를 위한 관련 서브 루틴으로 사용될 수 있다.

## 3.6.6 비음행렬 인수분해

비음평점 행렬에는 비음행렬 인수분해NMF를 사용할 수 있다. 이 접근법의 주요 장점은 반드시 정확성 중 하나가 아니라 사용자-아이템 상호작용을 이해하는 데 제공하는 높은 수준의 해석 가능성이다. 다른 형태의 행렬 인수분해와의 주요 차이점은 요소 $U$와 $V$가 음이 아니어야 한다는 것이다. 따라서 비음행렬 인수분해의 최적화 공식은 다음과 같다.

$$\text{최소화 } J = \frac{1}{2}\|R - UV^T\|^2$$
$$\text{제한 조건:}$$
$$U \geq 0$$
$$V \geq 0$$

비음평점 행렬(예: 1에서 5까지의 평점)에 대해 비음행렬 인수분해를 사용할 수 있지만 사용자가 아이템에 대한 호감를 특정할 수 있는 메커니즘을 가지고 있지만 비호감도를 특정할 수 있는 메커니즘이 없는 경우 가장 큰 해석가능성 이점이 발생한다. 이러한 행렬은 음이 아닌 항목이 활동 빈도에 해당하는 단항 평점 행렬 또는 행렬을 포함한다. 이러한 데이터 세트는 암시적 피드백 데이터 세트라고도 한다[260, 457]. 이러한 행렬의 몇 가지 예는 다음과 같다.

1. 고객 거래 데이터에서 아이템의 구매는 아이템에 대한 호감을 표현하는 것에 해당한다.

그러나 사용자가 다른 곳에서 아이템을 구매했거나 아이템을 알지 못할 수 있기 때문에 아이템을 구매하지 않는다고 해서 싫어하는 것은 아니다. 금액이 거래와 관련될 때, 행렬 $R$은 음수가 아닌 임의의 숫자를 포함할 수 있다. 그러나 이 모든 숫자는 항목에 대한 호감도를 명시하지만 비호감도를 나타내는 것은 아니다. 즉, 암시적 피드백의 수치는 신뢰를 나타내고, 명시적 피드백의 수치는 선호도를 나타낸다.

2. 아이템을 구매하는 경우와 유사하게, 아이템의 탐색은 유사한 것을 나타낼 수 있다. 경우에 따라 구매 또는 탐색 행동의 빈도는 음이 아닌 값으로 정량화될 수 있다.

3. 웹 클릭 데이터에서 아이템 선택은 아이템을 좋아하는 단항 평점에 해당한다.

4. 페이스북의 "좋아요" 버튼은 항목에 단항 평점을 제공하는 메커니즘으로 간주될 수 있다.

암시적 피드백 설정은 분류 및 회귀 모델링에서 양의 레이블이 없는 positive-unlabeled(PU) 학습 문제와 유사한 행렬 완료 아날로그로 간주될 수 있다. 분류 및 회귀 모델링에서 양성 클래스가 이미 매우 작은 소수 클래스로 알려진 경우 레이블이 없는 항목을 음성 클래스에 속하는 것으로 취급하면 합리적인 결과를 얻을 수 있다. 마찬가지로, 이러한 행렬 및 문제 설정의 유용한 측면은 특정되지 않은 항목을 누락된 값으로 취급하지 않고 0으로 설정하는 것이 종종 가능하다는 것이다. 예를 들어 고객이 구매한 수량을 값으로 나타내는 고객 트랜잭션 데이터 세트를 고려하자. 이 경우 고객이 해당 아이템을 구매하지 않은 경우 값을 0으로 설정하는 것이 합리적이다. 따라서 이 경우에, 완전하게 특정된 행렬의 비음행렬 인수분해를 수행하면 되며, 이는 머신러닝 문헌의 표준 문제이다. 이 문제를 하나의 클래스 협업 필터링이라고도 한다. 최근의 일부 연구에서는 바이어스를 줄이기 위해 누락된 값이 0으로 설정돼서는 안 된다고 주장하지만 [260, 457, 467, 468], 상당한 양의 연구 결과는 모델링 프로세스에서 누락된 항목이 0으로 표시된다. 이것은 항목의 사전 확률이 0일 때 특히 그렇다. 예를 들어 슈퍼마켓 시나리오에서 고객은 일반적으로 상점에서 대부분의 아이템을 구매하지 않는다. 이러한 경우 누락된 값을 0으로 설정하면 (초기화에서는 초기 행렬이 아닌 인수분해 목적으로) 초기 편차가 작지만 초기 행렬에서 지정되지 않은 항목을 명시적으로 처리하면 더 큰 솔루션이 된다. 불필요한 복잡성은 항상 과적합으로 이어진다. 이러한 효과는 작은 데이터 세트에서 특히 중요하다.[15]

비음행렬 인수분해의 최적화 공식은 제약된 최적화 공식이며, Lagangian Relaxation과 같은 표준 방법을 사용해 해결할 수 있다. 비음행렬 인수분해에 사용된 알고리듬에 관한 자세한 내용은 이 책의 범위를 벗어나지만 [22]를 참조하면 자세한 내용을 알 수 있다. 여기서는 비음행렬 인수분해가 수행되는 방법에 대한 간단한 설명만 제공한다.

---

15 이러한 효과는 머신러닝에서 바이어스-분산 트레이드오프의 관점에서 가장 잘 이해된다[22]. 지정되지 않은 값을 0으로 설정하면 바이어스가 증가하지만 분산이 감소한다. 다수의 항목이 지정되지 않은 경우, 누락된 항목이 0이 될 사전 확률이 매우 높을 때 분산 효과가 지배적일 수 있다. – 옮긴이

행렬 $U$와 $V$를 업데이트하기 위해 반복적인 접근 방식이 사용된다. $u_{ij}$와 $v_{ij}$는 각각 행렬 $U$와 $V$의 $(i,j)$번째 항목으로 하자. $u_{ij}$ 및 $v_{ij}$에 대해 다음과 같은 곱하기 업데이트 규칙이 사용된다.

$$u_{ij} \Leftarrow \frac{(RV)_{ij}u_{ij}}{(UV^TV)_{ij}+\epsilon} \quad \forall i \in \{1\ldots m\}, \forall j \in \{1\ldots k\} \tag{3.24}$$

$$v_{ij} \Leftarrow \frac{(R^TU)_{ij}v_{ij}}{(VU^TU)_{ij}+\epsilon} \quad \forall i \in \{1\ldots n\}, \forall j \in \{1\ldots k\} \tag{3.25}$$

여기에서 $\epsilon \approx 10^{-9}$과 같은 작은 값으로 수치 안정성을 높인다. 업데이트 방정식의 오른쪽에 있는 $U$ 및 $V$의 모든 항목은 특정 반복 과정에서 이전 반복이 끝날 때 얻은 값으로 고정된다. 즉, $U$ 및 $V$의 모든 항목이 "동시"에 업데이트된다. 0으로 나누지 않도록 업데이트 방정식의 분모에 작은 값이 추가되는 경우가 있다. $U$와 $V$의 항목은 $(0,1)$에서 임의의 값으로 초기화되고 앞의 반복 과정은 수렴하기 위해 실행된다. 더욱 적절한 방법으로 초기화를 수행해 더 나은 솔루션을 얻을 수 있다[331, 629].

다른 유형의 행렬 인수분해의 경우와 마찬가지로 기본 솔루션의 품질을 향상시키기 위해 정규화를 사용할 수 있다. 기본 아이디어는 목적함수에 $\frac{\lambda_1\|U\|^2}{2} + \frac{\lambda_2\|V\|^2}{2}$ 패널티를 추가하는 것이다. 여기서 $\lambda_1 > 0$ 및 $\lambda_2 > 0$은 정규화 파라미터이다. 이로 인해 다음과 같이 업데이트 방정식이 수정된다[474].

$$u_{ij} \Leftarrow \max\left\{\left[\frac{(RV)_{ij} - \lambda_1 u_{ij}}{(UV^TV)_{ij}+\epsilon}\right]u_{ij}, 0\right\} \quad \forall i \in \{1\ldots m\}, \forall j \in \{1\ldots k\} \tag{3.26}$$

$$v_{ij} \Leftarrow \max\left\{\left[\frac{(R^TU)_{ij} - \lambda_2 v_{ij}}{(VU^TU)_{ij}+\epsilon}\right]v_{ij}, 0\right\} \quad \forall i \in \{1\ldots n\}, \forall j \in \{1\ldots k\} \tag{3.27}$$

최대화 함수는 비음성을 부과하는 데 사용되며 분모의 작은 추가 항 $\epsilon \approx 10^{-9}$는 수치적 안정성을 보장하는 데 사용된다. 파라미터 $\lambda_1$ 및 $\lambda_2$는 앞에서 언급한 바와 동일한 접근법을 사용해 결정될 수 있다. 경사하강법을 사용하는 대신 음이 아닌 선형 회귀가 사용되는 교차 최소제곱법을 사용할 수도 있다. 과적합을 방지하기 위해 회귀 모델 내에서 티코노프 정규화를 사용할 수 있다. 비음행렬 인수분해를 위한 교차 최소 제곱법의 세부 사항은 [161, 301]에서 찾을 수 있다. 이 기성 방법의 주요 과제는 모든 항목이 관찰된 것처럼 처리되기 때문에 큰 평점 행렬을 가진 계산 효율성의 부족이다. 3.6.6.3절에서는 이러한 문제를 해결하는 방법에 관해 논의할 것이다.

### 3.6.6.1 해석 가능성의 장점

비음행렬 인수분해의 주요 장점은 솔루션에서 높은 수준의 해석성을 얻을 수 있다는 것이다. 추천 시스템을 추천 사항에 대한 설명과 함께 사용하는 것은 항상 유용하며 이는 비음행렬 인수

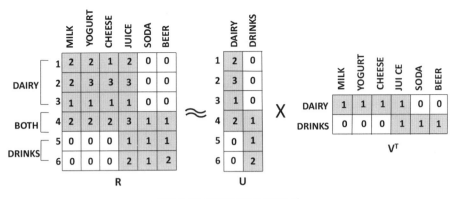

**그림 3.12** 비음행렬 인수분해의 예

분해에 의해 제공된다. 이 점을 더 잘 이해하기 위해 선호도 행렬에 고객이 구매한 아이템의 수량이 포함돼 있는 컨텍스트를 고려하자. 6개의 아이템과 6명의 고객이 있는 장난감 $6 \times 6$ 행렬의 예가 그림 3.12에 나와 있다. 유제품과 음료에 각각 해당하는 두 가지 종류의 제품이 있음이 분명하다. 모든 고객이 주스를 좋아하는 것처럼 보이지만 고객 구매 행동은 아이템 평점에 따라 높은 상관관계가 있음이 분명하다. 이러한 아이템 클래스를 측면aspects이라 한다. 해당 인자 행렬은 또한 이러한 측면에 대한 고객 및 아이템의 친화성에 대한 명확한 해석성을 제공한다. 예를 들어 1 ~ 4명의 고객은 유제품을 좋아하는 반면 4 ~ 6명의 고객은 음료를 좋아한다. 이는 $6 \times 2$ 사용자 계수 행렬 $U$에 명확하게 반영된다. 이 단순화된 예에서는 $U$ 및 $V$의 모든 인수 값이 시각적 단순성을 위해 적분으로 표시했다. 실제로 최적의 값은 거의 항상 실수다. 두 열 각각에 있는 사용자 항목의 크기는 관련 측면에 대한 그녀의 관심 수준을 정량화한다. 마찬가지로 인자 행렬 $V$는 아이템이 다양한 측면과 어떻게 관련돼 있는지 보여준다. 따라서 이 경우, 조건 $r_{ij} \approx \sum_{s=1}^{k} u_{is} \cdot v_{js}$는 $k = 2$ 측면으로 의미론적으로 해석할 수 있다.

$r_{ij} \approx$ (유제품에 대한 사용자 $i$의 선호도) $\times$ (유제품에 대한 사용자 $j$의 선호도)

  $+$ (음료에 대한 사용자 $i$의 선호도) $\times$ (음료에 대한 사용자 $j$의 선호도)

의 값을 예측하는 이러한 방법은 행렬의 "부분의 합" 분해를 보여준다. 이러한 각 부분은 사용자-아이템 공동-클러스터co-cluster로도 볼 수 있다. 이것은 또한 클러스터에 비음행렬 인수분해가 자주 사용되는 이유 중 하나다. 실용적 용도에서는 이러한 각 군집을 살펴보고 사용자와 아이템의 연관성을 의미론적으로 해석하는 것이 가능한 경우가 많다. 의미론적 레이블을 다양한 클러스터에 수동으로 부착할 수 있는 경우, 요소화 프로세스는 아이템의 다양한 의미론적 "장르"의 기여 관점에서 평점에 대한 깔끔한 설명을 제공한다.

이 부분합 분해는 다음과 같이 수학적으로 표현될 수 있다. 랭크-$k$ 행렬 인수분해 $UV^T$는 $U$와 $V$의 $k$열 $\overline{U_i}$와 $\overline{V_i}$로 행렬 곱을 표현함으로써 $k$개의 성분으로 분해될 수 있다.

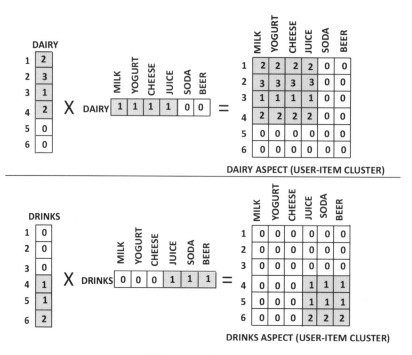

**그림 3.13** NMF의 부품 합계 해석

$$UV^T = \sum_{i=1}^{k} \overline{U_i}\,\overline{V_i}^T \tag{3.28}$$

각 $m \times n$ 행렬 $\overline{U_i}\overline{V_i}^T$는 데이터의 측면에 해당하는 랭크-1 행렬이다. 비음분해의 해석 가능한 특성으로 인해 이러한 측면을 클러스터에 쉽게 매핑할 수 있다. 예를 들어 앞서 언급한 예에서 유제품과 음료에 해당하는 두 가지 잠재 성분이 각각 그림 3.13에 나와 있다. 식 3.28은 $U$ 및 $V$의 열 측면에서 분해하는 반면, 식 3.14는 $U$ 및 $V$의 행 측면에서 분해를 이해하는 다른 방법이다. 주어진 사용자-아이템 조합에 관해 평가 예측은 이러한 측면의 기여도 합계로 제공되며, 접근 방식에 의해 특정 방식으로 평가가 예측되는 이유를 더 잘 이해할 수도 있다.

### 3.6.6.2 암시적 피드백을 사용한 인수분해에 대한 고찰

비음행렬 인수분해는 평점이 긍정적인 선호도를 나타내는 암시적 피드백 행렬에 특히 적합하다. 명시적 피드백 데이터 세트와 달리, 이러한 데이터에는 부정적인 피드백이 없기 때문에 최적화 모델에서 누락된 항목을 무시할 수 없다. 비음행렬 인수분해 모델은 누락된 항목을 0으로 설정해 음의 피드백으로 처리한다. 그렇게 하지 않으면 관찰되지 않은 항목에 대한 오차가 크게 증가한다. 이 점을 이해하기 위해 좋아요가 1로 지정되는 단항 평점 행렬을 고려하자. 그림 3.14에 표시된 분해는 관찰된 항목에 대해서만 계산될 때 임의의 단항 행렬에서 100% 정확도

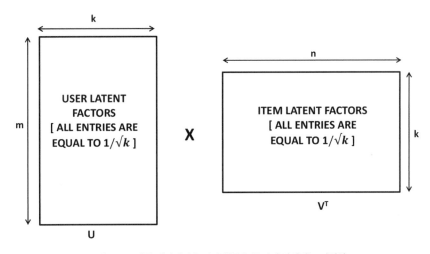

**그림 3.14** 단항 행렬에서 누락된 항목을 무시해 발생하는 과적합

를 제공한다. 이는 그림 3.14에서 $U$와 $V^T$의 곱이 1만 포함하고 0은 포함하지 않는 행렬로 이어지기 때문이다. 물론 이러한 인수분해는 관찰되지 않은 많은 항목이 부정적인 선호도에 해당할 수 있기 때문에 관찰되지 않은 항목에 대해 매우 높은 오차를 갖는다. 이 예는 부정적인 피드백 데이터의 부족으로 인한 과적합 현상이다. 따라서 부정적 선호도가 누락되고 부정적 선호도가 긍정적 선호도보다 훨씬 많은 것으로 알려진 평점 행렬의 경우 누락된 항목을 0으로 처리하는 것이 중요하다. 예를 들어 고객 트랜잭션 데이터 세트에서 값이 다양한 사용자가 구매한 금액을 나타내고 대부분의 아이템이 기본적으로 구매되지 않은 경우 누락된 항목의 값을 0으로 근사할 수 있다.

### 3.6.6.3 암시적 피드백에 대한 계산 및 가중치 문제

누락된 항목을 0으로 처리하면 큰 행렬을 가진 계산상의 어려운 문제가 발생한다. 이 딜레마에 대한 몇 가지 해결책이 있다. 예를 들어 누락된 항목의 샘플은 0으로 처리될 수 있다. 샘플 케이스에 대한 경사하강법 솔루션은 다음 절에서 설명하는 것과 유사하다. 앙상블 방식으로 정확도를 더욱 향상시킬 수 있다. 행렬은 0들의 다른 샘플로 여러 번 분해되고 각 분해는 평점의 값(약간 다른)을 예측하는 데 사용된다. 그런 다음 특정 평점의 다른 예측을 평균해 최종 결과를 생성한다. 다양한 크기의 샘플을 사용해 긍정적인 피드백 항목과 다른 부정적인 피드백 항목에 가중치를 부여할 수도 있다. 이러한 접근 방식은 false positive와 false negative가 다르게 가중치가 부여되는 비용 민감성 설정에서 중요할 수 있다. 일반적으로 0 항목은 0이 아닌 항목보다 가중치가 적어야 하므로 0 항목을 다운 샘플링하는 것이 유용하다.

이러한 가중치를 목적함수에 직접 통합하고 누락된 모든 항목을 0으로 처리할 수도 있다.

0 항목에서의 오류는 0 항목이 최적화를 지배하지 않도록 목적함수의 0이 아닌 항목에서 발생한 오류보다 가중치가 낮아야 한다. 상대 가중치는 특정 정확도 측정에 대한 교차 검증을 사용해 결정할 수 있다. 또는 [260]의 작업은 항목 $(i, j)$의 가중치 $w_{ij}$를 선택하기 위해 다음과 같은 휴리스틱을 제안한다.

$$w_{ij} = 1 + \theta \cdot r_{ij} \tag{3.29}$$

식 3.29에서 $r_{ij}$의·모든 누락된 값은 0으로 처리되고 $\theta$의 일반적인 값은 40이다. 이 접근 방식은 설정에서도 작동한다. 여기서 평점 $r_{ij}$는 이진 표시가 아닌 구매 수량을 나타낸다. 이러한 경우 가중치 $w_{ij}$는 이러한 수량을 방정식 3.29의 평점으로 처리해 계산되지만 인수분해된 행렬은 수량 행렬 $R = [r_{ij}]$의 파생 이진 표시자 행렬 $R_I$이다. 이 지표 행렬 $R_I$는 0 항목을 복사하고 0이 아닌 항목을 1로 대체해 $R$에서 파생된다. 따라서 지표 행렬의 가중치 인수분해 방법은 순수하게 설명을 목적으로 제시된 그림 3.12의 예와 약간 다르다.

가중치 항목으로 작업할 때 가중치를 사용해 확률적 경사하강법을 수정할 수 있다(6.5.2.1절 참조). 그러나 문제는 암시적 피드백 행렬이 완전히 지정돼 있고 많은 경사하강법이 더 이상 대규모 설정에서 계산 가능한 상태로 남아 있지 않다는 것이다. 많은 수의 0 항목을 처리하는 계산 문제를 피하기 위해 분해 과정을 위해 효율적인 (가중) ALS 방법이 [260]에서 제안됐다. 이 접근 방식은 인자에 음수가 아닌 설정을 부과하지는 않지만 음이 아닌 설정으로 쉽게 일반화할 수 있다.

### 3.6.6.4 좋아요와 싫어요가 모두 있는 평점

지금까지 비음행렬 인수분해에 대한 논의는 항목에 대한 좋아요를 지정하는 메커니즘이 있지만 싫어요를 지정하는 메커니즘이 없는 암시적 피드백 행렬에만 초점을 맞췄다. 결과적으로 기본 "평점" 행렬은 항상 음수가 아니다. 명목상 음이 아닌 평점(예: 1에서 5까지)에 대해 비음행렬 인수분해를 사용할 수 있지만 (예: 1에서 5까지) 좋아요와 싫어요를 모두 명시적으로 지정하지만 이러한 경우 비음행렬 인수분해를 사용하는 것의 특별한 해석 가능성 이점은 없다. 예를 들어 평점 척도는 1에서 5까지일 수 있으며 값 1은 매우 싫어함을 나타낸다. 이 경우 지정되지 않은 항목을 0으로 처리할 수 없으며 관찰된 항목 집합으로만 작업해야 한다. 이전과 마찬가지로 평점 행렬 $R = [r_{ij}]$에서 $S$로 관찰된 항목 집합을 나타낸다.

$$S = \{(i, j) : r_{ij} \text{ is observed}\} \tag{3.30}$$

최적화 문제(정규화 포함)는 다음과 같이 관찰된 항목과 관련해 설명된다.

$$\text{Min} \quad J = \frac{1}{2} \sum_{(i,j) \in S} \left( r_{ij} - \sum_{s=1}^{k} u_{is} \cdot v_{js} \right)^2 + \frac{\lambda}{2} \sum_{i=1}^{m} \sum_{s=1}^{k} u_{is}^2 + \frac{\lambda}{2} \sum_{j=1}^{n} \sum_{s=1}^{k} v_{js}^2$$

제한 조건:
$$U \geq 0$$
$$V \geq 0$$

이 공식은 제한되지 않은 행렬 인수분해의 정규화된 공식과 유사하다. 유일한 차이점은 음이 아닌 제약 조건을 추가한다는 것이다. 이러한 경우 제약 없는 행렬 인수분해에 사용되는 업데이트 방정식을 수정해야 한다. 첫째, $U$와 $V$의 항목을 $(0, 1)$의 음이 아닌 값으로 초기화해야 한다. 그런 다음, 제약 없는 행렬 인수분해에 대한 절에서와 같이 유사한 업데이트를 수행할 수 있다. 실제로 3.6.4.2절의 업데이트 방정식을 직접 사용할 수 있다. 주요 수정 사항은 업데이트 중에 음이 아닌 상태를 유지하는 것이다. $U$ 또는 $V$의 구성 요소가 업데이트의 결과로 음이 아닌 제약 조건을 위반하는 경우 0으로 설정된다. 업데이트는 모든 확률적 경사하강법에서와 같이 수렴하도록 수행된다.

다른 솔루션 방법론은 종종 이러한 모델에 대한 최적의 솔루션을 계산하는 데 사용된다. 예를 들어 비음행렬 인수분해에 교대로 최소 제곱 접근 방식을 적용할 수 있다. 주요 차이점은 최소 제곱 회귀 계수가 음이 아닌 것으로 제한된다는 것이다. 이러한 최적화 모델을 처리하기 위해 다양한 투영 경사하강법, 좌표하강법 및 비선형 프로그래밍 방법도 사용할 수 있다[76, 357].

평점이 좋아요와 싫어요를 모두 지정하는 설정에서 비음행렬 변형은 해석 가능성 측면에서 제약 없는 행렬 인수분해보다 특별한 이점이 없다. 이는 더 이상 부분 합계 sum-of-parts 관점에서 솔루션을 해석할 수 없기 때문이다. 예를 들어 3개의 싫어요 평점 추가는 좋아요 평점으로 이어지는 것으로 해석될 수 없다. 또한 음이 아닌 제약 조건을 추가하기 때문에 관측된 항목에 대해 계산할 때 제약 없는 행렬 인수분해의 정확도보다 솔루션의 정확도가 저하된다. 그러나 이것이 관찰되지 않은 항목에 대해 계산될 때 솔루션의 정확도가 항상 나빠질 것이라는 것을 의미하지는 않는다. 실제 설정에서는 사용자와 아이템 간의 긍정적인 관계가 사용자와 아이템 간의 부정적인 관계보다 더 중요하다. 결과적으로 비음수[non-negative] 제약은 종종 과적합을 방지하는 데 도움이 되는 바이어스를 도입한다. 제약이 없는 행렬 인수분해의 경우처럼 일반화 성능을 더욱 향상시키기 위해 사용자 및 아이템 바이어스를 통합할 수도 있다.

## 3.6.7 행렬 인수분해 계열의 이해

이전 절의 다양한 형태의 행렬 인수분해가 공통점을 많이 공유한다는 것은 분명하다. 앞서 언급한 모든 최적화 공식은 계수 행렬 $U$ 및 $V$에 대한 다양한 제약 조건에 따라 잔류 행렬

$(R - UV^T)$의 프로베니우스 노름을 최소화한다. 목적함수의 목표는 $UV^T$를 평점 행렬 $R$에 가능한 한 가깝게 만드는 것이다. 인자 행렬에 대한 제약은 서로 다른 해석성 속성을 얻는다. 사실 더 광범위한 행렬 인수분해 모듈 제품군은 다른 목적함수나 제약 조건을 사용해 좋은 근사를 강제할 수 있다. 이 광범위한 제품군은 다음과 같이 작성할 수 있다.

최적화 $J =$ [$R$과 $UV^T$ 사이의 매칭을 정량화하는 목적함수]

$U, V$의 제약 조건에 따른

행렬 인수분해 방법의 목적함수는 최소화 형태일 때 손실함수라고도 한다. 최적화 공식은 최소화 또는 최대화 문제일 수 있지만 목적함수의 목표는 항상 가능한 한 $R$이 $UV^T$와 일치하도록 강제하는 것이다. 최대 가능도 목적함수와 같은 최대화 공식 대부분의 경우 과적합을 방지하기 위해 목적함수에 정규화가 추가된다. 다양한 제약은 종종 요인에 다른 유형의 해석 가능성을 부과한다. 이러한 해석 가능성의 두 가지 예는 직교성(기하학적 해석 가능성을 제공함)과 비음수성(부분 합계 해석 가능성을 제공함)이다. 또한 제약 조건이 관찰된 항목에 대한 오류를 증가시키더라도 의미 있는 의미 해석이 있는 경우 관찰되지 않은 항목의 오류를 개선할 수 있다. 이는 제약 조건이 관찰되지 않은 항목에 대한 분산을 줄이면서 바이어스를 증가시키기 때문이다. 결과적으로 모델의 일반화 가능성이 더 높다. 예를 들어 $U$와 $V$ 각각의 열에 있는 항목을 1로 고정하면 거의 항상 성능이 향상된다(3.6.4.5절 참조). 사용할 올바른 제약 조건을 선택하는 것은 종종 데이터에 따라 다르며 애플리케이션 도메인에 대한 통찰력이 필요하다.

인자에 확률론적 해석 가능성을 할당할 수 있는 다른 형태의 분해가 존재한다. 예를 들어 음이 아닌 단항 평점 행렬 $R$이 항목의 합이 1인 상대 빈도 분포로 취급되는 시나리오를 생각해보자.

$$\sum_{i=1}^{m} \sum_{j=1}^{n} r_{ij} = 1 \tag{3.31}$$

$R$을 항목의 합계로 나눠 합계를 1로 조정하는 것은 쉽다. 이러한 행렬은 SVD와 비슷한 방식으로 분해할 수 있다.

$$R \approx (Q_k \Sigma_k) P_k^T$$
$$= UV^T$$

SVD에서와 같이 대각 행렬 $\Sigma_k$는 사용자 계수 행렬 $U = Q_k \Sigma_k$에 흡수되고 항목 계수 행렬 $V$는 $P_k$로 설정된다. SVD와의 주요 차이점은 $Q_k$ 및 $P_k$의 열이 직교하지 않지만 1이 합산되는 음이 아닌 값이라는 것이다. 더욱이 대각 행렬 $\Sigma_k$의 항목은 음이 아니고 합계도 1이다.

그러한 인수분해는 확률론적 해석이 있다. 행렬 $Q_k$, $P_k$ 및 $\Sigma_k$에는 평점 행렬을 생성하는 생성 프로세스의 확률 매개변수가 포함돼 있다. 목적함수는 이 생성 프로세스의 매개변수를 학습하므로 평가 행렬을 생성하는 생성 프로세스의 가능성이 가능한 한 커진다. 따라서 목적함수는 최대화 형식이다. 흥미롭게도 이 방법을 PLSA^Probabilistic Latent Semantic Analysis라고 하며 비음행렬 인수분해의 확률적 변형으로 볼 수 있다. 분명히 이 인수분해의 확률론적 특성은 다른 유형의 해석 가능성을 제공한다. PLSA에 대한 자세한 설명은 [22]에서 찾을 수 있다. 이러한 많은 공식에서 경사하강법(또는 상승)과 같은 최적화 기술이 도움이 된다. 따라서 이러한 방법의 대부분은 최적화 문제 및 기본 솔루션 방법론을 공식화하는 측면에서 매우 유사한 아이디어를 사용한다.

유사하게 최대 마진 분해[180, 500, 569, 624]는 지원 벡터 머신에서 아이디어를 빌려 목적함수에 최대 마진 정규화기를 추가하고 일부 변형[500]은 이산 평점에 특히 효과적이다. 이 접근 방식은 3.6.4절에서 논의된 정규화된 행렬 인수분해 방법과 많은 개념적 유사점을 공유한다. 실제로 최대 마진 정규화기는 제약 없는 행렬 인수분해에 사용되는 것과 크게 다르지 않다. 그러나 힌지 손실은 프로베니우스 표준이 아닌 근사값의 오류를 정량화하는 데 사용된다. 이러한 변

**표 3.3** 행렬 인수분해 방법의 계열

| 방법 | 제약 조건 | | 장/단점 |
|------|-----------|---|---------|
| 제약없음 | 없음 | Frobenius<br>+<br>정규화 | 최고 품질의 솔루션<br>대부분의 행렬에 적합<br>정규화로 과적합 방지<br>불쌍한 해석성 |
| SVD | 수직기저 | Frobenius<br>+<br>정규화 | 좋은 시각적 해석성<br>표본 외 권장 사항<br>밀도가 높은 행렬에 적합<br>의미론적 해석성이 좋지 않음<br>희소 행렬에서 차선 |
| MAX. Margin | 없음 | Hinge loss<br>+<br>margin regularizer | 최고 품질의 솔루션<br>과적합 방지<br>unconstrained와 유사<br>불쌍한 해석 성<br>개별 평점에 적합 |
| NMF | 음이 아님 | Frobenius<br>+<br>정규화 | 좋은 품질의 솔루션<br>높은 의미 해석성 좋아요/싫어요 평점<br>모두에서 해석 가능성을 잃는다<br>경우에 따라 과적합이 적음<br>암시적 피드백에 가장 적합 |
| PLSA | 음이 아님 | Maximum<br>Likelihood<br>+<br>정규화 | 좋은 품질의 솔루션<br>높은 의미 해석 가능성 확률 해석<br>좋아요/싫어요 평가 모두<br>해석 가능성을 잃는다<br>경우에 따라 과적합이 적음<br>암시적 피드백에 가장 적합 |

형에 대해 자세히 논의하는 것은 이 책의 범위를 벗어나지만 [500, 569]에서 논의할 수 있다. 마진을 최대화하는 데 초점을 맞추면 과적합 경향이 있는 데이터가 있는 경우 다른 모델보다 높은 품질 분해가 제공되는 경우가 많다. 표 3.3에는 다양한 분해 모델과 그 특성의 목록이 나와 있다. 대부분의 경우 비음성과 같은 제약 조건을 추가하면 실행 가능한 솔루션의 공간이 줄어들기 때문에 관찰된 항목에 대한 기본 솔루션의 품질이 저하될 수 있다. 이것이 제한되지 않은 최대 마진 분해가 글로벌 최적화의 최고 품질을 가질 것으로 예상되는 이유이다. 그럼에도 사용 가능한 (반복적) 방법으로는 대부분의 경우 전역 최적 값을 쉽게 찾을 수 없기 때문에 제약 있는 방법이 제약 없는 방법보다 성능이 더 좋을 수 있다. 또한 관찰된 항목에 대한 정확도는 과적합의 영향으로 인해 관찰되지 않은 항목에 대한 정확도와 다를 수 있다. 사실, 부정성이 아닌 제약은 때때로 일부 도메인에서 관찰되지 않은 항목에 대한 정확도를 향상시킬 수 있다. NMF와 같은 일부 분해 형식은 음수 항목이 있는 행렬에 적용할 수 없다. 분명히 모델의 선택은 문제 설정, 데이터의 노이즈 및 원하는 수준의 해석 가능성에 따라 달라진다. 이러한 모든 목표를 달성할 수 있는 단일 솔루션은 없다. 올바른 모델을 선택하려면 문제 영역을 주의 깊게 이해하는 것이 중요하다.

## 3.7 분해와 이웃 모델 통합

이웃 기반 방법은 일반적으로 발견적 특성 때문에 다른 최적화 모델과 본질적으로 다른 것으로 간주된다. 그럼에도 2.6절에서 이웃 방법이 최적화 모델의 맥락에서 이해될 수 있음을 보여줬다. 이것은 잠재적인 요인 모델과 같은 다른 최적화 모델과 이웃 모델의 통합을 위한 길을 열어주기 때문에 다소 편리한 프레임워크다. [309]의 접근법은 2.6.2절의 아이템별 모델을 3.6.4.6절의 SVD++ 모델과 통합한다.

평점 행렬 $R$이 평균 중심화라고 가정한다. 즉, 평점 행렬의 전역 평균 $\mu$는 이미 모든 항목에서 차감되고 모든 예측은 평균 중심값에서 수행된다. 전역 평균 $\mu$는 후처리 단계에서 예측 값에 다시 추가할 수 있다. 평점 행렬 $R = [r_{ij}]$에 대한 이러한 가정을 통해 모델의 다양한 부분을 다시 살펴볼 것이다.

### 3.7.1 베이스라인 추정 모델: 개인화되지 않은 바이어스 중심 모델

개인화되지 않은 바이어스 중심 모델은 순전히 $R$의 (평균 중심) 평점을 예측한다. 즉, 평점은 아이템에 대한 사용자의 구체적이고 개인화된 관심이 아닌 사용자 관대함과 아이템 인기로 완전히 설명된다. $b_i^{user}$를 사용자 $i$에 대한 바이어스 변수로, $b_j^{item}$을 아이템 $j$에 대한 바이어스 변수로 설정한다.

그런 다음 이러한 모델의 예측은 다음과 같다.

$$\hat{r}_{ij} = b_i^{user} + b_j^{item} \tag{3.32}$$

$S$를 평점 행렬에서 관찰된 항목에 해당하는 인덱스 쌍이라고 한다.

$$S = \{(i,j) : r_{ij} \text{ is observed}\} \tag{3.33}$$

그러면 다음과 같이 관찰된 항목에서 오류 $e_{ij} = r_{ij} - \hat{r}_{ij}$에 대한 목적함수를 공식화해 $b_i^{user}$와 $b_j^{item}$을 결정할 수 있다.

$$\text{Min } J = \frac{1}{2} \sum_{(i,j) \in S} (r_{ij} - \hat{r}_{ij})^2 + \frac{\lambda}{2} \left( \sum_{u=1}^{m} (b_u^{user})^2 + \sum_{j=1}^{n} (b_j^{item})^2 \right)$$

이 최적화 문제는 확률적 경사하강법에서 $S$에서 관찰된 각 항목 $(i,j)$에 대해 다음 업데이트 규칙을 사용해 경사하강법을 통해 해결할 수 있다.

$$b_i^{user} \Leftarrow b_i^{user} + \alpha(e_{ij} - \lambda b_i^{user})$$
$$b_j^{item} \Leftarrow b_j^{item} + \alpha(e_{ij} - \lambda b_j^{item})$$

경사하강법의 기본 프레임워크는 최적화 변수 선택과 해당 업데이트 단계의 차이를 제외하고는 그림 3.9와 유사하다. 흥미롭게도 순수한 바이어스 중심 모델은 개인화되지 않은 특성에도 종종 합리적인 예측을 제공할 수 있다. 특히 평점 데이터의 양이 제한돼 있는 경우이다. $b_i^{user}$와 $b_j^{item}$의 값을 구한 후 식 3.32에 따라 $B_{ij}$를 $\hat{r}_{ij}$의 예측 값으로 설정한다. $B_{ij}$의 값은 이 절에서는 변수가 아니고 상수로 취급된다. 따라서 통합 모델 솔루션의 첫 번째 단계는 개인화되지 않은 모델을 해결해 상수 값 $B_{ij}$를 결정하는 것이다. 이 개인화되지 않은 모델은 $B_{ij}$가 평점 $r_{ij}$ 값에 대한 대략적인 기준 추정치이기 때문에 기준 추정기로 볼 수도 있다. 일반적으로 관찰된 각 항목 $r_{ij}$에서 $B_{ij}$값을 빼면 이전 절과 장에서 논의한 대부분의 모델에서 더 강력하게 추정할 있는 새로운 행렬이 생성된다. 이 절에서는 적용 가능성이 훨씬 더 광범위하지만 베이스라인 추정 모델을 사용해 이웃 모델을 조정하는 방법에 대한 구체적인 예를 제공한다.

## 3.7.2 모델의 이웃 부분

다음과 같이 식 2.29(2.6.2절 참조)의 이웃 기반 예측 관계를 복제한다.

$$\hat{r}_{ij} = b_i^{user} + b_j^{item} + \frac{\sum_{l \in Q_j(i)} w_{lj}^{item} \cdot (r_{il} - b_i^{user} - b_l^{item})}{\sqrt{|Q_j(i)|}} \tag{3.34}$$

앞서 언급한 식은 2장의 식 2.29와 동일하지만 잠재 요인 모델과의 일관성을 보장하기 위해 아래 첨자 표기법이 변경됐다. 여기서 $b_i^{user}$는 사용자 바이어스이고 $b_j^{item}$은 아이템 바이어스이다. 변수 $w_{lj}^{item}$는 아이템 $l$과 아이템 $j$ 사이의 아이템-아이템 회귀 계수를 나타낸다. 집합 $Q_j(i)$는 사용자 $i$가 평가한 아이템 $j$에 최근접 $K$ 아이템의 하위 집합을 나타낸다. 또한 식 3.34에서 $b_i^{user} + b_j^{item}$의 발생 중 하나는 상숫값 $B_{il}$(이전 절의 접근 방식을 사용해 파생됨)로 대체된다. 결과 예측은 다음과 같다.

$$\hat{r}_{ij} = b_i^{user} + b_j^{item} + \frac{\sum_{l \in Q_j(i)} w_{lj}^{item} \cdot (r_{il} - B_{il})}{\sqrt{|Q_j(i)|}} \tag{3.35}$$

바이어스 변수 $b_i^{user}$ 및 $b_j^{item}$는 최적화할 파라미터인 반면 $B_{il}$은 상수다. 정규화 항에 추가로 제곱 오차 $e_{ij}^2 = (r_{ij} - \hat{r}_{ij})^2$를 더하는 최적화 모델을 설정할 수 있다. 확률적 경사하강 접근법은 모델의 이웃 부분에 대한 솔루션을 결정하는 데 사용할 수 있다. 그 결과 경사하강 단계는 다음과 같다.

$$b_i^{user} \Leftarrow b_i^{user} + \alpha(e_{ij} - \lambda b_i^{user})$$
$$b_j^{item} \Leftarrow b_j^{item} + \alpha(e_{ij} - \lambda b_j^{item})$$
$$w_{lj}^{item} \Leftarrow w_{lj}^{item} + \alpha_2 \left( \frac{e_{ij} \cdot (r_{il} - B_{il})}{\sqrt{|Q_j(i)|}} - \lambda_2 \cdot w_{lj}^{item} \right) \quad \forall l \in Q_j(i)$$

이 이웃 모델은 아이템-아이템 암시적 피드백 변수 $c_{lj}$를 도입해 암시적 피드백으로 더욱 향상될 수 있다. 기본 아이디어는 아이템 $j$가 동일한 사용자 $i$에 의해 많은 이웃 아이템과 함께 평가되면 예상 평점 $\hat{r}_{ij}$에 해당 아이템에 영향을 미친다. 이 영향은 $j$의 이러한 $ij$ 이웃 항목에 대한 평점의 실제 값과 무관하다. 이 영향은 $\frac{\sum_{l \in Q_j(i)} c_{lj}}{\sqrt{|Q_j(i)|}}$ 과 같다. $\sqrt{|Q_j(i)|}$를 사용한 표현식의 스케일링은 다양한 사용자-아이템 조합에서 다양한 수준의 희소성을 조정하기 위해 수행된다. 그런 다음 암시적 피드백에 대한 이웃 모델을 다음과 같이 작성할 수 있다.

$$\hat{r}_{ij} = b_i^{user} + b_j^{item} + \frac{\sum_{l \in Q_j(i)} w_{lj}^{item} \cdot (r_{il} - B_{il})}{\sqrt{|Q_j(i)|}} + \frac{\sum_{l \in Q_j(i)} c_{lj}}{\sqrt{|Q_j(i)|}} \tag{3.36}$$

오차 $e_{ij} = r_{ij} - \hat{r}_{ij}$에 대한 최소 제곱 최적화 모델을 만들 때 기울기를 계산하고 확률적 기울기 하강 단계를 유도할 수 있다. 그 결과 다음과 같이 수정된 업데이트 세트가 생성된다.

$$b_i^{user} \Leftarrow b_i^{user} + \alpha(e_{ij} - \lambda b_i^{user})$$
$$b_j^{item} \Leftarrow b_j^{item} + \alpha(e_{ij} - \lambda b_j^{item})$$
$$w_{lj}^{item} \Leftarrow w_{lj}^{item} + \alpha_2 \left( \frac{e_{ij} \cdot (r_{il} - B_{il})}{\sqrt{|Q_j(i)|}} - \lambda_2 \cdot w_{lj}^{item} \right) \quad \forall l \in Q_j(i)$$
$$c_{lj} \Leftarrow c_{lj} + \alpha_2 \left( \frac{e_{ij}}{\sqrt{|Q_j(i)|}} - \lambda_2 \cdot c_{lj} \right) \quad \forall l \in Q_j(i)$$

[309]의 작업은 암시적 피드백 행렬이 반드시 평점 행렬에서만 파생되는 것은 아닌 좀 더 일반적인 프레임워크를 가정한다. 예를 들어 소매업체는 아이템을 검색, 평가 또는 구매한 사용자를 기반으로 암시적 평가 행렬을 만들 수 있다.

이 일반화는 방정식 3.36의 최종항을 다음 $\frac{\sum_{l \in Q'_j(i)} c_{lj}}{\sqrt{|Q'_j(i)|}}$과 같이 변경해 모델에 통합하는 것이 비교적 간단하다. 여기서 $Q'_i(t)$는 아이템 $j$에 대한 암시적 피드백을 제공한 사용자 $i$(명시적 평가 기준)의 최근접 이웃 집합이다.

암시적 피드백 행렬이 평점 행렬에서 파생된다는 단순화된 가정으로 일관되게 작업하겠지만, 이 변형은 모델의 잠재 요인 부분에도 적용될 수 있다.

### 3.7.3 모델의 잠재 요인 부분

앞서 언급한 예측은 이웃 모델을 기반으로 한다. 3.6.4.6절에 상응하는 잠재 인자 모델이 소개돼 있는데, 여기서 암시적 피드백은 예측을 위해 평점 정보와 통합된다. 여기 해당 절에서 방정식 3.21을 재사용한다.

$$\hat{r}_{ij} = \sum_{s=1}^{k+2} \left( u_{is} + \sum_{h \in I_i} \frac{y_{hs}}{\sqrt{|I_i|}} \right) \cdot v_{js} \tag{3.37}$$

3.6.4.6절에서와 같이 $I_i$는 사용자 $i$가 평가한 아이템 집합을 나타낸다. $m \times (k+2)$ 행렬 $Y = [y_{hs}]$는 암시적 피드백 변수를 포함하며 그 구성은 3.6.4.6절에 설명돼 있다. 또한 $U$의 $(k+2)$번째 열에는 1만 포함되고 $V$의 $(k+1)$번째 열에는 1만 포함되며 $Y$의 마지막 두 열은 0이다. 식 3.37의 오른쪽은 이미 사용자 및 아이템 바이어스를 설명한다. 인자 행렬의 마지막 두 열에는 바이어스 변수가 포함돼 있기 때문에 식 3.37의 구성 요소 $\sum_{s=1}^{k+2} u_{is} v_{js}$에는 바이어스 항이 포함된다.

### 3.7.4 이웃 및 잠재 요인 부분의 통합

이제 식 3.36 및 3.37의 두 모델을 통합해 다음과 같이 단일 예측 값을 만들 수 있다.

$$\hat{r}_{ij} = \underbrace{\frac{\sum_{l \in Q_j(i)} w_{lj}^{item} \cdot (r_{il} - B_{il})}{\sqrt{|Q_j(i)|}} + \frac{\sum_{l \in Q_j(i)} c_{lj}}{\sqrt{|Q_j(i)|}}}_{\text{이웃 요소}} + \underbrace{\sum_{s=1}^{k+2} \left( u_{is} + \sum_{h \in I_i} \frac{y_{hs}}{\sqrt{|I_i|}} \right) \cdot v_{js}}_{\text{잠재 요인, Bais: 편향}}$$

$$\tag{3.38}$$

식 3.36의 초기 바이어스 항 $b_i^{user} + b_j^{item}$은 잠재 요인 모델에 해당하는 최종 항에 포함돼 있으므로 여기서 누락됐다. 동일한 사용자 및 아이템 바이어스가 이제 모델의 두 구성 요소에서 공유된다.

(관찰된 집합) $S$의 항목에 대한 집계 제곱 오차 $e_{ij}^2 = (r_{ij} - \hat{r}_{ij})^2$를 최소화하는 해당 최적화 문제는 다음과 같다.

$$\text{Min } J = \frac{1}{2} \sum_{(i,j) \in S} (r_{ij} - \hat{r}_{ij})^2 + \frac{\lambda}{2} \sum_{s=1}^{k+2} \left( \sum_{i=1}^{m} u_{is}^2 + \sum_{j=1}^{n} v_{js}^2 + \sum_{j=1}^{n} y_{js}^2 \right) +$$
$$+ \frac{\lambda_2}{2} \sum_{j=1}^{n} \sum_{l \in \cup_i Q_j(i)} \left[ (w_{lj}^{item})^2 + c_{lj}^2 \right]$$

제한 조건:

1들을 포함한 $U$의 $(k+2)$번째 열

1들을 포함한 $V$의 $(k+1)$번째 열

0들을 포함한 $Y$의 마지막 두 열들

앞서 언급한 목적함수의 $\hat{r}_{ij}$값은 식 3.38의 도움으로 구체화될 수 있다. 모든 잠재 요인 모델에서와 같이 최적화 변수의 제곱합이 정규화에 포함된다. 최적화 과정의 유연성을 높이기 위해 서로 다른 매개변수 $\lambda$ 및 $\lambda_2$가 각각 잠재 요인 모델 및 이웃 모델의 변수 세트를 정규화하는 데 사용된다.

## 3.7.5 최적화 모델 풀기

3장에서 논의된 다른 모든 최적화 모델의 경우와 마찬가지로 경사하강법을 사용해 최적화 문제를 해결한다. 이 경우 최적화 모델은 상대적으로 많은 수의 항과 많은 수의 변수를 포함하기 때문에 다소 복잡하다. 그럼에도 최적화 모델을 해결하기 위한 접근 방식은 3.6.4.6절의 잠재 요인 모델의 경우와 정확히 동일하다. 각 최적화 변수에 대한 편미분은 업데이트 단계를 유도하는 데 사용된다. 기울기 하강 단계의 유도를 생략하고 여기에 오류 값 $e_{ij} = r_{ij} - \hat{r}_{ij}$로 간단히 설명한다. 평점 행렬에서 관찰된 각 항목 $(i,j) \in S$에 대해 다음 규칙을 사용할 수 있다.

$$u_{iq} \Leftarrow u_{iq} + \alpha(e_{ij} \cdot v_{jq} - \lambda \cdot u_{iq}) \quad \forall q \in \{1 \ldots k+2\}$$

$$v_{jq} \Leftarrow v_{jq} + \alpha \left( e_{ij} \cdot \left[ u_{iq} + \sum_{h \in I_i} \frac{y_{hq}}{\sqrt{|I_i|}} \right] - \lambda \cdot v_{jq} \right) \quad \forall q \in \{1 \ldots k+2\}$$

$$y_{hq} \Leftarrow y_{hq} + \alpha \left( \frac{e_{ij} \cdot v_{jq}}{\sqrt{|I_i|}} - \lambda \cdot y_{hq} \right) \quad \forall q \in \{1 \ldots k+2\}, \forall h \in I_i$$

$$w_{lj}^{item} \Leftarrow w_{lj}^{item} + \alpha_2 \left( \frac{e_{ij} \cdot (r_{il} - B_{il})}{\sqrt{|Q_j(i)|}} - \lambda_2 \cdot w_{lj}^{item} \right) \quad \forall l \in Q_j(i)$$

$$c_{lj} \Leftarrow c_{lj} + \alpha_2 \left( \frac{e_{ij}}{\sqrt{|Q_j(i)|}} - \lambda_2 \cdot c_{lj} \right) \quad \forall l \in Q_j(i)$$

$U, V, Y$의 고정열에서 변화된 항목 재설정

처음 세 개의 업데이트는 $(k+2)$차원 벡터화 형식으로 작성할 수도 있다. 이러한 업데이트가 포함된 각주에 대해서는 SVD++절을 참조하자. 확률적 경사하강법을 사용해 $S$에서 관찰된 모든 평점을 반복적으로 반복한다. 확률적 경사하강법의 기본 알고리듬 프레임워크는 그림 3.9에 설명돼 있다. $\alpha$값은 모델의 잠재 요인 부분과 관련된 변수의 단계 크기를 조절하는 반면, $\alpha_2$는 모델의 이웃 부분과 관련된 변수의 단계 크기를 조절한다. $U, V$ 및 $Y$의 고정 열은 최적화 모델의 제약 조건에 따라 이러한 규칙에 의해 업데이트되지 않아야 한다. 이것은 반복이 끝날 때 항상 고정 값으로 재설정함으로써 실제로 달성된다. 또한 이러한 열은 최적화 모델의 제약 조건에 따라 항상 고정 값으로 초기화된다. 정규화 파라미터는 훈련 중에 관찰된 항목의 일부를 보류하고 보류된 항목의 정확도를 조정해 선택할 수 있다. 좀 더 효과적인 접근법은 7장에서 논의한 교차 검증 방법을 사용하는 것이다. 성능 저하를 방지하기 위해 모델의 이웃 및 잠재 요인 부분에 대해 다른 단계 크기와 정규화 매개변수를 사용하는 것이 특히 중요하다.

## 3.7.6 정확도에 대한 고찰

결합된 모델이 각각의 개별 모델에 비해 우수한 결과를 제공함을 [309]에서 보여줬다. 이것은 결합된 모델이 데이터 세트의 다른 부분의 다양한 특성에 적응할 수 있는 능력의 결과이다. 기본 아이디어는 여러 유형의 모델을 결합하기 위해 하이브리드 추천 시스템 (6장 참조)에서 자주 사용되는 아이디어와 유사하다. 두 가지 다른 구성 요소 모델의 예측에 대한 가중 평균을 사용해 통합 모델의 결과를 근사화할 수 있다. 상대적 가중치는 앞서 언급한 홀드 아웃 또는 교차 검증 기술을 사용해 학습할 수 있다. 그러나 평균 모델에 비해 이 절의 통합 모델이 더 강력하다. 한 가지 이유는 바이어스 변수가 두 구성 요소에 의해 공유돼 바이어스 변수가 각 모델의 특정 뉘앙스에 과적합되는 것을 방지하기 때문이다. 또한 방정식 3.38의 예측함수를 사용하면 최적화 과정에서 각 변수에 대해 적절한 값을 자동으로 선택해 모델의 각 부분의 중요성을 암묵적으로 규제한다. 결과적으로 이러한 유형의 통합은 종종 우수한 정확도를 제공한다. 그러나 이 모델은 SVD++에서 제공하는 것보다 약간 더 우수한 성능을 제공하며 결과는 데이터 세트에 따라 다르다. 명심해야 할 한 가지 문제는 이웃 모델에 SVD++보다 최적화할 파라미터가 더 많다는 것이다. 데이터 세트가 충분히 크지 않으면 이웃 구성 요소가 상당한 이점을 얻지 못한다. 더 작은 데이터 세트의 경우 매개변수 수를 늘리면 종종 과적합이 발생한다. 이러한 의미에서 비대칭 요인 모델, 바이어스가 있는 순수 SVD, SVD++ 및 이웃 통합 분해, 분해 사이의 적절한 선택은 종종 데이터 세트의 크기에 따라 달라진다. 더 복잡한 모델은 과적합을 방지하기 위해 더 큰 데이터 세트가 필요하다. 매우 작은 데이터 세트의 경우 비대칭 요인 모델을 사용하는 것이 가장 좋다. 매우 큰 데이터 세트의 경우 이웃 통합 분해 모델이 가장 좋다. SVD++는 일반적으로 대부분의 설정에서 순수한 SVD(바이어스 포함)보다 낫다.

## 3.7.7 잠재 요인 모델을 임의 모델과 통합

잠재 요인 모델과 이웃 기반 모델의 통합은 전자를 콘텐츠 기반 방법과 같은 다른 유형의 모델과 통합하는 데 유용한 힌트를 제공한다. 이러한 통합은 자연스럽게 하이브리드 추천 시스템의 생성으로 이어진다. 일반적으로 항목 프로필은 제품 설명 형식으로 제공될 수 있다. 마찬가지로 사용자가 자신의 관심사를 설명하는 프로필을 명시적으로 만들었을 수 있다. 사용자 $i$에 대한 프로필이 키워드 벡터 $\overline{C}_i^{user}$로 표시되고 아이템 $j$에 대한 프로필이 키워드 벡터 $\overline{C}_j^{item}$로 표시된다고 가정한다. 또한 사용자 $i$의 관찰된 평가는 $\overline{R}_i^{user}$로 표시된 사용자 항목이고, 아이템 $j$의 관찰된 평가는 $\overline{R}_j^{item}$로 표시된다고 가정한다. 그런 다음 다음과 같은 일반적인 형태의 예측함수를 작성할 수 있다.

$$\hat{r}_{ij} = \underbrace{[(U + FY)V^T]_{ij}}_{\text{잠재 요인 부분}} + \beta \underbrace{F(\overline{C}_i^{user}, \overline{C}_j^{item}, \overline{R}_i^{user}, \overline{R}_j^{item})}_{\text{또 다른 예측 모델}}$$

여기서 $\beta$는 두 모델의 상대적 중요성을 제어하는 균형 요소이다. 두 번째 항목인 $F(\overline{C}_i^{user}, \overline{C}_j^{item}, \overline{R}_i^{user}, \overline{R}_j^{item})$는 사용자 프로필, 아이템 프로필, 사용자 평점 및 아이템 평가의 파라미터화된 함수다. 식 3.39에서 예측 오류를 최소화하기 위해 잠재 요인과 함께 이 함수의 파라미터를 최적화할 수 있다.

이웃 및 잠재 요인 모델의 통합은 함수 $F()$가 항목 $\overline{R}_j^{item}$만 사용하고 다른 모든 인수를 무시하는 선형 회귀 함수인 이 방법의 특별한 경우로 볼 수 있다. 그러나 함수 $F()$의 선택을 변경해 이 광범위한 접근 방식의 변형을 거의 무한대로 설계할 수 있다. 소셜 데이터, 위치 또는 시간과 같은 다른 데이터 소스를 사용해 $F()$의 범위를 넓힐 수도 있다. 실제로 파라미터화된 예측함수의 형태로 제시된 거의 모든 협업 필터링 모델을 잠재 요인 모델과 통합할 수 있다. 다양한 유형의 기능 기반 회귀, 주제 모델링 또는 기타 새로운 데이터 소스를 잠재 요인 모델과 통합하는 많은 방법이 연구 문헌에서 실제로 제안됐다. 예를 들어 사회적 정규화 방법(11.3.8절 참조)은 잠재 요인 모델을 사회적 신뢰 정보와 통합해 예측을 개선한다. 앞서 언급한 프레임워크를 사용해 예측력을 잠재 요인 모델과 통합할 수 있는 새로운 데이터 소스를 식별해 추천 시스템의 최신 기술을 개선하는 데 중요한 범위다.

## 3.8 요약

3장에서는 협업 필터링을 위한 여러 모델을 설명한다. 협업 필터링 문제는 분류 문제의 일반화로 볼 수 있다. 따라서 분류에 적용되는 많은 모델은 일부 일반화를 사용해 협업 필터링에도 적용된다. 예외적인 것 중 주목할 만한 경우는 협업 필터링 문제에 고도로 맞춤화된 잠재 요인 모델이다. 잠재 요인 모델은 평점을 예측하기 위해 다양한 유형의 분해를 사용한다. 이러한 다양한 분해 유형은 목적함수의 특성과 기본 행렬에 대한 제약 조건이 다르다. 또한 정확성, 과적합 및 해석 가능성 측면에서 서로 다른 절충안이 있을 수 있다. 잠재 요인 모델은 협업 필터링의 최첨단이다. 목적함수 및 최적화 제약 조건의 선택을 기반으로 다양한 잠재 요인 모델이 제안됐다. 잠재 요인 모델을 이웃 방법과 결합해 통합 모델을 생성할 수도 있으며, 이는 잠재 요인 모델과 이웃 방법 모두의 이점을 누릴 수 있다.

## 3.9 참고문헌

협업 필터링의 문제는 분류와 밀접한 관련이 있다. 수많은 문헌에서 추천 시스템이 제안됐다. 이는 추천을 수행하기 위해 다양한 분류 모델을 수정한다. 협업 필터링과 분류 간의 관계는 [82]에서 설명한다. 최초의 연관 기반 방법은 [524]에 설명돼 있다. 당면한 아이템에 특정한 지원 수준을 사용하는 방법의 다양한 향상은 [358, 359, 365]에서 논의된다. 이 방법 중 처음 두 가지 방법은 아이템 연결보다는 사용자 연결을 활용한다[358, 359]. 연관 규칙 기반 시스템은 웹 기반 개인화 및 추천 시스템에서 중요한 용도를 발견했다[441, 552]. 연관 규칙 방법은 아이템 간 또는 사용자 간의 지역화된 연관성을 추출하기 위해 이웃 방법과 결합될 수 있다[25]. 지역화된 연결은 일반적으로 전역 규칙 기반 방법에서 가능한 것보다 더 정제된 추천을 제공한다.

Bayes 방법을 사용해 협업 필터링을 수행하는 방법은 [437]에서 논의된다. 협력 필터링을 위한 확률적 관계 모델의 사용은 [219]에서 제안됐다. 추천 시스템을 위한 지원 서포트 벡터 머신Support Vector Machines은 [638]에서 논의된다.

신경망은 최근 협업 필터링에도 사용됐다[519, 679]. 제한된 볼츠만 머신RBM, Restricted Boltzmann Machine은 하나의 입력 계층과 하나의 은닉 계층이 있는 신경망이다. 이러한 종류의 네트워크는 협업 필터링[519]에 사용됐다. 여기서 보이는 단위는 아이템에 해당하고 각 에폭epoch의 모든 사용자에 대해 훈련이 수행된다. 사용자가 아이템을 평가하면 표시되는 단위가 활성화된다. RBM은 단위 내에서 비선형성을 사용할 수 있기 때문에 때때로 잠재 요인 모델보다 우수한 성능을 달성할 수 있다. RBM은 과적합을 줄이기 위해 큰 파라미터 공간의 인수분해 표현을 사용하며 넷플릭스 프라이즈 콘테스트에서 매우 정확한 것으로 나타났다. factorized parameter 표현의 기본 아이디어는 인수분해 머신[493]과 같은 다른 최근 방법에서도 사용됐다.

다양한 차원 감소 방법에 대한 자세한 논의는 [22]에서 찾을 수 있다. 이웃 기반 필터링을 위한 차원 축소 방법의 사용은 [525]에서 제안됐다. 독립적으로 제안된 [24, 525]의 작업은 또한 추천 및 누락 데이터 대치에 대한 독립형 방법으로서 잠재 요인 모델의 초기 사용에 대해 논의한다. [24]의 작업은 누락된 항목을 대치하기 위해 EM 알고리듬과 잠재 요인 모델을 결합한다. 독립형 잠재 인자 방법은 특히 협업 필터링에 효과적이며 현재까지 SOTA state-of-the-art이다. 잠재 인자 방법을 정규화하는 방법은 Paterek이 [473]에서 논의했다. 또한 같은 작업은 잠재 요인 모델에서의 사용자 및 아이템 바이어스의 개념을 도입한다. 이 작업에서는 사용자가 잠재 요인에 의해 명시적으로 표현되지 않는 비대칭 요인 모델에 대해 설명한다. 이 경우 사용자 요인은 그녀가 평가한 아이템들의 암시적 요인의 선형 조합으로 표시된다. 결과적으로 학습할 파라미터의 수가 감소한다. 실제로 Paterek의 (상대적으로 저평가된) 작업[473]은 SVD++와 같은 SOTA 방법을 만들기 위해 나중에 다양한 방식으로 결합 및 개선된 거의 모든 기본 새로운 방식을 도입했다[309, 311, 313].

초기 연구[133, 252, 300, 500, 569, 666]에서는 여러 형태의 행렬 인수분해가 추천에 어떻게 사용될 수 있는지 보여준다. 다양한 형태의 행렬 인수분해 간의 차이점은 목적 (손실) 함수의 특성과 요인 행렬에 대한 제약이다. [371]의 방법은 평점이 분포된 비선형 초평면을 발견하는 커널 협업 필터링 개념을 제안한다. 이 접근 방식은 더 복잡한 평점 분포를 모델링할 수 있다. 이러한 다양한 유형의 분해는 품질, 과적합 및 해석 가능성에서 서로 다른 절충안으로 이어진다. 행렬 인수분해를 위한 협업 필터링을 위한 증분 방법은 [96]에서 설명한다.

기본 목적함수 및 제약 조건의 다양한 변형이 다양한 형태의 행렬 인수분해에 사용된다. [180, 500, 569, 624]의 연구는 최대 마진 분해maximum margin factorization를 탐구하는데, 이는 제한되지 않은 행렬 인수분해와 매우 밀접하게 관련돼 있다. 가장 큰 차이점은 손실을 정량화하기 위해 오차 행렬의 프로베니우스 노름을 사용하는 대신 목적함수에서 힌지 손실과 함께 최대 마진 정규화기maximum margin regularizer를 사용한다는 것이다. [252, 666]의 연구는 비음행렬 인수분해다. 완전한 데이터에 대한 비음행렬 인수분해 방법에 대한 자세한 설명은 [22, 537]에서 찾을 수 있다. [666]의 결과는 프로베니우스 노름을 사용해 기존의 음이 아닌 인수분해 방법을 탐색하는 반면 [252, 517]의 작업은 행렬 인수분해의 확률적 형태를 탐색한다. 일부 확률 버전은 프로베니우스 표준을 최소화하지만 동시에 정규화를 최적화한다. 베이지안 방법을 행렬 인수분해 방법과 결합하는 방법(정규화 매개변수를 신중하게 결정하기 위해)은 [518]에서 논의된다. 이 목표를 달성하기 위해 Gibbs 샘플링이 사용된다. 비음행렬 인수분해 방법에 대한 초기화 기술은 [331]에서 설명한다. Netflix Prize 경연 대회[73]에 의한 잠재 인자 모델의 대중화 이후, 협업 필터링을 위해 다른 분해 기반 방법도 제안됐다[309, 312, 313]. 암시적 피드백 데이터와 함께 작동하는 가장 초기의 잠재 요인 모델 중 하나가 [260]에 나와 있다. 이 책의 SVD++ 설명은 [309]에서 차용했다. 최근 연구[184]는 U의 프로베니우스 규범에 비례하는 패널티를 부과해 관찰되지 않은 값이 더 낮은 평점을 갖도록 강제한다. 아이디어는 더 높은 평점에 대한 처벌을 받는 것이다. 이 접근 방식은 관찰되지 않은 평점이 더 낮은 값을 가진다고 명시적으로 가정하기 때문에 [309]보다 더 강한 바이어스를 부과한다. 더욱이 [184]의 평점은 음수가 아니어야 한다. 그래야 프로베니우스 규범이 더 높은 평점에 더 큰 불이익을 준다. 일부 잠재 인자 방법 [309]은 SVD++와 같은 기술이 회귀 기반 이웃 방법과 결합될 수 있는 방법을 보여준다(3.7절 참조). 따라서 이러한 방법은 선형 회귀를 분해 모델과 결합한다. 특이값 분해를 사용하는 행렬 인수분해 방법은 [127]에서 논의된다. 부가 정보가 있는 협업 필터링 행렬에 대한 유도 행렬 완성 방법의 사용은 [267]에서 설명한다.

다양한 회귀 기반 모델은 [72, 309, 342, 434, 620, 669]에서 논의된다. 최소 제곱 회귀 및 서포트 벡터 머신SVM과 같은 선형 분류 모델의 일반적인 검사는 [669]에 제공된다. 이 작업은 긍정적인 선호도만 사용할 수 있는 Webclick 데이터 또는 판매 데이터와 같은 암시적 피드백 데이터 세트에 대해서만 설계됐지만 선형 방법의 가장 초기 평가 중 하나였다. 이러한 경우 협업 필터링은 형식이 텍스트 분류와 유사하다는 것이 관찰됐다. 그러나 데이터의 노이즈와 클래스 분포의 불균형 특성으로 인해 SVM 방법을 직접 사용하는 것이 효과적이지 않을 때도 있다. 더욱 정확한 결과를 제공하기 위해 손실함수에 대한 변경이 [669]에서 제안됐다. 이 접근 방식은 SVM 최적화에서 2차 손실함수를 사용해 최소 제곱 접근 방식과 더 유사한 형태를 얻는다는 것을 보여준다. 수정된 SVM은 최소 제곱 접근 방식보다 경쟁적으로 또는 더 나은 성능을 발휘한다. [72, 309]의 방법은 이웃 기반 방법과 밀접하게 연관돼 있으며 2.6절에서 논의된다. [620]의 작업은 일반적인 최소 제곱 문제로 모델링된 선형 모델 모음을 사용한다. 기울기 1 예측자와 같은 회귀 기반 모델의 사용은 [342]에서 논의된다. 2.6절에서 논의한 바와 같이 회귀 모델을 사용해 모델 기반 방법과 이웃 기반 방법 간의 형식적 연결을 보여줄 수 있다[72, 309]. 회귀와 잠재 인자 모델을 결합하는 다른 방법은 [13]에서 설명한다. [321, 455]의 연구는 이웃 접근법과 회귀 및 행렬 인수분해를 결합하는 다양한 유형의 희소 선형 모델SLIM을 개발한다. SLIM 접근 방식은 주로 암시적 피드백 데이터 세트를 위해 설계됐다.

근본적인 최적화 문제에 대한 솔루션을 결정하기 위한 방법론의 선택에 상당한 양의 작업이 투입됐다. 예를 들어 경사하강법과 확률적 경사하강법 사이의 상충 관계에 대한 논의는 [351]에서 제공되며, 둘 사이의 간격을 메우기 위해 미니 배치가 제안된다. 대체 최소 제곱 방법은 [268, 677]에서 논의된다. 교대 최소 제곱의 원래 아이디어는 완전한 행렬의 양의 행렬 인수분해에서 제안됐다[460]. 잠재 요인 모델에서 대규모 및 분산 확률적 경사하강법에 대한 방법이 [217]에서 제안됐다. 확률적 하강과 교대 최소 제곱 사이의 주요 절충점은 안정성과 효율성 사이의 절충점이다. 전자의 방법이 더 효율적이고 후자가 더 안정적이다. 좌표 하강 방법[650]은 안정성을 유지하면서 효율적일 수 있다고 제안됐다. 또한 비모수적 방법은 잠재 인자 모델을 사용한 대규모 협업 필터링에 몇 가지 장점이 있음이 밝혀졌다[651]. 잠재 인자 모델에서 콜드 스타트 문제를 해결하는 방법은 [676]에서 논의된다. 넷플릭스 경연 대회는 잠재 요인 모델의 역사에서 특히 주목할 만한데, 다름 아닌 그러한 모델의 적절한 구현에 대한 몇 가지 유용한 교훈[73]을 가져왔기 때문이다. 최근에는 더 풍부한 사용자 선호도를 모델링하기 위해 잠재 요인 모델이 사용됐다. 예를 들어 [322]의 작업은 어떻게 글로벌 선호도와 관심사별 선호도를 결합해 추천을 할 수 있는지 보여준다.

# 3.10 연습 문제

1. 불완전한 데이터 세트에 대한 평가의 의사 결정 트리 기반 예측자를 구현하자. 3장에 설명된 차원 감소 접근 방식을 사용한다.

2. 평점이 [-1, 1]의 실수인 경우 규칙 기반 협업 필터링 시스템을 어떻게 사용하는지 설명하라.

3. 단항 데이터에서 지역화된 연관성을 발견하기 위해 권장 사항을 위한 클러스터링과 연관 규칙 방법을 결합하는 알고리듬을 설계한다. 바닐라 규칙 기반 방법에 비해 이 접근 방식의 장점은 무엇인가?

4. 3장에서 설명하는 나이브 베이즈 모델은 사용자의 다른 평점을 조건부로 사용해 각 항목의 평점을 예측한다. 항목의 다른 평점을 조건으로 사용하는 베이즈 모델을 설계한다. 각 모델의 장단점에 대해 토론하라. 각 접근 방식이 더 잘 작동하는 사례를 식별한다. 두 모델의 예측을 어떻게 결합하는가?

5. 상인이 다양한 고객의 구매 행동을 포함하는 단항 행렬을 가지고 있다고 가정한다. 행

렬의 각 항목에는 고객이 특정 항목을 구매했는지 여부에 대한 정보가 포함돼 있다. 아직 아이템을 구매하지 않은 사용자 중 판매자는 구매 성향에 따라 모든 사용자의 순위를 매기고자 한다. 이 목표를 달성하기 위해 베이즈 모델을 사용하는 방법을 보여준다.

6. 표 3.1의 베이즈 모델을 사용해 존이 향후 빵을 구매할 확률을 결정하라. 표의 0은 누락된 값이 아니라 실제로 평점에 지정된 값으로 취급한다(빵 및 쇠고기에 대한 존의 평점 제외). 그가 앞으로 쇠고기를 살 확률을 결정하라. 존은 앞으로 빵이나 쇠고기를 더 많이 살 가능성이 있는가?

7. 협업 필터링을 위해 나이브 베이즈 모델을 구현하라.

8. 결측값을 0으로 처리해 표 3.2에 있는 행렬의 간단한 랭크2 SVD를 수행한다. SVD 사용을 기반으로 사용자 3의 결측값에 대한 예측 평점은 무엇인가? 이것은 다른 초기화를 사용하는 3.6.5.4절의 예에 표시된 결과와 어떻게 비교되는가? 결과는 3장에서 설명한 베이즈 모델을 사용해 얻은 결과와 어떻게 비교되는가?

9. $R = UV^T$로 분해될 수 있는 행렬 $R$이 주어졌다고 가정한다. 여기서 $U$의 열은 서로 직교하고 $V$의 열은 서로 직교한다. $R$을 $Q \Sigma P^T$ 형식으로 3개의 행렬로 분해하는 방법을 보여준다. 여기서 $P$와 $Q$의 열은 직교 행렬이고 $\Sigma$는 음이 아닌 대각 행렬이다.

10. 확률적 경사하강법 및 배치 업데이트를 사용해 제약 없는 행렬 인수분해 방법을 구현한다.

11. 사용자 요인 행렬의 마지막 열에 1만 포함하고 항목 요인 행렬의 두 번째 마지막 열에 1만 포함하도록 제한하는 경우 제약이 없는 행렬 인수분해를 위한 최소 제곱 방법을 대체하는 데 필요한 변경 사항에 대해 논의한다. 이 방법은 제약 없는 행렬 인수분해에 사용자 및 항목 바이어스를 통합하는 데 유용하다.

12. 암시적 피드백을 사용해 잠재 요인 모델을 설계하기 위해 교대 최소 제곱 방법을 적용하는 방법을 논의한다.

13. $m \times k$ 행렬 $F$, $n \times k$ 행렬 $V$ 및 $n \times k$ 행렬 $Y$는 3.6.4.6절의 비대칭 인자 모델 부분에서 논의된 대로 정의된다. 사용자 및 항목 바이어스를 고려할 필요가 없는 비대칭 요인 모델의 단순화된 설정을 가정한다.

(a) 평점 행렬 $R$에서 관찰된 각 항목 $(i, j)$에 대한 확률적 경사하강법 업데이트가 다음과 같음을 보여준다.

$$v_{jq} \Leftarrow v_{jq} + \alpha \left( e_{ij} \cdot \left[ \sum_{h \in I_i} \frac{y_{hq}}{\sqrt{|I_i|}} \right] - \lambda \cdot v_{jq} \right) \quad \forall q \in \{1 \ldots k\}$$

$$y_{hq} \Leftarrow y_{hq} + \alpha \left( \frac{e_{ij} \cdot v_{jq}}{\sqrt{|I_i|}} - \lambda \cdot y_{hq} \right) \quad \forall q \in \{1 \ldots k\}, \forall h \in I_i$$

여기서 $e_{ij} = r_{ij} - \hat{r}_{ij}$는 관찰된 항목 $(i, j)$의 오류이고 $I_i$는 사용자 $i$가 평점을 지정

한 항목 집합이다.

(b) 사용자 및 항목 바이어스를 설명하기 위해 다양한 행렬의 정의와 업데이트에 어떤
변경이 필요한가?

# 4

# 콘텐츠 기반 추천 시스템

"형식은 내용이 있어야 하고, 그 내용은 본질과 연결돼 있어야 한다."

— 알바르 알토

## 4.1 개요

3장에서 설명한 협업 시스템은 추천을 만들기 위해 사용자의 평점 패턴의 상관관계를 이용한다. 다른 한편으로 이러한 방법은 예측을 계산할 때 아이템의 속성을 이용하지 않는다. 상관관계를 이용하는 것은 오히려 낭비하는 것처럼 보일 수 있다. 존이 공상과학영화인 〈터미네이터〉를 좋아한다면 〈에이리언〉과 같은 장르의 영화를 좋아할 가능성이 아주 높기 때문이다. 이 경우 의미 있는 추천을 만들 때 다른 사용자의 평가가 필요하지 않을 수 있다. 콘텐츠 기반 시스템은 설명이 가능한 속성 집합을 이용해 아이템을 설명할 수 있는 시나리오를 활용하도록 설계됐다. 이런 경우 사용자의 평점 및 다른 영화에 대한 시청 여부는 의미 있는 추천을 발견하기에 충분하다. 이 방법은 특히 새 아이템이거나 해당 아이템에 대한 평가가 거의 없는 경우에 유용하다.

콘텐츠 기반 추천 시스템은 사용자가 과거에 좋아했던 것과 유사한 아이템을 사용자에게 추천하려고 시도한다. 이 유사도는 사용자 간의 평가에 대한 상관관계를 기반으로 하는 것이 아니라 사용자가 좋아하는 아이템의 속성을 기반으로 한다. 콘텐츠 기반 시스템은 대상 사용자의 평가 이외에 다른 사용자의 평가를 명시적으로 활용하는 협업 시스템과 달리 주로 대상 사용자의 평점과 사용자가 좋아하는 아이템의 속성에 중점을 둔다. 따라서 콘텐츠 기반 시스템에서 다른 사용들의 역할이 거의 없다. 즉, 콘텐츠 기반 방법론은 추천 프로세스에서 다른 데이터 소스를 활용한다. 6장에서 볼 수 있듯이 많은 추천 시스템이 협업 필터링 시스템과 콘텐츠 기반 추천 시스템의 힘을 이용한다. 이러한 추천 시스템을 하이브리드 추천 시스템이라고 한다.

가장 기본적인 수준에서 콘텐츠 기반 시스템은 두 가지 데이터 원본을 사용한다.

1. 첫 번째 데이터 원본은 콘텐츠 중심 속성의 다양한 아이템에 대한 설명이다. 예를 들어 콘텐츠를 만든 곳에서 아이템에 대해 설명한 내용일 수 있다.

2. 두 번째 데이터 원본은 다양한 아이템에 대한 사용자 피드백에서 생성된 사용자 프로파일이다. 사용자 피드백은 명시적이거나 암시적일 수 있다. 명시적 피드백은 사용자 평점에 해당할 수 있는 반면, 암시적 피드백은 사용자 행동에 해당할 수 있다. 평점은 협업 시스템과 유사한 방식으로 수집한다. 사용자 프로파일은 다양한 아이템의 속성을 사용자 관심 분야(평점)와 연관시킨다. 사용자 프로파일의 매우 기본적인 예는 아이템 설명, 레이블로써의 사용자 평점 및 사용자 평점과 관련된 분류 또는 회귀 모델의 레이블링된 학습 문서 집합일 수 있다. 특정 사용자 프로파일은 현재 사용 중인 방법론에 따라서 크게 달라질 수 있다. 예를 들어 한 환경에서 명시적 평가를 사용할 수 있으며 다른 환경에서 암시적 피드백을 사용할 수 있다. 또한 사용자가 관심 키워드에 따라 자신의 프로파일을 설정할 수도 있으며 이 방법은 지식 기반 추천 시스템과 몇 가지 특성이 동일하다.

일반적으로 다른 사용자의 평점은 콘텐츠 기반 추천 알고리듬에서 아무런 역할을 하지 않는다는 점은 주목할 만하다. 이는 컨텍스트에 따라 장점이기도 하고 불리하기도 하다. 한편 다른 사용자의 평가에 관한 정보가 거의 없는 콜드 스타트 시나리오에서는 이용자 자신의 관심사에 관한 충분한 정보를 사용할 수 있다면 콘텐츠 기반 접근 방식을 이용할 수 있다. 이는 추천 시스템에서 다른 사용자 수가 적을 때 발생하는 콜드 스타트 문제를 부분적으로 완화한다. 또한 새로운 아이템인 경우 해당 아이템에 대해 다른 사용자의 평점을 얻을 수 없다. 콘텐츠 기반 방법을 사용하면 새 아이템에서 속성을 추출하고 이를 사용해 예측할 수 있기 때문에 이러한 환경에서도 추천을 사용할 수 있다. 반면 새로운 사용자의 콜드 스타트 문제는 콘텐츠 기반 추천 시스템으로 해결할 수 없다. 또한 다른 사용자의 평점을 사용하지 않으면 추천의 다양성과 참신성이 줄어든다. 많은 경우 추천되는 아이템은 사용자에게 너무 뻔한 아이템일 수도 있고 사용자가 이전에 이용한 다른 아이템일 수도 있다. 이는 콘텐츠 속성은 항상 사용자가 과거에 본 것과 비슷한 속성을 가진 아이템을 추천하기 때문이다. 유사한 속성을 가진 추천 아이템은 사용자에게 거의 놀라움을 주지 않는다. 이러한 장점과 단점은 4장 뒷부분에서 설명한다.

콘텐츠 기반 시스템은 주로 많은 양의 속성 정보를 즉시 사용할 수 있는 시나리오에서 사용한다. 대부분의 경우 이러한 속성은 제품 설명에서 추출한 키워드다. 사실 대부분의 콘텐츠 기반 시스템은 기본 객체에서 텍스트 속성을 추출한다. 따라서 콘텐츠 기반 시스템은 특히 텍스트가 풍부하고 구조화되지 않은 도메인에서 추천을 제공하는 데 적합하다. 이러한 시스템을 사용하는 전형적인 예는 웹 페이지 추천이다. 이를테면 사용자의 이전 브라우징 동작을 이용해 콘텐츠 기반 추천 시스템을 만들 수 있다. 그러나 이러한 시스템의 사용이 웹 도메인에만 국한되는 것은 아니다. 제품 설명에 포함된 키워드는 이커머스 환경에서도 추천을 위해 아이템 및 사용자 프로파일을 만드는 데 사용한다. 다른 환경에서는 키워드 외에 제조업체, 장르 및 가격과 같은 관련된 속성을 사용할 수 있다. 이러한 속성은 관계형 데이터베이스에 저장할 수 있는 구조화된 표현을 작성하는 데 사용할 수 있다. 이러한 경우 구조화된 속성과 구조화되지 않은 속성을 하나의 구조화된 표현으로 결합해야 한다.

그러나 콘텐츠 기반 시스템의 기본 원칙은 구조화된 표현이나 구조화되지 않은 표현의 사용 여부에 따라 변하지 않는다. 구조화된 도메인 대부분의 학습 방법이 구조화되지 않은 도메인에서도 직접적으로 유사도를 가지고 그 반대의 경우도 동일하다. 설명의 일관성을 유지하기 위해 4장에서 논의할 내용은 구조화되지 않은 환경에 초점을 맞춘다. 그러나 이러한 방법의 대부분은 구조화된 환경에도 쉽게 적용할 수 있다.

콘텐츠 기반 시스템은 지식 기반 추천 시스템과 밀접한 관련이 있다. 다양한 유형의 시스템 간의 관계에 대한 요약은 표 1.2에 나와 있다. 콘텐츠 기반 시스템과 마찬가지로, 지식 기반 추천 시스템은 추천을 만들기 위해 아이템의 콘텐츠 속성을 사용한다. 주요 차이점은 지식 기반 시스템이 사용자와 추천 시스템 간의 대화식 인터페이스를 이용해 사용자가 요구 사항을 명시적으로 입력하도록 제공한다는 것이다. 지식 기반은 사용자 요구 사항에 맞는 아이템을 찾기 위해 상호작용을 이용한다. 반면 콘텐츠 기반 시스템은 일반적으로 과거 평가를 학습하는 접근 방식을 사용한다. 따라서 지식 기반 시스템은 추천 프로세스에서 사용자에게 더 나은 제어권을 제공하는 반면 콘텐츠 기반 시스템은 과거의 행동을 좀 더 효과적으로 활용한다. 그럼에도 이러한 차이점은 그다지 중요하지 않으며 일부 콘텐츠 기반 방법에서 사용자는 관심 프로파일을 명시적으로 지정할 수 있다. 여러 시스템이 통합된 프레임워크에서 학습 및 대화형 방법을 모두 활용한다. 이러한 시스템을 하이브리드 추천 시스템이라고 한다. 지식 기반 추천 시스템은 5장에서 논의하고 하이브리드 추천 시스템은 6장에서 논의한다.

4장은 다음과 같이 구성됐다. 다음 절에서는 콘텐츠 기반 추천 시스템의 기본 구성 요소에 대한 개요를 설명한다. 피처 추출feature extraction과 선택 방법은 4.3절에서 논의한다. 사용자 프로파일을 학습하고 추천을 활용하는 과정은 4.4절에서 논의한다. 협업 및 콘텐츠 기반 시스템의 주요 특성을 비교하는 것은 4.5절에서 확인할 수 있다. 협업 필터링과 콘텐츠 기반 방법을 연결하는 것은 4.6절에서 설명한다. 요약은 4.7절에 나와 있다.

## 4.2 콘텐츠 기반 시스템의 기본 구성 요소

콘텐츠 기반 시스템에는 특정 기본 구성 요소가 있으며, 이러한 구성 요소는 콘텐츠 기반 시스템의 다양한 상황에서도 변하지 않는다. 콘텐츠 기반 시스템은 사용자의 다양한 아이템에 대한 설명 및 지식을 사용하므로 여러 유형의 비정형 데이터를 표준화된 설명으로 변환해야 한다. 대부분의 경우 아이템에 대한 설명을 키워드로 변환하는 것이 좋다. 따라서 콘텐츠 기반 시스템은 주로 텍스트를 이용하는 분야에서 작동하지만 텍스트로만 동작하는 것은 아니다. 콘텐츠 기반 시스템의 많은 애플리케이션도 텍스트 중심이다. 예를 들어 뉴스 추천 시스템은 콘텐츠 기반 시스템인 경우가 많으며 텍스트 중심의 시스템이기도 하다. 일반적으로 텍스트 분류 및 회귀 모델링 방법은 콘텐츠 기반 추천 시스템을 만드는 데 가장 널리 사용하는 도구다.

　콘텐츠 기반 시스템의 주요 구성 요소는 (오프라인) 전처리 부분, (오프라인) 학습 부분 및 온라인 예측 부분을 포함한다. 오프라인 부분은 분류 또는 회귀 모델인 요약 모델을 만드는 데 많이 사용한다. 이 모델은 사용자를 위한 온라인 추천 생성에 사용한다. 콘텐츠 기반 시스템의 다양한 구성 요소는 다음과 같다.

1. 전처리 및 피처 추출: 콘텐츠 기반 시스템은 웹 페이지, 제품 설명, 뉴스, 음악 등과 같은 다양한 영역에서 사용한다. 대부분의 경우 이러한 다양한 소스에서 피처를 추출해 키워드 기반 벡터 공간 표현으로 변환한다. 이것은 모든 콘텐츠 기반 추천 시스템의 첫 번째 단계이며 도메인에 따라 다르다. 그러나 가장 유익한 피처를 적절하게 추출하는 것은 콘텐츠 기반 추천 시스템의 효과적인 기능을 위해 필수적이다.

2. 사용자 프로파일의 콘텐츠 기반 학습: 앞에서 설명한 것처럼 콘텐츠 기반 모델은 주어진 사용자에 따라 다르다. 따라서 구매 또는 평가한 아이템의 과거 이력을 기반으로 사용자별 모델을 구성해 아이템에 대한 사용자의 관심을 예측한다. 이 목표를 달성하기 위해 이전에 등록한 평점(명시적 피드백) 또는 사용자 활동(암시적 피드백)의 형태로 나타날 수 있는 사용자 피드백을 활용한다. 이러한 피드백은 학습 데이터를 구성하기 위해 아이템의 속성과 함께 사용한다. 이 학습 데이터로 학습 모델을 구축한다. 이 단계는 피드백이 범주형(예: 아이템 선택 여부)인지 또는 숫자형(예: 평점 또는 구매 빈도)인지 여부에 따라 분류 또는 회귀 모델링과 크게 다르지 않다. 결과 모델은 개념적으로 사용자 관심(평점)을 아이템 속성과 관련시키기 때문에 사용자 프로파일이라고 한다.

3. **필터링 및 추천**: 이 단계에서는 이전 단계의 학습된 모델을 사용해 특정 사용자의 아이템에 대한 추천을 만든다. 예측이 실시간으로 수행돼야 하기 때문에 이 단계가 매우 효율적이어야 한다.

다음 절에서 각 단계에 대해 자세히 설명한다. 데이터 분류 분야는 그 자체로 광대한 영역이며, 분류 모델에 대해 자세히 논의하는 것이 이 책의 목표는 아니다. 그러므로 4장에서는 분류 모델에 익숙하다고 가정할 것이다. 목표는 추천 시스템에서 특정 분류 모델을 블랙 박스로 사용하는 방법과 콘텐츠 기반 추천 시스템에 가장 적합한 분류 모델의 종류를 보여주는 것이다. 가장 보편적으로 사용하는 두 가지 모델에 대한 간략한 설명이 포함돼 있지만 완벽한 설명은 아니다. 분류 모델에 익숙하지 않은 독자를 위해 유용한 자료는 참고문헌에 있다.

## 4.3 전처리 및 피처 추출

모든 콘텐츠 기반 모델의 첫 번째 단계는 아이템 간의 차이를 분간할 수 있는 피처를 추출하는 것이다. 차이를 분간할 수 있는 피처는 사용자의 관심 분야를 예측하는 데 큰 도움을 준다. 이 단계는 현재 사용 중인 애플리케이션에 크게 의존한다. 예를 들어 웹 페이지 추천 시스템은 제품을 추천하는 시스템과 매우 다를 것이다.

### 4.3.1 피처 추출

피처 추출 단계에서는 다양한 아이템에 대한 설명을 추출한다. 다차원 데이터 표현과 같은 모든 종류의 표현을 사용할 수 있지만 가장 일반적인 방법은 기본 데이터에서 키워드를 추출하는 것이다. 이 방법은 구조화되지 않은 텍스트 설명이 다양한 분야에서 널리 사용 가능하며 아이템을 설명하는 데 있어 가장 자연스러운 표현이기 때문이다. 대부분 아이템에는 아이템의 다양한 측면을 설명하는 여러 필드가 있을 수 있다. 예를 들어 책을 판매하는 사람은 책에 대한 설명과 내용, 제목 및 저자를 설명하는 키워드를 가지고 있을 것이다. 경우에 따라 이러한 설명을 키워드 모음으로 변환할 수 있다. 다른 경우, 다차원(구조화된) 표현으로 직접 작업할 수 있다. 후자는 속성이 수량(예: 가격) 또는 작은 영역(예: 색상)에서 파생된 필드를 포함할 때 필요하다.

분류 과정에서 쉽게 사용하기 위해 다양한 필드에 대한 가중치를 적절하게 부여할 필요가 있다. 피처 가중치 설정은 피처 선택과 밀접한 관련이 있다. 피처 가중치 설정은 피처 선택의 소프트 버전이다. 피처 선택의 경우 속성은 관련성에 따라 포함되거나 포함되지 않지만 피처 가중치의 경우 속성은 중요도에 따라 차별적인 가중치를 부여한다. 피처 선택 문제는 4.3.4절에서 자세히 논의할 것이다. 피처 추출 단계는 애플리케이션별로 다르기 때문에 다양한 애플리케이션에 따라 추출해야 할 수 있는 피처 유형을 제공한다.

## 4.3.1.1 상품 추천의 예

영화에 대한 개인화된 추천을 제공하는 IMDb[699]와 같은 영화 추천 사이트[1]를 생각해보자. 각 영화는 일반적으로 시놉시스, 감독, 배우, 장르 등과 같은 영화 설명과 관련 있다. IMDb 웹사이트에서 〈슈렉〉에 관한 간단한 설명은 다음과 같다.

> "그의 늪이 마법의 생명체로 가득 찬 후에, 슈렉은 그의 땅을 되찾으려고 악당 영주를 위해 공주를 구출하는 데 동의한다."

사용자 태그와 같은 많은 다른 속성도 사용할 수 있으며, 콘텐츠 중심 키워드로 취급할 수 있다. 〈슈렉〉의 경우 다양한 분야의 모든 키워드를 연결해 텍스트 설명을 만들 수 있다. 주요 문제는 다양한 키워드가 추천 프로세스에서 동등한 중요성을 갖지 않을 수 있다는 것이다. 예를 들어 특정 배우는 시놉시스의 단어보다 추천에서 더 중요할 수 있다. 이것은 두 가지 방법으로 달성할 수 있다.

1. 도메인별 지식을 사용해 키워드의 상대적 중요성을 결정할 수 있다. 예를 들어 영화의 제목과 주연 배우는 영화 설명에 있는 단어보다 더 많은 가중치를 줄 수 있다. 대부분의 경우 이 프로세스는 시행 착오를 통해 경험적 방식으로 수행한다.
2. 많은 경우 자동화된 방식으로 다양한 피처의 상대적 중요성을 학습하는 것이 가능할 수 있다. 이 프로세스를 피처 가중치 설정이라고 하며 피처 선택과 밀접한 관련이 있다. 피처 가중치 설정 및 피처 선택에 대해서는 이후 절에서 설명한다.

## 4.3.1.2 웹 페이지 추천의 예

웹 문서는 구조의 공통 속성과 내부의 링크가 많기 때문에 특수한 전처리 기술이 필요하다. 웹 문서 전처리의 두 가지 주요 측면은 유용하지 않은 문서의 특정 부분(예: 태그)을 제거하고 문서의 실제 구조를 활용하는 것이다.

웹 문서의 모든 필드는 똑같이 중요하지 않다. HTML 문서에는 제목, 메타데이터 및 문서 본문과 같은 필드가 여러 개 있다.

일반적으로 분석 알고리듬은 이러한 필드를 서로 다른 중요도로 처리하므로 가중치가 다르다. 일례로 문서 제목은 본문보다 중요하고 가중치가 더 높다. 웹 문서의 특수 처리된 부분의 또

---

1 IMDb에서 사용하는 정확한 추천 방법은 독점적이기 때문에 알 수 없다. 여기에 언급된 내용은 설명을 위한 것이다.

다른 예로 앵커 텍스트[2]가 있다. 앵커 텍스트는 링크가 가리키는 웹 페이지에 대한 설명을 포함한다. 앵커 텍스트가 설명을 포함한다는 특성 때문에 중요하다고 여겨지지만, 때로는 페이지 자체의 주제와 관련이 없다. 따라서 문서의 텍스트에서 제거되는 경우가 많다. 가능한 경우 앵커 텍스트가 가리키는 문서의 텍스트에 앵커 텍스트를 추가할 수도 있다. 이것은 앵커 텍스트가 종종 해당 문서의 요약 설명이기 때문이다. 이러한 다양한 기능의 중요성에 대한 학습은 4.3.4절에서 논의하는 자동화된 방법을 통해 수행할 수 있다.

웹 페이지는 종종 페이지의 주요 주제와 관련이 없는 콘텐츠 블록이 포함될 수 있다. 일반적인 웹 페이지에는 마이닝에 별로 도움이 되지 않는 광고, 법적 고지 또는 주의 사항과 같이 많은 관련성이 없는 블록이 있다. 주요 블록의 텍스트만 사용하면 마이닝 결과의 품질이 향상되는 것으로 나타났다. 그러나 웹 스케일 모음에서 주요 블록을 (자동으로) 결정하는 것은 그 자체로 데이터 마이닝이 필요한 문제다. 웹 페이지를 블록으로 분해하는 것은 상대적으로 쉽지만 주요 블록을 식별하기는 어렵다. 주요 블록을 결정하는 가장 자동화된 방법은 특정 사이트가 일반적으로 모든 문서에 대해 유사한 레이아웃을 사용한다는 것을 기반으로 하는 것이다. 따라서 사이트의 태그 트리를 추출해 사이트의 문서에서 레이아웃의 구조를 학습한다. 트리 매칭 알고리듬[364, 662]을 사용해 다른 주요 블록을 추출한다. 머신러닝 방법도 이 작업에 사용할 수 있다. 예를 들어 페이지의 주요 블록을 레이블링하는 문제는 분류 문제로 취급할 수 있다. 참고문헌에는 웹 문서에서 주요 블록을 추출하는 방법에 대한 팁이 있다.

### 4.3.1.3 음악 추천의 예

판도라 인터넷 라디오Pandora Internet radio[693]는 음악 게놈Music Genome 프로젝트[703]에서 추출한 피처와 트랙을 연관시키는 유명한 음악 추천 엔진이다. 트랙의 이러한 피처의 예는 "피처 트랜스 루트feature trance roots", "신스 리프synth riffs", "색조 하모니tonal harmonies", "스트레이트 드럼 비트straight drum beat" 등이 될 수 있다. 사용자는 처음에 "방송국station"을 만들기 위해 관심 있는 트랙을 하나의 예제로 지정할 수 있다. 이 하나의 학습 예제로 시작해 유사한 노래가 재생된다. 사용자는 이 노래에 좋아요 또는 싫어요를 선택할 수 있다.

사용자 피드백은 음악 추천을 위해 더욱 세련된 모델을 만드는 데 사용한다. 이 경우 기본 피처가 상당히 다르더라도 여전히 키워드로 취급할 수 있으며 특정 노래에 대한 "문서"는 관련된 키워드 모음에 해당한다는 점은 주목할 만하다. 또는 특정 속성을 서로 다른 키워드와 연관시켜 다차원 구조의 표현으로 사용할 수 있다.

초기의 관심 트랙은 콘텐츠 기반 추천 시스템보다 지식 기반 추천 시스템에 더 유사하다. 이러한 유형의 지식 기반 추천 시스템을 사례 기반 추천 시스템이라고 한다. 그러나 평점을 사용

---

2 ⟨a href="http://www.google.com"⟩구글⟨/a⟩이라는 HTML 태그가 있을 때 "구글"이라는 부분이 앵커 텍스트다. – 옮긴이

해 추천을 만드는 접근 방식은 콘텐츠 기반 추천 시스템과 비슷하다. 많은 경우 판도라는 아이템 속성과 관련해 추천에 관한 설명을 제공한다.

## 4.3.2 피처 표현 및 정제

이 프로세스는 구조화되지 않은 형식의 표현을 위해 사용할 때 특히 중요하다. 피처 추출 단계에서는 제품 또는 웹 페이지의 구조화되지 않은 설명에서 키워드 모음을 결정할 수 있다. 그러나 이러한 표현은 처리하기에 적합한 형식으로 정리하고 표현해야 한다. 정제 과정에는 몇 가지 단계가 있다.

1. **불용어 제거**: 아이템의 자유 형식의 설명에서 추출한 텍스트의 대부분에는 아이템과 관련이 없지만 영어 어휘의 공통된 부분인 많은 단어가 포함된다. 이러한 단어는 일반적으로 고빈도 단어이다. 예를 들어 'a', 'an' 및 'the'와 같은 단어는 해당 아이템에 특별히 한정되지 않는다. 영화 추천 애플리케이션에서는 시놉시스에서 이러한 단어를 찾는 것이 일반적이다. 통상 관사, 전치사, 접속사 및 대명사는 불용어로 취급된다. 대부분의 경우 표준화된 불용어 목록은 다양한 언어로 제공된다.

2. **형태소 분석**: 형태소 분석에서 동일한 단어의 유사어를 통합한다. 예를 들어 단수 또는 복수형의 단어 또는 동일한 단어의 다른 시제를 통합한다. 어떤 경우에는 다양한 단어에서 공통 어근을 추출한다. 예를 들어 "hoping"과 "hope"와 같은 단어는 공통 어근인 "hop"으로 통합한다. 물론 "hop"과 같은 단어가 자체의 다른 의미를 가지므로 때로는 형태소 분석이 해로운 영향을 미칠 수 있다. 많은 기성 도구[710-712]들은 형태소 분석을 위해 이용 가능하다.

3. **구문 추출**: 문서에서 함께 자주 발생하는 단어를 검색하는 것이다. 예를 들어 "핫도그"와 같은 문구는 구성 단어에 따라서 다른 것을 의미한다. 자동화된 방법을 사용할 수도 있지만 수동으로 정의된 사전을 구문 추출에 사용할 수 있다[144, 364, 400].

이런 단계를 실행한 후 키워드를 벡터 공간 표현으로 변환한다. 각 단어는 용어라고도 한다. 벡터 공간 표현에서 문서를 단어 빈도와 함께 bags of words로 표현한다. 단어 발생 빈도를 사용하는 것에 솔깃할 수 있을지라도, 이는 바람직하지 않은 경우가 많다. 흔히 발생하는 단어는 통계적으로 차별화가 없기 때문이다. 따라서 이러한 단어는 종종 낮은 가중치를 할당해서 무시한다. 단어를 완전히 제거하는 대신 단어를 의미 없는 것으로 치부해 부드러운 방식으로 수행한다는 점을 제외하고는 불용어의 원칙과 유사하다.

단어를 어떻게 가치가 없는 것으로 처리할까? 역문서빈도<sup>inverse document frequency</sup>의 개념을 사용한다. $i$번째 용어의 역문서빈도 $id_i$는 역문서빈도가 발생하는 $n_i$문서 수의 감소함수이다.

$$id_i = \log(n/n_i) \qquad (4.1)$$

여기서 컬렉션의 문서 수는 $n$으로 표시한다.

더욱이 컬렉션에서 한 단어가 과도하게 나타나는 것을 너무 중요하게 다뤄지지 않도록 조심해야 한다. 예를 들어 웹과 같이 신뢰할 수 없는 출처 또는 개방형 플랫폼에서 아이템의 설명을 수집하면 상당한 양의 스팸이 포함될 수 있다. 이 목표를 달성하기 위해, 제곱근 또는 로그와 같은 감쇠 함수damping function $f(\cdot)$를 유사도 계산 전에 빈도에 선택적으로 적용한다.

$$f(x_i) = \sqrt{x_i}$$
$$f(x_i) = \log(x_i)$$

빈도 감쇠는 선택 사항이며 생략되는 경우도 많다. 감쇠 과정을 생략하면 $f(x_i)$를 $x_i$로 설정하는 것과 동일하다. $i$번째 단어에 대한 정규화된 빈도 $h(x_i)$는 역문서빈도와 감쇠 함수를 결합해 정의한다.

$$h(x_i) = f(x_i)id_i \qquad (4.2)$$

이 모델은 일반적으로 tf-idf 모델이라고 하며, 여기서 tf는 단어 빈도term frequency, idf는 역문서빈도inverse document frequency를 의미한다.


## 4.3.3 사용자가 좋아하는 것과 싫어하는 것 수집

아이템에 대한 콘텐츠 외에도 추천 프로세스에서 사용자의 좋아하는 것과 싫어하는 것에 대한 데이터를 수집해야 한다. 데이터 수집은 오프라인 단계에서 수행하는 반면, 추천은 특정 사용자가 시스템과 상호작용할 때 온라인 단계에서 결정된다. 주어진 시간에 예측이 수행되는 사용자를 활성 사용자라고 한다. 온라인 단계에서 사용자의 기본 설정을 콘텐츠와 결합해 예측을 만든다. 사용자가 좋아하는 것과 싫어하는 것에 대한 데이터는 다음 형식 중 하나를 택할 수 있다.

1. 평점: 이 경우 사용자는 아이템에 대한 선호도를 나타내는 평점을 지정한다. 평점은 이진수, 구간 기준 또는 서수일 수 있다. 드물긴 하지만 평점은 실수 값일 수도 있다. 평점의 유형은 사용자 프로파일을 학습하는 데 사용하는 모델에 중요한 영향을 미친다.

2. 암시적 피드백: 암시적 피드백은 아이템 구매 또는 검색과 같은 사용자 행동을 나타낸다. 대부분의 경우 사용자의 긍정적인 선호도만 암시적 피드백으로 포착되고 부정적인 선호도는 포착되지 않는다.[3]

3. 텍스트 의견: 대부분의 경우 사용자는 텍스트로 된 설명 형식으로 의견을 표현할 수 있

---

3  선호하지 않는 아이템은 검색하거나 클릭하지 않기 때문에 암시적 피드백이 없을 수 있다. – 옮긴이

다. 이 경우 암시적 평점을 텍스트로 된 설명 형식의 의견에서 추출할 수 있다. 이러한 형태의 평점 추출은 의견 마이닝 및 감성 분석 분야와 관련이 있다. 이 영역은 이 책의 범위를 벗어난다. 관심 있는 독자는 [364]를 참고하면 된다.

4. **사례**: 사용자는 관심 있는 아이템의 예(또는 사례)를 명시할 수 있다. 이러한 경우는 최근접 이웃 또는 Rocchio 분류 모델을 통해 암시적 피드백으로 사용할 수 있다. 그러나 유사도 검색이 신중하게 설계된 효용 함수와 함께 사용되는 경우 이러한 방법은 사례 기반 추천 시스템과 더 밀접하게 관련된다. 사례 기반 시스템은 학습 알고리듬 대신 도메인 지식과 매칭되는 아이템을 발견하는 데 사용하는 지식 기반 추천 시스템의 하위 클래스다(5.3.1절 참조). 콘텐츠 기반 추천 시스템이 어디에서 끝나고 지식 기반 추천 시스템이 어디에서 시작하는지 표현하기 어려운 경우가 많다. 판도라 인터넷 라디오는 사용자에게 먼저 사용자가 좋아하는 음악 앨범을 입력을 받고 이 데이터를 사용해 사용자를 위한 유사한 음악 아이템을 가진 "라디오 방송국"을 설정한다. 나중에 "좋아요"와 "싫어요"에 대한 사용자 의견을 사용해 추천을 수정한다. 따라서 접근 방식의 첫 번째 부분은 지식 기반 시스템으로 볼 수 있으며, 두 번째 부분은 콘텐츠 기반 (또는 협업) 시스템으로 볼 수 있다.

앞서 언급한 모든 경우에 있어 사용자의 아이템에 대한 "좋아요" 또는 "싫어요"를 최종적으로 단항, 이진, 구간 기반 또는 실제 평점으로 변환한다. 이 평점은 학습에서 사용하는 클래스 레이블 또는 종속변수를 추출한 것으로 볼 수도 있다.

## 4.3.4 지도 피처 선택과 가중치 설정

피처 선택 및 가중치 설정의 목표는 가장 유익한 단어만 벡터 공간 표현에 남도록 하는 것이다. 많이 알려진 추천 시스템[60, 476]은 키워드의 개수에 대해 크기 제한이 있어야 한다고 명시적으로 주장한다. 여러 영역에서 수행한 [476]의 실험 결과는 추출된 단어의 수가 50~300 사이에 있어야 한다고 제안한다. 기본 아이디어는 노이즈가 많은 단어는 과적합되는 결과를 만드는 경우가 많기 때문에 우선적으로 제거하는 것이다. 특정 사용자 프로파일을 학습하는 데 사용할 수 있는 문서의 수가 대체로 그렇게 크지 않다는 사실을 고려할 때 노이즈가 많은 단어를 제거하는 것은 특히 중요하다. 학습에 사용할 수 있는 문서의 수가 적으면 모델이 과적합되는 경향도 커진다. 따라서 피처 공간의 크기를 줄이는 것이 중요하다.

문서 표현에 피처 정보를 통합할 때 두 가지 뚜렷한 측면이 있다. 하나는 피처 선택으로, 단어 제거에 해당한다. 두 번째는 단어에 더 큰 중요성을 부여하는 피처 가중치 설정이다. 불용어 제거 및 역문서빈도 사용은 각각 피처 선택 및 가중치 설정의 예다. 그러나 이는 사용자의 피드백이 중요하지 않은 비지도 피처<sup>unsupervised feature</sup> 선택 및 가중치 설정 방법이다. 이 절에서는 피처 정보의 평가를 위해 사용자 평점을 고려한 피처 선택을 위한 지도 방법<sup>supervised method</sup>을 학습한다. 이 방법의 대부분은 정보를 얼마나 제공하는지 평가하기 위해 피처에 대한 종속변수의 민감도를 평가한다.

피처 정보를 계산하기 위한 측정 값은 피처를 까다롭게 선택하거나 계산된 정보의 유익한 정도를 측정하는 함수로 피처를 휴리스틱하게 가중시키기 위해 사용할 수 있다. 피처 정보에 사용한 측정 값은 사용자 평점을 숫자 또는 범주 값으로 취급하는지에 따라 다르다. 예를 들어 이진 평점(또는 이산 값 수가 적은 평가)의 맥락에서 숫자 표현보다는 범주적 표현을 사용하는 것이 좋다. 또한 일반적으로 피처 가중치 설정에 사용하는 몇 가지 방법을 설명한다. 대부분 구조화된 (다차원) 표현으로 쉽게 일반화할 수 있지만 구조화되지 않은 (텍스트) 표현이라고 가정한다. 텍스트의 벡터 공간 표현은 다차원 표현의 특별한 경우로 볼 수 있기 때문이다. 참고문헌에는 피처 선택 방법에 관한 자세한 정보가 나와 있다.

### 4.3.4.1 지니 계수

지니 계수는 피처 선택에서 가장 일반적으로 사용하는 방법 중 하나이다. 지니 계수는 이해하기 쉽고 간단하고 직관적인 방법이다. 지니 계수는 본질적으로 이진 평점, 순위 평가 또는 작은 평점 구간으로 나뉘는 평가에 적합하다. 후자의 경우는 때때로 평점을 이산화해 얻을 수 있다. 평점 중 순서는 무시되며 평점의 각 가능한 값은 범주형 속성 값 중 하나로 취급한다. 이것은 평점의 상대적 순서에 관한 정보를 잃어버리기 때문에 불리한 것처럼 보일 수 있다. 그러나 실제로는 사용 가능한 평점 수는 일반적으로 적으므로 중요한 정확성이 손실되지 않는다.

사용 가능한 평점의 총 수를 $t$라 하자. 특정 단어 $w$가 포함된 문서 중에서 $p_1(w) \ldots p_t(w)$는 이들 각각의 사용 가능한 $t$값에서 평가된 아이템의 비율이다. 그러면 단어 $w$의 지니 인덱스는 다음과 같이 정의한다.

$$\text{Gini}(w) = 1 - \sum_{i=1}^{t} p_i(w)^2 \tag{4.3}$$

지니$(w)$ 값은 항상 $(0, 1 - 1/t)$ 범위에 있으며 작은 값은 더 큰 식별력을 의미한다. 예를 들어 단어 $w$가 존재할 때 문서가 항상 $j$번째 가능한 평가 값(즉, $p_j(w) = 1$)으로 평가되는 경우, 이러한 단어는 평가 예측에 매우 차별 대우를 받는다. 이 경우 지수 계수 값은 $1 - 1^2 = 0$이다. $p_j(w)$의 각 값이 $1/t$의 동일한 값을 가질 때 지니 계수는 최댓값인 $1 - \sum_{i=1}^{t}(1/t^2) = 1 - 1/t$이다.

### 4.3.4.2 엔트로피

엔트로피는 정보 이론 원칙을 사용해 측정을 설계한다는 점을 제외하면 원칙적으로 지니 계수와 매우 유사하다. 앞의 경우와 마찬가지로 $t$는 평점 및 $p_1(w)\dots p_t(w)$의 가능한 값의 총 수다. 특정 단어 $w$를 포함하는 문서의 일부이며, 이들 각각의 가능한 값에 대해 평가한다. 그런 다음 단어 $w$의 엔트로피는 다음과 같이 정의한다.

$$\text{엔트로피}(w) = -\sum_{i=1}^{t} p_i(w)\log(p_i(w)) \tag{4.4}$$

엔트로피$(w)$의 값은 항상 (0, 1) 범위에 있으며 작은 값은 차별성을 더 잘 보여준다. 엔트로피가 지니 계수와 비슷한 특성을 갖는 것을 쉽게 알 수 있다. 사실, 이 두 측정 값은 서로 다른 확률론적 해석을 가지고 있지만 대체로 매우 유사한 결과가 나온다. 지니 계수는 이해하기 쉽지만, 엔트로피 측정은 정보 이론의 수학 원리에 더욱 확고하게 근거한다.

### 4.3.4.3 $\mathcal{X}^2$-통계

$\mathcal{X}^2$-통계는 단어와 클래스 사이의 동시 발생을 분할표로 처리해 계산할 수 있다. 예를 들어 특정 단어가 사용자의 구매 관심사와 관련 여부를 판단하는 시나리오를 가정해보자. 사용자가 컬렉션의 아이템 중 약 10%를 구입했다고 가정하고 단어 $w$가 설명의 약 20%에서 발생한다고 가정한다. 컬렉션의 총 아이템 수(및 해당 문서)가 1,000이라고 가정한다. 그다음, 발생 단어와 클래스 우연의 가능한 조합의 예상 발생 횟수는 다음과 같다.

| | 설명에 단어 출현 | 설명에 단어 미출현 |
|---|---|---|
| 아이템 구매 시 | 1000 * 0.1 * 0.2 = 20 | 1000 * 0.1 * 0.8 = 80 |
| 아이템 미구매 시 | 1000 * 0.9 * 0.2 = 180 | 1000 * 0.9 * 0.8 = 720 |

앞서 언급한 기댓값은 설명에서 단어의 발생과 해당 아이템의 사용자 관심이 서로 독립적이라는 가정하에 계산한다. 이 두 값이 독립적인 경우 단어가 학습 과정과 관련이 없다. 그러나 실제로는 아이템이 현재의 아이템과 관련이 있을 수 있다. 예를 들어 분할표가 예상 값에서 벗어나 사용자가 해당 단어가 포함된 아이템을 구매할 가능성이 높은 시나리오를 생각해보자. 이 경우, 분할표는 다음과 같이 나타날 수 있다.

| | 설명에 단어 출현 | 설명에 단어 미출현 |
|---|---|---|
| 아이템 구매 시 | $O_1 = 60$ | $O_2 = 40$ |
| 아이템 미구매 시 | $O_3 = 140$ | $O_4 = 760$ |

$\mathcal{X}^2$-통계량은 분할표의 다양한 셀에서 관찰 값과 예상 값 사이의 정규화된 편차를 측정한다. 이 경우 분할표는 $p = 2 \times 2 = 4$ 셀을 포함한다. $O_i$를 $i$번째 셀의 관측 값으로, $E_i$를 $i$번째 셀의 예상

값으로 놓는다. 그런 다음 $\mathcal{X}^2$-통계량은 다음과 같이 계산한다.

$$\chi^2 = \sum_{i=1}^{p} \frac{(O_i - E_i)^2}{E_i} \tag{4.5}$$

따라서 이 표의 특정 예에서 $\mathcal{X}^2$-통계는 다음과 같이 평가한다.

$$\chi^2 = \frac{(60 - 20)^2}{20} + \frac{(40 - 80)^2}{80} + \frac{(140 - 180)^2}{180} + \frac{(760 - 720)^2}{720}$$
$$= 80 + 20 + 8.89 + 2.22$$
$$= 111.11$$

명시적으로 기대 값을 계산하지 않고도 분할표에서 관찰한 값의 함수로 $\mathcal{X}^2$-통계량을 계산할 수도 있다. 이것은 기댓값이 행과 열의 관측값을 집계한 함수이기 때문에 가능하다. $2 \times 2$ 분할표에서 $\mathcal{X}^2$-통계량을 계산하는 간단한 산술식은 다음과 같다(실습 8 참조).

$$\chi^2 = \frac{(O_1 + O_2 + O_3 + O_4) \cdot (O_1 O_4 - O_2 O_3)^2}{(O_1 + O_2) \cdot (O_3 + O_4) \cdot (O_1 + O_3) \cdot (O_2 + O_4)} \tag{4.6}$$

여기, $O_1 \ldots O_4$는 위의 표에 따라 관찰된 빈도이다. 이 수식이 111.11의 동일한 $\mathcal{X}^2$-통계량을 산출하는지 확인하기 쉽다. $\mathcal{X}^2$-검정은 $\mathcal{X}^2$ 분포를 사용해 유의 수준의 확률론적 측면으로 해석할 수 있다는 것을 유의해야 한다. 그러나 실제 목적을 위해서 $\mathcal{X}^2$-통계의 값이 클수록 특정 용어와 아이템이 더 큰 관련이 있음을 나타낸다. 관찰된 값이 예상 값과 정확히 일치하면 해당 용어가 현재 아이템과 관련이 없다는 것을 의미한다. 그러한 경우, $\mathcal{X}^2$-통계량은 가능한 최솟값인 0으로 평가될 것이다. 따라서 가장 큰 $\mathcal{X}^2$-통계량을 가진 최상위-$k$ 특징은 유지된다.

### 4.3.4.4 정규화된 편차

앞서 말한 대책의 대부분은 평점의 상대적 순서 정보를 잃어버리는 문제가 있다. 평점이 많이 세분화됐다면 정규화된 편차를 이용하는 것이 적절한 방법이다.

모든 문서에서 평점의 분산을 $\sigma^2$라고 하자. 또한 단어 $w$가 포함된 모든 문서의 평균 평점을 $\mu^+(w)$, 단어 $w$를 포함하지 않는 모든 문서의 평균 평점을 $\mu^-(w)$로 둔다. 그런 다음, 단어 $w$의 정규화된 편차는 다음과 같이 정의한다.

$$\mathrm{Dev}(w) = \frac{|\mu^+(w) - \mu^-(w)|}{\sigma} \tag{4.7}$$

$\mathrm{Dev}(w)$의 값이 클수록 더 차별적인 단어를 나타낸다.

앞서 언급한 정량화는 모든 문서의 평점 분포와 관련해 특정 단어를 포함하는 문서에 대한 평점의 상대적 분포에 기반한다. 이러한 접근법은 평점이 수량으로 취급될 때 특히 적합하다. 관련 척도는 Fisher의 차별 지수로, Fisher 공간(평점 차원가 아닌)에서의 클래스 간 분리inter-class separation와 클래스 내부 분리intra-class separation 비율을 계산한다. 이 측정 방법은 [22]에서 자세히 설명한다. 그러나 Fisher의 판별 지수는 평점과 같은 수치적 종속변수보다는 카테고리 종속변수에 더 적합하다.

### 4.3.4.5 피처 가중치 설정

피처 가중치 설정은 피처 선택의 소프트 버전으로 볼 수 있다. 4장의 피처 표현에 대해 이전 절에서 이미 역문서빈도와 같은 측정을 사용해 문서에 가중치를 주는 방법에 대해 논의했다. 그러나 역문서빈도는 사용자의 좋아하는 것과 싫어하는 것에 의존하지 않는 비지도unsupervised 측정이다. 또한 지도supervised 측정은 다른 단어에 대해 다른 중요성을 부여하기 위해 벡터 공간 표현에 가중치를 설정하는 데 사용할 수 있다. 예를 들어 영화 추천 애플리케이션에서 영화 장르 또는 배우 이름을 설명하는 키워드는 영화의 개요에서 선택한 단어보다 중요하다. 다른 한편으로, 시놉시스의 단어들은 영화에 대한 어느 정도의 취향을 나타낸다. 따라서 이들을 제외할 수 없다. 피처 가중치 설정은 둘 중 하나를 선택하는 어려운 결정보다는 가중치를 사용해 다양한 단어를 구별하는 더욱 세련된 접근 방식이다. 피처 가중치 설정에 대한 가장 간단한 방법은 피처 선택 측정 값을 가져와서 가중치를 유도하는 것이다. 예를 들어 지니 계수 또는 엔트로피의 역함수를 사용할 수 있다. 대부분 가중 프로세스의 민감도를 제어하기 위해 선택 기준에 휴리스틱 함수를 추가로 적용할 수 있다. 예를 들어 $\alpha$는 1보다 큰 매개변수인 단어 $w$에 대해 다음 가중 함수 $g(w)$를 고려한다.

$$g(w) = a - \text{Gini}(w) \tag{4.8}$$

결과 가중치 $g(w)$는 항상 $(a - 1, a)$ 범위에 있다. $a$의 값을 변화시킴으로써, 가중 프로세스의 민감도를 제어할 수 있다. $a$의 값이 작으면 민감도가 높아진다. 벡터 공간 표현에서 각 단어 $w$의 가중치는 $g(w)$로 곱한다. 엔트로피 및 정규화된 편차와 관련해 유사한 가중 함수를 정의할 수 있다. 적절한 피처 가중치를 선택하는 프로세스는 현재 사용 중인 애플리케이션에 따라 크게 달라지는 매우 휴리스틱한 프로세스이다. $a$의 값은 가중 함수의 매개변수로 볼 수 있다. 교차 검증 기법을 사용해 그러한 함수의 최적 매개변수를 학습하는 것도 가능하다. 이러한 기법은 7장에서 논의한다.

## 4.4 사용자 프로파일 학습 및 필터링

사용자 프로파일 학습은 분류 및 회귀 모델링 문제와 밀접하게 관련 있다. 평점을 개별 값(예: '좋아요' 또는 '싫어요')으로 처리하면 문제는 텍스트 분류와 유사하다. 반면 평점을 수치 값으로 취급하면 문제는 회귀 모델링과 유사하다. 또한 학습 문제는 구조화된 영역과 구조화되지 않은 영역 모두에서 나타날 수 있다. 동일한 표현을 위해 아이템의 설명이 문서의 형태라고 가정한다. 그러나 텍스트는 특수 유형의 다차원 데이터이기 때문에 모든 유형의 다차원 데이터로 쉽게 접근할 수 있다.

각각의 경우에 특정 사용자가 레이블을 지정하는 학습 문서 세트 $\mathcal{D}_L$이 있다고 가정한다. 이 사용자는 해당 사용자가 시스템에서 추천받으면 활성 사용자라고도 한다. 전처리 및 피처 선택 단계에서 추출된 아이템 설명이 학습 문서이다. 또한 학습 데이터에는 활성 사용자가 학습 문서에 지정한 평가를 포함한다. 학습 문서는 학습 모델을 구성하는 데 사용한다. 활성 사용자가 아닌 다른 사용자가 지정한 레이블은 학습 과정에서 사용하지 않는다. 따라서 학습 모델은 특정 사용자에게만 적용되며 임의로 선택한 사용자에게는 사용할 수 없다. 행렬 인수분해$^{matrix}$ $^{factorization}$와 같은 메서드는 모든 사용자에게 단일 모델을 작성하는 전통적인 협업 필터링과 다르다. 특정 사용자에 대한 학습 모델은 사용자 프로파일을 나타낸다.

문서의 레이블은 숫자, 이진 또는 단항 평가에 해당한다. $\mathcal{D}_L$의 $i$번째 문서에 $c_i$로 표시된 평가가 있다고 가정한다. 또한 레이블이 없는 테스트 문서 세트를 가지고 있다. $\mathcal{D}_L$과 $\mathcal{D}_U$는 모두 특정(활성) 사용자에게만 적용된다. 테스트 문서는 잠재적으로 사용자에게 추천될 수 있지만 사용자가 아직 미구매하거나 평가하지 않은 아이템 설명에 해당할 수 있다. 뉴스 추천과 같은 영역에서 $\mathcal{D}_U$의 문서는 활성 사용자에게 추천할 후보 웹 문서에 해당할 수 있다. $\mathcal{D}_U$의 정확한 정의는 현재의 도메인에 따라 다르지만 $\mathcal{D}_U$의 개별 문서는 $\mathcal{D}_L$과 유사한 방식으로 추출된다. $\mathcal{D}_L$의 학습 모델은 $\mathcal{D}_U$에서 현재 사용자에게 추천을 제공하는 데 사용한다. 협업 필터링의 경우처럼 모델을 사용해 평점을 예측된 값 또는 순위가 가장 높은 추천 목록으로 제공할 수 있다.

이 문제는 텍스트 도메인에서의 분류 및 회귀 모델링과 명확히 유사하다. 이 기법들에 대한 자세한 논의를 위해 최근 조사[21]를 참고하라. 다음에서는 일반적인 학습 방법에 관해 설명한다.

## 4.4.1 최근접 이웃 분류

최근접 이웃 분류는 가장 단순한 분류 기술 중 하나이며, 비교적 직접적인 방법으로 구현할 수 있다. 첫 번째 단계는 최근접 이웃 분류에서 사용하는 유사함수를 정의하는 것이다. 가장 일반적으로 사용하는 유사함수는 코사인 함수이다. $\overline{X} = (x_1 \ldots x_d)\overline{Y} = (y_1 \ldots y_d)$를 두 문서의 $x_i$와 $y_i$에 의해 주어진 $i$번째 단어의 정규화된 빈도수인 문서쌍이라고 하자. 이들 빈도는 비지도 tf-idf 가중치 사용 또는 이전 절에서 논의한 지도 방법을 사용해 표준화하거나 가중치를 반영한다. 그러면 코사인 측정 값은 다음과 같이 정규화된 빈도를 사용해 정의한다.

$$\text{Cosine}(\overline{X}, \overline{Y}) = \frac{\sum_{i=1}^{d} x_i y_i}{\sqrt{\sum_{i=1}^{d} x_i^2} \sqrt{\sum_{i=1}^{d} y_i^2}} \tag{4.9}$$

코사인 유사도는 원본 문서의 다양한 길이에 맞게 조정할 수 있기 때문에 텍스트 도메인에서 자주 사용한다. 이 접근법이 다른 유형의 구조화된 데이터 및 다차원 데이터에 사용하는 경우 유클리드 거리 및 맨해튼 거리와 같은 다른 유사도/거리 함수를 사용한다. 범주적 속성을 갖는 관계형 데이터의 경우 다양한 일치 기반 유사도 측정 값을 사용할 수 있다[22].

이 유사도 함수는 사용자 선호도가 알려지지 않은 아이템(문서)을 예측하는 데 유용하다. $\mathcal{D}_U$의 각 문서에 대해 $\mathcal{D}_L$의 $k$-최근접 이웃은 코사인 유사도 함수를 사용해 결정한다. $\mathcal{D}_U$에 있는 각 아이템의 $k$ 이웃에 대한 평점의 평균 값이 결정된다. 이 평균 값은 $\mathcal{D}_U$의 해당 아이템에 대한 예상 평점이다. 추가적으로 발견한 효과로는 유사도 값으로 각 평점에 가중치를 부여할 수 있는 것이다. 평점을 범주형 값으로 취급하는 경우 평점의 각 값에 대한 투표수가 결정되고 가장 높은 빈도를 가진 평점 값으로 예측한다. 그런 다음 $\mathcal{D}_U$의 문서는 평가의 예상 값을 기준으로 순위가 매겨지고 최상위 아이템을 사용자에게 추천한다.

이 접근법을 사용하는 데 있어 주요 도전은 높은 계산 복잡도다. $\mathcal{D}_U$에서 각 문서의 최근접 이웃을 결정해야 하고, 각각의 최근접 이웃 결정에 필요한 시간은 $\mathcal{D}_L$의 크기에 선형적이다. 따라서 계산 복잡도는 $|\mathcal{D}_L| \times |\mathcal{D}_U|$이다. 접근 방식을 빠르게 만드는 한 가지 방법은 클러스터링을 사용해 $\mathcal{D}_L$의 학습 문서 수를 줄이는 것이다. 평가의 각기 다른 값을 $\mathcal{D}_L$에 있는 문서의 해당 하위 집합 $p \ll |\mathcal{D}_L|$ 그룹으로 묶는다. 따라서 평점의 고유한 값이 있는 경우 총 그룹 수는 $p \cdot s$이다. 전형적으로, 빠른 중심 기반(즉, $k$-means) 클러스터링을 이용해 $p$개의 클러스터를 각각의 그룹을 만드는 데 사용했다. 그룹 수는 학습 문서 수보다 현저히 적다는 것을 유의해야 한다. 이 경우 각 그룹은 해당 그룹의 문서 연결[4]에 해당하는 더 큰 문서로 변환한다. 이 큰 문서의 벡터 공간 표현은 해당 구성 요소의 단어 빈도를 합산해 추출할 수 있다. 문서와 관련된 해당 평가 레이블은 구성 문서의 평가와 같다. 각 대상 문서 $T$는 최근접 $k < p$ 문서가 새로 생성된 $p$개의 문서 세트에서 발견된다. 이 $k$개의 문서 집합의 평균 평점이 대상의 레이블로 반환된다. 이전 사례와 마찬가지로, $\mathcal{D}_U$의 각 아이템은 평점을 예측하고 최상위 아이템이 활성 사용자에게 반환된다. 이 방법은 대상 문서와 비교적 적은 수의 집계 문서 사이의 유사도를 계산하므로 분류 프로세스의 속도를 높인다. 이 접근법은 클러스터링에 대한 전처리 오버헤드를 추가로 발생시키지만 $\mathcal{D}_L$ 및 $\mathcal{D}_U$의 크기가 큰 추천 시간의 절감에 비해 일반적으로 이 오버헤드가 적다.

이 클러스터링 방식의 특별한 경우는 평점의 특정 값에 속하는 모든 문서를 단일 그룹으로 집계하는 것이다. 따라서 $p$의 값은 1로 설정한다. 각 그룹의 결과 벡터의 벡터 공간 표현은 프로토

---

4 구조화된 데이터의 경우 그룹의 중심을 사용할 수 있다.

타입 벡터라고도 한다. 테스트 문서의 경우 최근접 문서의 평가가 대상에 대한 관련 문서로 본다. 이 접근법은 활성 사용자로부터 관련성 피드백의 개념을 허용하는 Rocchio 분류와 밀접하게 관련이 있다. Rocchio 메서드는 원래 이진 클래스 용도로 설계됐다. 이 경우 이진 평점으로 변환한다. 참고문헌에는 Rocchio 방법에 대한 지침이 있다.

## 4.4.2 사례 기반 추천 시스템과의 연결

최근접 이웃 방법은 일반적으로 지식 기반 추천 시스템, 특히 사례 기반 추천 시스템과 연결된다. 지식 기반 추천 시스템은 5장에서 자세히 설명한다. 주요 차이점은 사례 기반 추천 시스템은 사용자가 대화형으로 관심 있는 한 개의 관심 있는 사례를 선택하면 사용자가 관심 갖는 해당 사례의 가능한 아이템들을 받을 수 있다.

또한 오직 하나의 사례만 이용할 수 있으므로 유사도 함수를 설계할 때 상당한 양의 도메인 지식을 사용한다. 한 가지 사례는 대화식으로 선택하기 때문에 과거 평점보다는 사용자 요구 사항으로 보는 것이 더 적절하다. 지식 기반 시스템에서는 과거 데이터 또는 평점을 덜 이용한다. Rocchio 방법과 마찬가지로 이러한 방법은 대화형이지만, 대화형 기능은 사례 기반 시스템에서 훨씬 더 정교하다.

## 4.4.3 베이즈 분류 모델

베이즈 분류 모델은 3.4절인 협업 필터링 부분에서 설명했다. 그러나 3장에서 설명한 방법은 지정된 항목으로 누락된 항목을 예측하는 베이즈 모델을 비표준적으로 사용한다. 콘텐츠 기반 추천 시스템과 관련해, 문제점은 텍스트 분류에 베이즈 모델을 보다 일반적으로 사용하는 것으로 해석된다. 따라서 텍스트 분류의 맥락에서 베이즈 모델을 다시 살펴볼 것이다.

이 경우, 훈련 문서를 포함하는 세트 $\mathcal{D}_L$과 테스트 문서를 포함하는 세트 $\mathcal{D}_U$를 가지고 있다. 논의를 쉽게 하기 위해, 레이블은 사용자가 $\mathcal{D}_L$의 각 학습 문서에 대해 +1 또는 −1과 같은 좋아하거나 싫어한다는 평가를 하는 이진 분류라고 가정한다. 그러나 평가가 2개 이상의 값을 취하는 경우에 이 분류 기준을 일반화하는 것은 상대적으로 쉽다.

앞에서와 같이 +에서 $i$번째 문서의 평점은 $c_i \in \{-1, 1\}$로 표시한다고 가정한다. 따라서 이 레이블이 붙은 집합은 사용자 프로파일을 나타낸다. 베르누이 모델과 다항 모델에 각각 해당하는 텍스트 데이터에 일반적으로 사용하는 두 가지 모델이 있다. 다음에서는 베르누이 모델만 설명한다. 다항 모형은 [22]에서 자세히 논의할 것이다.

베르누이 모델에서 단어의 빈도는 무시되며 문서의 단어의 존재 여부만 고려한다. 따라서 각 문서는 0과 1의 값만 포함하는 $d$개 단어의 이진 벡터로 취급한다. 대상 문서 $\overline{X} \in \mathcal{D}_U$를 고려해야 한다. 이는 아이템 설명에 해당할 수 있다. $\overline{X}$에 있는 $d$개의 이진 특성을 $\{x_1 \ldots x_d\}$라고 하자. 비공식적으로 $P$(활성 사용자는 $\overline{X} \mid x_1 \ldots x_d$를 좋아함)를 결정하고자 한다. 여기서 각 $x_i$는 $i$번째 단어가 문서 $\overline{X}$에 존재하는지 여부에 따라 0-1값이다. 그런 다음 $\overline{X}$의 클래스(이진 평점)가 $c(\overline{X})$로 표시되면 이는 $P(c(X)=1 \mid x_1 \ldots x_d)$의 값을 결정하는 것과 같다. $P(c(X)=1 \mid x_1 \ldots x_d)$와 $P(c(\overline{X})=-1 \mid x_1 \ldots x_d)$를 결정하고 둘 중 큰 것을 선택함으로써, 활성 사용자가 $\overline{X}$을 좋아하는지 아닌지 결정할 수 있다. 이 표현식은 베이즈 규칙을 사용해 평가할 수 있으며 다음과 같이 나이브 가정을 적용해 평가할 수 있다.

$$P(c(\overline{X})=1 \mid x_1 \ldots x_d) = \frac{P(c(\overline{X})=1) \cdot P(x_1 \ldots x_d \mid c(\overline{X})=1)}{P(x_1 \ldots x_d)}$$

$$\propto P(c(\overline{X})=1) \cdot P(x_1 \ldots x_d \mid c(\overline{X})=1)$$

$$= P(c(\overline{X})=1) \cdot \prod_{i=1}^{d} P(x_i \mid c(\overline{X})=1) \quad [\text{나이브 가정}]$$

나이브 가정은 문서에서 단어의 발생은 조건부로 독립된 사건(특정 클래스)이므로 $P(x_1 \ldots x_d \mid c(\overline{X})=1)$를 $\prod_{i=1}^{d} P(x_i \mid c(\overline{X})=1)$로 대체할 수 있음을 전제로 한다. 또한 분모가 클래스와 독립적이기 때문에 비례 상수를 첫 번째 관계에서 사용한다. 따라서 분모는 클래스의 상대적인 순서를 결정하는 데 아무런 역할을 하지 않는다. 그러나 분모는 사용자가 좋아하는 여러 아이템(문서)의 성향을 순위 짓는 측면에서 중요한 역할을 한다. 이는 $P(c(\overline{X})=1 \mid x_1 \ldots x_d)$순으로 특정 사용자에 대한 아이템 순위 문제와 관련이 있다.

아이템의 순위가 필요한 경우 비례 상수는 더 이상 무관하지 않다. 이는 다른 평점에 속하는 아이템의 상대 확률을 결정하기에 충분하지 않지만 실제로 서로에 대해 순위를 매기는 것은 추천 애플리케이션에서 일반적이다. 그러한 경우 비례 상수를 결정해야 한다. 위의 관계에서 비례 상수가 $K$로 표시된다고 가정한다. 비례 상수 $K$는 $c(\overline{X})$의 모든 가능한 확률의 합이 항상 1이어야 한다는 사실을 사용해 얻을 수 있다. 따라서 다음과 같이 볼 수 있다.

$$K \cdot \left[ P(c(\overline{X})=1) \cdot \prod_{i=1}^{d} P(x_i \mid c(\overline{X})=1) + P(c(\overline{X})=1) \cdot \prod_{i=1}^{d} P(x_i \mid c(\overline{X})=1) \right] = 1$$

따라서 $K$에 대해 다음 값을 유도할 수 있다.

$$K = \frac{1}{P(c(\overline{X})=1) \cdot \prod_{i=1}^{d} P(x_i \mid c(\overline{X})=1) + P(c(\overline{X})=-1) \cdot \prod_{i=1}^{d} P(x_i \mid c(\overline{X})=-1)}$$

이 접근법은 사용자가 $\mathcal{D}_U$에서 각 가능한 아이템을 좋아할 확률을 결정하는 데 사용한다. 그다음 $\mathcal{D}_U$의 아이템이 이 확률에 따라 순위가 매겨지고 사용자에게 표시된다. 이러한 방법은 특히 이진 평점에 적합하다. 이 확률을 사용해 평점의 예측 값을 추정하고 반드시 이항이 아닌 평점을 처리할 때 아이템의 순위를 매기는 다른 방법이 있다. 그러한 방법은 3.4절에서 자세히 논의했다.

### 4.4.3.1 중간 확률 추정

베이즈 방법은 $P(x_i | c(\overline{X}) = 1)$와 같은 중간 확률을 계산한다. 확률을 데이터-드리븐 방식으로 추정하는 방법은 아직 논의하지 않았다. 앞에서 이야기한 베이즈 규칙이 주로 유용한 이유는 데이터-드리븐 방식으로 더욱 쉽게 추정할 수 있는 다른 확률[예를 들어 $P(x_i | c(\overline{X}) = 1)$]에 대한 예측 확률을 표현하기 때문이다. 위의 베이즈 조건을 재현해보자.

$$P(c(\overline{X}) = 1 | x_1 \dots x_d) \propto P(c(\overline{X}) = 1) \cdot \prod_{i=1}^{d} P(x_i | c(\overline{X}) = 1)$$

$$P(c(\overline{X}) = -1 | x_1 \dots x_d) \propto P(c(\overline{X}) = -1) \cdot \prod_{i=1}^{d} P(x_i | c(\overline{X}) = -1)$$

베이즈 확률을 계산하려면 위 방정식의 오른쪽에 있는 확률을 추정해야 한다. 여기에는 이전 클래스 확률 $P(c(\overline{X}) = 1)$ 및 $P(c(\overline{X}) = -1)$가 포함된다. 또한 $P(x_i | c(\overline{X}) = 1)$ 및 $P(x_i | c(\overline{X}) = -1)$와 같은 피처 별 조건부 확률을 추정해야 한다. 확률 $P(c(\overline{X}) = 1)$는 레이블링된 데이터 $\mathcal{D}_L$에서 긍정 학습 예제 $\mathcal{D}_L^+$의 비율로 추정할 수 있다. 과적합을 줄이기 위해 작은 매개변수 $a > 0$에 비례하는 값을 분자와 분모에 더하는 라플라시안 평활화를 수행한다.

$$P(c(\overline{X}) = 1 | x_1 \dots x_d) \propto P(c(\overline{X}) = 1) \cdot \prod_{i=1}^{d} P(x_i | c(\overline{X}) = 1)$$
$$P(c(\overline{X}) = -1 | x_1 \dots x_d) \propto P(c(\overline{X}) = -1) \cdot \prod_{i=1}^{d} P(x_i | c(\overline{X}) = -1) \tag{4.10}$$

$P(c(\overline{X}) = -1)$의 값은 정확히 같은 방식으로 추정한다. 또한 조건부 확률 $P(x_i | c(\overline{X}) = 1)$는 $i$번째 피처가 $x_i$의 값을 취하는 긍정 클래스의 인스턴스의 일부로 추정한다. $q^+(x_i)$는 $i$번째 피처에 대해 $x_i \in \{0, 1\}$의 값을 취하는 긍정 클래스의 인스턴스 수를 나타낸다. 그런 다음 라플라시안 평활화 매개변수 $\beta > 0$을 사용해 확률을 다음과 같이 추정할 수 있다.

$$P(x_i | c(\overline{X}) = 1) = \frac{q^+(x_i) + \beta}{|\mathcal{D}_L^+| + 2 \cdot \beta} \tag{4.11}$$

유사한 접근법을 $P(x_i | c(\overline{X}) = -1)$를 추정하는 데 사용할 수 있다. 라플라시안 평활화는 학습 데이터가 거의 없는 경우에 유용하다. 극단적으로 $\mathcal{D}_L^+$이 비어 있는 경우, $P(x_i | c(\overline{X}) = 1)$의 확률은 일종의 사전에 가지고 있던 믿음으로써 (적절하게) 0.5로 추정한다. 평활화가 없다면 그 비율의 분자와 분모가 모두 0이 될 것이기 때문에 그러한 추정은 불확실할 것이다. 많은 정규화 방법과

마찬가지로 라플라시안 평활화는 훈련 데이터의 양이 제한됐을 때 이전에 옳다고 믿었던 것에 대한 중요성이 더 크다는 관점에서 해석할 수 있다. 비록 우리가 이진 평점의 경우에 대해 앞서 언급한 추정치를 제시했지만 평가의 뚜렷한 값이 있을 때 추정을 일반화하는 것은 상대적으로 쉽다. 유사한 유형의 추정은 3.4절에서 협업 필터링과 관련해 논의했다.

### 4.4.3.2 베이즈 모델의 예

6가지 학습 예제와 2가지 테스트 예제 세트를 이용한 베이즈 모델을 사용하는 예를 제공했다. 표 4.1에서 열은 다양한 노래의 속성을 나타내는 피처에 해당한다. 사용자의 좋아하거나 싫어하는 것은 표의 마지막 열에 있다. 따라서 마지막 열은 평가로 볼 수 있다. 처음 6행은 사용자 프로파일에 해당하는 학습 예제에 해당한다. 마지막 두 행은 특정 사용자를 위해 순위를 매겨야 하는 두 개의 후보 음악 트랙에 해당한다. 머신러닝 용어에서 이 행은 테스트 인스턴스라고도 한다. 사용자가 테스트 데이터 행의 좋아요 또는 싫어요(평점)를 알지 못하므로 학습 데이터 행에서만 마지막 (종속변수) 열을 지정한다. 테스트 데이터 행의 마지막 열의 값은 예측해야 한다.

표 4.1의 피처를 살펴보면, 록 음악과 같이 많은 대중 음악 장르에서 처음 세 가지 피처(열)가 자주 발생하는 반면, 마지막 세 가지 피처는 일반적으로 클래식 음악에서 발생한다는 것을 바로 알 수 있다. 표 4.1에 나타난 사용자 프로파일은 록 음악보다 클래식 음악에 대한 선호도를 암시하는 것처럼 보인다. 마찬가지로 테스트 데이터인 두 예제 중 첫 번째 예제만 사용자의 관심과 일치하는 것으로 보인다. 베이즈 접근 방식이 데이터 기반 방식으로 이 사실을 도출할 수 있는 방법을 살펴보겠다. 실제 애플리케이션에서는 계산을 쉽게 하기 위해 이러한 평활화 방법을 사용하는 것이 중요하지만 라플라시안 평활화를 사용하지 않는다고 가정한다.

표 4.1 콘텐츠 기반 시스템의 베이즈 방법 설명

| 키워드 → <br> 노래-Id ↓ | 드럼 | 기타 | 비트 | 클래식 | 교향곡 | 오케스트라 | 좋아요 또는 <br> 싫어요 |
|---|---|---|---|---|---|---|---|
| 1 | 1 | 1 | 1 | 0 | 0 | 0 | 싫어요 |
| 2 | 1 | 1 | 0 | 0 | 0 | 1 | 싫어요 |
| 3 | 0 | 1 | 1 | 0 | 0 | 0 | 싫어요 |
| 4 | 0 | 0 | 0 | 1 | 1 | 1 | 좋아요 |
| 5 | 0 | 1 | 0 | 1 | 0 | 1 | 좋아요 |
| 6 | 0 | 0 | 0 | 1 | 1 | 0 | 좋아요 |
| 테스트-1 | 0 | 0 | 0 | 1 | 0 | 0 | ? |
| 테스트-2 | 1 | 0 | 1 | 0 | 0 | 0 | ? |

베이즈 모델을 사용해 테스트 예제의 관찰된 피처를 기반으로 "좋아요" 및 "싫어요"에 대한 조건부 확률을 도출할 수 있다.

$$P(\text{좋아요}\,|\,Test\text{-}1) \propto 0.5 \prod_{i=1}^{6} P(\text{좋아요}\,|x_i)$$
$$= (0.5) \cdot \frac{3}{4} \cdot \frac{2}{2} \cdot \frac{3}{4} \cdot \frac{3}{3} \cdot \frac{1}{4} \cdot \frac{1}{3}$$
$$= \frac{3}{128}$$
$$P(\text{싫어요}\,|\,Test\text{-}1) \propto 0.5 \prod_{i=1}^{6} P(\text{싫어요}\,|x_i)$$
$$= (0.5) \cdot \frac{1}{4} \cdot \frac{0}{2} \cdot \frac{1}{4} \cdot \frac{0}{3} \cdot \frac{3}{4} \cdot \frac{2}{3}$$
$$= 0$$

$P$(좋아요|Test-1)이 1이고 $P$(싫어요|Test-1)가 0이라는 결과를 얻는다. Test-2의 경우 $P$(좋아요|Test-2)는 0인 정확히 반대 결과를 얻는다. 따라서 Test-2보다 Test-1이 활성 사용자에게 추천돼야 한다. 이 결과는 이 예제를 육안 검사해서 얻은 결과와 같다.

라플라시안 평활화를 사용할 때, 클래스 중 하나가 다른 클래스보다 훨씬 높은 확률을 얻지만, 다양한 클래스에 대해 이진 확률 값을 얻지 못할 것이다. 이러한 경우 모든 테스트 예제는 예상되는 "좋아요"의 확률로 순위를 매겨 사용자에게 추천할 수 있다. 베이즈 규칙의 오른쪽에 있는 식의 제품별 형태의 단일 0값은 조건부 확률 값 0을 초래할 수 있기 때문에 라플라시안 평활화를 사용하는 것이 좋다.

## 4.4.4 규칙 기반 분류 모델

규칙 기반 분류 모델Rule-based Classifier는 leave-one-out 메서드와 연관 메서드를 비롯한 다양한 방식으로 디자인할 수 있다. 다양한 유형의 규칙 기반 분류 모델의 자세한 설명은 [18, 22]에서 제공한다. 다음은 연관 규칙의 간단한 원칙을 기반으로 하기 때문에 연관 분류 기준만 설명한다. 규칙 기반 방법은 3.3절에서 논의했다. 지지도 및 신뢰도와 같은 연관 규칙의 및 측정 값과 기본 정의는 3.3절을 참조하라. 규칙의 지지도는 선행 규칙과 결과 규칙을 모두 충족시키는 행의 비율을 정의한다. 규칙의 신뢰도는 선행을 만족시키는 것으로 이미 알려진 행에서 결과를 만족시키는 행의 비율이다. 전제 또는 결과를 "만족시키는" 행의 개념은 뒤에서 더욱 자세히 설명한다.

콘텐츠 기반 시스템의 규칙 기반 분류 모델은 협업 필터링의 규칙 기반 분류와 유사하다. 협업 필터링의 아이템-아이템 규칙에서, 선행 항목과 결과 규칙은 아이템의 평점에 해당한다. 주요 차이점은 협업 필터링[5]에서 규칙의 선행은 다양한 아이템의 평가에 해당하는 반면, 콘텐츠 기반 방법에서는 규칙의 선행 아이템이 아이템 설명에서 특정 키워드의 존재와 일치한다는 것이다.

따라서 규칙은 다음과 같은 형식이다.

아이템이 키워드 세트 A를 포함 ⇒ 평가 = 좋아요
아이템이 키워드 세트 B를 포함 ⇒ 평가 = 싫어요

따라서 선행 규칙의 모든 키워드가 해당 행에 포함돼 있는 경우 특정 행(아이템의 키워드 표시)을 "만족"하는 선행 규칙이 있다고 한다. 그 결과는 다양한 평가에 해당하며, 단순하게 만들기 위해 "좋아요" 또는 "싫어요"와 같이 둘 중 하나로 간주했다. 결과의 평가 값이 해당 행의 종속변수 (평가)와 일치하면 행은 해당 규칙의 결과를 만족한다.

첫 번째 단계는 활성 사용자 프로파일(예: 학습 문서)을 활용해 원하는 규칙에 따라 모든 규칙을 지원하는 것이다. 모든 콘텐츠 기반 방법에서와 마찬가지로 규칙은 현재 활동 중인 사용자에게만 적용된다. 예를 들어 표 4.1의 경우 활성 사용자는 클래식 음악에 관심이 있는 것 같다. 이 경우 33%의 지지도와 100% 신뢰도를 갖는 관련 규칙의 예는 다음과 같다.

{클래식, 교향곡} ⇒ 좋아요

따라서 기본 아이디어는 주어진 활성 사용자에 대한 모든 규칙을 마이닝하는 것이다. 그런 다음 사용자의 관심 사항을 알 수 없는 대상 아이템에 대해서는, 어떤 규칙을 실행할지 결정한다. 전자의 선행 키워드가 후자의 키워드에 포함된 경우 대상 아이템 설명에 의해 규칙이 실행된다. 활성 사용자에 대해 이러한 모든 실행된 규칙이 결정되면 이 규칙의 결과에서 평균 평점이 대상 아이템의 평점이 된다. 결과의 평가를 결합하기 위한 여러 가지 휴리스틱이 존재한다. 예를 들어 평균을 계산하는 동안 규칙의 신뢰도로 평가에 가중치를 적용할 수 있다. 규칙이 실행되지 않는 경우 기본 휴리스틱을 사용해야 한다. 예를 들어 모든 아이템에 대한 활성 사용자의 평균 평점을 결정할 수 있으며 또한 모든 사용자가 대상 아이템의 평균 평점을 결정할 수 있다. 이 두 값이 평균으로 이용된다. 따라서 규칙 기반 분류에 대한 전반적인 접근 방식은 다음과 같이 설명할 수 있다.

1. **(학습 단계)** 학습 데이터 세트 $\mathcal{D}_L$에서 원하는 수준의 최소 지지도 및 신뢰도 수준에서 사용자 프로파일의 모든 관련 규칙을 결정한다.

2. **(테스트 단계)** $\mathcal{D}_U$의 각 아이템 설명에 대해서 실행된 규칙과 평균 평점을 결정한다. 이 평균 평점을 기준으로 $\mathcal{D}_U$의 아이템 순위를 매긴다.

---

5 협업 필터링의 다른 접근법은 사용자-사용자 규칙을 활용하는 것이다. 사용자-사용자 규칙의 경우, 선행 항목과 결과에는 모두 특정 사용자의 평점이 포함될 수 있다. 3.3절을 참조하라.

규칙 기반 시스템은 높은 수준으로 해석할 수 있다는 장점이 있다. 추천 아이템의 경우 이전에 실행된 규칙의 키워드를 사용해 대상 사용자에게 왜 특정 아이템이 마음에 들었는지에 대한 추천을 제공할 수 있다.

### 4.4.4.1 규칙 기반 방법의 예

규칙 기반 방법의 사용법을 설명하기 위해 표 4.1에서 활성 사용자에 대해 생성된 규칙의 예를 제공한다. 33%의 지지도 수준과 75%의 신뢰도 수준에서 지지도 규칙 값과 함께 다음 규칙이 생성된다.

> 규칙 1: {클래식} $\Rightarrow$ 좋아요(50%, 100%)
>
> 규칙 2: {교향곡} $\Rightarrow$ 좋아요(33%, 100%)
>
> 규칙 3: {클래식, 교향곡} $\Rightarrow$ 좋아요(33%, 100%)
>
> 규칙 4: {드럼, 기타} $\Rightarrow$ 싫어요(33%, 100%)
>
> 규칙 5: {드럼} $\Rightarrow$ 싫어요(33%, 100%)
>
> 규칙 6: {비트} $\Rightarrow$ 싫어요(33%, 100%)
>
> 규칙 7: {기타} $\Rightarrow$ 싫어요(50%, 75%)

앞서 말한 규칙은 주로 신뢰도가 떨어지는 순서로 정렬되며, 지지도가 감소하는 순서로 연결이 끊어진다. 규칙 2는 테스트-1에 의해 실행되는 반면, 규칙 5와 6은 테스트-2에 의해 실행되는 것이 분명하다. 따라서 테스트-2보다 테스트-1이 활성 사용자에게 추천돼야 한다. 테스트-1에 의해 실행된 규칙은 또한 왜 이것이 활성 사용자에게 최선의 추천으로 고려돼야 하는지를 이해할 수 있다. 이러한 설명은 종종 고객의 관점과 판매자의 관점 모두에서 추천 시스템에 매우 유용하다.

## 4.4.5 회귀 기반 모델

회귀 기반 모델은 바이너리 평가, 구간$^{interval}$ 기반 평가 또는 수치 평가와 같은 다양한 유형의 평가에 사용할 수 있다는 장점이 있다. 선형 모델, 로지스틱 회귀 모델 및 순서형 프로빗 모형 ordered probit model과 같은 대규모 회귀 모델을 사용해 다양한 유형의 평점을 모델링할 수 있다. 여기서는 선형 회귀라고 하는 가장 단순한 모델을 설명한다. 참고문헌에는 좀 더 복잡한 회귀 방법에 관한 지침이 포함돼 있다.

$D_L$을 크기 $d$의 어휘집에 대해 레이블링된 학습 세트 $\mathcal{D}_L$의 $n$개의 문서를 나타내는 $n \times d$ 행렬이라고 하자. 유사하게 $\overline{y}$는 학습 세트의 $n$개의 문서에 대한 활성 사용자의 평가를 포함하는 $n$차원 열 벡터이다. 선형 회귀의 기본 개념은 평가를 단어 빈도의 선형함수로 모델링할 수 있다

고 가정하는 것이다. $\overline{W}$를 선형함수의 각 단어의 계수를 나타내는 $d$-차원 행 벡터로 지정하면 단어 빈도가 평가와 관련된다. 그런 다음 선형 회귀 모델은 학습 행렬 $D_L$의 단어 빈도가 다음과 같이 평가 벡터와 관련돼 있다고 가정한다.

$$\overline{y} \approx D_L \overline{W}^T \tag{4.12}$$

따라서 벡터 $(D_L\overline{W}^T - \overline{y})$는 예측 오차의 $n$-차원 벡터이다. 예측 품질을 최대화하려면 이 벡터 제곱의 노름을 최소화해야 한다. 또한 과적합을 줄이기 위해 정규화 항 $\lambda\|\overline{W}\|^2$를 목적함수에 추가할 수 있다. 이러한 형태의 정규화는 Tikhonov 정규화라고도 한다. 여기서 $\lambda > 0$는 정규화 매개변수이다. 따라서 목적함수 $O$는 다음과 같이 나타낼 수 있다.

$$\text{Minimize } O = \|D_L\overline{W}^T - \overline{y}\|^2 + \lambda\|\overline{W}\|^2 \tag{4.13}$$

이 문제는 $\overline{W}$에 대한 목적함수의 기울기를 0으로 설정해 해결할 수 있다. 결과는 다음과 같다.

$$D_L^T(D_L\overline{W}^T - \overline{y}) + \lambda\overline{W}^T = 0$$
$$(D_L^T D_L + \lambda I)\overline{W}^T = D_L^T\overline{y}$$

행렬$(D_L^T D_L + \lambda I)$은 양의 값을 가지므로 반전이 가능하다(실습 7 참조). 따라서 다음과 같이 가중치 벡터 $\overline{W}$를 직접 풀 수 있다.

$$\overline{W}^T = (D_L^T D_L + \lambda I)^{-1} D_L^T\overline{y} \tag{4.14}$$

여기서, $I$는 $d \times d$ 항등 행렬이다. 따라서 $\overline{W}^T$에 대해 항상 닫힌 형태의 해가 존재한다. 레이블이 지정되지 않은 집합 $\mathcal{D}_U$로부터 임의의 주어진 문서 벡터(아이템 설명) $\overline{X}$의 평가는 $\overline{W}$와 $\overline{X}$ 사이의 내적으로 예측할 수 있다. 티호노프 정규화는 $L_2$-정규화 항 $\lambda \cdot \|\overline{W}\|^2$를 사용한다. 이 정규화 항이 $\lambda \cdot \|\overline{W}\|$로 대체된 $L_1$-정규화를 사용할 수도 있다. 최종 최적화 문제에는 닫힌 해가 없으며 경사하강법을 사용해야 한다. 라쏘[242]라고 하는 형태의 정규화는 피처 선택의 이중적 역할에 사용할 수 있다. 이러한 메서드가 에 대한 희소 계수 벡터를 선택하는 경향이 있기 때문에 $\overline{W}$의 대부분 구성 요소는 0값을 가진다. 이러한 피처는 무시할 수 있다. 따라서 $L_1$-정규화 방법은 추천 프로세스를 위해 중요한 피처의 하위 집합을 해석할 수 있는 통찰력을 제공한다. 이 모델에 대한 자세한 설명은 [22]에서 찾을 수 있다.

선형 모델은 실수 평가에 적합한 회귀 모델의 한 예다. 실제로 평가는 단항, 이진, 구간 기반 또는 범주형(소수의 순서형 값)일 수 있다. 여러 종류의 목표 클래스 변수에 대해 다양한 선형 모델을 설계했다. 일부 예로 로지스틱 회귀, 프로빗 회귀, 순서형 프로빗 회귀 및 비선형 회귀가 있다. 단항 평가는 종종 이진 평점으로 처리하며 레이블이 지정되지 않은 아이템은 부정적인 사례로 처리한다. 그러나 이러한 경우에는 전문화된 긍정 레이블이 없는 모델(PU)이 존재한다

**표 4.2** 회귀 모델 계열 및 다양한 유형의 평가에 대한 적용 가능성

| 회귀 모델 | 평가의 성격(목표변수) |
|---|---|
| 선형 회귀 | 실수 |
| 다항 회귀 | 실수 |
| 커널 회귀 | 실수 |
| 이진 로지스틱 회귀 | 단항, 이진 |
| 다변 로지스틱 회귀 | 범주형, 순서형 |
| 프로빗 | 단항, 이진 |
| 다변 프로빗 | 범주형, 순서형 |
| 순서형 프로빗 | 순서형, 구간 기반 |

[364]. 순서형 프로빗 회귀는 구간 기반 평가에 특히 유용하다. 또한 다항 회귀 및 커널 회귀와 같은 비선형 회귀 모델은 피처와 타깃 변수 사이의 의존성이 비선형인 경우에 사용할 수 있다. 피처의 수가 많고 훈련 샘플 수가 적으면 선형 모델은 일반적으로 매우 잘 수행되며 사실 비선형 모델보다 우수한 성능을 보인다. 이것은 선형 모델이 과적합되기 쉽지 않기 때문이다. 표 4.2는 다양한 회귀 모델과 목표 변수의 성격(평가) 간의 매핑을 보여준다.

## 4.4.6 기타 학습 모델 및 비교 개요

콘텐츠 기반 필터링의 문제는 분류 및 회귀 모델링을 직접 적용하는 것이므로 문헌에서 많은 다른 기술이 사용될 수 있다. 다양한 분류 모델에 대한 자세한 설명은 [18, 86, 242, 436]에서 찾을 수 있다. 3장에서 논의한 의사 결정 트리 모델은 내용 기반 방법에도 적용할 수 있다. 그러나 텍스트와 같은 매우 고차원적인 데이터의 경우 의사 결정 트리는 가끔은 아주 효과적인 결과를 제공하지 못한다. 실험 결과[477]는 다른 분류 방법에 비해 의사 결정 트리의 성능이 좋지 않음을 보여준다. 규칙 기반 분류는 의사 결정 트리와 밀접한 관련이 있지만, 피처 공간의 엄격한 분할을 가정하지 않기 때문에 우수한 결과를 제공하는 경우가 많다. 이메일 분류를 위한 규칙 기반 분류를 사용해 성공적인 결과를 얻은 경우도 있다[164, 165]. 다양한 모델 중에서 베이즈 방식은 적절한 모델을 사용해 모든 유형의 피처 변수를 처리할 수 있다는 이점이 있다. 회귀 기반 모델은 매우 견고하며 모든 유형의 목표 변수를 처리할 수 있다. 로지스틱 회귀와 순서형 프로빗 회귀는 특히 이진 및 구간 기반 평가에 유용하다.

이진 유형의 평가인 경우 일반적으로 서포트 벡터 머신[114]을 선택한다. 서포트 벡터 머신은 로지스틱 회귀와 매우 유사하다. 가장 큰 차이점은 손실은 로짓함수를 사용하는 것보다 힌지 손실hinge-loss로 정량화한다는 것이다. 서포트 벡터 머신은 과적합에 대한 내성이 뛰어나며 다

수의 이미 규격화된 구현이 있다. 선형 및 커널 기반 서포트 벡터 머신을 모두 문헌에서 사용했다. 텍스트와 같은 고차원 데이터의 경우, 선형 서포트 벡터 머신으로 충분하다는 것을 확인했다. 이러한 경우 선형 성능을 지닌 특수한 방법을 설계했다[283]. 신경망은 임의로 복잡한 모델을 구축하는 데 사용할 수 있지만 사용 가능한 데이터의 양이 적을 때는 권장하지 않는다. 이는 신경망이 기본 데이터의 노이즈에 민감하고 크기가 작을 때 학습 데이터를 과적합할 수 있기 때문이다.

## 4.4.7 콘텐츠 기반 시스템에 관한 설명

콘텐츠 기반 시스템은 콘텐츠 피처를 기반으로 모델을 추출하기 때문에 추천 프로세스를 통찰력 있게 해석하는 경우가 많다. 예를 들어 영화 추천 시스템에서는 특정 장르 피처, 배우 피처 또는 유익한 키워드 세트와 같은 특정 영화가 왜 좋을지에 관한 이유를 사용자에게 제시하는 것이 유용하다. 결과적으로 활성 사용자는 해당 영화를 봐야 하는지를 정보에 기반해 선택할 수 있다. 이와 유사하게 음악 추천 시스템에서 설명하는 키워드 세트는 사용자가 왜 특정 트랙을 좋아하는지 이해할 수 있는 정보를 제공한다. 구체적인 예로 판도라 인터넷 라디오[693]는 다음과 같이 추천 트랙을 설명한다.

> "우리는 트랜스 기반, 4/4박자의 정박 리듬, 디스코 영향, 인기 있는 후크, 춤을 추는 비트, 직선적인 드럼 비트, 선명한 발음, 낭만적인 가사, 스토리가 있는 가사, 절묘한 빌드업을 특징으로 하기 때문에 이 트랙을 재생 중이다. 브레이크 다운, 리드미컬한 인트로, 모던 하모니 사용, 코드 패터닝 사용, 라이트 드럼 필, 악기 연주 강조, 신스베이스 리프, 신스 리프, 아르페지오 티드 신스의 절묘한 사용, 심하게 영향을 받은 신스 및 신스 스윕 등이 있다."

이러한 알려진 피처는 테스트를 할 때 "좋아요"로 분류하는 중요한 피처로 볼 수 있다. 이러한 세부적인 설명은 협업 시스템에서 부족한 경우가 많으며, 추천은 아이템의 상세한 특징보다는 유사한 아이템을 통해서 설명할 수 있다. 그러나 통찰력의 성격과 정도는 사용한 특정 모델에 매우 민감하다. 예를 들어 베이즈 모델과 규칙 기반 시스템은 분류의 특정 인과 관계에 대해 매우 잘 해석할 수 있다. 테스트-1 예제에서 다음 규칙이 실행되는 표 4.1의 예제를 고려해보자.

$$\{교향곡\} \Rightarrow 좋아요$$

사용자가 테스트-1에서 설명한 아이템을 추천받은 것은 교향곡이기 때문이다. 유사하게 베이즈 분류 모델에서 분류를 위한 곱셈 공식 중 $P(교향곡 \mid 좋아요)$의 기여도가 가장 크다. 선형 및 비선형 회귀 모델과 같은 다른 모델은 해석하기가 더 어렵다. 그럼에도 라쏘와 같은 이러한 모델의 특정 사례는 분류 과정에서 가장 관련성이 높은 기능에 대한 중요한 통찰력을 제공한다.

## 4.5 콘텐츠 기반 대 협업 필터링 추천

콘텐츠 기반 방법을 2장과 3장에서 논의한 협업 필터링 방법과 비교하는 것은 유용하다. 콘텐츠 기반 방법은 협업 필터링 방법에 비해 몇 가지 장점과 단점이 있다. 콘텐츠 기반 방법의 장점은 다음과 같다.

1. 새 아이템이 평점 행렬에 추가되면 다양한 사용자의 평가가 없다. 사용자들의 충분한 평가를 추천 목적으로 사용할 수 없으므로 메모리 기반 및 모델 기반 협업 필터링 메서드 중 어느 것도 이러한 아이템을 추천하지 않는다. 반면 콘텐츠 기반 방법의 경우, 주어진 사용자에 의해 평가된 이전 아이템들이 추천을 만들기 위해 활용한다. 따라서 신규 사용자가 아닌 이상, 새 아이템을 다른 아이템과 비교해 공정한 방식으로 취급하는 방식으로 항상 의미 있는 추천을 만들 수 있다. 협업 필터링 시스템은 새로운 사용자와 새로운 아이템 모두에게 콜드 스타트 문제가 있지만 콘텐츠 기반 시스템은 새로운 사용자에 대해서만 콜드 스타트 문제가 있다.

2. 이전 절에서 설명한 것처럼 콘텐츠 기반 방법은 아이템의 피처 측면에서 설명을 제공한다. 이는 협업 필터링 추천에서는 불가능하다.

3. 콘텐츠 기반 방법은 일반적으로 상용 텍스트 분류 모델과 함께 사용할 수 있다. 또한 협업 시스템의 경우와 같이 각 사용자별 분류는 큰 문제가 아니다. 따라서 상대적으로 적은 엔지니어링 노력으로 쉽게 사용할 수 있다.

반면 콘텐츠 기반 방법에는 협업 필터링 방법에 없는 몇 가지 단점이 있다.

1. 콘텐츠 기반 시스템은 사용자가 지금까지 본 것과 유사한 아이템을 찾는 경향이 있다. 이 문제를 과적합이라고 한다. 추천 결과는 일정 수준의 참신함novelty과 의외성serendipity을 갖는 것이 항상 바람직하다. 참신함은 사용자가 과거에 보았던 아이템과는 다른 아이템이라는 사실을 나타낸다. 유사하게, 뜻밖의 검색은 사용자가 발견하지 못한 놀라운 아이템을 발견하기를 원한다는 것을 의미한다. 이것은 속성 기반 분류 모델이 매우 유사한 아이템을 추천하는 경향이 있는 콘텐츠 기반 시스템에 대한 문제점이다. 예를 들어 콘텐츠 기반 시스템은 사용자가 클래식 음악을 듣지 않았거나 평가하지 않은 경우, 클래식 음악은 사용자가 지금까지 평가한 아이템과 매우 다른 속성 값으로 설명되기 때문에 일반적으로 클래식 음악과 같은 아이템을 추천하지 않는다. 반면 협업 시스템은 피어peer 그룹의 이익을 활용해 클래식 음악과 같은 아이템을 추천할 수 있다. 예를 들어 협업 필터링 시스템은 특정 팝송과 클래식 노래 사이의 놀라운 연관성을 자동으로 추론하고 팝 클래식 음악 애호가인 사용자에게 해당 클래식 노래를 추천할 수 있다. 과

도한 특수화<sup>Overspecialization</sup>와 뜻밖의 발견을 하기 부족한 점은 콘텐츠 기반 추천 시스템의 가장 중요한 두 가지 과제이다.

2. 콘텐츠 기반 시스템은 새로운 아이템에 대한 콜드 스타트 문제를 해결하는 데 도움이 되지만 신규 사용자를 위해 이러한 과적합 문제를 해결하는 데 도움이 되지 않는다. 실제로 신규 사용자의 경우 텍스트 분류 모델은 일반적으로 과적합을 피하기 위해 충분한 수의 학습 문서가 필요하기 때문에 콘텐츠 기반 시스템의 문제는 더욱 심각할 수 있다. 모든 다른 사용자에 대한 학습 데이터가 삭제되고 단일 사용자에 특정한 (소규모) 학습 데이터 세트만 활용한다는 것은 오히려 낭비스러운 것처럼 보일 수 있다.

이러한 단점에도 콘텐츠 기반 시스템은 추천 프로세스에서 콘텐츠 기반 지식을 활용할 수 있기 때문에 협업 시스템을 보완하는 경우가 많다. 이러한 상호 보완적인 행동은 하이브리드 추천 시스템(6장 참조)에서 종종 활용되며, 목표는 두 가지 방법의 장점을 결합해 더욱 강력한 추천 시스템을 만드는 것이다. 일반적으로 콘텐츠 기반 시스템은 거의 별개로 사용하지 않으며 일반적으로 다른 유형의 추천 시스템과 함께 사용한다.

## 4.6 협업 필터링 시스템을 위한 콘텐츠 기반 모델 사용

협업 필터링 모델과 콘텐츠 기반 방법은 흥미롭게 연결돼 있다. 콘텐츠 기반 방법은 협업 필터링에서 직접 사용할 수 있다. 아이템의 콘텐츠 설명은 설명 키워드를 참조하지만 사용자의 평점을 활용해 콘텐츠 기반 설명을 정의하는 시나리오를 계획할 수 있다. 각 아이템에 대해 아이템을 평가한 사용자의 사용자 이름(또는 식별자)을 이 평가의 값과 연결해 새 "키워드"를 만들 수 있다. 따라서 각 아이템은 해당 아이템의 평가 수만큼의 키워드를 기반으로 설명할 수 있다. 예를 들어 다양한 영화에 대한 설명이 다음과 같은 경우를 생각해보자.

터미네이터: 존#좋아요, 앨리스#싫어요, 톰#좋아요

에이리언: 존#좋아요, 피터#싫어요, 앨리스#싫어요, 데니스#좋아요

글래디에이터: 잭#좋아요, 메리#좋아요, 앨리스#좋아요

"#"기호는 연결의 구분을 표시하고 각 사용자 평가 조합에 대해 고유한 키워드를 확인하는 데 사용한다. 이 접근법은 일반적으로 가능한 평가 수가 적은 경우(예: 단항 또는 이진 평점) 더욱 효과적이다. 이러한 콘텐츠 기반 설명을 작성한 후에는 상용 콘텐츠 기반 알고리듬과 함께 사용할 수 있다. 분류에 사용된 기본 메서드에 따라 결과 메서드와 다양한 협업 필터링 모델 간에 거의 일대일 매핑이 있다. 이러한 각 기술은 협업 필터링 모델로 매핑되지만 이 방법으로 많은 협

업 필터링 방법을 포착할 수 없으므로 반대는 사실이 아니다. 그럼에도 매핑의 몇 가지 예를 제공한다.

1. "#"기호를 이용하는 표현에 대한 최근접 이웃 분류 모델은 협업 필터링을 위한 아이템 기반 이웃 모델과 대략 매핑된다(2.3.2절 참조).

2. 콘텐츠에 대한 회귀 모델은 협업 필터링을 위한 사용자별 회귀 모델과 대략적으로 매핑된다(2.6.1절 참조).

3. 콘텐츠에 대한 규칙 기반 분류 모델은 협업 필터링을 위해 사용자별 규칙 기반 분류 모델에 대략적으로 매핑된다(3.3.2절 참조).

4. 콘텐츠에 대한 베이즈 분류 모델은 협업 필터링을 위해 사용자별 베이즈 모델과 대략적으로 매핑된다(3장의 연습 문제 4번 참조).

따라서 적절한 콘텐츠 표현을 정의하고 기성 콘텐츠 기반 방법을 직접 사용함으로써 협업 필터링에 대한 많은 방법을 포착할 수 있다. 이러한 관찰은 하이브리드로 만들기 위한 수많은 기회를 열어주기 때문에 중요하다. 예를 들어 더욱 견고한 모델을 얻기 위해 평점 기반 키워드와 실제 설명 키워드를 결합할 수 있다. 실제로 이 접근법은 일부 하이브리드 추천 시스템에서 종종 사용한다. 이러한 접근 방식은 더 이상 다른 사용자의 사용 가능한 평점 데이터를 낭비하지 않으며 통합 프레임워크 내에서 콘텐츠 기반 및 협업 모델의 힘을 결합한다.

## 4.6.1 사용자 프로파일 활용

콘텐츠 속성으로 협업 필터링과 같은 모델을 작성할 수 있는 또 다른 경우는 사용자 프로파일이 지정된 키워드의 형태로 사용 가능할 때이다. 예를 들어 사용자는 특정 관심사를 키워드 형태로 지정할 수 있다. 이 경우 각 사용자에 대한 로컬 분류 모델을 만드는 대신 사용자 피처를 사용해 모든 사용자에 대해 전역 분류 모델을 만들 수 있다. 각 사용자-아이템 조합에 대해, 해당 사용자 및 아이템[50]의 속성 벡터의 크로네커-곱$^{Kronecker-product}$을 사용해 콘텐츠 중심 표현을 만들 수 있다. 사용자-아이템 조합을 평점으로 매핑하기 위해 이 표현에 분류 또는 회귀 모델을 구성한다. 그러한 접근법은 8.5.3절에서 자세히 설명한다.

## 4.7 요약

4장에서는 추천 프로세스를 위해 사용자별 학습 모델을 만드는 콘텐츠 기반 추천 시스템의 방법론을 소개했다. 아이템 설명의 콘텐츠 속성은 사용자 평점과 결합돼 사용자 프로파일을 작성한다. 분류 모델은 이 모델을 기반으로 작성한다. 그런 다음 이 모델을 사용해 아직 사용자가 평가하지 않은 아이템의 설명을 분류한다. 최근접 이웃 분류 모델, 규칙 기반 방법, 베이즈 방법 및 선형 모델과 같은 많은 분류 및 회귀 모델을 이러한 시스템에 사용한다. 베이즈 방법은 다양한 유형의 콘텐츠를 처리할 수 있기 때문에 다양한 시나리오에서 큰 성공을 거두었다. 콘텐츠 기반 시스템은 신규 사용자와 관련해 콜드 스타트 문제를 처리할 수는 없지만 새 아이템과 관련된 콜드 스타트 문제를 처리할 수 있다는 장점이 있다. 콘텐츠 기반 시스템은 사용자가 이전에 평가한 아이템의 내용을 기반으로 하므로 콘텐츠 기반 시스템에서 의외성을 주는 아이템이 추천될 확률은 상대적으로 낮다.

# 4.8 참고문헌

가장 초기의 콘텐츠 기반 시스템은 [60]과 Syskill & Webert[82, 476-478] 시스템의 작업에 기인한다. 그러나 Fab는 콘텐츠 기반 방법을 사용해 피어 그룹을 결정하는 부분적 하이브리드 디자인을 사용하지만 다른 사용자의 평점은 추천 프로세스에서 활용한다. [5, 376, 477]의 연구는 콘텐츠 기반 추천 시스템에 대한 훌륭한 개요 문서를 제공한다. 후자의 연구는 흥미로운 웹사이트를 찾도록 고안했기 때문에 많은 텍스트 분류 모델이 그 효과를 시험을 받았다. 특히 [82]의 작업은 다양한 콘텐츠 기반 시스템의 상대적 성능에 대한 많은 유용한 정보를 제공한다. 사용자 모델링을 위한 확률론적 방법은 [83]에서 논의한다. [163, 164]의 연구는 전자우편 분류에서 규칙 기반 시스템을 사용하는 것이 주목할 만하다. Rocchio의 관련성 피드백[511]은 초창기에도 사용했지만 이론적 토대가 없으며 종종 많은 시나리오에서 제대로 수행되지 못한다. 콘텐츠 기반 추천을 위해 사용할 수 있는 수많은 텍스트 분류 방법은 [21, 22, 400]에서 논의한다. 정보 검색의 맥락에서의 의외성이라는 개념에 대한 논의는 [599]에서 제공한다. 일부 콘텐츠 기반 시스템은 의외성[85]을 개선하기 위해 매우 유사한 아이템을 명시적으로 필터링한다. [418]의 작업은 추천 시스템의 품질을 측정하기 위해 정확도 메트릭을 넘어설 수 있는 방법을 논의한다.

텍스트 분류에서 피처 추출, 정제 및 피처 선택을 위한 방법은 [21, 364, 400]에서 논의한다. 트리 블록 매칭tree-matching 알고리듬의 도움으로 여러 블록을 포함하고 있는 웹 페이지에서 주 콘텐츠 블록을 추출하는 것은 [364, 662]에서 확인할 수 있다. 웹 페이지에서 콘텐츠 구조를 추출하기 위한 시각적 표현의 사용은 [126]에 설명돼 있다. 분류를 위한 피처 선택 방법은 자세한 설명은 [18]에서 자세히 설명한다. 최신 텍스트 분류 조사[21]는 텍스트 데이터의 특정 경우에 대한 피처 선택 알고리듬을 설명한다.

수많은 실제 시스템이 콘텐츠 기반 시스템을 사용해 설계됐다. 가장 초기의 것은 Fab[60]와 Syskill & Webert[477]이다. Personal WebWatcher[438, 439]라고 하는 초기 시스템은 사용자가 방문하는 웹 페이지에서 사용자의 관심사를 학습해 추천을 제공한다. 또한 방문 페이지에 링크된 웹 페이지는 추천 프로세스에서 사용한다. Letizia 시스템[356]은 웹 브라우저 확장을 사용해 사용자의 브라우징 동작을 추적하고 이를 사용해 추천을 만든다. 다이나믹-프로파일러로 알려진 시스템은 사용자에게 실시간으로 뉴스 추천을 하기 위해 카테고리의 미리 정의된 분류법을 사용한다[636]. 이 경우 사용자 웹 로그는 기본 설정을 학습하고 개인화 된 추천을 생성하는 데 사용한다. IfWeb 시스템[55]은 시맨틱 네트워크 형태의 사용자 관심사를 나타낸다. WebMate 시스템[150]은 키워드 벡터의 형태로 사용자 프로파일을 학습한다. 이 시스템은 부정적인 것보다는 긍정적인 사용자의 관심을 추적하도록 설계됐다. 웹 추천의 일반적인 원칙은 뉴스 필터링의 원칙과 크게 다르지 않다. 뉴스 추천을 수행하는 방법은 [41, 84, 85, 392, 543, 561]에서 설명한다. 이러한 방법 중 일부는 WordNet과 같은 향상된 표현을 사용해 모델링 프로세스를 개선한다. 웹 추천 시스템은 일반적으로 뉴스 추천 시스템보다 어려운데 그 이유는 기본 텍스트가 종종 품질이 낮기 때문이다. Citeseer 시스템[91]은 논문 간 공통 인용을 식별함으로써 서지 데이터베이스에서 흥미로운 출판물을 발견할 수 있다. 따라서 그것은 유사도 결정을 위한 내용 메커니즘으로서 명시적으로 인용을 사용한다.

콘텐츠 기반 시스템은 서적, 음악 및 영화와 같은 다른 영역에서도 사용한다. 서적 추천을 위한 콘텐츠 기반 방법은 [448]에서 설명한다. 음악 추천의 주요 문제점은 쉽게 사용할 수 있는 피처와 사용자가 음악을 감상할 가능성 사이의 의미적 차이이다.

의미적 차이는 음악과 이미지 도메인 간의 공통된 특징이다. 의미적 차이를 연결하는 과정은 [138, 139]에서 어느 정도 진전이 있었다. 판도라[693]는 음악 게놈 프로젝트에서 추출한 피처를 사용해 추천을 만든다. ITR 시스템은 추천을 만들기 위해 책 설명 또는 영화 플롯과 같은 아이템의 텍스트 설명[178]을 사용하는 방법에 대해 설명한다. 추가 연구[179]는 어떻게 콘텐츠 기반 추천 시스템에서 태그를 통합할 수 있는지 보여준다. 이 접근법은 WordNet과 같은 언어 도구를 사용해 추천 프로세스에 대한 지식을 추출한다. 텍스트 분류를 사용하는 영화 추천 시스템은 INTIMATE 시스템[391]이다. 콘텐츠 기반 및 협업 추천 시스템을 결합하는 방법은 [520]에서 설명한다. 하이브리드 추천 시스템에 대한 더 광범위한 개요는 [117]에 나와 있다. [376]에서 언급한 작업의 잠재적인 방향은 위키피디아에서 얻은 것과 같은 백과 사전 지식[174, 210, 211]을 사용해 콘텐츠 기반 추천 시스템을 향상시키는 것이다. 영화 추천을 위해 위키피디아를 사용하는 몇 가지 방법이 고안됐다[341]. 흥미롭게도 이 방법은 추천 시스템의 정확성을 향상시키지 못한다. 콘텐츠 기반 추천에서의 향상된 의미론적 지식의 적용은 [376]에서 향후 연구 방향으로 언급했다.

# 4.9 연습 문제

1. 사용자가 9개의 아이템을 '좋아요'로 평가하고 남은 아이템을 '싫어요'로 평가하는 20 가지 아이템의 좋아요/싫어요 평가를 제공하는 시나리오를 고려해보자. 7가지 아이템 설명에 '스릴러'라는 단어가 포함돼 있고, 사용자가 이 아이템 중 5개를 싫어한다. 원래 데이터 분포 및 '스릴러'라는 단어가 포함된 하위 집합과 관련해 지니 인덱스를 계산한 다. 피처 선택 알고리듬이 아이템 설명에 이 단어를 포함해야 하는가?

2. 연관 패턴 마이닝을 사용해 규칙 기반 분류 모델을 구현하라.

3. 영화가 표에 설명된 장르 중 하나 이상에 속하는 영화 추천 시스템을 고려하고, 특정 사용자는 각 영화에 다음과 같은 평가 세트를 제공한다.

| 장르 →<br>영화-Id ↓ | 코미디 | 드라마 | 로맨스 | 스릴러 | 액션 | 호러 | 평가 |
|---|---|---|---|---|---|---|---|
| 1 | 1 | 0 | 1 | 0 | 0 | 0 | 싫어요 |
| 2 | 1 | 1 | 1 | 0 | 1 | 0 | 싫어요 |
| 3 | 0 | 1 | 0 | 0 | 0 | 0 | 싫어요 |
| 4 | 0 | 0 | 0 | 1 | 1 | 0 | 좋아요 |
| 5 | 0 | 1 | 0 | 1 | 1 | 1 | 좋아요 |
| 6 | 0 | 0 | 0 | 0 | 1 | 1 | 좋아요 |
| 테스트-1 | 0 | 0 | 0 | 1 | 0 | 1 | ? |
| 테스트-2 | 0 | 1 | 1 | 0 | 0 | 0 | ? |

최소한 33%의 지지도와 75%의 신뢰로 모든 규칙을 준수해야 한다. 이 규칙에 따라 Test-1 또는 Test-2 아이템을 사용자에게 추천하겠는가?

4. 라플라시안 스무딩을 사용해 베이즈 분류 모델을 구현하라.

5. 베이즈 분류 모델을 사용해 연습 문제 3을 반복한다. 라플라시안 스무딩을 사용하지 마시오.

   이 경우 라플라시안 스무딩이 중요한 이유를 설명하라.

6. 1-최근접 이웃 분류 모델을 사용해 연습 문제 3을 구현하라.

7. 훈련 데이터 행렬 $D$의 경우, 정규화된 최소 제곱 회귀는 행렬의 역전 $(D^T D + \lambda I)$이 필요하며, 여기서 $\lambda > 0$이다. 이 행렬은 항상 반전 가능하다는 것을 증명하라.

8. $\mathcal{X}^2$분포는 4장에서 설명한 것처럼 다음 공식으로 정의한다.

$$\chi^2 = \sum_{i=1}^{p} \frac{(O_i - E_i)^2}{E_i}$$

$2 \times 2$ 분할표에서 위의 수식을 다음과 같이 다시 작성할 수 있음을 증명하라.

$$\chi^2 = \frac{(O_1 + O_2 + O_3 + O_4) \cdot (O_1 O_4 - O_2 O_3)^2}{(O_1 + O_2) \cdot (O_3 + O_4) \cdot (O_1 + O_3) \cdot (O_2 + O_4)}$$

여기, $O_1 \ldots O_4$는 텍스트 표 형식의 예와 동일한 방식으로 정의한다.

# 5

# 지식 기반 추천 시스템

"지식은 토마토가 과일이라는 것을 아는 것이다. 지혜는 토마토를 과일 샐러드에 넣지 않는 것을 알고 있
는 것이다."

— 브라이언 오드리스콜Brian O'Driscoll

## 5.1 개요

콘텐츠 기반 시스템과 협업 시스템 모두 과거의 구매 및 평가 경험에 관한 상당한 양의 데이터
가 필요하다. 예를 들어 협업 시스템에는 향후 추천을 제시하기 위해 합리적으로 잘 채워진 평
점 행렬이 필요하다. 사용 가능한 데이터의 양이 제한돼 있는 경우 추천이 좋지 않거나 사용자-
아이템 조합의 전체 스펙트럼에 관한 전체 적용 범위가 부족하다. 이 문제를 콜드 스타트 문제라
고도 한다. 서로 다른 시스템은 이 문제에 대해 다양한 정도의 민감도를 가지고 있다. 예를 들어
협업 시스템은 가장 취약한 시스템이며, 새로운 아이템이나 사용자를 잘 다루지 못한다. 콘텐츠
기반 추천 시스템은 새 아이템을 처리하는 데 있어서는 다소 나은 편이지만 여전히 새 사용자에
게 추천을 제공할 수 없다.

더 나아가 이러한 방법론은 사용자에 맞게 커스터마이즈된 제품일수록 맞지 않는다. 이를테면 부동산, 자동차, 관광 요청, 금융 서비스 또는 고가의 명품과 같은 아이템이 있다. 이러한 아이템은 거의 구입하지 않으며, 충분한 평점을 사용할 수 없는 경우가 많다. 대부분 아이템 도메인이 복잡할 수 있으며 특정 속성에 해당하는 구체적 아이템은 없을 수 있다. 예를 들어 특정 수의 침실, 잔디밭, 지역성 등이 있는 집을 구매하려는 경우와 같다. 항목을 설명하는 것이 복잡하기 때문에 유사한 항목에 대한 사용자의 과거 기록을 반영하는 합리적인 평점 집합을 얻기가 어려울 수 있다. 마찬가지로 특정 옵션 집합이 있는 자동차의 아주 예전 평점은 현재에서의 필요와 전혀 관련이 없을 수 있다.

어떻게 이러한 사용자 커스터마이제이션과 평점 부족 문제를 해결할 수 있을까? 지식 기반 추천 시스템은 이러한 아이템에 대한 사용자 요구 사항의 명시적 요청에 의존한다. 그러나 이러한 복잡한 도메인에서는 사용자의 요구 사항이 제품 가용성과 어떻게 일치하는지 완전히 설명하거나 이해하기가 어려운 경우가 많다. 예를 들어 사용자는 연비와 마력의 특정 조합을 가진 자동차를 사용할 수 있다는 것을 인식하지 못할 수도 있다. 따라서 이러한 시스템은 대화형 피드백을 사용해 사용자가 본질적으로 복잡한 제품 옵션을 탐색하고 다양한 옵션 간에 사용할 수 있는 장단점에 대해 알아볼 수 있도록 한다. 검색 및 탐색 프로세스는 제품 도메인의 다양한 기능의 활용성 및 장단점을 설명하는 기술 자료에 의해 풍부해진다. 지식 기반의 사용은 효과적인 검색 및 탐색 프로세스에 매우 중요하므로 이러한 시스템을 지식 기반 추천 시스템이라고 한다.

지식 기반 추천 시스템은 정기적으로 구입하지 않는 아이템 추천에 적합하다. 또한 이러한 아이템 도메인에서 사용자는 더 적극적으로 요구 사항을 명시한다. 사용자는 종종 많은 입력 과정 없이 영화 추천을 받아들일 수 있지만, 그녀는 특정 기능에 대한 자세한 정보가 없는 집이나 자동차 추천을 받고 싶어 하지 않을 것이다. 따라서 지식 기반 추천 시스템은 협업 및 콘텐츠 기반 시스템과 다른 항목 도메인 유형이다. 일반적으로 지식 기반 추천 시스템은 다음과 같은 경우에 적합하다.

1. 고객이 자신들의 요구 사항을 자세히 명시하려고 할 때이다. 따라서 상호작용은 이러한 시스템의 중요한 구성 요소다. 협업 및 콘텐츠 기반 시스템은 이러한 유형의 세부 피드백을 허용하지 않는다.

2. 사용 가능한 항목 및 옵션의 유형 측면에서 도메인의 복잡성이 커서 특정 유형에 대한 평점을 얻기가 어려울 경우다.

3. 컴퓨터와 같은 일부 도메인에서는 평점이 시간에 민감할 수 있다. 오래된 자동차나 컴퓨터의 평점은 제품 가용성 및 해당 사용자 요구 사항의 변화에 따라 진화하기 때문에 추천에 매우 유용하지 않다.

**표 5.1** 다양한 추천 시스템의 개념적 목적

| 접근 방법 | 개념적 목적 | 입력값 |
|---|---|---|
| 협업 | 나와 내 피어의 평점과 액션을 기반으로 협업 방법론에 따라 추천해주세요. | 사용자 평점 + 커뮤니티 평점 |
| 콘텐츠 기반 | 나의 과거 평점과 액션을 기반으로 내가 좋아한 콘텐츠(속성)에 따른 추천을 해주세요. | 사용자 평점 + 항목 속성 |
| 지식 기반 | 내가 구체적으로 지정했던 원하는 콘텐츠(속성) 종류를 기반으로 추천해주세요. | 유저 지정 + 항목 속성 + 도메인 지식 |

지식 기반 시스템의 중요한 부분은 사용자가 추천 프로세스를 안내할 때 더 큰 컨트롤을 가지고 있다는 점이다. 컨트롤이 더 강하다는 뜻은 본질적으로 복잡한 문제 도메인에서 자세한 요구 사항이 주어졌을 때 일어나는 직접적 결과로 볼 수 있다. 기본 수준에서, 추천의 세 가지 범주에 대한 개념적 차이는 표 5.1에 설명돼 있다. 또한 다양한 시스템에서 사용되는 입력 데이터의 큰 차이가 있다. 콘텐츠 기반 및 협업 시스템의 추천은 주로 기록 데이터를 기반으로 하는 반면, 지식 기반 시스템은 사용자가 직접 자신이 원하는 사항을 지정함이 추천의 기반이 된다. 지식 기반 시스템의 중요한 특징은 특정 도메인에 대한 사용자 지정의 높은 참여도다. 이 커스터마이제이션은 제약 조건이나 유사도 메트릭의 형태로 관련 지식을 인코딩하는 기술 기반을 수행된다. 일부 지식 기반 시스템은 특정 쿼리 시간에 지정된 항목 특성 외에 사용자 특성(예: 인구통계 속성)을 사용할 수도 있다. 이러한 경우 도메인 지식은 사용자 특성과 항목 특성 간의 관계를 인코딩할 수도 있다. 그러나 이러한 특성의 사용은 사용자 요구 사항에 중점을 두는 지식 기반 시스템에 보편적이진 않다.

지식 기반 추천 시스템은 사용자 대화형 방법론과 상호작용을 용이하게 하는 기술 기반으로 분류할 수 있다. 지식 기반 추천 시스템에는 두 가지 기본 유형이 있다.

1. 제약 조건 기반 추천 시스템: 제약 조건 기반 추천 시스템[196, 197]에서 사용자는 일반적으로 항목 특성에 대한 요구 사항 또는 제약 조건(예: 하계 또는 상계)을 지정한다. 또한 특정 도메인에 대한 규칙은 항목 속성을 향한 사용자 요구 사항 또는 특성을 매칭하는 데 사용된다. 이러한 규칙은 시스템에서 사용하는 도메인별 지식을 나타낸다. 이 규칙은 항목 속성에 대한 도메인별 제약 조건(예: "1970년 이전의 자동차는 크루즈 컨트롤이 없다.")의 형태를 취할 수 있다. 제약 조건 기반 시스템은 종종 항목 속성에 대한 사용자 속성과 관련된 규칙을 만든다(예: "고위험 투자자는 초고위험 상품에 투자하지 않는다."). 이러한 경우 사용자 특성을 검색 프로세스에 지정할 수도 있다. 반환되는 결과의 수와 유형에 따라 사용자는 원래 요구 사항을 수정할 수 있다. 예를 들어 결과가 너무 적으면 일부 제약 조건을 완화하거나 결과가 너무 많이 반환된다면 더 많은 제약 조건을 추가

할 수 있다. 이 검색 프로세스는 사용자가 원하는 결과에 도달할 때까지 대화식으로 반복된다.

2. **사례 기반 추천 시스템:** 사례 기반 추천 시스템[102, 116, 377, 558]에서는 사용자가 특정 사례를 타깃 또는 주요 포인트로 지정한다. 유사도 메트릭은 이러한 타깃과 유사한 항목을 검색하기 위해 항목 특성에 정의된다. 유사도 메트릭은 종종 도메인에 따라 신중하게 정의된다. 따라서 유사도 메트릭은 이러한 시스템에서 사용되는 도메인 지식을 형성한다. 반환된 결과는 사용자의 대화형 수정을 통해 새로운 타깃의 사례로 사용된다. 예를 들어 사용자가 본인이 원하는 것과 거의 유사한 반환 결과를 본다면 사용자는 자신이 원하는 대로의 약간의 수정과 함께 해당 타깃으로 다시 쿼리를 실행할 수 있다. 대체안으로는 관심 있는 아이템과 비교해 직접적인 수정이 항목을 더욱 자세히 정의한다. 이 대화형 프로세스는 사용자를 최종 추천 결과로 이끌게 한다.

두 경우 모두 시스템이 사용자가 지정된 요구 사항을 변경할 수 있도록 한다. 그러나 이 작업을 수행하는 방법은 두 경우다. 사례 기반 시스템의 경우 예제(또는 사례)를 주요 포인트로 사용해 유사도 메트릭과 함께 검색을 안내하는 반면, 제약 조건 기반 시스템에서는 특정 기준/규칙(또는 제약 조건)이 검색을 안내하는 데 사용된다. 두 경우 모두 제시된 결과는 추가 추천 내용을 찾기 위한 기준을 수정하는 데 사용된다. 지식 기반 시스템은 검색 프로세스 중에 제약 조건, 규칙, 유사도 메트릭 및 효용 함수의 형태로 다양한 유형의 도메인 지식을 인코딩한다는 사실에서 그 이름이 파생된다. 그 예로 유사도 메트릭 또는 특정 제약 조건을 디자인하려면 도메인별 지식이 필요하고 이는 추천 시스템의 역할에 있어 매우 중요하다. 일반적으로 지식 기반 시스템은 다양한 도메인에서 유사한 유형의 입력 데이터로 작동하는 콘텐츠 기반 및 협업 시스템에 비해 매우 이질적이고 도메인에 국한된 지식 원천을 사용한다.

결과적으로 지식 기반 시스템은 강한 사용자 정의의 형태이며, 다양한 도메인에서 쉽게 일반화할 수 없다. 하지만 이 사용자 지정이 수행되는 광범위한 원칙은 도메인 간에 고정돼 있다. 5장의 목적은 이 원리들에 대해 토론하는 것이다.

사용자와 추천 모델 간의 상호작용은 대화형 시스템, 검색 기반 시스템 또는 네비게이션 시스템의 형태를 취할 수 있다. 이러한 다양한 형태의 지침은 격리되거나 조합돼 있을 수 있고, 이는 다음과 같이 정의된다.

1. **대화형 시스템:** 이 경우 사용자의 선호는 피드백 순환에서의 컨텍스트에서 결정된다. 그 주된 이유는 항목 도메인이 복잡하고 사용자 선호는 반복적인 대화 시스템의 컨텍스트에서만 결정될 수 있기 때문이다.

2. **검색 기반 시스템:** 검색 기반 시스템에서 사용자의 선호는 "교외 지역이나 도시 중, 어디에 위치한 집을 선호합니까?"와 같이 사전 설정된 질문 순서를 사용해 유도된다.

**3.** 네비게이션 기반 추천: 네비게이션 기반 추천은 사용자가 현재 추천되는 항목에 대해 여러 변경 요청을 지정한다. 반복적인 변경 요청을 통해 바람직한 항목에 도달할 수 있다. 특정 집이 추천될 때 사용자가 지정한 변경 요청의 예는 다음과 같다. "현재 권장되는 집의 서쪽으로 약 5마일 떨어진 비슷한 집을 원한다." 이러한 추천 시스템은 또한 비판 추천 시스템[120, 121, 417]이라고도 한다.

이러한 다양한 형태의 지침은 다양한 유형의 추천 시스템에 적합하다. 예를 들어 수정 시스템은 원하는 결과에 도달하기 위해 특정 사례를 비판하기 때문에 자연스럽게 사례 기반 추천 모델을 위해 설계됐다. 반면 검색 기반 시스템은 제약 조건 기반 추천 모델에 대한 사용자 요구 사항을 설정하는 데 쓰일 수 있다. 제약 조건 기반 및 사례 기반 시스템 모두에서 지침을 일부 사용할 수 있다. 또한 다양한 형태의 지침은 지식 기반 시스템의 조합으로 사용할 수 있다. 지식 기반 시스템에 대한 인터페이스를 디자인하는 방법에 관한 규칙은 없다. 목표는 항상 복잡한 상품 공간을 통해 사용자를 인도하는 것이다.

제약 조건 기반 추천 모델 및 사례 기반 추천 모델의 대화형 프로세스의 일반적 예시는 각각 그림 5.1(a) 및 (b)에 나와 있다. 전반적 상호작용의 접근 방식은 매우 유사하다. 두 경우의 주요 차이점은 사용자가 쿼리를 어떻게 지정하는지 후속 구체화를 위해 시스템과 어떻게 상호작용하는지에 대해서다. 제약 조건 기반 시스템에서는 특정 요구 사항(또는 제약 조건)을 사용자가 지정하는 반면, 사례 기반 시스템에서는 특정 대상(또는 서비스 케이스)이 지정된다. 이에 상응해 두 시스템에서는 서로 다른 유형의 대화형 프로세스와 도메인 지식이 사용된다. 제약 조건 기반 시스템은 원래 쿼리에서 사용자 요구 사항의 추가, 삭제, 수정 또는 완화에 의해 수정된다. 사례 기반 시스템에서는 타깃이 상호작용을 통해 사용자에 의해 수정되거나 검색 결과가 직접적 수정을 통해 정리된다. 이러한 수정에서 사용자는 검색 결과의 특정 속성이 늘어나야 할지, 줄어들어야 할지, 어떤 식으로 바뀌어야 할지 이야기한다. 이러한 접근 방식은 단순히 타깃을 수정하는 것보다 더 대화 형태이다. 이러한 두 가지 유형의 시스템에서 공통된 동기는 사용자가 복잡한 제품 도메인에서 요구 사항을 정확하게 명시하지 않는 경우가 있을 수 있다는 것이다. 제약 조건 기반 시스템에서 이 문제는 사용자 요구 사항과 제품의 속성을 매핑시켜주는 지식 기반 규칙으로 일부 해결될 수 있다. 사례 기반 시스템에서 이 문제는 수정하는 대화 형태로 문제가 해결된다. 대화형 측면은 두 시스템에 공통적으로 존재하며, 사용자가 복잡한 제품 도메인에서 자신의 요구 사항에 부합하는 항목을 검색하는 데 매우 중요하다.

지식 기반 추천 시스템의 대부분의 형태는 항목의 설명(콘텐츠 기반 시스템과 같은 텍스트 키워드[1]로 취급하는 것이 아닌 관계형 속성의 형태)에 크게 의존한다는 점에 유의한다. 이는 도메인별 지식을 관계형 특성으로 더욱 쉽게 인코딩할 수 있는 지식 기반 추천의 고유한 복잡성에서 파생

---

1 콘텐츠 기반 시스템은 정보 검색 및 관계형 설정 모두에서 사용되지만 지식 기반 시스템은 주로 관계형 설정에서만 사용된다.

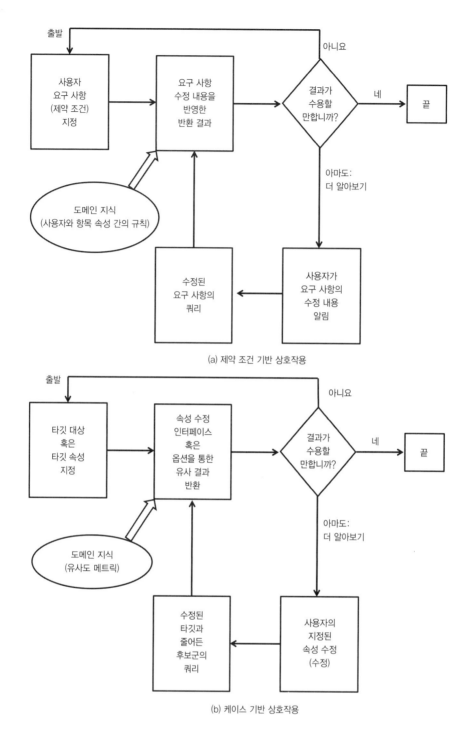

(a) 제약 조건 기반 상호작용

(b) 케이스 기반 상호작용

**그림 5.1** 지식 기반 추천 모델의 상호작용 프로세스 개요

표 5.2 집을 구매할 때 추천 내용에 적용되는 속성의 예시

| 항목 ID | 침실 수 | 욕실 수 | 위치 | 유형 | 면적 | 가격 |
|---|---|---|---|---|---|---|
| 1 | 3 | 2 | Bronx | Townhouse | 1600 | 220,000 |
| 2 | 5 | 2.5 | Chappaqua | Split-level | 3600 | 973,000 |
| 3 | 4 | 2 | Yorktown | Ranch | 2600 | 630,000 |
| 4 | 2 | 1.5 | Yorktown | Condo | 1500 | 220,000 |
| 5 | 4 | 2 | Ossining | Colonial | 2700 | 430,000 |

된 자연스러운 결과이다. 예를 들어 부동산에서의 주택 집합에 대한 속성은 표 5.2에 나와 있다. 사례 기반 추천 모델의 경우, 유사도 메트릭은 사용자가 제공하는 타깃 주택과 유사한 일치값을 제공하기 위해 이러한 관점으로 정의된다. 각 관계형 속성은 도메인별 기준에 따라 매칭 프로세스에서 중요도와 가중치가 달라진다. 제약 조건 기반 시스템에서 쿼리는 집의 최대 가격 또는 특정 지역과 같은 특성에 대한 요구 사항을 지정한다. 따라서 문제는 모든 제약 조건을 충족하는 제약 조건 집합을 정리하는 것으로 귀결된다.

5장은 다음과 같이 구성된다. 제약 조건 기반 추천은 5.2절에서 설명한다. 사례 기반 추천 모델은 5.3절에서 설명한다. 지식 기반 시스템에서의 지속적인 개인화 사용에 관해서는 5.4절에서 다룬다. 요약은 5.5절에서 제공된다.

## 5.2 제약 조건 기반 추천 시스템

제약 조건 기반 추천 시스템은 사용자가 항목 특성에 대한 요구 사항 또는 제약 조건을 지정할 수 있도록 한다. 또한 고객 요구 사항을 항목 특성과 일치시키기 위해 일련의 규칙이 사용된다. 그러나 고객은 항목을 설명하는 동일한 속성에 대한 쿼리는 매번 지정하지 않을 수 있다. 따라서 고객 요구 사항과 제품 특성과 관련된 추가 규칙 집합이 필요하다. 주택 구매 예제였던 표 5.2를 보면 고객이 지정한 속성의 몇 가지 예를 알 수 있다.

부부 상태(범주형), 가족 크기(숫자형), 교외 또는 도시(바이너리), 최소 침실 수(숫자형), 최대 침실 수(숫자형), 최대 가격(숫자형)

이러한 특성은 고유한 고객 속성(예: 인구통계)이나 제품에 대한 고객 요구 사항을 나타낸다. 이러한 요구 사항은 일반적으로 고객과 추천 시스템 간의 대화 중에 지정된다. 요구 사항의 대부분 특성은 표 5.2에 포함돼 있지 않다. 최대 가격 같이 일부 고객 요구 사항 속성과 제품 속성에

대한 매핑은 명확하지만 "교외 혹은 지방"과 같은 속성은 명백히 매핑하기 어렵다. 마찬가지로 금융 애플리케이션에서 고객은 원하는 제품 요구 사항("보수적 투자"와 같이 구체적인 제품 특성(예: 자산 유형 = 재무)으로 매핑되는 부분)을 직접 지정할 수 있다. 추천 제품을 일부 필터하기 위해서는 이러한 고객 속성/요구 사항을 제품 특성에 매핑할 수 있어야 한다. 이는 지식 기반을 사용해 해결할 수 있다. 기술 기반은 고객 속성/요구 사항과 제품 특성을 매핑할 수 있는 추가적인 룰이 포함돼 있다.

$$\text{교외 혹은 지방} = \text{교외} \Rightarrow \text{지역성} = \text{관련 지역 리스트}$$

이러한 룰은 사용자 요구 사항을 제품 특성에 매핑하고 이 매핑을 사용해 검색된 결과를 필터링하기 때문에 필터 조건이라 한다. 이 룰의 유형은 제품 도메인에서부터 파생되거나, 더 가끔은 데이터 세트의 마이닝에서부터 파생될 수 있다. 예시와 같은 특별한 경우는 해당 룰이 공개적으로 사용 가능한 지역 정보에서부터 파생된다는 것을 알 수 있다. 또 다른 예는 선택적인 특정 패키지가 특정 속성에서만 가능한 자동차 영역이다. 예를 들어 고토크 엔진은 스포츠 모델에서만 사용할 수 있다. 이러한 조건은 제품 도메인과 사용자가 지정한 요구 사항의 불일치를 신속하게 검색하는 데 사용할 수 있기 때문에 호환성 조건이라고도 한다. 대부분 이러한 호환성 제약 조건은 사용자 인터페이스 내에 통합될 수 있다. 예를 들어 자동차 가격 책정 사이트인 Edmunds.com은 사용자가 사용자 인터페이스 내에서 상호 일관성 없는 요구 사항을 입력하지 못하도록 한다. 또한 사용자 인터페이스 내에서 불일치 검색을 할 수 없는 경우에는 빈 결과 값을 반환하면서 이러한 불일치를 걸러낼 수 있다.

다른 호환성 제약 조건 중 몇 개는 고객 특성을 서로 관련시킬 수 있다. 이러한 제약 조건은 고객이 대화 시간 중에 자신에 대한 개인정보(예: 인구통계 정보)를 지정할 때 유용하다. 예를 들어 인구통계학적 특성은 도메인별 제약 조건 또는 과거 경험에 따라 고객 제품 요구 사항과 관련될 수 있다. 이러한 제약 조건의 예시는 다음과 같다.

$$\text{결혼 상태} = \text{싱글} \Rightarrow \text{최소 침실 수} \leq 5$$

아마도 도메인별 경험이나 과거 데이터 세트의 데이터 마이닝을 통해 한 개인은 매우 큰 집의 구매를 선호하지 않는다고 추론된다. 마찬가지로 작은 집은 매우 큰 가족에게 적합하지 않을 수 있다. 이 제약 조건은 다음 규칙으로 모델링된다.

$$\text{가족 수} \geq 5 \Rightarrow \text{최소 침실 수} \geq 3$$

따라서 제약 조건 기반 추천 시스템에는 세 가지 기본 입력 유형이 있다.

1. 첫 번째 입력 클래스는 사용자의 고유한 속성(예: 인구통계, 위험 요소 프로필) 및 특정한 제품 요구 사항(예: 최소 침실)을 설명하는 특성으로 이루어져야 한다. 이러한 특성 중 일

부는 제품 특성과 쉽게 관련되지만 다른 특성은 기술 기반을 사용해야만 제품 특성과 관련될 수 있다. 대부분의 경우 고객 속성 및 요구 사항은 대화식 세션에서 지정되며, 이는 여러 세션에서 지속되지는 않는다. 따라서 다른 사용자가 세션에서 동일한 요구 사항 집합을 지정하면 동일한 결과를 얻을 수 있다. 이는 기록 데이터를 기반으로 하기 때문에 개인화가 지속되는 다른 유형의 추천 시스템과는 다르다.

2. 입력의 두 번째 클래스는 다양한 제품 속성에 고객 특성/요구 사항을 매핑하는 기술로 이루어진다. 매핑은 다음과 같이 직접적 또는 간접적으로 달성될 수 있다.

- **직접적**: 이러한 규칙은 고객 요구 사항과 제품 특성에 대한 엄격한 요구 사항과 관련이 있다. 이러한 규칙의 예는 다음과 같다.

$$교외 \; 혹은 \; 지방 = 교회 \Rightarrow 지역 = 관련 \; 있는 \; 지역 \; 리스트$$
$$최소 \; 침실 \; 수 \geq 3 \Rightarrow 가격 \geq 100,000$$

이러한 규칙은 필터 조건으로도 쓰일 수 있다.

- **간접적**: 이러한 규칙은 일반적으로 예상되는 제품 요구 사항과 고객 특성/요구 사항과 관련된다. 따라서 이러한 규칙은 고객 특성을 제품 특성과 연결하는 간접적인 방법으로 볼 수도 있다. 이러한 규칙의 예는 다음과 같다.

$$가족 \; 수 \geq 5 \Rightarrow 최소 \; 침실 \; 수 \geq 3$$
$$가족 \; 수 \geq 5 \Rightarrow 최소 \; 욕실 \; 수 \geq 2$$

비록 오른쪽 항은 주로 제품 속성과 쉽게 매핑할 수 있는 고객의 요구 사항을 나타내지만, 양쪽 조건 모두 고객의 특성을 나타낸다. 이 제한 조건은 호환성 제약 조건을 나타낸다. 호환성 제약 조건 또는 필터 조건이 고객이 지정한 요구 사항과 맞지 않는다면 아이템의 추천 리스트는 빈 값이 될 것이다.

앞서 언급한 지식 자료는 공개적으로 이용 가능한 정보, 도메인 전문가, 과거 경험 또는 과거 데이터 세트의 마이닝 결과에서 파생된다. 따라서 지식 자료를 구축하는 데는 상당한 노력이 필요하다.

3. 마지막으로 제품 카탈로그에는 해당 항목 특성과 함께 모든 제품의 목록이 포함돼 있다. 생활 용품 구매 예제에 대한 제품 카탈로그의 스냅샷은 표 5.2에 나와 있다.

따라서 문제는 고객 요구 사항과 지식 자료의 규칙을 충족시키는 제품 목록을 결정하는 것으로 귀결된다.

## 5.2.1 관련 결과의 반환

관련 결과를 반환하는 문제는 카탈로그의 각 항목을 속성 관련 제약으로 취급하고 분리형 표준화disjunctive normal form의 방식으로 카탈로그를 표현하는 제약 조건 충족 문제의 사례로 볼 수 있다. 이 표현 방법은 이후 지식 기반 규칙과 결합돼 제품 공간의 상호 일관된 영역이 존재하는지 여부를 결정한다.

더 간단하게는, 규칙과 요구 사항의 집합은 카탈로그의 필터링 작업으로 표현될 수 있다. 고객과 관련된 모든 요구 사항과 실현되는 규칙은 데이터베이스 선택 쿼리를 구성하는데 사용된다. 이러한 필터링 쿼리를 만드는 과정은 다음과 같다.

1. 사용자 인터페이스에서 고객이 지정한 각 요구 사항(또는 개인 속성)에 대해 기술 자료의 규칙 선례와 일치하는지 여부를 확인한다. 일치하는 경우가 존재한다면, 해당 규칙의 결과는 정당한 선택 조건으로 처리된다. 예를 들어 앞서 언급한 부동산 예제를 생각해보자. 고객이 사용자 인터페이스 안에서 개인의 속성과 선호 사항 중 가족 수 = 6과 ZIP 코드 = 10547을 지정했으면, 가족 수 = 6은 다음의 규칙을 작동하는 원천으로 감지된다.

   $$가족 수 \geq 5 \Rightarrow 최소 침실 수 \geq 3$$
   $$가족 수 \geq 5 \Rightarrow 최소 욕실 수 \geq 2$$

   따라서 이 조건들의 결과가 사용자 요구 사항에 추가된다. 규칙 기준은 이렇게 확장된 요구 사항으로 다시 검사되며, 새로 추가된 제약 조건 '최소 침실 수 $\geq$ 3'가 다음의 규칙을 작동시킨다.

   $$최소 침실 수 \geq 3 \Rightarrow 가격 \geq 100,000$$
   $$최소 침실 수 \geq 3 \Rightarrow 침실 수 \geq 3$$
   $$최소 욕실 수 \geq 3 \Rightarrow 욕실 수 \geq 2$$

   따라서 조건 가격 $\geq$ 100,000 및 '최소 침실 수'와 '최소 욕실 수'와 같은 요구 사항 속성에 대한 범위 제약 조건은 '침실 수'와 '욕실 수'와 같은 상품 속성으로 대체된다. 다음 반복에서는 사용자 요구 사항에 더 이상 추가될 수 있는 조건은 없는 것으로 보여진다.

2. 이러한 확장된 요구 사항은 논리곱 표준형conjunctive normal form을 생성하는 데 사용된다. 이는 제품 카탈로그에 대한 다음의 제약 조건의 교차점을 계산하는 전통적인 데이터베이스 선택 쿼리를 나타낸다.

   (침실 수 $\geq$ 3) $\land$ (욕실 수 $\geq$ 2) $\land$ (가격 $\geq$ 100,000) $\land$ (ZIP 코드 = 10547)

이 접근법은 기본적으로 모든 고객 특성 제약 조건과 제품 영역 내의 요구 사항 속성 조건을 매핑한다.

3. 이 선택 쿼리는 사용자 요구 사항과 관련된 카탈로그의 사례를 검색하는 데 사용된다.

대부분의 제약 조건 기반 시스템은 세션 자체에서 모든 사용자 요구 사항 또는 기타 특성(예: 선호 내용, 인구통계 정보)의 내용을 사용할 수 있다. 즉, 지정된 정보는 일반적으로 지속되지 않는다. 다른 사용자가 동일한 입력을 지정하면 정확히 동일한 결과를 얻을 수 있다. 이 특성은 대부분의 지식 기반 시스템에 일반적이다. 5.4절에서는 지식 기반 시스템의 지속적인 개인화에 대한 최근의 발전 내용에 대해 설명한다.

제약 조건을 충족하는 항목의 결과 목록이 사용자에게 표시된다. 항목의 순위를 매기는 방법론은 이 절의 후반부에서 설명한다. 그런 다음 사용자는 더 정교한 추천을 얻기 위해 자신의 요구 사항을 더 수정할 수 있다. 탐구와 개선의 전반적인 과정은 고객이 스스로는 도달하지 못할 추천을 찾을 수 있도록 리드한다.

## 5.2.2 상호작용 방법론

사용자와 추천 시스템 간의 상호작용은 일반적으로 세 단계로 진행된다.

1. 대화형 인터페이스는 사용자가 초기 설정을 지정하기 위해 쓰인다. 흔한 방법은 원하는 값을 입력할 수 있는 웹 스타일 양식을 사용하는 것이다. 실제 예제로 사용할 주택 구매에 대한 가상 인터페이스는 그림 5.2와 같다. 또는 사용자의 초기 설정을 알 수 있는 질문을 사용자에게 하는 방법도 있다. 예를 들어 자동차 추천 사이트 Edmunds.com은 사용자가 원하는 특정 기능에 대한 기본 설정을 지정하는 일련의 인터페이스를 제공한다. 첫 번째 인터페이스의 질문에 대한 대답은 다음 인터페이스의 질문에 영향을 줄 수 있다.

2. 사용자에게 순위화된 매칭 아이템의 목록이 표시된다. 그리고 아이템이 반환되는 이유에 대한 설명이 일반적으로 제공된다. 경우에 따라 사용자 요구 사항과 일치하는 항목이 없을 수 있다. 이러한 경우 어느 정도까지의 요구 사항 완화가 제안될 수 있다. 예를 들어 그림 5.3에서는 결과가 반환되지 않으며 가능한 완화가 제안된다. 너무 많은 항목이 반환되는 경우 가능한 제약 조건(사용자 요구 사항)에 대한 제안이 포함된다. 예를 들어 그림 5.4에서는 너무 많은 결과가 반환된다. 가능한 제약 조건을 쿼리에 추가하는 것이 좋다.

3. 사용자는 반환된 결과에 따라 자신의 요구 사항을 구체화한다. 이러한 구체화는 요구 사항의 추가 또는 일부 요구 사항의 제거 형태를 취할 수 있다. 예를 들어 빈 집합이 반

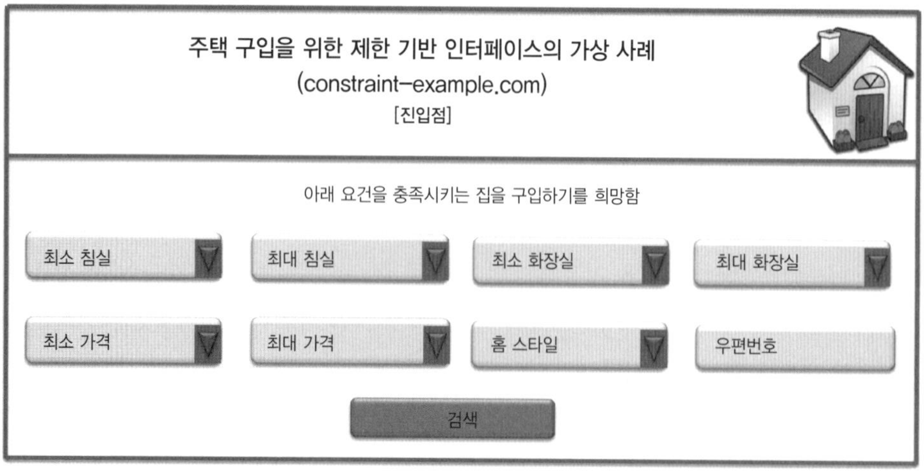

**그림 5.2** 제약 기반 추천의 초기 유저 인터페이스 예시(constraint-example.com)

환되면 일부 요구 사항을 완화해야 한다. 제약 조건 만족도 방법론은 완화 가능한 후보 제약 조건의 집합을 식별하는 데 사용된다. 따라서 이 시스템은 사용자가 좀 더 지능적이고 효율적인 방법으로 수정하는 데 도움이 된다.

따라서 전체적인 방법론은 사용자가 의미 있는 결정을 내릴 수 있도록 반복적인 피드백 루프를 사용한다. 요구 사항에 대해 사용 가능한 선택이 있다는 인식을 높이는 가이드가 시스템을 설계하는 것에 있어서 중요하다.

사용자를 돕기 위해 명시적 계산이 필요한 이 상호작용에는 여러 측면이 있다. 예를 들어 사용자는 일반적으로 모든 제품 특성에 대해 원하는 값을 지정할 수 없다. 주택 구매 예시를 들자면, 사용자는 침실의 수에만 제약 조건을 지정하고 가격에는 어떤 제약 조건을 지정하지 않을 수도 있다. 이 시나리오에서 몇 가지 솔루션을 수행할 수 있다.

1. 시스템은 다른 특성을 제한하지 않고 지정된 제약 조건만을 기반으로 결과를 검색할 수 있다. 예를 들어 사용자에게 첫 번째 응답 세트를 제공하기 위해 가능한 모든 가격 범위가 고려될 수 있다. 가장 합리적인 선택일 수 있지만 만일 사용자 쿼리가 잘 짜여져 응답 수가 너무 많은 경우에는 효과적인 솔루션이 아닐 수 있다.

2. 경우에 따라 사용자에게 지침을 제공하기 위해 기본값을 제안할 수 있다. 기본값은 사용자가 값을 선택하는 데만 사용할 수 있기도 하며, 사용자가 해당 특성에 대한 값(기본 값 포함)을 선택하지 않는 경우 쿼리 내용에 포함될 수 있다. 쿼리 내에 기본값을 포함하면(명시적 지정이 없는 경우) 추천 시스템 내에서 상당한 바이어스가 발생할 수 있으며, 특히 기본값이 잘 조사되지 않은 경우가 그렇다. 일반적으로 기본값은 사용자에 대한

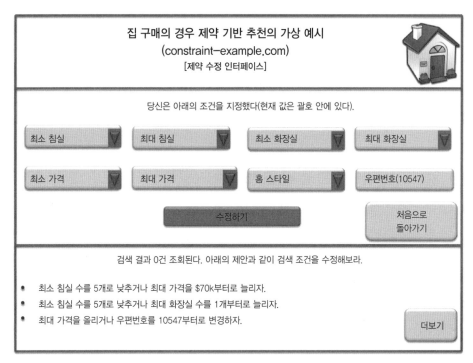

**그림 5.3** 제약 기반 추천에서 결과 쿼리 개수가 0인 경우, 인터페이스에서 다루는 방법 예시(constraint-example.com)

제안으로만 사용해야 한다. 기본값의 주요 목표는 지정되지 않은 옵션을 대체하는 것이 아니라 사용자에게 자연스러운 값으로 안내하는 것이기 때문이다.

기본값은 어떻게 결정될까? 대부분의 경우 도메인별 상세하게 기본값을 선택한다. 또한 기본값의 일부는 다른 값의 영향을 받을 수 있다. 예를 들어 선택한 자동차 모델의 마력은 종종 원하는 연료 효율을 반영할 수 있다. 기술 자료는 이러한 기본값에 대한 데이터를 명시적으로 저장해야 한다. 사용자 세션의 기록 데이터를 사용할 수 있다면 기본값을 학습시킬 수도 있다. 다양한 사용자의 경우 누락된 값을 포함해 이전 세션에 지정했던 값을 다시 사용할 수 있다. 다양한 세션의 평균 값을 기본값으로 사용할 수도 있다. 앨리스가 자동차 구매에 대해 시작한 쿼리 세션을 생각해보자. 그녀의 첫 기본값은 기록 세션의 평균 값을 기준으로 계산된다. 그러나 자동차의 원하는 마력을 지정하는 경우, 인터페이스는 연료 효율에 대한 기본값을 자동으로 조정한다. 이 새로운 기본값은 비슷한 마력을 가진 자동차의 과거 세션의 연비 평균을 기준으로 한다. 경우에 따라 시스템은 기술 자료와 관련해 타당한 제약 조건에 따라 기본값을 자동으로 조정할 수 있다. 사용자가 인터페이스에서 점점 더 많은 값을 지정하면 현재 사양과 관련된 세션에서만 평균을 계산할 수 있다.

쿼리 결과가 생성되면 시스템은 카탈로그에서 일치 항목의 순위 목록을 제공한다. 따라서 매치의 순위를 의미 있게 지정하고 필요한 경우 권장 결과에 대한 설명을 제공하는 것이 중요하다. 반환된 일치 항목 집합이 너무 작거나 너무 큰 경우에는 제약 사항을 더 완화하거나 강화시켜 사용자에게 가이드라인이 제공될 수도 있다. 설명 제공은 사용자가 쿼리 결과를 더욱 의미있게 받아들일 수 있도록 도와주는 스마트한 방법이기도 하다. 다음은 대화형 사용자 가이드라인에 관한 다양한 측면을 설명한다.

## 5.2.3 일치하는 아이템의 순위 매기기

사용자 요구 사항에 따라 항목의 순위를 매기는 방법은 여러 가지가 있다. 가장 간단한 방법은 사용자가 항목의 순위를 지정하는 기준으로 단일 숫자 특성을 지정할 수 있도록 하는 것이다. 예를 들어 주택 구매 앱에서 시스템은 사용자에게 주택 가격, 침실 수 또는 특정 우편번호로부터의 거리를 기준으로 항목의 순위를 지정하는 옵션을 제공할 수 있다. 이 방법은 실제로 많은 상용 인터페이스에서 사용된다.

단일 특성을 사용하면 다른 특성의 중요성이 감소된다는 단점이 있다. 일반적인 방법은 일치하는 항목의 순위를 지정하기 위해 효용 함수를 사용하는 것이다. $\overline{V} = (v_1 \ldots v_d)$을 일치하는 상품의 속성을 정의하는 벡터 값이라 하자. 따라서 내용에 대한 차원은 $d$라고 할 수 있다. 효용성 함수는 개별 특성을 반영한 가중 함수로 정의될 수 있다. 각 특성에는 $w_j$라는 가중치가 할당돼 있으며 일치하는 특성의 값 $v_j$에 따라 함수 $f_j(v_j)$에 의해 기여도가 정의된다. 그런 다음 일치하는 항목의 효용 $U(\overline{V})$는 다음에 의해 제공된다.

$$U(\overline{V}) = \sum_{j=1}^{d} w_j \cdot f_j(v_j) \tag{5.1}$$

효용 함수를 배우기 위해서는 $w_j$ 및 $f_j(\cdot)$의 값을 인스턴스화해야 한다. 효과적인 효용 함수를 디자인하려면 도메인별 지식이나 과거 사용자 상호작용의 학습 데이터가 필요한 경우가 많다. 예를 들어 $v_j$가 숫자인 경우 함수 $f_j(v_j)$가 $v_j$에서 선형이라고 가정한다면, 다양한 사용자로부터 피드백을 유도해 선형함수의 계수와 $w_j$를 학습할 수 있다.

분명히 효용 함수를 배우기 위해서는 $w_j$ 및 $f_j(\cdot)$의 값을 인스턴스화해야 한다. 효과적인 효용성 함수를 디자인하려면 도메인별 지식이나 과거 사용자 상호작용의 학습 데이터가 필요한 경우가 많다. 예를 들어 $v_j$가 숫자인 경우 함수 $f_j(v_j)$가 $v_j$에서 선형이라고 가정한 다음 다양한 사용자로부터 피드백을 유도해 선형함수의 계수와 $w_j$를 학습할 수 있다. 일반적으로 학습 데이터는 일부 사용자에게서 샘플 항목의 순위를 지정하는 작업을 받도록 한다. 이 순위는 회귀 모델을 사용해 이전 모델을 학습하는 데 사용된다. 이러한 접근법은 컨조인트 분석conjoint analysis의 방법론과 관련이 있다[155, 531]. 컨조인트 분석은 사람들이 개별 제품이나 서비스를 구성하는 다

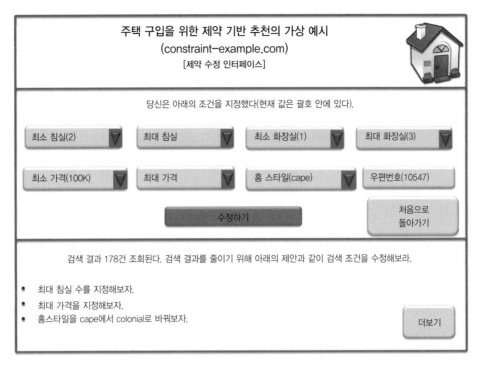

**그림 5.4** 제약 기반 추천에서 너무 많은 쿼리 결과가 나오는 경우, 인터페이스에서 처리하는 방법 예시(constraint-example.com)

른 특성을 어떻게 가치 평가하는지에 대한 통계적 방법을 정의한다. 참고문헌에는 효용 함수 디자인에 일반적으로 사용되는 몇 가지 방법론에 대한 포인트가 포함돼 있다.

## 5.2.4 허용되지 않는 결과 또는 공집합 처리

대부분 특정 쿼리는 빈 결과를 반환할 수 있다. 또 다른 경우에는 반환된 결과가 사용자 요구 사항을 충족할 만큼 크지 않을 수 있다. 이러한 경우 사용자에게는 두 가지 옵션이 있다. 제약 조건을 복구하는 간단한 방법이 존재하지 않는다고 판단되는 경우 시작점에서 다시 시작하도록 선택할 수 있다. 또는 그 다음 대화형 반응으로 제약 조건을 변경하거나 완화할 수 있다. 사용자는 어떻게 제약 조건을 완화할지, 어떤 방식으로 완화할지를 선택함으로써 의미 있는 선택을 할 수 있을까? 이러한 경우 사용자에게 현재 요구 사항을 완화하는 방법에 대해 몇 가지 가이드를 제공하는 것이 유용한 경우가 많다. 이러한 제안을 수리 제안repair proposals이라고 한다. 이 아이디어는 일관성 없는 제약 조건의 최소한의 그룹을 결정하고 사용자에게 표시할 수 있도록 하는 것이다. 일관성 없는 제약 조건의 최소한의 그룹을 이해하고 하나 이상의 제약 조건을 완화하는 방법을 찾는 것이 더 쉽다. 집 구매 사례를 생각해보면 사용자는 많은 요구 사항을 지정했지만 상호 일치하지 않는 유일한 요구 사항은 최대 가격 < 100,000 및 최소 침실 > 5이다. 이 제약 조건을 사용자에게 제시하면 그녀는 지불하고자 하는 최대 가격을 올리거나 작은 침실 수로 만족해야 할 필요가 있음을 이해할 수 있다. 일관성 없는 제약 조건의 최소한의 그룹을 찾는 데 있어 순진한 방법은 사용자 요구 사항의 모든 조합에 대한 상향식 검색을 하고 실행 불가능한 가장 작은 집합을 결정하는 것이다. 많은 대화형 인터페이스에서 사용자는 소수의 요구 사항(예: 5~10개)만 지정할 수 있으며 이러한 특성(도메인 지식)과 관련된 제약 조건의 수도 작을 수 있다. 이러한 경우 모든 가능성의 철저한 탐구는 말도 안 되는 접근 방식이 아니다. 대화형 요구 사항 사양은 특성상 상대적으로 적은 수의 제약 조건의 사양을 초래하는 경우가 많다. 사용자가 대화형 쿼리에서 100개의 서로 다른 요구 사항을 지정하는 것은 드문 일이다. 그러나 경우에 따라 사용자 지정 요구 사항의 수가 크고 도메인 지식이 중요한 경우에는 이러한 철저한 상향식 탐색이 실행 가능한 옵션이 아닐 수 있다. QUICKXPLAIN 및 MINRELAX와 같이, 더욱 정교한 방법도 제안됐으며, 이는 약간의 마찰을 일으키는 세트와 최소한의 타협점을 빠르게 발견하는 데 사용할 수 있다[198, 273, 274, 289, 419].

이러한 방법론의 대부분은 유사 원칙을 사용한다. 소수의 제약 위반 조건 집합이 결정되며 미리 정의된 일부 기준에 따라 가장 적절한 타협점이 제안된다. 그러나 실제 적용에서는 제약 조건 완화에 대한 구체적인 기준을 제시하기가 어려울 수 있다. 따라서 간단한 대안은 사용자에게 일관되지 않은 제약 조건을 보여주면서 스스로가 제약 조건을 어떻게 수정할지 직관을 제공하는 것이다.

## 5.2.5 제약 조건 추가

경우에 따라 반환되는 결과 수가 매우 커서 사용자에게 제약 조건을 제안해야 할 수도 있다. 이러한 경우 다양한 방법을 사용해 가능한 기본값과 함께 사용자에게 제약 조건을 제안하도록 한다. 제약 조건에 대한 특성은 종종 기록 세션 로그를 마이닝해 선택되기도 한다. 기록 세션 로그는 모든 사용자 또는 특정 사용자에 대해 정의할 수 있다. 후자는 더욱 개인화된 결과를 제공하지만 자주 구입하지 않는 아이템(예: 자동차 또는 주택)에서는 사용할 수 없는 경우가 많다. 지식 기반 시스템은 일반적으로 콜드 스타트 설정에서 작동하도록 설계됐기 때문에 이러한 지속적이고 기록적인 정보를 정확하게 사용하지 않도록 설계돼 있다. 그럼에도 이러한 정보는 종종 사용자 환경을 개선하는 데 매우 유용할 수 있다.

기록 세션 데이터를 어떻게 사용할 수 있을까? 인기 있는 제약 조건을 선택하는 것이다. 예를 들어 사용자가 항목 특성 집합에 제약 조건을 지정한 경우 이러한 특성 중 하나 이상을 포함하는 다른 세션이 식별된다. 사용자가 침실 수와 가격에 대한 제약 조건을 지정한 경우 침실 및 가격에 제약 조건이 포함된 이전 세션이 식별된다. 특히 공통 속성 측면에서 가장 근접한 결과가 식별된다. 최상위-$k$ 세션 중 가장 인기 있는 제약 조건이 욕실 수라고 판단되는 경우 이 특성은 추가 제약 조건의 후보로 인터페이스에서 제안한다.

대부분의 경우 사용자가 과거에 제약 조건을 지정한 임시 순서를 사용할 수 있다. 이러한 경우 고객이 제약 조건을 정렬되지 않은 집합으로 지정하는 것이 아니라 주문한 집합으로 처리해 제약 조건을 지정한 순서로 사용할 수도 있다[389]. 이 목표를 달성하는 간단한 방법은 이전 세션에서 현재 지정된 제한된 특성 집합을 따르는 가장 빈번한 특성을 확인하는 것이다. 순차적 패턴 마이닝은 빈번한 특성을 결정하는 데 사용할 수 있다. [389, 390]의 작업은 순차적 학습 문제를 마르코프 의사 결정 프로세스[MDP]로 모델링하고 보강 학습 기법을 사용해 다양한 선택의 영향을 측정한다. 제약 조건은 데이터베이스의 선택도에 따라 또는 과거 세션에서 사용자의 평균 사양에 따라 제안할 수 있다.

## 5.3 사례 기반 추천

사례 기반 추천 모델의 경우 유사도 메트릭은 지정된 대상(또는 사례)과 유사한 예제를 검색하는 데 사용된다. 예를 들어 표 5.2의 부동산 예제에서 사용자는 지역성, 침실 수, 원하는 가격을 지정해 대상 특성 집합을 지정할 수 있었다. 제약 조건 기반 시스템과 달리 이러한 특성에는 제약 조건이 강하진 않았다(예: 최솟값 또는 최댓값). 관련 항목의 예제를 대상으로 사용하는 초기 쿼리 인터페이스를 디자인할 수도 있다. 그러나 초기 쿼리 인터페이스에서 원하는 속성을 지정하는 것이 더 자연스럽다. 유사도 함수는 사용자가 지정한 대상과 가장 유사한 예제를 검색하는 데 사용된다. 예를 들어 사용자 요구 사항을 정확히 지정하는 주택이 없는 경우 유사도 함수를 사용해 사용자 쿼리와 유사한 항목을 검색하고 순위를 지정한다. 따라서 제약 조건 기반 권장 사항과 달리 사례 기반 권장 사항에서는 빈 호출값을 산출하는 것이 문제가 되진 않는다.

또한 제약 조건 기반 추천 모델와 사례 기반 추천 간에는 결과를 구체화하는 방법에 대해 상당한 차이가 있다. 제약 조건 기반 시스템은 요구 사항 완화, 수정 및 체결을 사용해 결과를 구체화한다. 최초의 사례 기반 시스템은 적절한 솔루션을 찾을 때까지 사용자 쿼리 요구 사항을 반복적으로 수정해야 한다고 주장한다. 그 후 '비판'이라는 새로운 방법이 개발됐다. 비판의 일반적인 아이디어는 사용자가 검색된 결과 중 하나 이상을 선택하고 다음 양식의 추가 쿼리를 지정할 수 있다는 것이다.

"X와 같은 상품을 더 많이 제공하지만 지침 Z에 따라 Y의 특성들이 다릅니다."

하나 이상의 특성이 수정을 위해 선택되는지 여부와 특성 수정을 위한 가이드가 지정되는 방식 측면에서 상당한 차이가 있다. 비판의 주요 목표는 사용자가 검색된 예제를 통해 사용할 수 있

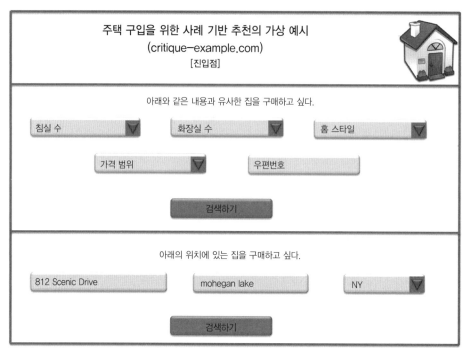

**그림 5.5** 사례 기반 추천에서 초기 유저의 인터페이스 예시(critique-example.com)

는 추가 옵션을 점차적으로 알게 되는 대화형 검색을 지원하는 것이다. 상품 집합 안에서의 상호작용성 브라우징은 반복적인 쿼리 과정 동안 사용자에 대한 학습 과정이라는 장점이 있다. 반복적인 대화형 탐색을 통해 사용자가 처음에 도달할 수 없었던 항목에 도달할 수 있는 경우가 종종 있다.

표 5.2의 주택 구매 예제를 생각해보자. 사용자가 처음에 원하는 가격, 침실 수 및 원하는 지역성을 지정했을 수 있다. 또는 사용자가 관심 있는 집의 예를 제공하기 위해 대상 주소를 지정할 수 있다. 사용자가 두 가지 방법으로 대상을 지정할 수 있는 초기 인터페이스의 예는 그림 5.5에 나와 있다. 인터페이스의 위쪽 부분은 대상 피처의 사양을 보여주는 반면 인터페이스의 맨 아래 부분은 대상 주소의 사양을 보여준다. 후자의 방법은 사용자가 비밀스러운 기능을 지정하는 데 기술적으로 어려움이 있는 도메인에 유용하다. 예를 들어 디지털 카메라의 경우, 사진 전문가가 아닌 사람에게는 모든 기술적 특징을 정확하게 지정하기가 더 어려울 수 있다. 따라서 사용자는 모든 기술적 기능을 지정하는 대신 친구의 카메라를 대상으로 지정할 수 있다. 이 인터페이스는 설명 목적만으로 가설적으로 설계됐으며 실제 권장 시스템을 기반으로 하지 않는다는 점은 유의해야 한다.

시스템은 일치하는 결과를 검색하기 위해 유사도 또는 효용 함수를 쿼리에 사용한다. 검색을 하던 중에는 결국 사용자는 특정 주택을 좋아하기로 결정할 것이다. 그 주택의 일부 부분(예시. 지붕)이 맘에 들지 않는 것을 제외하곤 말이다. 이 부분에 있어서 사용자는 앵커와 같은 다른 속성을 지정할 수 있다. 사용자가 이 두 번째 쿼리를 수정할 수 있는 이유는 직전 작업의 구체적인 예제를 이미 알고 있기 때문이다. 수정 인터페이스는 여러 가지 방법으로 정의할 수 있으며 5.3.2절에서 이에 대해 자세히 설명한다. 그런 다음 시스템은 수정된 대상과 이전 쿼리의 결과인 후보 집합으로 결과를 줄여 새 쿼리를 실행한다. 대부분 이 결과는 반환된 결과를 재순위화하는 것보다 관련성이 없는 사례의 검색 결과를 간단히 정리하는 것이다. 따라서 제약 조건 기반 시스템과 달리 사례 기반에서는 한 주기에서 다음 주기로 넘어가야 반환되는 응답 수가 줄어든다. 그러나 현재 검색된 후보 결과 기반이 아닌, 각 쿼리의 범위를 전체 데이터베이스로 확장해, 한 반복에서 다음 반복으로 넘어갈 때마다 결과가 축소되지 않는 사례 기반 시스템을 디자인할 수도 있다. 이러한 경우는 자체적인 장단점이 있다. 예를 들어 각 쿼리의 범위를 확장하면 사용자는 현재 쿼리에서 더 먼 최종 결과로 이동할 수 있다. 반면 멀어지면 멀어질수록 결과가 점점 더 중요하지 않게 될 수도 있다. 우선은 5장의 목적상 한 반복에서 다음 반복으로 넘어갈 때 후보군은 줄어든다고 가정하겠다.

반복된 수정을 통해 사용자는 초기 쿼리 결과와 꽤 다른 최종 결과에 도달할 수 있다. 결국 처음부터 사용자가 원하는 모든 기능을 명확하게 표현하기는 어렵다. 사용자는 첫 검색 결과에서는 원하는 주택의 사양에 대한 수긍 가능한 가격대에 대해 인지하지 못할 수 있다. 이 대화형 접근 방식은 초기 이해와 상품 재고 간의 격차를 해소한다. 사례 기반 방법이 사용자의 인식을 높이는 데 매우 강력한 것은 보조 검색의 힘이다. 때로는 반복되는 후보 세트의 감소로 빈 결과 값에 도달하는 경우도 있다. 이러한 세션은 결실 없는 세션으로 볼 수 있으며, 이 경우에는 사용자가 시작점에서부터 다시 시작해야 한다. 기억해야 할 부분은, 사용자가 현재 검색 결과를 완화시켜 다음 결과를 더 확장시킬 수 있다는 점에서 제약 조건 기반 시스템과는 다르다. 이러한 차이의 이유는 사례 기반 시스템은 일반적으로 한 주기에서 다음 주기로 넘어가면서 후보 수를 줄이는 반면, 제약 조건 기반 시스템은 그렇지 않기 때문이다.

사례 기반 추천 시스템이 효과적으로 작동하려면 시스템적으로 두 가지 중요한 측면이 효과적으로 설계돼야 한다.

1. 유사도 메트릭: 관련 결과를 반환하기 위해 사례 기반 시스템에서 유사도 메트릭의 효과적 설계는 매우 중요하다. 시스템이 효과적으로 작동하려면 다양한 특징이 유사도 함수 내에 적절하게 녹아져야 한다.
2. 수정 방법: 상품 후보군의 대화형 탐색은 수정 방법론을 사용해 활용 가능하다. 다양한 탐색 목표를 위해 여러 수정 방법론이 존재한다.

이 절에서는 사례 기반 추천 시스템 디자인의 중요한 면을 설명한다.

## 5.3.1 유사도 메트릭

유사도 메트릭의 적절한 디자인은 특정 쿼리에 대해 의미 있는 항목을 반환하는 데 있어 필수적이다. 초기 FindMe 시스템[121]은 중요도가 감소하는 특성을 정렬하고 가장 중요한 기준, 다음으로 가장 중요한 기준의 순으로 정렬했다. 예를 들어 Entree 레스토랑의 추천 시스템에서 첫 번째 정렬은 요리 유형, 두 번째는 가격 등으로 설정돼 있을 수 있다. 이 방법은 효율적이지만 모든 도메인에 대해 효과적이지 않을 수 있다. 일반적으로 도메인 전문가가 매개변수를 설정하거나 학습 프로세스에 의해 조정할 수 있는 닫힌 형식의 유사도 함수를 개발하는 것이 바람직하다.

$d$ 특성으로 제품이 설명되는 앱을 생각해보자. 우리는 $d$ 속성의 하위 집합 $S$에 정의된 두 개의 속성 벡터 사이의 유사도 값을 결정하고자 한다. 즉, $|S| = s \le d$이고, 두 개의 $d$차원 벡터 $\overline{X} = (x_1 \ldots x_d)$이며 $\overline{T} = (t_1 \ldots t_d)$이라 하자. 여기서 $T$는 대상을 표현한다. 적어도 속성 하위 집합 $S \subseteq \{1 \ldots d\}$에서 두 벡터가 지정됐음을 알 수 있다. 이러한 쿼리는 사용자가 지정한 하위 집합에만 정의되는 경우가 많기 때문에 부분 특성 벡터를 사용하고 있다. 앞서 언급한 부동산 예제에서 사용자는 침실 또는 욕실 수와 같은 작은 쿼리 기능 집합만 지정할 수 있다. 그런 다음 두 벡터 집합 간의 유사도 함수 $f(\overline{T}, \overline{X})$는 다음과 같이 정의된다.

$$f(\overline{T}, \overline{X}) = \frac{\sum_{i \in S} w_i \cdot Sim(t_i, x_i)}{\sum_{i \in S} w_i} \tag{5.2}$$

여기서 $Sim(t_i, x_i)$은 값 $x_i$와 $y_i$ 사이의 유사도를 나타낸다. 가중치 $w_i$는 $i$번째 특성의 가중치를 나타내며 해당 특성의 상대적 중요도를 조절한다. 유사도 함수 $Sim(t_i, x_i)$과 속성 중요도 $w_i$는 어떻게 학습될까?

첫째로, 우리는 유사도 함수 $Sim(t_i, x_i)$의 결정에 대해 말해보겠다. 이 특성들은 정량적 또는 범주적 특성일 수 있으며, 이는 시스템의 이질성과 복잡성을 더욱 증가시킨다. 또한 특성은 더 높거나 낮은 값[558]의 관점에서 대칭 또는 비대칭일 수 있다. 표 5.2의 주택 구매 예에서 가격 속성을 생각해보자. 반환된 결과의 제품 가격이 목표 가격보다 낮은 경우에는 그 반대의 경우 (반환된 결과의 제품 가격이 목표 가격보다 높은 경우)보다 더 쉽게 받아들일 수 있다. 비대칭의 정확도는 또 다른 특성에 따라 바뀔 수 있다. 예를 들어 카메라 해상도와 같은 특성의 경우 사용자가 더 큰 해상도를 더 선호할 수 있지만 가격이라는 특성처럼 선호도가 그리 강력하지 않을 수 있다. 다른 특성은 완전히 대칭일 수 있으며, 이 경우 사용자는 특성 값을 대상 값 $t_i$에 정확히 표시해야 한다. 대칭 메트릭의 예는 다음과 같다.

$$Sim(t_i, x_i) = 1 - \frac{|t_i - x_i|}{max_i - min_i} \tag{5.3}$$

여기서 $max_i$와 $min_i$는 특성 $i$의 최대 혹은 최소 가능 값이다. 또는 표준편차 $\sigma_i$(기록 데이터에 의거한)를 사용해 유사도 함수를 설정하기도 한다.

$$Sim(t_i, x_i) = \max\left\{0, 1 - \frac{|t_i - x_i|}{3 \cdot \sigma_i}\right\} \tag{5.4}$$

대칭 메트릭의 경우 유사도는 두 특성 간의 차이에 의해 완전히 정의된다. 특성이 비대칭인 경우 대상 속성 값이 작거나 더 큰지 여부에 따라 비대칭 보상을 추가할 수 있다. 값이 더 클수록 좋은 특성의 경우 가능한 유사도 함수의 예는 다음과 같다.

$$Sim(t_i, x_i) = 1 - \frac{|t_i - x_i|}{max_i - min_i} + \underbrace{\alpha_i \cdot I(x_i > t_i) \cdot \frac{|t_i - x_i|}{max_i - min_i}}_{\text{Asymmetric reward}} \tag{5.5}$$

여기서 $\alpha_i \geq 0$은 사용자 정의 매개변수이며 $I(x_i > t_i)$는 $x_i > t$이면 1, 그렇지 않으면 0을 차지하는 지시함수다. 속성 값 $x_i$(예: 카메라 해상도)가 목표 값 $t_i$보다 큰 경우에만 보상이 시작된다. 더 작은 값이 더 나은 경우(예: 가격)의 보상함수는 더 작은 값이 지시함수에 의해 보상된다는 점을 제외하면 비슷하다.

$$Sim(t_i, x_i) = 1 - \frac{|t_i - x_i|}{max_i - min_i} + \underbrace{\alpha_i \cdot I(x_i < t_i) \cdot \frac{|t_i - x_i|}{max_i - min_i}}_{\text{Asymmetric reward}} \tag{5.6}$$

$\alpha_i$의 값은 상당히 도메인에 의해 선택된다. $\alpha_i > 1$의 값의 경우, "유사도"는 실제 대상과 더 멀어짐에 따라 증가하게 된다. 이러한 경우 $Sim(t_i, x_i)$을 유사도 함수가 아닌 효용 함수로 생각하면 도움이 된다. 가격의 경우, 목표 가격이 높은 가격과 낮은 가격의 선호 강도의 변곡점을 정의할 수 있지만 사람들은 항상 높은 가격보다는 낮은 가격을 선호한다. $\alpha_i$값이 정확히 1.0이면 대상자는 어느 한쪽 방향으로도 신경 쓰지 않는다는 것을 의미한다. 카메라 해상도의 경우 특정 수준 이상의 해상도에는 신경 쓰지 않을 수 있다. $\alpha_i \in (0, 1)$는 사용자가 다른 모든 값보다 타깃에 있는 값을 선호하지만 타깃의 양쪽에 대해 비대칭성 선호를 가질 수는 있다. 마력에 대한 사용자의 선호도는 목표치까지 크게 증가할 수 있는데, 이와 동시에 겪는 연료 소비량 증가 때문에 목표치보다 큰 마력값은 선호하지 않을 수 있다. 이러한 예제를 통해 우리는 유사도 메트릭을 미리 정의할 수 있는 간단한 방법이 없음을 알 수 있다. 도메인 전문가의 많은 작업이 필요하다.

대칭 및 비대칭 유사도 함수의 예는 그림 5.6에 나와 있다. 도메인 범위는 [0, 10]이고 대상 값은 6이다. 대칭 유사도 함수는 그림 5.6(a)에 나타내며, 여기서 유사도는 대상으로부터의 거리에 선형적으로 의존한다. 그러나 위에서 설명한 마력 예제와 같은 경우는 그림 5.6(b)의 비

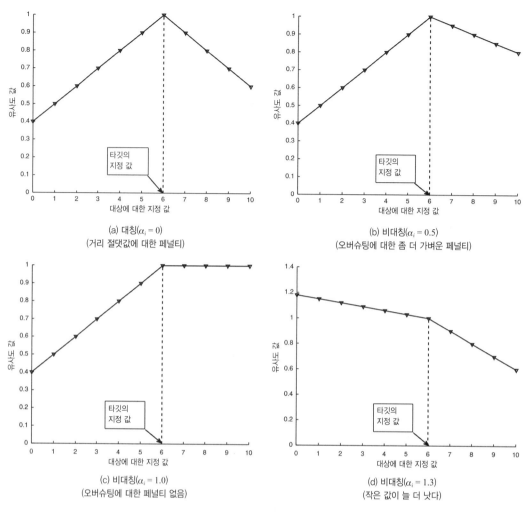

**그림 5.6** 대칭과 비대칭 유사도에 대한 각기 다른 유형의 예시

대칭 유사도 함수는 $\alpha_i = 0.5$가 더 적절할 수 있다. 카메라 해상도와 같은 특성의 경우 사용자의 타깃값을 초과하는 효용을 할당하지 않을 수 있으며, 그 결과 유사도 함수가 해당 지점을 초과하면 평평해지기 시작할 수 있다. 이러한 경우는 $\alpha_i$가 1로 설정된 그림 5.6(c)에 도시돼 있다. 마지막으로 가격의 경우 사용자의 목표 가격이 효용 함수의 변곡점을 정의할 수 있지만, 더 작은 값이 보상된다. 이 사례는 $\alpha_i$의 값이 1.3으로 설정된 그림 5.6(d)에 나와 있으며, 타깃을 작게 잡으면 보상이 지급된다. 값이 가능한 한 작을수록 "유사도"이 실제로는 타깃으로부터 더 먼 거리로 증가하기 때문에 이 특별한 경우는 주목할 만하다. 이러한 경우 함수의 효용 해석은 유사도 해석보다 훨씬 더 합리적이다. 이 해석에서 대상 특성 값은 효용 함수의 키 변곡점만 나타낸다.

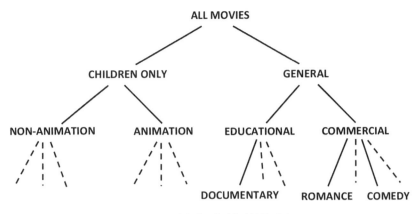

**그림 5.7** 영화 장르의 계층적 분류 예시

범주형 데이터의 경우 유사도 값을 결정하는 것이 더 어려운 경우가 많다. 일반적으로 도메인 계층 구조는 유사도 값을 결정하기 위해 생성된다. 도메인 계층 구조 내에서 서로 더 가까운 두 개체가 더 유사하다고 간주될 수 있다. 이 도메인 계층 구조는 북미 산업 분류 시스템NAICS과 같은 원천에서 사용할 수 있는 경우가 있으며, 다른 경우에는 직접 손으로 구성해야 한다. 예를 들어 그림 5.7과 같이 영화 장르와 같은 특성을 계층적으로 분류할 수 있다. 관련 장르끼리는 계층 구조에서 더 가까운 경향이 있다. 예를 들어 어린이를 위한 영화는 일반 관객의 경우 영화와 매우 다른 것으로 간주돼 분류의 근본에 따라 분기된다. 이 계층 구조는 도메인 전문가가 직접 만든 유사도에 사용될 수 있다. 경우에 따라 학습 방법을 사용해 유사도 계산을 용이하게 할 수도 있다. 예를 들어 장르 쌍에 대한 사용자로부터 피드백을 유도할 수 있으며, 학습 방법을 사용해 항목 쌍 간의 유사도를 학습할 수 있다[18]. 확장된 학습 접근법은 또한 수식 5.5 및 5.6의 $\alpha_i$값과 같은 유사도 함수의 다른 매개변수를 결정하는 데 사용될 수 있다. 데이터 도메인에 따라 수식 5.5 및 5.6의 특정 형태의 유사도 함수가 다를 수 있다. 도메인 전문가는 특정 문제 설정을 모델링하는 방법을 결정하는 데 상당한 시간을 투자해야 한다. 이 투자는 지식 기반 추천 시스템에서 요구하는 도메인별 노력의 본질적인 부분이며 그 이름도 파생된다.

유사도 함수 디자인의 두 번째 문제는 다양한 특성의 상대적 중요도를 결정하는 것이다. $i$번째 특성의 상대적 중요도는 수식 5.2의 매개변수 $w_i$에 의해 조절된다. 한 가지 가능성은 도메인 전문가가 경험을 통해 $w_i$의 값을 직접 코딩하는 것이다. 다른 가능성은 사용자 피드백과 함께 $w_i$의 값을 학습시키는 것이다. 대상 개체 쌍을 사용자에게 표시할 수 있으며 사용자에게는 이러한 대상 개체가 얼마나 유사한지 평가하라는 메시지가 표시되는 것이다. 이 피드백은 선형 회귀 모델과 함께 $w_i$의 값을 결정하는 데 사용할 수 있다. 선형 회귀 모델은 4.4.5절에서 자세히 설명하며 유사도 함수 학습에서 쓰이는 것은 [18]에서 설명한다. 다른 여러 결과[97, 163, 563, 627]는 추천 시스템의 특정 컨텍스트에서 사용자 피드백과 학습 방법에 대해 설명한다. [627]의 방법과 같은 많은 방법론은 사용자 피드백을 통해 가중치를 설정하는 방법을 보여준다. [563]의 작업은 반환된 서비스 사례의 상대적 순서를 통해 사용자의 피드백을 유도하고 이를 통해 상대적 가중치를 학습한다. 개체 쌍에 대한 명시적 유사도 값을 지정하는 대신 상대적 순서를 지정하는 것이 더 쉬운 경우가 많다.

## 5.3.1.1 유사도 계산에 다양성 통합

사례 기반 시스템은 항목 속성을 사용해 유사한 제품을 검색하므로 콘텐츠 기반 시스템과 동일한 문제에 직면해 다양한 결과를 반환한다는 점이 있다. 대부분의 경우 사례 기반 시스템에서 반환되는 결과는 모두 상당히 유사하다. 다양성의 부족의 문제는 사용자가 최고 순위 결과를 좋아하지 않는 경우, 유사한 다른 결과를 좋아하지 않을 것이라는 말이다. 주택 구매 앱에서, 같은 관리하에 같은 단지에서 콘도 단위를 반환하는 추천 시스템이 가능하다. 이 시나리오에서는 순위가 가장 높은 결과 중에서 사용자가 사용할 수 있는 실제 선택을 줄일 수 있다.

특정 사례와 일치하는 상위-$k$ 결과를 검색하려는 시나리오로 고려한다. 한 가지 가능성은 상위 $b \cdot k$ 결과($b > 1$)를 검색한 다음 이 목록에서 $k$ 항목을 임의로 선택하는 것이다. 이 전략을 경계선이 지정된 무작위 선택 전략이라고도 한다.

그러나 이러한 전략은 실제로는 잘 작동하지 않기 때문에, 보다 효과적인 방법은 경계선이 있는 탐욕 선택 전략greedy selection strategy[560]이다. 이 전략에서 우리는 상단 $b \cdot k$ 케이스에서 타깃과 유사한 시점부터 시작하고 $b \cdot k$ 케이스에서 점차적으로 $k$ 인스턴스를 다양하게 늘린다. 따라서 우리는 빈 집합 $R$에서 시작해 기본 집합 $b \cdot k$ 케이스에서 점차적으로 인스턴스를 늘려 가는 방식으로 만든다. 가장 첫 번째 단계는 유사도와 다양성을 조합한 품질 메트릭을 만드는 것이다. 유사도 함수 $f(\overline{X}, \overline{Y})$가 항상 (0,1)의 값에 매핑되는 일반성을 잃지 않는다는 가정을 한다. 그러면 $D(\overline{X}, \overline{Y})$의 다양성은 $\overline{X}$와 $\overline{Y}$의 거리로 볼 수 있다.

$$D(\overline{X}, \overline{Y}) = 1 - f(\overline{X}, \overline{Y}) \tag{5.7}$$

그러면 후보군 $\overline{X}$와 현재 선택된 집합 R의 다양성 평균은 $\overline{X}$와 R의 예시의 평균 다양성이라고 정의할 수 있다.

$$D^{avg}(\overline{X}, R) = \frac{\sum_{\overline{Y} \in R} D(\overline{X}, \overline{Y})}{|R|} \tag{5.8}$$

타깃 $\overline{T}$에 대해서, $Q(\overline{T}, \overline{X}, R)$의 전체적 품질은 다음과 같이 계산될 수 있다.

$$Q(\overline{T}, \overline{X}, R) = f(\overline{T}, \overline{X}) \cdot D^{avg}(\overline{X}, R) \tag{5.9}$$

품질이 가장 좋은 케이스 $\overline{X}$는 집합 R의 집합 구성원인 $k$가 될 때까지 $R$ 집합에 점진적으로 추가된다. 이 집합은 사용자에게 보여진다. 문헌에 사용된 다른 다양한 향상된 기술을 참조하도록 하자.

## 5.3.2 수정 방법론

수정Critiques은 사용자가 초기 쿼리에서는 자신이 원하는 바를 정확하게 명시할 수 없다는 부분에서 시작된다. 일부 복잡한 도메인에서는 제품 도메인의 특성 값에 대해서 의미론적인 방식으로 요구 사항을 해석하기가 어려울 수도 있다. 유저는 쿼리 결과를 본 후에나 유저는 자신이 검색했던 쿼리를 조금 수정해야 함을 깨달을 수 있다. 수정은 사용자에게 사실 결과를 알려준 후에 제공되도록 설계됐다.

검색 결과가 유저에게 안내되면 일반적으로 수정을 통한 피드백을 받을 수 있다. 대부분 사용자가 검색된 $k$ 항목 중에서 어느 것으로라도 수정할 수 있도록 설계돼 있지만, 인터페이스는 가장 유사한 일치 항목으로 수정되도록 할 것이다. 수정 과정에서 유저는 자신이 좋아하는 하나이상의 속성을 지정한다. 그림 5.2의 주택 구매 앱의 예를 들자면, 사용자는 특정 주택을 좋아할수 있다. 하지만 다른 지역 또는 침실 하나만 더 늘어난 집을 원할 수도 있다. 따라서 사용자는 자신이 좋아하는 항목 중 하나의 내용 변경을 할 수 있다. 사용자는 방향성 수정(예: "더 저렴") 또는는 대체 수정(예: "다른 색상")을 지정할 수 있다. 이러한 경우 사용자가 지정한 수정 사항에 해당하지 않는 예제는 제거되고 사용자 기본 설정 항목과 유사한 예제(현재 수정 내용을 충족하면서도)가 검색된다. 여러 수정이 순차적 추천 주기에 지정되면 선호도는 최근 수정으로 지정된다.

지정된 시점에 사용자는 단일 항목 또는 수정을 위한 항목 조합을 설정할 수 있다. 이러한 맥락에서, 수정은 간단한 수정, 복합 수정 및 동적 수정에 해당하는 세 가지 유형으로 분류할 수 있다. 다음 절에서는 이러한 각 유형의 수정 방법론에 관해 설명하겠다.

### 5.3.2.1 간단한 수정

간단한 수정에서 사용자는 권장 항목 중 하나로 지정하게 된다. 그림 5.8에서는 이전 사례 기반 시나리오(critique-example.com)를 사용해 간단한 수정 인터페이스의 예를 보여줬다. 사용자는 인터페이스에서 권장되는 주택에 대한 하나의 항목만을 변경할 수 있다. FindMe 시스템과 같은 많은 시스템에서는 사용자가 하나를 지정해 수정하는 대신 특정 값을 늘리거나 줄일지 여부를 지정하는 대화형 인터페이스가 사용되는 경우가 많다. 이를 방향성 수정이라고 한다. 이러한 경우 후보 목록의 수정은 사용자의 명시된 기본 설정과 다른 방향에 대한 객체에 대해 간단히 가지치기만 하면 된다. 이 접근 방식의 장점은 사용자가 정확하게 특성 값을 지정하거나 변경할 필요 없이 자신의 기본 설정을 명시하고 후보군 안에서 탐색할 수 있다는 것이다. 이러한 접근 방식은 사용자가 사용할 특성의 정확한 값(예: 엔진의 마력)을 모르는 도메인에서 특히나 중요하

| 주택 구입을 위한 사례 기반 인터페이스의 가상 예시 |
|:---|
| (critique-example.com) |
| [단순한 수정 인터페이스] |

당신은 다음과 같이 지정했습니다.
812 Scenic Drive, Mohegan Lake, NY

당신의 상위 추천은
742 SCENIC DRIVE, MOHEGAN LAKE, NY이다.

우리는 이 집을 추천합니다. 왜냐하면 당신이 지정한 것과 비슷한
침실, 욕실, 지역, 가격대, 홈 스타일이기 때문입니다.

나는 상위 추천에 리스트된 집 중에서 다음 중 하나만은
꼭 해당되는 집을 사겠습니다.

| 침실 수 ▽ | 반영하기 | 욕실 수 ▽ | 반영하기 |
| 가격대 ▽ | 반영하기 | 우편번호 | 반영하기 |
| 홈 스타일 ▽ | 반영하기 | 다른 결과 보기 | 시작점으로 돌아가기 |

(a) 항목 값을 직접적으로 변경하면서 단순 수정하기

| 주택 구입을 위한 사례 기반 인터페이스의 가상 예시 |
|:---|
| (critique-example.com) |
| [단순한 수정 인터페이스] |

당신은 다음과 같이 지정했습니다.
812 Scenic Drive, Mohegan Lake, NY

당신의 상위 추천은
742 SCENIC DRIVE, MOHEGAN LAKE, NY이다.

우리는 이 집을 추천합니다. 왜냐하면 당신이 지정한 것과 비슷한
침실, 욕실, 지역, 가격대, 홈 스타일이기 때문입니다.

나는 상위 추천에 리스트된 집 중에서 다음 중 하나만은
꼭 해당되는 집을 사겠습니다.

| 침실 수 | 증가 | 감소 | 욕실 수 | 증가 | 감소 |
| 가격대 | 증가 | 감소 | | EXPLORE NEARBY ZIP CODES | |
| EXPLORE RELATED STYLES | | | 다른 결과 보기 | 시작점으로 돌아가기 | |

(b) 대화형 스타일의 방향성 수정

**그림 5.8** 사례 기반 추천의 단순 수정에 대한 가상 인터페이스 예시(critique-example.com)

다. 방향성 수정의 또 다른 장점은 사용자에게 더 직관적이고 매력적일 수 있는 간단한 대화 스타일을 가지고 있다는 것이다. 사용자는 만일 검색된 결과가 전혀 유용하지 않다면 시작점으로 다시 돌아갈 수 있다. 이것은 수정 과정을 통해 의미 없는 사이클을 보여준다.

간단한 수정 방법론의 주요 문제는 힘든 탐색이라는 것이다. 권장 제품에 변경해야 하는 기능들이 많이 포함돼 있다면, 후속 수정이라는 긴 체인이 생기게 된다. 또한 기능 중 하나가 변경되면 추천 시스템은 항목 가용성에 따라 최소한 다른 기능 값 중 일부를 자동으로 변경해야 할 수도 있다. 대부분의 경우 지정된 주기에서 다른 피처 값들을 정확히 일정한 값으로 유지하는 것은 불가능하다. 그렇기 때문에 유저가 원하는 값으로 몇 개의 피처 값을 변경하면 사용자는 다른 값들은 더 이상 같은 값이 아니라는 것을 알게 된다. 추천 사이클 숫자가 커지면 커질수록 이전 반복에서 허용된 다른 피처 값들에 대한 컨트롤은 줄어들게 된다. 이 문제는 종종 자연적인 트레이드 오프를 이해하지 못한 사용자로부터 발생하게 된다. 사용자는 마력과 연료 효율 사이의 트레이드 오프를 이해하지 못한 채, 높은 마력과 50마일/갤런에 해당하는 높은 연료 효율을 가지고 있는 차를 찾으려 시도할 것이다[121]. 긴 추천 사이클 동안 의미 없는 결과를 낳는 이 문제점은 [423]에 자세히 나와 있다. 수정 인터페이스의 주요 문제는 다음 추천 아이템 집합은 이전 가장 최근에 수정된 상품을 기반으로 하고, 이전 상품으로 되돌아갈 수 있는 방법은 없다. 따라서 간단한 수정의 긴 사이클은 결실 없는 결론으로 표류될 수 있다.

## 5.3.2.2 복합적 수정

복합적 수정은 추천 사이클의 긴 사이클을 줄이기 위해 개발됐다[414]. 이 경우 사용자는 하나의 사이클에서 여러 피처 값을 수정할 수 있다. 예를 들어 차량 네비게이터 시스템[120]은 사용자가 알아들을 수 있는 숨겨진 비공식적 설명(예: 더 고급지고, 더 넓고, 더 싸고, 더 스포티하고)으로 여러 개의 수정을 할 수 있도록 한다. 예를 들어 전문가는 "더 고급짐"을 가격 증가와 정교한 인테리어 구조라 입력할 수 있다. 물론 사용자가 필요한 제품 기능을 직접 수정할 수도 있지만, 그 부담도 커지게 된다. 대화형 수정의 요점은 사용자가 "고급"자동차를 원하지만 자동차의 내부 구조와 같은 자세한 사양을 못하는 경우에 쓰인다. 그와 반면 "고급"의 자격 요건은 좀 더 직관적이며 전문가가 제품 기능 측면을 설계할 수 있다. 이 대화형 프로세스는 복잡한 제품 사양을 직관적으로 학습할 수 있도록 설계됐다.

표 5.2의 주택 구매 예제의 경우라면 사용자는 하나의 사이클 안에서 다른 지역과 가격 변동을 지정할 수 있다. 주택 구매 예에 대한 복합적 수정 예시는 그림 5.9(a)에 나타나 있다. 그림 5.9(b)와 같은 인터페이스는 접근 방식을 좀 더 대화로 만들기 위해 단일 선택 내에서 여러 수정 내용을 자동으로 설계해야 한다. 예를 들어 사용자가 "더 넓은"을 선택하면 침실 수와 욕실 수를 모두 늘려야 할 수 있음을 의미한다. 두 번째 유형의 인터페이스의 경우 도메인 전문가는 관련 인터페이스를 설계하고 여러 제품 기능 변경 관점에서 사용자 선택을 해석하는 데 상당한

주택 구입을 위한 사례 기반 인터페이스의 가상 예시
(critique-example.com)
[복합 수정 인터페이스]

당신은 다음과 같이 지정했습니다.
812 Scenic Drive, Mohegan Lake, NY

당신의 상위 추천은
742 SCENIC DRIVE, MOHEGAN LAKE, NY이다.

우리가 이 주택을 추천하는 이유는 당신이 지정한 타깃과
유사한 침실 수, 욕실 수, 지역, 가격대와 주택 스타일을 가지고 있어서입니다.

상위 추천과 유사하지만 하나 또는 그 이상의 변화가 반영된 주택을 사고 싶습니다.

| 침실 수 ▼ | 욕실 수 ▼ | 홈 스타일 ▼ |
| 가격대 ▼ | 우편번호 | |

반영하기    다른 결과 보기    시작점으로 돌아가기

(a) 여러 가지 사양 값을 수정하면서 복합적 수정 진행

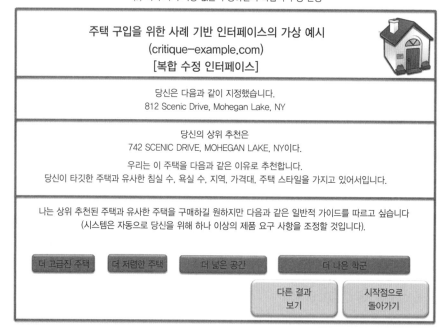

주택 구입을 위한 사례 기반 인터페이스의 가상 예시
(critique-example.com)
[복합 수정 인터페이스]

당신은 다음과 같이 지정했습니다.
812 Scenic Drive, Mohegan Lake, NY

당신의 상위 추천은
742 SCENIC DRIVE, MOHEGAN LAKE, NY이다.

우리는 이 주택을 다음과 같은 이유로 추천합니다.
당신이 타깃한 주택과 유사한 침실 수, 욕실 수, 지역, 가격대, 주택 스타일을 가지고 있어서입니다.

나는 상위 추천된 주택과 유사한 주택을 구매하길 원하지만 다음과 같은 일반적 가이드를 따르고 싶습니다
(시스템은 자동으로 당신을 위해 하나 이상의 제품 요구 사항을 조정할 것입니다).

더 고급진 주택    더 저렴한 주택    더 넓은 공간    더 나은 학군

다른 결과 보기    시작점으로 돌아가기

(b) 도메인 지식으로 여러 사양에 대한 지정이 가능해 사용자의 부담 감소

**그림 5.9** 사례 기반 추천 시스템에서 복합 수정 인터페이스를 반영한 가상 예시(critique-exmple.com)

246

주택 구입을 위한 사례 기반 인터페이스의 가상 예시
(critique-example.com)
[복합 수정 인터페이스]

당신은 다음과 같이 지정했다.
812 Scenic Drive, Mohegan Lake, NY

당신의 상위 추천은
742 SCENIC DRIVE, MOHEGAN LAKE, NY이다.

이 주택을 다음과 같은 이유로 추천한다.
당신이 타깃한 주택과 유사한 침실 수, 욕실 수, 지역, 가격대, 주택 스타일에 해당된다.

상위 추천된 주택과 유사한 주택을 구매하길 원하지만 다음의 변경 조합을 원한다.

| 더 적은 가격이면서 다른 스타일(12) | 반영하기 | 더 큰 가격이면서 더 많은 침실 수(22) | 반영하기 |
| 더 적은 가격이면서 더 적은 침실 수(13) | 반영하기 | 근처 동네이면서 다른 스타일(29) | 반영하기 |
| 근처 동네이면서 더 많은 침실(15) | 반영하기 | 다른 결과 보기 | 처음으로 돌아가기 |

그림 5.10 사례 기반 추천에서 동적 수정 사용자 인터페이스 가상 예시(critique-example.com)

노력을 기울여야 한다. 이 인코딩은 정적이고 앞서 수행돼야 한다. 복합적 수정의 주요 장점은 사용자가 이전 실행 결과를 좀 더 다듬기 위해 타깃 추천의 여러 사양을 수정할 수 있는 것이다. 따라서 이 접근법은 제품 사양 집합 안에서 크게 이동할 수 있으며 사용자는 또한 종종 수정 프로세스를 더 잘 제어할 수 있다. 이 기능은 추천 사이클을 줄이는 데 유용하고 탐색 프로세스를 더욱 효율적으로 만드는 데 유용하다. 하지만 이 뜻은 종합 수정이 단순 수정 대비 유저가 상품 안에서의 선택지를 학습하는 데에 항상 더 큰 도움을 준다고 이야기할 수는 없다.

또한 짧은 수정 사이클은 사용자가 제품의 기능 간에 서로 다른 장단점과 상관관계를 학습할 가능성을 줄인다. 반대로 사용자는 때때로 간단한 수정을 통해 느리고 손이 많이 타는 과정을 통해서 제품에 대해 많은 것을 배울 수 있다.

## 5.3.2.3 동적 수정

복합 수정은 탐색을 통해 검색 과정을 크게 건너뛰는 편리함도 있지만, 사용자에게 표시되는 기준 옵션이 검색된 결과에 의존하지 않는다는 점에서 정적이라는 단점도 있다. 예를 들어 사용자가 자동차를 탐색하는 중 이미 가장 비싼 자동차와 더불어 가장 큰 마력을 보유한 차량을 검색한 이력이 있다면, 수정 인터페이스에 마력과 가격을 높일 수 있는 옵션이 있다. 분명히 이러한 옵션을 지정하면 결실 없는 검색으로 이어질 것이다. 이는 사용자가 복잡한 제품 간의 트레이드 오프를 충분히 인식하지 못하는 경우가 많기 때문이다.

동적 수정에서 목표는 가장 유익한 탐색 방법을 결정하고 사용자에게 표시하기 위해 검색된 결과에 대해 데이터 마이닝을 하는 것이다. 따라서 동적 수정이 의미상 복합 수정과 가까운 이유가 사용자에게 변화의 조합을 거의 다 보여주기 때문이다. 주요 차이점은 현재 검색된 결과에 따라 가장 관련성이 높은 집합만 표시된다는 것이다. 따라서 동적 수정 검색은 검색 프로세스 중에 사용자에게 더 나은 지침을 제공하도록 설계됐다. 동적 수정의 중요한 면은 제품 기능 변경의 조합을 검색할 수 있는 기능이다.

도움의 개념은 검색된 결과 내에서 빈번하게 등장하는 동시 발생 제품 사양의 패턴을 결정하기 위해, 패턴 마이닝[23]에서부터 가져왔다. 패턴의 도움은 해당 패턴을 충족하는 검색된 결과의 비중으로 정의된다. 도움에 대한 공식적 정의는 3장의 정의 3.3.1을 참조하면 된다. 따라서 이 방법론은 미리 정의된 최소 도움 값을 지정함으로써 모든 변경의 패턴을 결정한다. 그림 5.2의 주택 구입 예에서 시스템은 지원 순서대로 다음과 같은 동적 수정을 결정할 수 있다.

더 많은 침실 수, 높은 가격: 도움 = 25%

더 많은 침실 수, 더 많은 욕실 수, 높은 가격: 도움 = 20%

적은 침실 수, 낮은 가격: 도움 = 20%

적은 침실 수, 지역 = Yonkers: 도움 = 15%

"더 많은 침실, 낮은 가격"과 같은 충돌되는 옵션은 최소 도움 기준에 따라 제거될 수 있으므로 포함될 가능성이 적다. 그러나 낮은 도움 패턴이 반드시 흥미롭지는 않다. 실제로 최소 지원 임계값을 충족하는 모든 패턴이 결정되면 많은 추천 시스템은 도움의 오름차순으로 사용자에게 수정을 요구한다. 이 방법의 논리는 낮은 지원 수정이 후보 목록에서 더 많은 수의 항목을 제거하는 데 사용할 수 있는 덜 명백한 패턴이라는 것이다. 전에 제시했던 주택 구매 시스템 (critique-example.com)을 기반으로 하는 동적 기준 인터페이스의 가상 예시는 그림 5.10에 나와 있다. 숫자 수량은 인터페이스에 제시된 각 옵션과 연결된다. 이 숫자는 제시된 옵션의 도움에 해당한다. 빈번한 패턴 및 연결 규칙 마이닝을 사용하는 동적 기준 접근법의 실제 예는 [491]에서 설명하는 Qwikshop 시스템이다. 동적 수정 시스템에 대한 중요한 발견은 주기 단위로 볼 때 사용자에 대한 인지 부하를 증가시키지만 허용 가능한 추천에 더욱 빨리 도달하는 능력[416] 때문에 전체 세션의 과정에서 인지 부하를 줄인다는 것이다. 이는 동적 수정 시스템에서 설명 프로세스를 수정 주기에 효과적으로 설계하는 것이 더 중요한 이유 중 하나다.

### 5.3.3 수정에 대한 설명

수정 프로세스에 설명 내용을 구축하는 것은 사용자가 정보를 더 잘 이해하는 데 도움이 된다. 수정의 질을 향상시키는 데 사용되는 설명에는 몇 가지 형태가 있다. 이러한 설명의 몇 가지 예는 다음과 같다.

1. 간단한 수정에서, 제품 후보에 내재된 트레이드 오프의 인식 부족으로 인해 사용자가 결실 없는 결과를 찾는 것은 흔하게 있는 일이다. 예를 들어 사용자는 마력을 연달아 늘리고 갤런당 마일리지를 늘리고 난 후, 원하는 가격을 낮출 수 있다. 이러한 경우 시스템은 사용자에게 허용 가능한 결과를 표시하지 못할 수 있으며 사용자는 탐색 프로세스를 새로 시작해야 한다. 이러한 세션의 마지막 부분에서는 시스템이 결실 없는 세션을 초래한 트레이드 오프의 특성을 자동으로 결정하는 것이 바람직하다. 상관관계 및 공동 발생 통계를 사용해 이러한 트레이드 오프를 결정할 수 있는 경우가 많다. 그런 다음 사용자는 이전 세션에서 입력한 수정의 충돌되는 특성을 통해 시스템에 대한 통찰력을 얻을 수 있다. 이러한 접근 방식은 일부 FindMe 시스템[121]에서 사용된다.

2. [492]에서 세션에서 동적 복합 수정의 설명이 어떻게 작용하는지 확인했다. 예를 들어 Qwikshop 시스템은 각 복합 수정을 만족시키는 예시의 일부를 정보로 제공한다. 이렇게 하면 사용자가 수정을 하기 전에 자신이 선택할 수 있는 공간의 크기에 대한 감을 얻을 수 있다. 세션 중에 사용자에게 더 나은 설명을 제공하면 세션이 더욱 풍부해질 가능성이 높아진다.

수정 기반 시스템의 주요 주의 사항은 사용자가 원하는 것을 성공적으로 찾지 못하고 목적 없는 방식으로 탐색할 가능성이 있다는 것이다. 인터페이스에 설명을 추가하면 이러한 가능성은 크게 줄어든다.


## 5.4 지식 기반 시스템의 지속적인 개인화

제약 조건 기반 시스템과 같은 지식 기반 시스템은 사용자 기본 설정, 특성 및/또는 인구통계학적 특성의 사양을 허용하지만 입력된 정보는 일반적으로 세션에 따라 다르며 세션 간에 지속되지 않는다. 대부분의 시스템에서 유일한 영구 데이터는 제약 조건 또는 유사도 메트릭과 같은 다양한 시스템별 데이터베이스의 형태로 만들어진 도메인 지식이다. 이러한 지속적인 데이터가 부족한 것은 지식 기반 시스템이 콘텐츠 기반 및 협업 시스템에 비해 제한된 방식으로만 기록 데이터를 사용하는 경향이 있기 때문이다. 이것은 또한 기록 데이터에 의존하는 다른 시스템에 비해 콜드 스타트 문제에서 덜 구애받는 지식 기반 시스템의 장점이다. 사실 지식 기반 추천 시스템은 종종 고도의 사용자 정의로 이루어진 더 비싸고 가끔 소비가 되는 아이템을 위해 설계된 것이다. 이러한 경우 기록 데이터는 사용할 수 있는 경우라도 주의해서 사용해야 한다. 그럼에도 몇 가지 지식 기반 시스템은 지속적인 형태의 개인화를 사용하도록 설계됐다.

다양한 세션에 대한 사용자의 입력 결과를 사용해 유저가 좋아하거나 싫어한 내용에 대한 영구 프로필을 작성할 수 있다. 예를 들어 CASPER는 온라인 채용 시스템[95]으로, 검색된 채용 게시물에 대한 사용자의 행동(예: 광고 저장, 자신에게 이메일 발송 또는 게시 적용)이 향후 참조를 위해 저장된다. 더 나아가 유저와 관련이 없는 광고에 대해서는 부정적으로 평가할 수 있다. 이 프로세스는 암시적 피드백 프로필을 작성한다는 점을 기억해야 한다. 추천 프로세스는 2단계 접근 방식이다. 첫 번째 단계에서는 지식 기반 추천과 같이 유저의 요구 사항에 따라 결과가 검색된다. 그런 다음 유저가 좋아한 이전 프로필과의 유사도를 기반으로 결과의 순위가 매겨지게 된다. 비슷한 프로필을 가진 다른 사용자를 식별하고 학습 프로세스에서 세션 정보를 사용해 공동 작업 정보를 포함할 수도 있다.

사용자 상호작용 데이터를 사용할 수 있는 경우 지식 기반 시스템의 여러 단계를 개인화할 수 있다. 단계는 다음과 같다.

1. 효용/유사도 함수의 다양한 특성에 대한 학습은 제약 조건 기반 추천 모델(순위 단계)과 사례 기반 추천 모델(검색 단계)에 대해 모두 개인화할 수 있다. 특정 유저의 과거 피드백을 사용할 수 있는 경우 효용 함수에서 해당 사용자에 대한 다양한 특성의 상대적 중요성을 학습할 수 있다.

2. 사용자에게 제약 조건을 제안하는 단계(5.2.5절 참조)는 세션의 상당수를 사용할 수 있는 경우 개인화가 가능하다.

3. 관련 패턴을 결정하기 위해 해당 유저로부터 충분한 데이터를 사용할 수 있는 경우 사용자에 대한 동적 수정도 개인화가 가능하다. 동적 수정의 가장 일반적인 형태와의 유일한 차이점은 사용자별 데이터가 자주 일어나는 패턴을 알아내기 위해 모든 데이터가 아닌 사용자에 더 초점을 맞춘 데이터를 활용한다는 것이다. 또한 마이닝 프로세스에 유사한 세션을 가진 사용자의 세션을 데이터에 포함해 추천 모델의 협업 효과를 높일 수도 있다.

개인화를 지식 기반 추천 프레임워크 내에 통합할 수 있는 방법은 많지만 가장 큰 문제는 일반적으로 특정 사용자에 대한 충분한 세션 데이터를 사용할 수 없다는 것이다. 지식 기반 시스템은 본질적으로 복잡한 도메인 공간에서의 고도화된 개인화 아이템을 위해 설계된다. 이는 개인화의 정도가 일반적으로 지식 기반 도메인에 제한되는 이유다.

## 5.5 요약

지식 기반 추천 시스템은 특히나 개인화된 아이템에 맞춰 설계돼 있고 선호도를 직접적으로 반영해 평점을 매기기는 어렵다. 이러한 경우에는 요구 사항의 사양 및 상호작용을 통해 추천 과정을 통해 사용자에게 직접 더 큰 제어를 제공하는 것이 바람직하다. 지식 기반 추천 시스템은 제약 조건 기반 시스템일 수도 있고 사례 기반 시스템일 수도 있다. 제약 조건 기반 시스템에서 사용자는 추천을 제공하기 위해 도메인별 규칙과 결합된 요구 사항을 지정한다. 사용자는 결과의 크기에 따라 제약 조건을 추가하거나 제약 조건을 완화할 수 있다. 사례 기반 시스템에서 사용자는 수정 프로세스를 통해 반복적으로 대상과 추천 후보 목록을 가지고 작업한다. 검색을 위해 도메인 종속 유사도 함수가 사용되며, 이 함수도 학습할 수 있다. 쿼리의 개선은 사용자에게 묻는 수정을 통해 수행된다. 단순하거나 복합적이거나 동적일 수 있다. 지식 기반 시스템은 주로 사용자 재작성을 기반으로 하며 제한된 양의 기록 데이터만 통합한다. 따라서 일반적으로 콜드 스타트 문제를 처리하는 데 효과적이다. 이 방법의 단점은 기록 정보가 "빈 곳 채우기"에 사용되지 않는다는 것이다. 최근에는 사용자 세션의 과거 정보를 사용해 더 많은 개인정보를 통합하는 방법도 설계되고 있다.

## 5.6 참고문헌

다양한 지식 기반 추천 시스템 및 선호도 유도 방법에 대한 설문 조사는 [197, 417]에서 찾을 수 있다. 사례 기반 추천 시스템은 [102, 116, 377, 558]에서 검토된다. 선호도 유도 방법 및 수정에 대한 조사는 [148, 149]에서 찾을 수 있다. 제약 조건 기반 추천 시스템은 [196, 197]에서 논의된다. 역사적으로 제약 조건 기반 추천 시스템은 사례 기반 추천 모델보다 훨씬 늦게 제안됐다. 사실 버크[116]의 지식 기반 추천 시스템에 대한 원본 논문은 주로 사례 기반 추천 모델을 설명한다. 그러나 제약 조건 기반 추천 모델의 일부 측면도 이 작업에 설명돼 있다. 제약 조건 기반 추천 시스템에서 효용 함수를 학습하는 방법은 [155, 531]에서 설명한다. 작은 충돌 세트의 빠른 발견과 같은 제약 조건 기반 시스템에서 빈 결과를 전달하는 방법 및 최소한의 이완 내용은 [198, 199, 273, 274, 289, 419, 574]에서 설명한다. 이러한 작업에서는 서로 충돌하는 속성들을 통해 사용자 쿼리에 대한 설명 및 복구 진단을 제공하는 방법에 대해서도 제시한다. 다음 제약의 특성을 고르기 위해 가장 잘 알려진 방법론은 [196, 389]에서 논의된다. 특성 제약 조건에 대한 기본값 선택은 [483]에서 설명한다. 잘 알려진 제약 조건 기반 추천 시스템은 CWAdvisor 시스템[200]을 기반으로 구축된 VITA 추천 모델[201]이다.

사례 기반 추천 모델의 유사도 함수 학습의 문제는 [18, 97, 163, 563, 627]에서 논의된다.

[563]에서는 유사도 계산을 위해 사양마다 가중치를 학습한다는 점에서 주목할 만하다. 사례 기반 시스템에 대한 유사도 함수를 학습하기 위한 강화 학습 방법은 [288, 506]에서 논의된다. 사례 기반 추천 시스템의 다양성을 높이기 위한 경계형 무작위 선택 및 바운드 탐욕 선택 전략이 [560]에서 다뤄진다. [550] 또한 경계된 탐욕 접근법과 같이 다양성과 유사도를 결합하지만 유사도와 다양성을 결합한 품질 메트릭을 만드는 대신 검색된 $b \cdot k$ 사례 집합에만 다양성을 적용한다. 다양성 향상을 위한 유사도 계층 및 유사도 간격에 대한 개념은 [420]에서 논의된다. 다양성 향상을 위한 타협 중심의 접근 방식은 [421]에서 다뤄진다. 유사도 다양화를 위한 주문 기반 검색의 힘은 [101]에서 설명한다. [94, 560]의 실험 결과는 추천 시스템에 다양성을 통합하는 장점을 보여준다. 사례 기반 추천 시스템의 수정 문제는 [417, 422, 423]에서 자세히 설명한다. 복합 수정은 [120]에서 처음 논의됐지만 용어는 [414]에서 처음 만들어졌다. 다양한 복합적 수정 기술의 비교 연구는 [664]에서 찾을 수 있다. 복합 수정에 대한 설명의 사용은 [492]에서 논의된다.

가장 초기 사례 기반 추천 모델은 Entree 레스토랑 추천 모델 컨텍스트[120, 121]에서 제안됐다. 이러한 시스템의 초기 형태는 다양한 도메인에 적용할 수 있는 FindMe 시스템[121]이라고도 한다. Wasabi라는 개인 맞춤형 쇼퍼shopper는 사례 기반 추천 시스템을 기반으로 하고 [125]에서 설명한다. 사례 기반 시스템은 여행 자문 서비스[507], 온라인 채용 시스템[95], 자동차 판매(자동차 네비게이터)[120], 비디오 판매(비디오 네비게이터)[121], 영화(Pick A Flick)[121], 디지털 카메라 추천(예: Qwikshop)[279, 491], 임대 부동산 숙박 시설[263]에 활용된다.

대부분의 지식 기반 시스템은 단일 세션에서 지정한 사용자 요구 사항 및 기본 설정을 활용한다. 따라서 다른 사용자가 동일한 입력을 입력하면 정확히 동일한 결과를 얻을 수 있다. 이러한 접근 방식은 사용자에게 더 나은 제어를 제공하고 콜드 스타트 문제로 인해 문제가 발생하지는 않긴 하지만 이 방법론은 때때로 기록 데이터를 무시하는 경향이 있다. 최근 몇 년 동안 지식 기반 추천 시스템[95, 454, 558]에서 사용자에 대한 장기적이고 지속적인 정보 제공의 증가가 있다. 이러한 시스템의 예로는 향후 추천 시스템을 위해 사용자 프로필을 구축하는 CASPER 온라인 채용 시스템[95]이 있다. 사용자 프로필을 사용하는 맞춤형 여행 추천 시스템은 [170]에서 논의된다. 유사한 사용자의 세션은 [507]과 같이 개인 맞춤 여행 추천에 활용된다. 이러한 접근 방식은 대상 사용자의 행동뿐만 아니라 사용자 커뮤니티에서 사용할 수 있는 공동 정보를 활용하는 것이다. [641]의 작업은 사용자 프로필을 구축하기 위해 공동 작업 방식으로 여러 세션에 대한 수정 정보를 사용한다. 또 다른 관련 공부는 다중 특성 효용 이론을 기반으로 하는 MAUT 접근법[665]이다. 이 방법은 이전 세션의 수정을 기반으로 각 사용자에 대한 효용 기본 설정 함수를 학습하는 것이다. 시스템에서 효과적으로 사용할 수 있는 영구 데이터의 또 다른 예는 인구통계학적 정보다. 인구통계학적 추천 시스템은 사용법에 따라 매우 다양하지만[117, 320],

온라인 패션[31, 32]에서와 같이 사용자의 선호에 따라 일부 데모 그래픽 시스템은 프로필 연결 규칙을 사용하기 때문에 지식 기반 시스템으로 간주될 수도 있다. 이러한 시스템은 특정 인구통계 그룹에 가장 적합한 규칙 집합을 도출하기 위해 쿼리를 점진적으로 구체화할 수 있도록 설계된다. 마찬가지로 다양한 유형의 효용성 기반 추천 시스템 및 순위 기술은 지식 기반 시스템의 컨텍스트 내에서도 사용된다[74].

## 5.7 연습 문제

1. 기술 자료의 고객 지정 요구 사항 집합과 규칙 집합이 제품 카탈로그에서 빈 집합을 검색할지 여부를 결정하는 알고리듬을 구현해보자. 선행 및 각 규칙의 결과 모두 제품 기능에 대한 단일 제약 조건을 포함한다고 가정한다. 수치 속성에 대한 제약 조건은 부등식(예: 가격 ≤ 30)의 형태인 반면, 범주형 특성에 대한 제약 조건은 단위 인스턴스화(예: Color = Blue)의 형태이다. 고객의 요구 사항 또한 기능 후보군과 유사한 제약 조건으로 표현된다.

2. 특정 도메인의 큰 항목 집합(예: 자동차)에 대한 특정 고객의 효용 값의 정보가 있다고 가정하자. $j$번째 제품의 효용 값이 $u_j (j \in \{1 \dots n\})$라고 표현된다. 아이템은 $d$라는 수치형 항목으로 표현된다. 이러한 데이터를 사용해 이 고객에 대해 동일한 제품 도메인 내다른 항목의 순위를 매기는 방법에 관해 설명해보자.

# 6

# 앙상블 기반과 하이브리드 추천 시스템

"시적 직관 아니면 지적 작업? 무엇이 더 중요한가? 둘은 서로를 보완하는 것이라고 생각한다."

— 마누엘 푸익

## 6.1 개요

5장에서 우리는 세 가지 종류의 추천 방법에 관해 논의했다. 협업 방법은 추천을 작성하기 위해 사용자 커뮤니티의 평점을 사용하는 반면, 콘텐츠 기반 방법은 속성 중심의 아이템 설명과 함께 단일 사용자 평점을 사용해 추천을 만든다. 지식 기반 방법은 추천을 작성하기 위해 사용자 요구 사항을 명시적으로 지정해야 하며 과거의 평점이 전혀 필요하지 않다. 따라서 세 가지 방법들은 다른 데이터 소스를 사용하며, 다른 강점과 약점이 있다. 예를 들어 지식 기반 시스템은 평점이 필요하지 않기 때문에 콘텐츠 기반 또는 협업 시스템보다 콜드 스타트Cold-Start 문제를 훨씬 더 잘 해결할 수 있다. 반면, 과거 데이터로부터 영구적인 개인화를 사용한다는 점에서 콘텐츠 기반 및 협업 시스템보다 약하다. 다른 사용자가 지식 기반 대화형 인터페이스에서 동일한 요구 사항과 데이터를 입력했다면 정확히 동일한 결과를 얻을 수 있다.

이러한 모든 모델은 특히 여러 데이터 소스를 사용할 수 있는 경우 오히려 제한적으로 보인다. 일반적으로 다른 데이터 소스에서 사용 가능한 모든 지식을 활용하고 다양한 추천 시스템의 알고리듬을 사용해 강력한 추론을 수행하고자 한다. 하이브리드 추천 시스템은 이러한 가능성을 탐색하도록 설계됐다. 다음은 하이브리드 추천 시스템을 만드는 세 가지 기본 방법이다.

1. **앙상블 디자인**: 앙상블 디자인에서는 기존 알고리듬의 결과는 하나의 더 강력한 출력으로 결합된다. 예를 들어 콘텐츠 기반 및 협업 추천 모델의 평점 출력을 단일 출력으로 결합할 수 있다. 결합 과정에 사용되는 특정 방법론 측면에서 상당한 차이가 있다. 작업의 기본 원칙은 클러스터링, 분류 및 이상치 분석과 같은 많은 데이터 마이닝 애플리케이션의 앙상블 방법 설계와 크게 다르지 않다.

   앙상블 디자인은 다음과 같이 공식화할 수 있다. $\hat{R}_k$는 $k$번째 알고리듬에 의한 $n$개의 아이템에 대한 $m$명의 사용자의 예측 값을 포함하는 $m \times n$ 행렬이라고 가정한다. 여기서 $k \in \{1 \ldots q\}$. 따라서 이러한 예측에 도달하기 위해 총 $q$개의 다른 알고리듬이 사용된다. $\hat{R}_k$의 $(u, j)$번째 항목은 $k$번째 알고리듬에 의해 아이템 $j$에 대한 사용자 $u$의 예측된 평점을 포함한다.

   원래 평점 행렬 $R$의 관측된 항목은 각 $\hat{R}_k$에 복제되며, $R$의 관찰되지 않은 항목만 다른 알고리듬의 다양한 예측으로 인해 서로 다른 $\hat{R}_k$에서 달라진다. 알고리듬의 최종 결과는 예측 $\hat{R}_1 \ldots \hat{R}_q$를 단일 출력으로 결합함으로써 얻어진다. 이 조합은 다양한 예측의 가중 평균의 계산과 같은 다양한 방식으로 수행될 수 있다. 또한 일부 순차적 앙상블 알고리듬에서, 예측 $\hat{R}_k$는 이전 구성 요소인 $\hat{R}_{k-1}$의 결과에 의존할 수 있다. 다른 경우에는 출력이 직접 결합되지 않을 수 있다. 오히려 한 시스템의 출력은 일련의 콘텐츠 기능으로 다음 시스템의 입력으로 사용된다. 이러한 모든 시스템의 공통적인 특징은 (a) 기존 추천 모델을 기존 방식으로 사용하고 (b) 단일화된 점수 또는 순위를 생성한다는 것이다.

2. **모놀리틱 디자인**: 모놀리틱 디자인의 경우 다양한 데이터 유형을 사용해 통합 추천 알고리듬이 생성된다. 알고리듬의 다양한 부분들 (예를 들어 콘텐츠 및 협업) 사이에 명확한 구별이 존재하지 않을 수 있다. 다른 경우에는 콘텐츠 기반 단계와 협업 단계 사이에 명확한 구분이 있는 경우에도 기존의 협업 또는 콘텐츠 기반 추천 알고리듬을 수정해 전체 접근 방식에서 사용하도록 해야 할 수도 있다. 따라서 모놀리틱 접근 방식은 다양한 데이터 소스를 더욱 긴밀하게 통합하는 경향이 있으며 개별 구성 요소를 기성품 블랙 박스로 쉽게 볼 수 없다.

3. **혼합 시스템**: 앙상블과 마찬가지로 혼합 시스템은 여러 추천 알고리듬을 블랙 박스로 사용하지만 다양한 시스템에 의한 추천 아이템이 나란히 표시된다. 예를 들어 하루 동안의 TV 프로그램은 여러 아이템을 포함하는 복합 개체다. 단일 아이템의 추천을 개별적

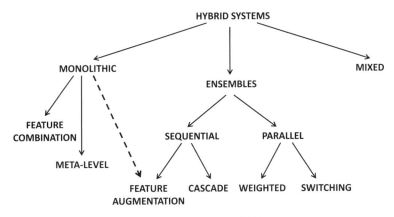

그림 6.1 하이브리드 시스템의 분류

으로 보는 것은 의미가 없고 오히려 추천을 생성하는 아이템의 조합이 의미가 있다.

따라서 "하이브리드 시스템"이라는 용어는 "앙상블 시스템"이라는 용어보다 더 넓은 의미로 사용된다. 모든 앙상블 시스템은 정의상 하이브리드 시스템이지만 그 반대가 반드시 사실은 아니다.

하이브리드 추천 시스템은 일반적으로 다양한 유형의 추천 기능(예: 콘텐츠 및 지식 기반)을 결합하지만 이러한 시스템이 동일한 유형의 모델을 결합할 수 없는 이유는 없다. 콘텐츠 기반 모델은 본질적으로 텍스트 분류 모델이므로 분류 정확도를 향상시키기 위해 다양한 앙상블 모델이 존재하는 것으로 잘 알려져 있다. 따라서 모든 분류 기반 앙상블 시스템을 사용해 콘텐츠 기반 모델의 효과를 향상시킬 수 있다. 이 주장은 협업 추천 모델에도 적용된다. 예를 들어 잠재적 요인 모델의 예측 결과를 이웃 모델의 결과와 쉽게 결합해 좀 더 정확한 추천 사항을 얻을 수 있다 [266]. 실제로 "벨코의 프래그매틱 카오스Bellkor's Pragmatic Chaos"[311] 및 "앙상블The Ensemble"[704]이라고 부르는 넷플릭스 경연 대회에서 우승한 두 작품[1] 모두 앙상블 시스템이 었다.

더 넓은 수준에서 하이브리드 추천 시스템은 분류에서 앙상블 분석 필드와 밀접한 관련이 있다. 예를 들어 협업 모델은 3장의 소개에서 논의된 바와 같이 분류 모델의 일반화이다. 이 장의 6.2절에서 논의할 것처럼 분류에서의 앙상블 분석의 이론적 토대는 협업적 필터의 이론적 토대와 유사하다. 따라서 6장에서는 추천 분류 방법을 사용해 데이터 분류 분야에서 앙상블을 사용할 때와 같은 방식으로 협업 추천 시스템의 효과를 향상시키는 방법에 중점을 둘 것이다.

Burke[117]에 따르면, 하이브리드 추천 시스템은 다음과 같은 범주로 분류할 수 있다.

1. 가중Weighted: 이 경우 여러 추천 시스템의 점수는 개별 앙상블 구성 요소의 점수에 대한

---

1 두 항목 모두 오류율과 관련이 있다. 상은 20분 전에 제출된 벨코의 프래그매틱 카오스 팀에게 주어졌다. - 옮긴이

가중 집계를 계산해 단일의 단일 점수로 결합된다. 구성 요소에 가중치를 부여하는 방법은 휴리스틱이거나 공식 통계 모델을 사용할 수 있다.

2. 스위칭<sup>Switching</sup>: 이 알고리듬은 현재 요구에 따라 다양한 추천 시스템 간에 전환한다. 예를 들어 초기 단계에서는 지식 기반 추천 시스템을 사용해 콜드 스타트 문제를 피할 수 있다. 이후 단계에서 더 많은 평점을 사용할 수 있는 경우 콘텐츠 기반 또는 협업 추천 모델을 사용할 수 있다. 대안으로 시스템은 주어진 시점에서 가장 정확한 추천을 제공하는 특정 추천 모델을 적응적으로 선택할 수 있다.

3. 캐스케이드<sup>Cascade</sup>: 이 경우 한 추천 시스템은 다른 추천 시스템에 의해 제시된 추천을 수정한다. 부스팅과 같은 일반화된 형태의 캐스케이드에서는 한 추천 시스템의 훈련 과정이 이전 시스템의 출력에 의해 바이어스되며 전체 결과가 단일 출력으로 결합된다.

4. 피처 보강<sup>Feature augmentation</sup>: 한 추천 시스템의 출력은 다음 추천에 대한 입력 특징을 작성하는 데 사용된다. 하이브리드는 이전 시스템의 추천 사항을 연속적으로 수정하지만 피처 보강 방법은 특징을 다음 시스템의 입력으로 처리한다. 이러한 접근 방식은 분류에 일반적으로 사용되는 스태킹<sup>stacking</sup> 개념과 여러 가지 직관적인 유사도를 공유한다. 스태킹에서 한 분류 모델의 출력은 다음 분류 모델의 특징으로 사용된다. 다른 추천 모델은 (일반적으로) 기존 블랙 박스로 사용되기 때문에, 이 접근법은 여전히 모놀리틱<sup>monolithic</sup> 방법이 아닌 앙상블 방법(대부분의 경우)이다.

5. 피처 결합<sup>Feature combination</sup>: 이 경우 여러 데이터 소스의 특징이 단일 추천 시스템의 맥락에서 결합돼 사용된다. 이 접근법은 모놀리틱 시스템으로 볼 수 있으므로 앙상블 방식이 아니다.

6. 메타 레벨<sup>Meta-level</sup>: 한 추천 시스템이 사용하는 모델이 다른 시스템의 입력으로 사용된다. 전형적으로 사용되는 조합은 콘텐츠 기반 협업 시스템이다. 협업 시스템은 콘텐츠 특징을 사용해 피어 그룹을 결정하도록 수정됐다. 그런 다음 평점 행렬들이 피어 그룹과 함께 사용해 예측한다. 최종 예측이 여전히 평점 행렬로 수행되기는 하지만 콘텐츠 기반 협업 접근법은 협업 시스템을 수정해 피어 그룹을 찾기 위한 콘텐츠 행렬을 사용해야 한다. 따라서 협업 작업 시스템을 수정해야 하며 기존 형식으로 사용할 수 없다. 이것은 메타 레벨 접근 방식을 앙상블 시스템이 아닌 모놀리틱 시스템으로 만든다. 콘텐츠 기반 협업 방법 중 일부는 협업 및 콘텐츠 정보를 결합하는 방식으로 인해 "콘텐츠를 통한 협업"이라고도 한다.

7. 혼합<sup>Mixed</sup>: 여러 엔진의 추천 사항이 동시에 사용자에게 제공된다. 엄밀히 말하면 혼합 접근법은 앙상블 시스템이 아니다. 다양한 구성 요소의 점수(특정 아이템의 점수)를 명시적으로 결합하지 않기 때문이다. 또한 혼합 방법은 추천 사항이 여러 아이템을 관련 집합으로 추천할 수 있는 복합 개체인 경우에 종종 사용된다. 예를 들어 복합 TV 프로그

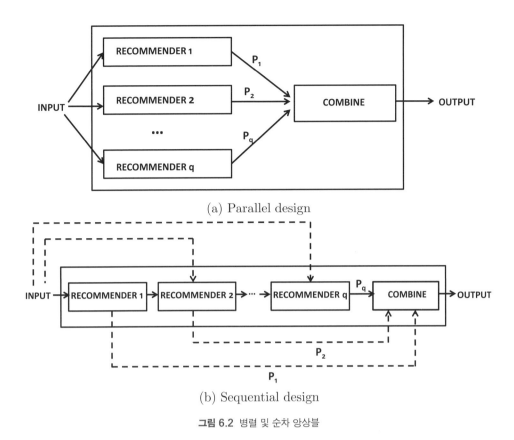

(a) Parallel design

(b) Sequential design

**그림 6.2** 병렬 및 순차 앙상블

램은 다양한 추천 항목으로 구성할 수 있다[559]. 따라서 앞에서 언급한 모든 방법과는 상당히 다르다. 한편으로 다른 추천 모델을 블랙 박스로 사용하지만(예: 앙상블) 다른 추천 모델와 동일한 아이템의 예상 평점을 결합하지는 않는다. 따라서 혼합 추천 모델은 모놀리틱 또는 앙상블 기반 방법으로 볼 수 없으며 고유한 범주로 분류된다. 이 접근법은 복잡한 아이템 도메인에서 가장 관련성이 높으며 종종 지식 기반 추천 시스템과 함께 사용된다.

앞서 언급한 범주 중 첫 번째 4개는 앙상블 시스템이고, 다음 두 개는 모놀리틱 시스템이며, 마지막 4개는 혼합 시스템이다. 혼합 시스템의 마지막 범주는 모놀리틱 또는 앙상블 시스템으로 깔끔하게 분류할 수 없다. 복합 개체로 여러 추천 사항을 제시하기 때문이다. 이러한 다양한 유형의 시스템의 계층적 분류는 그림 6.1에 나와 있다. [275]에서 소개한 것처럼 병렬 및 순차[2] 시스템의 더 높은 수준의 분류를 사용했지만 벌크$^{Burke}$의 6가지 범주의 원래 범주는 [275]의 범주와 약간 다르다. 메타 레벨 시스템을 순차적 방법으로 분류하는 [275]의 분류와 달리, 메타

---

2 파이프 라인 시스템이라고도 한다. – 옮긴이

앙상블 시스템은 진정한 앙상블의 경우처럼 기존 추천 알고리듬을 사용할 수 없기 때문에 모놀리틱으로 본다.

이와 유사하게 [275] 관점에서의 작업은 모놀리틱 시스템으로서 증강 하이브리드를 특징으로 한다. 개별 추천 사항이 특징 보강 하이브리드에서 더 복잡한 방식으로 결합돼 있지만 개별 추천 사항은 여전히 대부분의 경우 기존 블랙 박스로 사용된다. 이것이 모놀리틱 시스템과 앙상블 시스템의 주요 특징이며, 이 접근 방식은 분류에서 스태킹 방법을 매우 연상시킨다. 따라서 피처 증강 하이브리드는 모놀리틱 시스템이 아닌 앙상블 시스템으로 간주된다. 그러나 일부 피처 증강 하이브리드의 경우, 기존 추천 모델에 대한 약간의 변경이 필요하다. 그러한 경우 피처 증강 하이브리드 시스템은 기술적으로 모놀리틱 설계를 갖는 것으로 간주될 수 있다. 그림 6.1에서 점선으로 이 가능성을 보여줬다.

진정한 앙상블이 아닌 모놀리틱 및 혼합 방법 외에도 모든 앙상블 방법은 순차적 또는 병렬 디자인을 갖는 것으로 볼 수 있다[275]. 병렬 설계에서는 다양한 추천 모델이 서로 독립적으로 작동하며 개별 추천 모델의 예측이 맨 끝에 결합된다. 가중 및 스위칭 방법은 병렬 설계로 볼 수 있다. 순차적 설계에서 한 추천 모델의 출력은 다른 추천의 입력으로 사용된다. 캐스케이드 및 메타 레벨 시스템은 순차적인 방법의 예로 볼 수 있다. 순차적 및 병렬 시스템에서의 결합 프로세스의 그림 설명은 그림 6.2에 나와 있다. 6장에서는 벌크의 하위 수준 분류법[117]을 사용해 논의를 진행하지만 이러한 각 범주의 여러 추천 시스템에 대한 자세한 고찰을 제공한다.

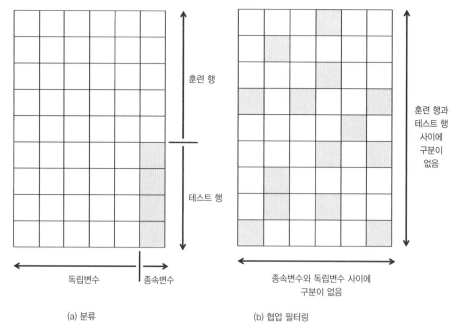

(a) 분류        (b) 협업 필터링

**그림 6.3** 1장의 그림 1.4 다시 살펴보기. 기존 분류 문제와 협업 필터링 비교. 음영 처리된 항목은 누락됐고 예측돼야 한다.

6장은 다음과 같이 구성돼 있다. 6.2절에서는 앙상블 기반 추천 시스템의 분류에 관해 논의한다. 또한 분류 분야의 앙상블 방법에 대한 기존 이론과 방법론이 추천 시스템에도 적용되는 수준을 살펴본다. 6.3절에서 가중 하이브리드의 여러 가지 예가 논의된다. 6.4절에서 다수의 스위칭 하이브리드가 논의된다. 캐스케이드 하이브리드는 6.5절에서 논의되는 반면, 특징 보강 하이브리드는 6.6절에서 논의된다. 메타 레벨 하이브리드는 6.7절에서 논의된다. 피처 결합 방법은 6.8절에서 소개된다. 혼합 시스템은 6.9절에서 설명한다. 6.10절에 요약이 나와 있다.

## 6.2 분류 관점에서 본 앙상블 방법

앙상블 방법은 학습 알고리듬의 견고성을 향상시키기 위해 데이터 분류 분야에서 일반적으로 사용된다. 다음에서 설명하겠지만 앙상블 이론의 대부분은 다양한 형태의 추천 시스템에도 적용된다. 예를 들어 콘텐츠 기반 추천 시스템은 종종·텍스트 분류 알고리듬의 간단한 애플리케이션이다. 따라서 분류에 기존 앙상블 방법을 직접 적용하면 일반적으로 고품질 결과를 얻을 수 있다.

1장에서 논의한 것처럼 협업 필터링은 데이터 분류 문제의 일반화다. 두 문제 사이의 관계를 설명하기 위해 그림 6.3에 1장 그림 1.4를 재사용했다. 그림 6.3(a)에서 피처 변수와 클래스 변수가 분류에서 명확하게 구분돼 있음을 알 수 있다. 분류에서 협업 필터링의 주요 특징은 피처 변수와 클래스 변수가 전자에서 명확하게 구분돼 있지 않으며 누락된 항목이 열이나 행에서 발생할 수 있다는 것이다. 누락된 항목이 어느 행에서나 발생할 수 있다는 사실은 훈련 및 테스트 인스턴스도 명확하게 구분돼 있지 않음을 의미한다. 분류 분야[242]에서 개발된 바이어스-분산 이론이 추천 시스템에도 적용되는지에 대한 중요한 의문이 제기된다. 반복된 실험[266, 311]에 따르면 여러 협업 추천 시스템을 결합하면 더 정확한 결과를 얻을 수 있다. 이는 분류를 위해 설계된 바이어스-분산 이론이 협업 필터링 시나리오에도 적용되기 때문이다. 이것은 분류로부터의 많은 전통적인 앙상블 기술이 협업 필터링으로 일반화될 수 있음을 의미한다. 그럼에도 누락된 항목이 데이터의 임의의 행 또는 열에서 발생할 수 있기 때문에, 분류를 위한 앙상블 알고리듬을 협업 필터링으로 일반화하는 것이 알고리듬적으로 어려운 경우가 있다.

먼저 데이터 분류 분야에 적용되는 바이어스-분산 절충 방법을 소개한다. 그림 6.3(a)에 표시된 것처럼 특정 분야를 예측해야 하는 단순화된 분류 또는 회귀 모델을 고려하자. 종속변수 예측에서 분류 모델의 오류는 세 가지 구성 요소로 분해될 수 있다.

1. 바이어스[Bias]: 모든 분류 모델은 클래스 간 의사 결정 경계의 특성에 대한 자체 모델링을 가정한다. 예를 들어 선형 SVM 분류 모델은 두 클래스가 선형 결정 경계에 의해 분리

될 수 있다고 가정한다. 물론 이것은 실제로 사실이 아니다. 즉, 주어진 선형 서포트 벡터 머신은 고유한 바이어스를 갖는다. 분류 모델이 바이어스가 높으면 학습 프로세스에 학습 데이터의 다른 샘플이 사용되는 경우에도 잘못 모델링된 결정 경계 근처의 특정 테스트 인스턴스 선택에 대해 일관되게 잘못된 예측을 수행한다.

2. 분산$^{Variance}$: 훈련 데이터 선택의 무작위 변동은 다른 모델로 이어진다. 결과적으로 테스트 인스턴스의 종속변수는 학습 데이터 세트의 다른 선택에 의해 일관되지 않게 예측될 수 있다. 모델 분산은 과적합과 밀접한 관련이 있다. 분류 모델이 과적합 경향이 있는 경우 다른 학습 데이터 세트에 대해 동일한 테스트 인스턴스에 대해 일관성 없는 예측을 수행한다.

3. 잡음$^{Noise}$: 잡음은 대상 클래스 레이블의 본질적인 오류를 나타낸다. 이것이 데이터 품질의 본질적인 측면이기 때문에 이를 교정하기 위해 할 수 있는 일은 거의 없다. 따라서 앙상블 분석의 초점은 일반적으로 바이어스와 분산을 줄이는 데 있다.

테스트 인스턴스 집합에 대한 분류 모델의 예상 평균 제곱 오차는 바이어스, 분산 및 잡음의 합으로 표시될 수 있다. 이 관계는 다음과 같이 나타낼 수 있다.

$$\text{Error} = \text{Bias}^2 + \text{Variance} + \text{Noise} \tag{6.1}$$

바이어스 또는 분산 성분을 줄임으로써 분류 모델의 전체 오차를 줄일 수 있다. 예를 들어 배깅$^{bagging}$[99]과 같은 분류 앙상블 방법은 분산을 줄이는 반면, 부스팅$^{boosting}$[206]은 바이어스를 줄일 수 있다. 분류와 협업 필터링 사이의 유일한 차이점은 누락된 항목이 클래스 변수가 아닌 모든 열에서 발생할 수 있다는 것이다. 그럼에도 바이어스-분산 결과는 다른 열이 불완전하게 지정됐는지 여부에 관계없이 특정 열을 예측하는 문제에 적용될 때 여전히 유지된다. 이는 분류에서 앙상블 분석의 기본 원칙이 협업 필터링에도 유효함을 의미한다. 실제로 6장 뒷부분에서 볼 수 있듯이, 배깅 및 부스팅과 같은 분류의 많은 클래식 앙상블 방법도 협업 필터링에 적용됐다.

# 6.3 가중 하이브리드

$R = [r_{uj}]$을 $m \times n$ 평점 행렬이라 하자. 가중치 하이브리드에서는 다양한 추천 시스템의 출력이 가중치 세트를 사용해 결합된다. $\hat{R}_1 \ldots \hat{R}_q$은 $m \times n$ 완전히 지정된 평점 행렬로 하자. $R$의 관찰되지 않은 항목은 $q$개의 다른 알고리듬들로 예측된다. 원래 $m \times n$ 평점 행렬 $R$에서 이미 관찰된 항목 $r_{uj}$는 이미 각 예측 행렬 $\hat{R}_k$에서 관찰된 값으로 고정돼 있다. 그런 다음 가중치 집합 $\alpha_1 \ldots \alpha_q$에 대해 가중 하이브리드는 다음과 같이 결합된 예측 행렬 $\hat{R} = [\hat{r}_{uj}]$를 만든다.

$$\hat{R} = \sum_{i=1}^{q} \alpha_i \hat{R}_i \tag{6.2}$$

가장 간단한 경우 $\alpha_1 = \cdots = \alpha_q = 1/q$를 선택할 수 있다. 그러나 좀 더 정확한 시스템에 더 큰 중요성을 부여하기 위해 다양한 시스템에 다른 방식으로 가중치를 부여하는 것이 이상적이고 바람직하다. 이러한 차등 가중치에 관한 많은 방법이 존재한다. 행렬의 개별 항목에 대해 위에서 언급한 방정식을 작성할 수도 있다.

$$\hat{r}_{uj} = \sum_{i=1}^{q} \alpha_i \hat{r}_{uj}^i \tag{6.3}$$

여기서 $\hat{r}_{uj}^i$은 사용자 $u$에 대한 $i$번째 앙상블 구성 요소의 예측을 나타내며 $j$는 최종 예측을 나타낸다.

최적의 가중치를 결정하기 위해서는 특정 가중치 조합 $\alpha_1 \dots \alpha_q$의 효과를 평가할 수 있어야 한다. 이 주제는 7장에서 더 자세하게 논의될 것이지만, 여기서는 논의 목적으로 간단한 평가 방법을 제공할 것이다. 간단한 접근 방법은 $m \times n$ 평점 행렬 $R = [r_{uj}]$에서 알려진 항목의 작은 비율(예: 25%)을 유지하고 $R$의 항목들의 나머지 75%에 대해 $q$개의 다른 기본 알고리듬을 적용해 예측 행렬 $\hat{R}_1 \dots \hat{R}_q$를 만드는 것이다. 결과 예측 $\hat{R}_1 \dots \hat{R}_q$는 식 6.2에 따라 앙상블 기반 예측을 생성하기 위해 결합된다. 이러한 보류 항목의 사용자-아이템 인덱스 $(u, j)$를 $H$로 표시한다. 그런 다음 주어진 벡터 $\bar{\alpha} = (\alpha_1 \dots \alpha_q)$의 가중치에 대해 특정 기법의 효과는 $H$의 홀드 아웃 평점에 대한 예측 행렬 $\hat{R} = [\hat{r}_{uj}]_{m \times n}$의 평균 제곱 오차MSE 또는 평균 절대 오차MAE를 사용해 평가할 수 있다.

$$MSE(\overline{\alpha}) = \frac{\sum_{(u,j) \in H} (\hat{r}_{uj} - r_{uj})^2}{|H|}$$
$$MAE(\overline{\alpha}) = \frac{\sum_{(u,j) \in H} |(\hat{r}_{uj} - r_{uj})|}{|H|}$$

이 측정 항목은 계수 $\alpha_1 \dots \alpha_q$의 특정 조합에 대한 평가를 제공한다. 이러한 측정 항목을 최소화하기 위해 $\alpha_1 \dots \alpha_q$의 최적값을 어떻게 결정할 수 있는가? MSE의 경우에 효과적인 간단한 접근 방식은 선형 회귀를 사용하는 것이다. 보류 세트 $H$의 평점은 종속변수의 근거 값을 제공하고 매개변수 $\alpha_1 \dots \alpha_q$는 독립변수라고 가정한다. 아이디어는 독립적인 변수를 선택해 선형 조합의 평균 제곱 오차가 홀드 아웃 세트의 알려진 평점과 관련해 최소화되도록 하는 것이다. 선형 회귀 모델의 기본은 다른 맥락에서 4.4.5절에서 논의된다. 여기서 주된 차이점은 종속변수와 독립변수가 정의되는 방식과 선형 회귀 문제가 공식화되는 방식에 있다.

이 경우 독립변수는 항목 $(u, j)$에 대한 다양한 모델의 평점 예측에 해당하고 종속변수는 보류 세트 $H$에서 앙상블 조합의 각 예측 평점 $\hat{r}_{uj}$의 값에 해당한다. 따라서 보류 집합의 각 관측된 평점은 선형 회귀 모형에 대한 학습 예를 제공한다. 회귀 계수는 다양한 구성 요소 모델의 가중치에 해당하며 (유지) 훈련 예제에서 학습돼야 한다. 선형 회귀를 사용해 가중치를 학습한 후 개별 구성 요소 모델은 보류 항목 없이 전체 훈련 세트에서 재교육된다. 보류 항목을 사용해 학습한 가중치는 이러한 $q$ 모델과 함께 사용된다. 평점에서 사용할 수 있는 모든 정보를 최대한 활용하려면 이 마지막 단계를 잊지 않는 것이 중요하다. 모형 조합에 대한 선형 회귀 접근법은 [266]에 설명돼 있다. 훈련 데이터의 모든 지식을 잘 활용할 수 있는 관련 접근법은 교차 검증이다. 교차 검증 방법은 7장에서 설명한다.

많은 시스템이 단순히 여러 모델의 결과를 평균화하지만 여러 모델에 적절한 가중치를 부여하려면 회귀를 사용하는 것이 중요하다. 이러한 회귀 기반 알고리듬은 넷플릭스 경연 대회[311, 554]에서 많은 성과를 올린 여러 항목에 포함됐으며 데이터 분류에서의 스태킹 개념과 밀접한 관련이 있다.

그러나 선형 회귀 접근법은 잡음 및 이상치의 존재에 민감하다. 이는 제곱 오차 함수가 데이터에서 가장 큰 오차에 의해 영향을 받기 때문이다. 잡음과 이상치의 존재에 더 강한 다양한 강력한 회귀 방법을 사용할 수 있다. 이러한 방법 중 하나는 평균 제곱 오류와 달리 목적 절대 함수MAE를 목적함수로 사용한다. MAE는 큰 오류를 지나치게 강조하지 않기 때문에 잡음 및 이상치에 대해 좀 더 강력한 것으로 잘 알려져 있다. 일반적인 접근 방식은 경사하강법을 사용해 방정식 6.3의 파라미터 벡터 $(\alpha_1 \ldots \alpha_q)$의 최적값을 결정하는 것이다. 알고리듬은 $\alpha_1 = \cdots = \alpha_q = 1/q$를 설정해 시작한다. 이어서 기울기는 다음과 같이 $H$에서 보류된 항목에 대해 계산된다.

$$\frac{\partial MAE(\overline{\alpha})}{\partial \alpha_i} = \frac{\sum_{(u,j) \in H} \frac{\partial |(\hat{r}_{uj} - r_{uj})|}{\partial \alpha_i}}{|H|} \tag{6.4}$$

방정식 6.3을 사용해 $\hat{r}_{uj}$의 값을 확장할 수 있으며 부분 미분은 다음과 같이 개별 앙상블 구성 요소의 평점으로 단순화할 수 있다.

$$\frac{\partial MAE(\overline{\alpha})}{\partial \alpha_i} = \frac{\sum_{(u,j) \in H} \text{sign}(\hat{r}_{uj} - r_{uj})\hat{r}_{uj}^i}{|H|} \tag{6.5}$$

기울기는 개별 편미분으로 작성될 수 있다.

$$\overline{\nabla MAE} = \left( \frac{\partial MAE(\overline{\alpha})}{\partial \alpha_1} \cdots \frac{\partial MAE(\overline{\alpha})}{\partial \alpha_q} \right)$$

이 기울기는 다음과 같이 반복 경사하강방식으로 파라미터 공간 $\overline{\alpha}$를 통과하는 데 사용된다.

1. $\bar{\alpha}^{(0)} = (1/q \ldots 1/q)$ 및 $t = 0$을 초기화한다.

2. **1단계 반복**: $\bar{\alpha}^{(t+1)} \Leftarrow \bar{\alpha}^{(t)} - \gamma \cdot \overline{\nabla MAE}$를 업데이트한다. MAE의 최대 개선이 달성되도록 라인 검색을 사용해 $\lambda > 0$의 값을 결정할 수 있다.

3. **2단계 반복**: 인덱스를 $t \Leftarrow t + 1$로 업데이트한다.

4. **3단계 반복(수렴 검사)**: MAE가 마지막 반복 이후 최소량으로 개선된 경우 반복 1단계로 이동하자.

5. $\bar{\alpha}^{(t)}$를 보고한다.

과적합을 방지하기 위해 정규화를 추가할 수 있다. 음이 아닌 값과 같은 다양한 $\alpha_i$값에 대한 다른 제약 조건을 추가하거나 합이 1이 되도록 하는 것도 가능하다. 이러한 자연스러운 제약은 보이지 않는 항목에 대한 일반화 가능성을 향상시킨다. 경사하강 방정식은 이러한 제약을 고려해 비교적 쉽게 수정할 수 있다. 최적의 가중치가 결정된 후 모든 앙상블 모델은 보류 항목 없이 전체 평점 행렬에서 재교육된다. 이 모델들의 예측은 반복적 접근 방식으로 발견된 가중치 벡터의 사용과 결합된다.

파라미터 검색을 수행하는 다른 방법들이 있다. 더 간단한 접근 방식은 보류된 평점 집합에 대해 신중하게 선택한 매개변수 조합을 여러 개 시도하는 것이다. 예를 들어 다른 값을 시도하고 다른 값을 일정하게 유지해 다양한 $\alpha_i$값을 연속적으로 조정할 수 있다. 이러한 접근 방식은 일반적으로 다양한 유형의 매개변수 튜닝에 적용되며[311] 합리적으로 정확한 결과를 제공할 수 있다. 다양한 검색 기술의 예는 [162, 659]에서 제공된다.

이러한 방법은 다양한 유형의 메타 레벨 콘텐츠 기능을 통해 더욱 향상될 수 있다[65, 66, 554]. 이 방법들은 6.8.2절에서 논의된다. 기존의 앙상블 방법 중 다수는 이러한 정교한 조합 체계를 사용하지 않는다. 종종 이러한 기술은 다른 구성 요소의 예측 평균을 사용한다. 예상 효용성 값이 다른 스케일에 있거나 앙상블 구성 요소 중 일부가 다른 구성 요소보다 훨씬 더 정확할 때 다른 구성 요소에 가중치를 부여하는 것이 특히 중요하다. 다음에서는 다양한 유형의 모델을 결합하는 방법에 관한 구체적인 예를 제공한다.

## 6.3.1 다양한 유형의 모델 조합

가중 모델 조합에서는 다양한 추천 엔진이 결합될 수 있다. 일반적으로 두 가지 형태의 모델 조합이 있다.

1. 동종 데이터 유형 및 모델 클래스<sup>Homogeneous data type and model classes</sup>: 이 경우 다른 모델이 동일한 데이터에 적용된다. 예를 들어 이웃 기반 방법, SVD 및 베이즈 기술과 같은 다양한 협업 필터링 엔진을 평점 행렬에 적용할 수 있다. 그 결과는 단일 예측 값으로 집계된

다. 이러한 접근 방식은 모든 구성 요소 모델이 동일한 클래스(예: 협업 방법)에 속하더라도 주어진 데이터 세트에서 특정 알고리듬의 특정 바이어스를 피하기 때문에 강력하다. 이러한 블렌드의 예는 [266]에 제공된다. 3가지 다른 행렬 인수분해 방법의 앙상블 조합이 어떻게 고품질의 결과를 제공할 수 있는지가 [637]에 제시됐다. 특히 정규화된 행렬 인수분해, 비음행렬 인수분해 및 최대 마진 분해가 앙상블 구성 요소로 사용됐으며 해당 결과는 평균화됐다. [67]에서 논의된 흥미로운 융합 앙상블은 다양한 앙상블 구성 요소에 대해 동일한 추천 알고리듬을 사용하지만 매개변수 또는 알고리듬 설계 선택은 서로 다르다. 예를 들어 SVD 알고리듬에서 서로 다른 수의 잠재 인자가 사용될 수 있고, 이웃 기반 알고리듬에서 서로 다른 수의 최근접 이웃이 사용될 수 있거나, 유사도 평가 지표의 선택은 다양할 수 있다. 다양한 시스템의 예측 평균이 사용된다. [67]에서 볼 수 있듯이 이 간단한 접근 방식은 거의 항상 기본 모델의 성능을 향상시켰다. 이 접근법의 초기 변형[180]은 최대 마진 행렬 인수분해 방법의 앙상블을 사용하지만 다른 파라미터 설정을 사용한다. [338]의 작업은 사용자 기반 및 아이템 기반 이웃 알고리듬을 결합한다.

2. 이기종 데이터 유형 및 모델 클래스Heterogeneous data type and model classes: 이 경우 다른 모델 클래스가 다른 데이터 소스에 적용된다. 예를 들어 모델의 한 구성 요소는 평점 행렬을 사용하는 협업 추천일 수 있지만 모델의 다른 구성 요소는 콘텐츠 기반 추천일 수 있다. 이 접근법은 본질적으로 여러 데이터 소스의 힘을 결합 프로세스에 통합한다. 아이디어는 가장 정확한 추천을 제공하기 위해 다양한 데이터 소스의 보완 지식을 활용하는 것이다. 예를 들어 [659]의 작업은 협업 및 지식 기반 추천을 결합한 반면, [162]의 작업은 콘텐츠 기반 및 협업 추천을 결합한다. 다른 데이터 형식으로 작업할 때는 다양한 앙상블 구성 요소의 예측에 신중하게 가중치를 부여하는 것이 특히 중요하다.

이처럼 다양한 형태의 모델은 여러 유형의 모델 조합을 탐색할 때 뛰어난 유연성을 제공한다.

## 6.3.2 분류에서 배깅 적응

6장의 앞부분에서 논의한 바와 같이, 바이어스-분산 거래에 대한 이론적 결과는 협업 필터링 문제에도 영향을 미친다. 후자의 문제는 직접 분류의 일반화이기 때문이다. 분류 문제에 사용되는 일반적인 가중치 조합 기술 중 하나는 배깅 기술이다. 따라서 이 방법은 협업 필터링에도 사용될 수 있다. 그러나 협업 필터링 문제가 분류의 문제와는 다소 다르게 구성된다는 사실을 감안하기 위해 배깅 접근법을 약간 수정해야 한다. 먼저 분류의 맥락에서 배깅에 대해 논의한다.

배깅의 기본 아이디어는 분류 오류의 분산 성분을 줄이는 것이다. 배깅에서 $q$ 훈련 데이터 세트는 부트 스트랩 샘플링으로 생성된다. 부트 스트래핑된 샘플링에서, 원래의 훈련 데이터 세트와 동일한 크기의 새로운 훈련 데이터 세트를 생성하기 위해 데이터 행렬의 행이 교체돼 샘플링된다. 이 새로운 훈련 데이터 세트에는 일반적으로 많은 중복이 포함된다. 또한 주어진 부트 스트랩된 샘플에서 나타내지 않은 원래 데이터 행렬로부터의 예상되는 행의 일부는 $1/e$로 주어지며, 여기서 $e$는 자연 로그의 기초이다. 샘플링된 각 훈련 데이터 세트로 총 $q$ 훈련 모델이 작성된다. 주어진 테스트 인스턴스에 대해 이러한 $q$ 모델의 평균 예측이 보고된다. 배깅은 일반적으로 오차의 분산 성분을 감소시키기 때문에 분류 정확도를 향상시킨다. 서브배깅subagging[111, 112]으로 알려진 특정 배깅 변형은 대체 샘플링으로 행을 추출하는 대신 행을 서브 샘플링한다. 예를 들어 모델을 학습하기 위해 부트 스트랩된 샘플에서 모든 개별 행을 간단히 사용할 수 있다. 배깅 및 서브배깅 방법은 다음과 같이 협업 필터링으로 일반화될 수 있다.

1. **행 단위 부트 스트래핑**: 이 경우 평점 행렬 $R$의 행을 대체해 샘플링해 동일한 차원의 새로운 평점 행렬을 만든다. 따라서 이러한 평점 행렬 $(R_1 \ldots R_q)$의 총 $q$가 생성된다. 행은 별도의 행으로 취급되지만 샘플링 과정에서 행이 복제될 수 있다. 기존의 협력 필터링 알고리듬(예를 들어 잠재 요인 모델)이 각각의 훈련 데이터 세트에 적용된다. 각각의 훈련 데이터 세트에 대해, 사용자가 행렬에서 적어도 한 번 표현되는 경우에만 사용자에 대한 아이템 평점이 예측될 수 있다. 이러한 경우 해당 앙상블 구성 요소의 예상 평점은 해당 사용자의 중복 발생에 대한 해당 항목의 평균 평점[3]이다. 그런 다음 예측된 평점은 해당 사용자가 있는 모든 앙상블 구성 요소에 대해 평균화된다. 상당히 큰 $q$ 값에 대해, 각각의 사용자는 전형적으로 $1 - (1/e)^q$의 높은 확률 값으로 하나 이상의 앙상블 구성 요소에 존재한다. 따라서 모든 사용자는 높은 확률로 표시된다.

2. **행 단위 서브 샘플링**: 이 방법은 행 단위를 대체하지 않고 샘플링한다는 점을 제외하고 행 단위 부트 스트랩과 유사하다. 샘플링된 행의 분수 $f$는 $(0.1, 0.5)$에서 무작위로 선택된다. 앙상블 구성 요소 $q$의 수는 모든 행이 표시되도록 10보다 훨씬 커야 한다. 이 접근 방식의 주된 문제는 이 설정의 모든 항목을 예측하기 어렵기 때문에 더 적은 수의 구성 요소에 대해 평균을 내야 한다는 것이다. 따라서 분산 감소의 이점은 완전히 달성되지 않는다.

3. **엔트리 단위 배깅**: 이 경우 원래 평점 행렬의 항목을 대체해 샘플링해 $q$평점 행렬 $R_1 \ldots R_q$를 생성한다. 많은 항목이 반복적으로 샘플링될 수 있으므로 이제 항목이 가중치와 연관된다. 따라서 가중치가 있는 항목을 처리할 수 있는 기본 협업 필터링 알고리듬이 필요하다. 이러한 알고리듬은 6.5.2.1절에서 설명한다. 행 단위 배깅의 경우와 같이 예측된 평점은 다양한 앙상블 구성 요소에 대해 평균화된다.

---

3 대부분의 협업 필터링 알고리듬에서는 상대적으로 드문 경우에도 중복 행의 지정되지 않은 값이 다르게 예측될 수 있다. - 옮긴이

4. **엔트리 단위 서브 샘플링**: 엔트리 단위 서브 샘플링에서, 엔트리의 일부는 평점 행렬 $R$로부터 무작위로 유지돼 샘플 훈련 데이터 세트를 생성한다. 일반적으로 $f$값은 (0.1, 0.5)에서 샘플링된 다음 원래 평점 행렬에 있는 항목의 분수 $f$가 임의로 선택돼 유지된다. 이 접근법은 $q$ 훈련 데이터 세트 $R_1 \ldots R_q$를 생성하기 위해 반복된다. 따라서 각 사용자 및 각 아이템은 각각의 서브 샘플링된 행렬로 표현되지만, 서브 샘플링된 행렬에서의 특정된 엔트리의 수는 원래의 훈련 데이터의 것보다 적다. 협업 필터링 알고리듬(예: 잠재 계수 모델)이 예측 행렬을 생성하기 위해 각 평점 행렬에 적용된다. 최종 예측은 이러한 다양한 예측의 단순 평균이다.

앞서 언급한 방법에서, 앙상블의 최종 단계는 가중 평균이 아닌 단순한 예측 평균을 사용한다. 단순 평균을 사용하는 이유는 모든 모델 구성 요소가 동일한 확률적 접근 방식으로 작성되므로 동일하게 가중치를 부여해야 하기 때문이다. 이 중 많은 경우 안정적인 성능을 얻으려면 불안정한 기본 방법을 선택하는 것이 중요하다.

앞서 말한 논의는 분산 감소에 대한 다양한 가능성에 대한 개요를 제공하지만 이들 가능성의 작은 서브 세트만이 실제로 연구 문헌에서 탐구되고 평가됐다. 예를 들어 우리는 서브 샘플링 방법의 효과에 대한 실험 결과를 알지 못한다. 서브 샘플링 방법은 종종 분류 영역에서 배깅에 대해 우수한 결과를 제공하지만[658], 협업 필터링에 대한 영향은 희소 행렬에서 예측하기 어렵다. 희소 행렬에서 항목을 삭제하면 일부 사용자 또는 항목을 전혀 예측할 수 없어 전체 성능이 저하될 수 있다. 협업 필터링의 맥락에서 배깅 알고리듬에 대한 논의는 [67]에서 찾을 수 있다. 이 작업에서는 행 단위 부트 스트랩 방식이 사용되며 중복 행은 가중치 행으로 처리된다. 따라서 이 방법에서는 기본 예측 변수가 가중 행을 처리할 수 있다고 가정한다. [67]에서 논의한 바와 같이, 접근 방식은 기본 예측 변수의 선택에 다소 민감한 것처럼 보이지만, 오류를 크게 개선해 배깅을 수행했다. 특히 [67]의 결과에 따르면, 배깅 접근법은 인수분해된 이웃 모델을 제외하고 대부분의 기본 예측 변수에 대한 정확도를 향상시켰다[72]. 이것은 분해돼 이웃 방법이 사용될 때 다양한 배깅된 모델의 예측 사이에 높은 수준의 상관관계의 결과일 수 있다. 일반적으로, 배깅에서 최대의 이점을 추출하기 위해 낮은 바이어스와 높은 분산을 갖는 상관되지 않은 기본 모델을 사용하는 것이 바람직하다. 기본 예측 변수 간에 높은 상관관계로 인해 배깅이 작동하지 않는 경우 무작위성의 주입을 명시적으로 사용하는 것이 도움이 될 수 있다.

### 6.3.3 무작위성의 주입

무작위성의 주입은 분류에서 무작위 숲의 많은 원칙을 공유하는 접근 방식이다[22]. 기본 아이디어는 기본 분류 모델을 사용해 분류 모델에 무작위성을 명시적으로 주입하는 것이다. 임의성을 주입하기 위해 다양한 방법이 사용될 수 있다. 몇 가지 예[67]는 다음과 같다.

1. 이웃 모델에 임의성 주입: 사용자 기반 또는 아이템 기반 이웃 모델에서 최상위-$k$ 근접 이웃 (사용자 또는 항목)을 사용하는 대신 $\alpha \gg 1$에 대해 상위-$\alpha \cdot k$ 이웃이 선택된다. 이들 $\alpha \cdot k$ 이웃들로부터 요소들이 무작위로 선택된다. 그러나 이 접근법은 인자 $1/\alpha$에서 행 단위 서브 샘플링의 간접 변형인 것으로 보일 수 있다. 다양한 구성 요소의 평균 예측이 접근 방식으로 반환된다.

2. 행렬 인수분해 모델에 무작위성 주입: 행렬 인수분해 방법은 인수 행렬을 임의로 초기화한 후 솔루션 공간에서 기울기 하강을 수행하기 때문에 본질적으로 무작위화된 방법이다. 따라서 다른 초기화를 선택하면 다른 솔루션을 얻을 수 있다. 이러한 다양한 솔루션의 조합은 종종 보다 정확한 결과를 제공한다.

다른 성분들의 예측의 단순한 평균은 무작위화된 앙상블에 의해 반환된다. 랜덤 포레스트와 마찬가지로 이 접근 방식은 바이어스를 크게 영향을 주지 않으면서 앙상블의 분산을 줄일 수 있다. 많은 경우에 이 접근 방식은 다양한 예측 변수 간의 높은 수준의 상관관계로 인해 배깅이 작동하지 않는 경우에 매우 효과적이다. [67]에서 볼 수 있듯이, 무작위성 주입 접근법은 인수분해된 이웃 모델이 기본 예측기[72]로 사용될 때 상당히 잘 작동한다. 분해화된 이웃 모델의 경우 배깅 접근법이 잘 작동하지 않는다.

## 6.4 스위칭 하이브리드

스위칭 하이브리드는 모델 선택 문제와 관련해 추천 시스템에서 가장 일반적으로 사용되지만 공식적으로 하이브리드 시스템으로 인식되지 않는다. 스위칭 시스템[117]의 원래 동기는 사용 가능한 데이터가 부족한 초기 단계에서 특정 모델이 더 잘 작동하는 콜드 스타트 문제를 처리하는 것이었다. 그러나 나중 단계에서는 다른 모델이 더 효과적이므로 하나의 모델이 더 효과적인 모델로 전환된다.

좀 더 일반적인 모델 선택의 의미에서 스위칭 모델을 볼 수도 있다. 예를 들어 대부분의 추천 모델의 매개변수 선택 단계에서도 여러 매개변수 값에 대해 모델을 실행한 후 최적의 값을 선택해야 한다. 이러한 특정 형태의 모델 선택은 분류 문헌에 따라 조정되며 모델 버킷이라고도 한다. 다음에서는 이러한 두 가지 유형의 하이브리드에 대해 설명하고 보다 일반적인 모델 선택 방식으로 스위칭 모델을 볼 수도 있다. 예를 들어 대부분의 추천 모델의 매개변수 선택 단계에서도 여러 매개변숫값에 대해 모델을 실행한 후 최적의 값을 선택해야 한다. 이러한 특정 형태의 모델 선택은 분류 문헌에 따라 조정되며 모델 버킷이라고도 한다. 다음에서는 이러한 유형의 하이브리드에 대해 설명한다.

## 6.4.1 콜드 스타트 문제를 위한 스위칭 메커니즘

스위칭 메커니즘은 콜드 스타트 문제를 처리하는 데 종종 사용되는데, 이 경우 하나의 리코더가 적은 데이터로 더 나은 성능을 발휘하는 반면 다른 추천 모델은 더 많은 데이터로 더 나은 성능을 발휘한다. 지식 기반 추천 시스템은 평점 없이 작동할 수 있고 요구 사항에 대한 사용자 지정에 따라 달라지기 때문에 평점이 거의 없는 경우 지식 기반 추천 모델을 사용할 수 있다. 그러나 더 많은 평점을 사용할 수 있게 되면 공동 추천 모델로 전환할 수 있다. 콘텐츠 기반 추천 모델은 새 항목에 대해 잘 작동할 수 있지만 협업 추천 모델은 새 항목에 대한 권장 사항을 효과적으로 제공할 수 없기 때문에 콘텐츠 기반 및 협업 추천 모델을 결합할 수도 있다.

[85]의 작업은 다양한 추천 모델이 순서 전략에 사용되는 Daily Learner 시스템을 제안한다. 이전 추천 모델이 충분한 추천을 찾지 못하면 이후의 추천 모델이 사용된다. 특히 [85]의 작업은 두 개의 콘텐츠 기반 추천 모델과 단일 협업 추천을 사용한다. 먼저, 최근접 이웃 콘텐츠 분류 모델이 사용되고 그 뒤에 협업 시스템이 사용되며, 마지막으로 순진한 Bayes 콘텐츠 분류 모델이 장기 프로파일과 일치하는 데 사용된다. 이 방법은 모든 기초 학습자가 어느 정도의 데이터를 필요로 하기 때문에 콜드 스타트 문제를 완전히 해결하지 못한다. 다른 작업[659]은 하이브리드 버전의 협업 및 지식 기반 시스템을 결합한 것이다. 지식 기반 시스템은 콜드 스타트 단계에서보다 정확한 결과를 제공하지만 협업 시스템은 이후 단계에서 더욱 정확한 결과를 제공한다. 일반적으로 콜드 스타트 문제를 처리하려면 지식 기반 시스템을 통합하는 것이 더 바람직하다.

## 6.4.2 모델 버킷

이 접근법에서, 평점 행렬에서 지정된 항목의 일부(예를 들어 25% 내지 33%)가 유지되고, 다양한 모델이 결과 행렬에 적용된다. 그런 다음 보류 항목을 사용해 MSE 또는 MAE와 같은 표준 측정 기준으로 모델의 효과를 평가한다. 가장 낮은 MSE 또는 MAE를 산출하는 모델이 관련 모델로 사용된다. 이 접근 방식은 일반적으로 파라미터 튜닝에도 사용된다. 예를 들어 각각의 모델은 알고리듬의 파라미터의 다른 값에 대응할 수 있고, 최상의 결과를 제공하는 값이 관련 모델로 선택된다. 관련 모델이 선택되면 전체 평점 행렬에서 재훈련되고 결과가 보고된다. 홀드 아웃 접근법을 사용하는 대신 교차 검증으로 알려진 다른 기술도 사용된다. 홀드 아웃 및 교차 검증 기술에 관한 자세한 내용은 7장을 참조하자. 모델 버킷은 추천 시스템에서 가장 유용한 단일 앙상블 접근 방식이지만, 다른 모델이 파생되지 않는 한 앙상블 시스템으로 인식되지는 않는다.

모델 버킷이 동적으로 변경되는 평점 행렬의 맥락에서 사용되는 경우 시스템이 한 구성 요소에서 다른 구성 요소로 전환할 수 있다. 그러나 정적 데이터에 사용되는 경우 시스템은 한 구성 요소의 가중치를 1로 설정하고 나머지 구성 요소의 가중치를 0으로 설정하는 가중 추천 모델의 특별한 경우로 볼 수도 있다.

# 6.5 캐스케이드 하이브리드

벌크의 독창적인 연구[117]에서 캐스케이드 하이브리드는 다소 좁은 방식으로 정의됐으며, 각 추천인은 이전 추천인의 추천을 적극적으로 재정의했다. 여기서는 추천 모델이 직접 추천 이외의 방법으로 이전 추천 모델의 추천을 사용할 수 있는 캐스케이드 하이브리드에 대해 더 넓은 관점을 취한 다음 결과를 결합해 최종 추천을 한다. 이 광범위한 정의는 부스팅과 같은 더 큰 부류의 중요한 하이브리드를 포괄하며, 다른 카테고리의 하이브리드에는 포함되지 않는다. 이에 따라 두 가지 범주의 캐스케이드 추천을 정의한다.

## 6.5.1 추천의 연속적인 재정의

이 방법에서 추천 시스템은 이전 반복의 추천 출력을 연속적으로 재정의한다. 예를 들어 첫 번째 추천은 대략적인 순위를 지정하고 많은 잠재적인 항목을 제거할 수 있다. 그런 다음 두 번째 수준의 추천은 이 대략적인 순위를 사용해 이를 다시 수정하고 연결을 끊는다. 결과 순위는 사용자에게 제공된다. 이러한 추천 시스템의 예는 $EntreeC$[117]로, 사용자의 명시된 관심사에 대한 지식을 사용해 대략적인 순위를 제공한다. 결과적 추천은 대략 동일한 선호도의 버킷으로 분할된다. 따라서 버킷 내 추천은 첫 번째 단계의 끝에서 연결로 간주된다. 협업 기술을 사용해 관계를 끊고 각 버킷 내에서 추천의 순위를 정한다. 첫 번째 지식 기반 추천은 두 번째 레벨 추천이 첫 번째 레벨에서 작성된 추천을 변경할 수 없기 때문에 우선 순위가 더 높다. 다른 견해로는 두 번째 수준의 추천은 각 버킷 내의 연결에만 집중해야 하기 때문에 훨씬 효율적이다. 따라서 두 번째 추천의 각 애플리케이션의 아이템-공간이 훨씬 작다.

## 6.5.2 부스팅

부스팅은 분류[206]와 회귀[207]와 관련해 널리 사용됐다. 부스팅을 위한 가장 초기 방법 중 하나는 AdaBoost 알고리듬[206]이다. 이 알고리듬의 회귀 변형을 AdaBoost.RT[207]라고

한다. 회귀 변형은 평점을 숫자 속성으로 취급하기 쉽기 때문에 협업 필터링과 더 관련이 있다. 전통적인 부스팅에서는 일련의 트레이닝 라운드가 가중치 트레이닝 예제와 함께 사용된다. 각 라운드의 가중치는 이전 라운드에서 분류 모델의 성능에 따라 수정된다. 구체적으로 오류가 있는 학습 예제의 가중치는 증가하는 반면 올바르게 모델링된 예제의 가중치는 감소한다. 결과적으로 분류 모델은 이전 라운드에서 제대로 분류할 수 없었던 예를 올바르게 분류하는 쪽으로 바이어스돼 있다. 이러한 여러 라운드를 사용해 일련의 분류 모델을 얻는다. 주어진 테스트 인스턴스에 대해 모든 모델이 적용되고 가중 예측은 관련 모델로 보고된다.

협업 필터링과 테스트 행 사이에 명확한 경계가 없으며 종속 열과 독립 열 사이에 명확한 구분이 없는 협업 필터링을 위해 부스팅을 수정해야 한다. 협력적 필터링을 위한 부스팅을 수정하는 방법이 [67]에 제안됐다. 가중치가 행과 연관된 분류 및 회귀 모델링과 달리 협업 필터링의 학습 예제 가중치는 개별 평점과 연관된다. 따라서 세트 $S$가 세트를 나타내는 경우. 훈련 데이터에서 평점을 관찰한 후 총 $|S|$ 무게가 유지된다. $S$는 $m \times n$ 평점 행렬 $R$에서 위치 $(u, j)$의 집합이므로 $r_{uj}$가 관찰된다. 기본 협업 필터링 알고리듬은 가중 평점으로 작업할 수 있는 능력이 있다고 가정한다(6.3절 참조). 각 반복에서 협업 필터링 알고리듬이 특정 항목을 얼마나 잘 예측할 수 있는지에 따라 각 평점의 가중치가 수정된다.

전체 알고리듬은 총 $T$ 반복에 적용된다. $t$번째 반복에서, 평점 행렬의 $(u, j)$번째 엔트리와 연관된 가중치는 $W_t(u, j)$로 표시된다. 알고리듬은 각 항목에 동일한 가중치를 부여해 시작하고 추정 모델을 사용해 모든 평점을 예측한다. 예측된 평점 $\hat{r}_{uj}$가 실제 평점 $r_{uj}$와 적어도 사전 정의된 양 $\delta$만큼 변하면 엔트리 $(u, j) \in S$의 예측은 "잘못된" 것으로 언급된다. 이 정의에 따르면, $t$번째 반복에서의 에러율 $\epsilon_t$는 예측 값이 부정확한 $S$에서의 특정 평점의 비율로 계산된다. 정확하게 예측된 예제의 가중치는 $\epsilon_t$를 곱해 줄어드는 반면, 잘못 예측된 예제의 가중치는 변경되지 않는다. 각 반복에서 가중치는 항상 합계 1로 정규화된다. 따라서 잘못 분류된 항목의 상대 가중치는 다양한 반복에서 증가한다. 추정 모델이 다시 가중된 데이터에 적용된다. 이 방법은 지정되지 않은 항목에 대해 $T$개의 다른 예측을 생성하기 위해 $T$ 반복에 대해 반복된다. 이러한 $T$개의 다른 예측의 가중 평균은 엔트리의 최종 예측으로 사용되며, 여기서 $t$번째 예측의 가중치는 $\log(\frac{1}{\epsilon_t})$이다. [67]의 가중치 업데이트 및 모델 조합 규칙은 분류 및 회귀 모델링에 사용된 규칙과 약간 다르다. 그러나 협업 필터링을 위한 부스팅 방법을 사용하는 것에 대한 [67]의 연구 외에 이 분야에 대한 연구는 거의 없다. [67]에서 제안한 간단한 전략은 실험을 통해 더욱 향상될 수 있다고 생각할 수 있다.

## 6.5.2.1 가중 기본 모델

부스팅 및 배깅 방법에는 가중치가 적용된 기본 모델을 사용해야 한다. 이 절에서는 기존 협업 필터링 모델을 수정해 가중치를 적용할 수 있는 방법을 보여준다.

가중치 $w_{uk}$가 사용자 $u$ 및 항목 $k$에 대한 평점 행렬의 특정 항목과 연관돼 있다고 가정하자. 항목에 가중치를 적용하도록 기존 모델을 수정하는 것은 비교적 간단하다.

1. 이웃 기반 알고리듬: 사용자의 평균 평점은 평균을 중심으로 평점을 매기도록 가중치를 적용해 계산된다. 피어슨과 코사인 측정 모두 가중치를 고려해 수정될 수 있다. 따라서 사용자 $u$와 $v$ 사이의 피어슨 계수를 계산하기 위해 2장의 방정식 2.2를 다음과 같이 수정할 수 있다.

$$\text{Pearson}(u, v) = \frac{\sum_{k \in I_u \cap I_v} \max\{w_{uk}, w_{vk}\} \cdot (r_{uk} - \mu_u) \cdot (r_{vk} - \mu_v)}{\sqrt{\sum_{k \in I_u \cap I_v} w_{uk}(r_{uk} - \mu_u)^2} \cdot \sqrt{\sum_{k \in I_u \cap I_v} w_{vk}(r_{vk} - \mu_v)^2}} \quad (6.6)$$

독자는 표기법에 대한 자세한 내용은 2.3절을 참조해야 한다. 측정 값을 수정하는 다른 방법[4]은 다음과 같다.

$$\text{Pearson}(u, v) = \frac{\sum_{k \in I_u \cap I_v} w_{uk} \cdot w_{vk} \cdot (r_{uk} - \mu_u) \cdot (r_{vk} - \mu_v)}{\sqrt{\sum_{k \in I_u \cap I_v} w_{uk}^2(r_{uk} - \mu_u)^2} \cdot \sqrt{\sum_{k \in I_u \cap I_v} w_{vk}^2(r_{vk} - \mu_v)^2}} \quad (6.7)$$

아이템-항목 유사도 측정의 경우, 조정된 코사인 측정 값은 유사한 방식으로 수정될 수 있다. 이 가중치 유사도 측정은 최근접 이웃을 계산하고 피어 그룹의 평점을 (가중) 평균화하는 데 모두 사용된다.

2. 잠재 요인 모델: 잠재 요인 모델은 지정된 항목의 오차 제곱의 합을 최소화하는 최적화 문제로 정의된다. 이 경우 최적화 문제의 제곱의 가중 합계를 최소화해야 한다. 따라서 3.6.4.2절의 목적함수는 다음과 같이 수정될 수 있다.

$$\text{Min } J = \frac{1}{2} \sum_{(i,j) \in S} w_{ij} e_{ij}^2 + \frac{\lambda}{2} \sum_{i=1}^{m} \sum_{s=1}^{k} u_{is}^2 + \frac{\lambda}{2} \sum_{j=1}^{n} \sum_{s=1}^{k} v_{js}^2 \quad (6.8)$$

여기서, $U = [u_{ij}]$ 및 $V = [v_{ij}]$는 각각 $m \times k$ 및 $n \times k$ 사용자-계수 및 항목-계수 행렬이다. 항목의 오류와 관련된 가중치이다. 경사하강 방법의 해당 변경 사항은 관련 업데이트에 가중치를 부여하는 것이다.

$$u_{iq} \Leftarrow u_{iq} + \alpha(w_{ij} \cdot e_{ij} \cdot v_{jq} - \lambda \cdot u_{iq})$$
$$v_{jq} \Leftarrow v_{jq} + \alpha(w_{ij} \cdot e_{ij} \cdot u_{iq} - \lambda \cdot v_{jq})$$

다른 많은 기본 협업 필터링 알고리듬은 가중치 항목과 함께 작동하도록 수정될 수 있다. 이러한 유형의 가중 기본 알고리듬은 부스팅 및 배깅과 같은 많은 협업 필터링 앙상블에 유용하다.

---

4 [67]의 연구는 유사도를 계산하는 첫 번째 기법만을 제안한다. – 이주희

## 6.6 피처 증강 하이브리드

피처 증강 하이브리드는 분류의 스태킹 앙상블과 여러 가지 직관적인 유사도를 공유한다. 스태킹[634]에서, 첫 번째 레벨 분류 모델은 두 번째 레벨 분류 모델의 기능 세트를 작성하거나 보강하는데 사용된다. 대부분의 경우, 기존 시스템은 앙상블처럼 사용된다. 그러나 어떤 경우에는 수정된 데이터를 처리하기 위해 구성 요소 추천 시스템에 변경이 필요할 수 있으므로 하이브리드 시스템은 실제 시스템의 앙상블이 아니다.

Libra 시스템[448]은 Amazon.com의 추천 시스템과 자체 베이즈 분류 모델을 결합한다. 이 접근법은 아마존이 생성하는 "관련 저자" 및 "관련 제목" 항목을 설명하는 기능으로 사용한다. Amazon은 협업 추천 시스템을 사용해 이러한 추천을 생성한다. 그런 다음 데이터는 콘텐츠 기반 추천 모델과 함께 사용돼 최종 예측을 한다. 기존 콘텐츠 기반 시스템은 원칙적으로 사용될 수 있으므로 이 접근법은 앙상블 시스템으로 볼 수 있다. [448]의 접근 방식은 기본적인 베이즈 텍스트 분류 모델을 선택한다. 실험을 통해 아마존의 협업 시스템에서 생성된 기능의 품질이 우수했으며 더 나은 품질 추천에 크게 기여했다.

협업 시스템을 먼저 사용하는 대신 콘텐츠 기반 시스템을 먼저 사용할 수도 있다. 기본 아이디어는 콘텐츠 기반 시스템을 사용해 평점 행렬의 누락된 항목을 채우면 더 이상 희소하지 않게 하는 것이다. 따라서 누락된 항목은 콘텐츠 기반 시스템에 의해 추정돼 좀 더 조밀한 평점 행렬을 작성한다. 새로 추가된 이 평점을 의사-평점이라 한다. 그런 다음 조밀한 평점 행렬에서 협업 추천 모델이 평가 예측을 작성하는 데 사용된다. 마지막으로, 협업 예측은 가중 방식으로 원래의 콘텐츠 기반 예측과 결합돼 행렬에서 누락된 엔트리의 전체 예측을 산출한다[431]. 첫 번째 단계에서 누락된 평점을 통합하면 유사도 계산 측면에서 두 번째 단계를 좀 더 강력하게 적용할 수 있다. 그러나 유사도 계산은 실제 평점에 비해 의사-평점에 가중치를 덜 부여하기 위해 수정해야 한다. 의사-평점이 추론됐기 때문에 오류가 발생하기 쉽다.

그러한 무게를 어떻게 결정할 수 있는가? 의사-평점의 가중치는 첫 번째 단계의 예측에서 알고리듬의 확실성을 직관적으로 나타낸다. 이는 해당 사용자의 평점 $|I_i|$의 기능이 증가하고 있다. 다양한 평점의 가중치를 부여하기 위해 많은 휴리스틱 함수가 사용되며 자세한 내용은 독자가 [431]을 참조하자. 이 접근 방식은 협업 필터링의 두 번째 단계에 대한 수정이 필요하며 기존 알고리듬은 사용할 수 없다. 이러한 방법은 모놀리틱 시스템으로 볼 수 있다.

피처 보강은 추천 시스템에서 오랜 역사를 가지고 있다. 피처 증강의 가장 초기 예 중 하나는 GroupLens 시스템[526]의 맥락에서 구현됐으며, 여기에서 지식 기반 시스템이 인공 평점 데이터베이스를 작성하는 데 사용됐다. 필터 봇이라고 알려진 에이전트는 맞춤법 오류 수 또는 메시지 크기와 같은 특정 기준을 사용해 인공 사용자 역할을 하면서 항목에 평점을 할당했다. 그 후, 이 평점은 협업 시스템의 맥락에서 추천을 만들기 위해 사용됐다.

## 6.7 메타 레벨 하이브리드

메타 레벨 하이브리드에서는 한 추천 모델이 학습한 모델이 다음 레벨의 입력으로 사용된다. 콘텐츠를 통한 협업의 중요한 예는 파자니Pazzani[475]의 초기 작업이었다. 식당을 예측하는 차별적 특징을 설명하는 콘텐츠 기반 모델[363]이 구성된다. 차별적 특징은 4장의 4.3절에서 논의된 특징 선택 방법 중 하나를 사용해 결정될 수 있다. 각 사용자는 차별적 단어의 벡터 표현에 의해 정의된다. 식당 추천 시스템에 사용할 수 있는 사용자 단어 행렬의 예는 다음과 같다.

| 단어 → | 소고기 | 구이 | 양고기 | 튀김 | 계란 |
|---|---|---|---|---|---|
| 사용자 ↓ | | | | | |
| Sayani | 0 | 3 | 0 | 2.5 | 1.7 |
| John | 2.3 | 1.3 | 0.2 | 1.4 | 2.1 |
| Mary | 0 | 2.8 | 0.9 | 1.1 | 2.6 |
| Peter | 2.4 | 1.7 | 0 | 3.5 | 1.9 |
| Jack | 1.6 | 2.2 | 3.1 | 1.0 | 0 |

위의 표의 가중치는 사용자가 접근한 아이템의 설명을 사용해 획득될 수 있다. 첫 번째 단계에서 콘텐츠 기반 기능 선택이 각 사용자에 대해 차별적인 벡터 공간 표현을 생성하기 때문에 관련 없는 단어는 이미 제거됐다. 또한 표현은 일반적인 평점 행렬보다 훨씬 더 조밀하다. 따라서 이 새로운 표현으로 사용자 간의 유사도를 강력하게 계산할 수 있다. 여기서 주요 아이디어는 콘텐츠 기반 피어 그룹이 대상 사용자의 가장 유사한 사용자를 판별하는 데 사용된다는 것이다. 피어 그룹이 결정되면, 피어 그룹의 평의 가중 평균이 예측된 평점을 결정하는 데 사용된다. 이 방법을 사용하려면 최소한 유사도가 계산되는 방식에 따라 원래의 협업 추천에 대해 일정량의 변경이 필요하다. 피어 그룹 구성은 사용자 단어 행렬(첫 번째 단계에서 생성된 모델)을 사용해야 하지만 최종 추천은 평점 행렬을 사용한다. 이것은 두 단계가 동일한 행렬을 사용하는 협업 시스템과는 다르다. 또한 접근의 첫 번째 단계는 대부분 기능 선택 (전처리) 단계이기 때문에 상용 콘텐츠 기반 모델을 전체적으로 사용할 수 없다. 따라서 대부분의 경우, 이러한 시스템은 기존 방법을 기존 추천으로 사용하지 않기 때문에 진정한 앙상블로 간주될 수 없다.

메타 레벨 시스템의 또 다른 예는 인스턴스 기반 모델을 사용해 콘텐츠 기반 사용자의 프로파일을 학습하는 노동[534]이다. 그런 다음 공동 접근 방식을 사용해 프로파일을 비교한다. 이러한 모델은 사용자를 비교해 예측한다. 이러한 방법 중 다수는 "콘텐츠를 통한 협업" 범주에 속하지만 그것이 그러한 하이브리드를 구성할 수 있는 유일한 방법은 아니다.

# 6.8 피처 결합 하이브리드

피처 결합 하이브리드에서 아이디어는 예측 알고리듬을 적용하기 전에 다양한 소스(예를 들어 콘텐츠 및 협업)로부터의 입력 데이터를 단일화된 표현으로 결합하는 것이다. 대부분의 경우 이 예측 알고리듬은 협업 정보를 추가 기능으로 사용하는 콘텐츠 기반 알고리듬이다. 그러한 접근법의 예는 RIPPER 분류 모델이 증강 데이터 세트에 적용되는 [69]에 제시됐다. [69]에서는 방법론이 순전히 공동 접근 방식에 비해 상당한 개선을 달성했음을 보여줬다. 그러나 이 결과를 얻으려면 콘텐츠 기능을 직접 선택해야 한다. 따라서 이 접근 방식은 데이터 세트 및 기능 표현 선택에 민감할 수 있다. 이 접근 방식은 항목을 평가한 사용자 수에 대한 시스템 감도를 줄인다. 물론 이는 모든 콘텐츠 기반 시스템의 특성으로, 새 항목의 관점에서 콜드 스타트 문제에 강하다.

조합은 다양한 유형의 배경지식을 가지고 다양한 다른 방식으로 수행될 수 있음에 유의한다. 그 예로 각 항목이 항목의 장르를 나타내는 상위 수준 분류법과 연관된 경우를 고려하자. 사용자 및 항목의 표현은 계층 구조의 관련 장르에 의해 확장될 수 있다. 평점 행렬은 아이템이 아닌 장르의 관점에서 구성될 수 있다. 희소 행렬에서 이러한 접근 방식은 열 수를 줄이고 대부분의 항목이 압축된 행렬에 채워질 수 있기 때문에 더욱 효과적인 결과를 제공할 수 있다.

다른 방법은 평점 행렬을 늘리고 항목 외에 키워드에 대한 열을 추가하는 것이다. 따라서 평점 행렬은 $m \times (n + d)$ 행렬이 된다. 여기서 $n$은 항목 수이고 $d$는 키워드 수다. "키워드 항목"의 가중치는 사용자가 접근, 구매 또는 평가한 항목에 대한 설명의 가중치 집계를 기반으로 한다. 이 확장된 행렬에는 전통적인 이웃 또는 행렬 인수분해 방식을 사용할 수 있다. 두 가지 유형의 열의 상대적 가중치는 교차 유효성 검사를 통해 학습할 수 있다(7장 참조). 두 가지 최적화 모델의 이러한 유형의 조합은 하이브리드 설정에서 일반적이며, 목적함수는 파라미터 벡터 $\overline{\theta}$와 관련해 다음과 같이 설정된다.

$$J = 협업\ 목적(\overline{\theta}) + \beta 콘텐츠\ 목적(\overline{\theta}) + 정규화 \tag{6.9}$$

그런 다음 목적함수는 매개변수 벡터 $\overline{\theta}$에 대해 최적화된다. 다음에 설명된 특정 예는 부수적인 정보로 희소 선형 모델(2.6.5절 참조)의 일반화다.

## 6.8.1 회귀 및 행렬 인수분해

$R$을 $m \times n$개의 암시적 피드백 평점 행렬로 하고, $C$를 $d$개의 내용 행렬로 하자. 여기서 각 항목은 음수가 아닌 $d$ 단어의 주파수로 기술된다. 예로는 아이템에 대한 설명이나 아이템에 대한 간단한 리뷰가 있다. $R$은 암시적 피드백 행렬이므로 누락된 항목은 0으로 가정된다. 2.6.5절에서

와 같이, $W$는 평점이 $\hat{R}=RW$로 예측되는 $n \times n$ 아이템-항목 계수 행렬로 하자. 그러나 이 경우 평점을 $\hat{R}=CW$로 예측할 수도 있다. 따라서 $||R-RW||^2$만 최적화하는 대신 추가 콘텐츠 기반 용어 $||R-CW||^2$를 추가한다. 탄력적 그물 정규화, 비-음성/대각 제약과 함께 향상된 최적화 모델은 다음과 같이 설명된다[456].

$$\text{Min } J = ||R - RW|||^2 + \beta \cdot ||R - CW||^2 + \lambda ||W||^2 + \lambda_1 \cdot ||W||_1$$

제한 조건:
$$W \geq 0$$
$$W의 \text{ 대각화} = 0$$

가중치 파라미터 $\beta$는 튜닝 단계에서 결정될 수 있다. 평점을 $\hat{R}=RW$ 또는 $\hat{R}=CW$로 예측할 수 있지만 이전 예측함수만 사용된다. 따라서 $||R-RW||^2$라는 용어는 목적함수를 추가 정규화 도구로 정의하기 위해서만 사용된다. 다시 말해 추가 용어의 목표는 사용자의 (아직 알려지지 않은) 미래 행동을 예측하기 위해 모델의 일반화 능력을 향상시키는 것이다. 이 기본 목적함수의 일부 변형은 [456]에 설명돼 있다.

이 유형의 접근 방식은 다른 유형의 협업 필터링(최적화) 모델을 콘텐츠 기반 방법과 결합하는 데 사용할 수 있다. 행렬 인수분해의 경우, $m \times k$ 사용자 계수 행렬 $U$, $n \times k$ 공유 항목 계수 행렬 $V$ 및 $d \times k$ 콘텐츠 계수 행렬 $Z$를 사용해 다음과 같이 최적화 모델을 설정할 수 있다[557].

$$\text{Min } J = ||R - UV^T|||^2 + \beta \cdot ||C - ZV^T||^2 + \lambda(||U||^2 + ||V||^2 + ||Z||^2)$$

항목 계수 행렬 $V$는 평점 행렬과 콘텐츠 행렬의 인수분해 간에 공유된다. 이러한 공유 행렬 인수분해 모델은 사회적 신뢰 데이터와 같은 다른 유형의 부가 정보를 통합하는 데에도 사용된다 (11.3.8절 참조). 행렬 인수분해 방법과 임의의 모델을 결합하는 것에 관한 개요는 3.7.7절에 제공된다.

## 6.8.2 메타 레벨 피처

여러 유형의 추천 모델들(예: 콘텐츠 및 협업)의 맥락에서 기능 조합을 사용할 필요는 없다. 특정 유형의 추천 기능에서 새로운 메타 기능을 추출한 후 앙상블 모델 내에서 결합할 수 있다. 예를 들어 다양한 사용자 및 아이템에 의해 주어진 평점의 수에 대응하는 평점 행렬로부터 메타-레벨 특징을 추출할 수 있다. 사용자가 많은 영화를 평가하거나 많은 사용자가 영화를 평가하면 다양한 알고리듬의 추천 정확도가 다른 방식으로 영향을 미친다. 다른 추천 시스템은 이러한 특성에 어느 정도 민감하므로 다양한 사용자 및 항목에 대해 더 좋거나 나쁠 것이다. 메타 레벨 피처의 기본 아이디어는 메타 기능을 사용해 모델 조합 프로세스에서 이러한 엔트리별 차이를 설명하는 것이다. 결과적인 메타 기능은 다른 앙상블 알고리듬과 짝을 이루어 앙상블 디자인을 만들 수 있다. 이 디자인은 다양한 하이브리드 유형의 특성을 통합하지만 Burke의 7가지 독창적인 카테고리에는 해당되지 않는다[117]. 그러나 메타 기능을 평점과 결합한다는 점에서 기능 조합 하이브리드와 가장 밀접하게 관련돼 있다.

메타 기능 접근법은 강력한 앙상블 디자인을 위한 잠재적으로 강력한 방법으로 입증됐다. 실제로 Bellkor의 Pragmatic Chaos[311]와 The Ensemble[704]에 해당하는 넷플릭스 프라이즈 콘텐츠의 우승작은 모두 이러한 접근 방식을 사용했다. 협업 필터링 알고리듬에서 이러한 메타 레벨 피처의 사용에 대해 설명한다. 특히 우리는 그러한 메타-레벨 특징들을 6.3절에서 논의된 스태킹 방법들과 결합하는 특징 가중 선형 스태킹[554]의 방법론을 논의할 것이다. 이 접근법은 The Ensemble[704]에서 사용된 블렌딩 기법을 기반으로 한다. 넷플릭스 프라이즈 데이터 세트의 스태킹 프로세스를 위해 [554]에 사용된 메타 기능의 하위 세트가 설명을 위해 표 6.1에 제공된다. 왼쪽 열의 식별자는 원본 용지에 사용된 식별자에 해당한다[554]. 일반적으로 다른 평점 데이터 세트에 대한 유사한 기능을 추출할 수 있기 때문에 이러한 기능은 특히 유용하다. 표 6.1의 각 기능은 평점 행렬의 항목에 따라 다르다.

총 $l$(숫자) 메타 기능이 추출됐고 값이 사용자-항목 쌍 $(u, t)$에 대해 $z_1^{ut} \ldots z_l^{ut}$라고 가정한다. 따라서 메타 기능은 평점 행렬의 각 항목 $(u, t)$에 따라 다르지만 일부 기능은 $u$의 값 또는 $t$의 값에 대해 동일한 값을 가질 수 있다. 예를 들어 표 6.1의 기능 3은 사용자 $u$에 따라 다르지 않지만 항목 $t$에 따라 다르다.

총 $q$ 기본 추천이 있고 $q$ 추천 방법과 관련된 가중치가 $w_1 \ldots w_q$로 표시돼 있다고 가정해보자. 그런 다음 평점 행렬의 주어진 항목 $(u, t)$에 대해 $q$ 성분의 예측이 $\hat{r}_{ut}^1 \ldots \hat{r}_{ut}^q$이면 전체 앙상블의

**표 6.1** 넷플릭스 프라이즈 데이터 세트의 앙상블 조합을 위해 [554]에서 사용된 메타 기능의 하위 집합

| 아이디 | 기술 |
| --- | --- |
| 1 | 상수 값 1(이 기능만 사용하는 것은 6.3절의 전역 선형 회귀 모델을 사용하는 것과 같다) |
| 2 | 사용자가 특정 날짜에 3편 이상의 영화를 평가했는지 여부를 나타내는 이진 변수 |
| 3 | 영화가 평가된 횟수 로그 |
| 4 | 사용자가 영화를 평가한 고유 날짜 수에 대한 로그 |
| 5 | 사용자의 베이지안 추정 평균을 뺀 후 영화의 평균 평점에 대한 베이지안 추정치 |
| 6 | 사용자 평가 수의 로그 |
| 16 | 사용자 평가의 표준편차 |
| 17 | 영화 평점의 표준편차 |
| 18 | (평가일 − 최초 사용자 평가일 + 1)의 로그 |
| 19 | +1 날짜의 사용자 평가 횟수 로그 |

예측은 다음과 같이 주어진다.

$$\hat{r}_{ut} = \sum_{i=1}^{q} w_i \hat{r}_{ut}^i \tag{6.10}$$

우리는 앙상블의 추정된 예측 $\hat{r}_{ut}$가 관찰된 평점과 관찰된 $r_{ut}$가 최대한 일치하기를 바란다. 6.3 절의 접근법은 선형 회귀 모델을 사용해 $q$ 모델을 학습하는 과정에서 미리 정의된 항목의 일부를 유지한 다음 보류 항목을 다음과 같이 사용해 $q$ 모델을 학습하는 과정에서 항목의 미리 정의된 부분을 유지해 가중치 $w_1 \ldots w_q$를 학습한다. 이러한 접근 방식은 순수한 스태킹이며 가중 하이브리드로 간주될 수 있다. 그러나 메타 기능을 사용해 더 향상시킬 수 있다. 주요 아이디어는 선형 회귀 가중치 $w_1 \ldots w_q$가 평점 행렬의 각 항목에 고유하며 그 자체로 메타 기능의 선형함수라는 것이다. 즉, 가중치는 평점 행렬의 각 항목 $(u, t)$에 특정한다는 사실을 설명하기 위해 이제 $(u, t)$로 위첨자를 작성해야 한다.

$$\hat{r}_{ut} = \sum_{i=1}^{q} w_i^{ut} \hat{r}_{ut}^i \tag{6.11}$$

조합의 특성이 평점 행렬의 각 항목에 국한되고 전체 행렬에 대해 맹목적으로 전역적이지 않기 때문에 이 모델은 좀 더 정제된 모델이다. 문제는 다른 매개변수의 수 $m \times n \times q$가 너무 커져서 강력하게 학습할 수 없다는 것이다. 실제로 매개변수(가중치)의 수는 관측된 평점의 수보다 기때문에 과적합이 발생한다. 따라서 가중치는 이러한 메타 기능이 개별 사용자 항목 조합에 대한 다양한 모델의 상대적 중요성을 조절한다는 가정하에 메타 기능의 선형 조합으로 가정한다. 따라서 $i$번째 모델에 대한 $j$번째 메타-기능의 중요성을 조절하는 파라미터 $v_{ij}$를 소개한다. 항목 $(u, t)$에 대한 가중치는 이제 항목 $(u, t)$의 메타 특성 값의 선형 조합으로 다음과 같이 표현될 수 있다.

$$w_i^{ut} = \sum_{j=1}^{l} v_{ij} z_j^{ut} \tag{6.12}$$

이제 회귀 모델링 문제를 더 적은 수의 매개변수 $v_{ij}$로 표현할 수 있다. 여기서 $v_{ij}$는 $i$번째 앙상블 모델의 상대적 중요성에 대한 $j$번째 메타 기능의 영향을 조절한다. 방정식 6.11의 방정식 6.12에서 $w_i^{ut}$의 값을 대체해 다음과 같이 앙상블 평점과 구성 요소 평점 간의 관계를 얻는다.

$$\hat{r}_{ut} = \sum_{i=1}^{q} \sum_{j=1}^{l} v_{ij} z_j^{ut} \hat{r}_{ut}^i \tag{6.13}$$

이것은 변수 $v_{ij}$에 대응하는 $q \times l$ 계수의 선형 회귀 문제임에 유의하자. 표준 최소 제곱 회귀 모델을 사용해 보류 평점[5]에서 $v_{ij}$ 값을 학습할 수 있다. 이 회귀의 독립변수는 수량 $z_j^{ut} \hat{r}_{ut}^i$에 의해 제공된다. 정규화를 사용해 과적합을 줄일 수 있다. 선형 회귀를 사용해 가중치를 학습한 후 개별 구성 요소 모델은 보류 항목 없이 전체 훈련 세트에서 재학습된다. 보류 항목을 사용해 학습한 가중치는 이러한 $q$ 모델과 함께 사용된다.

## 6.9 혼합 하이브리드

혼합 추천 시스템의 주요 특징은 예측된 점수를 결합하는 것이 아니라 다른 구성 요소의 점수를 표시하는 방식으로 결합한다는 것이다. 많은 경우에 추천은 나란히 제시된다[121, 623]. 따라서 이러한 시스템의 주요 특징은 예측 점수의 조합보다 프레젠테이션의 조합이다.

다른 하이브리드 시스템의 대부분은 다양한 시스템에서 추출한 통합 평점을 만드는 데 중점을 둔다. 혼합 시스템을 사용해 개인화된 텔레비전 목록이 생성되는 고전적인 예가 [559]에 설명돼 있다. 일반적으로 복합 프로그램이 사용자에게 제공된다. 이 복합 프로그램은 다른 시스템에서 추천하는 항목을 결합해 생성된다. 이러한 복합 프로그램은 혼합 시스템의 적용 가능성이 이러한 시나리오를 뛰어넘지만 혼합 시스템 사용에서 일반적이다. 이러한 대부분의 경우 기본 아이디어는 추천이 많은 구성 요소를 포함하는 비교적 복잡한 항목에 대해 설계됐으며 개별 항목을 추천하는 것은 의미가 없다는 것이다. 새로운 상품 시작 문제는 종종 혼합 추천 시스템으로 완화된다. 텔레비전 프로그램에는 많은 슬롯이 있기 때문에 콘텐츠 기반 또는 협업 추천 모델이 다른 슬롯을 채우는 데 성공할 수 있다. 경우에 따라 슬롯에 대한 충분한 수의 추천은 특히 사용 가능한 데이터가 부족한 경우 처음에 여러 유형의 여러 추천을 통해서만 달성할 수 있다. 그러나 사용 가능한 슬롯보다 더 많은 선택이 가능한 경우에는 충돌 해결이 필요할 수 있다.

혼합 하이브리드의 다른 예는 관광 영역에서 제안됐다[660, 661]. 이 경우 묶음 추천이 작성되며 각 묶음에는 여러 카테고리의 항목이 포함된다. 예를 들어 관광 추천 시스템에서 다른 카테고리는 숙박 시설, 레저 활동, 항공권 등에 해당할 수 있다. 관광객은 일반적으로 여행을 만들기 위해 다양한 카테고리에서 이러한 아이템 묶음을 구매한다. 각 카테고리마다 다른 추천 시스템이 사용된다. 여기에서 기본 아이디어는 최상의 숙박 시설을 얻는 데 가장 적합한 추천 시스템이 관광 활동을 추천하는 데 가장 적합한 추천 시스템이 아닐 수 있다는 것이다. 따라서 각각의 다른 양상들은 다른 추천 시스템이 사용되는 다른 카테고리로 취급된다. 또한 여러 범주의 항목이 서로 일치하지 않는 묶음을 추천하는 것이 중요하다. 관광객에게 숙소에서 매우 멀리 떨

---

5 넷플릭스 프라이즈 콘테스트의 맥락에서 이것은 탐지 세트라고 하는 데이터 세트의 특별한 부분에서 취득됐다. 탐지 세트는 구성 요소 앙상블 모델을 구축하는 데 사용되지 않았다. – 옮긴이

어진 여가 활동을 추천하는 경우 전체 추천 묶음은 관광객에게 그다지 편리하지 않다. 따라서 묶음 프로세스를 위해 일련의 도메인 제약 조건을 포함하는 지식 기반이 통합된다. 제약 조건은 제품 도메인의 불일치를 해결하기 위해 지정된다. 제약 조건 만족 문제는 상호 일관성 있는 묶음을 결정하는 데 사용된다. 접근 방식에 대한 자세한 내용은 [660, 661]에서 설명한다.

많은 혼합 하이브리드는 종종 구성 요소 중 하나로 지식 기반 추천 시스템과 함께 사용되는 경우가 많다는 점은 주목할 만하다[121, 660]. 이는 우연의 일치가 아니다. 혼합 하이브리드는 일반적으로 지식 기반 추천 시스템과 같은 여러 구성 요소가 있는 복잡한 제품 도메인을 위해 설계됐다.

## 6.10 요약

하이브리드 추천 시스템은 여러 데이터 소스의 기능을 활용하거나 특정 데이터 양식 내에서 기존 추천 시스템의 성능을 향상시키는 데 사용된다. 하이브리드 추천 시스템의 구축의 중요한 동기는 협업, 콘텐츠 기반 및 지식 기반 방법과 같은 다양한 유형의 추천 시스템이 다른 강점과 약점을 갖는다는 것이다. 일부 추천 시스템은 콜드 스타트에서 더 효과적으로 작동하는 반면, 다른 추천 시스템은 충분한 데이터를 사용할 수 있을 때 더 효과적으로 작동한다. 하이브리드 추천 시스템은 이러한 시스템의 보완적인 장점을 활용해 전체적으로 더 강력한 시스템을 만들려고 한다.

앙상블 방법은 다른 구성 요소가 동일한 평점 행렬을 사용하는 협업 필터링 방법의 정확성을 향상시키는 데에도 사용된다. 이 경우 개별 모델은 서로 다른 데이터 소스가 아닌 동일한 기본 데이터를 사용한다. 이러한 방법은 분류 영역에서 앙상블 분석에 대한 기존 아이디어에 훨씬 더 가깝다. 기본 아이디어는 다양한 모델을 사용해 다양성을 통합하고 모델 바이어스를 줄이는 것이다. 분류의 바이어스-분산 거래에 관한 기존의 이론적 결과 중 상당수는 협업 필터링 응용에도 적용할 수 있다. 따라서 배깅 및 부스팅과 같은 많은 기술을 비교적 작은 수정으로 적용할 수 있다.

하이브리드 시스템은 모놀리틱 시스템, 앙상블 시스템 또는 혼합 시스템으로 설계됐다. 앙상블 시스템은 일반적으로 추천 모델의 순차적 또는 병렬 배열을 사용해 설계된다. 모놀리틱 설계에서는 기존 추천 모델을 수정하거나 여러 데이터 양식의 기능을 결합해 완전히 새로운 추천 모델을 생성한다. 혼합 시스템에서는 여러 엔진의 추천이 동시에 제시된다. 많은 경우에, 다양한 추천 모델의 예측을 엔트리-특정 방식으로 결합하기 위해 특정 데이터 양식으로부터 메타-특징을 추출할 수도 있다. 하이브리드 및 앙상블 시스템의 강점은 다양한 시스템에서 보완적 강점을 활용할 수 있는 능력에서 비롯된다. 넷플릭스 경연 대회에서 상위 작품은 모두 앙상블 시스템이었다.

# 6.11 참고문헌

하이브리드 시스템은 추천 시스템의 개발에서 오랜 역사를 가지고 있지만 Burke의 조사[117]까지 이러한 방법의 공식적인 분류는 수행되지 않았다. 웹의 특정 맥락에서 하이브리드 추천 시스템에 대한 논의는 [118]에 제공된다. 벌크는 원래 추천 시스템을 7가지 범주로 분류했다. 이후 Jannach 외[275]는 이러한 하위 수준 범주를 파이프 라인 및 병렬 시스템으로 상위 수준으로 분류했다. 이 책의 계층적 분류법은 [275]와 [117]의 작업을 대략적으로 따르지만 부스팅과 같은 몇 가지 중요한 방법을 포함하도록 여러 수정을 가한다. 넷플릭스 프라이즈를 수상한 시스템과 같은 많은 앙상블 시스템이 여러 유형의 하이브리드 아이디어를 사용하기 때문에 이 분류 체계는 철저하지는 않다. 그럼에도 벌크의 원래 분류는 대부분의 중요한 구성 요소를 다루기 때문에 매우 유익하다. 최근 넷플릭스 경연 대회 우승작이 모두 앙상블 시스템이 된 후 앙상블 방법에 많은 관심이 모아졌다[311, 704].

앙상블 방법은 분류 문헌에서 광범위하게 사용됐다. 분류 문제와 관련해 바이어스-분산 거래에 대한 자세한 논의는 [22]에서 제공된다. 분류를 위한 배깅 및 서브 샘플링 방법은 [111 - 113]에 설명돼 있다. 최근 연구[67]는 배깅 및 에이다부스트<sup>AdaBoost.RT</sup>와 같은 방법을 조정해 분류 문헌의 앙상블 방법을 추천 시스템에 활용하는 방법을 보여준다. 일부 앙상블 시스템은 이러한 동기로 개발되지만 다른 시스템은 서로 다른 데이터 유형의 힘을 결합한다. 가중 모델은 가장 인기 있는 모델 클래스 중 하나이다. 일부 모델은 동종 데이터 유형을 기반으로 하는 모델을 결합한다. 동종 가중 앙상블을 구성하는 방법은 [67, 266]에 설명돼 있다. 넷플릭스 경연 대회 수상자[311, 704]는 가중 앙상블 시스템을 사용했지만, 조합에는 추가 메타 기능이 사용되기 때문에 기능 조합 방식의 일부 속성이 적용된다. [180]의 작업은 다른 파라미터 설정과 함께 최대 마진 행렬 인수분해 방법의 앙상블을 사용한다. 사용자 기반 및 아이템 기반 이웃 알고리듬은 [338]에 결합돼 있다. 가중 모델에 대한 다른 최근 연구에서는 다양한 데이터 유형을 기반으로 구축된 시스템을 결합하는 방법을 보여준다. [659]의 작업은 협업 및 지식 기반 추천 모델을 결합한 반면, [162]의 작업은 콘텐츠 기반 및 공동 추천 모델을 결합한다.

성능 기반 스위칭 하이브리드는 [601]에서 논의된다. 스위칭 메커니즘에 대한 흥미로운 머신 러닝 접근법은 [610]에서 논의된다. 콜드 스타트 문제를 처리하기 위한 다른 스위칭 메커니즘은 [85]에 설명돼 있다. 스위칭 하이브리드를 생성하기 위한 지식 기반 및 협업 시스템의 다른 조합은 [659]에서 논의된다.

캐스케이드 시스템은 추천을 만들기 위해 평점의 순차적 처리를 사용한다. 이러한 시스템은 개선법을 사용하거나 부스팅 방법을 사용할 수 있다. 앙트레 씨 추천 시스템(EntreeC 추천 시스템)[117]은 개선 방법을 사용하는 캐스케이드 시스템의 가장 잘 알려진 예다. 부스팅을 사용하는 캐스케이드 시스템은 [67]에서 설명한다. 후자의 방법은 하이브리드 추천 시스템을 생성하기 위해 에이다부스트 알고리듬의 가중치 버전을 사용한다.

피처 증강 하이브리드는 한 유형의 추천 모델을 사용해 다른 유형의 기능을 보강한다. Libra 시스템[448]은 아마존의 추천 시스템과 자체 베이즈 분류 모델을 결합한다. 아마존 시스템의 출력은 콘텐츠 기반 추천 모델을 작성하는 데 사용된다. [431]의 방법은 콘텐츠 기반 시스템을 사용해 평점 행렬의 누락된 항목을 추정하고 협업 시스템의 맥락에서 추정된 값을 사용한다. 그 룹렌즈 시스템[526]에서 인공 지능 평점 데이터베이스를 작성하기 위해 지식 기반 시스템이 사용됐다. 이 평점은 협업 시스템의 맥락에서 추천을 만들기 위해 사용됐다. [600]의 연구는 피처 증강 하이브리드를 사용해 연구 논문을 추천하는 방법을 보여준다.

최근에는 평점 행렬 및 콘텐츠 행렬에서 통합된 피처 공간 또는 통합된 표현을 생성하기 위해 많은 기술이 사용됐다. 이 단일화된 표현 또는 특징 공간은 머신러닝 도구를 적용할 수 있는 기초를 형성한다. 이 라인을 따라 가장 초기의 작업 중 하나는 평점 및 콘텐츠 정보로부터 공동 피처 맵[68]을 구성한 다음 예측을 수행하기 위해 머신러닝 모델을 사용한다. 이 목표를 달성하기 위해 텐서 기반 접근 방식이 사용된다. [557]에서도 유사한 접근법이 사용되는데, 이는 사용자 항목 구매 프로파일 행렬과 아이템 특징 콘텐츠 행렬을 공통 잠재 공간으로 공동으로 분해한다. 이 잠재 표현은 학습에 사용된다. [411]의 작품은 리뷰 텍스트가 평가와 결합된 잠재 요인 모델을 사용한다. 평점 예측을 위해 회귀 기반 잠재 요인 모델이 [14]에 제안돼 있으며, 요인 추정을 위해 지속적인 특징을 사용한다. 사용자 및 항목 잠재 요인은 사용자 및 항목 기능에 대한 독립적 회귀를 통해 추정된다. 그런 다음, 곱셈 함수가 사용자 및 항목 요소에 예측에 사용된다. 희소 회귀 모델도 [456]의 융합 예측에 사용됐다. 마지막으로, 그래프 기반 모델이 단일화된 표현을 생성하는 데 사용됐다. [238]의 작업은 사용자 작업과 사용자 항목 프로파일 정보 및 부가 정보와 같은 다양한 기능 간의 상호작용 가중치를 배제한다. 통합된 Boltzmann 기계는 예측을 수행하는 데 사용된다. 단일화된 그래프 기반 표현이 [129]에서 제안됐다. 항목 노드, 사용자 노드 및 항목 기능 노드를 포함하는 베이지안 네트워크가 작성된다. 이 베이지안 네트워크는 결합된 콘텐츠 기반 및 협업 추천을 수행하는 데 사용된다.

메타 레벨 하이브리드에서는 한 추천 모델이 학습한 모델이 다음 레벨의 입력으로 사용된다. 파자니<sup>Pazzani</sup>[475]의 초기 작업에서 식당을 예측하는 차별적 특징을 설명하는 콘텐츠 기반 모델 [363]이 구성됐다. 각 사용자는 구별 단어의 벡터 표현으로 정의된다. 콘텐츠 기반 모델은 피어 그룹을 판별하는데 사용되며 권장 그룹으로 사용된다. 콘텐츠 기반 및 협업 시스템의 메타 레벨 조합은 [475, 534]에 설명돼 있다. 2단계 베이지안 메타-레벨 하이브리드는 [166]에서 논의된다. 협업 및 콘텐츠 기반 시스템을 결합하는 다양한 유형의 계층적 베이즈 모델이 [652]에 제시됐다. 메타 기능을 갖춘 추천 시스템을 스태킹하는 방법은 [65, 66, 311, 554]에 설명돼 있다. 스트림<sup>Stream</sup> 시스템[65, 66]은 메타 레벨 피처를 활용하는 가장 초기 시스템 중 하나였다.

다수의 혼합 추천 시스템이 [121, 559, 623, 660, 661]에 제안됐다. 텔레비전 프로그램을 만들기 위한 혼합 추천 시스템은 [559]에서 논의되고 관광 묶음을 제공하기 위한 시스템은 [660]에서 논의된다. 많은 혼합 추천 시스템이 지식 기반 추천 시스템과 같은 복잡한 제품 영역에서 사용된다는 점은 주목할 만하다[121, 660].

## 6.12 연습 문제

1. 잠재 요인 모형의 순위가 추천 시스템에서 바이어스-분산 거래에 어떤 영향을 주는가? 잠복 앙상블의 기본 모델로 잠재 요인 모델을 사용해야 한다면 높은 순위 또는 낮은 순위의 모델을 선택하겠는가?

2. 잠재 요인 모델과 함께 부스팅을 사용해야 하는 경우 연습 문제 1에 대한 답변이 변경되는가?

3. 가중 잠재 요인 모델을 기본 모델로 사용해 엔트리 방식의 배깅 모델을 구현하라.

4. 사용자 항목 행렬이 워드 주파수를 행렬의 추가 행으로 포함하는 협업 시스템을 작성했다고 가정하자. 각 추가 행은 단어이며 단어-항목 조합의 값은 빈도이다. 이 증강 표현에는 아이템 기반 이웃 모델이 사용된다. 어떤 종류의 하이브리드가 고려되는가? 추천 모델 시스템의 정확성과 다양성에 대한 이러한 모델 사용의 영향에 대해 논의하라.

5. 단일 가중치 매개변수를 사용해 연습 문제 4에서 협업 및 콘텐츠 기반 부분의 상대 강도를 제어하는 방법을 논의하라. 데이터 기반 방식으로 가중치 매개변수의 최적 값을 어떻게 결정하겠는가?

# 7

# 추천 시스템 평가

"진정한 천재성은 불확실하고 위험하며 상충되는 정보를 평가할 수 있는 능력에 있다."

— 윈스턴 처칠

## 7.1 개요

협업 필터링 평가는 분류와 유사점이 많다. 이러한 유사도는 협업 필터링이 분류 및 회귀 모델 링 문제를 일반화한 것으로 볼 수 있기 때문이다(1.3.1.3절 참조). 그럼에도 협업 필터링 애플리케 이션의 평가 프로세스에는 고유한 측면이 많다. 콘텐츠 기반 방법은 텍스트 분류 방법을 사용하 는 경우가 많기 때문에 콘텐츠 기반 방법의 평가는 분류 및 회귀 모델링의 평가와 더욱 유사하 다. 7장에서는 다양한 추천 알고리듬을 평가하기 위한 다양한 메커니즘을 소개하고 이러한 기 법들을 분류 및 회귀 모델링에 사용되는 유사한 방법과 연관시킬 것이다.

다양한 추천 알고리듬의 효과를 이해하기 위해서는 평가 시스템을 적절하게 설계하는 것이 중요하다. 7장의 뒷부분에서 볼 수 있듯이 추천 시스템의 평가는 다방면으로 이루어지며 단일 기준으로 설계자의 많은 목표를 담아낼 수 없다. 실험 평가를 잘못 설계하면 특정 알고리듬이나 모델의 실제 정확도를 크게 과소평가하거나 과대평가할 수 있다.

추천 시스템은 온라인 방법이나 오프라인 방법을 사용해 평가할 수 있다. 온라인 시스템에서 사용자 반응은 제시된 추천 결과와 관련해 측정한다. 따라서 온라인 시스템에서는 사용자 참여가 필수적이다. 이를테면 뉴스 추천 시스템의 온라인 평가에서 추천된 기사를 클릭하는 사용자의 전환율을 측정할 수 있다. 이러한 테스트 방법을 A/B 테스트라고 하며 최종 사용자에 대한 추천 시스템의 직접적인 영향을 측정한다. 결국 가장 중요한 것은 수익성 있는 아이템의 전환율을 높이는 것이 추천 시스템의 가장 중요한 목표이기 때문에 시스템의 효과를 실제로 측정할 수 있다. 그러나 온라인 평가는 적극적인 사용자 참여가 필요하기 때문에 벤치마킹 및 연구에 사용할 수 없는 경우가 많다. 대규모 사용자 참여 시스템에서 사용자 전환 데이터[1]에 액세스하는 데는 중요한 문제가 있는 경우가 많다. 사용자 전환 데이터에 액세스 권한이 확보된 경우에도 대개 단일 대규모 시스템에만 적용된다. 반면 다른 유형의 데이터 세트를 사용하고 여러 도메인에서 데이터 세트를 사용하기 원하는 경우가 많다. 여러 데이터 집합에 대한 테스트는 추천 시스템의 일반화 능력을 높이는 데 특히 중요하므로 알고리듬이 다양한 설정에서 작동한다는 것을 확신할 수 있다. 이러한 경우, 과거 이력 데이터 세트를 사용한 오프라인 평가를 사용한다. 오프라인 방법은 연구 및 실제 컨텍스트에서 추천 시스템을 평가하는 가장 일반적인 방법이다. 따라서 7장은 온라인 방법에 대한 일부 설명도 포함돼 있지만 대부분은 오프라인 방법에 중점을 둔다.

오프라인 방법으로 작업할 때 정확도 측정은 종종 추천 시스템의 실제 전환율을 불완전하게 나타낼 수 있다. 또한 몇 가지 보조 측정 지표도 사용할 수 있다. 따라서 측정된 지표가 사용자 관점에서 시스템의 효과를 실제로 반영할 수 있도록 평가 시스템을 신중하게 설계하는 것이 중요하다. 특히 추천 시스템의 평가 방법을 설계하는 관점에서 다음과 같은 사항이 중요하다.

1. **평가 목표**: 추천 시스템을 평가하는 데 정확도 메트릭accuracy metrics을 사용하는 것이 바람직하지만 이러한 접근 방식은 종종 사용자가 추천 시스템을 이용할 때 시스템이 부정확하다고 느낄 수 있다. 정확도 메트릭은 평가의 가장 중요한 구성 요소이지만 참신함, 신뢰도, 커버리지 및 의외성과 같은 많은 보조 목표는 사용자가 추천 시스템을 이용할 때 중요하다. 이는 이러한 측정 항목이 전환율에 중요한 단기 및 장기적인 영향을 미치기 때문이다. 그럼에도 이러한 요소 중 일부의 측정 지표를 실제로 정량화하는 것은 매우 주관적이며 수치 측정을 제공하기 위한 확실한 측정 지표가 없는 경우가 많다.

2. **실험 설계 문제**: 정확도를 측정 기준으로 사용할 때에도 정확도를 과대평가하거나 과소평가하지 않도록 실험을 설계하는 것이 중요하다. 그 예로 모델 제작과 정확도 평가에 동일한 평점 데이터를 사용하는 경우 정확도는 크게 과대평가된다. 이런 컨텍스트에서 신중한 실험 설계가 중요하다.

---

1 사용자 전환 데이터는 몇 명의 사용자가 상품을 조회하고 그중에 몇 명이 구매했는지 알 수 있는 데이터를 의미한다. – 옮긴이

3. **정확도 측정 항목**: 다른 보조 측정 지표의 중요성에도 정확도 측정 항목은 평가에서 가장 중요한 단일 구성 요소로 계속 사용한다. 추천 시스템은 평가의 예측 정확도 또는 아이템의 순위 정확도 측면에서 평가할 수 있다. 따라서 평균 절대 오류 및 평균 제곱 오류와 같은 여러 공통 측정 항목을 자주 사용한다. 순위 평가는 유용성 기반 계산, 순위 상관계수 및 수신자 조작 특성 곡선ROC curve과 같은 다양한 방법을 사용할 수 있다.

7장에서는 우선 가장 기본적인 정확성 기준을 넘어 추천 시스템을 평가하는 일반적인 목표에 대해 논의한다. 이러한 목표의 예로는 다양성과 참신성이 있다. 이러한 목표를 정량화할 때 가장 큰 어려움은 사용자 경험에 근거한 주관적인 목표인 경우가 많다는 것이다. 정량화 관점에서 보면 정확도는 측정하기가 상대적으로 쉬운 구체적인 목표이므로 벤치마킹 및 테스트에 더 자주 사용한다. 다양성과 참신성과 같은 보조 측정 항목을 평가하기 위한 몇 가지 정량화 방법이 있다. 7장의 대부분은 정확성 측정 기준에 초점을 맞추지만 보조 목표에 대한 다양한 정량화 방법도 설명한다.

7장은 다음과 같이 구성돼 있다. 여러 유형의 평가 시스템에 대한 개요가 7.2절에 나와 있다. 7.3절은 추천 시스템을 평가하는 일반적인 목표를 설명한다. 정확도 시험 방법의 적절한 설계는 7.4절에서 논의한다. 추천 시스템에 대한 정확도 측정은 7.5절에서 설명한다. 평가 측정의 한계에 대해서는 7.6에서 논의한다. 요약은 7.7절에 있다.

## 7.2 평가 패러다임

추천 시스템에는 사용자 연구, 온라인 평가 및 과거 데이터 세트를 사용한 오프라인 평가에 해당하는 세 가지 주요 유형 평가가 있다. 처음 두 가지 유형은 약간 다른 방식으로 수행되지만 사용자와 관련 있다. 처음 두 환경은 연구를 위해 사용자를 모집하는 방법이 다르다. 온라인 평가는 추천 알고리듬의 진정한 효과에 대한 유용한 통찰력을 제공하지만 배포 과정에서 종종 중요한 실질적인 장애가 있다. 다음은 이러한 다양한 유형의 평가에 관한 개요를 제공한다.

### 7.2.1 사용자 연구

사용자 연구에서 시험 대상을 적극적으로 모집하고 특정 작업을 수행하기 위해 추천 시스템과 상호작용하도록 요청한다. 상호작용 전후에 사용자로부터 피드백을 수집할 수 있으며 시스템은 추천 시스템과의 상호작용에 대한 정보도 수집한다. 이러한 데이터는 사용자의 "좋아요" 또는 "싫어요"를 추론하는 데 사용한다. 예를 들어 사용자는 제품 사이트의 추천 결과와 상호작용하고 추천 결과의 품질에 대한 의견을 제시할 수 있다. 그런 접근법은 기본 알고리듬의 유효성을 판단하는 데 사용할 수 있다. 또는 사용자에게 몇 곡의 노래를 듣고 평점을 매긴 것에 대한 피드백을 제공하도록 요청할 수 있다.

사용자 연구의 중요한 장점은 사용자가 시스템과의 상호작용에 대한 정보 수집을 허용한다는 것이다. 특정 알고리듬이나 사용자 인터페이스 변경과 같은 상호작용에 대한 추천 시스템을 변경하는 효과에 대해 다양한 시나리오로 테스트할 수 있다. 다른 한편, 사용자가 추천 시스템이 테스트 중인 것을 의식하면 사용자의 선택과 행동에 바이어스를 줄 수 있다. 또한 평가를 위해 많은 수의 사용자를 모집하는 것은 어렵고 비용이 많이 든다. 대부분의 경우 사용자 모집 절차는 그 자체에 바이어스 중심으로 필터되기 때문에 모집된 사용자는 일반인을 대표하지 않는다. 이 필터는 완전히 통제할 수 없다. 모든 사용자가 그러한 연구에 기꺼이 참여할 수 있는 것은 아니며 동의하는 사람들은 나머지 사람들에 대한 대표성이 없을 수도 있다. 예를 들어 노래에 평점을 입력하는 경우, (자발적) 참여자는 음악 애호가일 가능성이 높다. 또한 사용자가 특정 연구에 대한 모집을 적극적으로 인지하고 있다는 사실이 응답에 영향을 줄 수 있다. 따라서 사용자 평가의 결과를 완전히 신뢰할 수는 없다.

## 7.2.2 온라인 평가

또한 온라인 평가는 사용자가 완전 배포 또는 상용화된 시스템의 실제 사용자인 경우를 제외하고는 사용자 연구를 활용한다. 이러한 접근 방식은 종종 사용자가 자연스러운 업무 과정에서 시스템을 직접 사용하기 때문에 모집 절차의 바이어스에 덜 취약하다. 이러한 시스템은 다양한 알고리듬의 비교 성능을 평가하는 데 사용하는 경우가 많다[305]. 일반적으로 사용자를 무작위로 샘플링 할 수 있으며 다양한 알고리듬을 각 사용자 샘플과 함께 테스트할 수 있다. 사용자에 대한 추천 시스템의 효율성을 측정하기 위해 사용하는 대표적인 측정 항목은 전환율이다. 전환율은 사용자가 추천 아이템을 선택하는 빈도를 측정한다. 예를 들어 뉴스 추천 시스템에서 사용자가 추천된 기사를 선택하는 횟수를 계산할 수 있다. 원하는 경우 예상 비용이나 이익을 항목에 추가해 측정 항목의 중요성에 민감하게 반영되도록 만들 수 있다. 이러한 방법을 A/B 테스트라고도 하며 최종 사용자에 대한 추천 시스템의 직접적인 영향을 측정한다. 이 방법의 기본 아이디어는 다음과 같이 두 개의 알고리듬을 비교하는 것이다.

1. 사용자를 그룹 A와 그룹 B로 나눈다.
2. 두 그룹에 걸쳐 가능한 비슷하게 다른 모든 조건(예: 사용자 선택 프로세스)을 유지하면서 A 그룹에 대해 하나의 알고리듬을 사용하고 B 그룹에 다른 알고리듬을 사용한다.
3. 과정이 끝나면 두 그룹의 전환율(또는 다른 측정 항목)을 비교한다.

이 접근법은 의학에서 임상 실험에 사용하는 것과 매우 유사하다. 이러한 접근 방식은 이익과 같은 목표 측면에서 시스템의 장기적인 성능을 직접 테스트하는 데 가장 정확한 방법이다. 이러한 방법은 이전 절에서 논의한 사용자 연구에 활용할 수 있다.

사용자와 추천 시스템 간의 각 상호작용의 결과를 개별적으로 측정할 수 있는 경우 사용자를 그룹으로 엄격하게 구분할 필요가 없다. 이러한 경우, 동일한 사용자는 알고리듬 중 하나를 랜덤하게 볼 수 있으며, 특정 상호작용으로부터 얻는 결과를 측정할 수 있다. 또한 추천 시스템을 평가하는 이러한 방법은 보다 효과적인 추천 알고리듬을 개발할 때에도 일반적으로 사용하게 됐다. 이런 알고리듬을 멀티암 밴딧 알고리듬이라고 한다. 기본 아이디어는 카지노에서 일련의 슬롯 머신 (추천 알고리듬) 중 하나를 선택하는 컨텍스트에 직면한 갬블러(추천 시스템)의 아이디어와 유사하다. 갬블러는 이 기계 중 하나가 다른 기계보다 더 나은 결과(전환율)를 가지고 있다고 생각한다. 그러므로 갬블러는 기계의 상대적 결과를 탐구하기 위해 무작위로 10%의 슬롯머신을 시도한다. 갬블러는 탐구적 시도에서 배운 지식을 활용하기 위해 남은 시간의 90%를 탐욕스럽게 최고의 슬롯머신을 선택한다. 탐구와 시도 과정을 무작위로 완전히 끼워 넣는다. 또한 갬블러는 평가를 위해 이전 결과와 비교해 최근 결과에 더 큰 비중을 둘 수 있다. 이러한 일반적인 접근법은 강화학습이라는 개념과 관련이 있으며, 온라인 학습 시스템과 종종 짝을 이룰 수 있다. 강화학습은 분류 및 회귀 모델링 문헌[579]에서 광범위하게 연구됐지만, 추천 영역에서의 해당 연구는 다소 제한적이다[389, 390, 585]. 이러한 알고리듬의 추가 개발을 위한 중요한 연구 기회가 존재한다.

주요 단점은 현실적으로 많은 사용자가 미리 등록돼 있지 않으면 이러한 시스템을 효율적으로 사용할 수 없다. 따라서 시작 단계에서 이 방법을 사용하기가 어렵다. 또한 이러한 시스템은 대개 공개적으로 접근할 수 없으며, 현재 사용 중인 특정 상업 시스템의 소유자만 접근할 수 있다. 따라서 이러한 시험은 상업적 실체에 의해서만 수행될 수 있으며, 시스템에 의해 처리되는 시나리오의 제한된 환경에서만 수행할 수 있다. 이는 테스트가 과학자와 실무자가 수행한 시스템에 독립적인 벤치마킹에 일반화할 수 없다는 것을 의미한다. 많은 경우, 다양한 설정 및 데이터 영역에서 스트레스 테스트를 수행해 추천 알고리듬의 견고성을 테스트하는 것이 바람직하다. 여러 설정을 사용해 시스템의 일반화 가능성에 대한 아이디어를 얻을 수 있다. 아쉽게도 온라인 방법은 이러한 요구를 해결하기 위한 것이 아니다. 문제의 일부는 평가 프로세스에서 테스트 사용자의 작업을 완전히 제어할 수 없다는 것이다.

## 7.2.3 과거 데이터 세트를 사용한 오프라인 평가

오프라인 테스트에서는 평점과 같은 과거에 등록한 데이터를 사용한다. 경우에 따라 시간 정보는 각 사용자가 아이템을 평가한 시간 정보가 평점과 관련 있을 수도 있다. 넷플릭스 프라이즈 데이터 세트[311]는 과거 데이터 세트를 이용한 잘 알려진 예다. 이 데이터 세트는 원래 온라인 경연 대회를 위해서 제공됐으며 이후 많은 알고리듬을 테스트하기 위한 표준화된 벤치마크로 사용됐다. 과거 데이터 세트의 주요 장점은 많은 사용자의 액세스가 필요 없다는 것이다. 데이터 세트를 수집하면 표준 벤치마크로 사용해서 다양한 환경에서 다양한 알고리듬을 비교할 수 있다. 또한 다양한 도메인(예를 들어 음악, 영화, 뉴스)의 여러 데이터 세트를 추천 시스템의 일반화 가능성을 테스트하는 데 사용할 수 있다.

오프라인 방법은 표준화된 프레임워크와 평가 방법이 위와 같은 경우를 위해 개발했기 때문에 추천 알고리듬을 테스트하는 데 가장 널리 사용하는 기술 중 하나다. 따라서 7장의 많은 부분을 오프라인 평가 연구에 집중할 것이다. 오프라인 평가의 주요 단점은 향후 추천 시스템에 반응하는 사용자의 실제 성향을 측정하지 않는다는 것이다. 예를 들어 데이터는 시간이 지남에 따라 진화할 수 있으며 현재 예측은 미래에 가장 적절한 예측을 반영하지 못할 수 있다. 또한 정확도와 같은 측정 값은 의외성이나 새로운 가능성과 같은 추천의 중요한 특성을 포착하지 못한다. 이러한 추천은 추천 아이템의 전환율에 장기적으로 중요한 영향을 준다. 이러한 단점에도, 오프라인 방법은 추천 시스템 평가를 위해 가장 널리 받아들여지는 기술이다. 그 이유는 이러한 테스트 방법을 통해 통계적으로 강력하고 이해하기 쉬운 정량화가 가능하기 때문이다.

## 7.3 평가 디자인의 일반적 목표

이 절에서는 추천 시스템 평가의 일반적인 목표 중 일부에 대해 알아볼 것이다. 정확성accuracy이라는 잘 알려진 목표 외에, 다른 일반적인 목표로는 다양성diversity, 의외성serendipity, 참신함novelty, 견고성robustness 및 확장성scalability 같은 요소를 포함한다. 이러한 목표 중 일부는 구체적으로 정량화할 수 있는 반면, 다른 목표는 사용자 경험에 기반한 주관적인 목표다. 그러한 경우 이러한 목표를 측정하는 유일한 방법은 사용자 설문 조사를 이용하는 것이다. 이 절에서는 이러한 다양한 목표를 연구할 것이다.

### 7.3.1 정확성

정확성은 추천 시스템을 평가하는 가장 기본적인 척도 중 하나다. 이 절에서는 이 측정 값에 대해 간단히 소개한다. 자세한 내용은 7.5절에서 설명한다. 가장 일반적인 컨텍스트에서 평가는 숫자를 추정하는 것이다. 따라서 정확도 측정 항목은 종종 회귀 모델링에서 사용하는 지표와 유사하다. $R$을 $r_{uj}$가 아이템 $j$에 대한 사용자 $u$의 알려진 평점인 평점 행렬이라고 하자. 추천 알고리듬이 이 평점을 $r_{uj}$로 추정하는 경우를 생각해보자. 추정의 원소별 오차는 $e_{uj} = \hat{r}_{uj} - r_{uj}$의 값에 의해 주어진다. 전체 오류는 절대 값 또는 제곱 값으로 아이템별 오류를 평균해 계산한다. 많은 시스템들은 평점을 예측하지 않는다. 오히려 상위-$k$ 추천 아이템의 순위만 보여준다. 이는 암시적 피드백 데이터 세트를 사용하는 경우에 특히 일반적이다. 평점 예측의 정확성과 순위의 정확성을 평가하기 위해 여러 가지 방법을 이용한다.

정확도를 계산하는 다양한 방법은 7.5절에서 자세히 설명하기 때문에 여기서 자세히 다루지 않는다. 이 짧은 절의 목적은 이후의 논의에서 연속성을 보장하기 위한 몇 가지 방법을 간략히 소개하는 것이다. 정확도 평가의 주요 구성 요소는 다음과 같다.

1. **정확도 평가 설계**: 평점 행렬에 있는 모든 관찰된 원소를 모델 학습 및 정확도 평가에 모두 사용할 수 없다. 과적합으로 인해 정확도가 크게 과대 평가된다. 학습에 사용한 것과 다른 평가를 위한 원소 집합만 사용하는 것이 중요하다. $S$가 평점 행렬에서 관찰한 원소이면 작은 부분 집합 $E \subset S$를 평가에 사용하고 집합 $S - E$를 학습에 사용한다. 이 문제는 분류 알고리듬의 평가와 동일하다. 결국 6장에서 설명한 것처럼 협업 필터링은 분류 및 회귀 모델링 문제를 일반화시킨 것이다. 따라서 홀드 아웃 및 교차 검증과 같은 분류 및 회귀 모델링에 사용하는 표준 방법도 추천 알고리듬 평가에 사용한다. 이 문제는 7.4절에서 더 자세히 논의할 것이다.

2. **정확도 측정 항목**: 정확도 측정 항목은 특정 사용자-아이템 조합의 평점을 추정한 예측 정확도 또는 추천 시스템에 의해 예측된 최상위 $k$ 순위의 정확도를 평가하는 데 사용한다. 일반적으로 평점 행렬의 원소 집합 $E$의 평점은 숨겨져 있으며 정확도는 숨겨진 원소를 통해 평가한다. 두 가지 경우에 대해 서로 다른 클래스의 메소드를 사용한다.

   - **평점 추정의 정확성**: 위에서 언급했듯이, 원소별 오류는 사용자 $u$와 아이템 $j$에 대한 $e_{uj} = \hat{r}_{uj} - r_{uj}$가 제공한다. 이 오류는 여러 방법으로 평가하는 평점 행렬의 원소 집합에 관한 전체 오류를 계산하는 데 활용할 수 있다. 평균 제곱 오차의 한 예가 MSE 이다.

$$MSE = \frac{\sum_{(u,j) \in E} e_{uj}^2}{|E|} \tag{7.1}$$

앞에서 언급한 양의 제곱근을 평균 제곱근 오차 또는 RMSE라고 한다.

$$RMSE = \sqrt{\frac{\sum_{(u,j) \in E} e_{uj}^2}{|E|}} \tag{7.2}$$

이러한 측정의 대부분은 회귀 모델링에 관한 문헌에서 차용한 것이다. 평균 절대 오차와 같은 오차를 측정하는 다른 중요한 방법은 7.5절에서 논의한다.

- 순위 추정의 정확성: 많은 추천 시스템은 평점을 직접 추정하지 않는다. 대신 예상 순위를 제공한다. 정확성을 측정하기 위해 실측 자료의 성격에 따라 순위 상관 측정, 효용 기반 측정 또는 수신자 조작 특성을 사용할 수 있다. 후자의 두 가지 방법은 단항(암시적 피드백) 데이터 세트일 때 사용할 수 있다. 이러한 방법은 7.5절에서 자세히 설명한다.

일부 정확성 측정 값은 모든 아이템이 추천 프로세스에서 동등하게 중요하지 않기 때문에 판매자의 이익을 극대화하도록 설계한다. 이러한 측정 항목은 아이템별 비용을 계산에 통합한다. 정확도 측정 항목의 주요 문제점은 실제 환경에서 추천 시스템의 진정한 효과를 측정하지 않는 경우가 많다는 것이다. 예를 들어 구매할 것이 명확한 추천이 정확할 수 있지만 추천해주지 않았어도 사용자가 결국에는 해당 아이템을 구매했을 수 있다. 따라서 이러한 추천은 시스템의 전환율을 향상시키는 데 거의 유용하지 않다. 정확도 행렬의 사용과 관련된 문제점에 대한 논의는 [418]에서 찾을 수 있다.

## 7.3.2 커버리지

추천 시스템이 매우 정확하더라도 아이템의 특정 비율만큼 추천할 수 없는 경우나 특정 비율의 사용자에게 추천할 수 없는 경우도 종종 있다. 이러한 측정을 커버리지coverage라고 한다. 추천 시스템의 평점 행렬이 희박하기 때문에 이러한 한계가 존재한다. 예를 들어 평점 행렬에 각 행과 각 열에 대한 단일 원소만 있으면 거의 모든 알고리듬을 이용해도 의미 있는 추천을 만들 수 없다. 그래서 각기 다른 추천 시스템마다 커버리지를 제공하는 성향의 수준이 다르다. 실제 환경에서 시스템은 예측할 수 없는 평점에 대해 기본값을 사용하기 때문에 100%의 커버리지를 갖는 경우가 많다. 예를 들어 특정 사용자-아이템 조합에 대한 평점을 예측할 수 없을 때 아이템에 대한 모든 사용자 평점의 평균을 기본값으로 사용한다. 따라서 정확성과 커버리지 사이의 트레이드 오프는 항상 평가 프로세스에 포함돼야 한다. 커버리지에는 두 가지 유형이 있으며, 이를 각각 사용자-공간 커버리지와 아이템-공간 커버리지라고 한다.

사용자-공간 커버리지는 적어도 $k$개의 평점을 예측할 수 있는 사용자의 비율을 측정한다. $k$의 값은 추천 아이템 목록의 예상 크기로 설정해야 한다. 사용자를 위해 $k$개의 평점보다 적은 수를 예측하는 경우 더 이상 $k$ 크기의 의미 있는 추천 목록을 사용자에게 제공할 수 없다. 사용자가 다른 사용자와 공통된 아이템에 대한 평점을 거의 입력하지 않은 경우 이런 컨텍스트가 발생할 수 있다. 이러한 경우 사용자 기반 이웃 알고리듬을 고려해야 한다. 다른 사용자와 공통된 아이템에 입력한 평점이 거의 없기 때문에 해당 사용자와 유사한 사용자를 찾는 것이 어렵다. 따라서 해당 사용자에 대해 충분한 추천 아이템을 생성하는 것이 어려운 경우가 많다. 매우 높은 수준의 희박성sparisity이 발생하는 경우 알고리듬으로 해당 사용자에 대한 한 개의 평점조차 예측하기 어렵다. 그러나 서로 다른 알고리듬은 서로 다른 레벨의 커버리지를 가질 수 있고, 사용자에 대한 커버리지는 각 알고리듬을 실행하고 예측하는 아이템의 수를 결정함으로써 추정할 수 있다. 사용자-공간 커버리지의 까다로운 측면은 모든 알고리듬이 사용자-아이템 조합에 대해 무작위로 평점을 단순히 예측함으로써 완전한 커버리지를 제공할 수 있다는 것이다. 하지만 이 평점을 신뢰성 있게 예측할 수 없다. 그러므로 사용자-공간 커버리지는 정확도와 커버리지 간의 트레이드 오프 측면에서 항상 평가해야 한다. 예를 들어 이웃 기반의 추천에서는 이웃의 크기를 증가시키면 커버리지와 정확도 간의 균형을 나타내는 곡선을 제공한다.

사용자-공간 커버리지의 다른 정의는 해당 사용자에 대한 추천 아이템을 생성하기 전에 사용자에 대해 작성해야 하는 최소 프로파일 양에 관한 것이다. 특정 알고리듬의 경우 추천 아이템을 생성할 수 있는 모든 사용자의 최소 관측 평점 수를 실험을 통해 추정할 수 있다. 그러나 측정 항목은 사용자가 평점을 지정하는 아이템이 무엇인지에 따라 민감하기 때문에 이 수량을 평가하기 어려운 경우가 많다.

아이템-공간 커버리지의 개념은 사용자-공간 커버리지의 개념과 유사하다. 아이템-공간 커버리지는 적어도 $k$명의 사용자 평점을 예측할 수 있는 아이템의 비율을 측정한다. 그러나 추천 시스템은 일반적으로 사용자를 위한 추천 아이템 목록을 제공하기 때문에 실제로 이 개념은 거의 사용하지 않으며 아이템에 대한 사용자를 추천하는 데 거의 사용하지 않는다.

다른 형태의 아이템-공간 커버리지 평가는 카탈로그 커버리지 개념에 의해 정의되며, 특히 추천 목록에 적합하다. 앞에서 언급한 정의는 평점 값의 예측에 맞춘 것이라는 점에 유의한다. 평점 행렬의 모든 아이템이 알고리듬에 의해 예측될 수 있는 시나리오를 상상해보자. 하지만 동일한 최상위 아이템 집합이 항상 모든 사용자에게 추천된다. 따라서 위에서 언급한 아이템-공간 커버리지 정의가 좋은 성능을 제공한다고 해도 모든 사용자에 대한 실제 적용 범위는 매우 제한적이다. 즉, 추천은 사용자 간에 다양하지 않으며 아이템 카탈로그를 완전히 커버하지 않는다. $T_u$는 사용자 $u \in \{1 \ldots m\}$에게 추천되는 최상위-$k$ 아이템의 목록이다. 카탈로그 커버리지 $CC$는 적어도 한 명의 사용자에게 추천되는 아이템의 비율로 정의한다.

$$CC = \frac{|\cup_{u=1}^{m} T_u|}{n} \tag{7.3}$$

여기서 표기법 $n$은 아이템 수를 나타낸다. 실험을 통해 이 비율을 쉽게 예측할 수 있다.

### 7.3.3 신뢰도와 신뢰

평점을 추정하는 것은 특정 학습 데이터에 따라 크게 달라질 수 있는 부정확한 과정이다. 또한 알고리듬 방법론은 평점 예측에 상당한 영향을 미칠 수 있다. 이는 예측의 정확성에 관해 사용자가 항상 불확실성을 느끼게 한다. 많은 추천 시스템은 신뢰도confidence 평가와 함께 평점을 보여줄 수 있다. 예를 들어 예측한 평점의 커버리지에 대한 신뢰 구간을 제공할 수 있다. 일반적으로, 작은 신뢰 구간으로 정확하게 추천할 수 있는 추천 시스템은 사용자의 신뢰trust를 높이기 때문에 더 바람직하다. 신뢰도를 보여주기 위해 동일한 방법을 사용하는 두 가지 알고리듬의 경우 예측한 오차가 이러한 신뢰 구간과 얼마나 잘 일치하는지 측정할 수 있다. 예를 들어 두 추천 시스템이 각 평점에 대해 95% 신뢰 구간을 제공하면 두 알고리듬이 보여주는 구간의 절대 너비absolute width를 측정할 수 있다. 두 알고리듬이 숨겨진 평점에 대해 적어도 95% 정확하다면 (즉, 지정된 간격 내에서) 작은 신뢰 구간 폭을 갖는 알고리듬이 승리할 것이다. 알고리듬 중 하나가 필요한 95% 정확도 아래로 떨어지면 자동으로 패배한다. 아쉽게도 한 시스템이 95% 신뢰 구간을 사용하고 다른 시스템이 99% 신뢰 구간을 사용하는 경우, 의미 있는 비교를 할 수 없다. 따라서 두 시스템 모두에서 동일한 수준의 신뢰도를 설정함으로써 이러한 시스템을 사용할 수 있다.

신뢰도confidence가 시스템의 추천에 대한 믿음을 측정하는 동안 신뢰trust는 사용자의 평가에 대한 믿음을 측정한다. 사회적 신뢰에 대한 개념은 11장에서 좀 더 자세히 논의한다. 일반적으로 신뢰는 사용자가 알려진 평점에 대해 갖는 믿음의 수준을 측정한다. 예측한 평점이 정확하더라도 사용자가 제공된 평점을 신뢰하지 않을 경우 유용하지 않은 경우가 많다. 신뢰는 정확도와 밀접한 관련이 있지만 정확하지는 않다. 추천 시스템에서 추천 결과에 대한 설명을 제공할 때 사용자는 시스템을 신뢰할 가능성이 높다. 특히 설명이 논리적인 경우 더욱 그렇다.

신뢰는 종종 추천의 유용성과 같은 목적을 달성하지 못한다. 추천 시스템이 이미 사용자가 좋아하고 알고 있는 몇 가지 아이템을 추천하는 경우 사용자에게 이러한 추천은 거의 유용하지 않다고 볼 수 있다. 하지만 이러한 아이템은 사용자에게 시스템에 대한 신뢰를 높일 수 있다. 이 목표는 사용자가 이미 알고 있어서 원하지 않는 아이템을 추천하기 때문에 참신함과 같은 목표와 직접적인 모순이 된다. 추천 시스템의 다양한 목표는 서로 상충되는 것이 일반적이다. 신뢰를 측정하는 가장 간단한 방법은 실험 중에 사용자 설문 조사를 실시해 사용자가 결과에 대한 신뢰에 대해 명시적으로 확인하는 것이다. 이러한 실험은 온라인 실험이라고도 한다. 신뢰 평가를 위한 수많은 온라인 방법은 [171, 175, 248, 486]에서 논의한다. 일반적으로 오프라인 실험을 통해 신뢰를 측정하는 것은 어렵다.

## 7.3.4 참신성

추천 시스템의 참신성[novelty]은 추천 시스템이 사용자에게 알지 못하거나 이전에 보지 못했던 추천을 제공할 가능성을 평가한다. 참신성의 개념은 [308]에서 제공한다. 처음 본 추천 아이템은 종종 사용자가 이전에 알지 못했던 좋아하는 것과 싫어하는 것에 대한 중요한 통찰력을 발견할 수 있는 능력을 증가시킨다. 참신성은 이미 알고 있지만 평가하지 않은 아이템을 발견하는 것보다 더 중요하다. 콘텐츠 기반 방법과 같은 많은 유형의 추천 시스템은 예상 가능한 아이템을 추천하는 시스템의 성향 때문에 다소 너무 뻔한 결과가 나오는 경향이 있다. 뻔한 결과가 나오는 추천이 적으면 시스템에서 최종 사용자의 신뢰도를 향상시킬 수 있지만 전환율 향상 측면에서 항상 유용하지는 않다. 참신함을 측정하는 가장 자연스러운 방법은 사용자가 이전에 아이템을 알고 있는지 여부를 명시적으로 묻는 온라인 실험을 통해서다.

서론에서 논의한 것처럼 대규모의 온라인 사용자를 처리하는 시스템에 쉽게 접근할 수 없기 때문에 온라인 실험이 항상 가능하진 않다. 다행히도 평점과 함께 타임스탬프가 있으면 오프라인 방법으로 참신성을 대략적으로 추정할 수 있다. 현재보다는 미래 이용자가 선택할 가능성이 높은 아이템을 추천하는 방식이 새로운 시스템이 더 좋다는 게 기본 생각이다. 따라서 특정 시점 이후에 생성된 모든 평점은 학습 데이터에서 제거한다. 또한 이전에 발생한 평점 중 일부를 제거한다. 그런 다음 이 평점을 제거한 상태에서 학습한다. 그리고 제거된 아이템을 채점 목적으로 사용한다. 시간 $t_0$ 전에 평점이 매겨지고 올바르게 추천되는 각 아이템에 대해 참신성 평가 점수에 불이익을 준다. 반면, 시간 $t_0$ 이후에 평점이 매겨지고 올바르게 추천된 각 아이템에 대해 참신성 평가 점수는 보상을 받는다. 따라서 이 평가는 미래 예측과 과거 예측 간의 차등 정확성 유형을 측정한다. 참신성의 일부 측정법에서는, 인기 있는 아이템은 참신할 가능성이 적고 인기 있는 아이템을 추천할 때 신용도[credit]가 낮다고 가정한다.

## 7.3.5 의외성

"의외성[serendipity]"이라는 말은 문자 그대로 "운 좋은 발견"을 의미한다. 따라서 성공적으로 추천을 했다는 것을 의외성의 기준에서 본다면 추천 결과에 대해 얼마나 놀라워하는지에 대한 수준으로 판단할 수 있다. 즉, 예상하지 못한 것을 추천해야 한다.

이와 대조적으로, 참신함은 사용자가 이전에 알지 못했던 아이템을 추천해야 한다. 의외성은 참신함보다 더 강한 조건이다. 모든 우연한 추천은 새로운 것이지만 그 반대는 항상 사실이 아니다. 특정 사용자가 인도 음식점을 자주 이용하는 경우를 생각해보자. 사용자가 그 식당에서 이전에 식사를 하지 않았다면 그 사용자에게 새로운 파키스탄 식당을 추천하는 것은 참신할 수 있다. 그러나 인도와 파키스탄 음식이 거의 동일하기 때문에 그런 추천은 결코 우연이 아니다.

다른 한편으로 추천 시스템이 사용자에게 새로운 에티오피아 레스토랑을 제안한다면, 그 추천은 뻔한 것이 아니기 때문에 예기치 못한 추천이라고 볼 수 있다. 따라서 의외성을 보는 한 가지 방법은 너무 뻔한 것$^{obviousness}$에서 벗어나는 것이다.

추천 시스템에서 의외성을 측정하는 여러 가지 방법이 있다. 이 개념은 정보 검색 응용 [670]의 맥락에서도 나타난다. [214]의 연구는 온라인 및 오프라인 방법을 사용해 의외성을 평가한다.

1. 온라인 방법: 추천 시스템은 추천이 유용한지 뻔한지에 대한 사용자 피드백을 수집한다. 유용하고 뻔하지 않은 추천의 비율은 의외성을 나타내는 척도로 사용한다.
2. 오프라인 방법: 초기의 추천 시스템을 사용해 자동화된 방식으로 추천 결과가 뻔한지에 관한 정보를 생성할 수 있다. 초기의 추천은 일반적으로 콘텐츠 기반 추천 시스템이며 이는 뻔한 아이템을 추천하는 경향이 높다. 그다음 올바른 초기 추천 시스템이 추천하지 않는 최상위-$k$에서 추천 아이템의 비율이 결정된다. 이 비율은 의외성을 위한 측정값이 된다.

추천 시스템이 뻔하지는 않지만 관련 없는 아이템을 추천할 수 있기 때문에 뻔하지 않은 아이템의 비율을 측정하는 것만으로는 충분하지 않다. 따라서 아이템의 유용성을 항상 의외성에 대한 측정에 포함한다. 의외성은 정확성을 극대화하려는 즉각적인 목표에 반대하더라도 추천 시스템의 전환율을 향상시키는 데 장기적인 영향을 미친다. 의외성을 평가하기 위한 많은 측정 기준은 [214, 450]에서 논의한다.

## 7.3.6 다양성

다양성의 개념은 하나의 추천 결과에서 보여주는 추천 아이템들이 가능한 수준에서 다양해야 한다는 의미다. 상위 3개 아이템의 목록에서 3개의 영화가 사용자에게 추천되는 경우를 생각해보자. 3개의 영화가 모두 특정 장르에 속하며 비슷한 배우를 포함하면, 추천의 다양성은 거의 없다. 사용자가 상위 선택을 싫어하면 사용자는 모든 것을 싫어할 가능성이 있다. 여러 유형의 동영상을 제공하면 사용자가 그중 하나를 선택할 가능성이 커진다. 다양성은 항상 추천 아이템들의 세트를 통해 측정되며 참신함과 의외성과 밀접한 관련이 있다. 더 큰 다양성을 보장하면 종종 추천의 참신하고 의외성을 증가시킬 수 있다. 또한 추천의 다양성이 커짐에 따라 시스템의 판매 다양성 및 카탈로그 적용 범위가 증가할 수 있다.

다양성은 아이템 쌍 사이의 콘텐츠 중심 유사도 측면에서 측정할 수 있다. 각 아이템 설명의 벡터 공간 표현은 유사도 계산에 사용한다. 예를 들어 $k$개의 아이템들의 세트가 사용자에게 추천된다면, 리스트 내의 모든 아이템 쌍 사이에 쌍의 유사도가 계산된다. 모든 쌍 사이의 평균 유사도는 다양성으로 볼 수 있다. 평균 유사도의 낮은 값은 더 큰 다양성을 나타낸다. 다양성은 종종 정확성 측정 기준의 결과와 매우 다른 결과를 제공한다. 다양성과 유사도의 연결에 대한 논의는 [560]에서 제공한다.

## 7.3.7 강건성과 안정성

추천 시스템은 추천이 가짜 평점 등록과 같은 공격이 있는 경우 또는 데이터 패턴이 시간이 지나면서 심각하게 변하는 경우에도 안정적Stability이고 강건Robustness하다. 일반적으로 일부 사용자는 가짜 평점을 입력해서 큰 이익을 얻을 수 있다[158, 329, 393, 444]. 예를 들어 책의 저자 또는 발행인이 아마존닷컴에 있는 책에 대한 가짜 긍정적인 평점을 입력하거나 경쟁자의 책에 대한 가짜 부정적인 평점을 입력할 수 있다. 추천 시스템에 관한 공격 모델은 12장에서 논의한다. 그러한 모델의 평가는 같은 장에서 또한 논의한다. 이러한 측정 값은 공격에 대한 시스템의 강건성과 안정성을 평가하는 데 사용할 수 있다.

## 7.3.8 확장성

최근 몇 년 동안 다양한 사용자로부터 많은 수의 평가 및 암시적 피드백 정보를 수집하는 것이 점점 더 쉬워졌다. 이러한 경우 데이터 집합의 크기는 시간이 지남에 따라 계속 증가한다. 결과적으로 많은 양의 데이터가 존재할 때 효과적이고 효율적으로 수행할 수 있는 추천 시스템을 설계하는 것이 점차 중요해지고 있다[527, 528, 587]. 시스템의 확장성Scalability을 결정하기 위해 다양한 측정 값을 사용한다.

1. 학습 시간: 대부분의 추천 시스템은 테스트 단계와 별도의 학습 단계가 필요하다. 예를 들어 이웃 기반 협업 필터링 알고리듬은 사용자의 피어 그룹의 사전 계산을 요구할 수 있으며, 행렬 인수분해matrix factorization 시스템은 잠재 요인latent factor을 결정할 필요가 있다. 모델을 학습시키는 데 필요한 전반적인 시간을 측정 값 중 하나로 사용한다. 대부분의 경우, 학습은 오프라인으로 수행한다. 따라서 학습 시간이 수 시간 정도면 대부분의 실제 환경에서 상당히 받아들일 수 있는 수준이다.

2. 예측 시간: 일단 모델을 학습시키고 나면 특정 고객에 대한 추천을 제공하는 데 사용한다. 예측 시간은 사용자가 응답을 받는 대기 시간을 의미하기 때문에 짧아야 한다.

3. 메모리 요구 사항: 평점 행렬이 크면 전체 행렬을 메인 메모리에 유지하는 것이 어려운 경우가 많다. 이러한 경우 필수적으로 필요한 메모리를 최소화하기 위해 알고리듬을 설계해야 한다. 메모리 요구량이 매우 높아지면 대규모의 실무 환경에서는 시스템을 사용하

기 어렵다.

확장성의 중요성은 특히 빅데이터 패러다임의 중요성이 커지면서 최근 몇 년 동안 커졌다.

## 7.4 오프라인 추천 평가의 설계 문제

이 절에서는 추천 평가의 설계 문제에 대해 설명한다. 이 절과 다음 절에서 논의하는 것은 오프라인 및 히스토리컬 데이터 세트의 정확성 평가와 관련이 있다. 정확도가 크게 과대평가되거나 과소평가되지 않도록 추천 시스템을 설계하는 것이 중요하다. 이를테면 학습 및 평가 모두에 대해 동일한 평점 데이터를 사용할 수 없다. 이렇게 하면 기본 알고리듬의 정확도가 크게 과대 평가된다. 따라서 일부 데이터만 학습에 사용하며 나머지는 테스트를 위해 사용한다. 평점 행렬은 일반적으로 엔트리-와이즈 패션entry-wise fashion 방식으로 샘플링한다. 즉, 아이템의 일부는 학습에 사용하고 나머지 아이템은 정확성 평가에 사용한다. 이 접근법은 분류 및 회귀 모델링 알고리듬을 테스트하는 데 사용하는 것과 유사하다. 주요 차이점은 분류 및 회귀 모델링은 원소를 샘플링하는 대신 레이블이 지정된 데이터의 행을 샘플링하는 것이다. 이러한 차이는 분류되지 않은 아이템은 분류 시 항상 클래스 변수로 사용하지 않는 반면 평점 행렬의 아이템은 지정되지 않을 수 있기 때문이다.[2] 추천 평가 시스템의 설계는 추천 시스템과 분류 시스템 사이의 유사도 때문에 분류 평가 시스템의 설계와 매우 유사하다.

데이터 분석가 추천 시스템을 벤치마킹할 때 흔히 범하는 실수는 파라미터 튜닝과 테스트에 동일한 데이터를 사용하는 것이다. 이러한 접근법은 파라미터 조정이 학습의 일부이므로 학습 프로세스에서 테스트 데이터를 사용하면 과적합으로 이어지므로 정확도를 크게 과대평가한다. 이러한 가능성을 방지하기 위해 데이터를 주로 세 부분으로 나눈다.

1. 학습 데이터: 이 데이터는 학습 모델을 생성하는 데 사용한다. 예를 들어 잠재 요인 모델에서 이 데이터는 평점 행렬에서 잠재 요인을 만드는 데 사용한다. 이 데이터를 사용해 여러 모델을 작성해 최종적으로 데이터 세트에 가장 적합한 모델을 선택할 수도 있다.

2. 검증 데이터: 이 데이터는 모델 선택 및 파라미터 조정에 사용한다. 예를 들어 잠재 요인 모델의 정규화 파라미터는 유효성 검사 데이터에 대한 정확성을 테스트 후 결정할 수 있다. 학습 데이터에서 여러 모델을 작성한 경우 검증 데이터를 사용해 각 모델의 정확성을 결정하고 최상의 모델을 선택한다.

---

2 평점 행렬에서 한 행이 한 명의 사용자의 모든 아이템 평점 정보라고 할 때, 사용자는 모든 아이템을 평가하지 않기 때문에 비어 있는 원소가 많다. 그래서 학습을 위해서 데이터 행을 사용하지 않고 원소를 사용한다. - 옮긴이

3. **테스트 데이터:** 이 데이터는 최종 (튜닝된) 모델의 정확성을 테스트하는 데 사용한다. 파라미터 조정 및 모델 선택 과정에서 과적합을 방지하기 위해 테스트 데이터를 사용하지 않는 것이 중요하다. 테스트 데이터는 모델 생성 프로세스의 마지막 단계에서 한 번만 사용한다. 또한 분석가가 테스트 데이터를 사용한 결과를 통해 추천 모델을 어떤 식으로든 조정하는 경우, 조정한 모델은 테스트 데이터에서 얻은 지식으로 오염될 것이다.

평점 행렬을 학습, 검증 및 테스트 데이터로 나누는 예가 그림 7.1 (a)에 나와 있다. 검증 데이터는 최종 튜닝된 모델을 생성하는 데 사용하기 때문에 학습 데이터의 일부로 간주할 수 있다. 평점 행렬을 2:1:1 비율로 나누는 것이 대부분 일반적이다. 즉, 지정한 평가의 절반이 모델 생성에 사용하며, 4분의 1은 각각 모델 선택 및 테스트에 각각 사용할 수 있다. 그러나 평점 행렬의 크기가 크면 검증 및 테스트에 훨씬 적은 비율을 사용할 수 있다. 넷플릭스 프라이즈 데이터 세트의 경우가 그렇다.

(a) 평점 분할 비율

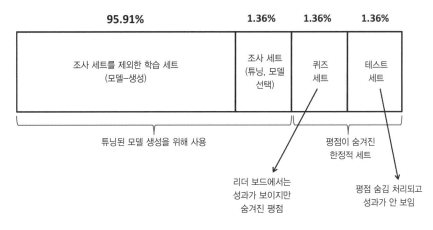

(b) 넷플릭스 프라이즈 데이터 세트 구분(데이터 세트 비율과 그림은 일치하지 않음)

**그림 7.1** 평가 설계를 위한 평점 행렬 분할

## 7.4.1 넷플릭스 프라이즈 데이터 세트 사례 연구

협업 필터링에 사용하는 잘 알려진 데이터 세트의 특히 유용한 예로는 넷플릭스 프라이즈 데이터 세트가 있는데, 이는 넷플릭스가 참가자들이 테스트 세트에 과적합하는 것을 방지하기 위해 사용한 보기 드문 비율을 보여주기 때문이다. 넷플릭스 데이터 세트에서 데이터 세트의 가장 큰 부분은 평점의 95.91%를 포함하고 있었다. 이 부분의 데이터 세트는 일반적으로 대회 참가자들이 모델 생성에 사용했다. 데이터 세트의 또 다른 1.36%가 조사 세트probe set로 참가자에게 공개됐다. 따라서 데이터의 모델 생성 부분과 조사 데이터가 함께 포함된 데이터는 95.91 + 1.36 = 97.27%이다. 대회에서 조사 세트는 일반적으로 다양한 형태의 파라미터 튜닝 및 모델 선택을 위해 사용했으므로 검증 세트와 매우 유사한 용도로 사용했다. 그러나 특히 조사 세트의 평점이 최근의 것이고, 학습 세트와 조사 세트의 평점 데이터가 통계적 분포가 약간 다르기 때문에, 다른 참가자들이 조사 세트를 다양한 방법으로 사용했다. 앙상블 방법[554]의 경우, 조사 세트는 종종 다양한 앙상블 구성 요소의 가중치를 학습하는 데 사용했다. 공개된 평점(조사 세트 포함)과 결합된 데이터 세트는 최종 튜닝 모델을 구축하는 데 사용했기 때문에 전체 학습 데이터에 해당한다. 학습 데이터의 중요한 특이점은 조사 세트가 숨겨진 평점으로 해당 세트의 통계적 특성을 반영했지만 조사 세트의 분포와 학습 세트의 모델 생성 부분이 정확히 동일하지 않았다는 점이다. 이러한 차이점의 이유는 대부분의 평점 데이터가 상당히 오래된 경우가 많으며, 보다 최근 또는 미래의 평점에 대한 진정한 분포를 반영하지 못했기 때문이다. 조사 세트와 테스트 세트는 학습 데이터의 첫 번째 부분에 있는 평점의 95.91%와 비교해 더 최근 평점을 사용한다.

나머지 2.7%의 평점 데이터는 숨겨져 있으며, 〈사용자, 영화, 평점 등록 일자〉와 같이 세 쌍만 실제 평점 없이 제공한다. 테스트 세트와 가장 큰 차이점은 참가자들이 넷플릭스의 한정적 세트qualifying set에서 자신의 성과를 제출할 수 있었고 퀴즈 세트로 알려진 한정적 데이터의 절반에 해당하는 성과가 참가자들에게 리더보드에서 공개됐다는 것이다. 참가자들에게 결과의 품질에 대한 아이디어를 주기 위해서는 참가자들에게 퀴즈 세트의 성과를 공개하는 것이 중요했지만, 참가자들이 리더보드의 알고리듬에 대한 지식을 활용해 반복으로 제출해서 퀴즈 세트에 대한 알고리듬을 과도하게 학습할 수 있다는 것이 문제였다. 분명히 그렇게 하면 평점이 숨겨져 있더라도 퀴즈 세트의 성과를 통한 지식으로 인해 결과가 오염된다. 따라서 퀴즈 세트에 포함되지 않은 한정적 세트의 일부가 테스트 세트로 사용됐고, 해당 세트의 이 부분에 대한 결과만 상금 확정의 최종 성과를 결정하는 데 사용한다. 퀴즈 세트의 성과는 참가자들에게 대회 기간 동안의 성과에 대한 지속적인 아이디어를 제공하는 것을 제외하고는 최종 경연에 영향을 미치지 않았다. 또한 참가자들은 퀴즈 세트 중 어느 부분에 대해서도 알지 못했다. 이러한 데이터 배치로 인해 실제적으로 샘플 밖의 데이터 세트가 대회 최종 우승자를 결정하는 데 사용했다.

넷플릭스 데이터 세트의 전반적인 분할은 그림 7.1(b)에 나와 있다. 그림 7.1(a)의 분할과 다른 점은 추가적인 퀴즈 세트가 있다는 것이다. 사실, 넷플릭스 경연 대회에 영향을 미치지 않도록 퀴즈 세트를 완전히 제거할 수 있다. 단, 참가자는 더 이상 제출 품질에 대한 아이디어를 얻을 수 없다. 실제로 넷플릭스 프라이즈 평가 설계는 학습 과정의 어느 단계에서나 테스트 세트의 성능에 대한 지식을 끝까지 사용하지 않는 것이 중요하다는 것을 보여주는 훌륭한 예다. 연구와 실무에서 벤치마킹은 이러한 표준을 한 가지 형태나 다른 형태로 충족하지 못하는 경우가 많다.

## 7.4.2 학습 및 테스트 평점 분류

실무에서 실제 데이터 세트는 학습, 검증 및 테스트 데이터 세트로 미리 분류되지 않았다. 따라서 평점 행렬의 원소를 이러한 세 부분으로 자동으로 나눌 수 있어야 한다. 홀드 아웃hold-out 및 교차 검증cross-validation과 같은 사용 가능한 분할 방법의 대부분은 데이터 세트를 세 부분이 아닌 두 부분으로 나누는 데 사용한다.[3] 그러나 다음과 같이 세 부분을 얻을 수도 있다. 먼저 평점 데이터를 학습 및 테스트 부분으로 나누고, 이어서 학습 데이터에서 검증 데이터 부분으로부터 더 세분화함으로써 필요한 세 개의 세그먼트를 얻을 수 있다. 따라서 다음에서는 평점 행렬을 홀드 아웃 및 교차 검증과 같은 방법을 사용해 아이템을 학습 및 테스트 부분으로 세분화하는 방법에 관해서 논의한다. 그러나 이러한 방법은 학습 데이터를 모델 생성 및 검증 부분으로 나눌 때에도 사용한다. 이 계층적 구분은 그림 7.2에 나와 있다.

다음에서, 우리는 모델 구축과 검증 부분으로 2단계 분할에도 동일한 접근 방식이 사용될 수 있지만 그림 7.2의 1단계 분할의 용어를 "학습"과 "시험" 데이터로 일관되게 사용할 것이다. 이러한 용어 일관성은 혼란을 피하기 위해 따른다. 혼동을 피하기 위해 용어의 일관성을 유지한다.

### 7.4.2.1 홀드 아웃

홀드 아웃 방법에서는 평점 행렬의 아이템 중 일부가 숨겨지고 나머지 아이템은 학습 모델을 생성하는 데 사용한다. 그러면 숨겨진 아이템을 예측하는 정확도가 전반적인 정확도로 볼 수 있다. 이러한 접근법은 평가에 사용한 아이템이 학습 중에 숨겨지기 때문에 정확도 결과가 특정 데이터 세트에 과적합되지 않게 해준다. 그러나 이러한 접근법은 실제 정확도를 과소평가한다. 첫째, 모든 원소를 학습에 사용하지 않으므로 데이터의 모든 능력을 사용하지 않는다. 둘째, 홀드 아웃된 원소가 전체 평점 행렬보다 높은 평균 평점을 갖는 경우를 고려해야 한다. 즉, 홀드

---

3 교차 검증과 같은 방법에서의 실제 설계는 학습의 특정 실행 단계에서는 항상 두 부분으로 나뉘어져 있음에도, 데이터가 여러 가지 방법으로 분할되기 때문에 약간 더 복잡하다.

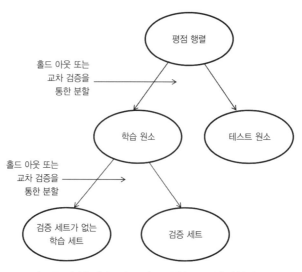

**그림 7.2** 평점을 학습, 검증, 테스트 부분으로 계층적 분할

인 원소는 평점 행렬의 홀드 아웃 원소보다 평균 평점이 낮은 것을 의미한다. 이는 평가에서 비관적인 바이어스를 초래할 것이다.

### 7.4.2.2 교차 검증

교차 검증 방법에서 평가 원소는 $q$개의 동일한 세트로 나뉜다. 따라서 $S$가 평점 행렬 $R$에서 지정한 항목의 집합이라면, 각 세트의 원소 수에 대한 크기는 $|S|/q$이다. $q$개의 세그먼트 중 하나는 테스트에 사용하고 나머지 $(q - 1)$개의 세그먼트는 학습에 사용한다. 다시 말해, 총 $|S|/q$ 원소들은 각 학습 과정에서 숨겨지며 정확도는 이 원소들을 통해 평가한다. 이 과정은 $q$개의 각 세그먼트를 테스트 세트로 사용해 $q$번 반복한다. $q$개의 다른 테스트 세트에 대한 평균 정확도를 확인할 수 있다. 이 접근법은 $q$값이 클 때 실제 정확도를 면밀히 추정할 수 있다. 특수한 경우는 $q$가 평점 행렬의 지정된 원소 수와 같도록 선택되는 경우이다. 따라서 $|S| - 1$개의 평가 원소를 학습에 사용하며 하나의 원소는 테스트에 사용한다. 이 접근 방식은 leave-one-out 교차 검증이라고 한다. 이러한 접근 방식은 세밀하게 정확도를 추정하지만 $|S|$번만큼 모델을 학습시키는 것은 너무 비용이 많이 든다. 실제로, $q$의 값은 10과 같은 수로 고정한다. 그럼에도, leave-one-out 교차 검증은 이웃 기반 협업 필터링 알고리듬의 특정 사례에 대해 구현하기 어렵지 않다.

### 7.4.3 분류 설계와 비교

협업 필터링의 평가 설계는 분류에서의 설계와 매우 유사하다. 이것은 우연이 아니다. 협업 필터링은 분류 문제의 일반화로서 종속변수로 지정된 특정 변수가 아닌 누락된 원소를 예측할 수 있다. 분류와의 주요 차이점은 분류에서는 데이터를 행 단위로 (학습 및 테스트 행 사이에서) 구분하는 반면, 협업 필터링에서의 데이터는 원소별(학습 및 테스트 원소 간)로 분류한다는 것이다. 이 차이는 분류와 협업 필터링 문제 사이의 관계의 특성을 잘 반영한다. 분류 문제의 맥락에서 평가 설계에 대한 논의는 [18, 22]에서 찾아볼 수 있다.

분류 설계와 한 가지 다른 점은 숨겨진 원소의 성능이 실제 환경에서 시스템의 실제 성능을 반영하지 않는다는 것이다. 숨겨진 평점이 행렬에서 무작위로 선택되지 않기 때문이다. 오히려 숨겨진 평점은 일반적으로 사용자가 선택한 아이템이다. 따라서 이러한 아이템은 진짜 누락 값과 비교해 평점 값이 높아질 수 있다. 이것은 표본 선정 바이어스의 문제점이다. 이 문제는 분류에서도 발생할 수 있지만 협업 필터링 애플리케이션에서는 훨씬 더 많이 발생한다. 이 문제는 7.6절에서 간략하게 설명한다.

## 7.5 오프라인 평가의 정확도 지표

오프라인 평가는 예상 평가 값의 정확도(예: RMSE)를 측정하거나 추천 순위 정확도를 측정하는 방법이 있다. 추천 시스템에서 추천 순위 정확도 측정이 가능한 것은 대개 평점을 명시적으로 예측하지 않고 아이템의 순위 목록을 제공하기 때문이다. 순위 기반 측정은 종종 모든 아이템보다는 상위-$k$에 포함된 아이템 순위의 정확도에 초점을 둔다. 암시적 피드백 데이터 세트의 경우 특히 그렇다. 명시적 평점의 경우에도 순위 기반 평가는 사용자가 모든 아이템보다 상위-$k$ 아이템만 보기 때문에 추천 시스템의 진정한 유용성을 더욱 현실적인 관점에서 제공한다. 그러나 벤치마킹의 경우 평점 예측 정확도 지표가 일반적으로 단순하기 때문에 선호한다. 넷플릭스 프라이즈 경진 대회에서 RMSE 측정은 최종 평가에서 사용했다. 뒤에서 두 가지 형태의 정확도 평가에 대해 설명한다.

### 7.5.1 평점 예측의 정확도 측정

오프라인 실험에 대한 평가 설계가 완료되면 테스트 세트 전체에 걸쳐 정확도를 측정해야 한다. 이전에 논의한 것처럼 $S$가 지정된 (관측된) 원소의 집합이라고 하고, $E \subset S$가 평가에 사용한 테스트 세트의 원소 집합이라고 하자. $E$의 각 원소는 평점 행렬의 한 위치에 해당하는 형태 $(u, j)$

의 사용자-아이템 색인 쌍이다. 집합 $E$는 홀드 아웃 방법에서 홀드 아웃된 원소와 일치하거나, 교차 검증 동안 크기 $|S|/q$의 분할 중 하나에 해당할 수 있다.

$r_{uj}$를 테스트 세트에 사용한 원소 $(u, j) \in E$의 (숨겨진) 평점의 값으로 놓는다. 또한 $\hat{r}_{uj}$는 사용 중인 특정 학습 알고리듬에 의한 원소 $(u, j)$의 예측된 평점으로 한다. 원소별 오류는 $e_{uj} = \hat{r}_{uj} - r_{uj}$에 의해 제공된다. 이 오류는 다양한 방법으로 평가를 수행하는 원소의 집합 $E$에 대한 전체 오류를 계산하는 데 활용할 수 있다. 평균 제곱 오차는 $MSE$로 표시한다.

$$MSE = \frac{\sum_{(u,j) \in E} e_{uj}^2}{|E|} \tag{7.4}$$

명확하게 MSE 값이 작을수록 우수한 성능을 보여준다. 이 값의 제곱근은 평균 제곱근 오차$^{RMSE}$라고 하며 MSE 대신 자주 사용한다.

$$RMSE = \sqrt{\frac{\sum_{(u,j) \in E} e_{uj}^2}{|E|}} \tag{7.5}$$

RMSE는 MSE와 같은 평점을 제곱한 단위가 아닌 평점 단위이다. RMSE는 넷플릭스 프라이즈 경연 대회의 표준 지표로 사용했다. RMSE의 한 가지 특징은 합계 내에서 제곱을 해서 큰 오차에 대해서 불균형하게 패널티를 준다. 평균 절대 오차$^{MAE}$로 알려진 하나의 척도는 불균형적으로 더 큰 오류에 패널티를 주지 않는다.

$$MAE = \frac{\sum_{(u,j) \in E} |e_{uj}|}{|E|} \tag{7.6}$$

정규화된 RMSE(NRMSE)와 정규화된 MAE(NMAE)와 같은 기타 관련 측정 방법은 비슷한 방법으로 정의된다. 단, 각 측정 값은 평점의 $r_{max} - r_{min}$ 범위로 나뉜다.

$$NRMSE = \frac{RMSE}{r_{max} - r_{min}}$$
$$NMAE = \frac{MAE}{r_{max} - r_{min}}$$

RMSE와 MAE의 정규화된 값은 항상 $(0, 1)$ 범위에 있으므로 직관적으로 해석할 수 있다. 이 값을 사용해 다양한 평가의 다양한 데이터 세트에 대해 특정 알고리듬의 성능을 비교할 수도 있다.

### 7.5.1.1 RMSE 대 MAE

RMSE와 MAE 중 어떤 것이 평가 측정 항목으로 더 좋은가? 이 질문에 대한 명확한 대답은 현재 사용하는 애플리케이션이 무엇인지에 달려 있어 명확하지 않다. RMSE는 오류 값을 제곱하기 때문에 큰 오류 값이나 이상치에 더 큰 영향을 받는다. 몇 가지 잘못 예측한 평점은 RMSE 측정 값을 크게 잘못되게 만들 수 있다. 다양한 평점에 걸친 예측의 견고성이 매우 중요한 애플리케이션에서는 RMSE가 더 적절한 방법일 수 있다. 반면 MAE는 평가에서 특이치가 중요하지 않을 때 정확성을 더 잘 반영한다. RMSE의 주된 문제점은 평균 오차를 반영한 것이 아니며 때로는 잘못된 결과를 초래할 수 있다는 것이다. 분명하게 구체적인 선택은 현재 사용 중인 애플리케이션에 따라 달라진다. 두 가지 방법의 상대적인 이점에 관한 논의는 [141]에서 찾을 수 있다.

### 7.5.1.2 롱테일의 영향력

위에서 언급한 측정 항목의 한 가지 문제점은 인기 아이템에 대한 평점의 영향을 크게 받는다는 것이다. 매우 적은 평가를 받은 아이템은 무시된다. 2장에서 논의했듯이, 평점 행렬은 대다수의 아이템을 거의 구매하거나 또는 평가하는 롱테일 속성을 나타낸다. 그림 7.3은 그림 2.1과 동일하다. X축은 인기가 높은 아이템의 순서로 나타내고 Y축은 평점을 받은 빈도를 나타낸다. 나머지 아이템의 대부분은 평점이 거의 없는 반면, 몇 개의 아이템만 많은 평점을 받는다. X축의 오른쪽으로 갈수록 롱테일을 보여준다. 불행히도, 롱테일 아이템은 판매자의 대부분의 이익[49]에 기여한다. 결과적으로 가장 중요한 아이템은 대개 평가 과정에서 가장 중요한 영향을 받는다. 또한 로컬 희박성[173]이 크기 때문에 롱테일의 평점 값을 예측하는 것이 훨씬 더 어렵다.

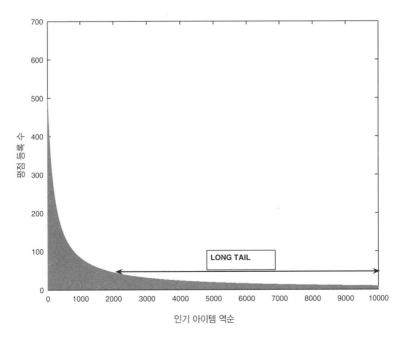

**그림 7.3** 평점 등록 빈도의 롱테일(그림 2.1 참조)

따라서 희박한 아이템의 예측 정확도는 일반적으로 인기 아이템의 예측 정확도와 다를 수 있다. 이 문제를 처리하는 한 가지 방법은 각 아이템과 관련된 모든 숨겨진 평가에 대해 RMSE 또는 MAE를 따로 계산한 다음 다른 아이템에 가중치를 적용해 평균을 구하는 것이다. 다시 말해, 식 7.5 및 7.6의 정확도 계산은 판매자에 대한 상대적 중요성, 이익 또는 유용성에 따라 아이템별 가중치로 가중치를 부여할 수 있다. 사용자별 가중치를 실제 적용할 가능성은 제한적이지만 사용자별 가중치(아이템별 가중치가 아닌)를 사용해 이러한 계산을 할 수도 있다.

## 7.5.2 상관관계를 통한 순위 평가

앞에서 언급한 측정 값은 사용자-아이템 조합의 실제 평점 값의 예측 정확도를 평가하도록 설계했다. 실제로 추천 시스템은 사용자에 대한 아이템의 순위를 만들고 최상위 아이템을 추천한다. $k$의 값은 현재 시스템, 아이템 및 사용자에 따라 다를 수 있다. 일반적으로 평점이 높은 아이템은 평점이 높지 않은 아이템 위에 순위가 매겨지는 것이 바람직하다. 홀드 아웃 또는 교차 검증 전략에 의해 아이템 집합 $I_u$의 평점이 숨겨져 있는 사용자 $u$를 고려해야 한다. 예를 들어 사용자 (행) $u$의 첫 번째, 세 번째 및 다섯 번째 아이템(열)의 평점이 평가를 목적으로 숨겨져 있다면 $I_u = \{1, 3, 5\}$이다.

$I_u$에서 평점의 실제 순서가 $I_u$ 세트의 추천 시스템에 의해 예측된 순서와 얼마나 관련이 있는지 측정해야 한다. 명심해야 할 중요한 점은 일반적으로 평점은 이산형 척도에서 선택되며 많은 연관성이 실측 시 존재한다는 것이다. 따라서 순위 측정 값은 한 아이템이 실제 측정 값에서 다른 아이템과 동점일 때 다른 아이템보다 순위를 높게 매기는 시스템에서 패널티를 주지 않는 것이 중요하다. 가장 일반적인 방법은 순위 상관계수를 사용하는 것이다. 가장 일반적으로 사용되는 순위 상관계수는 다음과 같다.

1. 스피어만 순위 상관계수: 첫 번째 단계는 추천 시스템 예측과 실측 값에 대해 1부터 $|I_u|$까지 모든 아이템의 순위를 매기는 것이다. 스피어만 상관계수는 이러한 순위에 적용하는 피어슨 상관계수와 비슷하다. 계산된 값은 항상 (-1, +1)의 범위 안에 있으며 큰 양수 값이 더 좋은 것이다.

   스피어만 상관계수는 사용자에 대해서만 사용할 수 있고, 모든 사용자에 대한 평균을 계산해 전역 값을 구한다. 또는 스피어만 순위 상관관계는 사용자별 값을 계산하고 평균을 계산하는 것이 아니라 한 번에 모든 사용자에 대한 모든 숨겨진 평점에 대해 계산할 수 있다.

   이 접근법의 한 가지 문제점은 현실에서는 같은 아이템에 많은 평점이 포함돼 있기 때문에 무작위로 동점인 아이템을 분리하면 평가할 때 약간의 노이즈를 유발할 수 있다. 이 목적을 위해, 동점-보정 스피어만$^{\text{tie-corrected Spearman}}$이라고 하는 접근법을 사용한다. 보정하는 한 가지 방법은 무작위로 동점인 아이템을 사용하는 것보다 모든 동점인 아이템의 평균 순위를 사용하는 것이다. 예를 들어 네 개의 아이템이 있는 목록에서 최상위 2개 아이템의 평점이 동일하다면, 순위를 {1, 2, 3, 4} 대신에 {1.5, 1.5, 3, 4}로 사용할 수 있다.

2. **켄달 랭크 상관계수**$^{\text{Kendall rank correlation coefficient}}$: 아이템 $j, k \in I_i$의 각 쌍에 대해 예측한 랭킹과 이 아이템의 실제 랭킹을 비교해 다음 크레딧 $C(j, k)$를 계산한다.

$$
C(j, k) = \begin{cases} +1 & +1 \text{ 아이템 } j \text{와 } k \text{의 실제 순위와 예측 순위의 순서가} \\ & \text{같은 경우(일치)} \\ -1 & -1 \text{ 아이템 } j \text{와 } k \text{의 실제 순위와 예측 순위가 다른} \\ & \text{경우(불일치)} \\ 0 & 0 \text{ 아이템 } j \text{와 } k \text{의 실제 순위 또는 예측 순위가 동일} \\ & \text{할 경우} \end{cases} \tag{7.7}
$$

그런 다음 사용자 $u$에 고유한 켄달 순위 상관계수 $\tau_u$는 모든 $|I_u|(|I_u| - 1)/2$쌍의 테스트 아이템에 대해 $C(j, k)$의 평균 값으로 계산한다.

$$
\tau_u = \frac{\sum_{j<k} C(j, k)}{|I_u| \cdot (|I_u| - 1)/2} \tag{7.8}
$$

켄달 순위 상관계수를 이해하는 다른 방법은 다음과 같다.

$$
\tau_u = \frac{\text{Number of concordant pairs} - \text{Number of discordant pairs}}{\text{Number of pairs in } I_u} \tag{7.9}
$$

이 값은 고객별 켄달 계수 값이다. $\tau_u$의 값은 휴리스틱한 전역 측정 값을 얻기 위해 모든 사용자 $u$에 대한 평균을 계산한다. 대안적으로, 전역 값 $\tau$을 얻기 위해, 고객 $u$에 대한 것만이 아닌 숨겨진 모든 사용자-아이템 쌍에 대해 식 7.8의 켄달 계수 계산을 할 수 있다.

참고문헌에 정규화된 거리 기반 성능 측정$^{\text{NDPM, Normalized Distance-Based Performance Measure}}$과 같은 여러 가지 다른 방법이 나와 있다.

## 7.5.3 유용성을 통한 순위 평가

앞에서 실제 순위를 추천 시스템의 순위와 비교했다. 유용성 기반 방법은 추천 시스템의 순위와 함께 실제 평점을 사용한다. 암시적 피드백 데이터 세트의 경우 고객이 아이템을 소비했는지 여부에 따라 평점을 0-1 값으로 대체한다. 유용성 기반 방법의 전반적인 목표는 고객이 추천 시스템의 순위를 얼마나 유용하게 사용할 수 있는지를 명확하게 정량화하는 것이다. 이러한 방법의 근간을 이루는 중요한 원칙은 추천 목록의 아이템이 총 아이템 수에 비해 적다는 것이다. 따라서 특정 순위의 유용성은 대부분 추천 목록에서 높이 있는 아이템과의 관련성을 기반으로 해야 한다. 이러한 의미에서 RMSE 측정 값은 순위가 높은 아이템의 오류와 순위가 낮은 아이템의 오류를 동일하게 측정하므로 약점이 있다. 1%와 같은 RMSE의 작은 변화가 최상위 아이템에서는 15% 이상의 큰 변화를 가져올 수 있도록 [713]에서 제안했다. 상위 목록의 아이템들은 추천 시스템의 최종 사용자가 실제로 볼 수 있는 유일한 아이템들이다. 그래서 유용성 기반 측정은 최상위 아이템에 더 큰 중요성을 부여함으로써 추천 목록의 유용성을 정량화한다.

이전 절과 마찬가지로, $I_u$의 각 아이템에 대한 실제 평점은 평가를 하기 전에 추천 시스템에서 숨겨져 있다고 가정한다. 여기서 $I_u$는 사용자 $u$ 평가한 아이템 집합을 나타내며 평가 전에는 숨겨져 있다. 이제 사용자별 그리고 전역적인 유용성을 정량화해야 한다.

유용성 기반 랭킹의 아이디어는 $I_u$의 각 아이템이 추천 목록의 위치와 실제 평점에 따라 사용자에게 유용하다는 것이다. 분명히 실제 평점이 높은 아이템은 사용자에게 더 유용하다. 또한 추천 목록에서 순위가 높은 아이템은 아이템의 위치에 따라 눈에 잘 띄고 결국 선택될 가능성이 높기 때문에 사용자에게 더 큰 유용성을 제공한다. 이상적으로, 실제 평점이 높은 아이템을 추천 목록에서 가능한 한 높게 배치하는 것이 좋다.

이러한 평점 기반 및 순위 기반 구성 요소는 어떻게 정의하는가? $j \in I_u$인 모든 아이템은 사용자 $i$에 대한 평점 기반 유용성은 $\max\{r_{uj} - C_u, 0\}$로 가정한다. 여기서 $C_u$는 사용자 $u$에 대한 이익도 손해도 없는 평점 값이다. $C_u$는 사용자 $u$의 평균 평점으로 설정할 수 있다. 반면 아이템의 순위 기반 유용성은 $2^{-(v_j-1)/\alpha}$이며, 여기서 $v_j$는 추천 아이템 목록에서 아이템 $j$의 순위이고 $\alpha$는 반감기 파라미터이다. 즉, 순위 기반 유용성은 순위에 따라 기하급수적으로 감쇠하고 $\alpha$만큼 순위를 낮추면 유용성이 2배만큼 감소한다. 감쇠 기반 순위 구성 요소의 논리는 특정 순위는 주로 상위 몇 가지 아이템에 의해 규제되도록 하는 것이다. 결국 사용자는 목록에서 매우 낮은 위치에 있는 아이템을 거의 탐색하지 않는다. 사용자 $u$에 대한 아이템 $j \in I_u$의 유용성 $F(u,j)$는 평점 기반 유용성 값과 순위 기반 유용성 값의 곱으로 정의한다.

$$F(u,j) = \frac{\max\{r_{uj} - C_u, 0\}}{2^{(v_j-1)/\alpha}} \tag{7.10}$$

사용자 $u$에 고유한 R-스코어는 $I_u$의 모든 숨겨진 평점에 대한 $F(u,j)$의 합계이다.

$$\text{R-score}(u) = \sum_{j \in I_u} F(u,j) \tag{7.11}$$

$v_j$의 값은 1에서 $n$까지의 모든 값을 취할 수 있다. 여기서 $n$은 총 아이템 수다. 그러나 실제로는

추천 목록의 크기를 $L$의 최댓값으로 제한하는 경우가 많다. 따라서 다음과 같이 모든 아이템을 사용하는 대신 특정 크기 $L$의 추천 목록에 대해 $R$-점수를 계산할 수 있다.

$$\text{R-score}(u) = \sum_{j \in I_u, v_j \leq L} F(u, j) \tag{7.12}$$

이 아이디어는 추천 목록의 크기가 $L$이기 때문에 $L$보다 낮은 순위는 사용자에게 유용하지 않다는 것이다. 이 변형된 수식은 추천 목록이 총 아이템 수에 비해 매우 짧은 경우가 많다는 원칙을 기반으로 한다. 전체 R-score는 모든 사용자에 대한 R-score를 합산해 계산할 수 있다.

$$\text{R-score} = \sum_{u=1}^{m} \text{R-score}(u) \tag{7.13}$$

유용성이 기하급수적으로 감소하는 것은 사용자가 상위 순위 아이템에만 관심이 있고 하위 순위 아이템에는 많은 관심을 기울이지 않는다는 것을 의미한다. 이것은 모든 애플리케이션, 특히 사용자가 일반적으로 여러 아이템을 탐색하기 위해 추천 목록을 아래쪽에 있는 아이템을 확인하는 뉴스 추천 시스템에서는 다를 수 있다. 이 경우 할인율은 약간 낮게 설정해야 한다. 이러한 측정 값의 한 예가 할인된 누적 이득DCG, Discounted Cumulative Gain이다. 이 경우 아이템 $j$의 할인 인수는 $\log_2(v_j + 1)$로 설정하며, 여기서 $v_j$는 테스트 세트 $I_u$의 아이템 $j$의 순위이다. 할인된 누적 이득은 다음과 같이 정의한다.

$$DCG = \frac{1}{m} \sum_{u=1}^{m} \sum_{j \in I_u} \frac{g_{uj}}{\log_2(v_j + 1)} \tag{7.14}$$

여기서 $g_{uj}$는 아이템 $j$를 소비할 때 사용자 $u$의 유용성(또는 이득)을 나타낸다. 일반적으로 $g_{uj}$의 값은 관련성 지수 함수(예: 음수가 아닌 평점 또는 사용자 히트율)로 설정한다.

$$g_{uj} = 2^{rel_{uj}} - 1 \tag{7.15}$$

여기서 $rel_{uj}$는 사용자 $u$에 대한 아이템 $j$의 실제 관련성으로써 평점 또는 클릭 수의 휴리스틱함수로 계산한다. 많은 환경에서 원본 평점을 사용한다. 모든 아이템을 사용하지 않고 특정 크기 $L$의 추천 목록에 대해 할인된 누적 이득을 계산하는 것은 일반적이다.

$$DCG = \frac{1}{m} \sum_{u=1}^{m} \sum_{j \in I_u, v_j \leq L} \frac{g_{uj}}{\log_2(v_j + 1)} \tag{7.16}$$

기본 아이디어는 추천 목록의 크기가 $L$보다 크지 않다는 것이다.

그런 다음, 정규화된 할인 누적 이득NDCG은 이상적인 값에 대한 할인된 누적 이득의 비율로 정의한다. 이상적인 할인 누적 이득IDCG, Ideal Discounted Cumulative Gain이라고도 한다.

$$NDCG = \frac{DCG}{IDCG} \tag{7.17}$$

이상적인 할인 누적 이득은 실제 순위를 계산에 사용한다는 것을 제외하고는 DCG에 대한 계산과 동일하다.

흔히 사용하는 또 다른 측정 방법은 ARHR^Average reciprocal hit rate[181]이다. 이 측정 값은 각각의 $r_{uj} \in \{0, 1\}$ 값을 갖는 암시적 피드백 데이터 세트를 위해 설계됐다. 따라서 $r_{uj} = 1$의 값은 고객이 아이템을 구매하거나 클릭한 경우의 "히트"를 나타낸다. $r_{uj} = 0$의 값은 고객이 아이템을 사거나 클릭하지 않은 컨텍스트에 해당한다. 이 암시적 피드백 설정에서 평점 행렬의 누락된 값은 0으로 가정한다.

이 경우 순위 기반 할인율은 $1/v_j$이며, 여기서 $v_j$는 추천 목록에 있는 아이템 $j$의 순위이며 아이템 유용성은 단순히 숨겨진 "평점"값 $r_{uj} \in \{0, 1\}$이다. 할인율은 R-score 측정 항목만큼 빠르지는 않지만 DCG보다 빠르다. 그러므로 아이템의 결합된 유용성은 $r_{uj}/v_j$에 의해 주어진다. 이 계산식은 유용성에 대한 아이템 $j \in I_u$의 기여도를 나타낸다. 그런 다음 사용자 $i$에 대한 ARHR 측정 항목은 $I_u$의 모든 숨겨진 아이템에 대해 이러한 값을 합해 정의한다.

$$ARHR(u) = \sum_{j \in I_u} \frac{r_{uj}}{v_j} \tag{7.18}$$

$v_j \leq L$인 유용성 값만 추가해 추천 목록의 크기 $L$에 대한 ARHR을 정의할 수도 있다.

$$ARHR(u) = \sum_{j \in I_u, v_j \leq L} \frac{r_{uj}}{v_j} \tag{7.19}$$

평균 상호 히트율^ARHR의 한 가지 단점은 일반적으로 $|I_u|$는 정확히 1이고, 해당하는 (숨겨진) 아이템 $j \in I_u$의 값 $r_{uj}$가 항상 1일 때 일반적으로 사용한다는 것이다. 따라서 각 사용자에 대해 정확히 하나의 숨겨진 아이템이 있으며 사용자는 항상 이 아이템을 구입했거나 클릭해야 한다. 다시 말해서, 평균 상호 적중률은 추천 목록의 높은 위치에서 하나의 정답을 추천한 유용성을 (순위-상호 방식에서) 보상한다. 이것은 이 측정 값이 도입된 환경이었지만 숨겨진 아이템의 수와 명시적 피드백 환경의 관점에서 임의의 설정으로 일반화할 수 있다. 앞의 표현식은 명시적 피드백 환경에서 임의의 크기의 집합을 사용할 수 있기 때문에 이 일반화된 정의를 제공한다. 전역 ARHR 값은 사용자 $m$에 대해 이 값의 평균을 계산한다.

$$ARHR = \frac{\sum_{u=1}^{m} ARHR(u)}{m} \tag{7.20}$$

평균 히트율은 평균 상호 순위^MRR, Mean Reciprocal Rank라고도 한다. $|I_u|$의 값이 1인 경우 평균 히트율은 항상 (0, 1) 범위에 있다. 그러한 경우, 숨겨진 항목은 일반적으로 $r_{uj} = 1$이고 추천 목록의 길

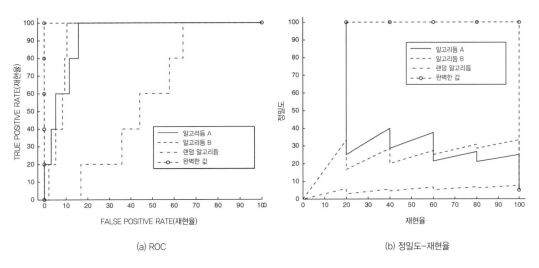

(a) ROC

(b) 정밀도−재현율

**그림 7.4** ROC 커브와 정밀도-재현율 커브

이는 $L$로 제한되는 아이템이다. 이 경우 "적중"만 유용성에 영향을 준다. 이 측정의 단순화는 순위-가중 가중치가 사용되지 않는 적중률과 $|I_u|$의 값은 정확히 1이다. 따라서 히트율$^{HR}$은 길이가 $L$인 추천 목록에 정답이 포함된 사용자의 비율이다. 히트율의 단점은 추천 목록에 있는 위치와 관계없이 적중률을 똑같이 중요하게 생각한다는 것이다.

ARHR과 HR은 암묵적인 피드백 데이터 세트에서 거의 항상 사용하며, 누락 값은 0으로 처리한다. 그럼에도 식 7.19의 정의는 좀 더 일반적인 방법으로 설명한다. 이러한 정의는 명시적인 피드백 데이터 세트의 맥락에서 사용할 수도 있는데, 여기서 $r_{uj}$의 값은 {0,1}에서 가져올 필요가 없다. 이 경우 각 사용자의 아이템 수에 대한 평점이 숨겨지고 숨겨진 평점의 값은 임의적일 수 있다. 또한 누락된 값을 0으로 처리할 필요는 없으며 $I_u$는 항상 관찰한 아이템에서 선택된다.

관련 측정 값은 MAP$^{Mean\ Average\ Precision}$로, 특정 사용자에 대한 추천 길이 $L$의 목록에서 관련 아이템의 비율을 계산한다. $L$의 다양한 등 간격 값을 사용하며, 이 추천 목록의 길이가 서로 다른 경우 정밀도는 평균이 된다. 그 결과 모든 사용자에 대해 정밀도가 평균화된다.

순위의 효과를 평가하기 위한 수많은 다른 측정 값들이 문헌에서 제안됐다. 예를 들어 리프트 지수[361]는 유용성 점수를 계산하기 위해 순위를 매긴 아이템을 10분위수로 나눈다. 참고문헌을 참조하라.

## 7.5.4 수신자 조작 특성을 통한 순위 평가

상품의 실제 소비량 평가에서는 순위를 이용한 방법을 자주 사용한다. 넷플릭스는 사용자에게 순위가 매겨진 아이템 집합을 추천할 수 있으며, 사용자는 결국 이러한 아이템 중 일부만 소비할 수 있다. 따라서 이러한 방법은 판매, 클릭 연결 또는 동영상 뷰와 같은 암묵적 피드백 데이터 세트에 적합하다. 이러한 행동은 결측 값이 0에 해당하는 것으로 간주하는 단항 평점 행렬 형태로 나타낼 수 있다. 그러므로 실제로는 이진형 특성을 가지고 있다.

최종적으로 소비하는 아이템은 실측 양성ground-truth positive 또는 참-양성true-positive이라고도 한다. 추천 알고리듬은 임의의 아이템 수에 대한 순위 목록을 제공할 수 있다. 이 아이템들 중 몇 퍼센트가 관련이 있는가? 여기서 중요한 문제는 이 질문에 대한 답이 추천 목록의 크기에 따라 다르다는 것이다. 순위 목록에서 추천 아이템의 수를 변경하면 실제로 소비되는 추천 아이템의 비율과 추천 시스템에 의해 포착된 소비 아이템의 비율 사이의 균형에 직접적인 영향을 미친다. 이 트레이드 오프는 정밀도-재현율precision-recall 또는 수신자 조작 특성ROC 곡선을 사용해 두 가지 방법으로 측정할 수 있다. 이러한 트레이드 오프 도표는 희귀한 클래스 탐지, 이상치 분석 평가 및 정보 검색에 일반적으로 사용한다. 사실, 이러한 트레이드 오프 구성은 이진 실측 값을 알고리듬으로 발견한 순위 목록과 비교하는 모든 애플리케이션에서 사용할 수 있다.

기본 가정은 알고리듬의 결과인 숫자형 점수를 사용해 모든 아이템의 순위를 정할 수 있다는 것이다. 이 중 상위 아이템만 추천한다. 추천 목록의 크기를 변경함으로써 목록의 관련 아이템ground-truth positive의 비율과 목록에서 누락된 관련 아이템의 비율을 조사할 수 있다. 추천 목록이 너무 작으면 알고리듬에 관련 아이템(거짓-음성)이 누락된다. 한편, 매우 큰 목록을 추천하는 경우, 이는 사용자가 결코 사용하지 않는 허위 추천(거짓-양성)을 너무 많이 하게 된다.

또한 거짓-양성과 거짓-음성 사이의 트레이드 오프로 이어진다. 문제는 실제 컨텍스트에서는 추천 목록의 정확한 크기를 결코 정확히 알 수 없다는 것이다. 단, 전체 트레이드 오프 곡선은 다양한 척도를 사용해 정량화할 수 있으며, 전체 트레이드 오프 곡선에 걸쳐 두 가지 알고리듬을 비교할 수 있다. 그러한 곡선의 두 가지 예로는 정밀도-재현율 곡선과 수신자 조작 특성 ROC 곡선이 있다.

사용자에게 추천할 순위 아이템의 최상위 집합을 제공한다고 가정한다. 추천 목록 크기의 지정된 값 $t$에 대해 추천 아이템 집합은 $S(t)$로 표시된다. 참고로 $|S(t)| = t$이다. 따라서 $t$가 변함에 따라 $S(t)$의 사이즈도 변한다. $G$는 사용자가 소비하는 관련 아이템(실측 양성)의 실제 세트를 나타낸다. 그다음 추천 목록의 주어진 크기 $t$에 대해 정밀도는 실제로 관련성이 있는 것으로 판

**표 7.1** 실측 양성 순위 사례

| 알고리듬 | 실제 사용하는 아이템 순위(실측 양성) |
|---|---|
| 알고리듬 A | 1, 5, 8, 15, 20 |
| 알고리듬 B | 3, 7, 11, 13, 15 |
| 랜덤 알고리듬 | 17, 36, 45, 59, 66 |
| 정답 | 1, 2, 3, 4, 5 |

명된 추천 아이템의 백분율로 정의한다(즉, 사용자가 소비한 아이템).

$$Precision(t) = 100 \cdot \frac{|\mathcal{S}(t) \cap \mathcal{G}|}{|\mathcal{S}(t)|}$$

$Precision(t)$의 값은 $t$에 따라 분자와 분모가 모두 달라질 수 있기 때문에 반드시 단조로운 것은 아니다. 재현율은 크기 $t$ 목록에 대해 양성으로 추천된 실측 양성의 백분율로 정의한다.

$$Recall(t) = 100 \cdot \frac{|\mathcal{S}(t) \cap \mathcal{G}|}{|\mathcal{G}|}$$

정밀도와 재현율 사이에는 자연스러운 트레이드 오프가 존재하지만 이러한 트레이드 오프가 반드시 단조로운 것만은 아니다. 즉 재현율이 늘었다고 해서 반드시 정밀도 저하로 이어지는 것은 아니다. 정밀도와 재현율을 모두 요약한 단일 측정을 만드는 한 가지 방법은 정밀도와 재현율 사이의 조화 평균인 $F_1$-측정 값이 있다.

$$F_1(t) = \frac{2 \cdot Precision(t) \cdot Recall(t)}{Precision(t) + Recall(t)} \tag{7.21}$$

$F_1(t)$ 측정 값은 정밀도나 재현율보다 더 나은 정량화를 제공하지만 여전히 추천 목록의 크기 $t$에 의존하며, 따라서 정밀도와 재현율 사이의 트레이드 오프를 완전히 나타내지 못한다. $t$의 값을 변화시키고 정밀도 대 재현율을 표시함으로써 정밀도와 재현율 사이의 전체적인 트레이드 오프를 육안으로 검사할 수 있다. 나중에 예를 들어 보여주듯이 정밀도의 단조성이 결여돼 있어 직관적으로 결과를 해석하기가 어렵다.

더욱 직관적인 방법으로 트레이드 오프를 생성하는 두 번째 방법은 ROC 곡선을 사용하는 것이다. 재현율과 동일한 참 양성율은 크기 $t$의 추천 목록에 포함된 실측 양성의 백분율로 정의된다.

$$TPR(t) = Recall(t) = 100 \cdot \frac{|\mathcal{S}(t) \cap \mathcal{G}|}{|\mathcal{G}|}$$

거짓 양성률 $FPR(t)$은 추천 목록에 있는 거짓으로 보고된 양성의 백분율(즉, 사용자가 소비하지 않는 관련성 없는 아이템)이다. 따라서 $\mathcal{U}$가 모든 아이템의 모집단을 나타낸다면 $(\mathcal{U} - \mathcal{G})$에 의해 실측 음성ground-truth negative이 주어지며, 추천 목록에서 거짓으로 보고된 부분은 $(\mathcal{S}(t) - \mathcal{G})$이다. 따라서 거짓 양성률은 다음과 같이 정의한다.

$$FPR(t) = 100 \cdot \frac{|\mathcal{S}(t) - \mathcal{G}|}{|\mathcal{U} - \mathcal{G}|} \tag{7.22}$$

거짓-양성률은 "나쁜" 재현율의 일종으로 볼 수 있는데, 이 경우 추천 목록 $\mathcal{S}(t)$에서 부정확하게 포착된 실측 음성(즉, 소비되지 않는 아이템)의 비율이다. ROC 곡선은 $X$축에 $FPR(t)$을 그리고 $Y$축에 $TPR(t)$을 표시해 정의한다. 즉, ROC 곡선은 "나쁜" 재현율에 대한 "좋은" 재현율을 나타낸다. $S(t)$가 전체 아이템으로 설정된 경우 두 가지 재현율 형태가 모두 100%가 된다는 점에 유의해야 한다. 따라서 ROC 곡선의 끝점은 항상 (0, 0) 및 (100, 100)에 있으며, 무작위 방법은 이러한 점을 연결하는 대각선을 따라 성능을 나타낼 것으로 예상한다. 이 대각선 위에서 얻은 리프트lift는 접근의 정확성에 대한 아이디어를 제공한다. ROC 곡선 아래의 영역은 특정 방법의 효과에 대한 구체적인 정량적 평가를 제공한다. 그림 7.4(a)에 표시된 영역을 직접 사용할 수 있지만, 계단과 같은 ROC 곡선은 $X$축이나 $Y$축에 평행하지 않은 로컬 선형 세그먼트를 사용하도록 수정되는 경우가 많다. 그런 다음 사다리꼴 공식[195]을 사용해 영역을 좀 더 정확하게 계산한다. 실용적인 관점에서 보면, 이 변화는 대개 최종 계산에 거의 영향을 주지 않는다.

이러한 서로 다른 그래픽으로 된 표현에서 얻은 통찰력을 설명하기 위해 5개 아이템이 진정으로 관련성이 있는 100개의 아이템을 가진 시나리오의 예를 살펴보자. 모든 아이템을 1에서 100까지 순위를 매기는 이 데이터 세트에 두 개의 알고리듬 $A$와 $B$가 적용되며, 추천 목록에서 하위 순위를 먼저 선택한다. 따라서 참-양성율 및 거짓-양성율 값은 관련 아이템 5개 아이템의 순위로부터 생성할 수 있다. 표 7.1에서는 진정으로 관련된 5개 아이템에 대한 일부 가상의 순위를 다른 알고리듬에 대해 설명한다. 또한 랜덤 알고리듬에 대한 실측 양성 아이템의 순위를 표시했다. 이 알고리듬은 모든 아이템의 순위를 임의로 매긴다. 마찬가지로, 추천 리스트의 5개 아이템에 정확한 순위를 매기는 "정답" 알고리듬의 순위 또한 표에 설명돼 있다. 결과 ROC 곡선은 그림 7.4(a)에 나와 있다. 해당 정밀도-재현율 곡선은 그림 7.4(b)에 나타나 있다. ROC 곡선은 항상 단조적으로 증가하는 반면, 정밀도-재현율 곡선은 단조로운 것이 아니라는 점에 유의한다. 정밀도-재현율 곡선은 ROC 곡선만큼 잘 해석되지 않지만, 두 경우 모두 서로 다른 알고리듬 간의 상대적 추세가 동일하다는 것을 쉽게 알 수 있다. 일반적으로 해석 용이성이 크기 때문에 ROC 곡선을 더 자주 사용한다.

이 곡선이 말해주는 것은 무엇인가? 한 곡선이 다른 곡선보다 더 큰 경우 더 큰 곡선의 알고리듬이 더 성능이 좋다. 예를 들어 정답 알고리듬이 모든 알고리듬보다 우수하고 무작위 알고리듬이 다른 모든 알고리듬보다 성능이 좋지 않다는 것은 명확하다. 반면 알고리듬 $A$와 $B$는 ROC 곡선의 서로 다른 부분에서 우세함을 보여준다. 이런 경우 한 가지 알고리듬이 엄격히 성능이 좋다고 보기는 어렵다. 표 7.1에서 알고리듬 A는 관련 아이템 3개를 매우 높게 평가하지만 나머지 2개 아이템은 순위가 낮다. 알고리듬 B의 경우 5개의 관련 아이템이 모두 순위 임계값threshold 으로 훨씬 일찍 결정되지만, 최상위 아이템은 알고리듬 $A$만큼 순위가 높지 않다. 이에 따라 알고리듬 A는 ROC 곡선의 앞부분에서 우세하지만 알고리듬 B는 뒷부분에서 우세하다. ROC 곡선 아래 영역을 알고리듬의 전체 효율성을 위해 대신 사용할 수 있다. 그러나 일반적으로 추천 목록의 크기에 실질적인 제한이 있기 때문에 ROC 곡선의 모든 부분이 똑같이 중요하지는 않다.

앞에서 언급한 설명은 ROC 곡선이 각 사용자마다 다르기 때문에 고객별 ROC 곡선의 생성을 설명했다. 또한 사용자-아이템 쌍의 순위를 매기고 위에서 논의한 것과 동일한 접근법을 사용해 글로벌 ROC 곡선을 생성할 수도 있다. 사용자-아이템 쌍의 순위를 매기기 위해 알고리듬에는 예측된 선호도 값을 사용해 순위를 매기는 메커니즘이 있다고 가정한다. 예를 들어 사용자-아이템 쌍에 대한 예상 평점을 사용해 순위를 매길 수 있다.

### 7.5.5 어떤 순위 측정 척도가 가장 좋은가?

ROC 곡선은 추천 시스템을 평가하는 데 종종 사용하지만 항상 최종 사용자의 관점에서의 성능을 반영하는 것은 아니다. 많은 환경에서 최종 사용자는 상위 아이템들의 작은 하위 집합만 보게 된다. 상위 순위와 하위 순위 아이템을 동등하게 처리하는 ROC 및 켄달 계수와 같은 측정 척도는 상위 순위 아이템의 중요성을 더 많이 포착할 수 없다. 예를 들어 추천 목록에서 1위와 2위로 순위가 매겨진 두 아이템 간의 상대적 순위는 추천 목록에서 100위와 101위로 순서가 매겨진 두 아이템의 상대적 순위보다 훨씬 중요하다. 이러한 맥락에서, NDCG와 같은 유용성 기반 측정은 순위가 높은 아이템과 낮은 순위 아이템을 구별하기 위해 순위 상관계수 또는 ROC 측정보다 훨씬 효율적이다.

## 7.6 평가 측정 척도의 한계

정확도 기반 평가 측정 척도는 추천 시스템에서 선택 바이어스로 인해 발생하는 여러 가지 약점이 있다. 특히 사용자가 인기 있는 아이템을 평가하는 경향이 있으므로 평점 행렬에서 누락된 아이템은 랜덤이 아니다. 그림 7.3에서 볼 수 있듯이 몇 가지 아이템이 많은 사용자에 의해 평가되는 반면 대다수의 아이템은 롱테일 부분에서 찾을 수 있다. 인기 있는 상품에 대한 평점 분포는 대부분 긴 꼬리의 아이템 분포와 다르다. 아이템이 매우 인기가 많은 것은 주목할 만한 콘텐츠이기 때문일 것이다. 이 요소는 해당 아이템의 평점에도 영향[4]을 미친다. 결과적으로 대부분의 추천 알고리듬의 정확도는 인기 있는 아이템과 롱테일의 아이템에 따라 다르다[564]. 일반적으로 특정 사용자가 지금까지 특정 아이템을 평가하지 않았을 때 사용자에게 모든 아이템을 평가하도록 강요하면 입력하는 평점에 큰 영향을 미친다. 이 문제는 다음과 같이 다소 다른 맥락에서 [184]에 설명한다.

---

4 관련된 효과는 관측된 평점이 평가를 많이 하는 사용자에 의해 입력될 가능성이 있다는 것이다. 평가를 많이 하는 사용자는 그렇지 않은 사용자와 비교해 다른 패턴의 평점을 입력할 수 있다.

"직관적으로 간단한 프로세스로 결과를 설명할 수 있다. 사용자는 자신이 듣는 노래를 평가하고 좋아할 만한 음악을 듣고 싫어하는 장르를 피할 수 있었다. 따라서 나쁜 평점을 얻는 대부분의 노래는 사용자가 자발적으로 평가하지 않는다. 사람들은 거의 무작위로 노래를 듣거나 무작위 영화를 거의 보지 않기 때문에 무작위 아이템에 대한 평점 분포와 사용자가 선택한 아이템에 대한 해당 분포의 차이를 많은 영역에서 관찰해야 한다."

이러한 요소는 평가 프로세스에 바이어스 문제를 일으킨다. 결국 주어진 데이터 세트에 대한 평가를 수행하기 위해서는 실제 누락된 평점을 사용할 수 없다. 오히려 이미 지정한 평점에 대해 홀드-아웃 또는 교차-검증 메커니즘을 사용해 누락된 아이템을 시뮬레이션해야 한다. 따라서 시뮬레이션한 누락된 아이템은 이론적으로 미래에 실제 소비되는 아이템에 대해 얻을 수 있는 것과 유사한 정확성을 나타내지 못할 수 있다. 미래에 소비되는 아이템은 위에서 설명한 이유 때문에 누락된 아이템에서 무작위로 선택하지 않는다. 평점 분포의 이러한 특성은 또한 MNAR<sup>Missing Not At Random</sup> 또는 선택 바이어스[402, 565]로 알려져 있다. 이 속성은 알고리듬에 대한 잘못된 상대 평가로 이어질 수 있다. 예를 들어 평균 평점이 가장 높은 아이템을 추천하는 인기도 기반 모델은 무작위로 누락된 평점을 기반으로 평가하는 것보다 판매자에게 더 많은 수익을 얻는 측면에서 평가하는 것이 더 나을 수 있다. 이 문제는 추천 시스템에서 롱테일 아이템이 특히 중요하다는 사실에 의해 더욱 악화된다. 이러한 시스템의 수익 중 불균형적인 부분에 실현되기 때문이다.

이 문제에 대한 해결책은 여러 가지가 있다. 가장 간단한 해결책은 누락된 평점을 무작위로 선택하지 않고 나중에 평점을 매길 가능성에 따라 테스트 평점을 선택하는 모델을 사용하는 것이다. 또 다른 해결책은 학습과 테스트 간에 무작위로 평점을 나누지 않고 테스트 데이터의 일부로 최신 평점을 사용해 시간에 따라 평점을 나누는 것이다. 실제로 넷플릭스 프라이즈 경연 대회는 시험 세트에서 최근 평점을 사용했으나 최근 평점 중 일부는 검증 세트의 일부로도 제공했다. 최근 몇 년 동안 사용한 접근법은 평가 측정 값[565, 566]에서 누락된 평점 분포의 바이어스를 모델링해 이 바이어스를 수정하는 것이다. 이러한 접근 방식에는 몇 가지 장점이 있지만 평가 프로세스 자체가 평점 평가 방식을 모델로 가정한다는 단점이 있다. 이러한 접근 방식은 평가 프로세스와 같이 평점 예측에 사용한 것과 유사한 모델을 사용하는 알고리듬을 실수로 선호할 수 있다. 많은 최근 알고리듬[309]이 예측 과정에서 암시적 피드백을 사용한다는 것에 주목할 만하다. 이는 향후 예측 알고리듬이 평가 내 사용자 선택 바이어스 효과를 조정하는 데 사용하는 모델에 맞게 설계할 수 있는 가능성을 높인다. 누락된 평점을 관련성과 연관시키는 [565]의 가정은 상당히 합리적이지만 평가 메커니즘에 더 많은 가정(또는 복잡성)을 추가하면 벤치마킹 시 "게이밍"의 가능성이 높아진다. 결국 협업 필터링 평가에서 이러한 한계가 내재돼 있다는 것을 인식하는 것이 중요하다. 평가 시스템의 품질은 기본적으로 사용 가능한 실측 값의 품질에 의해 제한된다. 일반적으로 넷플릭스 데이터[309]에 대한 실험을 통해 관찰된 평점을 간단한 RMSE 측정 값을 사용하는 것이 모든 아이템의 정밀도와 큰 연관이 있음을 보여준다.

평가 바이어스의 또 다른 원인은 사용자 관심사가 시간과 함께 변할 수 있다는 사실이다. 결과적으로 홀드-아웃 세트의 성능은 미래의 성능을 반영하지 않을 수 있다. 완벽한 솔루션은 아니지만 학습 및 테스트 평점을 시간으로 분할해 사용하는 것은 합리적인 선택처럼 보인다. 비록 시간 분할로 인해 다소 다른 분포를 가진 학습 및 테스트 데이터를 사용해 테스트를 하겠지만 실제 환경을 더 가깝게 반영한다. 이러한 의미에서 넷플릭스 프라이즈 경연 대회는 다시 현실적인 평가 디자인의 훌륭한 모델을 제공한다. 평가 과정에서 시간적 방법에 대한 몇 가지 다른 변형은 [335]에서 논의한다.

## 7.6.1 평가 조작 방지

누락된 평점이 무작위가 아니라는 사실은 때때로 테스트 아이템의 사용자-아이템 쌍이 지정된 환경에서 의도하지 않은 (또는 의도된) 조작을 평가하는 것으로 이어질 수 있다. 예를 들어 넷플릭스 프라이즈 경연 대회에서는 평점이 지정되지 않았더라도 한정적 세트의 사용자-아이템 쌍 좌표를 지정했다. 한정적 세트 내 사용자-아이템 쌍의 좌표를 암시적 피드백(즉, 3.6.4.6절의 행렬 $F$)으로 통합함으로써, 추천의 품질을 향상시킬 수 있다. 이러한 알고리듬은 한정적 세트의 평가된 아이템의 ID에 관한 정보를 포함하지 않는 것보다 불공정한 이점이 있다고 주장할 수 있다. 그 이유는 실제 환경에서는 넷플릭스 프라이즈 데이터의 한정적 세트를 쉽게 사용할 수 있는 것처럼 평가 아이템의 향후 좌표에 대한 정보가 전혀 없기 때문이다. 따라서 암시적 피드백을 통합하는 추가 이점은 실제 환경에서 사라진다. 한 가지 해결책은 테스트 원소의 좌표를 지정하지 않고 모든 원소들을 평가하는 것이다. 그러나 평점 행렬이 매우 큰 치수(예를 들어 $10^7 \times 10^5$)를 갖는 경우, 모든 원소를 예측하는 것은 비현실적이다. 또한 넷플릭스 프라이즈와 같은 온라인 경연 대회에서 이런 많은 수의 예측을 저장하고 업로드하는 것은 어렵다. 그러한 경우, 대안은 테스트 세트 내에 평점이 매겨지지 않은 아이템을 포함시키는 것이다. 이러한 아이템은 평가에 사용되지 않지만 암시적 피드백으로 테스트 원소의 좌표를 사용하는 것을 방지하는 효과가 있다.

## 7.7 요약

추천 시스템의 평가는 다른 알고리듬의 품질에 대한 분명한 아이디어를 얻기 위해 중요하다. 추천 시스템의 효과를 측정하는 가장 간단한 방법은 추천 아이템이 실제 사용되는 전환율을 계산하는 것이다. 이는 사용자 연구 또는 온라인 연구를 통해 확인할 수 있다. 이러한 연구는 대규모 사용자 그룹과 관련된 인프라 사용이 어렵기 때문에 연구자와 실무자가 진행하기 어려운 경우가 있다. 오프라인 방법은 여러 히스토리컬 데이터 세트와 함께 사용할 수 있다는 이점이 있다. 이러한 경우 정확도를 극대화하는 것이 항상 전환율을 장기간 동안 높이지 않기 때문에 정확도를 유일한 기준으로 사용하는 것은 위험하다. 커버리지, 참신성, 의외성, 안정성 및 확장성과 같은 다양한 기준을 추천 시스템의 효과를 평가하는 데 사용해야 한다.

평가 프로세스에 바이어스가 없도록 추천 시스템에서 사용하는 평가 시스템을 적절하게 설계해야 한다. 예를 들어 협업 필터링을 이용하는 애플리케이션에서는 모든 평점이 샘플 외부 방식 out-of-sample approach으로 평가되는지 확인하는 것이 중요하다. 홀드-아웃 및 교차 검증과 같은 다양한 방법은 샘플 밖의 평가를 보장하기 위해 사용한다. 오류는 MAE, MSE 및 RMSE와 같은 측정 값으로 계산한다. 일부 측정 값에서는 아이템의 차등 중요성을 고려해 가중치를 다르게 부여한다. 순위 방법의 효과를 평가하기 위해 순위 상관관계, 유용성 기반 측정 또는 사용량 기반 측정을 사용할 수 있다. 사용량 기반 측정의 경우 추천 목록의 크기를 변경하는데 내재된 트레이드 오프를 특성화하기 위해 정밀도와 재현율을 사용한다. 정밀도와 재현율 간의 조화 평균인 F1 측정도 사용한다.

## 7.8 참고문헌

[246, 275, 538]에서 추천 시스템 평가에 대한 훌륭한 토론은 찾을 수 있다. 평가는 사용자 연구 또는 히스토리컬 데이터 세트를 사용할 수 있다. 사용자 연구를 통한 평가에 대한 가장 초기의 작업은 [339, 385, 433]에서 찾을 수 있다. 히스토리컬 데이터 세트를 가진 추천 알고리듬의 평가에 대한 초기 연구는 [98]에서 찾을 수 있다. 콜드 스타트cold-start가 있을 때 추천 시스템을 평가하기 위한 지표는 [533]에서 논의한다. 웹 애플리케이션의 온라인 평가를 위한 제어 실험은 [305]에서 논의한다. 온라인 평가 설계에 대한 일반적인 연구가 [93]에 나와 있다. 멀티암 밴딧 시스템의 평가는 [349]에서 논의한다. 인간의 의사 결정과 관련한 온라인 추천 시스템의 비교는 [317]에서 제공된다.

[246]에서는 평가를 위한 정확도 메트릭의 몇 가지 변형을 제시한다. 이 아티클은 추천 시스템의 평가에 있어 가장 중요한 권위 있는 아티클 중 하나일 것이다. RMSE를 평가 측정 값으로

사용하는 위험은 [632]에서 제시한다. MAE와 RMSE를 정확도 측정 항목으로 사용하는 상대적인 장점에 대한 간략한 기술 노트는 [141]에서 찾을 수 있다. 정확도 측정 항목을 사용할 때의 문제점과 위험은 [418]에서 논의한다. 추천 시스템을 평가하는 또 다른 방법은 [459]에 나와 있다. 참신성의 중요성에 대한 논의는 [308]에서 제공한다. 추천 시스템의 참신성을 측정하는 온라인 방법은 [140, 286]에 나와 있다. 참신성을 측정할 때 대중적으로 사용하는 것은 [140, 539, 680]에서 논의한다. [670]는 사용자 레이블링을 통해 추천 시스템에서 놀라운 가능성을 달성할 수 있음을 보여줬다. 의외성을 평가하기 위한 측정 항목은 [214, 450]에서 논의한다. [214]의 연구는 커버리지 측정 항목의 사용을 연구한다. 다양성 측정 기준은 [560]에서 논의한다. 판매 다양성에 대한 추천 시스템의 영향은 [203]에서 논의한다. 추천 시스템에 대한 견고성 및 안정성 측정 항목은 [158, 329, 393, 444]에서 논의한다. 분류 시스템의 평가에 대한 연구는 [18, 22]에서 찾을 수 있다. 이 책에 논의한 것들은 홀드-아웃 및 교차 검증과 같은 사용된 표준 기술을 이해할 수 있게 도와준다.

순위 상관 방법은 [298, 299]에서 논의한다. 정규화된 거리 선호도 측정은 [505]에서 논의한다. 유용성 기반 순위 평가를 위한 R-스코어는 [98]에서 논의한다. NDCG 측정은 [59]에서 논의한다. 리프트 지수는 [361]에서 논의됐으나, 평균 상호 적중률$^{ARHR}$은 [181]에서 제안했다. 분류의 맥락에서 ROC 곡선에 대한 논의는 [195]에서 확인할 수 있다. 그러나 동일한 아이디어가 추천 시스템의 경우에도 적용 가능하다. 고객별 및 글로벌 ROC 곡선의 사용은 [533]에서 논의한다.

추천 시스템의 한 가지 한계는 평점에 대한 값이 상대적인 빈도와 관련돼 있고 누락된 아이템이 종종 롱테일에 있다는 것이다. 따라서 교차 검증 또는 홀드-아웃 메커니즘을 사용하면 빈번하지 않은 아이템에 대해 선택 바이어스를 유도할 수 있다. 누락된 아이템 바이어스를 수정하기 위한 근래의 여러 가지 방법은 [402, 564-566]에서 논의한다. [565]의 접근법은 누락된 평점을 결정하는 관점에서 관련 있거나 관련 없는 아이템에 대해 서로 다른 가정을 사용하도록 제안한다. 또한 학습 알고리듬은 이러한 가정에 기초해 설계된다. [565] 현실적인 평가를 위한 시간적 프레임워크는 [335]에서 논의한다. 추천 시스템은 특정 컨텍스트가 있는 경우와 같이 다양한 설정에서 다소 다르게 평가해야 한다. 이러한 컨텍스트에는 시간, 위치 또는 사회적 정보를 포함할 수 있다. 시간적 데이터의 맥락에서 추천 시스템을 위한 평가 프레임워크는 [130]에서 제공한다. 추천 시스템의 평가에 전적으로 전념한 최근의 워크숍은 [4]에서 찾을 수 있다.

# 7.9 연습 문제

1. 판매자가 $i$번째 아이템의 판매에 대한 이익 $q_i$의 금액을 알고 있다고 가정한다. 이익이 있는 각 아이템의 중요도를 가중시키는 협업 필터링 시스템의 오류 측정 항목을 설계하라.

2. 협업 필터링을 위한 알고리듬을 설계하고 5점 만점인 평가에서 성능이 좋지 않았지만 다른 평점에서 잘 수행하고 있는 것으로 나타났다. 이 정보를 사용해 알고리듬을 수정하고 알고리듬을 다시 테스트했다. 두 번째 평가를 할 때 발생하는 위험에 대해 토론하라. 넷플릭스가 넷플릭스 프라이즈 데이터 세트에서 퀴즈 세트와 테스트 세트를 분리하는 이유를 설명하라.

3. ROC 및 정밀도-재현율 곡선을 구성하는 알고리듬을 구현하라.

4. 단항으로 평가한 암묵적 피드백 데이터가 있다고 가정하자. ROC 곡선이 더 의미 있는 결과를 제공할 것인가 아니면 RMSE 측정 항목을 제공할 것인가?

5. 〈에이리언〉(5), 〈터미네이터〉(5), 〈네로〉(1), 〈글래디에이터〉(6)에 대한 자신의 평점을 숨긴 사용자 존이 있다고 하자. 괄호 안의 값은 그의 숨겨진 평점을 나타내며, 더 높은 값이 더 좋은 것이라고 할 때 추천 시스템이 이러한 영화의 순위를 〈터미네이터〉, 〈에이리언〉, 〈글래디에이터〉, 〈네로〉 순으로 매기는 시나리오를 생각해보자.

   (a) 스피어만 순위 상관계수를 추천 순위 품질의 척도로 계산하라.

   (b) 켄달 순위 상관계수를 순위 품질의 척도로 계산하라.

6. 연습 5의 문제점에 대해서는 영화 $j$에 대한 존의 유용성은 최대 $\max\{r_{ij} - 3, 0\}$까지 주어지는데, 여기서 $r_{ij}$는 그의 평점이다.

   (a) 이 유용성의 가정하에서, 존에 대한 R-점수를 계산하라. 반감기 값을 $\alpha = 1$로 가정한다.

   (b) 시스템에 총 10명의 사용자가 있는 경우, 동일한 유용성 가정을 위해 존에 대한 할인된 누적 이득DCG의 구성 요소를 계산하라.

7. 연습 5의 문제에 대해서 존의 숨겨진 평점만이 존재하며, 추천 시스템의 예상 평점은 〈에이리언〉(4.3), 〈터미네이터〉(5.4), 〈네로〉(1.3), 〈글래디에이터〉(5)라고 가정한다. 괄호 안의 값은 예측 평점을 나타낸다.

   (a) 예측 평점의 MSE를 계산하라.

   (b) 예측 평점의 MAE를 계산하라.

   (c) 예측 평점의 RMSE를 계산하라.

   (d) 모든 평점이 {1 . . . 6} 범위에 있다고 가정해 정규화된 MAE 및 RMSE를 계산하라.

# 8

# 컨텍스트에 맞는 추천 시스템

"제게 컨텍스트는 모든 것에 대한 이해를 제공하는 핵심이다."

— 케네스 놀랜드

## 8.1 개요

컨텍스트에 맞는 추천 시스템은 추천이 만들어지는 특정 컨텍스트를 정의하는 추가 정보에 맞게 추천 결과를 조정한다. 이 추가 정보를 컨텍스트라고 한다. 컨텍스트의 몇 가지 예는 다음과 같다.

1. 시간: 추천은 평일, 주말, 공휴일 등과 같은 시간의 여러 측면에 의해 영향을 받을 수 있다. 아침의 컨텍스트와 관련된 추천은 저녁과 관련이 없을 테고, 그 반대의 경우도 마찬가지다. 의류 추천에 있어서 여름과 겨울의 추천은 다를 수 있다. 시간에 민감한 여러 추천 방법론에 대해서는 9장에서 설명한다. 실제로 8장에서 설명하는 사전 필터링 및 사후 필터링과 같은 일부 방법론은 9장의 시간적 컨텍스트에서 다시 다루게 된다.

2. 위치: GPS 지원이 되는 휴대전화의 인기가 증가함에 따라 위치에 따른 추천의 중요성은

증가하고 있다. 예를 들어 여행하는 사용자는 자신의 지역의 레스토랑을 추천받고 싶어 할 수 있다. 컨텍스트에 맞는 시스템은 위치를 컨텍스트로 사용해 더욱 관련성이 있는 추천을 제공할 수 있다. 9장에서는 위치 인식 시스템의 몇 가지 예를 소개하겠다.

3. **사회 정보**: 추천의 관점에서 사회적 맥락은 중요하다. 일례로 사용자의 친구, 태그 및 사회적 관계의 선택은 추천 프로세스에 영향을 미친다. 마찬가지로 사용자는 부모님과 영화를 보는지, 남자친구와 영화를 보는지에 따라 다른 영화를 볼 수도 있다[5]. 사회 추천 시스템은 10장과 11장에서 논의된다.

이러한 시스템 중 일부는 컨텍스트 시스템으로 간주될 수 있다. 사용자의 컨텍스트는 다양한 방법으로 찾을 수 있다. 어떤 경우는 이미 데이터가 있기 때문에 약간의 노력만 더하면 학습시킬 수 있다. 예를 들어 휴대폰의 GPS 수신기는 고객의 위치를 나타내고 거래 시간 기록은 시간을 의미한다. 이러한 방법론은 암시적 수집 방법론[466]이라 한다. 다른 경우에는 컨텍스트를 쉽게 사용할 수 없다. 예를 들어 설문 조사 또는 기타 수단을 통해 정보를 수집해 명시적으로 학습할 수 있다. 마지막으로 경우에 따라 데이터 마이닝 및 추론 도구를 사용해 컨텍스트 정보를 수집할 수 있다.

사용자 집합 $U$와 아이템 집합 $I$를 가진 전통적인 추천 시스템에서는 $U \times I$의 집합이 평점으로 매핑된다. 이 결과는 $|U| \times |I|$ 사이즈의 (불완전하게 지정된) 평점 행렬이 된다. 컨텍스트 인식 시스템에서는 $C$라는 집합 안에 컨텍스트 가능성의 추가 집합이 있다. 예를 들어 $C$ 집합은 하루의 시간이라는 컨텍스트의 {아침, 오후, 밤}일 수 있다. 이 경우 더 이상 $U \times I$의 가능성을 매핑할 수 없는 것이 동일한 사용자가 시간이 아침, 오후 또는 밤인지에 따라 아이템에 대한 다른 선호가 있을 수 있기 때문이다. 컨텍스트는 더욱 세련되고 정확한 추천 결과를 내기 위해서는 반드시 포함돼야 한다. 따라서 컨텍스트에 맞는 추천 시스템에서 $U \times I \times C$의 가능성은 평점에 매핑된다. 공식적으로 사용자, 항목 및 컨텍스트를 평점에 매핑하는 함수 $h_R$은 다음과 같이 작성할 수 있다.

$$h_R : U \times I \times C \rightarrow rating$$

함수 $h_R$은 적용되는 데이터 집합을 나타내기 위해 $R$과 함께 기입된다. 이 경우 평점 데이터 $R$은 사용자, 항목 그리고 컨텍스트에 대응하는 3차원 평점 데이터 큐브다. 단일 추천 형태로 여러 유형의 컨텍스트를 사용할 수 있다. 예를 들어 시간 외에 위치, 날씨 또는 사회적 컨텍스트를 사용할 수 있다. 따라서 추천은 여러 컨텍스트 차원을 가질 수 있다. 이렇게 하면 평점을 나타내는 다차원 큐브가 생성된다. 8장의 후반부에서 보게 되겠지만, 다차원 표현은 다양한 컨텍스트를 원활하게 표현하는 데 사용될 수 있다. 8장에서는 이러한 다차원 컨텍스트 모델에 대해 다뤄볼 것이다.

8장은 다음과 같이 구성된다. 8.2절은 컨텍스트 추천에 대한 다차원 모델을 설명한다. 컨텍스트 사전 필터링 및 축소 접근법은 8.3절에서 설명한다. 사후 필터링 방법론은 8.4절에서 다루며, 컨텍스트를 추천 프로세스에 직접 통합하는 과정은 8.5절에서 설명한다. 마지막으로 요약은 8.6절에서 다루게 된다.

## 8.2 다차원 접근법

추천에 있어서 전통적인 문제는 사용자-아이템 조합에서 평점에 이르는 매핑 함수를 학습하는 것으로 볼 수 있다. 해당 함수 $f_R$은 다음과 같이 정의할 수 있다.

$$f_R : U \times I \rightarrow \text{rating} \tag{8.1}$$

2차원 평점 행렬은 이 함수에서 매핑을 만드는 데 사용된다. 따라서 이 함수는 사용자와 아이템이라는 2차원 공간의 점을 평점과 매핑한다. 물론 차원은 원칙적으로 사용자나 아이템뿐만 아니라 모든 유형의 컨텍스트에 대응할 수 있다. 이 일반적인 원칙은 추천에 다차원 접근 방식[6]을 권장하며, 이 경우 평점에서의 문제는 서로 다른 차원 값 $w$ 집합을 평점에 매핑하는 것으로 간주한다.

$$g_R : D_1 \times D_2 \ldots \times D_w \Rightarrow rating$$

이 경우 2차원 사용자-아이템 조합이 기존 설정의 평점에 매핑되는 것처럼 평점 데이터 $R$에는 평점에 매핑되는 다양한 차원이 포함돼 있다. 이렇게 하면 2차원 행렬이 아닌 $w$차원 큐브가 생성된다. 서로 다른 $w$차원은 $D_1 \ldots D_w$으로 표시된다. 이들 중 두 가지는 고전적 다차원 추천 케이스와 같이 항상 사용자와 아이템이다. 하지만 $D_i$와 같은 다른 값들은 다른 컨텍스트를 뜻한다. 예를 들어 이 컨텍스트는 시간, 위치 등을 의미할 수 있다. 따라서 기존의 추천 문제는 다차원 접근법에서 단 두 차원만이 사용자와 아이템인 특별한 경우라 할 수 있다. 이 일반화를 볼 수 있는 좋은 방법은 전통적으로 데이터 웨어하우징에 사용되는 온라인 분석 처리<sup>OLAP</sup> 데이터 큐브 [145]이다. 3차원을 가진 OLAP 큐브의 예는 그림 8.1처럼 사용자, 아이템(영화) 및 시간이다. 이 큐브의 각 셀에는 특정 사용자, 아이템 및 시간 조합에 대한 평점이 포함돼 있다. 이 경우 컨텍스트는 정렬된 변수(시간)이지만 분석 프로세스 중에는 일반적으로 개별 값<sup>discrete value</sup>으로 처리된다. 또한 평일, 주말 또는 계절과 같은 일부 시간 표현은 정렬되지 않는다. 마찬가지로 컨텍스트 차원은 정렬된 변수로 표현되지 않는 위치일 수 있다. 데이터 큐브의 예시에는 컨텍스트 차원을 불연속으로 처리하는 것이 필수적이다.

평점 함수 $g_R$은 인수<sup>argument</sup> 수가 $w$차원 수와 같은 부분 함수로 정의된다. 그림 8.1의 예에서 평점함수 $g_R$(데이비드, 터미네이터, 9PM)은 오후 9시에 영화 〈터미네이터〉를 시청할 때 사용자

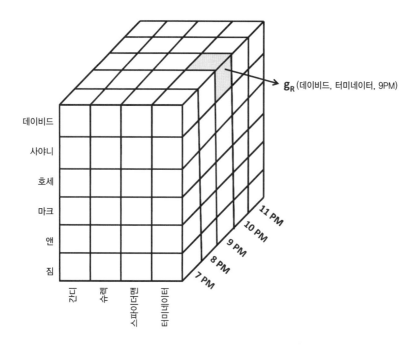

$g_R$ (데이비드, 터미네이터, 9PM)

데이비드
사야니
호세
마크
앤
짐

간디
슈렉
스파이더맨
터미네이터

11 PM
10 PM
9 PM
8 PM
7 PM

**그림 8.1** 다차원 평점 큐브

데이비드가 부여한 평점을 나타낸다. 이 부분은 그림 8.1에서 볼 수 있다. 매핑함수 $g_R$은 관찰된 평점 값에 해당하는 셀의 하위 집합에 대해서만 정의되기 때문에 부분이라고 한다. 나머지 값은 컨텍스트 추천을 만들기 위해 데이터 기반 방식으로 학습해야 한다. 컨텍스트는 사용자의 속성, 아이템의 속성, 사용자-아이템 조합의 속성 또는 완전히 독립적인 속성일 수 있다. 예를 들어 데 이비드가 오후 9시에 〈터미네이터〉를 시청할 때 오후 9시의 컨텍스트는 사용자와 영화 둘 다 관련이 있는 이유는, 사용자가 특정 시간에 영화를 시청함과 시간이 사용자 또는 아이템과 독점 적으로 관련되지 않기 때문이다. 그러나 컨텍스트가 둘 중 하나와만 관련될 수도 있다. 예를 들 어 평점 행렬과 인구통계학적 특성을 기반으로 사용자에게 영화를 추천하는 동영상 추천 앱을 생각해보자. 이러한 경우 컨텍스트는 사용자와 명확하게 관련돼 있다. 그러나 일반적으로 컨텍 스트가 사용자 또는 아이템에서 완전히 독립적인 존재로 처리되기 때문에 컨텍스트와 관련된 유저는 중요하지 않다. 따라서 사용자 및 아이템에 각각 할당된 개별 차원과 마찬가지로 각 컨 텍스트에 별도의 차원이 할당된다. 이 요약은 컨텍스트에 맞는 추천의 가장 일반적인 사례를 해 결하는 데 도움이 된다.

　더욱 일반적인 수준에서 이 아이디어는 $D_1 \ldots D_w$에서 두 개의 분리된 하위 집합을 사용해 값 의 최상단 조합을 쿼리하는 것과 관련이 있다. 차원 $D_1 \ldots D_w$에서 선택된 하위 집합은 "어떤" 집합인가와 "누구를 위한" 차원인지에 대해서다. 각 차원은 두 범주 중 하나에 속하지만 두 범주에 모두 속할 수는 없다. 일반적인 쿼리는 다음과 같다.

> "누구를 위한" 차원에서 특정 값에 대한 "어떤" 차원의 상위-$k$ 확률을 찾으시오.

기존의 추천 시스템에서 아이템에 대한 차원은 항상 "어떤" 차원 범주에 속하지만 사용자에 대한 차원은 항상 "누구를 위한" 차원 범주에 속하게 된다. 그러나 다차원 추천 시스템에서는 이 제약 조건이 적용되지 않는다. 공식적으로 다차원 추천 문제는 다음과 같이 정의할 수 있다[6].

**정의 8.2.1(다차원 추천)** 추천 공간 $D_1 \times D_2 \ldots \times D_w$과 평점함수 기능 $g_R : D_1 \times D_2 \ldots \times D_w \to$ $rating$에서 추천 문제는 "어떤" 차원 $D_{i_1} \ldots D_{i_p}$을 선택하는지와 "누구를 위한" 차원 $D_{j_1} \ldots D_{j_q}$에 의해 정의된다. 이 둘은 중첩되지 않으며 추천에서의 쿼리 튜플은 최대 예측 평점 값이 $g_R(d_1, d_2, \ldots, d_w)$이며 상위-$k$ 튜플이 $(d_{i_1} \ldots d_{i_p}) \in D_{i_1} \times \ldots \times d_{i_p}$인 $(d_{j_1} \ldots d_{j_q}) \in D_{j_1} \times \ldots \times D_{j_q}$이다.

즉, "대상" 차원 조합의 순위 목록은 "누구를 위해"라는 쿼리에 대한 응답으로 권장된다. 추천 사항의 전통적인 2차원 모델은 사용자에게 항목을 권장하는 이 시나리오의 특별한 경우다. 따라서 항목은 항상 "무엇" 범주에 속하며 사용자는 항상 "누구를 위해" 범주에 속한다. 다차원 추천 시스템에서는 "무엇"과 "누구를 위해" 항목 사이의 세분화가 임의적일 수 있기보다는 일반적인 프레임워크가 사용된다. 예를 들어 각 사용자에 대해 최적의 항목 시간 조합을 추천하거나 각 항목에 가장 적합한 사용자 시간 조합을 추천할 수 있다. 또는 각 사용자 항목 조합에 가장 적합한 시간을 권장할 수 있다. 사용자와 항목은 모두 마지막 사례의 "대상" 범주에 속한다. 소셜 적용 사례에서는 특정 사용자-동영상 조합에 대해 영화를 볼 수 있는 최고의 피어를 추천할 수 있다. "무엇" 및 "누구를 위해" 차원의 결합은 $w$차원의 전체 집합의 적절한 하위 집합일 수 있다. $w = 4$이고 사용자 및 항목 차원 외에 시간 및 위치 컨텍스트가 있는 경우를 가정해보겠다. 쿼리는 시간을 완전히 무시하고 위치 컨텍스트만 사용해 추천 사항을 만들 수 있다.

상기 설명에 반영되는 바와 같이 다차원 모델은 특히 풍부하며, 권장 사항의 제형을 결정하는 데 있어 넓은 여유를 허용한다. 실제로 RQL(추천 쿼리 언어)이라고 하는 쿼리 언어[9]는 다차원 추천 시스템에서 다양한 유형의 권장 요청을 공식화하기 위해 개발됐다. 이러한 쿼리 언어는 쿼리 프로세스에서 "무엇을" 및 "누구를 위해" 차원의 다른 하위 집합을 선택하고 체계적인 쿼리 응답 방법을 개발하는 데 특히 유용하다.

## 8.2.1 계층 구조의 중요성

기존 OLAP 모델에서는 계층 구조가 다양한 차원에 걸쳐 정의되는 경우가 많다. 예를 들어 세일즈 적용 사례에서 데이터 큐브의 다양한 셀은 판매 값에 해당하며 위치 차원은 도시, 상태, 지역 등과 같은 다양한 계층적 수준을 가질 수 있다. 상태, 지역 또는 국가의 수준에서 판매를 집계할 수 있다. 또한 특정 기간 동안 특정 지역의 판매를 집계해 위치 차원과 시간 차원을 결합할 수 있다. 이러한 집계는 다차원 추천 시스템에서도 수행할 수 있다. 계층 구조는 집계된 분석을 수행할 수 있는 다양한 수준의 추상화를 제공하기 때문에 컨텍스트에 민감한 추천 시스템에서도 유용하다.

집계된 분석을 수행하기 위해 차원의 일부 또는 전부가 계층 구조와 연관된 계층이 있다고 가정한다. 이러한 계층 구조는 추천 시스템 입력 값 중 일부다. 계층 구조의 특성은 특히 도메인에 따라 다르며 어떻게 적용하느냐에 따라 다르다. 다음과 같은 예시가 있다.

1. 위치 차원에는 도시, 주, 지역, 국가 등과 관련된 계층 구조가 있을 수 있다.
2. 인구통계학적 정보가 사용자와 연결된 경우 연령이나 직업과 같은 인구통계학적 계층을 정렬할 수도 있다. 연령과 같은 차원은 다양한 계층적 세분화로 이산될 수 있다.
3. 항목 차원은 북미 산업 분류 시스템NAICS과 같은 표준 산업 계층 구조를 사용할 수 있다. 또는 다양한 장르 또는 하위 장르를 사용해 여러 제품 도메인에서 항목을 나타낼 수 있다(영화 도메인이 그 예시이다).
4. 시간 등의 차원은 시간, 일, 주, 월 등과 같은 다양한 세분화된 계층 구조 수준에서 나타낼 수 있다.

분명히 사용자는 사용할 계층 구조에 대해 미리 신중하게 선택해야 하므로 지정된 적용 사례에서 가장 관련성이 뛰어난 분석이 수행될 수 있다. 또한 가장 관련성이 좋은 컨텍스트 차원 $D_1 \ldots D_w$을 선택하는 것도 중요하다. 이 문제는 기존의 분류 및 머신러닝 문헌에서 피처 선택[18, 22]과 밀접한 관련이 있다. 또는 도메인 전문가가 이러한 차원을 선택할 수 있다.

사용자, 항목(영화) 및 시간에 대한 가능한 계층 구조의 예는 그림 8.2에 표시된다. 사용자는 연령별로 분류되고, 영화는 장르별로 분류되며, 시간은 시간대별로 분류된다. 이제 그림 8.1의 예에서 이러한 계층 구조가 사용되는 경우를 고려해보자. 이러한 계층 구조를 사용하면 $g_R$(데이비드, 터미네이터, 오후 7시) 대신 $g_R$(데이비드, 터미네이터, 저녁)과 같은 더욱 일반적인(집계된) 쿼리를 만들 수 있다. 후자는 데이비드가 영화 터미네이터를 얼마나 좋아하는지 평균적으로 예측하는 반면, 전자는 오후 7시 쇼에서 영화를 본다면 얼마나 좋아할지 예측하게 된다. 극단적인 끝에서 $g_R$(데이비드, 액션, 언제든지)과 같은 쿼리는 시간 컨텍스트를 완전히 무시하고 특정 장르의 영화 장르에 초점을 맞추는 것과 일치한다. 이 쿼리는 언제든지 시청되는 액션 영화에 대한 데이비드의 평균 평점을 추정한다. 따라서 계층 구조는 컨텍스트 관점에서뿐만 아니라 사용자 및 항목 차원에 대한 계층적 분석의 관점에서도 유용하다.

사용자 및 항목 차원에 대한 계층 분석을 결합할 수 있다. 데이비드와 같은 특정 사용자에 초점을 맞추기보다는 연령 범위[20, 30]의 사용자 수를 집계할 수 있다. 이것은 함수 $g_R$(사용자 $\in$ 연령[20, 30], 액션, 언제든지)로 이룰 수 있다. 그림 8.2의 계층 구조는 연령별로 사용자를 그

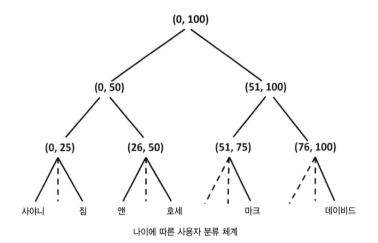

나이에 따른 사용자 분류 체계

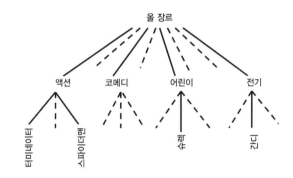

장르에 따른 아이템 분류 체계

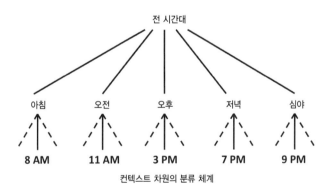

컨텍스트 차원의 분류 체계

**그림 8.2** 사용자, 아이템, 컨텍스트 분류 체계

룹화한다. 이러한 집계된 쿼리는 다차원 추천 시스템에서 일종의 집계로 볼 수 있다. 집계된 평점 $g_R$(데이비드, 액션, 언제든지)을 집계함수의 관점에서 다음과 같이 볼 수 있다.

$$g_R(데이비드, 액션, 언제든지) = \text{AGGR}_{(x \in 액션, \text{All } y)} \, g_R(데이비드, x, y) \tag{8.2}$$

기존 OLAP 적용에서는 셀의 관련 값을 합산해 관련 집계를 얻을 수 있다. 이를 기존 OLAP 시스템의 "롤업" 연산자라고도 한다. 그러나 추천 시스템에서는 추가보다는 평균에 대해 이야기하는 것이 더 의미가 있다. 액션 영화에 대한 데이비드의 평균 평점이나 액션 영화에 대한 최고 평점의 평균을 결정할 수 있다. 여기서 주요 과제는 부분적으로 함수로 정의된 원본 데이터 큐브에서 평점이 완전히 관찰되지 않는다는 것이다. 대부분의 경우 평점은 계층 구조의 하단 수준에서 매우 드문 방식으로 지정된다. 경우에 따라 관찰된 평점을 더 높은 수준으로 지정할 수도 있다. 예를 들어 일부 시스템에서 데이비드는 개별 영화에 대한 평점을 제공하는 대신 액션이나 코미디 영화를 향한 자신의 관심사를 직접 지정할 수 있다. 다차원 추천 시스템도 이러한 시나리오를 해결하도록 설계돼 있다. 따라서 중요한 단계는 계층 구조의 모든 수준에서 누락된 평점을 추정하는 것이다. 이러한 예상 평점은 원래 지정된 평점과 함께 다양한 쿼리에 대한 응답을 제공하는 데 사용할 수 있다. 따라서 다차원 평점 추정 문제는 다음과 같이 명시돼 있다.

**정의 8.2.2(다차원 평점 추정 문제)** 평점의 다차원 큐브에서 서로 다른 수준을 지정한 사용자 초기 할당 값을 통해 OLAP 계층 구조의 모든 수준에서 큐브의 다른 모든 평점을 추정하는 일이 있다.

다양한 전략으로 계층적 정보를 완전히 사용하는 것이 항상 가능한 것은 아니지만, 대부분의 기술은 다른 평점에서 가장 낮은 수준으로 평점을 예측할 수 있다. 컨텍스트 추천 사항을 수행하기 위한 기술은 세 가지 범주 중 하나에 속한다.

1. 컨텍스트 사전 필터링: 이러한 방법론에서는 관련 컨텍스트에 해당하는 평점 세그먼트가 미리 필터링된다. 그런 다음 이 관련 평점 세그먼트를 사용해 대상된 추천을 만든다.

2. 컨텍스트 사후 필터링: 이 방법론에서는 추천이 전체 글로벌 평점 집합에서 먼저 수행된다. 그 후 순위 추천 목록은 시간적 컨텍스트를 사용해 사후 처리 단계로 필터링되거나 조정된다.

3. 컨텍스트 모델링: 이 경우 컨텍스트 정보는 사전 필터링 또는 사후 필터링 단계가 아니라 예측함수에 직접 통합된다. 이는 기존 2차원 추천 시스템이 사용되는 이전 사례와 근본적으로 다르다. 컨텍스트 모델링은 모델링 프로세스에서 평점 행렬의 $w$차원과 직접 작동하는 가장 일반적인 방법이다. 이는 통합된 결과를 제공하지만 계산 집약적이거나 고차원 설정에서 실행하기 어려운 경우가 있다.

다음에 이어질 절에서는 추천을 만들기 위한 다양한 기술을 논의할 것이다. 사후 필터링과 같은 이 기술 중 일부는 다양한 차원에 대한 추가 측 정보를 사용하는 것이 주목할 만하다. 이러한 측면 정보는 특성attributes[1]으로 부른다. 일례로 사용자는 이름, 주소, 연령, 성별 또는 직업과 같은 인구통계학적 정보를 가질 수 있다. 영화와 같은 항목에는 제목, 배우, 감독 등과 같은 관련 정보

---

1 상품 조회, 검색, 구매와 같이 상품을 구매하기 위해 하는 일반적인 행동을 의미한다. - 옮긴이

가 있을 수 있다. 특성은 사용자 및 항목 차원뿐만 아니라 컨텍스트 차원과도 연결된다. 그 예로 사용자가 특정 동반자가 있는 동영상을 보려는 경우를 고려한다. 동반자 차원에는 이름, 동반자 유형(예: 친구 또는 부모) 및 연령이 포함될 수 있다. 8장의 후반 부분에서 볼 수 있듯이 이러한 유형의 측면 정보는 일부 유형의 컨텍스트 추천 사례에 중요한 경우가 많다. 차원과 연결된 특성 집합을 프로필profile이라고 한다. 항목 프로필과 사용자 프로필은 콘텐츠 기반 추천 모델 학습에 자주 사용된다(4장 참조). 이러한 특성은 컨텍스트 설정에 관한 많은 알고리듬에서도 유용하다.

## 8.3 컨텍스트 사전 필터링: 감소 기반 접근 방식

컨텍스트 사전 필터링은 감소[6]라고도 한다. 감소 기반 접근법에서 $w$차원 추정 문제를 2차원 추정 집합으로 줄이는 것이다. 2차원 추정 문제는 전통적 협업 필터링 시스템과 동일하다.

이 점을 이해하기 위해 3차원 추천 시스템의 예를 사용한다. 세 속성은 사용자($U$), 영화 항목 ($I$), 시간($T$)이다. 이러한 경우 평점 함수 $g_R$은 다음과 같이 정의된다.

$$g_R : U \times I \times T \rightarrow 평점$$

데이터 집합 $R$은 이 경우 3차원 큐브다. 매핑 $f_{R'}$은 다음과 같이 기존의 2차원 추천 시스템으로 고려해보자.

$$f_{R'} : U \times I \rightarrow 평점$$

이 경우 데이터 큐브 $R'$은 2차원 큐브로, $U$와 $I$ 두 차원만 존재한다. 당연하게도 컨텍스트 차원을 무시하는 것은 2차원 추천 시스템을 사용하는 것이다. 3차원 예측함수는 3차원 평점 행렬의 감소된 미분을 사용해 2차원 예측함수의 관점에서 표현될 수 있다. 시간 $t$에서 이 작업은 표준 데이터베이스 작업 쌍으로 $R$에서 2차원 평점 행렬 $R'(t)$를 파생해 수행된다.

$$R'(t) = 프로젝트_{U,I}(선택_{T=t}(R))$$
$$= \pi_{U,I}(o_{T=t}(R))$$

프로젝트 및 선택은 표준 데이터베이스 연산자다. 행렬 $R'(t)$는 먼저 시간이 $t$로 고정된 채 평점을 선택한 다음 사용자 및 항목 차원을 투영해 가져온다. 즉, 시간이 $t$에 고정되는 데이터 큐브의 2차원 조각은 $R'(t)$에 해당한다. 그림 8.3에서 오후 9시의 사용자-항목 슬라이스가 빗금쳐져 있다. 이 2차원 슬라이스는 기존의 공동 작업 필터링 알고리듬에 사용할 수 있는 사용자-항목 행렬을 만든다. 이러한 접근 방식을 사용해 오후 9시에 고정된 컨텍스트를 평점 예측에 활용할 수 있다. 일반적으로 3차원 평점 추정은 3차원 함수 $g_R$과 기존의 2차원 협업 필터링 기능 $f_{R'(t)}$와 함

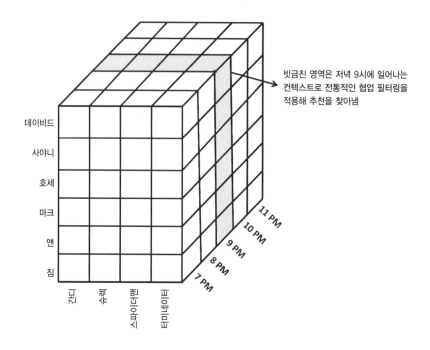

빗금친 영역은 저녁 9시에 일어나는 컨텍스트로 전통적인 협업 필터링을 적용해 추천을 찾아냄

**그림 8.3** 차원 축소 방법론으로 컨텍스트를 고정시켜 2차원 슬라이스를 추출함

께 이 슬라이스에서 체계적으로 2차원 평점 추정으로 감소될 수 있다.

$$\forall (u, i, t) \in U \times I \times T, g_R(u, i, t) = f_{R'(t)}(u, i)$$

이 방법은 나머지 $w-2$ 차원을 고정한 채, $w > 3$의 차원 $D_1 \ldots D_w$을 일반화하는데 쓰일 수 있다. 고정되지 않은 두 차원을 주요 차원이라고 하는 반면, 다른 차원은 컨텍스트 차원이다. 일반적인 적용 사례에서 사용자와 항목은 주요 차원이다. 컨텍스트 차원의 값을 고정해, 두 차원에 의해 정의된 데이터의 슬라이스 또는 세그먼트를 추출할 수 있다. 이러한 세그먼트에는 기존의 협업 필터링 알고리듬을 사용할 수 있다.

평점의 작은 하위 집합인 지정된 슬라이스만이 사용되므로 정확한 추천을 위한 충분한 평점이 없는 경우가 있다. 이러한 경우 $t$에서 평점을 다른 이웃 시간 조각과 집계해 보다 정확한 추천 내용을 만들 수 있다. 예를 들어 $t$ = 9PM을 사용하는 대신 저녁 7시부터 오후 11시까지 모든 $t$값을 사용한 다음 이러한 조각의 평점을 평균해 결과 행렬을 만들 수 있다. 그런 다음 2차원 추천이 이 평균 조각에 적용된다.

이 방법의 주요 장점은 컨텍스트를 사용해 선택된 평점과 관련된 평점에 대해서만 협업 필터링을 수행한다는 것이다. 대부분의 경우는 이로 인해 향상된 정확도를 볼 수 있지만, 트레이드오프는 예측에 사용되는 평점이 적다는 것이다. 이웃한 슬라이스를 평균화하면 제한된 양의 로컬 관련성을 유지하면서도 희소성을 줄일 수 있다. 그럼에도 희소성 문제는 많은 경우에 문제가 있다. 그리고 평점의 수를 증가하기 위해 평균을 사용하는 것은 매번 가능한 것은 아니다. 사용 가능한 평점이 적을수록 오버 피팅 가능성이 높아지며 정확도가 그리 높지 않은 방법론으로 구상될 수 있다.

구체화하는 부분을 잃는 비용으로 희소성 문제를 줄이는 많은 해결책이 있긴 하다. 극단적으로는 컨텍스트를 완전히 무시할 수 있으며 평점 행렬에서의 컨텍스트 차원은 가능한 모든 값(조합)에 대해 평균을 만든다. 이러한 방법론은 컨텍스트에 따라 평점을 미리 선택하는 로컬 모델보다 관련성이 낮습니다. 이는 컨텍스트 변수의 이웃 값에 대해서만 평균(예: 오후 7시부터 오후 11시까지의 슬라이스의 평균을 오후 9시에 슬라이스만 사용하는 대신)에서 설명하는 접근 방식의 극단적인 일반화. 우리는 이 극단적인 접근 방식을 글로벌 방법론이라 지칭한다. 글로벌 방법론은 지역화된 컨텍스트 슬라이스를 사용하는 방식보다는 관련도가 떨어지지만 평균 슬라이스에서 더 많은 평점을 사용할 수 있다. 두 대안 간의 정확도 비교는 관련성과 데이터 희소성 사이의 절충의 특성에 따라 달라진다. 많은 적용 사례에서 평점 행렬의 어떤 부분을 바라보고 있느냐에 따라 둘 중 하나가 더 나은 대안이라고 할 수 있었다.

## 8.3.1 앙상블 기반 개선 사항

글로벌 및 로컬 방법론에서 얻은 상대적 품질의 예측 불가능성에 따라 두 방법을 결합해 대부분의 시나리오에서 높은 정확도를 제공하는 기술을 얻는 방법에 대한 질문은 종종 발생한다. 로컬 방법론은 관련성이 높은 결과를 제공하지만 해당 컨텍스트에 대한 관련 평점이 너무 적으면 과적합될 수도 있다. 우리는 예측의 품질을 개선하기 위해 앙상블 기반의 방법을 논의하려 한다. 앙상블 기반 방법의 목표는 예측 과정에서 두 세계의 최고를 사용하는 것이다. 즉, 로컬 또는 글로벌 행렬이 바라보는 평점 행렬의 부분에 따라 둘 중 하나가 사용될 수 있다. 이 접근 방식은 희소성과 지역 관련성 간의 절충안에 다다른다. 이러한 맥락에서 모델의 버킷 하이브리드(6장의 6.4.2절 참조)는 다양한 품질을 가지고 있는 대체 모델 간 내 결정을 하는 데 도움이 돼 매우 유용하다. 그러나 최상의 모델을 선택하는 대신 모델을 학습하기 위해 최상의 데이터 세그먼트를 선택하도록 접근 방식을 조정해야 한다.

다음 논의에서는 컨텍스트 변숫값의 조합을 사용해 평점 큐브의 데이터 세그먼트를 정의한다. 예를 들어 주 변수가 사용자와 항목이고 컨텍스트에 맞는 변수가 위치와 시간인 경우, 위치-시간 쌍의 가능한 각 값은 데이터 세그먼트를 의미한다. 특정 위치-시간 컨텍스트에서 추천이 발생하면 추천 알고리듬에서 해당 컨텍스트를 사용하는 것이 실제로 도움이 되는지 여부를 결정하는 것이 중요하다.

학습 단계에서 먼저 각 데이터 세그먼트의 교차 검증된 정확도를 알아낸다. 예를 들어 컨텍스트가 위치와 시간인 경우 모든 위치-시간 쌍에서의 교차 검증된 정확도를 결정한다. 컨텍스트에서 계층과 같은 구조를 사용할 수 있는 경우 트리의 상위 수준 노드가 위치-시간 쌍의 가능성으로 포함할 수 있다. 테이블은 가장 높은 정확도를 얻기 위해 사용하는 가장 좋은 일반화를 포함하는 각 위치-시간 가능성으로 만들어진다. 컨텍스트별 변수가 위치와 시간인 경우(밤 9시, 보스턴) 일반화의 예는 (밤, 보스턴), (9PM, 매사추세츠), (밤, 매사추세츠), (9PM, *), (*, 보스턴), (밤, *), (*, 매사추세츠), (*, *)일 수 있다. (9PM, 보스턴)과 같이 최고의 정확도를 얻기 위해 각 컨텍스트의 가능성이 표에 포함된다. 이것은 학습 데이터에 대한 교차 검증을 이용해 결정할 수 있다. 평점이 너무 적은 세그먼트는 무시된다. 테스트 단계에서는 이 테이블을 사용해 테스트 인스턴스에 대해 적절한 데이터 세그먼트가 식별된다. 최상의 결과를 가져다주는 특정 데이터 세그먼트만 사용된다.

교차 검증은 어떻게 수행될까? 예를 들어 컨텍스트 (9PM, 보스턴)에 관한 학습 큐브의 관련 평점이 식별된다. 이는 9PM과 보스턴이라는 컨텍스트에 해당된다. 이러한 평점은 7장에 설명된 교차 검증 방법론을 사용해 겹으로 분할된다. 동일한 겹은 위에 열거되는 (9PM, 보스턴)의 다양한 대체 일반화를 테스트하는 데 사용된다. 가장 높은 정확도를 제공하는 겹은 유지된다. 실제로 더욱 세련된 선택 방법이 사용되며, 오버 피팅은 구체적인 세그먼트에 더 적합할 가능성이 높다는 점을 염두해두자. 표준화된 통계 테스트에 따라 후자를 크게 능가하는 경우에만 로컬 세그먼트가 일반화를 통해 선택된다.

이 방법론의 한 가지 문제는 컨텍스트별 가능성의 수가 크다면 매우 비쌀 수 있다는 것이다. 앞서 언급한 예제에서는 가능한 모든 위치-시간 조합의 일반화의 정확도를 테스트해야 한다. 분명히 이것은 테스트할 컨텍스트 대안의 수가 적은 경우에만 가능하다. 그렇지 않으면 학습 단계가 매우 비쌀 수 있다. 경우에 따라 다양한 일반화의 정확도를 알아내는 대신 더 간단한 경험적 방법론이 사용된다. 정확도를 사용하는 대신 특정 컨텍스트의 각 일반화에 대한 학습 항목 수(예: 평점)를 결정할 수 있다. 필요한 최소 평점 수를 포함하는 가장 낮은 수준의(즉, 가장 구체적인) 일반화가 사용된다. 기본 아이디어는 제한된 학습 데이터로 인해 과적합을 피하는 것이다.

## 8.3.2 다단계 추정

지금까지는 다른 평점으로부터 평점을 추청하는 방법에 대해서만 논의했다. 그러나 경우에 따라 사용자가 계층 구조의 상위 수준에서 평점을 선정했을 수 있다. 예를 들어 사용자는 영화 하나하나보다 영화 장르에 대해 평점을 지정했을 수 있다. 이러한 상위 평점을 사용한 추정 프로세스를 개선하는 방법에 대해 궁금할 수 있다. 여기서 기본 아이디어는 낮은 수준에서 관찰되고 예측된 평점의 계산된 평균이 더 높은 수준(상위 노드)에서 관찰된 평점과 최대한 근접하도록 평점을 할당하는 것이다. 데이비드는 〈터미네이터〉와 액션 영화 장르에 대해 평점을 지정했을 수 있다. 어떻게 전체적인 예측을 제공하기 위해 다양한 수준에서 평점을 통합할 수 있을까?

액션 영화에 대한 데이비드의 평가가 $r_a$라 해보자. 이러한 경우 데이비드의 액션 영화에 대한 최소한의 예측 평점은 액션 영화에 대한 평점 $r_a$과 그의 관찰되고 예측된 평균 평점이 유사할 것이다. 극단적으로는 정확하게 같음을 요구할 수 있다. 즉 액션 영화 개수를 $n_a$라 할 때, 데이비드의 액션 영화에 대한 예측 평점과 관찰 평점의 합은 $n_a \cdot r_a$이라는 제약을 부과한다. 이것은 협업 필터링 문제에 쓰이는 변수들에 대한 선형 조건이다. 다양한 사용자와 다양한 수준에서의 평점에 대한 제약은 많을 것이다. 따라서 협업 필터링의 표준 기술 이외에도, 데이비드의 평점을 예측하는 데는 장르 제한 제약도 도입된다. 이 문제는 선형 제약 조건이 추가된 최적화 문제로 공식화될 수 있다. [6]의 작업은 실제 협업 필터링 알고리듬에서 이 방법을 사용하는 내용에 대해서는 자세하게 제공하지 않고 이 문제의 해결 방법을 추가 연구에 남긴다. 이러한 유형의 최적화 모델링은 향후 연구에 대한 유망한 방향을 제공할 수 있다. 주요 주의 사항은 과적합을 방지하기 위해 충분한 수의 평점을 사용할 수 있어야 한다는 것이다.

## 8.4 사후 필터링 방법론

사전 필터링 방법론에서는 데이터의 연관된 세그먼트(슬라이스)가 추출되고 이렇게 추출된 조각에 협업 필터링 알고리듬이 적용된다. 따라서 필터링은 협업 필터링 알고리듬을 적용하기 전에 입력 데이터에서 수행된다. 사전 필터링에서의 "사전"은 이 사실에서 파생된다. 사후 필터링에서 필터링 단계는 데이터 집합의 컨텍스트 정보를 무시하는 글로벌 협업 필터링 알고리듬을 적용한 후 얻은 출력에 필터링 단계가 적용된다.

사후 필터링 방법론에서 컨텍스트 정보는 무시되고 글로벌 2차원 평점 행렬이 모든 컨텍스트적 가능 값에 대한 조합된 평점으로 만들어진다. 예를 들어 각 사용자-항목 조합에 대한 평점은 해당 조합의 모든 컨텍스트 대안에 대해 사용 가능한 평점을 평균화해 파생될 수 있다. 이후에 컨텍스트를 사용해 평점이 조정된다. 따라서 이 방법은 다음 두 단계로 구성된다.

1. 추천은 전통적 협업 필터링 모델을 데이터 전체에 적용하면서 생성된다. 따라서 첫 번째 단계에서는 컨텍스트가 무시된다.
2. 컨텍스트는 추천 목록을 조정하거나 필터링하는 데 사용된다.

다차원 평점 큐브가 어떻게 2차원 평점 행렬로 집계될까? 명시적 평점의 경우 집계 프로세스는 (관찰된) 평점의 평균을 의미하는 반면, 암시적 피드백 행렬(예: 판매 단위)의 경우 집계 프로세스는 값의 합을 나타낸다. 합계나 평균의 사용은 서로 다른 사용자-항목 조합에 걸쳐 나온 다양한 개수의 관찰 값 때문에 일반적으로 동일한 결과를 생성하지 않는다. 암시적 피드백 행렬에서는 사용자의 관심을 나타내는 0이 아닌 숫자들이기 때문에 평균보다는 합계를 사용하는 것이 더 적합하다.

사용자가 세 가지 다른 컨텍스트(예: 아침, 오후, 저녁)로 같은 항목에 대해 각각의 평점을 매기는 경우를 생각해보자. 이 경우 글로벌 2차원의 사용자-항목 평점 행렬을 만들기 위해 컨텍스트의 평균이 평점으로 이어진다. 암시적 피드백 행렬의 경우 서로 다른 컨텍스트에 대해 1을 만든다. 결과 행렬에는 컨텍스트 차원이 집계됐기 때문에 컨텍스트별 정보가 더 이상 포함돼 있지 않다. $w$차원 큐브의 경우, 평점 값은 모든 $(w-2)$차원 조합에 걸쳐 집계될 필요가 있다. 예를 들어 위치와 시간에 해당하는 두 가지 컨텍스트가 있는 경우 다양한 위치-시간 조합을 통해 동일한 항목의 사용자 평점을 집계해야 한다. 사용자가 컨텍스트의 항목을 평가한 적이 없는 경우 해당 항목도 집계된 결과 행렬에서 누락된다. 최종 결과는 항상 2차원 행렬이며 이는 기존의 협업 작업 필터링과 유사하다.

전통적 협업 필터링 알고리듬은 예측 평점 $\hat{r}_{uj}$을 생성하기 위해 집계된 행렬에 적용되며 각 사용자 $u$에 대해 순위를 매긴 항목 목록을 작성할 수 있다. 그러나 이 순위 목록은 추천 프로세스에서 컨텍스트 차원이 무시됐기 때문에 컨텍스트 정보에 민감하지 않다. 사후 필터링 전략은 추정이 이루어진 후 결과를 조정한다. 조정은 두 가지 방법 중 하나로 할 수 있겠다. 첫 번째 방법론은 관련이 없는 항목을 필터링하는 데 해당하며 두 번째 방법론은 기본 컨텍스트를 기반으로 목록의 추천 사항 순위를 조정하는 데 해당한다. 후자의 접근 방식은 전자의 소프트 버전으로 볼 수 있다. 두 가지 사후 필터링 모두 형태는 지정된 사용자-항목 조합에 대해 예측 평점 $\hat{r}_{uj}$를 조정한다.

한 가지는 휴리스틱 방법론을 사용해 사용자와 항목의 연결된 특성에 따라 추천 목록을 조정하거나 필터링하는 것이다. 차원과 관련된 특성의 개념은 8.2절 마지막 부분에서 설명한다. 예를 들어 컨텍스트가 {summer, winter}에 해당하는 경우 의류 판매자는 추천 아이템 목록에 우선 순위가 높은 경우라도 여름 컨텍스트에서는 스웨터와 무거운 재킷을 필터링할 수 있다. 이러한 항목은 특성 정보를 사용해 검색할 수 있다.

한 가지 예로 의류 아이템의 특성 "울"은 계절 특성의 컨텍스트와 관련이 있을 수 있다. 한 가지 추론적인 접근 방식은 지정된 컨텍스트와 관련된 공통 항목 특성을 찾는 것이다. 그런 다음 이러한 특성과 관련이 없다면 필터링된다. 좀 더 세련된 버전의 접근 방식에서는 실제로 특성을 사용해 항목의 관련성 가능성을 현재 컨텍스트에 예측하는 예측 모델을 만들 수 있다. 이 방법은 이제 이러한 예측 모델을 구축하기 위해 기존의 많은 머신러닝 기술을 사용할 수 있기 때문에 바람직하다. 관련성이 매우 낮은 항목은 필터링된다. 이러한 접근 방식은 콘텐츠 기반 모델을 사용해 컨텍스트 $C$에서 사용자 $u$가 좋아하는 항목 $j$의 컨텍스트 기반 확률 $P(u, j, C)$를 결정하는 것과 비슷하다. $P(u, j, C)$의 값은 콘텐츠 기반 모델을 사용해 추정할 필요가 없다. 예를 들어 사전 필터링과 함께 협업 작업 방식을 사용해 $P(u, j, C)$를 추정할 수도 있다. 이는 이전 절에서 설명한 사전 필터링 접근 방식과 동일하다. 그러나 사전 필터링된 예측을 최종 결과로 직접 사용하는 대신 범위(0, 1)로 정규화된 다음 전역 데이터와 함께 추정된 예측 평점 $\hat{r}_{uj}$를 곱한다. $P(u, j, C) \cdot \hat{r}_{uj}$ 값은 사후 필터링 후 예측의 조정된 값을 정의하고 순위를 조정하는 데 사용될 수 있다. 또는 $P(u, j, C) \cdot \hat{r}_{uj}$의 값이 매우 작은 항목 $j$를 순위 목록에서 제거할 수도 있다. 사후 필터링은 로컬 정보 $P(u, j, C)$와 모든 데이터를 사용해 결정된 평점 $\hat{r}_{uj}$를 결합하기 때문에 더 많은 컨텍스트에서 사전 필터링보다 더 강력할 수 있다.

컨텍스트 $C$에 사용할 수 있는 데이터의 양이 매우 제한된 경우 $P(u, j, C)$의 값은 사용자 $u$와 독립적으로 결정할 수 있다. 즉, 학습 데이터는 모든 사용자에 걸쳐 항목 $j$를 컨텍스트 $C$와 콘텐츠 기반 모델과 연관시키는 데 사용된다. 각 항목 $k$에 대해 해당 특성은 변수로 처리되며 항목 $k$가 컨텍스트 $C$에서 소비되는 시간은 숫자 종속변수로 처리된다. 선형 회귀 모델은 특성을 컨텍스트 $C$와 연관시키도록 만들어진다. 그런 다음 각 항목 $j$에 대해 이 선형 회귀 모델을 사용해 $P(*, j, C)$를 추정할 수 있다. 이 모델은 사용자와 독립적이기 때문에 "*"(상관없다는 의미)를 사용자 인수로 사용한다. 사후 필터링 단계 후 항목 $j$에 대한 사용자 $i$의 최종 평점 예측 값은 $P(*, j, C) \cdot \hat{r}_{uj}$에 의해 제공된다.

## 8.5 컨텍스트별 모델링

사전 필터링과 사후 필터링 모두에서 협업 필터링 문제는 2차원 환경으로 축소되며, 사전 처리 또는 사후 처리 중에 컨텍스트 정보를 사용한다. 이 접근법의 주요 단점은 컨텍스트가 추천 알고리즘에 매우 밀접하게 통합되지 않는다는 것이다. 이러한 접근법은 다양한 사용자-아이템 조합과 컨텍스트별 값 사이의 관계를 완전히 사용하지 못하게 한다. 컨텍스트별 모델링 방법은 이러한 가능성을 탐구하도록 설계됐다.

(이웃 기반 방식과 같은) 기존 모델을 $w$-차원 환경으로 수정해 추천 프로세스에 컨텍스트 정보를 직접 통합할 수 있다. 이러한 접근법은 2차원 알고리즘의 제약과는 무관하게 컨텍스트별 추천에 대한 가장 유연하고 일반화된 관점을 제공한다. 다음 절에서는 이러한 방법 중 일부를 검토한다.

### 8.5.1 이웃 기반 방법

기존 이웃 기반 방식에 아이디어를 반영해 컨텍스트에 맞게 추천하는 것이 가능하다. 이러한 접근법의 예는 [7, 8]에서 제시했다. 그러나 유사도 계산 프로세스에서 컨텍스트별 차원을 사용하기 때문에 접근 방식이 때때로 전통적인 사용자-사용자 또는 아이템-아이템 방법과 미묘하게 다를 수 있다. 토론의 목적을 위해 사용한 특정 컨텍스트 차원이 시간인 경우를 고려해보자. 이 경우에는 사용자, 아이템, 시간에 해당하는 3차원이 존재한다. 첫 번째 단계는 사용자, 아이템 및 시간에 대한 거리를 별도로 계산하는 것이다. 3차원에서 각각 $A = (u, i, t)$와 $B = (u', i', t')$에 해당하는 두 점을 고려한다. 그런 다음, $A$와 $B$ 사이의 거리는 개별 차원 사이의 가중 거리의 합으로 정의할 수 있다. 즉, 다음과 같다.

$$Dist(A, B) = w_1 \cdot Dist(u, u') + w_2 \cdot Dist(i, i') + w_3 \cdot Dist(t, t') \tag{8.3}$$

여기서 $w_1$, $w_2$ 및 $w_3$은 각각 사용자, 아이템 및 컨텍스트(시간) 차원의 상대적 중요성을 반영한다. 앞서 언급한 요약에 관심 있는 만큼 시간만 추가하기보다는 컨텍스트별 차원을 추가할 수 있다. 또는 가중 유클리드 메트릭을 사용할 수 있다.

$$Dist(A, B) = \sqrt{w_1 \cdot Dist(u, u')^2 + w_2 \cdot Dist(i, i')^2 + w_3 \cdot Dist(t, t')^2} \tag{8.4}$$

그런 다음, 3차원 행렬의 특정 셀에 대해 최근접 $r$(관측된) 평점은 이 메트릭을 사용해 결정한다. 이러한 평점의 가중 평균은 예측 평점이 된다. 사용한 가중치는 $A$와 $B$의 유사도로, 또한 $1/Dist(A, B)$로 정의한다. 주어진 사용자 $u$와 컨텍스트 $t$에 대한 추천을 수행하기 위해서는 각 아이템에 이 프로세스를 적용한 다음 상위-$k$개 아이템을 추천해야 한다.

$Dist(u, u')$, $Dist(i, i')$ 그리고 $Dist(t, t')$를 어떻게 결정하는지에 대한 질문이 생긴다. 이를 수행하기 위해서는 몇 가지 방법이 있다.

1. **협업**: 이 경우 피어슨 방법이나 조정된 코사인을 사용해 $Dist(u, u')$, $Dist(i, i')$, $Dist(t, t')$를 계산할 수 있다. 예를 들어 사용자 $u$와 $u'$ 사이의 거리를 계산하기 위해 사용자 $u$와 $u'$에 해당하는 2차원 슬라이스를 추출할 수 있다. 이웃 기반 유사도 측정(2장 참조)을 일반화해 사용자가 각각 $u$와 $u'$에 고정된 모든 평점 사이의 피어슨 상관계수를 계산한다. 따라서 전체 아이템 × 컨텍스트 그리드에서 개별적으로 관측된 사용자 $u$와 $u'$의 평점은 피어슨 계산에 사용된다. 유사도의 역수는 거리 값을 결정하는 데 사용한다. 유사한 접근법을 사용해 아이템별 및 컨텍스트별 거리 $Dist(i, i')$와 $Dist(t, t')$를 계산할 수 있다.

2. **콘텐츠 기반**: 이 경우 차원과 관련된 속성(즉, 사용자 프로파일 및 아이템 프로파일)을 사용해 프로파일을 계산한다. 코사인 등 다양한 텍스트 기반 측정 값을 사용할 수 있다. 유사한 접근법을 사용해 자주 발생하는 콘텐츠 속성과 각 컨텍스트를 연관시켜 $Dist(t, t')$를 계산할 수 있다. 또는 계절, 평일 등과 같은 특정 컨텍스트와 관련된 속성을 사용할 수 있다. 이러한 접근 방식은 콘텐츠 중심적인 표현이기 때문에 획일적인 하이브리드 방법으로 볼 수 있지만, 전체적인 접근 방식은 협업 필터링 방법의 프레임워크를 사용한다.

3. **조합**: 협업 필터링 방법과 콘텐츠 기반 측정 값을 결합해 유사도의 더 강력한 측정 값을 얻을 수 있다. 상대 가중치는 예측 정확도를 최대화하기 위해 교차 검증 방법을 사용해 추정할 수 있다.

특정 애플리케이션을 위해 거리 함수를 설계할 수 있는 방법 측면에서 상당한 차이가 있다. 전술한 접근 방식은 특정 구현이 현재 애플리케이션에 따라 다를 수 있지만 더 넓은 범위의 아이디어를 설명한다. 이 접근 방식은 2.3.6절에 설명한 사용자-아이템 접근 방식의 컨텍스트에 따른 일반화로 볼 수 있다.

## 8.5.2 잠재 요인 모델

텐서 분해는 2차원 행렬이 아닌 n차원 데이터 큐브를 분해하는 행렬 계수의 일반화로 간주할 수 있다. 컨텍스트를 반영하는 기존 표현 방식은 실제로 w차원 큐브이므로 행렬 인수분해에 특히 적합하다. 이러한 의미에서 텐서 계수 방법론은 추천 시스템에서 종래의 행렬 계수 방법의 컨텍스트 일반화로 간주될 수 있다. 행렬에 대한 자세한 논의는 이 책의 범위를 벗어나기는 하지만 [212, 294, 332, 495, 496]에 언급된다. 특히 고차원 텐서 분해 방식의 예로는 멀티 추천 모델[294]이 있다. 멀티 추천 모델은 분해 순서에 따라 복잡성이 기하급수적으로 증가하는 고차원 터커 분해[605]를 사용한다.

텐서 분해의 적용은 특히나 기본 데이터 큐브가 큰 경우 계산이 힘들다. 대부분의 경우, 고차원 텐서 분해의 사용은 이러한 설정[496]에서 과잉이다. 그러나 다차원 설정에서 잠재 인자 모델의 원칙을 적용하는 다른 단순화된 방법이 있다. 이러한 계수 방법의 일부 단순화된 형태는 서로 다른 치수[496, 498] 간의 쌍방향 상호작용만을 사용한다.

이러한 상호작용 접근 방식을 설명해보겠다. 쌍방향 상호작용 텐서 분해PITF[496]라고 하는 밀접한 순위 방법론은 태그 추천에서도 사용된다. 이 설명은 [496]에서 논의된 인수분해 머신factorization machines 개념의 매우 특별한 경우로 볼 수 있다. $R = [r_{ijc}]$는 $m$ 사용자, $n$ 항목, $d$ 컨텍스트 차원의 $m \times n \times d$ 형태의 3차원 평점 큐브다. 그림 8.1은 $m = 6$, $n = 4$, $d = 5$이다. $U = [u_{is}]$, $V = [v_{js}]$, $W = [w_{cs}]$는 $m \times k$, $n \times k$, $d \times k$의 행렬이다. 여기서 $U$는 사용자 팩터 행렬을 나타내고, $V$는 항목 계수 행렬을 나타내며, $W$는 컨텍스트 계수 행렬을 나타낸다. 표기법 $k$는 잠재 계수 모델의 순위를 나타낸다. 그런 다음 데이터 큐브의 단순화된 예측함수 $(i, j, k)$의 기본 원리는 사용자, 항목, 컨텍스트 간의 쌍별 상호작용을 기반으로 한다. 이는 다음과 같은 예측함수를 의미한다.

$$\hat{r}_{ijc} = (UV^T)_{ij} + (VW^T)_{jc} + (UW^T)_{ic} \tag{8.5}$$

$$= \sum_{s=1}^{k} (u_{is}v_{js} + v_{js}w_{cs} + u_{is}w_{cs}) \tag{8.6}$$

이 예측함수가 잠재 인자 모델의 간단한 일반화임을 쉽게 알 수 있다. 이제 이 예측함수를 사용해 모든 잠재 인자 모델과 마찬가지로 최적화 문제를 설정할 수 있다. $S$는 $R$에서 관찰된 모든 항목의 집합이다.

$$S = \{(i, j, c) : r_{ijc} \text{는 관찰된 값이다}\} \tag{8.7}$$

$R$이 암시적 피드백 행렬인 경우 이러한 항목이 0으로 관찰된다는 가정하에 관찰되지 않은 항목 샘플을 $S$에 포함시켜야 한다. 이렇게 하는 자세한 이유는 3.6.6.2절에 설명돼 있다.

그런 다음 관찰된 모든 항목에 관한 오류를 다음과 같이 최소화해야 한다.

$$
\begin{aligned}
\text{Min } J &= \frac{1}{2} \sum_{(i,j,c) \in S} (r_{ijc} - \hat{r}_{ijc})^2 + \frac{\lambda}{2} \sum_{s=1}^{k} \left( \sum_{i=1}^{m} u_{is}^2 + \sum_{j=1}^{n} v_{js}^2 + \sum_{c=1}^{d} w_{cs}^2 \right) \\
&= \frac{1}{2} \sum_{(i,j,c) \in S} \left( r_{ijc} - \sum_{s=1}^{k} [u_{is} v_{js} + v_{js} w_{cs} + u_{is} w_{cs}] \right)^2 + \\
&\qquad\qquad \frac{\lambda}{2} \sum_{s=1}^{k} \left( \sum_{i=1}^{m} u_{is}^2 + \sum_{j=1}^{n} v_{js}^2 + \sum_{c=1}^{d} w_{cs}^2 \right)
\end{aligned}
$$

마지막 항은 $\lambda > 0$인 정규화 매개변수인 정규화 항이다.

우리는 $U$, $V$, 그리고 $W$에서 매개변수의 최적의 값을 찾아야 한다. 경사하강 방법론에 대한 업데이트된 방향을 도출하기 위해 $U$, $V$, $W$의 개별 요소에 대해 $J$의 부분 미분을 해야 한다. 따라서 $U$, $V$, $W$의 모든 요소는 다음과 같이 동시에 업데이트된다.

$$
\begin{aligned}
u_{iq} &\Leftarrow u_{iq} - \alpha \frac{\partial J}{\partial u_{iq}} \quad \forall i \;\; \forall q \in \{1 \ldots k\} \\
v_{jq} &\Leftarrow v_{jq} - \alpha \frac{\partial J}{\partial v_{jq}} \quad \forall j \;\; \forall q \in \{1 \ldots k\} \\
w_{cq} &\Leftarrow w_{cq} - \alpha \frac{\partial J}{\partial w_{cq}} \quad \forall c \;\; \forall q \in \{1 \ldots k\}
\end{aligned}
$$

여기서 $\alpha > 0$은 단계 크기다. 기존의 잠재 인자 모델에서와 같이 하강 방향은 관측된 값 $S$에 대한 에러 $e_{ijc} = r_{ijc} - \hat{r}_{ijc}$이다. 해당 업데이트는 다음과 같다.

$$
\begin{aligned}
u_{iq} &\Leftarrow u_{iq} + \alpha \left( \sum_{j,c:(i,j,c) \in S} e_{ijc} \cdot (v_{jq} + w_{cq}) - \lambda \cdot u_{iq} \right) \quad \forall i \;\; \forall q \in \{1 \ldots k\} \\
v_{jq} &\Leftarrow v_{jq} + \alpha \left( \sum_{i,c:(i,j,c) \in S} e_{ijc} \cdot (u_{iq} + w_{cq}) - \lambda \cdot v_{jq} \right) \quad \forall j \;\; \forall q \in \{1 \ldots k\} \\
w_{cq} &\Leftarrow w_{cq} + \alpha \left( \sum_{i,j:(i,j,c) \in S} e_{ijc} \cdot (u_{iq} + v_{jq}) - \lambda \cdot w_{cq} \right) \quad \forall c \;\; \forall q \in \{1 \ldots k\}
\end{aligned}
$$

더 빠른 대안은 확률적 그라데이션 하강을 사용하는 것이다. $S$의 모든 오류와 관련해 그라데이션을 동시에 하강하는 대신 무작위로 선택되는 $(i, j, c) \in S$의 하나의 관찰된 항목 오류와 관련해 하강한다.

$$u_{iq} \Leftarrow u_{iq} - \alpha \left[ \frac{\partial J}{\partial u_{iq}} \right]_{(i, j, c) \text{의 기여}} \qquad \forall q \in \{1 \ldots k\}$$

$$v_{jq} \Leftarrow v_{jq} - \alpha \left[ \frac{\partial J}{\partial v_{jq}} \right]_{(i, j, c) \text{의 기여}} \qquad \forall q \in \{1 \ldots k\}$$

$$w_{cq} \Leftarrow w_{cq} - \alpha \left[ \frac{\partial J}{\partial w_{cq}} \right]_{(i, j, c) \text{의 기여}} \qquad \forall q \in \{1 \ldots k\}$$

이러한 기여를 계산할 때, 다음 단계는 각 지정된 항목 $(i, j, c) \in S$와 $q$번째 잠재 구성 요소 $(1 \leq q \leq k)$에 대해 실행될 수 있다.

$$u_{iq} \Leftarrow u_{iq} + \alpha \left( e_{ijc} \cdot (v_{jq} + w_{cq}) - \frac{\lambda \cdot u_{iq}}{n_i^{user}} \right) \quad \forall q \in \{1 \ldots k\}$$

$$v_{jq} \Leftarrow v_{jq} + \alpha \left( e_{ijc} \cdot (u_{iq} + w_{cq}) - \frac{\lambda \cdot v_{jq}}{n_j^{item}} \right) \quad \forall q \in \{1 \ldots k\}$$

$$w_{cq} \Leftarrow w_{cq} + \alpha \left( e_{ijc} \cdot (u_{iq} + v_{jq}) - \frac{\lambda \cdot w_{cq}}{n_c^{context}} \right) \quad \forall q \in \{1 \ldots k\}$$

여기서 $n_i^{\text{사용자}}$, $n_j^{\text{항목}}$, 그리고 $n_c^{\text{컨텍스트}}$는 사용자 $i$, 항목 $j$, 컨텍스트 $c$에 대한 데이터 큐브에서 관찰된 항목의 수를 나타낸다. 이러한 항을 정규화 항에 사용하면 (경험적으로) 생략될 수 있고 $\lambda$의 값이 작아지지만 더 나은 수렴이 발생할 수 있다. 앞서 언급한 각 업데이트와 함께 $S$의 지정된 항목을 반복적으로 순환해야 한다. 이러한 점진적 경사하강 방법론은 $U$, $V$, $W$ 행렬을 얻기 위해 수렴하도록 실행될 수 있다. 결과 업데이트는 3.6.4절에 설명된 전통적 행렬 계수의 경우와 유사하다. 확률적 경사하강의 알고리듬 프레임워크는 그림 3.9를 참조하면 된다. 해당 코드의 주요 변경 사항은 추가 컨텍스트 요소 집합을 사용하고 방정식에 업데이트하는 것이다. 업데이트를 실행하려면 그림 3.9의 알고리듬 프레임워크 내에서 관찰된 각 트리플렛 $(i, j, c)$를 순환해야 한다. 더 좋은 수렴은 각각의 행렬 $U$, $V$, $W$에 대해 다른 정규화 파라미터를 선택함으로써 달성할 수 있다. 이러한 정규화 매개변수의 값은 교차 검증 검사를 사용해 학습할 수 있다. 또한 3.7.1절에 있는 기준 예측변수의 간단한 3차원 일반화를 사용해 모델에 바이어스를 통합할 수도 있다. 사용자 $i$, 항목 $j$, 컨텍스트 $c$에 대한 결과 기준 예측 $B_{ijc}$는 분해 프로세스를 적용하기 전에 데이터 큐브의 해당(관찰된) 항목에서 빠질 수 있다. 이러한 값은 사후 처리 단계의 예측에 다시 추가될 수 있다.

이 방법은 고차 텐서 분해 모델보다 덜 복잡하며, 특히 희소한 행렬에서 잘 작동할 수 있다. 고차 상호작용을 거치지 않고 2차원 상호작용을 사용하므로 계산 시간과 과적합 측면에서 모델을 불필요하게 방해할 수 있다. 실제 설정에서 평점 큐브는 일반적으로 고차 모델을 최대한 활용하기에는 너무 희박하다. 이러한 문제는 다중 추천 방법론[496]의 주요 문제점으로 명시돼 있다.

이 원리는 $w > 3$의 $w$차원 큐브로 확장할 수도 있다. $n_1 \ldots n_w$의 행렬 차원의 평점 항목 $r_{i_1} \ldots i_w$인 $w$차원 데이터 큐브 $R$이라 생각해보자. 그런 다음, 각각의 크기 $n_a \times k (a \in \{1 \ldots w\})$의 $w$ 잠재 인자 행렬 $U_{i_a}$의 관점에서 예측된 평점 값을 표현할 수 있다.

$$\hat{r}_{i_1 \ldots i_w} = \sum_{a < b \leq w} [U_a(U_b)^T]_{i_a i_b} \tag{8.8}$$

3차원 큐브의 경우와 같이 최소 최적화 문제를 만들 수 있다. 표준 경사하강 방법을 사용해 이 문제를 해결할 수 있다. 이 경우 업데이트 방정식의 미분은 연습 6에서 제공한다.

### 8.5.2.1 인수분해 머신

이전 절의 잠재 계수 접근 방식은 인수분해 머신Factorization Machines의 특수한 경우로 볼 수 있다. 모델의 상당수(예: SVD 및 SVD++)는 인수분해 머신의 특수한 경우이다. 인수분해 머신에서 기본 아이디어는 각 평점을 입력변수 간의 상호작용의 선형 조합으로 모델링하는 것이다. 입력변수는 기존 평점 행렬에서 파생된다. 예를 들어 $m$ 사용자, $n$ 항목, $d$ 컨텍스트 차원 값을 포함하는 3차원 큐브가 있고 각 평점이 고유한 삼중값과 연결된 경우를 고려해보자. 그런 다음 이 3차원 큐브를 관찰된 평점의 사용자, 항목, 컨텍스트 값에 해당하도록 하는 차원 행 집합 $(m + n + d)$ 차원 행 집합으로 변환flatten할 수 있다. 따라서 관찰된 평점 수만큼 많은 행이 있다. 이 특정 예제에서 각 행은 관찰된 평점과 관련된 특정 사용자-항목-컨텍스트 삼중값에 따라 정확히 세 개의 값이 1인 값인 벡터이다. 나머지 값은 모두 0이다. 우리는 0,1로 이루어진 행의 변수를 $x_1 \ldots x_{m+n+d}$라 한다. 또한 해당 행의 대상 변수는 해당 행의 평점에 해당한다. 그림 8.4에서는 그림 8.1에서 데이터 큐브의 5개의 관찰된 평점의 변환flatten을 보여준다. 처음에는 우리는 간단한 방법으로 이 변환을 분류 또는 회귀 예측 변수를 사용할 수 있었다. 그러나 각 행에 0이 아닌 값이 3개밖에 없는 이 희소한 데이터의 경우에는 잘 작동하지 않는다. 인수분해 머신이 희소성의 위험에서 건져내 줄 방법은 여기 있다.

기본 아이디어는 $k$차원 잠재 계수를 각 $p = (m + n + d)$ 결정변수 $x_1 \ldots x_p$과 연결하는 것이다. $i$번째 변수와 연결된 계수 벡터는 $\overline{v}_i = (v_{i1} \ldots v_{ik})$라 하자. 마찬가지로 $i$번째 열에는 $b_i$ 바이어스가 있으며 글로벌 바이어스 변수 $g$가 있다. 2차 계수 인수분해 머신의 예측 평점 $\hat{y}(\overline{x})$은 다음과 같은 요소 간의 쌍별 상호작용을 사용한다.

$$\hat{y}(\overline{x}) = g + \sum_{i=1}^{p} b_i x_i + \sum_{i=1}^{p} \sum_{j=i+1}^{p} (\overline{v_i} \cdot \overline{v_j}) x_i x_j \tag{8.9}$$

| | DAVID | SAYANI | JOSE | MARK | ANN | JIM | GANDHI | SHREK | SPIDERMAN | TERMINATOR | 7 PM | 8 PM | 9 PM | 10 PM | 11 PM | RATING |
|---|---|---|---|---|---|---|---|---|---|---|---|---|---|---|---|---|
| | 0 | 1 | 0 | 0 | 0 | 0 | 0 | 1 | 0 | 0 | 0 | 1 | 0 | 0 | 0 | 5 |
| | 1 | 0 | 0 | 0 | 0 | 0 | 0 | 0 | 0 | 1 | 0 | 0 | 1 | 0 | 0 | 4 |
| | 0 | 0 | 0 | 0 | 0 | 1 | 0 | 0 | 1 | 0 | 0 | 0 | 0 | 0 | 1 | 2 |
| | 0 | 1 | 0 | 0 | 0 | 0 | 1 | 0 | 0 | 0 | 1 | 0 | 0 | 0 | 0 | 5 |
| | 0 | 0 | 0 | 1 | 0 | 0 | 0 | 0 | 0 | 1 | 0 | 0 | 0 | 1 | 0 | 1 |

REGRESSORS          REGRESSAND

**그림 8.4** 그림 8.1의 데이터 큐브의 5개 관측 평점을 배열화(flatten). 추천에서의 대부분 문제는 희소 분류와 회귀 문제로 말할 수 있다.

학습할 변수는 $g$, $b_i$와, 각 벡터 $v_i$이다. 상호작용 항의 수는 놀랍도록 크게 생각될 수 있지만, 그들 대부분은 데이터가 희박한 설정에서는 0으로 평가된다. 그림 8.4의 예에서는 상호작용 조건 중 3개만이 0이 아닌 값이다. 이는 식 8.6의 세 가지 계수 용어와 유사[2]하다. 실제로 식 8.9가 바이어스 변수가 추가된 식 8.6의 일반화이며 우리도 유사한 최소 제곱 모델을 설정할 수 있다. 행렬 계수에서와 마찬가지로, 확률적 경사하강법은 상기 파라미터를 추정하기 위해 관찰된 평점을 사용한다. 특정 모델 매개변수 $\theta$에 대한 업데이트는 예측 값과 관찰 값 사이의 오류 $e(\overline{x}) = y(\overline{x}) - \hat{y}(\overline{x})$에 따라 달라진다.

$$\theta \Leftarrow \theta(1 - \alpha \cdot \lambda) + \alpha \cdot e(\overline{x}) \frac{\partial \hat{y}(\overline{x})}{\partial \theta} \tag{8.10}$$

여기서 $\alpha > 0$은 학습 속도이고, $\lambda > 0$은 정규화 파라미터다. 업데이트 방정식의 부분 미분은 다음과 같이 정의된다.

$$\frac{\partial \hat{y}(\overline{x})}{\partial \theta} = \begin{cases} 1 & \theta\text{가 } g\text{일 때} \\ x_i & \theta\text{가 } b_i\text{일 때} \\ x_i \sum_{j=1}^{p} v_{js} \cdot x_j - v_{is} \cdot x_i^2 & \theta\text{가 } v_{is}\text{일 때} \end{cases} \tag{8.11}$$

세 번째 항 $L_s = \sum_{j=1}^{p} v_{js} \cdot x_j$은 의미가 있다. 중복 작업을 피하기 위해 이 용어는 오류 항 $e(\overline{x}) = y(\overline{x}) - \hat{y}(\overline{x})$의 계산을 위해 $\hat{y}(\overline{x})$를 평가하는 동안 미리 저장할 수 있다. 이는 식 8.9가 다음과 같이 대수적으로 재배열될 수 있기 때문이다.

---

2 두 식이 모두 동일한 표기를 사용하지 않기 때문에 처음에는 유사도가 명확하지 않을 수 있다. 인수분해 머신의 각 $k$차원 계수 벡터 $\overline{v}_i$는 식 8.6에서 사용자, 항목 또는 컨텍스트 계수 행렬의 $k$차원 행 중 하나에 해당한다.

$$\hat{y}(\overline{x}) = g + \sum_{i=1}^{p} b_i x_i + \frac{1}{2} \sum_{s=1}^{k} \left( [\sum_{j=1}^{p} v_{js} \cdot x_j]^2 - \sum_{j=1}^{p} v_{js}^2 \cdot x_j^2 \right)$$

$$= g + \sum_{i=1}^{p} b_i x_i + \frac{1}{2} \sum_{s=1}^{k} \left( L_s^2 - \sum_{j=1}^{p} v_{js}^2 \cdot x_j^2 \right)$$

또한 매개변수 $\overline{v}_i$와 $b_i$는 $x_i = 0$일 때 업데이트할 필요가 없다. 이렇게 하면 데이터가 희소한 설정에서 효율적인 업데이트 프로세스를 수행할 수 있으며, 이는 0이 아닌 항목 수와 $k$값 모두에서 선형이다.

이 특정 예제에서는 벡터 $\overline{x}$에 정확히 세 개의 1이 있는 표시 변수가 포함돼 있다고 가정한다. 그러나 인수분해 머신에서는 $\overline{x}$의 임의 값을 허용해 표현성을 높인다. 예를 들어 $\overline{x}$값이 실수이거나 동일한 차원(예: 컨텍스트)에서 여러 0이 아닌 값으로 포함할 수 있다. 이러한 유연성을 통해 사용자 쌍의 잠재 요인 또는 컨텍스트 쌍 간의 상호작용을 적용할 수 있다. 컨텍스트는 키워드 집합 또는 존재 집합에 해당하는 설정이 있을 수 있다. 기존 데이터 큐브 모델에서는 이러한 설정별 특성을 나타내는 메커니즘이 없다. 예를 들어 컨텍스트가 사용자가 동영상을 보는 동반자와 동행하는 경우에는 각 평점이 피어 집합(컨텍스트)과 연결된 경우를 고려한다. 이 경우 컨텍스트 변수 $x_i$는 개별 동반자에 해당한다. 존이 앨리스, 밥, 잭과 함께 영화를 본다면, 세 피어 각각의 $x_i$값은 1/3이 된다. 이 시나리오는 잠재 인자 접근 방법론을 나타내기에는 그리 간단하지는 않으며 인수분해 머신의 활용이 큰 예시다. 또한 이 접근 방식은 각 컨텍스트가 연결된 단어의 빈도수가 있는 문서인 설정으로 일반화될 수 있다는 사실을 비교적 쉽게 알 수 있다. 주어진 평점 행렬의 경우 피처 엔지니어링 노력에 시간을 할애하기만 하면 된다. 관찰된 평점(타깃 변수)은 신중하게 설계된 특성 집합과 연관되며, 그중 일부는 이미 제공이 됐고(예: 사용자, 항목, 컨텍스트), 일부는 추출될 수 있다(예: 암시적 피드백). 인수분해 머신의 다재다능함이 눈에 띈다. 예를 들어 그림 8.4에서 컨텍스트 칼럼을 제거하면 기존 행렬 계수를 가져온다. 그림 8.4의 컨텍스트 열을 암시적 피드백 변수로 대체하면 (몇 개의 추가 항과 더불어) 대략 SVD++를 얻을 수 있다.

인수분해 머신은 임의의 (엄청나게 희소한) 분류 또는 회귀 작업에 사용할 수 있다. 추천 시스템의 평점 예측은 자연스러운 적용 사례 중 하나에 불과하다. 모델은 본질적으로 회귀를 위해 설계됐지만, 이진 분류는 숫자 예측에 로지스틱 함수를 적용해 $\hat{y}(\overline{x})$가 +1 또는 −1인지 여부를 도출해 처리할 수 있게 한다. 분류 및 쌍별 순위에 대한 적용 사례는 13.2.1절에서 설명한다. 실제로 인수분해 머신은 다항회귀[493]의 희소성을 방지하기 위한 일반화로 여겨도 된다. 식 8.9는 2차 다항회적 회귀의 예측함수와 크게 다르지 않다. 가장 중요한 차이점은 쌍별 상호작용 $x_i x_j$의 회귀 계수 $w_{ij}$는 낮은 순위의 가정을 만족시키기 위해 구성되기에, $w_{ij} = \overline{v}_i \cdot \overline{v}_j$로 표현할 수 있다. 예를 들어 우리는 이 낮은 순위 가정을 하지 않고 직접 $w_{ij}$를 학습시킬 수 있었다. 이는 2차 다항식 커널로 커널 회귀를 사용하는 것과 거의 동일하다. $O(p^2) = O([m + n + d]^2)$에서 $w_{ij}$이라는 값 때문에 과적합 가능성이 매우 높다. 인수분해 머신은 $p \times p$ 회귀 계수 계수 행렬 $W = [w_{ij}]$가 낮은 순위이며 $VV^T$로 표현될 수 있다고 가정한다. 이렇게 하면 $W = [w_{ij}]$의 $O(p^2)$ 계수가 $V = [v_{js}]$의 $O(p \cdot k)$ 계수로 감소하므로 오버피팅을 줄이는 데 도움이 된다. 인수분해 머신은 낮은 순위 가정이 추가된 다항회적 회귀 모델이다. 여기서의 기본 아이디어는 짐이 〈터미네이터〉를 평가한 적이 없다면 짐과 〈터미네이터〉 사이의 상호작용 계수 $w_{ij}$를 정확하게 추정하기가 어려울 것이라는 것이다. 그러나 낮은 순위 가정은 매개변수 공간에서 계수 관계를 강제로 정확한 추정을 가능하게 한다. 이는 데이터가 희박한 설정에서 특히 유용하다.

이 절의의 설명은 실제로 널리 사용되는 2차 인수분해 머신을 기반으로 한다. 3차 다항회적 회귀에서, 우리는 형태 $x_i x_j x_k$의 상호작용 조건에 해당하는 형태 $w_{ijk}$의 $O(p^3)$ 추가 회귀 계수를 가질 것이다. 이러한 계수는 텐서 분해로 압축돼 거대한 3차 텐서를 정의한다. 고차원 인수분해 머신도 개발됐지만, 계산 복잡성이 커지고 부적합이 높기 때문에 종종 실용적이지 않을 때가 있다. *libFM*[494]이라는 소프트웨어 라이브러리는 우수한 인수분해 머신 구현을 제공한다. *libFM*의 주요 작업은 초기 기능 엔지니어링 작업이며 모델의 효과는 주로 올바른 기능 집합을 추출하는 분석가의 기술에 달려 있다.

### 8.5.2.2 2차 인수분해 머신의 일반화

2차 인수분해 머신은 모든 변수 $x_i$와 $x_j$ 쌍이 서로 상호작용한다고 가정하지만 항상 바람직하지는 않을 수 있다. 예를 들어 컨텍스트 변수가 문서의 단어 빈도수에 해당하는 경우 빈도수라는 단어가 서로 상호작용하는 것이 항상 바람직하지 않을 수 있다. SVD++와 같은 경우에 암시적 피드백 변수는 항목 요소와 상호작용할 수 있지만 사용자 요인과는 그렇지 않을 수 있다. 마찬가지로 SVD++에서 암시적 피드백 변수끼리는 서로 상호작용하지 않는다. 이 설정을 처리하기 위해 상호작용 표시, $\delta_{ij}$를 정의해 서로 상호작용할 수 있는 변수 쌍을 나타낸다.

$$\delta_{ij} = \begin{cases} 1 & x_i \text{와 } x_j \text{는 상호작용할 수 있다} \\ 0 & \text{그 외} \end{cases} \tag{8.12}$$

상호작용 표시는 일반적으로 변수의 **블록 구조**에 기초해 정의되므로 모든 $p^2$값을 명시적으로 저장할 필요는 없다. 사용자 변수가 컨텍스트 변수와 상호작용할 수 없으며 컨텍스트가 다른 컨텍스트와 상호작용할 수 없는 경우도 있다. 이를 통해 분석가가 변수의 중요한 상호작용 블록에 대해서 도메인 지식을 활용할 수 있다. 이 표시를 사용해 다음과 같이 식 8.9를 일반화할 수 있다.

$$\hat{y}(\overline{x}) = g + \sum_{i=1}^{p} b_i x_i + \sum_{i=1}^{p} \sum_{j=i}^{p} (\overline{v_i} \cdot \overline{v_j}) \delta_{ij} x_i x_j \tag{8.13}$$

식 8.9와 달리 이 식은 $\delta_{ii}$가 0이 아닌 경우 $x_i$가 자신과 상호작용할 수 있게 된다. 이 기능은 $x_i$가 실수인 다항 회귀에서 유용할 수 있다. 이 모델은 $m$ 사용자-표시 변수, $n$ 항목 표시 변수와 항목과 연결된 $n$ 암시적 피드백 변수의 추가 집합을 정의해 SVD++를 정확하게 시뮬레이션하는데 사용할 수 있다. 따라서 명시적 및 암시적 피드백에 해당하는 항목 변수 집합이 각각 두 개 있다. 암시적 피드백 변수의 경우, 피처 값은 관련 사용자 $u$에 대해 $I_u$ 집합의 항목에 대해서만 0이 아니다. 이러한 0이 아닌 값은 모두 $1/\sqrt{I_u}$로 설정된다. $\delta_{ij}$값은 사용자와 명시적 피드백(항목) 변수 간의 상호작용과 암시적 피드백과 명시적 피드백(항목) 변수 간의 상호작용에 대해서만 1로 설정된다. 이 정의를 사용하면 식 8.13이 정확히 SVD++라는 것을 쉽게 보여줄 수 있다.

솔루션은 인수분해 머신과 거의 동일하다. 식 8.10의 업데이트 단계는 확률적 경사하강에 사용할 수 있다. 유일한 차이점은 각 모델 매개변수 $\theta$와 관련해 예측 변수의 부분 미분을 수정해야 한다는 것이다.

$$\frac{\partial \hat{y}(\overline{x})}{\partial \theta} = \begin{cases} 1 & \theta가 \ g일 \ 때 \\ x_i & \theta가 \ b_i일 \ 때 \\ x_i \sum_{j=1}^{p} \delta_{ij} \cdot v_{js} \cdot x_j & \theta가 \ v_{is}일 \ 때 \end{cases} \tag{8.14}$$

$SVDFeature$[151]라고 하는 최근 방법론은 $\delta_{ij}$를 적절하게 정의해 이 설정의 특별한 사례로 표시될 수도 있다. $SVDFeature$와 인수분해 머신은 KDD 컵 대회(2012)[715]에서 네트워크 추천 작업에서 2위를 한 모델이다.

### 8.5.2.3 잠재 파라미터화의 다른 적용 사례

인수분해 머신은 과적합을 줄이기 위해 큰 파라미터 공간에 낮은 순위 구조를 부과한다. 드물게 발견되지 않은 사실은 이 일반적인 원칙이 협업 필터링[519]에서 제한 볼츠만 머신<sup>RBMs, Restricted</sup> <sup>Boltzman Machines</sup>의 완전히 다른 맥락에서 사용될 수 있다. 기본 아이디어는 신경망의 두 연속층 사이의 가중치 수를 행렬 $W = [w_{ij}]$로 나타낼 수 있다(그림 8.5 참조). 입력 레이어의 크기는 항목 수와 숨겨진 레이어의 크기로 축척되기 때문에 행렬의 크기는 협업 작업 필터링 설정에서 다소 클 수도 있다. $W$의 크기는 이 두 값의 곱에 의해 정의된다. 큰 매개변수 공간은 필연적으로 과적합으로 이어질 것이다. 따라서 [519]의 연구는 행렬 $W = UV^T$가 두 개의 낮은 순위 행렬 $U$와 $V^T$의 곱이다. $W$를 학습하는 대신 이 접근법은 $U$와 $V$의 매개변수를 학습한다. [519]에서 이러한 유형의 매개변수 공간의 낮은 순위 감소는 정확도와 실행 시간 면에서 상당한 이점을 가지고 있음을 보여준다. 이러한 결과는 큰 행렬 구조의 파라미터 공간을 효과적으로 처리하기 위해서 자연스러운 접근 방식이 낮은 순위 구조인 것을 보여준다. [519]의 방법론은 기존의 협업 필터링을 위해 설계됐지만 컨텍스트 기능에 적합한 입력 노드를 추가해 컨텍스트에 민감한 시나리오로 쉽게 확장할 수 있다. 이 방법의 개발되지 않은 잠재력은 협업 필터링을 위한 딥러닝 방

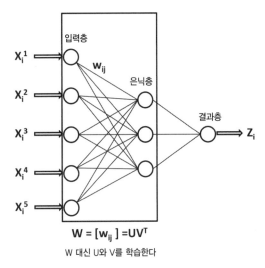

입력층

$X_i^1$

$w_{ij}$

$X_i^2$

은닉층

$X_i^3$

결과층

$Z_i$

$X_i^4$

$X_i^5$

$W = [w_{ij}] = UV^T$

W 대신 U와 V를 학습한다

**그림 8.5** 신경망에서 과적합(overfitting)을 피하는 낮은 순위 파라미터화

법에서 낮은 순위 파라미터화를 활용하는 것이다. 많은 층을 가진 깊은 신경망은 뉴런의 연속적인 층 사이 무게에 대응하는 행렬의 낮은 순위 분해에서 [516]의 유익할 수 있다. 이는 딥러닝 방법에 보편적인 문제인 과적합에 유용할 수 있다.

## 8.5.3 콘텐츠 기반 모델

서포트 벡터 머신과 선형 회귀와 같은 다양한 머신러닝 모델은 컨텍스트에 예민한 추천 시스템과 함께 사용된다. 이러한 방법론은 사용자, 항목, 컨텍스트와 연결된 특성을 사용하기 때문에 콘텐츠 기반 모델의 일반화로 볼 수 있다. 콘텐츠 기반 모델은 항목과 연결된 특성만 사용한다는 점을 기억해보자. 그러나 이 경우 특성이 차원과 연관돼 있다는 좀 더 일반적인 가정을 한다.

대부분의 경우 사용자 또는 항목은 피처 공간에서 벡터로 표시되며 평점은 종속 또는 클래스 변수에 해당한다. 서포트 벡터 머신을 사용한 초기 방법 중 하나는 [458]에 제안된다. 이 경우 레스토랑 추천 시스템이 제안되며 날씨, 동반자, 시간과 같은 추가 컨텍스트 치수가 사용된다. 이 경우 각 항목 컨텍스트 조합은 좋아요를 받거나 싫어하는 피처 벡터로 표시된다. 좋아요를 좋아하는 항목과 싫어하는 항목을 구분하는 서포트 벡터 머신이 생긴다. 전에는 볼 수 없었던 항목-컨텍스트 조합이 서포트 벡터 분리에서 좋아요로 떨어지게 된다면 추천된다. 이 모델은 각 사용자에 대해 별도의 모델이 만들어지고 모델에 대한 예측이 각 사용자에 따라 다르기 때문에 콘텐츠 중심 모델의 직접 일반화로 볼 수 있다. 또한 사용자의 특성은 이 모델에서 사용하지 않는다. 그러나 원칙적으로 모든 사용자에 대한 예측을 위해 구성된 글로벌 모델을 사용할 수 있다.

이러한 모델의 예는 단일 선형 회귀 모델이 구성된 [50]에서 설명돼 모든 사용자-항목 조합의 평점을 예측한다. 이 경우 사용자의 특성도 사용된다. 토론이 좀 더 쉬울 수 있도록 우리는 피처가 개별 키워드의 주파수로 처리된다고 가정해보자. 비록 불연속화 숫자 속성을 사용할 수도 있지만 말이다. 사용자와 항목 피처는 사용자 또는 항목 프로필에 포함돼 있다.

먼저 컨텍스트 정보를 사용하지 않는 간단한 선형 회귀 모델을 설명해보겠다. 나중에 컨텍스트를 사용해 이 모델을 확장하는 방법을 보여주려 한다. 사용자, 항목 피처, 항목 기능 및 크로네커 교차곱<sup>Kronecker cross-product</sup>의 선형 기능으로 평점 $r_{ij}$를 추정하는 선형 회귀 모델을 고려해보자.

$$\hat{r}_{ij} = \overline{W_1} \cdot \overline{y_i} + \overline{W_2} \cdot \overline{z_j} + \overline{W_3} \cdot (\overline{y_i} \otimes \overline{z_j}) \tag{8.15}$$

여기서 $\overline{W_1}$, $\overline{W_2}$, $\overline{W_3}$는 적절한 길이의 선형 회귀 계수 벡터이다. 예를 들어 계수 벡터 $\overline{W_1}$의 길이는 모든 상이한 $\overline{y_i}$을 나타내는 피처 공간의 길이와 동일하다. 또한 $\overline{y_i}$은 사용자 $i$(예를 들어 성별 또는 인종)의 특징 변수 벡터에 해당하며, $\overline{z_j}$는 항목 $j$(예: 영화 장르 및 제작 스튜디오)의 특징 변수 벡터에 해당하며 $(\overline{y_i} \otimes \overline{z_j})$는 사용자 $i$와 항목 $j$의 피처 벡터 사이의 크로네커 교차곱에 해당한다. 크로네커 교차곱은 사용자 $i$와 항목 $j$의 기능 값 간의 모든 가능한 교차 제품 조합에 의해 정의된다. 앞서 언급한 예에서 조합은 성별 장르, 인종 장르, 성별, 인종의 다양한 가능성에 해당한다. 특정 사용자 항목 인스턴스의 경우 관련 조합은 남성-코미디, 백인-코미디, 남성-소니, 백인-소니일 수 있다. 이러한 조합의 값은 1로 설정되며 다른 모든 가능한 조합(예: 여성 코미디)의 값은 0으로 설정된다. 이 경우 모든 피처 값은 이진값이지만 해당 값 쌍의 주파수를 곱해 임의 주파수로 작업할 수도 있다. 예를 들어 키워드 "골프"는 사용자 프로필에서 2의 주파수를 가지며 키워드 "카트"가 항목 프로필에 3의 빈도를 가지면 키워드 쌍의 해당 주파수는 $2 \times 3 = 6$이다. 여기서 기본 아이디어는 사용자 $i$의 피처, 항목 $j$의 피처로 상호작용 효과 측면에서 사용자 항목 조합$(i, j)$의 평점을 나타내는 것이다.

관찰된 평점은 모델을 만들고 계수 벡터 $\overline{W_1}$, $\overline{W_2}$, $\overline{W_3}$를 학습하기 위해 학습 데이터로 사용된다. 상호작용 계수는 사용자-항목 피처의 다양한 조합이 모델에 미치는 영향을 알려준다. 사용자 피처와 항목 피처의 계수는 사용자의 특정 바이어스와 현재 항목의 특정 바이어스에 대해 알려준다. [50]의 연구는 이러한 계수를 추정하고 관찰된 평점에서 모델을 학습시키기 위해 마르코프 체인 몬테 카를로<sup>MCMC, Markov Chain Monte Carlo</sup> 방법을 사용한다. 이 방법론은 항목 피처를 사용해 사용자별 모델을 만드는 콘텐츠 기반 방법론에 대한 선형 회귀 모델의 일반화다(4.4.5절 참조). 여기서 모델은 모든 사용자와 항목에 대해 구성되며, 피처는 사용자-항목 조합에서 추출돼 평점이 정해진다. 따라서 이 방법론은 기성 콘텐츠 기반 모델보다 풍부하다.

이 접근법은 컨텍스트 차원[7, 607]에 대한 추가 피처 변수를 도입해 컨텍스트 시나리오에 쉽게 일반화할 수 있다. 특정 예제에서는 시간이 컨텍스트 변수로 사용되는 경우를 고려하고, 시간 차원의 $k$번째 가능 값과 연결된 피처 변수는 벡터 $\overline{v_k}$에 의해 표시된다. 시간과 관련된 피처는 요일, 계절 등과 같은 다양한 설명에 해당할 수 있다. 우리는 세 가지 차원을 가지고 있기 때문에, 평점 $r_{ijk}$는 이제 세 가지 다른 값에 의해 설명된다. 여기서 $i$는 사용자를 나타내고, $j$는 항목을 나타내고, $k$는 시간 차원을 나타낸다. 그런 다음, 평점의 예측 값 $\hat{r}_{ijk}$는 다음과 같이 피처 변수와 상호작용 변수의 선형함수로 계산될 수 있다.

$$\hat{r}_{ijk} = \overline{W_1} \cdot \overline{y_i} + \overline{W_2} \cdot \overline{z_j} + \overline{W_3} \cdot \overline{v_k} + \overline{W_4} \cdot (\overline{y_i} \otimes \overline{z_j}) + \overline{W_5} \cdot (\overline{z_j} \otimes \overline{v_k}) + \overline{W_6} \cdot (\overline{y_i} \otimes \overline{v_k}) + \overline{W_7} \cdot (\overline{y_i} \otimes \overline{z_j} \otimes \overline{v_k})$$
(8.16)

계수의 수를 줄이기 위해 3차원 계수 $\overline{W_7}$을 0으로 설정할 수 있다. 이러한 모델은 서로 다른 차원의 특성(예: 사용자, 항목)의 특성 간에만 상호작용이 발생하지만 이러한 모델은 2차원 인수분해 머신과 유사한 형태로 수행된다. 이는 식 8.13 모델과 유사하다. 유사한 경사하강 방법론을 사용할 수 있다.

이 일반적인 접근 방식은 실제로 회귀 기반 모델뿐만 아니라 기존 머신러닝 모델과 함께 사용할 수 있다. 전체적인 접근 방식은 다음과 같다.

1. 레코드의 클래스 레이블이 $r_{ijk}$ 값인 각 관찰된 평점 $r_{ijk}$에 대한 다차원 데이터 레코드 $\overline{X}_{ijk}$를 생성한다.

2. $\overline{y_i}, \overline{z_j}, \overline{v_k}, \overline{y_i} \otimes \overline{z_j}, \overline{z_j} \otimes \overline{v_k}, \overline{y_i} \otimes \overline{v_k}$에 대응하는 서로 다른 피처의 빈도수를 생성한다. 이러한 빈도수는 $\overline{X}_{ijk}$의 피처 벡터를 나타낸다.

3. 모델 $\mathcal{M}$을 구축하기 위해 기존에 있는 감독 학습 알고리듬과 함께 쌍$(\overline{X}_{ijk}, r_{ijk})$을 사용한다.

4. 값이 알려지지 않은 평점 큐브의 아무 항목 $(i_1, j_1, k_1)$의 경우, 앞서 언급한 접근 방법을 사용해 피처 표현 $\overline{X}_{i_1 j_1 k_1}$을 추출하고 머신러닝 모델 $\mathcal{M}$을 적용해 평점 값을 예측한다.

컨텍스트에 민감한 시스템의 차원수가 증가함에 따라 모델이 과적합할 가능성이 높아진다. 또한 시스템의 확장성은 부정적인 영향을 받는다. 이것은 시스템에서 중요한 문제가 될 수 있으며, 일반적인 단점은 사전 또는 사후 필터링 방법으로 2차원으로 줄이는 대신 w차원 평점 행렬로 직접 작업하려고 시도하는 것이다. 그럼에도 충분한 평점 데이터가 있다면, 직접 하는 컨텍스트 모델링이 가장 강력한 결과를 제공할 수 있다. 이러한 방법은 "빅 데이터" 시대에 점점 더 가능성 높은 이야기다.

## 8.6 요약

위치, 시간 그리고 소셜 정보와 같은 다양한 유형의 컨텍스트는 추천 프로세스에 상당한 영향을 미친다. 다차원 모델은 다양한 유형의 컨텍스트 인식 추천에 대한 일반적인 프레임워크를 만드는 데 자주 사용된다. 컨텍스트 인식 추천을 수행하는 세 가지 주요 방법이 있다. 사전 필터링에서, 협업 필터링 알고리듬을 적용하기 전에 $w$차원 큐브를 2차원 평점 행렬로 필터링해 2차원 협업 필터링 문제로 감소시킨다. 사후 필터링에서는 협업 필터링 첫 번째 단계에서의 컨텍스트가 무시된다. 그런 다음 컨텍스트의 상대적 중요성을 조절하는 예측 모델을 사용해 결과가 조정된다. 마지막으로, 최근 방법론은 컨텍스트를 $w$차원 예측 문제로 처리해 모델에 직접 통합하는 것이다. 이 설정에서 행렬 계수 및 선형 회귀 모델의 일반화가 제안된다. 이 방법은 계산이 꽤 어렵지만 많은 양의 데이터를 사용할 수 있을 때 최상의 잠재력을 가진 일반적인 접근 방법이다.

## 8.7 참고문헌

컨텍스트 인식 추천 시스템에서 초기 작업 중 일부는 모바일 컨텍스트 인식 투어 가이드를 만드는 것과 같은 모바일 애플리케이션 [2, 3]의 컨텍스트에서 수행됐다. 모바일 시스템에 대한 컨텍스트 인식 컴퓨팅 연구의 초기 조사는 [147]에서 찾을 수 있다. 컨텍스트 기반 추천 시스템의 최근 조사는 [7]에서 찾을 수 있다. 컨텍스트-감지 시스템은 뉴스 추천 시스템[134], 웹 검색 [336], 관광 추천[2, 3] 그리고 데이터베이스 쿼리[39]와 같은 매우 다양한 영역에서 사용한다. 기술-강화 학습 기술을 사용하는 컨텍스트 인식 추천 시스템은 [612]에서 찾을 수 있다.

다차원 추천 시스템의 개념은 [6]에서 제안했다. [466]에서는 흥미로운 논의를 확인할 수 있다. 추천 쿼리 언어$^{RQL}$[9]라고 하는 쿼리 언어는 컨텍스트-기반 시스템을 위해 제안됐다. 개인화 추천을 하는 컨텍스트에서 사용하는 또 다른 최근 쿼리 언어는 [10]에서 확인할 수 있다.

추천 시스템에서 사전 필터링 방법을 사용했던 풍부한 이력을 가지고 있다. [6]의 감소-기반 접근법은 사전 필터링을 위한 영향력이 큰 기법 중 하나이다. 이 광범위한 방법론을 기반으로 하는 많은 후속 방법들이 개발됐다. [62]의 작업은 단일 아이템을 다양한 컨텍스트에 맞는 몇 개의 가상 아이템으로 나누는 개념을 사용했다. [61]의 작업은 각각 특정 맥락과 관련 있는 마이크로프로필의 개념을 개발한다. [61]의 작업은 각각 특정 컨텍스트와 관련 있는 마이크로-프로파일의 개념을 만들었다. 특히 다양한 컨텍스트에서 사용자를 위해 다른 모델이 구성된다. 이 접근법은 시간에 민감한 추천 시스템에서 사용했으며 9.2.2.1절에서 설명한다. [61]의 기본 아이디어는 이 장에서 설명하는 축소-기반$^{reduction-based}$ 접근법과 유사하다. 사전-필터링을 사용하는 모바일 광고 추천 시스템은 [40]에서 논의한다. 온라인 소매 애플리케이션에서 적용하는 접근법은 [374]에서 논의한다. 컨텍스트-민감 시스템에서 사용하는 사전 필터링과 사후 필터링 방법을 비교한 것은 [471]에서 제공한다. 컨텍스트-민감 시스템의 정확도와 다양성에 대한 결과는 [470]에서 제공한다. 컨텍스트-민감 추천에서 이웃-기반 방법을 사용하는 것은 [7, 8]에서 논의한다. 시간을 별개의 컨텍스트적인 값[212, 294, 332, 495, 496]으로 취급하는 많은 행렬과 텐서 인수분해 방법을 컨텍스트별 추천 시스템에서 제안했다. 인수분해 머신[493]의 개념은 이러한 환경에서 상당한 인기를 얻었다. 인수분해 머신은 많은 종류의 잠재 인자 모델을 일반화한 것으로 볼 수 있으며, 컨텍스트-민감 추천 애플리케이션에 대한 인기가 증가하고 있다. 인수분해 머신의 교대 최소 제곱법Alternating least-squares은 [496]에서 논의한다. SVD 피처라는 관련 모델은 [151]에서 제안했다.

모델 구축을 위한 서포트 벡터 머신 방법은 [458]에서 제안했다. [63]의 연구는 이 책에서 논의된 접근법이 이 제품군에서 논의된 방법보다 더 일반적이기는 하지만 컨텍스트 인식 추천을 위한 행렬 인수분해 방법들을 제안한다. 컨텍스트에 맞는 추천 시스템을 구축하기 위해 확장 가능한 알고리듬은 [607]에서 논의한다.

주요 쟁점은 컨텍스트별 방법에 대한 적절한 속성의 선택이다. 컨텍스트별 방법에 대한 적절한 속성을 선택할 수 있는 방법에 대한 논의는 [188]에서 제공한다. 잠재적 컨텍스트 정보를 가능한 표현으로 사용하는 것은 [47]에서 논의한다.

# 8.8 연습 문제

1. 사전-필터링, 사후-필터링 또는 컨텍스트별 모델링 중 특정 데이터 세트에 가장 적합한 방법을 어떻게 찾을 수 있는지 논의하라.

2. 사전-필터링, 사후-필터링 그리고 컨텍스트별 모델링의 능력을 결합하기 위해 어떻게 하이브리드 추천 시스템을 사용할 것인지 논의하라. 상상할 수 있는 한 많은 계획을 제안하라. 이 계획들 중 어떤 것을 사용할지 어떻게 결정하겠는가?

3. 하나의 컨텍스트적 속성으로 사전-필터링 알고리듬 구현한다. 아이템-기반(이웃) 협업 필터링을 기본 방법으로 사용하라.

4. 각각 고유한 분류 체계가 있는 세 가지 컨텍스트적 속성(위치, 시간, 동반자)을 가지고 있다고 가정하자. 시스템은 지역, 시간, 동반자 속성이 주어진 컨텍스트에서 세 가지 컨텍스트적 속성의 쿼리된 값이 고정돼 있는 관측된 평점 중 일부(예: 500)만 사용할 수 있기 때문에 희소성 문제가 발생할 수 있다. 이는 학습 과정에서 500개의 평점만 사용할 경우 사전-필터링 방법에서 과적합을 유발할 수 있다. 관련 세그먼트를 추출하고 학습

데이터의 양을 늘리기 위해 각각의 세 가지 컨텍스트별 속성에서 보다 일반적인 수준의 분류를 사용할 것인지 결정해야 한다. 각 컨텍스트별 속성에 사용할 분류의 특정 수준을 결정하는 방법을 설명하라. 각 컨텍스트에 대한 분류 수준을 추출했으면 협업 필터링 알고리듬을 설명하라.

5. 예측함수는 아래와 같은 형태인 8.5.2절에서 논의한 $w$-차원의 행렬 인수분해를 생각해 보자.

$$\hat{r}_{i_1 \ldots i_w} = \sum_{a < b \leq w} [U_a (U_b)^T]_{i_a i_b}$$

(a) $S$는 $w$-차원 데이터 큐브에 지정된 원소의 모든 $w$-차원 좌표의 집합이라고 한다. 정규화를 사용하는 최적화를 위한 목적함수는 다음과 같은 형태다.

$$J = \sum_{(i_1 \ldots i_w) \in S} (r_{i_1 \ldots i_w} - \sum_{a < b \leq w} [U_a (U_b)^T]_{i_a i_b})^2 + \lambda \sum_{a=1}^{w} ||U_a||^2$$

(b) 목적함수를 사용해 경사하강법을 어떻게 유도할 수 있는가?

(c) $e_{i_1 \ldots i_w} = r_{i_1 \ldots i_w} - \hat{r}_{i_1 \ldots i_w}$가 경사하강 업데이터의 중간 단계에서 예측 오류를 나타내도록 한다. 각 $U_a (1 \leq a \leq w)$에 대한 경사하강 업데이트 방정식은 지정된 각 원소 $(i_1 \ldots i_w) \in S$에 대해 다음과 같은 형식임을 보여준다.

$$[U_a]_{i_a q} \Leftarrow [U_a]_{i_a q} + \alpha(e_{i_1 \ldots i_w} \cdot \sum_{b \neq a} [U_b]_{i_b q} - \lambda \cdot [U_a]_{i_a q}) \quad \forall q \in \{1 \ldots k\}$$

# 9

# 시간과 위치에 민감한 추천 시스템

"시간은 모든 사람의 가장 현명한 조언자다."

— 페리클레스

## 9.1 개요

많은 실제 시나리오에서 구매와 평가는 시간 정보와 관련이 있다. 예를 들어 넷플릭스 프라이즈 데이터 세트의 평점은 "평가일시" 변수와 연관돼 있으며 결국 시간과 관련된 구성 요소를 사용해 평점 예측을 개선하는 방법을 보여준다[310]. 마찬가지로 구매 및 웹 클릭 스트림과 같은 많은 형태의 사용자 활동은 본질적으로 시간에 종속적이다. 일반적으로 추천 시스템은 두 가지 다른 방식으로 사용자 활동의 시간적 정보를 사용한다.

1. **명시적 평가**: 이 경우 날짜는 명시적 평가와 관련이 있다. 날짜는 예측 방법을 사용하거나 주기적이거나 시즌 정보(예: 요일)를 예측 프로세스의 정확성을 향상시키는 데 사용할 수 있다.

**2.** 암시적 피드백: 아이템 구매 또는 웹 페이지 클릭과 같은 고객 행동에 해당한다. 과거의 사용자 행동 순서는 향후 행동을 예측할 때 사용한다. 기본적인 방법은 대개 순차적 패턴 기반 예측과 많은 유사점이 있다. 이러한 기술은 웹 클릭 스트림 또는 웹 로그 분석과 같은 많은 시나리오에서 자주 사용한다. 이 기술을 사용해 향후 고객 구매 행동을 예측할 수도 있다.

일반적으로 추천을 하기 위해 평가의 시간적 정보를 사용하는 것은 훨씬 더 어렵다. 9장의 뒷부분에서 볼 수 있듯이, 기존의 시간 모델[310]은 시간 정보를 제한적이고 신중하게 조정된 평가로 사용한다. 한편 암묵적 피드백과 이산적 모델에 관한 문헌은 웹 클릭 흐름과 로그의 맥락에서 광범위하게 탐구했기 때문에 상당히 풍부하다. 다음에서 언급하는 문제는 범주형 특성을 가진 순차 데이터 예측과 밀접한 관련이 있다. 이 경우, 마르코프 모델이나 순차 패턴 마이닝과 같은 이산 데이터 마이닝 방법이 매우 유용하다. 9장에서는 두 가지 유형의 추천 모델을 모두 살펴볼 것이다.

시간은 최신성 및 예측 관점 또는 컨텍스트별(예: 계절적) 관점으로 볼 수 있다. 최신성 관점의 아이디어는 최신 평점이 이전 평점보다 중요하다는 것이다. 따라서 최신 데이터에 중요성을 부여하기 위해 다양한 에이징 및 필터링 전략을 사용한다. 컨텍스트적 관점에서, 계절 또는 월과 같은 다양한 주기적인 측면을 사용할 수 있다.

뒤에 나오는 시나리오는 컨텍스트 인식 추천 시스템과 밀접한 관련이 있다. 컨텍스트 인식 추천 시스템[7]에서는 위치 또는 시간과 같은 추가 변수를 사용해 추천을 세분화한다. 사용자 세트 $U$ 및 아이템 세트 $I$를 사용한 표준 협업 필터링에서 $U \times I$의 사용자-아이템 조합은 평점에 매핑된다. 이 매핑은 사용 가능한 데이터로 학습한다. 그러나 컨텍스트 $C$는 $U \times I \times C$의 가능한 조합으로 평점에 대한 매핑을 학습해야 한다. 컨텍스트 $C$ 자체는 위치, 시간, 날씨, 계절 등과 같은 여러 속성을 포함할 수 있다. 이러한 속성은 서로 종속적이거나 독립적일 수 있다. 9장에서는 컨텍스트 속성이 시간에 해당하는 단일 속성인 구체적인 사례를 살펴볼 것이다. 시간을 연속변수로 볼 때 추천은 종종 시간의 함수로 만들어진다. 시간적 컨텍스트는 주기적, 최근성 또는 모델링 관점에서 볼 수 있다. 요일, 시간 또는 월과 같은 시간의 특정 주기적 컨텍스트를 명확하게 추천하기 위해 사용한다. 예를 들어 북미 의류 소매업체는 7월이 아닌 12월에 겨울철 의류를 추천하는 것이 더 합리적이다. 컨텍스트 인식 추천은 8장에서 일반적인 의미로 논의했다. 그러나 시간 차원에 관련한 문헌이 많기 때문에 별도의 장을 할당했다. 더욱이, 예측forecasting 기반 평점 예측 및 이산 시퀀스 기반 방법과 같은 많은 시간적 방법은 다른 컨텍스트에 민감한 방법 및 시나리오로 쉽게 일반화할 수 없다. 따라서 추천 시스템의 시간적 측면은 컨텍스트 인식 시스템과 별도로 처리해야 하지만 컨텍스트 기반 방법과 연결된 내용은 9장의 관련 부분에서 강조한다.

예측된 평점을 시간의 함수로 명시적으로 표현함으로써 시간을 모델링 변수로 취급할 수 있다. 이 함수의 매개변수는 관측된 평점과 관련해 예측된 평점의 제곱 오차를 최소화해 데이터 기반 방식으로 학습할 수 있다. 이러한 모델의 예는 time-SVD++로, 예측 매개변수를 시간적으로 매개변수화된 바이어스 및 요인 행렬의 함수로 표현한다. 이 접근법은 시간적 예측을 위한 최첨단 기술 중 하나로 간주된다. 이 접근법의 주요 장점은 최신성, 감쇠decay 기반 또는 주기적 모델에 의해 쉽게 포착할 수 없는 미래 추세를 포착할 수 있다는 것이다.

웹 클릭 스트림과 같은 많은 데이터 도메인에는 명시적 평가가 없지만 이산 동작 시퀀스가 있다. 이러한 데이터는 암시적 피드백 데이터 세트의 시간적인 버전으로 볼 수 있다. 이러한 영역에서 사용하는 방법은 대체로 평가를 할 때 사용하는 방법과 상당히 다르다. 특히 마르코프 모델과 순차적 패턴 마이닝 방법sequential pattern-mining method을 일반적으로 사용한다. 웹 로그는 마이닝 목적으로 널리 사용 가능하기 때문에 이러한 방법은 웹 마이닝 도메인에서 광범위하게 연구됐다. 9장에서는 웹 클릭 스트림과 같은 애플리케이션의 추천에 대한 이산 시퀀스 마이닝 방법도 검토할 것이다.

시간과 마찬가지로 위치는 추천 시스템에서 일반적으로 사용하는 또 다른 컨텍스트 정보다. GPS를 지원하는 휴대전화의 인기가 높아짐에 따라 영화관, 식당 또는 기타 엔터테인먼트 장소를 찾는 등의 다양한 컨텍스트에서 위치를 사용하는 것이 유용하다. 경우에 따라 위치를 시간과 결합할 수 있다. 9장에서는 컨텍스트 기반 시스템의 중요한 예로 위치 기반 시나리오를 사용한다.

9장은 다음과 같이 구성됐다. 9.2절에서는 순서가 매겨진 시간적 협업 필터링 방법론을 소개한다. 특히 세 가지 유형의 모델을 소개한다. 이는 최신성 기반 모델, 주기적 모델 및 보다 복잡한 매개변수화된 모델에 해당한다. 마지막 모델의 예는 시간적 추천에 대한 최첨단으로 간주되는 time-SVD++ 모델이다. 8장의 컨텍스트 기반 모델과 다양한 모델의 연결에 대해서도 설명한다. 9.3절은 사용자 행동이 클릭과 같은 이산 선택을 나타내는 경우 이산 모델을 시간 시나리오로 확장하는 방법에 대해 설명한다. 마르코프 모델과 순차적 패턴 마이닝 방법은 이 절에서 설명한다. 위치 인식 추천 시스템은 9.4절에서 설명한다. 9.5절에서는 요약한다.

## 9.2 시간적 협업 필터링

이 절에서는 평가와 함께 시간적 추천을 사용하는 방법을 학습한다. 예측의 효과를 향상시키기 위해 두 가지 방법 중 하나를 사용해 시간 정보를 사용할 수 있다.

1. 최신성 기반 모델Recency-based model: 일부 모델은 최근 평점이 이전 평점보다 중요하다고 간주한다. 이 경우, 보다 정확한 예측을 위해 윈도우 기반 및 감쇠 기반 모델을 사용한다. 이러한 모든 모델의 기본 아이디어는 협업 필터링 모델에서 최근 평점이 더 중요하다는 것이다.

2. **주기적 컨텍스트 기반 모델**Periodic context-based model: 주기적 컨텍스트 기반 모델은 시간, 일, 주, 월 또는 계절의 특이성 수준의 시간과 같은 기간 특정 속성을 사용해 추천을 수행한다. 예를 들어 의류 소매업체는 여름인지 겨울인지에 따라 매우 다르게 추천할 것이다 [567]. 크리스마스 주간의 영화 추천은 오스카상 전주의 추천과는 매우 다를 수 있다 [100]. 이러한 방법에서 시간은 추천을 만들기 위해 사용하는 컨텍스트적 변수가 된다. 이 모델은 8장에서 소개한 컨텍스트별 추천 시스템과 밀접한 관련이 있다.

3. **시간을 독립변수로 명시적으로 사용하는 모델**: time-SVD++라고 하는 최근 접근 방식은 모델링 프로세스에서 시간을 독립변수로 사용한다. 이러한 접근 방식은 보다 정교하게 사용자별 및 아이템별 추세를 사용해 특정 지역의 시간적 변화를 처리하며 평가의 간헐적인 시간적 노이즈를 설명할 수도 있다. 일반적으로 이러한 모델은 예측 요소를 포함하므로 최신성 기반 모델보다 더 정교하다.

윈도우 기반 및 감쇠 기반 모델은 다양한 환경에서 간단하고 구현하기 쉽다는 장점이 있다. 반면 이 모델들은 time-SVD++ 모델로 찾을 수 있는 정교한 시간적 특성을 포착할 수 없다. 따라서 후자의 방법은 시간적 협업 필터링Temporal Collaborative Filtering에서 최신 기술로 간주한다. 그럼에도 최신성 기반 모델은 구현하기 쉽다는 장점이 있다. 또한 이러한 경우 좀 더 다양한 모델을 일반화할 수 있다. 반면, 두 번째 범주에서는 소수의 모델만 제안했다.

## 9.2.1 최신성 기반 모델

최신성 기반 모델에서는 최근 평가가 이전 평가보다 중요하다. 최근의 중요성은 감쇠 기반 방법이나 윈도우 기반 방법으로 해결할 수 있다. 감쇠 기반 방법에서는 감쇠 기능을 사용할 때 오래된 평가가 덜 중요하다. 윈도우 기반 방법은 특정 시간보다 오래된 데이터 포인트를 완전히 무시하기 위해 이진 감쇠 기능을 사용하는 감쇠 기반 방법의 특수 사례로 볼 수 있다. 즉, 이진 감쇠 기능을 사용하면 이전 평가에 0의 가중치를 부여하고 최근 평가에 1의 가중치를 부여한다.

### 9.2.1.1 감쇠 기반 방법

감쇠 기반 방법에서 타임 스탬프 $t_{uj}$는 $m \times n$ 평점 행렬 $R$에서 사용자 $u$의 각각의 관측된 평점 및 아이템 $j$와 관련 있다. 따라서 $t_{uj}$의 관측된 값의 수는 관측된 평점의 수와 정확히 동일하다. 모든 추천은 미래에 $t_f$로 작성돼야 한다고 가정한다. 이 미래 시간을 목표 시간이라고도 한다. 그런 다음 목표 시간 $t_f$에서 평점 $r_{uj}$의 가중치 $w_{uj}(t_f)$는 감쇠함수를 사용해 정의되며, $t_{uj}$와 $t_f$ 사이의 더 큰 거리에 패널티를 준다. 일반적으로 사용되는 감쇠함수는 [185] 지수함수다.

$$w_{uj}(t_f) = \exp[-\lambda(t_f - t_{uj})] \tag{9.1}$$

감쇠율 $\lambda$는 시간의 중요도를 조절하는 사용자 정의 매개변수다. $\lambda$가 클수록 오래된 평가가 더 크게 강조되지 않는다. 이러한 가중치는 이웃 기반 방법에서 예측 단계 동안 평가의 중요성을 규제하는 데 사용할 수 있다.

[185]에서 제안한 방법은 최종 예측함수를 변경함으로써 사용자 기반 이웃 방법을 수정한다. [185]에서 사용한 간단한 접근법은 먼저 각 사용자의 $k$-최근접 이웃을 정한다. 최근접 이웃(사용자)을 정하는 방법은 다른 사용자 기반 이웃 방법과 동일하다. 결과적으로 다른 이웃 기반 방법과의 유일한 차이점은 집계 프로세스 동안 다른 사용자의 평점에 $w_{uj}(t_f)$라는 가중치를 적용한다는 것이다. 구체적으로 식 2.4는 다음과 같이 시간 $t_f$에서 사용자 $u$에 대한 아이템 $j$의 평점을 예측하기 위해 다음과 같이 수정할 수 있다.

$$\hat{r}_{uj}(t_f) = \mu_u + \frac{\sum_{v \in P_u(j)} w_{vj}(t_f) \cdot \mathrm{Sim}(u,v) \cdot (r_{vj} - \mu_v)}{\sum_{v \in P_u(j)} w_{vj}(t_f) \cdot |\mathrm{Sim}(u,v)|} \tag{9.2}$$

여기서 $P_u(j)$는 아이템 $j$에 대해 평점을 지정한 사용자 $u$에 최근접 $k$명의 사용자를 나타낸다. 기존의 협업 필터링과 앞서 언급한 방정식의 주요 차이점은 예측함수에 가중치가 존재한다는 것이다. 이러한 가중치는 오래된 평가에 대한 중요도를 낮춰서 최신 트렌드에 유리하게 바이어스를 준다.

이 접근 방식은 최종 단계에서 약간 수정해 사용자 기반 모델과 아이템 기반 모델 모두에 쉽게 적용할 수 있다. 두 경우 모두 최근성 가중치로 최종 예측 단계를 보강해야 한다. $\lambda$의 최적 값은 교차 검증 방법을 사용해 학습할 수 있지만, 이러한 접근법은 [185]에서 논의하지 않았다.

[186]의 작업은 아이템 기반 이웃 방법에 대한 약간 더 개선된 협업 필터링 모델을 제공한다. 예측 프로세스에서 각각의 아이템에 아이템-아이템 유사도를 가중시키는 것 외에도, 시간적 할인 계수는 또한 예측함수 내의 각 아이템의 평점에 곱해진다. 이것은 물론 [185]에서 사용한 방법과 유사하다(위에서도 논의함). 그러나 [185]의 연구와 달리, 이 할인 요소는 단순한 지수 감쇠 함수가 아니다. 각 아이템에는 예상되는 미래 오류를 추정한 다음 이 오류에 반비례하는 가중치를 할당함으로써 할인 요소가 할당된다.

사용자 $u$가 평점을 준 대상 아이템 $j$의 피어 아이템 세트가 $Q_j(u)$인 시나리오를 생각해보자. $Q_j(u)$를 결정하는 과정은 아이템 기반 이웃 방법과 동일하다. 이어서, 최종 예측함수를 수정하기 위해 각 아이템 $i \in Q_j(u)$에 대한 할인 계수 $D_{ui}$를 결정해야 한다. 현재 사용자 $u$에 대해 로컬 할인 요소이므로 아래첨자에 $u$가 포함돼 있다. 사용자 $u$에 대한 아이템 $j$의 평점 예측은 아이템 기반 예측함수의 효과를 줄인 버전으로 계산한다.[1]

---

1 [186]에서는 분모에 계수를 사용하지 않았지만 9장에서는 계산식 9.3에 추가했다. 왜냐하면 부정적인 유사도의 경우 생략하는 것이 의미가 없기 때문이다. 그럼에도 피어가 가장 유사한 아이템으로 정의되기 때문에 피어 아이템 그룹의 부정적인 유사도는 실제 환경에서는 드물다.

$$\hat{r}_{uj} = \frac{\sum_{i \in Q_j(u)} \text{Sim}(i, j) \cdot D_{ui} \cdot r_{ui}}{\sum_{i \in Q_j(u)} |\text{Sim}(i, j)| \cdot D_{ui}} \tag{9.3}$$

각 할인 요소 $D_{ui}$는 어떻게 계산되는가? 이는 각 아이템 $i \in Q_j(u)$에 대한 사용자 평점 $r_{ui}$와 아이템 $i$와 유사한 아이템에 대한 사용자 $u$의 평균 평점 $Q_{ui}$ 간 평점의 정규화된 차이로 계산한다. 아이템 $i$와 유사한 아이템은 아이템별 유사도를 계산해 식별한다. 각 사용자 $u$ 및 아이템 $i \in Q_j(u)$에 대한 할인 계수(가중치) $D_{ui} \in (0, 1)$는 이 두 수량의 함수로 계산한다.

$$D_{ui} = \left(1 - \frac{|O_{ui} - r_{ui}|}{r_{max} - r_{min}}\right)^{\alpha} \tag{9.4}$$

여기서 $r_{max}$와 $r_{min}$은 평점 척도의 최댓값과 최솟값이다. $\alpha$는 교차 검증을 사용해 선택할 수 있는 튜닝 파라미터다. 여기서 기본 아이디어는 아이템 $i$의 평점과 동일한 아이템과 동일한 사용자의 평균 평점의 차이가 시간적 진화temporal evolution로 인한 오류를 나타내는 것이다. 또한 사용자마다 진화 속도가 다를 수 있다. 따라서 할인 요소는 특정 사용자에게 국한된다.

[185, 186]의 방법은 유사도 계산에 감쇠 가중치와 할인 요소를 포함하지 않으며, 이 가중치는 예측 단계에서만 사용한다. 그러나 6.5.2.1절에서 논의한 바와 같이 가중치 방식으로 유사도를 계산하는 것도 가능하다. 실제로 $w_{ij}(t)$가 정의되면 이들 가중치 모델 중 어느 것이라도 사용할 수 있다. 이러한 가중치 모델은 배깅 및 부스팅과 같은 앙상블 방법과 관련해 [67]에서 개발됐지만 시간적 시나리오에 쉽게 적용할 수 있다. 행렬 인수분해matrix factorization 모델을 가중치 적용 사례로 일반화하는 방법도 6.5.2.1절에 나와 있다. 이를 감안할 때 행렬 인수분해 방법을 최신성 기반 기술로 쉽게 일반화할 수 있다.

### 9.2.1.2 윈도우 기반 방법

윈도우 기반 방법에서는 특정 시간보다 오래된 평점을 고려하지 않는다. 이 접근법은 컨텍스트 기반 모델에서 사전 필터링 또는 사후 필터링 방법의 특별한 경우로 볼 수 있다. 이러한 방법은 8장에서 일반적인 의미로 논의한다. 또한 이러한 방법은 감쇠 기반 방법의 (이산된) 특수 사례로 볼 수도 있다. 윈도우를 모델링하는 여러 가지 방법이 있다.

1. 목표 시간 $t_f$와 평가 시간 $t_{ij}$ 사이의 차이가 특정 임계값보다 크면 평점을 제외한다. 협업 필터링 모델은 2장과 3장에서 논의한 방법과 동일하다. 이 방법은 감쇠 기능이 이진 감쇠 기반 모델의 극단적인 경우로 볼 수 있다. 모든 평점이 이웃 기반 방법의 유사도 계산에 사용해야 한다는 것이 종종 제안된다[131]. 윈도우 기반 가지치기pruning는 모든 데이터와 유사도를 계산한 후에 예측함수 내에서만 사용한다. 이러한 접근 방식은 평점의 희소성으로 인해 더 나은 견고성robustness을 제공할 수 있으며, 이로 인해 모든 유형

의 가지치기가 유사도 계산을 불안정하게 만들 수 있다. 유사도 계산 시 가지치기는 과대적합을 초래할 수 있다.

2. 기본 도메인에 따라 다양한 아이템의 활성 기간에 대한 통찰력을 얻을 수 있는 경우도 있다. 이러한 경우 윈도우는 도메인 및 아이템별 방식으로 설정할 수 있다. 예를 들어 [131]의 방법은 가장 최근의 평점뿐만 아니라 전년도 동월의 평점도 사용한다. 따라서 이 방법은 윈도우 기반 모델과 일부 주기적인 정보를 결합했다. 이 방법을 시간 주기 바이어스 k-NN 방식time-periodic biased k-NN approach이라고 한다.

지금까지 모든 시간 모델은 아이템을 평가한 시간에 기초한다. 조금 다른 접근 방식은 가중치를 평가 시간과 다른 시간 속성과 연관시키는 것이다. 예를 들어 [595]에서는 영화 제작 시간을 사용해 어떤 영화를 고려 대상에서 제외할 수 있는지 논의한다. 너무 오래된 영화는 최신 영화를 찾는 사용자와 관련이 없을 수 있다. 제작 시간이 사용자 아이템 조합이 아니라 아이템과 관련돼 있기 때문에 이러한 접근 방식은 아이템에 대한 모든 평가를 가지치기한다. 아이템에 대한 모든 평가를 정리하는 것은 평점 행렬에서 아이템을 삭제하는 것과 같다. 따라서 이러한 접근 방식은 데이터 세트를 고려에서 효과적으로 제거해 데이터 세트의 차원을 줄인다. 그러나 이러한 접근 방식은 주의해서 사용해야 하며, 잘 알려진 특정 특성에 대해 본질적으로 시간에 민감한 아이템에만 사용해야 한다.

## 9.2.2 주기적 컨텍스트 처리

주기적 컨텍스트는 시간 차원이 하루 중 특정 시간, 요일, 계절 또는 특정 주기적 이벤트(예: 크리스마스) 근처의 시간 간격과 같은 특정 시간을 참조할 수 있는 경우를 처리하도록 설계됐다. 이러한 경우 [6]에서 제안한 다차원 컨텍스트별 모델을 사용해 처리하는 것이 가장 좋다. 이러한 방법은 8장에서 자세히 설명한다.

이 경우 추천을 만들 때 대상 추천 시간은 컨텍스트를 정의한다. 이러한 컨텍스트는 때때로 추천 과정에서 중요한 역할을 할 수 있다. 예를 들어 슈퍼마켓의 경우 추수 감사절 휴일 전 주말을 목표로 하는 추천은 다른 시간대를 목표로 하는 추천과 매우 다르다. 주기적 컨텍스트를 처리하는 몇 가지 자연스러운 방법은 다음 절에서 설명한다.

### 9.2.2.1 사전 필터링과 사후 필터링

컨텍스트 기반 방법에 사용하는 두 가지 유형의 필터링 방법을 사전 필터링과 사후 필터링이라고 한다. 이러한 방법은 8장의 8.3 및 8.4절에서 자세히 설명한다. 여기에서는 시간적 추천 시스템의 맥락에서 간략한 개요를 제공한다.

사전 필터링에서는 추천이 수행되거나 실행되는 특정 목표 시간(즉, 컨텍스트)과 관련이 없는 평가 데이터의 상당 부분이 제거된다. 예를 들어 추수감사절 전 주말에 추천을 위한 모델을 구성하기 위해 매년 추수 감사절 2주 전의 평가만 사용할 수 있다. 이 방향에서 특히 흥미로운 접근 방식은 컨텍스트별 평점을 분류한 컨텍스트별 마이크로 파일[61]을 사용하는 것이다. 이러한 종류의 세분화는 각 세그먼트에서 관련 없는 평가를 효과적으로 필터링한다. 가능한 세분화의 예로는 {아침, 저녁}, {주중, 주말} 등이 있다. 각 컨텍스트 안에서 예측을 위해 별도의 모델을 구성한다. 필터링 후, 임의의 비컨텍스트적 방법을 사용해 각 세그먼트 내에서 가지치기된 데이터를 예측할 수 있다. 사전 필터링 방법과 관련된 주요 문제는 가지치기된 데이터 세트가 원래 데이터보다 훨씬 희박하므로 추천 프로세스의 정확성에 부정적인 영향을 미친다는 것이다. 이것은 과적합의 직접적인 결과이다. 사전 필터링의 성공 여부는 가지치기된 데이터 세트의 희소성에 따라 달라진다. 따라서 접근 방식이 너무 세분화된(예: 연도) 컨텍스트에는 쉽게 사용할 수 없다. 많은 경우 추천의 정확성을 향상시키기 위해 주기적 컨텍스트에서 계층 구조를 사용한다. 컨텍스트가 오전 7시로 설정된 시나리오를 생각해보자. 오전 7시에서 오전 8시 사이에 받은 평가를 사용하는 대신 오전 6시에서 오전 9시 사이에 받은 모든 평가를 사용할 수 있다. 이로 인해 더 많은 수의 평가를 사용하게 되므로 이 방법은 과적합을 방지하는 데 도움이 된다.

사후 필터링에서 모든 데이터에 대한 추천을 생성하기 위해 컨텍스트적 방식을 고려하지 않고 사용한 후 컨텍스트를 기반으로 조정한다. 따라서 사후 필터링의 기본 접근 방식은 다음 두 단계를 사용한다.

1. 시간적 컨텍스트를 무시하고 모든 데이터에 대해 기존의 협업 필터링 접근 방식을 사용해 추천을 생성한다.
2. 사후 처리 단계에서 시간적 컨텍스트를 사용해 생성된 추천 목록을 조정한다. 추천 목록의 순위를 조정하거나 컨텍스트상 관련 없는 아이템이 제거할 수 있다.

추천 목록이 생성된 후 컨텍스트별 관련 가중치를 사용해 순위를 다시 조정하거나 컨텍스트별 관련 가중치가 매우 낮은 아이템을 제거한다. 컨텍스트별 사후 필터링이 적용되기 전에 모든 데이터를 사용해 아이템 $j$에 대한 사용자 $u$의 예측 평점을 $r_{uj}$로 표시한다. 그런 다음 결과 평점(및 순위)은 컨텍스트별 관련 가중치 $P(u, j, C)$를 사용해 조정한다. 여기서 $C$는 컨텍스트다. 따라서 조정된 평점은 $\hat{r}_{uj} \cdot P(u, j, C)$로 주어진다.

컨텍스트에 맞는 가중치는 어떻게 결정하는가? 평점에 대해서만 작동하는 사전 필터링 방법과 달리 사후 필터링 방법은 컨텍스트에 맞는 가중치를 결정하기 위해 종종 아이템의 콘텐츠 속성을 사용한다. 내부적으로 사후 필터링 방법은 컨텍스트에 맞는 가중치를 결정하는 과정에서 사전 필터링 기법을 약간 포함하는 경우가 있다. 예측이 필요한 특정 사용자 $u$에 대해 특정 관심 기간에 대한 평점이 사전 필터링되고 사전 필터링된 평점에 대해 기성 추천 모델이 구성돼 평점을 예측한다. 예를 들어 주말에 영화 추천을 하는 경우, 주말에 각 영화에 대한 사용자의 관련성은 사전 필터링된 데이터에 대해 협업 모델 또는 콘텐츠 기반 모델로 결정한다. [471]의 작업은 사전 필터링된 데이터에서 특정 영화를 본 사용자의 이웃의 비율이 컨텍스트 관련 가중치를 계산하기 위해 사용하는 매우 간단한 방식을 사용한다. 이 관련 가중치 $P(u, j, C)$는 (0, 1)의 확률 값으로 가정(또는 스케일링)되며, 큰 값은 큰 관심을 의미한다. 그런 다음 예측한 평점 $r_{uj}$에 관련 가중치 $P(u, j, C)$를 곱하거나 $P(u, j, C)$가 매우 작은 경우 추천 목록에서 해당 아이템을 간단히 제거한다. 이 두 가지 방법을 컨텍스트별 사후 필터링에서 가중치 또는 필터링 방법이라고 한다[471]. 사후 필터링 방법은 추천 프로세스에서 두 가지를 모두 사용해 (더 큰) 글로벌 데이터 세트의 견고성과 가지치기된 데이터의 개선된 정확도 사이에서 위험을 회피한다.

많은 경우에 $P(u, j, C)$의 추정은 아이템 의 콘텐츠 정보만을 사용함으로써 사용자 $u$와 독립적으로 실행한다. 예를 들어 코미디 영화 및 스티븐 스필버그 감독의 영화를 모든 사용자가 주말에 자주 시청하는 경우 영화의 장르/배우/감독을 콘텐츠로 사용할 수 있으며 레이블은 주말이나 평일 중 하나다. 학습 데이터에는 사용자 $u$뿐만 아니라 모든 사용자에 대한 데이터가 포함될 수 있다. 그런 다음 머신러닝 모델은 이 학습 데이터를 사용해 $P(*, j, C)$의 값을 추정한다. 여기서 "*"는 "상관없음"을 나타낸다. 이러한 접근 방식은 $P(u, j, C)$의 계산에서는 덜 개인화되지만 희소성을 좀 더 효과적으로 처리할 수 있다. 최종 예측 값 $\hat{r}_{uj} \cdot P(*, j, C)$는 $\hat{r}_{uj}$가 결정되는 방식으로 여전히 $u$로 개인화된다. $P(u, j, C)$를 추정하는 데 사용하는 모델을 선택하는 것은 현재 데이터 세트와 희소성에 따라 달라진다. 두 가지 방법에 대한 자세한 내용은 8장을 참조하라. 특히 사후 필터링 방법은 8.4절에서 설명한다.

## 9.2.2.2 시간적 컨텍스트의 직접적인 포함

사전 필터링 및 사후 필터링 방법에서 컨텍스트를 포함하는 것은 추천 프로세스 전이나 후에 엄격하게 수행한다. 두 경우 모두 이 접근 방식은 문제를 2차원 모델로 축소한다. 그러나 시간적 컨텍스트를 포함하기 위해 이웃 방법과 같은 기존 모델을 직접 수정할 수도 있다. 이러한 경우 사용자, 아이템 및 컨텍스트에 해당하는 3차원 표현으로 직접 작업할 수 있다. 예를 들어 사용자 기반 이웃 구조에서, 컨텍스트 속성을 사용해 두 사용자 사이의 거리 계산을 수정할 수 있다. 주말에 두 명의 사용자가 아이템에 대해 동일한 평점을 부여하는 경우 서로 다른 시간적 컨텍스트에서 이러한 평점을 지정한 한 쌍의 사용자보다 더 유사한 것으로 간주해야 한다. 수정된 거리 계산을 사용하면 컨텍스트가 추천 프로세스에 자동으로 포함된다. 또한 시간적 컨텍스트를 직접 포함하기 위해 회귀 및 잠재 요인 모델을 수정할 수 있다. 이러한 방법은 일반적으로 시간적 컨텍스트뿐만 아니라 모든 컨텍스트 기반 시나리오(예: 위치)에 적용한다. 따라서 이 주제는 컨텍스트 기반 방법에 대해 8장에서 자세히 설명한다. 8.5절을 참조하라.

## 9.2.3 시간 함수로서의 평점 모델링

이러한 방법에서 평점은 시간 함수로 모델링되며 모델의 매개변수는 데이터 종속적인 방식으로 학습된다. 예측을 위해 시계열 모델을 사용하는 몇 가지 방법은 참고문헌에서 설명한다. 이 절에서는 이 영역에서 최첨단으로 간주하는 시간적 요인 모델의 사용을 연구한다.

이러한 방법을 사용하면 장기 추세와 일시적이거나 잡음이 많은 추세를 지능적으로 분리할 수 있다. 또한 모델에는 자연스럽게 예측 요소가 내장돼 있다. 이러한 구분은 시간적 모델을 강력하게 만드는 데 중요하다. 이러한 견고성은 시간 모델에 대한 단순한 감쇠 기반 또는 필터링 접근법으로는 달성할 수 없다. 이 절에서는 필드에서 많은 후속 작업을 기반으로 하는 시간-SVD++ 모델을 연구한다.

### 9.2.3.1 시간-SVD++ 모델

시간-SVD++ 모델은 SVD++ 모델을 시간적 측면으로 향상한 모델이라고 볼 수 있다. 9장에서 논의하는 것은 8장과 관련 있기 때문에 3.6.4.6절을 다시 살펴보기를 권장한다. SVD++ 모델에 대해 간단히 설명하고 3장과 약간 다른 표기법을 소개할 것이다. 이러한 표기법은 모델의 시간적 버전과 관련이 있다.

SVD++ 모델의 경우와 마찬가지로 일반성을 잃지 않으면서 학습 데이터의 모든 평점의 평균이 0인 평점 행렬로 작업하고 있다고 가정할 수 있다. 모든 평점의 평균($\mu$로 표시)이 0이 아닐 때 모든 아이템에서 뺄 수 있으며, 해당 중심 평가를 예측하기 위해 이 중심 행렬로 분석을 수행할 수 있다. 나중에 평균을 예측한 예측 값에 더할 수 있다.

바이어스를 포함하는 3.6.4.5절의 요인 모델은 사용자 바이어스, 아이템 바이어스 및 요인 행렬로 평점 행렬 $R = [r_{ij}]_{m \times n}$을 표현한다는 것을 상기하자. 예측 평점 $\hat{r}_{uj}$는 다음과 같은 변수로 표현한다.

$$\hat{r}_{ij} = o_i + p_j + \sum_{s=1}^{k} u_{is} \cdot v_{js} \tag{9.5}$$

여기서 $o_i$는 사용자 $i$에 대한 바이어스 변수이고, $p_j$는 아이템 $j$에 대한 바이어스 변수이며, $U = [u_{is}]_{m \times k}$이고, $V = [v_{js}]_{n \times k}$는 순위 $k$의 요인 행렬factor matrices이다. $(o_i + p_j)$ 부분은 개인화된 평점 데이터를 사용하지 않지만 단순히 평점의 전역 속성에 의존한다. 직관적으로 변수 $o_i$는 모든 아이템을 높게 평가하는 사용자 $i$의 경향을 나타내는 반면, 변수 $p_j$는 평가된 아이템 $j$의 경향을 나타낸다. 예를 들어 관대하고 낙관적인 사용자는 $o_i$의 긍정적 가치가 클 가능성이 높고, 흥행에 성공하는 경우 $o_i$의 긍정적 가치가 클 가능성이 높다. 이 기본 바이어스 기반 모델은 3.6.4.6절에서 각 사용자 아이템 쌍에 대한 암묵적 피드백 변수 $Y = [y_{ij}]_{n \times k}$의 개념으로 더욱 강화된다. 이

러한 변수는 각 요인-아이템 조합의 경향을 인코딩해 암시적 피드백에 기여한다. 예를 들어 $|y_{ij}|$ 크기가 크면 단순히 평가 아이템 $i$의 행위에 $j$번째 잠재 구성 요소에 대한 해당 사용자의 선호도에 대한 중요한 정보가 포함됨을 의미한다(평가의 실제 평점이 무엇이든 상관없이). 다시 말해 아이템 $i$를 평가한 사용자의 $j$번째 잠재 구성 요소는 $y_{ij}$값에 따라 조정돼야 한다.

$I_i$는 사용자 $i$가 평가한 아이템 세트가 되도록 한다. 그런 다음 암묵적 피드백을 포함한 평점 예측 값은 다음과 같이 나타낼 수 있다.

$$\hat{r}_{ij} = o_i + p_j + \sum_{s=1}^{k} \left( u_{is} + \sum_{h \in I_i} \frac{y_{hs}}{\sqrt{|I_i|}} \right) \cdot v_{js} \tag{9.6}$$

앞서 언급한 방정식의 우측에 있는 $\sum_{h \in I_i} \frac{y_{hs}}{\sqrt{|I_i|}}$는 암묵적 피드백에 기초해 사용자 $i$의 $s$번째 잠재 요인 $u_{is}$를 조정한다. 이 조정에 대한 자세한 설명은 3장의 3.6.4.6절을 참조하라. 방정식 9.6은 바이어스 변수를 명시적으로 분리하는 데 약간 다른[2] 표기법을 사용한다는 점을 제외하고는 3장의 방정식 3.21과 동일하다.

SVD++ 모델과 time-SVD++ 모델의 주요 차이점은 일부 time-SVD++ 모델의 매개변수는 시간 함수라고 가정하는 것이다. 구체적으로 time-SVD++ 모델은 $o_i$를 사용자 바이어스, $p_j$를 아이템 바이어스, 사용자 요인 $u_{is}$는 시간함수라고 가정한다. 따라서 이러한 항은 시간함수라는 사실을 나타내기 위해 $o_i(t)$, $p_j(t)$ 및 $u_{is}(t)$로 표현한다. 이러한 시간적 변수를 사용함으로써 시간 $t$에서 평점 행렬의 $(i,j)$번째 원소의 시간 변동 예측 값 $\hat{r}_{ij}(t)$를 다음과 같이 얻는다.

$$\hat{r}_{ij}(t) = o_i(t) + p_j(t) + \sum_{s=1}^{k} \left( u_{is}(t) + \sum_{h \in I_i} \frac{y_{hs}}{\sqrt{|I_i|}} \right) \cdot v_{js} \tag{9.7}$$

아이템 변수 $u_{js}$ 및 암시적 피드백 변수 $y_{hs}$는 시간적으로 매개변수화되지 않았으며 시간에 따라 일정하게 유지되는 것으로 가정하는 것은 주목할 만하다. time-SVD++ 모델은 직관적인 인수로 각 시간 매개변수화를 정당화할 수 있는 단순화된 접근법을 선택하지만 원칙적[3]으로 이러한 변수를 일시적으로 매개변수화할 수도 있다. 이러한 직관은 각각 변수 $o_i(t)$, $p_j(t)$ 및 $u_{is}(t)$의 시간적 매개변수의 특정 형태와 함께 다음에서 논의한다.

1. 아이템 바이어스 $p_j(t)$의 시간적 형태를 선택하는 직관은 아이템의 인기가 시간에 따라 크게 변할 수 있지만, 단기간에 걸쳐 높은 수준의 연속성과 안정성을 나타낸다는 것이다. 예를 들어 영화의 흥행은 개봉 후 단기간 동안 거의 안정적인 시청률 분포를 가지지

---

2  3.6.4.6절의 논의에서 바이어스 변수는 두 요인 행렬 각의 열의 수를 $k$에서 $(k + 2)$로 증가시킴으로써 요인 행렬 $U$와 $V$내에 포함된다. 그러나 이번 설명에서는 요인 행렬의 열에 있는 바이어스 변수를 포함하지 않는다. 이는 바이어스 변수가 시간 모델에서 처리되는 더 복잡하고 특별한 방식 때문이다. 예를 들어 3장의 방정식 3.21과 방정식 9.6은 동일하지만 다소 다른 표기법을 사용한다. 혼동을 피하기 위해서는 이러한 표기법의 차이를 염두에 두는 것이 중요하다.

3  [293]에서는 시간 변동 아이템 요인을 사용한다.

만 몇 년이 지난 후에는 매우 다르게 평가될 수도 있다. 따라서 시간 범위는 동일한 크기의 저장소<sup>Bin</sup>로 분할될 수 있으며 특정 저장소에 속하는 평점은 동일한 바이어스를 갖는다. 저장소의 크기가 작을수록 세분성이 향상되지만 각 저장소에 충분한 평점이 표시되지 않아 과적합이 발생할 수 있다. 넷플릭스 영화 평점[310]에 대한 최초의 연구에서는 총 30개의 저장소가 사용됐으며 각 저장소는 약 10주 동안의 연속된 평점이 있다. 아이템 바이어스 $p_j(t)$는 이제 일정한 부분과 오프셋 파라미터로 나눌 수 있으며, 이는 아이템 $j$가 평가되는 시간 $t$와 저장소에 따라 다르다.

$$p_j(t) = C_j + \text{Offset}_{j,Bin(t)} \tag{9.8}$$

상수 부분 $C_j$ 및 오프셋은 모두 데이터 중심 방식으로 학습해야 하는 매개변수라는 점에 유의해야 한다. 이 학습 과정에 대한 최적화 문제는 나중에 설명한다. $p_j(t)$의 값은 평가 시기와 평점에 따라 다르다. 사용자와 달리 대부분의 아이템은 일반적으로 평점이 충분하므로 아이템을 이 방법으로 저장소에 더 잘 넣을 수 있다.

2. 사용자 바이어스 $o_i(t)$를 매개변수로 지정하기 위해 다른 접근법을 사용한다. 많은 사용자가 충분한 평점을 가지고 있지 않을 수 있으므로 저장소에 넣는 방식은 사용자에게 적합하지 않다. 따라서 기능적 형태<sup>functional form</sup>는 사용자 바이어스를 매개변수로 지정하는 데 사용할 수 있으며, 이는 시간에 따른 사용자의 콘셉트 드리프트<sup>concept drift</sup>를 포착한다. 사용자 $i$의 모든 평점의 평균 날짜를 $v_i$로 표시한다. 그러면, 시간 $t$에서 사용자 $i$의 콘셉트 드리프트 $dev_i(t)$는 다음과 같이 $t$의 함수로서 계산할 수 있다.

$$\text{dev}_i(t) = \text{sign}(t - \nu_i) \cdot |t - \nu_i|^\beta \tag{9.9}$$

매개변수 $\beta$는 교차 검증을 통해 선택한다. $\beta$의 전형적인 값은 약 0.4이다. 또한 시간 $t$에서의 일시적인 노이즈는 파라미터 $\varepsilon_{it}$로 포착된다. 그런 다음 사용자 바이어스 $o_i(t)$는 다음과 같이 상수 부분, 시간 종속적 부분 및 일시적인 노이즈로 분할한다.

$$o_i(t) = K_i + \alpha_i \cdot \text{dev}_i(t) + \epsilon_{it} \tag{9.10}$$

실제로 시간은 종종 하루 단위로 별개의 것이라고 구분한다. 따라서 $\varepsilon_{it}$는 일시적인 일별 변동에 해당된다. 아이템 바이어스 파라미터의 경우와 같이, 파라미터 $K_i$, $\alpha_i$ 및 $\varepsilon_{it}$는 데이터 드리븐 방식으로 학습돼야 한다. 여기서 아이디어는 사용자의 평균 평점이 일자별 평균 평점과 크게 다를 수 있다는 것이다. 사용자는 현재 대부분의 아이템을 긍정적(또는 부정적)으로 평가할 수 있지만 평균 평점은 몇 년 내에 감소(또는 증가)할 수 있다. 이 변동 부분은 $\alpha_i \cdot \text{dev}_i(t)$에 의해 포착된다. 그러나 하루하루 일시적인 감정 변화는 갑작스럽고 예측 불가능한 평점의 급상승이나 하락으로 이어질 수 있다. 사용자는 나쁜 하루를 보낼 때 모든 아이템을 제대로 평가하지 못할 수 있다. 이러한 변형은 $\epsilon_{it}$에 의해 포착된다.

3. 사용자 요인 $u_{is}(t)$는 다양한 개념에 대한 사용자의 선호도에 해당한다. 예를 들어 현재 액션 영화를 좋아하는 젊은 사용자는 몇 년 후에 다큐멘터리에 관심을 가질 수 있다. 사용자 바이어스의 경우와 같이 경과 시간은 이동하는 양을 결정하는 데 중요한 요소다. 따라서 사용자 요인의 시간적 변화를 모델링하는 데 사용자 바이어스에 대한 유사한 접근 방식을 사용한다.

$$u_{is}(t) = K'_{is} + \alpha'_{is} \cdot \text{dev}_i(t) + \epsilon'_{ist} \tag{9.11}$$

사용자 바이어스의 경우와 같이 상수 효과, 장기 효과 및 일시적 효과는 세 가지 항으로 모델링한다. 두 모델링 사례 사이의 유사도를 강조하기 위해 사용자 바이어스와 유사한 모양의 기호를 사용했지만 수식 9.10 및 9.11의 변수가 서로 다르다는 사실을 강조하기 위해 각 변수에 아포스트로피 위첨자를 추가했다. 두 경우에 대해 이 함수의 다른 형식을 사용할 수 있지만 두 경우에 동일한 사용자별 바이어스 함수 $\text{dev}_i(t)$를 사용한다.

위에서 언급한 모델을 사용해 최적화 문제를 어떻게 설정하는가? 모든 평점의 관찰 시간이 알려져 있다고 가정한다. 그러므로 시간 $t_{ij}$에서 평점이 관찰된 원소 $(i, j)$에 대해, 예측에서의 에러를 계산하기 위해 관측값 $r_{ij}$를 예측 값 $\hat{r}_{ij}(t_{ij})$와 비교해야 한다. 이 경우, 데이터에서 관찰된 모든 평점에 대해 제곱 오차 함수 $[r_{ij} - \hat{r}_{ij}(t)]^2$를 최소화할 필요가 있다. $\hat{r}_{ij}(t_{ij})$의 값은 식 9.7의 도움으로 도출한다. 또한 다양한 매개변수에 대한 제곱 정규화 항을 목적함수에 추가할 필요가 있다. 즉, $S$에 행렬 $R = [r_{ij}]_{m \times n}$에 평점이 지정된 사용자 아이템 피어 세트가 포함된 경우 다음 최적화 문제를 해결해야 한다.

$$\text{Min } J = \frac{1}{2} \sum_{(i,j) \in S} [r_{ij} - \hat{r}_{ij}(t_{ij})]^2 + \lambda \cdot (\text{정규화 항})$$

정규화 항에는 모형에 있는 모든 변수의 제곱의 합을 포함한다. 3장에서 논의한 모든 인수분해 모델의 경우와 같이 목적함수 $J$를 최적화하고 관련 매개변수를 학습하기 위해 경사하강법을 사용할 수 있다. $J$의 편미분은 관련 경사 방향을 결정하기 위해 각 매개변수에 대해 계산한다. 이 학습된 매개변수는 예측에 사용한다. 이러한 학습 단계의 세부 사항은 생략한다. 자세한 내용은 원본[310]을 참조하라. 여기서는 매개변수를 학습한 후 모델을 사용하는 방법에 대해 논의한다.

## 예측 모델 사용

모델의 매개변수를 학습한 후 예측에 어떻게 사용할 수 있는가? 주어진 사용자 $i$ 및 아이템 $j$에 대해, 수식 9.7을 사용해 학습된 파라미터 값을 대체함으로써 미래 시간 $t$에서 예측한 평점 $\hat{r}_{ij}(t)$

을 결정할 수 있다. 주요 문제는 $\varepsilon_{it}$ 및 $\varepsilon_{ist}$과 같은 일별 매개변수가 있다는 것이다. 이 매개변수는 과거 데이터에서 과거 일자를 위한 학습을 할 수 있지만 미래에 대한 학습을 할 수 없다. 그러나 이러한 파라미터는 일시적인 노이즈에만 해당되며, 정의에 따라 데이터 드리븐 방식으로 학습할 수 없다. 따라서 이 값들은 노이즈가 없는 예측이 이루어지고 있다는 가정하에 미래의 날들에는 0으로 설정한다. 따라서 이들 파라미터의 학습된 값은 예측에 사용하지 않는다. 이러한 매개변수는 최종 예측에 사용하지 않지만 평가 과정에서 일시적인 노이즈와 스파이크를 완화하기 때문에 모델링 프로세스에 여전히 중요하다. 예를 들어 사용자가 나쁜 하루를 보냈을 때 모든 아이템에 대해 매우 낮은 평점을 제공하는 경우 이러한 매개변수가 있으면 히스토리 데이터에서 이 일시적인 노이즈의 영향이 줄어 든다. 따라서 $\varepsilon_{it}$ 및 $\varepsilon_{ist}$ 매개변수는 일시적인 스파이크와 노이즈를 제거해 다른 매개변수를 더욱 강력하게 학습하는 데 도움이 된다. 즉, 일별 매개변수 $\varepsilon_{it}$ 및 $\varepsilon_{ist}$은 모델링 프로세스에서 학습 데이터를 정리하는 역할을 한다.

## 실질적인 문제

앞서 언급한 모델은 3장의 모델과 비교할 때 매개변수가 매우 많다는 것을 바로 알 수 있다. 따라서 충분한 데이터가 있어야 과적합 문제가 없다. 작은 데이터 세트의 경우 문제가 될 수 있다. 그러나 이 접근법은 넷플릭스 데이터 세트에 대해 꽤 좋은 성능을 보여줬다[310]. 흥미롭게도 [312]의 설문 조사에 따르면 인수분해를 완전히 삭제하고 바이어스 조건을 사용해 넷플릭스 프라이즈 데이터 세트에 대해 합리적으로 좋은 결과를 얻을 수 있다는 것을 보여준다. 바이어스 조건만 사용하면 넷플릭스의 시네매치<sup>Cinematch</sup> 추천 시스템과 거의 비슷한 결과가 나타난다. 이는 평점의 비 개인화 측면(즉, 사용자별 및 아이템별 바이어스)이 평점의 상당 부분을 설명할 수 있기 때문이다. 이 결과는 3.6.4.5절에서 논의한 바와 같이 잠재 요인 모델에 바이어스 조건을 통합하는 것이 중요하다는 것을 시사한다.

또한 $o_i(t)$과 $u_{is}(t)$의 시간 종속 항은 스플라인과 같은 다른 함수 형태를 사용하거나 주기적 추세를 사용해 모델링할 수 있다. 이러한 서로 다른 함수 형태는 서로 다른 데이터별 시간 시나리오를 포착할 수 있다. 토론을 쉽게 하기 위해 가능한 가장 간단한 선택으로 토론을 제한했다. 이러한 대안에 대한 자세한 논의는 [312]에서 제공한다.

## 관찰

사용자 요인은 시간적 측면에서 다양하지만 아이템 요인은 다르다. 이 선택은 직관적으로 정당화될 수 있다. 3장의 논의에서 사용자 요인은 다양한 개념에 대한 사용자 친화도에 해당하는 반면 아이템 요인은 다양한 개념에 대한 아이템 친화도에 해당한다. 여기서 기본 아이디어는 사용자 분위기와 환경 설정이 시간이 지남에 따라 변경될 수 있으며, 이는 다양한 개념에 대한 친화도 변화에 반영된다. 반면 개념에 대한 아이템의 선호도는 해당 아이템에 내재돼 있으며 시간이 지남에 따라 안정적이라고 가정할 수 있다. 따라서 아이템 요인을 일시적으로 매개변수화해 모델의 복잡성을 증가시킬 필요 없다. 불필요한 시간적 매개변수화는 모형의 복잡성을 증가시키고 과적합을 초래한다. 그럼에도 [293]의 작업은 시간 변화 아이템 요소를 어떻게 사용할 수 있는지 보여준다. 이것은 아이템 바이어스의 시간적 매개변수화를 사용해 대부분의 데이터 세트에서 정확도가 전반적으로 향상될지 여부에 대한 공개 질문이다.

## 9.3 이산 시간 모델

이산 시간 모델discrete temporal model은 기본 데이터가 이산 시퀀스로 입수되는 경우와 관련이 있다. 이러한 데이터는 다양한 애플리케이션 시나리오에서 발생할 수 있으며, 대부분은 명시적 평가가 아니라 암시적 사용자 피드백과 관련 있다. 이러한 애플리케이션 시나리오의 몇 가지 예는 다음과 같다.

1. 웹 로그 및 클릭 스트림: 웹 로그에 대한 사용자 액세스는 일반적으로 순차적 패턴으로 볼 수 있다. 사용자 패턴은 종종 예측 가능한 액세스 패턴으로 볼 수 있다. 예를 들어 사용자는 특정 순서의 웹 페이지에 자주 액세스한다. 빈발 시퀀스 정보는 추천을 하기 위해 사용할 수 있다[182, 208, 440, 442, 443, 562].

2. 슈퍼마켓 거래: 슈퍼마켓에서의 고객 구매 행동은 순차적 데이터의 한 형태이다. 실제로 이 패턴을 처리하기 위해 순차적인 패턴 마이닝 문제가 정의됐다[37]. 실제로 활동 타임 스탬프는 일반적으로 슈퍼마켓 데이터 세트에서 사용 가능하므로 구매 활동의 사용자별 순차 패턴으로 변환할 수 있다. 시간적 순서는 종종 매우 중요하다. 예를 들어 사용자가 프린터를 구입하면 프린터 카트리지를 추천하지만 그 반대의 경우는 추천하지 않는다.

3. 쿼리 추천: 많은 웹사이트는 사이트에서 사용자 쿼리를 기록한다. 쿼리 순서는 다른 유용한 쿼리를 추천하는 데 사용할 수 있다.

이 절에서는 두 가지 유형의 모델에 대해 설명한다. 첫 번째 방법은 마르코프 모델을 기반으로하는 반면, 두 번째 방법은 순차적인 패턴 마이닝을 기반으로 한다.

## 9.3.1 마르코프 모델

웹 페이지 액세스를 예측하는 흥미로운 마르코프 모델Markovian Model을 [182]에서 제안했다. 이 접근 방식은 웹 페이지 액세스와 관련해 논의되지만 사용자 작업의 시간적 순서를 사용할 수 있는 한 모든 유형의 작업을 추천하도록 일반화할 수 있다. 이 절에서의 논의는 이 연구[182]를 기반으로 한다.

마르코프 모델에서 순차적 정보는 상태의 형태로 인코딩돼 예측을 목적으로 사용한다. $k$번째 순서 마르코프 모델은 사용자가 마지막으로 수행한 $k$개의 행동들을 기반으로 상태를 정의한다. 행동은 애플리케이션별로 정의한다. 특정 웹 페이지를 방문하는 사용자에 해당하거나 특정 아이템을 구매한 사용자에 해당할 수 있다. 행동은 기호 $\Sigma$의 세트로 표시한다. 행동은 애플리케이션에 따라 다르므로 기호 세트 $\Sigma$도 애플리케이션에 따라 다르다. 기호 세트 $\Sigma$는 전자상거래 애플리케이션에서 아이템의 일반적인 지표에 해당하거나 웹 로그 마이닝 애플리케이션의 웹 페이지 URL에 해당할 수 있다. 기호 세트 $\Sigma$가 기호 $\Sigma = \{o_1 \ldots o_{|\Sigma|}\}$을 포함한다고 가정한다. 따라서 상태 $Q = a_1 \ldots a_k$는 각각의 $a_i$가 $\Sigma$로부터 도출되도록 $k$개의 행동 시퀀스에 의해 정의된다. $k$개의 행동이 있는 상태는 order-$k$ 마르코프 모델에서 가져온다. 예를 들어 $\Sigma$의 기호가 다양한 영화를 보는 행위에 해당하는 경우를 고려하고 다음 상태 $Q$도 고려해야 한다.

$$Q = \langle 줄리어스\ 시저 \rangle, \langle 네로 \rangle, \langle 글래디에이터 \rangle$$

이 상태는 특정 순서로 이 영화를 보는 사용자에 해당하는 세 가지 다른 행동이 있다. 따라서 이 상태는 order-3 마르코프 모델에서 가져온다. 또한 이러한 마르코프 모델의 기본 가정은 영화를 연속으로 시청한다는 것이다. order-$k$ 마르코프 모델에는 총 $|\Sigma|^k$의 가능한 상태가 있지만, 이러한 상태 중 대부분은 특정 데이터 세트에서 자주 발생하지 않는다.

일반적으로 시퀀스는 마르코프 체인의 전이transitions[4]을 정의한다. order-$k$ 모델에서 현재 상태는 마르코프 체인의 마지막 $k$ 행동으로 정의한다. $a_i \in \Sigma$에서 지금까지 $a_1 a_2 \ldots a_t$의 $t$ 행동이 순서대로 발생한 일련의 행동(예: 웹 페이지 액세스)을 생각해보자. 그리고, 시간 $t$에서의 order-$k$ 마르코프 모델의 현재 상태는 $a_{t-k+1} a_{t-k+2} \ldots a_t$이다. 이 시퀀스의 마지막 행동은 $a_t$이며, 이로 인해 $a_{t-k} a_{t-k+1} \ldots a_{t-1}$ 상태에서 $a_{t-k+1} a_{t-k+2} \ldots a_t$ 상태로 전이된다. 따라서 마르코프 체인의 상태는 전이에 따라 에지edge로 연결된다. 각 에지에는 $\Sigma$에서 가져온 행동과 전이 확률이 표시된다. 이 특정 예에서, $a_{t-k} a_{t-k+1} \ldots a_{t-1}$ 상태에서 $a_{t-k+1} a_{t-k+2} \ldots a_t$ 상태로의 전이는 행동 $a_t$와 관련이 있다. $|\Sigma|$가 있기 때문에 각각의 $|\Sigma|^k$ 상태에서 전이가 가능한 경우 order-$k$의 전체 마르코프 모델에서 총 에지 수는 $|\Sigma|^{k+1}$과 같다. order-$k$ 마르코프 체인에서 상태 $a_{t-k+1} a_{t-k+2} \ldots a_t$의 모든 수신 에지incoming edge에는 항상 마지막 작업 $a_t$이 표시된다. 상태 외의 전이 확률의 합계는 항상 1이다. 전이 확률은 학습 데이터(예: 이전 웹 페이지 액세스 순서)에서 학습된다. 그림 9.1은 알파벳 $\{A, B, C, D\}$에 그려진 order-1 마르코프 체인이다. 이 마르코프 체인에는 4가지 상태와 $4 \times 4 = 16$개의 에지가 있다. $AABCBCA$ 동작 순서는 마르코프 체인의 다음 상태 경로에 해당한다.

---

4 마르코프 체인과 관련된 추가 내용은 참고문헌을 참조하라.

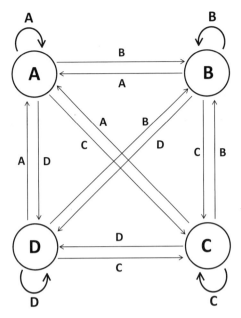

**그림 9.1** order-1 마르코프 모델

$$A \Rightarrow A \Rightarrow B \Rightarrow C \Rightarrow B \Rightarrow C \Rightarrow A$$

order-2의 마르코프 모델에는 $4^2 = 16$개의 상태와 $4^3 = 64$개의 에지를 포함한다. 이것은 이미 너무 커서 그림 9.1과 같은 다이어그램에 깔끔하게 표시할 수 없다. 동작 순서 $AABCBCA$에 해당하는 변환 순서는 다음과 같다.

$$AA \Rightarrow AB \Rightarrow BC \Rightarrow CB \Rightarrow BC \Rightarrow CA$$

order $k$의 마르코프 모델을 학습하고 $a_1 \ldots a_t$ 시퀀스 이후의 다음 행동을 예측해야 하는 컨텍스트를 생각해보자. 그런 다음 각 행동 $o_i \in \Sigma$에 대해 마지막 $k$ 행동의 현재 상태를 고려해 행동 $o_i$의 값을 추정한다. 다시 말해 각 $o_i \in \Sigma$에 대한 확률 $P(a_{t+1} = o_i | a_{t-k+1} a_{t-k+2} \ldots a_t)$을 추정한다. 확률이 가장 큰 최상위-$r$ 작업을 예측 결과로 반환할 수 있다. 확률 $P(a_{t+1} = o_i | a_{t-k+1} a_{t-k+2} \ldots a_t)$은 학습 데이터에서 추정한다. 이는 order $k$의 마르코프 모델에 대한 학습 및 예측에 대한 다음과 같은 간단한 접근 방식을 제안한다.

1. **(학습 단계)** $\mathcal{S}$는 길이 $k$의 가능한 시퀀스 $|\Sigma|^k$의 집합이다. 각 가능한 시퀀스 (상태) $S \in \mathcal{S}$에 대해 학습 데이터를 사용해 각 후보 행동 $o_i \in \Sigma$에 해당하는 $|\Sigma|$ 확률 $P(o_i|S)$를 학습한다. 총 $|\Sigma|^{k+1}$ 확률은 학습돼야 하며, 이는 order-$k$ 마르코프 모델의 에지 수와 같다. 학습된 각 확률은 마르코프 모델에서 에지의 전이 확률에 해당한다.

2. **(예측 단계)** 사용자 행동의 현재 시퀀스에 대해 사용자의 마지막 $k$ 행동을 사용해 마르코

프 체인에서 관련 상태 $S_t$를 결정한다. 추천으로 $P(\sigma_i|S_t)$의 최댓값을 사용해 $\Sigma$의 최상위-$r$ 행동을 제공한다.

마르코프 방식은 일반적인 사용자 행동 시퀀스의 짧은 메모리 가정short memory assumption에 의존한다. 이 아이디어는 사용자 행동이 바로 직전의 $k$ 세트에만 의존한다는 것이다. 이 가정은 실제로는 완벽하지는 않지만 많은 실제 시나리오와 비슷하다.

주어진 학습 데이터 세트에서 확률이 어떻게 추정되는지 설명돼야 한다. 이것은 학습 데이터베이스로부터 모든 $k$-시퀀스를 추출하고 이 시퀀스 이후에 $\sigma_i$의 각 행동이 발생하는 시간의 비율을 결정함으로써 달성할 수 있다. 이 추정치는 관련 확률로 결정된다. $|\Sigma|^k$ 가능한 시퀀스 중 하나인 시퀀스 $S$를 고려해야 한다. 이 시퀀스가 학습 데이터에서 $F(S)$번 발생하고, 시퀀스 $S$ 다음에 데이터에서 총 $f(S, \sigma_i) \le F(S)$ 시간 동안 행동 $\sigma_i$가 나오면 확률 $P(\sigma_i|S)$는 다음과 같이 추정한다.

$$P(\sigma_i|S) = \frac{f(S, \sigma_i)}{F(S)} \tag{9.12}$$

학습 데이터는 하나의 긴 시퀀스 또는 다수의 시퀀스를 포함할 수 있다. 어느 경우든 빈도 $f(S, \sigma_i)$ 및 $F(S)$는 단일 시퀀스 내에서 반복된 발생을 다중 발생으로 카운트한다.

$F(S)$의 값이 작으면 이 추정이 어려울 수 있다. 실제로 $F(S)$의 값이 0이면, 추정된 확률은 불확실해진다. 이 문제를 해결하기 위해 라플라시안 스무딩Laplacian smoothing을 사용한다. 라플라시안 스무딩 파라미터 $\alpha$는 앞서 언급한 추정을 다음과 같이 수정하는 데 사용한다.

$$P(\sigma_i|S) = \frac{f(S, \sigma_i) + \alpha}{F(S) + |\Sigma| \cdot \alpha} \tag{9.13}$$

일반적으로 $\alpha$값은 작은 값으로 설정한다. $F(S)$의 값이 0인 경우, 각 행동은 확률값 $1/|\Sigma|$로 추정된다는 점에 유의한다. 이는 특정 시퀀스 이후 특정 행동에 대한 데이터가 충분하지 않을 때 매우 합리적이다. 라플라시안 스무딩의 개념은 제한된 학습 데이터로부터의 과적합을 피함으로써 정규화와 유사한 기능을 한다. 실제로, 빈도가 0인 상태는 마르코프 모델에서 전혀 표시되지 않는다. 이는 일부 상태가 누락돼 특정 테스트 시퀀스에 대해 일치하는 상태를 찾지 못할 수 있음을 의미한다. 이러한 테스트 인스턴스는 마르코프 모델에 의해 밝혀졌다. 이러한 상태는 어떻게 처리되는가?

[182]의 작업은 모든 마르코프 모델을 최대 order $l$까지 빌드한 다음 테스트 인스턴스를 포함하는 최고 order 모델을 사용한다. 즉, order 3까지의 모든 모델이 구성된 경우 이 방법은 먼저 order-3 마르코프 모델에서 일치하는 상태를 찾는다. 이러한 상태가 발견되면 예측에 사용한다. 그렇지 않으면 order 2의 마르코프 모델을 테스트한 다음 order 1의 모델을 테스트한다.

적당한 크기의 대부분의 학습 데이터 세트에 대해 가능한 모든 |Σ| 상태는 order 1의 마르코프 모델에 존재하므로 더 높은 order의 일치하는 모델을 찾을 수 없는 어려운 경우에 기본 모델로 사용한다. 필요한 경우 일치하는 상태가 없으면 가장 빈번하게 발생하는 행동에 해당하는 포괄적인 예측이 반환된다.

## 9.3.1.1 선택적 마르코프 모델

이전 절에서 설명한 접근 방식의 문제점 중 하나는 가능한 수의 상태가 너무 커서 특정 학습 데이터 세트에 존재하지 않을 수 있는 것이다. 많은 수의 상태는 또한 모델을 학습시키는데 비용이 많이 들며, order-$k$ 마르코프 모델에 대해 $|Σ|^{k+1}$의 가능한 확률을 추정해야 한다. $k$값이 클수록 이러한 모델을 학습하는 것은 비현실적일 수도 있다. 또한 학습 데이터에 거의 존재하지 않는 많은 상태들은 학습 목적으로 신뢰할 수 없다.

[182]의 주요 아이디어는 선택적 마르코프 모델의 개념을 제안하는 것인데, 여기서 모델 구성 중에 관련이 없는 많은 상태가 가지치기된다. 이 가지치기는 여러 가지 방법으로 수행할 수 있다.

1. 지지-가지치기<sup>Support-pruned</sup> 마르코프 모델: 상태 (또는 $k$-시퀀스) 지지는 학습 데이터에 존재하는 빈도다. 기본 가정은 지지도가 낮은 상태는 보이지 않는 테스트 데이터에 대한 예측 능력 측면에서 신뢰할 수 없다는 것이다. 특히 지지도가 낮은 상태의 추정 확률은 과적합으로 인해 신뢰할 수 없다. 지지-가지치기로 상위 순위의 모델의 상태 수를 크게 줄일 수 있다. (분수가 아닌) 지지 임계값은 절대 빈도수로 정의하며 모든 순위의 모델에서 동일한 값으로 정의한다. 상위 순위의 모델은 낮은 지지도를 가지며 상태가 가지치기될 가능성이 높다. 이 방법은 가능한 상태의 수가 모델의 순위에 따라 기하급수적으로 증가하기 때문에 모델의 상태 공간 복잡성을 크게 줄인다.

2. 신뢰도-가지치기 마르코프 모델: 신뢰도 가지치기 마르코프 모델<sup>Confidence-pruned Markov model</sup>은 한 상태에서 벗어나는 에지 확률이 가장 높은 상태를 선호하는 경향이 있다. 상태를 벗어나는 에지의 모든 전이 확률이 유사하면 Σ의 동작이 다른 것보다 훨씬 더 높다고 자신 있게 주장할 수 없다. 다른 극단적인 경우, 한 상태를 벗어나는 에지 중 하나의 확률이 거의 1이고 다른 에지가 거의 0이면 다음 행동을 자신 있게 예측할 수 있다. 이러한 상태가 더 유용하다. 가지치기에 대한 적절한 신뢰 임계값을 어떻게 결정할 수 있는가?

    이 방법은 가장 가능성이 높은 동작을 중심으로 $100 \cdot (1 - α)$ 신뢰 구간을 계산한 다음 두 번째로 높은 확률이 이 구간에 있는지 여부를 확인한다. 학습 데이터에서 빈도가 $n$을 갖는 가지치기의 후보 상태를 생각해보자. $p_1$과 $p_2$가 해당 상태를 벗어나는 첫 번째와 두 번째로 높은 가능한 에지의 전이 확률을 갖도록 한다. $p_1$이 가장 가능성이 높은 에지 확률이기 때문에 $p_2 \leq p_1$임을 이미 확신하고 있다. $z_{\alpha/2}$를 표준정규분포의 상위 $(\alpha/2)$ 백분율 포인트와 일치하는 $Z$-number의 절댓값이 되게 한다. 그런 다음 상태를 정리하려면 다음 조건이 충족해야 한다.

$$p_2 \geq p_1 - z_{\alpha/2} \sqrt{\frac{p_1(1-p_1)}{n}} \tag{9.14}$$

$\sqrt{\frac{p_1(1-p_1)}{n}}$은 평균 $n$ i.i.d의 표준편차를 나타낸다. 베르누이 변수는 각각 성공 확률 $p_1$을 갖는다. 가지치기 레벨은 신뢰 임계값 $\alpha$에 의해 제어된다.

3. **오류-가지치기 마르코프 모델:** 오류 가지치기 마르코프 모델Error-pruned Markov model에서 검증 세트는 학습 데이터에서 가져오며 마르코프 모델 구축에 사용하지 않는다. 이 검증 세트는 모델의 정확성을 테스트하는데 사용한다. 각 상태의 정확도는 검증 세트를 사용해 계산한다. 각각의 상위 순위의 상태에 대해 즉시 하위 순위의 예측 대안이 결정된다. 예를 들어 순위-4 상태 $a_1a_2a_3a_4$의 경우, 순위 상태 $a_2a_3a_4$, $a_3a_4$ 및 $a_4$를 사용해 동일한 행동의 순서를 예측할 수 있다. 상위 상태의 오류율이 하위 대체 대안의 오류율보다 크면 제거한다. 이 프로세스는 더 이상 제거할 수 없을 때까지 높은 순위에서 낮은 순위로 모든 순위의 상태에 반복적으로 적용한다. 적용 범위를 최대화하기 위해 순위-1의 상태는 항상 유지한다.

앞에서 언급한 접근법은 상위 순위 및 하위 순위 상태의 오류를 비교하지만 한 쌍의 상태의 정확도를 비교하기 위해 동일한 검증 예제를 사용하지는 않는다. 두 상태의 오류를 비교하기 위해 동일한 검증 예제 세트를 사용하는 오류 제거에 대한 두 번째 방법은 다음과 같다. 먼저, 높은 순위 상태로 예측할 수 있는 모든 검증 예제가 결정된다. 그런 다음 하위 상태와 관련해 동일한 유효성 검사 예제를 시험한다. 상위 상태를 사용하는 오류가 동일한 유효성 검사 예제에서 하위 상태의 오류보다 큰 경우 상위 상태가 제거된다. 이 방법은 순위-1의 상태를 제외하고 모든 하위의 상태에 반복적으로 적용한다.

이러한 대안들은 [182]에서 실험적으로 테스트했다. 오류 가지치기 모델을 사용하면 가장 큰 장점을 얻을 수 있지만 모든 형태의 가지치기가 이점을 제공하는 것이 밝혀졌다. 지지-가지치기와 신뢰도-가지치기 마르코프 모델 사이에는 통계적 차이가 거의 없다.

## 9.3.1.2 다른 마르코프 대안

이 절의 마르코프 모델에서는 다음 행동을 예측하기 위해 연속적인 일련의 행동을 사용한다. 또한 상태는 완전히 표시되며 마지막 $k$ 사용자 행동 관점에서 직접 설명할 수 있다. 보다 정교한 대안은 상태가 숨겨져 있는 HMMHidden Markov Models을 사용하는 것이다. 이러한 경우, 비연속성을 사용해 예측할 수 있다. HMM 접근법은 이 책의 범위를 벗어난다. 참고문헌을 참조하라.

## 9.3.2 순차 패턴 마이닝

순차 패턴 마이닝은 원래 슈퍼마켓 데이터의 순서로부터 패턴을 마이닝하는 방법으로 제안됐다. 순차 패턴은 시간적 순서에 대한 규칙 기반 예측 모델을 작성하는 데 사용할 수 있다. 이러한 방법은 3장의 3.3절에서 논의한 규칙 기반 방법의 시간적 유사도를 고려할 수 있다. 우리는 서브시퀀스subsequence와 빈발frequent 서브시퀀스의 개념을 정의한다.

**정의 9.3.1 (서브시퀀스)** $i_1 < i_2 < \ldots < i_k$와 $a_r = b_{i_r}$같이 $k$개의 요소 $b_{i_1} \ldots b_{i_k}$를 찾을 수 있다면 기호 $a_1 a_2 \ldots a_k$의 시퀀스는 $b_1 b_2 \ldots b_n$ 시퀀스의 서브시퀀스라고 한다.

순차 패턴 마이닝의 원래 정의 [37]에서 요소 자체를 설정할 수 있으며 $a_r = b_{i_r}$ 조건은 $a_r \subseteq b_{i_r}$ 조건으로 대체된다. 그러나 대부분의 추천 애플리케이션에서 이 복잡한 정의는 필요하지 않으며 개별 기호 시퀀스로 다룰 수 있다. 따라서 9장에서는 이 간단한 정의를 사용한다. 하위 시퀀스의 정의는 일치하는 차이를 허용한다. 차이를 허용하는 것은 시퀀스의 노이즈를 설명하는 데 유용하다.

　순차적 패턴 마이닝 방법에서 목표는 지지도 $s$에서 데이터에서 자주 발생하는 서브시퀀스를 결정하는 것이다. 빈도는 다중 시퀀스의 데이터베이스 ($D$)와 관련해 정의된다.

**정의 9.3.2 (빈발 서브시퀀스)** 서브시퀀스 $a_1 \ldots a_k$는 데이터에서 시퀀스의 적어도 일부의 서브시퀀스인 경우 최소 지지도에서 시퀀스의 데이터베이스 $D$에 대해 빈발 서브시퀀스라고 한다.

지지도는 항상 정의상 분수이다. 순차적 패턴 마이닝에서 규칙의 신뢰도를 정의할 수도 있다. 전통적으로 신뢰도의 개념은 일시적이지 않은 연관 규칙에 대해서만 정의하지만 다양한 방식으로 순차 패턴 마이닝으로 정의를 확장할 수도 있다.

**정의 9.3.3 (신뢰도)** 규칙 $a_1 \ldots a_k \Rightarrow a_{k+1}$의 신뢰도는 $a_1 \ldots a_k$가 시퀀스로 주어졌을 때 $a_1 \ldots a_{k+1}$이 데이터베이스에서 시퀀스일 수 있는 조건부 확률과 같다. 즉, $f(S)$가 시퀀스 $S$의 지지도를 나타내는 경우 규칙 $a_1 \ldots a_k \Rightarrow a_{k+1}$의 신뢰도를 다음과 같이 정의한다.

$$Confidence(a_1 \ldots a_k \Rightarrow a_{k+1}) = \frac{f(a_1 \ldots a_{k+1})}{f(a_1 \ldots a_k)}$$

연관 규칙 마이닝의 신뢰도 정의는 순차 규칙 마이닝에서 적용된다. 신뢰도의 개념은 현재의 애플리케이션에 따라 다른 방식으로 정의할 수 있다. 예를 들어 일부 애플리케이션에서 $a_{k+1}$이 $a_k$ 바로 뒤에 오는 제약 조건을 적용할 수 있다.

지지도 및 신뢰도의 정의를 사용해 순차 패턴 기반 규칙을 정의할 수 있다.

**정의 9.3.4 (순차 패턴 기반 규칙)** 다음 조건이 모두 충족되는 경우 규칙 $a_1 \ldots a_k \Rightarrow a_{k+1}$은 최소 지지도 및 최소 신뢰도 $c$에서 유효하다.

1. $a_1 \ldots a_{k+1}$의 지지도는 적어도 $s$이다.
2. $a_1 \ldots a_k \Rightarrow a_{k+1}$의 신뢰도는 적어도 $c$이다.

빈발 순차 패턴을 결정하기 위한 알고리듬은 [23]에서 논의한다. 순차 패턴이 결정된 후, 원하는 최소 지지도 및 신뢰도 수준에서 규칙을 결정할 수 있다. 순차 패턴 마이닝 방법의 학습 단계는 지정된 최소 지지도 및 신뢰도 수준에서 모든 규칙을 찾는다. 규칙이 결정된 후, 현재의 테스트 시퀀스 $T$에 대한 관련 순위가 매겨진 아이템 목록(예: 웹 클릭 스트림 클릭)을 예측하는 데 다음 접근법을 사용한다.

1. 테스트 시퀀스 $T$에 대한 모든 일치 규칙을 식별한다.
2. 매칭 규칙의 결과에서 신뢰도를 내림차순으로 아이템의 순위를 매긴다. 휴리스틱 방법을 사용하면 여러 규칙에 동일한 아이템이 포함된 경우 예측을 집계할 수 있다.

어떤 경우에는 연속적인 요소 사이의 간격을 제한하는 것이 바람직할 수 있다. 시퀀스가 매우 길면 학습 및 예측 프로세스 동안 시퀀스에 갭 제약을 부과하는 것이 일반적으로 더욱 바람직하다. 사용 중인 특정 애플리케이션에 따라 이 기본 접근 방식을 다양하게 변형해 사용할 수 있다. 이러한 변형은 다음과 같다.

1. 빈발 시퀀스를 찾는 과정에서 최대 갭 제약 조건을 적용할 수 있다. 다시 말해 매칭 프로세스는 한 쌍의 이웃한 시퀀스 사이의 최대 간격이 최대 $\delta$가 되도록 할 수 있다. 또는 시퀀스의 첫 번째 요소와 마지막 요소 사이의 시간 차이에 최대 제약을 부과할 수 있다. 이러한 제약은 제한된 순차 패턴 마이닝 방법으로 처리할 수 있으며 데이터베이스의 개별 시퀀스가 매우 길 때 특히 중요하다. 제한된 순차적 패턴 마이닝 방법에 관한 설명은 [22]에서 찾을 수 있다.
2. 전체 테스트 시퀀스 $T$는 예측에 필요하지 않을 수 있다. 오히려 미리 정의된 크기의 테스트 시퀀스로부터 가장 최근 윈도우만 사용할 수 있다. 개별 시퀀스의 길이가 길면 윈도잉 방식이 필요하다.

이 방법론을 가장 적절하게 변형하는 것은 사용 중인 특정 애플리케이션에 따라 다르다. 참고문헌에서는 순차 패턴 마이닝을 사용하는 다양한 추천 시스템에 대한 내용이 포함돼 있다. 이러한 시스템 중 다수는 웹 클릭 스트림과 관련해 개발됐다. 순차 패턴 마이닝 방법은 대형 데이터베이스에서 패턴을 효율적으로 찾기 위해 다양한 상용 도구를 사용할 수 있다는 이점이 있다.

## 9.4 위치 인식 추천 시스템

위치 인식 추천 시스템Location-Aware Recommender Systems은 위치에 따라 컨텍스트가 정의되는 컨텍스트 인식 추천 시스템의 특수 사례로 볼 수 있다. 위치는 다양한 방식으로 추천 프로세스에 영향을 줄 수 있으며 특히 다음 두 가지 방법을 일반적으로 사용한다.

1.  사용자의 전 세계 지리적 위치는 취향, 문화, 의복, 식습관 등의 측면에서 선호도에 큰 영향을 줄 수 있다. 무비렌즈 데이터 세트를 분석[343]해보면 위스콘신 주에 거주하는 사용자의 최고 선호 장르가 전쟁인 반면 플로리다 주에 거주하는 사용자의 최고 선호 장르는 판타지인 것을 볼 수 있다. 포스퀘어 데이터 세트에서도 유사한 결과를 볼 수 있다. 이 속성을 선호 지역성preference locality이라고 한다. 이 경우 지역성은 본질적으로 사용자와 관련이 있지만 아이템과는 관련이 없다. 따라서 이 경우 사용자는 공간적인 반면 아이템은 공간적이지 않다.

2.  모바일 사용자는 종종 자신의 현재 위치 근처에서 식당이나 레저 장소를 찾으려고 한다. 이 경우 추천은 본질적으로 공간적이다. 이 속성을 여행 지역성이라고 한다. 예를 들어 포스퀘어 데이터 세트를 분석[343]하면 45%의 사용자가 10마일 이하를 여행하고, 75%의 사용자가 50마일 이하를 여행해 해당 지역의 식당을 방문한 것으로 나타난다. 이러한 애플리케이션에서 위치는 본질적으로 아이템(예: 식당)과 연결된다. 사용자는 현재 위치를 지정할 수 있지만 이 일시적인 속성은 쿼리하는 동안에만 지정되며 본질적으로 사용자가 지정한 평점과 관련이 없다. 따라서 이 경우 아이템은 공간적인 반면 사용자는 공간적이지 않다.

3.  사용자와 아이템이 공간적인 시나리오를 상상해볼 수 있다. 예를 들어 여행 중인 사용자는 집 주소를 나타내는 프로필을 설정할 수 있다. 동시에 식당과 같은 공간 아이템에 대한 평점을 기록할 수 있다. 하와이에서 휴가를 보내고 있는 뉴올리언스와 보스턴의 두 사용자를 각각 생각해보자. 이 관광객들은 하와이의 레스토랑에 대한 평점을 지정할 수 있다. 이 경우 사용자와 아이템 모두 공간 선택이 가능하므로 식당 선택은 원래 위치의 영향을 받는다. 동시에 여행 지역 선호도는 사용자가 휴가 중에 하와이의 특정 위치에서 검색할 때 레스토랑 선택에 중요한 역할을 한다.

위치 인식 추천 시스템은 컨텍스트에 민감한 방법context-sensitive method의 특별한 경우로 취급될 수 있다. 추천 시스템 내에서 컨텍스트를 처리하기 위해 이전 절에서 논의한 다차원 기술을 사용할 수 있다. 이것은 특히 [6]의 다차원 모델을 컨텍스트로 처리하고, 그리드 영역의 계층적 분류법을 공간 위치와 연관시킨 다음, 그리드의 계층적 영역 중 하나에서 전통적인 협력 필터링 응용으로 문제를 줄임으로써 사용할 수 있는 선호 지역성의 개념에 대한 내용이다.

실제로 위치 인식 추천 시스템LARS, Location Aware Recommender System[343]은 선호 지역을 처리하기 위해 유사한 축소 기반 접근 방식을 사용한다. 그러나 [343]의 접근 방식은 [6]의 다차원적 방법론을 직접 적용하는 것보다 훨씬 정교하다. 그리드 영역의 계층적 분류를 나타내기 위해 다차원 색인 구조를 사용한다. 이 색인 구조는 평점을 점진적으로 추가하는 것이 가능하므로 확장성이 필요한 환경에서 잘 작동할 수 있다. 또한 이 방법은 여행 지역을 다루고 여행 지역과 선호 지역을 결합하는 방법을 제안한다.

## 9.4.1 선호 지역

앞서 논의한 바와 같이 선호 지역의 개념은 추천 시스템의 축소 기반 다차원 모델[6]의 많은 특성을 공유한다. 평점 정보 외에 사용자 위치를 사용할 수 있는 무비 렌즈 데이터 세트의 예를 생각해보자. 캘리포니아에 있는 사용자의 경우 해당 사용자에게 추천을 제공하기 위해 다른 캘리포니아 사용자가 입력한 평점만 사용할 수 있다. 이 방법은 위치를 캘리포니아로 고정해 사용자×아이템×위치 데이터 큐브 조각을 추출하는 것과 같다. 그런 다음 이 슬라이스에 2차원 추천 시스템을 사용할 수 있다. 이것은 축소 기반 시스템을 직접 적용한 예로 볼 수 있다[6].

물론, 이러한 접근 방식은 지역 정보를 더 세분화할 수 있기 때문에 상당히 불완전하다. 각 사용자의 주소를 가지고 있다고 해보자. 캘리포니아 남부의 사용자는 캘리포니아 북부의 사용자와 다른 환경 설정을 할 수 있다. 반면, 작은 주 또는 지역의 경우 강력한 추천을 만들기에 충분한 평가 데이터를 사용할 수 없다. 따라서 이웃한 여러 지역의 데이터를 결합해야 할 수도 있다. 그러한 상충 관계를 어떻게 의미 있게 다룰 수 있는가?

LARS 접근법[343]은 피라미드 트리 또는 쿼드 트리quad-tree[53, 202]를 사용해 전체 공간 영역을 계층적 방식으로 나눈다. 이 접근 방식은 공간의 모든 지점이 파티션 중 하나에 포함되도록 데이터를 지점이 아닌 공간으로 분할한다. 이를 통해 새로운 테스트 위치가 데이터에 표시되지 않더라도 쿼리 단계에서 효과적으로 처리될 수 있다. 피라미드 트리는 공간을 $H$ 레벨로 분해한다. 모든 레벨 $h \in \{0 \dots H-1\}$의 경우, 공간을 $4^h$ 그리드 셀로 분할한다. $h = 0$의 최상위 레벨에는 하나의 셀만 포함되며 전체 데이터 공간이 포함된다. 예를 들어 모델의 최상위 레벨에 미국 전체에 해당하는 지역이 포함된 경우를 생각해보자. 그리고 다음 단계는 미국을 각각 별도의 모델로 4개의 지역으로 나눈다. 다음 단계에서는 이러한 각 영역을 4개 이상의 영역으로 나눈다. 각 그리드 셀에는 해당 사각형에 의해 경계가 지정된 데이터 공간 영역에 대해서만 협업 필터링 모델이 포함된다. 따라서 최상위 그리드 셀에는 모든 평점이 포함된 기존의 (지역화되지 않은) 협업 필터링 모델이 포함된다. 피라미드의 계층적 분할의 예가 그림 9.2에 나와 있다. 그림에서 셀 식별자는 CID로 표시되며 왼쪽의 테이블 항목에는 해당 셀의 관련 협업 필터링 모델에 대한 포인터가 포함돼 있다. 이 데이터 구조는 동적으로 유지되므로 평점을 시스템에 삽입하

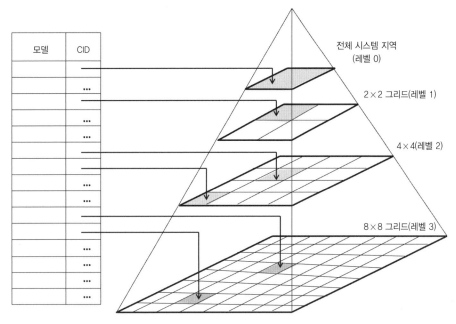

| 모델 | CID |
|---|---|
| | |
| | ... |
| | |
| | ... |
| | ... |
| | |
| | |
| | ... |
| | ... |
| | |
| | |
| | ... |
| | ... |
| | ... |
| | ... |

전체 시스템 지역
(레벨 0)

2 × 2 그리드(레벨 1)

4 × 4(레벨 2)

8 × 8 그리드(레벨 3)

**그림 9.2** 위치 인식 쿼리 처리를 위한 피라미드 트리(343)

거나 삭제할 수 있다. 동적 업데이트 프로세스의 한 가지 문제점은 업데이트 중에 셀의 동적 병합 또는 분할로 인해 셀의 하위 집합에 대한 모델을 유지 관리할 수 없는 경우가 있다. 업데이트 중에 셀이 병합되거나 분할되는 경우 이러한 새 셀의 모델을 처음부터 다시 생성해야 한다. 이 경우 계산 비용이 많이 들 수 있다. 그러나 트리가 동적 업데이트 없이 구축된 경우 모든 항목에 대한 모델을 유지 관리할 수 있다. 따라서 정적 데이터만 고려하면 접근 방식이 간단하다. 이 접근 방식은 일부 수정을 통해 동적 업데이트로 확장할 수 있다. 동적 업데이트 프로세스에 관한 자세한 내용은 [343]을 참조하라.

쿼리 처리 방식은 이 피라미드 데이터 구조를 사용한다. 지정된 사용자에게 아이템을 추천하기 위해 LARS 접근 방식은 피라미드 구조에서 유지되는 가장 낮은 수준의 셀을 결정하는 것이다. 이 레벨의 지역화된 협업 필터링 모델은 평점을 예측하는 데 사용한다. 추천을 수행하는 데는 아이템 기반 (이웃) 협업 필터링 기술을 사용한다. 원칙적으로는 기존의 어떠한 협업 필터링 모델을 사용할 수도 있다. 새로운 평점이 나오면 모델을 증분 업데이트해야 한다. 따라서 증분 업데이트가 가능한 기본 모델을 선택하는 것이 중요하다. 또한 이 접근법은 시간이 지남에 따라 사용자의 위치가 변하는 연속적인 쿼리를 지원할 수 있다. 사용자 위치의 변경률은 애플리케이션마다 매우 다르다. 사용자 위치가 주소와 일치하는 경우 변경 속도가 매우 느리다. 그러나 시간이 지남에 따라 변경이 더 빨리 발생하는 위치는 다른 정의로 생각해볼 수 있다. 하지만 선호 지역은 일반적으로 매우 빠르게 변하지 않는다. 연속적인 쿼리에서는 위에서 설명한 대로 초기 추천이 만들어진다. 그런 다음 시스템은 사용자 위치가 충분히 변경돼 셀 경계를 넘을 때까지 기다린다. 셀 경계를 넘어가게 되면 가장 낮은 수준의 셀을 다시 사용해서 추천을 업데이트한다. 따라서 마지막으로 받게 되는 응답은 시간이 지남에 따라 점진적으로 업데이트할 수 있다.

마지막으로, 사용자는 추천 프로세스가 실행돼야 하는 세분화된 지리적 수준을 선택적으로 지정할 수도 있다. 가장 낮은 레벨로 관리하는 그리드 셀을 사용하는 대신 피라미드 트리에서 사용자 지정 레벨로 작업할 수 있다.

예를 들어 레벨 0을 지정하면 루트 노드만 사용할 수 있다. 결과적으로 지역을 전혀 사용하지 않는 전통적인 협업 필터링 모델이 만들어진다. 이 방법을 통해 사용자는 쿼리에서 다양한 수준의 지리적 결과를 받을 수 있다.

## 9.4.2 여행 지역

이 경우 위치는 사용자가 아닌 아이템과 연관이 있다. 이를테면 식당 추천 시스템에서 위치는 식당과 연관이 있다. 그러나 사용자는 식당을 검색할 때 현재 위치를 지정할 수 있다. 검색에서 지정한 위치에 가까운 결과를 제공하는 것이 명확히 바람직하다. 이것은 LARS에서 여행 패널티 라는 개념으로 사용한다. 사용자 $i$의 쿼리 위치와 아이템 $j$의 위치 사이의 거리 $\Delta(i, j)$를 계산한다. 먼저 아이템 $j$에 대한 사용자 $i$의 평점 $\hat{r}_{ij}$는 전체 데이터에 대한 전통적인 협업 필터링 모델로 예측한다. 그리고 예측된 평점은 $\Delta(i, j)$의 함수 $F(\cdot)$로 패널티를 받는다. 조정된 평점 $\hat{r}_{ij}^{\Delta}$은 다음과 같이 계산한다.

$$\hat{r}_{ij}^{\Delta} - \hat{r}_{ij} - F(\Delta(i, j)) \tag{9.15}$$

여기서 $F(\cdot)$는 거리 $\Delta(i, j)$의 비감소함수non-decreasing function이므로, 패널티는 평점의 스케일로 정규화한다. 패널티 함수 $F(\cdot)$의 정확한 특성은 본질적으로 휴리스틱하다. [343]의 접근법은 함수를 정의하기 위해 평점 거리에 대한 이동 거리의 간단한 정규화를 사용한다. 원하는 경우 거리의 특정 함수(예: 선형함수)라고 가정할 수 있으며 이 함수의 계수는 교차 검증을 통해 최적으로 선택할 수 있다. 최적 함수를 선택하는 것은 시스템의 정확성에 직접적인 영향을 미치기 때문에 향후 연구에서 탐구할 수 있는 흥미로운 연구 문제다. 최적 함수 선택은 현재 데이터 세트에 따라 다를 수 있다.

## 9.4.3 선호도와 여행 위치 조합

위치가 사용자 및 아이템과 연관된 컨텍스트를 가질 수 있다. 예를 들어 뉴올리언스에 기본 주소가 있는 관광객은 보스턴에 기본 주소가 있는 사람과 함께 하와이로 휴가를 갈 때와 비교하면 다른 레스토랑을 선호할 수 있다. 동시에 추천 시스템은 추천 프로세스 중에 하와이 내 검색을 하고 있는 위치를 고려해야 한다. 이 경우 선호 지역 및 여행 지역과 관련된 방법을 조합할 수 있다. 우선 평점을 예측하기 위해 주요 사용자 위치에 따라 피라미드 트리 구조를 사용한다. 그런 다음, 검색하고 있는 위치는 위에서 언급한 여행 패널티와 함께 사용한다. 그 뒤 최상위 아이템을 사용자에게 추천한다.

## 9.5 요약

많은 유형의 시간 및 위치 인식 시스템은 컨텍스트 인식 추천 시스템 범주에 속한다. 시간 개념은 추천 시스템의 효과를 크게 향상시킬 수 있다. 시간에 민감한 추천 시스템은 최근성 기반 방법recency-based method, 컨텍스트 기반 방법context-based method을 사용하거나 모델링 변수로 시간을 사용할 수 있다. 마지막 유형으로 가장 잘 알려진 방법 중 하나는 time-SVD++ 모델로, 추천에 대한 잠재 요인 모델을 제안한다. 이산 시퀀스로 표현된 데이터에 대한 추천 방법도 제안했다. 예를 들어 웹 클릭 스트림 또는 슈퍼마켓 데이터에는 개별 활동 시퀀스가 포함된다. 이러한 시나리오는 종종 암시적 피드백 데이터 세트와 관련 있다. 이러한 경우 추천을 수행하기 위해 다양한 개별 순차적 방법을 사용한다. 예를 들어 이산형 마르코프 모델 및 순차적 패턴 마이닝 방법을 사용할 수 있다.

위치 인식 추천 시스템은 컨텍스트 인식 시스템의 특수한 경우이며, 여기서 공간 위치는 추천에 대한 컨텍스트를 제공한다. 위치 기반 시스템에서 위치는 사용자, 아이템 또는 둘 다와 연관될 수 있다. 이러한 서로 다른 형태의 컨텍스트는 추천을 수행하기 위해 뚜렷하게 다른 방법으로 이어진다.

## 9.6 참고문헌

시간적 추천은 컨텍스트 인식 추천 클래스에 속하며, 이는 8장에서 일반적인 의미로 논의했다. 시간 인식 추천 시스템에 대한 최근의 조사는 [130]에서 찾을 수 있다. 초기 시간 가중 및 감쇠 기반 협업 필터링 모델 중 일부는 [185, 186]에서 설명한다. 다양한 감쇠함수는 [635]에서 시험했다. 또한 [249]의 연구는 평점들 사이의 시간-유사도를 계산에 포함한다. 시간 간격에 기초한 방법은 활발하지 않은 간격으로부터의 평점이 본질적으로 제거되는 [230]에서 제안했다. [595]는 제작 연도에 따라 가지치기해 영화를 추천한다. 이러한 접근 방식은 오래된 평점을 제거하는 방법과 달리 아이템의 하위 세트를 삭제하므로 데이터 세트의 차원을 줄인다.

점진적인 모델로 이웃 모델을 확장하는 방법은 [366]에서 설명한다. 시간적 협업 필터링을 위해 적응형 이웃을 사용하는 다른 기술은 [333]에서 논의한다. 또한 이 연구는 미래의 평점을 예측하기 위해 과거의 평점을 사용할 때 기존의 많은 추천 알고리듬이 넷플릭스 프라이즈 데이터 세트에서 잘 작동하지 않는 것으로 나타났다. 위치 기반 추천을 위한 시간에 민감한 방법은 [655]에 설명한다. 무작위 행보random walk 방법을 사용해 시간적 추천을 수행하는 방법은 [639]에서 설명한다. 시간적 협력 필터링과 관련된 흥미로운 알고리듬 클래스는 추천 시스템이 추천 공간에서 탐색과 활용을 교환하는 멀티암 밴딧multi-armed bandit 알고리듬 클래스다[92, 348]. 이 방법론은 또한 능동 학습과 밀접한 관련이 있으며, 13장에서 설명한다.

시간-인식 추천을 수행하는 일반적인 방법은 시간 정보를 이산 컨텍스트 값으로 처리해 다차원 표현[6, 7]을 만드는 것이다. 후속 작업[626]은 이 기반에서 시간적 컨텍스트를 구체적으로 다뤘다. 음악 추천을 하기 위해 다양한 형태의 컨텍스트를 [61]에서 테스트했다. "아침" 및 "저녁"과 같은 일부 형태의 컨텍스트는 추천 결과를 향상시키는 것으로 나타났지만 "홀수 시간" 및 "짝수 시간"과 같은 의미 없는 분할을 사용했을 때 가장 큰 성능 향상이 나타났다. 이러한 특성을 이해하기 위해서는 추가적인 연구가 필요하다.

시간 추천 시스템을 평가하기 위한 현실적인 방법은 [335]에서 논의한다. 최근의 조사[130]는 최근 결과의 모순된 결과를 명확하게 하는 데 있어 평가 방법의 중요성을 지적하고 시간 추천 시스템에 대한 다수의 평가 지표를 제안한다. 계절, 시간, 요일과 같은 여러 변수의 조합은 [337]에서 설명한다. 시간 차원을 좀 더 복잡한 방식으로 결합하는 다른 방법은 [231, 471]에서 설명한다. [100]은 영화 추천에 주기적 컨텍스트를 사용하는 연구를 한다. 예를 들어 크리스마스 주중의 영화 추천은 오스카 시상식이 있는 주중의 추천과 매우 다르다. 계절 제품의 개선된 추천을 위한 컨텍스트적 방법을 사용하는 것은 [567]에서 논의한다. 이 작업에는 시간적 회귀 접근법을 사용했다. CAMRAContext-Aware Movie Recommendation Challenge[515]는 [100]의 작업을 테스트한 플랫폼이다. 이 과제는 단지 시간적 컨텍스트뿐만 아니라 다양한 유형의 컨텍스트를 연구했다. 컨텍스트별 방법[131]은 시간, 요일 및 평점 날짜를 포함한 다양한 시간 차원의 영향을 평가한다. [458]의 작업은 시간, 날씨 및 회사와 같은 다양한 유형의 컨텍스트를 모델링하기 위해 지지 벡터 머신SVM을 사용했다.

여러 연구[136, 435]에서 평가하는 컨텍스트에 시계열 모델을 사용했다. 이러한 방법에서, 현재 사용자의 관심사를 예측하기 위해 일련의 사용자 평점을 사용한다. 명시적 평가를 사용할 수 없는 암시적 피드백의 경우에도 시계열 방법을 사용했다. 예를 들어 [684]는 웹 로그를 시계열로 인코딩하며, 시계열 기술은 예측을 목적으로 사용했다. [266]은 서로 다른 시간 버킷에 대해 몇 가지 시간을 모르는 모델을 구축한 다음 혼합 접근법을 사용해 이러한 모델의 예측을 결합했다 시간적 추천에서 인수분해 모델은 [310]에서 처음 제안했다. 음악 추천 시나리오[304]

에도 유사한 모델을 적용했다. [310]은 시간에 따라 아이템 요소를 구별하지 않았다. 평점을 매긴 시간에 기초해 차별화된 아이템 요인이 학습되는 더욱 정교한 모델을 [293]에서 제안했다. 결과적으로 시간이 개별 컨텍스트의 값으로 취급되는 컨텍스트 추천을 위해 [212, 294, 332, 495, 496]에서 많은 행렬 및 텐서 인수분해 방법을 제안했다. 이 방법들은 [7]의 다차원 컨텍스트 모델의 일반적인 구현으로 볼 수 있다.

웹 클릭 스트림을 사용해 개인화를 수행해야 하는 웹 도메인의 컨텍스트에서는 이산 방법이 일반적이다. 유한 마르코프 사슬의 기본 지침은 [296]에서 제공한다. 순차 패턴 마이닝 문제는 슈퍼마켓 데이터[37]와 관련해 정의했다. 순차적 패턴 마이닝을 위한 일반적인 알고리듬의 개요는 [22, 23]에서 찾을 수 있다. 웹 로그에서 이러한 방법을 사용하려면 상당한 양의 데이터를 준비[169]해야 한다. 웹 페이지 액세스를 예측하기 위한 개별 마르코프 방법은 [182]에서 설명한다. 마르코프 체인에 필요한 배경은 [265]에서 찾을 수 있다. 웹 로그에서 액세스를 예측하기 위한 순차적인 패턴 마이닝 방법은 [208, 440, 442, 443, 562]에서 설명한다. 웹 페이지 액세스를 예측하기 위해 긴 반복 하위 시퀀스를 사용하는 방법은 [479]에서 설명한다. 웹 페이지 요청을 예측하기 위한 경로 프로파일의 사용은 [532]에서 설명한다. 다음 페이지-요청 예측을 위한 다양한 패턴 마이닝 접근법의 평가는 [218]에 나와 있다. 히든 마르코프 모델에 관한 자세한 설명은 [319]에서 찾을 수 있으며, 데이터 마이닝 응용에 관한 간단한 설명은 [22]에서 찾을 수 있다.

최근의 상당량의 연구는 위치 인식 추천 시스템[64, 108, 343, 447, 464, 645, 649]에 중점을 두고 있다. 이 연구의 대부분은 휴대전화 기술과 GPS 지원 전화의 하드웨어 향상으로 인해 이뤄졌다. 결과적으로 모바일 추천 시스템[504]의 분야는 점점 더 주목을 받고 있다. 가장 초기의 작업 중 하나[54]는 GPS 지원 휴대 전화의 데이터를 사용해 다양한 위치에서 사용자 움직임을 예측하는 방법을 제안했다. 스마트폰에 대한 컨텍스트 인식 미디어 추천은 [654]에서 설명한다. 협업 필터링을 이용하는 모바일 광고 추천 시스템이 [40]에 나와 있다. 문헌에는 INTRIGUE[52], GUIDE[156], MyMap[177], SPETA[213], MobiDENK[318], COMPASS[611], Archeoguide[618] 및 LISTEN[685]과 같은 수많은 관광 안내 애플리케이션이 제안됐다. 위치 기반 추천 시스템[633, 649] 중 일부는 컨텍스트 인식 추천을 수행하기 위해 하이브리드 시스템을 사용한다. Bohnert 등[89]의 연구는 다음 위치를 예측하기 위해 사용자가 다양한 위치를 방문할 때의 순차 패턴을 사용한다.

또한 사용자의 관심을 사로잡은 하이브리드 콘텐츠 기반 모델이 추천 시스템의 전반적인 효과에 어떤 영향을 줄 수 있는지 살펴봤다. 콘텐츠를 추가하는 것은 약간의 개선에만 도움된다. [649]의 작업은 콘텐츠와 협업 시스템을 결합하고 커뮤니티 인증을 통합해 위치 인식 추천 시스템에서 콜드 스타트를 처리하는 방법을 논의했다.

## 9.7 연습 문제

1. 시간 감쇠를 통합하면서 베이즈 모델과 협업 필터링을 수행하는 방법을 설계하라. 베이즈 알고리듬을 사용한 협업 필터링에 관해서는 3장을 참조하라.

2. 인수분해 과정에서 시간-감쇠를 포함하는 잠재 요인 모델을 설계하라.

3. time-SVD++ 알고리듬을 구현하라.

4. $|\Sigma| = n$이 되도록 일련의 동작 $\Sigma$에서 순위-$k$ 마르코프 모델을 설계한다고 가정한다. 또한 $(k+1)$ 크기의 윈도우에서는 행동이 반복되지 않는다. 확률이 0인 상태나 에지를 유지하지 않는다고 가정할 때 이러한 모델에서 최대 상태 수와 전이 에지는 얼마인가?

5. 시간적 추천을 위한 순차적 패턴 마이닝 알고리듬을 구현하라. 알고리듬에 적합한 설계 선택을 할 수 있는 폭넓은 여지가 있다.

6. 다양한 사용자의 순차적인 행동을 포함하는 큰 로그가 있다고 가정한다. 9장의 토론에서는 아이템 기반 규칙으로 추천을 수행하는 방법을 보여준다. 사용자 기반 규칙을 사용해 유사한 접근 방식을 설계하라. 그러한 접근 방식이 실제로 효과가 있다고 생각하는가?

7. R-트리가 협업 필터링의 선호도-지역성 기술에 대해 피라미드 트리만큼 적합하지 않은 이유에 관해 토론하라.

# 10
# 네트워크의 구조 추천

"자연에는 그 어떤 고립된 것이 없다. 그 앞이나 옆, 위 아래 있는 것들과 모두 연결돼 있다."

— 요한 볼프강 괴테

## 10.1 개요

다양한 웹-지원 네트워크의 성장으로 수많은 추천 모델이 가능해졌다. 웹 자체는 크고 분산된 데이터 저장소로, 구글과 같은 검색엔진은 추천 개념의 키워드 중심 변화로 간주될 수 있다. 사실 추천 문헌의 주요 담론은 검색 개념과 추천 개념을 구분하는 것이다. 검색 기술도 사용자에게 콘텐츠를 추천하지만 결과는 사용자에게 개인화되지 않는다. 이러한 개인화 부족은 전통적으로 많은 수의 웹 사용자를 추적하는 데 어려움이 있었기 때문이다. 그러나 최근 사용자에게 추천된 웹 페이지가 개인적인 관심에 근거한 많은 개인화된 검색 개념이 생겨났다. 구글과 같은 많은 검색엔진 제공자들은 이제 개인화된 결과를 결정할 수 있는 기능을 제공한다. 이 문제는 개인화된 선호도를 사용해 네트워크의 노드 순위 매기는 것과 동일하다.

네트워크는 소셜 및 정보 네트워크와 같은 많은 애플리케이션에서 모델링 도구로 어디서나 볼 수 있게 됐다. 따라서 다른 시나리오에서 권장할 수 있는 네트워크의 다양한 구조적 요소를 논의하는 것이 특히 유용하다. 각기 다른 유형의 구조 추천 사항은 서로 다른 시나리오에서 서로 다른 애플리케이션 세트를 가질 수 있다. 다양한 변형의 주요 예는 다음과 같다.

1. **권한 및 컨텍스트별 노드 추천**: 노드의 품질은 들어오는 링크로 판단되며 노드의 개인별 관련성은 해당 컨텍스트로 판단된다. 고품질 노드에는 많은 수신 링크가 있다. 이 문제는 검색엔진과 매우 밀접한 관련이 있다. 엔진에서 검색이라는 전통적인 개념은 다양한 사용자를 구별하지 않으므로 특정 사용자에게 개인화되지 않는다는 것이 주요 관측이다. 검색엔진에서 웹 페이지(또는 웹 그래프의 노드)는 해당 권한과 내용에 따라 순위가 결정된다. 검색을 수행하는 사용자의 신원에 대해서는 거의 강조하지 않는다. 그러나 개인화된 페이지랭크$^{PageRank}$와 같은 개념은 결국 다양한 관심사에 맞게 결과를 조정할 수 있도록 개발됐다. 이러한 형태의 개인화는 컨텍스트별 개인화로 페이지랭크의 전통적인 개념을 수정해 컨텍스트를 순위에 통합한다. 11장에서 살펴보겠지만 페이지랭크와 밀접한 관련이 있는 포크랭크$^{FolkRank}$와 같은 개념은 소셜 태그 설정에 사용된다.

2. **예제별 노드 추천**: 많은 추천 애플리케이션에서 다른 예제 노드와 유사한 노드를 추천할 수 있다. 예제별 노드 추천은 집합적인 노드 분류 문제다. 흥미롭게도 개인화된 페이지랭크 방식은 종종 집단 분류 문제에 사용된다. 따라서 이 두 가지 유형의 추천은 밀접한 관련이 있다. 이러한 애플리케이션은 또한 사용자 및 일부가 특정 속성으로 태그될 수 있는 다른 유형의 노드의 정보 네트워크에서 유용할 수 있다.

3. **영향 및 콘텐츠별 노드 추천**: 많은 웹 중심 애플리케이션에서 사용자는 다양한 유형의 제품에 대한 지식을 전파할 수 있다. 이 문제를 바이럴$^{viral}$ 마케팅이라고 한다. 이 경우 판매자는 특정 제품에 대한 의견을 전파할 가능성이 가장 높은 사용자를 찾고 있다. 주제별 영향 분석에서는 특정 주제를 전파할 가능성이 가장 높은 사용자를 찾는다. 영향력 분석의 문제는 다른 사람들에게 영향을 줄 수 있는 바이럴 잠재력뿐만 아니라 주제적 특성성에 근거해 사용자를 판매자에게 추천하는 것으로 볼 수 있다.

4. **추천 링크**: 페이스북과 같은 많은 소셜 네트워크에서 네트워크의 연결성을 높이는 것이 소셜 네트워크의 관심이다. 따라서 사용자는 종종 잠재적인 친구를 추천받는다. 이 문제는 네트워크에서 잠재적인 링크를 추천하는 문제와 동일하다. 흥미롭게도 링크 예측에 많은 순위 결정 방법이 사용된다. 많은 행렬 인수분해 방법이 링크 예측에 적용될 수도 있다. 또한 링크 예측 방법 중 일부는 집단 분류에 사용된다. 이러한 상호 관계 중 일부는 해당되는 경우 10장에서 설명한다.

이러한 구조적 추천 방법의 적용은 소셜 네트워크 영역을 넘어선다. 이러한 구조적 추천 방법은 웹 중심 네트워크로 모델링할 수 있는 모든 시스템의 요소를 추천하는 데 사용할 수 있다. 뉴스,

블로그 게시물 또는 기타 웹 지원 콘텐츠가 그 예다.

더욱이 전통적인 제품 추천 문제조차도 이러한 방법으로 해결될 수 있다. 이는 사용자 제품 추천 문제점도 사용자 항목 그래프로 모델링할 수 있기 때문이다. 2장과 3장에서 우리는 이러한 제품 추천 사항에 사용자 항목 그래프가 어떻게 사용되는지 구체적인 예를 제공했다. 11장에서는 소셜 시스템의 다양한 형태의 콘텐츠를 어떻게 추천 사항을 향상시키는지 좀 더 상세한 관점을 제공한다. 10장은 11장의 내용과 밀접한 관련이 있지만 10장의 연구는 신뢰 또는 사용자 태깅 행위과 같은 사회 중심적 측면에 초점을 맞추지 않고 네트워크의 구조적 측면에 더 중점을 둔다. 또한 10장에서 논의된 방법론은 소셜 네트워크 분석 이외의 애플리케이션에서 사용될 수 있다. 11장에서는 네트워크 중심이든 아니든 추천 사항을 개선하는 사회적으로 민감한 방법에 초점을 맞춘다.

10장은 다음과 같이 구성돼 있다. 다음 절에서는 네트워크의 노드 순위 문제와 개인화된 순위 애플리케이션에서의 사용에 대해 연구한다. 10.3절은 집단 분류 문제와 다양한 형태의 추천안에서의 사용을 검토한다. 10.4절은 링크 예측 문제를 검토한다. 영향 분석 문제는 10.5절에서 연구된다. 주제별 영향 분석의 문제도 같이 연구된다. 10.6절에 제시돼 있다.

# 10.2 순위 알고리듬

페이지랭크 알고리듬은 웹 검색 맥락에서 처음 제안됐다. 알고리듬의 주요 동기는 검색 품질을 향상시키는 것이었다. 웹은 오픈 퍼블리싱을 허용하기 때문에 가장 초기의 검색엔진들이 직면한 문제는 순전히 콘텐츠 중심의 웹 페이지 매칭과 랭킹 지정을 위한 키워드를 사용해 나쁜 품질의 결과를 제공한다는 점이었다. 특히 사용자는 종종 스팸, 오해의 소지가 있는 정보 또는 기타 잘못된 콘텐츠를 페이지에 게시할 수 있으며 순수한 콘텐츠 중심의 매칭은 다양한 품질의 결과를 구분할 수 없다. 따라서 웹 페이지의 평판과 품질을 결정하는 메커니즘이 필요했다. 이것은 웹의 인용 구조를 사용해 달성된다. 한 페이지의 품질이 높으면 다른 많은 웹 페이지들은 그것을 가리킨다. 인용문은 논리적으로 웹 페이지에 대한 투표로 볼 수 있다. 인-링크 페이지의 수는 품질의 대략적인 지표로 사용될 수 있지만, 가리키는 페이지의 품질을 고려하지 않기 때문에 완전한 결과를 제공하지 않는다. 더욱 전체적인 인용 기반 투표를 제공하기 위해 페이지랭크라고 하는 알고리듬이 사용된다. 페이지랭크 알고리듬은 인용 기반 랭킹의 개념을 재귀적인 방식으로 일반화한다.

페이지랭크 알고리듬은 직접 추천 방법은 아니지만 추천 사항 분석 주제와 밀접한 관련이 있다. 페이지랭크의 많은 변형이 개인별 랭킹 메커니즘에 사용된다. 기존의 사용자 항목 추천 시나리오를 비롯해 많은 추천 사항 설정을 링크된 네트워크로 표현할 수 있기 때문이다. 따라서 이 절에서는 검색 및 추천에서의 밀접하게 관련된 두 가지 문제와 여러 추천 시나리오에서 페이지랭크 알고리듬 적용 간의 관계를 살펴본다. 먼저 일반적인 웹 랭킹의 맥락에서 일반적인 페이지랭크 알고리듬을 소개한다.

## 10.2.1 페이지랭크

페이지랭크$^{PageRank}$ 알고리듬은 웹 그래프에서 인용 (또는 연결) 구조를 사용해 노드의 중요성을 모델링한다. 웹 그래프와 관련해 노드는 웹 페이지에 해당하며 가장자리는 하이퍼링크에 해당한다. 기본 개념은 평판이 좋은 문서가 다른 평판이 좋은 웹 페이지에 의해 인용되거나 연결될 가능성이 높다는 것이다. 마찬가지로 트위터와 같은 소셜 네트워크에서 평판이 좋은 사용자는 다른 평판이 좋은 사용자가 뒤따를 가능성이 높다. 다음 논의를 위해 각각의 무방향 에지를 두 개의 방향 에지로 대체해 무방향 그래프로 쉽게 확장할 수 있지만, 우리는 웹과 같은 방향 그래프를 가정할 것이다. 많은 추천 애플리케이션의 경우 일반적으로 무방향 자료는 충분하다.

웹 그래프에서 무작위 서퍼$^{surfer}$ 모델을 사용해 페이지 랭킹 목표를 달성하기 위해 사용된다. 페이지에서 임의의 링크를 선택해 웹에서 임의의 페이지를 방문하는 임의의 서퍼를 고려하자. 특정 페이지에 대한 방문의 장기적 상대 빈도는 해당 페이지에 연결되는 링크 페이지 수에 영향을 준다. 또한 자주 방문하는 (또는 평판이 좋은) 페이지와 연결된다면, 다른 페이지로 연결되는 페이지의 장기 방문 빈도가 높아질 것이다. 다시 말해 페이지랭크 알고리듬은 임의 서퍼의 장기 방문 빈도 측면에서 웹 페이지의 평판을 모델링한다. 이 장기 빈도는 정상 상태 확률이라고도 하며 모델을 랜덤-워크$^{random-walk}$ 모델이라고도 한다.

기본 랜덤 서퍼 모델은 가능한 모든 그래프 토폴로지에서 제대로 작동하지 않는다. 중요한 문제는 일부 웹 페이지에 발신 링크가 없을 수 있으며, 임의의 서퍼가 특정 노드에 갇힐 수 있다는 것이다. 실제로, 확률적 전환은 그러한 노드에서 의미 있게 정의되지도 않는다. 이러한 노드를 데드-엔드$^{dead\ ends}$라고 한다. 데드-엔드 노드의 예는 그림 10.1(a)에 설명돼 있다. 페이지랭크 계산을 위한 전환 프로세스를 해당 노드에서 정의할 수 없기 때문에 데드-엔드는 바람직하지 않다. 이 문제를 해결하기 위해 두 가지 수정 사항이 랜덤 서퍼 모델에 통합됐다. 첫 번째 수정은 자체 루프를 포함해 데드-엔드 노드(웹 페이지)에서 모든 노드(웹 페이지)로 연결되는 링크를 추가하는 것이다. 이러한 각 에지는 $1/n$의 전이 확률을 갖는다. 노드 그룹에서 데드-엔드를 정의할 수도 있기 때문에 이 문제는 완전히 해결되지 않는다. 이 경우 노드 그룹에서 그래프의 나머지 노드로 나가는 링크가 없다. 이것을 데드-엔드 구성 요소 또는 흡수 구성 요소라 한다. 그림 10.1(b)는 데드-엔드의 구성 요소의 예시를 제공한다.

웹은 강하게 연결돼 있지 않기 때문에 웹 그래프(및 기타 네트워크)에서 데드-엔드 구성 요소

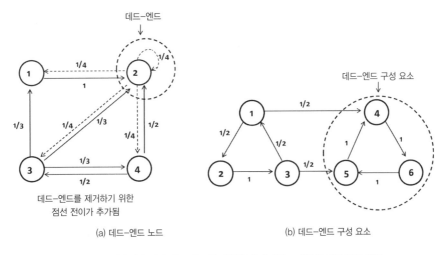

(a) 데드-엔드 노드                    (b) 데드-엔드 구성 요소

**그림 10.1** 다양한 유형의 데드-엔드를 사용한 페이지랭크 계산에 대한 전이 확률

가 일반적이다. 이러한 경우 개별 노드에서의 전이를 의미 있게 정의할 수 있지만 정상 상태 전이는 이러한 데드-엔드 구성 요소에 갇힌 채로 유지될 것이다. 모든 정상 상태 확률은 데드-엔드 구성 요소로 전이가 발생된 후 데드-엔드 구성 요소에서 밖으로 벗어나는 전이가 불가능하기 때문에 데드-엔드 구성 요소에 집중된다. 따라서 데드-엔드 구성 요소(공식적인 수학적 처리는 이것을 기초적인 마르코프 체인의 인체 공학적 측면에서 특징짓는다. 에르고딕 마르코프 체인의 경우, 필요한 요건은 하나 이상의 전이 순서를 사용해 다른 상태로부터 어떤 상태에서도 도달할 수 있다는 것이다. 이 상태를 강한 연결성이라 한다. 이해를 돕기 위해 여기에 비공식적인 설명이 제공된다)로 전이될 가능성이 극히 작은 한, 모든 정상 상태 확률은 데드-엔드 구성 요소에 집중된다. 이 컨텍스트는 데드-엔드 구성 요소가 반드시 인기의 지표라 할 수 없는 대형 웹 그래프의 페이지랭크 연산의 관점에서 바람직하지 않다. 더욱이, 다양한 데드-엔드 컴포넌트에서 노드의 최종 확률 분포는 고유하지 않으며 랜덤-워크가 시작되는 상태에 따라 달라진다. 서로 다른 데드-엔드 구성 요소에서 시작하는 랜덤-워크는 해당 구성 요소 내에 각각의 정상 상태 분포가 집중된다는 것을 관찰함으로써 쉽게 확인할 수 있다.

에지를 추가하면 데드-엔드 노드의 문제가 해결되지만 더 복잡한 데드-엔드 구성 요소 문제를 해결하려면 추가 단계가 필요하다. 따라서 이러한 에지를 추가하는 것 외에도 임의 서퍼 모델 내에서 순간 이동 또는 재시작 단계가 사용된다. 이 단계는 다음과 같이 정의된다. 각각의 전이에서, 랜덤 서퍼는 확률이 $\alpha$인 임의의 페이지로 점프하거나, 확률 $(1-\alpha)$이 있는 페이지의 링크 중 하나를 따를 수 있다. 사용되는 $\alpha$의 일반적인 값은 0.1이다. 순간 이동의 사용으로 인해 안정 상태 확률은 시작 상태와 독특하고 독립적이 된다. $\alpha$값은 스무딩smoothing 또는 댐핑damping 확률로 볼 수도 있다. $\alpha$값이 크면 일반적으로 다른 페이지가 더 균등해질 수 있는 정상 상태 확률이 초래된다. 예를 들어 $\alpha$값이 1로 선택된 경우 모든 페이지는 동일한 정상 상태 방문 확률을 갖는다.

정상 상태 확률은 어떻게 결정되는가? $G = (N, A)$는 노드가 페이지에 해당하고 에지가 하이퍼 링크에 해당하는 방향 네트워크라고 하자. 총 노드 수는 $n$으로 표시된다. 또한 $A$에는 데드-엔드 노드에서 다른 모든 노드로 추가된 에지가 포함돼 있다고 가정한다. $i$에서 발생한 노드 집합은 $In(i)$로 표시되고 노드 $i$의 발신 링크 끝점 집합은 $Out(i)$로 표시된다. 노드 $i$에서 정상 상태 확률은 $\pi(i)$로 표시된다. 일반적으로, 웹 서퍼의 전이는 마르코프 체인으로 시각화될 수 있으며, 여기서 $n$개의 노드가 있는 웹 그래프에 대해 $n \times n$ 전이 행렬 $P$를 정의한다. 노드 $i$의 페이지랭크는 마르코프 체인 모델의 노드 $i$에 대한 정상 상태 확률 $\pi(i)$와 같다. 노드 $i$에서 노드 $j$로 전이할 확률[1] $p_{ij}$는 $1/|Out(i)|$로 정의된다. 전이 확률의 예는 그림 10.1에 설명돼 있다. 그러나 이러한 전이 확률은 아래에서 별도로 다룰[2] 순간 이동에 대해서는 설명하지 않는다.

주어진 노드 $i$로의 전이를 검토하자. 노드 $i$의 정상 상태 확률 $\pi(i)$는 그 노드로 순간 이동할 확률과 인링크 노드 중 하나가 노드로 직접 전이할 확률의 합이다. 순간 이동은 확률이 $\alpha$인 단계에서 발생하고, 모든 노드가 순간 이동의 수혜자가 될 가능성이 있기 때문에, 노드로의 순간 이동의 확률은 정확히 $\alpha/n$이다. 노드 $i$로의 전이 확률은 다른 인-링크 노드로부터의 전이 확률의 합으로 $(1-\alpha) \cdot \sum_{j \in In(i)} \pi(j) \cdot p_{ji}$로 주어진다. 따라서 정상 상태에서 노드 $i$로의 전이 확률은 순간 이동 및 전이 사건의 확률의 합으로 정의된다.

$$\pi(i) = \alpha/n + (1-\alpha) \cdot \sum_{j \in In(i)} \pi(j) \cdot p_{ji} \tag{10.1}$$

이를테면 그림 10.1(a)의 노드 2에 대한 방정식은 다음과 같이 쓸 수 있다.

$$\pi(2) = \alpha/4 + (1-\alpha) \cdot (\pi(1) + \pi(2)/4 + \pi(3)/3 + \pi(4)/2)$$

각 노드마다 그런 방정식이 하나씩 있으므로 전체 방정식 시스템을 행렬 형태로 작성하는 것이 편리하다. $\overline{\pi} = (\pi(1) \ldots \pi(n))^T$는 모든 노드의 정상 상태 확률을 나타내는 $n$차원 열 벡터로 하고, $\overline{e}$는 모든 값이 1인 $n$차원 열 벡터로 한다. 방정식 시스템은 다음과 같이 행렬 형식으로 다시 작성할 수 있다.

$$\overline{\pi} = \alpha\overline{e}/n + (1-\alpha)P^T\overline{\pi} \tag{10.2}$$

오른쪽의 첫 번째 용어는 순간 이동에 해당하고 두 번째 용어는 인-링크 노드에서 직접 전이에

---

1 서지학 네트워크와 같은 일부 애플리케이션에서 에지$(i, j)$는 $w_{ij}$에 의해 표시된 가중치를 가질 수 있다. 전이 확률 $p_{ij}$는 $\frac{w_{ij}}{\sum_{j \in Out(i)} w_{ij}}$의 경우에 정의된다 – 옮긴이

2 이 목표를 달성하기 위한 다른 방법은 기존 에지 전이 확률에 인자$(1-\alpha)$를 곱한 다음 $G$의 각 노드 쌍 사이의 전환 확률에 $\alpha/n$을 더해 $G$를 수정하는 것이다. 그 결과 $G$는 각 노드 쌍 사이에 양방향 에지를 가진 방향성 클리크가 된다. 그렇게 강하게 연결된 마르코프 체인은 독특한 정상 상태 확률을 가지고 있다. 그 결과 그래프는 순간 이동 구성 요소를 별도로 설명할 필요 없이 마코프 체인으로 처리될 수 있다. 이 모델은 10장에서 논한 것과 동일하다.

해당한다. 또한 벡터 $\pi$는 확률을 나타내므로 성분 $\sum_{i=1}^{n} \pi(i)$의 합은 1과 같아야 한다.

$$\sum_{i=1}^{n} \pi(i) = 1 \tag{10.3}$$

이것은 반복적인 방법을 사용해 쉽게 풀 수 있는 방정식의 선형 시스템이다. 알고리듬은 $\pi^{(0)} = \overline{e}/n$을 초기화해 시작하고 다음과 같은 반복 단계를 반복해 $\pi^{(t)}$에서 $\pi^{(t+1)}$을 도출한다.

$$\pi^{(t+1)} \Leftarrow \alpha\overline{e}/n + (1-\alpha)P^T\pi^{(t)} \tag{10.4}$$

각 반복 후에 $\pi^{(t+1)}$의 항목은 합계1로 스케일링해 정규화된다. 이 단계는 $\pi^{(t+1)}$과 $\pi^{(t)}$의 차이가 사용자 정의 임계값보다 작은 크기의 벡터가 될 때까지 반복된다. 이 방법은 파워-이터레이션 Power-iteration 방법이라 한다.

페이지랭크 값은 (수정된 버전) 확률적 전이 행렬 $P$의 가장 큰 왼쪽 고유 벡터[3]의 $n$ 성분들로 표시될 수 있고 여기서 고윳값은 1이다. 확률적 전이 행렬에 대한 수정은 모든 노드 쌍 사이에 "재시작" 에지를 추가해 전이 행렬 내에서 재시작의 효과를 직접적으로 통합한다.

## 10.2.2 개인화된 페이지랭크

개인화된 페이지랭크의 개념은 웹 추천 모델 시스템에서 주제별 페이지랭크라고도 한다. 페이지랭크는 링크 구조 측면에서 인기 있는 노드를 찾는 훌륭한 메커니즘이지만 특정 사용자의 관심사와 잘 맞는 항목을 찾는 데는 거의 도움이 되지 않는다. 개인화된 페이지랭크의 개념은 인기 있는 노드를 찾도록 설계됐으며 이는 네트워크의 특정 노드와 유사하다. 예를 들어 노드가 사용자, 이미지 설명 또는 이미지일 수 있는 Flickr와 같은 정보 네트워크를 고려해보자. 네트워크 구조를 활용해 특정 사용자에게 네트워크의 인기 콘텐츠를 추천하는 것이 바람직하다. 그러나 이 인기 있는 콘텐츠를 사용자에게 개인화하는 것이 중요하다. 특정 이미지나 특정 사용자를 어떻게 추천하는가? 여기서 핵심은 순간 이동 메커니즘이 특정 노드를 향해 랜덤-워크를 바이어스시키는 방법을 제공한다는 것을 이해하는 것이다.

이 접근법의 또 다른 적용은 웹 추천 모델 시스템의 적용으로, 순위 결정 과정에서 일부 주제에 다른 주제보다 더 큰 중요성을 부여하는 것이 좋다. 대규모 상업용 검색엔진에서는 개인화가 덜 일반적이지만 소규모 사이트별 검색 애플리케이션에서는 더 일반적이다. 일반적으로 사용자는 다른 주제보다 특정 주제 조합에 더 관심이 있을 수 있다. 이러한 관심사에 대한 지식은 사용자 등록으로 인해 개인화된 검색엔진에 제공될 수 있다. 예를 들어 특정 사용자가 자동차 주제

---

3  P의 왼쪽 고유 벡터 $\overline{X}$는 $\overline{X}P = \lambda\overline{X}$를 만족하는 행 벡터이다. 오른쪽 고유 벡터 $\overline{Y}$는 $P\overline{Y} = \lambda\overline{Y}$를 만족하는 열 벡터이다. 비대칭 행렬의 경우 왼쪽과 오른쪽 고유 벡터는 같지 않다. 그러나 고윳값은 항상 같다. "고유 벡터"라는 비적정 용어는 기본적으로 오른쪽 고유 벡터를 가리킨다. – 옮긴이

에 더 관심이 있을 수 있다. 따라서 이 사용자의 쿼리에 응답할 때 자동차 관련 페이지의 순위를 높이는 것이 바람직하다. 이것은 순위 값의 개인화로 볼 수도 있다. 이것이 어떻게 달성될 수 있는가?

사용자가 특정 주제에 대한 관심을 표현할 수 있는 웹 추천 시스템을 고려하자. 첫 번째 단계는 기본 주제 목록을 수정하고 각 주제에서 고품질의 페이지 샘플을 결정하는 것이다. 이는 각 주제에 대한 기본 주제 목록과 샘플 웹 페이지를 제공할 수 있는 ODP[Open Directory Project][4]와 같은 자원을 사용해 달성할 수 있다. 페이지랭크 방정식이 수정돼 순간 이동은 웹 문서의 전체 공간이 아니라 이 웹 문서의 샘플 세트에서만 수행된다.

$\overline{e_p}$는 각 페이지마다 하나의 항목이 있는 $n$차원 개인화 (열) 벡터가 되도록 한다. 해당 페이지가 샘플 세트에 포함되면 $\overline{e_p}$는 1의 값을 취하고 그렇지 않으면 0을 사용한다. $\overline{e_p}$의 0이 아닌 항목 수를 $n_p$로 표시하자. 그런 다음 페이지랭크 방정식 10.2를 다음과 같이 수정할 수 있다.

$$\overline{\pi} = \alpha\overline{e_p}/n_p + (1 - \alpha)P^T\overline{\pi} \tag{10.5}$$

동일한 파워-이터레이션[Power-iteration]을 사용해 개인화된 페이지랭크 문제를 해결할 수 있다. 선택적 순간 이동은 랜덤-워크에 치우쳐 샘플링된 페이지의 구조적 지역성에 있는 페이지가 더 높은 순위에 있도록 한다. 페이지 샘플이 특정 주제의 페이지가 존재하는 웹 그래프의 다른 (구조적) 지역성을 잘 대표하는 한, 그러한 접근 방식은 효과적일 것이다. 따라서 각기 다른 주제마다 별도의 페이지랭크 벡터를 미리 계산해 쿼리 시간 동안 사용할 수 있도록 저장할 수 있다. $\alpha$의 선택은 주제 기준과 인기 기준 사이의 절충으로 조절한다. $\alpha$값이 클수록 접근 방식이 주제에 민감해지며 $\alpha$값이 작을수록 접근 방식이 네트워크 구조에 더 민감해진다.

사용자가 스포츠 및 자동차와 같은 특정 주제 조합에 관심을 갖는 경우를 고려하자. 명백하게, 가능한 관심 조합의 수는 매우 클 수 있으며, 모든 개인화된 페이지랭크 벡터를 미리 저장하는 것이 합리적으로 가능하거나 필요하지는 않다. 이러한 경우 기본 주제에 대한 페이지랭크 벡터만 계산된다. 사용자에 대한 최종 결과는 주제별 페이지랭크 벡터의 가중 선형 결합으로 정의되며, 여기서 가중치는 다른 주제에 대한 사용자가 지정한 관심에 의해 정의된다.

개인화된 페이지랭크 접근 방식은 재시동 노드와의 구조적 유사도와 네트워크의 다른 노드에 대한 절대적인 연결 수준을 기반으로 노드에 유사도 점수를 제공하는 접근 방식으로 볼 수 있다. 이러한 각 요인에 대한 정확한 중요성은 $\alpha$의 값에 따라 달라진다. 그러나 이 컨트롤에는 제한이 있다. 매우 큰 $\alpha$값을 선택함으로써, 재시작 노드와 적당한 거리에 위치한 노드와의 유사도를 계산하는 접근법의 민감도를 잃고 재시작 노드만이 확률의 큰 부분을 받는다. 경우에 따라 수치 수량이 유사도만을 반영하도록 더욱 의미 있는 방식으로 인기도 효과를 제거하는 것이 바

---

**4** http://www.dmoz.org – 옮긴이

람직하다. 인기의 영향을 줄이는 방법은 표준 페이지랭크를 수행해 개인 페이지랭크에서 빼는 것이다. 그렇게 함으로써 순위 값은 양의 값과 음의 값이 될 수 있으며 상대적인 유사도 또는 비유사도를 반영할 수 있다. 값이 0이면 손익분기점으로 간주된다. 이 방법은 소셜 태깅 애플리케이션에서 일반적으로 사용되는 포크랭크 방법과 관련이 있다(11.4.4.2절 참조).

## 10.2.3 이웃 기반 방법에 대한 응용

개인화된 페이지랭크 방법의 순간 이동 메커니즘은 재시작이 실행되는 노드에 구조적으로 더 가까운 노드의 순위를 증가시킨다는 점이 주목할 만하다. 이 특성은 네트워크에서 노드 주변을 정의할 때 특히 유용하다. 개인화된 페이지랭크 알고리듬을 사용하면 반환된 이웃의 인용 순위 측면에서도 품질이 향상된다. 재시동 확률을 수정해 품질과 주제별 특이성 간의 트레이드 오프를 조절할 수 있다. 이웃 발견에 대한 기본적인 질문은 다음과 같다.

그래프 $G = (N, A)$에서 대상 노드 $i_q$와 노드 $S \subseteq N$의 하위 집합이 주어지면 $i_q$와 유사한 순서로 $S$의 노드 순위를 정한다.

이러한 쿼리는 노드가 사용자 및 아이템에 대응하고 에지가 선호에 대응하는 양방향 선호도 그래프 형태로 사용자 및 아이템이 배열되는 추천 시스템에서 매우 유용하다. 노드 $i_q$는 아이템 노드에 해당할 수 있고, $S$는 사용자 노드에 대응할 수 있다. 대안 적으로, 노드 $i_q$는 사용자 노드에 해당할 수 있고, $S$는 아이템 노드에 해당할 수 있다. 개인화된 페이지랭크 방법의 사용에 대해서는 10장의 뒷부분과 11장에서도 설명한다. 추천 시스템은 대상 개체의 순위 지정을 수행하고 선호도를 고려하는 점에서 검색과 밀접한 관련이 있다.

이 문제는 주제에 민감한 페이지랭크의 제한적인 사례로 볼 수 있으며, 여기서 단일 노드 $i_q$로 순간 이동이 수행된다. 따라서 개인화된 페이지랭크 방정식 10.5는 노드 $i_q$에 대응하는 순간 이동 벡터 $\overline{e_p} = \overline{e_q}$, 즉 노드 $i_q$에 대응하는 단일 1을 제외한 모든 0의 벡터를 사용해 직접 조정할 수 있다. 또한 이 경우 $n_p$ 값은 1로 설정된다.

$$\overline{\pi} = \alpha\overline{e_q} + (1 - \alpha)P^T\overline{\pi} \tag{10.6}$$

위에서 언급한 방정식에 대한 솔루션은 $i_q$의 구조적 지역성에서 노드에 높은 순위 값을 제공한다. 이 유사도의 정의는 쿼리 노드 $i$에서 시작하는 노드 $j$에 할당된 유사도 값이 쿼리 노드 $j$에서 시작하는 노드 $i$에 할당된 유사도 값과 다르기 때문에 비대칭이다. 이러한 비대칭 유사도 측정은 검색엔진 및 추천 시스템과 같은 쿼리 중심 애플리케이션에 적합하다. 전형적인 협업 필터링 애플리케이션에서, 타깃 사용자 또는 아이템의 이웃을 결정하려고 시도한다. 이러한 이웃이 발견된 후 이들 노드의 콘텐츠 특성을 기반으로 추천 사항을 작성하는 데 사용할 수 있다. 이 접근법은 전통적인 소셜 네트워크에서 추천하거나 전통적인 협업 필터링 애플리케이션의 네트워크 모델에서 이웃을 찾는 데 활용될 수 있다. 이제 다음 두 가지 경우에 대해 논의한다. 이전 절의 끝에서 논의한 바와 같이 개인화된 페이지랭크 계산에서 바이어스되지 않은 페이지랭크 값을 빼서 (필요한 경우) 인기와 관련된 효과를 제거할 수 있다. 포크랭크라고 하는 이 접근 방식은 11.4.4.2절에서 더 자세히 설명했다.

### 10.2.3.1 소셜 네트워크 추천

기본 네트워크가 사용자가 명시적으로 지정된 관심사를 갖는 소셜 네트워크인 경우를 고려하고, 링크는 우정 관계를 나타낸다. 그러한 경우 추천의 목적을 위해 사용자의 이웃 프로필을 이용하는 것이 바람직할 수 있다. 사용자의 이웃은 소셜 네트워크에서 해당 사용자 노드에서 재시작되는 개인화된 페이지랭크 알고리듬을 사용해 찾을 수 있다. 주변의 소셜 프로필은 지정된 키워드, 좋아요 또는 명시적으로 지정된 평점으로 검색할 수 있다. 대상 노드 주변의 소셜 프로파일을 집계할 수 있으며 이러한 프로파일에서 가장 좋아하는 항목을 대상에 추천할 수 있다. 따라서 이 접근법은 구조적 데이터가 이웃을 결정하지만 사용자가 지정한 관심 사항이 최종 추천을 하는 데 사용되는 하이브리드 추천 시스템의 유형으로 볼 수 있다.

이 접근법은 소셜 네트워크에서 동질성 개념을 활용한다. 기본 아이디어는 소셜 네트워크의 연결된 사용자가 종종 유사한 속성을 가지고 있다는 것이다. 따라서 사용자 주변의 속성, 프로필 및 평점을 활용해 추천할 수 있다. 이 문제는 집단 분류의 문제와 밀접한 관련이 있으며 10.3절에서 논의된다. 집단적 분류에서 머신러닝 모델을 사용해 동일한 목표를 달성한다. 흥미롭게도 랜덤 워크 알고리듬은 집단 분류 모델에서 사용되는 가장 일반적인 방법 중 하나이다. 개인화된 페이지랭크 방법은 네트워크에서 사전 지정된 노드와 유사한 노드를 찾기 위해 자연스럽게 설계됐기 때문이다. 이러한 사전 지정된 노드는 집단 분류 알고리듬의 학습 데이터다.

### 10.2.3.2 이종 소셜 미디어의 개인화

개인화된 페이지랭크 접근 방식을 사용해 인기 있는 콘텐츠를 판별할 수 있으며 이는 네트워크의 특정 노드 또는 쿼리와 관련이 있다. 이러한 시나리오는 쿼리에 대한 관련 노드가 링크된 네트워크 구조에 자연스럽게 내장된 다양한 형태의 콘텐츠 추천, 제품 추천 또는 질문 응답 시스템의 맥락에서 공통적이다[16, 81, 602, 640, 663]. 이기종Heterogeneous 소셜 미디어에서 동일한 네트워크에는 사용자, 미디어 콘텐츠 및 텍스트 설명이 포함될 수 있다. 이러한 시나리오의 예는 사용자, 노드 및 텍스트 콘텐츠가 다양한 유형의 링크로 연결된 Flickr 네트워크[700]이다. 텍스트, 사용자 및 이미지가 있는 이기종 소셜 네트워크의 개념 설명이 그림 10.2에 나와 있다. 개인화된 페이지랭크 접근 방식을 사용해 특정 쿼리 및 사용자와 관련된 상위 노드를 결정할 수 있다. 이러한 방법의 주요 아이디어는 고품질 사용자와 콘텐츠가 네트워크 구조 내에서 자연스

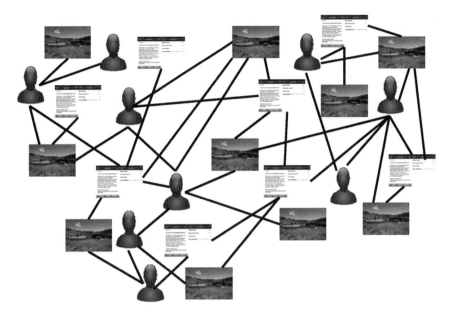

**그림 10.2** 사용자, 이미지 및 텍스트가 있는 이기종 소셜 미디어 네트워크

럽게 연결돼 있다는 것이다. 이 개념은 페이지랭크 알고리듬에서 사용하는 원리와 유사하다. 따라서 기본 링크 구조의 상호보강적인 특성을 사용함으로써 관련 사용자 및 콘텐츠를 동시에 발견할 수 있다. 동시에 결과는 특정 사용자나 쿼리에 맞게 조정될 수 있으므로 개인화된 랭킹 방법을 사용해야 한다. 이러한 네트워크에 대한 쿼리는 일반적일 수 있으며 소셜(배우), 키워드 및 콘텐츠 정보의 모든 조합을 포함할 수 있다. 유사하게 이러한 추천은 이들 다른 방식 중 임의의 하나(또는 그 이상)로부터 제공될 수 있다.

SocialRank라고 하는 이기종 순위 접근 방식[602]은 사용자 쿼리에 응답해 개인화된 추천을 제공하도록 설계됐다. 예를 들어 관심 있는 이미지를 결정하기 위해 사용자가 Flickr와 같은 소셜 미디어 네트워크에 키워드 "birds"를 입력하는 시나리오를 고려하자. 해당 키워드를 포함하는 텍스트 노드에 순간 이동 목적을 위해 가중치가 더 큰 개인화된 페이지랭크 메커니즘이 사용된다. 또한 필요한 경우, 노드 근처에서 랜덤-워크를 바이어스되도록 하기 위해 특정 사용자 노드에 더 큰 가중치를 할당할 수도 있다. 순간 이동 확률 $\alpha$의 선택은 개인화 과정에 주어진 중요성과 네트워크에서 특정 노드의 인용 기반 인기 사이의 트레이드 오프를 조절한다.

이기종 네트워크에서 접근 방식을 사용할 때의 주요 과제는 네트워크의 특정 양식(예: 사용자, 이미지 또는 텍스트)이 상당히 많은 수의 노드가 있는 경우 전체 순위 과정을 압도적으로 지배할 수 있다는 것이다. 이것은 많은 실제 환경에서 특히 흔하다. 따라서 각 양식modality이 다른 양식으로부터 힌트를 얻는 방식으로 랭킹 과정을 수행하는 것이 중요하지만 각 객체 평점에 대한 랭킹 과정은 별도로 유지된다. 따라서 [602]에서 반복적 접근법이 사용되는데, 여기서 각 양식 내에서 별도의 순위 과정이 수행되고, 다른 양식으로부터의 순위가 각 양식에서 다음 반복에서 유사도 행렬을 수정하는 데 사용된다. 따라서 접근 방식은 각 양식 내에서 노드-노드 유사도 행렬을 구성하는 것으로 시작해 수렴할 때까지 다음 2단계 반복 과정을 사용한다.

1. 각 양식(예: 텍스트, 이미지, 행위자) 내의 유사도 행렬에서 페이지랭크를 별도로 사용해 각 노드에 대한 순위를 작성한다.
2. 순위를 사용해 유사도 행렬을 재조정한다. 한 쌍의 노드가 동일한 노드에 연결되거나 다른 양식에서 높은 순위의 상호연결성이 높은 노드에 연결되면 노드 간의 유사도가 증가한다.

유사도 행렬을 재조정하는 두 번째 단계에 대한 자세한 내용은 [602]를 참조해야 한다. 이 접근법이 어떻게 근본적인 사회적 단서에 더 큰 중요성을 부과함으로써 개인화된 순위 결과를 산출할 수 있는지가 [602]에 나타나 있다.

### 10.2.3.3 전통적인 협업 필터링

개인화된 페이지랭크 접근 방식 또한 기존 협업 필터링 애플리케이션에서 사용자-아이템 그래프 또는 사용자-사용자 그래프에서 이웃을 발견하는 데 사용될 수 있다. 전통적인 협업 필터링 애플리케이션에서 그래프 모델의 사용에 관한 논의는 2.7절에서 제시됐다. 무방향 사용자-아이템 그래프는 평점 행렬의 지정된 아이템을 기반으로 구성된다. 2장의 예는 그림 10.3에 재현돼 있다. 주어진 사용자로부터 랜덤-워크를 수행함으로써, 이웃에 있는 다른 사용자를 발견할 수 있다. 이는 개인화된 페이지랭크 접근 방식을 직접 적용한 것이다. 필요한 경우 위의 논의에 따라 바이어스되지 않은 페이지랭크 노드를 빼서 인기 효과를 제거할 수 있다. 사용자의 이웃이 발견된 후 이웃의 특정 랭킹을 사용해 예측할 수 있다. 평점 행렬에서 사용자-아이템 그래프를 구성하는 방법은 2.7절에 자세히 설명돼 있다.

사용자-아이템 그래프 대신 사용자-사용자 그래프 또는 아이템-아이템 그래프로 작업할 수도 있다. 다음에서는 아이템-아이템 그래프의 사용법을 설명할 것이다. 사용자-사용자 그래프의 경우도 비슷하다. 아이템-아이템 그래프는 아이템들 간의 상관관계를 정의하기 때문에 상관 그래프[232]라고도 한다. 이 경우 가중되고 방향이 있는 네트워크 $G = (N, A)$가 생성되는데, 여기서 $N$의 각 노드는 아이템에 대응하고, $A$의 각 에지는 아이템 간의 관계에 대응한다. 가중치 $w_{ij}$는 각 에지 $(i, j)$와 관련 있다. 아이템 $i$와 $j$가 최소한 한 명의 사용자에 의해 평가됐다면, 방향 에지 $(i, j)$와 $(j, i)$는 모두 네트워크에 존재한다. 그렇지 않으면 노드 $i$와 $j$ 사이에 에지가 존재하지 않는다. 그러나 방향 네트워크는 에지 $(i, j)$의 가중치가 에지 $(j, i)$의 가중치와 반드시 동일하지 않기 때문에 비대칭이다. $U_i$가 항목 $i$에 대해 지정된 평점을 가진 사용자 집합이고 $U_j$가 항목 $j$에 대해 지정된 평점을 가진 사용자 집합이라 하자. 에지 $(i, j)$의 가중치는 다음과 같

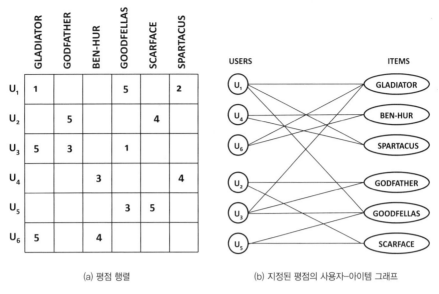

| | GLADIATOR | GODFATHER | BEN-HUR | GOODFELLAS | SCARFACE | SPARTACUS |
|---|---|---|---|---|---|---|
| $U_1$ | 1 | | | 5 | | 2 |
| $U_2$ | | 5 | | | 4 | |
| $U_3$ | 5 | 3 | | 1 | | |
| $U_4$ | | | 3 | | | 4 |
| $U_5$ | | | | 3 | 5 | |
| $U_6$ | 5 | | 4 | | | |

(a) 평점 행렬      (b) 지정된 평점의 사용자-아이템 그래프

**그림 10.3** 평점 행렬 및 대응하는 사용자-아이템 그래프(2장의 그림 2.3 재참조)

이 설정된다. 먼저, 에지 $(i, j)$의 가중치 $w_{ij}$를 $|U_i \cap U_j|$로 설정했다. 그런 다음 에지의 가중치가 정규화돼 노드의 나가는 에지 가중치의 합이 1이 된다. 이 정규화 단계는 각 가중치 $w_{ij}$ 및 $w_{ji}$가 다른 수량으로 나뉘어져 있기 때문에 비대칭 가중치가 된다. 결과적으로 에지의 가중치가 랜덤 워크 확률에 해당하는 그래프를 만든다. 평점 행렬에 대한 상관관계 그래프의 예는 그림 10.4에 나와 있다. 정규화된 상관 그래프의 가중치는 전이 확률에 대한 가중치의 스케일링으로 인해 대칭이 아님이 분명하다. 또한 랭킹 값은 상관관계 그래프 구성에 사용되지 않는다. 두 아이템 간에 공통적으로 지정된 평점 수만 사용된다. 상관관계 그래프를 만들 때 평점을 무시하는 것은 바람직하지 않은 때도 있다. 물론 평점이 사용되는 코사인 함수 사용과 같은 다른 방법으로 상관관계 그래프 정의는 가능하다.

추천을 수행하기 위해서는 다양한 개인화된 페이지랭크 방법을 사용할 수 있다. 다음 두 가지 방법이 가장 일반적으로 사용된다.

1. 관련 이웃 항목을 결정하기 위해 특정 아이템 노드에서 다시 시작해 랜덤 워크를 수행할 수 있다. 기존의 아이템 기반 이웃 알고리듬(2.3.2절 참조)을 사용해 해당 아이템의 평점을 예측할 수 있다.

2. 아이템랭크$^{\text{ItemRank}}$라고 하는 접근 방식을 사용해 추천을 직접 수행할 수도 있다. 이 경우 페이지랭크 바이어스 벡터는 사용자가 다양한 아이템에 부여한 랭킹에 의해 영향을 받는다. 각 사용자 $i$에 대해 다른 페이지랭크 재시작 벡터가 사용된다. 따라서 페이지랭크 방정식 시스템은 사용자 $i$에 한정돼 있으며 모든 사용자의 선호도를 결정하려면 이

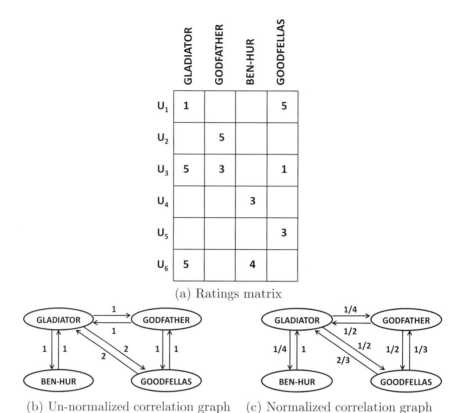

(a) Ratings matrix

(b) Un-normalized correlation graph   (c) Normalized correlation graph

**그림 10.4** A ratings matrix and its correlation graphs (Revisiting Figure 2.5 of Chapter 2)

시스템을 $m$번 풀어야 한다. 그러나 실제로는 특정 사용자에 대한 추천을 찾고 있으므로 시스템은 한 번만 해결하면 된다. 상관관계 그래프의 각 노드 (아이템) $j$에 대해 재시작 확률은 아이템 $j$에 대한 사용자 $i$의 평점 $r_{ij}$에 비례하도록 설정된다. 다른 노드에 대한 페이지랭크 값은 각 아이템에 대한 사용자 $i$의 선호도를 산출한다. 상위-$k$ 값은 해당하는 추천으로 리턴된다.

아이템랭크 접근 방식의 주된 비판은 사용자가 평점을 지정한 각 노드에서 재시작해 낮은 평점의 노드에 여전히 중요성을 부여한다는 것이다. 일반적으로 사용자가 긍정적인 평가와 부정적인 평가를 모두 제공한 노드에서 재시작하는 것이 아니라 사용자가 긍정적인 평가를 제공한 노드에서만 재시작하는 것이 좋다. 랭킹 방법은 아이템에 대한 선호도를 명시하는 메커니즘은 있지만 비호감을 지정하는 메커니즘은 없는 단항 평가와 관련해 특히 효과적이다. 이러한 경우 아이템랭크 접근 방식은 매우 잘 작동한다.

## 10.2.4 유사도랭크

일부 애플리케이션에서는 노드 간의 대칭 쌍별 유사도가 필요하다. 대칭적인 측정 값을 만들기 위해 두 가지 주제별 페이지랭크 값을 반대 방향으로 평균화할 수 있지만 유사도랭크<sup>SimRank</sup> 방법은 우아하고 직관적인 솔루션을 제공한다. 이 접근 방식은 특정 쿼리 노드의 평판이 좋은 이웃을 결정하는 데 사용할 수 있다. 유사도랭크의 개념은 노드 간의 구조적 유사도를 계산하기 위해 정의됐다. 유사도랭크는 노드 간의 대칭적인 유사도를 결정한다. 즉, 노드 $i$와 $j$ 사이의 유사도는 $j$와 $i$ 사이의 유사도와 동일하다. 분명히 이러한 유사도 측정은 방향이 지정되지 않은 네트워크에만 적용된다.

유사도랭크 방식은 다음과 같이 작동한다. $In(i)$는 $i$의 인-링크 노드를 나타낸다. 유사도랭크 방정식은 다음과 같이 자연스럽게 재귀적으로 정의된다.

$$SimRank(i,j) = \frac{C}{|In(i)| \cdot |In(j)|} \sum_{p \in In(i)} \sum_{q \in In(j)} SimRank(p,q) \tag{10.7}$$

여기서 $C$는 $(0, 1)$의 재귀의 일종의 붕괴율로 볼 수 있는 상수다. 경계 조건으로 $i = j$일 때 유사도랭크 $(i, j)$의 값은 1로 설정된다. $i$ 또는 $j$에 인-링크 노드가 없는 경우 유사도랭크 $(i, j)$의 값은 0으로 설정된다. 유사도랭크를 계산하기 위해 반복적인 접근 방식이 사용된다. 유사도랭크 $(i, j)$의 값은 $i = j$이면 1로 초기화되고 그렇지 않으면 0으로 초기화된다. 알고리듬은 이후 모든 노드 쌍 사이의 유사도랭크 값을 업데이트해 수렴에 도달할 때까지 방정식 10.7을 반복적으로 사용한다.

유사도랭크의 개념은 랜덤 워크 측면에서 흥미로운 직관적 해석을 가지고 있다. 노드 $i$와 노드 $j$에서 만날 때까지 뒤로 걸어가는 두 명의 임의 서퍼를 생각해보자. 그들 각각이 취하는 단계의 수는 랜덤 변수 $L(i, j)$이다. 그런 다음 유사도랭크 $(i, j)$가 $C^{L(i,j)}$의 예상 값과 같음을 보여줄 수 있다. 붕괴 상수 $C$는 길이 $l$의 랜덤 워크를 $C^l$의 유사도 값에 매핑하는 데 사용된다. $C < 1$이기 때문에 거리가 작을수록 유사도가 높아지고 거리가 멀수록 유사도가 낮아진다.

유사도랭크 방법의 한 가지 단점은 각 사용자에서 공통 노드로의 경로 길이가 동일해야 한다는 것이다. 결과적으로 동일한 길이의 경로가 공통 노드에 존재하지 않는 경우 직접 연결된 두 노드 사이의 유사도랭크 값이 0이 될 수 있다. 이는 연결된 노드 쌍 사이에 홀수 길이의 경로만 있는 경우가 발생할 수 있다. 예를 들어 그림 10.5에서 노드 $A$와 $B$는 길이 3의 경로만으로 연결된다. 따라서 노드 $A$와 $B$ 사이의 유사도랭크는 노드가 제대로 연결돼 있어도 항상 0이다. 반면에 노드 $A$와 $C$가 제대로 연결돼 있지 않더라도 노드 $A$와 $C$ 사이의 유사도랭크는 0이 아니다. 따라서 유사도랭크 접근법이 적용되지 않는 경우를 인식하는 것이 중요하다.[5] 예를 들어 이진

---

5  그래프에 셀프-루프를 추가하는 등 사소한 수정으로 이 문제를 어느 정도 개선할 수 있다. 그러나 그러한 방법은 유사도랭크 알고리듬의 공식적인 부분은 아니다. - 옮긴이

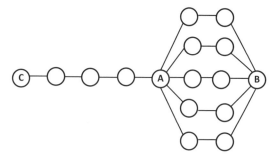

**그림 10.5** 유사도랭크에 대한 안좋은 예

사용자 아이템 그래프에서 사용자와 항목 노드 사이의 유사도랭크 값은 항상 0이다. 사용자 노드와 아이템 노드 사이의 모든 경로 길이가 홀수이기 때문이다. 반면 유사도랭크 방법을 사용하면 사용자 쌍 간 또는 아이템 쌍 간 유사도를 효과적으로 계산할 수 있다. 따라서 이러한 접근법은 사용자 피어 또는 아이템 피어를 계산함으로써 전통적인 협업 필터링 애플리케이션에서 이웃 기반 방법으로 사용될 수 있다.

## 10.2.5 검색과 추천의 관계

이 절의 논의는 검색과 추천의 두 가지 문제 사이의 밀접한 관계를 보여준다. 이 두 문제 사이의 주요 차이점은 개인화 측면이다. 사용자가 구글 검색엔진에서 문서를 검색할 때 그들은 자신의 취향에 맞는 발견하기를 기대하는 것은 아니다. 유일한 기대는 검색어에 맞춰 고품질의 콘텐츠를 보는 것이다. 그러나 개인화된 검색 애플리케이션에서는 사용자는 좋아할 만한 새로운 아이템을 발견할 것으로 기대하고 있다. 구글 뉴스와 같은 일부 애플리케이션은 개인화된 검색 버전 및 개인화되지 않은 검색 버전을 모두 가지고 있다. 주요 차이점은 후자가 이전 사용자 행동과 무관한 반면, 전자는 사용자의 관심을 검색 과정에 직접 통합한다는 것이다. 그럼에도 검색 알고리듬의 목표는 개인화된 애플리케이션에서도 바람직하다. 예를 들어 두 경우 모두 검색 결과 관련성과 품질이 중요하다. 이것이 랭킹 과정을 위해 두 가지 경우에 랜덤 워킹 알고리듬의 많은 변형이 사용되는 이유다. 실제로 검색 및 추천 문제는 최근에 점점 더 통합되고 있다. 그 예로 구글 검색 결과는 사용자의 위치나 인터넷 사용 기록에 따라 다를 수 있고 브라우저 설정 또는 구글 계정의 로그인 상태에 따라 달라진다.[6]

---

6 http://googleblog.blogspot.com/2009/12/personalized-search-for-everyone.html – 옮긴이

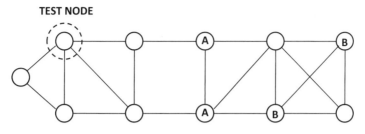

**그림 10.6** 집단 분류에서의 레이블 희소성 이슈

## 10.3 집단 분류에 의한 추천

집단적 분류 방법은 특히 추천 과정에 콘텐츠를 통합하는 데 효과적이다. 골프용품 제조업체가 "골프"에 관심이 있는 모든 개인을 판단하려는 소셜 네트워킹 애플리케이션의 경우를 생각해보자. 제조업체는 이미 골프에 관심이 있는 개인의 몇 가지 사례를 가지고 있다고 가정하자. 이것은 소셜 네트워크에서 사용자 프로필 활용이나 골프 관련 게시물의 페이스북 "좋아요" 버튼 지정과 같은 몇 가지 메커니즘을 통해 달성될 수 있다. 또한 고객 피드백이 가능한 경우, 제조업체는 네트워크의 다양한 노드에 대한 호불호 정보를 가질 수 있다. 네트워크에서 특정 범주의 특정 행위자를 레이블을 사용해 지정할 수 있다. 따라서 노드의 하위 집합은 레이블과 연관된다. 지정되지 않은 다른 노드의 레이블을 결정하기 위해 이런 레이블을 학습 데이터로 사용하는 것은 바람직하다. 레이블 노드의 경우 레이블 색인이 $\{1 \ldots r\}$에서 도출된 것으로 가정한다. 협업 필터링 문제와 마찬가지로, 이는 네트워크 구조와 관련해 수행된다는 점을 제외하고는 불완전한 데이터 추정 문제다.

이 문제에 대한 해결책은 동질성 개념에 달려 있다. 이 개념은 이웃을 이용하는 소셜 네트워크 아날로그라 볼 수 있다. 이 모델에 대한 해결책은 동질성 개념에 결정적으로 의존한다. 일반적으로 유사한 속성을 가진 노드가 연결되기 때문에 노드 레이블에서도 이 내용이 해당된다고 보는 것이 타당하다. 이 문제에 관한 간단한 해결책은 주어진 노드에 근접해 $k$ 레이블이 부착된 노드를 검사하고 대다수 레이블을 보고하는 것이다. 이러한 접근 방식이 일반적으로 노드 레이블의 희소성 때문에 집단적 분류에서는 불가능하다. 네트워크의 예는 그림 10.6에 나타나 있고 여기서 두 클래스에는 A와 B라는 레이블이 붙어 있다. 나머지 노드에는 레이블이 없다. 그림 10.6의 테스트 노드의 경우, 일반적으로 네트워크 구조에서 A의 인스턴스에 더 가깝지만 테스트 인스턴스에 직접 연결된 레이블 노드는 없다. 따라서 레이블 희소성의 문제는 평가 기반 데이터의 경우에서와 같이 네트워크 기반 예측과 관련해 발생한다. 어떻게 하면 이러한 희소성 문제를 해결할 수 있는가? 희소성을 처리하려면 레이블링된 노드에 대한 직접 연결뿐만 아니라 레이블링되지 않은 노드를 통한 간접 연결도 사용해야 한다. 10장에서는 두 가지 알고리듬에 대해 간략하게 설명한다. 하나는 반복 분류 알고리듬이고 다른 하나는 랜덤 워크 기반 방법이다.

## 10.3.1 반복 분류 알고리듬

반복 분류 알고리듬<sup>ICA</sup>은 문헌상 가장 초기의 분류 알고리듬 중 하나이며 다양한 데이터 영역에 적용됐다. 클래스 레이블이 $\{1\dots r\}$에서 그려지는 (무방향) 네트워크 $G = (N, A)$를 고려하자. 각 에지 $(i, j) \in A$는 가중치 $w_{ij}$와 연관돼 있다. 또한 콘텐츠 $\overline{X_i}$는 다차원 특징 벡터의 형태로 노드 $i$에서 이용할 수 있다. 총 노드 수는 $n$으로 표시되며, 여기서 노드는 레이블링 안 된 테스트 노드다.

ICA 알고리듬의 중요한 단계는 $\overline{X_i}$에서 이용 가능한 콘텐츠 기능 외에도 일련의 링크 특징을 도출하는 것이다. 가장 중요한 링크 특징은 노드 바로 이웃에 있는 클래스의 분포에 해당한다. 따라서 해당 클래스에 속하는 각 클래스의 인시던트 노드의 일부를 포함하는 기능이 생성된다. 각 노드 $i$에 대해, 이웃 노드 $j$는 관련 클래스에 대한 크레딧 계산을 위해 $w_{ij}$에 의해 가중치가 부여된다. 원칙적으로 노드의 정도, 페이지랭크 값, 노드와 관련된 닫힌 삼각형의 수 또는 연결 기능과 같은 그래프의 구조적 특성에 근거한 다른 링크 기능을 도출하는 것도 가능하다. 이러한 링크 특성은 네트워크 데이터 집합에 대한 애플리케이션별 이해를 기반으로 도출될 수 있다.

기본 반복 분류 알고리듬은 메타 알고리듬으로 구성된다. 기본 분류 모델 $\mathcal{A}$는 반복적인 프레임워크 내에서 활용된다. 나이브 베이즈 분류 모델, 로지스틱 회귀 분류 모델 및 이웃 투표 분류 모델 등의 다양한 구현에 여러 가지 기본 분류 모델이 사용됐다. 주요 요건은 이러한 분류 모델이 특정 클래스에 속하는 노드의 가능성을 정량화하는 숫자 점수를 출력할 수 있어야 한다는 것이다. 이 프레임워크는 특정 분류의 선택과 무관하지만 나이브 베이즈 분류 모델의 사용은 숫자 점수를 확률로 해석하기 때문에 특히 일반적이다. 따라서 다음 논의에서는 알고리듬 $\mathcal{A}$가 나이브 베이즈 분류 모델에 인스턴스화되는 것으로 가정한다.

링크 및 콘텐츠 기능은 나이브 베이즈 분류 모델을 훈련시키는 데 사용된다. 많은 노드들의 경우, 이웃에 있는 다른 클래스가 존재하는 것과 같은 중요한 클래스별 특징들을 강력하게 추정하기가 어렵다. 이는 레이블 희소성의 직접적인 결과이며 이러한 노드의 클래스 예측을 신뢰할 수 없게 만든다. 따라서 훈련 데이터 세트를 보강하기 위해 반복적인 접근 방식이 사용된다. 각 반복에서 $n_t/T$ (테스트) 노드 레이블은 접근 방식에 의해 "확실하게" 만들어지고, 여기서 $T$는 최대 반복 횟수를 제어하는 사용자 정의 매개변수다. 베이즈 분류 모델이 가장 높은 평점의 멤버십 확률을 나타내는 테스트 노드가 최종적으로 선택된다. 그런 다음 레이블이 지정된 테스트 노드를 학습 데이터에 추가할 수 있으며, 강화된 학습 데이터 세트로 링크 기능을 다시 추출해 분류 모델을 재교육한다. 모든 노드의 레이블이 완성될 때까지 이 접근 방식이 반복된다. $n_t/T$ 노드의 레이블은 각 반복에서 최종 결정되므로 전체 프로세스는 정확히 $T$ 반복으로 종료된다. 전

**알고리듬**   $ICA$(그래프 $G = (N, A)$, 가중치: $[w_{ij}]$, 노드 클래스 레이블: $\mathcal{C}$,
　　　　　　기본 분류 모델: $\mathcal{A}$, 반복 횟수: $T$)
**시작**
　**반복**
　　현재 훈련 데이터로 각 노드의 링크 기능 추출
　　현재 훈련 데이터의 링크 및 콘텐츠 특징을 모두 사용하고 테스트 노드의 레이
　　　블을 예측하는 훈련 분류 모델 $\mathcal{A}$
　　대부분의 "확실한" $n_t/T$ 테스트 노드의 레이블을 최종으로 만들고(예고)
　　　이러한 노드를 훈련 데이터에 추가하는 동시에 테스트 데이터에서
　　　제거한다.
　$T$ 반복까지
**end**

**그림 10.7** 반복 분류 알고리듬

체 의사 코드는 그림 10.7에 나와 있다.

　반복 분류 알고리듬의 한 가지 장점은 분류 프로세스에서 콘텐츠와 구조를 완벽하게 사용할 수 있다는 점이다. 예를 들어 노드가 다른 관련 제품의 관심 분야에 해당하는 기능이 포함된 경우 이러한 기능을 레이블링 프로세스에서 사용할 수도 있다. 분류 모델은 기존의 특성 선택 알고리듬을 사용해 가장 관련성이 높은 특성을 자동으로 선택할 수 있다. 반면에 반복 분류의 초기 단계의 오류는 잘못된 레이블을 부착한 증강 훈련 예제로 인해 이후 단계에서 전파되고 증식될 수 있다. 이는 시끄러운 훈련 데이터 세트에서 누적 오차를 증가시킬 수 있다.

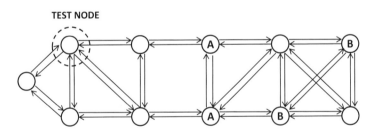

**그림 10.8** 그림 10.6의 무방향 그래프에서 방향 전이 그래프 만들기

## 10.3.2 랜덤 워크를 통한 레이블 전파

레이블 전파 방법은 방향이 지정되지 않은 네트워크 구조 $G = (N, A)$에서 랜덤 워크를 사용한다. 에지 $(i, j)$의 가중치는 $w_{ij} = w_{ji}$로 표시된다. 레이블이 없는 노드 $i$를 분류하기 위해 랜덤 워크가 노드 $i$에서 시작해 첫 번째 레이블이 부착된 노드에서 종료된다. 랜덤 워크가 종료 확률이 가장 높은 클래스는 노드 $i$의 예측 레이블로 보고된다. 이 접근법의 직감은 노드 $i$에 근접한 레이블이 부착된 노드에서 랜덤 워크이 종료될 가능성이 높다는 것이다. 따라서 특정 클래스의 많

은 노드가 이웃해 있을 때 노드 $i$는 해당 클래스로 레이블이 지정될 가능성이 더 높다.

중요한 가정은 그래프에 레이블이 연결돼 있어야 한다는 것이다. 다시 말해 레이블 없는 모든 노드는 랜덤 워크에서 레이블이 부착된 노드에 도달할 수 있어야 한다. 무방향 그래프 $G = (N, A)$의 경우, 이는 그래프의 모든 연결된 구성 요소가 적어도 하나의 레이블링된 노드를 포함해야 함을 의미한다. 다음 논의에서 그래프 $G = (N, A)$는 방향이 지정되지 않고 레이블로 연결된 것으로 가정한다.

첫 번째 단계는 레이블이 지정된 노드에 처음 도착할 때 항상 종료되는 방식으로 랜덤 워킹을 모델링하는 것이다. 이는 레이블이 있는 노드에서 송신 에지를 제거하고 이를 자체 루프로 교체하면 이를 달성할 수 있다. 또한 랜덤-워크 방식을 사용하기 위해 무방향 그래프 $G = (N, A)$를 $n \times n$ 전이 행렬 $P = [p_{ij}]$를 사용해 방향 그래프 $G' = (N, A')$로 변환해야 한다. 각각의 무방향성 에지 $(i, j) \in A$에 대해, 방향성 에지 $(i, j)$ 및 $(j, i)$는 해당 노드 사이의 $A'$에 추가된다. 에지 $(i, j)$의 전이 확률 $p_{ij}$는 다음과 같이 정의된다.

$$p_{ij} = \frac{w_{ij}}{\sum_{k=1}^{n} w_{ik}} \tag{10.8}$$

에지 $(j, i)$의 전이 확률 $p_{ji}$는 다음과 같이 정의된다.

$$p_{ji} = \frac{w_{ji}}{\sum_{k=1}^{n} w_{jk}} \tag{10.9}$$

예를 들어 그림 10.6의 무방향 그래프에서 생성된 방향 전이 그래프는 그림 10.8에 나와 있다.

이 전이 그래프를 사용해 레이블을 전파하는 다양한 랜덤 워크 방법을 사용할 수 있다. $\{1 \ldots k\}$에서 레이블이 그려지는 경우를 고려하자. 아이디어는 개인화된 페이지랭크 알고리듬을 $k$번 실행하는 것이다. 여기서 $c$th 실행을 위한 개인화 벡터는 $c$th 클래스에 속하는 레이블이 지정된 노드에서 다시 시작된다. 각 클래스별 맞춤 페이지랭크 확률은 해당 클래스의 사전 확률 또는 해당 클래스의 레이블이 지정된 교육 노드 수로 곱한다. 각 노드에 대해 가장 높은 (사전 스케일된) 개인화된 페이지랭크 확률을 산출하는 클래스 지수를 보고한다.

## 10.3.3 소셜 네트워크에서 협업 필터링에 대한 적용성

집단적 분류 기법은 소셜 네트워크에서 사용자의 협업 필터링에도 사용될 수 있다. 다른 사용자가 지정한 다양한 제품에 대한 평점이 있는 시나리오를 고려하자. 나아가 다양한 사용자의 소셜 연결에 해당하는 데이터도 보유하고 있다. 따라서 이 문제는 전통적인 협업 필터링 문제의 일반화라고 볼 수 있다. 이 경우, 협업 필터링을 위한 순수한 이웃 기반 알고리듬은 평점의 유사도를 고려하지만 다른 사용자의 동질성을 고려하지는 않는다. 분명히 협업 필터링을 수행하기 위해 사용자 사이의 동질성을 고려하는 것이 유리할 수 있다. 1장과 3장에서 논의한 것처럼 협업 필터링 방법은 전통적인 분류 문제의 일반화다. 이런 비유는 소셜 네트워크 환경에서도 계속 적용된다.

이 문제의 특정 버전은 집단 분류 방법을 사용해 쉽게 처리할 수 있다. 사용자가 아이템에 대한 좋아요를 지정할 수 있는 메커니즘은 있지만 싫어요를 지정할 수 있는 메커니즘은 없는, 평점이 단항인 경우를 생각해보자. 이러한 경우 제품에 대한 선호도를 해당 노드에서 키워드로 포함시킬 수 있다. 노드의 레이블은 관심 있는 특정 제품에 의해 정의된다. 다른 제품의 레이블은 콘텐츠 중심 키워드로 취급된다. 이제 문제는 노드상에서 콘텐츠를 사용하는 집단 분류 문제로 줄어든다. 문제의 이런 변형은 ICA 알고리듬으로 쉽게 처리할 수 있다.

평점이 일률적이지 않은 경우, 각 제품의 평점은 별도의 레이블 집합 분류 문제를 모델링할 수 있다[306]. 가능한 평점 수가 적으면 평점의 각 값은 개별 값으로 취급할 수 있다. 모든 아이템이 한 번에 처리되므로 하나의 노드는 다양한 아이템의 평점에 해당하는 여러 개의 노드를 가질 수 있다. 목표는 네트워크 구조와 함께 노드에서 지정된 평점을 사용해 다양한 아이템의 평점 값을 예측하는 것이다. 이러한 경우[306]의 기법을 직접 적용할 수 있다.

## 10.4 친구 추천: 링크 예측

많은 소셜 네트워크에서 네트워크의 노드 쌍 사이의 향후 링크를 예측하는 것이 바람직하다. 예를 들어 페이스북과 같은 상업용 소셜 네트워크는 종종 사용자를 잠재적인 친구로 추천한다. 나중에 보게 되겠지만, 이러한 방법은 협업 필터링 기법에도 직접 적용할 수 있다. 이 절에서는 링크 예측에 일반적으로 사용되는 다양한 기법에 관해 설명한다.

### 10.4.1 이웃 기반 척도

이웃 기반 척도는 향후 노드 간의 연결 가능성을 정량화하기 위해 서로 다른 방법으로 한 쌍의 노드 $i$와 $j$ 사이의 공통 이웃 수를 사용한다. 예를 들어 그림 10.9(a)에서 앨리스와 밥은 4개의 공통 이웃을 공유한다. 따라서 결국 그들 사이에 링크가 형성될 수 있다고 추측하는 것은 합리적이다. 그들은 공통의 이웃 외에도 그들만의 이웃을 갖고 있다. 이웃의 수와 상대적인 중요성을 설명하기 위해 이웃 기반 조치를 정상화하는 방법은 다양하게 있다. 이에 대해서는 다음에서 설명한다.

정의 10.4.1 (공통 이웃 측정)  노드 $i$와 $j$ 사이의 공통 이웃 측정 값은 노드 $i$와 $j$ 사이의 공통 이웃의 수와 같다. 즉, $S_i$가 노드 $i$의 이웃 집합이고 $S_j$가 노드 $j$의 이웃 집합인 경우, 공통 이웃 측정 값은 다음과 같이 정의된다.

$$CommonNeighbors(i,j) = |S_i \cap S_j| \qquad (10.10)$$

공통 이웃 측정의 주요 약점은 다른 연결된 수와 비교할 때 그들 사이의 이웃의 상대적인 수를 고려하지 않는다는 것이다. 그림 10.9(a)의 예에서 앨리스와 밥은 각각 상대적으로 작은 노드 평점을 갖는다. 앨리스와 밥이 스팸 발송자이거나 다른 다수의 행위자와 연결된 매우 인기 있는 공인인 사례를 고려하자. 이 경우 앨리스와 밥은 우연히 많은 이웃을 쉽게 가질 수 있다. Jaccard 측정 값은 다양한 도수 분포에 대해 정규화되도록 설계됐다.

**정의 10.4.2 (Jaccard 측정)** 노드 $i$와 $j$ 사이의 Jaccard 기반 링크 예측 측정 값은 각각 이웃 집합 $S_i$와 $S_j$ 사이의 Jaccard 계수와 같다.

$$JaccardPredict(i,j) = \frac{|S_i \cap S_j|}{|S_i \cup S_j|} \qquad (10.11)$$

그림 10.9(a)에서 앨리스와 밥 사이의 Jaccard 측정 값은 4/9이다. 앨리스나 밥의 도수가 증가한다면, 그들 사이의 Jaccard 계수는 더 낮아질 것이다. 이러한 종류의 정규화는 노드의 먹법칙 power-law도 분포 때문에 중요하다.

Jaccard 측정은 링크 예측이 측정되는 노드의 정도에 따라 훨씬 더 잘 조정된다. 그러나 중간 이웃의 정도에 잘 맞지 않는다. 예를 들어 그림 10.9(a)에서 앨리스와 밥의 공통 이웃은 잭, 존, 질 및 메리이다. 그러나 이러한 공통의 이웃은 모두 매우 인기 있는 공인일 수 있다. 따라서 이러한 노드는 통계적으로 여러 쌍의 노드의 공통 이웃으로 발생할 가능성이 높다. 이는 링크 예측 측정에서 덜 중요하다. Adamic-Adar 측정법은 서로 다른 공통 이웃의 중요성을 설명하기

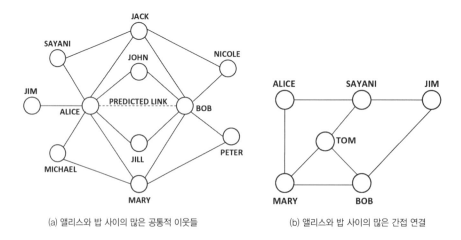

(a) 앨리스와 밥 사이의 많은 공통적 이웃들          (b) 앨리스와 밥 사이의 많은 간접 연결

**그림 10.9** 서로 다른 링크-예측 측정의 다양한 효과의 예

위해 고안됐다. 공통 이웃의 가중치는 노드 도수의 감소함수인 공통 이웃 측정 값의 가중치 버전으로 볼 수 있다. Adamic-Adar 측정의 경우에 사용되는 일반적인 기능은 역 로그이다. 이 경우 인덱스 $k$가 있는 공통 이웃의 가중치는 $1/\log(|S_k|)$로 설정되며, 여기서 $S_k$는 노드 $k$의 이웃 집합이다.

**정의 10.4.3 (Adamic-Adar Measure)** 노드 $i$와 $j$ 사이의 공통 이웃 측정 값은 노드 $i$와 $j$ 사이의 가중 공통 이웃 수와 같다. 노드 $k$의 가중치는 $1/\log(|S_k|)$이다.

$$AdamicAdar(i,j) = \sum_{k \in S_i \cap S_j} \frac{1}{log(|S_k|)} \tag{10.12}$$

모든 노드 쌍에 대해 일관되게 선택되는 한, 로그의 기본은 이전 정의에서 중요하지 않다. 그림 10.9(a)에서 앨리스와 밥 사이의 Adamic-Adar 측정 값은 $\frac{1}{\log(4)} + \frac{1}{\log(2)} + \frac{1}{\log(2)} + \frac{1}{\log(4)} = \frac{3}{\log(2)}$이다.

## 10.4.2 카츠 척도

이웃 기반 척도는 한 쌍의 노드 사이에 링크가 형성될 가능성에 대한 강력한 추정치를 제공하지만 한 쌍의 노드 사이의 공유된 이웃의 수가 적을 때는 그다지 효과적이지 않다. 예를 들어 그림 10.9(b)의 경우 앨리스와 밥은 하나의 이웃을 공유한다. 앨리스와 짐도 한 이웃을 공유한다. 따라서 이러한 경우에 이웃 기반 척도는 상이한 쌍의 예측 강도를 구별하는 데 어려움이 있다. 그럼에도 이 경우 더 긴 경로를 통해 중요한 간접적인 연결이 있는 것 같다. 이러한 경우에는 워크 walk 기반 측정이 더 적합하다. 링크 예측 강도를 측정하기 위해 일반적으로 사용되는 특정 워크 기반 측정 값은 카츠Katz 척도이다.

**정의 10.4.4 (카츠 척도)** $n_{ij}^{(t)}$를 노드 $i$와 $j$ 사이에 있는 길이 $t$의 보행 수라 하자. 그런 다음 사용자 정의 파라미터 $\beta < 1$의 경우 노드 $i$와 $j$ 사이의 카츠 척도는 다음과 같이 정의된다.

$$Katz(i,j) = \sum_{t=1}^{\infty} \beta^t \cdot n_{ij}^{(t)} \tag{10.13}$$

$\beta$의 값은 더 긴 길이의 보행을 강조하지 않는 할인 요인이다. 충분히 작은 $\beta$ 값에 대해 식 10.13의 무한 합은 수렴된다. $A$가 무방향 네트워크의 대칭 이웃 행렬인 경우, $n \times n$ 쌍의 카츠 계수 행렬 $K$는 다음과 같이 계산할 수 있다.

$$K = \sum_{i=1}^{\infty} (\beta A)^i = (I - \beta A)^{-1} - I \tag{10.14}$$

의 고윳값은 $A$의 고윳값의 $k$번째 거듭 제곱이다. $\beta$의 값은 항상 무한 합계의 수렴을 보장하기 위해 $A$의 최대 고윳값의 역수보다 작도록 선택해야 한다. 가중 버전의 측정 값은 $A$를 그래프의 가중 행렬로 대체해 계산할 수 있다. 카츠 측정은 종종 우수한 품질의 예측 결과를 제공한다.

다른 노드들에 대한 노드 $i$의 카츠 계수들의 합을 그 카츠 중심성이라고 하는 것이 주목할 만하다. 근접성 및 페이지랭크와 같은 중심성을 측정하기 위한 다른 메커니즘도 수정된 형태의 링크 예측에 사용된다. 중심성과 링크-예측 측정 사이의 이러한 연결의 이유는 고도로 중앙집중된 노드가 많은 노드와 링크를 형성하는 경향이 있기 때문이다.

## 10.4.3 랜덤 워크 기반 척도

랜덤 워크 기반 척도는 노드 쌍 간의 연결을 정의하는 다른 방법이다. 이러한 두 가지 방안은 페이지랭크와 유사도랭크다. 이러한 방법들은 10.2절에 자세히 설명돼 있다.

노드 $i$와 $j$ 사이의 유사도를 계산하는 첫 번째 방법은 노드 $i$에서 재시작은 수행되는 노드 $j$에서 개인화된 페이지랭크를 사용하는 것이다. $j$가 $i$의 구조적 근접성이면, 노드 $i$에서 재시동이 수행될 때 매우 높은 개인화된 페이지랭크 측정 값을 갖게 된다는 것이다. 이는 노드 $i$와 $j$ 사이의 높은 링크 예측 강도를 나타낸다. 개인화된 페이지랭크는 노드 $i$와 $j$ 사이의 비대칭 측정이다. 이 절의 설명은 무방향 그래프의 경우에 대한 것이므로 PersonalizedPageRank$(i, j)$ 및 PersonalizedPageRank$(j, i)$의 평균 값을 사용할 수 있다. 또 다른 가능성은 이미 대칭적 측정으로 된 유사도랭크 측정이다. 이 측정 값은 동일한 지점에서 만나기 위해 뒤로 이동하는 두 명의 임의 서퍼에 필요한 보행 길이의 역함수를 계산한다. 해당 값이 링크 예측 측정 값으로 보고된다.

## 10.4.4 분류 문제로서의 링크 예측

앞에서 언급한 방법은 감독되지 않은 경험적 접근이다. 주어진 네트워크의 경우 이러한 측정 중 하나가 더 효과적일 수 있는 반면, 다른 네트워크에는 다른 방법이 더 효과적일 수 있다. 이 딜레마를 어떻게 해결하고 주어진 네트워크에 가장 효과적인 조치를 선택할 수 있을까?

링크 예측 문제는 한 쌍의 노드 사이에 링크의 유무를 이진 클래스 지표로 처리함으로써 분류 문제로 볼 수 있다. 따라서 각 쌍의 노드에 대해 다차원 데이터 레코드를 추출할 수 있다. 이 다차원 레코드의 특징은 노드 간의 모든 다른 이웃 기반, 카츠 기반 또는 워크walk 기반 유사도를 포함한다. 또한 쌍에 있는 각 노드의 노드 도수와 같은 여러 가지 다른 우선 첨부 기능이 사용된다. 따라서 각 노드 쌍에 대해 다차원 데이터 레코드가 구성된다. 그 결과 레이블이 없는 양의 분류 문제로, 에지가 있는 노드 쌍은 양의 예이고 나머지 쌍은 레이블이 없는 예다. 레이블이 없는 예는 대략 훈련 목적으로 부정적인 예로 취급될 수 있다. 크고 희박한 네트워크에는 부정적인 예제 쌍이 너무 많기 때문에 부정적인 예제의 샘플만 사용된다. 따라서 지도 링크 예측 알고리듬은 다음과 같이 작동한다.

1. **훈련 단계**: 에지가 있는 각 노드 쌍에 대해 하나의 데이터 레코드를 포함하고, 에지가 없는 노드 쌍의 데이터 레코드 샘플을 포함하는 다차원 데이터 세트를 생성한다. 특징들은 추출된 유사도 및 노드 쌍들 사이의 구조적 특징에 해당한다. 클래스 레이블은 쌍 사이에 가장자리가 있는지를 의미한다. 데이터에 대한 훈련 모델을 구성하라.

2. **테스트 단계**: 각 테스트 노드 쌍을 다차원 레코드로 변환하자. 기존의 다차원 분류 모델을 사용해 레이블을 예측하라.

로지스틱 회귀[22]는 기본 분류 모델의 공통적인 선택이다. 기본 분류 문제의 불균형적 특성 때문에 다양한 분류 모델의 비용에 민감한 버전이 일반적으로 사용된다.

이 접근 방식의 장점 중 하나는 콘텐츠 기능을 원활하게 사용할 수 있다는 것이다. 예를 들어 한 쌍의 노드 사이의 콘텐츠 유사도가 사용될 수 있다. 분류 모델은 훈련 과정에서 이러한 특징의 관련성을 자동으로 학습한다. 더욱이 많은 링크 예측 방법과 달리 이 접근법은 비대칭 방식으로 특징을 추출함으로써 방향 네트워크를 처리할 수 있다. 예를 들어 노드 도수를 사용하는 대신 특징으로 in-도수와 out-도수를 사용할 수 있다. 랜덤 워크 기능은 노드 $i$에서 다시 시작해 노드 $j$의 페이지랭크를 계산할 때와 반대로 방향 네트워크에서 비대칭적인 방식으로 정의할 수 있다. 일반적으로 지도 모델은 다양한 유형의 링크와 특징들 간의 관계를 학습할 수 있기 때문에 조금 더 유연하다.

## 10.4.5 링크 예측을 위한 행렬 인수분해

협업 필터링과 마찬가지로 링크 예측 방법은 암시적 피드백 행렬의 행렬 완성completion 문제로 볼 수 있다. $A$를 기본 그래프의 $n \times n$ 이웃 행렬이라 하자. 우리는 행렬 $A$가 이진수라고 가정하며, 여기서 에지의 유무는 각각 1과 0으로 표시된다. 행렬 $A$는 방향 그래프의 경우 비대칭이고 무향 그래프의 경우 대칭이라는 점에 유의하자. 행렬 인수분해 방법론은 그래프가 방향 또는 무향 여부에 따라 두 가지 다른 방식으로 사용될 수 있다. 방향 그래프의 경우, 인수분해는 협업 필터링과 매우 유사하다.

$$A \approx UV^T \tag{10.15}$$

여기서 $A$는 그래프의 이웃 행렬이다. 또한 $U = [u_{is}]$ 및 $V = [v_{js}]$는 모두 크기가 $n \times k$인 인수 행렬이다. $U$와 $V$를 학습 후에는 $UV^T$에서 가장 큰 예측 가중치를 가진 에지를 추천할 수 있다.

행렬 $A$는 암묵적 피드백 행렬과 유사한 방식으로 볼 수 있는데, 여기에는 양과 음의 샘플이 모두 필요하다(3.6.6.2절 참조). 행렬 $A$의 모든 요소를 관측된 요소로 사용할 수 있지만 노드 $n$의 수가 많을 경우 이러한 접근 방식은 계산 비용이 매우 많이 들 것이다. 또한 이웃 행렬의 희소성은 인수분해가 덜 중요한 제로 아이템에 의해 지배되도록 한다. 따라서 우리는 행렬에서 "관찰된"요소 샘플만 사용한다. 긍정적 및 부정적 항목 $S_P$와 $S_N$을 다음과 같이 정의한다.

$$S_P = \{(i,j) : a_{ij} \neq 0\}$$
$$S_N = \{\text{Random sample of } (i,j) : a_{ij} = 0\}$$

모든 긍정적인 요소는 희귀하고 버려지기에는 너무 가치가 있기 때문에 포함돼 있다. 그런 다음 최적화 프로세스를 위해 $A$의 "관측된"요소를 $S = S_P \cup S_N$으로 정의한다. 집합 $S$만 훈련에 사용되므로 $S_N$의 선택은 알고리듬이 억은 결과에 영향을 미친다. $S_P$와 $S_N$의 상대적 크기는 두 가지 유형의 항목의 상대적 중요성을 제어한다. $S_N$이 행렬의 모든 0 엔트리와 동일하도록 선택됐다면, 인수분해는 0 엔트리에 의해 지배될 수 있으며, 때로는 모든 중요한 에지를 캡처하는 데 효과적이지 않을 수 있다는 것에 유의하자. 모든 희귀 클래스 검출 문제에서와 같이 두 가지 유형의 항목에 대한 차등 중요도가 적절하다. 예를 들어 $S_N$의 크기는 $S_P$와 동일하게 설정할 수 있다.

임의의 원소 $(i,j) \in S$에 대해 다음과 같이 $\hat{a}_{ij}$ 값으로 예측할 수 있다.

$$\hat{a}_{ij} = \sum_{s=1}^{k} u_{is} v_{js} \tag{10.16}$$

항목 예측 오류는 $e_{ij} = a_{ij} - \hat{a}_{ij}$에 의해 주어진다. 관찰된 항목에서 이 오류를 최소화하고자 한다. 정규화된 목적함수는 다음과 같다.

$$\text{Min } J = \frac{1}{2} \sum_{(i,j) \in S} e_{ij}^2 + \frac{\lambda}{2} \sum_{i=1}^{n} \sum_{s=1}^{k} u_{is}^2 + \frac{\lambda}{2} \sum_{j=1}^{n} \sum_{s=1}^{k} v_{js}^2$$
$$= \frac{1}{2} \sum_{(i,j) \in S} \left( a_{ij} - \sum_{s=1}^{k} u_{is} \cdot v_{js} \right)^2 + \frac{\lambda}{2} \sum_{i=1}^{n} \sum_{s=1}^{k} u_{is}^2 + \frac{\lambda}{2} \sum_{j=1}^{n} \sum_{s=1}^{k} v_{js}^2$$

여기서 $\lambda$는 정규화 파라미터이다. 이 목적함수는 행렬 $A$가 제곱 $n \times n$ 행렬인 것을 제외하고는 3.6.4.2절에서 논의된 것과 실질적으로 동일하다는 점에 주목할 만하다. 그러나 솔루션 방법론과 경사하강 업데이트는 정확히 동일하다. 모든 엔트리들에 대한 에러에 따른 그레이디언트가 계산되는 벡터화된 그레이디언트 디센트 또는 랜덤하게 선택된 에지들에 대한 에러들을 이용해 도함수가 확률적으로 근사치인 확률 그레이디언트 디센트를 사용할 수 있다. 정규 그레이디언트 디센트에서 행렬 $U$와 $V$는 무작위로 초기화되며 $U$의 각 항목 $(i, q)$과 $V$의 각 항목 $(j, q)$에 대해 다음 업데이트가 반복적으로 실행된다.

$$u_{iq} \Leftarrow u_{iq} - \alpha \frac{\partial J}{\partial u_{iq}} = u_{iq} + \alpha \left( \sum_{j:(i,j)\in S} e_{ij} \cdot v_{jq} - \lambda \cdot u_{iq} \right)$$

$$v_{jq} \Leftarrow v_{jq} - \alpha \frac{\partial J}{\partial v_{jq}} = v_{jq} + \alpha \left( \sum_{i:(i,j)\in S} e_{ij} \cdot u_{iq} - \lambda \cdot v_{jq} \right)$$

여기서 $\alpha > 0$은 학습률이다. 그림 3.8의 프레임워크 내에서 이러한 업데이트를 수행할 수 있다. 업데이트는 희소 행렬 연산을 사용해 수행할 수도 있다. 첫 번째 단계는 관찰되지 않은 $E$ 항목 (즉, $S$에 없는 항목)이 0으로 설정된 오류 행렬 $E = [e_{ij}]$를 계산하는 것이다. $E$는 매우 희소한 행렬이므로 관측된 엔트리 $(i, j) \in S$에 대해서만 $e_{ij}$의 값을 구하고 희소 데이터 구조를 사용해 행렬을 저장하는 것은 타당하다. 이후 업데이트는 다음과 같이 계산될 수 있다.

$$U \Leftarrow (1 - \alpha \cdot \lambda)U + \alpha EV$$

$$V \Leftarrow (1 - \alpha \cdot \lambda)V + \alpha E^T U$$

다음으로 확률 경사하강에 관해 설명한다. 기본 아이디어는 단일 항목($S_N$에 "0" 에지 포함)으로 인한 오류 구성 요소와 관련해 기울기를 확률적으로 근사화하는 것이다. 집합($S$)의 에지는 랜덤하게 순서대로 처리되고, 잠재 인자는 그 에지에 대한 에러 그레이디언트에 기초해 업데이트된다. $U$ 및 $V$의 무작위 초기화로 시작해 무작위로 선택된 항목 $(i, j) \in S$와 관련해 다음 업데이트

**Algorithm** *LinkPrediction*(Adjacency Matrix: $A$, Regularization: $\lambda$, Step Size: $\alpha$)
**begin**
   Randomly initialize matrices $U$ and $V$;
   $S_P = \{(i, j) : a_{ij} \neq 0\}$;
   $S_N = \{\text{Random sample of } (i, j) : a_{ij} = 0\}$;
   $S = S_P \cup S_N$ ;
   **while** not(convergence) **do**
   **begin**
      Randomly shuffle observed entries in $S$;
      **for** each $(i, j) \in S$ in shuffled order **do**
      **begin**
         $e_{ij} \Leftarrow a_{ij} - \sum_{s=1}^{k} u_{is}v_{js}$;
         $\overline{u_i}^{(+)} \Leftarrow \overline{u_i} + \alpha \left( e_{ij}\overline{v_j} - \frac{\lambda \overline{u_i}}{\text{OutDegree}(i)} \right)$
         $\overline{v_j}^{(+)} \Leftarrow \overline{v_j} + \alpha \left( e_{ij}\overline{u_i} - \frac{\lambda \overline{v_j}}{\text{InDegree}(j)} \right)$
         $\overline{u_i} = \overline{u_i}^{(+)}$; $\overline{v_j} = \overline{v_j}^{(+)}$;
      **end**
      Check convergence condition;
   **end**
**end**

**그림 10.10** 방향 링크 예측을 위한 확률적 경사하강

를 사용할 수 있다.

$$u_{iq} \Leftarrow u_{iq} - \alpha \cdot \left[\frac{\partial J}{\partial u_{iq}}\right]_{\text{Portion contributed by } (i,j)} \quad \forall q \in \{1\ldots k\}$$

$$v_{jq} \Leftarrow v_{jq} - \alpha \cdot \left[\frac{\partial J}{\partial v_{jq}}\right]_{\text{Portion contributed by } (i,j)} \quad \forall q \in \{1\ldots k\}$$

앞에서 설명한 표현식을 확장하고 $q \in \{1\ldots k\}$의 다른 값들에 대한 업데이트들을 해당 $U$(또는 $V$) 행의 단일 벡터화된 업데이트로 통합할 수 있다. $\overline{u_i}$를 행렬 $U$의 $i$번째 행으로, $\overline{v_j}$를 행렬 $V$의 $j$번째 행으로 한다. 그러면 확률적 경사하강 업데이트는 다음과 같이 작성될 수 있다.

$$\overline{u_i} \Leftarrow \overline{u_i} + \alpha \left(e_{ij}\overline{v_j} - \frac{\lambda \overline{u_i}}{\text{OutDegree}(i)}\right)$$

$$\overline{v_j} \Leftarrow \overline{v_j} + \alpha \left(e_{ij}\overline{u_i} - \frac{\lambda \overline{v_j}}{\text{InDegree}(j)}\right)$$

여기서 $\alpha > 0$은 학습률이다. 수렴에 도달할 때까지 $S$의 다양한 에지를 계속 순환한다. 확률적 경사하강법의 전체 프레임워크는 그림 10.10에 설명돼 있다.

여기서는 3장에서 사용된 것보다 약간 더 정제된 정규화 용어를 사용했다. 여기서 OutDegree($i$) 및 InDegree($j$)는 각각 노드 $i$ 및 $j$의 out-도수 및 in-도수를 나타낸다. 노드의 out-도수 및 in-도수는 $S_P$만이 아닌 $S_P \cup S_N$에 대해 계산돼야 한다는 점에 유의하자.

앙상블 접근으로 방법의 정확도를 더욱 향상시킬 수 있다. 행렬은 음의 샘플 $S_N$의 다른 드로우로 여러 번 인수분해된다. 각 인수분해는 에지에 대해 약간 다른 예측을 제공할 수 있다. 그런 다음 행렬의 특정 항목에 대한 다양한 예측을 평균화해 최종 결과를 만든다. 샘플링대신 $S_N$에 모든 0 항목을 포함시킨 다음 0이 아닌 항목에 0 항목보다 큰 가중치 $\theta > 1$가 부여되는 가중치 최적화 문제를 정의할 수도 있다. 가중치 파라미터 $\theta$의 실제값은 교차 검증을 통해 학습된다. 이러한 경우, 확률적 경사하강은 행렬의 많은 (지정된) 항목으로 인해 더 이상 가능하지 않다. 그러나 대부분의 항목은 0이므로 가중 ALS 방법을 효율적으로 활용하기 위해 몇 가지 트릭[260]을 사용할 수 있다.

이 접근 방식은 방향 또는 부호가 있는 네트워크에 적용할 수 있기 때문에 매우 일반적이다. 부호 없는 네트워크의 경우 과적합을 피하기 위해 잠재적인 요소에 대해 음수가 아닌 제약 조건을 적용할 수 있다. 업데이트 방정식의 유일한 변경 사항은 반복 후의 음의 계수 값이 0으로 설정된다는 것이다. 각각의 무방향 에지를 두 개의 방향 에지로 교체해 무방향 네트워크를 해결할 수 있다. 더욱이, 무향 네트워크에서 집합 $S_N$은 (노드들 사이에 에지 없이) 노드들의 첫 번째 쌍을 샘플링한 후 $S_N$에서 양방향으로 에지들을 포함시켜야 한다. 다음 절에서는 학습된 파라미터의 수를 줄임으로써 무향 네트워크에 특별히 최적화된 방법을 제안한다.

## 10.4.5.1 대칭 행렬 인수분해

무향 그래프의 경우 행렬 $A$가 대칭이므로 별도의 인자 행렬 $U$와 $V$가 필요하지 않다. 최적화 파라미터를 더 적게 사용하면 과적합을 줄일 수 있다는 이점이 있다. 이 경우 단일 인자 행렬 $U$를 사용해 다음과 같이 인수분해[7]를 나타낼 수 있다.

$$A \approx UU^T \tag{10.17}$$

여기서 $U = [u_{is}]$는 $n \times k$ 인자 행렬이다. 이전의 경우와 마찬가지로 $S = S_P \cup S_N$의 관측된 항목은 $S_P$의 기존 에지와 $S_N$의 일부 "제로" 에지가 포함된다. 무방향 그래프의 각 간선 $(i, j)$에 대해 $(i, j)$ 및 $(j, i)$ 모두 $S_P$에 포함된다. 제로 에지는 에지가 존재하지 않는 노드 쌍에서 선택되며 에지의 양쪽 방향이 $S_N$에 포함된다. 즉, $(i, j)$가 $S_N$에 포함되면 $(j, i)$도 포함된다. 조건 $A \approx UU^T$의 특성으로 인해, 각각의 관측된 $(i, j) \in S$는 다음과 같이 예측될 수 있다.

$$\hat{a}_{ij} = \sum_{s=1}^{k} u_{is} u_{js} \tag{10.18}$$

예측의 해당 오차는 $e_{ij} = a_{ij} - \hat{a}_{ij}$로 제공된다. 관찰된 항목에서 이 오류를 최소화하려고 한다. 정규화된 목적함수는 다음과 같다.

$$
\begin{aligned}
\text{Min } J &= \frac{1}{2} \sum_{(i,j) \in S} e_{ij}^2 + \frac{\lambda}{2} \sum_{i=1}^{n} \sum_{s=1}^{k} u_{is}^2 \\
&= \frac{1}{2} \sum_{(i,j) \in S} \left( a_{ij} - \sum_{s=1}^{k} u_{is} \cdot u_{js} \right)^2 + \frac{\lambda}{2} \sum_{i=1}^{n} \sum_{s=1}^{k} u_{is}^2
\end{aligned}
$$

각각의 의사 결정변수decision variables에 대해 $J$의 편도함수partial derivative를 취하면 다음과 같은 결과를 얻을 수 있다.

$$
\begin{aligned}
\frac{\partial J}{\partial u_{iq}} &= \sum_{j:(i,j) \in S} \left( a_{ij} + a_{ji} - 2 \sum_{s=1}^{k} u_{is} \cdot u_{js} \right)(-u_{jq}) + \lambda u_{iq} \\
&\qquad\qquad \forall i \in \{1 \ldots n\}, q \in \{1 \ldots k\} \\
&= \sum_{j:(i,j) \in S} (e_{ij} + e_{ji})(-u_{jq}) + \lambda u_{iq} \quad \forall i \in \{1 \ldots n\}, q \in \{1 \ldots k\} \\
&= \sum_{j:(i,j) \in S} 2(e_{ij})(-u_{jq}) + \lambda u_{iq} \quad \forall i \in \{1 \ldots n\}, q \in \{1 \ldots k\} \\
\frac{\partial J}{\partial u_{jq}} &= \sum_{i:(i,j) \in S} 2(e_{ij})(-u_{iq}) + \lambda u_{jq} \quad \forall j \in \{1 \ldots n\}, q \in \{1 \ldots k\}
\end{aligned}
$$

---

7 여기서 암묵적인 가정은 행렬 $A$가 양의 정부호라는 것이다. 단, $A$의 (무관측) 대각선 항목을 노드로도 설정함으로써 $A$가 양의 정부호임을 알 수 있다. 이러한 관측되지 않은 대각선 항목은 최적화 문제의 일부가 아니기 때문에 최종 해결책에 영향을 주지 않는다. – 옮긴이

$e_{ij} + e_{ji}$의 값은 원래 행렬 $A$, 예측된 행렬 $2e_{ij}$ 및 오류 행렬 $[e_{ij}]$가 모두 대칭이기 때문에 $2e_{ij}$로 대체된다. 경사하강를 수행하는 단계는 이전 사례에서 설명한 단계와 유사하다. $E = [e_{ij}]$는 $S$의 관측된 항목만 $a_{ij} - \sum_{s=1}^{k} u_{is} u_{js}$의 값으로 설정하고 관찰되지 않은 항목은 0으로 설정된 오류 행렬이다. 이 행렬은 $S$의 모든 구성 요소에 대해 항목별로 계산하고 희소한sparse 형태로 저장된다. 이후 다음과 같이 희소 행렬 곱셈을 사용해 업데이트를 수행할 수 있다.

$$U \Leftarrow U(1 - \lambda\alpha) + 2\alpha EU \tag{10.19}$$

여기서 $\alpha > 0$은 스텝 사이즈를 나타낸다. $2\alpha EU$의 상수 계수 2는 스텝 사이즈 및 정규화 파라미터를 적절하게 조정해 무시할 수 있다.

결과적인 솔루션의 품질은 일반적으로 낮지만 확률적 경사하강법은 더 빠른 수렴을 위해 사용될 수 있다. 확률 경사하강의 경우, 편미분은 개별 항목(에지)에 대한 오류 구성 요소로 분해되며 업데이트는 각 항목(에지)의 오류에 대해 지정된다. 이 경우 관찰된 각 항목 $(i, j) \in S$에 대해 다음 $2 \cdot k$ 업데이트가 실행될 수 있다.

$$u_{iq} \Leftarrow u_{iq} + \alpha \left( 2e_{ij} \cdot u_{jq} - \frac{\lambda \cdot u_{iq}}{\text{Degree}(i)} \right) \quad \forall q \in \{1 \ldots k\}$$
$$u_{jq} \Leftarrow u_{jq} + \alpha \left( 2e_{ij} \cdot u_{iq} - \frac{\lambda \cdot u_{jq}}{\text{Degree}(j)} \right) \quad \forall q \in \{1 \ldots k\}$$

여기서 $\text{Degree}(i)$는 $S_N$의 "에지"를 포함해 $i$에 발생하는 에지 수를 나타낸다. $U$의 $i$번째 행 $\overline{u_i}$ 및 $j$번째 행 $\overline{u_j}$와 관련해 이러한 업데이트를 작성할 수도 있다.

$$\overline{u_i} \Leftarrow \overline{u_i} + \alpha \left( 2e_{ij}\overline{u_j} - \frac{\lambda\overline{u_i}}{\text{Degree}(i)} \right)$$
$$\overline{u_j} \Leftarrow \overline{u_j} + \alpha \left( 2e_{ij}\overline{u_i} - \frac{\lambda\overline{u_j}}{\text{Degree}(j)} \right)$$

$\lambda$값은 일반적으로 교차 검증 방법을 사용하거나 홀드 아웃 집합에서 다양한 $\lambda$값을 시도해 선택된다. 행렬 인수분해 방법의 좋은 특징은 부호 있는 네트워크와 부호 없는 네트워크에서 원활하게 작동한다는 것이다. 또한 이 접근 방식의 중간 변형들은 방향 네트워크와 무방향 네트워크에 대해 적절한 접근 방식을 사용할 수 있다. 이것은 본질적으로 무방향 및 부호 없는 네트워크를 위해 설계된 다른 많은 링크 예측 방법에는 해당되지 않는다.

전통적인 협업 필터링의 경우와 같이 행렬 인수분해 프로세스 내에 바이어스 변수를 통합할 수도 있다(3.6.4.5절 참조). 링크 예측을 위해 행렬 인수분해 프레임워크 내에 바이어스 변수를 포함시키는 것은 네트워크에서 선호적 연결preferential attachment 원리를 사용하는 것과 직관적으로 동일하다[22]. 그래프에 부호화 되지 않은 경우 비음행렬 인수분해 방법을 사용할 수 있다. 이 방법들 중 일부는 평점 행렬이 사용자-아이템 그래프로 표현될 수 있을 때 협업 필터링에 이중으로 사용된다[235]. 다음 절에서는 이러한 연결에 대해 자세히 살펴본다.

## 10.4.6 링크 예측과 협업 필터링 간의 연결

링크 예측과 협업 필터링은 결측값을 추정하려고 시도한다. 그러므로 그들 사이의 연관성을 탐구하는 것은 당연하다. 링크 예측은 링크의 존재가 단일 평점과 유사한 협업 필터링의 암묵적 피드백 설정과 매우 유사하다. 사용자-아이템 그래프의 개념은 링크 예측과 협업 필터링 간의 자연스러운 연결을 제공한다. 사용자-아이템 그래프를 생성하는 프로세스에 대한 자세한 설명은 2.7절에 제공돼 있다. 단일 평점(또는 암묵적 피드백 데이터 세트)의 경우 기존 링크 예측 방법을 사용자 항목 그래프에 적용할 수 있다. 사용자와 아이템 사이의 기능(링크)을 예측한다. 각 사용자는 사용자-아이템 그래프에서 사용자 노드에 해당하고 각 항목은 항목 노드에 해당한다. 행렬의 모든 1은 사용자 노드와 항목 노드 사이의 에지에 해당한다. 평점이 단일한 경우의 예는 각각 그림 10.11(a)와 (b)에 설명돼 있다. 사용자 노드와 항목 노드 사이의 링크의 예측 강도는 해당 사용자가 해당 항목을 얼마나 좋아하는지에 관한 예측한다. 이 연결로 인해 링크 예측 방법을 사용해 협업 필터링을 수행할 수 있다. 또한 협업 필터링 알고리듬이 링크 예측에 맞게 조정될 수 있는 그 반대도 또한 마찬가지다.

### 10.4.6.1 협업 필터링에 링크 예측 알고리듬 사용

사용자-아이템 그래프에서 사용자 노드에서 형성될 가능성이 있는 상위-$k$ 사용자-아이템 링크를 예측함으로써, 사용자에 대한 상위-$k$ 항목을 예측할 수 있다. 또한 아이템 노드에서 형성될 가능성이 있는 상위-$k$ 사용자-아이템 링크를 결정함으로써, 판매자는 특정 아이템을 홍보할 수 있는 상위-$k$ 사용자를 결정할 수 있다. 이 접근 방식은 사용자의 소셜 네트워크 구조가 알려진 경우에도 사용할 수 있는 것이 주목할 만하다. 이 경우 사용자들 사이의 에지는 링크 예측 프로세스 내에 포함된다. 그러한 에지를 포함하면 추천 프로세스 내에 소셜 링크의 동질성 효과를 통합하는 결과를 가져올 것이다. 이 방법들의 더 자세한 논의는 11.3.7절에 있다.

평점이 명시적으로 지정된 평점의 경우 평점이 현재 아이템의 like 또는 dislike를 나타낼 수 있기 때문에 다소 어려워진다. 기존의 링크 예측 문제는 본질적으로 부정적인 관계보다는 긍정적 인 관계의 개념을 다루기 위해 고안된 것이다. 그러나 다수의 최근 링크 예측의 많은 발전이 이러한 사례들도 다룰 수 있다. 설명을 쉽게 하기 위해 사용자가 항목을 좋아하거나 싫어하는 것에 해당하는 평점이 {−1, +1}에서 도출되는 경우를 생각해보자. 이 경우 에지에는 평점에 대한 부호가 표시된다. 평점이 이진인 경우의 예는 각각 그림 10.11(c)와 (d)에 설명돼 있다. 이진 평점의 결과 네트워크는 부호 있는 네트워크이며, 사용자가 가장 좋아하는 항목을 결정하기 위해 사용자에게 발생하는 최상위-$k$ 양의 링크를 예측하는 것이 바람직하다. 최상위-$k$개의 링

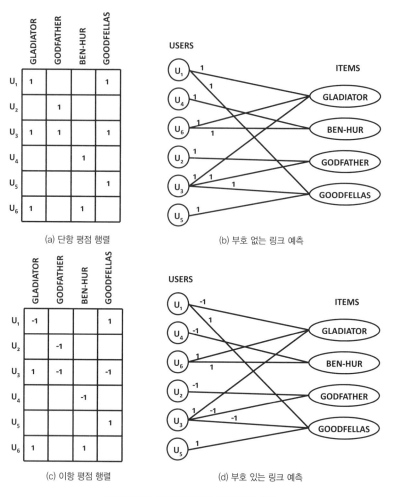

(a) 단항 평점 행렬

(b) 부호 없는 링크 예측

(c) 이항 평점 행렬

(d) 부호 있는 링크 예측

**그림 10.11** 협업 필터링을 위한 링크 예측

크를 예측함으로써 사용자가 가장 싫어하는 최상위-$k$ 항목을 발견할 수도 있다. 이 문제는 부호 있는 네트워크에서 긍정적 또는 부정적 링크 예측의 문제이다. 부호 있는 링크 예측 문제는 10 장에서 논의되지 않았지만, 부호 없는 링크 예측 방법이 부호 있는 네트워크의 경우로 확장될 수 있는 방법은 참고문헌[324 – 326, 346, 591]에 나와 있다. 링크 예측 방식은 임의의 평점을 사용할 수도 있지만 단항 또는 이항 평점 데이터에 가장 효과적이다. 이 경우 평점은 각 사용자 에 대해 평균 중심적일 필요가 있고, 양수 또는 음수 가중치는 평점의 평균 중심 값에 해당하는 링크와 연관된다. 이 프로세스는 링크에 가중치를 부여하는 부호 있는 네트워크를 생성하며, 부 호 있는 링크 예측을 위한 많은 방법이 이러한 설정을 처리할 수 있다. [324, 325]의 작업은 또 한 협업 필터링 애플리케이션과 관련해 부호 있는 네트워크를 사용하는 방법을 보여주지만, 사 용된 접근 방식은 여기에서 논의된 방법과 다르다.

## 10.4.6.2 협업 필터링 알고리듬을 사용한 링크 예측

협업 필터링과 링크 예측 모두 결측값 추정 문제다. 유일한 차이점은 협업 필터링이 사용자 아이템 행렬에서 수행되는 반면 링크 예측은 노드-노드 행렬에서 수행된다는 것이다. 행렬 차수의 차이가 알고리듬의 성능에 영향을 줄 수 있지만, 상대적으로 인식되지 않는 사실은 사실상 모든 협업 필터링 방법이 링크 예측에 사용될 수 있다는 것이다. 그러나 협업 필터링 알고리듬의 어느 정도의 적응이 필요하다.

예를 들어 링크 예측을 위해 거의 모든 이웃 기반 방법, 희소 선형 모델 및 행렬 인수분해 방법을 사용할 수 있다. 사용자 기반 이웃 방법은 이웃 행렬의 행-별 방법에 매핑되고 아이템 기반 이웃 방법은 이웃 행렬의 열-별 방식 방법에 매핑된다. 그러나 무방향 네트워크의 이웃 행렬은 대칭이기 때문에 사용자 기반 방법과 아이템 기반 방법을 구별할 수 없다(연습 8 및 9 참조). 중요한 방법은 이러한 방법이 무방향 및 방향 링크 예측 모두에 사용될 수 있는 반면, 다른 많은 링크 예측 방법은 무방향 네트워크에만 적용할 수 있다는 것이다. 방향 네트워크와 관련해 사용자 기반 및 아이템 기반 방법은 각각 발신 에지 기반 및 수신 에지 기반 방법에 매핑된다. 최근 링크 예측과 협업 필터링 사이의 관계는 점점 더 높이 평가되고 있다. [432]의 작업은 링크 예측을 위해 행렬 인수분해 방법을 채택하기 때문에 특히 유익하다. 그럼에도 링크 예측을 위한 협력적 필터링 방법을 활용하는 데 여전히 상당한 범위가 존재한다. 대부분의 이웃 방법과 선형 회귀 모델은 링크 예측과 관련해 크게 탐구되지 않았다.

# 10.5 사회적 영향 분석 및 입소문 마케팅

모든 사회적 상호작용은 개인마다 다양한 수준의 영향을 미친다. 전통적인 사회적 상호작용에서, 이것은 때때로 "입소문" 영향력으로 부른다. 이 일반적인 원칙은 온라인 소셜 네트워크에도 적용된다. 예를 들어 배우가 트위터에서 메시지를 트윗하면 배우의 팔로워들이 메시지에 노출된다. 팔로워들은 종종 네트워크에서 메시지를 리트윗할 수 있다. 이로 인해 소셜 네트워크에 정보, 아이디어 및 의견이 확산된다. 많은 회사에서 이러한 종류의 정보가 전파되는 것을 가치 있는 광고 채널로 간주된다. 인기 있는 메시지를 올바른 참가자에게 트윗하면 메시지가 소셜 네트워크를 통해 계단식으로 퍼지면 수백만 달러의 광고가 생성될 수 있다. 이러한 유형의 접근 방식은 바이러스가 생물학적 전염병 또는 컴퓨터 네트워크에 확산되는 것과 거의 같은 방식으로 네트워크에 정보를 빠르게 확산시킬 수 있다. 실제로 두 경우에 사용된 모델은 많은 유사점을 공유한다. 따라서 시장 참여자에게 영향을 미치는 이 방법론을 입소문 마케팅이라 한다.

배우마다 소셜 네트워크에서 피어에게 영향을 줄 수 있는 능력이 다르다. 배우의 영향력을 조절하는 가장 일반적인 두 가지 요소는 다음과 같다.

1. 소셜 네트워크 구조 내에서 배우의 중심성은 그녀의 영향력 수준에 결정적인 요소다. 이를테면 중심성이 높은 배우들은 영향력이 더 크다. 방향 네트워크에서 명성이 높은 배우들은 더 영향력이 있을 가능성이 높다. 중심성과 명성 척도prestige measures는 [22]에서 논의된다. 페이지랭크는 또한 중심성과 명성 척도로 사용될 수 있다.

2. 네트워크의 에지는 종종 해당 행위자 쌍이 서로 영향을 받을 수 있는 가능성에 의존하는 가중치와 연관된다. 사용되는 확산 모델diffusion model에 따라 이러한 가중치는 때때로 확산 확률로 직접적으로 영향을 미치는 것으로 해석될 수 있다. 몇 가지 요인이 이러한 확률을 결정할 수 있다. 일례로 잘 알려진 개인은 덜 알려진 개인보다 영향력이 클 수 있다. 마찬가지로 오랜 친구였던 두 사람이 서로에게 영향을 줄 가능성이 더 크다. 종종 영향 전파 확률은 이미 분석 목적으로 사용 가능하다고 가정하지만 최근의 몇 가지 방법은 이러한 확률을 데이터 기반 방식으로 확률을 추정하는 방법을 보여준다.

영향 전파 모델은 위에서 언급한 요인의 정확한 영향을 계량화하는 데 사용된다. 이러한 모델은 확산 모델이라고도 한다. 영향 전파 모델의 주요 목표는 정보 보급에 따른 영향을 최대화하는 시드 노드 세트를 결정하는 것이다. 이러한 의미에서 영향력 극대화 모델은 가맹점에 대한 가치 있는 사회 행위자의 추천 모델로 볼 수 있다. 따라서 영향 최대화 문제는 다음과 같다.

**정의 10.5.1 (Influence Maximization)** 소셜 네트워크 $G = (N, A)$가 주어지면 $k$개의 시드 노드 세트 $S$를 결정해 네트워크의 전체적인 영향 확산을 최대화할 수 있다.

$k$의 값은 초기에 영향을 받을 수 있는 시드 노드 수에 대한 예산으로 볼 수 있다. 이는 광고주가 초기 광고 능력에 대한 예산에 직면하는 실제 모델과 일치한다. 사회적 영향 분석의 목표는 입소문 방법으로 이 초기 광고 능력을 확장하는 것이다.

각 모델 또는 휴리스틱은 $f(\cdot)$로 표시되는 $S$의 함수를 사용해 노드의 영향 수준을 수량화할 수 있다. 이 함수는 노드의 하위 집합을 영향력 값을 나타내는 실수로 매핑한다. 따라서 주어진 집합 $S$의 영향 $f(S)$를 정량화하기 위해 모델이 선택된 후, 최적화 문제는 $f(S)$를 최대화하는 집합 $S$를 결정하는 것이다. 매우 많은 영향 분석 모델의 흥미로운 특성은 최적화된 함수 $f(S)$가 하위 모듈이라는 것이다.

하위 모듈성이란 무엇을 의미하는가? 하위 모듈성이란 집합에 적용되는 것처럼 수익 감소의 자연 법칙을 나타내는 수학적 방법이다. 즉, $S \subseteq T$인 경우, 집합 $T$에 개인을 추가해 얻은 추가 영향은 집합 $S$에 동일한 개인을 추가하는 추가 영향보다 클 수 없다. 따라서 더 큰 수의 코호트를 식으로 사용할 수 있는 것처럼 동일한 개인의 점진적인 영향력이 감소한다. 집합 $S$의 하위 모듈은 공식적으로 다음과 같이 정의된다.

**정의 10.5.2 (Submodularity)** $S \subseteq T$를 만족하는 집합 $S, T$ 및 원소 $e$에 대해 다음과 같은 경우 함수 $f(\cdot)$는 하위 모듈식이라고 한다.

$$f(S \cup \{e\}) - f(S) \geq f(T \cup \{e\}) - f(T) \tag{10.20}$$

영향력을 정량화하기 위한 거의 모든 자연적 모델은 하위 모듈로 밝혀졌다. 주어진 $S$값에 대해 $f(S)$를 평가할 수 있는 한 하위 모듈 함수를 최대화하기 위해 매우 효율적인 탐욕 최적화 알고리듬이 존재하기 때문에 하위 모듈 방식은 알고리듬적으로 편리하다. 이 알고리듬은 $S = \{\}$를 설정해 시작하고 가능한 한 $f(S)$의 값을 증가시키는 노드를 $S$에 점차적으로 추가한다. 이 절차는 집합 $S$에 필요한 개수의 영향 요인 $k$가 포함될 때까지 반복된다. 이 휴리스틱의 근사 수준은 하위 모듈 함수 최적화에 대한 잘 알려진 고전적인 결과를 기반으로 한다.

**보조정리 10.5.1** 하위 모듈 함수를 최대화하기 위한 탐욕 알고리듬은 최소 최적값의 분수 $\left(\frac{e-1}{e}\right)$인 함수 값을 가진 솔루션을 제공한다. 여기서 $e$는 자연 로그의 밑이다.

따라서 이들 결과는 적절한 서브모듈식 영향 함수 $f(S)$가 주어진 노드 집합($S$)에 대해 정의될 수 있는 한, $f(S)$를 효과적으로 최적화하는 것이 가능하다는 것을 보여준다.

노드 집합 $S$의 영향 함수<sup>influence function</sup> $f(S)$를 정의하기 위한 두 가지 일반적인 접근 방식은 선형 임계값 모델과 독립적 계단식 모델이다. 이러한 확산 모델은 사회적 영향 분석에 대한 초기 연구 중 하나에서 제안됐다. 이러한 확산 모델에서 일반적인 운영 가정은 노드가 활성 또는 비활성 상태라는 것이다. 직관적으로, 활성 노드는 원하는 동작 집합에 의해 이미 영향을 받은 노드이다. 노드가 활성 상태로 이동하면 노드는 결코 비활성화되지 않는다. 모델에 따라 활성 노드는 한 번 또는 더 오랜 기간 동안 이웃 노드의 활성화를 트리거할 수 있다. 노드는 주어진 반복에서 더 이상 노드가 활성화되지 않을 때까지 연속적으로 활성화된다. $f(S)$의 값은 종료 시 활성화된 총 노드 수로 평가된다.

## 10.5.1 선형 임계값 모델

이 모델에서, 알고리듬은 초기에 활성 시드 노드 집합($S$)으로 시작하고 이웃하는 활성 노드의 영향에 기초해 활성 노드의 수를 반복적으로 증가시킨다. 활성 노드는 더 이상의 노드를 활성화할 수 없을 때까지 알고리듬을 실행하는 동안 여러 번 반복해 이웃 노드에 영향을 줄 수 있다. 이웃 노드의 영향은 에지 특정 가중치 $b_{ij}$의 선형함수를 사용해 정량화된다. 네트워크 $G = (N, A)$의 각 노드 $i$에 대해 다음이 참이라 가정한다.

$$\sum_{j:(i,j) \in A} b_{ij} \leq 1 \tag{10.21}$$

각각의 노드 $i$는 미리 고정되고 알고리듬 과정에서 일정하게 유지되는 랜덤 임계값 $\theta_i \sim U[0, 1]$과 연관된다. 주어진 시간 내에서, 노드 $i$의 활성 이웃의 총 영향 $I(i)$은 $i$의 모든 활성 이웃의 가중치 $b_{ij}$의 합으로 계산된다.

$$I(i) = \sum_{j:(i,j)\in A, j \text{ is active}} b_{ij} \tag{10.22}$$

노드 $i$는 $I(i) \geq \theta_i$일 때 단계에서 활성화된다. 이 프로세스는 더 이상 노드를 활성화할 수 없을 때까지 반복된다. 총 영향 $f(S)$는 주어진 시드 세트 $S$에 의해 활성화된 노드 수로 측정될 수 있다. 주어진 시드 집합 $S$의 영향 $f(S)$는 일반적으로 시뮬레이션 방법으로 계산된다.

## 10.5.2 독립 캐스케이드 모델

앞에서 언급한 선형 임계값 모델에서 노드가 활성화되면 이웃 노드에 영향을 미칠 수 있는 여러 기회가 있다. 랜덤 변수 $\theta_i$는 임계값 형태의 노드와 연관됐다. 반면 독립형 캐스케이드 모델에서는 노드가 활성화된 후 에지와 관련된 전파 확률로 이웃 노드를 활성화할 수 있는 단일 기회만 얻는다. 에지와 관련된 전파 확률은 $p_{ij}$로 표시된다. 각 반복에서 새로 활성화된 노드만 아직 활성화되지 않은 이웃 노드에 영향을 줄 수 있다. 주어진 노드 $j$에 대해, 이를 새로 활성화된 이웃 노드 $i$에 결합하는 각 에지 $(i, j)$는 성공 확률 $p_{ij}$와 독립적으로 동전 던지기를 한다. 에지 $(i, j)$에 대한 동전 던지기가 성공하면 노드 $j$가 활성화된다. 노드 $j$가 활성화되면 다음 반복에서 이웃 항목에 영향을 줄 단일 기회를 얻게 된다. 반복에서 새로 활성화된 노드가 없는 경우 알고리듬이 종료된다. 영향 함수 값은 종료 시 활성 노드 수와 같다. 노드가 알고리듬을 진행하는 동안 최대 한 번만 영향을 줄 수 있기 때문에 알고리듬이 진행되는 동안 각 에지에 대해 코인이 던져진다.

## 10.5.3 영향 함수 평가

선형 임계값 모델과 독립형 캐스케이드 모델은 모두 모델을 사용해 영향 함수 $f(S)$를 계산하도록 설계됐다. $f(S)$의 추정은 일반적으로 시뮬레이션으로 수행된다.

예를 들어 선형 임계값 모델의 경우를 생각해보자. 주어진 시드 노드 집합 $S$에 대해, 난수 생성기를 사용해 노드에서 임계값을 설정할 수 있다. 임계값이 설정된 후 활성 노드 $S$의 시드 노드에서 시작해 임계값 조건이 충족될 때 점진적으로 노드를 활성화하는 결정적 그래프 검색 알고리듬을 사용해 활성 노드에 레이블을 지정할 수 있다. 계산은 무작위로 생성된 임계값의 다른 집합에 대해 반복될 수 있으며, 결과는 보다 강력한 추정치를 얻기 위해 평균화될 수 있다.

독립적인 캐스케이드 모델에서는 다른 시뮬레이션이 사용될 수 있다. 확률이 $p_{ij}$인 코인이 각 에지에 동전 던지기가 시행될 수 있다. 동전 던지기가 성공하면 에지는 라이브로 지정된다. $S$에 있는 적어도 하나의 노드로부터 라이브 에지의 경로가 존재할 때, 노드는 독립적인 캐스케이드 모델에 의해 결국 활성화된다는 것을 알 수 있다. 시뮬레이션에 의해 (최종) 활성 집합의 크기를 추정하는 데 사용할 수 있다. 계산은 다른 실행에 대해 반복되며 결과는 평균화된다.

선형 임계값 모델과 독립형 캐스케이드 모델이 하위모듈식 최적화 문제라는 증거는 참고문헌에 포함된 포인터에서 찾을 수 있다. 그러나 이 속성은 이러한 모델에 국한되지 않는다. 하위 모듈화는 더 큰 그룹에서 개별 영향력의 점진적 영향에 적용되는 수익 감소 법칙의 매우 자연스러운 결과이다. 결과적으로 영향 분석을 위한 가장 합리적인 모델은 하위 모듈성을 충족한다.

## 10.5.4 소셜 스트림의 목표 영향 분석 모델

앞에서 언급한 영향 분석 모델은 매우 정적이며 특정 관심 주제에 대해 완전히 무관하다. 야구 장비의 딜러가 트위터 스트림을 사용해 관심 있는 고객에게 영향을 미치려는 시나리오를 생각해보자. 네트워크에서 가장 영향력 있는 배우들은 전형적으로 주제에 구애받지 않으며 야구에 전혀 관심이 없을 수도 있다. 예를 들어 트위터에서 배우의 팔로워 수를 영향력으로 사용한다면 그러한 개인이 유명한 배우, 정치인 또는 스포츠맨임을 쉽게 알 수 있다. 야구 장비에 대한 트윗이나 홍보로 유명한 정치인을 공략하는 것이 딜러가 제품의 판매 범위를 늘리는 가장 효과적인 방법은 아니다. 그러나 딜러가 야구에 특화된 유명한 스포츠맨에게 영향을 미치는 것은 확실히 유용할 것이다. 분명히 이전 절의 영향력 행사 접근 방식은 이러한 목표를 달성하지 못할 것이다. 또한 에지의 영향 전파 확률을 사용한다는 것을 이전 절에서 가정했다. 그러한 확률의 결정은 또한 그러한 정보가 트위터 스트림에서 직접 이용할 수 없기 때문에 별도의 모델이 필요하다. 따라서 이전 절에서 논의된 영향 분석 모델은 기본 데이터에서 실제로 사용할 수 있는 것보다 더 많은 입력을 가정하기 때문에 불완전하다. 실제로 사용자가 이용할 수 있는 유일한 데이터는 트위터 스트림으로, 많은 트윗이 포함돼 있다. 일반적으로 트위터와 같은 스트림을 소셜 스트림이라 한다. 이러한 흐름에서 네트워크의 추세는 시간이 지남에 따라 진화할 수 있으며 가장 관련성이 높은 영향도 시간이 지남에 따라 변할 수 있다.

소셜 스트림과 관련해 영향 분석 모델을 데이터 중심 또는 콘텐츠 중심으로 만드는 것이 중요하다. [573]에서 논의된 방법에서, 소셜 스트림이 표현되는 관점에서 관련 키워드 집합을 선택해 접근 방식이 국소적으로 민감해진다. 그런 다음 이러한 키워드의 흐름을 네트워크에서 추적해 다양한 행위자가 현재 주제에 따라 서로 어떻게 영향을 미치는지 결정할 수 있다. 예를 들어 야구 제조업체는 야구 주제와 관련된 키워드 집합을 선택할 것이다. 따라서 특성 선택의 초기 단계는 매우 중요한 단계다. 예를 들어 트위터 스트림과 관련해 추적 목적으로 특정 주제에 속하

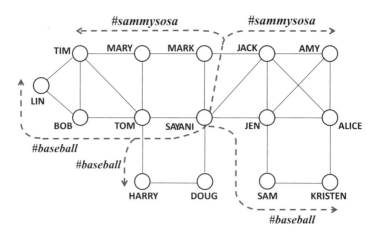

**그림 10.12** 야구와 관련된 트윗의 전파 경로 예

는 해시 태그를 사용하는 것이 가능할 수 있다.

이 키워드를 선택한 후에는 네트워크 구조를 통한 전파는 기본 흐름 경로로 분석된다. 유효한 흐름 경로는 동일한 키워드를 순차적으로 트윗(또는 게시)하는 행위자 시퀀스이며, 행위자 순서는 소셜 네트워크 링크로 연결된다. 야구 게임과 관련된 해시 태그가 있는 경우를 생각해보자. 배우들의 소셜 네트워크를 통한 이 해시 태그의 전파 경로는 야구 주제와 관련된 주제별 영향에 대한 매우 유용한 정보를 제공한다. 예를 들어 그림 10.12에 표시된 네트워크에서 다양한 경로를 따르는 해시 태그[8] #baseball 및 #sammysosa의 흐름은 소셜 네트워크에서 리트윗(또는 복사 동작)의 결과다. 이 경우 사야니는 야구의 특정 주제에 대한 영향력 있는 트위터임을 알 수 있으며, 이 주제에 대한 그녀의 트윗은 종종 다른 참가자들에게 선택될 만큼 권위 있는 것으로 간주된다. 그러나 해시 태그가 야구와 무관한 다른 주제와 관련이 있다면, 동일한 패턴을 가지고 있더라도 사야니는 야구의 특정 컨텍스트에서 영향력을 행사한다고는 볼 수 없을 것이다.

영향력 있는 배우들은 그러한 경로의 초기 부분에서 자주 발생할 것이다. 따라서 자주 발생하는 경로를 결정해, 다양한 캐스케이드의 중요한 진원지를 결정할 수도 있다. [573]의 작업은 스트림에서 가장 흔하게 발생하는 흐름 경로를 결정하기 위해 제한된 순차적 패턴 마이닝 모델 [23]을 사용한다. 이러한 흐름 경로의 초기 시작점은 해당 주제에 특정한 영향력 있는 배우로 선언된다. 다른 최근의 방법들은 그러한 영향력 있는 배우들을 발견하기 위해 주제 모델링 기법을 명시적으로 사용한다. 이러한 방법에 관한 자세한 내용은 참고문헌을 참조하자.

---

8  sammysosa는 은퇴한 메이저리그 야구 선수다. – 옮긴이

## 10.6 요약

실제 시나리오의 많은 추천 문제는 네트워크의 구조적 추천 문제로 모델링할 수 있다. 예를 들어 전통적인 협업 필터링 문제는 사용자-아이템 그래프로 모델링할 수 있다. 이러한 사용자-항목 그래프에는 순위 지정 기술, 집단 분류 방법 및 링크 예측 기법과 같은 다양한 방법을 사용할 수 있다.

랭킹과 검색은 추천 분석과 밀접한 관련이 있는 문제다. 주된 차이점은 후자의 결과가 특정 사용자에게 개인화된다는 것이다. 최근 검색 공급자가 검색 결과를 개인화하기 위해 사용자별 특정 정보를 사용하기 시작함에 따라 검색 및 추천 방법이 점차 통합되고 있다. 소셜 네트워크 분석 또는 사용자-아이템 그래프와 함께 다양한 구조적 추천 알고리듬을 사용할 수 있다. 예를 들어 집단 분류 및 링크 예측은 사용자 항목 그래프와 함께 사용될 수 있다.

집합 분류 내에서, 목표는 정점의 부분 집합에 있는 기존의 레이블에서 나머지 정점의 레이블을 추론하는 것이다. 집단 분류 기법은 특히 소셜 네트워크의 콘텐츠 중심 추천 분석의 맥락에서 유용하다.

링크-예측 문제에서 목표는 네트워크에서 현재 이용 가능한 구조로부터 링크를 예측하는 것이다. 구조 방법은 예측을 위해 Jaccard 측정 값이나 개인화된 PageLank값과 같은 로컬 클러스터링 측정을 사용한다. 지도학습 방법은 링크 예측에 가장 관련성이 높은 특징을 차별적으로 결정할 수 있다. 링크 예측 방법은 소셜 네트워크에서 친구를 예측하는 데 사용된다.

소셜 네트워크는 종종 "입소문" 기법을 사용해 개인에게 영향을 미치기 위해 사용된다. 이러한 방법은 입소문 마케팅을 위해 사용자를 판매자들에게 추천하는 기법으로 볼 수 있다. 일반적으로, 중앙에 위치한 행위자들은 네트워크에서 더 영향력이 있다. 확산 모델은 소셜 네트워크에서의 정보의 흐름을 특징짓는 데 사용된다. 그러한 모델의 두 가지 예로는 선형 임계값 모델과 독립 계단식 모델을 들 수 있다. 최근 몇 년 동안 그러한 방법들은 사회 흐름의 맥락에서 주제별 기법을 사용할 수 있도록 확장됐다.

## 10.7 참고문헌

페이지랭크 알고리듬은 [104, 465]에 설명돼 있다. HITS 알고리듬은 주제별 검색에도 사용된다[302]. 주제에 민감한 페이지랭크 알고리듬은 [243]에 설명돼 있으며 유사도랭크 알고리듬은 [278]에 설명돼 있다. 다양한 형태의 소셜 추천 시스템에서 개인화된 페이지랭크 알고리듬을 활용하는 방법은 [16, 81, 350, 602, 640, 663]에서 논의된다. [350]의 연구는 식료품 쇼핑 추천을 위해 랜덤 워크를 사용하는 방법을 보여준다. 그래프에서 랜덤 워크를 사용하는 시간적 추천은 [639]에 설명돼 있다.

반복 분류 알고리듬ICA은 문서 데이터[143] 및 관계형 데이터[453]를 포함해 많은 다른 데이터 영역과 관련해 제시됐다. 로지스틱 회귀 분석logistic regression[379] 및 가중 투표 분류 모델 [387]과 같은 몇 가지 기본 분류 모델이 이 프레임워크에서 사용됐다. 10장의 논의는 [453]에 기반한다. 랜덤 워크 방법[56, 674, 678]의 다양한 변형이 제안됐다. 방향 그래프의 집합 분류는 [675]에 논의된다. 노드 분류 방법에 대한 자세한 조사는 [77, 375]에서 확인할 수 있다. 집단 분류를 위한 툴킷은 [388]에서 찾을 수 있다.

소셜 네트워크에 대한 링크 예측 문제는 [354]에서 제안됐다. 10장에서 논의된 측정 값은 이 작업에 기초하고 있다. 지도학습 방법의 장점은 [355]에서 논의하고 행렬 분해 방법들은 [432]에서 논의한다. 링크 예측을 위한 행렬 인수분해는 협업 필터링에 사용되는 방법과 유사한 것으로 볼 수 있다. 소셜 네트워크 분석을 위한 링크 예측 방법에 대한 조사는 [42]에서 찾을 수 있다. 부호 있는 링크 예측 방법은 [157, 324 – 326, 346, 591]에서 논의한다.

협업 필터링을 위한 다른 부호화된 네트워크 기술은 [324, 325]에서 논의된다. [157]의 연구는 링크 예측과 협업 필터링을 위한 행렬 인수분해 방법사이의 연관성을 보여주기 때문에 주목할 만하다. 크고 성장하는 연구 영역은 이종 네트워크[36, 576, 577]의 맥락에서 여러 유형의 연계가 서로 예측된다. 다른 관련 작업에서는 여러 네트워크로부터의 링크가 서로 간에 예측된다[488].

영향력 분석의 문제는 입소문 마케팅과 소셜 네트워크의 맥락에서 모두 연구돼왔다. 이 문제는 입소문 마케팅의 맥락에서 처음으로 연구됐다[176, 510]. 그 후, 이 문제는 소셜 네트워크의 맥락에서도 연구됐다[297].

이 연구에서는 선형 임계값 및 독립형 계단식 모델이 제시된다. 학위 할인 휴리스틱이 [152]에서 제안됐다. 하위 모듈 특성에 대한 논의는 [452]에서 찾을 수 있다. 소셜 네트워크의 영향력 분석에 대한 다른 최근 모델은 [153, 154, 369, 589]에서 논의된다.

사회적 영향 모델의 주요 문제 중 하나는 영향 전파 확률을 학습하는 어려움이다. 이 문제에 최근 초점이 맞춰져 있다[234]. 최근 연구는 또한 어떻게 영향 분석이 사회 흐름에서 직접 수행될 수 있는지를 보여줬다[80, 233, 573]. 또한 [573]의 방법은 이 접근법이 어떻게 주제별로 어떻게 만들어질 수 있는지를 보여준다. 사회적 영향 분석을 위한 모델과 알고리듬에 대한 조사가 [575]에 제공된다.

# 10.8 연습 문제

1. 순간 이동 확률이 각각 0.1, 0.2 및 0.4인 그림 10.1(b)의 그래프에 페이지랭크 알고리 듬을 적용한다. 순간 이동 확률이 증가하는 데드-엔드 구성 요소(확률)에 미치는 영향은 무엇인가?

2. 노드 1에서 재시작이 수행되는 경우를 제외하고 이전 연습을 반복하라. 순간 이동 확률을 증가시킴으로써 정상 상태 확률에 어떤 영향을 받는가?

3. 그림 10.1(b) 그래프의 전이 행렬이 고윳값이 1인 두 개 이상의 고유 벡터를 가짐을 보여준다. 이 경우 단위 고윳값을 갖는 고유 벡터는 왜 고유하지 않는가?

4. 암시적 피드백 행렬에서 협업 필터링을 위한 개인화된 페이지랭크 접근법을 구현하라. 구현 시 사용자-아이템 그래프를 자동으로 구성해야 한다.

5. 링크 예측을 위한 Jaccard 및 Adamic-Adar 측정 값을 구현하라.

6. Jaccard 측정과 Adamic-Adar 측정에 의해 수행된 도수 정규화를 수행할 수 있는 링크 예측 측정을 작성한다.

7. 영향 분석을 위한 선형 임계값 및 독립형 계단식 모델을 구현한다.

8. 무방향 링크 예측을 위한 협업 필터링에서 사용자 기반 이웃 모델의 적용에 대해 설명하라. 무방향 네트워크에서 사용자 기반 방법을 적용하는지 아이템 기반 방법을 적용하는지에 따라 차이가 있는가? 방향 네트워크는 어떠한가?

9. 방향 링크 예측에 대한 3장의 희소 선형 모델의 적응에 대해 설명하라.

# 11

# 사회와 신뢰 중심 추천 시스템

"사회는 얼어붙은 물의 큰 조각과 같다. 그리고 스케이팅을 잘하는 것은 사회생활의 위대한 예술이다."

— 레티샤 엘리자베스 랜던Letitia Elizabeth Landon

## 11.1 개요

사용자에 대한 소셜 정보 액세스가 증가하면서 판매자는 협업 필터링 알고리듬에서 사회적 컨텍스트를 직접 통합할 수 있게 됐다. 이러한 방법 중 일부는 10장에서 설명했지만 11장의 초점은 네트워크 설정에서 노드와 링크를 추천하는 데 있다. 사회적 컨텍스트는 소셜 (네트워크) 링크뿐만 아니라 태그 또는 태그에 따른 분류folksonomies 같은 다양한 유형의 정보를 포함하기 때문에 훨씬 광범위한 개념이다. 또한 사회적 컨텍스트는 컨텍스트에 맞는 추천 시스템의 특별한 경우로 네트워크에 구애받지 않는 방식으로도 이해될 수 있다(8장 참조). 사회적 설정은 신뢰와 같은 인간 관련 요인들로 인해 만들어진다. 사용자가 피드백 과정에 참여하는 자의 신원을 알고 있을 때 신뢰 요소가 중요한 역할을 하게 된다. 따라서 11장의 내용은 10장과 밀접한 관련이 있기도 하지만 별도의 장이 될 수 있을 정도로 뚜렷한 역할을 한다. 특히 추천 시스템에서의 사회적 컨텍스트에 대한 다음과 같은 내용을 배워 볼 것이다.

1. **사회적 컨텍스트가 컨텍스트 인식 추천 시스템에서 맡는 특별한 역할**: 컨텍스트 인식 추천 시스템은 8장에서 논의된다. 컨텍스트 권장 사항에 대한 중요한 프레임워크는 다차원 모델 [6]이다. 맥락이라고 표현할 수 있는 가능한 형태 중 하나는 소셜 정보가 추천 과정의 효율성을 향상시키기 위해 사이드 정보로 사용되는 사회적 맥락이다. 예를 들어 사용자가 볼 수 있는 영화의 선택은 영화를 보도록 선택한 동반자에 따라 다르다. 즉, 어떤 사람(친구, 부모 또는 중요한 다른 사람)과 영화를 함께 보고 있는지에 따라 다른 영화를 선택하는 경우가 많다. 이러한 추천은 추천 과정에서 소셜 네트워크의 구조를 사용할 필요 없이 다차원 모델로 직접 처리할 수 있다.

2. **네트워크 중심과 신뢰 중심적 관점에서의 사회적 맥락**: 이 경우라면 판매자가 사용자의 사회적 구조를 알고 있다고 가정한다. 사용자는 종종 영화, 레스토랑 또는 기타 항목에 대한 제안을 친구에게 물어볼 가능성이 높다. 따라서 사용자의 사회적 구조는 추천 과정에 유용한 사회 신뢰 네트워크로 볼 수 있다. 예를 들어 사용자는 특정 영화를 본 친구가 많다면 해당 영화를 볼 가능성이 더 높다. 더 나아가 사용자가 영화에 관심이 있는 사용자 커뮤니티와 밀접하게 연결돼 있다면 사용자의 관심에 대한 추가 증거를 제공한다. 따라서 사용자 주변의 네트워크 구조 및 관심사는 추천 과정에서 중요한 역할을 한다.

   Epinions.com[705]과 같은 일부 네트워크에서는 추천 과정에서 서로의 의견에 얼마나 의존할 수 있는지에 대한 피드백을 제공하면서 사용자 간의 신뢰 네트워크를 만든다. 신뢰 요소는 특히 중요한 것이 사용자의 개인화된 관심사를 과거에 신뢰했던 다른 사용자의 평점 패턴을 통해 더욱 잘 예측할 수 있기 때문이다. 신뢰의 도움이 추천 과정에서 매우 중요하고도 긍정적 역할을 한다는 것은 이제 문헌에서도 말하고 있다. 이러한 방법론은 10장에서 설명하는 네트워크 중심 방법 중 일부와 밀접한 관련이 있다. 여기서는 특히 신뢰 중심 시스템의 맥락에서 이러한 방법을 자세히 설명한다.

3. **사용자 상호작용 관점**: 소셜 네트워크에서의 사용자 상호작용은 댓글이나 태그와 같은 다양한 형태의 피드백을 말한다. 태그는 공동으로 콘텐츠를 추가하고 분류하는 것으로 볼 수 있다. 이러한 분류는 매우 유익하며 추천 과정을 개선하는 데 사용될 수 있다. 방법론은 공동 작업 및 콘텐츠 중심 접근 방식의 조합이 사용된다는 점을 제외하면 콘텐츠 중심 추천과 밀접한 관련이 있다. 이 경우는 협업 및 콘텐츠 중심 요소를 모두 활용해 충분하게 데이터를 사용할 수 있기 때문에 매우 자연스러운 일이다.

이 방법론은 완전히 다른 추천 설정과 입력 데이터가 적용된다. 게다가 소셜 정보는 이러한 각 설정에서 완전히 다른 방식으로 사용된다. 따라서 소셜 추천 시스템은 소셜 참여자가 컨텍스트 역할을 하는지, 피어 추천 모델 또는 상호작용 데이터의 공급자로 역할을 하는지에 따라 다양한 관점에서 이해할 수 있다.

11장에서는 소셜 네트워크 추천에 대한 앞에서 언급한 모든 시나리오에 대해 설명한다. 각각의 방법론이 적용되는 주요 설정과 가장 효과적으로 작동하는 설정에 대해서도 다룬다. 10장에서 설명한 방법과 관련된 기술 중 몇 개에 대해서도 설명한다. 사회적 설정을 해결하기 위해 다차원 컨텍스트를 사용하는 것은 8장에 도입된 기술과 밀접한 관련이 있다. 반면에 네트워크 중심 방법론의 사용은 10장에 도입된 기술과 밀접한 관련이 있다. 11장에서는 이 테마들이 사회적 맥락과 연관이 있기 때문에 해당 테마들에 대해 다룰 예정이다

본 장은 다음과 같이 구성된다. 11.2절에서는 사회적 추천 시스템의 특수한 사례로서 사회적 맥락의 사용에 대해 논의한다. 즉, 사회적 맥락을 해결하기 위해 다차원 모델 [6]의 사용에 대해 논의할 것이다. 사회적 추천에 대한 네트워크 중심의 방법은 11.3절에서 설명한다. 사회적 추천에 활용되는 사용자 상호작용은 11.4절에서 설명한다. 요약은 11.5절에 있다.

## 11.2 사회적 맥락을 위한 다차원 모델

8장의 다차원 모델은 추천 과정 내 소셜 정보를 통합하는 가장 간단한 방법이었다. 이 접근 방식은 8장의 축소 기반 접근 방식을 사용해 기존의 협업 필터링 모델을 재사용할 수 있다는 장점이 있다. 사회적 맥락과 관련된 평점의 사용은 이 접근 방식이 적용되는 한 가지 사례다. 사회적 맥락 관련 데이터는 다른 정보 소스에서 직접 수집되거나 유추될 수 있다. 사회적 컨텍스트에 대한 데이터를 수집하는 일반적인 몇 가지 방법은 다음과 같다.

1. 명시적 피드백: 시스템은 영화와 같이 평점을 매기는 동안 영화를 시청한 사람에 대한 세부 정보와 같은 다양한 유형의 정보를 캡처하도록 설계됐을 수 있다. 마찬가지로, 관광객의 목적지는 동반자에 따라 달라질 수 있다. 예를 들어 관광객은 자녀가 동행할 때 라스베이거스보다 디즈니랜드로 여행할 가능성이 훨씬 높다. 이 방법의 주요 과제는 사용자가 일반적으로 평점을 제공하면서 이러한 컨텍스트 세부 정보를 지정하는 데 너무 많은 노력을 기울일 의향이 없다는 것에 있다. 따라서 충분한 데이터를 수집하는 것이 더 어려워진다. 그럼에도 명시적 피드백을 통해 이러한 데이터를 수집한다면 결과는 일반적으로 고품질이다. 따라서 가능한 첫 번째 선택으로 간주돼야 한다.

2. 암시적 피드백: 사용자의 사회적 맥락은 항목이 어디에서, 언제, 어떻게 구입됐는지 또는 사용자의 다른 사회 활동에서도 유추될 수 있다. 예를 들어 관광객이 동일한 신용카드를 사용해 자신과 여행 동반자의 티켓을 같이 예약하는 경우, 투어 담당자에게는 향후 추천에 유용하게 쓰일 컨텍스트 정보가 제공되는 것이다. 경우에 따라 컨텍스트 데이터

를 수집하려면 머신러닝 기술을 사용해야 할 수 있다. 휴대전화의 가용성이 증가하고 온라인 사용자 활동 분석을 수행할 수 있는 능력이 증가함에 따라 자동화된 방식으로 정보를 수집하는 것과 같이 방법은 더욱 쉬워지고 있다.

$U$가 사용자 집합이 되고, $I$가 항목 집합이 되고, $C$는 사회적 컨텍스트를 나타내는 대안 집합이 된다고 하자. 평점은 3차원의 평점 큐브 $R$에서 $g_R$로 매핑된다고 하자. 매핑의 도메인은 $U \times I \times C$로 정의되며 범위는 평점 값과 같다. 이 매핑은 다음과 같이 작성할 수 있다.

$$g_R : U \times I \times C \rightarrow rating$$

예를 들어 컨텍스트는 여행 동반자인 여행 추천 응용 앱 서비스를 생각해보자. 그림 11.1은 사회적 컨텍스트를 가진 3차원 평점 행렬의 예를 보여준다. 여기서 항목은 관광 위치에 해당하고 컨텍스트는 여행 동반자에 해당한다. 큐브의 각 항목은 특정 컨텍스트에서 사용자의 이동 위치에 대한 평점을 가리킨다. 이 예제는 그림 8.3을 사회적 맥락에 맞게 간단하게 적용한 것이다. 여러 사회적 맥락을 가질 수도 있다. 이러한 경우 기본 큐브의 차원이 그에 따라 증가하고 평점의 $w$차원 큐브로 작업할 수 있다. 사회적 맥락의 경우 다차원 모델이 다른 유형의 맥락과 크게 다르지 않다. 따라서 8장에서 설명하는 알고리듬은 비교적 수고 없이 이 시나리오로 일반화될 수 있다.

쿼리는 차원을 "어떤" 차원으로 분할하지, "누구를 위한" 차원으로 분할할지 다차원 컨텍스

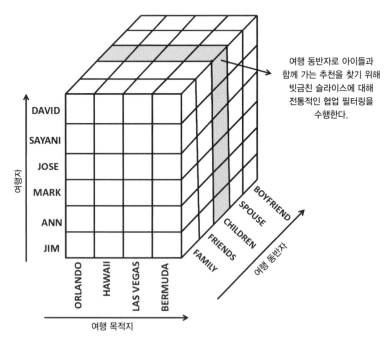

**그림 11.1** 다양한 소셜 컨텍스트에 대한 여행 추천(8장 그림 8.3의 각색)

트와 유사한 방식으로 방법을 취할 수 있다. 일반적인 쿼리는 다음과 같은 양식이다.

"누구를 위한" 차원 내에서 지정된 값의 특정 집합에 대해 "어떤" 차원에서 상위-$k$ 가능성을 결정하자.

이전에 제시한 예처럼 다양한 쿼리에 대한 가능성은 다음과 같다.

1. 특정 사용자에 대한 최상위-$k$ 목적지를 결정한다.
2. 특정 사용자와 함께하는 최상위-$k$ 목적지-동반자 쌍을 결정한다.
3. 사용자-동반자 쌍에서의 최상위-$k$ 목적지를 결정한다.
4. 사용자-목적지 쌍에서의 최상위-$k$ 동반자를 결정한다.

8.2절에 해당하는 축소 접근 방식은 위와 같은 쿼리에 대한 응답으로 활용될 수 있다. $f_{R'} : U \times I$ 라고 하며, 평점은 2차원 평점 행렬 $R'$에서의 전통적인 협업 필터링 알고리듬이라 하자. 그런 다음 앞서 언급한 각 쿼리를 표준 공동 작업 필터링 문제로 줄일 수 있다. 예를 들어 어린이와 함께 방문하기에 가장 좋은 목적지를 결정하기 위해 하나는 원래의 3차원 평점 행렬 $R$에서 해당 2차원 면인 $R'$(어린이)을 추출할 수 있다. 이 슬라이스는 그림 11.1의 빗금 친 부분에 해당한다. 그런 다음, 이 2차원 행렬에 표준 협업 필터링 알고리듬을 적용할 수 있다. 여러 여행 동반자가 있는 경우 컨텍스트 집합 $V$라고 부르기로 하자. $V$의 각 컨텍스트에 대한 데이터에 해당하는 큐브 조각을 추출할 수 있으며 특정 사용자 항목 조합에 대한 서로 다른 컨텍스트 값을 통해 평점을 평균화할 수 있다. 이 프로세스는 8장의 식 8.2와 유사하다.

$$g_R(User, Item, V) = \text{AVERAGE}_{[y \in V]} \ g_R(User, Item, y) \tag{11.1}$$

따라서 문제는 다시 사회적 컨텍스트 집합 $V$ 내에서 평균 슬라이스를 사용해 2차원 케이스로 감소될 수 있다. 특정 컨텍스트를 염두에 두지 않고 특정 사용자의 최상위 대상을 결정하는 문제에도 유사한 접근 방식을 사용할 수 있다. 이러한 경우 특정 사회적 컨텍스트 집합 $V$가 아닌 다른 모든 컨텍스트에 걸쳐 평점의 평균을 설정할 수 있다. 이 방법을 사전 필터링이라 한다. 그러나 후필터링postfiltering에 해당하는 잠재 요인 모델 또는 기타 머신러닝 모델과 같은 다른 방법론도 11장에서 설명한다. 이러한 모든 방법론은 현재 설정에서 추천을 진행하도록 쉽게 일반화될 수 있다.

# 11.3 네트워크 중심과 신뢰 중심 방법론

네트워크 중심 방법의 기본 아이디어는 사용자의 우정 구조가 자신의 취향, 선택 또는 소비 패턴에 큰 영향을 미친다는 것이다. 사용자는 종종 영화, 여행 또는 기타 항목에 대한 추천을 친구에게 요청한다. 또한 소셜 연결은 서로 연결된 사용자가 종종 비슷한 관심사와 취향을 가지고 있는 것으로 잘 알려진 원리이다. 취향의 유사도는 사용자가 다른 사용자보다 연결된 사용자의 추천을 신뢰하도록 유도한다. 이 링크를 추천 과정에 통합하도록 다양한 방법을 설계할 수 있다. 이러한 링크는 앱의 도메인에 따라 효율성이 다를 수 있지만 특정 사용자의 평점 정보가 거의 없는 콜드 스타트의 경우 특히 유용하다. 이러한 경우 사용자의 소셜 연결과 관련한 지식은 가장 관련도가 높은 피어를 식별하는 데 특히 유용할 수 있다. 다음은 추천 과정을 위해 사회적 지식을 통합하는 몇 가지 중요 방법론을 다룰 것이다. 첫 번째로는 우리는 신뢰와 동종 선호라는, 매우 관련은 있지만 동일하진 않은 두 가지 중요한 개념을 논의할 것이다.

## 11.3.1 신뢰 네트워크 구축을 위한 데이터 수집

신뢰와 동종 선호는 모두 사회적 추천 과정에서 중요한 역할을 한다. 두 개의 개념은 관련은 있지만 매우 동일하지는 않다. 동종 선호는 소셜 네트워크에서 연결된 사용자 간은 취향과 관심사 측면에서 서로 비슷할 가능성이 높다는 말이다. 신뢰는 사용자가 친구의 취향과 추천을 신뢰할 가능성이 더 높다는 사실을 의미한다. 어떤 경우에는 신뢰가 동종 선호의 결과이기도 하다. 연결된 사용자는 서로 유사한 경향이 있기 때문에 서로의 취향과 추천을 신뢰하는 경향이 있다. 신뢰와 동종 선호 사이의 강한 상관관계는 [224, 681]에서 나타났다.

동종 선호 또는 신뢰 혹은 둘 다 주어진 네트워크와 관련이 있을 수 있다. 페이스북과 같은 일부 소셜 네트워크에서는 링크가 일반적으로 우정 관계를 나타내기 때문에 종종 선호와 신뢰가 모두 관련이 있다. 실제로 신뢰 관계는 종종 이러한 웹 기반 소셜 네트워크에서 계산적으로 유추될 수 있다[226]. 기능 유사도 및 이메일 교환과 같은 많은 특성을 사용해 신뢰 링크를 추론할 수 있다. 예를 들어 다음의 사용자-사용자 유사도[588]를 사용해 사용자 $i$와 $j$ 간의 신뢰 $t_{ij}$를 결정할 수 있다.

코사인 유사도는 사용자 $i$ 및 $j$의 평점에 따라 계산된다. $i$와 $j$가 연결되지 않은 경우 둘 사이의 신뢰가 정의되지 않는다는 점은 주목할 만하다. 나중에 살펴보겠지만 정의되지 않은 값은 신뢰 전파 방법론을 통해 유추할 수 있다. 따라서 이러한 방법론은 연결된 사용자 간의 신뢰 값과 연결되지 않은 사용자 간의 신뢰 값은 다르게 유추된다는 것을 알려준다.

앞서 언급한 방법론은 신뢰를 추론하는 암시적 방법으로 볼 수 있다. Epinions[705]와 같은 일부 네트워크에서는 사용자가 신뢰 링크를 지정한다. 이러한 네트워크의 몇 가지 예는 다음과 같다.

1. 골벡의 필름트러스트 시스템 [225]에서 사용자는 평점을 제공하는 것 외에도 지인의 평점에 대한 신뢰를 평가하도록 요청받는다. 그런 다음 이 데이터를 사용해 권장 사항을 만드는 것이다.

2. Epinions 사이트 [705]에서 사용자는 신뢰하거나 불신하는 다른 사용자를 지정하라는 요청을 받는다.

3. Moleskiing 사이트[461]에서, 사용자 간 신뢰 정보는 명시적 피드백을 통해 얻어진다. 사용자는 다른 사용자의 댓글이 얼마나 유용한지 평가할 수 있다. 이렇게 하면 사용자 간의 신뢰 링크를 유추하는 데 도움이 될 수 있다. 사용자가 다른 사용자의 의견에 대해 긍정적인 의견을 자주 표현하는 경우, 두 사용자 간에 직접적인 선을 추가할 수 있다. 모델링 방법론을 사용해 이 빈도수를 명시된 신뢰 값과 연관시킬 수 있다. 이러한 모델링 접근 방식의 예는 [591]에서 제공되지만 이 작업은 신뢰 관계보다는 불신 관계에 초점을 맞추고 있다. 리뷰에 대한 피드백을 남길 수 있는 기능은 Amazon.com 같은 사이트에서도 사용할 수 있다.

4. 신뢰와 불신 관계는 기술 블로그인 Slashdot 네트워크[706]에서도 사용할 수 있다. 이 경우 신뢰 관계는 사용자가 직접 지정한다.

신뢰 관계가 암시적으로 유추되거나 사용자가 명시적으로 지정한다면 모든 경우에 신뢰 네트워크를 만들 수 있다. 이 신뢰 네트워크는 신뢰의 웹Web of trust이라고도 한다. 11장이 이루려고 하는 목적을 위해 신뢰는 $t_{ij}$가 $(0, 1)$로 구성돼 있는 $m \times m$ 사용자-사용자 행렬 $T = [t_{ij}]$로 지정된다고 가정해보자. 더 큰 값의 $t_{ij}$는 유저 $i$가 유저 $j$를 큰 값으로 신뢰한다는 뜻이다. $t_{ij} \in (0, 1)$의 경우는 신뢰 표현의 확률을 나타내는 것이다. 이 표현은 불신이 아닌 신뢰를 모델링하는 방법을 제공한다. 일반적으로 $t_{ij}$의 값은 $t_{ji}$의 값과 같지 않을 수 있지만 일부 암시적 추론 모델은 같다고 가정할 수 있다.

경우에 따라 불신 관계도 사용될 수 있다. 예를 들어 Epinions는 신뢰할 수 없는 유저는 차단할 수 있는 옵션이 유저에게 주어진다. 이상적으로는 불신 관계는 음수 값이어야 하며 $[-1, +1]$에서 값을 사용하도록 모델을 확장할 수 있다. 그러나 신뢰와 불신 관계가 모두 있는 네트워크에 대해 추론 알고리듬을 일반화하는 것은 종종 어려운 일이다. 문헌 내 대부분의 연구는 불신 관계를 무시하고 신뢰 관계를 사용하는 데에만 초점을 맞추고 있다. 따라서 이 절에서 논의되는 대부분의 설명은 노드 간의 긍정적인 신뢰 관계를 기반으로 한다. 참고문헌에는 불신 관계를 사용하는 방법에 대한 자세한 내용이 포함돼 있다.

신뢰 인식 추천 시스템은 신뢰의 웹 내 지식을 사용해 개인화되고 정확한 추천 내용을 만들 수 있다. 이러한 추천 시스템도 신뢰 강화 추천 시스템이라고 한다. 대부분은 신뢰 집계trust aggregation 및 신뢰 전파trust propagation라고 하는 특수 연산자를 사용한다. 여기서 활용되는 메커니즘은 신뢰 네트워크 내 전이성을 사용하는 두 사용자 간의 알 수 없는 신뢰 수준을 추정한다. 즉, A가 B를 얼마나 신뢰하는지, B가 C를 얼마나 신뢰하는지, A가 C를 얼마나 신뢰하는지 알 수 있다. 신뢰 메트릭은 기존의 신뢰 관계를 기반으로 한 사용자가 다른 사용자를 얼마나 믿어도 될지 추정한다[682].

신뢰 네트워크는 특히 사용자가 명시적으로 지정한 경우에 전달된다. 신뢰 관계는 비대칭이기 때문이다. B에 대한 신뢰 수준은 A에 대한 B의 신뢰 수준과 다를 수 있다. 대부분의 신뢰 기반 알고리듬은 계산 중에 선edge의 방향을 고려한다. 그러나 경우에 따라 웹 기반 소셜 네트워크에서 신뢰 관계가 암시적으로 유추되는 경우 방향이 없는 네트워크의 단순화 가정이 이루어진다. 일례로 식 11.2의 신뢰 관계는 대칭이다.

## 11.3.2 신뢰 전파 및 집계

신뢰 전파 및 집계는 소셜 추천 시스템 설계에 중요한 역할을 한다. 이 연산자는 신뢰 네트워크가 모든 사용자끼리 신뢰 관계가 존재하지 않는 드물게 지정돼 있는 경우에 활용된다. 따라서 신뢰 관계의 전이도는 전파 및 집계와 같은 연산자의 사용과 함께 누락된 신뢰 관계를 유추해야 한다.

전이도는 무엇일까? 앨리스가 존을 신뢰하고 존은 밥을 신뢰한다고 하면, 앨리스가 밥을 신뢰할 것이라 유추할 수 있다. 이 사실은 밥이 좋아한 아이템을 기반으로 앨리스에게 추천할 때 유용하다. 즉, 추론을 하기 위해서는 신뢰 네트워크의 경로를 결정해야 한다. 경로의 끝점에서 두 노드 간의 알 수 없는 신뢰 값을 결정하는 것을 신뢰 전파라 한다. 그러나 일반적으로 신뢰 네트워크 안에서 한 쌍의 사용자 간에는 여러 경로가 있다. 예를 들어 그림 11.2의 단순 신뢰 네트워크에서, 선의 신뢰 값이 $(0, 1)$로 그려지는 것을 가정한다. 사용자 A에서 다른 사용자 B에 이르는 선의 값은 A가 B를 얼마나 신뢰하는지 나타낸다. 앨리스와 밥 사이에는 두 가지 경로가 있으며 앨리스와 밥 간의 (전파된) 신뢰 값은 이 두 경로에 걸쳐 집계돼야 한다. 밥에 대한 앨리스의 신뢰를 정량화할 때, 앨리스는 소스source이고 밥은 싱크sink이다. 신뢰 전파 및 신뢰 집계 연산자는 다음과 같이 계산된다.

1. 단일 경로를 따라간 신뢰 전파: 일반적으로 곱셈 접근법은 신뢰 전파에 사용된다[241, 509]. 이 경우 두 끝점 간의 신뢰를 구하기 위해 선edge 간의 신뢰 값이 곱해진다. 예를 들어 그림 11.2에서 앨리스 → 존 → 밥 경로를 생각해보자. 이 경우 경로의 신뢰 값을 곱하면 $0.7 \times 0.6 = 0.42$의 전파된 신뢰 값이 생성된다. 마찬가지로, 경로 앨리스 → 메리 → 팀 → 밥을 계산해본다면, 곱셈 전파 신뢰 값은 $0.3 \times 0.4 \times 1 = 0.12$이다. 많은

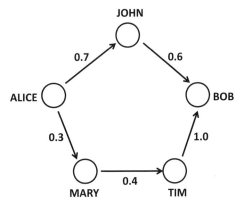

**그림 11.2** 단순한 신뢰 네트워크

방법론은 신뢰 감쇠를 사용해 긴 경로를 덜 강조하거나 간단하게 짧은 경로만을 사용한다. 예를 들어 사용자가 정의한 감쇠 인자, $\beta < 1$은 계산된 신뢰 값을 $\beta^q$와 곱하는데 사용되며, 여기서 $q$는 전파의 경로 길이이다. 그림 11.2에서, 감쇠 방법론은 상위 경로 $\beta^2$와 하위 경로 $\beta^3$를 곱한다. 생성된 계산값은 각각 $0.42 \times \beta^2$ 및 $0.12 \times \beta^3$이다. 좀 더 정교한 방법으로 감쇠를 통합시키는 방법론은 확산 활성화 모델이 사용되는 Appleseed 알고리듬[682]에 포함돼 있다.

이러한 유형의 곱셈 전파 알고리듬은 범위 (0, 1)의 음수가 아닌 신뢰 값에 대해서만 설계됐다. 불신 관계는 중요한 도전 과제인 것이 두 가지 불신의 순서는 항상 신뢰 관계를 의지하지 않기 때문이다[241, 590, 591]. 따라서 곱셈 접근 방식은 부정적인 신뢰 값에는 직접 사용할 수 없다. 불신 관계를 위해 설계된 전파 방법에 대한 연구는 참고문헌을 참조하라.

2. 여러 경로에 걸친 신뢰 집계: 신뢰 집계에서 다양한 경로에 대한 전파된 값은 단일 값으로 집계된다. 공통 집계 연산자는 최소, 최대, 평균, 가중 평균 또는 가중 합계를 사용한다. 가중 평균에서 일부 전파 경로는 다른 경로보다 더 중요한 것으로 간주된다. 예를 들어 친한 친구의 가까운 경로나 추천은 더 중요하다고 볼 수 있다. 이러한 가중치는 감쇠 함수decay function를 사용해 신뢰 전파 연산자 내에서도 처리할 수 있다.

그림 11.2의 예를 살펴보자. 이전에 설명한 예제에서는 평균 연산자를 사용해 앨리스와 밥의 신뢰 값, $(0.42 + 0.12)/2 = 0.27$를 추정했다. 반면 합계 연산자는$(0.42 + 0.12) = 0.54$와 같은 추정값으로 이어진다. 참고문헌에는 다양한 신뢰 집계 방법과 관련된 연구가 포함돼 있다.

신뢰 전파 및 집계는 기존에 있는 데이터에 관계없이 고정 추론을 사용하기 때문에 신뢰 중심 시스템 내 추천에서 비지도 방법론에 해당한다. 지도 방법론은 행렬 인수분해와 같은 낮은 순위 표현을 사용해 이러한 종속성을 학습한다. 이후 절에서는 알고리듬이 서로 다른 경로의 중요성을 학습하는 지도 방법론에 대해서도 설명한다. 합계 기반 집계가 있는 일부 감쇠 전파 알고리듬은 링크 예측에 사용되는 비지도된 카츠 척도와 매우 유사하다. 링크 예측에 대한 카츠 척도의 사용에 대해서는 10장에서 설명한다. 11.3.7절의 후반부에서 볼 수 있듯이, 신뢰 인식 추천 결과의 문제는 링크 예측 문제의 사례로 직접 변환될 수 있다.

## 11.3.3 신뢰 전파가 없는 단순 추천 모델

신뢰 네트워크를 사용할 수 있어도 직접 관찰된 신뢰 값(예: Epinions의 사용자 피드백)만 사용하는 시나리오를 생각해보자. 또한 전파 및 집계는 간접적으로 연결된 사용자 간의 신뢰 값을 유추하는 데 사용되지 않는다. 즉, 만일 사용자 $i$가 $j$에 대해서 직접적인 피드백을 제공하지 않았다면, $i$가 $j$ 간의 신뢰 값은 쓸 수 없는 것이다. $m$ 사용자와 $n$ 아이템에 대한 $m \times n$ 평점 행렬 $R \times [r_{ij}]$와 신뢰 관계를 나타내는 $m \times m$ 신뢰 행렬 $T = [t_{ij}]$가 있다 해보자. 즉, $t_{ij}$는 사용자 $i$가 사용자 $j$를 신뢰하는 정도를 나타낸다.

아이템 $j$에 대한 사용자 $i$의 평점 $\hat{r}_{ij}$를 예측하는 간단한 방법은 사용자 $i$의 피어 그룹, 즉, 주어진 임계치 $\theta$ 이상의 임계값으로 사용자 $i$의 신뢰를 받으며 아이템 $j$를 평가한 모든 사용자 $N(i, \theta)$을 정의하는 것이다. 그런 다음 이웃 기반 방법론에 자주 사용되는 수식을 사용한다.

$$\hat{r}_{ij} = \frac{\sum_{k \in N(i,\theta)} t_{ik} r_{kj}}{\sum_{k \in N(i,\theta)} t_{ik}} \tag{11.3}$$

이 방법은 Pearson 상관계수 대신 신뢰 값이 사용되는 이웃 방법론의 사용자 기반 버전으로 볼 수 있다. 수식은 신뢰 값 가중 평균이라고도 한다. 다른 방법은 평점을 중심에 두기 위해서 기존의 협업 필터링에서처럼 각 사용자 $k$의 평균 평점 $\mu_k$를 사용하는 것이다.

$$\hat{r}_{ij} = \mu_i + \frac{\sum_{k \in N(i,\theta)} t_{ik} (r_{kj} - \mu_k)}{\sum_{k \in N(i,\theta)} t_{ik}} \tag{11.4}$$

이 방법은 지정된 평점 척도 내에 있지 않은 예측으로 이어질 수 있다. 이러한 경우 지정된 눈금 내에서 최근접 평점으로 조정할 수 있다.

## 11.3.4 TidalTrust 알고리듬

*TidalTrust* 알고리듬은 짧은 경로가 전파에 더 안정적이라는 관찰을 기반으로 한다. 따라서 소스-싱크 쌍 사이의 가장 짧은 경로를 신뢰 계산에 사용해야 한다. 추가 논의를 위해 신뢰가 소스

$i$에서 싱크 $j$까지의 신뢰 값이 계산돼야 한다고 가정해보자. 알고리듬은 전진 단계forward phase(노드가 신뢰 임계값 $\beta(i, j)$를 기반으로 $i$부터 $j$까지 가장 짧은 경로를 찾기 위해 너비 우선 순서breadth-first order로 소스 $i$서부터 싱크 $j$까지의 노드를 찾는 단계)가 있다는 데서 이름을 따왔다. 그런 다음 알고리듬은 전진 단계에서 찾은 노드를 역순으로 신뢰 값을 계산하는 후진 단계backward phase(예: 싱크에서 소스까지)를 사용한다. 전진 방향에서 발견된 가장 짧은 경로에 있는 선들 중 적어도 $\beta(i, j)$와 같은 신뢰 값을 가지는 선들은 후진 단계에 쓰인다. 따라서 알고리듬은 다음과 같이 요약될 수 있다.

1. 전진 단계: 전진 단계의 목표는 소스 $i$와 싱크 $j$ 사이의 신뢰 계산에 관련이 있는 것으로 간주되는 신뢰 값에 대한 최소 임계값 $\beta(i, j)$를 결정하는 것이다. $\beta(i, j)$를 계산하기 위한 방법론은 나중에 설명될 것이다. 또한 소스에서 싱크까지의 모든 가장 짧은 경로는 이 단계에서 너비 우선 탐색breadth-first search을 통해 결정된다. 소스 $i$에서 싱크 $j$까지의 (모든) 가장 짧은 경로의 하위 그래프 $\mathcal{G}(i, j)$는 항상 사이클이 없는 방향성 비순환 그래프directed acyclic graph이다. 각 노드 $q$의 자식 $C(q)$는 가장 짧은 경로의 방향성 비순환 그래프 $\mathcal{G}(i, j)$ 내 노드 $q$라는 점들의 노드들로 정의된다. 이 하위 그래프의 가장자리만이 후진 단계와 관련이 있다. 전진 단계는 나중에 더 자세히 설명할 것이다.

2. 후진 단계: 후진 단계에서는 싱크 노드 $j$에서 시작해, $\mathcal{G}(i, j)$의 가장자리를 이용하며 소스 노드까지의 거리를 역순으로 처리하며 노드들이 이루어진다. 즉, 싱크에 최근접 노드가 먼저 처리된다. 현재 처리된 노드를 $q$라 하자. 가장자리$(q, j)$가 이미 신뢰 네트워크에 있는 경우 관찰된 신뢰값 $t_{qj}$로 예측된 신뢰 값 $\hat{t}_{qj}$를 설정할 수 있다. 가장자리$(q, j)$가 신뢰 네트워크에 없는 경우라면 사용자 노드 $q$와 싱크 노드 $j$ 사이의 예측된 신뢰 값 $\hat{t}_{qj}$는 신뢰 값이 적어도 $\beta(i, j)$인 $\mathcal{G}(i, j)$의 가장자리만을 사용해 재귀적으로 계산된다.

$$\hat{t}_{qj} = \frac{\sum_{k \in C(q), t_{qk} \geq \beta(i,j)} t_{qk} \hat{t}_{kj}}{\sum_{k \in C(q), t_{qk} \geq \beta(i,j)} t_{qk}} \tag{11.5}$$

식 11.5에 따라 신뢰 값 $\hat{t}_{qj}$를 계산하려면 모든 자식 $k \in C(q)$에 대해 계산된 신뢰 값 $\hat{t}_{kj}$가 필요하다는 것을 기억하라. $\hat{t}_{kj}$는 $k$가 $q$의 자식이기 때문에 신뢰 값 $\hat{t}_{qj}$를 계산할 때 항상 사용할 수 있으며 모든 계산은 역방향으로 수행된다. 접근 방식은 많은 중간 값 $\hat{t}_{kj}$을 계산하지만 계산된 소스-싱크 값 $\hat{t}_{ij}$는 특정 소스-싱크 쌍$(i, j)$에 대해서만 관련이 있고 다른 중간 값들은 버려진다. 따라서 이 접근 방식은 다양한 소스-싱크 쌍을 통해 반복돼야 한다.

아직 전진 단계에 대해 설명할 부분이 있다. 전진 단계에서는 너비 우선 탐색의 변형된 버전이 가장 짧은 경로 $\mathcal{G}(i, j)$의 방향성 비순환 그래프를 계산하기 위해 노드 $i$에서 시작된다. 일반적인 너비 우선 탐색은 노드 탐색 순서에 따라 $i$와 $j$ 사이의 첫 번째로 등장한 가장 짧은 경로만 검색한다. 하지만 우리는 모든 경로를 찾고 싶어 한다. 표준 너비 우선 탐색과의 차이점은 노드의 주어진 노드의 자식 노드인지 확인하기 위해 이전에 방문했던 이웃을 확인한다. 소스 $i$는 거리 값 $d(i)$를 0으로 지정한다. 다른 모든 거리는 $\infty$로 지정한다. $I$의 모든 나가는 방향의 이웃은 거리 값 1로 지정되고 목록 $L$에 추가된다. 각 반복에서 $L$에서 가장 작은 거리의 레이블을 가지고 있는 $d(q)$의 노드 $q$가 선택된다. 나가는 방향의 가장자리에 있는 각 이웃 $k$에 대한 레이블은 다음과 같이 수정된다.

$$d(k) = \min\{d(k), d(q) + 1\} \tag{11.6}$$

노드 $k$는 업데이트 후 $d(k) = d(q) + 1$인 경우에만 $q$의 자식 $C(q)$에 추가된다. 노드 $q$는 모든 이웃의 레이블(이전에 방문한 레이블 포함)을 업데이트한 후 목록 $L$에서 삭제된다. $L$에서 가장 짧은 경로의 레이블이 있는 노드가 싱크 $j$인 경우 알고리듬이 종료된다. 이 시점에서 싱크 노드 $j$ 보다 크거나 같은 거리 레이블이 있는 그래프의 모든 노드는 네트워크에서 삭제된다. 또한 조건 $d(k) = d(q) + 1$를 충족하지 않는 가장자리$(q, k)$도 삭제된다. 나머지 하위 그래프 $\mathcal{G}(i, j)$에는 노드 $i$에서 노드 $j$까지의 가장 짧은 모든 경로를 다 포함한다. 예를 들어 그림 11.3(a)에서의 신뢰 네트워크에 대한 가장 짧은 경로를 나타내는 하위 그래프 $\mathcal{G}(i, j)$는 그림 11.3(b)에 있다. 소스 노드 1과 싱크 노드 8 사이의 경로는 관련이 없기 때문에 그림 11.3(b)에서 노드 6은 누락됐다. 가장 짧은 경로에 위에 있지 않은 가장자리들도 원래 그래프에서 누락됐다. $\mathcal{G}(i, j)$에서의 소스부터 싱크까지의 경로에 대한 최소 가중치 가장자리가 결정된다. $\beta(i, j)$의 값은 이러한 다양한 최솟값들의 최댓값으로 설정된다. 또한 전진 단계 동안 동적 프로그래밍 접근법은 $\beta(i, k)$의 중간 값을 추적해 $\beta(i, j)$를 효율적으로 계산하는 데 사용될 수 있다. 각 $k \neq i$에 대해 $\beta(i, i) = \infty$ 및 $\beta(i, k) = 0$으로 초기화한다. 전달받은 가장자리$(q, k)$(식 11.6 기준) 때문에 노트 $k$의 레이블이 과하게 감소한다면 다음 업데이트가 실행된다.

$$\beta(i, k) = \max\{\beta(i, k), \min\{t_{qk}, \beta(i, q)\}\} \tag{11.7}$$

그 결과, 전진 단계의 마지막 단계에서 $\beta(i, j)$의 값도 산출한다.

지금까지 우리는 *TidalTrust*의 사용자 간 신뢰 계산에 대해서만 논의했다. 이 계산은 아이템 추천에 어떻게 도움이 될 수 있을까? 아이템의 최종 평점은 식 11.3과 유사한 방식으로 신뢰 가중 평균으로 계산된다. 주요 차이점은 노드 $i$의 이웃의 관측된 신뢰 값뿐만 아니라, 예측된 신뢰 값 $\hat{t}_{ik}$도 식 11.3의 우변에 쓰일 수 있다는 점이다. $I_i$는 사용자 $i$에 의해 평가된 아이템의 인덱스라 해보자. 따라서 식 11.3은 다음과 같이 수정된다.

$$\hat{r}_{ij} = \frac{\sum_{k:k \in I_i \hat{t}_{ik} \geq \theta} \hat{t}_{ik} r_{kj}}{\sum_{k:k \in I_i \hat{t}_{ik} \geq \theta} \hat{t}_{ik}} \tag{11.8}$$

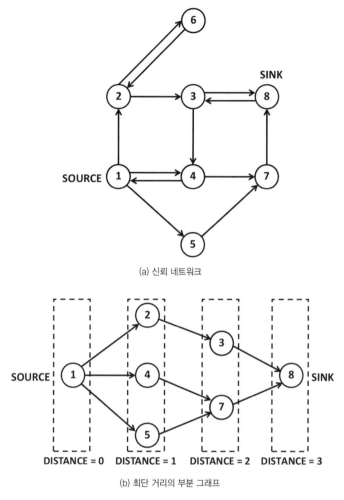

(a) 신뢰 네트워크

DISTANCE = 0    DISTANCE = 1    DISTANCE = 2    DISTANCE = 3

(b) 최단 거리의 부분 그래프

**그림 11.3** 신뢰 네트워크에서 TidalTrust로 찾아낸 최단 거리의 부분 그래프

이전과 마찬가지로 $\theta$는 유추된 신뢰 값에 대한 사용자가 정의한 계산에 활용되는 임계값이다. 이러한 방법론은 아이템에 대한 평점 결과가 다른 사용자와 크게 달라 논란이 많은 유저에 대한 추천으로 특히 유익하다[223].

## 11.3.5 MoleTrust 알고리듬

MoleTrust 알고리듬은 TidalTrust 알고리듬과 개념적으로는 여러 가지가 유사하지만 구현 방법이 매우 다르다. TidalTrust 알고리듬은 각 소스-싱크 쌍에 대해서 후진 단계를 사용한 후 전진 단계를 사용하는 반면 MoleTrust 알고리듬은 각 소스 노드에 대해 두 개의 전진 단계를 사용한다. TidalTrust 알고리듬의 전진 및 후진 단계의 적용은 특정 소스에서 특정 싱크까지의 신뢰 값을 계산할 수 있는 반면 MoleTrust 알고리듬은 소스 $i$에서 다른 모든 노드까지의 신뢰 값을 계산(두 개의 전진 단계에서 최대 거리 임계값 이내로 설정)할 수 있다. MoleTrust에서는 싱크가 지정되지 않았기 때문에 최단 경로 계산을 마치기 위해서는 다른 기준(최대 경로 길이 $\delta$)이 사용된다. 또한 사용자가 정의한 신뢰 임계값 $\alpha$는 각 소스 싱크 쌍에 대한 계산이 아니라 모든 소스 싱크 쌍에서 사용된다. 따라서 두 단계는 다음과 같다.

1. 전진 단계 1: 최대 $\delta$ 내, 소스 노드 $i$에서 시작하는 모든 최단 경로를 결정한다. 종료 기준은 싱크 노드에 도달하는 것이 아니라 최대 경로 길이를 기반으로 한다는 점을 제외하면, TidalTrust에서와 마찬가지로 수정된 너비 우선 방법론을 사용한다. 모든 가장자리가 이 가장 짧은 경로 중 하나에는 놓여져 있는 방향성 비순환 그래프 $\mathcal{G}(i, \delta)$를 결정한다. 각 노드의 선행 $P(q)$는 그래프 $\mathcal{G}(i, \delta)$에서 $q$를 가리키는 노드이다. MoleTrust의 전임자 개념은 정확히 TidalTrust의 자식의 반대 개념이다.

2. 전진 단계 2: 알고리듬은 모든 노드 $k$에 대해 $\hat{t}_{ik} = t_{ik}$을 설정해, 가장자리 $(i, k)$가 그래프 $\mathcal{G}(i, \delta)$에 나타나도록 한다. 이는 소스 노드 $i$로부터 거리 1에 있는 노드들을 나타낸다. 그런 다음 더 긴 거리의 소스와 노드 간의 신뢰 값이 계산된다. $\mathcal{G}(i, \delta)$의 소스 노드 $i$에서 거리 2 이상의 모든 노드 $q$인 신뢰 값 $\hat{t}_{iq}$는 다음과 같이 계산된다.

$$\hat{t}_{iq} = \frac{\sum_{k \in P(q), t_{kq} \geq \alpha} \hat{t}_{ik} \cdot t_{kq}}{\sum_{k \in P(q), t_{kq} \geq \alpha} t_{kq}} \tag{11.9}$$

TidalTrust 계산과 비슷한 부분을 주의하자. 주요 차이점은 이 계산은 전진 방향이고 사용자가 정의한 임계값 $\alpha$가 사용된다는 것이다. 이 사실은 모든 소스-싱크 쌍에게 해당된다. TidalTrust와는 달리, 소스-싱크의 특정 임계값 $\beta(\cdot, \cdot)$(전진 단계 동안 계산된 값)이 사용되며, MoleTrust 알고리듬의 임계값 $\alpha$는 모든 소스-싱크 쌍에 걸쳐 불변이다.

아이템 추천에 대한 최종 접근법은 TidalTrust와 유사하다. 모든 신뢰 값을 계산한 후 식 11.8을 사용해 평점 예측을 하는 것이다.

그림 11.3(a)에 대한 최대 길이 2인 방향성 비순환 하위 그래프는 그림 11.4에 나와 있다. 그림 11.3의 경우와 같이 노드 1은 소스 노드로 사용된다. 그림 11.3(b)과는 다르게, 노드 6은 그림 11.4에 있지만 노드 8은 없다. TidalTrust 알고리듬에서는 소스 노드밖의 거리에 있는 노드 간의 신뢰 값은 계산할 수 없다. 따라서 $\hat{t}_{18}$은 MoleTrust에서 계산할 수 없다. $\hat{t}_{18}$의 신뢰 값 계산은 추천 과정에 사용하기에는 미덥지 않다는 가정이다. 따라서 이러한 신뢰 값은 암시적으로 0으로 설정된다. MoleTrust는 각 소스-싱크 쌍이 아니라 각 소스 노드에 한 번만 적용하기 때문에 TidalTrust보다 더 효율적이다.

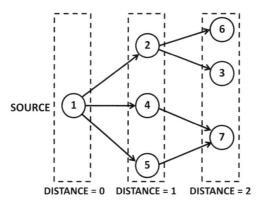

**그림 11.4** 그림 11.3(a)의 신뢰 그래프에서 최대 길이 2에서의 MoleTrust를 이용한 최단 거리 부분 그래프

## 11.3.6 TrustWalker 알고리듬

TrustWalker 알고리듬[269]은 소셜 네트워크 링크가 평점에 대해 독립적 정보의 원천을 제공[172]한다는 점을 기반으로 한다. 따라서 유사한 사용자를 검색하는 데에는 무작위 행보random-walk 방법론이 사용된다. 그러나 주요 딜레마는 무작위 행보에서 하나가 너무 멀리 갈 경우 전혀 관련 없는 사용자도 활용될 수 있다는 것이다. 이 컨텍스트에서 찾을 수 있는 중요한 사실은 같은 아이템에 대해 강한 신뢰 관계가 형성돼 있는 친구 관계에서의 평점은 약한 신뢰 관계가 형성돼 있는 친구들의 평점보다 더 나은 예측을 한다는 것이다. 따라서 TrustWalker 방법론은 신뢰 기반의 사용자 유사도와 통합된 무작위 행보 프레임워크 내 아이템 기반의 협업 필터링 모델의 조합이다.

TrustWalker 알고리듬은 사용자의 소셜 네트워크에서 무작위 행보 방법론을 사용한다. 알고리듬은 아이템 $j$에 대한 평점 $\hat{r}_{ij}$를 결정하기 위해 소스 사용자 $i$를 시작으로 한다. 무작위 행보의 각 단계에서, 방문한 사용자 $k$가 아이템 $j$를 평가했는지 여부를 확인한다. 실제로 평가했다면 관찰된 평점 $r_{kj}$가 반환된다. 그렇지 않다면 알고리듬은 무작위 행보에서 다시 시작하는 수정된 버전의 두 가지 선택이 있다.

1. 무작위 행보의 $l$ 단계에서 알고리듬은 확률 $\phi_{kjl}$로 노드 $k$에서 종료될 수 있다. 이러한 경우 $j$와 유사한 임의의 아이템에 대한 사용자 $k$의 평점이 반환된다. 사용자 $k$에 의해 평가된 모든 아이템 중에서, 이 랜덤한 아이템은 타깃 아이템 $j$의 사용자-사용자 유사도와 비례한 확률에 의해 선택된 것이다. 반환된 평점은 랜덤하고 신뢰 기반 버전의 아이템 기반 협업 필터링 알고리듬으로 볼 수 있다.

2. 확률 $(1 - \phi_{kjl})$로, 무작위 행보는 $k$의 이웃과 연결된다.

무작위 행보는 여러 번 반복되며, 평점은 다양한 행보의 확률적인 방식으로 평균화된다. 이 가중치는 여러 무작위 행보에서 종료될 확률과 예측에 사용되는 특정 아이템을 선택할 확률을 기반으로 한다. 자세한 내용은 [269]를 참조하자.

재시작 확률 $\phi_{kjl}$은 현재 방문한 사용자 $k$, 아이템 $j$와 단계 $l$ 수에 따라 달라진다. 이 값을 결정하는 직관은 다음과 같다. 종료 확률 $\phi_{kjl}$의 값은 소스 사용자와 멀리 떨어져 있는 약한 신뢰 관계의 사용자의 사용을 피하기 위해 단계 $l$의 수에 따라 증가한다. 이는 신뢰 전파에 더 긴 경로를 사용하지 않는다는 모든 신뢰 기반 알고리듬과 일치한다. 또한 $k$가 평가한 유사한 아이템이 신뢰할 만한 예측을 제공할 것이라 확신한다면 종료 확률도 높아야 한다. 이는 $k$가 평가한 타깃 아이템 $j$와 최근접 아이템의 유사도가 높다면 종료 확률도 증가한다는 개념에서 달성된다. 이 최대 유사도 값을 $\Delta_{kj} \in (0, 1)$라 하자. 따라서 전체 종료 확률은 다음과 같이 설정된다.

$$\phi_{kjl} = \frac{\Delta_{kj}}{1 + \exp(-l/2)} \tag{11.10}$$

이 전에 언급한 계산에는 아이템-아이템 유사도가 결정돼야 한다. 두 아이템 간의 유사도를 계산하기 위해 피어슨 상관계수의 할인된 버전이 사용된다. 첫째, 양수 상관관계가 있는 아이템만 고려된다. 둘째, 할인 인자는 아이템을 평가하는 공통된 사용자의 수가 적을 때 유사도 값이 감소되도록 설정된다. 따라서 $N_{js}$ 평가자가 공통으로 있는 두 아이템 $j$와 $s$에 대해서는 다음과 같이 나타낼 수 있다.

$$\text{Sim}(j, s) = \frac{\text{Pearson}(j, s)}{1 + \exp(-N_{js}/2)} \tag{11.11}$$

따라서 TrustWalker 알고리듬은 단일 무작위 행보 프레임워크 내에서 사용자 신뢰와 아이템-아이템 유사도 개념을 매끄럽게 결합할 수 있다.

## 11.3.7 링크 예측 방법론

앞서 언급한 대부분의 방법론은 신뢰 전파 및 휴리스틱의 집계와 함께 작동하도록 설계돼 있다. 특정 휴리스틱의 효과는 현재 데이터 집합에 따라 달라질 수 있다. 이러한 이유는 방법론이 감독되지 않고 특정 네트워크 구조에 항상 잘 적응하는 것은 아니기 때문이다. 그렇다면 전파와 집계를 수행하면서 데이터 기반인 신뢰 네트워크의 일부끼리의 관련성을 직접 학습할 수는 없을지에 대해 자연스럽게 의문점이 든다. 링크 예측 방법은 평점의 정확한 값을 예측하는 대신 추천 항목의 순위 목록이 필요한 경우에 유용하다. 대부분의 링크 예측 방법론은 가장자리<sup>edges</sup>의 추천 순위를 매기는 것을 잘하고 가장자리마다의 가중치를 정확히 예측하는 것은 잘하지 못하기 때문이다.

10.4.6절에서 설명한 것처럼 기존의 협업 필터링 문제는 사용자-아이템 그래프의 링크 예측

문제로 제기될 수 있다. 사용자-아이템 그래프가 어떻게 기존 협업 필터링에 사용될 수 있는지에 대한 내용은 10.2.3.3절 및 10.4.6절을 참조하자. 사용자-아이템 그래프 구성 과정에 관한 자세한 내용은 2.7절에 기술된다. 이 경우 사용자-아이템 그래프는 다양한 사용자 간의 링크와 같은 소셜 링크로 보강돼야 한다. 소셜 링크로 사용자-아이템 그래프를 보강해 협업 필터링 프로세스에서 소셜 정보를 사용할 수 있도록 한다.

$m$ 사용자와 $n$ 아이템이 있는 $m \times n$ 평점 행렬이 있다. 사용자의 소셜 네트워크는 $G_s = (N_u, A_u)$의 형태로 배열돼 있다고 가정하자. 여기서 $N_u$는 사용자를 나타내는 노드의 집합을 나타내고 $A_u$는 사용자 간의 소셜 링크 집합을 나타낸다. $N_u$의 사용자와 노드 간에는 일대일 대응이 존재한다. 사용자 수가 $m$이기 때문에, 우리는 $|N_u| = m$을 가지게 된다. 사용자 집합 간 소셜 네트워크의 간단한 예시는 그림 11.5(a)에 나와 있다.

사용자-아이템 그래프는 항목 노드로 보강된 소셜 네트워크 그래프라 볼 수 있다. 아이템을 나타내는 노드의 집합을 $N_i$라 하자. 사용자 노드의 경우와 마찬가지로 $N_i$에서의 아이템과 노드 간에는 일대일 대응이 존재한다. 우리는 $n$ 아이템을 가지고 있기 때문에, 우리는 $|N_i| = n$를 가지고 있다. 그래프 $G = (N_u \cup N_i, A_u \cup A)$를 만들자. 여기서 $A$는 $N_u$에서의 사용자 노드와 $N_i$에서의 아이템 노드 사이에 존재하는 가장자리의 집합이다. 이 그래프의 노드와 가장자리는 기존 소셜 네트워크 $G_s$에 있는 노드와 가장자리의 상위 집합이다. $A$의 가장자리는 사용자-아이템 그래프의 관계에 해당한다(2.7절 참고). 특히 사용자가 해당 아이템을 평가한다면, $N_u$의 사용자 노드와 $N_i$의 항목 노드 사이에는 가장자리가 생긴다. 그 가장자리의 가중치는 해당 아이템에 대한 사용자의 평균 중심 평점이다. 이 결과는 종종 가장자리에 음의 가중치가 발생한다. 암시적 피드백 데이터 세트의 경우 피드백은 평균 중심값이 아닌 해당 가중치(예: 0-1 값 또는 구매한 항목 수)가 사용된다. 이전 사례에서 평균 중심을 사용하는 이유는 평점은 좋아함과 싫어함을 나타내야 하는데, 암시적 피드백은 싫어함을 지정하는 명시적 메커니즘이 없는 단일 평점 형식을 제공하기 때문이다. 암시적 피드백에서의 네트워크는 링크에 음수가 아닌 가중치만 있는 기존 네트워크와 같다. 명시적 피드백에서의 네트워크는 양수와 음수의 가장자리 가중치가 있는 네트워크다. 네트워크의 결과가 기존 소셜 네트워크의 노드와 가장자리의 결합으로 볼 수 있다는 점과 2.7절에 설명된 사용자 항목 그래프로 볼 수 있다는 점은 주목할 만하다.

이 점을 설명하기 위해 그림 11.5(b)에서 단일 평점 행렬의 예를 가져왔다. 이 행렬은 10장 10.11(a)에 표시된 것과 동일하다. 해당 사용-아이템 그래프(소셜 연결 제외)는 그림 11.5(c)에 나와 있다. 이 그래프는 10장의 그림 10.11(b)의 그래프와 동일하다. 소셜 연결이 있는 사용자-아이템 그래프는 그림 11.5(d)에 나와 있다. 그림 11.5(d)의 그래프는 그림 11.5(a)와 (c)의 결합 그래프이다. 또한 소셜 링크는 사회적 관계의 강도 또는 해당 사회적 행위자 사이의 신뢰의 수준에 따라 가중치를 부여받는다. 10.4.6절에서 설명한 대로 링크 예측 방법을 사용해 아이템에 대한 사용자 선호도를 결정할 수 있다. 대부분의 링크 예측 방법론은 예측된 링크의 강

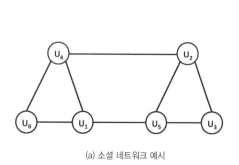

(a) 소셜 네트워크 예시

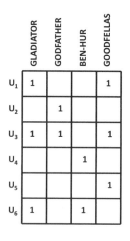

(b) 단항 평점 행렬

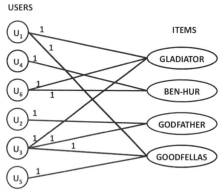

(c) 사용자-아이템 그래프(소셜 링크 없음)

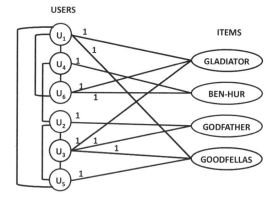

(d) 사용자-아이템 그래프(소셜 링크 있음)

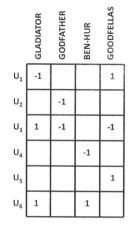

(e) 이항 평점 그래프

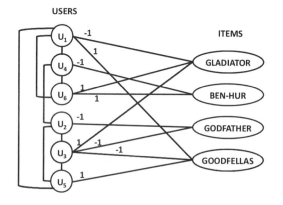

(f) 지정된 사용자-아이템 그래프(소셜 링크 있음)

**그림 11.5** 소셜 링크와 사용자-아이템 그래프의 융합을 보여주는 예시

440

도를 정량화하기도 한다. 아이템에 대한 사용자 예측 링크의 강도는 사용자에 대한 순위 아이템 리스트를 만들기 위해 순위를 매겨지게 된다. 링크 예측 방법론은 10.4절에서 설명한다. 암시적 평점의 경우 모든 링크 가중치가 음수가 아니기 때문에 기존의 링크 예측 방법론이 쓰일 수 있다. 10.4.6절의 접근 방식과 유일한 차이점은 사용자-아이템 그래프가 소셜 연결을 통해 강화된다는 점이다. 이 방법을 사용하는 데 문제가 될 수 있는 한 가지는 소셜 링크와 사용자-아이템 링크가 특정 적용에도 똑같이 중요하지는 않을 수 있다는 것이다. 이 문제를 해결하기 위해 모든 소셜 링크의 가중치에 매개변수 $\lambda$를 곱한다. $\lambda$의 값은 소셜(신뢰) 링크와 사용자-아이템 링크 간의 상대적 중요도를 조절한다. 예측 정확도를 최대화하기 위해 교차 유효성 검사를 사용해 $\lambda$의 최적 값을 선택한다.

명시적 피드백의 경우 평점은 평균 중심이어야 하며, 이로 인해 지정된 가중치가 있는 가장자리가 생성된다. 이진 평점의 경우 단순도를 유지하기 위해 $-1$ 및 $+1$의 값이 사용된다. 값이 $+1$이면 "좋아요"를 의미하고 $-1$ 값은 "싫어요"를 의미한다. 이진 평점 행렬의 예는 그림 11.5(e)에 나타나 있고, 사회적 면이 보강된 사용자-아이템 그래프는 그림 11.5(f)에 나와 있다. 이러한 문제는 지정된 링크 예측 방법론[346, 591]을 사용해 좋아함과 싫어함의 평점을 모두 예측할 수 있다.

또한 부정적인 소셜 링크를 사용해 이러한 예측에서의 불신 관계를 포함시킬 수도 있다. 링크 예측 방법론의 좋은 측면 중 하나는 신뢰 전파와 휴리스틱 집계의 명시적 사용을 필요로 하지 않는다는 것이다. 왜냐하면 사용자 신뢰와 그에 따른 선호도의 타동성transitivity은 머신러닝 알고리듬을 통한 데이터 주도 관점에서 이미 학습되기 때문이다. 실제로 사용자-아이템 선호도를 직접 추론하는 대신 링크 예측 방법론을 사용해 소셜 네트워크의 사용자 간의 신뢰 값을 추론할 수도 있다. 즉, 링크 예측에 쓰이는 머신러닝 기술은 데이터 기반 방식으로 자동으로 신뢰를 전파하고 집계할 수 있다. 이러한 방법론은 데이터 기반 방식으로 신뢰 네트워크의 중요도를 학습할 수 있기 때문에 링크 예측에는 감독된 방법론(10.4.4절 참조)을 쓰는 것이 특히나 유용하다. 실제로 많은 신뢰 전파 방법론은 감독되지 않은 휴리스틱으로 볼 수 있지만, 링크 예측은 계산에 감독 부분을 통합하는 방법을 보여준다. 게다가 카츠 척도(10.4.2절 참조)와 같이 링크 예측의 감독되지 않은 측정은 일부 상쇄 기반 신뢰 전파 추론과 원칙적으로 매우 유사하다. 링크 예측에 대한 감독된 방법이 일반적으로 감독되지 않은 방법보다 성능적으로 우수하다는 것은 잘 알려져 있다[355].

많은 링크 예측 방법론은 무방향 네트워크로 설계돼 있다. 앞선 예제에서는 간단함을 위해 무방향 신뢰 네트워크를 가정했지만 유방향 방식은 매우 쉽게 쓰일 수 있다. 앞서 언급한 사용자-아이템 그래프 모델에서, 사용자-사용자 링크는 명시된 신뢰 관계를 기반으로 비대칭이고 유방향이라고 가정할 수 있다. 반면 사용자-아이템 링크는 언제나 사용자부터 아이템까지 유방향이다. 따라서 사용자부터 아이템까지 방향이 있는 경로는 사용자부터 아이템 간의 신뢰 기반의 관련성을 의미한다. 감독된 방법론이나 행렬 인수분해 방법론[432]은 유방향 링크 예측에 쓰일 수 있다. 그러므로 링크 예측 방법론은 다양한 시나리오에 대해서 매우 일반적인 프레임워크를 제공한다. 참고문헌에서는 추천에 링크 예측이 쓰인 최근 방법론이 포함돼 있다.

## 11.3.8 행렬 인수분해 방법론

행렬 인수분해 방법론은 링크 예측과 밀접한 연관이 있다[432]. 이전 절의 링크 예측 프레임워크 내에서 [432]의 접근 방식을 기본 알고리듬으로 행렬 인수분해 방법론을 사용할 수 있지만 신뢰 네트워크에 대해 직접 행렬 인수분해 방법을 설계하고 최적화하는 것이 더 유익하다.

$m$ 사용자 및 $n$ 아이템이 있는 $m \times n$ 평점 형렬 $R$이 있다고 해보자. 소셜 신뢰 행렬은 $m \times m$ 행렬 $T = [t_{ip}]$으로 주어졌다고 가정해보자. $R$과 $T$는 모두 매우 희소한 불완전행렬이다. $S_R$ 및 $S_T$를 이러한 행렬에서 관찰된 인덱스라고 해보자.

$$S_R = \{(i, j) \colon r_{ij} \text{는 관찰된 값}\}$$
$$S_T = \{(i, p) \colon t_{ip} \text{은 관찰된 값}\}$$

$t_{ip}$의 관찰된 모든 값이 철저하게 양수인 경우 $t_{ip}$의 관찰되지 않은 값의 샘플을 0으로 설정하고 $S_T$ 내에 해당 인덱스를 포함하는 것이 좋다. 이러한 접근 방법은 부정적 피드백의 부족을 보상하기 때문에 과적합을 피하는 데 도움이 될 수 있다(3.6.6.2절 참조).

먼저 SoRec 알고리듬을 소개해보겠다. SoRec 알고리듬[381]은 소셜 정보가 포함되면서 3장에서의 행렬 인수분해 방법의 확장 버전으로 볼 수 있다. 여기서의 표현은 원래 확률적 요인화 알고리듬으로 제공되는 SoRec 알고리듬의 단순화된 버전임을 강조한다. 단순화된 표현은 복잡하면서도 덜 중요한 사실을 추상화함으로써 알고리듬의 가장 중요한 아이디어를 이해하는 데 도움을 준다. 정확한 설명은 [381]에 있으므로 참고하길 바란다.

3장에서의 $k$ 순위의 행렬 인수분해 모델은 $m \times k$의 사용자-인자 행렬 $U = [u_{ij}]$와 $n \times k$ 아이템-인자 행렬 $V = [v_{ij}]$를 생성하기 위해 제안된다. 그렇게 된다면 관찰한 값에 대해서 다음과 같은 조건을 거의 충족하게 된다.

$$R \approx UV^T \tag{11.12}$$

소셜 정보를 통합하기 위해 두 번째 $m \times k$ 사용자-요인 행렬 $Z = [z_{ij}]$를 도입하고 관찰된 신뢰 값은 다음과 같은 조건이 충족된다.

$$T \approx UZ^T \tag{11.13}$$

두 개의 사용자-계수 행렬이 사용되는 이유는 행렬 $U$는 유발자[initiator]이고 행렬 $Z$는 수신자[receiver]이기 때문이다. 또한 $T$는 대칭이 아닐 수 있으므로, $U$와 $Z$도 같을 필요는 없다. 직관적으로 유발자는 신뢰를 할지 말지(예를 들어 원천) 결정하는 참여자이고, 수신자는 신뢰/불신을 받는 참여자(예를 들어 싱크)이다. 유발자 역할의 사용자 행렬 $U$는 양쪽 분해에 다 참여된다. 유발자는 수신자와 달리 싱크에 대한 소스의 신뢰를 표현할 수 있는 의견이 평점 예측에 사용되기 때문에 공유되고 있다. 이러한 $U$의 공유는 사회적 신뢰 정보 결합에 쓰이는 분해를 낳게 된다. 따라서 목적함수의 통합된 분해는 $R$과 $T$의 분해를 통한 오류를 추가하면서 설계된다. 두 분해의 각 오류에 대해 어느 정도의 가중치를 부여해야 할까? 이것은 균형 파라미터 $\beta$를 사용하게 된다. 그리고 다음의 전체 목적함수가 정의될 수 있다.

$$\text{Min } J = \underbrace{||R - UV^T||^2}_{R\text{에서의 관측 값}} + \underbrace{\beta \cdot ||T - UZ^T||^2}_{T\text{에서의 관측 값}} + \underbrace{\lambda \left(||U||^2 + ||V||^2 + ||Z||^2\right)}_{\text{정규화용}}$$

매개변수 $\lambda$는 정규화 정도를 제어한다. 이 목적함수는 관찰된 항목에 대해서만 계산되며 지정되지 않은 항목은 프로베니우스 노름의 계산에서 무시된다. 이는 3장에서 사용되는 접근 방식과 일치한다. 따라서 최종 목적함수는 3장에서 논의됐던 행렬 인수분해 방법론에서 사회적 기여라는 추가 항이 포함된 간단한 확장 버전이다. 우리는 $S_R$ and $S_T$에서의 관측된 항목 관점에서 목적함수를 다시 써 보겠다.

$$\text{Min } J = \underbrace{\sum_{(i,j) \in S_R} \left(r_{ij} - \sum_{s=1}^{k} u_{is} v_{js}\right)^2}_{R\text{에서의 관측 값}} + \beta \underbrace{\sum_{(i,p) \in S_T} \left(t_{ip} - \sum_{s=1}^{k} u_{is} z_{ps}\right)^2}_{T\text{에서의 관측 값}} + \underbrace{\lambda \left(||U||^2 + ||V||^2 + ||Z||^2\right)}_{\text{정규화용}}$$

경사하강 접근법은 계수 행렬 $U$, $V$ 및 $Z$를 결정하는 데 쓰인다. $U$, $V$ 및 $Z$의 모든 매개변수에 대한 경사 벡터 $J$는 $U$, $V$ 및 $Z$의 모든 항목을 나타내는 매개변수의 현재 벡터를 업데이트하는 데 사용된다. 경사하강 단계는 두 행렬에서 관찰된 값과 예측 값 사이의 오류 $e_{ip}^{(r)}$, $e_{ip}^{(t)}$의 행렬에 따라 달라진다.

$$e_{ij}^{(r)} = r_{ij} - \hat{r}_{ij} = r_{ij} - \sum_{s=1}^{k} u_{is} v_{js}$$

$$e_{ip}^{(t)} = t_{ip} - \hat{t}_{ip} = t_{ip} - \sum_{s=1}^{k} u_{is} z_{ps}$$

평점에 대한 오류 행렬은 관찰되지 않은 항목(즉, $S_R$에 값이 없는 경우)은 0으로 설정해 $E_r = [e_{ij}^{(r)}]$로 나타낼 수 있다. 신뢰 항목에 대한 오류 행렬은 관찰되지 않은 항목(즉, $S_T$에 값이 없는 경우)이 0으로 설정해 $E_t = [e_{ij}^{(t)}]$로 작성할 수 있다. 그런 다음 경사하강 단계는 다음과 같이 행렬 업데이트 형태로 작성할 수 있다.

$$U \Leftarrow U(1 - \alpha \cdot \lambda) + \alpha E_r V + \alpha \cdot \beta E_t Z$$
$$V \Leftarrow V(1 - \alpha \cdot \lambda) + \alpha E_r^T U$$
$$Z \Leftarrow Z(1 - \alpha \cdot \lambda) + \alpha \cdot \beta E_t^T U$$

여기서 $\alpha > 0$은 스텝 크기를 나타낸다. 경사하강 방법의 파생에 대한 세부 사항은 독자를 위한 연습 문제로 남아 있다. 각 반복$^{iteration}$에서 $E_r$과 $E_t$는 관찰된 값에 대해서만 계산돼야 한다. 이도 합리적인 것이 관찰되지 않은 항목은 0으로 설정되기 때문에 이 행렬을 표현할 때에는 희소한 데이터 구조를 사용하는 것이다. 비로 우리는 단일 정규화 매개변수 $\lambda$를 쓰고 스텝 크기로는 $\alpha$를 매 업데이트마다 갱신했지만 다른 행렬 $U$, $V$ 및 $Z$에 대해서 다른 정규화 매개변수와 스텝 크기를 사용하는 것이 때로는 합리적이다.

다음으로, 단일 항목에 걸쳐 오차가 무작위로 근사화되는 확률적 경사하강법을 설명하겠다. 이 항목은 임의의 순서로 선택되며 평점 행렬 또는 신뢰 행렬에 속할 수 있다. 확률적 경사하강 접근 방법은 먼저 관찰된 각 항목$(i, j)$을 통해 임의의 순서로 평점 행렬에서 $S_R$을 거치고 다음과 같은 업데이트를 수행한다. 그런 다음, 경층 그라데이션 하강 접근법은 먼저 임의의 순서로 평점 행렬에서 관측되는 각 항목 $(i, j) \in S_R$을 거치고 다음 업데이트를 진행한다.

$$u_{iq} \Leftarrow u_{iq} + \alpha \left( e_{ij}^{(r)} \cdot v_{jq} - \frac{\lambda \cdot u_{iq}}{2 \cdot n_i^{user}} \right) \quad \forall q \in \{1 \ldots k\}$$
$$v_{jq} \Leftarrow v_{jq} + \alpha \left( e_{ij}^{(r)} \cdot u_{iq} - \frac{\lambda \cdot v_{jq}}{n_j^{item}} \right) \quad \forall q \in \{1 \ldots k\}$$

여기서 $\alpha > 0$은 스텝 크기를 나타낸다. 또한 $n_i^{user}$는 사용자 $i$가 관찰한 평점의 수를 나타내며 $n_j^{item}$는 아이템 $j$에 대해 관측한 평점의 수이다. 이 업데이트 집합은 협업 필터링에서의 행렬 인수분해에서 신뢰 행렬이 없는 경우 사용되는 것(3.6.4.2절 참조)과 동일하다는 점은 기억하자. 한 가지 차이점은 정규화에 쓰이는 구성 요소 두 개를 사용자와 아이템에 대해 관찰된 평점 수와 함께 각각 정규화했다는 것이다.

따라서 확률적 경사하강 방법론은 신뢰 행렬에서 각 관찰된 항목 $(i, p) \in S_T$에 대해 임의 순서로 반복되게 되고, 다음 업데이트 단계를 수행한다.

$$u_{iq} \Leftarrow u_{iq} + \alpha \left( \beta \cdot e_{ip}^{(t)} \cdot z_{pq} - \frac{\lambda \cdot u_{iq}}{2 \cdot n_i^{out}} \right) \quad \forall q \in \{1 \ldots k\}$$
$$z_{pq} \Leftarrow z_{pq} + \alpha \left( \beta \cdot e_{ip}^{(t)} \cdot u_{iq} - \frac{\lambda \cdot z_{pq}}{n_p^{in}} \right) \quad \forall q \in \{1 \ldots k\}$$

여기서 $n_i^{out}$은 $S_T$에서 $i$가 가장자리의 원점인 관찰된 항목의 수를 나타내며, $n_p^{in}$은 $p$가 가장자리의 도착 지점을 나타내는 $S_T$에서 관찰된 항목의 수를 나타낸다. 수렴에 도달할 때까지 이 업데이트 방식으로 평점 행렬과 신뢰 행렬의 관찰된 항목을 번갈아 순환한다. 특정 주기 동안 항목 값은 경사하강 접근 방식의 "확률적" 특성에 따라 임의의 순서대로 처리된다. 매개변수 $\beta$와 $\lambda$는 교차 검증을 사용하거나 홀드아웃 셋에서 매개변수에 다양한 값을 시도해 선택할 수 있다. 매개변수 조정이 복잡해지긴 하지만 더 나은 결과를 위해 다른 정규화 매개변수를 다른 행렬에 사용할 수도 있다.[1]

모든 행렬 인수분해 방법론과 같이, 평점 행렬은 $\hat{R} = UV^T$로 재구성될 수 있다. 또한 $\hat{T} = UZ^T$로 신뢰 행렬 $T$를 전체적으로 재구성할 수도 있다. 사실 신뢰 행렬의 재구성은 기존 신뢰 관계 외에 평점 정보가 사용된 신뢰 전파 및 집계의 데이터 기반 방법으로 볼 수 있다.

### 11.3.8.1 로지스틱 함수의 개선

앞에서 설명은 3장에서의 논의와 더 유사한 설명을 하기 위해 SoRec의 단순화된 버전을 소개했다. SoRec의 실제 알고리듬은 다소 더 정교한 목적함수를 사용한다. 행렬 인수분해 방법론은 $R$의 아이템 평점 값이나 $T$의 신뢰 값에 벗어난 값을 예측하는 단점이 있다. 범위가 지정된 평점을 생성하기 위해 분해를 강제하는 한 가지 방법은 분해 과정 내에 로지스틱 함수 $g(x) = 1/(1 + \exp(-x))$를 쓰는 것이다. 로지스틱 함수는 언제나 $(0, 1)$의 범위 안에 있다. 일반화를 유지하면서 $R$의 평점과 $T$의 신뢰 값은 $(0, 1)$ 안에서 가정[2]할 수 있다. 즉 평점 행렬 $R$과 신뢰 행렬 $T$는 $R \approx g(UV^T)$와 $T \approx g(UZ^T)$로 재구성돼야 한다. $g(UV^T)$는 함수 $g(\cdot)$가 $UV^T$의 각 행렬 요소에 적용된다는 사실을 나타낸다. 그렇다면 이전에 설명했던 목적함수도 다음과 같이 바뀌어야 한다.

$$\text{Min } J = \underbrace{||R - g(UV^T)||^2}_{R\text{에서의 관측 값}} + \underbrace{\beta \cdot ||T - g(UZ^T)||^2}_{T\text{에서의 관측 값}} + \underbrace{\lambda \left(||U||^2 + ||V||^2 + ||Z||^2\right)}_{\text{정규화용}}$$

목적함수 내에서 로지스틱 함수를 사용한다는 것을 기억하자. 이에 상응해 경사하강 방법론은 목적함수의 미분을 곱해 통합한다. 로지스틱 함수 기반 강화는 최적화 방법론이며 신뢰 기반 방법론뿐만 아니라 3장의 모든 행렬 요소화 방법의 컨텍스트 내에서 사용될 수 있다는 점에 주목할 만하다.

### 11.3.8.2 소셜 신뢰 성분의 변형

이전에 언급한 행렬 인수분해 방법론에서 변형 버전이 많이 있으며, 특히 목적함수에서 신뢰 부분을 어떻게 공식화할지에 대해서는 더욱 그러하다.

---

1 엄밀히 말하면 이러한 정규화는 전통적인 행렬 인수분해에도 사용돼야 하지만 종종 경험적 기준으로 생략된다. 신뢰 중심 시스템에서 평점 행렬과 신뢰 행렬의 크기가 다양한 경우에는 정규화가 더욱 중요해진다.

2 평점이 항상 $(0, 1)$ 사이에 있는 것은 아니다. 필요한 경우 평점 행렬은 $(r_{ij} - r_{min})/(r_{max} - r_{min})$의 범위 안에서 배율 조정이 돼 모든 항목이 $(0, 1)$ 사이에 있도록 할 수 있다.

1. $T \approx UZ^T$를 도입하기 위해 $m \times k$의 사회 요인 행렬 $Z$를 사용하는 대신, $k \times k$ 행렬 $H$를 사용해 $T \approx UHU^T$를 도입할 수 있다. 목적함수에서의 사회 관련 항은 $||T - UHU^T||^2$으로 수정된다. 직관적으로 행렬 $H$는 사용자의 다양한 잠재 구성 요소 간의 쌍별 상관관계에 주목한다. 이 접근법을 LOCALBAL[594]라고 한다. SoRec의 경우 원래 작업에서는 이 방법론을 사용하지 않지만 목적함수 내에 로지스틱함수를 사용할 수도 있다.

   이 방법은 $Z = UH^T$를 매개변수화한다는 점을 제외하면 SoRec과 유사한 형식을 가짐을 나타낸다. 행렬 $H$에는 변수 $k^2$만 있는 반면, $Z$에는 $m \cdot k$ 변수가 존재한다. 따라서 LOCALBAL은 SoRec 대비 사용자의 사회적 상관 구조에 대해 더 강한 가정을 한다. 변수가 적을수록 일부 바이어스를 통합하는 대신 과적합의 가능성을 줄일 수 있다.

2. *SocialMF*[270] 알고리듬은 $U \approx TU$라는 제약이 추가된다. $T$의 일부 항목이 지정되지 않을 수 있으므로 $TU$는 정의되지 않는다. 이러한 항목은 $TU$를 계산하기 위해 0으로 설정된다. 목적함수의 해당 사회적 항은 $||U - TU||^2$와 같다. 여기서 $T$의 각 행의 합산이 1이 되도록 정규화되는 것을 가정한다. 로지스틱 함수는 평점 행렬에서 $||R - g(UV^T)||^2$ 안에서만 사용된다. 이 경우 행렬 $Z$가 없기 때문에 요인 변수의 수는 훨씬 적다. 사실 요인 변수의 수는 기존 방식의 행렬 계수화와 정확히 같다. 요인 변수의 수를 줄이면 과적합을 피하는 데 도움이 되지만 더 큰 바이어스가 발생하게 된다.

   이 접근법은 사용자의 모든 이웃에 대한 신뢰 가중 평균 기본 설정 벡터를 각 사용자의 기본 설정 벡터로 설정한다. $T$의 각 행에 대한 정규화의 결과로 합산은 1이 된다. 기본적인 가정은 사용자의 행동은 사회적 영향으로 인해 직접적 이웃의 행동에 영향을 받는다는 것이다.

3. 사회적 정규화: 방법론 [382]에서는 사용자 요인이 링크끼리 더 유사하도록 강요되고 유사도의 차이는 목적함수의 신뢰 값으로 가중이 된다. 즉, $\overline{u_i}$가 $i$번째 행이라면 목적함수의 사회적 부분은 $\sum_{(i,j):t_{ij}>0} t_{ij}||\overline{u_i} - \overline{u_j}||^2$이다. 이 접근 방식은 동종 선호homophily를 강제하는 간접적인 방법으로 볼 수 있으며 암시적으로 추론된 신뢰 값 $t_{ij}$에서 가장 잘 작동한다. 이러한 암시적으로 추론된 신뢰 값의 예는 식 11.2에서 보여준다. 평균 기반 정규화와 같은 이 방법의 다양한 변형도 동일한 작업에서 논의된다. 평균 기반 정규화 방식은 SocialMF 알고리듬과 다소 유사하다.

참고문헌은 기본 목적함수의 여러 가지 다른 변형과 관련된 충고를 제공한다.

## 11.3.9 소셜 추천 시스템의 장점

소셜 추천 시스템은 추천 프로세스에 추가 신뢰 정보를 통합하기 때문에 여러 가지 장점이 있다. 이 기능은 항목의 추천 품질을 개선하고 콜드 스타트 문제를 해결하며 공격에 강한 접근을 원할 때 특히 유용하다.

### 11.3.9.1 논란의 여지가 있는 사용자와 아이템에 대한 추천

신뢰를 통합하는 가장 큰 장점은 논란의 여지가 있는 사용자와 아이템에 대한 추천 품질 개선에 있다. 논란의 여지가 있는 사용자는 특정 아이템의 평점이 다른 사용자와 같지 않는 사용자[223]이다. 논란의 여지가 있는 아이템은 다양하거나 바이어스된 리뷰를 받는 아이템이다. 이러한 경우, 신뢰 메트릭을 사용한다면 일반적으로 사용자별 또는 아이템별 정확도를 크게 향상시킨다[223, 406, 617]. 사용자의 의견은 고도로 개인화되기 때문이다. 예를 들어 사용자끼리 더 유사하고 서로를 신뢰한다면 논란의 여지가 있는 아이템에 대해서 유사한 평점을 제공할 가능성이 높다.

### 11.3.9.2 콜드 스타트의 유용성

소셜 링크는 신규 사용자의 콜드 스타트 문제를 처리하는 데 특히 유용하다. 링크 예측 시스템이 추천에 사용되는 경우를 생각해보자. 새 사용자가 시스템에 들어오면 추천 시스템에서 다루는 아이템과 관련된 평점은 없다. 해당 사용자에게 사용자-아이템 링크는 발생하지 않는다. 반면에 사용자가 소셜 링크를 가지고 있다면 상위 매칭 아이템을 예측하기 위해 링크 예측 방법론 링크 예측 방법론을 쓴다. 이 내용은 행렬 인수분해와 같이 다른 추천 방법론에도 해당된다. 주요 가정은 사용자의 소셜 링크는 사용자가 시스템을 사용하기도 전에 사용할 수 있다는 것이다. 암시적으로 유추된 신뢰 네트워크의 경우 특히 그러하다. 어떤 경우에서든지 소셜 링크는 더 많은 데이터를 추가한다. 이는 추천에서 발생하는 희소성 문제를 완화하는 데 도움을 준다.

### 11.3.9.3 공격 저항

일반적으로 판매자가 제3자가 제공하는 추천 시스템을 "베끼려" 하는 중요한 상업적 동기가 있다. 예를 들어 아이템의 제조업체는 그들이 가진 아이템에 대해 Amazon.com에 가짜 리뷰를 게시하려 할 수 있다. 많은 경우 이러한 리뷰는 제조업체에 의해 만들어진 가짜 프로필을 통해 게시된다. 신뢰 기반 추천 시스템은 이러한 공격에 강한 것이 알고리듬은 사용자의 신뢰할 수 있는 피어를 사용해 평점을 예측하기 때문이다. 예를 들어 식 11.3과 11.4는 예측 과정에서 다른 사용자의 신뢰에 가중치를 둔다. 사용자는 가짜 프로필과 신뢰 관계를 형성할 리가 거의 없다. 따라서 이러한 접근법은 예측 과정에서 가짜 프로필에서 게시된 평점을 사용할 가능성이 낮다. 공격에 강한 추천 시스템에 대한 주제는 12장에서 자세히 설명한다.

## 11.4 소셜 추천 모델의 사용자 상호작용

웹 2.0이라고도 하는 차세대 웹은 사용자가 적극적으로 참여하고 피드백을 남길 수 있는 여러 개방형 시스템의 개발을 지원해왔다. 특히 소셜 태그 지정 시스템의 개발을 통해 사용자는 미디어 개체에 대한 메타 데이터를 만들고 공유할 수 있다. 이러한 메타 데이터를 태그라고도 한다. 사용자는 이미지, 문서, 음악 또는 비디오와 같이 소셜 네트워크에서 지원하는 모든 형태의 객체에 태그를 붙일 수 있다. 거의 모든 소셜 미디어 사이트는 어떤 형태의 태그든 허용한다. 이러한 태그 지정 시스템의 몇 가지 예는 다음과 같다.

- 플리커Flickr[700]를 사용하면 키워드로 이미지에 태그를 붙일 수 있다. 예를 들어 키워드는 특정 이미지의 풍경이나 객체를 설명할 수 있다.
- last.fm이라는 사이트[692]는 음악을 배포하고 사용자가 음악을 태그할 수 있도록 한다.
- 딜리셔스Delicious[702]는 책갈피와 온라인 링크 공유를 권한다.
- 빕소노미Bibsonomy[256, 708] 시스템은 출판물의 공유와 태그 지정을 허용한다.
- 한동안 아마존에서는 사용자가 상품을 태그할 수 있도록 허용했다[709].

last.fm 같은 소셜 태그 사이트에 의해 생성된 태그의 본성을 검토해보는 것은 유용하다. 마이클 잭슨의 음악 앨범 〈스릴러Thriller〉에 대한 last.fm에서의 가장 상위 태그는 다음과 같다.

1001 앨범은 죽기 전에 들어야 한다, 1980년대, 1982, 1983, 80년대 팝, 앨범, 내가 소유한 앨범, 뜯지 않은 채로 보관한 앨범, Beat it, 클래식, 클래식 팝, 클래식 록, 비닐로 싸인 상자, 댄스 팝, 디스코, 서사시, thriller . . .

이러한 태그는 전문가가 아닌 개방적이고 참여적인 환경에서 사용자가 생성한 것이기 때문에 격식을 따르지 않았다. 이러한 설정은 태그 "thirller"와 같이 맞춤법이 틀린 경우가 무척 일반적이다. 또한 다양한 사용자에 의해 특정 태그를 가진 노래는 그것에 의해 색인된다. 예를 들어 "클래식 록"이라는 태그를 클릭하면 이 태그와 관련된 다양한 리소스(아티스트, 앨범 또는 이벤트)에 접근할 수 있으며, 이로 인해 해당 앨범과 노래가 다양한 사용자에 의해 태그된다. 즉, 태그 "클래식 록"은 다른 관련 리소스에 대한 책갈피 또는 색인 역할을 한다.

따라서 이 프로세스는 콘텐츠의 구성과 포크소노미folksonomy라 부르는 지식 자원의 생성을 만들어낸다. "포크소노미"는 "민족"과 "분류"에서 파생된 용어이며, 따라서 직관적으로 비전문가이며, 자발적이고, 월드 와이드 웹World Wide Web(예시: 공통된 분류) 참여자가 만든 웹 객체의 분류를 의미한다. 이 용어는 토마스 밴더 월Thomas Vander Wal이 만들었다[707].

"포크소노미는 자신의 검색을 위해 정보와 객체(URL이 있는 모든 것)를 개인이 자유롭게 태그한 결과다. 태깅은 사회적 환경에서 수행된다(일반적으로 다른 사람에게 공유하고 누구에게나 열려 있음). 포크소노미는 정보를 소비하는 사람이 실행한 태그의 행위에서 만들어진다.

이 외부 태깅의 값은 자신의 어휘를 사용하고 명시적 의미를 추가하는 사람들로부터 파생되며, 이는 정보/객체에 대한 유추된 이해에서 비롯될 수 있다. 사람들은 너무 많은 분류는 하지 않되, 그들의 해석한 의미를 가진 상품(훅(hook)을 배치)을 연결하는 수단으로 제공하는 것이다."

소셜 태깅을 설명하는 데 사용되는 다른 용어로는 협업 태깅collaborative tagging, 소셜 분류social classification와 소셜 색인 생성social indexing이 있다. 태그는 객체의 주제에 대한 이해를 제공하며 다른 참가자가 일반적으로 사용하고 이해하는 어휘를 자주 사용한다. 따라서 참가자의 비전문가 특성은 실제로 자산이며 이것은 시스템의 협업력에 기여한다. 태그는 아이템을 구성하는 두 가지 역할을 하기 때문에 소셜 색인social index이라고도 한다. 예를 들어 태그를 클릭하면 사용자가 해당 태그와 관련된 항목을 찾아볼 수 있다.

포크소노미는 추천 시스템[237]을 포함해 수많은 응용이 있다. 추천 시스템의 특정 맥락에서, 포크소노미는 객체에 대한 사용 가능한 지식을 바로 기여하기 때문에 가치가 있다. 최소한 각 태그는 객체를 설명하는 특성으로 간주될 수 있다. 비론 숨은 설명이 때론 잡음이 많고 관련이 없는 경우도 있지만 말이다. 잡음이 많이 섞인 본성을 가졌음에도 이러한 소셜 태깅 방법론은 추천 시스템의 효과를 개선시키기 위해 쓰인다. 평점과 다른 원천들을 활용해 쓸 수 있는 지식을 채워주기 때문이다.

## 11.4.1 포크소노미 표현하기

태깅 시스템에서 사용자는 태그로 상품(또는 리소스)에 주석을 추가한다. 리소스의 특성은 현재 기본 시스템에 따라 다르다. 예를 들어 리소스는 Flickr용 이미지이거나 last.fm를 위한 노래일 수 있다. 따라서 사용자, 상품, 태그 간의 3방향 관계가 존재한다. 이에 따라 각 하이퍼에지가 세 개체를 연결하는 하이퍼그래프로 나타낼 수 있다. 또한 사용자가 특정 태그(예: "풍경")를 가진 특정 리소스(예: 이미지)에 태그를 지정했는지 여부에 대한 정보가 포함된 단일 비트unary bits를 포함하는 3차원 큐브(또는 텐서)로 나타낼 수도 있다. 사용자가 리소스에 태그를 지정하는 행위의 해당 비트는 1이고, 그렇지 않으면 지정되지 않는다. 대부분의 경우 지정되지 않은 값은 해석을 위해 0으로 근사화된다. 그림 11.6은 하이퍼그래프와 텐서 표현에서 모두 4개의 상품(이미지) 및 5개의 태그를 가진 6명의 사용자에 대한 간단한 예시를 보여준다. 그림 11.6(a)은 하이퍼그래프를 묘사하고, 그림 11.6(b)은 다차원 큐브를 묘사한다. 예를 들어 Ann은 상품 2에 "꽃"이라는 태그를 지정했다. 이렇게 하면 그림 11.6(a)의 이러한 세 엔티티 간의 하이퍼에지가 생성되고 해당 비트는 그림 11.6(b)에서 1로 설정된다. 공식적으로 우리는 다음과 같이 포크소노미를 정의한다.

**정의 11.4.1 (포크소노미$^{\text{Folksonomy}}$)**  포크소노미는 $m$ 사용자, $n$ 상품 및 $p$ 태그를 3차원 배열을 크기 $m \times n \times p$의 $F = [f_{ijk}]$로 정의한다. 요소 $f_{ijk}$는 사용자가 상품 $j$에 $k$번째 태그를 지정했는지 여부를 나타내는 단일 값이다. 즉, $f_{ijk}$의 값은 다음과 같이 정의된다.

$$f_{ijk} = \begin{cases} 1 & \textit{if user i has tagged the jth resource with the kth tag} \\ \textit{unspecified} & \textit{otherwise} \end{cases} \tag{11.14}$$

실제 컨텍스트에서는 지정되지 않은 값은 기본적으로 0으로 설정되며 이는 매우 희소한 암시적-피드백 설정에서 흔히 볼 수 있다. 이제부터 태그-큐브를 $F$라 부르겠다. 그림 11.6에서의 포크소노미는 컨텍스트에 맞는 추천 시스템의 다차원 표현과 많은 부분에 있어 공통점이 있다는 것을 분명히 알 수 있다(8장 참조). 나중에 살펴보겠지만, 이 유사점은 활용도가 높은 것이 8장의 많은 방법론이 의문점을 해결해주기 때문이다.

그림 11.6은 간단한 예제를 보여주지만 플리커$^{\text{Flickr}}$와 같은 소셜 플랫폼에서 사용자와 상품의 수가 수억 개에 달할 수 있으며 태그 수는 수백만 개에 이를 수 있다. 따라서 이러한 시스템은 데이터가 풍부한 환경에서는 규모의 문제에 직면한다. 이것은 사회적 태깅 추천 시스템 분야에서 연구할 수 있는 도전이자 기회이다.

## 11.4.2 소셜 태깅 시스템의 협업 필터링

추천 공식의 본성은 기본이 되는 적용의 유형에 따라 달라진다. 플리커와 같은 일부 사이트에서는 태깅 정보를 사용할 수 있지만 평점 정보는 사용할 수 없다. 이러한 경우 태그 큐브의 기본 패턴을 기반으로 태그 또는 상품을 권장하는 소셜 태깅 추천 시스템을 개발할 수 있다. 다른 경우에, 별도의 $m \times n$ 평점 행렬 R은 $m \times n \times p$ 태그 큐브 F와 함께 이용 가능하다. 평점 행렬은 태그 큐브와 동일한 사용자와 상품 집합에 대해 정의한다. 예를 들어 MovieLens 사이트에는 평점과 태깅 정보가 모두 있다. 그 결과 협업 필터링 시스템은 평점 행렬 행렬이 기본 데이터인 태그 인식 추천 시스템으로, 태깅 정보는 평점 예측의 정확도를 향상시키기 위해 추가 정보로 제공된다. 평점 행렬은 리소스에 대한 액세스가 기록되는 last.fm 경우와 같이 암시적 피드백 행렬일 수 있다. 실제로 암시적 피드백은 소셜 태깅 사이트에서 더 일반적이다. 알고리듬 관점에서 암시적 피드백 행렬은 부정적인 기본 설정을 포함하지 않으며 누락된 항목은 종종 근사치로 0으로 처리될 수 있으므로 사용하기가 더 쉽다. 앞으로 우리는 암시적 평점 행렬을 지정하지 않는 한, 명시적 평점 행렬을 가정하도록 한다.

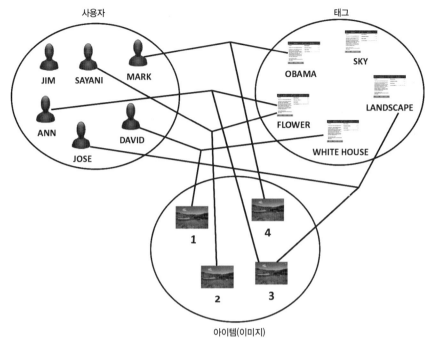

(a) 연결 그래프(hypergraph) 예시

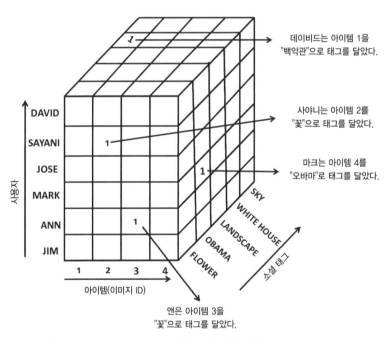

데이비드는 아이템 1을
"백악관"으로 태그를 달았다.

사야니는 아이템 2를
"꽃"으로 태그를 달았다.

마크는 아이템 4를
"오바마"로 태그를 달았다.

앤은 아이템 3을
"꽃"으로 태그를 달았다.

(b) 큐브의 다차원 표현

**그림 11.6** 포크소노미(folksonomy, 자신의 키워드에 따른 분류) 예시

태깅 정보만 사용할 수 있는 경우보다 평점 행렬을 사용할 수 있는 경우에는 다양한 종류의 협업 필터링 쿼리를 공식화할 수 있다. 이러한 경우 태그 큐브 및 평점 행렬은 사용자와 상품의 차원을 공통으로 공유하지만 평점 행렬에는 태그 차원이 포함되지 않는다. 그런 다음 이 두 소스의 정보를 통합해 추천 내용을 제공할 수 있다. 이 시나리오는 콘텐츠 기반 협업 필터링의 일반화된 적용으로 볼 수 있다. 콘텐츠 기반 협업 필터링에서 키워드는 상품이랑만 연결되지만, 태그-큐브 키워드는 사용자-상품 조합과 연결된다. 각 사용자에 대한 2차원 상품-태그 조각이 동일한 태그-큐브의 특수 사례로 콘텐츠 기반 추천 시스템을 볼 수 있다. 따라서 다음 절에서 설명하는 많은 방법론은 콘텐츠 기반 협업 필터링 적용도 가능하다.

적용 부분은 다양하기 때문에, 협업 필터링에 대한 문제는 관련 연구 논문에서 모두 다 발견된 것이 아니라 다양한 방법으로 제기될 수 있다. 사실 협업 필터링과 관련한 영역을 발전시키는 것은 비교적 최근의 관심 분야이기 때문에 아직 해야 할 일이 많이 남아 있다. 가능한 쿼리의 몇 가지 예는 다음과 같다.

1. **(태깅 데이터에 한해서만)** $m \times n \times p$의 태깅 큐브 $F$에 대해서, 다음과 같이 추천한다.

   (a) 사용자 $i$의 순위화된 태그 목록

   (b) 사용자 $i$와 비슷한 취미(태그 패턴)을 가지고 있는 순위화된 다른 사용자 목록

   (c) 사용자 $i$의 순위화된 아이템 목록

   (d) 사용자 $i$의 아이템 $j$에 대한 순위화된 태그 목록

   (e) 사용자 $i$의 태그 컨텍스트 $k$에 대한 순위화된 아이템 목록

2. **(태깅 데이터와 평점 행렬에 한해서)** 주어진 평점 행렬 $R$과 $m \times n \times p$의 태깅 큐브 $F$에 대해서, 다음과 같이 추천한다.

   (a) 사용자 $i$의 순위화된 아이템 목록

   (b) 사용자 $i$의 태그 컨텍스트 $k$에 대한 순위화된 아이템 목록

앞서 언급한 쿼리는 두 가지로 분류할 수 있다. 첫 번째 분류는 평점 행렬을 사용하지 않는다는 것이다. 이러한 쿼리에서 태그와 사용자 추천은 일반적으로 아이템 추천보다 더 중요하지만 아이템 추천에 대한 접근 방식을 사용할 수도 있다. 태그는 리소스(아이템)에 대한 책갈피 및 색인 역할을 하므로 관련 태그를 찾는 것이 관련 아이템을 찾는 방법이다. 두 번째 분류는 주로 평점 행렬 $R$을 기반으로 하기 때문에 기존 추천 시스템과 더 밀접하게 관련돼 있다. 기존의 추천 시스템과의 유일한 차이점은 태그 큐브는 부가 정보를 이용한다는 것이고 이는 노이즈의 양으로 인해 보조적인 역할을 한다. 이러한 방법론을 태고멘더tagommenders[535] 또는 태그 정보 협업 필터링[673]이라고도 한다. 이러한 시스템의 주요 강점은 사용자 평점 및 태그 활동에 두 세계의 최고를 통합한다는 것에 있다. 일반적으로 두 번째 유형의 방법론은 적긴 하지만 평점 행렬과 태그-큐브의 정보를 통합하는 방법론은 점차 늘고 있다. 명시적 평점을 사용할 수 없는 경우 행렬

$R$은 단일로 쓰일 수 있고, 또한 암시적 피드백(예: 구매 행동)만 사용할 수 있다. 그럼에도 행렬 $R$은 암시적으로 파생된 경우에도 태그 큐브의 독립적인 정보 원천임을 이해하는 것이 중요하다.

## 11.4.3 의미 있는 태그 선택

태그는 오픈해 기여하고 사용되기 때문에 일반적으로 노이즈가 많다. 대부분 사용자는 비표준 어휘 또는 맞춤법 오류가 있는 상품에 태그를 붙일 수 있다. 이로 인해 노이즈가 많고 관련이 없는 태그의 비중이 커지게 된다. 관련 없는 태그가 사용되면 많은 추천 결과에 좋지 않은 영향을 줄 수 있다. 따라서 적은 수의 태그를 미리 선택하는 것이 좋다. 또한 태그를 미리 선택하면 계산 관점에서 마이닝 과정의 복잡성을 줄일 수 있다. 따라서 태그 선택 알고리듬은 일반적으로 간단한 기준에 따라 태그를 정렬한 다음 이러한 기준에 따라 최상위 태그를 미리 선택한다.

많은 태깅 사이트는 상품-앱 수라고 하는 간단한 방법론을 사용한다. 이는 상품에 특정 태그를 추가한 사람 수를 이용해 얼마나 많은 수의 사람이 앞으로 이 태그를 보고 싶어 할지 예측하게 된다. 또한 태그 값의 대리물로 간주될 수 있다. 일반적으로 태그의 품질을 추정하는데 사용되는 다른 직관적인 방법이 있다. 예를 들어 어떤 태그는 전 세계적으로 유용할 수 있지만, 또 어떤 태그는 특정 상품에만 국한될 수 있다. 태그의 품질을 평가하기 위해 여러 방법이 제안됐다 [536]. 이러한 방법들은 표 11.1에 기재돼 있다. 각각의 경우에 태그(전역 또는 로컬)의 상세 사항도 제공된다. [536]에서는 사용자가 자신이 단 태그를 스스로 '좋아요' 또는 '싫어요'와 같은 평점으로 평가할 수 있다. 이러한 정보는 시스템 전체에 사용될 수 있는 것이 아니므로 표 11.1에는 기재하지 않았다. 이 방법들을 평가하기 위한 실험적 방법론은 [535, 536]에 논의된다. 상

표 11.1 〔536〕에서 태그 품질을 평가할 수 있는 방법

| 방법 | 상세 사항 | 태그가 정렬되는 기준 |
| --- | --- | --- |
| 상품-앱 수 | 상품-태그별 | 특정 상품에 태그가 적용된 횟수 |
| 앱 수 | 태그별 | 상품 전체에 태그가 적용된 횟수 |
| 사용자수 | 태그별 | 상품 전체에 태그를 건 사용자의 수 |
| 검색 수 | 태그별 | 태그 검색 횟수 |
| 검색-사용자 수 | 태그별 | 태그를 검색한 사용자 수 |
| 공유된 태그 | 상품-태그별 | 특정 태그 값의 상품이 태그된 비중 |
| 태그된 상품 평균 비중 | 태그별 | 태그가 있는 사용자가 태그한 모든 상품의 비중(모든 사용자의 평균) |
| 상품당 앱의 수 | 태그별 | 상품에 적용된 평균 횟수 |
| 태그-단어 수 | 태그별 | 태그에 있는 단어 수 |
| 태그-길이 | 태그별 | 태그의 단어 길이 수 |

품-앱 수, 공유된 태그, 태그된 상품 평균 비중은 좋은 성능을 나타내는 것으로 나타난다. 반면 앱 수, 사용자 수, 태그 길이와 같은 방법은 최상의 퍼포먼스를 내지는 않는다. 더 나아가 5가지 최상의 방법을 하나로 조합한, "모두 암시적all-implicit"이라고 부르는 방법은 개별 방법보다 더 나은 성능을 제공한다. 이 방법에 대한 자세한 설명은 [535, 536]에 기재돼 있다.

이외에도 4.3.4절에서 피처 선택Feature seleciton 방법론을 사용할 수도 있다. 첫 번째 단계는 다양한 사용자의 모든 상품-태그 빈도수를 집계해 태그 큐브를 2차원 항목-태그 조각으로 변환하는 것이다. 각 태그를 "단어"라 생각하는 이 방법론은 단어-문서 행렬로 귀결된다. 4.3.4절에 논의된 어떤 방법론이든 가장 차별적인 태그를 선택하는 데 쓰인다.

## 11.4.4 평점 행렬이 없는 소셜 태깅 추천 모델

이 경우는 컨텍스트에 예민한 추천 시스템 내 다차원 모델의 특별한 사례로 볼 수도 있다. 태그 큐브는 태그가 컨텍스트를 나타내는 관점에서 다차원 큐브라 볼 수 있다. 따라서 컨텍스트에 예민한 모델을 사용해 이러한 문제를 해결할 수 있다. 실제로 컨텍스트에 예민한 순위 매기기 [495, 496]에 사용되는 텐서 분해 모델은 태그 추천에 사용되는 모델[497, 498]과 원칙적으로 크게 다르지 않다. 컨텍스트에 예민한 시스템 내 다차원 모델의 자세한 설명은 8.2절에서 제공된다.

앞에서 설명한 것처럼 소셜 태깅 추천 모델의 쿼리는 항목, 태그 또는 사용자를 추천할 수 있는 다양한 방법으로 공식화할 수 있다. 태깅 큐브는 3차원이며 차원에 따라 추천할 수 있다. 이러한 다양한 형태 중에서, 태그 추천이 가장 일반적이다. 그 이유는 태그의 추천은 사용자와 태그 시스템을 제공하는 플랫폼(호스팅 플랫폼) 모두에게 이점이 있기 때문이다.

1. **호스팅 플랫폼에 대한 유용성:** 태그가 비표준화돼 있기 때문에 다른 사용자가 동일한 리소스에 대해 다른 키워드를 사용해 설명할 수 있다. 특정 상품에 대해 태그를 추천하면 설명을 정리하는데 도움이 된다. 이러한 기본 설명의 통합은 시스템이 더 나은 태그를 수집해 추천의 품질을 개선하는 데 도움이 된다.

2. **사용자에게 제공되는 유용성:** 사용자는 아이템에 특정한 태그를 추천하거나 자신의 관심사에 맞는 태그를 추천할 수 있다. 항목별 태그 추천은 사용자가 아이템에 일일이 태그를 할당하는 것이 부담스럽다는 사실에 근거한 동기부여이다. 특정 아이템에 대해 관련 태그를 추천하는 경우 작업을 더 쉽게 만들고 태깅 프로세스에 참여될 가능성이 높다. 이는 더 많은 태그 데이터를 수집하는 데 유용하다. 태그는 다양한 사용자에게 개인화된 방식으로 아이템을 구성할 수 있도록 하기 때문에 사용자에 특화된 태그 추천이 유용하다. 예를 들어 그림 11.6은 플리커Flickr와 같은 이미지 검색 환경을 나타낸다. Ann이 지정한 다른 태그를 기반으로 하늘을 태그하는 것을 추천받고, 그 태그를 클릭함으로써

흥미로운 또 다른 아이템을 찾게 될 수 있다. 태깅 데이터는 평점 행렬과 결합해 더 좋은 품질의 추천을 만들 수도 있다.

다음 절에서는 소셜 태깅 시스템의 추천 관련해 제안된 다양한 방법론을 검토해보겠다.

## 11.4.4.1 컨텍스트 민감 시스템을 위한 다차원 방법론

8.2절에 설명된 다차원 방법론을 사용해 소셜 태깅 추천 모델을 만들 수 있다. 기본 아이디어는 두 차원에서의 쿼리에 대한 특정 차원 쌍을 따라 데이터를 계획하고 세 차원을 따라 컨텍스트 쿼리에 대한 사전 필터링 방법론을 사용하는 것이다.

예를 들어 특정 사용자에게 가장 좋은 태그를 추천하기 위해 다양한 상품에 걸쳐 태그의 빈도를 집계할 수 있다. 즉, 사용자가 전체 상품에 대해서 특정 태그를 이용한 빈도를 결정한다는 말이다. 그 결과 양수만 있는 빈도에 대한 2차원 사용자 태그 행렬이 생성된다. 사용자에게 태그를 추천하기 위해 이 행렬에는 기존의 어떤 협업 필터링 알고리듬도 사용될 수 있다. 이러한 접근법은 사용자에게 태그를 추천하는 데 가장 적합하지만 상품 컨텍스트에서는 쓰이지 않는다. 그럼에도 이 방법은 현실에서 매우 유용하다. 태그는 리소스와 색인의 이중 기능을 제공하므로, 태그는 사용자가 관심 있을 법한 리소스를 찾는데 쓰인다. 마찬가지로 태그 차원을 따라 빈도를 집계하는 일은 사용자-아이템 행렬로 이어진다. 이 행렬은 사용자에게 아이템을 추천하는 데 사용할 수 있다.

이러한 집계 방법론의 한 가지 단점은 한 가지 차원에 대한 정보는 무시된다는 것이다. 또한 추천 과정 중 모든 차원의 정보를 조합하는 것도 가능하다. 타깃 사용자에 가장 잘 맞는 태그나 상품을 추천한다고 가정해보자. 이 문제를 해결하기 위한 하나의 방법으로는 집계된 사용자-태그 행렬을 기반으로 타깃 사용자와의 유사도를 계산하는 것이다. 이는 집계된 사용자-아이템 행렬에서도 계산이 가능하다. 이 두 가지 기준의 선형 조합은 타깃 사용자와 가장 유사한 사용자를 생성하는 데 사용된다. 그런 다음 사용자 기반 예측에 대한 표준 예측 방법론(2장의 식 2.4 참조)을 활용해 대상에 가장 근접한 상품 또는 태그를 추천할 수 있다. 이와 유사한 방법론은 아이템 기반 협업 필터링 방법론에서 사용될 수 있다. 이는 타깃 상품에서부터 시작되고 집계된 사용자-아이템 행렬 또는 태그-아이템 행렬을 기반으로 가장 유사한 아이템을 찾는다.

또 다른 유용한 쿼리는 사용자에게 특정 태그 컨텍스트를 위한 상품을 추천하는 것이다. 컨텍스트에 맞는 시스템에 대한 사전 필터링과 사후 필터링 방법론(8.3, 8.4절 참조)은 이 목적을 이루기 위해 쓰인다. 태그 "애니메이션"과 관련된 영화를 추천하고 싶다면 "애니메이션"에 해당하는 태그 큐브 조각을 추출할 수 있다. 이 단계는 애니메이션 영화에 제한된 2차원의 사용자-아이템 행렬을 생성한다. 전통적인 협업 필터링 알고리듬을 이 행렬에 적용해 추천을 만들 수 있다. 이 방법론을 사용할 때 한 가지 도전 과제는 추출된 사용자-아이템 조각이 너무 희소할 수 있다는 것이다. 희소성 문제를 해결하기 위해서는 태그 클러스터링을 사용해 관련 태그를 그룹화할 수 있다. 예를 들어 태그 그룹은 "애니메이션", "아이들", "어린이용" 등의 태그를 포함할 것이다. 이렇게 관련 있는 태그들의 사용자-아이템 태그 빈도를 함께 추가해 덜 희소한 집계된 사용자-아이템 행렬을 만들 수 있다. 이 집계된 행렬을 통해 추천이 수행된다. 태그 클러스터링 방법은 [70, 215, 542]에서 제안된다. [70, 215, 542]의 연구에서는 콘텐츠 기반 방법론에 대한 태그 클러스터링 사용을 연구하지만 이러한 기술은 협업 필터링 적용의 효율성을 개선하는 데도 쓰일 수 있다.

마지막으로, 텐서 분해 방법론은 소셜 태깅에 있어 그 인기가 증가하고 있는 추세다. 이 방법론은 컨텍스트 민감 시스템의 특별한 경우로서 8.5.2절에서 설명한다. 해당 절에서 설명하는 특히 잘 알려져 있는 방법론은 쌍방향 상호작용 텐서 분해<sup>PITF, Pairwise Interaction Tensor Factorization</sup> 방법론이다. 또한 이러한 방법은 잠재 요인 모델의 큰 부분의 일반화 버전으로 볼 수 있어 인수분해 머신<sup>factorization machines</sup>의 개념으로 일반화됐다. 내용은 8.5.2.1절을 참조하면 된다.

## 11.4.4.2 순위 기반 방법론

순위 기반 방법론은 PageRank 방법론을 사용해 태그가 있는 경우의 추천을 제공한다. 순위 방법론에 대한 자세한 설명은 10.2절에 제공된다. 이 점에서 주목할 만한 두 가지 방법은 FolkRank[256]와 SocialRank[602]이다. SocialRank와 FolkRank의 주요 차이점은 SocialRank는 순위를 결정하는 단계에서 객체 간의 콘텐츠 중심 유사도를 사용한다는 것이다. 예를 들어 콘텐츠 중심 유사도에 따라 이미지 쌍 사이의 링크가 추가될 수 있다. 또한 SocialRank는 태깅 하이퍼그래프가 아닌 임의의 소셜 미디어 네트워크에 적용할 수 있다. 따라서 SocialRank는 다른 양상의 효과의 균형을 맞추기 위해 PageRank 알고리듬에 중요한 변경을 한다. 이 방법은 그럼에도 포크소노미에도 적용할 수 있다. FolkRank는 특히 포크소노미에서 만든 태깅 하이퍼그래프와 함께 작동하도록 설계돼 있다. SocialRank는 이미 10.2.3.2절에서 논의되고 있으므로 이 설명에서는 FolkRank 방법론에만 중점을 두겠다.

FolkRank는 개인화된 PageRank(10.2.2절 참조)의 간단한 적용이다. FolkRank를 적용하는 첫 번째 단계는 태그 하이퍼그래프에서 삼분 그래프<sup>tripartite graph</sup>를 추출하는 것이다. 삼분 그래프 $G = (N, A)$는 다음과 같이 태그 하이퍼그래프에서 추출된다.

1. 각 태그, 사용자, 아이템은 그래프 $G$의 노드가 된다. 즉, 각각의 $i \in N$는 사용자, 태그 또는 아이템이다. 따라서 $m$ 사용자, $n$ 아이템, $p$ 태그의 경우 그래프 $G$에는 $(m + n + p)$ 노드가 있다.

2. 태그, 사용자, 아이템 사이의 하이퍼에지에 대해 각 쌍 사이의 무방향 에지가 추가된다. 따라서 각 하이퍼에지에 대해 세 개의 가장자리<sup>edges</sup>가 추가된다.

그런 다음 개인화된 PageRank 방법론이 이 네트워크에 직접 적용된다. 10.2.2절의 개인화된 벡터는 선호하는 아이템, 사용자 또는 태그로 설정돼 재시작할 확률이 높다. 다시 시작 확률을 여러 가지 방법으로 설정하면서 특정 사용자, 태그, 아이템, 사용자-아이템 쌍, 사용자-태그 쌍 또는 태그-아이템 쌍에 대해 질문할 수 있다. 쿼리에 대한 응답은 모든 양식으로 얻을 수 있다.

프로세스 결과, 순위가 높은 태그, 사용자, 아이템은 네트워크 내 관련 노드에 대한 다양한 관점을 보여준다. FolkRank의 중요한 점은 사용자별 관련성 외에도 글로벌 인기(평판)를 고려한다는 것이다. 이는 모든 순위 메커니즘이 고도로 연결된 노드를 선호하는 경향이 있기 때문이다. 예를 들어 많이 사용되는 태그는 개인화된 PageRank 메커니즘에서도 항상 높은 순위를 매긴다. 재시작 확률의 값은 특이성과 인기도 사이의 트레이드 오프를 조절한다. 따라서 이러한 효과를 상쇄하는 FolkRank의 다른 버전도 개발됐다. 이 버전의 기본 개념은 다음과 같은 단계를 수행한다.

1. PageRank는 바이어스 없는 추출된 삼분 그래프에서 수행된다. 즉, 모든 노드는 $1/(m+n+p)$의 재시작 확률을 가진다. 태그 큐브의 크기는 $m \times n \times p$이고 네트워크의 노드 수는 $(m+n+p)$이다. 결과 확률 벡터는 $\overline{\pi_1}$로 지정한다.

2. 개인화된 PageRank는 쿼리되는 특정 사용자-아이템 조합에 대해 증가된 바이어스 값을 설정해 수행된다. 예를 들어 특정 사용자-아이템 조합이 쿼리되는 경우를 생각해보자. 쿼리된 사용자 노드에 대한 재시작 확률은 $(m+1)/(2m+2n+p)$에 비례하도록 설정할 수 있고, 쿼리된 아이템 노드에 대한 재시작 확률은 $(n+1)/(2m+2n+p)$에 비례하도록 설정하고, 나머지 노드의 재시작 확률은 $1/(2m+2n+p)$에 비례하도록 설정할 수 있다. 이 결과 나오는 확률 벡터는 $\overline{\pi_2}$로 지정한다.

3. 모든 양상에서 다양한 노드에 대한 관련성은 $\overline{\pi_2} - \overline{\pi_1}$로부터 추출될 수 있다. 값은 유사도 또는 비유사도 수준에 따라 양수 또는 음수일 수 있다.

위 접근법의 큰 장점은 넓은 규모의 글로벌 인기 효과를 상쇄한다는 것이다.

### 11.4.4.3 콘텐츠 기반 방법론

사용자에게 아이템과 태그 모두를 추천하기 위해서 콘텐츠 기반 방법론을 사용할 수도 있다. 사용자에게 아이템을 추천하기 위해 $m$ 사용자의 각 아이템에 대한 태그 빈도를 이용해 사용자 특화 학습 데이터 세트를 만들 수 있다. 이 때의 빈도는 tf-idf 형식으로 나타낼 수 있다. 지정된 사용자의 경우, 학습 데이터에는 사용자가 태그한 아이템과 태그 하지 않은 아이템의 음수 샘플이 포함된다. 태깅 빈도는 학습해야 하는 개체다. (학습 프로세스에서) 기능변수와 종속변수는 각 아이템의 tf-idf의 표현과 사용자가 각 아이템에 배치한 태그 수에 해당한다. 종속변수는 음수 샘플의 경우 0이다. 회귀 기반 모델은 예측을 하기 위해 이 학습 데이터에 적용된다.

유사한 접근 방식을 사용해 사용자에게 아이템을 추천하는 대신 사용자에게 태그를 추천할 수 있다. 주요 차이점은 태그가 다른 방법이 아닌 항목의 tf-idf 벡터로 표현된다는 것이다. 이제 학습 데이터는 분류해야 하는 객체로 태그를 사용해 생성된다. 따라서 태그에는 사용자가 다른 아이템에 해당 태그를 붙은 횟수를 기반으로 레이블이 붙어 있다. 이 학습 모델은 사용자의 관심사를 알 수 없는 태그에서 사용자의 관심을 예측하는 데 사용된다. 태그 추천에 대한 다양한 콘텐츠 기반 방법 간의 비교는 [264]에서 설명한다.

태그 클러스터링을 기반으로 하는 아이템 추천 알고리듬은 [542]에 나와 있다. 클러스터는 아이템 측면에서 태그의 tf-idf 표현을 사용해 만들어진다. 즉, 각 태그는 아이템 빈도의 벡터로 처리된다. 그런 다음 이 벡터는 $m$개의 클러스터를 만드는 데 사용된다. 클러스터링 과정은 사용자 관심사와 항목 관련성을 측정하고 통합하는 중간 지점의 표현을 제공한다.

$s$번째 클러스터에서 $i$번째 사용자의 관심사를 $ucW(i, s)$로 표시하고, $s$번째 클러스터에 대한 $j$번째 아이템(리소스)의 관련성을 $rcW(j, s)$로 표시해보자. $ucW(i, s)$는 $s$번째 클러스터에 속하는 사용자 태그의 부분으로 계산되고, $rcW(j, s)$의 값은 $s$번째 클러스터에 속하는 아이템 $j$에 대한 태그의 부분으로 계산된다. 그러면 아이템 $j$에서의 사용자 $i$의 관심사 $I(i, j)$는 다음과 같이 계산된다.

$$I(i, j) = \sum_{s=1}^{m} ucW(i, s) \times rcW(j, s) \tag{11.15}$$

중간 단계로써 클러스터를 이용한 관심사 계산은 그림 11.7에 나와 있다. 이 관심사는 사용자의 아이템에 순위를 매기는 데 사용할 수 있다. 기본 개념은 클러스터가 품질 좋은 관심사 계산을 수행하기 위해 활용되면서, 희소한 사용자-아이템 태깅 행동에 견고함을 제공한다는 것이다.

또한 [542]의 연구는 사용자 태그 쿼리에 대한 응답으로 개인화된 상품을 제공하기 위해 접근한다. 예를 들어 메리가 "애니메이션"을 검색할 때 동일한 질문에 대한 밥의 추천 영화가 추천되지 않을 수도 있다. 지정된 쿼리 태그 q의 경우, 아이템 $j$에 대한 유사도 $S(j, q)$는 $q$로 태그가 지정된 아이템 $j$에 대한 다른 태그 빈도와의 상대적 빈도 $f_{jq}$로 나타낸다.

$$S(j, q) = \frac{f_{jq}}{\sqrt{\sum_s f_{js}^2}} \tag{11.16}$$

값 $S(j, q)$는 특정 사용자 $i$의 검색에 응답해 항목의 순위를 지정하는 데 직접 사용될 수 있지만, 결과는 검색자의 사용자 관심사 $I(i, j)$를 사용해 개인화된다. $I(i, j)$의 값은 식 11.15를 사용해 계산된다. 따라서 검색 결과는 $S(j, q)$에 의해 정렬되는 대신 $S(j, q) \times I(i, j)$에 의해 정렬된다. 태그 쿼리에 아이템을 추천할 때 사용자별 개인화가 요구되는 것은 아니다. 단순히 $S(j, q)$를 사용해 아이템의 순위를 지정할 수 있기 때문이다. 또한 아이템에 대해 태그를 추천하는 것 또한 개인화의 사용이 필수는 아니다. 사용자에게 태그를 추천하기 위해 단순히 아이템의 태깅 특성

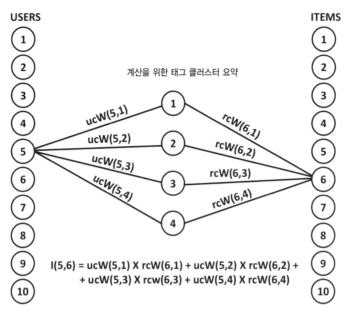

**그림 11.7** 사용자의 아이템에 대한 관심을 계산하기 위해 클러스터를 다리 역할로 활용한다. 예시는 사용자 5가 아이템 6에 대한 관심 정도를 계산하는 방법을 표현한다. 이러한 계산법은 어떤 사용자-아이템 쌍에 대해서도 적용할 수 있다.

을 사용하면 되기 때문이다. 이러한 경우 추천되는 태그는 쿼리의 주체가 되는 사용자에 종속되지 않고 쿼리되는 아이템에 따라 달라진다. 실제로 태그 추천 초기 작업은 태그와 아이템 간의 동시 발생 통계co-occurrence statistics를 사용해 추천을 만든다. 따라서 결과는 쿼리의 주체가 되는 사용자에 의존하지 않는다.

마찬가지로 [316]에서 제안된 접근법은 잠재 디리클레 할당LDA을 사용해 각 아이템을 태그(또는 "단어")의 빈도를 포함하는 "문서"로 처리해 콘텐츠 중심 토픽 모델링을 기반으로 추천을 만든다. 전통적인 문서의 토픽 모델링과 마찬가지로 이 방법은 $q$번째 태그가 다음 관계로 인해 아이템 $j$와 관련이 있음을 보여준다.

$$P(\text{Tag} = q|\text{Item} = j) = \sum_{s=1}^{K} P(\text{Tag} = q|\text{Topic} = s) \cdot P(\text{Topic} = s|\text{Item} = j) \quad (11.17)$$

여기서 $K$는 사용자 정의 매개변수인 총 토픽 수를 나타낸다. 식 11.17의 좌변은 순위를 매기기 위한 목적으로 추천 확률을 제공하고, 우변에 있는 수량은 LDA 방법론을 사용해 매개변수를 학습하는 과정 중에 추정된다. 토픽 모델링에 LDA를 사용할 필요는 없다. 좀 더 간단한 확률적 잠복 시맨틱 분석PLSA, Probabilistic Latent Semantic Analysis 모델은 LDA 대신에 사용될 수 있다. 또한 사용자의 태그 집합을 "문서"로 처리하고 토픽 모델링을 사용해 이러한 사용자를 토픽으로 클러스터링해 추천을 개인화할 수 있다. 이렇게 토픽이 결정된 후 다음과 같이 각 사용자에 대한 다양한 태그의 관련성을 계산할 수 있다.

$$P(\text{Tag } = q | \text{User } = i) = \sum_{s=1}^{K} P(\text{Tag } = q | \text{Topic } = s) \cdot P(\text{Topic } = s | \text{User } = i) \quad (11.18)$$

식 11.18은 식 11.17과 다른 주제 집합을 사용한다. 전자는 사용자를 클러스터하는 반면, 후자는 아이템을 클러스터한다. 식 11.17과 11.18의 선형 조합은 사용자 $i$의 개인화된 컨텍스트를 고려해 태그 $q$와 아이템 $j$의 관련성을 결정하는 데 사용할 수 있다. 선형 조합의 가중치는 사용자 특이성과 항목 특이성 간의 트레이드 오프를 결정한다.

토픽 모델링에서 베이지안 아이디어 중 일부를 직접 적용해 사용자 특이성과 항목 특이성을 결합하는 다른 방법이 있다[315]. 더 자세히는 개인화되고 항목 특이성에 더 집중한 추천 확률 $P(\text{Tag} = q | \text{User} = i, \text{Item} = j)$를 직접 계산할 수 있다. 이 확률은 다음과 같이 나이브 베이즈 룰을 사용해 단순화할 수 있다.

$$P(\text{Tag} = q | \text{User} = i, \text{Item} = j) = \frac{P(\text{User} = i, \text{Item} = j | \text{Tag} = q) \cdot P(\text{Tag} = q)}{P(\text{User} = i, \text{Item} = j)} \quad (11.19)$$

$$\approx \frac{P(\text{User} = i | \text{Tag} = q) \cdot P(\text{Item} = j | \text{Tag} = q) \cdot P(\text{Tag} = q)}{P(\text{User} = i, \text{Item} = j)} \quad (11.20)$$

$$\propto P(\text{User} = i | \text{Tag} = q) \cdot P(\text{Item} = j | \text{Tag} = q) \cdot P(\text{Tag} = q) \quad (11.21)$$

비례 상수로 분모에서 $P(\text{User} = i, \text{Item} = j)$라는 항을 무시했다. 이는 서로 다른 태그를 이미 지정된 특정 사용자와 아이템의 추천 확률의 순서로 순위화하고 싶기 때문이다. 따라서 상수항은 순위화 목적에서는 무시해도 된다.

이제 앞서 언급한 방정식의 우변에 있는 $P(\text{User} = i | \text{Tag} = q)$와 $P(\text{Item} = j | \text{Tag} = q)$ 항은 베이즈 룰을 사용해 사용자 추천과 아이템 추천 확률로 표현할 수 있다.

$$P(\text{User} = i | \text{Tag} = q) = \frac{P(\text{User} = i) P(\text{Tag} = q | \text{User} = i)}{P(\text{Tag} = q)} \quad (11.22)$$

$$P(\text{Item} = j | \text{Tag} = q) = \frac{P(\text{Item} = j) P(\text{Tag} = q | \text{Item} = j)}{P(\text{Tag} = q)} \quad (11.23)$$

따라서 식 11.21에서 이러한 용어를 대체할 때 다음을 얻게 된다.

$$P(\text{Tag} = q | \text{User} = i, \text{Item} = j) \propto \frac{P(\text{Tag} = q | \text{User} = i) \cdot P(\text{Tag} = q | \text{Item} = j)}{P(\text{Tag} = q)} \quad (11.24)$$

우변의 항은 모든 베이즈 분류 모델과 마찬가지로 데이터 기반 방식으로 쉽게 추정할 수 있다. 예를 들어 $P(\text{Tag} = q)$의 값은 $q$번째 태그가 지정된 태그 큐브에서 비어 있지 않은 셀의 부분을

분수로 나타낸 것이라 추정할 수 있다. $P(\text{Tag} = q | \text{User} = i)$의 값은 $q$번째 태그에 해당하는 사용자 $i$에 대한 태그-큐브의 부분의 비어 있지 않은 부분을 분수로 나타낸 것으로 추정할 수 있다. $P(\text{Tag} = q | \text{Item} = j)$는 $q$번째 태그에 해당하는 아이템 $j$에 대한 태그-큐브의 부분의 비어 있지 않은 부분을 분수로 나타낸 것으로 추정할 수 있다. 라플라시안 스무딩Laplacian smoothing은 종종 과적합을 피하기 위해 사용된다.

식 11.24의 확률은 특정 사용자-아이템 조합에 대한 태그의 순위를 매기는 데 사용된다. [315]의 연구에서는 추천을 위한 보다 간단한 빈도 기반 모델에 대해서도 설명한다.

## 11.4.5 평점 행렬을 사용한 소셜 태깅 추천 모델

태그는 아이템 평점과 더불어 추천의 품질을 향상시킬 수 있다. 이를테면 메리가 IMDb와 같은 평점 사이트에서 "애니메이션"이라는 태그가 추가된 〈슈렉〉과 〈라이온 킹〉과 같은 많은 영화를 시청했다고 가정해보자. 그러나 메리는 태그 큐브에서 이 영화 중 단 한 개도 태그를 지정하지 않았을 수 있고, 이러한 기본 설정은 평점 행렬에서 파생된다.

이제 〈Despicable Me〉와 같은 영화가 "애니메이션"으로 태그됐다 생각해보고 메리는 아직 이 영화를 시청하지 않았다 가정해보자. 이러한 경우, 메리도 〈Despicable Me〉에 관심을 가질 수 있다고 가정하는 것은 합리적일 것이다. 평점 행렬도 동일한 예측을 제공할 수도 있지만 태그 정보 그 자체가 단독 정보이기 때문에 통합될 때 예측 오류의 가능성은 줄어들게 된다. 특히 새로 출시된 영화이고 사용자 선호도에 대한 신뢰할 수 있는 예측을 하기에는 평점이나 태그가 너무 적으면 그러하다. 이러한 경우 평점과 태그는 서로를 보완해 더욱 견고한 결정을 내릴 수 있다. 대부분의 경우 태깅 시스템에는 평점 행렬에 암시적 평점(예: 사용자가 아이템을 봤는지 여부)이 포함된다. 이는 last.fm 같은 사이트는 사용자가 사용한 아이템에 대한 데이터를 자동으로 기록하기 때문이다. 암시적 평점은 사용자가 태그를 붙이지 않더라도 아이템을 볼 수 있기 때문에 독립적인 정보 소스이다. 이 절에서는 암시적 평점과 명시적 평점 두 케이스를 모두 다뤄보겠다.

가장 간단한 방법은 하이브리드 추천 시스템을 사용해 태그와 평점에 따라 예측을 결합하는 것이다. 예를 들어 11.4.4절에서 설명하는 모든 방법론을 사용해 태그만을 기반으로 항목 예측을 만들 수 있다. 또한 기존의 협업 필터링 알고리듬을 사용해 평점 기반으로 예측할 수 있다. 두 평점의 가중 평균을 사용해 최종 예측을 할 수 있다. 가중치는 6.3절에 설명된 하이브리드 추천 모델을 사용해 학습할 수 있다. 그러나 이러한 접근법은 예측의 두 소스를 아주 긴밀하게 통합하지는 않는다. 추천 프로세스의 다양한 데이터 소스를 긴밀하게 통합하는 알고리듬으로 더 나은 결과를 얻을 수 있다.

## 11.4.5.1 이웃 기반 접근법

[603]의 방법론은 평점 행렬이 단항으로 가정되는 암시적 피드백 데이터 집합과 함께 작동한다. 이것은 소셜 태깅 시스템에서는 매우 일반적이다. 예를 들어 last.fm 같은 사이트에서는 사용자의 아이템 접근 내용을 사용할 수 있지만 명시적 평점은 사용할 수 없다. 이 아이템에서 누락된 정보는 0값으로 처리한다. 따라서 평점 행렬 $R$은 단항 행렬이 아닌 이진 행렬로 처리된다.

[603]의 접근법은 추가 가짜 사용자 또는 가짜 아이템을 만들어 $m \times n \times p$ 태그 큐브 $F$의 데이터로 $m \times n$ 평점 행렬 $R$을 보강한다. 예를 들어 사용자 기반 협업 필터링은 확장된 아이템 집합이 있는 평점 행렬에서 수행할 수 있다. 아이템의 차원이 확장된 평점 행렬 $R_1$을 만들기 위해 각 태그는 가짜 아이템으로 취급된다. 또한 사용자가 해당 태그를 한 번 이상 사용한 경우 사용자-태그 조합 값은 1로 가정한다(여러 항목에 걸쳐 가능). 그렇지 않으면 값은 0이다. $m \times p$ 사용자-태그 조합이 있다는 것을 기억하자. 그런 다음 태그를 새로운 가짜 아이템으로 처리해 이러한 $m \times p$ 조합을 $m \times n$ 평점 행렬 $R$에 추가할 수 있다. 이로 인해 사이즈 $m \times (n+p)$을 가진 확장된 행렬 $R_1$이 생성된다. 사용자 $i$와 다른 사용자 간의 유사도는 이 확장 행렬을 통해 계산된다. 사용자-태그 활동 정보를 가진 추가 열로 인해 유사도 계산이 강화된다. 사용자 $i$의 아이템 평점은 $i$의 피어 그룹에서 1이라는 값을 사용해 계산된다. 이렇게 예측된 평점 $\hat{r}_{ij}^{user}$는 아이템 인덱스 $j$의 다른 값에 대해 1로 합산하도록 정규화된다. 이는 다양한 항목에 접근(또는 구매)하는 확률을 나타내기 때문이다. 평점은 이러한 암시적 피드백 설정에서 활동 빈도를 나타낸다.

아이템 기반의 접근법도 비슷한 방식으로 확장할 수 있다. 이 경우 태그 항목 조합에 해당하는 $p \times n$ 행렬이 만들어진다. 이 행렬의 값은 항목이 한 번 이상 태그된 경우 1이 된다. 태그는 이제 가짜 사용자로 처리되고 원래 평점 행렬 $R$에 행으로 추가된다. 이로 인해 사이즈 $(m+p) \times n$를 가진 확장된 행렬 $R_2$가 생성된다. 이 확장 행렬은 아이템 기반 협업 필터링에서 유사도 계산을 수행하는 데 사용된다. 지정된 사용자 $i$에 대한 예측된 평점 $\hat{r}_{ij}^{item}$은 모든 $j$에 대해 1로 합산되도록 정규화된다. 따라서 이 경우에서도 예측 평점은 아이템에 접근하거나 구매할 확률을 나타낸다.

사용자 기반과 아이템 기반 협업 필터링을 수행한 후 두 사례의 평점 예측은 매개변수 $\lambda \in (0, 1)$을 사용해 융합된다.

$$\hat{r}_{ij} = \lambda \cdot \hat{r}_{ij}^{user} + (1 - \lambda) \cdot \hat{r}_{ij}^{item} \tag{11.25}$$

$\lambda$의 최적 값은 교차 유효성 검사를 사용해 선택할 수 있다. [603]의 결과는 태그 정보도 사용될 때 기존의 협업 필터링에 비해 개선된 것으로 나타난다. 태그 지정을 통합해 개선된 방법을 달성하기 위해서는 사용자 기반 방법과 아이템 기반 방법의 융합이 필요하다.

## 11.4.5.2 선형 회귀

[535]의 방법론은 선형 회귀를 사용해 태그를 추천 프로세스에 통합한다. 태그는 사용자 선호를 식별하는 데 있어 일반적으로 평점보다 통계적으로 덜 정확하므로 추천 프로세스에 적합한 태그만 선택하는 것이 중요하다. 이러한 목표를 달성하기 위해 11.4.3절에 기재된 방법론이 사용될 수 있다. [535]의 기본 접근 방식은 다양한 항목에 대한 태그 선호에 대한 정보를 보강하기 위해 사용자 평점 정보를 융합한다. 예를 들어 사용자가 〈라이온 킹〉과 〈슈렉〉을 높게 평가하고 두 동영상에 모두 "애니메이션"으로 태그가 지정된 경우 사용자가 이 태그가 있는 영화에 관심이 있을 가능성이 있다고 추론할 수 있다. 첫 번째 단계는 항목과 태그 간의 관련성 가중치를 결정하는 것이다. 예를 들어 표 11.1의 임의의 항목-태그의 자세한 정량화된 정보가 사용될 수 있다. 그런 다음 $q_{jk}$가 아이템 $j$와 태그 $k$의 관련성이라 하면, 항목 선호 값은 시그모이드 함수 sigmoidal function로 더 변환된다.

$$v_{jk} = \frac{1}{1 + \exp(-q_{jk})}$$

그런 다음, 태그 $k$에 대한 사용자 $i$의 사용자 선호 $u_{ik}$는 태그-항목 관련성과 항목에 대한 사용자 관심의 결합을 결합해 계산된다. 항목에 대한 사용자 관심은 평점 행렬 $R = [r_{ij}]$를 사용해 추론될 수 있다. 태그 $k$에 대한 사용자 $i$의 선호 $u_{ik}$는 다음과 같이 유추될 수 있다.

$$u_{ik} = \frac{r_{ij} \cdot v_{jk}}{\sum_{s=1}^{n} r_{is} \cdot v_{sk}} \tag{11.26}$$

사용자 $i$에 의해 평가되지 않은 아이템은 분자와 분모에서 무시된다. 평점을 사용할 수 없는 경우 $u_{ik}$의 값은 사용자의 방문, 클릭, 구매 또는 항목에 대한 태그 빈도로 간접적으로 유추될 수도 있다. 예를 들어 식 11.26의 $r_{ij}$의 값은 사용자가 아이템 $j$에 태그를 지정한 횟수로 대체할 수 있다(반드시 태그 $k$에 대해서는 아니다).

사용자 $i$에 대한 아이템 $j$의 선호 점수 $p_{ij}$를 예측하는 간단한 방법은 해당 아이템의 모든 태그 $T_j$를 결정하고 모든 태그 $r \in T_j$의 $u_{ir}$의 값을 평균하는 것이다.

$$p_{ij} = \frac{\sum_{r \in T_j} u_{ir} \cdot v_{jr}}{\sum_{r \in T_j} v_{jr}} \tag{11.27}$$

$p_{ij}$값은 평점 범위에 속하지 않을 수 있다. 그럼에도 여전히 사용자를 위한 아이템 순위 매기는 용으로 사용할 수 있다.

평점을 예측하기 위한 더욱 효과적인 방법은 선형 회귀를 사용하는 것이다. 선형 회귀의 기본 개념은 아이템 $j$에 대한 사용자 $i$의 평점 $r_{ij}$가 고정된 $j$와 변동되는 $i$의 값에 대해 사실인 선형 관계를 기반으로 한다고 가정하는 것이다.

$$r_{ij} = \sum_{r \in T_j} u_{ir} \cdot w_{jr} \quad \forall i : r_{ij}\text{는 관측값이다} \qquad (11.28)$$

(알 수 없는) 계수 $w_{jr}$는 아이템 $j$에 대한 태그 $r$의 중요도를 나타내며, 아이템 $j$에 대해 관찰되는 모든 평점에 대한 회귀를 사용해 학습할 수 있다. 식 11.27과의 주요 차이점은 태그 $r$(항목 $j$에만 해당)의 가중치로 $v_{jr}$의 추론 값을 사용하는 대신 평점 행렬에서 선형 회귀를 사용해 $w_{jr}$를 학습한다는 것이다. 결과에 있어서는 더 높은 수준의 감독으로 인해 일반적으로 더 우수하다. 회귀 학습 프로세스에는 아이템 $j$를 평가한 모든 사용자가 포함되므로 접근 방식은 다른 사용자의 평점의 협업력을 사용한다. 또한 이 방법은 태그로부터 알 수 있는 부가 정보를 사용하기 때문에 기존의 협업 필터링 알고리듬에 우수한 결과를 제공한다. 이 방법론을 간단한 행렬 인수분해 방법과 하이브리드 시스템에 결합하면 더 나은 결과를 제공할 수 있다[535]. 서포트 벡터 머신이 학습 프로세스에서 가장 적합한 결과를 제공하는 것으로 나타났지만 최소 제곱 회귀는 더 간단한 대안을 제공한다. 선형 회귀 방법은 4.4.5절에서 설명한다.

### 11.4.5.3 행렬 인수분해

TagiCoFi[673]라고 하는 행렬 인수분해 접근법은, 3장에서 논의된 방법의 변형을 사용해 평점 행렬 $R$을 두 개의 행렬, $m \times q$의 행렬 $U$와 $n \times q$ 행렬의 $V$로 나뉜다. 이 조건은 다음과 같이 표현할 수 있다.

$$R \approx UV^T \ \forall \ R\text{에서의 관측 값} \qquad (11.29)$$

이 조건은 $R$의 관찰된 값에 대해 프로베니우스 노름 $g(U, V, R) = \|R - UV^T\|^2$을 대략적으로 최소화해 부과될 수 있다.

또한 유사한 태깅 습성을 가진 사용자는 유사한 요소를 갖기 위해 유사도 제한은 요소 행렬 $U$에 대해 부과된다. $S_{ij}$는 사용자 $i$와 $j$ 사이의 유사도를 나타내고 $\overline{u_i}$는 $U$의 $i$번째 행이라 하자. 태깅 습성에서 $S_{ij}$의 계산은 나중에 설명하도록 하겠다. 그런 다음 유사한 태깅 습성을 가진 사용자가 유사한 요소를 갖도록 하기 위해 다음과 같은 요소 유사도 목적 $f(U)$를 최소화한다.

$$f(U) = \sum_{i=1}^{m} \sum_{j=1}^{m} S_{ij} \|\overline{u_i} - \overline{u_j}\|^2 \qquad (11.30)$$

우리는 목적함수 $g(U, V, R)$와 $f(U)$에 의해 정의된 두 개의 다른 기준을 가지고 있기 때문에, 균형 매개변수 $\beta$는 $g(U, V, R) + \beta f(U)$를 최소화하기 위해 도입될 수 있다. 또한 행렬 계수 분해의 표준 정규화된 항은 요인 행렬의 프로베니우스 노름의 합계에 의해 부여된다. 이 정규화 항은 $\lambda(\|U\|^2 + \|V\|^2)$이고, 여기서 $\lambda$는 정규화 매개변수다. 이러한 서로 다른 용어를 요약하면 다음과 같은 목적함수가 파생된다.

$$\text{Min } J = \underbrace{||R - UV^T||^2}_{R\text{에서의 관측 값}} + \underbrace{\beta \cdot \sum_{i=1}^{m} \sum_{j=1}^{m} S_{ij} ||\overline{u_i} - \overline{u_j}||^2}_{\text{태깅 유사도}} + \underbrace{\lambda \left( ||U||^2 + ||V||^2 \right)}_{\text{정규화용}}$$

모든 행렬 인수분해 방법의 경우와 마찬가지로 경사하강 방법론은 계수 행렬 $U$와 $V$를 결정한다. $\beta$와 $\lambda$값은 교차 검증 방법론을 사용해 계산할 수 있다.

이 접근 방식은 신뢰할 수 있는 추천 시스템에 대해 11.3.8.2절에서 설명하는 소셜 정규화 접근법[382]과 기술적으로 유사하다는 점에 주목할 필요가 있다. 이 접근법은 신뢰 행렬 $T$는 목적항에 유사항 $\sum_{i,j:t_{ij}>0} t_{ij} ||\overline{u_i} - \overline{u_j}||^2$를 사용한다. 여기서 태깅 유사도 행렬은 항 $\sum_{i=1}^{m} \sum_{j=1}^{m} S_{ij} ||\overline{u_i} - \overline{u_j}||^2$를 추가하는 데 사용된다. 즉, 사용자 $i$와 $j$ 사이의 신뢰/동종 선호 $t_{ij}$는 사용자 $i$와 $j$ 사이의 태그 유사도 $S_{ij}$로 대체된다. 따라서 동일한 기술 모델의 사소한 변형을 사용해 다양한 소셜 추천 시나리오를 해결할 수 있다. 더 나아가 사용자 요소를 더 유사하게 하는 대신 태깅 습성에 따라 항목-인자를 더 유사하게 만들 수도 있다(연습 문제 5 참조).

## 태깅 유사도 계산하기

전술한 접근법은 사용자 $i$와 $j$ 간의 태깅 유사도 $S_{ij}$의 계산을 필요로 한다. 먼저, tf-idf 행렬은 사용자가 특정 태그를 사용한 횟수가 계산되는 태그 큐브 $F$에서 생성된다. 즉, 모든 아이템에 대한 특정 사용자-태그 조합은 1의 개수로 합계가 된다. 따라서 $m$명의 사용자 각각에 대해 빈도 벡터가 생성된다. 그리고 이 빈도 정보 검색에 사용되는 표준 tf-idf 정규화로 정규화된다. [673]의 연구는 유사도를 계산하기 위한 두 가지 방법을 제안한다.

1. 피어슨 유사도: 피어슨 상관계수 $\rho_{ij}$는 사용자 $i$ 및 사용자 $j$의 모든 태그에 대해 계산된다. 둘 중 하나의 사용자에게 쓰이지 않은 태그는 무시된다. 시그모이드 함수는 상관계수를 음수가 아닌 유사도 값 $S_{ij}$를 $(0, 1)$으로 변환하는 데 사용된다.

$$S_{ij} = \frac{1}{1 + \exp(-\rho_{ij})} \tag{11.31}$$

2. 코사인 유사도: 빈도 벡터들 사이의 표준 코사인 유사도는 유사도 값으로 사용된다. 유사도 함수에 관한 설명은 4장을 참조하면 된다.

3. 유클리드 유사도: 유클리드 거리 $d_{ij}$는 유사도 벡터 사이에 계산된 다음 가우시안 커널이 거리에 적용돼 $(0, 1)$ 사이의 유사도 값으로 변환된다.

$$S_{ij} = \exp \left( -\frac{d_{ij}^2}{2\sigma^2} \right) \tag{11.32}$$

여기서 $\sigma$는 교차 검증을 사용해 선택된 사용자 제어 매개변수다.

[673]에 보고된 결과에서 피어슨 유사도는 최상의 성능을 제공한 반면, 유클리드 유사도는 최악의 결과를 낳았다.

### 11.4.5.4 콘텐츠 기반 방법

소셜 태깅 방법론은 콘텐츠 기반 방법론을 간단하게 사용하는 방법을 알려준다. 영화에 붙은 태그의 빈도 벡터는 설명으로 볼 수 있다. 사용자가 평가한 영화는 태그에 의해 정의된 기능 공간에 대한 학습 데이터로 처리된다. 평점은 클래스의 레이블로 처리된다. 사용자에 한한 학습 모델은 이 학습 데이터로 구성된다. 모델은 다른 영화의 평점을 예측하는 데 사용된다. 평점이 단일이거나 간격 기반인지 여부에 따라 분류 또는 회귀 모델을 쓴다. 이러한 콘텐츠 기반 모델은 앞서 언급한 모든 협업 시스템과도 결합될 수 있다.

IMDb 데이터 세트에 대한 추천은 간단한 콘텐츠 기반 모델[584]로 제안됐다. 태그 클라우드 개념을 사용해 영화의 태그 기반 설명을 표현한다. 다양한 키워드는 관련성에 따라 가중치가 가중된 다음 평점과 결합해 최종 예측을 한다. 콘텐츠 기반 방법론의 한 가지 도전은 상당히 많은 수의 동의어로 태그에 노이즈가 많다는 점이다. 언어학적 방법은 [178]에서 명확성을 위해 사용된 다음 나이브 베이즈 분류 모델과 결합한다. 이는 4장에서 설명하는 변수 선택 방법을 사용해 표현 품질을 개선하는 것에도 유용하다.

# 11.5 요약

소셜 정보는 추천 시스템에서 다양한 방법으로 사용할 수 있다. 표준 다차원 모델은 제한된 방식으로 소셜 정보를 통합하는 데 사용할 수 있다. 신뢰 중심의 방법론을 사용해 견고한 추천 시스템을 만들 수 있다. 감독되지 않은 방법론은 신뢰 전파와 집계 방법론을 사용해 신뢰라는 정보를 추천 시스템에 통합한다. 감독된 방법론은 더욱 효과적인 성능을 위해 링크 예측과 행렬 인수분해를 사용한다. 감독된 방법론은 일반적으로 오늘날의 최첨단으로 간주된다. 신뢰 지식을 통합하면 시스템이 공격에 무디게 만들 수 있고 콜드 스타트 문제를 방지하는 데도 도움이 된다.

최근 몇 년 동안 소셜 태깅 시스템은 웹에서 자유 형식의 설명과 함께 사용자가 리소스에 공동으로 태그를 지정할 수 있도록 형성됐다. 이는 태그 큐브를 표현하는 포크소노미에 참고된다. 이러한 설명은 사용자 관심사에 대한 풍부한 콘텐츠 중심 지식 측면으로 유용하다. 태그 큐브는 독립적으로 실행하거나 평점 행렬과 결합해 추천을 만들 수 있다. 전자의 방법론은 추천에 대한 다차원 모델과 유사도를 공유한다. 후자의 방법론은 협업 또는 콘텐츠 기반 방법론을 기반으로 한다. 이 시나리오에서는 이웃 방법론, 선형 회귀, 행렬 인수분해와 같은 다양한 기술이 개발됐다.

# 11.6 참고문헌

신뢰 기반 추천 시스템의 개요는 [221, 588, 616, 646]에서 찾을 수 있다. 제니퍼 골벡[222]의 박사 학위 논문은 이 주제와 관련해 중대한 알고리듬을 제공한다. 소셜 네트워크에서의 동종 선호와 신뢰 개념의 상관관계는 [224, 681]에서 보여준다. 이 경우 신뢰 관계는 웹 기반 소셜 네트워크에서 계산으로 유추할 수 있다. [187]에서의 연구는 평점 데이터[187]에서 어떻게 직접적으로 신뢰 관계를 유추할 수 있을지 보여준다. 하지만 연구에서 사용된 신뢰의 개념이 일반적으로도 허용되는지 여부에 대한 몇 가지 논쟁은 남아 있다. 네트워크에 신뢰 기반 방법론을 적용하는 초기 작업 중 하나는 영화 추천 컨텍스트[223, 225]에서 제안됐다. 필름트러스트<sup>Filmtrust</sup> 시스템[225]은 영화 추천에서 어떻게 신뢰 메트릭을 사용하는지 보여준다. [592]에서의 연구는 상호작용 데이터에서 불신 관계 예측 가능성을 연구한다. 신뢰 기반 정보를 모으는 다른 사이트는 에피니언<sup>Epinions</sup>[705], 몰스킹<sup>Moleskiing</sup>[461], 슬래시도트<sup>Slashdot</sup>[706]가 있다.

신뢰 메트릭은 신뢰 네트워크 내 추천에서 중요한 역할을 한다[344, 680]. [680]의 연구는 관련 신뢰 메트릭에 대한 좋은 개요를 보여준다. 신뢰 네트워크에 대한 연구 대부분이 신뢰(긍정적인) 관계에만 초점을 맞추고 있지만, 일부 최근 작업은 신뢰와 불신 관계의 사용에 대해서도 설명한다[241, 287, 590, 593, 614, 680]. 또한 이러한 방법의 대부분은 [287]의 작업을 제외하고는 (긍정적인) 신뢰 전파에 대한 방법론만 논의했으며, 이는 불신 집계에 대한 방법론도 제안되기는 했다. 신뢰 개념과 불신 개념 간의 상호작용은 [590, 591]에서 추천 맥락과 링크 예측 문제에서 연구된다. 곱셈 방법을 사용한 신뢰 전파 방법론은 [241, 509]에서 설명한다. 신뢰 전파의 다양한 방법론은 가장 짧은 경로만을 사용[222]해 경로를 따른 감쇠 요인의 사용[240], 고정된 전파 수평선으로부터의 거리[403], 확산 인자[682, 683], 규칙[345, 597], 의미론적 거리[1]가 있다. 모든 경로를 사용하는 대신 전이적으로 전파된 신뢰 값 중 가장 짧은 경로를 사용하는 것이 더 정확한 유추를 할 수 있다는 사실은 실험을 통해[227]에 증명됐다. 이 관찰은 TidalTrust 알고리듬의 기초를 형성했다. 더 짧은 경로를 덜 강조하는 정교한 방법에는 확산 활성화 모델이 사용되는 Appleseed 알고리듬[682]이 포함된다. 신뢰는 소스 노드에서부터 주입된 에너지와 같이 모델링된다. 에너지는 가장자리를 따라 신뢰 점수를 기준으로 후속 노드에서 분할된다. 싱크에 도달하는 에너지의 양은 총 신뢰량을 말한다. 당연하게도 싱크가 다수의 짧은 경로로 소스와 연결돼 있다면 더 많은 에너지가 싱크에 도달할 것이다. EigenTrust 알고리듬 [292]은 신뢰 네트워크의 주요 고유 벡터를 이용해 다른 모든 노드에 대한 소스 노드와의 신뢰 값을 계산한다. 하지만 이 접근법은 실제 신뢰 값보다는 신뢰도의 순위를 제공한다. 신뢰 전파에서 동종 선호 효과의 악용은 행렬 인수분해 모델이 도입되는 [594]에서 논의된다.

신뢰 계산의 두 번째 중요한 점은 집계다. 소셜 네트워크의 집계 규칙은 [1, 221, 222, 287, 449, 615]에서 논의된다. [405]의 연구에서는 경로 길이에 따라 또는 우정의 친밀함을 기반으로 집계의 다양한 구성 요소에 가중치를 두는 방법에 대해 설명한다.

전파와 집계의 조합은 신뢰 메트릭의 생성으로 이어진다[221, 344]. Advogato 신뢰 메트릭은 [344]에서 설명되며 추천 시스템을 넘어 많은 문헌에서 적용되는 고전적인 메트릭 중 하나이다. 11장에서 설명하는 신뢰 메트릭은 추천 알고리듬에 특화돼 있다. [222]는 TidalTrust 알고리듬을 코드와 함께 잘 설명했다. MoleTrust 알고리듬은 [406]에 설명돼 있다. 콜드 스타트가 있는 MoleTrust의 효과는 [403, 404]에 나와 있다. TrustWalker 접근법은 [269]에 나와 있으며 신뢰 기반 추천에 대한 자명한 접근법은 [48]에서 설명한다. 추천을 위해 표시된 네트워크와 표시되지 않은 네트워크에서 링크 예측을 사용하는 방법은 [157, 324, 325, 580, 581]에서 연구된다. [157]의 작업은 링크 예측을 위한 행렬 인수분해 방법과 협업 필터링을 위한 행렬 인수분해 방법 간의 연결을 보여주므로 주목할 만하다. SoRec 알고리듬은 [381]에서 제안되고 LOCALBAL 알고리듬은 [594]에서 제안된다. 행렬 인수분해 방법론에서 신뢰와 불신 관계를 모두 사용하는 방법은 [383]에서 연구했다. SocialMF 알고리듬은 [270]에서 논의됐지만 유사도 기반 정규화 방식은 [382]에서 제안됐다. 사회 신뢰 앙상블STE로 알려진 행렬 인수분해를 사용하는 앙상블 방법은 [384]에서 소개됐다.

논란의 여지가 있는 상품과 사용자에 대한 추천 시스템의 유용성은 여러 작품[222, 406, 617]에서 연구되고 있다. 일반적으로 이러한 경우 신뢰 기반 메서드가 특히 유용하다. 콜드 스타트가 있는 이러한 시스템의 효과는 [403, 404]에서 보여준다. 신뢰 인식 시스템에서 공격에 완강한 특성은 [344]에서 설명한다.

소셜 태깅 기술에 대한 일반적인 설문 조사는 [237]에서 찾을 수 있다. 태깅 추천 시스템에 대한 설문 조사는 [671]에서 제공되지만 이 설문 조사에서 논의된 대부분의 작업은 추천 프로세스에 평점 행렬을 사용하지 않는다. 마지막으로, 추천 시스템 핸드북에는 소셜 태깅 추천 시스템[401]에 대한 개요가 포함돼 있다. 태그 추천에 대한 초기 작업 중 하나는 [553]에 있다. 이 작업에서는 동시 발생, 투표 및 합계와 같은 간단한 방법을 사용해 추천을 수행한다. [542]에서는 콘텐츠 기반 추천에 대한 계층적 클러스터링 방법이 제안됐다. 확률적 잠재 요인 모델은 [316]에 제시된다. 일부 작품[135, 179, 584]은 주로 콘텐츠 기반 시스템에 중점을 둔다.

태그 추천을 위한 텐서 기반 방법은 [497, 498, 582, 583]에 제시된다. 인수분해 머신factorization machines의 개념은 이러한 경우에 상당히 인기가 있다[493, 496]. 특히 쌍 관점에서의 주목할 만한 접근법은 PITF 방법론[496]이다. [487]에서는 태그가 있는 경우 마이닝 알고리듬에 적용하기 위한 잠재 요인 모델을 활용하는 방법이 제안됐다. 비록 이 작업은 특별히 추천 시스템에 초점을 맞춘 것은 아니지만, 기본 잠재 요인 모델은 추천 시스템을 포함한 거의 모든 응용에서 사용할 수 있다. 태그 추천 알고리듬에 대한 머신러닝 방법은 [250, 555, 556]에서 설명한다. 이러한 작업 중 [556]의 기술은 태그 추천을 실시간으로 수행하도록 설계됐다. 태그 클러스터링 방법[70, 215, 542]은 협업 필터링 적용에서의 희소성 문제를 완화하는 데 자주 사용된다. 소셜 태깅 방법론에서 가중치가 있는 하이브리드 방법은 [216]에서 논의된다.

태그 추천 방법론에 대한 다양한 평가는 [264, 277]에서 제공된다. 태그 품질을 평가하는 방법은 [536]에서 설명한다. 오늘날 소수의 시스템만이 평점 행렬의 능력과 소셜 태그[535, 603, 673]를 결합한다. 평점과 태그 데이터를 결합하는 콘텐츠 기반 방법론은 [179, 584]에서 설명한다. 음악과 같은 특정 데이터 도메인의 경우 음악 파일에서 추천 과정의 유용한 통찰력을 얻을 수 있다[191]. 소셜 태그에 대한 콜드 스타트 문제에 대한 해결책은 [672]에서 논의된다.

## 11.7 연습 문제

1. 사용자-태그 행렬 및 아이템-태그 행렬에서 얻은 결과의 선형 조합을 사용해 사용자에게 아이템에 대한 태그를 추천하는 이웃 기반 방법론을 구현해보라.

2. 신뢰 전파와 집계 방법론을 이용해 링크 예측에 쓰이는 카츠 척도의 관계에 대해 설명해보라.

3. 11.3.8절의 경사하강법을 구현해보라.

4. 11.4.5.3절의 방법론은 사용자 태깅 유사도에 따라 사용자 요소가 더 유사하도록 강제한다.

    (a) 아이템-태그 유사도에 따라 아이템 계수를 더 유사하게 만드는 방법론을 디자인해보라.

    (b) 사용자 및 아이템 태깅의 해당 유사도 따라 사용자와 항목 요소를 모두 더 유사하게 만드는 방법론을 디자인해보라.

# 12

# 공격 방지 추천 시스템

> "진실은 논쟁의 여지가 없다. 악의가 공격할 수 있고, 무지가 조롱할 수 있지만 결국 진실은 존재한다."

— 윈스턴 처칠

## 12.1 개요

추천 시스템에 입력하는 데이터는 일반적으로 개방형 플랫폼을 통해 제공한다. 거의 모든 사람이 Amazon.com 및 Epinions.com과 같은 사이트에서 리뷰를 등록하고 제출할 수 있다. 다른 데이터 마이닝 시스템과 마찬가지로 추천 시스템의 효율성은 거의 전적으로 사용 가능한 데이터의 품질에 달려 있다. 안타깝게도 데이터를 입력하는 사람이 개인적인 이득이나 악의적인 이유로 아이템에 대한 잘못된 피드백을 제출할 수도 있다.

- 아이템 제조사 또는 책의 저자는 판매를 최대화하기 위해 아마존에 가짜(긍정적) 리뷰를 입력할 수 있다. 이러한 공격을 제품 푸시 공격product push attack이라고 한다.
- 아이템 제조사의 경쟁업체는 아이템에 대한 악의적인 리뷰를 입력할 수 있다. 이러한 공격을 핵 공격nuke attack이라고 한다.

공격 중에는 개인적 이득을 위한 공격과 비교하면 드물지만 순수하게 장난을 일으키고 시스템을 방해하도록 설계할 수도 있다. 12장에서는 추천 프로세스에서 특정 결과를 달성하도록 만드는 공격만 언급한다. 추천 시스템을 공격한 사람을 적adversary이라고 부르기도 한다.

많은 사용자들이 가짜 피드백을 생성해서 추천 시스템의 예측을 변경할 수 있다. 사용자는 이러한 공격 과정에서 혼란에 빠진다. 따라서 이러한 공격을 실링 공격shilling attack이라고도 한다. 한 명의 가짜 사용자 또는 가짜 평점을 추가해도 원하는 결과를 얻지 못할 수 있다. 대부분의 경우, 공격자는 원하는 결과를 달성하기 위해 많은 수의 가짜 사용자(또는 가짜 프로파일)를 만들어야 한다. 12장의 목적에 따라 프로파일은 적이 생성한 가짜 사용자가 입력한 평점이라고 가정한다. 물론 주입된 프로파일 수는 공격을 받는 특정 추천 알고리듬과 이를 공격하는 데 사용하는 특정 접근 방식에 따라 달라질 수 있다. 더 적은 수의 프로파일을 이용한 공격은 효율적인 공격이라고 한다. 이러한 공격은 종종 탐지하기 어렵기 때문이다. 반면 공격에 많은 수의 프로파일이 필요한 경우 대부분의 시스템에서 소수의 아이템에 대해 많은 수의 평점이 갑자기 입력되는 것을 탐지할 수 있기 때문에 이러한 공격은 비효율적이다. 또한 공격의 효과는 사용 중인 특정 추천 알고리듬에 따라 달라질 수 있다. 일부 추천 알고리듬은 다른 알고리듬보다 공격에 더 강력하다. 또한 추천 알고리듬에 따라서 각각 다른 공격들의 효율이 높거나 낮게 작동할 수 있다.

공격을 성공적으로 수행하는 데 필요한 지식의 양에 따라 공격을 분류할 수도 있다. 일부 공격은 평점 분포에 대한 제한된 지식만 필요하다. 이러한 공격을 저지식 공격low-knowledge attack이라고 한다. 반면 평점 분포에 대한 많은 지식이 필요한 공격을 고지식 공격이라고 한다. 일반적으로 공격에 필요한 지식의 양과 공격의 효율성 사이에는 트레이드 오프가 존재한다. 공격자들이 평점 분포에 대해 더 많이 알고 있다면 좀 더 효율적인 공격을 할 수 있다.

12장은 다음과 같이 구성돼 있다. 다음 절에서는 필요한 지식과 공격의 효율성 사이의 트레이드 오프 특성에 대해 설명한다. 특정 추천 알고리듬을 사용하는 것이 공격의 효과에 미치는 영향에 대해서 논의한다.

다양한 유형의 공격에 대해서는 12.3절에서 설명한다. 추천 시스템에 대한 공격 탐지 문제는 12.4절에서 설명한다. 강력한 추천 시스템 설계는 12.5절에서 논의한다. 요약은 12.6절에서 제공한다.


## 12.2 공격 모델의 트레이드 오프 이해

공격 모델에는 공격의 효율성과 성공적인 공격을 수행하는 데 필요한 지식의 양 사이에는 여러 가지 자연스러운 트레이드 오프가 있다. 또한 특정 공격의 효과는 사용 중인 특정 추천 알고리듬에 따라 달라질 수 있다. 이 점을 이해하기 위해 특정 예를 사용한다.

표 12.1는 5개의 아이템과 6명의 실제 사용자의 장난감 예제다. 평점은 모두 1에서 7까지이 며, 1은 매우 싫어함을 나타내고 7은 매우 좋아함을 의미한다. 또한 공격자는 5개의 가짜 프로 파일을 주입했다.

페이크-1, 페이크-2, 페이크-3, 페이크-4 및 페이크-5 레이블로 표시했다. 이 공격자의 목표 는 아이템 3의 평점을 높이는 것이다. 따라서 이 공격자는 아이템 3에 해당하는 단일 아이템이 포함된 가짜 프로파일을 삽입하는 다소 나이브한 공격을 선택했다. 그러나 이러한 공격은 특별 히 효율적인 것은 아니다. 주입된 프로파일마다 단일 평점만 포함돼 있기 때문에 탐지율이 매우 높다. 또한 이러한 평점 주입은 대부분의 추천 알고리듬에 큰 영향을 미치지 않을 것이다.

가장 높은 평점의 아이템을 추천하는 개인화하지 않은 추천 알고리듬을 생각해보자. 이 경우 나이브한 공격 알고리듬이 아이템 3의 예상 평점을 높이므로 추천할 가능성이 높다. 이 공격은 아이템 바이어스가 모델 구성의 일부로 명시적으로 사용되는 경우 아이템 3의 예측 평점을 높 일 수도 있다. 그러나 이러한 공격이 이웃 기반 알고리듬에 크게 영향을 줄 가능성은 거의 없다. 프로파일을 사용해 메리를 예측하는 데 사용하는 사용자 기반 이웃 알고리듬을 고려해보자. 주 입된 프로파일 중 어느 것도 메리의 프로파일과 가깝지 않다. 따라서 메리를 위해 예측한 아이 템 3의 평점은 위조된 프로파일 주입에 영향을 받지 않는다. 따라서 이러한 특정 평점의 주입은 많은 수의 가짜 사용자가 주입되는 경우에도 예측된 평점에 영향을 주기 어렵기 때문에 특별히 효율적이지 않다. 또한 이러한 프로파일 주입은 대부분의 경우 단일 아이템과 관련된 평점을 주

**표 12.1** 나이브한 공격: 단일 아이템에 가짜 사용자 프로파일 주입

| 아이템 → | 1 | 2 | 3 | 4 | 5 |
|---|---|---|---|---|---|
| 사용자 ↓ | | | | | |
| 존 | 1 | 2 | 3 | 6 | 7 |
| 사야니 | 2 | 1 | 2 | 7 | 6 |
| 메리 | 1 | 1 | ? | 7 | 7 |
| 앨리스 | 7 | 6 | 5 | 1 | 2 |
| 밥 | ? | 7 | 6 | 2 | 1 |
| 캐롤 | 7 | 7 | 6 | ? | 3 |
| 페이크-1 | ? | ? | 7 | ? | ? |
| 페이크-2 | ? | ? | 6 | ? | ? |
| 페이크-3 | ? | ? | 7 | ? | ? |
| 페이크-4 | ? | ? | 6 | ? | ? |
| 페이크-5 | ? | ? | 7 | ? | ? |

**표 12.2** 나이브한 공격보다 약간 나은 공격: 단일 공격 아이템과 다른 아이템에 대한 임의의 평점으로 가짜 사용자 프로파일 주입

| 아이템 → | 1 | 2 | 3 | 4 | 5 |
|---|---|---|---|---|---|
| 사용자 ↓ | | | | | |
| 존 | 1 | 2 | 1 | 6 | 7 |
| 사야니 | 2 | 1 | 2 | 7 | 6 |
| 메리 | 1 | 1 | ? | 7 | 7 |
| 앨리스 | 7 | 6 | 5 | 1 | 2 |
| 밥 | ? | 7 | 6 | 2 | 1 |
| 캐롤 | 7 | 7 | 6 | ? | 3 |
| 페이크-1 | 2 | 4 | 7 | 6 | 1 |
| 페이크-2 | 7 | 2 | 6 | 1 | 5 |
| 페이크-3 | 2 | 1 | 7 | 6 | 7 |
| 페이크-4 | 1 | 7 | 6 | 2 | 4 |
| 페이크-5 | 3 | 5 | 7 | 7 | 4 |

입하기 때문에 감지할 수 있다.

표 12.2에 나타난 두 번째 공격 예를 생각해보자. 공격자는 아이템 3을 홍보하려고 하지만 발각되지 않기 위해 다른 아이템에도 무작위 평점을 추가한다. 이 두 번째 예의 실제 평점은 첫 번째 표의 평점과 동일하지만 위조 프로파일은 다르다. 이러한 공격은 표 12.1의 공격보다 효과적이다. 사용자 기반 이웃 방법을 이용해 추천하는 데 사용하는 경우를 생각해보자. 진짜 프로파일만 사용하면 존과 사야니가 메리의 이웃 중 하나이고 메리에 대한 아이템 3의 예측 평점은 낮다. 사용자 기반 추천 전에 가짜 프로파일이 주입된 경우 평점이 임의로 선택되므로 대부분의 가짜 프로파일이 메리와 가깝지 않다. 그러나 페이크-3 프로파일은 우연히 메리와 가깝다. 결과적으로 아이템 3에 대한 메리의 예상 평점이 증가한다. 따라서 적의 관점에서 볼 때 이러한 유형의 공격은 단일 아이템을 사용한 완전히 나이브한 공격보다 더 낫다. 그럼에도 불구하고, 이 공격은 이웃 기반 알고리듬의 결과에 영향을 미치기 위해 많은 수의 프로파일을 주입해 하기 때문에 매우 비효율적이다. 일반적으로 무작위로 주입한 평점이 추천 대상이 되는 특정 사용자에게 충분히 근접할 수 있도록 만드는 것은 어렵다. 결국 어떤 방식으로든 추천에 크게 영향을 미치려면 가짜 프로파일이 대상 사용자와 가깝게 있어야 한다.

공격 프로세스에 대한 더 큰 지식의 영향을 이해하려면 평점 분포에 대한 상당한 지식이 있는 공격자의 예를 생각해 봐야 한다. 표 12.3는 실제 평점이 표 12.1과 동일한 예다. 그러나 주입된 평점은 아이템 간의 상관관계를 반영하고 아이템 3의 평점을 높이도록 설계됐다. 예를 들

**표 12.3** 고지식 공격자가 가짜 사용자 프로파일 주입

| 아이템 → | 1 | 2 | 3 | 4 | 5 |
|---|---|---|---|---|---|
| 사용자 ↓ | | | | | |
| 존 | 1 | 2 | 1 | 6 | 7 |
| 사야니 | 2 | 1 | 2 | 7 | 6 |
| 메리 | 1 | 1 | ? | 7 | 7 |
| 앨리스 | 7 | 6 | 5 | 1 | 2 |
| 밥 | ? | 7 | 6 | 2 | 1 |
| 캐롤 | 7 | 7 | 6 | ? | 3 |
| 페이크-1 | 6 | 7 | 7 | 2 | 1 |
| 페이크-2 | 7 | 7 | 6 | 1 | 1 |
| 페이크-3 | 1 | 1 | 7 | 6 | 7 |
| 페이크-4 | 1 | 1 | 6 | 7 | 6 |
| 페이크-5 | 2 | 1 | 7 | 7 | 7 |

어 공격자는 아이템 1과 2의 평점이 양의 상관관계가 있으며 아이템 4와 5의 평점도 양의 상관관계가 있음을 알고 있다. 또한 이 두 그룹의 아이템은 서로 음의 상관관계가 있다. 따라서 공격자는 이러한 상관관계를 고려하면서 평점을 주입한다. 이에 상응해, 이러한 상관관계는 표 12.3의 가짜 프로파일에서도 명확하게 준수하고 있다. 이 경우 아이템 3에 대한 메리의 예측 평점은 표 12.1 및 12.2에 나온 이전 예보다 확실히 더 크게 영향을 받을 것이다. 이는 페이크-3, 페이크-4 및 페이크-5의 세 프로파일이 모두 메리와 매우 가깝기 때문에 이웃 기반 알고리듬에서 피어들 사이에 포함될 수 있기 때문이다. 따라서 이 공격은 평점을 크게 이동시키기 위해 적은 수의 프로파일이 필요하기 때문에 매우 효율적이다. 반면에 이러한 공격에는 상당한 양의 지식이 필요하며 이는 실제 환경에서 항상 사용 가능한 것은 아니다.

또한 특정 공격의 효율성은 공격을 받는 특정 알고리듬에 따라 달라진다. 예를 들어 사용자 기반 및 아이템 기반 이웃 알고리듬을 공격하는 성향은 매우 다르다. 아이템 기반 알고리듬이 표 12.3의 고지식 사례에 적용되는 경우 아이템 3에 대한 메리의 예측 평점은 크게 영향을 받지 않는다. 이는 아이템 기반 알고리듬이 아이템-아이템 유사도 계산에서만 다른 사용자의 평점을 사용하기 때문이다. 위조 프로파일은 아이템 3과 가장 유사한 아이템을 발견하는 데 사용하는 유사도 계산에 영향을 준다. 이후 이 아이템들에 대한 메리 자신의 평점은 예측을 위해 사용된다. 가장 유사한 아이템을 아이템 3으로 변경하려면 일반적으로 많은 수의 평점을 주입해야 하는데 이는 공격을 보다 잘 탐지할 수 있게 만든다. 더욱이, 유사한 아이템을 변경해서 타깃

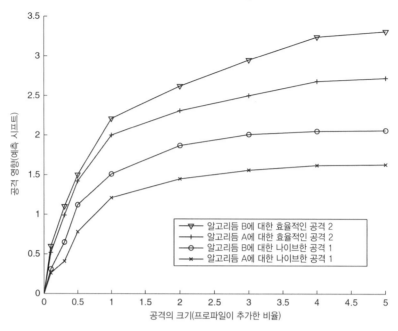

**그림 12.1** 특정 푸시 공격 알고리듬과 특정 추천 알고리듬의 조합 효과에 대한 일반적인 예

아이템에 대한 예측을 특정 방향으로 변경하는 것이 훨씬 어렵다. 결국 가짜 프로파일의 평가보다는 메리 자신이 평가한 아이템들이 예측에 사용된다. 공격이 덜 발생하는 알고리듬을 강력한 알고리듬이라고 한다. 공격에 보다 강력한 알고리듬을 설계하는 것이 추천 시스템의 목표 중 하나다.

위에서 언급한 예는 다음과 같은 관찰로 이어진다.

1. 신중하게 설계한 공격은 소수의 가짜 프로파일을 삽입해서 예측에 영향을 줄 수 있다. 반면에 아무렇지 않게 주입한 공격은 예측 평점에 전혀 영향을 미치지 않을 수 있다.

2. 평점 데이터베이스 통계에 대한 자세한 정보를 제공하면 공격자가 더욱 효율적인 공격을 수행할 수 있다. 그러나 평점 데이터베이스에 대한 상당한 양의 지식을 얻는 것이 어려운 경우가 많다.

3. 공격 알고리듬의 효과는 공격 중인 알고리듬에 따라 다르다.

이러한 트레이드 오프의 특성을 이해하려면 공격에 강한 추천 알고리듬 A와 강하지 않은 알고리듬 B를 생각해봐야 한다. 마찬가지로 나이브한 공격(1로 표시)과 효율적인 공격(2로 표시)을 생각해보자. 둘 다 푸시 공격이다.

따라서 알고리듬과 공격 유형의 네 가지 조합이 있다. 그림 12.1에서는 특정 추천 시스템이 특정 공격 유형에 어떻게 대응할 수 있는지에 대한 일반적인 예를 보여준다. X축은 공격을 위해 삽입한 가짜 프로파일의 비율을 나타내고, Y축은 예측 평점의 이동 정도를 보여준다. 각각의 경우 예측 평점의 이동은 푸시 공격이기 때문에 양수이다. 직관적으로, 변화는 예측 평점이 모든 사용자에 대해 평균적으로 이동한 양으로 정의한다. 시프트는 특정 (푸시) 아이템에 대해 계산할 수 있거나, (푸시) 아이템의 서브 세트에 걸쳐 계산할 수 있다. 시프트 계산 방법론에 대한 자세한 내용은 12.2.1절에 나와 있다.

곡선이 높이 있을수록 공격이 더 효율적이라는 의미이다. 효율적인 공격은 탐지하기가 더 어렵기 때문에 적에게 더 바람직하다. 추천 알고리듬 B와 공격 유형 2의 조합은 추천 알고리듬의 약점과 공격의 효율성으로 인해 가장 높은 위치에 있는 곡선이다. 또한 예측 시프트를 통하지 않고 적중률과 같은 다른 평가 지표 측면에서 공격의 영향을 측정할 수 있다. 모든 경우에, 가짜 프로파일을 특정 평가 지표에 추가할 때의 영향이 정량화된다.

그러나 때로는 추천 알고리듬의 견고성에 대한 구체적인 설명으로 특정 공격의 효과를 쉽게 추정할 수 없는 경우가 있다. 공격자는 특정 추천 알고리듬에 따라 공격을 조정할 수 있으므로 추천 알고리듬의 견고성은 공격 유형에 따라 다르다. 예를 들어 사용자 기반 이웃 알고리듬에 잘 작동하는 공격 알고리듬은 아이템 기반 이웃 기술에 적합하지 않을 수 있으며 그 반대도 마찬가지다. 현재 특정 추천 알고리듬에 맞게 공격을 조정하면 더욱 효율적인 공격을 구성할 수 있다. 다행히 사용 중인 특정 추천 알고리듬을 모르는 경우, 적이 이 목표를 달성하기가 어렵다.

추천 시스템과 공격자 간에 적대적인 관계가 영구적으로 존재한다. 공격자는 추천 시스템에 영향을 주기 위해 점점 더 영리한 알고리듬을 설계하려고 시도하지만 추천 시스템 설계자는 좀 더 강력한 알고리듬을 제안하려고 시도한다.

6장의 목표는 강력한 알고리듬을 설계하는 방법을 배우는 것이지만 강력한 알고리듬을 설계하려면 공격 전략을 이해하는 것이 중요하다. 따라서 강력한 알고리듬의 설계에 대해 논의하기 전에 먼저 다양한 유형의 공격을 소개한다.

## 12.2.1 공격 영향 계량화

다양한 유형의 공격 영향을 분석하려면 영향을 계량화할 수 있어야 한다. 예를 들어 그림 12.1, 12.2 및 12.3에 나오는 공격의 각 영향은 "예측 시프트"라고 하는 측정 값으로 수량화한다. 이 측정 값은 그림 12.1의 Y축에 표시돼 있다. 예측 시프트가 실제로 어떻게 계산되는지 더 자세히 조사하는 것은 유용하다.

사용자 세트 $U$ 및 아이템 세트 $I$를 갖는 평점 행렬 $R$을 생각해보자. 첫 번째 단계는 테스트 사용자의 서브 세트 $U_T \subseteq U$를 선택하는 것이다. 또한 $I_T \subseteq I$는 테스트 프로세스에서 푸시된 테스트 아이템이 된다. 그런 다음 각 아이템 $j \in I_T$에 대해 한 번에 하나씩 공격을 수행하고 아이템 $j$에 대한 $U_T$의 예측된 사용자 평가에 대한 영향이 측정된다. 모든 사용자 및 아이템에 대한 평균

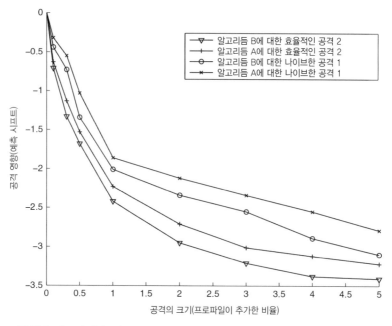

**그림 12.2** 핵 공격 케이스에서 예측 시프트에 대한 일반적인 예(그림 12.1의 푸시 공격과 비교)

예측 시프트를 측정한다. 따라서 모든 테스트 아이템에 대한 예측을 측정하려면 공격을 $|I_T|$번 수행해야 한다.

공격 전에 아이템 $j \in T_T$에 대한 사용자 $i \in U_T$의 예측 평점을 $\hat{r}_{ij}$라로 하고, 아이템 $j$에 대한 공격 후 해당 예측 평점을 $\hat{r}'_{ij}$라고 하자. 그런 다음 아이템 $j$에 대한 사용자 $i$의 예측 시프트는 $\delta_{ij} = \hat{r}'_{ij} - \hat{r}_{ij}$로 주어진다. $\delta_{ij}$는 양수 또는 음수일 수 있다. 양수 값은 푸시 공격이 성공했음을 나타내므로 아이템 $j$는 더 큰 양수가 된다. 공격이 핵 공격인 경우 예측 시프트의 음수 값은 성공을 의미한다. 그런 다음 테스트 사용자 세트 $U_T$ 및 아이템 $j$에 대한 평균 시프트 $\Delta_j(U_T)$는 다음과 같이 계산한다.

$$\Delta_j(U_T) = \frac{\sum_{i \in U_T} \delta_{ij}}{|U_T|} \tag{12.1}$$

그런 다음 $I_T$의 모든 아이템에 대한 전체 예측 시프트 $\Delta^{all}(U_T, I_T)$은 모든 테스트 아이템에 대한 아이템별 시프트의 평균 값과 같다.

$$\Delta^{all}(U_T, I_T) = \frac{\sum_{j \in I_T} \Delta_j(U_T)}{|I_T|} \tag{12.2}$$

예측 시프트는 푸시된 (또는 핵 공격당한) 아이템이 목표에 적합한 방향으로 얼마나 잘 이동했는지를 계량화하는 방법이다. $\delta_{ij}$는 양수 또는 음수일 수 있으며 따라서 원하는 결과와 반대 방향으

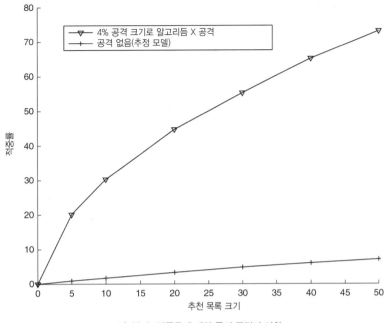

**그림 12.3** 적중률에 대한 푸시 공격의 영향

로 시프트하면 이 측정 값에 따라 패널티를 받는다. 또한 푸시 공격의 경우 예측 시프트 곡선은 상향 경사이고, 핵 공격의 경우에는 예측 경사 곡선이 하향 경사이다. 예를 들어 핵 공격의 경우 예측 시프트에 대한 일반적인 곡선이 그림 12.2에 나와 있다. 그림 12.2는 그림 12.1에 나타난 것과 반대 경향을 가지고 있다.

예측 시프트는 평점의 변화를 정량화하는 좋은 방법이지만 최종 사용자의 관점에서 실제 영향을 측정하지 못할 수도 있다. 최종 사용자는 푸시된 아이템이 최상위 아이템 목록에 노출됐는지 또는 최상위 아이템 목록에서 제거됐는지에 대해서만 신경 쓴다. 대부분의 경우 아이템을 최상위-$k$ 목록으로 이동하기에는 큰 예측 시프트가 충분하지 않을 수 있다. 따라서 보다 적절한 측정 값은 아이템 $j$와 테스트 사용자 세트 $U_T$에 대해 정의한 적중률 $h_j(U_T)$이다. 적중률 $h_j(U_T)$는 최상위-$k$ 추천 아이템 중에서 아이템 $j$가 나타나는 $U_T$에 포함된 사용자 비율로 정의한다. 그런 다음 모든 테스트 사용자와 아이템에 대한 전체 적중률 $h^{all}(U_T, I_I)$이 $I_T$의 모든 테스트 아이템에 대해 평균화된다.

$$h^{all}(U_T, I_T) = \frac{\sum_{j \in I_T} h_j(U_T)}{|I_T|} \tag{12.3}$$

주목할 점은 평점의 이동을 계산하지 않는 만큼, 적중률이 차이를 보여주는 측정 값이 아니라는 점이다. 따라서 예측 시프트와 달리 공격 전후에 적중률을 도표로 만들어야 한다. 이 유형의 그림에서 $X$축은 추천 목록의 크기를 나타내고 $Y$축은 적중률을 나타낸다. 공격의 크기(즉, 주입된 프로파일 수)는 고정돼 있다. 이러한 그림의 예는 그림 12.3에 나와 있으며, 원래 알고리듬과 공격을 당한 알고리듬의 적중률을 표시한다. 이 두 곡선 사이의 거리는 추천 목록에 푸시된 아이템이 표시되도록 하는 적의 공격에 대한 성공 수준을 보여준다. 추천 목록의 크기를 수정하고 적중률을 공격 크기로 그림을 보여줄 수도 있다. 이러한 그림은 공격 크기가 증가함에 따라 적중률이 어떻게 영향을 받는지에 대한 아이디어를 제공하기 때문에 그림 12.1과 유사하다.

## 12.3 공격 유형

특정 아이템의 평점을 공격의 목표로 삼을 수는 있지만, 공격을 효과적으로 수행하려면 다른 아이템의 평점을 주입하는 것이 중요하다. 평점을 일부러 높이거나 낮춘 아이템 한 개를 추가하기 위해 가짜 프로파일을 삽입하면 일반적으로 많은 추천 알고리듬의 결과에 큰 영향을 미치지 않는다. 또한 이러한 공격은 일반적으로 자동화된 방법을 사용해 쉽게 탐지할 수 있다. 따라서 주입한 프로파일에 평점이 있는 아이템들을 추가한다. 이러한 아이템을 필러 아이템이라고 한다. 필러 아이템을 추가하는 것의 중요성은 표 12.1의 예에서 특히 강조하는데, 평점을 포함하는 단일 아이템의 추가만으로는 효과적인 공격을 생성하기에 충분하지 않다.

실제 사용자 프로파일의 경우와 마찬가지로 대부분의 아이템의 평점은 가짜 사용자 프로파일로 입력하지 않는다. 이러한 평점이 하나도 없는 아이템을 널 아이템이라고도 한다. 표 12.3의 예에서 필러 아이템은 기본 평점 패턴의 관점에서 대상 아이템과 상관관계가 있을 때 공격이 가장 효과적임을 알 수 있다.

예를 들어 〈글래디에이터〉와 같은 대상 영화가 〈네로〉와 같은 다른 영화와 자주 함께 평가되는 경우 〈글래디에이터〉에 푸시 공격이나 핵 공격을 사용할 때 〈네로〉의 필러 평점을 추가하는 것이 일반적으로 유리하다. 〈슈렉〉과 같이 완전히 관련이 없는 아이템에 필러 평점을 추가하는 것은 그리 유익하지 않다. 그러나 이러한 공격은 관련 아이템 집합을 식별해야 하기 때문에 평점 분포에 대한 더 많은 지식이 필요하다. 따라서 다양한 유형의 공격에 대한 효율성과 지식 요구 사항 사이에는 자연스러운 트레이드 오프가 있다.

일부 공격은 특별히 푸시 공격 또는 핵 공격을 할 수 있도록 설계됐다. 두 가지 능력을 사용하면 많은 공격을 사용할 수 있지만 일반적으로 각각의 공격에서는 두 공격 중 하나만 사용하는 것이 더 효과적이다. 이 두 가지 유형의 공격에 대한 평가에서도 미묘한 차이가 있다. 두 가지 유형의 공격은 종종 예측 시프트 및 적중률 측면에서 매우 다른 동작을 보여준다. 예를 들어 특정 환경에서 몇 가지 상위 아이템이 추천될 때 평점이 낮은 몇 개의 아이템으로 핵 공격을 하는 것이 훨씬 쉽다. 다시 말해, 핵 공격의 경우 적중률에 대한 영향은 예측 시프트에 대한 영향보다 더 클 수 있다. 따라서 푸시 공격과 핵 공격을 평가할 때는 여러 측정 값을 사용해야 한다.

다음에서는 일반적으로 사용하는 다양한 유형의 공격에 대해 논의하고, 푸시 공격 또는 핵 공격의 공통 사용 사례에 대해서도 논의한다. 이러한 공격은 적에게 다양한 수준의 지식을 요구한다. 우리는 최소한의 지식만을 필요로 하는 것부터 시작해 이러한 다른 공격들을 연구할 것이다.

## 12.3.1 랜덤 공격

랜덤 공격에서 필러 아이템은 모든 아이템에 대한 모든 평점의 전체 평균에 분포된 확률 분포를 통해 평점을 할당한다. 전체 평균을 사용하므로 다양한 필러 아이템의 평점이 동일한 확률 분포에서 도출된다. 필러 아이템은 데이터베이스에서 무작위로 선택되므로 평점을 매길 아이템을 선택하는 것도 대상 아이템에 따라 달라지지 않는다. 그러나 일부 경우에는 동일한 필러 아이템 세트를 각각의 프로파일에 사용할 수 있다. 각 프로파일에 대해 동일한 필러 아이템 세트를 사용하면 공격하는 데 필요한 지식 수준이 줄어들지 않고 공격이 더 눈에 띄게 되기 때문에 이점이 없다.

대상 아이템은 푸시 공격인지 핵 공격인지에 따라 가능한 최대 평점 값 $r_{max}$ 또는 최소 가능한 평점 값 $r_{min}$으로 설정한다. 이 공격을 수행하는 데 필요한 주요 지식은 모든 평점의 평균 값이다. 대부분의 환경에서 평점의 전체 평균을 결정하는 것은 그리 어렵지 않다. 랜덤 공격에 필요한 지식이 제한적이면 공격자에게 불리한 점이 있다. 지식이 제한적인 공격은 효율적이지 않은 경우가 많기 때문이다.

## 12.3.2 평균 공격

평균 공격Average Attack은 평점을 매기기 위해 필러 평점을 선택하는 방법에 있어 랜덤 공격과 유사하다. 각 프로파일에 대해 동일한 필러 아이템 세트를 선택한다. 그러나 평균 공격은 선택한 아이템에 평점을 매기는 방식에서 랜덤 공격과 다르다. 평균 공격에서 필러 아이템에 지정한 평점에는 특정 아이템의 평균 또는 대략적으로 지정된 값이 있다. 대상 아이템에는 공격이 푸시 공격인지 핵 공격인지에 따라 최대 평점 또는 최소 평점이 매겨진다. 전체 평균을 아는 것만으로는 충분하지 않기 때문에 평균 공격은 랜덤 공격보다 많은 양의 지식이 필요하다. 또한 각 필러 아이템의 평균을 알아야 한다. 또한 각 가짜 프로파일에 대해 동일한 필러 아이템 세트가 사용되므로 공격이 다소 두드러진다.

검출 가능성을 감소시키기 위해, 각각의 주입된 사용자 프로파일에 대해 랜덤으로 선택된 필러 아이템을 사용할 수도 있다. 이 작업의 단점은 공격을 수행하는 데 더 많은 지식이 필요하다는 것이다. 예를 들어 주입한 각 필러 아이템의 전체 평균이 필요하다. 그러나 평점이 공개된 환경에서는 때때로 합리적일 수 있다. 예를 들어 아마존닷컴의 평점은 공개됐고 평균 값을 쉽게 계산할 수 있다. IMDb와 같은 다른 시스템에서는 각 아이템의 평균 평점을 직접 보여준다. 대안적으로, 각각의 가짜 프로파일에 대한 필러를 결정하기 위해 작은 후보 아이템 세트 중에서 아이템을 랜덤으로 선택할 수 있다. 이러한 전략에는 훨씬 적은 지식이 필요하다. 또한 상당한 지식을 잃지 않는 것으로 나타났다[123].

## 12.3.3 밴드 왜건 공격

앞에서 언급한 많은 공격의 주된 문제점은 평점 행렬의 고유 희소성으로 인해 주입된 프로파일이 기존 프로파일과 충분히 유사하지 않다는 것이다. 필러 아이템으로 너무 많은 아이템을 선택하면 공격이 눈에 띄게 된다. 반면 가짜 프로파일에 대해 소수의 필러 아이템을 무작위로 선택하면 다른 사용자와 공통으로 관찰한 평가 수가 충분하지 않을 수 있다. 사용자 기반 협업 필터링에서 가짜 프로파일은 추천 대상 사용자와 공통된 평가 아이템이 없는 경우 영향을 미치지 않는다. 결과적으로 공격의 효율성이 감소한다.

밴드 왜건 공격Bandwagon Attack의 기본 아이디어는 평점을 많이 받은 적은 수의 아이템이 매우 인기가 있다는 사실을 활용하는 것이다. 예를 들어 블록버스터 영화나 널리 사용되는 교재는 많은 평점을 받을 수 있다. 따라서 가짜 사용자 프로파일이 항상 이러한 인기 아이템을 평가하면 가짜 사용자 프로파일이 대상 사용자와 유사할 가능성이 높아진다. 이러한 경우 대상 사용자의 예상 평점이 공격의 영향을 받기 쉽다. 따라서 아이템의 인기에 대한 지식을 공격의 효율성을 향상시키는 데 사용한다. 인기 있는 아이템 외에도 랜덤의 아이템 세트를 추가 필러 아이템으로 사용한다.

밴드 왜건 공격에서 인기 있는 아이템의 평점은 가능한 최대 평점 값 $r_{max}$로 설정한다. 다른 필러 아이템은 랜덤으로 평가한다. 가장 인기 있는 아이템에 최대 평점 값을 할당하는 이유는 가짜 프로파일 내에서 더 많은 사용자가 발견될 가능성이 증가하기 때문이다. 이 프로파일은 추천 대상이 되는 특정 대상 사용자에 가깝다. 인기 있는 아이템이 실제 환경에서 긍정적인 평가를 받을 가능성이 높기 때문이다. 공격 대상 아이템은 푸시 공격인지 핵 공격인지에 따라 가능한 최대 평점 $r_{max}$ 또는 최소 가능한 평점 $r_{min}$으로 설정한다.

이 특별한 경우에 "인기" 아이템의 개념은 반드시 가장 자주 평점이 매겨진 아이템을 의미하는 것이 아니라 널리 선호되는 아이템을 의미한다는 점에 주목할 만하다. 이러한 아이템은 평점 데이터베이스에서 자주 긍정적인 방식으로 평가될 수 있다. 가장 인기 있는 아이템을 결정하기 위해 평점 행렬을 사용할 필요는 없다. 일반적으로 평점 행렬과 무관한 소스에서 모든 유형의 가장 인기 있는 아이템을 쉽게 결정할 수 있다. 이것이 밴드 왜건 공격이 평균 공격에 비해 훨씬 적은 지식을 요구하는 주된 이유다. 작은 지식 요구 사항에도 밴드 왜건 공격은 대부분 평균 공격과 유사한 수준으로 수행할 수 있다. 일반적으로 밴드 왜건 공격은 사용자 기반 협업 필터링 알고리듬에 큰 영향을 줄 수 있지만 아이템 기반 알고리듬에 영향을 주는 데는 더 큰 어려움이 있다.

## 12.3.4 인기 공격

인기 공격Popular Attack은 인기 아이템을 사용해 필러 아이템을 생성한다는 점에서 밴드 왜건 공격과 많이 유사하다. 그러나 인기 아이템은 광범위하게 좋아하거나 싫어하는 아이템일 수 있지만 많은 평점이 있어야 한다. 인기 공격은 이러한 인기 아이템의 평점을 매기기 위해 평점 데이터베이스에 대해 더 많은 지식을 가지고 있다고 가정한다. 또한 추가적인 필러 아이템 세트가 존재하지 않는다고 가정한다. 따라서 이 공격은 밴드 왜건 공격보다 더 인기 있는 아이템을 사용해야 한다.

인기 아이템을 지능적인 방식으로 평점을 설정하려면 근본적인 평점 데이터베이스에 대해 더 많은 지식이 필요하다. 특히 인기 아이템의 평점의 평균 값을 안다고 가정한다. 푸시 공격에 성공하기 위해 가짜 사용자 프로파일에서 다양한 필러 아이템의 평점을 다음과 같이 설정한다.

1. 평점 행렬에서 필러 아이템의 평균 평점이 모든 아이템에 대한 전체 평점 평균보다 낮은 경우, 해당 아이템의 평점을 가능한 최솟값 $r_{min}$으로 설정한다.
2. 필러 아이템의 평점이 모든 아이템의 전체 평균 평점보다 높으면 아이템의 평점을 $r_{min} + 1$로 설정한다.
3. 가짜 사용자 프로파일에서 대상 아이템의 평점을 항상 $r_{max}$로 설정한다.

이렇게 특이한 방식으로 평점을 설정하는 이유는 (a) 필러 아이템에 대해 $r_{min}$ 및 $r_{min} + 1$의 차등 평점을 선택해 가짜 프로파일 내에서 대상 사용자와 유사한 프로파일을 찾을 가능성을 높이기 위함이고, (b) 아이템을 좀 더 효과적으로 밀어넣기 위해 타깃 아이템과 필러 아이템 사이의 평점 격차를 증가시키는 것이다. 이 공격을 약간 수정하면 핵 공격에도 사용할 수 있다. 핵 공격에서 필러 아이템의 평점은 인기가 낮은 아이템의 경우 $r_{max} - 1$, 평점이 높은 인기 아이템의 경우 $r_{max}$, 대상 아이템의 경우 $r_{min}$으로 설정한다.

밴드 왜건 공격과 마찬가지로 인기 있는 아이템을 평점 데이터베이스에서 추론해야 한다고 가정할 필요는 없다. 이러한 정보는 다른 데이터 소스에서 쉽게 추론할 수 있다. 그러나 인기 아이템 평점의 평균 값은 알아야 한다. 외부 소스를 사용해 평점이 낮거나 높은 인기 아이템을 추정할 수 있다. 일례로 리뷰의 텍스트를 사용해 긍정적 또는 부정적 감정을 가진 아이템을 결정할 수 있다. 그럼에도 인기 공격의 지식 요구 사항은 항상 밴드 왜건 공격의 지식 요구 사항보다 크다.

## 12.3.5 사랑/증오 공격

사랑/증오 공격love/hate attack은 핵 공격을 위해 특별히 설계됐으며, 이 공격을 수행하는 데 지식이 거의 필요하지 않다는 것이 주요 장점이다. 사랑/증오 공격에서, 핵 공격 아이템의 최소 평점 값은 $r_{min}$으로 설정하고, 다른 아이템은 최대 평점 값 $r_{max}$로 설정한다. 최소한의 지식 요구 사항에도 이 공격은 매우 효과적이다. 앞에서 설명한 것처럼 핵 공격은 일반적으로 푸시 공격보다 끼워 넣기가 더 쉽다. 따라서 그러한 저지식 공격은 종종 푸시 공격과 비교할 때 핵 공격의 경우 성공할 가능성이 더 높다. 예를 들어 필터 아이템의 평점을 $r_{min}$으로 설정하고 대상 아이템의 평점을 $r_{max}$로 설정해서 대칭으로 설계한 공격은 아이템을 푸시하는 데 성공하지 못한다. 사랑/증오 공격은 사용자 기반 협업 필터링 알고리듬에 매우 적합하며 아이템 기반 협업 필터링 알고리듬에는 거의 완전히 영향을 주지 못 한다.

## 12.3.6 역밴드 왜건 공격

이 공격은 아이템을 핵 공격하기 위해 특별히 고안했다. 역밴드 왜건 공격은 밴드 왜건 공격의 변형으로, 광범위하게 싫어하는 아이템을 필러 아이템으로 사용해 공격한다. 이러한 아이템이 "대부분이 싫어함"이라는 사실은 많은 평가를 받았다는 의미다. 영화를 출시하기 전에 홍보를 잘 했지만 흥행에 실패하면 낮은 평점을 많이 받을 것이다. 이러한 아이템을 필터 아이템으로 선택한다. 이러한 필터 아이템에는 핵 공격당한 아이템과 함께 낮은 평점이 매겨진다. 밴드 왜건 공격의 경우와 같이 다른 채널에서 이러한 아이템을 발견하는 것은 그리 어려운 일이 아니다. 이 공격은 아이템 기반 협업 필터링 알고리듬을 사용해 추천할 때 핵 공격을 하기에 매우 효과적이다. 사용자 기반 협업 필터링 알고리듬의 경우에도 사용할 수 있지만, 평균 공격과 같은 다른 많은 공격 방법이 일반적으로 더 효과적이다.

## 12.3.7 탐지 공격

앞에서 언급한 많은 방법의 중요한 측면은 평점을 종종 여러 프로파일에서 동일한 방식으로 $r_{min}$ 및 $r_{min} + 1$과 같은 값으로 인위적으로 설정한다는 것이다. 이러한 평점을 사용하면 공격이 눈에 띄기 쉬우므로 쉽게 탐지할 수 있다. 탐지 공격Probe Attack은 직접적으로 사용자 기반 추천 시스템에서 현실적인 평점으로 공격에 사용하기 위해 좀 더 현실적인 평점을 얻으려고 한다. 다시 말해, 공격하기 위해서 추천 시스템의 작동을 조사한다.

탐지 공격에서는 공격자가 시드 프로파일을 작성하고 추천 시스템이 생성한 예측을 사용해 관련 아이템 및 해당 평점을 학습한다. 이러한 추천은 이 시드 프로파일의 사용자-이웃에 의해 생성했으므로 시드 프로파일과 상관관계가 있을 가능성이 높다. 이 접근법을 사용해 특정 장르에 속하는 아이템의 평점을 학습할 수도 있다. 영화 추천 시나리오에서, 푸시 공격 또는 핵 공격 대상 아이템이 액션 영화에 해당하는 경우를 고려해보자. 시드 프로파일에는 일련의 인기 액션 영화 평점이 포함될 수 있다. 시드 프로파일을 타깃 사용자로서 사용할 때, 시드 프로파일은 사용자 기반 협업 필터링 알고리듬의 동작을 관찰함으로써 추가로 확장될 수 있다. 추천 아이템과 예상 평점을 사용해 시드 프로파일을 현실적으로 향상시킬 수 있다. 대상 아이템의 평점은 각각 푸시 공격 또는 핵 공격 여부에 따라 $r_{max}$ 또는 $r_{min}$으로 설정된다. 탐지 방식에서 학습한 다른 필터 아이템의 평점은 추천 시스템에서 예측한 평균 값으로 설정된다.

## 12.3.8 세그먼트 공격

위에서 언급한 거의 모든 공격 방법은 사용자 기반 협업 필터링 알고리듬에서 효과적으로 작동하지만 아이템 기반 알고리듬에서는 효과적으로 작동하지 않는다. 유일한 예외는 역밴드 왜건 공격이다. 이 공격은 아이템을 핵 공격만 하고 푸시 공격은 하지 않는다. 일반적으로 아이템 기반 협업 필터링 알고리듬을 공격하는 것이 더 어렵다. 그 이유 중 하나는 아이템 기반 알고리듬을 공격하기 위해서는 대상 사용자 자신의 평점을 활용해야 하기 때문이다. 대상 사용자는 항상 실제 사용자이다. 가짜 사용자를 주입해 실제 사용자의 지정된 평점을 조작할 수는 없다.

그러나 가짜 프로파일을 사용해 피어 아이템을 변경할 수 있다. 피어 아이템을 변경하면 예상 평점의 품질에 영향을 준다. 세그먼트 공격에서 공격자는 도메인 지식을 사용해 아이템을 푸시할 대상 사용자(즉, 특정 관심 분야를 가진 사용자)를 식별한다. 공격자는 〈글래디에이터〉와 같은 역사 영화를 이전에도 역사 영화를 좋아했던 사용자에게 푸시할 수 있다. 특정 영화의 장르는 흔히 알려진 정보이며 평점 행렬의 특정 정보가 필요하지 않다. 따라서 공격자의 첫 번째 단계는 특정 아이템에 최근접 아이템(즉, 카테고리 또는 장르)을 결정하는 것이다. 이러한 아이템에는 푸시된 아이템과 함께 가능한 최대 평점을 지정한다. 샘플링 된 추가 필러 아이템 세트에는 최소 평점을 지정한다. 이것은 같은 장르 아이템에 대한 아이템 유사도의 변화를 최대화한다. 기본 아이디어는 공격자가 아이템 추천 프로세스에서 매우 유사한 아이템만 사용하도록 하는 것이다. 일반적으로 공격 대상 아이템에 대한 예측 프로세스에서 유사한 장르의 아이템을 사용할 가능성을 높이면 추천 프로세스에서 다른 아이템에 비해 추가 이점을 얻을 수 있다고 가정한다. 결국 사용자는 비슷한 방식으로 비슷한 아이템을 평가하는 경향이 있다. 따라서 과거에 이 장르의 영화를 좋아했던 사용자의 경우 타기팅된 아이템의 예상 평점이 더 큰 관련성으로 인해 동일한 장르의 다른 아이템보다 많이 올라간다. 따라서 이러한 사용자는 대상 아이템을 추천할 가능성이 높다. 핵 공격을 위해 세그먼트 공격의 변형을 사용할 수도 있지만 대부분 푸시 공격이 효과적이다. 또한 세그먼트 공격은 사용자 기반 협업 필터링 알고리듬에서 효과적으로 사용할 수 있다.

세그먼트 공격은 좋아하는 아이템 공격favorite item attack[123]의 개념을 일반화한 것이다. 좋아하는 아이템 공격은 특정 사용자를 고려해서 설계한다. 필러 아이템은 일련의 아이템으로 선택돼 평점이 평균 사용자 평점보다 크다. 이 경우 이러한 아이템과 푸시된 아이템의 평점이 최댓값으로 설정되고 필터 아이템의 평점이 최솟값으로 설정된다. 좋아하는 아이템 공격은 사용자 기반 및 아이템 기반 협업 필터링 알고리듬 모두에서 잘 작동하지만 공격은 특정 사용자로 제한된다. 또한 공격에는 평점에 대한 상당한 지식이 필요하다. 이러한 특성으로 인해 이 공격은 다소 실용적이지 않다. 유용하게 이용할 수 있는 부분은 다른 공격의 효과에 상계를 설정하는 것이다.

## 12.3.9 기본 추천 알고리듬의 효과

앞에서 설명한 것처럼 공격 대상 추천 알고리듬에 따라 공격 방법이 달라진다. 일반적으로 사용자 기반 추천 알고리듬은 아이템 기반 알고리듬에 비해 공격에 더 취약하다. 역밴드 왜건 공격 및 세그먼트 공격과 같은 몇 가지 공격만 아이템 기반 알고리듬에 맞게 설계됐다. 대부분의 다른 공격 방법은 사용자 기반 알고리듬에 효과적이지만 제한된 수준으로 아이템 기반 알고리듬에 영향을 줄 수 있다. 사랑/증오 공격과 같은 일부 공격 방법은 아이템 기반 알고리듬에 전혀 영향을 주지 못한다.

흥미롭게도 공격 알고리듬에 대한 많은 작업은 주로 이웃 기반 방법에 중점을 두고 있으며 모델 기반 알고리듬에 대한 효과에 대한 연구는 거의 없다. 최근의 일부 연구[446, 522]는 공격에 대한 모델 기반 알고리듬의 취약성을 분석했다. 분석된 알고리듬의 예로는 클러스터링 기반 알고리듬, PCA 기반 방법, LSA 기반 방법 및 연관 규칙 방법이 있다. 실험에 따르면 모델 기반 알고리듬은 일반적으로 사용자 기반 협업 필터링 알고리듬과 비교할 때 공격에 대해 더 강경하지만 알고리듬에 따라 약간의 차이가 있다. 여러 알고리듬을 혼합하고, 특히 외부 도메인 지식을 사용하면 접근 방식이 더욱 강력해진다. 도메인 정보는 적절한 주입 메커니즘으로 영향을 줄 수 없기 때문이다. 다양한 모델 기반 협업 필터링 알고리듬에 대한 다양한 공격의 영향이 [523]에 요약돼 있다.

12장은 주로 명시적 평점에 중점을 두고 있지만 암시적 피드백 데이터 세트[79]를 위해 몇 가지 공격 방법도 설계했다. 가짜 프로파일을 명시적 데이터 세트에 주입해야 하는 것처럼, 암시적 피드백 데이터 세트에는 가짜 행동을 주입해야 한다. 기본 아이디어는 가짜 행동이 다른 인기 있는 행동과 연관돼 가짜 행동이 이러한 인기 있는 행동과 유사하다는 인상을 주기 위한 것이다. 클릭 스트림에 가짜 행동을 주입해 특정 페이지를 추천할 가능성을 높이려는 웹사이트를 생각해보자. 가짜 행동을 주입하는 메커니즘은 웹 검색 세션을 시뮬레이션하는 자동 크롤러를 사용하는 것이다. 크롤러는 엄선된 웹 페이지를 조합해 방문하므로 대상 아이템이 효과적으로 푸시된다. 이러한 공격의 예로는 대상 페이지가 다른 인기 페이지와 함께 크롤링되는 인기 페이지 공격[79]이 있다. 이러한 공격은 암시적인 버전의 밴드 왜건 공격으로 볼 수 있다.

## 12.4 추천 시스템에서 공격 탐지

공격자와 추천 시스템의 설계자 사이에는 적대적인 관계가 존재한다. 강력한 추천 시스템을 유지한다는 관점에서 공격을 막는 가장 좋은 방법은 공격을 탐지하는 것이다. 탐지를 통해 수정 조치(예: 허위 사용자 프로파일 제거)를 할 수 있다. 따라서 가짜 사용자 프로파일을 검출하는 것은 강력한 추천 시스템의 설계에서 중추적인 요소이다. 그러나 위조 프로파일을 제거하는 것은 실수하기 쉬운 프로세스이므로 실제 프로파일을 제거할 수 있다. 진짜 프로파일을 제거하면 역효과를 낳을 수 있으므로 실수를 너무 많이 하지 않는 것이 중요하다. 다른 한편으로, 가짜 프로파일을 제거할 수 없는 것도 바람직하지 않다. 그 결과 가짜 프로파일 제거의 정밀도와 재현율 간에 자연스런 트레이드 오프가 발생한다. 이에 따라 공격 탐지 알고리듬을 정밀도 및 재현율 측면에서 측정하는 경우가 많다. 실제로 수신자 조작 특성$^{ROC}$ 곡선(7장 참조)을 사용해 참 양성 비율$^{TPR}$과 거짓 양성 비율$^{FPR}$ 사이의 트레이드 오프를 표시할 수 있다. 공격 제거의 효과를 평가하는 다른 방법은 추천 시스템 정확도에 대한 프로파일 제거의 영향을 측정하는 것이다. 예를 들어 프로파일 필터링 전후에 평균 절대 오차를 측정할 수 있다. 이 방법으로 다양한 탐지 알고리듬을 비교할 수 있다. 거의 모든 공격은 추천 시스템을 약화시키기 위해 여러 프로파일을 사용한다.

따라서 프로파일을 개별적으로 또는 그룹으로 제거할 수 있다. 각각의 경우에 따라 다른 공격 알고리듬을 설계한다. 또한 공격 탐지 알고리듬은 지도$^{supervised}$ 또는 비지도$^{unsupervised}$ 기반으로 만들 수 있다. 이 두 가지 유형의 탐지 알고리듬의 차이점은 다음과 같다.

1. 비지도 공격 탐지 알고리듬: 이 경우 애드혹 규칙을 사용해 가짜 프로파일을 탐지한다. 프로파일(또는 그중 상당 부분)이 다른 많은 프로파일과 동일하면 공격하기 위해 이러한 모든 프로파일을 주입했을 가능성이 있다. 이 알고리듬 클래스의 기본 아이디어는 실제 프로파일과 유사하지 않은 공격 프로파일의 주요 특성을 식별하는 것이다. 이러한 특성은 가짜 프로파일 탐지를 위해 비지도 휴리스틱을 설계하는 데 사용할 수 있다.

2. 지도 공격 탐지 알고리듬: 지도 공격 탐지 알고리듬은 분류 모델을 사용해 공격을 탐지한다. 개별 사용자 프로파일 또는 사용자 프로파일 그룹은 다차원 특성 벡터로 특성화한다. 대부분의 경우 이러한 다차원 피처 벡터는 비지도 경우에 사용하는 것과 동일한 특

성을 사용해 파생된다. 예를 들어 주어진 사용자 프로파일과 동일한 프로파일 수는 해당 사용자 프로파일의 피처로 사용할 수 있다. 다양한 유형의 공격의 다양한 특성에 해당하는 여러 피처를 추출할 수 있다. 알려진 공격 프로파일은 +1로 표시하고 나머지 프로파일은 −1로 표시하는 이진 분류를 학습할 수 있다. 학습된 분류 모델은 주어진 프로파일이 진짜일 가능성을 예측하는 데 사용한다.

지도 공격 탐지 알고리듬은 기본 데이터에서 학습할 수 있는 능력 때문에 일반적으로 비지도 방법보다 효과적이다. 반면 공격 프로파일의 예를 얻는 것은 어려운 경우가 많다.

공격 탐지 방법은 개별 프로파일 탐지 방법 또는 그룹 프로파일 탐지 방법이다. 개별 공격 프로파일을 탐지할 때 각 사용자 프로파일을 독립적으로 평가해 공격 여부를 결정한다. 그룹 감지의 경우, 일련의 프로파일이 그룹으로 평가한다. 비지도 방법과 지도 방법 모두 개인 또는 그룹 프로파일 탐지에 적용할 수 있다. 다음에서는 공격 프로파일을 개인으로 탐지하고 공격 프로파일을 그룹으로 탐지하는 다양한 방법에 대해 설명한다.

## 12.4.1 개인 공격 프로파일 탐지

개별 공격 프로파일 탐지는 단일 공격 프로파일 탐지라고도 한다. 개별 공격 프로파일 탐지를 위한 비지도 방법은 [158]에서 설명한다. 이 기술에서, 피처의 세트는 각 사용자 프로파일로부터 추출한다. 피처는 현재 피처에 따라 비정상적으로 높거나 비정상적으로 낮은 값이 공격을 나타낸다. 대부분의 경우 이러한 피처는 시스템의 다른 프로파일과 특정 프로파일의 일관성을 측정한다. 따라서 비정상적인 값을 취하는 피처의 일부를 공격 탐지 수단으로 사용할 수 있다. 다른 휴리스틱 함수도 이러한 피처와 함께 사용할 수 있으며 다음과 같이 열거할 수 있다.

1. 예측 차이의 수NPD, Number of Prediction Difference: 주어진 사용자에 대해 $NPD$는 시스템에서 해당 사용자를 제거한 후 변경된 예측 수라고 정의한다. 공격 프로파일은 처음부터 시스템 예측을 조작하도록 설계됐기 때문에 일반적으로 공격 프로파일은 평소보다 예측 차이가 더 큰 경향이 있다.

2. 다른 사용자와의 의견 차이DD, Degree of Disagreement with other users: 평점 행렬 $R = [r_{ij}]_{m \times n}$의 경우, $\nu_j$는 아이템 $j$의 평균 평점이다. 아이템 $j$에 대해서 사용자 $i$와 다른 사용자와의 다른 정도를 $|r_{ij} - \nu_j|$로 부여한다. 이 값은 사용자 $i$의 불일치 정도인 $DD(i)$를 얻기 위해 관찰된 모든 $|I_i|$ 평점에 대한 평균을 낸다.

$$DD(i) = \frac{\sum_{j \in I_i} |r_{ij} - \nu_j|}{|I_i|} \tag{12.4}$$

다른 사용자와의 의견 차이가 큰 사용자는 공격 프로파일일 가능성이 높다. 공격 프로파일이 다른 평점의 분포와 다른 경향이 있기 때문이다.

3. **동의 평균의 평점편차**RDMA, Rating Deviation From Mean Agreement: 동의 평균의 평점편차는 아이템의 평균 평점과 평균 평점의 차이의 절댓값으로 정의한다. 평균을 계산하는 동안 각 아이템 $j$의 역빈도 $if_j$로 평균 평점이 바이어스된다. 역빈도 $if_j$는 아이템 $j$를 평가한 사용자 수의 역수로 정의한다. 아이템 $j$의 바이어스된 평균 평점을 $v_j^b$로 한다. $I_i$는 사용자 $i$가 평가한 아이템 세트가 된다. 그런 다음 사용자 $i$의 값 $RDMA(i)$는 다음과 같이 정의한다.

$$RDMA(i) = \frac{\sum_{j \in I_i} |r_{ij} - v_j^b| \cdot if_j}{|I_i|} \tag{12.5}$$

앞에서 언급한 방정식에 역빈도 $if_j$가 존재하므로 드물게 나타나는 아이템이 더 중요하다. 이 수식을 수식 12.4와 비교하면 유익하다. 수식 12.4는 계산의 어떤 단계에서도 가중치를 사용하지 않는다. 이 측정 항목의 값이 클수록 사용자 프로파일이 공격을 나타낼 가능성이 있음을 나타낸다.

4. **사용자 평점의 표준편차**: 특정 사용자 평점의 표준편차다. $\mu_i$가 사용자 $i$의 평균 평점이고 $I_i$가 해당 사용자가 평가한 아이템 세트인 경우 표준편차 $o_i$는 다음과 같이 계산한다.

$$\sigma_i = \frac{\sum_{j \in I_i} (r_{ij} - \mu_i)^2}{|I_i| - 1} \tag{12.6}$$

가짜 프로파일의 평점이 다른 사용자들과 크게 다르지만 필러 아이템이 같은 평점 값으로 설정돼 있는 경우가 많기 때문에 상당히 자기-유사도self-similar이 높은 경우가 많다. 결과적으로 표준편차 $o_i$는 가짜 프로파일의 경우 작은 경향이 있다.

5. **상위-$k$ 이웃과의 유사도**SN: 공격 프로파일을 조정 방식으로 삽입하는 경우가 많은데, 그결과 최근접 이웃과 사용자의 유사도가 높아진다. 따라서 $w_{ij}$가 사용자 $i$와 $j$ 사이의 유사도이고 $N(i)$이 사용자 $i$의 이웃 세트인 경우, 유사도 $SN(i)$를 다음과 같이 정의한다.

$$SN(i) = \frac{\sum_{j \in N(i)} w_{ij}}{|N(i)|} \tag{12.7}$$

$w_{ij}$의 값은 피어슨 상관계수와 같은 표준 사용자-사용자 유사도를 계산할 수 있다.

$RDMA$를 제외한 대부분의 측정 항목은 추천 시스템에서 영향력 있는 사용자를 찾는 맥락에서 제안됐다[43]. 이러한 우연의 일치는 공격자가 가짜 프로파일이 추천 시스템에서 비정상적으로 영향을 미치는 엔티티로 예측한 평점을 조작하도록 설계됐기 때문이다. 또한 표준편차를 제

외하고 이러한 모든 측정 항목은 공격 프로파일의 경우 더 큰 값을 갖는다. [158]의 알고리듬은 이러한 모든 측정 항목이 공격을 나타내는 방향으로 비정상적인 값을 취할 때 프로파일을 공격으로 선언한다. 공격 탐지 방법을 설계할 때 이러한 기본 원칙의 많은 변형 가능하다. 다른 피처들도 추출될 수 있다. 예를 들어 프로파일에 비정상적으로 많은 수의 평점이 있는 것은 의심스러운 것으로 간주할 수 있다[630].

위에서 언급한 피처는 비지도 공격 탐지 알고리듬뿐만 아니라 지도 방법에도 유용하다. 지도 방법이 비지도 방법과 차이가 있는 점은 이전 공격의 예를 사용할 수 있다는 것이다. 이 경우 위에서 언급한 피처는 다차원 표현을 만드는 데 사용하며 분류 모델을 만들 수 있다. 공격 행동을 알 수 없는 특정 사용자 프로파일에 대해 이러한 피처를 추출할 수 있다. 예제 공격의 학습 데이터를 기반으로 한 분류 모델을 이러한 피처에 사용해 실제로 공격 가능성을 평가할 수 있다.

이러한 지도 공격 탐지 알고리듬의 예는 [124]에서 설명한다. 위에서 설명한 측정 항목은 공격 탐지 알고리듬의 피처로 사용한다. 이러한 피처 외에도 다수의 일반 및 모델별 피처를 도입했다. 모델별 피처는 평균 공격 또는 세그먼트 공격과 같은 특정 유형의 공격을 탐지하도록 설계했다. [124]에서 도입한 일반적인 피처는 다음과 같다.

1. 평균 동의 가중편차WDMA, Weighted Deviation from Mean Agreement: WDMA 측정 항목은 RDMA 측정 항목과 유사하지만 드물게 나타나는 아이템의 평점에 더 큰 가중치를 준다. 따라서 WDMA 계산에서 역빈도 대신 역빈도의 제곱을 사용한다. 따라서 식 12.5와 동일한 표기법을 사용하며 WDMA 피처는 다음과 같이 계산한다.

$$WDMA(i) = \frac{\sum_{j \in I_i} |r_{ij} - \nu_j| \cdot if_j^2}{|I_i|} \tag{12.8}$$

2. 동의 가중도WDA, Weighted Degree of Agreement: RDMA 측정 항목의 두 번째 변형은 수식 12.5의 오른쪽에 정의된 RDMA 측정 항목의 분자만 사용한다.

$$WDA(i) = \sum_{j \in I_i} |r_{ij} - \nu_j| \cdot if_j \tag{12.9}$$

3. 수정된 유사도Modified Degree of Similarity: 수정된 유사도는 수식 12.7에 의해 정의된 유사도와 유사한 방식으로 계산한다. 주된 차이점은 수식 12.7의 유사도 값 $w_{ij}$가 아이템 $i$와 $j$를 모두 평가하는 사용자 수에 의해 비례적으로 할인된다는 것이다. 이 할인은 사용자 $i$와 $j$ 사이의 공통 아이템 수가 적을 때 계산된 유사도가 덜 신뢰할 수 있다는 직관을 기반으로 한다.

또한 [124]에는 여러 가지 모델별 피처를 사용했다. 이러한 피처에 대한 자세한 내용은 [124]를 참조하라. $k$-최근접 이웃 분류 모델, C4.5 의사 결정 트리 및 서포트 벡터 머신에 대응하는 3

개의 다른 알고리듬을 테스트했다. 이 다른 분류 알고리듬들은 가장 우수한 전체 성능을 제공하는 서포트 벡터 머신과 함께 가짜 프로파일 탐지의 정확성과 재현율 사이에 다른 트레이드 오프가 있다는 것이 밝혀졌다.

## 12.4.2 그룹 공격 프로파일 탐지

이 경우 개인이 아닌 그룹으로 공격 프로파일을 탐지한다. 여기서 기본 원칙은 공격이 종종 관련 프로파일 그룹을 기반으로 한다는 것이다. 따라서 이러한 많은 방법은 클러스터링 전략을 사용해 공격을 탐지한다. 이러한 방법 중 일부는 추천 시간에 탐지를 수행하는 반면[397], 다른 방법은 탐지를 사전에 수행하되 가짜 프로파일을 사전에 제거하는 좀 더 일반적인 전처리 전략[427]을 사용한다.

### 12.4.2.1 전처리 방법

가장 일반적인 방법은 클러스터링을 사용해 가짜 프로파일을 제거하는 것이다. 공격 프로파일을 설계하는 방식 때문에, 진짜 프로파일과 가짜 프로파일은 별도의 클러스터를 생성한다. 이는 가짜 프로파일의 많은 평점이 동일하기 때문에 밀집된 클러스터를 생성할 가능성이 높다. 사실, 가짜 프로파일을 포함하는 군집들의 상대적인 조밀성은 가짜 프로파일을 탐지하는 한 가지 방법이다. [427]에서 제안한 방법은 PLSA를 사용해 사용자 프로파일을 클러스터링하는 것이다. PLSA는 이미 소프트 클러스터를 만들며 각 사용자 프로파일은 특정 측면에 속할 확률이 있다. 이 소프트 클러스터링은 각 사용자 프로파일을 가장 큰 멤버십이 있는 클러스터에 할당해 하드 클러스터링으로 변환된다. 이 경우 PLSA 방식을 클러스터링에 사용하지만 사실상 거의 모든 클러스터링 알고리듬을 사용할 수 있다. 하드 클러스터를 식별한 후에는 각 클러스터의 평균 마할라노비스 반지름을 계산한다. 가장 작은 마할라노비스 반지름을 가진 클러스터는 가짜 사용자를 포함한다고 가정한다. 이 방법은 가짜 프로파일을 포함하는 클러스터의 상대적 조밀성을 전제로 한다. 이러한 접근 방식은 비교적 명백한 공격에는 효과적이지만 감지하기 힘든 공격에는 적합하지 않다.

보다 간단한 접근법은 주성분 분석<sup>PCA</sup>[425]만 사용하는 것이다. 기본 아이디어는 가짜 사용자 간의 공분산이 크다는 것이다. 반면, 가짜 사용자는 사용자를 차원으로 취급할 때 다른 사용자와의 공분산이 매우 낮은 경우가 많다. 일반 사용자와 관련 없는 PCA를 사용해 상호 연관성이 높은 차원을 어떻게 식별할 수 있을까? 이 문제는 PCA[285]의 변수 선택 문제와 관련이 있다. 사용자를 차원으로 취급하는 평점 행렬의 전치에 대해 살펴보자. 주성분 분석[427]에서 변수 선택 이론에 따르면, 이 문제는 작은 고유 벡터에서 작은 계수를 갖는 차원(전치된 평점 행렬의 사용자)을 찾는 것과 같다. 이러한 차원(사용자)은 가짜 프로파일일 수 있다.

평점 행렬은 먼저 평균 0과 단위 표준편차로 정규화된 다음 전치 공분산 행렬을 계산한다. 이 행렬의 최소 고유 벡터를 계산한다. 고유 벡터에 기여도(계수)가 작은 차원(사용자)을 선택한다. 약간 더 강화된 접근법을 [427]에서 논의한다. 이 경우 가장 작은 고유 벡터만 사용하는 대신 상위 (가장 작은) 3~5개의 고유 벡터를 식별한다. 이러한 3~5개의 고유 벡터에 대한 기여도는 스팸 사용자를 결정하는 데 사용된다.

그룹 프로파일을 탐지하는 또 다른 알고리듬은 UnRAP 알고리듬[110]이다. UnRAP 알고리듬에서는 $H_v$-스코어라는 측정 값을 사용한다. 이 측정 값은 생물정보학 영역에서 채택했으며, 유전자 클러스터의 biclustering의 맥락에서 사용한다. $\mu_i$를 사용자 $i$의 평균 평점으로, $\nu_j$를 아이템 $j$의 평균 평점으로, $\gamma$를 모든 평점의 평균으로, $I_i$를 사용자 $i$로 평점을 매긴 아이템 세트로 설정한다. 그런 다음 사용자 $i$의 $H_v$-스코어는 다음과 같이 정의한다.

$$H_v(i) = \frac{\sum_{j \in I_i} (r_{ij} - \mu_i - \nu_j + \gamma)^2}{(r_{ij} - \mu_i)^2} \tag{12.10}$$

$H_v$-스코어 값이 클수록 공격 프로파일을 더 잘 나타낸다. 기본 아이디어는 가짜 프로파일은 평점 값이 자기-유사도self-similar를 갖는 경향이 있지만 다른 사용자와는 다른 경향을 보인다. 분자와 분모가 구성되는 방식 때문에 $H_v$-스코어에 의해 포착된다. 평점이 무작위일 때 $H_v$-스코어는 1에 가까워진다. 알고리듬은 먼저 $H_v$-스코어가 가장 큰 상위 10명의 사용자를 결정한다. 그 후 사용자 집합을 사용해 평균 사용자 평점에서 가장 많이 벗어난 대상 아이템을 식별한다.

그 다음 대상 아이템을 식별하면 다음 단계의 알고리듬에 대한 단계가 설정된다. 그런 다음 사용자를 가짜 후보로 간주하는 기준이 완화되고 10명 이상의 사용자 프로파일이 가짜 후보로 간주된다. 그러나 이러한 후보는 많은 거짓 양성을 포함할 것이다. UnRAP 알고리듬은 공격 대상 아이템의 평점을 입력하지 않은 사용자 또는 "잘못된" 방향으로 대상 아이템을 평가한 사용자를 제거하는 방법도 설명한다. 슬라이딩 윈도우 방법을 사용해 더 큰 후보 세트를 계산하는 방법에 관한 자세한 내용은 [110]을 참조하라.

## 12.4.2.2 온라인 방법

이 방법에서, 추천을 하는 시간 동안 가짜 프로파일을 감지한다. 추천 시간 동안 사용자 기반 이웃 알고리듬을 사용하는 시나리오를 생각해보자. 기본 아이디어는 활성 사용자[397] 근처에 두 개의 클러스터를 만드는 것이다. 공격자의 주요 목표는 특정 아이템을 푸시하거나 핵 공격을 하는 것이다. 따라서 두 군집에 있는 활성 아이템의 평균 평점에 충분히 큰 차이가 있는 경우 공격이 발생한 것으로 가정한다. 활성 아이템의 평점 분산이 더 작은 클러스터는 공격 클러스터로 가정한다. 이 공격 클러스터의 모든 프로파일을 제거한다. 이 탐지 방법은 이웃 형성 과정에서 공격 방지 추천 알고리듬에 직접 통합할 수 있다는 장점이 있다. 따라서 이 방법은 가짜 프로파일을 제거하는 방법일 뿐만 아니라 좀 더 강력한 추천을 제공하는 온라인 방법이기도 하다. 원하는 경우 시스템 작동 중에 가짜 프로파일을 점진적으로 제거할 수 있다.

## 12.5 강력한 추천 디자인을 위한 전략

추천 시스템을 좀 더 강력한 방식으로 구축하기 위한 다양한 전략을 사용할 수 있다. 이러한 전략은 더 나은 추천 시스템 설계에서 더 나은 알고리듬 설계에 이르기까지 다양하다. 다음 절에서는 이러한 전략 중 일부를 사용하는 방법에 관해 설명한다.

### 12.5.1 CAPTCHA를 사용한 자동 공격 방지

예측한 평점이 크게 변하기 위해서는 많은 수의 가짜 프로파일이 필요하다. 공격자가 공격을 시작하기 위해 실제 프로필 수의 3%에서 5%의 가짜 프로필이 필요한 것은 흔한 컨텍스트다. 예를 들어 백만 명 이상의 실제 사용자를 포함하는 평점 행렬을 고려해보자.

이 경우 최대 50,000개의 가짜 프로파일이 필요할 수 있다. 너무 많은 가짜 프로파일을 수동으로 삽입하는 것은 어렵다. 따라서 공격자는 종종 자동 시스템을 사용해 평가 시스템의 웹 인터페이스와 상호작용해서 가짜 프로파일을 삽입한다.

그러한 자동 공격을 어떻게 탐지할 수 있을까? CAPTCHA[619]는 웹 상호작용하는 컨텍스트에서 인간과 기계의 차이를 알려주기 위해 고안됐다. 약어인 CAPTCHA는 "컴퓨터와 인간을 구별하기 위한 완전 자동화된 공공 튜링 테스트"의 약자다. 기본 개념은 왜곡된 텍스트를 사람에게 제시하는 것이다. 이 왜곡된 텍스트는 추가 상호작용을 위해 웹 인터페이스에 입력해야 하는 "도전" 텍스트 또는 단어의 역할을 한다. CAPTCHA의 예는 그림 12.4에 나와 있다. 추천 시스템은 특히 동일한 IP 주소에서 많은 수의 평점이 입력될 때 평점을 입력하기 위해 CAPTCHA에 보안 문자를 입력하도록 만들 수 있다.

**그림 12.4** 공식 CAPTCHA 사이트(http://www.captcha.net)의 CAPTCHA 예

## 12.5.2 사회적 신뢰 사용

11장에서는 추천 시스템의 맥락에서 사회적 신뢰를 사용하는 방법을 검토했다. 이 방법에서 사용자들 사이의 사회적 신뢰는 평점에 영향을 주기 위해 사용했다. 예를 들어 사용자는 다른 사용자의 평가 경험에 따라 신뢰 관계를 지정할 수 있다. 그런 다음 이러한 신뢰 관계를 사용해 보다 강력한 추천을 만든다. 이러한 방법을 사용하면 공격의 효과를 줄일 수 있다. 사용자들이 조작된 가짜 프로파일과 신뢰 관계를 맺지 않을 가능성이 높기 때문에 이러한 방법은 공격의 효과를 줄일 수 있다. 좀 더 효과적인 추천을 위해 사회적 신뢰가 어떻게 사용되는지 그 자세한 논의는 11장에서 제공한다.

[502, 503]의 연구는 신뢰할 수 있는 추천 시스템을 구축하기 위한 영향 제한기influence limiter라고 하는 알고리듬을 제안한다. 추천 프로세스에는 각 사용자의 평판을 전체적으로 측정한다. 각 사용자에게 추천을 하는 동안 평판 점수를 부여한다. 평판 자체는 이웃의 평가를 예측하는 사용자의 정확성에 기초해 학습된다. 이 연구는 부정적인 공격의 영향에 대한 이론적 근거도 보여준다.

## 12.5.3 강력한 추천 알고리듬 설계

12장에서 논의한 것처럼 다른 알고리듬은 다른 수준의 공격에 취약하다는 것이 명백하다. 예를 들어 사용자 기반 알고리듬은 일반적으로 아이템 기반 알고리듬보다 공격하기가 훨씬 쉽다. 따라서 공격에 대한 저항을 염두에 두고 여러 알고리듬이 특별히 설계됐다. 이 절에서는 이러한 알고리듬 중 일부에 대해 설명한다.

### 12.5.3.1 클러스터링을 이웃 방법에 통합

이웃 기반 방법에서 클러스터링을 사용하는 방법이 [446]에 나와 있다. 이 작업은 PLSA 및 $k$-평균 기법을 사용해 사용자 프로파일을 클러스터링한다. 각 클러스터에서 집계 프로파일을 생성한다. 집계 프로파일은 세그먼트에 있는 각 아이템의 평균 평점을 기반으로 한다. 그런 다음 개별 프로파일 대신 집계(클러스터) 프로파일을 사용하는 것을 제외하면 사용자 기반 협업 필터링에 대한 유사한 접근 방식을 사용한다. 각 예측에 대해 대상 사용자와 최근접 집계된 프로파일을 사용해 추천을 만든다. 클러스터링 기반 접근 방식은 평범한 최근접 이웃 방법보다 훨씬 더 강력한 결과를 제공한다는 것이 [446]에 나와 있다. 이 접근법이 강력한 이유는 클러스터링 프로세스가 일반적으로 모든 프로파일을 단일 클러스터에 매핑하므로 대체 클러스터를 사용할 수 있을 때 예측에 미치는 영향을 제한하기 때문이다.

## 12.5.3.2 추천 시간 동안 가짜 프로파일 탐지

이전 절에서 설명한 공격 탐지 알고리듬을 사용해 특히 추천 시간 동안 탐지할 때 강력한 추천을 만들 수 있다. 이러한 방법은 12.4.2.2절에서 설명한다. 이 방법은 활성 사용자의 이웃을 두 명의 사용자로 분할한다. 활성 아이템이 두 군집에서 매우 다른 평균 값을 갖는 경우 공격이라고 의심한다. 자기와 가장 유사한(즉, 더 작은 범위) 클러스터를 공격 클러스터로 간주한다. 그런 다음 이 클러스터에 있는 프로파일을 제거한다. 그런 다음 나머지 클러스터의 프로파일을 사용해 추천한다. 이 방법은 공격-탐지 방법과 강력한 추천 알고리듬이라는 두 가지 목적을 가지고 있다.

## 12.5.3.3 연관 기반 알고리듬

규칙 기반 협업 필터링 알고리듬은 3장의 3.3절에서 논의했다. [522]에는 최대 공격 크기가 15% 미만일 때 규칙 기반 알고리듬이 평균 공격에 강하다는 것을 보여줬다. 그 이유는 성공적인 공격에 필요한 충분한 공격 프로파일이 없기 때문이다. 그러나 이러한 알고리듬은 세그먼트 공격에는 영향을 받지 않는다.

## 12.5.3.4 강건한 행렬 인수분해

행렬 인수분해Matrix Factorization 방법은 일반적으로 공격 프로파일을 노이즈로 처리하는 자연스러운 능력 때문에 공격에 더 강력하다. PLSA 방법을 사용해 공격을 탐지하고 제거하는 방법이 [424, 427]에 나와 있다. 많은 행렬 인수분해 추천 시스템은 PLSA이 기반이다. 따라서 공격 단계를 중간 단계에서 제거하고 확률 매개변수를 다시 정규화하면 추천에 직접 사용할 수 있다.

또 다른 접근법[428]은 행렬 인수분해에서 사용하는 최적화 기능을 수정해 공격에 대해 더 강력하게 만드는 것이다. 행렬 인수분해에서 $m \times n$ 평점 행렬 $R$은 다음과 같이 사용자 요인과 아이템 요인으로 분해된다.

$$R \approx UV^T \tag{12.11}$$

여기서 $U = [u_{is}]$ 및 $V = [v_{js}]$는 $m \times k$ 및 $n \times k$ 행렬이다. 아이템의 예측 값 $\hat{r}_{ij}$는 다음과 같다.

$$\hat{r}_{ij} = \sum_{s=1}^{k} u_{is} v_{js} \tag{12.12}$$

따라서 관측한 원소를 예측한 것에 대한 오류는 $e_{ij} = r_{ij} - \hat{r}_{ij}$로 표시한다. 3장에서 논의한 바와 같이, $U$ 및 $V$의 행렬 원소는 일부 정규화 항과 함께 행렬 $R$에서 관찰한 모든 원소에 대한 $e_{ij}$의 제곱의 합을 최소화함으로써 결정한다.

공격 프로파일의 기여를 강조하지 않도록 어떻게 목적함수를 변경할 수 있는가? 여기서 중요

한 점은 공격 프로파일이 종종 잔차 행렬$(R - UV^T)$에서 큰 절댓값 $|e_{ij}|$를 가진 특이치 원소를 유발한다는 것이다. 따라서 $(R - UV^T)$의 관찰된 몫의 프로베니우스 노름을 단순히 사용한 경우, 가짜 프로파일이 있으면 사용자 요인과 아이템 요인이 크게 변경될 수 있다. 자연스러운 해결책은 절댓값이 큰 잔차 행렬의 원소 기여를 강조하는 것이다. $S$를 평점 행렬 $R$에서 관측된 원소의 집합이라고 하자.

$$S = \{(i, j) : r_{ij} \text{ is observed}\} \tag{12.13}$$

3장에서 논의한 바와 같이, 행렬 인수분해의 목적함수는 다음과 같이 정의한다.

$$\text{Min } J = \frac{1}{2} \sum_{(i,j) \in S} e_{ij}^2 + \frac{\lambda}{2} \sum_{i=1}^{m} \sum_{s=1}^{k} u_{is}^2 + \frac{\lambda}{2} \sum_{j=1}^{n} \sum_{s=1}^{k} v_{js}^2$$

매우 큰 절댓값 $e_{ij}$의 영향을 강조하지 않기 위해 새로운 오류 항 세트를 정의한다.

$$\epsilon_{ij} = \begin{cases} e_{ij} & \text{if } |e_{ij}| \leq \Delta \\ f(|e_{ij}|) & \text{if } |e_{ij}| > \Delta \end{cases} \tag{12.14}$$

여기서 $\Delta$는 사용자 정의 임계값으로, 원소가 커질 때를 의미한다. $f(|e_{ij}|)$는 $f(\Delta) = \Delta$를 만족시키는 $|e_{ij}|$ 감쇠(즉, 하위 선형)함수다. 이 조건은 $\epsilon_{ij}$가 $e_{ij} = \pm\Delta$에서 $e_{ij}$의 연속함수임을 보장한다. 감쇠<sup>damping</sup>는 큰 값의 오류가 지나치게 중요하지 않도록 한다. 이러한 감쇠함수의 예는 다음과 같다.

$$f(|e_{ij}|) = \sqrt{\Delta(2|e_{ij}| - \Delta)} \tag{12.15}$$

이 유형의 감쇠함수는 [428]에서 사용했다. 강건한 행렬 인수분해를 위한 목적함수는 다음과 같이 오류값 $e_{ij}$를 조정된 값 $\epsilon_{ij}$로 대체한다.

$$\text{Min } J^{robust} = \frac{1}{2} \sum_{(i,j) \in S} \epsilon_{ij}^2 + \frac{\lambda}{2} \sum_{i=1}^{m} \sum_{s=1}^{k} u_{is}^2 + \frac{\lambda}{2} \sum_{j=1}^{n} \sum_{s=1}^{k} v_{js}^2$$

[426]에서 설명한 반복적으로 가중된 최소 제곱법<sup>iterative re-weighted least-squares</sup> 알고리듬을 최적화 프로세스에서 사용한다. 여기서는 단순화한 알고리듬에 대해 설명한다. 첫 번째 단계는 각 결정변수에 대한 목적함수 $J^{robust}$의 기울기를 계산한다.

$$\frac{\partial J^{robust}}{\partial u_{iq}} = \frac{1}{2} \sum_{j:(i,j) \in S} \frac{\partial \epsilon_{ij}^2}{\partial u_{iq}} + \lambda u_{iq}, \quad \forall i \in \{1 \ldots m\}, \forall q \in \{1 \ldots k\}$$

$$\frac{\partial J^{robust}}{\partial v_{jq}} = \frac{1}{2} \sum_{i:(i,j) \in S} \frac{\partial \epsilon_{ij}^2}{\partial v_{jq}} + \lambda v_{jq} \quad \forall j \in \{1 \ldots n\}, \forall q \in \{1 \ldots k\}$$

앞에서 언급한 그레이디언트는 결정변수와 관련해 다수의 편미분을 포함한다는 점에 유의한다. $\frac{\partial \epsilon_{ij}^2}{\partial u_{iq}}$의 값은 다음과 같이 계산할 수 있다.

$$\frac{\partial \epsilon_{ij}^2}{\partial u_{iq}} = \begin{cases} 2 \cdot e_{ij}(-v_{jq}) & \text{if } |e_{ij}| \leq \Delta \\ 2 \cdot \Delta \cdot \text{sign}(e_{ij})(-v_{jq}) & \text{if } |e_{ij}| > \Delta \end{cases}$$

여기에서 부호함수는 양수의 경우 +1, 음수의 경우 −1을 취한다. 미분에 대한 사례별 설명은 다음과 같이 단순한 형태로 통합할 수 있다.

$$\frac{\partial \epsilon_{ij}^2}{\partial u_{iq}} = 2 \cdot \min\{|e_{ij}|, \Delta\} \cdot \text{sign}(e_{ij}) \cdot (-v_{jq})$$

오차가 $\Delta$보다 큰 경우 기울기가 감쇠된다는 점에 주목할 만하다. 이러한 기울기의 감쇠는 평점 행렬에서 몇 가지 큰 오류에 대한 접근 방식을 직접적으로 강화한다. 마찬가지로 $v_{jq}$에 대한 편미분을 다음과 같이 계산할 수 있다.

$$\frac{\partial \epsilon_{ij}^2}{\partial v_{jq}} = \begin{cases} 2 \cdot e_{ij}(-u_{iq}) & \text{if } |e_{ij}| \leq \Delta \\ 2 \cdot \Delta \cdot \text{sign}(e_{ij})(-u_{iq}) & \text{if } |e_{ij}| > \Delta \end{cases}$$

이전과 같이 이 미분을 다음과 같이 통합할 수 있다.

$$\frac{\partial \epsilon_{ij}^2}{\partial v_{jq}} = 2 \cdot \min\{|e_{ij}|, \Delta\} \cdot \text{sign}(e_{ij}) \cdot (-u_{iq})$$

이제 각 사용자 $i$와 각 아이템 $j$에 대해 실행해야 하는 업데이트 단계를 다음과 같이 도출할 수 있다.

$$u_{iq} \Leftarrow u_{iq} + \alpha \left( \sum_{j:(i,j) \in S} \min\{|e_{ij}|, \Delta\} \cdot \text{sign}(e_{ij}) \cdot v_{jq} - \lambda \cdot u_{iq} \right) \quad \forall i, \quad \forall q \in \{1 \dots k\}$$

$$v_{jq} \Leftarrow v_{jq} + \alpha \left( \sum_{i:(i,j) \in S} \min\{|e_{ij}|, \Delta\} \cdot \text{sign}(e_{ij}) \cdot u_{iq} - \lambda \cdot v_{jq} \right) \quad \forall j, \quad \forall q \in \{1 \dots k\}$$

이러한 업데이트는 수렴을 위해 수행한다. 앞에서 언급한 단계는 글로벌 업데이트에 해당한다. 이러한 업데이트는 경사하강 알고리듬 프레임워크 내에서 실행할 수 있다(그림 3.8 참조).

또한 개별 원소의 오류와 관련해 경사를 분리하고 임의의 순서로 처리할 수 있다. 이러한 접근법은 확률 경사하강법에 해당한다. 관찰된 각 원소 $(i, j) \in S$에 대해 다음 업데이트 단계를 실행한다.

$$u_{iq} \Leftarrow u_{iq} + \alpha \left( \min\{|e_{ij}|, \Delta\} \cdot \mathrm{sign}(e_{ij}) \cdot v_{jq} - \frac{\lambda \cdot u_{iq}}{n_i^{user}} \right) \quad \forall q \in \{1 \ldots k\}$$

$$v_{jq} \Leftarrow v_{jq} + \alpha \left( \min\{|e_{ij}|, \Delta\} \cdot \mathrm{sign}(e_{ij}) \cdot u_{iq} - \frac{\lambda \cdot v_{jq}}{n_j^{item}} \right) \quad \forall q \in \{1 \ldots k\}$$

여기서 $n_i^{user}$는 사용자 $i$에 대해 관측한 평점을 나타내고 $n_j^{item}$은 아이템 $j$에 대해 관측한 평점을 나타낸다. 행렬에서 관측한 원소를 무작위 순서로 순환시키고 수렴에 도달할 때까지 앞서 언급한 업데이트 단계를 수행한다. 이것은 위에서 논의한 수정된 업데이트 단계 세트와 함께 그림 3.9(3장 참조)의 프레임워크를 기반으로 한다. 이러한 업데이트 단계는 오차가 $\Delta$보다 큰 경우 기울기 성분의 절댓값을 제한한다는 점에서만 기존의 행렬 인수분해와 다르다. 이는 평점 행렬 구조의 이상으로 인해 큰 오류가 발생할 수 있는 강건한 행렬 인수분해 방법의 목표와 일치한다. 이러한 예외는 공격을 나타내는 것일 수 있다.

이 접근 방식은 평점 행렬의 올바른 원소에 비해 공격 프로파일 수가 적을 때만 작동한다는 점에 유의해야 한다. 반면에 공격 프로파일 수가 매우 많으면 요인 행렬에 영향을 미치며 감쇄 접근 방식이 작동하지 않는다. 강건한 행렬 인수분해 및 PCA는 손상된 행렬 구조의 복구와 관련해 풍부한 이력을 가지고 있다. 이 영역과 관련된 정보는 참고문헌을 참조하라.

직관적으로, 강건한 행렬 인수분해의 개념은 강력한 회귀 개념과 크게 다르지 않으며, 회귀 모델링[512]에서 특이치의 영향을 줄이기 위해 일반적으로 사용한다. 이 경우 최소 제곱 최적화 함수는 강건한 행렬 인수분해와 유사한 방식으로 수정된다. 실제로 강력한 회귀 모델링을 사용해 2장의 2.6절에 있는 많은 협업 필터링 방법을 더욱 강력하게 만들 수 있다. 그러한 방법에 대한 기존의 실험 결과는 없지만 강력한 회귀 모델링 방법이 공격에 강한 것으로 가정하는 것이 합리적이다. 이것은 필드에서 미래 연구의 흥미로운 방향이 될 것이다.

## 12.6 요약

실링 공격은 실제 사용자에게 제공되는 추천을 왜곡하는 가짜 프로파일이 있기 때문에 추천 시스템의 효과를 크게 줄일 수 있다. 추천 시스템에 영향을 주기 위해 다양한 푸시 공격 방법이 설계됐다. 여기에는 무작위 공격, 평균 공격, 밴드 왜건 공격 및 세그먼트 공격이 포함된다. 역밴드 왜건 공격과 사랑-증오 공격과 같은 또 다른 전술은 아이템을 "핵 공격nuke"하기 위해 고안됐다 (시스템에서 대상의 평점을 낮춤). 핵 공격은 일반적으로 푸시 공격보다 수행하기가 더 쉽다. 공격 탐지 방법은 다양한 공통 공격 특성을 사용한다. 이러한 특성에는 주입 한 프로파일의 자기 유사도와 다른 사용자의 프로파일과의 차이점이 포함된다. 공격 탐지 방법을 사용해 강력한 추천 시스템을 설계할 수 있다. 많은 강력한 추천 시스템은 가짜 프로파일을 제거하는 프로세스를 추천 시스템에 직접 통합한다. 다른 기술은 신뢰할 수 있는 추천 시스템을 사용하거나 가짜 주입

비용을 증가시킨다. 강력한 추천 시스템의 설계는 공격자와 추천 디자이너 간의 끊임없는 게임으로, 시간이 지남에 따라 양측이 점점 더 영리한 측정 방법과 대책을 개발한다.

## 12.7 참고문헌

실링 공격 및 공격 방지 추천 시스템에 대한 조사는 [119, 236]에서 확인할 수 있다. 협업 필터링에 대한 공격-방지 방법은 [424]에 나와 있다. 추천 알고리듬을 공격하기 위해 가짜 사용자 프로파일을 사용한다는 아이디어가 [394]에 사용됐다. [122, 329]에는 평균 공격 및 무작위 공격과 같은 가장 초기의 방법 중 일부가 제안되고 평가됐다. 다양한 추천 알고리듬의 차이나는 행동은 [329]에서 논의했다. 예를 들어 아이템-아이템 추천 알고리듬이 사용자-사용자 추천 알고리듬보다 공격에 더 강력하다는 것을 보여준다. 관련 문제는 추천 시스템에서 사용자에게 노이즈의 영향[44]을 줄이기 위해 아이템을 재평가하도록 요청하는 것이다. 그러나 노이즈 평점은 추천 시스템을 의도적으로 속이기 위해 만들어진 가짜 프로파일과 반드시 같지는 않다. 따라서 [44]의 접근법은 공격에 강한 모델과는 다른 시나리오를 다룬다.

밴드 왜건 공격은 사용자-사용자 협업 필터링 알고리듬에 효과적이지만 아이템 기반 알고리듬[246, 329, 445]에는 효과적이지 않다. 밴드 왜건 공격의 주요 장점은 평균 공격 방법과 거의 비슷하지만 지식[329]이 훨씬 적게 필요하다는 것이다. 예측 시프트에 대한 설명과 함께 인기 있는 아이템 공격에 대한 설명은 [395]에 나와 있다. 이 공격의 효과는 [396]에서도 연구했다. 세그먼트 공격은 [445]에서 제안했으며 아이템-아이템 협업 필터링 알고리듬에 효과적인 것으로 나타났다. 세그먼트 공격은 선호 아이템 공격[123]을 일반화한 것이다. 두 가지 핵 공격 모델, 즉 역 밴드 왜건 공격과 사랑/증오 공격을 [444]에서 제안했다. 그룹 실링 공격[572]에서, 여러 사람들이 공격자로서 협력해 아이템을 푸시 공격하거나 핵 공격을 한다.

위에서 언급한 공격 시스템의 대부분은 명시적인 평점을 공격하기 위해 설계됐다. 암시적 평점의 공격 시스템에는 가짜 프로파일이 아닌 가짜 행동을 주입해야 한다. 이러한 시스템은 웹 브라우징 세션을 시뮬레이션 하는 자동 크롤러로 구현할 수 있다. 크롤러는 엄선된 웹 페이지를 조합해 방문하므로 대상 아이템이 효과적으로 푸시된다. 이러한 공격의 예로는 대상 페이지가 다른 인기 있는 페이지와 함께 크롤링되는 인기 있는 페이지 공격이 있다. 이러한 공격은 암시적 버전의 밴드 왜건 공격으로 볼 수 있다. 이러한 전략에 대한 설명은 [79]를 참조하라.

개별/단일 프로파일 공격 탐지를 위한 비지도 알고리듬은 [158]에서 설명했다. 이 알고리듬은 평점에 과도한 영향을 주는 사용자가 의심스럽다는 사실을 기반으로 한다. 이 접근법은 영향력 있는 사용자를 탐지[43]하기 위해 앞에서 논의한 많은 지표를 사용한다. 사용자 프로파일에 대해 비정상적으로 많은 평점이 존재하는 것도 의심스러운 것으로[630] 간주할 수 있다. 이 방법들은 비지도 공격 탐지를 위해 RDMA 지표와 결합했다. 이 피처들은 지도 공격 탐지[124]를 위해 다른 피처들과 결합했다. 시간에 따른 평점의 변화를 모니터링하는 공격 탐지 알고리듬을 [668]에서 제안했다. 이 접근법의 기본 아이디어는 갑작스러운 가짜 프로파일 주입이 시간이 지남에 따라 평점의 비정상적인 시간적 변화를 초래하기 때문에 시계열 모니터링으로 감지할 수 있다는 것이다. 관련 방법[78]은 이상 탐지를 사용해 공격을 탐지한다. 그룹 실링 공격 탐지 방법은 [572]에서 설명했다. 이 방법에서는 데이터베이스의 다른 평점과 비교해 많은 아이템을 평가하고 전형적이지 않은 평점을 제공한 사용자 집단이 감지된다. 이 클러스터는 일반적으로 가짜 프로파일이다.

그룹 기반 공격 탐지를 위한 여러 가지 방법도[110, 425, 427] 제안했다. 스팸 탐지를 위해 주성분 분석PCA을 사용하는 것은 [425]에서 설명한다. [427]의 작업은 그룹 공격 탐지를 위한 PLSA 기반 클러스터링의 사용에 대해 설명한다. 원래 [425]에서 논의한 PCA 접근법을 향상한 방법은 [427]에서 제시했다. UnRAP 알고리듬은 [110]에서 설명한다.

공격-방지 추천 시스템을 구축하기 위해 다양한 방법을 설계할 수 있다. 사람과 컴퓨터를 구별하도록 CAPTCHA를 설계[619]했다. CAPTCHA는 시스템에 가짜 프로파일을 주입하는 비용을 증가시키는 데 사용할 수 있다. 사회적 신뢰의 개념은 공격의 효과를 줄이기 위해 사용할 수 있다. 이러한 시스템에 대해서는 11장에서 자세히 설명한다. 공격-방지 추천 알고리듬을 구축하기 위한 영향 제한자의 개념은 [502, 503]에서 제안했다. 공격 탐지를 공격-방지 추천 알고리듬에 통합하는 방법은 [397]에서 설명한다. 강력한 알고리듬을 구축하기 위한 연관 방법의 사용은 [522]에서 설명한다. 공격-방지 추천 시스템을 설계하기 위한 다양한 강건한 행렬 인수분해 방법은 [424, 426-428, 609]에서 설명한다. 기존의 머신러닝 문헌에서는 강력한 PCA 및 행렬 인수분해 방법을 제안했으며, 다른 환경에서는 손상된 데이터의 하위 순위 구조를 복구[132]해야 한다. 이 분야의 향후 연구를 위한 가능한 방법은 추천 프로세스[512]에 대한 이상치의 영향을 줄이기 위한 강력한 회귀이다.

공격-방지 추천 시스템의 문제점 중 하나는 공격자가 추천 시스템을 공격하기 위한 더욱 정교한 방법을 계속 개발한다는 것이다. 예를 들어 공격자는 공격 프로파일 탐지[397] 기준에 대한 지식을 사용하고, 혼란스럽게 만드는 방법을 사용해 공격하거나[631], 특정 협업 필터링 모델[522]을 대상으로 하는 공격 방법을 설계할 수 있다. 따라서 공격자와 추천 시스템 디자이너 간의 끝나지 않는 게임에서 공격 알고리듬의 발전에 발 맞춰 연구하는 것이 중요하다.

# 12.8 연습 문제

1. 12장에서 논의한 각 공격 방법에 대해 컴퓨터 프로그램을 작성해 구현하라.

2. 추천 시스템에 평균 공격이 가해졌다는 것을 알고 있다고 가정한다. 가짜 프로파일을 제거하는 방법에 대해 토론하라.

3. 추천 시스템의 평점에 대한 완벽한 지식이 있다고 가정하라. 즉, 추천 시스템의 모든 평점을 사용할 수 있다. 탐지하기 어려운 공격을 설계하는 방법을 설명하라[이 질문에 대한 답변은 다양할 수 있다].

4. 공격 탐지를 위한 온라인 환경 방법을 구현하라(12.4.2.2절 참조). 필요한 경우 원본 자료 [397]를 참고하라.

# 13

# 추천 시스템의 고급 주제

"지난 50년 동안 과학은 지난 2천 년 전보다 더 발전했고, 인류는 신의 뜻을 가진 고대인들보다 자연에 대한 더 큰 힘이 주어졌다."

— 존 보이드 오어

## 13.1 개요

12장에서 다루지 않은 많은 특수한 환경에서 추천 시스템을 자주 사용한다. 대부분의 경우 추천은 여러 사용자 또는 여러 평가 기준이 있을 수 있는 환경에서 사용한다. 관광객 그룹이 함께 휴가 가기 원하는 시나리오를 생각해보자. 그룹 내 다양한 구성원의 공통 관심사와 일치하는 추천을 원할 수 있다. 다른 시나리오에서 사용자는 여러 기준을 사용해 아이템을 평가할 수 있다. 문제 공식의 이러한 변화는 때로는 예측 문제를 더욱 어렵게 만들 수 있다. 특별히 13장에서는 다음과 같은 고급 추천 시스템을 연구한다.

1. 순위 학습: 12장에서 논의한 대부분의 모델은 추천 문제를 예측의 제곱 오차가 최소화되

는 평점 예측 문제를 다뤘다. 그러나 실제 환경에서는 사용자에게 top-$k$ 추천 결과만 표시되며 다른 예측은 무시한다. 따라서 역순위 평균<sup>MRR, Mean Reciprocal Rank</sup> 또는 ROC 곡선<sup>ROC Curve, Receiver Operating Characteristic Curve</sup>의 곡선 아래 영역과 같은 순위 기반 평가 기준을 직접 최적화할 수 있는지 여부를 탐색하는 것이 합리적이다.

2. 멀티암 밴딧을 이용한 온라인 학습: 뉴스 기사 추천과 같은 많은 추천 도메인에서 콜드 스타트 문제는 널리 알려져 있다. 항상 새로운 아티클과 스토리가 생겨나고, 다양한 알고리듬의 효과도 시간에 따라 달라질 수 있다. 이 경우 새로운 데이터가 입력될 때 다양한 선택의 공간을 지속적으로 탐색하는 것이 중요하다. 동시에 학습된 데이터는 전환율 측면에서 결과를 최적화하기 위해 활용한다. 탐사와 이용 사이의 이러한 유형의 거래는 멀티암 밴딧 알고리듬의 도움으로 관리한다.

3. 그룹 추천 시스템: 많은 환경에서 추천은 개인이 아닌 사용자 그룹을 위해 만든다. 이러한 추천은 일반적으로 사용자 그룹의 활동과 관련 있다. 예를 들어 그룹의 영화관 방문, 그룹이 구매한 여행 서비스, 그룹이 재생하는 음악 또는 시청하는 텔레비전 프로그램의 선택 등이 있다. 이러한 경우, 사용자는 다양한 선택이 반영된 다양한 취향과 관심을 가질 수 있다. 그룹 추천 시스템은 의미 있는 추천을 하기 위해 이러한 다양한 트레이드오프와 함께 작동하도록 설계됐다.

4. 다중 기준 추천 시스템: 다중 기준 시스템<sup>Multi-criteria recommender system</sup>에서 단일 사용자는 다른 다중 기준으로 평가할 수 있다. 이를테면 사용자는 영화를 플롯, 음악, 특수 효과 등을 기준으로 평가할 수 있다. 이러한 기술은 종종 아이템에 대한 사용자의 효용성을 다양한 기준에 해당하는 평점의 벡터로 모델링해 추천한다. 실제로 그룹 추천 시스템을 위한 방법 중 일부가 다중 기준 추천 시스템에도 적용할 수 있다는 것이 [271, 410]에 나와 있다. 그러나 두 주제는 일반적으로 추천 프로세스의 다른 측면을 강조하기 때문에 다른 것으로 간주한다.

5. 추천 시스템에서의 능동학습: 능동학습<sup>active learning</sup>은 분류 정확도를 극대화하기 위한 목적으로 학습 예제의 레이블을 획득하기 위해 분류에서 사용하는 잘 알려진 기술이다. 레이블 획득은 일반적으로 비용이 많이 든다. 그러므로 주어진 예산으로 분류의 정확성을 최대화하기 위해 학습 예제를 신중하게 선택해야 한다. 추천 문제는 분류의 일반화로 볼 수 있으므로, 능동학습을 위해 이용 가능한 방법 또한 추천으로 일반화할 수 있다. 능동학습은 예측 정확도를 극대화하기 위해 주어진 예산 내에서 평점을 획득하는 방법을 제공한다.

6. 추천 시스템의 개인정보보호: 추천 시스템은 사용자가 개인의 관심사에 대한 정보를 자발적으로 제공할 수 있는 능력에 크게 좌우된다. 이러한 정보는 정치적 의견, 성적 취향 등에 관한 정보를 공개할 수 있으므로 매우 민감하다. 따라서 추천 프로세스를 위해 개

인정보보호 방법을 개발하는 것이 중요하다. 공개의 위험이 있는 경우 평점 데이터 소유자가 데이터를 공개할 가능성이 줄어든다. 예를 들어 넷플릭스 프라이즈의 경우는 프라이버시 문제로 인해 후속 대회가 열리지 않았다[714].

위에서 언급한 주제 외에도 13장에서는 추천 시스템 기술을 뉴스 추천, 전산 광고computational advertising 및 상호 추천 시스템과 같은 다양한 애플리케이션 도메인에 적용하는 방법에 대해서도 학습한다. 이러한 주제를 연구하는 아이디어는 다양한 장에서 논의한 방법이 이러한 다른 도메인에 어떻게 적용되는지 이해하는 것이다. 경우에 따라 13장에서 설명한 기술을 직접 적용할 수 없으므로 새로운 기술을 개발해야 한다. 따라서 우리의 목표 중 하나는 현재 환경에서 사용한 다양한 방법의 한계를 이해하는 것이다.

13장은 다음과 같이 구성됐다. 다음 절에서는 순위를 매기는 학습 문제를 소개한다. 멀티암 밴딧 알고리듬은 13.3절에서 소개한다. 그룹 추천 시스템을 설계하기 위한 다양한 기술은 13.4절에서 논의할 것이다. 다중 기준 추천 시스템은 13.5절에서 설명한다. 능동 학습 방법은 13.6절에서 소개한다. 협업 필터링의 개인정보보호 방법은 13.7절에서 설명한다. 많은 흥미로운 응용 분야는 13.8절에서 논의한다. 13.9절은 요약이다.


# 13.2 순위학습

12장에서 논의한 대부분의 모델은 추천 문제를 평점 예측의 제곱 오차가 최적화되는 예측 문제로 취급했다. 그러나 실제로 추천 시스템은 사용자에게 모든 평점을 보여주는 경우가 거의 없다. 실제로 top-$k$ 아이템만 사용자에게 순위 목록으로 표시한다. 또한 사용자는 순위가 낮은 아이템보다 목록의 맨 위에 있는 아이템에 주의를 기울일 가능성이 높다. 사용자는 목록에 포함되지 않은 아이템의 예측 값에 관심 없다. 대부분의 경우 평점의 예측 값을 최적화해도 최종 사용자에게 최상의 추천이 보이지 않을 수 있다. 예를 들어 모든 순위가 낮은 아이템의 평점을 매우 정확하게 예측했지만 순위가 높은 아이템의 평점을 예측할 때 중대한 오류가 발생하면 추천 결과는 최종 사용자에게 고품질 추천 목록을 제공할 수 없다. 반면, 예측 기반 목적함수는 순위가 낮은 아이템에 동일한 중요성이 부여되므로 이를 고품질 솔루션으로 볼 수 있다. 이 문제는 예측 기반 방법의 목적함수가 최종 사용자 경험과 완전히 일치하지 않기 때문에 발생한다.

추천 시스템(예: 행렬 인수분해)을 위한 최적화 모델에 사용한 전형적인 목적함수는 총 제곱 오차이다. 이 유형의 목적함수는 추천 시스템 평가에 사용하는 RMSE 측정에 최적화돼 있다. 특히 알고리듬 관점에서 최적화하는 것도 쉽다. 최적화가 쉽다는 것은 이러한 예측 기반 목적함수를 추천 모델링 환경에서 많이 사용하는 이유 중 하나다. 그러나 추천 시스템 평가에 대해 7장에서 논의한 것처럼 추천 시스템 평가에 사용하는 많은 순위 중심 측정도 있다. 이러한 순위 중심 측정은 협업 필터링(또는 콘텐츠 기반) 모델의 맥락에서 직접 최적화할 수도 있다. 추천 시스템 평가에 관한 장(7장 참조)에서 논의한 바와 같이, 두 가지 주요한 순위 측정 유형이 있다.

1. 전체 순위 측정: 이러한 측정은 모든 아이템의 전체 순위 목록을 평가한다. 예를 들어 켄달 계수, 스피어만 계수 및 AUC(ROC 곡선 아래 영역)가 있다.

2. 최상위 순위 측정: 최상위 순위 측정은 일반적으로 최상위 아이템이 훨씬 더 중요한 유용성 기반 측정이다. 이러한 측정의 예에는 정규화된 누적 할인 이득NDCG, Normalized Cumulative Discounted Gain 및 역순위 평균MRR, Mean Reciprocal Rank이 있다. 이러한 측정은 순위가 낮은 아이템은 무시하기 때문에 최종 사용자의 관점에서 가장 현실적인 경우가 많다. 순위가 낮은 아이템은 추천 목록에서 최종 사용자에게 표시하지 않는다.

순위 기반 측정 값의 대부분은 암시적 데이터 설정을 평가하는 데 사용한다. 이에 따라 많은 순위 기반 학습 방법도 암시적 데이터 설정의 맥락에서 설계됐다.

예를 들어 평점 행렬 $R$을 사용자 계수 및 아이템 계수 $U$와 $V$로 각각 분해하는 문제를 생각해보자. 특정 순위 목표가 최적화되도록 $U$와 $V$를 결정할 때 다음과 같이 최적화 문제가 발생할 수 있다.

$$\text{Min } J = [R과 \ UV^T \ 간의 \ 순위 \ 평가를 \ 정량화하는 \ 목적함수]$$
$$제한 \ 조건:$$
$$U와 \ V에 \ 대한 \ 제약$$

기존의 행렬 인수분해와 마찬가지로 목적함수의 일반화 능력을 향상시키기 위해 정규화를 추가할 수 있다. $U$와 $V$의 제약 조건은 특정 애플리케이션 설정에 따라 달라질 수 있다. 예를 들어 암시적 피드백 설정에서 $U$와 $V$에 음수가 아닌 제약 조건을 부과할 수 있다. 최적화 목적함수는 NDCG, MRR, AUC 등과 같은 순위 기반 측정에서 파생될 수 있다. AUC를 최적화하는 이러한 행렬 인수분해 방법의 특정 예는 [432]에서 논의한다. 이 작업에서는 AUC 기반 목표를 사용해 링크 추천 문제점을 해결한다.

순위 기반 방법의 주요 과제는 기본 목적함수가 대체로 비평활하다는 점이다[490]. 이는 기존의 경사하강법으로는 최적화하기 어려울 수 있다. 예측된 평점의 작은 변화는 아이템 순위와 해당 목적함수를 갑자기 변경할 수 있다. 각각 실제 평점이 0과 1인 〈네로〉와 〈글래디에이터〉라는 영화가 있다고 하자. 예측한 평점을 순위로 변환할 수 있으며 상위 1개의 추천 영화를 보여줄 수 있다. 예측한 평점의 다양한 조합에 대한 (평활) RMSE는 그림 13.1(a)에 나와 있으며, 상위 1개의 예측한 평점의 (비평활) 적중률은 그림 13.1(b)에 나와 있다. 그림 13.1(b)의 경우 예측한 평점의 특정 값에서 목적함수의 급격한 증가에 주목하자. 순위 기반 목적함수의 경우, 예

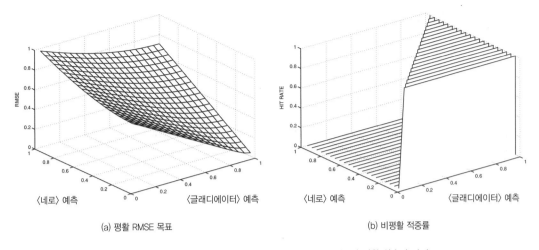

|  (a) 평활 RMSE 목표 | (b) 비평활 적중률 |

**그림 13.1** 순위 목표는 예측된 평가(및 기본 모델 매개변수)의 평활 함수가 아님

측되지 않은 값뿐만 아니라 기본 모델 매개변수의 작은 변화로 인해 이러한 비평활한 점프 또는 드롭이 발생할 수 있다. 예를 들어 행렬 인수분해 방법에서 사용자 매개변수 및 아이템 요소의 작은 변화는 순위 기반 목표에서 급격한 증가 또는 하락을 유발할 수 있다. 이러한 비평활 변화는 제곱 오차와 같은 기존의 측정으로는 관찰되지 않으며 최적화가 훨씬 쉽다. 예를 들어 경사-하강법은 매개변수 공간의 구분할 수 없는 지점에서 목표함수의 중요한 변경이 발생할 수 있기 때문에 비평활 목표함수로 정확한 하강 방향을 결정하는 데 어려움을 겪을 수 있다. 이 문제를 해결하기 위해 대개 기본 목적함수의 평활 근사값smooth approximations을 사용한다. 각 개별 순위 기반 목표에 대해 특정 하계 또는 근사값을 사용해 기본 목표함수의 평활 변형smooth variations을 설계한다. 이러한 평활 변형은 근사값일 뿐이므로 알고리듬의 품질은 기본 근사값의 품질에 따라 달라지는 경우가 많다. 뒤에서는 일반적인 순위 기반 방법 중 일부에 대해 간단히 설명할 것이다.

순위에 대한 기존의 접근 방식은 먼저 손실함수로 평점을 예측한 다음 예측한 평점을 사용해 아이템의 평점을 지정하는 것이다. 이 방법을 점별 방법론pointwise methodology으로 볼 수 있다. 대부분의 이러한 방법은 평점을 예측하는 데 중점을 두기 때문에 특별히 순위를 최적화하지 않는다. 이 범주에서 특히 주목할 만한 점은 OrdRec[314]에서는 평점을 숫자 값이 아닌 서수 값으로 처리한다는 것이다. 순위 중심 학습에서 특별히 최적화한 두 가지 주요한 유형의 방법이 있는데 이를 쌍별Pairwise 또는 목록별 순위 학습 방법이라고 한다[128]. 다음에서는 이러한 다양한 유형의 순위 학습 방법에 대해 설명한다.

## 13.2.1 쌍별 순위학습

쌍별 순위학습Pairwise Rank Learning에서는 사용자가 선호도를 입력한 아이템 쌍을 학습 데이터로 사용한다. 각 쌍에는 각각 +1 또는 −1로 쌍의 첫 번째 아이템이 두 번째 아이템보다 선호되는 지 여부에 대한 정보만 포함한다. 존이 터미네이터, 에이리언, 〈글래디에이터〉에 대해 각각 4점, 3점, 5점의 평점을 매긴 시나리오가 있다고 하자. 그 뒤 다음과 같은 학습을 위한 쌍을 만들 수 있다.

존, 터미네이터, 에이리언, +1

존, 터미네이터, 글래디에이터, −1

존, 에이리언, 글래디에이터, −1

피터, 밥, 앨리스와 같은 다른 사람들의 유사한 쌍을 생성해 모든 사용자에 대한 학습 데이터를 만들 수 있다. 암시적 피드백 데이터 세트의 경우 관찰되지 않은 값을 0으로 처리할 수 있다. 이 학습 데이터를 사용해 다음과 같은 관련 있는 아이템에 대한 선호도를 학습할 수 있다.

앨리스, 터미네이터, 글래디에이터, ?

밥, 터미네이터, 글래디에이터, ?

존, 네로, 클레오파트라, ?

이 변환은 본질적으로 이진 분류 문제를 만들고 학습 방법은 암시적으로 훈련 데이터에서 쌍별 반전의 수를 최소화하려고 시도한다. 이 목표는 켄달 순위 상관계수와 밀접한 관련이 있다. 이 설정에서 AUC와 같은 다른 측정 값을 최적화할 수도 있다. 적절한 순위 목표를 배우기 위해 임의의 평점 순위 분류 모델(예: 순위 SVM)을 사용할 수 있다. 각 학습 예제에는 〈사용자, 아이템1, 아이템2〉 형식의 0이 아닌 값이 존재하는 3개의 요소만 포함하므로 데이터가 매우 드물게 존재한다. 기본 차원에는 수십만 명의 사용자와 아이템을 포함할 수 있다. 이러한 설정은 특히 팩토라이제이션 머신FM, Factorization Machines에 적합하다(8.5.2.1절 참조). $m$명의 사용자와 $n$개의 아이템을 사용하면 표현의 세 요소가 정확히 1로 설정된 $p = (m + 2 \cdot n)$-차원 이진 표현 $x_1 \ldots x_p$를 만들 수 있다. 나머지 요소는 0으로 설정한다. 표현의 $m$요소는 사용자에 해당하고 $2 \cdot n$ 요소는 아이템 쌍에 해당한다. 예측 값 $y(\overline{x})$는 첫 번째 아이템의 평점이 두 번째 아이템의 평점보다 큰 지 여부에 따라 +1 또는 −1이다. 그런 다음 수식 8.9의 예측함수가 로지스틱 회귀 분석에 사용되는 형태로 수정된다.

$$P(y(\overline{x}) = 1) = \frac{1}{1 + \exp(-[g + \sum_{i=1}^{p} b_i x_i + \sum_{i=1}^{p} \sum_{j=i+1}^{p} (\overline{v_i} \cdot \overline{v_j}) x_i x_j])} \tag{13.1}$$

모델 파라미터 $g$, $b_i$ 및 $\overline{v_i}$는 8장의 8.5.2.1절과 동일한 방식으로 정의한다. 로그-가능도loglikelihood 기준은 경사하강 방식으로 기본 모델 파라미터를 학습하도록 최적화할 수 있다. 또한 인수분해 기계는 다른 방식으로 피처 엔지니어링을 수행할 수 있는 유연성을 제공한다[493]. 예를 들어 두 원소가 0이 아닌 (사용자-아이템 조합에 해당) $x_1 \ldots x_{m+n}$을 사용할 수 있으며 예측 $y(\overline{x})$가 평가 값과 같다고 가정한다. 그런 다음 관측한 데이터에서 어느 쪽이 더 큰지에 따라 예측 쌍 $(y(\overline{x_i}), y(\overline{x_j}))$에 대해 순위 목표함수를 직접 최적화할 수 있다. 이 접근 방식과 이전 접근 방식의 주요 차이점은 현재 접근 방식이 모든 쌍 $(y(\overline{x_i}), y(\overline{x_j}))$($\overline{x_i}$와 $\overline{x_j}$가 동일한 사용자에 해당하는지 여부에 관계 없이)에서 쌍별 순위를 최적화한다는 점이다. 특정 쌍의 평점이 다른 사용자에게 속하도록 허용하지 않는다.

이러한 예측을 학습하는 데 사용되는 다른 잘 알려진 모델에는 베이지안 개인화 순위 모델 Bayesian personalized ranking model(BPR)[499], 아이겐 랭크 모델EigenRank model[367], pLPA[368] 및 CR[59]이 있다. 이러한 방법 중 다수는 학습을 위한 근본적인 목적함수에서 순위 기반 측정을 사용한다.

## 13.2.2 목록 순위학습

목록 순위학습Listwise Rank Learning에서 전체 목록의 품질은 순위 기반 목적함수를 사용해 평가한다. 이러한 목적함수의 예로는 정규화된 누적 할인 이득NDCG, Normalized Cumulative Discounted Gain, 역순위 평균MRR, Mean Reciprocal Rank 등이 있다. 순위 측정에 따라 특정 목적함수 값을 가진 아이템의 순열로 정렬된 목록을 볼 수 있다. 따라서 핵심은 이러한 순열을 직접 결정할 수 있는 최적화 모델을 고안하는 것이다. 이러한 방법은 일반적으로 순위 기반 방법의 본질적 중요성 때문에 암시적 피드백 행렬에 더 초점을 맞추는 경향이 있다. 리스트 방식의 몇 가지 예는 다음과 같다.

1. CoFiRank: 이 접근법[624, 625]은 구조적 추정 방법을 사용해 NDCG 측정을 최대화하기 위해 최적화됐다. 구조적 추정 방법은 시퀀스와 같은 복잡한 출력 도메인에서 작동하도록 설계됐다. 리스트도 순서가 있기 때문에 구조화된 출력 도메인에 속하는 목록 방식의 결과물을 볼 수 있다. 아이디어는 개별 포인트가 아닌 목록에서 작동하고, 최적화로 최상의 순위를 얻는 구조적 손실함수를 정의하는 것이다. 기본 아이디어는 정렬된 벡터가 $\overline{c} = (\frac{1}{\sqrt{2}}, \frac{1}{\sqrt[3]{3}}, \cdots \frac{1}{\sqrt[4]{n+1}})$인 모든 아이템의 예측된 평점의 순열의 내적은 예측된 평점이 내림차순(Polya-Littlewood-Hardy 불평등 기준)일 때 최대화된다는 것이다. 즉, $\overline{c}$의 평점이 내림차순이면 추정 평점 $\overline{c} \cdot \overline{r_u}^\pi$의 해당 순열 $\overline{r_u}^\pi$을 갖는 $\overline{c}$의 내적 $\overline{r_u}$이 최대화된다. 전체 손실함수는 가능한 모든 $\pi$ 값에 대해 $1 - NDCG(\pi)$와 $\overline{c} \cdot (\overline{r_u}^\pi - \overline{r_u})$의 합을 최대화해 정의한다. Poly-Littlewood-Hardy 불평등으로 인해 손실함수의 상계를 표시할 수 있다. 손실함수는 모든 사용자에 대해 합산하며 예측한 평점의 최적 값

을 결정하기 위해 최대 마진 최적화 문제로 정의한다.

2. CLiMF: 이 접근법 [545, 546]은 MRR을 최적화하는데, 이는 목록의 맨 위에 최소한 몇 가지 흥미로운 아이템을 얻는 경향이 있다. 기본 아이디어는 최적화를 위해 MRR의 평활화된 버전을 결정하고 이 평활화된 버전의 하계를 결정하는 것이다. 이 방법은 MRR을 사용하기 때문에 암시적 피드백 데이터 세트를 위해 설계됐다. xCLiMF라고 하는 관련 방법은 명시적 평점을 위해 설계됐다.

이와 같은 방법과 유사하게 수많은 다른 방법[549]이 제안됐다.

앙상블 학습으로 순위 방법의 품질을 더욱 향상시킬 수 있다. 여러 가지 기술을 사용해 순위를 파악하고 여러 순위 집합이 단일 순위 목록으로 집계된다. 이 문제는 순위 집계 문제[190]이다. 예를 들어 다른 앙상블 학습자들의 평균 또는 중간 순위를 사용해 아이템 순위를 다시 지정할 수 있다. 그러나 다른 학습자들에 의한 최고 순위 사용 또는 두 가지 방법의 조합과 같은 다른 정교한 방법이 가능하다. 중앙값 순위는 집계 품질 측면에서 몇 가지 바람직한 이론적 속성을 갖는 것으로 알려져 있다. 이 영역은 비교적 미개척 상태이며 향후 연구에 적합한 후보다.

## 13.2.3 다른 도메인에서의 순위학습 방법과 비교

추천 순위 매기기 방법에 대한 훌륭한 튜토리얼은 [323]에서 확인할 수 있다. 예측 기반 모델과 순위 기반 모델 간의 이분법은 분류 및 회귀 모델링에도 존재한다는 점에 주목할 필요가 있다. 예를 들어 순위 서포트 벡터 머신은 인터넷 검색엔진과 관련해 [284]에서 도입했다. 랭킹을 위한 경사하강법은 신경망 모델과 함께 [115]에서 논의했다. 신경망은 범용 함수 근사치라는 이점을 가지므로, 다중 계층 신경망은 순위 기반 비용 함수에 상당히 효과적일 수 있다. 머신 러닝의 맥락에서 순위 문제에 대한 자세한 튜토리얼을 [15]에서 찾을 수 있다. 이 작업에서 논의한 전형적인 애플리케이션은 인터넷 검색 애플리케이션으로, 일종의 추천으로 볼 수도 있다. 추천 문제는 분류 및 회귀 모델링을 일반화한 것으로 볼 수 있기 때문에 추천 알고리듬의 순위 변동을 설계하는 것도 당연하다. 실제로 추천 디자인의 경우 순위 변동이 훨씬 중요하다. 대부분의 사용자에게는 예측된 값이 아닌 제한된 순위 목록만 제공되기 때문이다. 이러한 방법은 또한 정보 검색 영역에서 랭킹 방법에 대해 광범위하게 탐구했다. 그러한 방법에 대한 튜토리얼은 [370]에서 찾아볼 수 있으며, 인터넷 검색[15, 115, 284]을 위한 머신러닝 문헌에서 사용한 방법과 많이 겹친다. 정보 검색의 방법을 사용해 추천 영역에서 콘텐츠 기반 방법의 효과를 직접 향상시킬 수 있다.

# 13.3 멀티암 밴딧 알고리듬

많은 추천 환경에서 중요한 과제는 새로운 사용자와 아이템이 시스템에 지속적으로 나타나고 추천 시스템이 데이터의 변화하는 패턴에 지속적으로 적응하는 것이 중요하다. 따라서 오프라인 추천 알고리듬과 달리, 접근법은 추천의 검색 공간을 동시에 탐색하고 이용해야 한다. 사용자에게 추천을 보여줄 기회가 생길 때마다 추천 시스템은 사용자에게 어떤 아이템을 보여줄지 결정함에 따라서 여러 전략, 목표 또는 알고리듬들 중에서 선택해야 한다. 응용 분야에 따라 이러한 선택은 다를 수 있다. 몇 가지 예는 다음과 같다.

1. 시스템은 여러 가지 다른 추천 알고리듬을 사용할 수 있으며, 이 알고리듬은 사용자마다 효과가 다를 수 있다. 높은 수준의 커스터마이징을 원하는 사용자에게는 지식 기반 추천 시스템을 제공하는 것이 더 좋을 수 있지만 게으른 사용자에게는 게으른 사용자를 위해 대부분의 작업을 하는 협업 필터링 추천을 제공하는 것이 더 좋을 수 있다. 따라서 접근 방식은 각 사용자에 대한 최선의 전략을 선택하기 위해 지속적인 학습이 필요하다.

2. 앞에서 언급한 환경의 특수한 (그리고 중요한) 사례는 각각의 전략이 특정 아이템을 추천하는 것과 일치하는 경우다. 예를 들어 뉴스 포털은 일정 기간 동안 다양한 주제의 기사를 특정 사용자에게 보여준 다음 다양한 기사에 대한 이전 관심 기록(예: 클릭)에 따라 보여주는 기사를 바이어스시킬 수 있다. 컨텍스트적 데이터가 없는 경우 추천은 사용자와 독립적이다. 그러나 실제로는 특정 주제에 대한 사용자의 관심을 나타내는 피처 벡터가 각 사용자와 연관돼 있다. 피처 벡터는 멀티암 밴딧 알고리듬에 개인화를 통합하는 수단을 제공한다. 사용자가 스포츠 및 엔터테인먼트에 더 관심이 있는 경우, 추천 시스템은 시스템 작동 중에 이 사실을 알아야 하며 해당 주제에 속하는 추천을 해당 개인에게 자주 보여줘야 한다.

이 시스템의 주요 과제는 새로운 사용자와 새로운 기사가 지속적으로 시스템에 입력되는 것이다. 따라서 시스템 작동 중에 사용자의 관심을 동시에 학습하고 이러한 관심을 이용해야 한다. 이 과제는 이 책에서 논의하는 오프라인 환경과는 다르다. 이 문제는 검색 공간의 탐색과 이용을 동시에 수행하는 강화 학습의 문제와 관련이 있다. 강화 학습 알고리듬의 중요한 클래스 중 하나는 멀티암 밴딧 알고리듬이다.

이 알고리듬 클래스는 카지노의 많은 슬롯 머신(추천 알고리듬 또는 전략) 중 원하는 것을 선택해야 하는 갬블러와 유사한 방식으로 추천 시스템을 볼 수 있다는 사실에서 그 이름이 붙었다. 이 시나리오는 그림 13.2에 설명돼 있다. 이 각 머신의 암$^{arm}$들을 잡아당기면 갬블러는 특정 확률 분포를 가진 결과를 얻는다. 갬블러는 여러 슬롯 머신 중 하나가 다른 슬롯 머신보다 더 높은

**그림 13.2** 멀티암 밴딧 비유

(예상) 결과를 가질 수 있다고 의심하지만 갬블러가 모든 머신을 이용하지 않고 더 높은 결과가 나올 머신을 식별하는 것은 불가능하다. 학습 목적으로 여러 대의 머신을 사용하는 것은 전략적 검색 공간을 탐색하는 것으로 볼 수 있다. 물론 이 학습 단계는 가장 비용을 아끼기 위해 최적화돼 있지 않기 때문에 여러 번의 시도를 더 할 수 있다. 그러나 갬블러가 이 기계들 중 하나가 더 나은 결과를 가졌다는 것을 알게 되면, 갬블러는 더 나은 결과를 얻기 위해 그 기계를 사용할 수 있다. 모든 강화 학습 알고리듬과 마찬가지로, 멀티암 밴딧 알고리듬은 검색 공간의 탐색과 이용 사이에서 자연스러운 트레이드 오프를 할 것이다.

웹 페이지 추천 시스템과 관련해 이 시나리오를 설명한다. 추천 시스템이 사용자에게 웹 페이지 추천을 결정할 때마다, 다양한 전략에서 선택해야 하는 컨텍스트가 된다. 예를 들어 추천 시스템은 추천할 웹 페이지를 선택해야 할 수도 있다. 이러한 선택은 다양한 슬롯 머신의 암에 해당한다. 사용자가 추천 페이지의 링크를 클릭하면 추천 시스템은 추천 성공의 관점에서 결과를 받는다. 가장 간단한 경우 클릭-스루 문제는 2진수로 모델링되며 클릭 한 번이면 값이 1이 된다. 이 결과는 슬롯 머신에서 갬블러가 받은 것과 유사한 방식으로 볼 수 있다. 대부분의 실제 환경에서, 사용자 또는 추천 컨텍스트에 관한 추가적인 정보를 추천 시스템에서 이용할 수 있다. 이러한 컨텍스트 정보의 예는 다음과 같다.

1. 사용자의 프로필 또는 아이템의 컨텍스트를 설명하는 피처 세트를 사용할 수 있다. 아이템에 대한 컨텍스트적 예로는 추천 아이템이 보이는 웹 페이지의 콘텐츠가 포함될 수 있다. 일례로 영화 〈터미네이터〉를 설명하는 웹 페이지의 추천은 영화 〈네로〉를 설명하는 페이지의 추천과는 다를 수 있다. 이러한 유형의 컨텍스트는 특히 컴퓨터 광고와 같은 환경에서 일반적이다.

2. 사용자를 그룹으로 묶을 수 있으며 그룹의 클러스터 식별자를 사용자에 대한 의미론적

지식으로 사용할 수 있다. 유사한 사용자가 유사한 결과를 가질 수 있기 때문에 분석을 그룹별로 세분화할 수 있다.

사용자에 대한 컨텍스트에 맞는 정보가 있는 경우 사용자 식별 메커니즘을 사용할 수 있다고 가정한다. 멀티암 밴딧 알고리듬을 사용하는 이유를 설명하기 위해 먼저 컨텍스트에 맞는 정보가 없는 전통적인 환경에 대해 설명한다. 그런 다음 컨텍스트 정보가 멀티암 밴딧 알고리듬 내에 어떻게 통합될 수 있는지를 기본적으로 이해할 수 있도록 설명한다.

갬블러가 검색 공간 탐색과 이용 사이의 트레이드 오프를 규제하기 위해 사용할 수 있는 여러 가지 전략이 있다. 다음에서는 멀티암 밴딧 시스템에 사용되는 일반적인 전략 중 일부를 간단히 설명한다.

## 13.3.1 나이브 알고리듬

이 접근 방식에서 갬블러는 탐색 단계에서 정해진 횟수의 시험을 위해 각 머신을 이용한다. 결과적으로 가장 좋은 결과를 가진 머신은 이용 단계에서 영원히 사용한다. 이 전략은 추천 시스템의 온라인 평가에서 사용하는 A/B 테스트와 많이 유사하다. 차이점은 A/B 테스트는 평가 목적으로 탐색 단계에서만 사용하는 반면, 밴딧 알고리듬에는 추가적인 이용 단계가 있다.

이 접근 방식은 언뜻 보기에는 합리적이지만 여러 가지 단점이 있다. 첫 번째 문제는 특정 머신이 다른 머신보다 나은지 자신 있게 예측할 수 있는 시행 횟수를 결정하기 어렵다는 것이다. 결과를 추정하는 프로세스는 특히 보상이 나오는 이벤트와 보상이 나오지 않는 이벤트가 매우 고르지 않게 분배되는 경우 시간이 오래 걸릴 수 있다. 웹 추천 알고리듬의 경우 클릭률이 낮을 수 있으므로 한 추천 알고리듬이 다른 추천 알고리듬보다 나은지 여부를 자신 있게 말하기 전에 많은 실험이 필요할 수 있다. 많은 탐색 실험을 사용하면 차선책 전략을 위한 상당한 양의 낭비가 발생한다. 또한 결국 잘못된 전략을 선택하면 갬블러는 잘못된 슬롯 머신을 영원히 사용한다. 실제로, 다양한 머신(추천 알고리듬)의 결과는 시간이 지남에 따라 진화할 수 있다. 이는 특히 멀티암 밴딧 방법에 의해 다뤄지는 동적 추천 환경의 유형에 해당한다. 따라서 특정 전략을 영원히 고치는 방법은 실제 문제에서 비현실적이다.

## 13.3.2 $\epsilon$-탐욕 알고리듬

$\epsilon$-탐욕 알고리듬은 많은 시도를 낭비하지 않고 가능한 한 빨리 최고의 전략을 사용하도록 설계됐다. 기본적인 아이디어는 시험의 $\epsilon$분의 1에 대해 무작위 슬롯 머신을 선택하는 것이다. 이 탐색 실험은 모든 실험에서 무작위로 ($\epsilon$ 확률로) 선택하므로 이용 실험에 완전히 끼워 넣을 수 있

다. 실험의 나머지 $(1 - \epsilon)$ 부분에서 지금까지 최고 평균 결과를 가진 슬롯 머신을 사용한다. 이 접근법의 중요한 장점은 잘못된 전략에 영원히 갇히지 않는다는 것이다. 또한 이용 단계가 일찍 시작하기 때문에 종종 가장 좋은 전략을 사용하는 경향이 있다.

$\epsilon$값은 알고리듬 매개변수이다. 예를 들어 실제 환경에서는 $\epsilon = 0.1$로 설정할 수 있지만 $\epsilon$의 최선의 선택은 사용 중인 애플리케이션에 따라 다르다. 특정 환경에서 사용할 수 있는 최상의 $\epsilon$값을 아는 것은 종종 어려운 일이다. 그럼에도 불구하고, 접근 방식의 이용 부분에서 상당한 이점을 얻기 위해서는 $\epsilon$의 값이 상당히 작아야 한다. 그러나 $\epsilon$값을 작게 하면 새로운 슬롯 머신(아이템)이 지속적으로 시스템에 입력되는 환경에서 중요한 문제가 된다. 이러한 경우, 새로운 슬롯 머신을 가끔씩만 탐색하고 더 나은 보상을 얻을 수 있는 기회를 놓치게 된다.

이 컨텍스트에서 발생하는 문제의 구체적인 사례를 제공하려면 슬롯 머신이 서로 다른 아이템에 해당하고 사용자가 입력된 프로파일을 기반으로 유사한 그룹으로 클러스터링되는 설정을 생각해보자. $\epsilon$-탐욕 전략은 각 유사한 사용자 그룹에 대해 독립적으로 실행된다. 사용자에게 추천을 제공할 기회가 생길 때마다 해당 사용자 그룹의 누적된 통계는 $\epsilon$-탐욕 알고리듬을 사용해 아이템을 선택하는 데 사용한다. 어느 시점에서, 새로운 아이템이 시스템에 들어가고, 이는 존의 그룹에 큰 관심을 가질 것이다. 그러나 값이 작은 경우 이 아이템은 특히 존의 그룹에 매우 가끔씩 표시된다(특히 다른 아이템 수가 매우 많을 때). 10,000개의 아이템과 $\epsilon = 0.1$인 시스템에서 새 아이템은 해당 그룹의 약 10만 회에 한 번씩 존의 그룹에 표시된다. 이것은 이 아이템이 존의 그룹과 관련이 있음을 학습하기 전에 많은 시도가 낭비됨을 의미한다.

## 13.3.3 상계(신뢰상한) 방법

$\epsilon$-탐욕 전략이 동적 환경에서 나이브 전략보다 좋더라도 새로운 슬롯 머신의 보상을 학습하는 것은 여전히 비효율적이다. 동적 추천 환경에서는 새로운 아이템이 항상 시스템에 들어가기 때문에 이러한 문제가 빈번하다. 상한상계, upper bound 전략에서 갬블러는 슬롯 머신의 평균 보상을 사용하지 않는다. 오히려 갬블러는 성공적으로 시도하지 않은 슬롯 머신에 대해 보다 낙관적인 관점을 취하므로 보상에 대한 통계 상한이 가장 좋은 슬롯 머신을 사용한다. 거의 테스트를 하지 않은 슬롯 머신은 더 큰 상한을 갖는 경향이 있으며 (더 큰 신뢰 구간으로 인해) 더 자주 시도한다. 또한 시험을 두 범주로 나누기 위해 더 이상 매개변수를 명시적으로 사용할 필요가 없다. 가장 큰 상한을 갖는 슬롯 머신을 선택하는 프로세스는 각각의 실험 내에서 탐색 및 이용 측면을 인코딩하는 이중 효과를 갖는다.

여기서 중요한 문제는 각 슬롯 머신의 보상에 대한 통계적 상한을 결정하는 것이다. 이것은 종종 많은 수의 i.i.d의 합을 나타내는 중심 극한 정리로 달성할 수 있다. 랜덤 변수(보상)는 정규 분포로 수렴한다. 다양한 시행에 대한 정규 분포의 평균 및 표준편차를 추정한 다음 필요한 통계적 신뢰 수준에서 각 슬롯 머신의 상한을 설정할 수 있다. 새로운 슬롯 머신은 신뢰 구간이 크므로 상한도 커진다. 시행 횟수를 늘리면 신뢰 구간의 폭이 줄어들기 때문에 상한도 시간이 지남에 따라 감소하는 경향이 있다. 새로운 슬롯 머신이 시스템에 들어가면 상한이 기존 슬롯 머신 중 하나의 값보다 낮아질 때까지 반복적으로 시도한다. 특정 수준의 통계적 신뢰를 사용해 탐색과 이용 사이의 트레이드 오프를 통제할 수 있다. 예를 들어 99% 수준의 통계적 신뢰 수준에 있는 알고리듬은 95% 수준의 통계적 신뢰 수준에 있는 알고리듬과 비교할 때 더 많은 비율로 탐색한다.

이러한 상계 전략은 최근에 추천 알고리듬[348]을 설계하기 위해 사용했다. 이러한 알고리듬 중 다수는 사용자의 컨텍스트적 특징과 추천 환경을 사용해 검색 공간을 탐색하고 활용하기 위한 다양한 멀티암 밴딧 전략을 설계한다. 기본 아이디어는 갬블러에게 해당 실험과 관련된 특징 벡터(예: 추천 시스템의 사용자 또는 아이템 프로필)가 표시되고 갬블러는 특징 벡터에 대한 지식을 기반으로 슬롯 머신(추천 전략 또는 아이템 선택)을 결정한다. 이러한 알고리듬은 컨텍스트적 밴딧 알고리듬contextual bandit algorithm이라고도 한다. 갬블러의 주요 목표는 이전의 경험을 바탕으로 암arm의 컨텍스트적 특징과 보상이 서로 어떻게 관련되는지를 배우는 것이다. 컨텍스트별 특징 벡터는 사용자 프로파일 또는 추천을 보여주는 웹 페이지와 같은 측면 정보로부터 추출할 수 있다. 따라서 컨텍스트별 특징은 다양한 유형의 개인화를 멀티암 밴딧 알고리듬에 통합하는 유용한 도구를 제공한다.

슬롯 머신의 암이 다른 아이템을 추천하는 것에 해당하는 환경을 고려해야 한다. 이 알고리듬의 기본 아이디어는 다음 단계를 반복적으로 사용하는 것이다.

1. **(증분) 학습**: 과거의 피처-보상 쌍의 이력을 기반으로 분류 또는 회귀 학습 모델을 학습시켜 각 암의 예상 보상을 학습한다. 대부분의 경우 이 단계는 시간이 지남에 따라 새로운 피처-보상 쌍을 시스템에 입력하므로 점진적으로 실행한다. 추천 시스템이 특정 암을 선택할 때마다 해당 피처 속성과 보상 값이 해당 암과 관련된 학습 데이터 세트에 추가된다. 따라서 암의 수만큼의 많은 학습 데이터 세트(및 점진적으로 업데이트 된 모델)가 있다. 각 암에 대한 학습 예의 수는 과거에 암을 사용한 횟수와 같다. 학습 데이터를 사용해 각 암에 대해 별도의 모델이 구성된다. 특정 피처 벡터(컨텍스트)에 대한 각 암(아이템)의 결과에 대한 예상 보상 및 추정 표준편차(또는 최대 편차) 측정 값을 출력하는 확률적 또는 통계적 학습 알고리듬을 사용하는 것이 바람직하다. 새로 추가한 아이템에 해당하는 암은 더 작은 학습 데이터 세트를 갖는다. 학습 데이터 세트가 작을수록 예측의 추정편차가 더 커진다. 일반적으로 보상 예측을 위한 기본 모델을 선택할 때 명심해야 할 두 가지 기준이 있다.

   - 새로운 피처-보상 쌍이 지속적으로 학습 데이터에 추가되므로 기본 모델을 증분 업데이트할 수 있어야 한다.

- 기본 모델은 예측 오차의 어느 정도 측정(또는 엄격한 상계)을 출력할 수 있어야 한다.
2. **상계 추정**: 추천 시스템에 보여지는 현재 컨텍스트별 프로파일에 대해, 학습된 모델을 사용해 각 암의 예상 보상에 대한 상한을 구성해야 한다. 상한은 예상 보상과 표준편차의 적절한 배수의 선형 합으로 계산한다. 경우에 따라 표준편차 대신 최대편차의 엄격한 상계를 사용한다. 편차 측정의 선택은 종종 해당 모델로 이러한 측정을 쉽게 계산할 수 있는지에 달려 있다.
3. **추천**: 상한이 가장 큰 암을 선택한다. 해당 아이템을 사용자에게 추천한다.

이 단계는 추천을 생성하고 추가 예제가 학습 데이터에 추가되므로 시간이 지남에 따라 지속적으로 실행한다. 결과가 2진수 값인 경우(예: 링크 클릭 또는 클릭하지 않음) 회귀 모델 대신 분류 모델을 사용할 수 있다.

LinUCB 알고리듬은 상계 알고리듬으로, 비슷한 접근법[348]을 기반으로 한다. 이 접근법은 선형 회귀 알고리듬을 사용해 예상 보상을 학습한다. $i$번째 암이 지금까지 $n_i$번 수행된 환경을 고려해야 한다. 특히 $\overline{X}$가 현재 컨텍스트에 해당하는 $d$-차원(행) 벡터라면 $D_i$는 $i$번째 암의 학습 데이터 세트의 $n_i \times d$ 피처 행렬이고, $\overline{y_i}$는 $i$번째 암의 $n_i$-차원 결과(칼럼) 벡터이며, 릿지 회귀를 사용해 $i$번째 팔에 대한 $\overline{X}$의 예상 결과를 다음과 같이 예측할 수 있다.

$$\text{Payoff}_i = \underbrace{\overline{X}}_{d \text{ features}} \underbrace{\left[ (D_i^T D_i + \lambda I)^{-1} D_i^T \overline{y_i} \right]}_{d \text{ coefficients}} \tag{13.2}$$

여기서 $\lambda > 0$은 정규화 매개변수이고 $I$는 $d \times d$ 항등 행렬이다. 또한 예상편차에 대한 엄격한 상한은 피처 변수와 관련해 보상(반응) 변수에 대한 조건부 독립 가정하에 정량화될 수 있다. 특히 적어도 $(1 - \delta)$ 확률로 이진 보상[1] 환경에 대해 다음이 사실임을 알 수 있다[348].

$$\text{Deviation}_i \leq \left( 1 + \sqrt{\ln(2/\delta)/2} \right) \cdot \sqrt{\overline{X}(D_i^T D_i + \lambda I)^{-1} \overline{X}^T} \tag{13.3}$$

$(D_i^T D_i + \lambda I)^{-1}$의 원소가 일반적으로 $D_i^T$의 원소가 클수록 작아지기 때문에 $D_i$에 행 수(학습 예제)가 더 많은 경우 편차가 줄어든다. 또한 $\delta$가 작을수록 편차가 증가한다. 결과$_i$ + 편차의 가장 큰 값인 암이 적절한 암으로 선택된다. $\delta$를 증가 또는 감소시킴으로써, 탐색-이용 트레이드 오프 곡선에서 원하는 지점을 선택할 수 있다. 실제로 $\delta$가 아닌 관련 입력 매개변수로 $\alpha = (1 + \sqrt{\ln(2/\delta)/2})$를 직접 사용하지만 $\delta$와 전자의 관계를 통해 $\delta$를 선택할 때 직관적인 지침을 제공할 수 있다. $D_i^T D_i$과 $D_i^T \overline{y_i}$은 각각 개별 학습의 속성/보상 함수의 선형 합으로 표현할 수 있기 때문에 점진적으로 유지될 수 있다. 그럼에도 각각의 예측 동안 $d \times d$ 행렬$(D_i^T D_i + \lambda I)$을 여전히 반전시킬 필요가 있다. $d$가 큰 경우에는 주기적으로 반전을 수행할 수 있다.

---

1 결과가 [0, Δ] 범위에 있으면 편차도 Δ만큼 확대해야 한다.

실제로, 주어진 특징 벡터에 대해 예상되는 결과와 최대편차의 강력한 측정 값을 출력하는 거의 모든 확률적 알고리듬을 사용할 수 있다. LinUCB는 추정하기가 더 쉽기 때문에 표준편차보다는 편차에 대해 엄격한 상한을 사용한다. 많은 환경에서 순위 목록의 형태로 한 번에 둘 이상의 추천을 제시하는 것이 바람직할 수 있다. 가장 간단한 방법은 top-$k$ 상한을 근사치로 사용하는 것이다. 보다 정교한 접근 방식은 슬레이트$^{slate}$ 설정을 사용하는 것이며 [290]에서 자세히 설명한다.

## 13.4 그룹 추천 시스템

그룹 추천 시스템은 단일 사용자가 아닌 사용자 그룹이 아이템을 사용하는 시나리오를 해결하도록 설계됐다. 그룹이 아이템을 사용하는 시나리오와 이를 처리하기 위해 개발된 시스템의 예는 다음과 같다.

1. 영화 도메인: 많은 시나리오에서 한 그룹의 사용자가 영화를 관람할 수 있다. 따라서 그룹의 구성에 맞게 추천을 조정해야 한다. 이러한 추천 시스템의 예는 폴리렌즈$^{PolyLens}$ [168]로, 사용자 그룹에게 추천을 제공한다. 폴리렌즈는 무비렌즈 시스템의 확장으로 볼 수 있다.

2. 텔레비전 도메인: 영화와 마찬가지로 사용자 그룹이 시청하는 프로그램을 추천할 수 있다. 사용자 프로파일 병합에 기초한 이러한 텔레비전 프로그램 추천의 예는 [653]에서 논의한다.

3. 음악 도메인: 사용자 그룹이 함께 음악을 듣는 것이 일반적이지 않지만, 이러한 시나리오는 음악을 피트니스 센터나 체육관과 같은 그룹 환경에서 재생할 때 발생한다. 그러한 시스템의 예는 MusicFX[412] 그룹 추천 시스템이다.

4. 여행 도메인: 여행 도메인은 그룹 추천을 위한 가장 일반적인 도메인이다. 관광객 그룹이 함께 여행 계획을 세우는 것이 일반적이기 때문이다. 이러한 시스템의 예로는 Intrigue[52], Travel Decision Forum[272] 및 CASS$^{Collaborative\ Advisory\ Travel\ System}$ [413]가 있다.

이러한 프로세스는 자연스러운 질문으로 이어진다. 왜 이러한 컨텍스트에서 간단히 평균을 사용해 아이템을 그룹에 추천하지 않는가? 결국 전체적인 효용성을 최대화하는 것이 목표라면 평균을 사용하는 것이 가장 효과적인 옵션인 것 같다. 그러나 사용자는 감정 전염 및 동조$^{conformity}$[409]와 같은 사회적 현상에 따라 서로에게 영향을 줄 수 있다. 이러한 현상은 다음과 같이 정의할 수 있다.

1. 감정 전염: 다양한 사용자의 만족이 서로에게 영향을 줄 수 있다. 예를 들어 사용자들이 함께 영화를 보고 있고 그룹의 일부 구성원이 영화를 즐기고 있지 않으면 다른 사용자에게 전염되는 영향을 미칠 수 있다. 이 경우 사용자가 취향에 따라 서로를 감염시키기 때문에 평균화가 제대로 작동하지 않으며 그룹의 최종 경험은 평균 평점이 나타내는 것과 크게 다를 수 있다.

2. 동조: 동조Conformity는 사용자 의견이 서로에게 영향을 미친다는 점에서 감정 전염의 개념과 밀접한 관련이 있다. 그러나 사회적 현상은 사용자가 의식적으로 피어와 유사한 의견을 원하거나 (숨겨진 의견 차이가 있음에도) 피어의 영향으로 인해 자신의 의견이 무의식적으로 변화한다는 점에서 약간 다르다. 결과적으로 그룹의 최종 경험은 평균 평점이 나타내는 것과 크게 다를 수 있다.

사회적 선택 이론과 관련된 이 두 가지 사회적 현상은 추천 시스템의 성능에 중요한 영향을 미친다. 결과적으로 평균화 전략이 제대로 작동하지 않는 경우가 많다. 예를 들어 [654]에서 텔레비전 추천 서비스에 대한 평균 기반 전략을 평가했는데, 그룹이 동질적 취향을 가지고 있을 때는 추천이 잘 수행되지만, 그 취향이 크게 다를 때는 그다지 잘 수행되지 않는 것으로 나타났다. 따라서 모델링 과정에서 사회적 현상을 사용할 수 있어야 한다. 또한 그룹 추천은 일반적으로 협업, 콘텐츠 기반 또는 지식 기반 설정으로 설계했는지에 따라 다르게 정의한다. 협업 및 콘텐츠 기반 설정에서 그룹 추천의 일반적인 원칙은 유사하지만 지식 기반 시스템의 원칙은 상당히 다르다. 다음에서는 이러한 다른 설정을 연구할 것이다.

## 13.4.1 협업 및 콘텐츠 기반 시스템

협업 및 콘텐츠 기반 시스템은 일반적으로 그룹 추천을 하는 데 사용하는 접근 방식 측면에서 상당히 유사하다. 일반적인 접근 방식은 다음 두 단계로 구성된다.

1. 협업 또는 콘텐츠 기반 시스템에서와 같이 각 사용자에 대해 독립적으로 추천한다. 주어진 그룹과 주어진 아이템의 공간에 대해 각 사용자-아이템 조합에 대한 평점 예측을 결정한다.

2. 각 아이템에 대해 그룹의 각 구성원을 위해 예측한 평점을 집계 함수를 사용해 그룹의 여러 구성원의 평점을 단일 그룹 평점으로 집계한다. 이 함수는 그룹 구성원에 대한 간단한 가중치 평균화, 사회적 선택 이론의 원칙을 기반으로 하는 집계 방식 또는 이 둘의 조합을 사용할 수 있다. 모든 아이템은 각 아이템의 예상 그룹 평점에 따라 그룹의 순위가 매겨진다.

다양한 방법의 주요 차이점은 두 번째 집계 단계의 구현이다. 두 번째 단계에서 다양한 평점을 단일 값으로 집계하기 위해 다양한 전략을 사용한다. 이러한 전략은 다음과 같다.

1. **최소 불행 전략**: 최소 불행 전략Least misery strategy에서 그룹에 제안한 전체 평점은 그룹 회원의 예측 평점 중 가장 낮은 평점이다. 이 접근법의 기본 아이디어는 사회적 전염과 동조의 부정적인 영향을 방지하는 것이다. 이 접근법을 사용하는 시스템의 예는 폴리렌즈[168]이다.

2. **가중 평균**: 이 방법은 개별 평점의 평균 평점을 사용하며 가중치는 각 개인과 연관된다. 가중치는 극단적인 비호감 또는 실행 불가능을 방지하는 특정 유형의 컨텍스트를 모델링하기 위해 사용하는 경우가 많다. 예를 들어 카지노 리조트를 어린이가 포함된 그룹의 관광지로 제안해서는 안 되며, 장애인이 한 명 이상 포함된 그룹에게는 육체적으로 힘든 여행을 제안해서는 안 된다. 이러한 개인의 선호도에 더 큰 가중치를 부여하면 그룹 추천의 전체 허용 가능성과 실행 가능성이 자동으로 증가한다. 이러한 전략의 변형은 Intrigue travel recommender[52]에서 사용했다. 전문가의 평가에 더 큰 가중치를 부여할 수도 있다는 제안[168]도 있다. 마지막으로, 최소 불행의 가중 합산 및 각 아이템에 대한 평균 예측을 사용해 최소 불행 전략을 평균 전략과 결합할 수도 있다.

3. **불행이 없는 평균**: 불행이 없는 평균Average without misery 방법은 평점이 가장 낮은 개인의 평점을 제외한 후 그룹 구성원의 예상 평점의 평균 계산한다. 이 방법은 특정 아이템에 대해 가장 큰 즐거움을 경험하는 회원들에 대해서만 평균에 반영하기 때문에 가장 불행이 적은 전략에 반대되는 경향이 있다. 이러한 유형의 접근 방식은 MusicFX 시스템[412]에서 사용했다. 이 접근법을 고려할 때 즐거운 경험은 불행한 경험과 같은 방식으로 감정적으로 전염될 수 있는 점에 주목할 만하다.

평균화 방법의 변형은 평균 대신 중앙값을 사용하는 것이다. 중앙값을 사용하면 노이즈 및 특이치에 덜 민감하다는 장점이 있다. 그 예로 아주 낮은 평점 한 개가 평균에 큰 영향을 줄 수 있지만 중앙값에는 큰 영향을 미치지 않을 수 있다. 이러한 접근 방식은 다른 사용자가 제공하는 추천을 인식하고 전체 그룹 추천에 큰 영향을 미칠 수 있는 높은 긍정적 또는 부정적 평점을 선택적으로 제공하려고 시도할 때 특히 유용하다. 결과적으로 평균은 더 이상 그룹 평점을 대표하지 않는다. 이러한 접근 방식은 Travel Decision Forum[272]에서 사용했다. 다양한 다른 집계 전략을 [407]에서 제시했다. 참고문헌을 참조하라.

## 13.4.2 지식 기반 시스템

위에서 언급한 시스템은 모두 평점을 기반으로 한다. 그러나 지식 기반 시스템은 사용자 평점이 아니라 사용자 요구 사항을 기반으로 한다. 따라서 이러한 시스템의 자연스러운 접근 방식은 각 사용자가 단일 세트로 요구 사항을 집계하는 것이다. 그런 다음 이러한 요구 사항을 대부분 충족하는 아이템을 추천한다. 이러한 접근법은 CATS<sup>Collaborative Advisory Travel System</sup>[413]에서 사용한다. 이러한 시스템은 또한 대화식 피드백을 허용해 그룹이 대화식 스타일로 관심사를 탐색할 수 있도록 한다. 지식 기반 시스템은 그룹 추천에 특히 적합하다. 그룹 추천은 실제로 아이템을 소비하기 전에 대화형 방식으로 합의할 수 있도록 하기 때문이다. 이렇게 하면 최종 추천에서 불만이 발생할 가능성이 줄어든다. 지식 기반 시스템은 복잡한 제품 도메인을 위해 설계했지만 복잡한 사용자 도메인의 컨텍스트에서도 유용하다. 그룹 추천 환경은 복잡한 사용자 도메인으로 볼 수 있다. 지식 기반 추천 시스템은 5장에서 설명한다.

# 13.5 다중 기준 추천 시스템

많은 추천 애플리케이션에서 사용자는 다른 기준에 따라 아이템에 관심을 가질 수 있다. 영화 추천 시스템에서 한 사용자는 시각 효과에 관심이 있을 수 있지만, 다른 사용자는 플롯에 관심이 있을 수 있다. 이러한 경우 총점은 종종 사용자의 전체 선택을 잘 반영하지 못한다. 표 13.1에서 설명한 가상의 예를 고려해보자. 이 경우 세 명의 사용자가 시각적 효과, 플롯 및 총점을 기준으로 영화 〈글래디에이터〉에 대한 평점을 지정했다. 총점은 사용자가 직접 지정하며 반드시 모든 평점의 평균을 나타내는 것은 아니다. 각 평점 값은 1에서 10까지의 척도로 지정한다. 앨리스와 사야니의 총점은 같지만 플롯 및 시각 효과에 대한 평점 패턴은 매우 다르다. 반면 앨리스와 밥은 총점이 약간 다르지만 시각 효과와 플롯에 대해서는 유사한 평점을 갖고 있다. 따라서 피어 기반 예측 방법의 경우 앨리스와 밥은 앨리스와 사야니보다 더 유사해야 한다. 총점만을 기준으로 유사도 계산을 사용하면 오해의 소지가 있을 것을 예상할 수 있다.

표 13.1 유사도 정의에서 다중 기준의 효과

| 기준 → | 시각효과 | 플롯 | 총점 |
|---|---|---|---|
| 사용자 ↓ | | | |
| 사야니 | 3 | 9 | 7 |
| 앨리스 | 9 | 3 | 7 |
| 밥 | 8 | 3 | 5 |

다중 기준 시스템의 총점은 사용자가 명시적으로 지정하거나 전역 효용 함수(예: 단순 평균화)를 사용해 도출할 수 있다. 사용자가 총점을 지정한 경우, 지식 기반 추천 시스템에 관해 5장에서 논의한 것과 같은 선형 회귀 방법을 사용해 사용자별 효용함수를 학습할 수 있다. 사용자가 총점을 지정하지 않은 경우 총점을 계산하지 않고 다양한 기준의 예측을 통합해 아이템의 순위를 직접 지정할 수 있다. 다른 경우에는 총점을 만들기 위해 다양한 기준에 대해 암시적으로 평균을 낼 수 있다. 필요한 경우 도메인별 지식(예: 효용함수)을 사용해 다양한 기준에 가중치를 부여할 수 있다.

다중 기준 추천 시스템은 자동차와 같은 복잡한 제품 도메인을 위해 설계한 지식 기반 시스템에 매우 적합하다는 것에 주목해야 한다. 자동차는 성능, 인테리어 디자인, 고급 옵션, 내비게이션 등과 같은 여러 기준이 있다. 이러한 도메인에서 사용자는 특정 사용자별 기준을 만족하는지 여부에 따라 아이템 순위를 지정하려고 한다. 이러한 방법은 5장에서 이미 논의됐으므로 13장에서는 주로 콘텐츠 기반 및 협업 필터링 방법에 중점을 둘 것이다.

다음에서는 다중 기준 추천 시스템에서 사용하는 몇 가지 일반적인 방법에 대해 설명한다. 최근 방법에 대한 최신 토론은 참고문헌을 참고하라. 다음 논의의 목적상 $\{1, 2, \ldots, c\}$에 의해 색인한 총 $c$개의 기준이 있다고 가정할 것이다. $k$번째 기준에 따른 $m \times n$ 평점 행렬은 $R^{(k)}$로 표시하고, $R^{(k)}$에서 아이템 $j$에 대한 사용자 $i$의 평점은 $r_{ij}^{(k)}$로 표시한다. 사용자가 전체 평점을 지정하는 경우 해당 평점 행렬은 $R^{(0)}$로 표시하고 아이템 $j$에 대한 사용자 $i$의 전체 평점의 해당 값은 $r_{ij}^{(0)}$으로 표시한다.

## 13.5.1 이웃 기반 방법

이웃 기반 방법은 유사도 함수 내에 여러 기준을 쉽게 통합할 수 있기 때문에 다중 기준 시스템과 함께 작동하도록 쉽게 조정할 수 있다. 기존 이웃 기반 방법의 대부분은 아이템 기반 협업 필터링 방법보다는 사용자 기반 협업 필터링 방법을 사용한다. 그러나 원칙적으로 유사한 기술을 사용해 아이템 기반 방법을 다중 기준 시나리오로 일반화할 수 있다. 다음에서는 넓게 수용할 수 있고 사용 가능한 실험 결과 때문에 사용자 기반 이웃 방법만 논의할 것이다.

$\text{Sim}^k(i, j)$가 $k \in \{1 \ldots c\}$에서 기준 $k$에 대한 사용자 $i$와 $j$의 유사도를 나타내도록 하자. 또한 전체 평점 행렬 $R^{(0)}$을 사용할 수 있으며 사용자 $i$와 $j$ 사이의 해당 유사도는 $\text{Sim}^0(i, j)$로 표시한다. 그 다음 이웃 기반 방법을 다음과 같이 구현할 수 있다.

1. 각 $k \in \{0 \ldots c\}$에 대해 각 사용자 쌍 $i$와 $j$ 사이의 유사도 $\text{Sim}^k(i, j)$를 계산한다. 피어슨 상관계수와 같은 2장에서 소개한 방법은 $\text{Sim}^k(i, j)$ 계산에 사용할 수 있다.

2. 집계 함수 $F(\cdot)$를 사용해 다양한 기준에 대해 유사도 값을 집계해 각 사용자 쌍 $i$와 $j$

사이의 집계 유사도 $\text{Sim}^{aggr}(i, j)$를 계산한다.

$$\text{Sim}^{aggr}(i, j) = F(\text{Sim}^0(i, j), \text{Sim}^1(i, j), \text{Sim}^2(i, j), \ldots \text{Sim}^c(i, j)) \tag{13.4}$$

유사도를 집계한 각 사용자의 $k$개의 최근접 피어를 결정한다.

3. 아이템 $j$에 대한 사용자 $t$의 평점을 예측하기 위해 아이템 $j$에 대한 사용자 $t$의 각 피어의 (전체) 평점의 유사도 가중치를 사용한다. 일반적으로 이 접근 방식은 행별 평균 중심화row-wise mean-centering와 결합해 사용자별 바이어스를 방지한다. 따라서 이 접근법은 전체 평점 행렬 $R^{(0)}$에서 2장의 수식 2.4를 사용하는 것과 동일하지만 집계된 유사도 $\text{Sim}^{aggr}(\cdot, \cdot)$는 수식 2.4 내에서 피어 결정 및 가중 목적으로 사용한다.

수식 13.4의 집계 함수는 계산에서 $\text{Sim}^0(i, j)$(전체 평점에 따른 유사도)도 사용한다는 것에 주목할 만하다. 다양한 방법들 사이의 주요 차이점은 수식 13.4의 집계가 어떻게 계산되는지에 관한 것이다. 집계의 일반적인 방법은 다음과 같다.

1. 평균 유사도: 평균 유사도Average similarity 접근법 [12]은 $(c + 1)$ 다른 평점(전체 평점 포함)의 예측 평균을 기반으로 한다. 따라서 수식 13.4의 함수 $F(\cdot)$는 다음과 같이 정의한다.

$$\text{Sim}^{aggr}(i, j) = \frac{\sum_{k=0}^{c} \text{Sim}^k(i, j)}{c + 1} \tag{13.5}$$

2. 최악의 유사도: 최악의 유사도Worst-case similarity 접근법[12]은 모든 기준(전체 평점 포함)에서 가장 작은 유사도를 사용한다.

$$\text{Sim}^{aggr}(i, j) = \min_{k=0}^{c} \text{Sim}^k(i, j) \tag{13.6}$$

3. 가중 집계: 가중 집계Weighted aggregation 접근법[596]은 평균화 기법의 일반화이며 여러 기준에 걸쳐 유사도의 가중 합을 사용한다. $w_0 \ldots w_c$는 다양한 기준의 가중치가 된다. 그런 다음 집계 유사도는 다음과 같이 정의한다.

$$\text{Sim}^{aggr}(i, j) = \sum_{k=0}^{c} w_k \cdot \text{Sim}^k(i, j) \tag{13.7}$$

$w_i$의 값은 기준 $i$의 가중치를 결정하고 가중치는 교차 검증과 같은 간단한 매개변수 조정 기술을 사용해 결정할 수 있다(7장 참조).

유사도를 사용하는 것 외에도 피어 계산과 가중 평가 예측의 마지막 단계 모두에 거리를 사용할 수도 있다. 유사한 아이템은 더 짧은 거리를 가지므로 가중치를 수행하기 위해 휴리스틱 방식으로 거리를 유사도로 변환해야 한다. 모든 사용자 피어의 경우 거리는 두 사용자가 공통으로 평가한 아이템을 기준으로 계산한다. 거리는 다양한 기준에 따라 집계해 각 아이템에 대해 별도로 계산한다. 다양한 아이템의 거리는 두 번째 집계 단계에서 평균화한다.

실행된 특정 아이템 $q$에 대해 사용자 $i$와 $j$ 사이의 거리 $\text{ItemDist}^{aggr}(i, j, q)$를 계산하는 첫 번째 단계는 무엇인가? 이 거리를 계산하려면 아이템 $q$는 사용자 $i$와 $j$ 양쪽 모두가 평가해야 한다. 자연스러운 접근법은 다음과 같이 정의한 $L_p$-norm을 사용하는 것이다.

$$\text{ItemDist}^{aggr}(i, j, q) = \left( \sum_{k=0}^{c} |r_{iq}^k - r_{jq}^k|^p \right)^{(1/p)} \tag{13.8}$$

일반적으로 사용하는 $p$값은 $p = 1$(맨해튼 측정 항목), $p = 2$(유클리드 측정 항목)와 $p = \infty(L_\infty$ -norm)이다.

이 접근법은 사용자 $i$와 $j$가 공통으로 평가한 각 아이템에 대해 반복된다. 이 아이템 세트를 $I(i, j)$로 표시한다. 모든 아이템에서 전체 거리 $\text{Dist}^{aggr}(i, j)$는 $I(i, j)$의 모든 아이템에 대한 평균 거리로 정의한다.

$$\text{Dist}^{aggr}(i, j) = \frac{\sum_{q \in I(i,j)} \text{ItemDist}^{aggr}(i, j, q)}{|I(i, j)|} \tag{13.9}$$

간단한 커널 계산이나 반전 트릭을 사용해 거리를 유사도 값으로 변환 할 수 있다.

$$\text{Sim}^{aggr}(i, j) = \frac{1}{1 + \text{Dist}^{aggr}(i, j)} \tag{13.10}$$

유사도 값을 계산한 후에, 위에서 논의한 바와 같이 사용자 기반 협업 필터링 방법을 이용할 수 있다.


## 13.5.2 앙상블 기반 방법

앞에서 언급한 모든 방법은 추천을 수행하기 위해 이웃 알고리듬과 같은 특정 알고리듬을 변경한다. 그러나 기존 기술을 활용할 수 있는 앙상블 기반 방법을 사용해 추천[12]을 수행할 수 있다. 기본 접근 방식에는 두 단계가 있다.

1. $k \in \{1 \ldots c\}$의 각 값에 대해 평점 행렬 $R^{(k)}$에서 기존 협업 필터링 알고리듬을 사용해 기준 $k$에 대한 평점을 채운다.
2. 평점을 예측한 각 사용자 $i$ 및 아이템 $q$에 대해 다음과 같이 집계 함수 $f()$를 사용해 다양한 기준에 걸쳐 예측 $\hat{r}_{iq}^{(1)} \ldots \hat{r}_{iq}^{(c)}$을 결합한다.

$$\hat{r}_{iq}^{(0)} = f(r_{iq}^{(1)} \ldots r_{iq}^{(c)}) \tag{13.11}$$

계산된 집계는 전체 예측 평점을 제공한다. 그런 다음 전체 예측 평점을 기준으로 사용자 $i$에 대한 추천한 아이템의 순위를 매긴다.

집계 함수 $f()$의 구성을 설명해야 한다. [12]에서 다음과 같은 3가지 일반적인 기술을 제안한다.

1. **도메인별 및 휴리스틱 방법**: 이 경우 집계함수는 다양한 기준으로 인지된 중요도에 따라 도메인 전문가가 설정한다. 가장 간단한 방법은 다양한 기준에 대해 예측한 평점의 평균을 사용하는 것이다.

2. **통계적 방법**: 선형 및 비선형 회귀 방법을 사용한다. 예를 들어 전체 예측 평점은 다양한 기준에서 예측 평점의 선형 가중치 합계로 표현할 수 있다.

$$\hat{r}_{iq}^{(0)} = \sum_{k=1}^{c} w_k \cdot r_{iq}^{(k)} \tag{13.12}$$

$w_1 \ldots w_c$의 값은 6장의 6.3절에서 논의한 바와 같이 선형 회귀 기술을 사용해 학습할 수 있다. 다양한 기준으로 관측된 평점은 가중치를 학습하기 위한 학습 데이터로 사용할 수 있다.

3. **머신러닝 방법**: 이 방법은 원칙적으로 두 번째 방법과 크게 다르지 않다. 회귀를 사용하는 대신 신경망과 같은 다른 머신러닝 방법을 사용할 수 있다. 더 간단한 버전의 신경망을 사용해 선형 회귀와 비슷하게 사용할 수도 있다. 그러나 신경망은 임의로 복잡한 함수를 모델링할 때 더 큰 힘을 제공한다.

위에서 논의한 내용은 글로벌 집계 가정을 기반으로 한다. 그러나 사용자 및 아이템에 대해 충분한 수의 관찰된 평점을 사용할 수 있는 경우에는 사용자별 또는 아이템별 집계함수를 학습할 수도 있다. 앙상블 기반 접근 방식은 다양한 프로세스 단계에서 상용 도구를 사용할 수 있는 기능을 제공하므로 구현이 간단하다. 또한 앙상블 방법의 이러한 측면은 모델 선택하고 적절한 학습자를 선택해 시스템을 조정할 때 더 큰 유연성을 제공한다.

## 13.5.3 전체 평점 없는 다중 기준 시스템

위에서 언급한 방법은 추천을 수행하기 위해 전체 평점을 사용해야 한다. 전체 평점을 사용할 수 없는 경우 이전 절에서 설명한 방법을 현재 형식으로 사용할 수 없다. 그러나 이전 절에서 설명한 앙상블 기반 방법의 첫 번째 단계를 계속 사용할 수 있다. 주요 차이점은 예측한 평점을 집계하는 두 번째 단계는 사용 가능한 학습 데이터 없이 수행해야 한다는 것이다. 따라서 선형 회귀, 비선형 회귀, 신경망 또는 기타 머신러닝 방법과 같은 방법은 더 이상 가능하지 않다. 그러나 집계 단계에서 휴리스틱 및 도메인별 조합 기능을 계속 사용할 수 있다. 그런 다음 집계한 값을 기준으로 아이템의 순위를 지정할 수 있다. 아이템을 사용자에게 제시하기 위한 두 번째 접근법은 다양한 기준에 걸쳐 예측한 평점의 파레토-최적화를 이용하는 것이다. 파레토-최적화 아이템만 제시된 이유에 대한 설명과 함께 사용자에게 표시한다. 참고문헌은 전체 평점의 가용성을 가정하지 않는 다양한 다중 기준 시스템에 대해 설명한다.

## 13.6 추천 시스템의 능동적 학습

추천 시스템은 사용자가 제공한 기록 데이터에 크게 의존한다. 그러나 평점 행렬은 때때로 너무 희박해 의미 있는 추천을 제공하는 데 어려움이 있다. 이는 콜드 스타트 문제가 자주 발생하는 시작 시점에 특히 그렇다. 이러한 경우 평점 행렬을 작성하려면 더 많은 평점을 빠르게 획득하는 것이 중요하다. 평점을 얻는 과정은 시간이 많이 걸리고 비용이 많이 들기 때문에 사용자는 인지된 혜택 없이 자발적으로 평점을 제공하지 않는 경우가 많다. 사용자는 실제로 사용자가 공정하게 보상을 받을 때만 협업 필터링 애플리케이션에 개인정보를 공유할 의사[303]가 있다고 한다. 이는 평점 획득에 내재된 비용(종종 암묵적)이 있음을 의미한다. 능동적 학습<sup>Active Learning</sup> 시스템은 예측한 평점의 정확성을 최대화하기 위해 평점을 획득할 특정 사용자-아이템 조합을 선택한다. 예를 들어 많은 액션 영화를 이미 평가했지만 코미디 영화를 평가하지 않은 영화 추천 시스템의 컨텍스트를 생각해보자. 그러한 경우, 예측 정확도를 극대화하기 위해 액션 영화보다는 코미디 영화의 평점을 적극적으로 얻는 것이 직관적으로 유익하다. 다른 액션 영화의 추가 평점을 획득해서 정확도가 점진적으로 향상되는 것은 코미디 영화의 평점을 획득했을 때보다 정확도가 향상되지 않기 때문이다. 결국 액션 영화의 평점을 합리적으로 잘 예측할 수 있는 반면 보유한 평점으로 코미디 영화의 평점을 잘 예측할 수는 없다. 여기서 문제는 임의의 사용자-아이템 조합의 평점을 얻을 수 없다는 것이다. 예를 들어 아이템을 소비하지 않은 사용자는 평점을 합리적으로 제공할 것으로 기대할 수 없다.

능동적 학습은 일반적으로 분류 애플리케이션[18]에서 사용한다. 따라서 콘텐츠 기반 방법에 적용이 가능하다. 결국 콘텐츠 기반 방법은 본질적으로 사용자별 학습 데이터의 분류 문제이다. 협업 필터링 애플리케이션의 경우 일반적으로 콘텐츠 또는 장르 정보가 지정되지 않으며 현재 사용 가능한 평점 행렬을 사용해 예측해야 한다. 가장 간단한 형태로 다음과 같이 평점 획득 문제를 표현할 수 있다.

> 평점 행렬 R, 비용 예산 C 및 획득당 비용 $c$가 주어지면 예측 정확도를 최대화하기 위해 평점을 획득하기
> 위한 사용자-아이템 조합 세트를 결정해야 한다.

분류를 위한 능동적 학습 공식은 협업 필터링과 유사하다. 분류의 경우 학습 포인트의 레이블을

알 수 있다. 협업 필터링에서는 사용자 아이템 조합의 평점을 알 수 있다. 협업 필터링은 분류 문제의 일반화이므로(그림 1.4 참조), 분류에 대한 능동적 학습 방법론은 협업 필터링 시나리오에도 일반화할 수 있다. 그러나 협업 필터링과 분류에는 하나의 주요 차이점이 있다. 분류 시 조회하는 모든 데이터 포인트의 레이블을 알 수 있다고 가정[2]한다. 협업 필터링에서는 이 가정을 할 수 없다. 예를 들어 사용자가 아이템을 이용하지 않은 경우 평점을 알 수 없다. 그럼에도 협업 필터링 애플리케이션에서 능동적 학습의 원리는 적어도 어떤 사용자-아이템 조합이 획득하기에 가장 가치가 있는지 결정한다는 점에서 분류와 유사하다. 많은 경우, 특정 아이템을 평가하기 위해 사용자에게 인센티브를 제공할 수 있다. 예를 들어 판매자는 특정 사용자로부터 특정 수의 평점을 받고 무료 제품을 제공할 수 있다.

능동적 학습에 대한 가장 간단한 접근 방식은 사용자가 드물게 평점을 매긴 아이템을 확인하는 것이다. 이는 콜드 스타트 환경에서 도움이 될 수 있다. 그러나 이러한 접근 방식은 추천 시스템 환경의 초기 단계에서만 유용하다. 이후 단계에서 사용자 및 아이템의 특정 조합에 기초해 행렬의 원소를 선택하는 더욱 정교한 기술이 필요하다. 이러한 방법은 분류와 관련된 논문에서 이미 사용 가능한 아이디어를 기반으로 한다.

능동적 학습은 협업 필터링 주제에서 여전히 떠오르는 분야이며 이 분야에서 제안된 방법은 비교적 적다. 따라서 이 절에서는 분류에 사용하는 두 가지 일반적인 방법론[18, 22]과 협업 필터링 애플리케이션에 적용 가능한지 간단히 설명한다. 이 두 가지 방법은 이질성 기반 모델 heterogeneity-based model과 성능 기반 모델이다. 전자의 경우, 데이터 포인트(사용자-아이템 조합)를 조회하며, 조회하기 전에 예측한 평점 값이 가장 불확실하다. 성능 기반 모델에서는 데이터 포인트를 조회하므로 나머지 아이템에 대한 예측 정확도는 새로 조회한 평점을 행렬에 통합한 후 예상되는 최고의 성능 또는 확실성certainty을 제공한다.

## 13.6.1 이질성 기반 모델

이질성 기반 모델에서 목표는 조회하기 전에 예측한 평점이 가장 불확실한 사용자-아이템 조합의 평점을 의심해보는 것이다. 불확실성 수준을 판단하는 구체적인 방법은 사용 중인 모델에 따라 다르다. 예를 들어 특정 분산으로 평점을 예측하는 경우 각 사용자는 예측 분산이 가장 큰 아이템을 의심해야 한다. 베이지안 접근법을 이용한 이진 평점 예측의 경우, 사후 확률 $p_q$가 0.5에 최근접 (즉, $|p_q - 0.5|$의 가장 작은 값) 아이템 $q$를 의심한다. 모델별로 이 접근법을 사용하는 몇 가지 구체적인 예는 다음과 같다.

---

2  예를 들어 강아지와 고양이 이미지를 분류해야 하는 경우 모델링을 하는 사람은 새로운 이미지가 제공되면 강아지인지 고양이인지 판단할 수 있다. 하지만 톰이라는 사람이 〈타이타닉〉이라는 영화를 좋아할지는 평점을 확인하기 전까지 정확히 알 수 없다. - 옮긴이

1. 사용자 기반 이웃 접근법에서, 사용자-아이템 조합 $(i, q)$ 예측의 분산은 아이템 $q$에 대한 $i$의 피어 사용자의 평점의 표본 분산으로 계산할 수 있다. 아이템 $q$를 평가한 피어 사용자가 없으면 표본 분산은 $\infty$이다.

2. 아이템 기반 이웃 접근법에서, 예측의 분산은 $q$의 가장 유사한 아이템들 중 사용자 $i$가 평가한 평점으로 계산할 수 있다. 사용자 $i$가 $q$와 가장 유사한 아이템을 평가하지 않은 경우 표본 분산은 $\infty$이다. 따라서 이 접근 방식은 사용자에게 다른 아이템의 평점을 매기도록 안내하는 경향이 있으며 추천 시스템의 범위를 자연스럽게 증가시킨다. 이러한 의미에서 콜드 스타트 환경에서도 접근 방식을 잘 조정할 수 있다.

3. 베이지안 모델에서는 베이즈 분류(3장 참조)를 사용해 평점을 예측한다. 값 1의 예측에 사후 확률 $p_q$가 있는 이진 평점의 경우를 생각해보자. 이 경우, 불확실성은 $1 - |p_q - 0.5|$로 정량화한다. 불확실성이 가장 큰 아이템을 확인 용도로 선택한다.

4. 여러 모델을 사용해 평점을 예측할 수 있다. 다른 모델들이 다른 예측을 하는 경우 평점이 불확실하다. 다른 모델들에 대한 예측의 분산은 불확실성을 정량화하는 데 사용할 수 있다.

앞서 언급한 방법은 분류 논문에서 나온 기술을 간단히 적용한 것이다. 불확실성을 계산하기 위해 대부분의 협업 필터링 알고리듬을 자연스럽게 적용할 수 있다. 협업 필터링에서 일부 추가 요소는 휴리스틱 방식(예: 곱셈)으로 불확실성 수준과 결합할 수 있다.

1. 사용자가 아이템을 평가할 가능성에 대한 요인을 포함할 수 있다. 사용자가 이용하지 않은 아이템에 대한 평점을 제공할 수 없기 때문이다. 사용자가 아이템을 평가한 경우 (실제 평점과 상관없이) 아이템 값이 1이고, 그렇지 않으면 0인 암시적 피드백 행렬을 고려한다. 협업 필터링 알고리듬을 사용해 예측한 "평점"은 사용자가 실제로 아이템을 평가할 확률을 제공한다.

2. [513]에서 평가는 종종 다른 아이템을 대표하지 않기 때문에 매우 인기 있는 아이템을 쿼리하지 말 것을 제안한다.

협업 필터링의 맥락에서 실제 학습 방법이 실제로 어떻게 수행되는지에 대한 실험 결과는 거의 없다. 따라서 이 영역은 추가 연구를 위한 중요한 기회를 제공한다.

## 13.6.2 성능 기반 모델

평점을 위한 쿼리의 목표는 예측 정확도를 높이고 현재 사용 가능한 아이템에 대한 예측의 불확실성을 줄이는 것이다. 성능 기반 모델에서는 데이터 포인트를 쿼리해 나머지 아이템에 대한 예측 정확도가 행렬에 새로 쿼리된 평점을 통합한 후 예상되는 최고의 성능 또는 확실성을 제공한다. 불확실성 기반 모델은 현재 쿼리한 인스턴스의 예측 특성에 초점을 맞추는 반면, 성능 기반 모델은 추가한 인스턴스가 현재 사용 가능한 아이템의 예측에 미치는 차등 영향에 중점을 둔다. 사용자-아이템 조합의 평점을 쿼리한 후 발생할 결과를 결정하는 것은 어려운 일이다. 실제로 평점을 쿼리하기 전에 예상 성능을 계산해야 하기 때문이다. 베이지안 방법은 이 예상 성능을 계산하는 데 사용한다. 해당 기술은 [18, 22]에서 설명한다.

# 13.7 추천 시스템의 개인정보보호

협업 필터링 애플리케이션은 여러 사용자로부터 수집한 피드백에 크게 의존한다. 협업 필터링 애플리케이션에서 사용자는 아이템에 대한 평점을 지정해야 한다. 이 평점은 사용자의 관심사, 정치적 의견, 성적 취향 등에 관한 중요한 정보를 보여준다. 아이템에 대한 평점을 매길 때 함께 제공되는 개인정보를 공개하는 것은 사용자들로 하여금 평점 입력에 기여하려는 의지가 떨어지게 하기 때문에 수많은 어려움을 야기한다.

　모든 개인정보보호 방법은 고객이 식별되는 것을 줄이기 위해 데이터를 어떤 식으로든 변경한다. 이것은 개인정보보호를 높이기 위해 수행한다. 단점은 데이터가 덜 정확하게 표현된다는 것이다. 따라서 마이닝 알고리듬은 더 이상 효과적이지 않다. 개인정보를 보호하기 위해 두 가지 기술을 사용한다.

1. 데이터 수집 시 개인정보보호: 이 기술에서는 개별 평점을 수집하지 않도록 데이터 수집 방법을 수정한다. 오히려 분산 프로토콜[133] 또는 교란 기술perturbation techniques[35, 38, 484, 485]은 교란된 방식 또는 집합으로만 데이터를 수집하는 데 사용한다. 일반적으로 접근 방식을 구현하려면 특수한(보안) 사용자 인터페이스 및 데이터 수집 플러그인이 필요하다. 또한 수집된 데이터에는 특수한 데이터 마이닝 방법을 사용한다. 이러한 기술 중 다수는 개별 데이터 레코드가 아니라 마이닝에 집계 분포를 사용한다.

   이러한 접근 방식의 장점은 사용자가 적어도 하나의 정확한 형태로 개인 데이터에 액세스할 수 있는 단일 항목이 없다는 것이다. 데이터 수집 시 가장 엄격한 개인정보보호 형식으로 개인정보를 제공하지만 이 영역의 많은 작업은 연구 단계에만 있다. 우리가 아는 한, 그러한 시스템을 대규모 상업적으로 구현한 것은 없다. 부분적으로 이러한 시스템은 특수 인터페이스/인프라에 대한 액세스 권한을 얻는 측면에서 사용자의 더 많은 노력이 필요하고, 집계된 데이터를 사용할 수 있게 되면 데이터 마이너에서 더 많은 노력을 필요로 하기 때문이다.

2. 데이터 게시 시 개인정보보호: 대부분의 실제 환경에서 신뢰할 수 있는 기관(예: 넷플릭스 또는 IMDb)은 시간이 지남에 따라 수집한 모든 평점 데이터에 액세스할 수 있다. 그러한 경우, 신뢰할 수 있는 주체는 협업 필터링 분야에서 더 발전할 수 있도록 보다 광범위한 기술 커뮤니티에 데이터를 게시할 수 있다. 이러한 게시의 특정 예로는 넷플릭스 프라이즈 데이터 세트가 있는데, 평점을 비식별한 후에 공개했다. 이 경우 $k$-익명[521]과 같은 모델을 사용해 개인정보를 보호한다. 일반적으로 이러한 방법은 그룹 기반 익명화 기술을 사용해 최소 크기의 그룹에 속하는 레코드를 구분할 수 없게 한다. 데이터 레코드의 주제를 정확하게 식별하기 위해 공개적으로 사용 가능한 정보와 그러한 레코드를 결합할 수 없도록 데이터 레코드의 선택된 속성을 신중하게 교란함으로써 달성한다. 이러한 시스템은 더 일반적이며 첫 번째 시나리오보다 더 광범위하게 적용할 수 있다.

위에서 언급한 두 가지 모델은 다른 절충안을 가지고 있다. 첫 번째 모델은 개인 평점이 적어도 정확한 형태로 어디에도 저장되지 않기 때문에 더욱 강력한 개인정보보호를 할 수 있다. 경우에 따라 평점을 종합적인 의미로만 저장한다. 따라서 이 방법은 개인정보보호를 강화한다. 다른 한편으로, 일반적으로 이러한 형태의 데이터 수집과 함께 기존 협업 필터링 알고리듬을 사용하는 것이 더 어렵다. 이는 데이터가 매우 교란되거나 데이터의 기본 표현이 일부 집계 형식으로 변경됐기 때문이다. 그룹 기반 익명화를 사용하는 방법의 경우 개인정보보호가 일반적으로 약하다. 반면 공개된 데이터 레코드는 일반적으로 원본 데이터와 동일한 형식이다. 따라서 이러한 경우 기존 협업 필터링 알고리듬을 사용하는 것이 더 쉽다. 다음은 그룹 기반 익명화 모델에 대한 간략한 개요다.

그룹 기반 익명화 방법은 일반적으로 데이터 게시 시 신뢰할 수 있는 주체가 사용한다. 데이터를 게시하는 주체의 일반적인 목표는 데이터 레코드를 만든 당사자를 식별하지 못하게 하는 것이다. 예를 들어 넷플릭스가 평점 데이터 세트를 공개했을 때 데이터 레코드를 만든 당사자는 식별되지 않았다. 또한 속성은 일반적으로 데이터 레코드 그룹을 구별할 수 없는 방식으로 교란한다. 이러한 방법의 기본 아이디어는 공격자가 레코드의 주제의 신원을 확인하기 위해 공개적으로 사용 가능한 다른 데이터 소스와 레코드를 일치시킬 수 없도록 데이터 레코드를 혼란스럽게 만드는 것이다. 그룹 방식으로 데이터 레코드를 교란시키는 몇 가지 일반적인 모델에는 $k$-anonymization[521], condensation[27], $l$-diversity[386] 및 $t$-closeness[352]가 있다. 일반적인 개인정보보호 방법과 관련된 자세한 내용은 참고문헌을 참조하라. 다음에서는 협업 필터링 환경에 적용하기 쉬운 응축 기반<sup>Condensation-Based</sup> 방법에 대해 간단히 설명한다. 또한 이러한 방법을 고차원 데이터에 사용할 때 발생하는 몇 가지 문제에 대해서도 설명한다.

### 13.7.1 응축 기반 개인정보보호

응축 기반 접근법은 원래 완전히 명시된[27] 다차원 데이터 레코드를 위해 설계됐다. 그러나 이 방법은 불완전하게 명시된 데이터 레코드에도 쉽게 사용할 수 있다. 알고리듬에 대한 입력 중 하나는 익명성 수준 $p$로, 서로 구별할 수 없는 행 수를 정의한다. $p$값이 클수록 익명성이 높아지지만 수정된 데이터의 정확성이 떨어진다. 불완전하게 명시된 $m \times n$ 평점 행렬 $R$을 고려해 보자.

1. 각 클러스터에 적어도 $m$개의 레코드가 포함되도록 $R$의 행을 클러스터 $C_1 \ldots C_k$로 분할한다.
2. 각 클러스터 $C_r$에 대해 클러스터 레코드의 데이터 분포와 일치하는 $|C_r| > m$ 합성 데이터 레코드를 생성한다.

두 단계 모두 행렬 $R$의 행이 불완전하게 명시됐다는 사실을 고려해야 한다. 불완전한 데이터를 처리하기 위해 클러스터링 방법을 비교적 쉽게 수정할 수 있다. 예를 들어 $k$-median 알고리듬은 중앙값 계산에서 지정한 아이템 값만 사용해 수정할 수 있다. 마찬가지로, 지정한 아이템만 사용해 거리를 계산한 다음 관찰한 치수의 수로 정규화한다. 마찬가지로 $C_r$에서 합성 데이터 레코드를 생성하는 동안 평점 값에 간단한 다변량 베르누이 분포를 사용해 각 아이템을 모델링할 수 있다. 이 다변량 베르누이 분포는 군집 레코드의 평점 분포에서 파생된다. 해당 클러스터에 있는 횟수만큼 아이템의 평점을 생성하도록 주의를 기울여야 한다.

이 합성 데이터 생성 방법에는 두 가지 주요 장점이 있다. 첫 번째 장점은 데이터가 원래 평점 행렬의 형식과 동일한 형식으로 생성돼 기존 협업 필터링 알고리듬을 적용할 수 있다는 것이다. 두 번째는 합성 데이터의 익명성은 일반적으로 개인정보를 침해하기 어렵다는 것이다. 이 방법은 동적 환경으로 일반화할 수도 있다[27].

### 13.7.2 고차원 데이터에 대한 도전

평점 데이터는 일반적으로 고차원이다. 예를 들어 일반적인 평점 행렬은 수천 개의 차원을 포함할 수 있다. 또한 일부 사용자는 10개 또는 20개 이상의 평점을 쉽게 지정할 수 있다. 이러한 경우에는 데이터 레코드를 교란해도 그룹 기반 익명화 방법으로는 이러한 사용자의 개인정보보호가 더 어렵다. 예를 들어 특정 데이터 원본이 비식별화된 평점 집합을 공개하는 경우, 공격자는 개인정보 식별이 가능한 다른 평점 데이터를 사용하고 데이터 세트를 일치시켜 비식별화된 대상을 판별할 수 있다. 지정된 평점 수가 많을수록 레코드를 더 쉽게 식별할 수 있다. 강력한 공격을 생성하기 위해서는 한 행에 약 10~20개의 지정된 값만 필요하다는 것이 [30]에 나와 있다. 이 방법론[451]을 사용해 잘 알려진 넷플릭스 프라이즈 데이터 세트를 공격했다. 고차원 데이터에 대한 도전은 사소한 것이 아니며, 익명화의 한계에 대한 이론적 장벽[30]이 있다. 고차원 및 희소 데이터 세트를 위한 새로운 비식별화 방법을 개발하는 것은 여전히 열려 있는 연구 분야다.

## 13.8 흥미로운 응용 분야

이 절에서는 추천 시스템에 대한 여러 가지 흥미로운 응용 분야를 살펴볼 것이다. 이 절의 목표는 추천 시스템을 다양한 애플리케이션 도메인에 적용하는 방법과 각 도메인의 컨텍스트에서 발생하는 특정 문제를 학습하는 것이다. 몇 가지 예는 다음과 같다.

1. 쿼리 추천: 흥미로운 질문은 웹 로그를 사용해 사용자에게 쿼리를 추천하는 방법이다. 추천은 일반적으로 세션에 따라 다르며 (즉, 짧은 세션의 사용자 동작 기록에 따라) 장기 사용자 동작을 사용하지 않기 때문에 쿼리 추천을 개인화 애플리케이션으로 간주해야 하는지 확실하지 않다. 여러 세션에서 사용자 재확인 메커니즘을 사용할 수 없는 시나리오에서 쿼리를 자주 하기 때문이다. 참고문헌에 관련 조언이 포함돼 있지만 이 주제에 대해서는 자세히 설명하지 않는다.

2. 포털 콘텐츠 및 뉴스 개인화: 많은 온라인 포털에는 재방문 사용자를 식별할 수 있는 강력한 사용자 식별 메커니즘이 있다. 이러한 경우, 사용자에게 제공하는 콘텐츠를 개인화할 수 있다. 이 방법은 Gmail 계정을 사용자 식별에 사용하는 구글 뉴스와 같은 뉴스 개인화 엔진에서도 사용한다. 뉴스 개인화는 일반적으로 명시적인 평가가 아닌 사용자 행동(클릭)을 포함하는 암시적 피드백을 기반으로 한다.

3. 전산 광고: 전산 광고는 회사가 관련 컨텍스트(웹 페이지 또는 검색어)를 기반으로 사용자를 위한 광고를 구별할 수 있기 때문에 추천하는 형태다. 따라서 추천 시스템의 많은 아이디어를 전산 광고 분야에서 직접 사용한다.

4. 상호 추천 시스템: 이 경우 사용자뿐만 아니라 사용자와 아이템 모두 우선 선호도를 갖는다. 예를 들어 온라인 데이트 애플리케이션에서 두 당사자(남성과 여성 모두)는 취향을 가지고 있으며 두 당사자의 취향을 만족하는 경우에만 성공적인 추천을 만들 수 있다. 상호 추천 시스템은 10장에서 설명한 링크 예측 방법과 밀접한 관련이 있다.

13장에서는 포털 콘텐츠 개인화, 전산 광고 및 상호 추천 시스템에 특히 중점을 둔 이러한 여러 가지 애플리케이션에 대한 개요를 제공한다. 기본 아이디어는 독자에게 다양한 환경에서 추천 기술을 사용하는 방법을 이해시키는 것이다.

## 13.8.1 포털 콘텐츠 개인화

많은 뉴스 포털은 과거 액세스 기록을 사용해 사용자의 뉴스를 개인화한다. 이러한 개인화 시스템의 예로는 구글 뉴스 엔진이 있다. 구글은 Gmail 계정을 사용해 강력한 사용자 식별 메커니즘을 보유하고 있다. 이 메커니즘은 과거 사용자 클릭 동작 기록을 추적하는 데 사용한다. 이 과거 기록은 사용자에게 관심 있는 뉴스를 추천하는 데 사용한다. 여러 유형의 웹 포털에서 사용자에게 콘텐츠를 추천하기 위해 유사한 방법을 사용할 수 있다. 이 모든 경우의 주된 가정은 과거 행동에 대한 사용자 로그 사용이 가능하다는 것이다.

### 13.8.1.1 동적 프로파일러

동적 프로파일러Dynamic Profiler[636]는 협업 및 콘텐츠 기반 기술의 조합을 사용하는 포털 콘텐츠 개인화 엔진이다. 이 시스템은 뉴스 개인화를 포함한 모든 형태의 개인 콘텐츠 개인화에 사용될 수 있다. 이 접근 방식에는 몇 가지 단계가 포함돼 있으며, 대부분은 시간이 지남에 따라 업데이트해야 하는 요약 통계를 새로 고치기 위해주기적으로 반복돼 추천 결과가 부실해지는 것을 방지한다. 이 통계는 실시간으로 추천을 작성하는 데 사용한다. 전반적인 접근 방식에는 다음과 같은 광범위한 단계를 포함한다.

1. **(정기 업데이트)** 포털의 문서 샘플을 사용해 클러스터 그룹을 만든다. 클러스터링은 부분적으로 지도supervised 클러스터링 체계[29]를 사용해 수행한다. 클러스터링 관리는 의미적으로 관련된 주제에 속하는 문서 샘플을 사용한다. 이 샘플은 집합과 $k$-평균 접근법의 조합으로 클러스터를 만들기 위한 시드로 사용한다. 결과적으로 클러스터는 무리에서 의미적으로 중요한 범주를 포함한다.

2. **(정기 업데이트)** 사용자 액세스 로그는 위에서 언급한 클러스터와 함께 사용자 프로필을 만들 때 사용한다. 사용자 프로필에는 각 클러스터에 속한 문서를 사용자가 액세스 횟수를 포함한다. 따라서 사용자 프로필은 클러스터 수만큼 많은 차원을 가진 다차원 레코드다.

3. **(정기 업데이트)** 그런 다음 고차원 클러스터링 방법을 사용해 사용자 프로파일을 피어 그룹으로 클러스터한다. 몇 가지 고차원 클러스터링 방법을 [19]에서 설명한다.

4. **(추천 시점의 온라인 단계)** 이웃 기반 접근 방식은 이러한 피어 그룹과 함께 추천을 수행한다. 특정 대상 사용자에 대해 최근접 군집의 빈번한 범주가 관련 추천 범주를 형성한다. 다음에 설명한 접근 방식을 사용해 대상 사용자에게 개별 문서를 추천할 수도 있다.

추천을 수행하는 마지막 단계가 어떻게 실행되는지 설명하는 것만 남았다. 주어진 사용자에게 첫 번째 단계는 최근접 피어 그룹을 결정하는 것이다. 이것은 특정 사용자 프로필과 다양한 피어 그룹의 중심 사이의 거리를 계산해서 달성한다. 최근접 피어 그룹을 커뮤니티라고 한다. 이 커뮤니티에서 액세스하는 모든 문서의 빈도는 색인화된 로그 버전에서 효율적으로 결정한다. 그런 다음 대상 사용자가 액세스하지 않은 이 커뮤니티에서 가장 자주 액세스하는 문서를 관련 추천으로 표시한다.

## 13.8.1.2 구글 뉴스 개인화

구글 뉴스 개인화 엔진[175]은 동적 프로파일러 모델과 유사한 문제 설명을 기반으로 한다. 따라서 이 경우 사용자 클릭의 암시적 피드백 데이터 세트를 사용할 수 있다. 사용자의 Gmail 계정은 구글 뉴스를 이용할 때 강력한 식별 메커니즘을 제공한다. 사용자가 로그인해 웹 페이지에 액세스하면 클릭 동작이 저장된다. 목표는 사용자 클릭에 대한 저장된 통계를 사용해 아이템 후보 목록 $L$에서 이러한 사용자에게 추천을 만드는 것이다. 일단 후보 목록 $L$은 제공했다고 가정한다. 나중에 후보 목록을 생성하는 방법에 대해 설명한다.

구글 뉴스 시스템은 동적 프로파일러와 매우 다른 알고리듬을 사용한다. 동적 프로파일러는 개별 웹사이트에서 작동하도록 설계됐지만 구글 뉴스 시스템은 웹 규모 환경에서 작동하도록 설계됐다. 이 접근 방식의 기본 아이디어는 유사도 기반 메커니즘을 사용해 추천을 만드는 것이다. 사용자 기반 이웃 알고리듬과 마찬가지로, 특정 아이템에 액세스한 다른 사용자와 사용자의 가중치 유사도를 추천에 사용한다. 사용자 $i$가 아이템 $q$에 액세스한 경우 $r_{iq}$를 값은 1, 그렇지 않으면 0을 갖는 지시 변수indicator variable로 설정한다. $r_{iq}$는 평점 행렬의 암시적 피드백 버전으로 볼 수 있다. 마찬가지로, 웹 페이지에 대한 액세스 패턴의 유사도를 기반으로 사용자 $i$와 $j$ 사이의 계산된 유사도를 $w_{ij}$로 한다. 그리고 뉴스 아이템 $q$에 액세스하기 위한 사용자 $i$의 예측된 성향 $p_{iq}$는 다음과 같이 정의한다.

$$p_{iq} = \sum_{j \neq i} w_{ij} \cdot r_{jq}$$

(13.13)

$r_{jq}$ 평점을 이진수라고 가정하기 때문에, 예측 성향 $p_{iq}$도 적절한 임계값을 사용해 이진화할 수 있다. 유사도는 다양한 방식으로 계산할 수 있다. 예를 들어 두 사용자의 동일한 아이템에 대한 액세스를 피어슨 상관계수 또는 코사인 유사도로 계산할 수 있다.

앞에서 언급한 공식은 사용자 기반 협업 필터링 메커니즘의 간단한 일반화다. 모든 사용자 쌍 사이의 유사도를 미리 계산해야 하기 때문에 웹과 같은 규모의 환경에서는 예측 성향을 계산하는 것은 비용이 많이 든다. 쌍 단위 계산은 다소 비쌀 수 있으며 우변의 합계는 사용자 수만큼 많은 항을 포함한다. 따라서 [175]의 연구에서는 보다 효율적인 모델 기반의 대안을 제안한다. 이러한 방법은 클러스터링을 사용해 계산 속도를 높인다. 또한 클러스터링 방법은 좀 더 효과적인 협업 필터링을 위해 노이즈를 감소시킬 수 있는 몇 가지 장점이 있다.

모델 기반 기술에서 사용자는 유사한 액세스 동작을 갖는 클러스터에 대해 확률적 또는 결정론적[3]으로 할당된다. 다시 말해, 유사한 액세스 패턴을 가진 사용자는 일반적으로 확률이 높은 유사한 클러스터에 속한다. MinHash 및 PLSI에 해당하는 두 개의 클러스터링 체계를 사용하며 이 중 하나를 사용해 접근 방식을 구현할 수 있다. 전자 사용자는 사용자를 클러스터에 철저한 할당hard assignment을 하고 후자는 소프트 할당soft assignment을[4] 한다. 이러한 방법에 대한 자세한 내용은 이 절의 뒷부분에서 설명한다.

총 $m$개의 클러스터를 정의하고 클러스터 $k$에 할당한 사용자 $i$의 비율이 $f_{ik}$에 의해 주어진다고 가정한다. 결정론적 클러스터링의 경우 $f_{ik}$의 값은 0 또는 1인 반면, $f_{ik}$의 값은 소프트 클러스터링의 경우 (0, 1)에 있다. 그런 다음 아이템 $i$에 액세스하는 사용자 $i$의 성향은 다음과 같이 정의한다.

$$p_{iq} = \sum_{k=1}^{m} f_{ik} \sum_{j:f_{jk}>0} r_{jq} \tag{13.14}$$

$f_{jk}$를 통합해 이 공식을 더 구체화하는 것도 가능하지만 [175]에서 언급하지 않았다.

$$p_{iq} = \sum_{k=1}^{m} f_{ik} \sum_{j} f_{jk} r_{jq} \tag{13.15}$$

클러스터링이 (MinHash 체계)와 같은 철저한 할당인 경우 이 식은 다음과 같이 줄어든다.

$$p_{iq} = \sum_{j} \text{CommonClusters}(i, j) \cdot r_{jq} \tag{13.15}$$

여기서, CommonClusters$(i, j)$는 사용자 $i$와 $j$가 함께 나타나는 공통 클러스터의 수와 일치한다. 또한 클러스터링이 엄격한 파티셔닝으로 한 번만 실행되면 CommonClusters$(i, j)$의 값은 0 또는 1이다. 반면에 클러스터링이 빠른 무작위 접근 방식으로 여러 번 반복되는 경우 CommonClusters$(i, j)$는 사용자 $i$와 $j$가 동일한 클러스터에서 나타나는 횟수와 같다. 동적 데이터 세트의 경우 암시적 피드백 "rating" $r_{jq}$의 값에 시간-감쇠 값을 곱할 수 있다.

또한 공동 방문 점수가 클러스터링 기반 계산에서 생성한 점수에 추가된다. 공동 방문 점수는 원칙적으로 아이템 기반 알고리듬과 유사하다. 미리 정의한 시간 내에 동일한 사용자가 방문하면 두 아이템은 공동 방문이 된다. 각 아이템에 대해 다른 모든 아이템에 대한 (시간-감쇠된) 공동 방문 횟수는 동적으로 유지된다. 타깃 사용자 $i$ 및 타깃 아이템 $q$에 대해, 아이템 $q$의 빈번한 공동 방문이 사용자 $i$의 최근 아이템 이력에 존재하는지로 결정된다. 이러한 각 존재에 대해 정

---

3  결정론적(deterministic)의 의미는 예측한 그대로 동작한다는 의미이다. 어떤 특정한 입력이 들어오면 언제나 똑같은 과정을 거쳐서 언제나 똑같은 결과를 내놓는다. – 옮긴이

4  한 개의 데이터를 하나의 클러스터에만 할당하는 것을 철저한 할당이라고 하고, 여러 클러스터에 할당할 수 있는 것을 소프트 할당이라고 한다. – 옮긴이

규화된 값이 식 13.14의 추천 점수에 추가된다. 이 작업을 효율적으로 구현하기 위해 특수한 데이터 구조를 사용한다.

## 클러스터링 방법

앞에서 설명한 것처럼 MinHash와 PLSI를 두 개의 클러스터링 체계로 사용한다. Min-Hash 체계는 공통적으로 방문한 아이템 집합의 자카드 계수로 정의한 유사도에 따라 사용자를 암시적으로 클러스터링한다. MinHash 체계는 무작위 클러스터링 방법이지만 동일한 클러스터에 속하는 두 사용자의 확률이 자카드 계수에 비례하는 결정론적 클러스터를 만든다. 반면, PLSI 방식은 각 지점이 특정 확률로 클러스터에 할당되는 확률적 클러스터링 방법이다. MinHash 및 PLSI 방법은 모두 [175]에서 자세히 설명한다. [175]는 이러한 작업을 효율적으로 구현하기 위한 MapReduce 방법을 설명한다. 접근 방식을 대규모 환경으로 확장하려면 MapReduce 접근 방식이 필요하다.

## 후보자 목록 생성

지금까지 특정 대상 사용자에 대한 후보 목록 $L$의 생성하는 것에 대해서는 자세히 설명하지 않았다. 후보 목록은 두 가지 방법 중 하나로 생성할 수 있다. 뉴스 프런트엔드는 뉴스 에디션, 사용자 $i$의 언어 선호도, 스토리 신선도, 사용자 $i$가 선정한 맞춤형 섹션 등을 바탕으로 후보 목록을 생성할 수 있다. 또는 (i) 사용자 $i$와 동일한 클러스터 구성원이 클릭한 모든 이야기와 (ii) 사용자 $i$의 클릭 히스토리에 있는 이야기 집합과 함께 방문한 이야기 집합의 조합으로서 후보를 생성할 수 있다.

# 13.8.2 전산 광고 대 추천 시스템

최근, 온라인 전산 광고online computational advertising는 콘텐츠 소비, 정보 검색 및 비즈니스 거래를 위한 매체로서 인터넷의 중요성이 커지면서 점점 더 많은 주목을 받고 있다. 이는 사용자가 자주 참여하는 일반적인 활동을 나타내며, 소비하는 콘텐츠와 거래 이력은 광고를 게재할 수 있는 컨텍스트를 제공할 수 있기 때문에 온라인 광고주에게도 기회가 된다. 사용자가 참여하는 활동은 일반적으로 사용자에 대한 많은 정보를 제공하며 현재 활동과 관련된 제품을 타기팅하는 데 활용할 수 있다. 예를 들어 사용자가 "골프"와 같은 키워드를 사용해 구글 또는 빙Bing과 같은 검색엔진을 사용하는 경우 실제 검색 결과 외에도 많은 "스폰서 검색 결과"가 표시되는 것이 일반적이다. 이러한 스폰서 검색 결과는 광고이며, 검색엔진에 의해 배치되며 일반적으로 검색엔진 쿼리(예: "골프")와 관련이 있다. 이 광고 방법론을 스폰서 검색이라고 한다. 일반적으로 가장 일반적인 전산 광고 모델은 다음과 같다.

1. 스폰서 검색: 검색엔진은 중개자 역할을 하며 사용자가 입력한 쿼리의 검색 결과에 광고를 배치하는 역할을 한다. 광고주와 중개자의 목표는 반환된 검색 결과와 관련된 광고를 표시하는 것이기 때문에 쿼리 검색 결과에서 광고가 노출된 이유를 설명한다. 사용자가 컨텍스트에 맞는 스폰서 검색 결과를 클릭할 가능성이 높기 때문이다. 이 방법은 스폰서 검색 결과가 성공적으로 클릭으로 연결되거나 검색 결과가 표시되는 횟수를 기준으로 중개자에게 비용을 지불하는 경우가 많기 때문에 광고주의 비즈니스 수익과 중개자의 광고 수익을 높이는 데 도움이 된다. 이들 결과의 조합도 사용할 수 있다.

2. 디스플레이 광고: 콘텐츠 게시자(예: 뉴스 포털)는 콘텐츠에 해당하는 웹 페이지에 실제로 광고를 배치한다. 따라서 콘텐츠 제공자는 중개자의 역할을 한다. 웹 페이지의 내용은 광고와 관련된 컨텍스트를 사용한다. 예를 들어 골프 토너먼트 기사를 표시하는 뉴스 포털은 동일한 페이지에 골프 관련 광고를 표시할 수 있다. 중개자는 다양한 측정 항목을 사용해 광고주에게 광고비를 받을 수 있다. 예를 들어 중개자는 광고에 대한 성공적인 클릭 연결, 광고를 기반으로 하는 성공적인 거래 또는 광고가 표시된 횟수(예: 노출 수)에 대해 광고비를 받을 수 있다. 이들 결과의 조합도 사용할 수 있다. 따라서 디스플레이 광고 모델은 스폰서 검색 모델과 많은 유사점을 가지고 있다.

두 경우 모두, 특정 컨텍스트(디스플레이 결과 또는 디스플레이 광고가 놓인 페이지의 주제에 의해 정의됨)에서 광고(아이템과 유사하게)를 사용자에게 추천한다. 두 경우 모두 중개자는 광고의 컨텍스트를 제공하는 콘텐츠의 게시자이다. 검색 쿼리 결과는 동적으로 생성되기는 하지만 콘텐츠 게시의 한 형태로서 특정 사용자 쿼리에 반응한다. 또한 추천 광고가 가능한 검색 결과와 관련성이 있도록 하는 것은 광고주와 중개자 모두에게 이익이다. 온라인 광고 시나리오에서 다양한 개체 간의 이러한 관계는 그림 13.3에서 설명한다.

전산 광고 방법과 추천 시스템 간에는 몇 가지 중요한 유사점과 차이점이 있다. 광고는 아이템과 같으며 중개자는 사용자에게 추천하는 역할을 한다. 그러나 추천 기술이 전산 광고에 사용될 수 있는 방법에 대해 논의하기 전에 먼저 이들 사이의 차이점을 이해해야 한다. 이를 통해 이 방법을 효과적으로 사용할 수 있는 시나리오와 이러한 목표를 달성하는 데 필요한 변경 사항을 이해할 수 있다. 추천과 전산 광고의 구체적인 차이점은 다음과 같다.

1. 기존 추천 시스템에서는 아마존과 같은 추천 시스템이 사용자에게 가장 관련성 높은 추천을 제공하는 것이 가장 좋다. 따라서 사용자 및 추천 시스템의 관심사가 완벽하게 일치한다. 전산 광고에서는, 중개자는 광고주에게 아이템을 추천하기 위해 광고비를 받는다. 이는 중개자가 광고에 대한 클릭율을 높이도록 동기를 부여하지만 광고주, 게시자 및 사용자의 관심사가 항상 완벽하게 일치하지는 않는다. 노출 수를 기준으로 광고주가 게시자에게 지불하는 경우 특히 그렇다. 비용 모델은 게임 이론적 의미로만 이해될 수

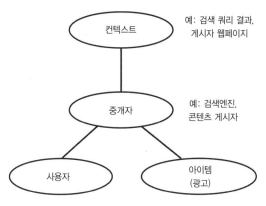

예: 검색 쿼리 결과,
게시자 웹페이지

예: 검색엔진,
콘텐츠 게시자

**그림 13.3** 전산 광고 설정에서 다양한 관계자 간의 관계

있으며, 여기서 세 실체는 자기 입장에서 최대한 유리하도록 노력한다. 그러나 많은 경우 세 개체의 이익은 어느 정도 일치한다.

2. 기존 추천 시스템에는 강력한 사용자 식별 메커니즘이 있다. 사용자가 익명인 경우에도 재 방문 사용자의 장기 기록이 알려져 있다. 이는 전산 광고의 경우에 반드시 해당되는 것은 아니며, 검색엔진에서 검색하는 사용자의 장기 이력에 대한 정보가 알려져 있지 않을 가능성이 높다. 대부분의 경우 광고(아이템)와 과거 사용자 상호작용에 대한 데이터는 사용할 수 없다. 추천은 개인화에 관한 것이지만 전산 광고는 즉각적인 컨텍스트에 관한 것이란 게 특히 중요하다. 그럼에도 강력한 사용자 식별 메커니즘을 갖춘 일부 사이트에서는 컨텍스트와 개인화가 모두 중요하다. 예를 들어 온라인 신문에 로그인 하면 사용자 식별 정보를 활용해 보다 관련성 높은 광고 결과를 제공할 수 있다. 마찬가지로 구글은 Gmail 기반 식별 메커니즘을 사용해 맞춤 검색을 수행할 수 있는 기능을 제공한다.

3. 추천 시스템 내에서 아이템의 수명이 길다. 그러나 전산 광고 시스템에서 특정 광고 캠페인은 수명이 매우 짧을 수 있다. 따라서 광고는 본질적으로 일시적이다. 그러나 추천 기술을 사용하기 위해 의사 아이템pseudo-item과 동일한 주제로 광고를 논리적으로 표현할 수 있다.

앞에서 언급한 논의에 따르면 전산 광고와 추천 모델 사이에 상당한 차이가 존재한다는 것이 명백하다. 그럼에도 추천 기술을 전산 광고에 적용할 수 있는 몇 가지 시나리오가 있다.

강력한 사용자 식별 메커니즘을 사용할 수 있고 광고주의 관심사를 게시자 관심사와 적절하게 일치시킬 수 있는 경우, 광고 모델을 추천 프로세스로 생각할 수 있다. 모델링을 수행하는 데 필요한 단계는 다음과 같다.

1. 시스템에 참여하는 식별 가능한 사용자 세트($U$)는 장기 추적 및 분석 목적으로 미리 알

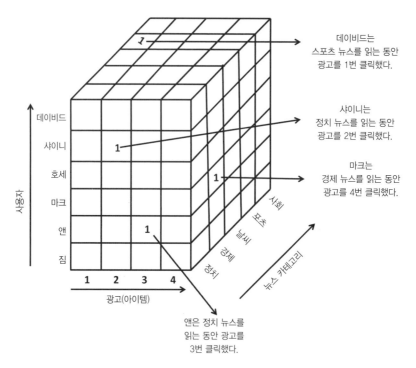

데이비드는
스포츠 뉴스를 읽는 동안
광고를 1번 클릭했다.

샤이니는
정치 뉴스를 읽는 동안
광고를 2번 클릭했다.

마크는
경제 뉴스를 읽는 동안
광고를 4번 클릭했다.

앤은 정치 뉴스를
읽는 동안 광고를
3번 클릭했다.

**그림 13.4** 신문 디스플레이 광고에 대한 컨텍스트별 추천으로 광고 표현(그림 8.1 및 11.6과 유사함)

고 있다고 가정한다.

2.  광고 캠페인은 수명이 짧지만 모두 아이템 세트로 분류한다. 예를 들어 동일한 유형의 골프장에 대한 두 개의 다른 광고는 단일 아이템으로 취급한다. 전체 아이템 세트는 $I$로 표시한다.

3.  광고 클릭과 같은 사용자 행동은 암시적 피드백으로 본다. 이미 광고를 아이템이라고 보기 때문에 사용자 행동을 사용해 사용자와 아이템 간에 암시적 피드백을 만들 수 있다. 이 암시적 피드백은 사용자 행동의 빈도에 해당할 수 있으며 "평점"으로 효과적으로 취급할 수 있다.

4.  모든 간행물 소스(예: 검색 구 또는 웹 페이지)는 적절한 수준의 세분화로 별개의 카테고리 세트로 분류한다. 이 카테고리는 $C$로 표시되는 고정된 컨텍스트 집합으로 취급한다. 8장에서 설명한 것처럼 이 추가적인 컨텍스트 집합을 사용해 3차원 평점 매핑 함수 $h_R$을 정의할 수 있다.

$$h_R : U \times I \times C \rightarrow \text{암시적 피드백 평점}$$

이 관계는 그림 13.4에 나와 있다. 이 경우 모든 기사를 특정 주제로 분류한 신문의 가설적 예를 볼 수 있다. 사용자가 해당 페이지의 특정 주제와 관련된 광고를 클릭하면 클릭한 정보가 기록

538

된다. 이 결과는 8장에서 논의한 바와 같이 다차원 컨텍스트 표현이다. 그림 13.4와 8장의 그림 8.1과 11장의 그림 11.6의 유사도 수준이 특히 두드러진다. 컨텍스트에 맞는 추천[7]을 위해서 다차원 방법을 사용하는 것은 강력한 기술이며 이 책에서는 여러 시나리오에서 수 차례 언급했다.

8장의 동일한 기술 중 다수가 광고를 아이템으로 취급해 광고를 추천하는 데 사용할 수 있다. 그러나 8장에서 언급한 기술을 사용하는 것은 광고를 성공적으로 클릭하게 만들기 위해 게시자가 지불하는 금액과 같은 비용 정보를 이용해 더욱 향상할 필요가 있다. 다시 말해서, 비용에 민감한 컨텍스트별 협업 필터링 알고리듬의 변형을 사용할 수 있으며, 여기서 더 좋은 결과를 갖는 아이템이 다른 아이템들 보다 높은 우선 순위를 갖는다. 이것은 클릭의 예상 확률이 아닌 예상 결과에 대한 예측을 순위화함으로써 달성할 수 있다. 콘텐츠 기반 방법은 특히 인기가 있으며[105, 142, 327], 웹 페이지의 컨텍스트와 광고의 컨텍스트를 일치시키기 위해 콘텐츠 유사도를 사용한다.

### 13.8.2.1 멀티암 밴딧의 중요성

멀티암 밴딧은 전산 광고에서 특히 유용하다. 멀티암 밴딧은 (a) 항상 새로운 아이템이 시스템에 진입하고, (b) 특정 전략을 선택하는 결과를 정확하게 계산할 수 있는 환경에서 특히 유용하다. 전산 광고 도메인에서는 아이템이 매우 일시적이기 때문에 탐색과 이용을 동시에 사용하는 것이 특히 중요하다. 슬롯 머신의 각 암은 광고 중 하나로 볼 수 있다. 따라서 슬롯 머신은 시스템에 지속적으로 추가되거나 제거된다. 또한 다양한 유형의 컨텍스트가 광고와 관련돼 있기 때문에, 광고의 컨텍스트(예를 들어 검색엔진 쿼리 키워드 또는 광고가 표시되는 웹 페이지)가 사용되는 컨텍스트 밴딧을 이용하는 것이 특히 유용하다. 광고 게재 여부를 결정하기 위해 멀티암 밴딧에 대한 설명은 13.3절을 참조하라. 컨텍스트 밴딧 알고리듬에 대한 논의는 [348]에서도 볼 수 있다.

많은 경우 전산 광고 환경은 전통적인 멀티암 밴딧 프레임워크에 깔끔하게 맞지 않다. 예를 들어 게시자는 한 페이지에 한 번에 둘 이상의 광고를 표시할 수 있으며 사용자는 같은 시간에 한 페이지에 표시된 여러 개의 광고 중에 한 개 이상을 클릭할 수 있다. 이 변형을 처리하기 위해, 멀티암 밴딧에 슬레이트 문제slate problem를 제안[290]했다. 이 멀티암 밴딧의 변형에서, 갬블러는 그 시도와 관련된 보상을 인식하기 전에 한 번에 두 개 이상의 슬롯 머신을 플레이할 수 있다. 동시 플레이는 주어진 페이지에 배치된 다른 광고에 해당한다. 특정 시도와 관련된 보상은 개별 슬롯 머신에서 얻은 보상의 합과 같다. 광고 환경에서는 웹 페이지에 다른 광고(슬롯 머신 암)를 배치하는 것으로 변환된다. 이 문제의 순서가 바뀐 변형에서 다른 결과는 웹 페이지에 있는 광고의 다른 배치와 관련이 있다. 그 예로 순위가 매겨진 목록에서 상단 위치는 하단 위치보다 예상 결과가 높다. 최적의 정책을 계산하기 위한 무작위 알고리듬의 자세한 내용은 [290]을 참조하라.

## 13.8.3 상호 추천 시스템

전산 광고의 문제는 상호 추천reciprocal recommendations[481] 문제와 관련이 있다. 기본 아이디어는 비대칭적인 관심사를 가진 여러 이해관계자에게 추천의 유용성을 고려해야할 때 추천이 변경된다는 것이다. 이러한 시나리오의 예는 온라인 데이트[480, 482]가 있지만, 기본 접근 방식은 고용주-직원 일치[253] 및 멘토-멘티 일치[103, 621]와 같은 다양한 시나리오의 컨텍스트에서 사용할 수 있다. 10장에서 논의한 링크 예측 문제도 상호 추천 시스템의 형태로 볼 수 있다. 특히 링크 예측을 적절하게 변형한 예로는 상호 관계 예측[254]의 변형이 있다. 여기서 언급한 소셜 네트워크 환경에서 양방향 "팔로워" 링크의 발생 가능성을 예측하려고 시도한다. 기존 추천 시스템과 상호 추천 시스템 간에는 몇 가지 주요 차이점이 있다. 이러한 차이[480]는 다음 환경에서 사용할 수 있는 알고리듬의 특성에 영향을 준다.

1. 전통적인 추천 시스템에서, 사용자는 아이템을 추천받고 아이템을 사용 또는 구매하는 유일한 결정자이다. 한편, 온라인 데이트와 같은 상호 추천 시스템에서 사용자는 거래의 성공이 상대방의 동의에 달려있다. 실제로 상대방은 상호 환경에서 "아이템"이 된다. 따라서 전통적인 추천 시스템에서는 아이템은 풍부하고 다른 당사자의 동의를 얻어 아이템을 소비할 필요가 없지만, 상호 추천 시스템에서는 동의를 얻어야 한다.

2. 기존 추천 시스템에서 사용자와 제품은 시스템에서 지속적으로 반복된다. 결과적으로 사용자의 기본 환경에 대한 데이터를 수집하는 것이 훨씬 쉽다. 상호 추천 시스템(예: 온라인 데이트)에서 사용자와 아이템은 시스템에서 한 번만 발생할 수 있으며 성공적인 거래 후에는 다시는 발생하지 않을 수 있다. 따라서 콜드 스타트 문제는 상호 환경에서 훨씬 더 중요하다. 그러나 이 문제가 모든 상호 영역에서 보편적인 것은 아니다. 예를 들어 소셜 네트워크에 대한 링크 예측 문제에서 노드는 일반적으로 영구적이다.

"상호"라는 용어는 사용자와 "아이템" 모두 선호도를 가지고 있으며, 두 가지를 모두 만족해야만 성공적인 거래를 시작할 수 있다. 또한 문제를 대칭적으로 볼 수 있다. 고용주-직원 매칭에서 (잠재적) 고용주를 사용자로 보고 (잠재적) 직원을 아이템으로 보거나 고용주를 아이템으로, 직원을 사용자로 볼 수 있다. 따라서 두 가지 다른 추천이 동시에 발생하며, 성공적인 거래 가능성을 극대화하기 위해 조화를 이뤄야 한다. 예를 들어 직원이 특정 고용주에 관심이 있지만 고용주가 해당 직원의 기술에 관심이 없는 경우에는 두 사람을 연결해주는 것은 의미가 없다.

이러한 시스템에서는 사용자 행동을 통한 암시적 피드백과 비교해 명시적 평점은 일반적이지 않다. 따라서 이러한 시스템의 대부분은 평점 대신 사용자 행동을 사용하는 암시적 피드백 데이터를 기반으로 한다. 예를 들어 온라인 데이트 애플리케이션에서 대화 수락, 메시지 교환 또는 메시지에 대한 응답은 암시적인 관심의 표시로 다양한 가중치 레벨이 주어질 수 있다. 성공적인 트랜잭션이 시스템에서 사용자와 아이템을 제거하는 경향이 있기 때문에 이러한 시스템의 주요 과제는 콜드 스타트 문제가 된다.

콜드 스타트 문제가 중요한 경우 콘텐츠 중심 방법이 직간접적으로 중요한 역할을 할 수 있다. 직접적인 방법에서, 평점의 부족을 보상하기 위해 추천 기술에서 콘텐츠 중심 방법을 사용할 수 있다.

또한 콘텐츠 중심의 방법은 시스템 내에서 사용자와 아이템 모두[5]에 대한 프로필을 설명한 데이터가 있기 때문에 가능하다. 사용자와 아이템의 비지속적인 특성을 처리하는 두 번째 (간접) 방법은 지속적인 대표 사례를 작성하는 것다. 예를 들어 직업-매칭 애플리케이션을 생각해보자. 구인 사이트에 등록된 각 직업에 대해 과거에 등록된 다른 유사한 직업을 이 직업의 예시로 취급할 수 있다. 이 "유사도"는 콘텐츠 중심 속성을 기반으로 정의한다. 마찬가지로, 시스템의 각 후보에 대해 과거에 다른 유사한 후보를 이 후보의 예시로 취급할 수 있다. 온라인 데이트 애플리케이션에서 비슷한 프로필을 가진 사용자를 현재 프로필의 예시로 취급할 수 있다. 과거 대표 간의 성공적인 거래는 현재 아바타 사이에서도 유사한 거래가 발생할 것으로 취급할 수 있다. 이러한 유사한 거래의 가중치는 현재 아바타와 대표 사용자의 과거 예시 및 "아이템"간의 유사도의 함수로 계산할 수 있다. 이 보강 데이터augmented data는 다양한 협업 필터링 및 링크 예측 방법과 함께 사용할 수 있다. 노드 쌍 사이에서 가장 가능성이 높은 링크를 예측한다. 기존과 유사할 것이라고 생각하는 거래가 이미 존재하는 경우에도 사용자와 아이템 쌍을 서로에게 추천하는 것이 가능하다. 기존과 유사할 것이라도 생각하는 거래 중 일부는 노이즈가 많고 신뢰할 수 없다. 그러나 기본 추론 방법은 데이터 집합의 집계 구조를 사용하므로 예측이 상당히 강력할 수 있다. 이와 같은 유사한 거래에 노이즈가 있는 경우, 대응하는 사용자-아이템 쌍은 강력한 행렬 인수분해와 같은 예측 알고리듬에 의해 추천될 가능성이 적다.

다음으로 상호 추천 시스템에 대한 공통적인 두 가지 주요 방법에 대해 간략하게 설명한다. 그러나 이것은 새로운 영역이므로 우리는 이 영역에서 실제로 가능한 것의 일부만 다룰 것이다. 이 영역에 대한 추가적인 연구를 할 수 있는 중요한 기회가 있다.

## 13.8.3.1 하이브리드 방법 활용

이 방법에서, 2개의 전통적인 추천 방법은 2개의 상호 당사자의 선호도에 따라 구성된다. 그런 다음 이 두 당사자의 예측을 결합한다. 예를 들어 직업 매칭 애플리케이션에서, 전통적인 추천 시스템 $\mathcal{R}_1$은 고용주를 위한 잠재적인 직원의 순위 목록을 생성하는 데 사용할 수 있다. 그런 다

---

5  기존 추천 시스템에서 아이템은 사용자보다 프로필에 대한 설명이 자세한 경우가 많다.

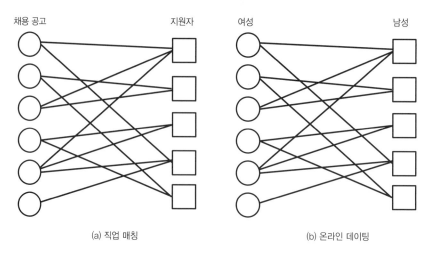

(a) 직업 매칭                                    (b) 온라인 데이팅

**그림 13.5** 링크 예측과 상호 추천

음 전통적인 추천 시스템 $\mathcal{R}_2$를 사용해 직원의 잠재적 고용주 순위 목록을 만들 수 있다. 이 두 가지 추천 결과는 성공적인 거래 가능성을 최대화하기 위해 결합한다. 조합 방법은 6장에서 논의한 가중 하이브리드 방법을 사용할 수 있다. 6장에서 논의한 바와 같이, 가중치는 선형 회귀 방법을 사용해 학습할 수 있는데, 관측한 데이터는 과거의 성공적인 거래에 의해 정의한다. 콜드 스타트 문제로 인해 충분한 관측 데이터를 사용할 수 없는 경우 단순 평균 또는 도메인별 가중치를 사용할 수 있다. 한 당사자가 다른 당사자보다 선호도가 높은 경우 캐스케이드 하이브리드 cascade hybrid를 사용할 수 있다. 예를 들어 구직자 수가 구인 수보다 훨씬 많은 환경에서 추천 시스템은 직원의 이익보다 고용주의 이익을 우선시하도록 선택할 수 있다. 이러한 환경에서 캐스케이드 하이브리드는 하이브리드의 첫 번째 캐스케이드를 자연스럽게 두 번째 캐스케이드 보다 우선하기 때문에 이상적이다.

추천을 결합하는 방법을 결정하는데 중요한 역할을 할 수 있는 많은 요소가 있다. 예를 들어 구직자와 고용자 중 하나가 자연스럽게 적극적일수 있고 (즉, 연락 시작) 다른 당사자가 자연스럽게 반응할 수 있다(즉, 연락에 응답). 이러한 경우 하이브리드의 특성은 적극적이거나 반응하는 당사자를 만족시키는 시스템의 상대적인 관심사에 따라 달라질 수 있다. 예를 들어 적극적인 당사자의 이익을 우선한다고 가정할 수 있지만, 반응하는 당사자가 추천을 거부하지 않도록 해야 한다. 반응하는 당사자의 반복적인 거부는 비용이 많이 들고 시스템의 신뢰에 영향을 줄 수 있다. 따라서 두 가지 모델을 만들 수 있다. 첫 번째 모델 $\mathcal{R}_1$은 적극적인 당사자가 선호하는 "아이템"을 계산하고, 두 번째 모델 $\mathcal{R}_2$는 반응하는 당사자(즉, "아이템")가 싫어할 사용자를 계산한다. 두 번째 모델의 아이디어는 첫 번째 모델에서 반응하는 당사자가 싫어하는 추천을 정리하는 것이다. 이러한 모델에 대한 다양한 조합 방법은 [482]에서 설명한다.

추천 시스템 $\mathcal{R}_1$ 및 $\mathcal{R}_2$는 콜드 스타트 문제로 인해 콘텐츠 중심 시스템인 경우가 많다. 그러나 어떤 경우에는 과거 사용자와 아이템을 시스템에서 유사한 사용자의 예시로 취급하고 사용자와 아이템 사이의 상상의 거래를 구성해 평점 데이터를 보강할 수 있다. 그러한 경우, 상상의 거래로 인한 추가 데이터를 사용할 수 있기 때문에 협업 필터링 방법을 사용할 수도 있다.

### 13.8.3.2 링크 예측 방법 활용

콜드 스타트 문제가 심각한 문제가 아니거나 비슷한 사용자 및 아이템의 데이터로 평점 데이터를 보강할 수 있는 경우에는 링크 예측 방법을 이 환경에 적용할 수 있다. 유방향direct 및 무방향undirect 링크 예측을 위한 행렬 인수분해 방법은 10장의 10.4.5절에서 논의했다. 이 경우, 두 상호 당사자가 네트워크의 두 파티션을 형성하는 이분bipartite 네트워크를 구성할 수 있다. 예를 들어 한 파티션은 고용주 집합이고 다른 파티션은 직원 집합 일 수 있다. 데이트 애플리케이션에서 한 파티션은 남성에 해당하고 다른 파티션은 여성에 해당할 수 있다. 이 네트워크의 에지는 이 파티션의 노드들 (또는 유사한 표현들) 사이의 (이전의) 성공적인 거래에 해당한다. 이러한 시나리오는 그림 13.5(a) 및 (b)에서 각각 설명한다. 그러나 다른 애플리케이션에서는 기본 그래프가 이분되지 않을 수 있다. 예를 들어 동성 연애 데이트 애플리케이션에서 선호도 그래프는 두 부분이 아닐 수 있다. 경우에 따라 선호도가 비대칭으로 지정되면 기본 그래프의 방향이 지정될 수 있다. 이 모든 경우에 10.4.5절에서 논의한 비대칭 및 대칭 행렬 인수분해 방법이 매우 유용할 수 있다. 링크 예측 문제가 상호 추천 시스템의 특수한 경우라는 사실을 고려할 때 이것은 놀라운 일이 아니다. 대표자를 사용해 링크가 노이즈 많은 방식으로 구성하는 경우, 강건한 행렬 인수분해 방법을 사용해 12장의 아이디어를 기반으로 정확도를 향상시킬 수 있다.

# 13.9 요약

13장에서는 그룹 추천, 다중 기준 추천, 능동적 학습 및 개인정보보호와 같은 추천 시스템의 몇 가지 고급 주제를 살펴봤다. 또한 추천 시스템의 몇 가지 흥미로운 애플리케이션을 다뤘다.

그룹 추천은 다양한 관심사를 가진 사용자 그룹에 추천을 제공하도록 설계됐다. 일반적으로 추천 프로세스의 다양한 사회적 요인으로 인해 이러한 시나리오에서 간단한 평균화 방법이 항상 작동하는 것은 아니다. 다중 기준 추천 시스템에서 더욱 강력한 추천을 제공하기 위해 다양한 사용자 관심사를 사용한다. 기본 개념은 다양한 기준의 사용자 평점에 대한 세부 정보를 사용할 수 있을 때 사용자 행동을 보다 정확하게 모델링할 수 있다는 것이다.

능동적 학습의 문제는 추천 시스템의 평점 획득 문제를 연구한다. 평점 획득의 비용은 때때로 비싸다. 따라서 평점에 대한 특정 사용자-아이템 조합을 신중하게 쿼리하려면 기술을 디자인해야 한다. 추천 시스템에서의 능동적 학습 방식은 분류 방식과 매우 유사하다.

개인정보보호는 다른 주요 시스템과 마찬가지로 추천 시스템에도 여전히 중요한 과제이다. 개인정보보호 방법은 데이터 수집 시간 또는 데이터 게시 시간에 적용할 수 있다. 데이터 수집 시 개인정보보호를 유지하는 방법은 일반적으로 더 나은 보증을 제공하지만 인프라 관점에서는 구현하기가 어렵다.

최근 몇 년 동안 추천 시스템에 대한 수많은 애플리케이션이 제안됐다. 일부 예에는 쿼리 추천, 뉴스 개인 설정, 전산 광고 만족 및 상호 추천을 포함한다. 13장에서는 이러한 도메인의 기본 방법 중 일부를 소개했다.

# 13.10 참고문헌

순위를 배우는 문제는 분류, 인터넷 검색 및 정보 검색에서 널리 연구한다[15, 115, 284, 370]. 추천 시스템의 관점에서 순위를 매기는 방법에 대한 튜토리얼은 [323]에서 찾을 수 있다. 순위 지정 방법은 쌍별 방식 또는 목록 방식일 수 있다[136]. 쌍별 방법에는 베이지안 개인별 순위 모델BPR[499], 아이겐 랭크 모델[367], pLPA[368] 및 CR[59]을 포함한다. 목록 방식으로는 CoFiRank[624], CLiMF, xCLiMF 및 기타 여러 변형[545-548]이 있다. 이 방법들 중 일부는 컨텍스트 시나리오에 일반화됐다[549].

멀티암 밴딧은 강화학습 알고리듬의 한 종류로 볼 수 있다[579]. 이 책은 웹사이트 최적화와 관련해 작성했지만 여러 밴딧 알고리듬에 대한 간단한 설명은 [628]에서 찾을 수 있다. 추천 시스템을 위한 밴딧 알고리듬은 [92, 348]에서 논의한다. [349]의 연구는 오프라인 환경에서 밴딧 알고리듬을 평가하는 문제를 소개한다. 전산 광고를 위한 멀티암 밴딧의 사용은 [160, 290]에 논의했다.

그룹 추천 시스템은 [271, 272, 407, 408]에 자세히 설명한다. 그룹 추천 시스템에 대한 사회적 요인에 대한 검토는 [489]에서 찾을 수 있다. 그룹 추천에 대한 사례 기반 방법은 [413, 415]에서 설명한다. 그룹 추천은 영화[168], 텔레비전[653], 음악[412] 및 여행[52, 272, 413]과 같은 다양한 영역에서 사용했다. 그룹 추천 시스템에 대한 평균화 전략의 한계는 [409, 654]에서 설명한다. 최다 득표, 곱셈 집계, 보다 카운트Borda count, 코플랜드 방법Copeland rule, 승인 투표 및 공정성과 같은 그룹 추천 시스템에 대한 다양한 집계 전략을 [407]에서 제안했다. 다양한 전략을 비교한 실험 연구도 같은 자료에 포함돼 있다. 경우에 따라 일련의 아이템을 포함하는 복잡한 아이템을 추천하는 데 관심이 있다. 예를 들어 집단 시청자를 위한 텔레비전 프로그램의 경우가 있으며, 여기서 전체 프로그램은 다양한 유형의 여러 구성 요소를 포함할 수 있다. 이러한 경우 아이템의 순서도 중요하다. 이러한 시스템은 [407]에서 논의했다.

다중 기준 추천 시스템은 [11, 398, 604]에서 조사했다. 다중 기준 추천 문제는 [12]의 주요 작업에서 처음 정의했다. 다중 기준 추천에 대한 이웃 기반 방법은 [12, 399, 596]에서 설명한다. [399]의 연구는 이웃 방법에서 집계된 유사도 계산을 수행하는 세 가지 다른 방법을 제안한다. 그러나 전체적인 접근법은 원칙적으로 [12]에서 논의한 것과 다르다. 앙상블 기반 방법도 [12]에 제안했다. 다중 기준 추천 시스템과 관련해 다수의 모델 기반 방법을 제안했다. 여기에는 유연한 혼합 모델[514] 및 MSVD^multi-linear singular value decomposition 접근법[353]이 포함된다. 전체 평점을 사용할 수 없는 경우에 대한 방법도 제안했다. 예를 들어 [328]의 연구는 다양한 기준에 걸쳐 예측된 평점을 UTilities Additive method(UTA)를 사용하는 것과 결합하는 방법을 제안한다. [276]의 연구는 다양한 기준의 상대적 중요성을 결정하기 위해 지지 벡터 회귀 모델을 사용한다. 이들은 사용자 기반 및 아이템 기반 회귀 모델을 가중치 접근법과 결합하는 데 사용한다. 식당 평가 시스템에서 스카이 라인 쿼리를 사용하는 파레토 최적화 방법을 [340]에서 제안했다.

적극적인 학습 방법에 대한 자세한 검토는 [513]에 제공한다. 그러나 추천 시스템에 대한 사용 가능한 작업이 제한돼 있기 때문에 이 검토는 주로 분류 문제를 기반으로 한다. 최근 이 주제에 대해서는 제한된 양의 작업[192-194, 257, 295, 330, 578]만 제안됐다. 추천 문제에 대한 능동 학습 영역은 여전히 열려 있다. 시간적 협업 필터링과 관련된 흥미로운 알고리듬 종류에는 추천 모델이 추천 공간에서 탐색 대 이용을 이용하는 멀티암 밴딧 알고리듬이 있다[92, 348].

개인정보보호 기술은 교란 기술[35, 38, 484, 485] 사용, 그룹 기반 익명화 방법 [27, 352, 386, 521] 또는 분산 방법[75, 133, 334, 551, 606]을 포함한다. 교란 방법과 분산 기술은 모두 데이터 수집 시 개인정보를 보존하는 경향이 있다는 공통적인 측면을 가지고 있다. 이 방법은 더 높은 수준으로 개인정보를 보호한다. 반면, 이러한 시스템은 일반적으로 저장된 데이터를 최종적으로 사용하기 위해 수반되는 더 큰 인프라 및 커스터마이징 문제로 인해 구현하기가 더 어렵다. 저장된 데이터가 기존의 협업 필터링 알고리듬에서 사용할 수 없는 형태이기 때문에 이러한 문제가 발생한다. 그룹 기반 익명화 기술은 중앙 집중식 엔티티에 의해 수집된 데이터를 게시하도록 설계됐다. 이러한 기술은 보다 널리 사용되며 기존의 협업 필터링 알고리듬과 함께 결과를 만들도록 사용할 수 있다. 이러한 모든 방법은 차원의 저주[30]의 영향을 받아 고차원 데이터에 대한 효과적인 개인정보보호를 방해한다. 고차원 및 희소 데이터 세트의 익명화를 위한 몇몇 방법을 [657]에서 제안했다. 최근에는 실제적이고 상업적인 사용이 제한돼 있지만 이론적으로 매우 인기 있는 다른 개인정보보호 개념[189]이 제안됐다. 최근에는 개인별로 구분된 행렬 인수분해를 [372]에서 제안했다. 수집 시스템을 신뢰할 수 없는 실체로 취급하는 개인정보보호 접근법을 [642]에서 제안했다.

추천 시스템에는 웹 도메인에 많은 특별한 애플리케이션이 있다. 쿼리 추천 방법은 특정 세션에서 사용자가 이미 검색한 쿼리와 유사한 쿼리를 추천한다. [57]에서는 현재 쿼리와 가장 유사한 쿼리를 반환하며, 이 쿼리는 충분한 인기(지지도)를 얻는다. 지지도[support]는 다른 사용자가 쿼리를 검색한 횟수로 측정하며 해당 결과가 관련성이 있는 것으로 밝혀졌다. [137]은 현재 쿼리뿐만 아니라 현재 쿼리 세션을 쿼리 제안의 컨텍스트로 사용한다. 이 영역에서 흥미로운 아이디어는 사용자의 잠재적인 쿼리 행동을 그래픽으로 표현해 추천을 하는 쿼리 흐름 그래프[90]이다. [429]의 작업은 쿼리-URL 그래프에서 랜덤 워크를 사용해 쿼리를 추천한다. 쿼리 추천에 마르코프 모델을 사용하는 방법은 [244]에서 설명한다.

동적 프로파일러 시스템은 [636]에서 논의한다. 웹 포털 개인화 방법은 [34]에서 설명한다. 뉴스 추천을 위한 의미론적 컨텍스트의 사용은 [134]에서 논의한다. 이 작업은 8장에 제시한 컨텍스트 추천 아이디어를 기반으로 한다. 구글 뉴스 맞춤 엔진은 [175]에 자세히 설명한다. 모바일 추천 시스템은 [504]에서 논의한다.

전산 광고를 위한 최초의 시스템 중 하나는 [28]에서 논의한다. 그러나 이 시스템은 현대의 전산 광고 모델을 기반으로 하지 않았다. 이러한 시스템에 대한 보다 최근에 진행한 논의는 [106, 107]에서 찾을 수 있다. 전산 광고를 위한 슬레이트 방법은 [290]에서 논의한다. 경우에 따라 선형 결과는 웹 페이지 및 광고의 특징과 관련 있다. LinUCB 알고리듬의 변형은 이 환경을 처리하기 위해 [160]에서 제안했다. 전산 광고의 문제는 상호 추천 문제[481]와 관련 있다. 기본 아이디어는 비대칭 관심사를 가진 여러 이해관계자에게 추천의 유용성을 고려해야 할 때 추천이 변경된다는 것이다. 이러한 애플리케이션의 예로는 온라인 데이트[480, 482], 직업 매칭[253] 및 멘토-멘티 추천[103, 621]이 있다.

# 참고문헌

[1]    A. Abdul-Rahman and S. Hailes. Supporting trust in virtual communities. *Proceedings of the 33rd Annual Hawaii International Conference on System Sciences*, pp. 1769 – 1777, 2000.

[2]    G. Abowd, C. Atkeson, J. Hong, S. Long, R. Kooper, and M. Pinkerton. Cyberguide: A mobile context-aware tour guide. *Wireless Networks*, 3(5), pp. 421 – 433, 1997.

[3]    G. Abowd, A. Dey, P. Brown, N. Davies, M. Smith, and P. Steggles. Towards a better understanding of context and context-awareness. *Handheld and Ubiquitous Computing*, pp. 304 – 307, 1999.

[4]    P. Adamopoulos, A. Bellogin, P. Castells, P. Cremonesi, and H. Steck. REDD 2014 – International Workshop on Recommender Systems Evaluation: Dimensions and Design. Held in conjunction with *ACM Conference on Recommender systems*, 2014.

[5]    G. Adomavicius, and A. Tuzhilin. Toward the next generation of recommender systems: A survey of the state-of-the-art and possible extensions. *IEEE Transactions on Knowledge and Data Engineering*, 17(6), pp. 734 – 749, 2005.

[6]    G. Adomavicius, R. Sankaranarayanan, S. Sen, and A. Tuzhilin. Incorporating contextual information in recommender systems using a multidimensional approach. *ACM Transactions on Information Systems*, 23(1), pp. 103 – 145, 2005.

[7]    G. Adomavicius and A. Tuzhilin. Context-aware recommender systems. *Recommender Systems handbook*, pp. 217 – 253, Springer, NY, 2011.

[8]    G. Adomavicius and A. Tuzhilin. Incorporating context into recommender systems using multidimensional rating estimation methods. *International Workshop on Web Personalization, Recommender Systems and Intelligent User Interfaces (WPRSIUI)*, 2005.

[9]    G. Adomavicius and A. Tuzhilin. Multidimensional recommender systems: a data warehousing approach. *International Workshop on Electronic Commerce. Lecture Notes in Computer Science*, Springer, Vol. 2232, pp. 180 – 192, 2001.

[10]   G. Adomavicius, A. Tuzhilin, and R. Zheng. REQUEST: A query language for customizing recommendations. *Information Systems Research*, 22(1), pp. 99 – 117, 2011.

[11]   G. Adomavicius, N. Manouselis, and Y. Kwon. Multi-criteria recommender systems. *Recommender Systems Handbook*, Springer, pp. 769 – 803, 2011.

[12]  G. Adomavicius and Y. Kwon. New recommendation techniques for multicriteria rating systems. *IEEE Intelligent Systems*, 22(3), pp. 48 – 55, 2007.

[13]  D. Agarwal, and B. Chen. Regression-based latent factor models. *ACM KDD Conference*, pp. 19 – 28. 2009.

[14]  D. Agarwal, B.-C. Chen, and B. Long. Localized factor models for multicontext recommendation. *ACM KDD Conference*, pp. 609 – 617, 2011.

[15]  S. Agarwal. Ranking methods in machine learning. Tutorial at *SIAM Conference on Data Mining*, 2010. Slides available at: http://www.siam.org/meetings/sdm10/tutorial1.pdf

[16]  E. Agichtein, C. Castillo, D. Donato, A. Gionis, and G. Mishne. Finding high-quality content in social media. *Web Search and Data Mining Conference*, pp. 183 – 194, 2008.

[17]  C. Aggarwal. Social network data analytics. *Springer*, New York, 2011.

[18]  C. Aggarwal. Data classification: algorithms and applications. *CRC Press*, 2014.

[19]  C. Aggarwal. Data clustering: algorithms and applications. *CRC Press*, 2014.

[20]  C. Aggarwal and P. Yu. Privacy-preserving data mining: models and algorithms, *Springer*, 2008.

[21]  C. Aggarwal and C. Zhai. A survey of text classification algorithms. *Mining Text Data*, Springer, 2012.

[22]  C. Aggarwal. Data mining: the textbook. *Springer*, New York, 2015.

[23]  C. Aggarwal and J. Han. Frequent pattern mining. *Springer*, New York, 2014.

[24]  C. Aggarwal and S. Parthasarathy. Mining massively incomplete data sets by conceptual reconstruction. *ACM KDD Conference*, pp. 227 – 232, 2001.

[25]  C. Aggarwal, C. Procopiuc, and P. S. Yu. Finding localized associations in market basket data. *IEEE Transactions on Knowledge and Data Engineering*, 14(1), pp. 51 – 62, 2001.

[26]  C. Aggarwal and T. Abdelzaher. Social sensing. *Managing and Mining Sensor Data*, Springer, New York, 2013.

[27]  C. Aggarwal and P. Yu. On static and dynamic methods for condensation-based privacy-preserving data mining. *ACM Transactions on Database Systems (TODS)*, 33(1), 2, 2008.

[28]  C. Aggarwal, J. Wolf, and P. Yu. A framework for the optimizing of WWW advertising. *Trends in Distributed Systems for Electronic Commerce*, pp. 1 – 10, 1998.

[29]  C. Aggarwal, S. Gates, and P. Yu. On using partial supervision for text categorization. *IEEE Transactions on Knowledge and Data Engineering*, 16(2), pp. 245 –

255, 2004.

[30]  C. Aggarwal. On $k$-anonymity and the curse of dimensionality, *Very Large Databases Conference*, pp. 901 – 909, 2005.

[31]  C. Aggarwal, Z. Sun, and P. Yu. Online generation of profile association rules. *ACM KDD Conference*, pp. 129 – 133, 1998.

[32]  C. Aggarwal, Z. Sun, and P. Yu. Online algorithms for finding profile association rules, *CIKM Conference*, pp. 86 – 95, 1998.

[33]  C. Aggarwal, J. Wolf, K.-L. Wu, and P. Yu. Horting hatches an egg: a new graph-theoretic approach to collaborative filtering. *ACM KDD Conference*, pp. 201 – 212, 1999.

[34]  C. Aggarwal and P. Yu. An automated system for Web portal personalization. *Very Large Data Bases Conference*, pp. 1031 – 1040, 2002.

[35]  D. Agrawal and C. Aggarwal. On the design and quantification of privacy-preserving data mining algorithms. *ACM PODS Conference*, pp. 247 – 255, 2001.

[36]  C. Aggarwal, Y. Xie, and P. Yu. On dynamic link inference in heterogeneous networks. *SIAM Conference on Data Mining*, pp. 415 – 426, 2012.

[37]  R. Agrawal and R. Srikant. Mining sequential patterns. *International Conference on Data Engineering*, pp. 3 – 14, 1995.

[38]  R. Agrawal, and R. Srikant. Privacy-preserving data mining. *ACM SIGMOD Conference*, pp. 439 – 450, 2000.

[39]  R. Agrawal, R. Rantzau, and E. Terzi. Context-sensitive ranking. *ACM SIGMOD Conference*, pp. 383 – 394, 2006.

[40]  H. Ahn, K. Kim, and I. Han. Mobile advertisement recommender system using collab orative filtering: MAR-CF. *Proceedings of the 2006 Conference of the Korea Society of Management Information Systems*, 2006.

[41]  J. Ahn, P. Brusilovsky, J. Grady, D. He, and S. Syn. Open user profiles for adaptive news systems: help or harm? *World Wide Web Conference*, pp. 11 – 20, 2007.

[42]  M. Al Hasan, and M. J. Zaki. A survey of link prediction in social networks. *Social network data analytics*, Springer, pp. 243 – 275, 2011.

[43]  G. K. Al Mamunur Rashid, G. Karypis, and J. Riedl. Influence in ratings-based recommender systems: An algorithm-independent approach. *SIAM Conference on Data Mining*, 2005.

[44]  X. Amatriain, J. Pujol, N. Tintarev, and N. Oliver. Rate it again: increasing recommendation accuracy by user rerating. *ACM Conference on Recommender Systems*, pp. 173 – 180, 2009.

[45]  S. Amer-Yahia, S. Roy, A. Chawlat, G. Das, and C. Yu. (2009). Group recommendation: semantics and efficiency. *Proceedings of the VLDB Endowment*, 2(1), pp.

754 – 765, 2009.

[46] S. Anand and B. Mobasher. Intelligent techniques for Web personalization. Lectures Notes in Computer Science, Vol. 3169, pp. 1 – 36, Springer, 2005.

[47] S. Anand and B. Mobasher. Contextual recommendation, *Lecture Notes in Artificial Intelligence*, Springer, 4737, pp. 142 – 160, 2007.

[48] R. Andersen, C. Borgs, J. Chayes, U. Feige, A. Flaxman, A. Kalai, V. Mirrokni, and M. Tennenholtz. Trust-based recommendation systems: An axiomatic approach. *World Wide Web Conference*, pp. 199 – 208, 2008.

[49] C. Anderson. The long tail: why the future of business is selling less of more. *Hyperion*, 2006.

[50] A. Ansari, S. Essegaier, and R. Kohli. Internet recommendation systems. *Journal of Marketing Research*, 37(3), pp. 363 – 375, 2000.

[51] F. Aiolli. Efficient top-$n$ recommendation for very large scale binary rated datasets. *ACM conference on Recommender Systems*, pp. 273 – 280, 2013.

[52] L. Ardissono, A. Goy, G. Petrone, M. Segnan, and P. Torasso. INTRIGUE: personalized recommendation of tourist attractions for desktop and hand-held devices. *Applied Artificial Intelligence*, 17(8), pp. 687 – 714, 2003.

[53] W. G. Aref and H. Samet. Efficient processing of window queries in the pyramid data structure. *ACM PODS Conference*, pp. 265 – 272, 1990.

[54] D. Ashbrook and T. Starner. Using GPS to learn significant locations and predict movement across multiple users. *Personal and Ubiquitous Computing*, 7(5), pp. 275 – 286, 2003.

[55] F. Asnicar and C. Tasso. If Web: a prototype of user model-based intelligent agent for document filtering and navigation in the world wide web. *International Conference on User Modeling*, pp. 3 – 12, 1997.

[56] A. Azran. The rendezvous algorithm: Multiclass semi-supervised learning with markov random walks. *International Conference on Machine Learning*, pp. 49 – 56, 2007.

[57] R. Baeza-Yates, C. Hurtado, and M. Mendoza. Query recommendation using query logs in search engines. *EDBT 2004 Workshops on Current Trends in Database Technology*, pp. 588 – 596, 2004.

[58] R. Battiti. Accelerated backpropagation learning: Two optimization methods. *Complex Systems*, 3(4), pp. 331 – 342, 1989.

[59] S. Balakrishnan and S. Chopra. Collaborative ranking. *Web Search and Data Mining Conference*, pp. 143 – 152, 2012.

[60] M. Balabanovic, and Y. Shoham. Fab: content-based, collaborative recommendation. *Communications of the ACM*, 40(3), pp. 66 – 72, 1997.

[61]  L. Baltrunas and X. Amatriain. Towards time-dependant recommendation based on implicit feedback. *RecSys Workshop on Context-Aware Recommender Systems*, 2009.

[62]  L. Baltrunas and F. Ricci. Context-dependant items generation in collaborative filtering. *RecSys Workshop on Context-Aware Recommender Systems*, 2009.

[63]  L. Baltrunas, B. Ludwig, and F. Ricci. Matrix factorization techniques for context aware recommendation. *ACM Conference on Recommender systems*, pp. 301–304, 2011.

[64]  J. Bao, Y. Zheng, and M. Mokbel. Location-based and preference-aware recommendation using sparse geo-social networking data. *International Conference on Advances in Geographic Information Systems*, pp. 199–208, 2012.

[65]  X. Bao. Applying machine learning for prediction, recommendation, and integration. *Ph.D dissertation*, Oregon State University, 2009. http://ir.library.oregonstate.edu/xmlui/bitstream/handle/1957/12549/Dissertation_XinlongBao.pdf?sequence=1

[66]  X. Bao, L. Bergman, and R. Thompson. Stacking recommendation engines with additional meta-features. *ACM Conference on Recommender Systems*, pp. 109–116, 2009.

[67]  A. Bar, L. Rokach, G. Shani, B. Shapira, and A. Schclar. Boosting simple collaborative filtering models using ensemble methods. *Arxiv Preprint*, arXiv:1211.2891, 2012. Also appears in *Multiple Classifier Systems*, Springer, pp. 1–12, 2013. http://arxiv.org/ftp/arxiv/papers/1211/1211.2891.pdf

[68]  J. Basilico, and T. Hofmann. Unifying collaborative and content-based filtering. *International Conference on Machine Learning*, 2004.

[69]  C. Basu, H. Hirsh, and W. Cohen. Recommendation as classification: using social and content-based information in recommendation. *AAAI*, pp. 714–720, 1998.

[70]  G. Begelman, P. Keller, and F. Smadja. Automated tag clustering: Improving search and exploration in the tag space. *Collaborative Web Tagging Workshop* (colocated with WWW Conference), pp. 15–23, 2006.

[71]  R. Bell, Y. Koren, and C. Volinsky. Modeling relationships at multiple scales to improve accuracy of large recommender systems. *ACM KDD Conference*, pp. 95–104, 2007.

[72]  R. Bell and Y. Koren. Scalable collaborative filtering with jointly derived neighborhood interpolation weights. *IEEE International Conference on Data Mining*, pp. 43–52, 2007.

[73]  R. Bell and Y. Koren. Lessons from the Netflix prize challenge. *ACM SIGKDD Explorations Newsletter*, 9(2), pp. 75–79, 2007.

[74]  R. Bergmann, M. Richter, S. Schmitt, A. Stahl, and I. Vollrath. Utility-oriented

matching: a new research direction for case-based reasoning. *German Workshop on Case-Based Reasoning*, pp. 264–274, 2001.

[75]   S. Berkovsky, Y. Eytani, T. Kuflik, and F. Ricci. Enhancing privacy and preserving accuracy of a distributed collaborative filtering. *ACM Conference on Recommender Systems*, pp. 9–16, 2007.

[76]   D. P. Bertsekas. Nonlinear programming. *Athena Scientific Publishers*, Belmont, 1999.

[77]   S. Bhagat, G. Cormode, and S. Muthukrishnan. Node classification in social networks. *Social Network Data Analytics*, Springer, pp. 115–148. 2011.

[78]   R. Bhaumik, C. Williams, B. Mobasher, and R. Burke. Securing collaborative filtering against malicious attacks through anomaly detection. *Workshop on Intelligent Techniques for Web Personalization (ITWP)*, 2006.

[79]   R. Bhaumik, R. Burke, snd B. Mobasher. Crawling Attacks Against Web-based Recommender Systems. *International Conference on Data Mining (DMIN)*, pp. 183–189, 2007.

[80]   B. Bi, Y. Tian, Y. Sismanis, A. Balmin, and J. Cho. Scalable topic-specific influence analysis on microblogs. *Web Search and Data Mining Conference*, pp. 513–522, 2014.

[81]   J. Bian, Y. Liu, D. Zhou, E. Agichtein, and H. Zha. Learning to recognize reliable users and content in social media with coupled mutual reinforce-ment. *World Wide Web Conference*, pp. 51–60, 2009.

[82]   D. Billsus and M. Pazzani. Learning collaborative information filters. *ICML Conference*, pp. 46–54, 1998.

[83]   D. Billsus and M. Pazzani. Learning probabilistic user models. *International Conference on User Modeling, Workshop on Machine Learning for User Modeling*, 1997.

[84]   D. Billsus and M. Pazzani. A hybrid user model for news story classification. *International Conference on User Modeling*, 1999.

[85]   D. Billsus and M. Pazzani. User modeling for adaptive news access. *User Modeling and User-Adapted Interaction*, 10(2–3), pp. 147–180, 2000.

[86]   C. M. Bishop. Pattern recognition and machine learning. *Springer*, 2007.

[87]   C. M. Bishop. Neural networks for pattern recognition. *Oxford University Press*, 1995.

[88]   J. Bobadilla, F. Ortega, A. Hernando, and A. Gutierrez. Recommender systems survey. *Knowledge-Based Systems*, 46, pp. 109–132, 2013.

[89]   F. Bohnert, I. Zukerman, S. Berkovsky, T. Baldwin, and L. Sonenberg. Using interest and transition models to predict visitor locations in museums. *AI Com-*

*munications*, 2(2), pp. 195 – 202, 2008.

[90] P. Boldi, F. Bonchi, C. Castillo, D. Donato, A. Gionis, and S. Vigna. The queryflow graph: model and applications. *ACM Conference on Information and Knowledge Management*, pp. 609 – 618, 2008.

[91] K. Bollacker, S. Lawrence, and C. L. Giles. CiteSeer: An autonomous web agent for automatic retrieval and identification of interesting publications. *International Conference on Autonomous Agents*, pp. 116 – 123, 1998.

[92] B. Bouneffouf, A. Bouzeghoub, and A. Gancarski. A contextual-bandit algorithm for mobile context-aware recommender system. *Neural Information Processing*, pp. 324 – 331, 2012.

[93] G. Box, W. Hunter, and J. Hunter. Statistics for experimenters, *Wiley*, New York, 1978.

[94] K. Bradley and B. Smyth. Improving recommendation diversity. *National Conference in Artificial Intelligence and Cognitive Science*, pp. 75 – 84, 2001.

[95] K. Bradley, R. Rafter, and B. Smyth. Case-based user profiling for content personalization. *International Conference on Adaptive Hypermedia and Adaptive Web-Based Systems*, pp. 62 – 72, 2000.

[96] M. Brand. Fast online SVD revisions for lightweight recommender systems. *SIAM Conference on Data Mining*, pp. 37 – 46, 2003.

[97] L. Branting. Acquiring customer preferences from return-set selections. *Case-Based Reasoning Research and Development*, pp. 59 – 73, 2001.

[98] J. Breese, D. Heckerman, and C. Kadie. Empirical analysis of predictive algorithms for collaborative filtering. *Conference on Uncertainty in Artificial Inetelligence*, 1998.

[99] L. Breiman. Bagging predictors. *Machine Learning*, 24(2), pp. 123 – 140, 1996.

[100] A. Brenner, B. Pradel, N. Usunier, and P. Gallinari. Predicting most rated items in weekly recommendation with temporal regression. *Workshop on Context-Aware Movie Recommendation*, pp. 24 – 27, 2010.

[101] D. Bridge. Diverse product recommendations using an expressive language for case retrieval. *European Conference on Case-Based Reasoning*, pp. 43 – 57. 2002.

[102] D. Bridge, M. Goker, L. McGinty, and B. Smyth. Case-based recommender systems. *The Knowledge Engineering Review*, 20(3), pp. 315 – 320, 2005.

[103] A. Brun, S. Castagnos, and A. Boyer. Social recommendations: mentor and leader detection to alleviate the cold-start problem in collaborative filtering. *Social Network Mining, Analysis, and Research Trends: Techniques and Applications: Techniques and Applications*, 270, 2011.

[104] S. Brin, and L. Page. The anatomy of a large-scale hypertextual web search engine. *Computer Networks*, 30(1−7), pp. 107−117, 1998.

[105] A. Broder, M. Fontoura, V. Josifovski, and L. Riedel. A semantic approach to contextual advertising. *SIGIR Conference*, pp. 559−566, 2007.

[106] A. Broder. Computational advertising and recommender systems. *ACM Conference on Recommender Systems*, pp. 1−2, 2008.

[107] A. Broder and V. Josifovski. Introduction to Computational Advertising. *Course Ma terial*, Stanford University, 2010. http://www.stanford.edu/class/msande239/

[108] M. Brunato and R. Battiti. PILGRIM: A location broker and mobility-aware recommendation system. *International Conference on Pervasive Computing and Communications*, pp. 265−272, 2003.

[109] P. Brusilovsky, A. Kobsa, and W. Nejdl. The adaptive web: methods and strategies of web personalization, *Lecture Notes in Computer Science*, Vol. 4321, Springer, 2007.

[110] K. Bryan, M. O'Mahony, and P. Cunningham. Unsupervised retrieval of attack profiles in collaborative recommender systems. *ACM Conference on Recommender Systems*, pp. 155−162, 2008.

[111] P. Buhlmann. Bagging, subagging and bragging for improving some prediction algorithms, *Recent advances and trends in nonparametric statistics*, Elsivier, 2003.

[112] P. Buhlmann and B. Yu. Analyzing bagging. *Annals of statistics*, 20(4), pp. 927−961, 2002.

[113] L. Breiman. Bagging predictors. *Machine learning*, 24(2), pp. 123−140, 1996.

[114] C. Burges. A tutorial on support vector machines for pattern recognition. *Data mining and knowledge discovery*, 2(2), pp. 121−167, 1998.

[115] C. Burges, T. Shaked, E. Renshaw, A. Lazier, M. Deeds, N. Hamilton, and G. Hullender. Learning to rank using gradient descent. *International Conference on Machine Learning*, pp. 89−96, 2005.

[116] R. Burke. Knowledge-based recommender systems. *Encyclopedia of library and information systems*, pp. 175−186, 2000.

[117] R. Burke. Hybrid recommender systems: Survey and experiments. *User Modeling and User-adapted Interaction*, 12(4), pp. 331−370, 2002.

[118] R. Burke. Hybrid Web recommender systems. *The adaptive Web*, pp. 377−406, Springer, 2007.

[119] R. Burke, M. O'Mahony, and N. Hurley. Robust collaborative recommendation. *Recommender Systems Handbook*, Springer, pp. 805−835, 2011.

[120] R. Burke, K. Hammond, and B. Young. Knowledge-based navigation of complex information spaces. *National Conference on Artificial Intelligence*, pp. 462−468,

1996.

[121]  R. Burke, K. Hammond, and B. Young. The Find Me approach to assisted browsing. *IEEE Expert*, 12(4), pp. 32–40, 1997.

[122]  R. Burke, B. Mobasher, R. Zabicki, and R. Bhaumik. Identifying attack models for secure recommendation. *Beyond Personalization: A Workshop on the Next Generation of Recommender Systems*, 2005.

[123]  R. Burke, B. Mobasher, and R. Bhaumik. Limited knowledge shilling attacks in collaborative filtering systems. *IJCAI Workshop in Intelligent Techniques for Personalization*, 2005.

[124]  R. Burke, B. Mobasher, C. Williams, and R. Bhaumik. Classification features for attack detection in collaborative recommender systems. *ACM KDD Conference*, pp. 542–547, 2006.

[125]  R. Burke. The Wasabi personal shopper: a case-based recommender system. *National Conference on Innovative Applications of Artificial Intelligence*, pp. 844–849, 1999.

[126]  D. Cai, S. Yu, J. Wen, and W. Y. Ma. Extracting content structure for web pages based on visual representation. *Web Technologies and Applications*, pp. 406–417, 2003.

[127]  J. Cai, E. Candes, and Z. Shen. A singular value thresholding algorithm for matrix completion. *SIAM Journal on Optimization*, 20(4), 1956–1982, 2010.

[128]  Z. Cao, T. Qin, T. Liu, M. F. Tsai, and H. Li. Learning to rank: from pairwise approach to listwise approach. *International Conference on Machine Learning*, pp. 129–137, 2007.

[129]  L. M. de Campos, J. Fernandez-Luna, J. Huete, and M. Rueda-Morales. Combining content-based and collaborative recommendations: A hybrid approach based on Bayesian networks. *International Journal of Approximate Reasoning*, 51(7), pp. 785–799, 2010.

[130]  P. Campos, F. Diez, and I. Cantador. Time-aware recommender systems: a comprehensive survey and analysis of existing evaluation protocols. *User Modeling and User-Adapted Interaction*, 24(1–2), pp. 67–119, 2014.

[131]  P. Campos, A. Bellogin, F. Diez, and J. Chavarriaga. Simple time-biased KNN-based recommendations. *Workshop on Context-Aware Movie Recommendation*, pp. 20–23, 2010.

[132]  E. Candes, X. Li, Y. Ma, and J. Wright. Robust principal component analysis? *Journal of the ACM (JACM)*, 58(3), 11, 2011.

[133]  J. Canny. Collaborative filtering with privacy via factor analysis. *ACM SIGR Conference*, pp. 238–245, 2002.

[134] I. Cantador and P. Castells. Semantic contextualisation in a news recommender system. *Workshop on Context-Aware Recommender Systems*, 2009.

[135] I. Cantador, A. Bellogin, and D. Vallet. Content-based recommendation in social tagging systems. *ACM Conference on Recommender Systems*, pp. 237–240, 2010.

[136] H. Cao, E. Chen, J. Yang, and H. Xiong. Enhancing recommender systems under volatile user interest drifts. *ACM Conference on Information and Knowledge Management*, pp. 1257–1266, 2009.

[137] H. Cao, D. Jiang, J. Pei, Q. He, Z. Liao, E. Chen, and H. Li. Context-aware query suggestion by mining click-through and session data. *ACM KDD Conference*, pp. 875–883, 2008.

[138] O. Celma, M. Ramirez, and P. Herrera. Foafing the music: A music recommendation system based on RSS feeds and user preferences. *International Conference on Music Information Retrieval*, pp. 464–467, 2005.

[139] O. Celma, and X. Serra. FOAFing the music: Bridging the semantic gap in music recommendation. *Web Semantics: Science, Services and Agents on the World Wide Web*, 6(4), pp. 250–256, 2008.

[140] O. Celma and P. Herrera. A new approach to evaluating novel recommendations. *ACM Conference on Recommender Systems*, pp. 179–186, 2008.

[141] T. Chai and R. Draxler. Root mean square error (RMSE) or mean absolute error (MAE)?–Arguments against avoiding RMSE in the literature. *Geoscientific Model Development*, 7(3), pp. 1247–1250, 2004.,

[142] D. Chakrabarti, D. Agarwal, and V. Josifovski. Contextual advertising by combining relevance with click feedback. *World Wide Web Conference*, 2008.

[143] S. Chakrabarti, B. Dom, and P. Indyk. Enhanced hypertext categorization using hyperlinks. *ACM SIGMOD Conference*, pp. 307–318, 1998.

[144] S. Chakrabarti. Mining the Web: Discovering knowledge from hypertext data. *Morgan Kaufmann*, 2003.

[145] S. Chaudhuri and U. Dayal. An overview of data warehousing and OLAP technology. *ACM SIGMOD Record*, 26(1), pp. 65–74, 1997.

[146] S. Chee, J. Han, and K. Wang. Rectree: An efficient collaborative filtering method. *Data Warehousing and Knowledge Discovery*, pp. 141–151, 2001.

[147] G. Chen and D. Kotz. A survey of context-aware mobile computing research. *Technical Report TR2000-381*, Department of Computer Science, Dartmouth College, 2000.

[148] L. Chen and P. Pu. Survey of preference elicitation methods *EPFL-REPORT-52659*, 2004. http://hci.epfl.ch/wp-content/uploads/publications/ 2004/

[149]  L. Chen and P. Pu. Critiquing-based recommenders: survey and emerging trends. *User Modeling and User-Adapted Interaction*, 22(1 – 2), pp. 125 – 150, 2012.

[150]  L. Chen, and K. Sycara. WebMate: a personal agent for browsing and searching. *International conference on Autonomous agents*, pp. 9 – 13, 1998.

[151]  T. Chen, Z. Zheng, Q. Lu, W. Zhang, and Y. Yu. Feature-based matrix factorization. *arXiv preprint* arXiv:1109.2271, 2011.

[152]  W. Chen, Y. Wang, and S. Yang. Efficient influence maximization in social networks. *ACM KDD Conference*, pp. 199 – 208, 2009.

[153]  W. Chen, C. Wang, and Y. Wang. Scalable influence maximization for prevalent viral marketing in large-scale social networks. *ACM KDD Conference*, pp. 1029 – 1038, 2010.

[154]  W. Chen, Y. Yuan, and L. Zhang. Scalable influence maximization in social networks under the linear threshold model. *IEEE International Conference on Data Mining*, pp. 88 – 97, 2010.

[155]  Y. Chen, I. Hsu, and C. Lin. Website attributes that increase consumer purchase intention: a conjoint analysis. *Journal of Business Research*, 63(9), pp. 1007 – 1014, 2010.

[156]  K. Cheverst, N. Davies, K. Mitchell, A. Friday, and C. Efstratiou. Developing a context-aware electronic tourist guide: some issues and experiences. *ACM SIGCHI Conference on Human Factors in Computing Systems*, pp. 17 – 24, 2000.

[157]  K. Y. Chiang, C. J. Hsieh, N. Natarajan, I. S., Dhillon, and A. Tewari. Prediction and clustering in signed networks: a local to global perspective. *The Journal of Machine Learning Research*, 15(1), pp. 1177 – 1213, 2014.

[158]  P. Chirita, W. Nejdl, and C. Zamfir. Preventing shilling attacks in online recommender systems. *ACM International Workshop on Web Information and Data Management*, pp. 67 – 74, 2005.

[159]  E. Christakopoulou and G. Karypis. HOSLIM: Higher-order sparse linear method for top-n recommender systems. *Advances in Knowledge Discovery and Data Mining*, pp. 38 – 49, 2014.

[160]  W. Chu, L. Li, L. Reyzin, and R. Schapire. Contextual bandits with linear payoff functions. *AISTATS Conference*, pp. 208 – 214, 2011.

[161]  A. Cichocki and R. Zdunek. Regularized alternating least squares algorithms for non-negative matrix/tensor factorization. *International Symposium on Neural Networks*, pp. 793 – 802. 2007.

[162]  M. Claypool, A. Gokhale, T. Miranda, P. Murnikov, D. Netes, and M. Sartin. Combining content-based and collaborative filters in an online newspaper.

*Proceedings of the ACM SIGIR Workshop on Recommender Systems: Algorithms and Evaluation,* 1999.

[163] W. Cohen, R. Schapire and Y. Singer. Learning to order things. *Advances in Neural Information Processing Systems,* pp. 451 – 457, 2007.

[164] W. Cohen. Learning rules that classify e-mail. *AAAI symposium on machine learning in information access.* pp. 18 – 25, 1996.

[165] W. Cohen. Fast effective rule induction. *ICML Conference,* pp. 115 – 123, 1995.

[166] M. Condliff, D. Lewis, D. Madigan, and C. Posse. Bayesian mixed-effects models for recommender systems. *ACM SIGIR Workshop on Recommender Systems: Algorithms and Evaluation,* pp. 23 – 30, 1999.

[167] M. O'Connor and J. Herlocker. Clustering items for collaborative filtering. *Proceedings of the ACM SIGIR workshop on recommender systems,* Vol 128. 1999.

[168] M. O'Connor, D. Cosley, J. Konstan, and J. Riedl. PolyLens: a recommender system for groups of users. *European Conference on Computer Supported Cooperative Work,* pp. 199 – 218, 2001.

[169] R. Cooley, B. Mobasher, and J. Srivastava. Data preparation for mining World Wide Web browsing patterns. *Knowledge and Information Systems,* 1(1), pp. 5 – 32, 1999.

[170] L. Coyle and P. Cunningham. Improving recommendation ranking by learning personal feature weights. *European Conference on Case-Based Reasoning,* Springer, pp. 560 – 572, 2004.

[171] H. Cramer, V. Evers, S. Ramlal, M. Someren, L. Rutledge, N. Stash, L. Aroyo, and B. Wielinga. The effects of transparency on trust in and acceptance of a content-based art recommender. *User Modeling and User-Adapted Interaction,* 18(5), pp. 455 – 496, 2008.

[172] D. Crandall, D. Cosley, D. Huttenlocher, J. Kleinberg, and S. Suri. Feedback effects between similarity and social influence in online communities. *ACM KDD Conference,* pp. 160 – 168, 2008.

[173] P. Cremonesi, Y. Koren, and R. Turrin. Performance of recommender algorithms on top-$n$ recommendation tasks. *RecSys,* pp. 39 – 46, 2010.

[174] A. Csomai and R. Mihalcea. Linking documents to encyclopedic knowledge. *IEEE Intelligent Systems,* 23(5), pp. 34 – 41, 2008.

[175] A. Das, M. Datar, A. Garg, and S. Rajaram. Google news personalization: scalable online collaborative filtering. *World Wide Web Conference,* pp. 271 – 280, 2007.

[176] P. Domingos and M. Richardson. Mining the network value of customers. *ACM KDD Conference,* pp. 57 – 66, 2001.

[177] B. De Carolis, I. Mazzotta, N. Novielli, and V. Silvestri. Using common sense in providing personalized recommendations in the tourism domain. *Workshop on Context-Aware Recommender Systems*, 2009.

[178] M. De Gemmis, P. Lops, and G. Semeraro. A content-collaborative recommender that exploits WordNet-based user profiles for neighborhood formation. *User Modeling and User-Adapted Interaction*, 17(3), pp. 217–255, 2007.

[179] M. De Gemmis, P. Lops, G. Semeraro and P. Basile. Integrating tags in a semantic content-based recommender. *Proceedings of the ACM Conference on Recommender Systems*, pp. 163–170, 2008.

[180] D. DeCoste. Collaborative prediction using ensembles of maximum margin matrix factorizations. *International Conference on Machine Learning*, pp. 249–256, 2006.

[181] M. Deshpande and G. Karypis. Item-based top-$n$ recommendation algorithms. *ACM Transactions on Information Systems (TOIS)*, 22(1), pp. 143–177, 2004.

[182] M. Deshpande and G. Karypis. Selective Markov models for predicting Web page accesses. *ACM Transactions on Internet Technology (TOIT)*, 4(2), pp. 163–184, 2004.

[183] C. Desrosiers and G. Karypis. A comprehensive survey of neighborhood-based recom mendation methods. *Recommender Systems Handbook*, pp. 107–144, 2011.

[184] R. Devooght, N. Kourtellis, and A. Mantrach. Dynamic matrix factorization with priors on unknown values. *ACM KDD Conference*, 2015.

[185] Y. Ding and X. Li. Time weight collaborative filtering. *ACM International Conference on Information and Knowledge Management*, pp. 485–492, 2005.

[186] Y. Ding, X. Li, and M. Orlowska. Recency-based collaborative filtering. *Australasian Database Conference*, pp. 99–107, 2009.

[187] J. O'Donovan and B. Smyth. Trust in recommender systems. *International Conference on Intelligent User Interfaces*, pp. 167–174, 2005.

[188] P. Dourish, What we talk about when we talk about context. *Personal and ubiquitous computing*, 8(1), pp. 19–30, 2004.

[189] C. Dwork. Differential privacy. *Encyclopedia of Cryptography and Security*, Springer, pp. 338–340, 2011.

[190] C. Dwork, R. Kumar, M. Naor, and D. Sivakumar. Rank aggregation methods for the web. *World Wide Web Conference*, pp. 613–622, 2010.

[191] D. Eck, P. Lamere, T. Bertin-Mahieux, and S. Green. Automatic generation of social tags for music recommendation. *Advances in Neural Information Processing Systems*, pp. 385–392, 2008.

[192]  M. Elahi, V. Repsys, and F. Ricci. Rating elicitation strategies for collaborative filtering. *E-Commerce and Web Technologies*, pp. 160–171, 2011.

[193]  M. Elahi, F. Ricci, and N. Rubens. Active learning strategies for rating elicitation in collaborative filtering: a system-wide perspective. *ACM Transactions on Intelligent Systems and Technology (TIST)*, 5(1), 13, 2013.

[194]  M. Elahi, M. Braunhofer, F. Ricci, and M. Tkalcic. Personality-based active learning for collaborative filtering recommender systems. *Advances in Artificial Intelligence*, pp. 360–371, 2013.

[195]  T. Fawcett. ROC Graphs: Notes and Practical Considerations for Researchers. *Technical Report HPL-2003-4*, Palo Alto, CA, HP Laboratories, 2003.

[196]  A. Felfernig and R. Burke. Constraint-based recommender systems: technologies and research issues. *International conference on Electronic Commerce*, 2008. (p.

[197]  A. Felfernig, G. Friedrich, D. Jannach, and M. Zanker. Developing constraint-based recommenders. *Recommender Systems Handbook*, Springer, pp. 187–216, 2011.

[198]  A. Felfernig, G. Friedrich, D. Jannach, and M. Stumptner. Consistency-based diagnosis of configuration knowledge bases. *Artificial Intelligence*, 152(2), 213–234, 2004.

[199]  A. Felfernig, G. Friedrich, M. Schubert, M. Mandl, M. Mairitsch, and E. Teppan. Plausible repairs for inconsistent requirements. *IJCAI Conference*, pp. 791–796, 2009.

[200]  A. Felfernig, E. Teppan, E., and B. Gula. Knowledge-based recommender technologies for marketing and sales. *International Journal of Pattern Recognition and Artificial Intelligence*, 21(02), pp. 333–354, 2007.

[201]  A. Felfernig, K. Isak, K. Szabo, and P. Zachar. The VITA financial services sales support environment. National conference on artificial intelligence, 22(2), pp. 1692–1699, 2007.

[202]  R. A. Finkel and J. L. Bentley. Quad trees: A data structure for retrieval on composite keys. *Acta Informatica*, 4, pp. 1–9, 1974.

[203]  D. M. Fleder and K. Hosanagar. Recommender systems and their impact on sales diversity. *ACM Conference on Electronic Commerce*, pp. 192–199, 2007.

[204]  F. Fouss, A. Pirotte, J. Renders, and M. Saerens. Random-walk computation of similarities between nodes of a graph with application to collaborative recommendation. *IEEE Transactions on Knowledge and Data Engineering*, 19(3), pp. 355–369, 2007.

[205]  F. Fouss, L. Yen, A. Pirotte, and M. Saerens. An experimental investigation of graph kernels on a collaborative recommendation task. *IEEE International Conference on Data Mining (ICDM)*, pp. 863–868, 2006.

[206] Y. Freund, and R. Schapire. A decision-theoretic generalization of online learning and application to boosting. *Computational Learning Theory*, pp. 23–37, 1995.

[207] Y. Freund and R. Schapire. Experiments with a new boosting algorithm. *ICML Conference*, pp. 148–156, 1996.

[208] X. Fu, J. Budzik, and K. J. Hammond. Mining navigation history for recommendation. *International Conference on Intelligent User Interfaces*, 2000.

[209] S. Funk. Netflix update: Try this at home, 2006. http://sifter.org/~simon/journal/20061211.html

[210] E. Gabrilovich and S. Markovitch. Computing semantic relatedness using wikipedia-based explicit semantic analysis. *IJCAI Conference*, pp. 1606–1611, 2007.

[211] E. Gabrilovich, and S. Markovitch. Overcoming the brittleness bottleneck using Wikipedia: Enhancing text categorization with encyclopedic knowledge. *AAAI Conference*, pp. 1301–1306, 2006.

[212] Z. Gantner, S. Rendle, and L. Schmidt-Thieme. Factorization models for context-/timeaware movie recommendations. *Workshop on Context-Aware Movie Recommen- dation*, pp. 14–19, 2010.

[213] A. Garcia-Crespo, J. Chamizo, I. Rivera, M. Mencke, R. Colomo-Palacios, and J. M. Gomez-Berbis. SPETA: Social pervasive e-Tourism advisor. *Telematics and Informatics* 26(3), pp. 306–315. 2009.

[214] M. Ge, C. Delgado-Battenfeld, and D. Jannach. Beyond accuracy: evaluating recommender systems by coverage and serendipity. *ACM Conference on Recommender Systems*, pp. 257–260, 2010.

[215] J. Gemmell, A. Shepitsen, B. Mobasher, and R. Burke. Personalization in folksonomies based on tag clustering. *Workshop on Intelligent Techniques for Web Personalization and Recommender Systems*, 2008. http://www.aaai.org/Papers/Workshops/2008/WS-08-06/WS08-06-005.pdf

[216] J. Gemmell, T. Schimoler, B. Mobasher, and R. Burke. Resource recommendation in social annotation systems: A linear-weighted hybrid approach. *Journal of Computer and System Sciences*, 78(4), pp. 1160–1174, 2012.

[217] R. Gemulla, E. Nijkamp, P. Haas, and Y. Sismanis. Large-scale matrix factorization with distributed stochastic gradient descent. *ACM KDD Conference*, pp. 69–77, 2011.

[218] M. Gery and H. Haddad. Evaluation of Web usage mining approaches for user's next request prediction. *ACM international workshop on Web information and data management*, pp. 74–81, 2003.

[219] L. Getoor and M. Sahami. Using probabilistic relational models for collaborative filtering. *Workshop on Web Usage Analysis and User Profiling*, 1999.

[220] F. Girosi, M. Jones, and T. Poggio. Regularization theory and neural networks architectures. *Neural Computation*, 2(2), pp. 219 – 269, 1995.

[221] J. Golbeck. Computing with social trust. *Springer*, 2008.

[222] J. Golbeck. Computing and applying trust in Web-based social networks, *Ph.D. Thesis*, 2005.

[223] J. Golbeck. Generating predictive movie recommendations from trust in social networks, *Lecture Notes in Computer Science*, Vol. 3986, pp. 93 – 104, 2006.

[224] J. Golbeck. Trust and nuanced profile similarity in online social networks. *ACM Transactions on the Web (TWEB)*, 3(4), 12, 2009.

[225] J. Golbeck and J. Hendler. Filmtrust: Movie recommendations using trust in Web-based social networks. *IEEE Consumer Communications and Networking Conference*, 96, pp. 282 – 286, 2006.

[226] J. Golbeck and J. Hendler. Inferring binary trust relationships in Web-based social networks. *ACM Transactions on Internet Technology (TOIT)*, 6(4), pp. 497 – 529, 2006.

[227] J. Golbeck and A. Mannes. Using Trust and Provenance for Content Filtering on the Semantic Web. *Models of Trust on the Web (WWW'06 Workshop)*, 2006.

[228] K. Goldberg, T. Roeder, D. Gupta, and C. Perkins. Eigentaste: A constant time collaborative filtering algorithm. *Information Retrieval*, 4(2), pp. 133 – 151, 2001.

[229] N. Good, J. Schafer, J. Konstan, A. Borchers, B. Sarwar, J. Herlocker, and J. Riedl. Combining collaborative filtering with personal agents for better recommendations. *National Conference on Artificial Intelligence (AAAI/IAAI)*, pp. 439 – 446, 1999.

[230] S. Gordea and M. Zanker. Time filtering for better recommendations with small and sparse rating matrices. *International Conference on Web Information Systems Engineering*, pp. 171 – 183, 2007.

[231] M. Gorgoglione and U. Panniello. Including context in a transactional recommender system using a pre-filtering approach: two real e-commerce applications. *International Conference on Advanced Information Networking and Applications Workshops*, pp. 667 – 672, 2009.

[232] M. Gori and A. Pucci. Itemrank: a random-walk based scoring algorithm for recommender engines. *IJCAI Conference*, pp. 2766 – 2771, 2007.

[233] A. Goyal, F. Bonchi, and L. V. S. Lakshmanan. A data-based approach to social influence maximization. *VLDB Conference*, pp. 73 – 84, 2011.

[234] A. Goyal, F. Bonchi, and L. V. S. Lakshmanan. Learning influence probabilities in social networks. *ACM WSDM Conference*, pp. 241 – 250, 2011.

[235] Q. Gu, J. Zhou, and C. Ding. Collaborative filtering: Weighted nonnegative matrix

factorization incorporating user and item graphs. *SIAM Conference on Data Mining*, pp. 199 – 210, 2010.

[236]   I. Gunes, C. Kaleli, A. Bilge, and H. Polat. Shilling attacks against recommender systems: a comprehensive survey. *Artificial Intelligence Review*, 42(4), 767 – 799, 2014.

[237]   M. Gupta, R. Li, Z. Yin, and J. Han. A survey of social tagging techniques, *ACM SIGKDD Explorations*, 12(1), pp. 58 – 72, 2010.

[238]   A. Gunawardana and C. Meek. A unified approach to building hybrid recommender systems. *ACM Conference on Recommender Systems*, pp. 117 – 124, 2009.

[239]   R. Guttman, A. Moukas, and P. Maes. Agent-mediated electronic commerce: A survey, *Knowledge Engineering Review*, 13(2), pp. 147 – 159, 1998.

[240]   R. Guha. Open rating systems. *Techical Report, Stanford University*, 2003. http://www.w3.org/2001/sw/Europe/events/foaf-galway/papers/fp/open_rating_systems/wot.pdf

[241]   R. Guha, R. Kumar, P. Raghavan, and A. Tomkins. Propagation of trust and distrust. *World Wide Web Conference*, pp. 403 – 412, 2004.

[242]   T. Hastie, R. Tibshirani, and J. Friedman. The elements of statistical learning. *Springer*, 2009.

[243]   T. H. Haveliwala. Topic-sensitive pagerank. *World Wide Web Conference*, pp. 517 – 526, 2002.

[244]   Q. He, D. Jiang, Z. Liao, S. Hoi, K. Chang, E. Lim, and H. Li. Web query recommendation via sequential query prediction. *IEEE International Conference on Data Engineering*, pp. 1443 – 1454, 2009.

[245]   J. Herlocker, J. Konstan, A. Borchers, and J. Riedl. An algorithmic framework for performing collaborative filtering. *ACM SIGIR Conference*, pp. 230 – 237, 1999.

[246]   J. Herlocker, J. Konstan, L. Terveen, and J. Riedl. Evaluating collaborative filtering recommender systems. *ACM Transactions on Information Systems (TOIS)*, 22(1), pp. 5 – 53, 2004.

[247]   J. Herlocker, J. Konstan,, and J. Riedl. An empirical analysis of design choices in neighborhood-based collaborative filtering algorithms. *Information Retrieval*, 5(4), pp. 287 – 310, 2002.

[248]   J. Herlocker, J. Konstan, and J. Riedl. Explaining collaborative filtering recommendations. *ACM Conference on Computer Supported Cooperative work*, pp. 241 – 250, 2000.

[249]   C. Hermann. Time-based recommendations for lecture materials. *World Conference on Educational Multimedia, Hypermedia and Telecommunications*,

pp. 1028 – 1033, 2010.

[250]   P. Heymann, D. Ramage, and H. Garcia-Molina. Social tag prediction. *ACM SIGIR Conference*, pp. 531 – 538, 2008.

[251]   W. Hill, L. Stead, M. Rosenstein, and G. Furnas. Recommending and evaluating choices in a virtual community of use. *ACNM SIGCHI Conference*, pp. 194 – 201, 1995.

[252]   T. Hofmann. Latent semantic models for collaborative filtering. *ACM Transactions on Information Systems (TOIS)*, 22(1), pp. 89 – 114, 2004.

[253]   W. Hong, S. Zheng, H. Wang, and J. Shi. A job recommender system based on user clustering. *Journal of Computers*, 8(8), 1960 – 1967, 2013.

[254]   J. Hopcroft, T. Lou, and J. Tang. Who will follow you back?: reciprocal relationship prediction. *ACM International Conference on Information and Knowledge Management*, pp. 1137 – 1146, 2011.

[255]   A. Hotho, R. Jaschke, C. Schmitz, and G. Stumme. Folkrank: A ranking algorithm for folksonomies. *Fachgruppe Informatik Ret. (FGIR)*, pp. 111 – 114, 2006.

[256]   A. Hotho, R. Jaschke, C. Schmitz, and G. Stumme. BibSonomy: A social bookmark and publication sharing system. *Conceptual Structures Tool Interoperability Workshop*, pp. 87 – 102, 2006.

[257]   N. Houlsby, J. M. Hernandez-Lobato, and Z. Ghahramani. Cold-start active learning with robust ordinal matrix factorization. *International Conference on Machine Learning (ICML)*, pp. 766 – 774, 2014.

[258]   A. Howe, and R. Forbes. Re-considering neighborhood-based collaborative filtering parameters in the context of new data. *Proceedings of the 17th ACM Conference on Information and Knowledge Management*, pp. 1481 – 1482, 2008.

[259]   C. Hsieh, N. Natarajan, and I. Dhillon. PU learning for matrix completion. *ICML Conference*, 2015.

[260]   Y. Hu, Y. Koren, and C. Volinsky. Collaborative filtering for implicit feedback datasets. *IEEE International Conference on Data Mining*, pp. 263 – 272, 2008.

[261]   Z. Huang, X. Li, and H. Chen. Link prediction approach to collaborative filtering. *ACM/IEEE-CS joint conference on Digital libraries*, pp. 141 – 142, 2005.

[262]   Z. Huang, H. Chen, and D. Zheng. Applying associative retrieval techniques to alleviate the sparsity problem in collaborative filtering. *ACM Transactions on Information Systems*, 22(1), pp. 116 – 142, 2004.

[263]   G. Hurley and D. Wilson. DubLet: An online CBR system for rental property accommodation. *International Conference on Case-Based Reasoning*, pp. 660 – 674, 2001.

[264]   J. Illig, A. Hotho, R. Jaschke, and G. Stumme. A comparison of content-based

tag recommendations in folksonomy systems. *Knowledge Processing and Data Analysis, Springer*, pp. 136–149, 2011.

[265] D. Isaacson and R. Madsen. Markov chains, theory and applications, *Wiley*, 1976.

[266] M. Jahrer, A. Toscher, and R. Legenstein. Combining predictions for accurate recommender systems. *ACM KDD Conference*, pp. 693–702, 2010.

[267] P. Jain and I. Dhillon. Provable inductive matrix completion. *arXiv preprint arXiv:1306.0626* http://arxiv.org/abs/1306.0626.

[268] P. Jain, P. Netrapalli, and S. Sanghavi. Low-rank matrix completion using alternating minimization. *ACM Symposium on Theory of Computing*, pp. 665–674, 2013.

[269] M. Jamali and M. Ester. TrustWalker: A random-walk model for combining trustbased and item-based recommendation. *ACM KDD Conference*, pp. 397–406, 2009.

[270] M. Jamali and M. Ester. A matrix factorization technique with trust propagation for recommendation in social networks. *ACM Internatonal Conference on Recommender Systems*, pp 135–142, 2010.

[271] A. Jameson and B. Smyth. Recommendation to groups. *The Adaptive Web*, pp. 596–627, 2007.

[272] A. Jameson. More than the sum of its members: challenges for group recommender systems. *Proceedings of the working conference on Advanced visual interfaces*, pp. 48–54, 2004.

[273] D. Jannach. Finding preferred query relaxations in content-based recommenders. *Intelligent Techniques and Tools for Novel System Architectures*, Springer, pp. 81–97, 2006.

[274] D. Jannach. Techniques for fast query relaxation in content-based recommender systems. *Advances in Artificial Intelligence*, Springer, pp. 49–63, 2006.

[275] D. Jannach, M. Zanker, A. Felfernig, and G. Friedrich. An introduction to recommender systems, *Cambridge University Press*, 2011.

[276] D. Jannach, Z. Karakaya, and F. Gedikli. Accuracy improvements for multicriteria recommender systems. *ACM Conference on Electronic Commerce*, pp. 674–689, 2012.

[277] R. Jaschke, L. Marinho, A. Hotho, L. Schmidt-Thieme, and G. Stumme. Tag recommendations in folksonomies. *Knowledge Discovery in Databases (PKDD)*, pp. 506–514, 2007.

[278] G. Jeh, and J. Widom. SimRank: a measure of structural-context similarity. *ACM KDD Conference*, pp. 538–543, 2003.

[279] Z. Jiang, W. Wang, and I. Benbasat. Multimedia-based interactive advising

technology for online consumer decision support. *Communications of the ACM*, 48(9), pp. 92–98, 2005.

[280] R. Jin, J. Chai, and L. Si. An automatic weighting scheme for collaborative filtering. *ACM SIGIR Conference*, pp. 337–344, 2004.

[281] R. Jin, L. Si, and C. Zhai. Preference-based graphic models for collaborative filtering. *Proceedings of the Nineteenth conference on Uncertainty in Artificial Intelligence*, pp. 329–336, 2003.

[282] R. Jin, L. Si, C. Zhai, and J. Callan. Collaborative filtering with decoupled models for preferences and ratings. *ACM CIKM Conference*, pp. 309–316, 2003.

[283] T. Joachims. Training linear SVMs in linear time. *ACM KDD Conference*, pp. 217–226, 2006.

[284] T. Joachims. Optimizing search engines using click-through data. *ACM KDD Conference*, pp. 133–142, 2002.

[285] I. Jolliffe. Principal component analysis, 2nd edition, *Springer*, 2002.

[286] N. Jones and P. Pu. User technology adoption issues in recommender systems. *Networking and Electronic Conference*, pp. 379–394, 2007.

[287] A. Josang, S. Marsh, and S. Pope. Exploring different types of trust propagation. In Trust management, *Lecture Notes in Computer Science*, Springer, 3986, pp. 179–192, 2006.

[288] P. Juell and P. Paulson. Using reinforcement learning for similarity assessment in case-based systems. *IEEE Intelligent Systems*, 18(4), pp. 60–67, 2003.

[289] U. Junker. QUICKXPLAIN: preferred explanations and relaxations for overcon-strained problems. *AAAI Conference*, pp. 167–172, 2004.

[290] S. Kale, L. Reyzin, and R. Schapire. Non-stochastic bandit slate problems. *Advances in Neural Information Processing Systems*, pp. 1054–1062, 2010.

[291] M. Kaminskas and F. Ricci. Contextual music information retrieval and recommendation: State of the art and challenges. *Computer Science Review*, 6(2), pp. 89–119, 2012.

[292] S. Kamvar, M. Schlosser, and H. Garcia-Molina. The eigentrust algorithm for reputation management in P2P networks. *World Wide Web Conference*, pp. 640–651, 2003.

[293] A. Karatzoglou. Collaborative temporal order modeling. *ACM Conference on Recommender Systems*, pp. 313–316, 2011.

[294] A. Karatzoglou, X. Amatriain, L. Baltrunas, and N. Oliver. Multiverse recommen-dation: N-dimensional tensor factorization for context-aware collaborative filtering. *ACM Conference on Recommender Systems*, pp. 79–86, 2010.

[295] R. Karimi, C. Freudenthaler, A. Nanopoulos, L. Schmidt-Thieme. Exploiting

the characteristics of matrix factorization for active learning in recommender systems. *ACM Conference on Recommender Systems*, pp. 317 – 320, 2012.

[296]   J. Kemeny and J. Snell. Finite Markov chains. *Springer*, New York, 1983.

[297]   D. Kempe, J. Kleinberg, and E. Tardos. Maximizing the spread of influence through a social network. *ACM KDD Conference*, pp. 137 – 146, 2003.

[298]   M. Kendall. A new measure of rank correlation. *Biometrika*, pp. 81 – 93, 1938.

[299]   M. Kendall and J. Gibbons. Rank correlation methods. *Charles Griffin*, 5th edition, 1990.

[300]   D. Kim, and B. Yum. Collaborative filtering Based on iterative principal component analysis, *Expert Systems with Applications*, 28, pp. 623 – 830, 2005.

[301]   H. Kim and H. Park. Nonnegative matrix factorization based on alternating nonneg ativity constrained least squares and active set method. *SIAM Journal on Matrix Analysis and Applications*, 30(2), pp. 713 – 730, 2008.

[302]   J. Kleinberg. Authoritative sources in a hyperlinked environment. *Journal of the ACM (JACM)*, 46(5), pp. 604 – 632, 1999.

[303]   J. Kleinberg, C. Papadimitriou, and P. Raghavan. On the value of private information. *Proceedings of the 8th Conference on Theoretical Aspects of Rationality and Knowledge*, pp. 249 – 257, 2001.

[304]   N. Koenigstein, G. Dror, and Y. Koren. Yahoo! Music recommendations: modeling music ratings with temporal dynamics and item taxonomy. *ACM Conference on Recommender Systems*, pp. 165 – 172, 2011.

[305]   R. Kohavi, R. Longbotham, D. Sommerfield, R. Henne. Controlled experiments on the Web: survey and practical guide. *Data Mining and Knowledge Discovery*, 18(1), pp. 140 – 181, 2009.

[306]   X. Kong, X. Shi, and P. S. Yu. Multi-Label collective classification. *SIAM Conference on Data Mining*, pp. 618 – 629, 2011.

[307]   J. Konstan. Introduction to recommender systems: algorithms and evaluation. *ACM Transactions on Information Systems*, 22(1), pp. 1 – 4, 2004.

[308]   J. Konstan, S. McNee, C. Ziegler, R. Torres, N. Kapoor, and J. Riedl. Lessons on applying automated recommender systems to information-seeking tasks. *AAAI Con-ference*, pp. 1630 – 1633, 2006.

[309]   Y. Koren. Factorization meets the neighborhood: a multifaceted collaborative filtering model. *ACM KDD Conference*, pp. 426 – 434, 2008. Extended version of this paper appears as: "Y. Koren. Factor in the neighbors: Scalable and accurate collaborative filtering. *ACM Transactions on Knowledge Discovery from Data (TKDD)*, 4(1), 1, 2010."

[310]   Y. Koren. Collaborative filtering with temporal dynamics. *ACM KDD Conference*,

pp. 447–455, 2009. Another version also appears in the *Communications of the ACM*, 53(4), pp. 89–97, 2010.

[311] Y. Koren. The Bellkor solution to the Netflix grand prize. *Netflix prize documentation*, 81, 2009. http://www.netflixprize.com/assets/GrandPrize2009_ BPC_BellKor.pdf

[312] Y. Koren and R. Bell. Advances in collaborative filtering. *Recommender Systems Handbook*, Springer, pp. 145–186, 2011. (Extended version in 2015 edition of hand-book).

[313] Y. Koren, R. Bell, and C. Volinsky. Matrix factorization techniques for recommender systems. *Computer*, 42(8), pp. 30–37, 2009.

[314] Y. Koren and J. Sill. Collaborative filtering on ordinal user feedback. *IJCAI Conference*, pp. 3022–3026, 2011.

[315] R. Krestel and P. Fankhauser. Personalized topic-based tag recommendation. *Neuro-computing*, 76(1), pp. 61–70, 2012.

[316] R. Krestel, P. Fankhauser, and W. Nejdl. Latent dirichlet allocation for tag recommendation. *ACM Conference on Recommender Systems*, pp. 61–68, 2009.

[317] V. Krishnan, P. Narayanashetty, M. Nathan, R. Davies, and J. Konstan. Who predicts better? Results from an online study comparing humans and an online recommender system. *ACM Conference on Recommender Systems*, pp. 211–218, 2008.

[318] J. Krosche, J. Baldzer, and S. Boll. MobiDENK-mobile multimedia in monument conservation. *IEEE MultiMedia*, 11(2), pp. 72–77, 2004.

[319] A. Krogh, M. Brown, I. Mian, K. Sjolander, and D. Haussler. Hidden Markov models in computational biology: Applications to protein modeling. *Journal of molecular biology*, 235(5), pp. 1501–1531, 1994.

[320] B. Krulwich. Lifestyle finder: Intelligent user profiling using large-scale demographic data. *AI Magazine*, 18(2), pp. 37–45, 1995.

[321] S. Kabbur, X. Ning, and G. Karypis. FISM: factored item similarity models for top-N recommender systems. *ACM KDD Conference*, pp. 659–667, 2013.

[322] S. Kabbur and G. Karypis. NLMF: NonLinear Matrix Factorization Methods for Top-N Recommender Systems. *IEEE Data Mining Workshop (ICDMW)*, pp. 167–174, 2014.

[323] A. Karatzoglou, L. Baltrunas, and Y. Shi. Learning to rank for recommender systems. *ACM Conference on Recommender Systems*, pp. 493–494, 2013. Slides available at http://www.slideshare.net/kerveros99/learning-to-rank-for-recommender-system-tutorial-acm-recsys-2013

[324] J. Kunegis, S. Schmidt, A. Lommatzsch, J. Lerner, E. De Luca, and S. Albayrak.

Spectral analysis of signed graphs for clustering, prediction and visualization. *SIAM Conference on Data Mining*, pp. 559–559, 2010.

[325] J. Kunegis, E. De Luca, and S. Albayrak. The link prediction problem in bipartite networks. *Computational Intelligence for Knowledge-based Systems Design*, Springer, pp. 380–389, 2010.

[326] J. Kunegis and A. Lommatzsch. Learning spectral graph transformations for link prediction. *International Conference on Machine Learning*, pp. 562–568, 2009.

[327] A. Lacerda, M. Cristo, W. Fan, N. Ziviani, and B. Ribeiro-Neto. Learning to advertise. *ACM SIGIR Conference*, pp. 549–556, 2006.

[328] K. Lakiotaki, S. Tsafarakis, and N. Matsatsinis. UTA-Rec: a recommender system based on multiple criteria analysis. *ACM Conference on Recommender Systems*, pp. 219–226, 2008.

[329] S. Lam and J. Riedl. Shilling recommender systems for fun and profit. *World Wide Web Conference*, pp. 393–402, 2004.

[330] B. Lamche, U. Trottmann, and W. Worndl. Active learning strategies for exploratory mobile recommender systems. *Proceedings of the 4th Workshop on Context-Awareness in Retrieval and Recommendation*, pp. 10–17, 2014.

[331] A. Langville, C. Meyer, R. Albright, J. Cox, and D. Duling. Initializations for the nonnegative matrix factorization. *ACM KDD Conference*, pp. 23–26, 2006.

[332] L. Lathauwer, B. Moor, and J. Vandewalle. A multilinear singular value decomposition. *SIAM Journal on Matrix Analysis and Applications*, 21(4), pp. 1253–1278. 2000.

[333] N. Lathia, S. Hailes, and L. Capra. Temporal collaborative filtering with adaptive neighbourhoods. *ACM SIGIR Conference*, pp. 796–797, 2009.

[334] N. Lathia, S. Hailes, and L. Capra. Private distributed collaborative filtering using estimated concordance measures. *ACM Conference on Recommender Systems*, pp. 1–8, 2007.

[335] N. Lathia, S. Hailes, L. Capra, and X. Amatriain. Temporal diversity in recommender systems. *ACM SIGIR Conference*, pp. 210–217, 2010.

[336] S. Lawrence. Context in Web search. *IEEE Data Engineering Bulletin*, 23(3):25, 2000.

[337] D. Lee, S. Park, M. Kahng, S. Lee, and S. Lee. Exploiting contextual information from event logs for personalized recommendation. Chapter in *Computer and Information Science*, Springer, 2010.

[338] J.-S. Lee and S. Olafsson. Two-way cooperative prediction for collaborative filtering recommendations. *Expert Systems with Applications*, 36(3), pp. 5353–5361, 2009.

[339] B.-H. Lee, H. Kim, J. Jung, and G.-S. Jo. Location-based service with context data for a restaurant recommendation. *Database and Expert Systems Applications*, pp. 430–438, 2006.

[340] H. Lee and W. Teng. Incorporating multi-criteria ratings in recommendation systems. *IEEE International Conference on Information Reuse and Integration (IRI)*, pp. 273–278, 2007.

[341] J. Lees-Miller, F. Anderson, B. Hoehn, and R. Greiner. Does Wikipedia information help Netflix predictions?. *Machine Learning and Applications*, pp. 337–343, 2008.

[342] D. Lemire and A. Maclachlan. Slope one predictors for online rating-based collaborative filtering. *SIAM Conference on Data Mining*, 2005.

[343] J. Levandoski, M. Sarwat, A. Eldawy, and M. Mokbel. LARS: A location-aware recommender system. *IEEE ICDE Conference*, pp. 450–461, 2012.

[344] R. Levien. Attack-resistant trust metrics. *Computing with Social Trust*, Springer, pp. 121–132, 2009.

[345] M. Lesani and S. Bagheri. Applying and inferring fuzzy trust in semantic web social networks. *Canadian Semantic Web, Semantic Web and Beyond*, Springer, Vol 2, pp. 23–43, 2006.

[346] J. Leskovec, D. Huttenlocher, and J. Kleinberg. Predicting positive and negative links in online social networks. *World Wide Web Conference*, pp. 641–650, 2010.

[347] M. Levy and K. Jack. Efficient Top-N Recommendation by Linear Regression. *Large Scale Recommender Systems Workshop (LSRS) at RecSys*, 2013.

[348] L. Li, W. Chu, J. Langford, and R. Schapire. A contextual-bandit approach to personalized news article recommendation. *World Wide Web Conference*, pp. 661–670, 2010.

[349] L. Li, W. Chu, J. Langford, and X. Wang. Unbiased offline evaluation of contextual-bandit-based news article recommendation algorithms. *International Conference on Web Search and Data Mining*, pp. 297–306, 2011.

[350] M. Li, B. M. Dias, I. Jarman, W. El-Deredy, and P. J. Lisboa. Grocery shopping recommendations based on basket-sensitive random walk. *KDD Conference*, pp. 1215–1224, 2009.

[351] M. Li, T. Zhang, Y. Chen, and A. Smola. Efficient mini-batch training for stochastic optimization. *ACM KDD Conference*, pp. 661–670, 2014.

[352] N. Li, T. Li, and S. Venkatasubramanian. t-closeness: Privacy beyond $k$-anonymity and $\pounds$-diversity. *IEEE International Conference on Data Engineering*, pp. 106–115, 2007.

[353] Q. Li, C. Wang, and G. Geng. Improving personalized services in mobile

commerce by a novel multicriteria rating approach. *World Wide Web Conference*, pp. 1235–1236, 2008.

[354] D. Liben-Nowell and J. Kleinberg. The link-prediction problem for social networks. *Journal of the American society for information science and technology*, 58(7), pp. 1019–1031, 2007.

[355] R. Lichtenwalter, J. Lussier, and N. Chawla. New perspectives and methods in link prediction. *ACM KDD Conference*, pp. 243–252, 2010.

[356] H. Lieberman. Letizia: An agent that assists Web browsing, *IJCAI*, pp. 924–929, 1995.

[357] C.-J. Lin. Projected gradient methods for nonnegative matrix factorization. *Neural Computation*, 19(10), pp. 2576–2779, 2007.

[358] W. Lin. Association rule mining for collaborative recommender systems. *Masters Thesis*, Worcester Polytechnic Institute, 2000.

[359] W. Lin, S. Alvarez, and C. Ruiz. Efficient adaptive-support association rule mining for recommender systems. *Data Mining and Knowledge Discovery*, 6(1), pp. 83–105, 2002.

[360] G. Linden, B. Smith, and J. York. Amazon.com recommendations: item-to-item collaborative filtering. *IEEE Internet Computing*, 7(1), pp. 76–80, 2003.

[361] C. Ling and C. Li. Data Mining for direct marketing: problems and solutions. *ACM KDD Conference*, pp. 73–79, 1998.

[362] R. Little and D. Rubin. Statistical analysis with missing data. *Wiley*, 2002.

[363] M. Littlestone and M. Warmuth. The weighted majority algorithm. *Information and computation*, 108(2), pp. 212–261, 1994.

[364] B. Liu. Web data mining: exploring hyperlinks, contents, and usage data. *Springer*, New York, 2007.

[365] B. Liu, W. Hsu, and Y. Ma. Mining association rules with multiple minimum supports. *ACM KDD Conference*, pp. 337–341, 1999.

[366] N. Liu, M. Zhao, E. Xiang, and Q Yang. Online evolutionary collaborative filtering. *ACM Conference on Recommender Systems*, pp. 95–102, 2010.

[367] N. Liu and Q. Yang. Eigenrank: a ranking-oriented approach to collaborative filtering. *ACM SIGIR Conference*, pp. 83–90, 2008.

[368] N. Liu, M. Zhao, and Q. Yang. Probabilistic latent preference analysis for collaborative filtering. *ACM Conference on Information and Knowledge Management*, pp. 759–766, 2009.

[369] L. Liu, J. Tang, J. Han, M. Jiang, and S. Yang. Mining topic-level influence in heterogeneous networks. *ACM CIKM Conference*, pp. 199–208, 2010.

[370] T. Y. Liu. Learning to rank for information retrieval. *Foundations and Trends in Information Retrieval*, 3(3), pp. 225 – 331, 2009.

[371] X. Liu, C. Aggarwal, Y.-F. Lee, X. Kong, X. Sun, and S. Sathe. Kernelized matrix factorization for collaborative filtering. *SIAM Conference on Data Mining*, 2016.

[372] Z. Liu, Y.-X. Wang, and A. Smola. Fast differentially private matrix factorization. *ACM Conference on Recommender Systems*, 2015.

[373] S. Lohr. A $1 million research bargain for Netflix, and maybe a model for others, *The New York Times*, September 21, 2009. http://www.nytimes.com/2009/09/22/technology/internet/22netflix.html?_r=0

[374] S. Lombardi, S. Anand, and M. Gorgoglione. Context and customer behaviour in recommendation. *Workshop on Customer Aware Recommender Systems*, 2009.

[375] B. London, and L. Getoor. Collective classification of network data. *Data Classification: Algorithms and Applications*, CRC Press, pp. 399 – 416, 2014.

[376] P. Lops, M. de Gemmis, and G. Semeraro. Content-based recommender systems: state of the art and trends. *Recommender Systems Handbook*, Springer, pp. 73 – 105, 2011.

[377] F. Lorenzi and F. Ricci. Case-based recommender systems: a unifying view. *Intelligent Techniques for Web Personalization*, pp. 89 – 113, Springer, 2005.

[378] L. Lu, M. Medo, C. Yeung, Y. Zhang, Z. Zhang, and T. Zhou. Recommender systems. *Physics Reports*, 519(1), pp. 1 – 49, 2012. http://arxiv.org/pdf/1202.1112.pdf

[379] Q. Lu, and L. Getoor. Link-based classification. *ICML Conference*, pp. 496 – 503, 2003.

[380] H. Ma, I. King, and M. Lyu. Effective missing data prediction for collaborative filtering. *ACM SIGIR Conference*, pp. 39 – 46, 2007.

[381] H. Ma, H. Yang, M. Lyu, and I. King. SoRec: Social recommendation using probabilistic matrix factorization. *ACM Conference on Information and knowledge Management*, pp. 931 – 940, 2008.

[382] H. Ma, D. Zhou, C. Liu, M. Lyu, and I. King. Recommender systems with social regularization. *ACM International Conference on Web search and Data Mining*, pp. 287 – 296, 2011.

[383] H. Ma, M. Lyu, and I. King. Learning to recommend with trust and distrust relationships. *ACM International Conference on Recommender Systems*, pp. 189 – 196, 2009.

[384] H. Ma, M. Lyu, and I. King. Learning to recommend with social trust ensemble. *ACM SIGIR Conference*, pp. 203 – 210, 2009.

[385] Z. Ma, G. Pant, and O. Sheng. Interest-based personalized search. *ACM*

*Transactions on Information Systems*, 25(1), 2007.

[386]   A. Machanavajjhala, D. Kifer, J. Gehrke, and M. Venkitasubramaniam. $\ell$-diversity: privacy beyond k-anonymity. *ACM Transactions on Knowledge Discovery from Data (TKDD)*, 1(3), 2007.

[387]   S. Macskassy, and F. Provost. A simple relational classifier. *Second Workshop on Multi-Relational Data Mining (MRDM) at ACM KDD Conference*, 2003.

[388]   S. A. Macskassy, and F. Provost. Classification in networked data: A toolkit and a univariate case study. *Joirnal of Machine Learning Research*, 8, pp. 935–983, 2007.

[389]   T. Mahmood and F. Ricci. Learning and adaptivity in interactive recommender systems. *International Conference on Electronic Commerce*, pp. 75–84, 2007.

[390]   T. Mahmood and F. Ricci. Improving recommender systems with adaptive conversational strategies. *ACM Conference on Hypertext and Hypermedia*, pp. 73–82, 2009.

[391]   H. Mak, I. Koprinska, and J. Poon. Intimate: A web-based movie recommender using text categorization. *International Conference on Web Intelligence*, pp. 602–605, 2003.

[392]   B. Magnini, and C. Strapparava. Improving user modelling with content-based techniques. *International Conference on User Modeling*, pp. 74–83, 2001.

[393]   M. O'Mahony, N. Hurley, N. Kushmerick, and G. Silvestre. Collaborative recommendation: A robustness analysis. *ACM Transactions on Internet Technology*, 4(4), pp. 344–377, 2004.

[394]   M. O'Mahony, N. Hurley, and G. Silvestre. Promoting recommendations: An attack on collaborative filtering. *Database and Expert Systems Applications*, pp. 494–503, 2002.

[395]   M. O'Mahony, N. Hurley, G. Silvestre. An evaluation of the performance of collaborative filtering. *International Conference on Artificial Intelligence and Cognitive Science (AICS)*, pp. 164–168, 2003.

[396]   M. O'Mahony, N. Hurley, G. Silvestre. Recommender systems: Attack types and strategies. *National Conference on Artificial Intelligence (AAAI)*, pp. 334–339, 2005.

[397]   M. O'Mahony, N. Hurley, G. Silvestre. An evaluation of neighbourhood formation on the performance of collaborative filtering. *Artificial Intelligence Review*, 21(1), pp. 215–228, 2004.

[398]   N. Manouselis and C. Costopoulou. Analysis and classification of multi-criteria recommender systems. *World Wide Web*, 10(4), pp. 415–441, 2007.

[399]   N. Manouselis and Costopoulou. Experimental Analysis of Design Choices in a

Multi-Criteria Recommender System. *International Journal of Pattern Recognition and AI*, 21(2), pp. 311–332, 2007.

[400] C. Manning, P. Raghavan, and H. Schutze. Introduction to information retrieval. *Cambridge University Press*, Cambridge, 2008.

[401] L. Marinho, A. Nanopoulos, L. Schmidt-Thieme, R. Jaschke, A. Hotho, G, Stumme, and P. Symeonidis. Social tagging recommender systems. *Recommender Systems Handbook*, Springer, pp. 615–644, 2011.

[402] B. Marlin and R. Zemel. Collaborative prediction and ranking with non-random missing data. *ACM Conference on Recommender Systems*, pp. 5–12, 2009.

[403] P. Massa and P. Avesani. Trust-aware collaborative filtering for recommender systems. *On the Move to Meaningful Internet Systems*, pp. 492–508, 2004.

[404] P. Massa and P. Avesani. Trust-aware recommender systems. *ACM Conference on Recommender Systems*, pp. 17–24, 2007.

[405] P. Massa and B. Bhattacharjee. Using trust in recommender systems: An experimental analysis. *Trust Management*, pp. 221–235, Springer, 2004.

[406] P. Massa and P. Avesani. Trust metrics on controversial users: balancing between tyranny of the majority. *International Journal on Semantic Web and Information Systems*, 3(1), pp. 39–64, 2007.

[407] J. Masthoff. Group recommender systems: combining individual models. *Recommender Systems Handbook*, Springer, pp. 677–702, 2011.

[408] J. Masthoff. Group modeling: Selecting a sequence of television items to suit a group of viewers. *Personalized Digital Television*, pp. 93–141, 2004.

[409] J. Masthoff and A. Gatt. In pursuit of satisfaction and the prevention of embarrassment: affective state in group recommender systems. *User Modeling and User-Adapted Interactio*, 16(3–4), pp. 281–319, 2006.

[410] J. Masthoff. Modeling the multiple people that are me. *International Conference on User Modeling, Also appears in Lecture Notes in Computer Science*, Springer, Vol. 2702, pp. 258–262, 2003.

[411] J. McAuley and J. Leskovec. Hidden factors and hidden topics: understanding rating dimensions with review text. *ACM Conference on Recommender systems*, pp. 165–172, 2013.

[412] J. McCarthy and T. Anagnost. MusicFX: An Arbiter of Group Preferences for Computer Supported Collaborative Workouts. *ACM Conference on Computer Supported Cooperative Work*, pp. 363–372, 1998.

[413] K. McCarthy, L. McGinty, B. Smyth, and M. Salamo. The needs of the many: a case-based group recommender system. *Advances in Case-Based Reasoning*, pp. 196–210, 2004.

[414]  K. McCarthy, J. Reilly, L. McGinty, and B. Smyth. On the dynamic generation of compound critiques in conversational recommender systems. *Adaptive Hypermedia and Adaptive Web-Based Systems*, pp. 176–184, 2004.

[415]  K. McCarthy, M. Salamo, L. McGinty, B. Smyth, and P. Nicon. Group recommender systems: a critiquing based approach. *International Conference on Intelligent User Interfaces*, pp. 267–269, 2006.

[416]  K. McCarthy, L. McGinty, and B. Smyth. Dynamic critiquing: an analysis of cognitive load. *Irish Conference on Artificial Intelligence and Cognitive Science*, pp. 19–28, 2005.

[417]  L. McGinty and J. Reilly. On the evolution of critiquing recommenders. *Recommender Systems Handbook*, pp. 419–453, 2011.

[418]  S. McNee, J. Riedl, and J. Konstan. Being accurate is not enough: how accuracy metrics have hurt recommender systems. *SIGCHI Conference*, pp. 1097–1101, 2006.

[419]  D. McSherry. Incremental relaxation of unsuccessful queries. *Advances in Case-Based Reasoning*, pp. 331–345, 2004.

[420]  D. McSherry. Diversity-Conscious Retrieval. *European Conference on Case-Based Reasoning*, pp. 219–233, 2002.

[421]  D. McSherry. Similarity and Compromise. *International Conference on Case-Based Reasoning*, pp. 291–305, 2003.

[422]  D. McSherry and D. Aha. The ins and outs of critiquing. *IJCAI*, pp. 962–967, 2007.

[423]  D. McSherry and D. Aha. Avoiding long and fruitless dialogues in critiquing. *Research and Development in Intelligent Systems*, pp. 173–186, 2007.

[424]  B. Mehta, and T. Hofmann. A survey of attack-resistant collaborative filtering algorithms. *IEEE Data Engineering Bulletin*, 31(2), pp. 14–22, 2008.

[425]  B. Mehta, T. Hofmann, and P. Fankhauser. Lies and propaganda: detecting spam users in collaborative filtering. *International Conference on Intelligent User Interfaces*, pp. 14–21, 2007.

[426]  B. Mehta, T. Hofmann, and W. Nejdl. Robust collaborative filtering. *ACM Conference on Recommender Systems*, pp. 49–56, 2007.

[427]  B. Mehta and W. Nejdl. Unsupervised strategies for shilling detection and robust collaborative filtering. *User Modeling and User-Adapted Interaction*, 19(1–2), pp. 65–97, 2009.

[428]  B. Mehta and W. Nejdl. Attack resistant collaborative filtering. *ACM SIGIR Conference*, pp. 75–82, 2008.

[429]  Q. Mei, D. Zhou, and K. Church. Query suggestion using hitting time. *ACM Conference on Information and Knowledge Management*, pp. 469–478, 2009.

[430]  N. Meinshausen. Sign-constrained least squares estimation for high-dimensional regression. *Electronic Journal of Statistics*, 7, pp. 607 – 1631, 2013.

[431]  P. Melville, R. Mooney, and R. Nagarajan. Content-boosted collaborative filtering for improved recommendations. *AAAI/IAAI*, pp. 187 – 192, 2002.

[432]  A. K. Menon, and C. Elkan. Link prediction via matrix factorization. *Machine Learning and Knowledge Discovery in Databases*, pp. 437 – 452, 2011.

[433]  S. Middleton, N. Shadbolt, and D. de Roure. Ontological user profiling in recommender systems. *ACM Transactions on Information Systems*, 22(1), pp. 54 – 88, 2004.

[434]  A. Mild and M. Natter. Collaborative filtering or regression models for Internet recommendation systems? *Journal of Targeting, Measurement and Analysis for Marketing*, 10(4), pp. 304 – 313, 2002.

[435]  S. Min and I. Han. Detection of the customer time-variant pattern for improving recommender systems. *Expert Systems and Applications*, 28(2), pp. 189 – 199, 2005.

[436]  T. M. Mitchell. Machine learning. *McGraw Hill International Edition*, 1997.

[437]  K. Miyahara, and M. J. Pazzani. Collaborative filtering with the simple Bayesian classifier. *Pacific Rim International Conference on Artificial Intelligence*, 2000.

[438]  D. Mladenic. Machine learning used by Personal Web Watcher. *Proceedings of the ACAI-99 Workshop on Machine Learning and Intelligent Agents*, 1999.

[439]  D. Mladenic. Text learning and related intelligent agents: A survey. *IEEE Intelligent Systems*, 14(4), pp. 44 – 54, 1999.

[440]  B. Mobasher, R. Cooley, and J. Srivastava. Automatic personalization based on Web usage mining. *Communications of the ACM*, 43(8), pp. 142 – 151, 2000.

[441]  B. Mobasher, H. Dai, T. Luo, and M. Nakagawa. Effective personalization based on association rule discovery from Web usage data. *ACM Workshop on Web Information and Data Management*, pp. 9 – 15, 2001.

[442]  B. Mobasher, H. Dai, T. Luo, and H. Nakagawa. Using sequential and non-sequential patterns in predictive web usage mining tasks. *International Conference on Data Mining*, pp. 669 – 672, 2002.

[443]  B. Mobasher, H. Dai, M. Nakagawa, and T. Luo. Discovery and evaluation of aggregate usage profiles for web personalization. *Data Mining and Knowledge Discovery*, 6: pp. 61 – 82, 2002.

[444]  B. Mobasher, R. Burke, R. Bhaumik, and C. Williams. Toward trustworthy recommender systems: an analysis of attack models and algorithm robustness. *ACM Transactions on Internet Technology (TOIT)*, 7(4), 23, 2007.

[445]  B. Mobasher, R. Burke, R. Bhaumik, and C. Williams. Effective attack models for

shilling item-based collaborative filtering systems. *WebKDD Workshop*, 2005.

[446]   B. Mobasher, R. Burke, and J. Sandvig. Model-based collaborative filtering as a defense against profile injection attacks. *AAAI Conference*, Vol. 6, p. 1388, 2006.

[447]   M. Mokbel and J. Levandoski. Toward context and preference-aware location-based services. *ACM International Workshop on Data Engineering for Wireless and Mobile Access*, pp. 25 – 32, 2009.

[448]   R. J. Mooney and L. Roy. Content-based book recommending using learning for text categorization. *ACM Conference on Digital libraries*, pp. 195 – 204, 2000.

[449]   L. Mui, M. Mohtashemi, and A. Halberstadt. A computational model of trust and reputation. *IEEE International Conference on System Sciences*, pp. 2413 – 2439, 2002.

[450]   T. Murakami, K. Mori, and R. Orihara. Metrics for evaluating the serendipity of recommendation lists. *New Frontiers in Artificial Intelligence*, pp. 40 – 46, 2008.

[451]   A. Narayanan and V. Shmatikov. How to break anonymity of the Netflix prize dataset. *arXiv preprint cs/0610105*, 2006. http://arxiv.org/abs/cs/0610105

[452]   G. Nemhauser, and L. Wolsey. Integer and combinatorial optimization. *Wiley*, New York, 1988.

[453]   J. Neville, and D. Jensen. Iterative classification in relational data. *AAAI Workshop on Learning Statistical Models from Relational Data*, pp. 13 – 20, 2000.

[454]   Q. Nguyen and F. Ricci. User preferences initialization and integration in critique-based mobile recommender systems. *Artificial Intelligence in Mobile Systems*, pp. 71 – 78, 2004.

[455]   X. Ning and G. Karypis. SLIM: Sparse linear methods for top-N recommender systems. *IEEE International Conference on Data Mining*, pp. 497 – 506, 2011.

[456]   X. Ning and G. Karypis. Sparse linear methods with side information for top-n recommendations. *ACM Conference on Recommender Systems*, pp. 155 – 162, 2012.

[457]   D. Oard and J. Kim. Implicit feedback for recommender systems. *Proceedings of the AAAI Workshop on Recommender Systems*, pp. 81 – 83, 1998.

[458]   K. Oku, S. Nakajima, J. Miyazaki, and S. Uemura. Context-aware SVM for context-dependent information recommendation. *International Conference on Mobile Data Management*, pp. 109 – 109, 2006.

[459]   F. Del Olmo and E. Gaudioso. Evaluation of recommender systems: A new approach. *Expert Systems with Applications*, 35(3), pp. 790 – 804, 2008.

[460]   P. Paatero and U. Tapper. Positive matrix factorization: A non-negative factor model with optimal utilization of error estimates of data values. *Environmetrics*, 5(2), pp. 111 – 126, 1994.

[461] A. Paolo, P. Massa, and R. Tiella. A trust-enhanced recommender system application: Moleskiing. *ACM Symposium on Applied Computing*, pp. 1589–1593, 2005.

[462] D. Park, H. Kim, I. Choi, and J. Kim. A literature review and classification of recommender systems research. *Expert Systems with Applications*, 29(11), pp. 10059–10072, 2012.

[463] Y. Park and A. Tuzhilin. The long tail of recommender systems and how to leverage it. *Proceedings of the ACM Conference on Recommender Systems*, pp. 11–18, 2008.

[464] M. Park, J. Hong, and S. Cho. Location-based recommendation system using Bayesian user's preference model in mobile devices. *Ubiquitous Intelligence and Computing*, pp. 1130–1139, 2007.

[465] L. Page, S. Brin, R. Motwani, and T. Winograd. The PageRank citation engine: Bringing order to the web. *Technical Report*, 1999–0120, Computer Science Department, Stanford University, 1998.

[466] C. Palmisano, A. Tuzhilin, and M. Gorgoglione. Using context to improve predictive modeling of customers in personalization applications. *IEEE Transactions on Knowledge and Data Engineering*, 20(11), pp. 1535–1549, 2008.

[467] R. Pan, Y. Zhou, B. Cao, N. Liu, R. Lukose, M. Scholz, Q. Yang. One-class collaborative filtering. *IEEE International Conference on Data Mining*, pp. 502–511, 2008.

[468] R. Pan, and M. Scholz. Mind the gaps: weighting the unknown in large-scale one-class collaborative filtering. *ACM KDD Conference*, pp. 667–676, 2009.

[469] W. Pan and L. Chen. CoFiSet: Collaborative filtering via learning pairwise preferences over item-sets. *SIAM Conference on Data Mining*, 2013.

[470] U. Panniello, A. Tuzhilin, and M. Gorgoglione. Comparing context-aware recommender systems in terms of accuracy and diversity. *User Modeling and User-Adapted Interaction*, 24: pp. 35–65, 2014.

[471] U. Panniello, A. Tuzhilin, M. Gorgoglione, C. Palmisano, and A. Pedone. Experimental comparison of pre- vs. post-filtering approaches in context-aware recommender systems. *ACM Conference on Recommender Systems*, pp. 265–268, 2009.

[472] S. Parthasarathy and C. Aggarwal. On the use of conceptual reconstruction for mining massively incomplete data sets. *IEEE Transactions on Knowledge and Data Engineering*, 15(6), pp. 1512–1521, 2003.

[473] A. Paterek. Improving regularized singular value decomposition for collaborative filtering. *Proceedings of KDD Cup and Workshop*, 2007.

[474] V. Pauca, J. Piper, and R. Plemmons. Nonnegative matrix factorization for spectral

data analysis. *Linear algebra and its applications*, 416(1), pp. 29 – 47, 2006.

[475]  M. Pazzani. A framework for collaborative, content-based and demographic filtering. *Artificial Intelligence Review*, 13, (5 – 6), 1999.

[476]  M. Pazzani and D. Billsus. Learning and revising user profiles: The identification of interesting Web sites. *Machine learning*, 27(3), pp. 313 – 331, 1997.

[477]  M. Pazzani and D. Billsus. Content-based recommendation systems. *Lecture Notes in Computer Science*, Springer, 4321, pp. 325 – 341, 2007.

[478]  M. Pazzani, J. Muramatsu, and D. Billsus. Syskill and Webert: Identifying interesting Web sites. *AAAI Conference*, pp. 54 – 61, 1996.

[479]  J. Pitkow and P. Pirolli. Mining longest repeating subsequences to predict WWW surfing. *USENIX Annual Technical Conference*, 1999.

[480]  L. Pizzato, T. Rej, T. Chung, I. Koprinska, and J. Kay. RECON: a reciprocal recommender for online dating. *ACM Conference on Recommender systems*, pp. 207 – 214, 2010.

[481]  L. Pizzato, T. Rej, T. Chung, K. Yacef, I. Koprinska, and J. Kay. Reciprocal recommenders. *Workshop on Intelligent Techniques for Web Personalization and Recommender Systems*, pp. 20 – 24, 2010.

[482]  L. Pizzato, T. Rej, K. Yacef, I. Koprinska, and J. Kay. Finding someone you will like and who won't reject you. *User Modeling, Adaption and Personalization*, Springer, pp. 269 – 280, 2011.

[483]  B. Polak, A. Herrmann, M. Heitmann, and M. Einhorn. Die Macht des Defaults – Wirkung von Empfehlungen und Vorgaben auf das individuelle Entscheidungsverhal-ten. [English Translation: *The power of defaults: Effect on individual choice behavior.*] *Zeitschrift fur Betriebswirtschaft*, 78(10), pp. 1033 – 1060, 2008.

[484]  H. Polat and W. Du. Privacy-preserving collaborative filtering using rando-mized perturbation techniques. *IEEE International Conference on Data Mining*, pp. 625 – 628, 2003.

[485]  H. Polat and W. Du. SVD-based collaborative filtering with privacy. *ACM symposium on Applied Computing*, pp. 791 – 795, 2005.

[486]  P. Pu and L. Chen. Trust building with explanation interfaces. *International conference on Intelligent User Interfaces*, pp. 93 – 100, 2006.

[487]  G. Qi, C. Aggarwal, Q. Tian, H. Ji, and T. S. Huang. Exploring context and content links in social media: A latent space method. *IEEE Transactions on Pattern Analysis and Machine Intelligence*, 34(5), pp. 850 – 862, 2012.

[488]  G. Qi, C. Aggarwal, and T. Huang. Link prediction across networks by biased cross-network sampling. *IEEE ICDE Conference*, pp. 793 – 804, 2013.

[489] L. Quijano-Sanchez, J. Recio-Garcia, B. Diaz-Agudo, and G. Jimenez-Diaz. Social factors in group recommender systems. *ACM Transactions on Intelligent Systems and Technology (TIST)*, 4(1), 8, 2013.

[490] C. Quoc and V. Le. Learning to rank with nonsmooth cost functions. *Advances in Neural Information Processing Systems*, 19, pp. 193–200, 2007.

[491] J. Reilly, B. Smyth, L. McGinty, and K. McCarthy. Critiquing with confidence. *Case-Based Reasoning Research and Development*, pp. 436–450, 2005.

[492] J. Reilly, K. McCarthy, L. McGinty, and B. Smyth. Explaining compound critiques. *Artificial Intelligence Review*, 24(2), pp. 199–220, 2005.

[493] S. Rendle. Factorization machines. *IEEE International Conference on Data Mining*, pp. 995–100, 2010.

[494] S. Rendle. Factorization machines with libfm. *ACM Transactions on Intelligent Systems and Technology (TIST)*, 3(3), 57, 2012.

[495] S. Rendle. Context-aware ranking with factorization models. *Studies in Computational Intelligence*, Chapter 9, Springer, 2011.

[496] S. Rendle, Z. Gantner, C. Freudenthaler, and L. Schmidt-Thieme. Fast context-aware recommendations with factorization machines. *ACM SIGIR Conference*, pp. 635–644, 2011.

[497] S. Rendle, L. Balby Marinho, A. Nanopoulos, and A. Schmidt-Thieme. Learning optimal ranking with tensor factorization for tag recommendation. *ACM KDD Conference*, pp. 727–736, 2009.

[498] S. Rendle and L. Schmidt-Thieme. Pairwise interaction tensor factorization for personalized tag recommendation. *ACM International Conference on Web Search and Data Mining*, pp. 81–90, 2010.

[499] S. Rendle, C. Freudenthaler, Z. Gantner, and L. Schmidt-Thieme. BPR: Bayesian personalized ranking from implicit feedback. *Uncertainty in Artificial Intelligence (UAI)*, pp. 452–451, 2009.

[500] J. Rennie and N. Srebro. Fast maximum margin matrix factorization for collaborative prediction. *ICML Conference*, pp. 713–718, 2005.

[501] P. Resnick, N. Iacovou, M. Suchak, P. Bergstrom, and J. Riedl. GroupLens: an open architecture for collaborative filtering of netnews. *Proceedings of the ACM Conference on Computer Supported Cooperative Work*, pp. 175–186, 1994.

[502] P. Resnick and R. Sami. The influence limiter: provably manipulation-resistant recommender systems. *ACM Conference on Recommender Systems*, pp. 25–32, 2007.

[503] P. Resnick and R. Sami. The information cost of manipulation resistance in recommender systems. *ACM Conference on Recommender Systems*, pp. 147–

154, 2008.

[504]   F. Ricci. Mobile recommender systems. *Information Technology and Tourism*, 12(3), pp. 205–213, 2010.

[505]   F. Ricci, L. Rokach, B. Shapira, and P. Kantor. Recommender systems handbook. *Springer*, New York, 2011.

[506]   F. Ricci and P. Avesani. Learning a local similarity metric for case-based reasoning. *International Conference on Case-Based Reasoning Research and Development*, pp. 301–312, 1995.

[507]   F. Ricci, B. Arslan, N. Mirzadeh, and A. Venturini. LTR: A case-based travel advisory system. *European Conference on Case-Based Reasoning*, pp. 613–627, 2002.

[508]   E. Rich. User modeling via stereotypes. *Cognitive Science*, 3(4), pp. 329–354, 1979.

[509]   M. Richardson, R. Agrawal, and P. Domingos. Trust management for the semantic Web. *The Semantic Web*, Springer, pp. 351–368, 2003.

[510]   M. Richardson and P. Domingos. Mining knowledge-sharing sites for viral marketing. *ACM KDD Conference*, pp. 61–70, 2002.

[511]   J. Rocchio. Relevance feedback information retrieval. *The SMART retrieval system–experiments in automated document processing*, pp. 313–323, Prentice-Hall, Engle-wood Cliffs, NJ, 1971.

[512]   P. Rousseeuw and A. Leroy. Robust regression and outlier detection *John Wiley and Sons*, 2005.

[513]   N. Rubens, D. Kaplan, and M. Sugiyama. Active learning in recommender systems. *Recommender Systems Handbook*, Springer, pp. 735–767, 2011.

[514]   N. Sahoo, R. Krishnan, G. Duncan, and J. Callan. Collaborative filtering with multi-component rating for recommender systems. *Proceedings of the sixteenth workshop on information technologies and systems*, 2006.

[515]   A. Said, S. Berkovsky, and E. de Luca. Putting things in context: challenge on context-aware movie recommendation. *Proceedings of the Workshop on Context-Aware Movie Recommendation*, 2010.

[516]   T. Sainath, B. Kingsbury, V. Sindhwani, E. Arisoy, and B. Ramabhadran. Low-rank matrix factorization for deep neural network training with high-dimensional output targets. *Acoustics, Speech and Signal Processing (ICASSP)*, pp. 6655–6659, 2013.

[517]   R. Salakhutdinov, and A. Mnih. Probabilistic matrix factorization. *Advances in Neural and Information Processing Systems*, pp. 1257–1264, 2007.

[518]   R. Salakhutdinov, and A. Mnih. Bayesian probabilistic matrix factorization using

Markov chain Monte Carlo. *International Conference on Machine Learning*, pp. 880 – 887, 2008.

[519] R. Salakhutdinov, A. Mnih, and G. Hinton. Restricted Boltzmann machines for collaborative filtering. *International conference on Machine Learning*, pp. 791 – 798, 2007.

[520] J. Salter, and N. Antonopoulos. CinemaScreen recommender agent: combining collaborative and content-based filtering. *Intelligent Systems*, 21(1), pp. 35 – 41, 2006.

[521] P. Samarati. Protecting respondents identities in microdata release. *IEEE Transaction on Knowledge and Data Engineering*, 13(6), pp. 1010 – 1027, 2001.

[522] J. Sandvig, B. Mobasher, and R. Burke. Robustness of collaborative recommendation based on association rule mining. *ACM Conference on Recommender Systems*, pp. 105 – 12, 2007.

[523] J. Sandvig, B. Mobasher, and R. Burke. A survey of collaborative recommendation and the robustness of model-based algorithms. *IEEE Data Engineering Bulletin*, 31(2), pp. 3 – 13, 2008.

[524] B. Sarwar, G. Karypis, J. Konstan, and J. Riedl. Item-based collaborative filtering recommendation algorithms. *World Wide Web Conference*, pp. 285 – 295, 2001.

[525] B. Sarwar, G. Karypis, J. Konstan, and J. Riedl. Application of dimensionality reduction in recommender system – a case study. *WebKDD Workshop at ACM SIGKDD Conference, 2000*. Also appears at *Technical Report TR-00-043*, University of Minnesota, Minneapolis, 2000. https://wwws.cs.umn.edu/tech_reports_upload/tr2000/00-043.pdf

[526] B. Sarwar, J. Konstan, A. Borchers, J. Herlocker, B. Miller, and J. Riedl. Using filtering agents to improve prediction quality in the grouplens research collaborative filtering system. *ACM Conference on Computer Supported Cooperative Work*, pp. 345 – 354, 1998.

[527] B. Sarwar, G. Karypis, J. Konstan, and J. Riedl. Incremental singular value decomposition algorithms for highly scalable recommender systems. *International Conference on Computer and Information Science*, pp. 27 – 28, 2002.

[528] B. Sarwar, G. Karypis, J. Konstan, and J. Riedl. Recommender systems for large-scale e-commerce: Scalable neighborhood formation using clustering. *International Conference on Computer and Information Technology*, 2002.

[529] J. Schafer, D. Frankowski, J. Herlocker, and S. Sen. Collaborative filtering recommender systems. *Lecture Notes in Computer Science*, Vol. 4321, pp. 291 – 324, 2006.

[530] J. Schafer, J. Konstan, and J. Riedl. Recommender systems in e-commerce. *ACM Conference on Electronic Commerce*, pp. 158 – 166, 1999.

[531]  L. Schaupp and F. Belanger. A conjoint analysis of online consumer satis-faction. *Journal of Electronic Commerce Research*, 6(2), pp. 95 – 111, 2005.

[532]  S. Schechter, M. Krishnan, and M. D. Smith. Using path profiles to predict http requests. *World Wide Web Conference*, 1998.

[533]  A. Schein, A. Popescul, L. Ungar, and D. Pennock. Methods and metrics for cold-start recommendations. *ACM SIGIR Conference*, 2002.

[534]  I. Schwab, A. Kobsa, and I. Koychev. Learning user interests through positive examples using content analysis and collaborative filtering. Internal Memo, GMD, St. Augustin, Germany, 2001.

[535]  S. Sen, J. Vig, and J. Riedl. Tagommenders: connecting users to items through tags. *World Wide Web Conference*, pp. 671 – 680, 2009.

[536]  S. Sen, J. Vig, and J. Riedl. Learning to recognize valuable tags. *International Conference on Intelligent User Interfaces*, pp. 87 – 96, 2009.

[537]  D. Seung, and L. Lee. Algorithms for non-negative matrix factorization. *Advances in Neural Information Processing Systems*, 13, pp. 556 – 562, 2001.

[538]  G. Shani and A. Gunawardana. Evaluating recommendation systems. *Recommender Systems Handbook*, pp. 257 – 297, 2011.

[539]  G. Shani, M. Chickering, and C. Meek. Mining recommendations from the Web. *ACM Conference on Recommender Systems*, pp. 35 – 42, 2008.

[540]  U. Shardanand and P. Maes. Social information filtering: algorithms for automating word of mouth. *ACM Conference on Human Factors in Computing Systems*, 1995.

[541]  H. Shen and J. Z. Huang. Sparse principal component analysis via regularized low rank matrix approximation. *Journal of multivariate analysis*. 99(6), pp. 1015 – 1034, 2008.

[542]  A. Shepitsen, J. Gemmell, B. Mobasher, and R. Burke. Personalized recommendation in social tagging systems using hierarchical clustering. *ACM Conference on Recommender Systems*, pp. 259 – 266. 2008.

[543]  B. Sheth and P. Maes. Evolving agents for personalized information filtering. *Ninth Conference on Artificial Intelligence for Applications*, pp. 345 – 352, 1993.

[544]  Y. Shi, M. Larson, and A. Hanjalic. Collaborative filtering beyond the user-item matrix: A survey of the state of the art and future challenges. *ACM Computing Surveys (CSUR)*, 47(1), 3, 2014.

[545]  Y. Shi, M. Larson, and A. Hanjalic. List-wise learning to rank with matrix factorization for collaborative filtering. *ACM Conference on Recommender Systems*, 2010.

[546]  Y. Shi, A. Karatzoglou, L. Baltrunas, M. Larson, N. Oliver, and A. Hanjalic. CLiMF: Learning to maximize reciprocal rank with collaborative less-is-more

collaborative filtering. *ACM Conference on Recommender Systems*, pp. 139 – 146, 2012.

[547] Y. Shi, A. Karatzoglou, L. Baltrunas, M. Larson, and A. Hanjalic. GAPfm: Optimal top-$n$ recommendations for graded relevance domains. *ACM Conference on Information and Knowledge Management*, pp. 2261 – 2266, 2013.

[548] Y. Shi, A. Karatzoglou, L. Baltrunas, M. Larson, and A. Hanjalic. xCLiMF: optimizing expected reciprocal rank for data with multiple levels of relevance. *ACM Conference on Recommender Systems*, pp. 431 – 434, 2013.

[549] Y. Shi, A. Karatzoglou, L. Baltrunas, M. Larson, A. Hanjalic, and N. Oliver. TFMAP: Optimizing MAP for top-$n$ context-aware recommendation. *ACM SIGIR Conference on Research and Development in Information Retrieval*, pp. 155 – 164, 2012.

[550] H. Shimazu, A. Shibata, and K. Nihei. ExpertGuide: A conversational case-based reasoning tool for developing mentors in knowledge spaces. *Applied Intelligence*, 14(1), pp. 33 – 48, 2002.

[551] R. Shokri, P. Pedarsani, G. Theodorakopoulos, and J. Hubaux. Preserving privacy in collaborative filtering through distributed aggregation of offline profiles. *ACM Conference on Recommender Systems*, pp. 157 – 164, 2009.

[552] M.-L. Shyu, C. Haruechaiyasak, S.-C. Chen, and N. Zhao. Collaborative filtering by mining association rules from user access sequences. *Workshop on Challenges in Web Information Retrieval and Integration*, pp. 128 – 135, 2005.

[553] B. Sigurbjornsson and R. Van Zwol. Flickr tag recommendation based on collective knowledge. *World Wide Web Conference*, pp. 327 – 336, 2008.

[554] J. Sill, G. Takacs, L. Mackey, and D. Lin. Feature-weighted linear stacking. *arXiv preprint*, arXiv:0911.0460, 2009. http://arxiv.org/pdf/0911.0460.pdf

[555] Y. Song, L. Zhang and C. L. Giles. Automatic tag recommendation algorithms for social recommender systems. *ACM Transactions on the Web (TWEB)*, 5(1), 4, 2011.

[556] Y. Song, Z. Zhuang, H. Li, Q. Zhao, J. Li, W. Lee, and C. L. Giles. Real-time automatic tag recommendation. *ACM SIGIR Conference*, pp. 515 – 522, 2008.

[557] A. P. Singh and G. J. Gordon. Relational learning via collective matrix factorization. *ACM KDD Conference*, pp. 650 – 658, 2008.

[558] B. Smyth. Case-based recommendation. *The Adaptive Web*, pp. 342 – 376, Springer, 2007.

[559] B. Smyth and P. Cotter. A personalized television listings service. *Communications of the ACM*, 43(8), pp. 107 – 111, 2000.

[560] B. Smyth and P. McClave. Similarity vs. diversity. *Case-Based Reasoning Research*

*and Development*, pp. 347 – 361, 2001.

[561]   H. Sorensen and M. McElligott. PSUN: a profiling system for Usenet news. *CIKM Intelligent Information Agents Workshop*, 1995.

[562]   J. Srivastava, R. Cooley, M. Deshpande, and P.-N. Tan. Web usage mining: discovery and applications of usage patterns from Web data. *ACM SIGKDD Explorations*, 1(2), pp. 12 – 23, 2000.

[563]   A. Stahl. Learning feature weights from case order feedback. *International Conference on Case-Based Reasoning*, pp. 502 – 516, 2001.

[564]   H. Steck. Item popularity and recommendation accuracy. *ACM Conference on Recommender Systems*, pp. 125 – 132, 2011.

[565]   H. Steck. Training and testing of recommender systems on data missing not at random. *ACM KDD Conference*, pp. 713 – 722, 2010.

[566]   H. Steck. Evaluation of recommendations: rating-prediction and ranking. *ACM Conference on Recommender Systems*, pp. 213 – 220, 2013.

[567]   H. Stormer. Improving e-commerce recommender systems by the identi-fication of seasonal products. *Conference on Artificial Intelligence*, pp. 92 – 99, 2007.

[568]   G. Strang. An introduction to linear algebra. *Wellesley Cambridge Press*, 2009.

[569]   N. Srebro, J. Rennie, and T. Jaakkola. Maximum-margin matrix factorization. *Advances in neural information processing systems*, pp. 1329 – 1336, 2004.

[570]   X. Su and T. Khoshgoftaar. A survey of collaborative filtering techniques. *Advances in artificial intelligence*, 4, 2009.

[571]   X. Su, T. Khoshgoftaar, X. Zhu, and R. Greiner. Imputation-boosted collaborative filtering using machine learning classifiers. *ACM symposium on Applied computing*, pp. 949 – 950, 2008.

[572]   X. Su, H. Zeng, and Z. Chen. Finding group shilling in recommendation system. *World Wide Web Conference*, pp. 960 – 961, 2005.

[573]   K. Subbian, C. Aggarwal, and J. Srivasatava. Content-centric flow mining for influence analysis in social streams. *CIKM Conference*, pp. 841 – 846, 2013.

[574]   B. O'Sullivan, A. Papadopoulos, B. Faltings, and P. Pu. Representative explanations for over-constrained problems. *AAAI Conference*, pp. 323 – 328, 2007.

[575]   J. Sun and J. Tang. A survey of models and algorithms for social influence analysis. *Social Network Data Analytics*, Springer, pp. 177 – 214, 2011.

[576]   Y. Sun, J. Han, C. Aggarwal, and N. Chawla. When will it happen?: relationship prediction in heterogeneous information networks. *ACM International Conference on Web Search and Data Mining*, pp. 663 – 672, 2012.

[577]   Y. Sun, R. Barber, M. Gupta, C. Aggarwal, and J. Han. Co-author relationship

prediction in heterogeneous bibliographic networks. *Advances in Social Networks Analysis and Mining (ASONAM)*, pp. 121 – 128, 2011.

[578] D. Sutherland, B. Poczos, and J. Schneider. Active learning and search on low-rank matrices. *ACM KDD Conference*, pp. 212 – 220, 2013.

[579] R. Sutton and A. Barto. Reinforcement learning: An introduction, *MIT Press*, Cambridge, 1998.

[580] P. Symeonidis, E. Tiakas, and Y. Manolopoulos. Transitive node similarity for link prediction in social networks with positive and negative links. *ACM Conference on Recommender Systems*, pp. 183 – 190, 2010.

[581] P. Symeonidis, E. Tiakas, and Y. Manolopoulos. Product recommendation and rating prediction based on multi-modal social networks. *ACM Conference on Recommender Systems*, pp. 61 – 68, 2011.

[582] P. Symeonidis, A. Nanopoulos, and Y. Manolopoulos. A unified framework for providing recommendations in social tagging systems based on ternary semantic analysis. *IEEE Transactions on Knowledge and Data Engineering*, 22(2), pp. 179 – 192, 2010.

[583] P. Symeonidis, A. Nanopoulos, and Y Manolopoulos. Tag recommendations based on tensor dimensionality reduction. *ACM Conference on Recommender Systems*, pp. 43 – 50, 2008.

[584] M. Szomszor, C. Cattuto, H. Alani, K. O'Hara, A. Baldassarri, V. Loreto, and V. Servedio. Folksonomies, the semantic web, and movie recommendation. *Bridging the Gap between the Semantic Web and Web 2.0*, pp. 71 – 84, 2007.

[585] N. Taghipour, A. Kardan, and S. Ghidary. Usage-based web recommendations: a reinforcement learning approach. *ACM Conference on Recommender Systems*, pp. 113 – 120, 2007.

[586] G. Takacs, I. Pilaszy, B. Nemeth, and D. Tikk. Matrix factorization and neighbor based algorithms for the Netflix prize problem. *ACM Conference on Recommender Systems*, pp. 267 – 274, 2008.

[587] G. Takacs, I. Pilaszy, B. Nemeth, and D. Tikk. Scalable collaborative filtering approaches for large recommender systems. *Journal of Machine Learning Research*, 10, pp. 623 – 656, 2009.

[588] J. Tang, X. Hu, and H. Liu. Social recommendation: a review. *Social Network Analysis and Mining*, 3(4), pp. 1113 – 1133, 2013.

[589] J. Tang, J. Sun, C. Wang, and Z. Yang. Social influence analysis in large-scale networks. *ACM KDD Conference*, pp. 807 – 816, 2009.

[590] J. Tang, C. Aggarwal, and H. Liu. Recommendations in signed social networks. *World Wide Web Conference*, 2016.

[591]  J. Tang, S. Chang, C. Aggarwal, and H. Liu. Negative link prediction in social media. *Web Search and Data Mining Conference*, 2015.

[592]  J. Tang, X. Hu, Y. Chang, and H. Liu. Predictability of distrust with interaction data. *ACM International Conference on Information and Knowledge Management (CIKM)*, pp. 181 – 190, 2014.

[593]  J. Tang, X. Hu and H. Liu. Is distrust the negation of trust? The value of distrust in social media. *ACM Hypertext Conference (HT)*, pp. 148 – 157, 2014.

[594]  J. Tang, H. Gao, X. Hu, and H. Liu. Exploiting homophily effect for trust prediction. *ACM International Conference on Web Search and Data Mining*, pp. 53 – 62, 2013.

[595]  T. Tang, P. Winoto, and K. C. C. Chan. On the temporal analysis for improved hybrid recommendations. *International Conference on Web Intelligence*, pp. 214 – 220, 2003.

[596]  T. Tang and G. McCalla. The pedagogical value of papers: a collaborative-filtering based paper recommender. *Journal of Digital Information*, 10(2), 2009.

[597]  W. Tang, Y. Ma, and Z. Chen. Managing trust in peer-to-peer networks. *Journal of Digital Information Management*, 3(2), pp. 58 – 63, 2005.

[598]  N. Tintarev and J. Masthoff. Designing and evaluating explanations for recommender systems. *Recommender Systems Handbook*, pp. 479 – 510, 2011.

[599]  E. G. Toms. Serendipitous information retrieval. *DELOS Workshop: Information Seeking, Searching and Querying in Digital Libraries*, 2000.

[600]  R. Torres, S. M. McNee, M. Abel, J. Konstan, and J. Riedl. Enhancing digital libraries with TechLens+. *ACM/IEEE-CS Joint Conference on Digital libraries*, pp. 228 – 234, 2004.

[601]  T. Tran and R. Cohen. Hybrid recommender systems for electronic commerce. *Knowledge-Based Electronic Markets, Papers from the AAAI Workshop*, Technical Report WS-00-04, pp. 73 – 83, 2000.

[602]  M.-H. Tsai, C. Aggarwal, and T. Huang. Ranking in heterogeneous social media. *Web Search and Data Mining Conference*, 2014.

[603]  K. Tso-Sutter, L. Marinho, L. Schmidt-Thieme. Tag-aware recommender systems by fusion of collaborative filtering algorithms. *ACM Symposium on Applied Computing*, pp. 1995 – 1999, 2008.

[604]  A. Tsoukias, N. Matsatsinis, and K. Lakiotaki. Multi-criteria user modeling in recommender systems. *IEEE Intelligent Systems*, 26(2), pp. 64 – 76, 2011.

[605]  L. Tucker. Some mathematical notes on three-model factor analysis. *Psychometrika*, 31, pp. 279 – 311, 1966.

[606]  A. Tveit. Peer-to-peer based recommendations for mobile commerce.

*Proceedings of the International Workshop on Mobile Commerce*, pp. 26–29, 2001.

[607] A. Umyarov, and A. Tuzhilin. Using external aggregate ratings for improving individual recommendations. *ACM Transactions on the Web (TWEB)*, 5(1), 3, 2011.

[608] L. Ungar and D. Foster. Clustering methods for collaborative filtering. *AAAI Workshop on Recommendation Systems*. Vol. 1, 1998.

[609] B. van Roy and X. Yan. Manipulation-resistant collaborative filtering systems. *ACM Conference on Recommender Systems*, pp. 165–172, 2009.

[610] M. van Satten. Supporting people in finding information: Hybrid recommender systems and goal-based structuring. *Ph.D. Thesis*, Telemetica Instituut, University of Twente, Netherlands, 2005.

[611] M. van Setten, S. Pokraev, and J. Koolwaaij. Context-aware recommendations in the mobile tourist application compass. *Adaptive Hypermedia*, Springer, pp. 235–244, 2004.

[612] K. Verbert, N. Manouselis, X. Ochoa, M. Wolpers, H. Drachsler, I. Bosnic, and E. Duval. Context-aware recommender systems for learning: a survey and future challenges. *IEEE Transactions on Learning Technologies*, 5(4), pp. 318–335, 2012.

[613] K. Verstrepen and B. Goethals. Unifying nearest neighbors collaborative filtering. *ACM Conference on Recommender Systems*, pp. 177–184, 2014.

[614] P. Victor, C. Cornelis, M. De Cock, and P. Da Silva. Gradual trust and distrust in recommender systems. *Fuzzy Sets and Systems*, 160(10), pp. 1367–1382, 2009.

[615] P. Victor, C. Cornelis, M. De Cock, and E. Herrera-Viedma. Practical aggregation operators for gradual trust and distrust. *Fuzzy Sets and Systems*, 184(1), pp. 126–147, 2011.

[616] P. Victor, M. De Cock, and C. Cornelis. Trust and Recommendations. *Recommender Systems Handbook*, Springer, pp. 645–675, 2011.

[617] P. Victor, C. Cornelis, M. De Cock, and A. Teredesai. Trust-and distrust-based recommendations for controversial reviews. *Proceedings of the WebSci*, 2009. http://journal.webscience.org/161/2/websci09_submission_65.pdf

[618] V. Vlahakis, N. Ioannidis, J. Karigiannis, M. Tsotros, M. Gounaris, D. Stricker, T. Gleue, P. Daehne, and L. Almeida. Archeoguide: an augmented reality guide for archaeological sites. *IEEE Computer Graphics and Applications*, 22(5), pp. 52–60, 2002.

[619] L. von Ahn, M. Blum, N. Hopper, and J. Langford. CAPTCHA: Using hard AI problems for security. *Advances in Cryptology – EUROCRYPT*, pp. 294–311, 2003.

[620]  S. Vucetic and Z. Obradovic. Collaborative filtering using a regression-based approach. *Knowledge and Information Systems*, 7(1), pp. 1 – 22, 2005.

[621]  C. Wang, J. Han, Y. Jia, J. Tang, D. Zhang, Y. Yu, and J. Guo. Mining advisor-advisee relationships from research publication networks. *ACM KDD Conference*, pp. 203 – 212, 2010.

[622]  J. Wang, A. de Vries, and M. Reinders. Unifying user-based and item-based similarity approaches by similarity fusion. *ACM SIGIR Conference*, pp. 501 – 508, 2006.

[623]  A. M. Ahmad Wasfi. Collecting user access patterns for building user profiles and collaborative filtering. *International Conference on Intelligent User Interfaces*, pp. 57 – 64, 1998.

[624]  M. Weimer, A. Karatzoglou, Q. Le, and A. Smola. CoFiRank: Maximum margin matrix factorization for collaborative ranking. *Advances in Neural Information Processing Systems*, 2007.

[625]  M. Weimer, A. Karatzoglou, and A. Smola. Improving maximum margin matrix factorization. *Machine Learning*, 72(3), pp. 263 – 276, 2008.

[626]  S.-S. Weng, L. Binshan, and W.-T. Chen. Using contextual information and multi-dimensional approach for recommendation. *Expert Systems and Applications*, 36, pp. 1268 – 1279, 2009.

[627]  D. Wettschereck and D. Aha. Weighting features. *International Conference on Case-Based Reasoning*, pp. 347 – 358. 1995.

[628]  J. White. Bandit algorithms for Website optimization. *O'Reilly Media*, Inc, 2012.

[629]  S. Wild, J. Curry, and A. Dougherty. Improving non-negative matrix factorizations through structured initialization. *Pattern Recognition*, 37(11), pp. 2217 – 2232, 2004.

[630]  C. Williams, B. Mobasher, and R. Burke. Defending recommender systems: detection of profile injection attacks. *Service Oriented Computing and Applications*, 1(3), pp. 157 – 170, 2007.

[631]  C. Williams, B. Mobasher, R. Burke, J. Sandvig, and R. Bhaumik. Detection of obfuscated attacks in collaborative recommender systems. *ECAI Workshop on Recommender Systems*, 2006.

[632]  C. Willmott and K. Matsuura. Advantages of the mean absolute error (MAE) over the root mean square error (RMSE) in assessing average model perfor-mance. *Climate Research*, 30(1), 79, 2005.

[633]  W. Woerndl, C. Schueller, and R. Wojtech. A hybrid recommender system for context-aware recommendations of mobile applications. *IEEE International Conference on Data Engineering Workshop*, pp. 871 – 878, 2007.

[634] D. H. Wolpert. *Stacked generalization.* Neural Networks, 5(2), pp. 241–259, 1992.

[635] P. Wu, C. Yeung, W. Liu, C. Jin, and Y. Zhang. Time-aware collaborative filtering with the piecewise decay function. arXiv preprint, *arXiv:1010.3988*, 2010. http://arxiv.org/pdf/1010.3988.pdf

[636] K. L. Wu, C. C. Aggarwal, and P. S. Yu. Personalization with dynamic profiler. *International Workshop on Advanced Issues of E-Commerce and Web-Based Information Systems*, pp. 12–20, 2001. Also available online as *IBM Research Report*, RC22004, 2001. Search interface at http://domino.research.ibm.com/library/cyberdig.nsf/index.html

[637] M. Wu. Collaborative filtering via ensembles of matrix factorizations. *Proceedings of the KDD Cup and Workshop*, 2007.

[638] Z. Xia, Y. Dong, and G. Xing. Support vector machines for collaborative filtering. *Proceedings of the 44th Annual Southeast Regional Conference*, pp. 169–174, 2006.

[639] L. Xiang, Q. Yuan, S. Zhao, L. Chen, X. Zhang, Q. Yang, and J. Sun. Temporal recommendation on graphs via long-and short-term preference fusion. *ACM KDD Conference*, pp. 723–732, 2010.

[640] Z. Xiang and U. Gretzel. Role of social media in online travel information search. *Tourism Management*, 31(2), pp. 179–188, 2010.

[641] H. Xie, L. Chen, and F. Wang. Collaborative Compound Critiquing. User Modeling, *Adaptation, and Personalization*, Springer, pp. 254–265, 2014.

[642] Y. Xin and T. Jaakkola. Controlling privacy in recommender systems. *Advances in Neural Information Processing Systems*, pp. 2618–2626, 2014.

[643] B. Xu, J. Bu, C. Chen, and D. Cai. An exploration of improving collaborative recommender systems via user-item subgroups. *World Wide Web Conference*, pp. 21–30, 2012.

[644] G. Xue, C. Lin, Q. Yang, W. Xi, H. Zeng, Y. Yu, and Z. Chen. Scalable collaborative filtering using cluster-based smoothing. *ACM SIGIR Conference*, pp. 114–121, 2005.

[645] W. Yang, H. Cheng, and J. Dia. A location-aware recommender system for mobile shopping environments. *Expert Systems with Applications*, 34(1), pp. 437–445, 2008.

[646] X. Yang, Y. Guo, Y. Liu, and H. Steck. A survey of collaborative filtering based social recommender systems. *Computer Communications*, 41, pp. 1–10, 2014.

[647] H. Yildirim, and M. Krishnamoorthy. A random walk method for alleviating the sparsity problem in collaborative filtering. *ACM Conference on Recommender Systems*, pp. 131–138, 2008.

[648] H. Yin, B. Cui, J. Li, J. Yao, and C. Chen. Challenging the long tail recommendation. *Proceedings of the VLDB Endowment*, 5(9), pp. 896–907, 2012.

[649] H. Yin, Y. Sun, B. Cui, Z. Hu, and L. Chen. LCARS: A location-content-aware recommender system. *ACM KDD Conference*, pp. 221–229, 2013.

[650] H. F. Yu, C. Hsieh, S. Si, and I. S. Dhillon. Scalable coordinate descent approaches to parallel matrix factorization for recommender systems. *IEEE International Conference on Data Mining*, pp. 765–774, 2012.

[651] K. Yu, S. Zhu, J. Lafferty, and Y. Gong. Fast nonparametric matrix factorization for large-scale collaborative filtering. *ACM SIGIR Conference*, pp. 211–218, 2009.

[652] K. Yu, A. Shcwaighofer, V. Tresp, W.-Y. Ma, and H. Zhang. Collaborative ensemble learning. combining collaborative and content-based filtering via hierarchical Bayes, *Conference on Uncertainty in Artificial Intelligence*, pp. 616–623, 2003.

[653] Z. Yu, X. Zhou, Y. Hao, and J. Gu. TV program recommendation for multiple viewers based on user profile merging. *User Modeling and User-Adapted Interaction*, 16(1), pp. 63–82, 2006.

[654] Z. Yu, X. Zhou, D. Zhang, C. Y. Chin, and X. Wang. Supporting context-aware media recommendations for smart phones. *IEEE Pervasive Computing*, 5(3), pp. 68–75, 2006.

[655] Q. Yuan, G. Cong, Z. Ma, A. Sun, and N. Thalmann. Time-aware point-of-interest recommendation. *ACM SIGIR Conference*, pp. 363–372, 2013.

[656] R. Zafarani, M. A. Abbasi, and H. Liu. Social media mining: an introduction. *Cambridge University Press*, New York, 2014.

[657] H. Zakerzadeh, C. Aggarwal and K. Barker. Towards breaking the curse of dimensionality for high-dimensional privacy. *SIAM Conference on Data Mining*, pp. 731–739, 2014.

[658] F. Zaman and H. Hirose. Effect of subsampling rate on sub bagging and related ensembles of stable classifiers. *Lecture Notes in Computer Science*, Springer, Volume 5909, pp. 44–49, 2009.

[659] M. Zanker and M. Jessenitschnig. Case studies on exploiting explicit customer requirements in recommender systems. *User Modeling and User-Adapted Interaction*, 19(1–2), pp. 133–166, 2009.

[660] M. Zanker, M. Aschinger, and M. Jessenitschnig. Development of a collaborative and constraint-based web configuration system for personalized bundling of products and services. *Web Information Systems Engineering–WISE*, pp. 273–284, 2007.

[661] M. Zanker, M. Aschinger, and M. Jessenitschnig. Constraint-based personalised con-figuring of product and service bundles. *International Journal of Mass Customisation*, 3(4), pp. 407–425, 2010.

[662]   Y. Zhai, and B. Liu. Web data extraction based on partial tree alignment. *World Wide Web Conference*, pp. 76–85, 2005.

[663]   J. Zhang, M. Ackerman, and L. Adamic. Expertise networks in online communities: structure and algorithms. *World Wide Web Conference*, pp. 221–230, 2007.

[664]   J. Zhang and P. Pu. A comparative study of compound critique generation in conversational recommender systems. *Adaptive Hypermedia and Adaptive Web-Based Systems*, pp. 234–243, Springer, 2006.

[665]   J. Zhang, N. Jones, and P. Pu. A visual interface for critiquing-based recommender systems. *Proceedings of the ACM conference on Electronic Commerce*, pp. 230–239, 2008.

[666]   S. Zhang, W. Wang, J. Ford, and F. Makedon. Learning from incomplete ratings using nonnegative matrix factorization. *SIAM Conference on Data Mining*, pp. 549–553, 2006.

[667]   S. Zhang, J. Ford, and F. Makedon Deriving Private Information from Randomly Perturbed Ratings. *SIAM Conference on Data Mining*, pp. 59–69, 2006.

[668]   S. Zhang, A. Chakrabarti, J. Ford, and F. Makedon. Attack detection in time series for recommender systems. *ACM KDD Conference*, pp. 809–814, 2006.

[669]   T. Zhang and V. Iyengar. Recommender systems using linear classifiers. *Journal of Machine Learning Research*, 2, pp. 313–334, 2002.

[670]   Y. Zhang, J. Callan, and T. Minka. Novelty and redundancy detection in adaptive filtering. *ACM SIGIR Conference*, pp. 81–88, 2002.

[671]   Z. Zhang, T. Zhou, and Y. Zhang. Tag-aware recommender systems: A state-of-the-art survey. *Journal of Computer Science and Technology*, 26(5), pp. 767–777, 2011.

[672]   Z. Zhang, C. Liu, and Y, Zhang. Solving the cold-start problem in recommender systems with social tags. *EPL (Europhysics Letters)*, 92(1), 2800, 2010.

[673]   Y. Zhen, W. Li, and D. Yeung. TagiCoFi: tag informed collaborative filtering. *ACM Conference on Recommender Systems*, pp. 69–76, 2009.

[674]   D. Zhou, O. Bousquet, T. Lal, J. Weston, and B. Scholkopf. Learning with local and global consistency. *Advances in Neural Information Processing Systems*, 16(16), pp. 321–328, 2004.

[675]   D. Zhou, J. Huang, and B. Scholkopf. Learning from labeled and unlabeled data on a directed graph. *ICML Conference*, pp. 1036–1043, 2005.

[676]   K. Zhou, S. Yang, and H. Zha. Functional matrix factorizations for cold-start recommendation. *ACM SIGIR Conference*, pp. 315–324, 2011.

[677]   Y. Zhou, D. Wilkinson, R. Schreiber, and R. Pan. Large-scale parallel collaborative filtering for the Netflix prize. *Algorithmic Aspects in Information and*

*Management*, pp. 337 – 348, 2008.

[678]  X. Zhu, Z. Ghahramani, and J. Lafferty. Semi-supervised learning using gaussian fields and harmonic functions. *ICML Conference*, pp. 912 – 919, 2003.

[679]  C. Ziegler. Applying feed-forward neural networks to collaborative filtering, Master's Thesis, Universitat Freiburg, 2006.

[680]  C. Ziegler, S. McNee, J. Konstan, and G. Lausen. Improving recommendation lists through topic diversification. *World Wide Web Conference*, pp. 22 – 32, 2005.

[681]  C. Ziegler and J. Golbeck. Investigating interactions of trust and interest similarity. *Decision Support Systems*, 43(2), pp. 460 – 475, 2007.

[682]  C. Ziegler and G. Lausen. Propagation models for trust and distrust in social networks. *Information Systems Frontiers*, 7(4 – 5), pp. 337 – 358, 2005.

[683]  C. Ziegler and G. Lausen. Spreading activation models for trust propagation. *IEEE International Conference on e-Technology, e-Commerce and e-Service*, pp. 83 – 97, 2004.

[684]  A. Zimdars, D. Chickering, and C. Meek. Using temporal data for making recommendations. *Uncertainty in Artificial Intelligence*, pp. 580 – 588, 2001.

[685]  A. Zimmermann, M. Specht, and A. Lorenz. Personalization and context management. *User Modeling and User-Adapted Interaction*, 15(3 – 4), pp. 275 – 302, 2005.

[686]  http://www.foursquare.com

[687]  http://grouplens.org

[688]  http://grouplens.org/datasets/movielens/

[689]  http://eigentaste.berkeley.edu/user/index.php

[690]  http://www.netflix.com

[691]  http://www.facebook.com

[692]  http://www.last.fm

[693]  http://www.pandora.com

[694]  http://www.youtube.com

[695]  http://www.tripadvisor.com

[696]  http://www.google.com

[697]  http://news.google.com

[698]  http://www.amazon.com

[699]  http://www.imdb.com

[700]  http://www.flickr.com

[701]  http://www.bibsonomy.org

[702]  http://delicious.com

[703]  http://www.pandora.com/about/mgp

[704]  http://www.the-ensemble.com/

[705]  http://www.epinions.com

[706]  http://www.slashdot.org

[707]  http://vanderwal.net/folksonomy.html

[708]  http://www.bibsonomy.org

[709]  http://www.amazon.com/gp/help/customer/display.html?nodeId=16238571

[710]  http://opennlp.apache.org/index.html

[711]  http://snowball.tartarus.org/

[712]  https://code.google.com/p/ir-themis/

[713]  http://www.netflixprize.com/community/viewtopic.php?id=828

[714]  http://blog.netflix.com/2010/03/this-is-neil-hunt-chief-product-officer.html

[715]  http://www.kddcup2012.org/workshop

# 찾아보기

# 추천 시스템

기초부터 실무까지 머신러닝 추천 시스템 교과서

---

발 행 | 2022년 1월 3일

편저자 | 차루 아가르왈
옮긴이 | 박 희 원 · 이 주 희 · 이 진 형

펴낸이 | 권 성 준
편집장 | 황 영 주
편 집 | 조 유 나
디자인 | 윤 서 빈

에이콘출판주식회사
서울특별시 양천구 국회대로 287 (목동)
전화 02-2653-7600, 팩스 02-2653-0433
www.acornpub.co.kr / editor@acornpub.co.kr